中国科举制度通史

宋代卷 上册

国家社会科学基金重点项目

中国科举制度通史

张希清 毛佩琦 李世愉 主编

宋代卷 上册

张希清 著

上海人民出版社

本书编纂委员会

总　论

一、选贤举能——中华亘古的追求

选择什么样的人来管理社会，自古以来就是一个大问题。儒家经典中有这样的表述："大道之行也，天下为公，选贤举能。"①因为天下为公而做到选贤举能，或因为选贤举能而达成天下为公，这是对远古理想社会选举的描述，也是对后世选举的期待。

中国传统文化之优秀，在于其中的理性精神。古代典籍中对于传说时代的描述，保留了许多人类文明发展轨迹的真实记录。我们的先民怎样学会狩猎耕田，怎样学会筑巢造屋，怎样学会缫丝织布，以至于各个时期的婚姻形态，无不涉及。而这些记述大都在科学考古中得到了印证。自有人类，就有社会，就需要管理，生产活动、文化活动、社会活动都要有人进行组织。"天下为公，选贤举能"，就是在远古的社会形态下产生的选举制度。人类最早的组织和管理是自然形成的。在私有制还没有出现时，也就是所谓天下为公的时代，众人公认的贤能，脱颖而出，承担起了组织和领导的责任。即使是部落、部族的最高首领也是公推的。传说时代的禅让，就是把治理天下的责任传给贤能。尧以天下授予舜，舜以天下授予禹。这成为中国历代思想家歌颂和追慕的盛事。当然，这是极具理想色彩的。

① 《礼记·礼运》，中国书店影印世界书局本《宋元人注四书五经》1985年第二版，下同。

自传说中的大禹改变禅让制，把天下传给自己的儿子后，中国开始了第一个家天下的时代——夏。但是，虽然天下已经属于一家一姓，历代在名义上却没有改变公天下的诉求。特别是后世确立了以儒家学说为主体的统治思想以后，“天下为公”成为历代统治者标榜的旗帜。

历朝历代的君主自称天子，自命为公天下的代表者，在维持一家一姓的利益的同时，也要照顾全天下子民的利益，而天子所选任的各级官员，理论上就成为天下为公理念的执行者。他们虽然是一姓的家臣，但同样负有维护这种“天下为公”的责任。一方面，各级官员要维护天子的权威，维护天子在天下四裔的独尊地位，保证天下—国家的统一和安定；另一方面，则要维护天下—国家的秩序，号称保护万民利益，以使子民各安其位。天子自称奉天命行事，在大多数情况下，天子是虚位化的，一个高悬的天，为天子以至于万民所尊奉，天下为公顺理成章地成为自天子以至于百官的信仰，家天下也就被标榜为公天下。

在“天下为公”的旗帜下，需要把贤能之士选拔出来担任各级官员，协助天子治理天下。在选举贤能上也要做到对天下臣民的公平，天下子民，不分血统，不分出身背景，都应该有同等的参与国政的机会，他们中间的贤能，都应该被平等地选拔出来。是否实现了选贤举能又成为“天下为公”的重要标志。

然而，在存在巨大差异的社会中，实现天下为公是不可能的。实际上，在社会发展的不同历史阶段，天下—国家所能维护的所谓公平，仅仅是“合理的”不平等的秩序，或者说把不平等保持在“合理的”程度上。天下各等级、各阶层的人，统治者和被统治者，他们的利益，都受到不同的约束，都被限制在可能的范围之内：各等级、各阶层的权益不遭到超过限度、超过承受能力的损害；各等级、各阶层的权益也不能超过限度地膨胀，不能因此损害其他等级、阶层的应得利益。如此，则大家相安无事，天下太平。最理想的状态也仅能达到这一程度。这就是“合理的”不平等的秩序。打破这个平衡，就会发生动乱，就会要求达成新的平衡。那么，在这种秩序下，天子或国家不能仅仅维护某一等级、某一阶层的权益，而必须维护全天下各等级、各阶层的有限制的权益，天子也就成了这种不平等的但合理的“正义”的代表者、维护者。后世所标榜的“天下为公”不过如此。所谓治世，所谓盛世，也不过是接近这样一种状态而已。那么，历代选举制度的变迁，就是不断地追求这种平衡的公平，平衡被打破，再调整、再平衡的过程。

贤能是社会的精英，是人类智慧的集中承载者。以贤能治国，国才能治；以贤能治事，世才能治。贤能对于治国治天下极为重要。孔子认为三代之善治，就是因为人才之盛:“大道之行也,与三代之英。”[①]又曰:“舜有臣五人而天下治。”[②]像卫灵公那样的国家,即使国君无道,因为有了仲叔圉、祝鮀、王孙贾等等贤能之臣,国也不会亡。[③]

同样,孟子也认为强国必须任贤:“尊贤使能,俊杰在位,则天下之士皆悦,而愿立于其朝矣。”“贤者在位,能者在职,国家闲暇,及是时明其政刑,虽大国必畏之矣。”[④]“不信仁贤,则国空虚”[⑤];“不用贤,则亡”[⑥]。

然而,要把贤才选出来也不是一件容易的事,即使在最原始的社会里也要设计出一定的程序和方法。历史典籍这样描述最古老的选人制度形成的过程:

> 自昔羲后,因以物命官,事简人淳,唯以道化,上无求欲于下,下无干进于上,百姓自足,海内乂安,不是贤而非愚,不沽名而尚行,推择之典,无所闻焉。
>
> 爰洎唐、虞之官人也,俾乂水土,缉熙帝载,敷五教,正五刑,播百谷,典三礼,咨于四岳,明扬侧陋,询事考言,故举无失德。然犹三载考绩,三考黜陟幽明,流四凶族,不仁者远,斯则选贤任能之大略也。[⑦]

“咨于四岳”,“询事考言”,是对所任用的人的能力、品德进行考察;“三载考绩”,“三考黜陟幽明”是定期考核其任职的业绩以决定去取。这样的办法虽然简单,但包含了后世一切选拔人才的基本原则。

要把真正有德有才的人选拔出来,唯一的标准就是才与德是否合格,除此不可附加任何条件。这是选举公平公正的根本的保障。后世关于选举制度的建设、争论、调整都是围绕这一点进行的。古代思想家关于选拔人才有不少精辟的论述,它们是后世建立选人用人制度的思想源泉。汉代以后,儒家思想成为主流,也成为历代选官用人的主要理论依据。

孔夫子主张选用人才不论出身背景,只能以是否贤能为标准,宁可使用“野

---

① 《礼记·礼运》。
② 《论语·泰伯》。
③ 《论语·宪问》。
④ 《孟子·公孙丑上》。
⑤ 《孟子·尽心下》。
⑥ 《孟子·告子下》。
⑦ 杜佑:《通典》卷一三《选举一》。

人”、没有地位的普通人，而不用“君子”、有地位有身份的人①。孟子提出“立贤无方”②，贤不是只在特定的地点、特定的人群中产生，用人要不论地位尊卑、不论关系亲疏：“国君进贤，如不得已，将使卑愈尊、疏愈戚。”③人才的选用，可以与其尊卑亲疏关系不一致。同样，荀子认为，是贤能，就不要拘于资历、次序，立即提拔；不是贤能，也不要片刻迟疑，立即罢免：“贤能，不待次而举；罢不能，不待须而废。”④贤能的选拔，不能由个人、少数人说了算，要付诸公论。孟子认为选贤要征求众人的意见，还要对其实绩进行考察：“左右皆曰贤，未可也；诸大夫皆曰贤，未可也；国人皆曰贤，然后察之，见贤焉，然后用之。”⑤

“学而优则仕”⑥是儒家的著名主张。其中包括了两层意思：一是，重视人的教育。人通过教育学习可以得到知识技能，也可以提高道德修养，必须重视对人的教育、培养。二是，只有那些学得好而有余裕者，才可以被选拔做官。学尚且不足，哪里还能做官？无才无德的人是不能胜任公职的。同时，孔子又主张“有教无类”⑦。教育者不能区别地对待教育对象，不能对教育对象有所选择，不能忽略任何人群。孔子相信教育、教化的力量，相信任何人有教即可成其善，甚至认为人皆可以为尧舜。这一思想对后世的养士、选士产生了重大影响。

二、历代对选贤举能的探索

有国者执政治国，需要贤能的支持和协助。如何把贤能选拔出来，历代政治家、思想家进行了不懈的探索，提出各种理论，尝试建立各种制度。

自从夏开始的家天下，由于财产的私有，不仅不再共享财富，权力也属于私有。推举贤能的禅让制度被打破了，世袭成为天子的继承制，百官也无不传亲传子。《礼记·礼运》写道：

> 今大道既隐，天下为家，各亲其亲，各子其子，货力为己，大人世及以为礼。

---

① 《论语·先进》。
② 《孟子·离娄下》。
③ 《孟子·梁惠王下》。
④ 《荀子·王制》。
⑤ 《孟子·梁惠王下》。
⑥ 《论语·子张》。
⑦ 《论语·卫灵公》。

所谓“大人世及以为礼”，“大人”所拥有的一切世代相传，成为最高的准则。在宗法、王权一体的情况下，依据家族血缘关系来确定君主的继承关系，也用以确定各级官员的选任，血缘亲疏还用来确定爵位尊卑和官职高下。担任不同级别官职者享有不同的爵禄，而且世代相传，这就是世卿世禄制。

但是，世卿世禄制之下，王和卿大夫之子并不可以简单地直接继承爵禄。不论出身多么高贵，都要经过“造”，即经过培养：

> 王大子，王子，群后之大子，卿大夫、元士之適子，国之俊选，皆造焉。

《礼记·王制》记载逐级选拔的“造士”程序是：

> 乡论秀士，升诸司徒，曰选士。司徒论选士之秀者，而升之学，曰俊士。升于司徒者不征于乡，升于学者不征于司徒，曰造士。

经过培养的优秀者，还要经过“论辨”选拔。《礼记·王制》说：“凡官民材，必先论之。论辨然后使之。任事然后爵之。”由大乐正、司马逐级论辨，上报于王，做最后定论，根据定论授予爵位、俸禄：

> 大乐正论造士之秀者，以告于王，而升诸司马，曰进士。司马辨论官材，论进士之贤者，以告于王，而定其论。论定然后官之，任官然后爵之，位定然后禄之。

周代建立有学校，负责对王、卿大夫的子弟进行教育培养，他们要经过长时间的学习和多次考试。《通典》说：“三王之代，朴散俗浇，难以道驭，务勤其教，立庠塾于乡闾，建黉学于都邑，训公卿大夫之子弟，设俊、造之目，而勖勉成之。自幼年入学，至四十方仕，然后行备业全，事理绩茂。”①周代的学校，“家有塾，党有庠，乡有序，国有学”。在学者一年、两年、三年、五年、七年各考校一次。七年合格者，谓之小成；九年再考一次，合格者谓之大成②。经过学校的培养并考试合格的公卿子弟才可以任官。

---

① 《通典》卷一三《选举一》。

② 《礼记·学记》。

周朝规定，诸侯有义务向天子贡献人才。《礼记·射义》记载："古者天子之制，诸侯岁献，贡士于天子。天子试之于射宫。"《礼记正义》对此解释说："'贡士于天子'者，诸侯三年一贡士于天子也。""'天子试之于射宫'者，言天子试所贡之士于射宫之中。"这种试，就是一种考试。试的内容包括"容体"，姿貌体态是否合于礼；"节"，动作的节奏是否合于乐；"中"，是否命中目标。如果成绩好，就得到参加祭祀活动的资格，参加祭祀活动多了，天子会增加他的土地；反之，不许参加祭祀，而且会被削减土地。最重要的是，比试成绩好的要"进爵"，爵位是与拥有土地的广狭相联系的。

周朝这种通过教育培养，再经考试合格而后授以爵禄的方法，可看作是后世科举制度的最早渊源。

周朝培养选拔人才的制度并不完备，人才有可能被遗漏。要做到野无遗才，还要凭借居于上位者的慧眼和胸襟。周文王寻访贤才，最终得到姜尚，被传为美谈①。周武王死后，周公辅佐成王摄政当国，曾说："我一沐三捉发，一饭三吐哺，起以待士，犹恐失天下之贤人。"②这些典故是尽人皆知的。

世卿世禄制的根本是世袭。公卿长久世袭的结果，最终就成了"公有公门，卿有卿门，贱有常辱，贵有常荣，赏不能劝其努力，罚不能戒其怠惰"的局面。公卿世家长期把持权力，使社会等级结构僵化板滞，失去活力。平民中的贤才难以被发现，更难以得到重用。

春秋以后，周室衰微，逐渐形成"礼乐征伐自诸侯出"的局面。到了战国时期，各个诸侯为了治国图强，或进而争霸天下，竞相争夺人才。这时，虽然各诸侯国都在广泛招贤、养士，但是并没有形成完备的选拔人才的制度。世卿世禄制还有所存在，但选才的途径已经大大拓宽，除学校外，还有荐举、游说自荐、招贤、军功、任子、胥吏等等。以秦为例，秦孝公采纳商鞅之策，专务富国强兵，"仕进之途，唯辟田与胜敌而已"③。"宗室非有军功论，不得为属籍。明尊卑爵秩等级，各以差次名田宅，臣妾衣服以家次。有功者显荣，无功者虽富无所芬华"④。职爵一切依据辟田、战功的实绩决定，即使宗室皇亲也不例外。这在很大程度上打破了贵族政治，使大批有能力的人得以涌现出来。秦国迅速走向富强，终至兼并六国。

---

① 《史记》卷三二《齐太公世家》，中华书局 1959 年第一版(下同)，第 1477 页。

② 《史记》卷三三《鲁周公世家》，第 1518 页。

③ 《通典》卷一三《选举一》。

④ 《史记》卷六八《商君列传》，第 2230 页。

汉朝建立，虽云汉承秦制，但在选举制度上则另开生面，逐渐形成了一套完整的制度——察举制。

察，就是按照一定标准进行考察；举，就是举荐。由公卿列侯、刺史及郡国守相等推举人才，由朝廷考察后任以官职。察举分为岁举，每年举行一次；诏举，奉诏随时举行。

汉文帝前元二年（前 178 年）十一月，诏曰："举贤良方正能直言极谏者，以匡朕之不逮。"[①]一般认为这是察举制之始。考察限定四科："一曰德行高妙，志节清白；二曰学通行修，经中博士；三曰明习法令，足以决疑，能按章覆问，文中御史；四曰刚毅多略，遭事不惑，明足决断，材任三辅县令。"

《通考》认为西汉任官出于"文学"与"吏道"两途，"亦随其所遇为进身之阶"。以学术进官者，有博士弟子、明经、明法，甚至包括学童之成绩优异者。以廉能征用者，有征起、贤良方正、孝廉。国家有不同需要，下令公卿郡国举荐，则有茂材异等、孝悌力田。在荐举之外，还有通过考试选才，分为对策、射策两种方式。对策是当面或书面回答皇帝的问题，射策是在众多题目中抽题回答。除此之外，士人由于上书言事，被皇帝看中也可以授官。

察的科目和察举名额的多少代有变化。武帝元光元年（前 134 年）曾下诏规定："郡国口二十万以上岁察一人，四十万以上二人，六十万三人，八十万四人，百万五人，百二十万六人；不满二十万，二岁一人；不满十万，三岁一人。"[②]

东汉继承了西汉的选官制度，但更加重视考试，考试也更加严格。选举、辟召，皆可以入仕。以乡举里选，循序而进者，称为"选举"；以高才重名，躐等而升者，称为"辟召"[③]。选举包括贡举，其常行科目有：贤良方正、孝廉、秀才、明经；还包括太学生博士弟子考试为官。辟召包括皇帝特征，还有由"掾史"积资察迁的。两汉时，中朝公卿和地方守牧都可以自行选用属吏，即掾史。掾史凭资历和能力通过考察，也可以位至高官。凡是贡举征起之士，经过考试中格，拜为郎官，归于光禄勋统管，再经过铨选分出等第，才可以授官。

两汉都以学校为人才养成之所。京师有太学，地方有郡国之学。但是汉代草创之初，干戈未已，未遑学校之建。惠帝、高后时，颇启用儒士，而文帝、景帝不任儒生，窦太后又好黄老之术，博士亦仅具官待问而已。武帝时，董仲舒曾以贤良对策，说："养士之大者，莫大虖太学；太学者，贤士之所关也，教化之本原也。"

① 《汉书》卷四《文帝纪》，中华书局 1962 年第一版（下同），第 116 页。

② 《通典》卷一三《选举一》。

③ 《文献通考》卷三九《选举考一二》。

"臣愿陛下兴太学，置明师，以养天下之士，数考问，以尽其材，则英俊宜可得矣。"[①]于是武帝诏建太学，又令天下郡国皆立学官，平帝元始三年(3年)更定其名，郡国曰学；县道邑侯国曰校；乡曰庠；聚曰序。凡以文学而入官者，皆出于学校。汉代学校课士选官，对后世影响巨大，其科目设置和官定学习内容都为后世所效仿。

其时，方罢黜百家，表章六经。太学以五经课士，而以博士任教授。初设五经博士，后增至十二人。王莽时增《乐经》，共六经，每经博士五人，共六十人。太学各经考试，都规定了标准读本，比如宣帝末《易》则施、孟、梁丘；《书》则欧阳，大、小夏侯；《诗》则齐、鲁、韩；《礼》则后氏；《春秋》则公羊、穀梁。博士置弟子，初五十人。其后员数亦不增。弟子入选，内由太常择补，外由郡国察举。

察举制设立之初衷是为了选拔贤能，在选拔贤才上也发挥过很大作用。但是，由于制度自身的缺陷，久而久之逐渐失效，不但不能公正地选才，甚至走向了反面，成为吏治混乱国家衰败的重要原因。

察举制到东汉中出现了"窃名伪服，寖以流竞，权门贵仕，请谒繁兴"的情况[②]。到东汉末年，察举更加败坏，有民谣讽刺说："举秀才不知书，察孝廉父别居，寒素清白浊如泥，高第良将怯如鸡。"察举变成了不察而举，乃至误举、滥举。

汉末曹魏时，天下战乱，乡里组织尽行破坏，乡举里选的制度已经无法实行，更由于察举制流弊不堪，当局不得不改变选举制度。《通典》卷十四《选举二》写道：

> 魏文帝为魏王时，三方鼎立，士流播迁，四人错杂，详核无所。延康元年(220年)，吏部尚书陈群以天朝选用不尽人才，乃立九品官人之法，州郡皆置中正，以定其选，择州郡之贤有识鉴者为之，区别人物，第其高下。

也就是说，在州郡设立中正一职，由"贤有识鉴"的人担任中正，再由这些中正来品评各地人才的高下，供朝廷选用。这就是九品中正制。

自魏开始实行的九品中正制，一直沿用至两晋南北朝，起初，颇能矫一时之弊，但后来渐渐生出弊端，关键在于中正是否做到公正。当时中正官都由世家大族出身的高级官员担任，他们品评人物时往往偏袒世家，私其所亲，导致世家大

---

① 《汉书》卷五六《董仲舒传》，第2512页。

② 《后汉书》卷六一《左周黄列传论》，中华书局1965年第一版(下同)，第2042页。

族子弟多登上品，寒门子弟仕进无路。当时人尖锐地批评说：

> 今立中正、定九品，高下任意，荣辱在手……不经才实，务依党利，不均称尺，务随爱憎……或以货赂自通，或以计协登进……是以上品无寒门，下品无势族。①
>
> 今台阁选举，徒塞耳目，九品访人，唯问中正。故据上品者，非公侯之子孙，则当涂之昆弟也。二者苟然，则荜门蓬户之俊，安得不有陆沉者哉？②

到这时，无论是察举制还是九品中正制，都已经不能公平地选拔出贤能以治国理政，必须建立新的更合理的制度以满足需要。

另外，魏晋南北朝时期，学校仍是培养人才的重要场所。这时期的学校，大体继承了汉代的制度，但兴废无常。魏晋在京师设有太学，晋武帝又别设国子学与太学并存。其时，太学生人数众多且猥杂，惠帝元康三年（293 年）下令设国子学，官品第五以上可以进入国子学，以此区分士庶等级。东晋时，战争不已，太学时兴时废，有名无实。郡国之学间有提倡者，但不能普遍建立。其间唯有北魏，虽起自北方落后地区，但对学校颇为重视，致使经学兴盛，胜于南朝。

可以看出，自秦汉以来，察举制、九品中正制虽然存在一些缺陷，但打破门阀世袭，鼓励寒门入仕，提倡公平用人，一直是历代养才和选官制度的诉求。每当制度出现严重偏颇，有识之士都会指出其弊端，力促纠正，当政者也会采取措施推动选举制度的完善和规范。这样一种精神，特别是各个时期学校和选官所使用的各种考试制度，不论其方法还是内容，都肇示了后世选举制度改革发展的路径。

三、科举制的创立和发展

南北朝时期，政权变更频繁，旧的势族不能长久维持其强势地位。不断变换的新的统治者需要摆脱旧的势族势力的羁绊以加强自己的权力，需要从更广大的阶层中选拔出贤能来治理国家，建立新的全面的统治基础。这就需要改变势

---

① 《晋书》卷四五《刘毅传》，《百衲本二十四史》三十一册 276 叶下（下同），黄山书社 2013 年版。

② 《晋书》卷四八《段灼传》，第 292 叶下。

族垄断仕途的局面,打破"但取门资、不择贤良"的九品中正制。南北各朝为了建立新的取士用人制度,相继进行了一些尝试。

南朝宋明帝泰始三年(467 年)制定了《策秀孝格》,规定以考试取士:"五问并得为上,四、三为中,二为下,一不合与第。"以往的中正不再能操纵取士,门第也不再是取士的决定因素。

南朝梁武帝天监四年(505 年),朝廷决定"九流常选",规定年未满三十不通一经者,不得为官。若有才同甘、颜,勿限年次。"九流常选"排除了九品中正制以资历背景选士的旧例,而以"通经"与否决定选官。七年,朝廷又规定州置州重,郡置郡崇,乡置乡豪各一人,专典搜荐人才,打破膏粱、寒素之间的界限①。八年五月,梁武帝下诏:"朕思阐治纲,每敦儒术,轼闾辟馆,造次以之。故负帙成风,甲科间出。方当置诸周行,饰以青紫。其有能通一经,始末无倦者,策实之后,选可量加叙录。虽复牛监羊肆,寒品后门,并随才试吏,勿有遗隔。"②同时,武帝还下诏开五馆,建国学,教授五经,置五经博士各一人。五馆生皆引寒门俊才,不限人数,其考试,秀才明经都以对策射策的方式进行。

西魏大统十年(544 年),苏绰上言时政,批评以前的选官制度:"自昔以来,州郡大吏,但取门资,多不择贤良",指出"夫门资者,乃先世之爵禄,无妨子孙之愚瞽。"才能不可遗传,虎门也会出犬子。因此他建议"罢门资之制"。③

此后不久,北齐武成帝河清元年(562 年),实行了考策取士的方法。史载,渤海阜城人刘昼,"少孤贫,爱学",河清初,曾经"举秀才入京,考策不第"④。证明这时已有进京考试选官的做法。

同样,北周宣帝大成元年(579 年)朝廷下诏,也颁布了取才不拘门资的规定,州举高才博学者为秀才,郡举经明行修者为孝廉。

南北朝时期的这一系列的尝试,都在否定九品中正制,新的更加公平合理的选举制度呼之欲出。一般认为,到隋朝,选举制发生了具有标志性的变革,一套新的完整的选举制度,即科举制于焉诞生。而南朝宋、梁,北朝西魏、北齐的种种做法,都可看作是科举制的萌芽。

北周大定元年(581 年),杨坚夺位自立,建立隋朝,改元开皇。九年(589 年),隋灭南朝陈,天下重归一统。隋朝开辟了举国一新的宏大气象,也激发了一

---

① 《文献通考》卷二八《选举考一》。

② 《梁书》卷三《武帝纪》,中华书局 1973 年第一版,第 49 页。

③ 《文献通考》卷三六《选举考九》。

④ 《北齐书》卷四四《刘昼传》,中华书局 1972 年第一版,第 589 页。

系列制度创新的热情。新朝伊始，中央和地方官制多有兴建，最重要的是将地方守令的用人权收归中央，以加强皇权，巩固统一。

起初，隋仍循旧例以九品中正制选官，只是为了与前朝相区别，而把中正改称为州都。同时，隋朝还恢复了两汉时期的察举制。到了开皇十八年(598年)七月，隋文帝下诏："京官五品以上，总管、刺史，以志行修谨、清平干济二科举人。"[①]开始抛弃九品中正制。

炀帝杨广嗣位，于大业元年(605年)正月，"发八使巡省风俗"，下诏"若有名行显著，操履修洁，及学业才能，一艺可取，咸宜访采，将身入朝。所在州县，以礼发遣"。[②]同年闰七月，炀帝再次下诏，振兴选举和学校："君民建国，教学为先……诸在家及见入学者，若有笃志好古、耽悦典坟，学行优敏、堪膺时务，所在采访，具以名闻，即当随其器能，擢以不次……其国子等学，亦宜申明旧制，教习生徒，具为课试之法，以尽砥砺之道。"[③]诏令中对采访的对象并没有任何门第的要求，将各类才能之士，不分士庶，荐举入朝，是对门第界限的突破。

进一步，大业二年(606年)秋七月，炀帝下令建立进士科以取士[④]。这是一项具有标志性的决定。三年四月，炀帝又下诏曰："文武有职事者，五品已上，宜依令十科举人。有一于此，不必求备。朕当待以不次，随才擢升。"[⑤]炀帝"狭殷周之制度，尚秦汉之规模"[⑥]，喜欢改作。这一连串的决定，既带有他的个人色彩，也是时代使然。

何谓进士？唐人欧阳詹说："进士者，岂不言其可以仕进而能裨助政化，始自下而升上，终自上而利下者也？近代亦曰举人，实古今举贤进能之科也。"[⑦]进士之名起源很早，隋炀帝设立科目借用而来。前述周代之制，俊士、造士、进士等都与学校密切相关。前引《礼记·王制》："大乐正论造士之秀者以告于王，而升诸司马，曰进士。司马辨论官材，论进士之贤者以告于王而定其论。论定然后官之……"隋炀帝借用进士之名，有托古改制之意。而此时以进士科取士，也是与学校相联系的。五年六月，炀帝又下诏："诸郡学业该通、才艺优洽，膂力骁壮、超

① 《隋书》卷二《高祖纪下》，中华书局1973年第一版(下同)，第43页。
② 《隋书》卷三《炀帝纪上》，第63页。
③ 《隋书》卷三《炀帝纪上》，第64页。
④ 《通鉴纲目》卷三六。
⑤ 《隋书》卷三《炀帝纪上》，第68页。
⑥ 《隋书》卷四《炀帝纪下》史臣曰，第95页。
⑦ 《欧阳行周文集》卷八《与王式书》。

绝等伦，在官勤奋、堪理政事，立性正直、不避强御四科举人。”①

隋炀帝下令以进士科取士，确立了朝廷设科招考，完全以考试成绩决定去取的选官制度，被称作科举制度。科举制度的形成是一个长期的过程。它是汲取了自先秦以来各种取士制度的积极因素，在南北朝一系列探索的基础上形成的全新的取士制度。以科举作为取士的主要手段的新的时代开始了。

在科举制度下，州郡按照朝廷的规定，选拔合格者解送朝廷，称为贡士，他们还不能被授官，只是得到了参加朝廷考试的资格。贡士在通过朝廷考试之后，才被授官。这样，地方就不再拥有选官的权力，一切选官的大权就由朝廷掌握了。以前的“恩归私室”，改变为“恩由主上”。“海内一命之官并出于朝廷，州郡无复辟署之事”。②

隋朝国祚短暂，来不及进一步完善新兴的科举制度。继之而起的唐朝，是一个充满生气的文化昌明的时代，它兼容古今，推动了整个文官制度的建设，科举制度也从而日趋完善。《通典》说，“大唐贡士之法，多循隋制”③。隋唐科举制与察举制之间还有着明显的联系。隋唐科举的科目如明经、秀才等，就是从察举中沿袭而来；科举以考试定取舍，也能从察举中找到渊源，汉文帝时的贤良对策，汉顺帝时的“诸生试家法，文吏课笺奏”，两晋南北朝时的秀才、孝廉对策等等，都包含有考试的因素。其中相沿袭的轨迹是很清楚的。同时，举荐在唐朝选拔官员中仍然起一定的作用。

唐代完全废除了魏晋以来的九品中正制，士人入仕、朝廷选官，无不以考试为重。唐代取士之科，“由学馆者曰生徒，由州县者曰乡贡，皆升于有司而进退之”。无论学校生徒，还是州县乡贡，都要经过考试决定去取。乡贡“皆怀牒自列于州、县”，参加相应的考试。唐代科举的科目甚多，常选有：秀才、明经、进士、明法、明字、明算、一史、三史、开元礼、道举、童子等等。明经又分五经、三经、二经、学究一经、三礼、三传、史科。这些科目每年举行一次，也称常科或常举。诸科中最受人重视的是明经、进士二科。因为唐代尚文，后来明经也不为人所重，而以进士独贵。进士科“盛于贞观，缙绅虽位极人臣，不由进士者终不为美”④。常举之外有制举。“其天子自诏”，即皇帝随时下诏举行的科举称为制举。其所列科

① 《隋书》卷三《炀帝纪上》，第73页。
② 《文献通考》卷三九《选举考一二》。
③ 《通典》卷一五《选举三·历代制下》。
④ 王定保：《唐摭言》卷一《散序进士》。

目，由皇帝意愿而定，“道其所欲问而亲策之”[①]。最著名的有贤良方正能直言极谏、博通坟典达于教化、军谋宏远堪任将率、详明政术可以理人，所谓“所以待非常之才焉”[②]。常举进士科之外，制举在唐代科举中占有重要地位。其特点是可以迅速发现、破格启用人才。由于是皇帝亲自“搜扬拔擢”，所以制举及第仅次于进士及第。制举出身者往往得美官而至大用，大大高于一般进士及第者。中晚唐制举成为固定形式，制举出身在吏部选官中的地位得到提高，不少宰相都是制举出身。由于一些人通过制举迅速跻身于高官行列，影响了原有大官僚们的既得利益，后来党争激烈，制举对策往往敢于直言极谏、抨击时政，更引起了他们的不满。于是他们提出“朝廷显官，须是公卿子弟”[③]，设法阻止后进士人通过制举及第进入官僚队伍，公然反对制科的举行，以至于制举不再开科。

唐代科举原本由吏部考功司主管，至玄宗开元二十四年(736 年)，其职能转归至礼部。这一做法也为后世所沿袭。唐代不断完善科举考试的程序，逐步确立了进士、明经等常科科目三场试的制度，规范了评判标准，建立了中书门下覆核和覆试制度，以利于公平取士和防止舞弊。

科举制打破了九品中正制的门第观念，确立了“以文取士”的原则，将“学而优则仕”付诸实践，使“文以干禄”成为选官主流。史称：“开元以后，四海晏清，士无贤不肖，耻不以文章达。其应诏而举者，多则二千人，少犹不减千人。”[④]士人纷纷投入科举，以求入仕。以进士科为代表的科举，不仅使唐代“野无遗才”，强化了国家统治，而且使崇尚读书、鼓励进取的精神深入人心。更重要的是，自唐代以后，科举制的确立，使之成为中国文官制度的基础，影响了中国历史的进程。

宋代科举在唐朝制度的基础上，有了不少变化。《宋史・选举志》说：“宋之科目，有进士，有诸科，有武举。常选之外又有制科、有童子举。而进士得人为盛。神宗始罢诸科，而分经义、诗赋以取士。其后遵行，未之有改。”[⑤]宋代科举与唐代的不同主要是取士只凭考试成绩决定，除武举、制举，须有官员推荐外，其他科目应举不再需要荐举。太祖乾德二年(964 年)初置制举，诏曰：“今后不限内外职官前资、现任，黄衣、布衣，并许直诣阁门，进奏请应。”即不论官员、平民，任何人都允许应举。仁宗庆历六年(1046 年)，对制科考试则加了一条限制：自今制举

---

① 《新唐书》卷三四《选举志上》，第 1169 页。

② 《新唐书》卷三四《选举志上》，第 1159 页。

③ 《旧唐书》卷一八上《武宗本纪》，会昌四年十二月，李德裕对。百衲本第二册第 127 叶下。

④ 《通典》卷一五《选举三》。

⑤ 《宋史》卷一五五《选举志一》，第 3604 页。

“须近臣论荐,毋得自举”,凡应制举者,必须有“近臣论荐”。

宋初,礼部贡举设进士科和九经、五经、开元礼、三史、三礼、三传、学究、明法等诸科;仁宗嘉祐二年(1057 年),新设明经科;神宗熙宁四年(1071 年),废明经、诸科,专以进士一科取士。哲宗元祐年间及南宋时期,进士科又分为经义进士和诗赋进士。

宋代科举考试的程序也更加详密。士人在本州考试合格,于秋天发解,冬天在礼部集合;第二年春天礼部考试合格者,列名放榜于尚书省①。在礼部考试合格的举人,还要经过殿试。宋代殿试创始于太祖开宝六年(973 年),礼部考试之后,由皇帝在讲武殿出题覆试。此前,唐朝科举在武后时期,曾经举行过殿试,武后载初元年(689 年)二月,“策问贡人于洛阳殿。数日方了”。杜佑说:“‘殿前试人’自此始。”②马端临认为:“唐制以考功郎中任取士之责,(武)后不过下行其事,以取士誉,非于考功已试之后再试之也。”③作为科举三级考试的殿试制度则创始于太祖开宝六年。开宝八年以后的殿试,始有省元、状元之别。仁宗嘉祐二年(1057 年),“进士与殿试者,皆不黜落”,并为后世所沿袭。

宋代科举进士、诸科,同样以进士为最重。人们以为诸科不过是记诵之学,不予重视。也因此,进士科考试的程序也更加详密,先后实行了锁院、别头试、封弥、誊录等制度。太宗雍熙二年(985 年)及第进士开始分为三甲。太宗淳化三年(992 年)之后,一般分为五甲。第一、第二甲赐进士及第,第三、第四甲赐进士出身,第五甲赐同进士出身。

另外,科举年限,在唐代是每年举行一次,宋初仍承唐制。太宗至仁宗中期,没有具体规定,往往四年举行一次。仁宗嘉祐二年(1057 年)下诏规定间岁一开科举;英宗治平三年(1066 年)下诏规定三岁一开贡举。这也为后世所沿用。

宋代取士,还有制举一途,即特科。“特科之设,以应天下士”,这与唐朝大体相同。制举没有固定的制度,多由皇帝临时决定,下诏天下,征求人才,而且多由皇帝亲自考试。宋太祖时,曾设贤良方正能直言极谏,经学优深可为师法,详闲吏理达于教化三科。后来一度中废,到真宗咸平四年(1001 年)复置贤良方正科。景德二年(1005 年)增为六科。真宗大中祥符元年(1008 年)又罢,仁宗天圣七年(1028 年)重置。贡举每开科场,则同开制科。制科名目繁多,天圣七年增为“贤良方正能直言极谏”、“博通坟典明于教化”、“才识兼茂明于体用”、“详明吏理可

① 《宋史》卷一五五《选举志一》。

② 《通典》卷一五《选举典三》。

③ 《文献通考》卷三〇《选举考三》。

使从政”、“识洞韬略运筹帷幄”、“军谋宏远才任边寄”及“高蹈丘园”、“沉沦草泽”、“茂材异等”九科。一般程序是，应诏者自投牒献所著文论，差官考校，合格者召试于秘阁，试论六首，称为“阁试”；阁试合格者于殿廷策试一道，限三千字以上成，称为“殿试”。殿试合格者少则一二人，多则三四人。两宋制举登第者不过40人。制科“不限前资、见任职官，黄衣、草泽，悉许应诏”，号称得人。一些士人“起之山林、召之州县”而至大用。然而，特科多名不副实，徒以笼络人心。宋人批评特科名目，说：“又置高蹈丘园科，亦许自于所在投状求试，当时传以为笑。”①

另外，宋朝还有特奏名制度，专为多次参加省试或御试落榜者而设。这样的落榜者年龄在40或50岁以上的，由礼部奏其名，直接参加殿试，分别等第，一律赐予出身或授予官衔。特奏名收罗久困于场屋的士子，数量庞大。尽管他们被授予的官职不高，但由于他们大多才能平庸而年龄偏大，对于官场风气造成了不良影响。

宋代科举，取人甚多。宋太祖之世，每岁进士不过三十人，经学不过五十人，“固有终身不得一第，没世不得一官者”。因此，太宗临御之初，“不求备以取人，舍短用长，拔十得五。在位将近二纪，登第且近万人”②。宋人说：“圣朝广开科举之门，俾人人皆有觊觎之心，不忍自弃于盗贼奸宄……自是（太祖开宝三年，970年）士之潦倒不第者，皆觊觎一官，老死不止……英雄豪杰皆汩没消靡其中而不自觉。”③

契丹族在五代时崛起于北方，后建立辽朝。其疆域所及跨越长城内外，南抵今河北北部，长时间与北宋并立，直至被金取代。辽代官分南北，以国制治契丹，以汉制待汉人，其制度多受唐宋影响。辽选官不重视科举，于太宗会同二年（939年）才仿照唐制始行贡举考试。景宗保宁八年（宋太宗太平兴国元年，976年）十二月，“诏南京复礼部贡院”。圣宗统和六年（988年），“诏开贡举，放高举一人及第”④，科举作为正式制度而被确立。辽朝科举仅限汉人，契丹人不得参与。直到辽朝晚期，这一限制才有所变化。

辽朝科举频率不定，或两岁一举，或三岁一举，或四岁一举。初为乡试、省试两级，后增设殿试，为三级考试。其科目有进士、明经、律学三科，以进士科最受

① 陆游：《老学庵笔记》卷九。
② 王禹偁：《应诏言事》，《宋文鉴》卷二四。
③ 王栐：《燕翼诒谋录》卷一。
④ 《辽史》卷一二《圣宗本纪三》，第132页。

重视。终辽之世,共举 53 科。道宗咸雍六年(1070 年)曾开制科,终辽之世,仅三诏而已。

辽朝实行科举取士,扩充了统治基础,有利于提高官员素质和巩固统治;同时,科举制也促进了中原文化在北方边地民族地区的传播。在汉族以外地区实行科举,辽朝开其先河。不同民族政权实行科举是其吸收学习汉文化的必然结果,也是对中华道统的认同。但不同民族的统治者也会为科举制度带来异质的成分。

金朝是以女真贵族为主体的政权。金朝制度多仿宋朝,于太宗天会元年(1123 年)始行科举考试,经熙宗、海陵王两朝,到世宗、章宗朝达到极盛。初设词赋进士、经义进士两科。海陵王正隆元年(1156 年),又置律科,试律令,又称诸科。世宗大定十一年(1171 年),创设女真进士科,又称策论进士科。女真进士科的设置,为后来元、清科举所效仿。金朝初行贡举之时,往往一试即放进士,并立即授官。大约到天会后期,形成了乡、府、会试三级考试;至海陵王天德二年(1150 年),始设殿试。各级榜首,分别称为乡元、府元、会元(省元)、状元。其功名,以词赋、经义、策论中式者为"进士",律科、经童中式称为"举人"。与宋朝不同,金朝殿试仍行黜落之制。除此之外,金代科举还有特恩赐第之制,称为特恩。特恩之行,是皇帝为了提高某官员的地位,赐其进士及第,且指定为某科某甲,以享受其年资,甚至有赐武职以进士及第者。

蒙古各部兴起于漠北草原。室韦部首领铁木真统一蒙古各部,于南宋宁宗开禧二年(1206 年)建立大蒙古国,号成吉思汗。大蒙古国相继灭西夏,灭金,灭大理,收服吐蕃,发动西征,震动世界。第五代大汗忽必烈于至元八年(1271 年)改国号为大元,旋灭南宋,统一中国。

元朝地域广大,民族众多,各地区各民族之间差异巨大,必须建立一套适用的制度才能实行有效的统治。元朝的制度对中原传统制度有所继承,也有许多自己的特色。这在科举取士上有明显的体现。

早在元朝建立前,窝阔台汗在位第九年(1238 年),耶律楚材曾建议以科举取士;忽必烈在位时,王鹗、许衡等又建议实行科举,但均未能实行。直到仁宗皇庆二年(1313 年),才下诏实行科举取士制度,并于延祐二年(1315 年)正式举行。顺帝后至元元年(1335 年),权臣伯颜等主政,曾一度取消科举。至元六年(1340 年)伯颜被贬逐,科举又得以恢复。

元朝科举每三岁举行,有乡试、会试、殿试三级考试。头年举行乡试,次年举行会试、殿试。乡试是省级考试,全国分十七处进行。乡试中选者称为乡贡进士，有资格到首都大都（今北京）参加中书省主持的会试。会试中选者再参加殿试，殿试中式才能取得进士身份。

元朝实行四等人制度，优待蒙古人、色目人，歧视汉人、南人，规定乡试录取300名，其中蒙古、色目、汉人、南人各占75名；会试、殿试录取100名，其中四等人各占25名。由于汉人、南人应试者多，蒙古、色目应试者少，这一规定显然有利于蒙古、色目人。殿试要对会试录取者的名次重新确定，但并无黜落。元朝进士分为左、右榜，蒙古、色目人为右榜，汉人、南人为左榜。两榜又各分三甲。左、右榜第一人均称状元，但右榜第一人必须是蒙古人，左榜第一人必须是汉人。

元仁宗曾宣布“试艺则以经术为先，词章次之”，因而考试以经学为主。蒙古、色目人乡试为两场，第一场试经问五条，第二场试策一道。汉人、南人乡试为三场，第一场明经、经疑二问，经义一道；第二场古赋、诏诰、章表内科一道；第三场试策一道。会试与乡试略同，殿试则蒙古、色目人试策一道，限五百字以上成；汉人、南人试策一道，限一千字以上成。元朝规定，科举考试要从儒家经典“四书”、“五经”中出题，而且规定要以程朱的注疏本为准。元朝要通过科举考试，确立程朱理学的统治地位。元朝实行科举的时间虽短，但对后世的影响却极大。

元朝实行科举约五十年，共举行乡试17次，会试、殿试16次。但多数乡试、会试、殿试录取均未满额。有元一代录取进士约1 200人，较前代相对为少。明太祖朱元璋曾说：“前元待士甚优，而权豪势要，每纳奔竞之人，夤缘阿附，辄窃仕禄。其怀才抱道者，耻与并进，甘隐山林而不出。”①此其指，元代士人入仕不止科举一途，与宋相比为一变，即《元史》所说“仕进有多歧，铨衡无定制”，“吏道杂而多端”②。所谓甘隐者，确因科举不开而无由仕进。而这也对元代的士风产生了很大的影响。

明朝取代元朝，在各种制度上标榜恢复唐宋之旧，刻意去除胡风，但实际上，明朝的制度在许多方面对元朝都有所继承，科举制也不例外。明代科举始于太祖洪武三年（1370年），诏书且云“使中外文臣皆由科举而进，非科举者毋得与官”。其时，国家初建，正是用人之秋，于是下令各省连试三年，举人免会试，直接赴京听候选官。但不久，太祖朱元璋以“后生少年，能以所学措诸行事者寡”，令有司察举贤才，而停止科举。但荐举选才毕竟不如科举标准明确而公平，同时，

① 《明史》卷七〇《选举志二》，第1685页。

② 《元史》卷八一《选举志一》，第2016页。

实行荐举不能保证有稳定的官僚来源，而且所选官员的质量也无法保证，于是洪武十五年又下令恢复科举，并于十七年颁科举定式，此后相沿不改。

明代科举每三年举行一次，称“大比”。届年八月，诸生试于直隶及各省，为乡试，中式者为举人；次年二月，举人试于京师，为会试。考试分为三场，初场考四书义三道、经义四道；二场论一道，判五道，诏、诰、表、内科一道；三场经史时务策五道。会试中式者，天子亲策于廷，为廷试，亦称殿试。殿试名次分为三甲，一甲三人，为状元、榜眼、探花，由皇帝钦定，赐进士及第；二甲若干人，赐进士出身；三甲若干人，赐同进士出身。而民间俗称乡试第一为解元，会试第一为会元，殿试二、三甲第一为传胪。

明代选官虽然号称科举、贡举、荐举三途并用，实际上主要靠科举取士。有明一代，绝大多数官员都是科举出身，特别是中央机构的重要官员几乎全部是科举出身。明朝科举与前代不同的是，参加科举的士人首先要取得应试资格，即参加科考。在校生员与校外儒士一体参加科考，合格后才可以参加乡试。明代科举与学校的关系更为紧密，号称科举必由学校。全国各级学校成为科举的预备所。而且，不论是科考还是府州县学的考试，以至于乡试、会试，其考试内容和考试方法都相同，从而形成了以科举为中心的教育的举国体制。明朝已经大体形成在殿试之后选拔庶吉士的制度。殿试获得进士出身、同进士出身的二、三甲人员，再次参加考试，从中选拔出庶吉士，这成为培养进士走上重要岗位的途径。明代已经形成从各级学校的生员、贡生、监生到乡试、会试、殿试的举人、进士一套完整的功名序列，各等级功名享有相应的待遇。明代通过进士录取名额的分配，特别是南、北、中卷的实施，使入仕者所涵盖地区更加广泛而均衡。为了保证取士的公正，明代科举考试在技术操作上也更加规范和严密了，包括考官的回避制度、考场的监督搜检制度、阅卷的保密制度等等。

继明之后，清朝建立了以满洲贵族为主体的全国性政权。清朝集中国传统政治文化之大成，全盘吸收了汉文化，同时保留了一些满洲特色。面对众多的被征服者，清朝采取了高压政策和区分等级的政策，但也注意对广大汉族士人的笼络。顺治元年(1644 年)，清廷下诏开科取士，颁布《科场条例》，并于顺治二年举行顺天、山东等六省乡试。伴随军事征服，科举被称作“不劳兵之法”，实现了对广大汉族地区的控制。清廷标榜“崇儒重道”、“满汉一家”，致使许多曾经不与清廷合作的读书人，纷纷进入考场博取功名。康熙十八年(1679 年)诏开博学鸿儒科，有意放宽录取尺度，以所谓“卑辞厚礼”诱使读书人就范。科举在清初为巩固政权秩序、扩大统治基础发挥了重要作用。同时，通过科举，清朝统治者也更多地接受了汉文化，加速了满洲贵族的汉化。

清朝科举沿袭明制而略有变化。清朝放宽了参加科举考试的条件限制，不需要进行科考，就可以参加科举考试。明朝生员有岁贡、恩贡、选贡；清朝乡试增设了副榜，为附贡生，又有拔贡、优贡生。清朝优待八旗生员，在校考试列三等以上的给予钱粮。清朝恢复了制科，广开恩科，建立宗室科，设立翻译科、明通榜，会试又设有副榜。清代参加科举考试的人数大为增加。清代选官，还有荐擢、荫叙、捐纳等制，但以此入仕者，地位、声誉，都不能与科举出身相比。科举是清朝入仕的最主要的途径，在清代官僚队伍中，科举出身者占大多数。

清朝科举考试的程序及监督管理，在继承宋、元、明以来制度的基础上，更加完备，更加缜密、规范。从童生试起，一直到乡试、会试，都要进行资格审查，考官选派、回避也要求很严格。考场搜检、出题、阅卷、录取等诸多环节，都有详细的规定。清政府注意安抚和安置乡、会试落第者。老年落第者可以得到恩赏，举人落第者可以参加大挑而给以出路。这增加了科举的凝聚力，也有利于社会稳定。

通过科举的办法选拔军事人才，即武举，是整个科举制度之一翼。但是历朝开设武举不像文科这样连续，制度也不太稳定。

武举始于唐武后时期。《通典》卷一五《选举三》云：

> 长安二年（702 年）教人习武艺，其后，每岁如明经、进士之法，行乡饮酒礼，送于兵部，其课试之制……曰马射……马枪。皆以儇好不失者为上。兼有步射、穿札、翘关、负重、身材、言语之选。通得五上者为第。

唐代武举由兵部主考，分为非常科、常科两类。非常科，为谋略、才艺、平射、筒射四科；常科，有平射、武举二科。唐朝武举考试，在于取其躯干雄伟，应对详明，有骁勇才艺，及可为统帅者①。武举取士不多，影响有限。

五代以军卒为将，武举久废。宋仁宗天圣七年（1029 年），始置武举。皇祐元年（1049 年）废罢，英宗治平元年（1064 年）复置，每三年一开武举，至南宋末年，相沿不废。宋朝武举科目分为平等与绝伦两科。仿文举，设为解试、省试、殿试三级考试；南宋初年增比试，为参加武举解试的资格考试。考试内容为武艺、程文两类，武艺为步射、马射；程文为策问、兵书大义。宋朝武举取士也不多，神宗熙宁六年（1073 年）规定，每榜所取毋过 30 人，两宋武举共取士约 2 500 人。武

---

① 《通典》卷一五《选举三》。

举本求将帅之才，但宋朝在相当长的时间内，武举及第者所授差遣多为掌管税收、库务、专卖等事务的"监当官"，南宋时期，武举及第始多授将官。宋朝武举出身者虽乏名将，但在国家危难之时，英勇御敌、慷慨赴死者却大有人在。宋朝武举程文考试兵书大义与策问，推动了军事理论的研究与发展，使宋朝成为继春秋战国之后中国军事学发展史上又一个鼎盛时期。

金朝武举始于皇统年间，但不经常举行，至章宗泰和年间才成为定制。金朝武举考试内容和方法也基本沿袭唐、宋。其考试程序亦分府、省、御试三级。考试内容包括试武艺和孙吴兵法十条，并问律一条。及第者分为上、中、下三等，以文武两项成绩衡量录取，习武不知文者中选后例降一等。最多一次取至一百四十人。

明代武举始于太祖洪武年间。成化以后，武举设乡试、会试，同于文科。武举既试弓马，也试策略，万历末、崇祯间，因四方多事，为求将才，上下皆思改革武举考试内容，然而不果。

清朝尚弓马，因而重视武举。武举与文科并行，三年一试，乡试、会试、殿试一如文科。康熙时，朝廷欲收文武兼备之才，曾经允许文生员应武乡试，文举人应武会试。乾隆间又行废止。

光绪二十七年(1901 年)上谕："嗣后武生童考试及武科乡、会试，着即一律永远停止。所有武举人进士均令投标学习。其精壮之幼生，及向来所学之童生，均准其应试入伍。俟各省设立武备学堂后，再行酌定挑选。"①武举至此完全结束。

纵观历代武举，其得人远不如文科之盛。军事人才更重在实战磨练，科场、校场难于选拔将才。

自隋唐以来，科举逐渐成为普遍认可的比较公平的取士方法。因此，历代统治者相沿不辍，即使偶尔对科举提出怀疑，也很快又回到科举取士的轨道。那些进入中原地区的边地民族政权，也都纷纷效法中原皇朝实行科举，即使是造反起家的短暂政权，在稍为稳定后也迫不及待地开科选官，如明末李自成大顺政权、清晚期的太平天国政权。但是科举制度的弊病到清代也暴露无遗，不仅科场案频发，科举制度败坏，严重的是通过科举无法选拔出真正有用的人才。鸦片战争后，国家被瓜分乃至灭亡的危险迫在眉睫，改革科举乃至停止科举的呼声越来越强烈。甲午海战中国败于日本，科举制度连同所有旧制度都成为被检讨被追究的对象。废八股，停科举成为举国共识，至光绪三十一年(1905 年)，科举制度终告停废。

---

① 《光绪东华录》卷一六八。

四、科举与学校

中国历来重视学校教育。在科举制度形成以前，各级学校不仅承担着培养人才的任务，在选官任贤方面也发挥着重要作用。科举制中的许多考试方法，都直接从学校而来。

在科举制形成以后，学校不仅仍然承担培养人才的任务，也是科举人才的储备库。科举与学校密不可分。科举的发展又反过来推动了各级学校的建设。

隋初，中央太常寺下设有国子学，后国子学分出单独设立国子寺，为教育管理机构。其下有国子学、太学、四门学、书学、算学。在州县普遍设有学校。大业年间，国子学改称国子监。隋朝官学的教学内容，主要是儒家经典“五经”，学生通过定期、逐级考试，最终“业成”者可以擢用授官。州县官学的学生，通过考试，合格者可以升入四门学。学校是培养人才之所，也是与科举并行的选官途径。

唐朝设有国子学，太学，四门学及郡、县学。太宗贞观以后设国子监，既是最高学府也是中央官学的管理机关。国子监领六学，即国子学、太学、四门学、律学、书学、算学。各级学校的生徒，人数及资格都有具体规定。比如国子学生徒300人，限文武官三品以上、国公子孙、从二品以上之曾孙子弟；太学500人，限四、五品，郡县公子孙，从三品之曾孙；四门学1 300人，其中500人限六、七品及伯侯子男之子孙，其中800人以庶人及俊造者为之。律学、书学、算学资格依次降低，更多的庶民子弟及专业者可以进入。各学所习以儒家经书为主，以国家颁定的《五经正义》等为标准。生徒要参加各种考试，比如国子监的入学考试、旬试(后改为月试)、岁试、毕业试。国子学生徒考试合格者可以授予官职或参加贡举。由于学校学习的主要内容与科举考试一致，同时国子学生也可以授官，这就使学校教育走向兴盛。

高宗调露二年(680年)，科举考试的内容发生了改变，明经科加试帖经，进士科加试杂文和帖经，与学校教育的重点偏离。再加上对两监科举及第人数的限制，影响了学校发展的积极性。玄宗开元二十一年(733年)，朝廷下诏允许私人办学，大量士子进入私学学习科举应试的功课。由于与科举的结合，私学成了当时教育的主流。天宝十二载(753年)曾一度下诏，令天下举人不得充乡赋，皆须补国子学生及郡县学生，然后听举①。但因为国子监的教学内容并没有改变，两监不再受到士子的重视。唐代后期，国子监已经失去为科举培养人才的功能。

宋代的学校，有中央官学、地方州县学和书院等。中央官学包括国子监，以"应荫子孙"入学，收七品以上官员子弟，分习五经。后生源扩大，在京进士诸科、文武朝官嫡亲或久居京师、文艺可称的人都可以入学。太学，限八品以下官员子弟和庶人之俊异者。四门学，以入品官员子弟和庶人子弟入学。此外，还有宗学、武学、律学、算学、书学、画学、医学，等等。在各学校中以国子学、太学为重。但当时人们重视科举而轻视学校，视学校如传舍。到宋神宗时，锐意兴学，太学经过扩充整顿，始具规模。王安石变法，欲以学校养士代替科举取士，太学生员因而大大增加，当时还创立了三舍升迁试补之法。元丰二年(1079 年)，颁布学令，太学置八十斋，每斋容 30 人；外舍生 2 000 人，内舍生 300 人，上舍生 100 人，共 2 400 人。每月私试一次，每年公试一次，补内舍生；两年一舍试，补上舍生。考试时密封、誊录和科举一样。上舍考试优等者授官。徽宗崇宁三年(1104 年)，曾经下诏，一度取消科举，科场取士悉由学校。学校规模扩大，太学生徒增至 3 800 人。太学生考试合格者即引见赐第，释褐授官。这样，取士悉由学校升贡，解试、省试均被废除。但不久，这一做法遭到批评，称其"利贵不利贱，利少不利老，利富不利贫"②。到宣和三年(1121 年)，又不得不下诏恢复科举。

宋室南迁，稳定以后就开始兴办国子监、太学，而且给予较高待遇。"凡升上舍者，直赴廷对"。但到了光宗绍熙三年(1192 年)就有人感叹学校的衰落，原因在于，人们更看重科举这一进身的阶梯。吏部尚书赵汝愚等合奏说："奔竞之风盛，忠信之俗微，亦为荣辱升沉，皆不由乎学校。至于德行道艺惟取决于糊名。苟为雕篆之文，无复进修之志。视庠序如传舍，目师儒如路人。"③学校的兴废，与学校和科举的关系紧密相联。

州县官学到仁宗时大兴，其时，命藩府皆得立学，学生达二百人以上者，可以设立县学。神宗时规定了州县学的考试程式，哲宗时在州县学推行三舍法，其考选升补，与太学完全相同。由于徽宗曾经下诏以学校取士，因此限定了州县学生的名额。对于考试合格者，学生本人或学生之家，给予免税、免役的优待。管理州府学政的官员，要经过国家考试合格才可以担任。

宋代的书院甚盛，尤以四大书院最为著名，即庐山白鹿洞书院、衡州石鼓书

---

① 《唐会要》卷七六《缘举杂录》。
② 《文献通考》卷三一《选举考四》。
③ 《文献通考》卷四二《学校考三》。

院、应天府书院、潭州岳麓书院。此外还有西京嵩阳书院、江宁茅山书院。白鹿洞书院学徒常数千百人，太宗曾赐予九经，以供肄习。许多书院的规模和教学水平往往超过州县的官学。

辽朝仿唐宋制度，中央和地方设有官学。中央官学有国子学和太学、五京学；地方官学有府、州、县学。官学主要以“五经”传疏为教材。各级官学置博士、助教，掌讲授与考试。除官学之外，还有私学和寺院学校。寺院学校系承唐制，以经、律、论为三学，分别在中京、南京设三学寺。

金承唐宋之制，于海陵王天德三年(1151 年)设国子监，后于世宗大定六年(1166 年)又设立太学。国子学与太学之入学、在校均须经过严格的考试。考试内容是由国子监统一刊印的经、史、子书，考试由博士主管。地方设府、州、县学，有月课、岁考之制，大体承袭宋制。金朝在太宗、世宗两朝先后置女真字学及女真国子学，太学和府、州学。其设置和考试制度，也多仿汉族官学制度。金朝办女真学，为后来元、清两朝所效仿。国子学学习儒家经典，考试达到标准，可以参加集贤院和礼部的公试，优秀者可入仕做官。

元朝开设科举后，学校考试与科举考试相衔接。国子学生员仍可应公试做官，也可参加科举考试。顺帝至正六年(1346 年)重开科举后，国子学生及格便可参加科举的会试，在录取进士中专为国子学生保留名额。蒙古国子学学习八思巴文，回回国子学学习亦思替非文，考试合格者也可以入仕做官。元朝地方官学有儒学、蒙古字学、医学、阴阳学和书院。儒学有路、府、州、县学，按年龄分为小学生员、大学生员和在籍儒生。考试成绩优秀者可以推荐为学官或吏员。医学、阴阳学培养医生和阴阳师。蒙古字学培养译写八思巴字的人员。书院是学者招收生徒讲学之所，有官办，亦有民办，其教学和考试与地方儒学大致相同。

元朝以前，取士是学校与科举并行的。学校和科举的关系，与学校的盛衰兴废密切相关。这种情况到明代发生了新的变化。明朝选举之法有四，包括学校、科目、荐举、铨选。“学校以教育之，科目以登进之，荐举以旁招之，铨选以布列之，天下人才尽于是矣。”①明代“科举必由学校，而学校起家可不由科举”，就是说，凡是参加科举考试者，必须经过学校的培养。举子以各级学校的学生为主体。学校的生员不通过科举也可以直接选授为官。明代选官，科举是主流，学校是为科举储备培养人才的。明代学校在选举中占有重要地位。

---

① 《明史》卷六九《选举志一》，第 1686 页。

明代学校在中央有国子监，亦称国学；地方有府、州、县学。儒学之外，还有宗学、社学、武学。由于太祖朱元璋的重视，明代学校遍于全国各地，边远地区乃至军队卫所都设有儒学。所谓“无地而不设之学，无人而不纳之教。庠声序音，重规叠矩，无间于下邑荒徼，山陬海涯”。“明代学校之盛，唐宋以来所不及也”。①

国子监为最高学府，其学生通称监生，举人称举监，生员称贡监，品官子弟为荫监，捐资入学者称例监。又分岁贡、选贡、恩贡、纳贡，荫监又分官生、恩生。府州县学生进入国子监才可以被选拔为官，不入国子监者不能被选拔为官。

国子监生分六堂授业，以学习成绩积分升级。考试之法，孟月试本经义一道，仲月试论一道，诏、诰、表、内科一道；季月试经史策一道，判语二条。岁内积八分为及格，给与出身，不及格者继续坐堂受业。成绩出众者报请皇帝决定任用。在读监生可拨给在京衙门参加实际工作，称为历事。历事合格选用为官，不合格者仍回监读书。

府州县学生员人数不限，卫学军生有定额，土官子弟许入附近儒学，无定额。诸生应试之文，通谓之举业，四书义一道，二百字以上，经义一道，三百字以上。文章要求书旨明晰，不尚华彩。宗学是皇族子弟学校，宗室子弟十岁以上俱入宗学。明朝早期不许宗室子弟参加科举担任官职。后来允许宗室子弟参加科举考试，一些人通过科举进入了官僚行列。

武学是武官子弟学校。各都司卫所凡应该承袭父兄之职、十岁以上的子弟都要进入武学读书。崇祯末年天下大乱，皇帝下诏天下府州县学皆设武学生员。后又规定武学生可根据成绩擢用，但对于行将灭亡的明朝来说，已经无济于事了。

清朝学校沿袭明制。京师有国学，亦称太学，即国子监。为宗室和旗籍子弟而设的则有八旗宗室官学。各地有府、州、县学，卫学，还有土司学和乡村的社学。另外，就是各地数量庞大的书院。

清朝国子监生徒有贡生有监生，其名目与明朝大体相同而略有变化，包括岁贡、恩贡、拔贡、优贡、副贡、例贡。监生有恩监、荫监、优监、例监。荫监又分恩荫、难荫。国子监仍分六堂授业，所习为四书、五经、《性理》、《通鉴》诸书。国子监有月考、季考，考试内容一如科举：四书文、五经文、诏、诰、表、策、论、判。起初，清朝也有监生历事制度，以历事成绩等级分别授官。康熙后，监生坐监期满，

① 《明史》卷六九《选举志一》，第1686页。

直接送吏部考试，分别任官。太学生的主要出路是参加科举考试进入仕途。咸丰、同治间，由于经费短绌，国子监办学大受影响，再加之所习“专课文艺，无裨实学”，不再受到重视，以致日渐衰落。

地方府州县学，其入学要经过考试，合格者成为生员，否则为童生。生员要参加县试、府试和院试，还要参加科考以取得参加科举考试乡试的资格。

与明朝一样，清朝也是科举必由学校，甚至名义上民办书院的教学也主要是攻习举业，学生的一切均以科举为指归，学校也就因此成为科举的附庸，完全成了举子的养成所。在这种体制下，学校可以看作与科举是一体的。学校因科举而兴，也因科举而废。一旦科举不再需要学校，学校也就随之衰落。光绪三十一年(1905年)清廷宣布废除科举，国子监的功能就终止了，府州县学也完成了它的历史使命。新式学堂完全取代了各种旧式学校。

科举制度是为了公平取士，但是科举制度的公平不能从根本上保证社会的公平，其中一个原因就是受教育权利不能做到人人平等。前述各朝代的学校，都有对于生徒出身的要求。唐宋从国子学、太学到四门学，生徒的名额大部分由品官子弟享有，留给庶民的是很少的；明清的宗学，国子监生中的荫监、例监、恩监等等显然都属于权贵阶层。当这些人“平等”地与庶民子弟一起去参加科举考试时，庶民子弟乃至寒门子弟早已被置于不平等的地位。

清朝末年，实行新政，不得不改革科举制度，兴办新式学堂，同时派遣学童出国留学。但清廷并不愿学校脱离科举的轨道，反而要把学堂纳入科举体制，即授予各级学堂毕业生以科举功名：通儒院、大学、高等学堂、中学堂、高等小学堂毕业生，分别给以翰林、进士、举人、贡生、附生出身。各学堂学生在学期间不得参加科举考试，已毕业者，可参加乡试和会试。对于官派出国留学生，也同样给以不同的功名。显然，把现代教育体系强行纳入科举制度，是不可行的，理工医农通冠以翰林编修的名义也是不伦不类的。如此，科举制没有改变，反而拖了教育改革的步伐。

五、程文——统一标准的得失

科举取士的核心在于考试。考试必须规定标准，一是内容，二是格式。统一标准不仅显示了公平，也可以使评判更加便于操作、更加准确。

自隋唐开设科举，考试的内容就大体确定下来，其后有延续、有变化。

隋炀帝始置进士之科，当时只试策而已①。唐朝科举对各科考试的内容和标准有明确的规定。以明经为例，“凡明经，先帖文，然后口试。经问大义十条，答时务策三道，亦为四等”②。以进士为例，“凡进士，试时务策五道，帖一大经。经、策全通为甲第；策通四、帖过四以上为乙第”③。以算学为例，“录大义本条为问答，明数造术，详明数理，然后为通。试《九章》三条，《海岛》、《孙子》、《五曹》、《张丘建》、《夏侯阳》、《周髀》、《五经算》各一条，十通六，《记遗》、《三等数》帖读十得九，为第”。“《缀术》七条、《缉古》三条，十通六，《记遗》、《三等数》帖读十得九，为第。”④

宋代各科考试的内容，前后有所不同。《宋史·选举志》说：

> 凡进士，试诗、赋、论各一首，策五道，帖《论语》十帖，对《春秋》或《礼记》墨义十条。
>
> 凡九经，帖书一百二十帖，对墨义六十条。
>
> 凡五经，帖书八十帖，对墨义五十条。
>
> 凡三礼，对墨义九十条。
>
> 凡三传，一百一十条。
>
> 凡开元礼、凡三史，各对三百条。
>
> 凡学究，《毛诗》对墨义五十条，《论语》十条，《尔雅》、《孝经》共十条，《周易》、《尚书》各二十五条。
>
> 凡明法，对律令四十条。兼经并同《毛诗》之制。各间经引试，通六为合格，仍抽卷问律，本科则否。⑤

北宋范仲淹为参知政事，鉴于应举之艺多不合实用，提出复古劝学。皇帝下诏州县立学，士子需在学校学习一段时间才可以参加科举考试。而且，考试内容也有所改变，三场先策，次论，次诗赋，通考为去取。而罢帖经、墨义。但是，范仲淹罢官后，新执政者一反范仲淹的意见。皇帝下诏又说“诗赋声病易考，而策论汗漫难知”，又恢复了旧法。

神宗时，王安石变法，对科举制多有更张。他认为，“少壮时，正当讲求天下正理，乃闭门学作诗赋，及其入官，世事皆所不习。此科法败坏人才，致

---

① 《旧唐书》卷一一九《杨绾传》，百衲本第九十七册第785叶上。
② 《新唐书》卷四四《选举志上》，第1161页。
③④ 《新唐书》卷四四《选举志上》，第1162页。
⑤ 《宋史》卷一五五《选举志一》，第3604页。

不如古"①。于是改法,罢诗赋、帖经、墨义,以经义、论、策试进士。同时,又立新科明法,考试律令、《刑统》大义、断案,使那些不能考进士科的也有出路。后来,虽然政局党争纷纭,经试大义相沿未改。

元朝对科举考试内容作了新的规定,考试范围包括《大学》、《论语》、《孟子》、《中庸》,用朱氏章句集注为标准;《诗》以朱氏为主,《尚书》以蔡氏为主,《周易》以程氏、朱氏为主,这三经兼用古注疏。《春秋》许用左氏、公羊、穀梁三传及胡安国传,《礼记》用古注疏。元代科举考试确立了程朱学说的主体地位。元朝实行科举的时间虽短,对后世的影响却极大,最主要的是确定了"四书"、"五经"以程朱注本为考试标准。

明代科举考试要求的程文,沿袭宋元而略有变化。明朝最初考试还要考骑、射、书、算、律,后则专试经史。"其试士之法,专取四子书及《易》、《书》、《诗》、《春秋》、《礼记》五经命题试士。盖太祖与刘基所定。其文略仿宋经义,然代古人语气为之。"具体规定是:

> "四书"主朱子《集注》,《易》主程传、朱子《本义》,《书》主蔡氏传及古注疏,《诗》主朱子《集传》,《春秋》主左氏、公羊、穀梁三传及胡安国、张洽传,《礼记》主古注疏。永乐间颁《四书五经大全》,废注疏不用,其后《春秋》亦不用张洽传,《礼记》只用陈澔《集说》。②

科举程文号称代圣人立言,实际是对先圣经典加以阐释发挥。孔孟之学因此大行其道,程朱理学进一步巩固了其统治地位,致使天下无人不读孔孟之书,读书人思想高度一致。然而另一方面,标准答案的规定使任何人不得越雷池一步,也扼杀了一切独立思考。

明朝曾经多次下诏,要求在科举考试中严格遵循标准,对胆敢不遵守标准者给予严厉处分。比如,嘉靖十七年(1538年)题准,"科场文字……不写经传本旨,不循礼制,及引用列、庄、背道不经之言,悖谬尤甚者……奏请除名不许再试"。十八年又下诏,乡试"如有叛经离道,诡辞邪说,定将监临、考试等官罪黜,取中举人……革退为民"。③

---

① 《文献通考》卷三一《选举考四》。

② 《明史》卷七〇《选举志二》,第1694页。

③ 《大明会典》卷七七《礼部·科举》,中华书局影印万有文库排印万历重修本,第448页。

科举考试的题目被限制在少数几部儒家经典之内，范围十分狭窄，几百年下来，考试的题目尽出于此，程文的内容，辗转抄袭，千篇一律，有时竟至于连新的考题也出不出来了。一些考官为防考生抄袭，“出题多割裂牵缀”，其做法有割题、截题、搭题种种，所出题目有时既不成词，也不成句，文词不通，莫名其妙。比如以《论语·乡党》的内容出题为：“雷风”，此二字出自原文“迅雷风烈，必变”之句；题目“手衣”，出自原文“左右手，衣前后”之句；题目“食不多”出自原文“不撤姜食，不多食”之句；“中不内”出自原文“车中，不内顾”，可以看出，经典原文被任意拆解割裂，乱搭配，完全不顾文义，让人无法理解。①

至于答卷内容，翻来覆去也都不出这些内容，千篇一律，毫无新意。明末清初，顾炎武对科举考试的程文批评说：

> 今则务于捷得，不过于“四书”一经之中，拟题一二百道，窃取他人之文记之。入场之日抄誊一过，便可侥幸中式。而本经之全文有不读者矣。率天下而为欲速成之童子。学问由此而衰，心术由此而坏。②

清人李慈铭的批评更为尖锐，他说士人由于埋头科举，“论其学，则不辨唐宋；论其文，则不辨之乎。童而习之，破句之四书，长而效之，录旧之墨卷。其应试也，怀挟小策，钻营关节；其应制也，描摹墨卷，研磨墨光。明人谓三十年不科举，方可以致太平。余谓必不得已，当大减天下学额三分二，停选翰林三十年，始可言气节与政事也”③。他直指科举考试造成了士人不辨理义，不懂文章，投机取巧，天下大事都是被科举误了。

自明初起，规定科举制文“体用排偶，谓之八股”，确定以八股文为科举考试的标准文体。八股文成为后世广为诟病的一个话题。

在长期的科举考试中，对制文应该如何写作，一直在作探索，逐渐形成了一些较为固定的程式。最早唐代科举规定的试帖诗，要求五言八句，对仗工整；宋朝后期经义程文限500字，要求包括破题等十段的体式等，都是对考试文体的规范。史载，程文用八股是明太祖朱元璋和大臣刘基所定，而八股文走向成熟当在明代成化(1465—1487年)以后。顾炎武说：“经义之文，流俗谓之八股，盖始于成

---

① 《清稗类钞》考试类。

② 顾炎武：《日知录》卷一六《三场》。

③ 《越缦堂日记》乙集卷二，光绪元年。

化以后。股者，对偶之名也。”①八股文是对程文的一种规范，是对历代文章写作程式的一个总结，也使科举阅卷有了容易操作的评判标准。八股的文章形式是在实践中逐渐形成的，反映出人们对写作规律的认识。一篇文章认真用八股的方法来写，从破题、承题、起讲、入手、起股、中股、后股，一直到束股，只要严格按规矩作，就会写成一篇不错的文章，有时也会显示出斐然文采。

科举规定用八股文还有另一个出发点，就是规范应试者的行为方式和思维方式。严格按八股作文，是一种技能和思维方式的训练，未来的政府官员必须要循规蹈矩，按部就班，通过写作八股文，就可以达到这一目的。公文写作不同于艺文写作，官员行为举止不同于平民，驯服听从，中规中矩，是官员必备的素质。写八股文是要培养这种素质，考八股文是检验是否具备这种素质。同时，规定行文标准，也是实行公平原则所需的，所有考生都用一个标准来衡量，才可以达到公平。同时，有了明确的标准，才便于考官们作出评判。八股文简单明了，使文章是否中式一目了然。考生容易掌握，考官容易操作，大家都欢迎。考试用八股文因此被沿用数百年而无法取代。清康熙二年(1663 年)，曾下诏废除八股，改试策论。但反对者认为不便于考试及评判，到康熙七年又恢复了旧制。

虽然科举考试是个相对封闭的系统，科举考试的规定也极为刻板，但时代风气和文化变迁还是会对科举考试的内容和形式产生种种影响。

宋代程朱理学兴起。众多理学家不满科举墨守旧规，冀图通过书院讲学，对科举内容有所匡正。朱熹认为：“国家以科举取士，盖循前代之旧规，非以经义、诗赋、策论之区区者，为足以尽得天下之士也。然则士之所以讲学修身，以待上之选择者，岂当自谓止于记诵，缀缉无根之语，足应有司一旦之求而遂已乎?”②

明代大戏剧家汤显祖，以文章名动海内，他的剧作文辞优美，在文学史上地位显赫。但汤显祖又是一个举业大家，他十分善于写八股文。他写的时文同样为海内所称许。现存涌泉堂刊本万历癸未《汤海若先生制艺》所收是他万历十年(1582 年)作于杭州的八股文。他以特有的“风流”灵变，使遵循八股套路格式的时文，令人刮目相看。他的八股文《次九日向用五福》由于“有人不及处”，而被“高荐”为举人之冠。他依凭“灵根”、“灵性”、“灵气”之“风流”才情，做到“委弃绳墨，纵心横意”，在“绳墨之外，灿然能有所言”③。这是在科举体制内对晚明文学

---

① 《日知录》卷一六《时文格式》。

② 《朱文公文集》别集卷九《招举人入白鹿咨目》。

③ 《汤海若先生制艺》,《皆春园集叙》。

发展趋势的呼应。

也就在这时，耶稣会士意大利人利玛窦来到中国，带来了异质文化。对明代社会及文化构成了巨大的冲击。乐于追求新知的中国读书人，热心钻研西学。这种文化潮流竟然在科举考试中也有所反映。明朝官员李之藻、徐光启等人是学习西学的代表人物。李之藻是万历二十六年（1598年）进士，授工部主事。他于万历三十一年奉命主持福建乡试。他出的一道策论题，虽然使用的是《易经》、《禹贡》等儒家经典的常用语言，实际是对天文学的当代思考，明显地折射出他正在与利玛窦一起探讨的西学①。晚清国运维艰，举国上下都在寻求振兴自强之路，这也反映到科举考试的程文之中。光绪帝殿试举子，其策论常以时政命题。

然而，科举程文的规范化，也导致了思想行为的僵化。八股文束缚了文字，也束缚了人心。士子参加科举为求得功名速成，专务背诵范文，并不认真研习经典原著，所谓圣贤之道都被抛在了一旁。士人专务八股时文，难以培养朝廷需要的可以经略天下的人才。科举文章禁锢了读书人的思想，扼杀了他们的创造性，把士人造成了狭隘的工具。

科举考试还有一些琐碎的规定，更是背离了选拔人才的本意，比如对试卷书法的刻板要求，引导士人成为书写工匠。明朝时，乡试、会试都以文章为主，书写要求不严，进入殿试，才讲究字体，也无非是对于“字划端楷无讹者”给以好名次，其出发点是为了便于给皇帝宣读。到清代后期，殿试几乎完全以书法为去取，甚至连文章也不看了。道光晚年，殿试试卷字体讲究字划，为投皇帝所好，“士人争以痴肥板重为工，有黑光方匀之目。非此不得列前十卷”②。越发偏离了考试的本意。这种做法被批评为“桎梏天下之人才，置之无用之地”③。张之洞甚至认为楷法之害甚于八股：“损其志气，耗其目力，废其学问，较之八股诗赋殆有甚焉。”④

更无谓者，是殿试竟然以貌取人。相貌仪表令考官不满意的，难得名列前茅。明朝陆粲《庚己编》记载，当时殿试有个成例，确定进士排名的前一天，负责考试的学士们要在礼部阁老堂中集会，点名阅视各位进士的仪表，答卷好还要仪表好才能夺魁。这与科举的立意就更不相侔了。这种做法可以在唐代的殿试中

① 徐光台：《西学与科举：以李之藻福建乡试为例》，《第七届科举制与科举学国际学术研讨会论文集》。

② 《桃花圣解庵日记》壬集，第14页。

③ 《清稗类钞》考试类，第114页。

④ 《光绪东华录》卷一四六，光绪二十四年六月。

找到源头，是一个很古老的习惯。

爰及清末，列强环伺，特别是甲午战争中国败给日本，给中国人造成了极大的冲击。痛定思痛，寻找病根，人们再次把矛头指向了科举，认为是科举制影响了富国强兵。清廷为了图强图新，于光绪二十四年（1898 年）下令废止八股，诏曰：

> 乃近来风气日漓，文体日敝，若不因时变通，何以见实学而拔真才？着自下科为始，乡、会试及生童岁、科各试，向用四书文者，一律改试策论。①

同年，光绪帝批准了总理衙门和礼部的建议，改革科举考试的内容，仿博学宏词科先例，设经济特科。二十六年（1900 年），慈禧太后发布懿旨，再次开设经济特科，由各部院堂官，各省督抚、学政出具考语，保荐“志虑忠纯，规模宏远，学问淹通，洞达中外时务者”参加考试，于会试之前举行。二十九年，举行特科考试。正场考试之题有《〈大戴礼〉“保保其身体，傅傅之德义，师导之教训”与近世各国学校体育德育智育同义论》、《汉武帝造白金为币，分为三品，钱当多少，各有定值。其后白金渐减，钱制亦屡更，竟未通行，宜用何术整齐之策》。覆试考题有《〈周礼〉农工商诸政各有专官论》、《桓宽言，外国之物内流，而利不外泄，则国用饶民用给。今欲异物内流，而利不外泄，其道何由策》。可以看出，清廷想在不改变科举制度的前提下，通过考试内容的改革，选拔富国强兵的人才，以应对迫在眉睫的危机。但是人才培养的导向，是包括学校教育在内的一个系统工程，不是仅仅改变考试内容和文体就可以达到的，必须从根本处进行。

所以，反对科举制的呼声并没有因此而停止。本年，张之洞、袁世凯上奏：“科举一日不废，即学校一日不能大兴。士子将永远无实在之学问，国家永远无救时之人才。中国永远不能进于富强，即永远不能争衡于各国。”②

在危机的压迫下，在维新人士的要求下，清朝政府已经别无选择，只有果断革新别无出路。兴学堂、习西学成为新政的重要内容，科举制再也不能继续维持了。光绪三十一年（1905 年）皇帝下诏：“自丙午科为始，所有乡、会试一律停止，各省岁、科考试亦即停止。”③实行了一千三百余年的科举制终于寿终正寝了。

那么，科举之弊究竟在哪里？在其众多弊端中根本的弊端又是什么？自清

---

① 《皇朝续文献通考》卷八七《选举考四》。

② 舒新城编：《近代中国教育史料》四，第 118—119 页。

③ 《光绪东华录》卷一九五。

末以来，把科举视为最大祸患，其着力抨击的，一是技术层面的八股文；二是思想层面的孔孟之道。现在很多人批评科举，仍作如是说。然而八股文和孔孟之道并不是科举真正的病根。科举为患的病根在于其目的性，历代皇朝通过科举把举世的读书人都引导到做官这唯一一条道路上。读书人除读书做官没有任何专业能力。在以农业为主体的时代，以耕读治国，还可以平稳缓慢地向前发展，朝廷所需不过是"牧民"的工具，社会发展、百业进步，都不是科举考虑的范围。科举不选拔专业人才，而被科举绑架的学校，一律沦为科举预备所，当然也不培养专业人才。举国的读书人都想通过科举做官而达到荣华富贵，百业万般都成了下品，为人不屑，社会发展只能是畸形的、滞缓的。

明末来华的耶稣会士利玛窦就已经冷眼看出了科举的根本弊病：一是没有人会愿意费劲去钻研数学或医学，因为这种钻研得不到人们的尊敬，不如死记硬背四书五经那样能得到荣誉。二是在所有的考试中，无论是军事、数学或医学，主考都是从擅长科举的元老中选出的，从不增加一名军事专家、数学家或医生。这妨碍了他们对学术问题的正确判断。他指出的这一现象，正是科举束缚、泯灭中国人的聪明才智、妨碍科学技术发展的真正原因。

清末，有着西学背景的严复曾痛切地说："覆中国、亡中国，必自科举愚民不学始也。""中国重士，以其法之效果，遂令通国之聪明才力皆趋于百官。百工九流之业，贤者不居。即居之，亦未尝有乐以终身之意。是故，其群无医疗，无制造，无建筑，无美术，甚至农桑之重、军旅之不可无，皆为人情所弗歆。"这与三百年前利玛窦所见相同。这样的反思，是极为深刻的。

六、作弊防弊——恒久的博弈

科举的本意在于公平取士，但是几乎与科举诞生同时，违背公平竞争的各种舞弊、取巧的行为就出现了，因此，防止舞弊从一开始就是科举制度中的一项重要内容。

为保证取士的公平，唐代不断完善科举考试的程序、评判标准，采取防范科场舞弊的措施。在考试程序方面，唐代省试中逐步建立了进士、明经等常科科目三场考试制度，从技术层面避免前场落第再参加后场考试等舞弊行为。五代时，这种三场考试制度又推行到州县的考试中。唐代为防止科场舞弊实行了考试场所的锁院制度，设置贡院印，以防违禁。为了确保阅卷公正无误，建立了中书门下覆核和覆试制度，同时加强了对省试的监督。

但是，唐代科举还不能说是完善成熟的。唐代实行科举之初，还保留有公荐制度，即所谓“台阁近臣”可以向考官推荐“抱文艺者”，甚至预拟了榜上的名次。应举者要向达官贵人献纳诗词赋论作品，即所谓“行卷”，以备推荐。一些有影响的人物甚至被称为“文章之司命，人物之权衡，一经品题，便作佳士”。然而这些达官贵人“去取不能无私”，这就为权要世家子弟开了方便之门，甚至录取“不以亲则以势，不以贿则以交”，那些“无媒无党，有行有才”的人往往被拒之门外。李白的《与韩荆州书》中说“生不用封万户侯，但愿一识韩荆州”，钱起的诗句“献赋十年犹未遇，羞将白发对华簪”①，描写的就是士人的这种无奈。一些达官贵人倚仗权势在科举中公开请托，比科场作弊更为严重，而科场舞弊已成为常态，以至于形成“势门子弟，交相酬酢；寒门俊造，十弃六七”的局面。②

长庆元年（821 年），礼部侍郎钱徽掌贡举，接受请托，录取不公，引起不满，穆宗下令进行覆试。结果已录取的 14 人，10 人因无艺被黜落，涉嫌请托者被罢官。会昌三年（843 年）礼部尚书王起权知贡举，提出“凡有亲戚在朝者，不得应举”，使公卿子弟的入仕之路暂时受到了限制。但几经反复，终于无法阻止公卿子弟的请托和当权者的卖放。

唐及五代科举考试还有公卷制度。为使考官了解应举者的平素课业水平，应举者要向知贡举官投纳省卷，即“公卷”。这样做本可以更全面地考察士子的水平，避免仅凭一次考试就决定去取的侥幸和不公，但是，公卷不能保证真实，公卷造假，或用旧卷，或请人代笔，都无从监督考察，反而出现巨大漏洞，妨害了考试的公平。

宋代为了实现科举的公平，继续完善其制度和技术设计。宋初，多次下诏废除公荐，规定荐嘱者要治罪，被荐者罚本贯重役，且永远不得再参加科举考试，对于告发者则给予奖励。废除了“公荐”及“公卷”制度，“一切以程文为去留”。③

科场如同战场，早在唐代，就规定了严格的科场纪律，“礼部阅试之日，皆严设兵卫，荐棘围之，搜索衣服，讥诃出入。以防假滥焉”④。但是科场作弊不止。为了防止科场作弊，宋朝做了一系列技术性规定，仁宗淳化三年（992 年），开始实行“糊名考校”。试卷封印糊名，乡贯状别用字号标注。真宗时，又施行了誊录制

---

① 钱起：《赠阙下裴舍人》。

② 《旧唐书》卷一六四《王起传》，百衲本第十四册第 979 叶下。

③ 陆游：《老学庵笔记》卷五。

④ 《通典》卷一五《选举三》。

度，试卷另行誊录，然后再送考官评定等第。这样，考官既不知道举人的姓名，也不能凭借字体辨认出作者，请托关照就难于进行了。欧阳修称赞说："窃以国家取士之制，比于前代，最号至公。……糊名、誊录而考之，使主司莫知为何方之人，谁人之子，不得有所爱憎薄厚于其间。……其无情如造化，至公如权衡，祖宗以来不可易之制也。"他认为，这是最公正的制度。

宋太宗雍熙二年(985年)，即设立了亲属回避的"别头试"制度，考官与举人为姻亲者，遣官另设考场别试。孝宗乾道六年(1170年)，"诏诸道试官皆隔一郡差选，后又令历三郡合符乃听入院"①。但此时殿试考官尚不避亲。宁宗嘉定元年(1208年)，"命朝官有亲属赴廷对者，免差充考校"②。这就为后世立了规矩。

南宋理宗绍定元年(1228年)开科，发现某卷文字与人雷同，甚至一字不差。原因在于考官受贿，将范文偷交给应试者，或者是老儒卖文给士子传抄。朝廷不得不对此加以诫饬，下令一旦发现试卷雷同，即将应试者黜落，考官、监试官也一例黜退。理宗时，科场"奸弊愈滋"。"举人之弊凡五：曰传义，曰换卷，曰易号，曰卷子外出，曰誊录灭裂。"朝廷下令严格监督，"设立赏格，许告捉怀挟、传题、传稿、全身代名入试之人"。③

金朝科举考场制度严厉。科场规则如糊名、誊录等，则大体沿袭了宋朝的做法。

明清科举作弊甚盛。"贿买钻营、怀挟倩代、割卷传递、顶名冒籍，弊端百出，不可穷究，而关节为甚"④，所以明清科举的防弊措施也更为严厉。比如，明代考试在内由御史，在外由按察司官员监试。会试时，由御史供给收掌试卷，弥封、誊录、对读、受卷、巡绰、监门，搜检怀挟，都有专职人员。考场严禁讲问冒代，每个考生单独一间号房，由一名军人把守。试卷弥封，编号作三合字。试卷用墨书写，再由誊录官用硃誊写。读卷官不知考试者姓名，也不能见到墨卷，可以说无处不防。洪武七年(1374年)规定，如果考生挟带被发现，"于场前枷号一月，满日问罪革为民"⑤。

但是，如《明史》所说，作弊以"关节为甚"，科场案时有发生。一些势要高官或凭借权势，使自己的子弟得以高中，或贪图贿赂，以金钱决定去取，从根本上败坏了科举的公平。万历四年(1576年)，顺天主考高汝愚录取权臣内阁首辅张居

① 《宋史》卷一五六《选举志二》，第3632页。

②③ 《宋史》卷一五六《选举志二》，第3636页。

④ 《明史》卷七〇《选举志二》，第1705页。

⑤ 《大明会典》卷七七《礼部·科举》，中华书局缩印万有文库本，第449页。

正的儿子张嗣修、张懋修和张的同党吏部侍郎王篆的儿子王之恒、王之鼎，就是很典型的案件。

清代科场舞弊仍然猖獗，顺治十四年(丁酉，1657年)，爆发科场大案。顺天府乡试发榜后，"途谣巷议，啧有烦言"，爆出：中式举人陆其贤用银三千两，同科陆贻吉送考官李振邺、张我朴贿买得中等情弊。各地乡试发榜后，士子忿其不公，也揭露出各种舞弊情节：江南"联宗有素，乃乘机滋弊"；河南考试官黄鉍、丁澎用墨笔添改字句；山东同考官袁英等，用蓝笔改窜字句；山西考试官匡兰馨等批语不列名衔，等等。顺治帝命法司严查拟罪。结果，考官李振邺、张我朴等，举人田耜等共七人俱立斩，家产籍没，父母兄弟妻子俱流徙尚阳堡。此外，王树德等七人应立斩家产籍没，妻子父母兄弟流徙尚阳堡；孙珀龄等十一人俱应立斩，家产籍没；张旻等五人俱应立绞，余赞周应绞监候。顺治帝亲自审问，"多犯一时处死，于心不忍"，俱从宽免，各责四十板，流徙尚阳堡。①

但是，科场舞弊并没有就此止步，各种舞弊行为不断发生，咸丰八年(1858年)又发生了震动朝野的大案。其时岁在戊午，因此又称戊午科场案。本科顺天乡试，因考生满洲附学生平龄涉嫌舞弊引起，暴露了考生罗洪泽"递条子"入考场，请托兵部主事李鹤龄、翰林院编修浦安，浦又托大学士柏俊，罗因此得以中式。李、浦共得白银500两，而柏俊并不知情。结果，浦、罗、李照例处决，柏俊也以"辜恩藐法"即行处斩。柏俊以一品大臣被杀，实与同僚私恨有关，但其责任是不能逃脱的。此案历经五年才审结完成，最终九十余人受到惩处，五名军机大臣等被杀。

清廷对科场舞弊如此严厉惩处，意在严肃法纪，公平取士，同时，借以钳制士人，打击帮派党争的意图也很明显。此前，顺治十四年(1657年)所颁发的上谕就说到："制科取士，课吏荐贤，皆属朝廷公典……以后内外大小各官，俱宜恪守职掌，不许投拜门生，如有犯者，即以背旨论。荐举各官，俱照衙门体统相称，一切读阅卷考试等项，俱不许仍袭师生之号……永绝朋党之根。"②控制科场，就是加强对政局的控制，就是加强皇帝的权力。

与这些舞弊大案相并行，就是科场的怀挟之弊。自宋代实行糊名、誊录等措施之后，科场怀挟之弊与反作弊就呈水涨船高之势。至明清，更达到登峰造极的程度。此类作弊在科场内外已经形成一个完整的链条，甚至成为一个产业。为

---

① 《清世祖实录》卷一一二至一一九。

② 《清世祖实录》卷一〇六。

了应对科举市场，各种科举程文范本大行其道，许多文人成为选家。一些书坊更是印制微型刻本，专供举人入场夹带之用。至于夹带方式更是花样百出。衣、物、笔、砚、纸、墨无不可以作为夹带工具，甚至夹带物被藏入亵衣之内。为痛惩夹带之弊，乾隆帝曾下谕旨，令“步军统领、五城御史出示晓谕，并密行查拿”，且在现场派遣军役搜检，以至扒光入场者的衣裤。乾隆九年（1744 年）顺天府乡试，头、二场各搜出夹带 21 人。由于搜检威慑，大量蝇头小卷被遗弃在贡院外各角落。第二场点名，竟有二千八百余人不敢入场考试，而入场参加考试者，因为没有夹带而交白卷的 68 人，不完卷的 329 人，文不对题的 276 人。如此情景，不仅说明夹带积弊之重，而且说明士子庸滥之甚。此役之后，科场夹带虽稍微平静，但不久又死灰复燃。迨至清朝末年，纲常解纽，科场搜检流于形式，对于夹带见怪不怪，科举也就走到了尽头。

科举号称公平，但科举的公平也是相对的。作为地域广阔的多民族国家，各地区、各民族之间的差异很大。如果都按一个标准取士，可能造成机会的不平等。同时，各朝为了扩大统治基础，也有必要广泛地选拔人才，把不同地区不同民族的人才都选拔出来。这既可以使取士的代表面更均衡，也可以照顾到差异地区和不同民族的相对公平。同时，统治者为了强化自己的政权支柱，给特定人群或特定族群以优待，也是科举中常见的做法。

唐朝文武官考试即有所谓南北选。唐朝规定了诸州的解额，照顾了边远地区、落后地区的应试者的数量。宋朝也以各地解额数量的限制分配，来取得地区之间的平衡。金朝太宗天会五年（1127 年），因“河北、河东初降，职员多缺，以辽宋之制不同，诏南北各因其素所习之业取士，号为南北选”。南北新老地区按不同标准取士，就照顾到了地区和民族差异。元朝科举分左右卷，其中有对汉人、南人歧视的因素，但也不无扩大统治基础，求得差异均衡公平的考量。明代科举，取士原不分南北。洪武三十年（1397 年），取士五十二人，皆南人。太祖朱元璋认为考官为南方人因而偏私，于是严惩考官，亲自阅卷，结果录取六十一人皆北人。永乐以后，几经调整，确定取士分南、北、中卷。这不仅调整了利益分配格局，照顾到落后地区的发展，也使国家统治基础更为平衡稳固。明代武举也曾仿文科之南北卷，分为边方、腹里。每十名中，边六腹四以为常。清代科举卷不分南北，而按参加考试的人数临时确定名额。在会试中采取分省取士，照顾边远省份，以确保各省士子都有登科的机会；在乡试中实行编号制度，分别规定取中名额，使偏僻之乡及地方民族子弟都有可能中式。对土司中式标准的放宽等等，也是出于同样目的。

在等级森严的社会中，绝对的平等永远无法实现，统治者有时要故意维持这种等级差异。

科举考试，号称朝廷设科，人人可以投牒自荐，但实际上，朝廷对于参加科举者的身份有明确的限制。唐代规定，“有刑家之子，工商殊类”不得充贡①。宋朝，“大逆人缌麻以上亲及诸不孝、不悌，隐匿工商异类，僧道归俗之徒”及医巫之家不得参加科举；辽代“医、卜、屠、贩、隶奴及倍父母或犯者、逃亡者，不得举进士”。②天祚帝乾统五年（1105 年）又规定“禁商贾之家应进士举”③。金朝规定倡优之家、伶人，奴婢、罪犯、叛逆人亲属乃至官方的太常乐署的乐师、少府监各色工匠艺人都不得参加科举。元朝仍有“倡优之家及患废疾、若犯十恶奸盗之人，不许应试”的规定。但阴阳医术之士则不禁止。世祖在位时，丞相火鲁火孙等关于开设科举的建言中就说到“儒吏、阴阳、医术，皆令试举”④。对于罪犯的限制可以理解，对于工商医巫伶人奴婢之家的限制，就是明显的歧视。明朝规定相对放宽，洪武四年，太祖朱元璋令“惟胥吏心术已坏不许应试”⑤。他不愿意让那些已被官场污染的胥吏进入官员队伍。洪武十七年（1384 年），又规定：“其学官及罢闲官吏，倡优之家、隶卒之徒，与居父母丧者，不许应试。”⑥明代，特别是在中后期，有大量的工商之家的子弟参加科举考试，而且中式入仕。社会的进步，工商业阶层的壮大，普遍价值观念的变化是其原因。到清代，仍规定奴婢倡优之家不得参加科举，其他贱民包括丐户、疍户、九姓渔户等等也不准参加科举。雍正年间虽然曾下令除豁乐户等贱籍，在名义上解除了他们参加科举的限制，但实际上还是很难取得完全平等的地位。

七、科举——社会的一面镜子

科举制度是为治国而选拔人才的，因此与政治密不可分。治国需要人才，官僚队伍必须由贤能组成。科举制是历朝历代尝试了各种选拔人才的制度之后摸

① 《通典》卷一三《选举一》。
② 《文献通考》卷三〇《选举考三》。
③ 《辽史》卷二七《天祚帝纪一》，第 322 页。
④ 《元史》卷八一《选举志一》，第 2018 页。
⑤ 《大明会典》卷七七《礼部・科举》，第 448 页。
⑥ 《大明会典》卷七七《礼部・科举》，第 450 页。

索出来的。它的公正、平等、择优等规定，在于排除门第、血统、私人关系乃至违法作弊，保证不受干扰地选拔人才。科举制一出现就显示出了它的生命力。科举制前后实行达一千三百余年，历朝的大量治国人才皆出其中。在保证历朝政权的运转和稳固上，科举制发挥了巨大的作用。无论世卿世禄制、察举制还是九品中正制，最终都导致了少数人把持权力，甚至是势族世袭。社会成为豪族控制的一潭死水，多少贤才埋没草野，社会各阶层无法流动，失去了进取的活力。科举制使各阶层的贤能得以被选拔，人才大量涌现。人才辈出、能臣辈出是盛世、治世的显著标志。

中国幅员广大，各地存在巨大差异，维护统一和稳定是历代执政者的重要课题。自秦统一之后实行郡县制，打破了诸侯各自为政的局面。在理论上一切官员的任免都收归了中央，保证了政令统一，国家一统。但是这种大一统不够彻底，特别在两汉实行察举制之下，地方官得自置掾属，从而使地方拥有很大的权力。再加上察举的标准不明，举荐官得以上下其手，被选出来的人才可能大打折扣，而且由于授官权力的下移，分割了中央的权力。

科举制选官取消了地方主官自辟僚属的权力，所有进入流品的地方官员都由中央政府选拔任命。《文献通考》说，隋朝实行科举，“海内一命之官并出于朝廷，州郡无复辟署之事”，这就大大加强了中央对地方的控制。国家对地方控制的核心是对地方官员任免权的掌握。由中央任命地方官，避免了地方官坐大和分裂割据，而且使亲民官的素质得到了保证。通过科举，把经过严格选拔的人委任到地方，可以使国家的政策法令得到更充分的落实，地方得到更有效的治理和发展。

朝廷通过科举制实现了对人才的笼络和控制，同时也实现了对士人思想的控制。统一培养标准和考试标准，造就和选拔了他们所需要的人才。士人不许有独立的思想，考试的标准答案，告诉士人只能怎样思考。在这一标准的约束引导下，一个学童经过十数年、数十年的修炼培养，大多数最终成为头脑僵化、没有独立思想的人。还有，通过八股文等程文的机械训练，又可以塑造出循规蹈矩、谨小慎微、不敢越雷池一步的人。士人中式者、不中式者都成了听命于朝廷、为朝廷卫道的驯服工具，缺乏创造性，难以产生新思想，也难以提出不同意见。

另一方面，士人通过科举进入了官僚队伍，成为统治阶层之一员。同时，他们通过科举和考官及同榜中式者这种特殊关系又结成了自己的关系网。自唐代以后，考试及第者就拜主考官为师，称为座主，中式者自称门生，对座主执弟子礼，构成师生关系。同榜中式者，称为同年，有同学之谊。师生、同年关系亲密，形成势力团体，在朝廷中互为奥援，甚至图谋私利，干扰朝政。历代朝中的帮派、党争，背后都有师生、同学的影子。明弘治、正德年间的阁臣李东阳说："座主之义，自有科举以来有之。盖凡出于其门者，或登堂而拜，或分屏而坐，有不同于途之人者。既其甚也，乃至于徇私而忘公，故宋之初尝革之。"明朝晚期，座主门生关系是党争加剧和政治败坏的原因之一。顾炎武批评说："至于有明，则遂公然谓之座师，谓之门生，乃其朋党之祸，亦不减于唐时矣。"

科举的影响，不只在官场，而及于整个社会。科举考试为许多人改变命运提供了机会。读书人一旦中式，就立刻得到了荣誉、地位和财富。科举考试是对读书人做官资格的认定。取得了科举功名，就打开了入仕之路。进士登第者无比风光。

唐朝人记载，时人以进士登科为登龙门。登第后有杏园初会，谓之探花宴。宴后于慈恩寺塔下题名，即雁塔题名。又有曲江大会，会前"先牒教坊请奏，上御紫云楼，垂帘观焉。……公卿家率以其日择选东床，车马填塞"。①

宋朝皇帝赐宴新进士于琼林苑，称为闻喜宴。皇帝还要赐诗，赐绿袍、靴笏，诏给进士第一人金吾卫七人，清道导引，招摇过市，以为荣宠。所谓"朝为田舍郎，暮登天子堂"。一介书生，凭借苦读，一朝登天。这种强大的社会示范作用，影响了社会风气，使举国为之倾倒。学而优则仕成为天下的共识。科举激励了读书人的进取心，世人无不相信，即使是贫寒子弟，无任何依傍，只要通过努力读书都能取得成功，天不弃才，与世平等。中国人历来认为，人生最大的成功是得到高官厚禄，而通往高官厚禄的途径就是读书中举。因此，"万般皆下品，唯有读书高"成为普遍的观念。中国人普遍重视教育，尊重知识，乃至尊敬教师，与长时期实行科举有直接关系。在中国人的伦理中，教师被摆放到很高的地位。即使普通民众的家里，也常常供奉着"天地君亲师"的牌位。尊师重教成为中国文化的重要特征。

科举是读书人向上攀登的最好阶梯。科举成功者不仅改变了自身地位，也改变了门庭，促进了社会各阶层间的流动，为统治阶层不断地注入新鲜血液。另一方面，流风所及，科举在民间形成一种文化。在民间传说、文学、戏剧、曲艺当中，科举故事和科举人物是长盛不衰的主题。在民俗当中，游戏、节庆乃至宴饮等等，都浸透着科举的影响。士人之外，各行各业也把本行业奋斗成功者称为状元，所谓"行行出状元"，将相无种，通过努力就可以得到成功，就是在科举制影响

---

① 王定保：《唐摭言》卷三《散序》。

下形成的广泛的社会理念。这种全社会特别是青年人普遍奋发进取的心理，激发了社会创造性，使整个社会充满活力，成为社会进步的潜在动力。

然而，一项制度久而生弊。当科举制度实行了千余年而不加以更新的时候，它内在的缺陷就会不断地扩大。不仅科举制的存在面临危机，而且这种危机还危害到整个国家和社会，违背了科举制设立的初衷。

所谓"天下为公"，是一种理想的追求，但对统治者来说更多的不过是一种标榜，对读书人来说，往往也只是个幌子。在现实政治权利和实际利益驱使下，无论是统治者还是读书人，在科举中往往表现出最丑陋的一面。统治者所要的是驯服工具，读书人所要的是高官厚禄，只要达到目的，无所不用其极。广泛流传的"学得文武艺，卖与帝王家"之类的谚语，描述的就是赤裸裸的买卖，就是一些读书人和帝王之间关系的本质反映。

读书人读书是为了出售自己，为了得到帝王赏识，待价而沽，谋取私利，与修身、齐家、治国、平天下毫不相干。孔夫子说："邦有道，贫且贱，耻也；邦无道，富且贵，耻也。"①在有道之君治下，处于贫贱，那是耻辱；在无道之君治下，却得到富贵，同样是耻辱。所以，孔子说："天下有道则见，无道则隐。"②许多醉心科举的人读的是孔孟之书，却把孔夫子的话丢在了一旁，早已忘了那些齐家、治国、平天下之类的训诫。他们以富贵为最高追求，把仕进作为光宗耀祖、改换门第乃至聚敛钱财的阶梯，把金榜题名当作人生最为得意之事。

另一方面，帝王对读书人威逼利诱兼施，目的就是把他们收入笼中，成为奴才、帮凶、宠物、装饰品。通过科举，所有被赐予进士名分的，无论是进士及第、进士出身，还是同进士出身，都成了天子门生，都被天子所网罗。唐太宗曾经私下登上端门，见到新科进士鱼贯而来，得意地说："天下英雄入吾彀中矣。"在这个意义上，朝廷胜利了，君主胜利了。作为家天下的君主，一些人甚至公然把高官厚禄作为利器、作为钓饵而炫耀。宋真宗亲自撰写的《劝学文》，其中"书中自有黄金屋，书中自有千钟粟，书中自有颜如玉"就是一篇广告，而多少读书人把它当成座右铭，奉为信条。

明朝嘉靖年间，曾任礼部尚书、国子监祭酒的内阁首辅高拱，是个有担当的读书人。他和徐阶、张居正等一起推动了明朝的嘉万中兴。高拱对于科举之弊所见甚深，他说："科目以文艺取士，士只文艺是竞。父兄师友督勉，惟此而已。而性命之理，礼乐之实，存心制行之方，事君泽民之术，漫然其不知也。遂使天下

①② 《论语·泰伯》。

之人，惟务得官以为耀，积橐以自肥。始乎利，终乎利。寡廉鲜耻，患得患失，甘为鄙夫而不知。”他对宋真宗的《劝学文》尤其深恶痛绝，写道：

> 偶遇一学究，见其壁上有宋真宗《劝学文》云：“书中自有黄金屋，书中自有千钟粟，书中自有颜如玉。”予取笔书其后云：“诚如此训，则其所养成者，固皆淫逸骄侈、残国蠹民之人。使在位皆若人，丧无日矣。而乃以为帝王之劝学，悲夫！”①

他认为，按《劝学文》模式培养出来的必然是淫逸骄侈、残国蠹民的人。如果在位为官的都是这些人，国将“丧无日矣”。参加科举只为黄金屋、千钟粟而来，只为颜如玉而来，一旦为官，怎么会不残国蠹民呢？任用残国蠹民之人，国之亡是必然的。然而，在君主专制时代，“学得文武艺，卖与帝王家”是读书人的唯一出路。帝王要的是奴才，读书人要的是利禄，君主把科举当作笼络读书人的工具，啖以利禄；读书人把科举当成了干禄的途径，所谓圣贤之书只是敲门砖而已。

在狭隘自私的功利心之下，科举成了败坏心术之道。清人陆陇其写道：“若只从取功名富贵起见，便是怀惠，是终日读书只做得小人功夫。这个念头熟了，一旦功名富贵到手，不是将书本尽情抛却，彻内彻外做个小人，便是将圣贤道理外面粉饰，欺世罔人，败坏世道。病根都是从习举业时做起的，岂不可叹！”②

另外一方面，在科举成为读书人的唯一出路的情况下，许多有才能的人被科举考试阻挡在门外，无法施展长材。

明末清初，黄宗羲对科举进行了激烈的批评。他说：“取士之弊，至今日制科而极矣。”“其所以程士者，只有科举一途。虽使古豪杰之士若屈原、司马迁、相如、董仲舒、扬雄之徒，舍是亦无由进取之。”③

科举使众多怀才之士蹉跎科场，一些中式者其甲第名次也名不副实。晚清重臣曾国藩会试只得三甲，平生引以为恨。左宗棠、胡林翼也没能得到科举的好名次。清朝咸丰、道光年间，国家多事，那些出身于科举正途高第者，却往往不能济事，而草泽杂途者反而涌现出不少能臣，科举的局限性显现无余。清末，康有为曾经上书痛陈科举之弊。他写道：“当同治之年，沈葆桢、李鸿章皆以道员擢为巡抚，而阎敬铭则以署臬擢抚山东。左宗棠且以举人赏三品卿，督办军务……庸

---

① 《高拱全集》，《本语》卷之六，中州古籍出版社，2006年，下册，第1290页。

② 《松阳讲义》卷五《论语·子曰君子怀德章》，《四库全书》文渊阁本。

③ 黄宗羲：《明夷待访录·取士》上、下，《黄宗羲全集》，浙江古籍出版社，2002年，第一册，第14页。

能各展才力，克佐中兴？盖循资格者，可得庸谨，不可以得异才。用耆老者，可以守常，不可以应变。同治中兴诸臣，多出草泽，此其验也。”①

科举名列前茅者，不一定就是贤能，也许只是会写文章的循规蹈矩的人。图新求变，富于创造性的人很难在科举考场上胜出。科举的导向往往使大多数举子成为墨守成规、因循守旧、僵化平庸的人。

八、科举制——文化的辐射力

中国是汉字文化圈的主导，长期处在东亚文化的中心地位。中华文化对周边国家地区具有强大的吸引力和辐射力，对周边国家和地区产生了深远的影响。

早在科举制产生之初，就有不少周边国家的留学生在中国学习。在唐代的国学中，“四方儒士负书而至者盖以千数。俄而，吐蕃及高昌、高句丽、新罗等诸夷酋长亦遣子弟请入于学”②。一些高句丽、新罗学生在中国成为宾贡进士。倭国(今日本)阿倍仲麻吕留中国前后五十年，在唐朝做官至左散骑常侍、安南都护，累迁北海郡开国公，食邑三千石。吉备真备来唐留学，归国任大学助教为东宫师。他们都成为中国文化、制度的传播者。

在宋代，高丽(在今朝鲜半岛)继续派遣学生以“宾贡”的名义来到宋朝的太学学习。他们参加科举考试，及第者有的回国，有的就在宋朝做官。元代开设科举后，高丽士人投考，要在本地参加征东行省的乡试，再到大都(今北京)参加会试。

明朝时，周边国家如朝鲜、交阯(今越南北部)、占城(今越南南部)也有一些学生来到中国读书，并且参加科举考试。

洪武三年(1370年)明太祖下诏：“其高丽、安南、占城等国，如有明经修行之士，可就本国乡试，许贡赴京师会试，不拘额数选取。”③当年，高丽生三人参加了考试，其中金涛登三甲第五名，授东昌府安丘县丞。但三人都以不通华言请求回国。太祖朱元璋命厚给道里费，遣官送还。后来金涛成了高丽的国相。景泰五年(1454年)进士黎庸、阮勤，天顺四年(1460年)进士阮文英，成化五年(1469年)进士王京，嘉靖二年(1523年)进士陈儒，都是交阯(在今越南北部)人。他们中进

---

① 《戊戌政变记》卷一。

② 《贞观政要》卷七《崇儒学》第二十七。

③ 《大明会典》卷七七《礼部·科举》，第448页。

士后都留在中国做官，陈儒做到右都御史那样的高官。①

与此同时，新罗、高丽、日本、交阯学习中国，在本国也举行了科举。

在中国唐代早期，日本在学习中国各项制度的同时，也模仿唐朝实行了科举制度。日本中枢机构设有式部，其职责之一就是“策试贡人”。《养老令》中的《选叙令》规定，凡秀才，取博学高才者；明经取学通二经者；进士取明闲时务并读《文选》、《尔雅》者；明法取通达律令者。皆须方正清循，名实相副。《养老令》中的《考课令》，更加明确地规定了秀才、明经、进士、明法四科的考试内容和评定标准。与唐朝不同的是，日本进士科渐渐式微，秀才科日盛。而且，由于考生多来自大学寮，而大学寮又多由贵族把持，科举渐渐失去平等的意义。到江户时代(1603—1867 年)，日本就不再实行科举了。②

在今朝鲜半岛上，新罗王朝于元圣四年(788 年)“始定读书出身科”，或称“读书三品科”，规定“读《春秋左氏传》，若《礼记》、《文选》而能通其义兼明《论语》、《孝经》者，为上；读《曲礼》、《论语》、《孝经》者，为中；读《曲礼》、《孝经》者，为下。读若博通‘五经’、‘三史’、诸子百家者，超擢用之。”这是模仿唐朝科举的明经科而形成的一种制度。其后的高丽王朝，于光宗九年(958 年)决定正式实行科举。其制，常科，有进士、明经、明法、明算、明书、三礼、三传；制科，由王亲试诗、赋、颂、策等。高丽王朝后期，于 1314 年仿效中国元朝，规定明经进士科考试《大学》、《论语》、《孟子》、《中庸》，并且要以朱熹《四书章句集注》为标准答案。后来又规定了乡试、会试、殿试三场制。在朝鲜(在今朝鲜半岛)李朝时期，相当于中国的明清时期，全面实行科举制。其制三年一试，有乡试、会试、殿试；中式者有解元、会元，分一、二、三甲，有状元、榜眼、探花之称。朝鲜科举还有武科，武科考技击、兵书，还要考“四书”、“五经”等等。朝鲜还设有杂科，有译科，译语有汉学、蒙学、女真学、倭学，还有医科、律科、阴阳科。此外，户曹有算学取士，图画院有画员取士，昭格署有道流，掌乐院有乐生、乐工取士，呈现出鲜明的特点。③

交阯首开科举的时间相当于北宋时期的李朝。其后在相当于明朝时期的陈朝、胡朝、黎朝、莫朝，相当于清朝时期的黎朝、西山朝、阮朝一直都实行科举制度。其最后一科在阮朝启定四年(1919 年)，那是在中国清代废除科举之后十四年了。在考试程序上，与中国大体相同。不同朝代有不同科目，如进士科、鸿辞

---

① 王世贞：《弇山堂别集》卷十八《外国人进士》，中华书局，1985 年，第 336 页。

② 参考刘海峰《科举学导论》引高明士、吴光辉等文，华中师范大学出版社，2005 年，第 367—371 页。

③ 田以麟：《韩国朝鲜科举制度兴衰刍议》，《科举文化与科举学》，海风出版社，2007 年，下册，第 195 页。

科、士旺科、选举科、东阁科等等。考试分乡试、会试、殿试,多数情况是三年一试,也有状元、榜眼、探花等名目。考试内容,有儒学的四书、五经,也有本国的典籍。其文体,有诏、诰、表,有骈文,诗则为唐律体,赋则为古体。①

周边国家对中国科举的学习、引进,不仅是在制度和技术操作层面,也使以儒学为主体的中华文化,在这些地区深入传播。中国的科举制深深地影响了这些地区的文化和历史发展进程。

九、重新发现科举——科举学的兴起

清室的维新和预备立宪没能挽救它的灭亡,科举成了它的殉葬品。虽然在科举废除后,新设的学堂还曾授予其毕业生举人、进士等学位,但如同回光返照,很快就销声匿迹了。辛亥革命成功后,国人不满足于已经取得的成果,加之列强不能以平等待我,因而变得越来越激进。衰弱的国力和与列强争胜之心,使人们再次把矛头指向传统文化。人们认定,只有彻底打破以儒家学说为核心的传统文化,彻底学习西方,中华才可以自强。旧文化、旧制度再次成了批判的对象。在"打倒孔家店"的口号下,科举制成了重要的靶子,八股文变得臭不可闻,它与鸦片、小脚、辫子一起被作为垃圾彻底扔掉。尽管这时还有一些学者,坚守着不新不旧之学问,甚或坚守中学为体、西学为用,偶尔为传统文化唱唱赞歌,但没有任何人提到科举制,更不要说八股文了。它们已从中国文化体系中被彻底抹去。

然而,在与中国完全不同文化体系的欧洲,对中国科举的看法有完全不同的视角。早在明朝末年,当耶稣会士意大利人利玛窦来到中国时,曾经对中国的制度发出由衷的赞叹。他在给欧洲人的信件中,详细地介绍了中国的科举制度,甚至提到了八股文。1621 年在英国出版的伯顿(Robert Burton)的《忧郁症的解剖》(*Anatomy of Melancholy*),在讲述中国的科举制度时,说道:"他们从哲学家和博士中挑选官员,他们政治上的显贵是从德行上的显贵中提拔上来的:显贵来自事业上的成就而不是由于出身的高尚。"②同样,葡萄牙人曾德昭的《大中国志》详细地记录了科举的全过程,并且评论道:"从学生头次赴考,直到最后考取博

① [越]丁克顺:《越南科举的历史与研究状况》,《科举制的终结与科举学的兴起》,华中师范大学出版社,2006 年,第 205 页。

② 范存忠:《中国文化在启蒙时期的英国》,上海外语教育出版社,1991 年,第 8 页。

士，是这个国家的头等大事。因为学位和职位带来的名利，都取决于这些考试。”[①]他的言说背景是针对欧洲世袭的贵族特权和教会神权的权威。在中国，人的能力是决定性的。一切荣誉利益都从个人能力的平等竞争中得来。因此，西人几乎无例外地认为科举是最公正、最平等的选才方式。晚清来华的美国人丁韪良甚至将其与民主联系起来：“有什么能比像这样以提供全体‘公平机会的鼓励’更真正民主的呢？中国这种真正民主政治在世界各国中处于无与伦比的地位。”[②]

这种平等与民主正是西方中世纪所没有的。因此，一旦了解了中国的科举暨文官制度，西方思想界便激起了巨大的波澜。这种平等的“中国精神”成为西方一系列启蒙思想家，包括伏尔泰、孟德斯鸠、狄德罗、卢梭等人的理论武器，在法国以及后来的英国形成一股倾心中国文明的潮流。通过他们，中国的文官制度、科举制度深刻地影响了西方的历史进程。丁韪良 1868 年 10 月，在一篇演讲中，在赞扬了中国的指南针、火药、印刷术等发明后，说：“如果我们采用中国测试候选者能力的办法，来选拔最优秀的人任政府公职，那必将对我们的文官政府产生积极作用，其益处将大于那些技术方面的发明。”我们完全有理由说，科举制度是中国影响人类文明进程的“第五大发明”。

中西交流的完全开放，不仅引入了西方文化，也使得中国人有机会将之与中华文化进行对比。孙中山先生以他的环球视野对科举做出了评价。他认为，科举“虽所试科目不合时用，制度则昭若日月”。他说：“现在欧美各国的考试制度，差不多都是学英国的。穷流溯源，英国的考试制度原来还是从中国学过去的。所以，中国的考试制度，就是世界中最古最好的拔取真才的制度。”[③]中国是文官制度的发源国，为世界现代文官制度提供了典范，科举制度是中国对人类文明的重大贡献。古老中华帝国长期充满活力，中华文化的生生不息，科举制度功不可没。

在科举时代，科举是官方推行的制度，是在民间有着深刻影响的文化。其时，士大夫莫不乐谈科举。有关科举的著述连篇累牍，这类著作有广泛的社会需要，主要是为士子们的现实应用服务。在科举废除以后，科举就成了一门学问，已经离开了现实中的科举。但是，被废除的科举，此时已成为落后陈腐的代

---

① 曾德昭：《大中国志》，上海古籍出版社，1998 年，第 49 页。

② 引自孙邦华、王敏：《清末美国来华新教传教士的科举观》，《科举文化与科举学》下册，第 218 页。

③ 《孙中山全集》第五卷，中华书局，1985 年，第 511 页。

名词。民国期间，在一连串对传统文化的批判、反思中，对科举的批判一直没有间断。但也就是从此开始，已经有人更加理性地研究科举，系统地梳理科举制度的历史，研究科举存在的合理性，追寻科举制度设计的优越性，也包括认真严肃地分析它的弊病。西方社会科学研究方法的引进，使一些学者得以从新的角度审视中华文化。一些受过西式教育的学者，将科举作为社会科学、政治学之重大课题加以研究。邓嗣禹《中国考试制度史》，为民国考试制度设计寻求历史依据而研究科举；王亚南《支持官僚政治高度发展的第二大杠杆——科举制》，从官僚政治的角度研究科举；卢前《八股文小史》从文学、文体史的角度研究科举；潘光旦、费孝通通过统计分析，申述了科举制对社会流动的促进，用社会学的方法研究科举。科举开始被重新发现。

与此同时，海外对中国科举制度的研究蔚为大观。作为旁观者，多数研究者不像中国人那样背负着历史的包袱，因而可以更加开放地研究科举制。日本、欧美都有相当的研究成果。

1949 年以后，中国的科举研究分为两途：一是大陆地区的科举研究较为沉寂，由于主流史学在全新的理论体系基础上构建中国历史，许多传统的认知被颠覆，作为君主制的选士制度的科举制当然地受到冷落。商衍鎏《清代科举考试制度述论》虽然带有亲历者的怀旧色彩，但仍是为数不多的有分量的专著。较多著述属于知识性的，更多的是把科举制度的研究作为对于阶级斗争史的诠释，科举制度主要是被批判的对象。在一系列政治革命和“文化革命”中，传统文化的空间进一步被压缩，乃至被铲除。极少有人对科举制及八股文予以正视。在此期间，我国台湾地区对科举制度的研究相对平稳，出现了一些有分量的著作。

科举制被重新提起是在 20 世纪 80 年代。激进主义的退潮和中国经济的崛起，使重新审视中华传统文化成为必然。特别是在中国现代化和全球一体化的进程中，人们开始了对发展模式的思考。一是着眼于社会发展的可持续性，二是着眼于全球文化的多样性。与改革开放随之而来的诸多社会问题和普遍的道德缺失，在全球化中民族身份的迷失，都促使人们更加重视开掘传统文化中的优秀价值。最近更兴起一轮重建国学的热潮。很自然地，科举制研究受到越来越多的重视，一些科举研究的机构建制在各地高等院校、研究院所、博物馆、文物保护单位纷纷成立，逐渐形成了规模可观的包括众多中青年学者的科举研究队伍。就科举制度本身以及从考试角度、教育角度、政治制度角度、社会文化角度等等研究科举的论著大量涌现。一些科举文献得以系统整理，有关科举的文物、遗址得到发掘和保护。科举研究的地区间和国际间的交流也相当活跃。各种层次、各种规模的科举学术研讨会相继召开。截至 2014 年，在中国大陆、台湾地区及日本轮流召开的科举制与科举学国际学术研讨会已经召开了十届。科举研究已经成为当代的一门显学。在广泛的科举研究基础上，科举学的概念也水到渠成地被提出。全国性的科举研究社会学术团体组织——中华炎黄文化研究会科举文化专业委员会于 2009 年成立。该委员会将推动各方面科举研究资源的整合，促进科举研究更加深入有序的发展。科举制和科举学的研究方兴未艾。

在西学来到东土之前，中华文化长期独立发展，自成体系，不仅有其自身的发展脉络，也有着与西学不同的治学路径和精神内涵。近代以来，中华学人为自强图存，主动吸纳西学，大大丰富了中华文化，促进了社会的进步，但是也形成了一股完全否定国学、彻底抛弃国学的文化激进主义。一些整理、改造国学的主张和做法，更从根本上瓦解了中华文化。中华文化被强行纳入西学框架体系，或者被解构、割裂得七零八落，失去了独立性、主体性。我们的思想史、社会史、政治史无不是在西学体系下的重新组建。中华自身的学术体系已不复存在，传统文化的固有面貌已不复存在，传统文化的许多价值被淹没而得不到彰显。我们编撰这部《中国科举制度通史》，就是有意复原中国科举制度的完整面貌，建立独立的科举制度史体系，理性地辨析其成败得失，以更好地继承这份宝贵的文化遗产。古人说，读史要能读志。重视制度史研究是中华史学的优秀传统。本书旨在继承和发扬这一传统，写出一部有特色的《中国科举制度通史》，为重建中华文化的主体性，为弘扬中华优秀传统文化的伟大事业做一点实事。

目　录

第十三章　宋朝贡举的期集与恩荣　/　586

绪　论

科举制度是朝廷开设科目、士人可以自由报考、主要以考试成绩决定取舍的选拔官员的制度。它萌芽于南北朝，创始于隋，确立于唐，完备于宋，而延续至元、明、清，前后经历了1 300年之久。在中国科举制度史上，宋朝是一个变化更革非常之大的时期，也是一个趋于完备、成熟的时期。研究宋朝科举制度的演变，不但对于研究中国科举制度的演变，而且对于研究宋朝政治、经济、文化等各方面的演变都具有重要意义。

第一节　宋朝科举制度的主要特点

宋朝科举是一种选拔官员的制度，也是一种笼络士人的制度。这一制度包括贡举、武举、制举与词科、童子举等；贡举又分为进士、明经、诸科等科目。其中贡举中的进士、诸科两科取士人数最多、持续时间最长，其影响也最大。现主要以贡举为例，考察一下宋朝科举制度的主要特点。

一、变"恩归有司"为"恩由主上"：巩固和加强君主专制中央集权的统治

宋朝科举制度的一大特点，是采取了一系列措施，变"恩归有司"为"恩由主上"，以进一步巩固和加强君主专制中央集权的统治。

第一，创立殿试制度，由皇帝亲自掌握取士大权。

唐朝贡举考试分为解试、省试两级。解试由州县长官主持，合格者解送至中央参加尚书省吏部（后为礼部）主持的考试，称为省试。省试合格，即赐及第；不合格者，则黜落之。唐朝省试的取士大权，初由吏部考功司掌管，实际由考功员外郎主管；玄宗开元二十四年（736）以后，改由礼部掌管，实际由礼部侍郎主管。应举人称主考官为“座主”，而自称为“门生”，互相结为以提携与感恩为纽带的密切关系。唐朝还大兴“行卷”之风，士人纷纷请托达官贵人延誉，以求及第。

宋初承唐及五代之制，仍分为解试、省试两级考试。宋太祖开宝六年（973），创立了殿试制度，使科举取士变为解试、省试、殿试三级考试。殿试是由皇帝亲自主持的对省试合格奏名举人的覆试，又称御试、亲试、廷试等，是三级考试中最高、最后的一级考试。关于殿试创立的经过，南宋著名史学家李焘（1115—1184）《续资治通鉴长编》（以下简称《长编》）卷十四开宝六年三月辛酉（七日）纪事和《宋会要辑稿・选举》七之一《亲试》有详细的记载，此不赘述。宋太祖为什么创立殿试制度？根据开宝六年及八年的诏书，宋太祖创立殿试制度，似乎只是为了“精辨否臧”、“克叶于至公”[①]，防止势家垄断科举，“致塞孤寒之路”。[②]诚然，这无疑是其创立殿试制度的重要原因之一。但主要原因并非如此。开宝六年三月七日，进士徐士廉等击登闻鼓，诉知贡举李昉（925—996）“用情，取舍非当”。[③]当晚，徐士廉被宋太祖召见。徐即奏请太祖殿试，说：“方今中外兵百万，提强黜弱，日决自上，前出无敢悖者。惟岁取儒为吏，官下百数，常常赘戾，以其受于人而不自决致也。为国家天下，止文与武二柄取士耳，无为其下鬻恩也。”[④]正是这番话打动了太祖，使之即下令施行殿试。事后，曾任参知政事的张方平（1007—1091）在真宗大中祥符二年（1009）状元及第的梁固（987—1019）的墓志铭中亦说：“初，艺祖（按指宋太祖）深讲治要，总揽权纲，以谓取士官材，为国基本，乃人主之柄，非下所宜专，始御便殿，亲阅春官（按指礼部知贡举官）所奏名士。至太宗遂以为常。”[⑤]由此可见，宋太祖创立殿试制度，主要则是鉴唐之弊，收揽威权，在收兵权之后，把科举取士的大权也收归皇帝亲自掌握，变“恩归有司”为“恩由主上”[⑥]，使贡举及第

---

① 徐松辑：《宋会要辑稿・选举》七之一《亲试》。

② 李焘：《续资治通鉴长编》（以下简称《长编》）卷一六，开宝八年二月戊辰。

③ 《长编》卷一四，开宝六年三月辛酉。

④ 柳开：《河东集》卷八《与郑景宗书》。

⑤ 张方平：《乐全集》卷三九《梁固墓志铭》。

⑥ 《宋会要辑稿・选举》三之二二《贡举杂录》。

者成为“天子门生”，以防止知贡举官与及第举人结党营私，从而巩固和加强赵宋王朝君主专制中央集权的统治。

第二，废“过堂”和“谢主司”之礼，改之为“朝谢”。

唐朝进士放榜后，须先到中书省都堂谒见当朝宰相，称为“过堂”。其日，新及第进士随同知贡举官至中书省，宰相们站立于都堂门内。堂吏通报：“礼部某姓侍郎，领新及第进士见相公。”状元乃出列致词云：“今月日，礼部放榜，某等幸忝成名，获在相公陶铸之下，不任感惧。”①然后，自状元以下，一一通报姓名。“过堂”之后，还要向知贡举官谢恩，称作“谢主司”。“谢主司”一般在知贡举官的府第或贡院举行。第一次谢恩数日之后，还有再次谢恩，称为“曲谢”，以确立和加深座主与门生的关系。

宋朝为了防止知贡举官与及第举人结为朋党，太祖建隆三年(962)九月一日，即下诏曰：“今后及第举人不得辄拜知举官子孙弟侄。如违，御史台弹奏。……兼不得呼春官为恩门、师门，亦不得自称门生。”②废“过堂”和“谢主司”之礼，新及第举人不再向宰相、知贡举官谢恩，而是诣阁门，向皇帝谢恩，称作“朝谢”，也称作“门谢”。③状元代表新及第进士向皇帝上谢恩表，显示新及第进士是“天子门生”，以进一步巩固和加强君主专制的中央集权统治。

第三，创立“特奏名”制度，“天下英雄入吾彀中”。

唐朝开科取士，及第者固然欣喜欲狂，“春风得意马蹄疾，一日看尽长安花”；④而落第者则“失意容貌改，畏途性命轻。时闻丧侣猿，一叫千愁并”；⑤甚至铤而走险，如黄巢屡举进士不第，与王仙芝贩卖私盐，最后起兵造反。

宋朝为了笼络下第士人，遂在礼部“正奏名”之外创立了“特奏名”制度，即凡解试合格而省试或殿试落第的举人，积累到一定的举数和年龄，不经解试、省试，即由礼部特予奏名，直接参加殿试，分别等第，并赐出身或官衔的一种科举制度。因为是皇帝特予推恩，故也称“特科”、“恩科”。据统计，有宋一代，特奏名出身者约有五万人，占整个科举及第人数的45%！其目的就在于使广大应举人虽然累举不第，但仍有积以举数和年甲而获得一官半职的可能，不至于完全绝望，铤而走险。正如南宋人王栐所说：“唐末，进士不第，如王仙芝辈唱乱，而敬翔、李振之

① 王定保：《唐摭言》卷三《过堂》。
② 《宋会要辑稿·选举》三之一至二《贡举杂录》。
③ 马端临：《文献通考》卷三二《选举考五》。
④ 孟郊：《登科后》，《全唐诗》卷三七四。
⑤ 孟郊：《下第东南行》，《全唐诗》卷三七四。

徒，皆进士之不得志者也。……故圣朝广开科举之门，俾人人皆有觊觎之心，不忍自弃于盗贼奸宄。……自是士之潦倒不第者，皆觊觎一官，老死不止。……英雄豪杰皆汩没消靡其中而不自觉，故乱不起于中国，而起于夷狄，岂非得御天下之要术欤?!"[①]这样，科举制度不但是选拔官员的制度，而且也成为笼络广大士人的工具。

唐末五代人王定保《唐摭言》卷一云："进士科始于隋大业中，盛于贞观、永徽之际。缙绅虽位极人臣，不由进士者，终不为美，以至岁贡常不减八九百人。……其有老死于文场者，亦无所恨。故有诗云：'太宗皇帝真长策，赚得英雄尽白头!'"其实，只有在宋朝创立特奏名制度之后，才使科举制度真正成为"赚得英雄尽白头"的长策，进一步起到维护王朝统治的作用；只有宋朝帝王，才更有资格说："天下英雄入吾彀中矣!"在这一点上，唐宗是稍逊色于宋祖的。正如苏轼(1037—1101)所说："纵百万虎狼于山林而饥渴之，不知其将噬人。艺祖皇帝(按指宋太祖)深知此理者也，岂汉唐所可仰望哉?!"[②]

二、公开、平等、择优：科举考试方法的完备

宋朝贡举制度的第二大特点，是考试方法日益完备、严密，尽量实现"公开考试、平等竞争、择优录用"的原则，以便充分发挥科举制度选拔官员和笼络士人的功能。

第一，公开考试：宋朝一般士人与有官人、工商业者有奇才异行者、宗室子弟等均可应举。

在唐朝，一般士人没有身份限制，均可以参加贡举考试。但是，现任官员不得应举。在宋朝，则打破了唐朝的这项限制。宋朝规定，由恩荫补官或科举入仕的现任在职的有官人，也可以再参加贡举考试。宋人将这种现任有官人参加的贡举考试，称作"锁厅试"，意思是锁上其官府的办公厅而参加科举考试。如元绛(1008—1083)，在仁宗天圣二年(1024)应进士举，因殿试用韵有误，赐同学究出身，后授官为淮阴县主簿。天圣八年(1030)锁厅应举，赐进士及第，升任江宁府观察推官，后官至参知政事(副宰相)。

唐承隋制，规定："工商不得入仕。"[③]而宋太宗淳化二年(991)三月十一日，诏曰："如工商杂类人内有奇才异行、卓然不群者，亦许解送。"[④]此例一开，实际上对

---

①② 王栐：《燕翼诒谋录》卷一。

③ 杜佑：《通典》卷十四《选举二》。

④ 《宋会要辑稿·选举》一四之一五《发解》。

工商杂类就没有限制了。出身工商之家者，更可以参加科举。如仁宗皇祐元年(1049)连中三元的冯京(1021—1094)，据说就是一个商人之子。[①]甚至僧人、道士之子也可以参加科举。如北宋进士杨何，其父即曾为道士，其母曾为尼姑。[②]

在唐朝，宗室子弟不得参加科举。宋神宗熙宁二年(1069)十一月，创立了宗室应举制度，形成"宗子三科"，即宗室袒免亲(五服以内的近亲)赐名、授官后，可以像有官人一样锁厅应举；非袒免亲(五服以外的远亲)不再赐名、授官，可以像一般士人一样应举；袒免亲无官者，可以像特奏名一样取应。此后，每榜都有不少宗室子弟应举登科。如据《绍兴十八年同年小录》，是榜宗室登科者为 17 人；据《宝祐四年登科录》，是榜宗室登科者则为 84 人。宋太宗的八世孙赵汝愚(1140—1196)，即于孝宗乾道二年(1166)锁厅应举，殿试第一，因系有官人，而降为第二，以榜眼赐进士及第，后官至右丞相。

第二，平等竞争：严格考场规则，公正、准确评定试卷。

宋朝在考试方法上，采取了一系列防止徇私舞弊的措施，力求"平等竞争"。这主要表现在严格考场规则、公正准确评定试卷等方面。

为了防止徇私作弊，以便应举人公平竞争，宋朝制定了各种考场管理制度，归纳起来，主要有以下几项。

其一，锁院以防请托。唐朝后期，知贡举官确定之后，一般不直接入住贡院，所以请托之风盛行，弊端百出。《旧唐书》卷一六四《王播传》云："贡举猥滥，势门子弟交相酬酢，寒门俊造十弃六七。"[③]北宋初年，为了杜绝请托之弊，乃创立了锁院制度。太宗淳化三年(992)"正月六日，以翰林学士承旨苏易简(958—997)等权知贡举。易简等以贡举重柄，义在无私，受诏之日，五人便赴尚书省锁宿，更不归私第，以杜绝请托。物论嘉之"。[④]"后遂为常例"。[⑤]宋朝锁院制度不仅实行于省试，也推广于解试与殿试。考试官从受命之日起，到放榜之日止，一直锁宿于试院。这样，就隔断了考试官与其他臣僚及应举人的联系，使权臣近侍等人的请托难以得逞。正因为如此，锁院制度也一直为元、明、清所沿用。

其二，别试以避亲嫌。从唐朝中期开始，即创立了对考试官亲戚另外选官别试的制度。《新唐书·选举志》云："开元二十四年(736)，礼部侍郎亲故移试考

---

① 罗大经：《鹤林玉露》乙编卷四《冯三元》云："其父商也。"

② 庄绰：《鸡肋编》卷上云："其父本黄冠，母尝为尼也。"

③ 又见王钦若等：《册府元龟》卷六四〇《贡举部·条制二》。

④ 《宋会要辑稿·选举》一九之二《试官》。

⑤ 《长编》卷三三，淳化三年正月辛丑。

功，谓之别头。”即对省试知贡举官礼部侍郎的亲戚故旧另设考场，由考功员外郎进行考试，称作别头试。但时行时废，尚未形成定制。

到宋朝，别头试则普遍实行于解试、省试，专门派遣考试官，单独设立专场，另外规定录取名额，成为一种回避亲嫌的考试制度。殿试系由皇帝亲自主持，皇帝即是主考官，无须避亲，因此无别头试。但到宁宗开禧二年(1206)，亦因议者陈请，“诏自今在朝官有亲属赴廷对者，免差考校”。①其用意亦在于避亲。显然，别头试对于防止考试官作弊是有一定作用的。这种避亲制度也为后代所沿用。

其三，按榜就座，不得移易。唐朝省试，应举人分甲引试，坐于尚书都省廊庑之下，不排座次。宋朝省试，则在考试前一天排定座次，张榜公布；引试时，由监门官按姓名引入，依榜就座，不得移易。此制始于太宗雍熙二年(985)的省试。真宗景德二年(1005)，对“按榜就座，不得移易”又做了更加明确的规定。此后殿试、解试也实行按榜就座制。如真宗大中祥符元年(1008)殿试，即于崇政殿廊设幔，列座席，标明应举人姓名。又揭榜公布所列次序，令应举人看榜之后，依次就座。另外，元初人刘一清《钱塘遗事》有更为详细的记载：“廷试之日，士人由和宁门入，徐行……至集英殿门外……殿外挂混图于露天，甚高。良久，天大明，了然分明知位次。……天子临轩，天颜可瞻。起居赞曰：‘省元某人以下躬拜，再拜。’又躬身而退，各依坐图行列而坐。每位有牌一枚，长三尺，幂以白纸，已书某人、某乡贯，或东西廊第几人，不得移动及污损。坐定，中官行散御题。”②所谓“混图”、“坐图”即座位榜。

引试前排定座次，张贴座位榜，应举人依榜就座，不得移易，这一制度一方面可以防止应举人私相传授作弊，另一方面也便于维持考场秩序。因此，此制也一直为后世所沿用。

其四，继烛之禁。所谓“继烛”，是指贡举考试时，举人白天答卷未完，夜晚点燃蜡烛，继续考试答卷。唐朝省试，卯时(晨五至七时)开考，酉时(晚五至七时)结束。如果答卷未完，一般可以给蜡烛二至三条，挑灯夜试，烛尽交卷。③五代后唐明宗长兴二年(931)，曾改令昼试，但旋即复旧。后周太祖广顺年间(951—953)，复用昼试，但未严格执行。

宋承周制，贡举考试不许继烛，但北宋初年仍未严格执行。真宗景德二年(1005)重申：“除书案外，不将茶厨、蜡烛等入，如酉后未就者，驳放之。”④此后不

① 马端临：《文献通考》卷三二《选举考五》。

② 刘一清：《钱塘遗事》卷十《丹墀对策》。

③ 白居易：《白居易集》卷六十《论重考进士事宜状》；王闢之：《渑水燕谈录》卷六。

④ 《长编》卷六十，景德二年七月丙子。

但实行于省试，而且普遍实行于解试和殿试。一般卯时（晨五至七时）入试，酉时（晚五至七时）纳卷而出。南宋时，殿试偶尔也有出于特恩例外赐烛者，然而唱名时须降甲、降等。禁止继烛，尽用昼试，这样，在光天化日之下，应举人作弊就比较困难了。

其五，挟书、传义、代笔之禁。挟书之禁始于唐朝，但并未成为定制。五代后唐时虽曾将禁止挟书载入贡举条制，但也未认真实行。北宋时期始严挟书之禁，成为一种制度。如专门设监门、巡铺等官吏，进行搜索、巡查；一旦查获，即严加处罚。挟书之禁不仅实行于省试，而且普遍实行于解试、殿试。如史籍记载南宋殿试挟书之禁云："其士人止许带文房及卷子，余皆不许挟带文集。士人入东华门，各行搜检身内有无绣体私文，方行放入。"①

传义指遥口相传或传递文字。传义之禁始见于宋初。太祖乾德二年（964）即规定："如有遥口相授传与人者，即时遣出，不在试限。"②神宗元丰元年（1078），又重新删定了"进士传义之法"。③元、明、清亦有传义之禁。

科场规则中还有一项重要规定，即禁止代笔。代笔之禁始见于五代后周世宗显德二年（955），宋朝多次重申。同挟书、传义一样，代笔之禁也普遍施行于解、省、殿试。虽然有此严禁，但代笔之事时有发生。为此，宋朝又采取了许多措施。一是许人告发，告获者给以奖赏。如孝宗乾道元年（1165）曾规定："如士人告获，与免一次文解；诸色人赏钱三百千。"④二是对比字画。让应举人亲自书写卷首家状，解、省试合格之后，对照家状与试卷的笔迹，以防假冒。三是行覆试之法。如理宗宝祐年间，"乡贡、监补、省试皆有覆试"。⑤

总之，以上各项考场管理制度，都是为了保证科举考试能够平等竞争和有条不紊地顺利进行。

在贡举考试方法上，试卷评定是十分重要的一环。宋朝为了择优录用及示人至公，也采取了一系列措施，使评定试卷制度更加趋于严密，趋于合理。

其一，禁"公荐"，罢"公卷"，"一切以程文为去留"。在唐朝，"每岁知举官将赴贡院，台阁近臣得保荐抱文艺者，号曰'公荐'，然去取不能无所私"。⑥因而唐人

---

① 吴自牧：《梦粱录》卷三《士人赴殿试唱名》。

② 《宋会要辑稿·选举》一四之一三《发解》。

③ 《宋会要辑稿·选举》三之四六《贡举杂录》。

④ 《宋会要辑稿·选举》四之三八《贡举杂录》。

⑤ 《宋史》卷一五六《选举志二》。

⑥ 《长编》卷四，乾德元年九月丙子。

王泠然说："今之得举者，不以亲，则以势；不以贿，则以交；未必能鸣鼓四科，而裹粮三道。其不得举者，无媒无党，有行有才，处卑位之间，仄陋之下，吞声饮气，何足算哉！"①可见，所谓"公荐"，虽然也有某些真才实学之士通过举荐而科举及第，但更为势家子弟垄断科举大开方便之门。大多数一般士人无由交结权贵，无人推荐，则只能望榜兴叹！这显然是察举制度的残余，其弊不言自明。

北宋建立不久，就多次下诏禁止"公荐"。如太祖乾德元年(963)九月，"诏礼部贡举人，自今朝臣不得更发公荐，违者重置其罪"。②开宝六年(973)四月，太祖又颁布了详细的处罚条例："今后凡中外文武官僚荐嘱举人，便即主司密具闻奏。其被荐举人勒还本贯重役，永不得入举场；其发荐之人，必行勘断。犯者许逐处官吏及诸色人陈告，如得实，应幕职及令录当与升朝官，判司簿尉即与本处令录；其诸色人赏绢五百匹，以犯事人家财充，不足，以系省绢添支。"③

另外，在唐及五代，应举人除向达官贵人投献诗赋论等作品，即"行卷"以求公荐之外，还要向省试知贡举官投纳"省卷"，亦称"公卷"，以供观其素业。唐朝后期，知贡举官甚至主要根据"公荐"、"公卷"决定去取高下，而举人的程文即试卷所起的作用反而甚小。

宋初，踵唐及五代之制，解试、省试犹用"公卷"。苏颂(1020—1101)云："公卷一副，古律诗、赋、文、论共五卷。"④用"公卷"，往往弊端丛生。如进士所纳"公卷"，多假借他人文字，或用旧卷装饰重行书写，或被佣人易换文本，致到省试时无凭考校。于是，真宗景德二年(1005)十二月五日，礼部贡院上言："请自今并令亲自投纳，仍于试卷上亲书家状。如将来程试与'公卷'全异，及所试文字与家状书体不同，并驳放之。或多假借他人文字，辨认彰露，即依例扶出，永不得赴举。其知举官亦望先一月差入贡院，考校'公卷'，分为等第，如事业殊异者，至日更精加试验。所冀抱艺者不失搜罗，躁进者难施伪滥。"⑤诏从其请，遂成为定制。

上述关于"公卷"的新制虽较前颇有改进，但仍难防假借他人文字之弊；而且成千上万人齐赴解、省试，按"公卷"一副共五卷计算，省试则有三四万卷之多，即使知举官提前一个月差入贡院，又如何能详考等第？"公卷"既无凭考校，又无暇考校，行之何用？除了为势家子弟大开方便之门以外，只能是一种累赘。于

---

① 王定保：《唐摭言》卷六《公荐》。
② 《长编》卷四，乾德元年九月丙子。
③ 《宋会要辑稿・选举》三之三《贡举杂录》。
④ 苏颂：《苏魏公文集》卷一五《议贡举法》。
⑤ 《宋会要辑稿・选举》三之七《贡举杂录》。

是，庆历元年(1041)八月十一日，权知开封府贾昌朝(998—1065)上言："故事，举人秋赋纳'公卷'。今既糊名、誊录，则公卷但录题目，以防重复，不复观其素业，请罢去。"①诏"从之"，自是不再纳"公卷"。

庆历元年之后，既禁"公荐"，又罢"公卷"，因而程文遂成为评定艺业、决定去取的唯一根据，即陆游(1125—1210)所说的"一切以程文为去留"。②这样以一纸试卷定命运，难免有相当大的偶然性。但它避免了实行"公荐"、"公卷"所必然带来的弊病，对于公开考试、平等竞争、择优录用是有一定积极作用的。因而，也就成为元、明、清各代的不易之制。

其二，创立封弥、誊录制度。封弥，又作弥封，亦称糊名，是将试卷上的应举人姓名、年甲、三代、乡贯等密封或去掉，代之以字号，以防考试官在评定试卷时徇私作弊的一种制度。糊名之制最早实行于唐朝选人的铨试和制举考试，但只是在武则天及唐玄宗时一度施行。五代后周广顺初年，亦曾在贡举中实行糊名考校，但旋即废罢。到了北宋，封弥才成为贡举考试中的一项重要制度。

宋朝的封弥考校，始于太宗淳化三年(992)的殿试。此后不久，又推广到省试和解试，并对封弥考校作了具体规定。如真宗大中祥符四年(1011)新定《亲试进士条制》云："举人纳试卷，内臣收之，先付编排官去其卷首乡贯状，以字号第之"，待考定等第后，"始取乡贯状字号合之，乃第其姓名、差次并试卷以闻，遂临轩唱第"。③关于所撰之"字号"，北宋时系于《玉篇》中取字为号，如真宗大中祥符二年(1009)殿试，以"珁(见《玉篇》卷第一"玉部"第七)"字号试卷为第一，此即状元梁固(987—1019)试卷。南宋初，则改为于《千字文》中取字，以三字凑成一号。如绍兴二十七年(1157)三月，宋高宗以"任贤辉"字号试卷为第一，此即王十朋(1112—1171)殿试策卷。这样，考试官在评定试卷时，看不到举人的姓名、乡贯等，也就很难徇私舞弊了。

但是，封弥之后，尚未能完全杜绝试卷考校中的作弊。因为，考试官还可以通过辨认笔迹得知试卷出自何人之手。为了堵塞这一漏洞，于是又创立了誊录制度。据现有史料，殿试誊录始见于真宗景德二年(1005)，此后，也很快推行于省试及解试。吴自牧《梦粱录》卷二《诸州府得解士人赴省闱》记载南宋省试情景云："所纳卷子，径发下弥封所封卷头，不要试官知士人姓名，恐其私取故也。却于每卷上打号头，三场共一号，方发往誊录所誊录卷子。依字号书写，对读无差，

---

① 《宋会要辑稿·选举》一五之一一《发解》。

② 陆游：《老学庵笔记》卷五。

③ 《长编》卷七六，大中祥符四年十一月丙子。

方纳入考试官各房考校。如卷子考中，发过别房覆考。如称众意，方呈主文，却于誊录所吊取真卷，点对批取，定夺魁选，伺候申省奏号揭榜取旨，差官下院拆号放榜。”其制度相当严密。

封弥、誊录制度在防止考校作弊中起了关键作用。欧阳修（1007—1072）曾在《论逐路取人札子》中写道：“窃以国家取士之制，比于前世，最号至公。……各糊名、誊录而考之，使主司莫知为何方之人，谁人之子，不得有所憎爱薄厚于其间。故议者谓国家科场之制，虽未复古法，而便于今世。其无情如造化，至公如权衡，祖宗以来不可易之制也。”①这一评价虽然未免有点太绝对了些，但不能不说是很有道理的。正因为如此，封弥、誊录也成为元、明、清三代的不可易之制。

其三，分等考第，多级评定。唐朝评定试卷主要取决于主考官一人，或者再加上其所延聘的“通榜”。宋朝则一般为三级评定。如省试则“士人卷子先经点检官（点检试卷官）批定分数，然后参详官审订其当否，而上之知举（知贡举、同知贡举），从而决其去取高下”。②所考等第虽不甚详，但点检试卷官、参详官、知贡举三级评定制度是很清楚的。殿试则实行初考、覆考、详定三级评定制度。试卷封弥、誊录之后，先送初考官评定等第；然后将初考官所定等第封弥之，再送覆考官重定等第；最后送详定官，或从初考，或从覆考，如初、覆考皆未当，则具上奏别立等第。这样，便于使试卷的评定更加公正、准确。其目的在于“参用众见，以求实才”；③并防止阅卷官作弊。

第三，择优录用。唐朝解试考试成绩合格，即由州府长官举送至礼部参加省试。关于解试合格名额即解额，初无定数，开元二十五年（737）敕：“应诸州贡人，上州岁贡三人，中州二人，下州一人。必有才行，不限此数。”④如德宗贞元九年（793），泉州得解举人即有八人。⑤“玄宗时，士子殷盛，每岁进士到省者常不减千余人。”⑥明经往往多于进士之数。

宋初解额亦无定数，如太宗时每举大约为一万余人，如淳化三年（992）正月丙辰朔，“诸道贡举人万七千三百，皆集阙下”。⑦真宗大中祥符二年（1009）五月二十四日，“因有司之上言，限岁贡之常数”，遂下诏曰：“其令礼部于五年最多数中，

---

① 欧阳修：《欧阳修全集》卷一一三《论逐路取人札子》。

② 王圻：《续文献通考》卷四三。

③ 《宋会要辑稿·选举》八之三三《亲试杂录》。

④ 王溥：《唐会要》卷二六《乡饮酒》。

⑤ 欧阳詹：《欧阳行周文集》卷九《泉州刺史席公宴邑中赴举秀才于东湖亭序》。

⑥ 《封氏闻见记》卷三《贡举》。

⑦ 《宋会要辑稿·选举》一四之一五《发解》。

特解及五分”。[①]具体数字史载未详，据推算，约六七千人。治平三年（1066）改三岁一开科场之后，每举解额也约为六七千余人。南宋解试大约也在七千人左右。

省试合格人数，唐初亦无定额，中期之后虽有定额，但却常有变化。如德宗贞元十八年（802）五月敕：“明经、进士，自今已后，每年考试所拔人，明经不得过一百人，进士不得过二十人。如无其人，不必要补此数。”[②]文宗大和九年（835）中书门下又奏请：“准大和四年格，[进士]及第不得过二十五人，今请加至四十人。明经准大和八年正月敕，及第不得过一百一十人，今请再减下十人。”[③]开成三年（838）之后，进士“改每年限放三十人。如不登其数，亦听”。[④]

宋初，省试合格奏名人数亦无常额，大约为参加省试举人的十分之一。至仁宗天圣五年（1027），始诏“进士奏名勿过五百人，诸科勿过千人”。[⑤]皇祐五年（1053），又诏“进士限四百人，诸科毋得过其数”。[⑥]治平三年（1066）改为三岁一开贡举，则规定：“礼部奏名进士以三百人为额；明经、诸科不得过进士之数。”[⑦]至北宋灭亡，六十多年间，迄未改变。南宋高宗建炎元年（1127），宋室刚刚再建，道路梗阻，无法赴行在所省试，遂暂于诸路类省试，其省额改为凡正解、免解举人类省试终场者，以十四人取一名，余分不及十四人亦取一名。孝宗隆兴元年（1163），由于免解人多，改以十七人取一名，自后遂为定制。

至于殿试，北宋前期，殿试试卷评定在第一至四等者为合格，第五等及“不考”、“纰缪”者则黜落。哲宗元祐三年（1088）知贡举苏轼上疏言：“祖宗旧制，过省举人，一经殿试，黜落不少。”[⑧]如太宗端拱二年（989），礼部奏名合格进士陈尧叟（961—1017）以下368人，殿试仅取陈尧叟以下186人，被黜落者竟占参加殿试人数的49%！自仁宗嘉祐二年（1057）起，殿试非“杂犯”不复黜落。神宗元丰年间，“杂犯亦或取录，遂使过省举人便同及第，纵使纰缪，亦玷科举”。[⑨]哲宗元祐八年（1093）三月，则明确下诏曰：“其杂犯举人未得黜落，别作一项闻奏。”[⑩]此

① 《宋会要辑稿·选举》一四之二〇《发解》。

② 《唐会要》卷七六《贡举中·缘举杂录》。

③ 《唐会要》卷七六《贡举中·进士》。

④ 《旧唐书》卷一六八《高钱传》。

⑤ 《长编》卷一〇五，天圣五年正月己未。

⑥ 《长编》卷一八二，嘉祐元年四月丙辰。

⑦ 《宋会要辑稿·选举》三之三八《贡举杂录》。

⑧⑨ 《长编》卷四〇九，元祐三年三月。

⑩ 《宋会要辑稿·选举》八之三七《亲试杂录》。

后殿试"杂犯"者，或特恩与同学究出身，或与下州文学。殿试的作用，主要变为根据殿试的成绩重新排列及第的甲次。

唐朝进士及第分甲乙两等，但大多为乙科；诸科分甲乙丙丁四等，但只有丁等。宋朝进士则分为五甲。北宋前期，一般是第一、二、三甲赐进士及第，第四甲赐进士出身，第五甲赐同进士出身。也有分为四等或六等者。北宋后期至南宋，一般是第一、二甲赐进士及第，第三、四甲赐进士出身，第五甲赐同进士出身。诸科始分为三等，后分为五等，自九经以下，分别赐及第、本科出身、同出身。北宋时，进士殿试第一人称状元，或称榜首、状头，第二人称榜眼，年最少者为探花。至南宋中期，开始专称第一名为状元，第二名为榜眼，第三名为探花。如成书于开禧元年（1205）的赵彦卫撰《云麓漫钞》卷七云："世目状元第二人为榜眼，第三人为探花郎。"成书于咸淳十年（1274）的吴自牧《梦粱录》卷三《士人赴殿试唱名》更加明确地说："第一名状元及第，第二名榜眼，第三名探花。"亦有前三名皆称"状元"者。

总之，上述种种考试方法，在一定程度上体现了"公开考试、平等竞争、择优录用"的原则，对于选拔官员及笼络士人都是具有重要作用的。当然，这些方法并不像某些人所说的那样"至公无私"，其防弊措施虽多，但也防不胜防。另外，在政治清明时期，这些考试制度尚可得到比较认真的执行；在政治昏暗之时，则会名存实亡，如同虚设，如南宋权相秦桧（1090—1155）擅权之时就是这样。其子秦熺、孙秦埙，先后被知贡举奏为殿试第一人，因有官，按惯例才改为第二、第三人及第。①秦桧肆意破坏科举考试制度，使之成为其擅政专权、为其子孙窃取巍科、拉拢私党充塞仕途的工具。

三、经世致用：贡举科目与考试内容的演变

宋朝贡举制度的第三大特点，是在考试科目和考试内容上采取了一系列措施，尽量达到经世致用，以便培养和选拔经邦安民的人才。

第一，由明经、进士等诸科变为进士一科取士。

唐初贡举科目，因隋之旧，有秀才、进士、俊士、明经四科。唐太宗之后，增设了明法、明字、明算等科。但俊士科唐初即废，秀才科至高宗永徽二年（651）亦停。明法、明字、明算三科，分别为选拔明习法令、文字训诂、数学计算方面的专

① 参见拙作《秦桧与科举》，《岳飞研究》第三辑，中华书局1992年版。

门人才而设立的，应试与及第者都不多，社会影响也不大。有唐一代，最主要的贡举科目是明经与进士。

唐初，明经只是指通两经者；大概在武则天前后，又增加了五经、三经及学究一经。至德宗贞元二年(786)，又创设了《开元礼》科；贞元九年(793)，创置了三礼科(指《周礼》《礼记》《仪礼》)；穆宗长庆二年(822)，又创置了三史科(指《史记》《汉书》《后汉书》)、三传科(指《春秋左传》《公羊传》《穀梁传》)。正如《新唐书·选举志》所说："明经之别，有五经，有三经，有二经，有学究一经，有三礼，有三传，有史科。"虽然明经所包括的科目最多，取士人数也最多，但远没有进士及第受人尊重。

北宋前期，承唐及五代之制，贡举科目主要有进士、明经、诸科。其中诸科又包括九经、五经、三礼、三传、三史、学究、开宝通礼、明法等科。在贡举科目方面，宋朝与唐朝相比，有三点不同。一是宋承后唐之制，增加了九经科；二是宋朝的诸科即相当于唐朝的明经，均主要考试帖经、口义或墨义；三是宋朝的明经科，是在诸科之外，于仁宗嘉祐二年(1057)，为了革除"诸科徒专诵数之学，无补于时"①的弊病，而特设的一种科目。其考试内容由以帖经、墨义为主，改为以经义为主；其待遇也提高到与进士科相同。

北宋中期，经过王安石变法，贡举科目发生了重大变化。神宗熙宁四年(1071)，王安石改革贡举，罢明经、诸科，专以进士一科取士。其具体做法是：(1)立即废罢明经科，使之改应进士科。(2)诸科在经下一次科场之后，除旧应诸科人外，不得新应诸科举，这也就是让诸科随着旧应举人的销尽而消亡。结果，到宋徽宗崇宁元年(1102)，诸科基本消亡；到政和六年(1116)，随着旧应诸科曾得解者的销尽，诸科彻底消亡，完全变为进士一科取士了。②

由以上可知，在一千三百余年的中国科举史上，贡举科目的设置，大致可分为两个阶段：在宋神宗熙宁四年(1071)王安石贡举改革之前的四百多年间，为主要以进士、明经、诸科取士阶段；在此之后(事实上是宋徽宗政和六年[1116]之后)的八百多年间，为进士一科取士阶段。这说明，贡举科目经历了一个由简到繁、又由繁到简的发展演变过程。

第二，贡举考试内容向经世致用演变。

唐初，进士科省试仅试时务策五道，唐太宗贞观八年(634)，加经史策一道；

---

① 王珪：《华阳集》卷七《议贡举庠序奏状》。
② 详见本书第一章《宋朝贡举科目设置》。

高宗调露二年(680),加试帖经十帖、杂文两篇,形成"先帖经,然后试杂文及策"的三场考试制度。所谓"杂文",初为箴、铭、论、表、赋之类,玄宗开元年间开始试诗,到玄宗天宝年间,开始专用诗赋。进士文名高而帖落者,可以试诗放过,谓之"赎帖"。即主要以诗赋取士。唐朝后期,围绕重诗赋还是重经史策展开了激烈的争论。德宗建中二年(781),赵赞权知贡举,提出经术"以义为先","今请以箴、论、表、赞代诗赋,仍试策二道"。①这些建议虽未被采纳,但在德宗末年,重经史的主张开始占据上风,表现为以经史入诗赋题和取士首重经义,在三场考试中经史策的地位得到提高,而诗赋的地位受到抑制。甚至在文宗大和七年(833),曾一度不考诗赋,但旋即复旧。②

宋初,承唐及五代之制,进士试诗、赋、论各一首,对策五道,帖《论语》十帖,对《春秋》或《礼记》墨义十条。仍然主要以诗赋取士。仁宗庆历四年(1044),范仲淹(989—1052)改革科举,解试、省试均先策论、后诗赋:"进士并试三场:先试策三道,一问经旨,二问时务;次试论一首;次诗赋各一首。三场皆通考去留。旧试帖经、墨义,今并罢。"③但随着庆历新政的夭折,贡举新制未及实行就被废罢了。神宗熙宁四年(1071),王安石(1021—1086)改革贡举,熙宁五年定制:进士罢诗赋、帖经、墨义,改为考试四场:初本经大义五道,次《论语》《孟子》大义各三道,次论一首,次时务策三道。哲宗元祐二年(1087),反变法派当政,贡举考试改为:第一场试本经义二道,《论语》或《孟子》义一道;第二场试律赋、诗各一首;第三场试论一首;第四场试子史时务策三道。后又几经反复,南宋时基本以经义进士、诗赋进士两科,分三场取士:第一场,经义进士试本经义三道,《论语》《孟子》义各一道,诗赋进士则试诗赋各一首;第二场均试论一首;第三场均试策三道。

王安石的贡举改革主要是考试内容的改革,其意义重大、影响深远。其一,变诗赋取士为经义、论、策取士,有利于王朝国家造就和选拔经世致用的人才。对于王朝统治来说,"诗赋浮靡,不根道德,施于有政,无所用之"。④以诗赋取士,对于造就文学家、推动文学的发展,或许有一定作用;对于选拔和造就经世致用的统治人才,不但无益,反而有害。王安石指出:"今以少壮时正当讲求天下正理,乃闭门学作诗赋,及其入官,世事皆所不习,此乃科法败坏人才,致不如古。"⑤

① 《唐会要》卷七六《贡举中・进士》。
② 参见吴宗国:《唐朝科举制度研究》,辽宁大学出版社1992年版。
③ 《宋会要辑稿・选举》三之二五《贡举杂录》。
④ 《长编》卷二二〇,熙宁四年二月丁巳朔注。
⑤ 《文献通考》卷三一《选举考四》。

以诗赋取士,使士人学非所用,用非所学,这样非但不足以培养和选拔人才,反而会"败坏人才"。"五经"、"四书"所讲的是儒家修身、齐家、治国、平天下之道,以经义为考试内容,无疑较考试诗赋更有利于选拔"通经致用"的人才。论、策则是官僚向皇帝"讲治道"、"议时政"的工具。对于中国古代国家来说,论、策要比诗赋有用得多,连竭力维护诗赋取士的苏轼(1037—1101)也不得不承认:"自文章而言之,则策论为有用,诗赋为无益"①;就贡举考试来说,"诗赋不过工浮词,论策可以验实学"。②以论、策取士,不但可以使举人留心于国家的治乱兴衰,学其所用,用其所学,而且可以考察举人关于历代治乱兴衰的知识,了解他们对当代国家大事的对策,从中选拔有真才实学之士。自唐朝后期以来,有识之士虽然对诗赋取士屡有批评,但是没有什么重大改进,惟独王安石断然罢诗赋,专以经义、论、策试进士。连司马光(1019—1086)也认为:"神宗皇帝深鉴其失,于是悉罢赋、诗及经学诸科,专以经义、论、策试进士。此乃革历代之积弊,复先王之令典,百世不易之法也。"③

南宋解、省试时,在诗赋进士的第一场考试中,又恢复了诗赋各一首,而且在应举人中应诗赋进士的人数往往多于应经义进士者。这对于王安石的科举改革来说,不能不说是一个退步。但是,经义进士与诗赋进士的殿试,从神宗熙宁三年(1070)由赋、诗、论三题改为试策一道之后,遂成为定制,迄于南宁末年,相沿未改,这无疑是一个进步。正如熙宁三年殿试初用策时宋神宗所说:"对策亦何足以实尽人材,然愈以诗赋取人尔。"④总之,北宋后期以至南宋,经义、论、策在贡举考试内容中的地位较之北宋前期还是大为提高了。这些对于造就和选拔经世致用的统治人才无疑是有好处的。

其二,罢帖经、墨义,以大义试经术,是贡举考试形式的一大进步。何谓"帖经"?《通典》卷十五《选举三》载:"凡举司课试之法,帖经者以所习经掩其两端,中间开唯一行,裁纸为帖。凡帖三字,随时增损,可否不一,或得四、得五、得六者为通。"这大概是唐高宗调露二年(680)帖经之法。到唐玄宗天宝十一载(752),又稍有变化:"每帖前后各出一行,相类之处,并不须帖。"⑤宋朝帖经,又称"帖书",考试内容和方法,也大体如此。这和现代的"填空"十分相似,故宋人亦称之为"填帖"。

---

①② 《文献通考》卷三一《选举考四》。

③ 司马光:《温国文正司马公文集》卷五二《起请科场札子》。

④ 《宋会要辑稿·选举》七之一九《亲试》。

⑤ 《唐会要》卷七五《贡举上·帖经条例》。

何谓“墨义”？王林《燕翼诒谋录》卷二云：“试场所问本经义疏，不过记出处而已。如吕申公试卷，问：‘子谓子产有君子之道四焉，所谓四者何也？’答曰：‘对：其行己也恭，其事上也敬，其养民也惠，其使人也义。谨对’。试卷不誊录，而考官批于界行之上，能记则曰‘通’，不记则曰‘不’。十问之中四通，则合格矣。其误记者，亦只书曰‘不’。而全不能记，答曰：‘对：未审。谨对。’”可见，所谓墨义，也不过是考试背诵经文及其注疏而已，类似于现代的“默写”，内容和方法也都极为简单，其弊病甚多。正如司马光所说：“有司以帖经、墨义试明经，专取记诵，不询义理。其弊至于离经析注，务隐争难，多方以误之，是致举人自幼至老，以夜继昼，腐唇烂舌，虚费勤劳，以求应格。诘之以圣人之道，懵若面墙，或不知句读，或音字乖讹。”①

何谓“大义”？宋仁宗庆历四年(1044)贡举新制规定：“试大义十道，直取圣贤意义解释对答，或以诸书引证，不须具注疏。”②皇祐初年，刘恕(1032—1078)曾对《春秋》《礼记》大义，其法为：“先列注疏，次引先儒异说，末乃断以己意。凡二十问，所对皆然。”③《文献通考》卷三一云：“试义者，须通经、有文采，乃为中格，不但如明经墨义粗解章句而已。”

通过以上简单对比，不难看出，试大义显然优于帖经、墨义。正如蔡襄(1012—1067)所说：“明经(按指帖书、墨义)只问所习经书异同，大义所对之义只合注疏大意，不须文字尽同，或有意见，即依注疏解释外，任自陈述，可以明其识虑。”④可见，以大义试经术，对于中国古代国家造就和选择“通经致用”的人才，无疑是有好处的；对于学者，也不为无补。正因为如此，从宋神宗熙宁四年(1071)罢帖经、墨义之后，虽然经历了元祐更化、宋室南迁，以及元、明、清诸代政治风云的变幻，一直没有人提出要恢复帖经、墨义，而以大义试经术成为定制。当然，在后来的经义考试中，也发生过一些流弊。南宋中期以后，甚至命题者“强裂句读，专务断章”⑤，答义者不顾经旨，或争为新奇。到明代中叶之后，更演变为八股文。不过有人将八股文归罪于王安石则是不公平的，因为明清的八股文与宋朝的经义是有明显区别的。

---

① 《温国文正司马公文集》卷五二《起请科场札子》。

② 《宋会要辑稿・选举》三之二八《贡举杂录》。

③ 《宋史》卷四四四《刘恕传》。

④ 蔡襄：《蔡忠惠公文集》卷二三《论改科场条制疏》。

⑤ 《文献通考》卷三二《选举考五》。

四、取士与育才统一:科举与学校相结合

宋朝科举制度的第四大特点,是取士与育才统一:科举与学校相结合,促进了学校教育的发展,提高了世人的文化素质,有利于培养和选拔通经致用的人才。

唐朝科举取士,由学馆者曰生徒,由州县者曰乡贡。学馆指国子监所辖的国子学、太学、四门学、律学、书学、算学和广文馆,及门下省的弘文馆、东宫的崇文馆,还有地方上的府、州、县学。府、州、县学的生员可补为国子、太学、四门三学的生员。国子监所辖诸学及弘文、崇文二馆生员,考试合格,可以由国子监解送至尚书省(开元二十四年之前为吏部,之后改为礼部)参加省试。未入学馆的士人,则“怀牒自列于州县”,即持家状、保状自己到州县报名应举,考试合格,由各州府长官解送至尚书省的吏部(后为礼部)参加省试,就是所谓的“乡贡”。

开元以前,学馆兴盛,由国子监而贡举及第甚多,以至于进士不由国子监贡举及第者,深以为耻。开元以后,由国子监贡举及第的比重开始下降,而由京兆府,同、华等州贡举及第的比重上升,乡贡成为科举入仕的主要途径。因此,士人竞于京兆、同、华等州府投牒取解而不入学。为了吸引士人入学,玄宗天宝九载(750),诏于国子监别置广文馆,以举常修进士业者。甚至于天宝十二载(753)七月下诏:“天下举人不得充乡赋,皆须补国子学士及郡县学生,然后听举。”①这样,使学校成为科举入仕的惟一途径。但是,大势所趋,非一纸诏书可以逆转,天宝十四载,又恢复了乡贡。

安史之乱,学馆更为凋敝。此后虽逐渐有所恢复,但远不如唐朝前期之盛,如直到宪宗元和二年(807),国子监所辖六学及广文馆生员总共仅有650人。而且,学馆只是士人在京师准备应举的落脚处所,完全成为科举的附庸。而州县学则几乎荡然无存。

宋初,仍承唐末五代之制,官学凋敝。但很多有识之士认为应该重视学校教育,北宋时期先后掀起了四次兴学高潮,并努力将学校养士与科举取士结合起来。第一次是宋仁宗景祐年间。《文献通考》卷六十三《职官考十七》云:“景祐四年(1037),诏藩镇始立学,他州勿听也。”②实际上,自仁宗天圣五年(1027)晏殊

---

① 《唐会要》卷七六《贡举中·缘举杂录》。

② 《文献通考》卷六三《职官考十七·教授》。

(991—1055)兴应天府学始，尤其是景祐元年(1034)以来，即大兴州府学并赐学田。据统计，景祐元年至三年，州府建学并赐学田者就有三十三处之多。①

仁宗庆历四年(1044)，范仲淹等改革科举，认为不兴学校，长育人才，而只以科举取士，等于“不务耕而求获”②，拟定了立学舍、保举送之法，并规定国子监生徒须听读满五百日、诸路州县学生徒须听读满三百日，方许应举。于是，州县皆置学，掀起了第二次兴学高潮。但是，随着庆历新政的失败，一切又恢复旧制了。

神宗熙宁四年(1071)，王安石主持改革学校贡举之法，其一是“诏诸路置学官，州给田十顷为学粮，元有学田不及者益之”③，恢复和振兴州县学；其二是扩建太学，增置讲官和生员，使太学生名额总数达到2 400人；其三是立太学三舍选察升补之法，规定太学生经过考试艺业和考察品行，由外舍升内舍，再由内舍升上舍，升至上舍上等，则不必再参加科举考试，即可直接释褐授官，使太学兼有培养和选拔人才的两种职能，开辟了一条学校选士的道路。

哲宗元祐年间(1086—1094)，悉罢熙丰新法，太学三舍考选升补推恩之制亦遭废除。哲宗亲政之后，不但恢复了太学三舍法，而且将三舍法推广至州学。徽宗继位，以尊崇熙宁之政为名，掀起第四次兴学高潮，于崇宁元年(1102)大兴学校，太学生总额增加到3 800人。崇宁三年(1104)，又诏诸路增加县学生员，并以三舍法遍行天下，下诏“并罢州郡发解及省试法，其取士并由学校升贡”。④这样，就将学校育才与科举取士统一为一体了。但是，由于种种原因，这种“取士并由学校升贡”的选官制度仅仅实行了十四年，至宣和三年(1121)二月，乃“诏太学以三舍考选，开封府及诸路以科举取士，并依元丰法”。⑤即又回到太学三舍选士与州郡科举取士并行的元丰旧制了。南宋时期，太学三舍法又有一定的发展变化，但基本上仍然是元丰之制。

总之，宋朝不仅重视选拔人才，而且也十分重视培养人才。北宋时期先后掀起了四次兴学高潮，曾经实行了在学听读一定时日方许应举、“三舍升补之法”和“取士并由学校升贡”等新制，对于实行科举与学校相结合进行了大胆的探索，提供了有益的经验。其一，这样或多或少克服了科举取士的“不务耕而求获”，不抓教育、只搞科举，学校成为科举的附庸的弊病。一方面，提高了士人在校读书的

---

① 参见陈植锷：《北宋文化史述论》，中国社会科学出版社1992年版。

② 范仲淹：《范文正公集》卷八《上执政书》。

③ 《长编》卷二二一，熙宁四年三月庚寅。

④ 章如愚：《山堂群书考索》后集卷二八《士门·学法类》引《长编》。

⑤ 《宋会要辑稿·选举》四之一一《贡举杂录》。

积极性，使士人在应举之前都能够受到一定的学校教育；另一方面，也大大促进了学校教育事业的发展，如政和六年（1116），诸路官学“士有所养，余二十万人”。①这对于赵宋王朝“长育人才”是会有益的。其二，实行三舍法，由学校选士，既以程文考试其艺业，又由学官考察其品行，有利于避免科举仅仅以言取人的弊病；而且经过数年苦读，逐级选拔，由外舍而升内舍、内舍升至上舍上等，方可赐第授官，显然胜于以一次科举考试定去留。这对于选拔具有真才实学的统治人才也是会有益的。其三，三舍法的实施，也打破了品官子弟垄断太学的局面，给一般士人接受高等教育提供了较多的机会，有利于调整地主阶级内部各阶层的关系，扩大赵宋王朝的统治基础。

五、共治天下：及第授官优待士人

宋朝科举的第五大特点，是及第授官优待士人，使士大夫与天子共治天下。

宋朝随着科举制度的发展与完备，一个新兴的士人阶层迅速崛起，并在政治舞台上占据越来越重要的地位，以至于形成了“皇帝与士大夫共治天下”的局面。如《长编》卷三十三载：淳化三年（992）三月辛丑（七日），宋太宗谓宰相曰：“天下至广，借群材共治之。今岁登第者，又千余人，皆朕所选择。此等但能自检，清美得替而归，则驯致亨衢，未易测也。”②当时人柳开（947—1000）亦指出：“至于今上（按指宋太宗），凡八试天下士，获仅五千人，上自中书门下为宰相，下至县邑为簿尉，其间台省郡府公卿大夫，悉见奇能异行，各竞为文武中俊臣，皆上之所取贡举人也。”③宋朝通过科举，士人愈加受到优待。现略举数端。

第一，大规模扩大科举取士名额。

据统计与推算，唐朝290年间共取进士6 646人，明经约为进士的二至三倍，若按两倍半推算，约为16 600人，二者共约2.32万人，平均每年录取进士、明经大约为80人。宋朝320年间的贡举登科人数，正奏名进士约为43 000人，正奏名诸科约为17 000人，二者共约6万人；特奏名进士、诸科约为5万人。进士、明经、诸科等正、特奏名总共约为11万人，平均每年取士约为360多人，为唐朝的4.5倍；如仅计算正奏名，平均每年取士也有188人以上，亦约为唐朝的2.4倍。④

---

① 《宋大诏令集》卷一五七《学生怀挟代笔监司互察御笔手诏》。

② 《长编》卷三三，淳化三年三月辛丑。

③ 柳开：《河东集》卷八《与许景宗书》。

④ 参见本书附录《北宋贡举登科人数考》、《南宋贡举登科人数考》。

第二，科举及第更加荣耀。

唐朝科举及第只是在礼部南院东墙张榜公布，此外没有官方举办的庆祝仪式，新科进士的曲江宴、雁塔题名则是进士私人举办的活动。至于登科记的编纂，宣宗大中十年(856)之前，乃是私家好事者所为，此后才将及第者姓名、所试诗赋题目交付有关部门，由官方编次，这已经是晚唐的事情了。

宋朝在科举及第之后，则由朝廷赐期集费，设状元局，举办唱名、朝谢、拜黄甲叙同年、谒谢先圣先师、闻喜宴、编刊同年小录、立题名碑等一系列庆祝活动。唱名始于太宗雍熙二年(985)，皇帝御崇政殿(后为集英殿)亲自主持，唱名赐第，新科及第者无上荣耀。正如杨万里(1127—1206)诗云："殿上胪传第一声，殿前拭目万人惊。名登龙虎黄金榜，人在烟霄白玉京。"①期集的经费，北宋前期仍由新科进士按甲次高下凑钱，神宗熙宁六年(1073)始"赐新及第进士钱三千缗，诸科七百缗，为期集费"。②期集期间，新及第进士除"朝谢"皇帝、拜黄甲叙同年、谒见先圣先师、参加闻喜宴之外，还要编造《同年小录》即登科录、立题名碑等。宋朝进士题名碑现已不存，幸有《绍兴十八年同年小录》和《宝祐四年登科录》传世，可以窥见一斑。唐朝科举及第已经十分风光，宋朝科举及第则更风光十倍，正如宋人尹洙(1001—1047)所说："状元登第，虽将兵数十万，恢复幽蓟，逐强虏于穷漠，凯歌劳还，献捷太庙，其荣亦不可及也。"③

第三，及第即可授官。

唐朝科举及第之后，只是取得了做官的资格，必须经过吏部的关试、铨试或科目选，考试及格，才能真正步入仕途。因此，有及第一二十年而未得一职事官者。如"文起八代之衰"的韩愈，"四举于礼部乃一得，三选于吏部卒无成"④。为了得到一官半职，他曾三次上书宰相，但都被置之不理。韩愈无奈只好离开京城长安，到宣武节度使董晋的麾下做幕僚，经过董晋的推荐，才踏上了仕途。

宋初仍承唐制。太宗太平兴国二年(977)正月，进士、诸科及第、出身者共五百人，则未经铨试，"皆先赐绿袍、靴、笏"，⑤即皆释褐授官。真宗景德二年(1005)，由于官员冗滥，才规定"应进士、诸科同出身试将作监主簿，并令守选"⑥，

---

① 杨万里：《诚斋集》卷二二《四月十七日侍立集英殿观进士唱名》。

② 《长编》卷二四三，熙宁六年三月壬戌。

③ 田况：《儒林公议》卷上。

④ 韩愈：《昌黎文集》卷一六《上宰相书》。

⑤ 《长编》卷一八，太平兴国二年正月庚午。

⑥ 《长编》卷六十，景德二年六月丁丑朔。

即科举及第第五甲(等)赐同出身者,须等待吏部铨试合格之后,才能再授予职事官;其他第一至第四甲及第者仍可免予铨试,直接授予职事官。自此直至南宋末年,未再变更。这样,就不会再出现像唐朝那样科举及第一二十年而未得一职事官的现象了。

第四,授官优渥,升迁迅速。

唐朝科举及第并经吏部关试及铨试合格后,即授予一定的阶官和职事官。《新唐书》卷四十五《选举志下》载:"明经,上上第,从八品下;上中第,正九品上;上下第,正九品下;中上第,从九品下。进士、明法,甲第,从九品上;乙第,从九品下。"然而,"自武德以来,明经唯有丁第,进士唯乙科而已。"[①]这样,唐朝明经、进士及第者所授阶官官品均为最低一级即从九品下了。其所授职事官,也都是低级文官。如薛播"天宝中举进士,补校书郎"[②];开元中,赵晔、赵宗儒则授太子正字[③]。校书郎为正九品上,太子正字为正九品下。更多者是授予州县的参军、主簿、县尉等。如苏弁,"擢进士,调奉天主簿"[④];李义琰,"及进士第,补太原尉"[⑤]。一般也是九品小官。

宋太祖时仍承唐制,科举及第授官甚低,如开宝八年(975)的状元王嗣宗(944—1021),仅授官为秦州司寇参军,属最低一级的文官。太宗朝,始授官优渥。太宗、真宗、仁宗三朝,一般是进士第一人授将作监丞;第二、第三人为大理评事,并为诸州通判;第四、第五人授校书郎、签书诸州判官事;第六名以下第一甲及第者授两使职官、知县;第二甲授初等职官;第三、第四甲并诸科及第、出身者,授判司簿尉;第五甲及诸科同出身者守选。仁宗嘉祐三年(1058)闰十二月十一日,乃诏稍损擢任恩典:"自今……进士第一人及第,并除大理评事、签书两使幕职官厅公事或知县;……第二、第三人,并授两使幕职官;……第四、第五人,并授试衔知县。"[⑥]"第六人已下并九经、明经及第,并为试衔大郡判司、大县主簿;第二[至第四]甲,并试衔判司主簿尉,诸科并判司簿尉;第五甲并诸科同出身,并守选。"[⑦]南宋时授官略同此制,只不过阶官名有所变化而已。如宋孝宗朝一般为进士第一人授承事郎、签书诸州节度判官事,第二、第三

① 《通典》卷十五《选举三》。
② 《旧唐书》卷一四六《薛播传》。
③ 《旧唐书》卷一八七下《赵晔传》;《新唐书》卷一五一《赵宗儒传》。
④ 《新唐书》卷一〇三《苏弁传》。
⑤ 《新唐书》卷一〇五《李义琰传》。
⑥ 《宋会要辑稿·选举》三之三六《贡举杂录》。
⑦ 《宋会要辑稿·选举》二之九《进士科》。

人授文林郎、两使职官，第四、第五人授从事郎、初等职官；第六人以下至第四甲，并授迪功郎、诸州司户簿尉；第五甲，守选。无论是寄禄官，还是职事官，其品位都比唐朝高多了。

另外，宋朝非科举出身者需逐级转官，科举出身者可以越级转官。其科举高第者，往往不到十年即可升为宰相、副宰相。如太宗太平兴国二年(977)状元及第的吕蒙正(946—1011)，七年后即迁任参知政事即副宰相；端拱元年(988)，即登科十一年，又升为宰相。苏轼云："观《进士登科录》，自天圣初讫于嘉祐之末，凡四千五百一十有七人。其贵且贤，以名闻于世者，盖不可胜数。数其上之三人，凡三十有九，而不至于公卿者，五人而已，可谓盛矣。"[①]仁宗一朝如此，北宋及南宋各朝也大都如此。

第五，科举出身者在高级官员中占据绝对优势。

宋朝科举取士改变了官僚队伍的结构，在一定程度上提高了官僚队伍的素质，尤其在高级官员中，科举出身者所占的比例，逐渐增加，以至占据优势。如在宰相中，唐朝前期科举出身者尚占少数，后期则已经占据多数。据吴宗国教授统计，唐朝后期，从宪宗到懿宗七朝(806—874)，共有宰相133人，其中进士出身者104人，已经占宰相总数的78%。[②]

宋朝科举出身者在宰相、副宰相总数中更加占据绝对优势。据统计，北宋时期宰相共有71人，其中科举出身者65人，占92%；副宰相共有153人，其中科举出身者139人，占91%。南宋时期，科举出身的比例则更高些。这对宋朝的中枢决策必然产生重大影响，以至于人们将宋朝的政治称为"士大夫政治"。通过科举而形成的士大夫政治虽然有这样那样的问题，但其积极意义则是主要的。

综上所述，宋朝科举制度的演变，总的趋势是逐渐走向完备、成熟。这一演变有着深刻的政治、经济、文化背景，并对当时的政治、经济、文化产生了重大影响。关于宋朝贡举制度的特点，还有其他种种，也颇具特色，还都有待于进一步地揭示和研究。

宋朝除贡举制度之外，还有武举制度、制举与词科制度等，也都具有宋朝的特色，详见本书第十四章《宋朝武举制度》和第十五章《宋朝制举与词科制度》，此不赘述。

---

① 《苏轼文集》卷十《送章子平诗叙》。

② 参见吴宗国：《唐朝科举制度研究》第八章《科举在选举中地位的变化》，辽宁大学出版社1992年版。

第二节 宋朝科举制度研究状况

对于宋朝科举制度，前人已经有相当深入的研究。其专门研究宋朝科举制度的论著有数十部，而专门研究的学术论文则有数百篇。囿于个人所见，不能遍举，以下仅择其大要简而述之。本节主要介绍关于宋朝科举制度研究方面的论著，对于科举与社会、科举与文化等等方面的研究，有待另文介绍。即使如此，也难免挂一漏万，敬请方家批评、补正。

一、关于宋朝科举制度的文献及其整理与研究

（一）关于宋朝科举制度的主要文献

宋朝原始记载科举制度的史籍，大概可以分为两大类。一类是官修史书。主要有起居注、日历、实录、国史、会要。起居注等为“记载之史”，一般情况下，除修史的官员之外，其他人不得阅看；实录、国史、会要则属于“纂修之史”，高级臣僚可以阅看，甚至抄录。北宋九朝皆各有实录，南宋有《高宗实录》《孝宗实录》《光宗实录》等。关于北宋一代的国史，则有太祖、太宗、真宗《三朝国史》一百五十卷，仁宗、英宗《两朝国史》一百二十卷，神宗、哲宗、徽宗、钦宗《四朝国史》三百五十卷；南宋有高宗、孝宗、光宗、宁宗《中兴四朝国史》等。会要则有记载北宋太祖、太宗、真宗及仁宗庆历三年以前史事的《庆历国朝会要》一百五十卷，记载太祖、太宗、真宗、仁宗、英宗及神宗熙宁十年以前史事的《元丰增修五朝会要》三百卷，以及记载神宗、哲宗、徽宗、钦宗四朝史事的《乾道续四朝会要》三百卷；南宋有《乾道中兴会要》二百卷、《嘉泰孝宗会要》二百卷、《庆元光宗会要》一百卷、《嘉泰宁宗会要》一百五十卷以及李心传编纂的太祖至宁宗《十三朝会要》五百八十八卷等。以上三种官修史籍，流传至今的，除《太宗实录》残本二十卷和清徐松从《永乐大典》中录出的《宋会要辑稿》之外，都已佚失。

另一类原始记载宋朝科举制度的史籍是同年小录及登科记。唐朝时，进士及第者有题名录，宋承之，称为“小录”，亦称登科题名录等。《宋史·选举志》载：“端拱元年（988），知贡举宋白等定贡院故事：……缀行期集，列叙名氏、乡贯、三代之类书之，谓之小录。”这种“小录”，在北宋前期是由及第的进士、诸科举人按甲次高下集资编修的；神宗熙宁六年（1073）以后，才改为由

政府赐钱编修。[1]唐朝时就有人将题名录编为登科记，宋人亦继承之。《崇文总目》著录有：《皇宋登科录》一卷，《圣朝登科记》三卷。《郡斋读书志》著录有：《宋登科记》三卷，《唐宋科名分定录》三卷。《直斋书录解题》又著录有：洪适《大宋登科记》三十二卷，记太祖至高宗十朝登科人姓名、三代、籍贯等。《宋史》卷二〇三《艺文志》则著录有：《登科记》二卷（起建隆至宣和四年），洪迈《皇族登科题名》一卷等。可惜这些"小录"和"登科记"全都散失了。

现存较系统地记载宋朝科举制度的史书，主要有以下十六种，谨简介如下。

1.《宋会要辑稿》，清徐松（1781—1848）辑。明初修《永乐大典》时，将两宋十三朝《会要》分别编入各韵之中。清嘉庆十四年（1809），徐松入《全唐文》馆，为提调兼总纂官。他利用职务之便，借编纂《全唐文》的名义，将《永乐大典》中所收《宋会要》一并签注录出。徐松生前未能完成所辑《宋会要》的整理工作。辑稿后虽辗转于数人之手，亦未能整理成书。1931 年原北平图书馆（即今中国国家图书馆前身）购得徐松辑稿，1935 年以《宋会要辑稿》为名影印行世，线装共 200 册。1957 年，中华书局将线装《宋会要辑稿》缩印为精装八大册，就是现在通行的本子。近年来，四川大学古籍整理研究所刘琳、刁忠民等学者对《宋会要辑稿》进行了点校整理，2014 年 6 月由上海古籍出版社出版，将对此书的使用带来极大的方便。

《宋会要辑稿》与宋十三朝《会要》相比，不但在内容上有不少残缺，而且在门类的编排上也已非本来的面目。尽管如此，在现存宋朝史料中，它仍然是最原始、最丰富因而价值最高的一部史书。《宋全要辑稿》中关于科举制度的记载，也是现存宋朝科举史料中最为详赡的。所以，此书是研究宋朝科举制度最主要的史料之一。

另外，1987 年，陈智超又将北京图书馆藏刘富曾整理徐松辑稿时所删落的"复文"编辑成册，1988 年由全国图书馆文献缩微复制中心影印出版，题为《宋会要辑稿补编》。《补编》中有十余万字为《宋会要辑稿》所无，故颇有史料价值；即使确为"复文"，也可供校勘《宋会要辑稿》之用。

2.《续资治通鉴长编》（以下简称《长编》），原为九百八十卷，今本五百二十卷，南宋李焘（1115—1184）撰，是记载北宋一代历史的编年体史书。今本《长编》系清四库全书馆臣从《永乐大典》中辑出，编排而成的。因而已残缺不全，脱英宗治平四年（1067）四月（神宗已即位，未改元）至神宗熙宁三年（1070）三月，哲宗元

① 《长编》卷二四三，熙宁六年三月壬戌。

祐八年(1093)七月至绍圣四年(1097)三月,元符三年(1100)二月(徽宗已即位,未改元)至十二月,以及徽宗、钦宗两朝记事。尽管如此,《长编》对于研究宋朝科举制度,仍然具有非常高的价值。因为,此书主要是根据北宋历朝实录、国史编撰的,同时也参考了会要和登科记等史书。不但依据的史料可靠,而且修撰态度严谨,很好地继承了《通鉴考异》的优良传统。如《长编》卷十一开宝三年(970)三月庚戌条李焘注云:"《新录》、《本志》及《会要》书此特恩,并两事为一事,人数参差,今依《旧录》删修。"所以,《长编》也是研究宋朝科举制度最主要的史料之一。《长编》有一百零八卷宋撮要本、《四库全书》本、张氏爱日精庐活字本、清光绪七年浙江书局刊本等传世;现有中华书局点校本,最为精审、方便。

另外,有《皇朝通鉴长编纪事本末》(以下简称《长编纪事本末》)一百五十卷,南宋杨仲良编撰,是据《长编》编撰而成的一部纪事本末体史书。有《宛委别藏》本、广雅书局本等传世,但缺卷六、七和卷一一四至一一九共八卷;现有黑龙江人民出版社出版李之亮点校本,便于使用。

此外,清黄以周(1828—1899)等据杨仲良《皇朝通鉴长编纪事本末》、托名李焘《续宋编年资治通鉴》,并采录其他有关的经史子集、笔记小说、家乘志状、诏令诰制等一百五十余种著作,辑注而成《续资治通鉴长编拾补》(以下简称《长编拾补》)六十卷,可以略补李焘《续资治通鉴长编》脱卷之不足。《长编拾补》有浙江书局刻本等传世;现有中华书局出版顾吉辰点校本,最为精审、方便。

3.《太平治迹统类》(以下简称《治迹统类》)三十卷,南宋彭百川撰,是记载北宋九朝史事的纪事本末体史书。主要抄撮《长编》等史书而成,如邓广铭师所说,它也可以称之为又一部"长编纪事本末"。其卷二十八,专记北宋九朝"祖宗科举取人"之事,言之颇详,除依据《长编》外,还参考了其他史籍。如《治迹统类》在记述神宗熙宁九年科举取士时写道:"[邓](馆)[绾请]第五(请)[甲]依旧赐进士出身,无以同学究耻之。不从。绾后再言,卒从之。初,命绾知举,时专以经取士,前史兴亡治乱之迹,学者莫得习。绾于策问悉访史学。至是奏进士张嵫等合格,号为得人。事已,绾入对,上曰:'卿以史学问矫学者,可谓举其偏矣!'"以上引文均不见《长编》。还有,《治迹统类》所载皇祐元年(1049)、熙宁六年(1073)、九年、元丰二年(1079)贡举登科人数,与《长编》所载迥异,可见另有所本。因此,《治迹统类》在研究宋朝科举制度时,也很有参考价值。此书有《适园丛书》本和《四库全书》本,当互相参校,择善而从。

4.《皇朝编年纲目备要》(以下简称《编年纲目》)三十卷,南宋陈均(1174—1244)撰,是记载北宋九朝历史的纲目体史书。绍定二年(1229)真德秀(1178—

1235)序云:此书"大纲本李氏(按指李焘),而其异同详略之际,则或参以它书"。郑性之(1172—1255)序亦云:此书志在根据《长编》,"参稽国史,出入诸书,订其异以会其同,约其详而补其略"。由此可知,《编年纲目》是取材于《长编》《国史》以及熊克《九朝通略》诸书的,尤其是徽、钦两朝纪事,可补今存《长编》脱卷之不足。对于研究宋朝科举制度,也很有参考价值。此书有中国国家图书馆藏影宋抄本、日本静嘉堂文库藏宋刻本及《四库全书》本等;现有中华书局出版许沛藻等点校本,最为精审、方便。

5.《续宋编年资治通鉴》(以下简称《续宋通鉴》)十八卷,旧题李焘经进,是记述北宋九朝历史的编年体史书。所载登科人数与《长编》有很大差别,显然并非"李焘经进"。所谓李焘经进的这部《续宋通鉴》颇为罕见,现传世的大概仅有四、五部元刊本及清影写元刊本。此书对于研究宋朝科举制度,有一定参考价值。

6.《皇宋十朝纲要》(以下简称《十朝纲要》)二十五卷,南宋李埴(1161—1238)撰,是一部记载宋太祖至高宗十朝重要史事的纲要体史书。李埴是李焘(1115—1184)的儿子,主要参据北宋九朝国史、李焘《长编》及南宋高宗《日历》、熊克《中兴小纪》等撰修而成。此书对于研究宋朝科举制度,也很有价值。《十朝纲要》有清抄本、清张氏爱日精庐抄本、东方学会本等;现中华书局出版燕永成校正本,最为精审、方便。

7.《建炎以来系年要录》(以下简称《系年要录》)二百卷,南宋李心传(1167—1244)撰,是记载南宋高宗一朝历史的编年体史书。该书继承《资治通鉴》、《续资治通鉴长编》的传统,系以《高宗日历》、《乾道中兴会要》等为基础,旁采诸家野史、文集、传状等编纂而成,搜罗极广,而且仿李焘《长编》体例,正文之下也有大量注文。如对熊克的《中兴小历》,就既加以充分吸收,又予以辨正。实为李焘《长编》的续编。《四库全书总目》评价说:"其书虽取法李焘,而精审较胜。"《系年要录》是研究高宗一朝历史最详尽、最重要的史料,同时也是研究高宗朝科举制度的最主要的史料之一。原书久佚,今传《系年要录》系四库馆臣从《永乐大典》中辑出,有《四库全书》本、广雅书局本等;现有中华书局点校本,最为精审、方便。

8.《续宋中兴编年资治通鉴》(以下简称《中兴编年通鉴》)十五卷,南宋刘时举撰,是简要记载南宋高、孝、光、宁四朝将近一百年史事的编年体史书。大概是参据《建炎以来系年要录》、《中兴圣政》、《续编两朝纲目备要》等史书撰修而成。《中兴编年通鉴》对研究宋朝科举制度也有一定参考价值。有元刊陈氏馀庆堂本、《四库全书》本、《丛书集成》本等传世;现有中华书局出版王瑞来点校本,最为精审、方便。

9.《续编两朝纲目备要》(以下简称《两朝纲目》)十六卷,南宋佚名撰,是记载南宋光宗、宁宗两朝三十五年史事的纲目体史书。《两朝纲目》的史料主要来源于诏书、奏议、实录、官方文书及李心传《建炎以来朝野杂记》等,在现存系统记载光、宁两朝史事的史书中,篇幅最大,史料也最为原始,对于研究南宋光、宁两朝的科举制度,有很高的史料价值。有宋刻元修本、影宋本、《四库全书》本等传世;现有中华书局出版汝企和点校本,最为精审、方便。

10.《宋季三朝政要》(以下简称《三朝政要》)六卷,元佚名撰,是记载南宋理宗、恭宗、少帝(度宗)三朝和广王(端宗)、卫王(帝昺)二王史事的编年体史书。《三朝政要》之三朝史事是根据周密《癸辛杂识》、刘一清《钱塘遗事》及佚名《咸淳遗事》等野史、笔记按照编年史的体例编纂而成的。其二王史事为据"陈仲微所著《二王首末》,重加编次"而成。宋末史料极为匮乏,《三朝政要》对于研究宋朝末年的科举制度颇有价值。传世有陈氏馀庆堂本元刻本、云衢张氏元刻本、《四库全书》本、《守山阁丛书》本等;现有中华书局出版王瑞来笺证本,最为精审、方便。

11.《宋史全文续资治通鉴》(以下简称《宋史全文》)三十六卷(其中卷七、八、九、十二、十六、十七、十八、二二、二三、二四、二五、二六、二七、二九分上、下卷,卷十三、十九、二十、二一分上、中、下卷,实为五十八卷),[元]佚名撰,是简要记述宋太祖至理宗十四朝三百零五年史事的编年体史书。其北宋部分,主要是抄撮李焘所撰《长编》而成,但因其完整无缺,并有元刻本传世,故可补《长编》徽、钦两朝之脱误。其南宋部分,高、孝两朝盖系抄撮留正(1129—1206)所撰《皇宋中兴两朝圣政》而成。现存《两朝圣政》已缺卷三十至卷四十五共十六卷,已非完帙,且经过清人的抄改,而《宋史全文》现存有元刻本,卷帙完好,甚为宝贵。其光、宁、理三朝记事的史源今尚未详,恐亦系抄录宋人成书编纂而成,其内容与现存其他记载光、宁、理三朝的史书相比,又较为丰富,所以该书也是研究宋朝尤其是南宋科举制度的主要史料之一。《宋史全文》传世有元刻本、《四库全书》本等;现有黑龙江人民出版社出版李之亮点校本,该点校本主要以《四库全书》本为底本做了一些标点、分段的工作,而没有以元刻本为底本或与之对校,只是据《长编》、《系年要录》、《两朝圣政》、《两朝纲目》、《宋史》等书做了些许他校。

12.《建炎以来朝野杂记》(以下简称《朝野杂记》)甲集二十卷、乙集二十卷,南宋李心传撰,是一部记载高、孝、光、宁四朝典章制度及其他史事的史书。《四库全书总目》云:该书"虽以杂记为名,其体例实同《会要》,盖与《系年要录》互相经纬者也”。其甲集卷十三《取士》、乙集卷十五《取士》即专门记载宋朝科举制度及有关史事，是研究宋朝科举制度的重要史料之一。《朝野杂记》传世有陆心源藏影宋抄本、《适园丛书》本、清萧露浓刻本、《武英殿聚珍版书》本、《四库全书》本等；现有中华书局出版徐规点校本，最为精审、方便。

13.《山堂群书考索》(以下简称《群书考索》)前集六十六卷、后集六十五卷、续集五十六卷、别集二十五卷，共二百一十二卷，南宋章如愚原撰，吕中增广，是一部记载历代典章制度及其他史事的大型类书，其中宋朝部分尤详。《群书考索》对研究宋朝科举制度很有史料价值。有宋刻残本、元圆沙书院本、明刘洪慎独斋本、《四库全书》本等传世，现有中华书局据明刘洪慎独斋本影印本，方便使用。

14.《玉海》二百零四卷，南宋王应麟(1223—1296)撰，是一部为准备报考博学宏词科考试而编纂的大型类书。典章制度内容极为丰富，是研究宋朝科举制度的重要史料。有元刻本、浙江书局本、《四库全书》本等传世。

15.《文献通考》(以下简称《通考》)三百四十八卷，宋末元初马端临(约1254—1323)撰，是记载上古至南宋嘉定末典章制度的史书。其中宋朝史料占一半以上，所记宋朝典章制度尤详，历来受到推崇，是研究宋朝科举制度最主要的史料之一。《通考》有元余谦补修本、明慎独斋刻本、浙江书局本、《四库全书》本、“十通”本等传世；现有中华书局点校本，最为方便。

16.《宋史》四百九十六卷，元脱脱(1314—1355)等撰，是元朝官修的记载两宋三百二十年史事的纪传体史书。《宋史》主要是依据宋朝历朝国史、实录等书修撰而成，较为可信。《宋史》除《本纪》记载科举大事之外，还有《选举志》六卷，其卷一五五、一五六、一五七为《科目》、《学校》，即专门记载科举与学校史事。因而，《宋史》也是研究宋朝科举制度的主要史料之一。有元至正本、明成化本、商务印书馆百衲本等传世；现有中华书局点校本，最为精审、方便。

除以上十六种史籍之外，记载宋朝科举制度者还有许多史书、文集、笔记等。例如北宋钱若水等撰的《太宗实录》，南宋的《绍兴十八年同年小录》、《宝祐四年登科录》，元刘埙抄录的《咸淳七年同年小录》(摘要)及明朱希召的《宋历科状元录》等，叶梦得的《石林燕语》、王栐的《燕翼诒谋录》、洪迈的《容斋随笔》及吴自牧的《梦粱录》等，《范仲淹全集》、《欧阳修全集》、苏颂的《苏魏公文集》、《苏轼文集》、《苏辙集》、楼钥的《攻媿集》、周必大的《周益国文忠公集》、《姚勉集》及赵汝愚编的《宋朝诸臣奏议》等等。这里不再一一列举。

(二) 关于宋朝科举制度文献的整理与研究

近年来,中外学者对宋朝科举制度文献做了大量的研究整理工作。现简要介绍如下。

1. 1962年4月,以中嶋敏为首的日本东京部分学者,发起成立了"宋史选举志研究会"。三十多年来,该研究会先后以东京教育大学中嶋敏研究室、东洋文库等为基地,持续不断地对《宋史·选举志》进行研究和讨论,并进行译注工作。最后,由东洋文库于1991年出版了《宋史选举志译注》第一册,1995年出版了第二册,1999年出版了第三册。

2. 何忠礼对《宋史·选举志》做了大量的补正工作,1992年由浙江古籍出版社出版了《宋史选举志补正》;此后他又对该书进行了修改补充,于2013年由中华书局出版了修订本。

3. 徐松辑《宋会要辑稿》是研究宋朝科举制度最原始、最重要、最丰富的史料,同时也是问题最多的史料。多年来,中外学者对《宋会要辑稿》做了大量研究工作。1932年,汤中的《宋会要研究》由上海商务印书馆出版,开了近代《宋会要辑稿》研究的先河。1984年,《河南大学学报》增刊发表了王云海的《宋会要辑稿研究》;1986年,上海古籍出版社出版了王云海的《宋会要辑稿考校》,汇集了他三十多年来研究、校勘《宋会要辑稿》的成果。该书不但对《宋会要辑稿》进行了校补和考证,而且编辑了《宋会要辑稿》篇目索引,便于研究者使用。1978年,王德毅的《〈宋会要辑稿〉人名索引》由台湾新文丰出版公司出版,1970年和1982年,日本东洋文库宋代史研究会的《宋会要研究备要》和《〈宋会要辑稿·食货志〉索引》先后出版,都为《宋会要辑稿》的使用和研究提供了重要的工具书。1988年,陈智超编排整理的《宋会要辑稿补编》,具有珍贵的补充和校勘价值。1982—1995年,陈智超在《历史研究》《文献》等杂志上发表了十多篇关于《宋会要辑稿》研究的论文;并于1995年,由社会科学文献出版社出版了《解开〈宋会要〉之谜》一书。该书不但力图解开《宋会要辑稿》的遗文、按语、标目、格式、注文、复文、原名与原本、类门之谜,而且对《宋会要》的十七类进行了艰苦的复原工作,将《宋会要辑稿》的整理与研究向前推进了一大步。2014年,四川大学古籍整理研究所刘琳、刁忠民等点校整理的《宋会要辑稿》,由上海古籍出版社出版,是《宋会要辑稿》整理与研究的最新成果。2011年,中国社会科学院历史研究所江小涛等完成了中国社会科学院重大项目《〈宋会要辑稿〉的研究与整理》,为《新辑宋会要》做了大量的目录编制、校勘等工作。2014年,中国社会科学院历史研究所陈智超、江小涛等,在《〈宋会要辑稿〉的研究与整理》项目的基础上,又开始进行国家社科基金重大项目《宋会要的复原、校勘与研究》的工作。预计不久的将来,《新辑宋会要》将由中华书局出版。

4. 龚延明对《宋大诏令集》卷一七〇、一七一《制科》和卷一七二、一七三《科举》有目无文的诏令、策问进行了辑补工作,先后发表于《文献》杂志 1997 年第 2、第 3 期,2004 年第 2 期等,后以《〈宋大诏令集〉缺卷辑补点校(四篇)》为题,收入 2013 年浙江大学出版社出版的《中国古代制度史研究》,为研究宋朝科举制度的诏令提供了很大方便。

5. 龚延明还对《文献通考》卷三十二《选举考五》的《宋登科记总目》做了补正工作,其《〈文献通考·宋登科记总目〉补正》,原载《文史》2002 年第 4 辑,也收入 2013 年浙江大学出版社出版的《中国古代制度史研究》。

6. 张希清对《宋会要辑稿》、《长编》、《系年要录》、《朝野杂记》、《文献通考》、《宋史》、《宋史全文》等史籍中有关宋朝科举制度的史料,进行了搜集、点校、整理,分为贡举、武举、制举与词科、童子举与百篇举等类别,按照时间顺序进行了编排,成为《中国考试史文献集成》第三卷(宋)第二编《宋代科举考试》,共 40 余万字。该书 2003 年由高等教育出版社出版,为宋朝科举制度的研究提供了很大方便。

7. 在傅璇琮指导下,龚延明、祖慧对两宋 118 榜进士、诸科正奏名及特奏名登科者,从搜集资料,到编写考订,再到排比整理,最后五校其稿,进行了十多年的艰苦劳动,终于完成了《宋登科记考》的编纂工作。2009 年,该书由江苏教育出版社分上、下两大册出版,全书 500 余万字,是一项宋朝科举制度文献整理与研究的巨大工程。

二、关于宋朝科举制度的研究

关于宋朝科举制度的专门研究,大概可以分为如下四个阶段。以下分别简要介绍各个阶段宋朝科举制度研究的主要情况,其中难免有所遗漏和不当之处,敬请方家指正,以便今后修改和补充。

(一) 第一阶段(1900—1949 年)

1949 年以前半个世纪所发表的专门研究宋朝科举制度的论著,虽然寥若晨星,但其中有些论著至今仍然闪烁着学术的光芒。现在所能看到的,学术论文主要有陈东原(1902—1978)的《宋代科举与教育》(《学风》二卷九期,1932 年),聂崇岐（1903—1962）的《宋代制举考略》（《史学年报》第二卷第五期，1938 年）和《宋词科考》（《燕京学报》第二十五期，1939 年），以及曾资生的《宋辽金元的科举概略》（《东方杂志》四十一卷二十四期，1944 年）等。其中聂崇岐的《宋代制举考略》和《宋词科考》是两篇力作，至今仍有较高的学术价值，其他则是简略的叙述。学术著作主要有邓嗣禹（1905—1988）的《中国考试制度史》（考试院 1936 年版；台北学生书局 1967 年版）等。邓著是中国科举制度研究的奠基之作，其第二编第二章《宋之考试制度》，对宋朝科举制度的考试科目、考试方法、考试内容、待遇与出身及利弊得失都做了比较详细的论述。只是由于历史条件的限制，未能利用《宋会要辑稿》和《长编》的史料。

（二）第二阶段（1950—1989 年）

1950—1989 年，研究宋朝科举制度的论著多了起来，但中国大陆由于种种原因，“文化大革命”结束之后，才开始宋朝科举制度的研究，而且人数不多。主要有杭州大学的何忠礼及其导师徐规、北京大学的张希清、上海师范大学的朱瑞熙、河南大学的穆朝庆等。1981 年，徐规、何忠礼联名发表了《北宋的科举改革与封弥制》（《杭州大学学报》1981 年第 1 期）一文，这大概是大陆学者发表的第一篇专门研究宋朝科举制度的学术论文。之后，何忠礼又发表了《状元、榜眼、探花名称探源》（《杭州大学学报》1983 年第 3 期）、《试论北宋科举制的特点及其历史作用》（《宋史研究论文集》，河南人民出版社 1984 年版）、《宋代封弥制考辨》（《杭州大学学报》1987 年第 3 期）和《宋代殿试制度述略》（《中国史研究》1988 年第 1 期）等。穆朝庆于 1983 年发表了《北宋时期的科举改革》（《史学月刊》1982 年第 5 期），随后又发表了《宋代糊名法和誊录法的若干问题》（《中州学刊》1983 年第 5 期）、《论宋代的殿试制度》（《许昌师专学报》1984 年第 1 期）和《论南宋科举中的“类省试”》（《中州学刊》1987 年第 6 期）。张希清则于 1986 年发表了《论王安石的贡举改革》（《北京大学学报》1986 年第 4 期），此后又发表了《论宋代科举中的特奏名》（《宋史研究论文集》，河北教育出版社 1989 年版）等。与此同时，朱瑞熙在《中国历史大辞典·宋史》（上海辞书出版社 1984 年版）中，对上百条关于宋朝科举制度的名词做了简要的解释。另外，莫家齐发表了《宋朝“明法”、“新科明法”及“试刑法”考》（《中州学刊》1984 年第 6 期）；杨康荪发表了《宋武举述略》（《中国史研究》1985 年第 3 期）；王瑞来发表了《赵抃〈御试官日记〉考释》（《东北师大学报》1986 年第 3 期）；宋采义发表了《谈宋代神童举》（《史学月刊》1989 年第 6 期）。

在此期间,港台学者对宋朝科举制度的研究却相当活跃。首先,1955 年侯绍文发表了《两宋之制举》(《中国人事行政》第七期,1955 年),1957 年又发表了《两宋之武举》(《中国人事行政》第九期,1957 年)。此后,他又发表了《宋代科举之解试》、《宋代科举之省试》、《宋代科举之殿试》等,并于 1973 年汇集为《唐宋考试制度史》,由台湾商务印书馆出版。侯氏长期在考试院工作,有现代文官考试的经验,故对宋朝贡举的解试、省试、殿试及武举、制举、童子举,皆有比较全面的论述;但是,该书未利用《宋会要辑稿》和《续资治通鉴长编》等关于宋朝科举制度最主要的史料,所以难免失于肤浅。台湾政治大学李正富于 1963 年出版了《宋代科举制度之研究》一书,虽然比较粗疏,但是台湾地区第一部比较全面研究宋朝科举制度的学术著作。在此期间,学术价值最高的是成功大学金中枢关于北宋科举制度的系列论文。1964 年,他分上、下两篇发表了《北宋科举制度研究》的长文(《新亚学报》第六卷第一期、第二期,1964 年),分四个阶段,比较详细地考察了北宋贡举取士的演变过程及其中的某些重大事件。1978 年、1979 年,他又连续发表了《北宋科举制度研究续(上)——进士诸科之解省试法(上)》(《成功大学历史学报》第五期,1978 年)和《北宋科举制度研究续(下)》——进士诸科之解省试法(下)(《成功大学历史学报》第六期,1979 年),分别考察了宋朝贡举解试的取解、考法、考官、发解及其解额,和省试的赴省、考法、考官、奏名及其额数。1980 年和 1982 年,他又连续发表了《北宋科举制度研究再续——进士诸科之殿试法(上)》(《成功大学历史学报》第七期,1980 年)和《北宋科举制度研究再续——进士诸科之殿试法(下)》(《成功大学历史学报》第九期,1982 年),考察了宋朝贡举殿试的考法、考官、赐第。

此外,1965 年,王德毅发表了《宋代贤良方正科考》(《台湾大学文史哲学报》第十四期,1965 年),是研究宋朝制举的一篇力作;杨树藩发表了《宋代贡举制度》(《政治大学学报》第十二期,1965 年)。1976 年,林铮颢发表了《宋代殿试初探》(《史绎》第十三期,1976 年)。1979—1986 年,林瑞翰连续发表了《宋太祖至仁宗朝乡贡考》(《台湾大学历史学报》第六期,1979 年)、《宋太祖至仁宗朝乡贡续考》(《台湾大学历史学报》第七期,1980 年)和《宋代制科考》(《台湾大学历史学报》第八期,1981 年)及《宋代词科考》(《劳贞一八秩荣庆论文集》,1986 年)。1980 年,林天蔚发表了《南宋时四川"类省试"的分析》(《书目季刊》第十四卷第三期,1980 年)。1985 年,李弘祺的《宋代官学教育与科举》英文版在美国出版(中文版由联经出版事业公司于 1993 年出版);1988 年,他又发表了《宋代的举人》(《国际宋史研讨会论文集》,中国文化大学,1988 年)。1985,朱重圣发表了《宋代太学之取士及其组织》(《书目季刊》第十九卷第二期,1985 年)。1986 年,蔡宜芳发表了《宋代科举制度之特殊科目——制举》(《史学通讯》第二十二期,1986 年)。这些论著,都对宋朝科举制度的某些方面进行了有益的探讨。

在国外,主要有日本荒木敏一《宋代科举制度研究》(同朋社 1969 年版)的出版。本书比较系统地研究了宋朝贡举的科目和解试、省试、殿试,还研究了北宋的制举及其与党争的关系等,用功甚多,是第一部外国学者专门研究宋朝科举制度的学术著作。此外,有近藤一成的《王安石的科举改革》(《东洋史研究》第四十六卷第三号,1987 年)等。1985 年,美国学者贾志扬(Jhan Chaffee)《宋代科举》英文版出版(台北东大图书公司 1995 年中文版)。该书对宋朝贡举的应举资格、庆历科举改革、科举取士与学校选士等做了生动的考述,是第一部西方学者专门研究宋朝科举制度的学术著作。

(三) 第三阶段(1990—1999 年)

20 世纪 90 年代,宋朝科举制度的研究继续发展。首先是有关宋朝科举制度研究的著作不断出现。1993 年,张希清出版了《中国科举考试》(新华出版社 1993 年版)一书,其中三分之一以上的篇幅是有关宋朝贡举科目、应举人资格、考试方法、考试内容、考试机构与考官、及第与授官的。1995 年,李新达的《中国科举制度史》由台北文津出版社出版,设有专章论述宋代的科举制度。1997 年,许友根出版了《武举制度史略》(苏州大学出版社 1997 年版),其中相当大部分也是有关宋朝武举的。

在专题论文方面,关于宋朝贡举科目,有张希清的《宋代贡举科目述论》(《国际宋史研讨会论文选集》,河北大学出版社 1993 年版),何忠礼的《略论宋代的明经科》(《杭州大学学报》1992 年第 4 期)等。关于宋朝贡举解试制度,有赵冬梅的《北宋科举解额考》(《北大史学》1998 年第 1 辑),张希清的《宋代科举锁厅试述论》(《庆祝邓广铭教授九十华诞论文集》,河北教育出版社 1997 年版)等。关于宋朝宗室应举,有汪圣铎的《宋朝宗室制度考略》(《文史》第 33 辑,1990 年),张希清的《宋代宗室应举制度述论》(《第二届宋代学术研讨会论文集》,中国文化大学,1996 年)等。关于宋朝贡举省试,有何忠礼的《北宋礼部贡院场所考略》(《河南大学学报》1993 年第 4 期)、《宋代省试制度述略》(《中华文史论丛》第 51 辑,上海古籍出版社 1993 年版),张希清《南宋科举类省试述论》(《宋史研究论文集》,河南大学出版社 1993 年版)等。关于宋朝贡举殿试,有张希清的《宋代殿试制度述论》(《北京大学学报》1992 年第 2 期)等。关于宋朝科举考试方法与考试内容,有朱瑞熙的《宋元的时文——八股文的雏形》(《历史研究》1990 年第 3 期)、张其凡的《论宋太宗朝的科举取士》(《中州学刊》1997 年第 2 期)等。关于宋朝武举制度,有吴九龙、王菡的《宋代武举武学考述》(《文史》第 36 辑,1992 年)等。

在港台地区,有关宋朝科举制度的学术著作,1996 年出版了宁慧如的《北宋进士科考试内容之演变》(知书房出版社 1996 年版)。该书不但详述了北宋进士科考试内容的演变,而且简要考察了宋朝贡举的解试、省试、殿试三级考试制度的确立。同年,宁慧如还发表了《侧写北宋进士科考试内容屡经更革的本质》(《建国学报》第十五期,1996 年)和《宋代贡举殿试策与政局》(《中国历史学会史学集刊》第二十八期,1996 年)。在学术论文方面,1991 年,梁庚尧发表了《南宋的贡院》(原刊《中国史学》第一卷,1991 年;收入《宋代社会经济史论集》(下),1997 年),是一篇关于南宋贡院研究的力作。从 1992 年开始,葛绍欧连续发表了《宋代府州的贡院》(《国际宋史研讨会论文选集》,河北大学出版社 1992 年版)、《宋代状元初探》(《台湾师大历史学报》第十五期,1997 年)和《略论唐宋的科举制度》(《中等教育》第四十四卷第三期,1993 年)。1992—1993 年,金中枢连续发表了《北宋科举正赐第人员任用制之形成考》(《国际宋史研讨会论文选集》,河北大学出版社 1992 年版)、《北宋科举正赐第人员任用制之形成续考》(《新亚学报》第十六卷,1993 年)、《北宋科举正赐第人员任用制之形成三考》(《成功大学历史学报》第十九期,1993 年),是其北宋科举制度研究系列论文的续篇。

在国外,有日本学者近藤一成的《蔡京科举与学校政策》(《东洋史研究》第五十三卷第一号,1994 年),对科举取士与学校选士进行了深入的研究。

(四) 第四阶段(2000—2014 年)

进入 21 世纪,宋朝科举制度研究也进入了一个蓬勃发展的阶段。这一阶段具有鲜明的特点。首先,是出版了一大批关于宋朝科举制度研究的学术著作。最早出版的有赵冬梅的《武道彷徨——历史上的武举与武学》(解放军出版社 2000 年版),该书相当大篇幅是有关宋朝武举的。2004 年,刘海峰、李兵的《中国科举史》(东方出版中心 2004 年版)出版,该书第三章《科举社会的出现》,即是以宋朝的科举制度为基础展开论述的。同年,张希清的《中国考试通史》第二卷《宋辽金元》(首都师范大学出版社 2004 年版)出版,该书用六章的篇幅,分别简要考述了宋朝的贡举、武举、制举、词科与童子举。2006 年,祝尚书出版了一部专题系列论文集《宋代科举与文学考论》(大象出版社 2006 年版);该书汇集了作者有关

“宋代科举与文学”的二十二篇考论文章，其中虽然大多曾在《文史》《中华文史论丛》等刊物上发表，但汇编结集成书，更可看出其内在的有机联系。该书大概一半的考论是与宋朝科举制度有关的。同年，林岩出版了《北宋科举考试与文学》（上海古籍出版社 2006 年版），该书对宋朝的解试制度、熙宁贡举改革及徽宗朝的科举取士与学校选士，有比较深入的研究和独到的见解。两年之后，祝尚书又出版了一部学术著作《宋代科举与文学》（中华书局 2008 年版）；该书虽然是在《宋代科举与文学考论》的基础上撰写而成的，但仍给人耳目一新之感，有了不少提高，对宋朝贡举的科目设置、解试、省试及类省试、殿试制度，以及制举与词科制度等都做了比较详尽的考论，是一部宋朝科举制度研究的力作。2009 年，何忠礼出版了《南宋科举制度史》（人民出版社 2009 年版）；该书对南宋贡举的解试、省试及类省试、殿试制度、宗室应举制度，及制举、武举制度等，都做了比较全面而系统的研究，是南宋科举制度研究的一部力作。同年，吴建辉（1963—2007）的遗作《宋代试论与文学》（岳麓书社 2009 年版）出版，该书对宋朝贡举进士科、制举的考试内容，有比较深入的研究和独到的见解。另外，还出版了王炳照、徐勇主编的《中国科举制度研究》（河北人民出版社 2002 年版）和陈秀宏的《唐宋科举制度研究》（北京师范大学出版社 2012 年版）等学术著作，其中许多内容都与宋朝科举制度有关。

这一阶段的第二个特点，是一大批青年学者完成了相当多的高质量的硕士论文和博士论文。如何兆泉的《宋代宗室研究》（浙江大学 2004 年博士论文）、张秀华的《南宋宗室应举研究》（辽宁大学 2011 年硕士论文）、王汉灵的《宋代“锁厅试”研究》（浙江大学 2008 年硕士论文）、张凯乐的《宋代殿试研究》（南昌大学 2013 年硕士论文）、路任翰的《北宋科举条制考》（苏州大学 2011 年硕士论文）、周兴涛的《宋代武举武学研究》（厦门大学 2002 年博士论文）等。相信这批博士、硕士将会贡献出更多、更好的宋朝科举制度研究的成果，如周兴涛即在其博士论文的基础上，发表了一系列关于宋朝武举制度研究的论文。

这一阶段的第三个特点，是更多的多学科出身的学者加入到宋朝科举制度研究行列。20 世纪内，研究宋朝科举制度的大都是历史学、教育学等学科出身的学者；进入 21 世纪，有大批的出身于文学、法学、文献学、社会学等学科的学者投身于宋朝科举制度的研究，并且取得了可喜的成绩。如上述的祝尚书、林岩、吴建辉都是文学出身的，路任翰则是法学硕士。

这一阶段的第四个特点，是有关宋朝科举制度研究的学术论文更加硕果累累。关于宋朝贡举制度解试、省试、殿试制度的研究，主要有张希清的《宋代科举中的转运司试》(《历史文献与传统文化》第十集,兰州大学出版社 2003 年版)、《宋代科举省试制度述论》(《宋史研究论文集》,兰州大学出版社 2004 年版);何忠礼除《南宋科举制度史》之外,还有《宋代进士甲第考》(《文史》第 58 辑,2002 年);穆朝庆的《宋代科举解额分配制度初探》(《黄河科技大学学报》2008 年第 1 期);龚延明的《宋代殿试不黜落考》(《西北大学学报》2005 年第 1 期)、《宋考试机构与考官》(《科举学论丛》2013 年第 2 期)、《论宋代皇帝与科举》(《浙江学刊》2013 年第 3 期);朱瑞熙的《宋高宗朝科举制度的重建和改革》(《黑水文明研究》第二辑,黑龙江教育出版社 2008 年版);杨寄林的《试论宋代进士前三名遴选中的异常现象》(《史学月刊》2003 年第 5 期)等。关于贡举考试方法与考试内容,主要有张希清的《宋代科举封弥誊录制度述论》(《科举制的终结与科举学的兴起》,华中师范大学出版社 2006 年版)、《唐宋进士科取舍依据的演变》(《文史哲》2010 年第 4 期);龚延明的《宋代文武进士科举考试内容考述》(《国学学刊》2013 年第 3 期)、《宋代科场管理研究》(《中国古代制度史研究》,浙江大学出版社 2013 年版);李裕民的《寻找唐宋科举制度变革的转折点》(《北京大学学报》2013 年第 3 期);萧建新的《宋代的科举责任追究》(《文史哲》2009 年第 5 期);钱建状的《南宋进士分科考试制度形成的契机——兼论宋代科举史上的"经义与诗赋之争"》(《厦门大学学报》2008 年第 5 期);周兴禄的《宋代殿试诗赋论考论》(《古籍整理研究学刊》2011 年第 6 期)等。关于宋朝宗室应举,有祖慧的《南宋宗室科举制度探析》(《历史研究》2011 年第 4 期)等。关于宋朝制举制度,有祝尚书的《唐宋制科盛衰及其历史教训》(《北京大学学报》2010 年第 5 期)等。关于宋朝童子举制度,有汪圣铎的《宋代的童子举》(《文史哲》2002 年第 6 期)等。关于科举取士与学校选士,有张希清的《北宋的科举取士与学校选士》(《宋史研究论文集》,河北大学出版社 2002 年版)、祖慧的《两宋"上舍释褐"考述》(《文史》2007 年第 4 辑)、钱建状的《宋徽宗朝停废科举真相辩证》(《科举学论丛》2011 年第二辑)等。

在港台与国外,台湾大学的方震华发表了《文武纠结的困境——宋代的武举与武学》(《台湾大学历史学报》第 33 期,2004 年),以新的视角,对宋朝武举制度进行了深入研究。中国文化大学的宁慧如发表了《南宋状元策试析》(《宋学研究辑刊》第二辑,2010 年)。成功大学的金中枢将其北宋科举制度研究系列论文结集为《宋代的学术和制度研究》第二卷《北宋科举制度研究》(台北稻乡出版社 2009 年版)出版。日本学者近藤一成发表了《南宋四川类省试中的地域问题》(《史观》第一五一册,2004 年),并结集出版了《宋代中国科举社会研究》(汲古书院 2009 年版)一书,收录了作者有关宋朝科举制度的多篇论文。美国学者贾志扬又出版了《天潢贵胄:宋代宗室史》(江苏人民出版社2005年版),其中对宋朝宗室应举制度多有论述。另外,韩国学者裴淑姬也发表了《论宋代科举解额的实施与地区分配》(《浙江学刊》2000年第3期)和《论宋代的特奏名制度》(《湖南大学学报》2007年第3期)等论文。

可以预见,一个多学科、新视角、全方位地研究宋朝科举制度的高潮即将到来。

第三节　本卷的研究思路与章节安排

一、研究思路

本卷已经呈现在读者和方家面前,似乎没有必要再谈什么研究思路。另外,本卷基本上是按照邓广铭师教诲的传统治史思路进行的,可以说都是老生常谈,没有必要多说。如果勉强要说,大概有以下几点。

第一,要尽可能地穷尽史料。邓广铭师的老师傅斯年先生说:"史学即史料学。"要"上穷碧落下黄泉,动手动脚找东西。"找什么?就是找有关的史料。这些史料包括文献史料,也包括文物、考古的史料等等。当然,找到有关史料之后,还要认真辨析史料的真伪,解读史料的含义,了解史料的背景,分析有关史料与其他历史人物、历史事件的联系等等,下一番艰苦细致的功夫。这一番辨析、解读史料功夫的重要性绝不亚于寻找史料的功夫。接下来,则是如何运用这些已经辨析、解读之后的史料,解决历史上的问题。

邓广铭师的另一位老师胡适先生说过:"大胆的假设,小心的求证。"这一研究方法过去曾经受到过严厉的批判,说他是唯心主义的。其实,胡适先生的"假设"并不是凭空提出来的,而是在掌握了相当多的史料,并对这些史料进行初步辨析、解读之后提出来的。也就是说,他的"假设"是以史料为基础的。而其"求证",更是一个进一步寻找史料和辨析、解读史料的过程。而且这一"求证"要十分地"小心"。不能只选择认为"假设"能成立的史料,而排斥"假设"不能成立的史料;或将所得史料往"假设"能成立的方向去曲解,而有意掩盖史料的本来含义。所以,其"求证"更是以史料为基础的。我想,这应该是胡适先生提出的"大胆的假设,小心的求证"的原意,说这一方法是唯心主义的,则不是对胡适先生原意的正确理解。

邓广铭师则提出了研究历史的“四把钥匙”，即目录学、年代学、地理学、职官制度。这是寻找史料和解读史料不可或缺的工具。懂得目录学，才知道到哪里寻找史料。1978 年 8 月，在我考入邓先生门下读研究生之前，邓先生赠送给我的第一部书不是他的著作，而是《四库全书总目》。其用意就是教导我：治史要从目录学入手。继而是辨析、解读史料。因为古代往往是以皇帝的年号及天干地支纪年、纪日，不懂年代学，就难以弄明白历史人物、历史事件发生的时间。古代的区划、地名，在不同的历史时期有很大的变化，不懂得历史地理，就难以弄明白历史人物、历史事件发生的地点。古代国家官僚机构的设置和官员名称，在不同的历史时期更是有很大的变化，即使在一个朝代的不同时期也是如此。如宋朝的职官制度，在神宗元丰年间改官制前后，无论是官僚机构的设置，还是官员的名称，都有判若两个朝代之感。不懂得职官制度，就难以弄明白历史人物身任何职，负责何项政务。不熟练地掌握年代学、地理学、职官制度这些“钥匙”，就无法正确辨析、解读有关史料，打开历史之谜的大门。

我们研究宋朝科举制度，也应该借鉴和运用傅斯年、胡适和邓广铭先生的这些科学方法。首先要穷尽有关宋朝科举制度的史料，并对这些史料进行一番“去粗取精，去伪存真，由表及里，由此及彼”的加工制作功夫，然后“求证”宋朝科举制度的本来面目，并进一步找出这些制度形成和演变的原因，以及这些制度形成和演变的作用与后果。

在搜集史料方面，我曾经做了一些工作。如前面所述，我曾对《宋会要辑稿》《长编》《系年要录》《朝野杂记》《文献通考》《宋史》《宋史全文》等史籍中有关宋朝科举制度的史料，进行了搜集、点校、整理，分为贡举、武举、制举与词科、童子举与百篇举等类别，按照时间顺序进行了编排，成为《中国考试史文献集成》第三卷(宋)第二编《宋代科举考试》，共 40 余万字。该书 2003 年由高等教育出版社出版。这次《中国科举制度通史》(宋代卷)的撰写，就是在上述史料基础上进行的。由于时间和能力的限制，现在还远没有做到穷尽史料，文物、考古史料基本没有涉及，即使是文献史料，也只是着重搜集了史书中的有关史料，而文集、笔记中的史料尚有许多遗漏。《中国科举制度通史》(宋代卷)的撰写完成，只是作者研究宋朝科举制度的一个段落。今后还将继续搜集有关史料，努力接近“穷尽”，并加以认真的辨析、解读，将宋朝科举制度的研究再推进一步。

第二，要尽可能地穷尽今人有关的研究论著。学术研究也是一个传承创新、世代接力的过程。充分吸收前人的研究成果，以前人已有的研究为基础，才能站在学术的最前沿，将学术研究不断引向深入，不断推向前进。这样，不但可以避免不必要的重复劳动，更重要的是在前人研究成果的激发下，或将某一问题不断向前推进，或另辟蹊径，别开洞天。

对于宋朝科举制度的现代意义上的研究，始于20世纪30年代。进入20世纪90年代，宋朝科举制度研究有了长足的进步。进入21世纪，宋朝科举制度研究更进入了一个蓬勃发展的阶段。从不同学科涌现出了大批宋朝科举制度研究者，其学术论著更是硕果累累。在本卷《绪论》的第二节和卷末的《参考文献》中，我胪列了近八十多年来，中外学者研究宋朝科举制度的主要论著，当然由于种种限制，其中难免遗漏，有待今后补充。另外，对上述论著的阅读和研究、汲取和生发，也还很不够。这些都有待今后加以弥补。

第三，要努力回答宋朝科举制度"是什么"、"为什么"和"有什么用"的问题。首先，要努力弄清楚宋朝科举制度"是什么"，即还宋朝科举制度的本来面目。只有弄清楚宋朝科举有哪些制度？这些制度是如何形成的？形成之后又有哪些发展变化？才能奠定科举制度研究的扎实基础。然后，再进一步弄清楚宋朝为什么形成这些科举制度？其沿革、发展、变化的原因又是什么？最后，要努力回答宋朝科举制度有哪些规律性的东西？对当前的社会发展有什么用处？可以提供哪些启迪和借鉴？

本卷只是在"是什么"上做了比较多的工作，基本弄清楚了宋朝科举制度的概貌。当然，对宋朝科举制度的详细研究还远远不够，有待今后不断丰富、细化和深入。对于"为什么"的问题，也有所涉及，但分析得还很不够。至于"有什么用"的问题，则基本上未予涉及。这是今后应该大大加强的。因为我们研究古代的历史，不仅仅是"还历史本来面目"，更重要的是"让历史告诉未来"，即我们的历史研究不但要具有学术价值，更要具有现实意义。

二、章节安排

本卷正文分为十六章，其章节的安排是兼顾时间逻辑和发展逻辑进行的。

首先，按科举制度大的类别，分为贡举制度、武举制度、制举与词科制度三大类；最后一章，则是科举制度的社会作用与影响，与科举制度有密切关系，但又超出了科举制度的范围。在上述三种科举制度中，贡举制度持续时间最长、影响最大，所以用了十三章的篇幅，从各个方面加以介绍和论述。而武举制度、制举与词科制度则各用了一章的篇幅。本卷没有叙述童子举制度，一是由于童子举制度不太重要，在宋朝产生的作用不大，二是时间关系，来不及全面、详细地考察童子举制度。有待今后加以补充。

第二，在叙述某项制度时，也照顾了时间的逻辑。如首先叙述某项制度的设立、演变；其次也是按时间逻辑，依次按照应试、解试、省试、殿试、期集等的时间顺序，叙述某项制度的运作过程。

第三，在叙述某项制度时，也照顾了科举制度本身的发展逻辑。如贡举制度，就是按照科目设置、考试方法、考试内容、试卷考校、赐第授官等科举制度本身的发展逻辑进行的。

正文之外，卷首为《绪论》，主要分三个部分，一是宋朝科举制度的主要特点，二是宋朝科举制度研究状况，三是本卷的研究思路和章节安排。卷末为两个附录，一是《北宋贡举登科人数考》，二是《南宋贡举登科人数考》。最后是《参考文献》，包括古代典籍和今人论著。

第一章　宋朝贡举科目设置

什么是科举制度？对科举我曾经下过一个定义，即："科举制度是朝廷开设科目，士人可以自由报考，主要以考试成绩决定取舍的选拔官员的制度。"[①]这一定义包括一个"实质"与三个"要素"。科举制度的实质乃是一种选拔官员的制度。其第一个"要素"即是"朝廷开设科目"。所以1939年，周谷城在《中国通史》中就说："科举制，盖取分科目而举士之义。"[②]1960年，韩国磐在《略述科举制度》中说："所谓科举，就是分科举人。"[③]这种说法并不全面，也不确切，因为既未说明科举制度的实质，又漏掉了"士人可以自由报考"和"主要以考试成绩决定取舍"两项"要素"。虽然如此，"朝廷开设科目"（或曰"设科取士"、"分科举人"）无疑是科举制度中的一项重要内容。所谓"朝廷开设科目"，表明科举是国家规定的统一考试。由"朝廷开设科目"而选拔官员，并非科举制度所独有，此前在汉朝至隋初实行的察举制度即已经由朝廷开设科目了。如汉朝察举常科即有"秀才"、"孝廉"，特科则有"贤良方正"等科目。

科举制度创始于隋朝，其贡举科目大概有秀才、进士、俊士、明经等四科。唐朝科举科目大增，其常科有贡举，特科有制举，以及道举、童子举等。《新唐书·选举志》云：

---

① 张希清：《关于科举制度创立的几个问题》，《北大史学》第1辑；《中国科举考试制度》，新华出版社1993年版；又见《科举制度的定义与起源申论》，《河南大学学报》（社会科学版）2007年第5期。

② 周谷城：《中国通史》上册，开明书店1939年版。

③ 韩国磐：《略述科举制度》，《历史教学》1960年第4期。

> 唐制，取士之科，多因隋旧……其科之目，有秀才，有明经，有俊士，有进士，有明法，有明字，有明算，有一史，有三史，有开元礼，有道举，有童子。而明经之别，有五经，有三经，有二经，有学究一经；有三礼，有三传，有史科。此岁举之常选也。其天子自诏者曰制举，所以待非常之才焉。①

五代因之，略有损益。宋初，沿唐及五代之制，又有所发展变化。《宋史·选举志》云：

> 宋之科目，有进士，有诸科，有武举。常选之外，又有制科，有童子科，而进士得人为盛。……初，礼部贡举，设进士、九经、五经、开元礼、三史、三礼、三传、学究、明经、明法等科。②

本章只讨论宋朝“贡举科目”即所谓“常选”中的文举，至于常选之外的制科、童子科，以及常选中的武举等，则将另列专章讨论。

第一节　进　士　科

“进士”一词，始见于《礼记》。《礼记·王制》云：

> 大乐正论造士之秀者告于王，而升诸司马，曰进士。司马辨论官材，论进士之贤者以告于王，而定其论。论定，然后官之；任官，然后爵之；位定，然后禄之。

不过，这里的“进士”并不是一种选士科目，而是指学有所成的造士中的优秀分子，是可以进用任官享受爵禄的人。

此后，《史记》卷四十三《赵世家第十三》载：“今公仲相赵，于今四年，亦有进士乎？”《汉书》卷六十二《司马迁传》载司马迁《报任安书》云：“少卿足下，曩者辱赐书，教以慎于接物、推贤进士为务，意气勤勤恳恳。”其中的“进士”并非名词，而

① 《新唐书》卷四十四《选举志上》。

② 《宋史》卷一五五《选举志一》。

是一个动宾词组，即“进用贤士”之意。

进士成为选士的一种科目，乃始于隋炀帝大业年间（605—618）。《旧唐书》卷一〇一《薛登传》载：“炀帝嗣兴，又变前法，置进士等科。”《旧唐书》卷一一九《杨绾传》载：“上疏条奏贡举之弊曰：……近炀帝始置进士之科，当时犹试策而已。”杜佑（735—812）《通典》卷一四《选举二·历代制》中载：“炀帝始建进士科。”唐高祖武德四年（621）沿袭隋制科举取士，四个贡举科目之中即有进士科。[①]至唐代，进士科更成为最重要的贡举科目。唐末五代人王定保云：“进士科始于隋大业中，盛于贞观、永徽之际，缙绅虽位极人臣，不由进士者，终不为美，以至岁贡常不减八九百人。其推重谓之‘白衣公卿’，又曰‘一品白衫’。”[②]

宋初，承唐及五代之制，设进士科与明经、诸科并列，更是以进士科为重。南宋丞相周必大（1126—1204）上言说：“本朝取人，虽曰数路，然大要以进士为先。”[③]南宋学者吕祖谦（1137—1181）在《历代制度详说》中进一步指出：“到得本朝，（进士与明经）待遇不同：进士之科往往皆为将相，皆极通显；至明经之科，不过学官之类。”[④]所以宋人往往称进士科为“将相科”。[⑤]如宋哲宗元祐元年（1086）平章军国重事文彦博（1006—1097）上奏曰：“向时应进士举者，自执卷为儒，便知自重，谓之应将相科，亦曰‘白衣公卿’。”[⑥]楼钥（1137—1213）《回刘监场启》云：“毓秀箫台，真得江山之助；策名枫陛，荣登将相之科。”[⑦]

有宋一代，贡举科目设置，随着王安石的变法，前后发生了重大变化。宋初进士科大概沿袭五代后周之制。《文献通考》卷三十《选举三》云：

> 凡进士，试诗、赋、杂文各一首，策五道，贴《论语》十帖，对《春秋》或《礼记》墨义十条。

《宋史》卷一五五《选举志一》“杂文”作“论”，其余全同。唐朝科举之“杂文”，高宗、武则天、中宗时期为箴、铭、论、表之类，玄宗之后则专指诗赋。宋朝科举之

---

① 王定保：《唐摭言》卷一《统序科第》，卷一五《杂记》。

② 王定保：《唐摭言》卷一《散序进士》。

③ 《宋会要辑稿·选举》四之四一《贡举杂录》。

④ 吕祖谦：《历代制度详说》卷一。

⑤ 章如愚：《山堂群书考索·后集》卷三六《贡举》：“前辈谓进士一科为将相科（王曾），则其人可知也。”

⑥ 文彦博：《潞公文集》卷二七《论取士》。

⑦ 楼钥：《攻媿集》卷六二《回刘监场启》。

“杂文”，则专指为“论”。如《续资治通鉴长编》(以下简称《长编》)卷六五载：景德四年(1007)闰五月壬辰，龙图阁待制陈彭年(961—1017)上言：“请令有司详定考校进士诗、赋、杂文程式，付礼部贡院遵行。”此“杂文”即是指“论”。高承《事物纪原》说得更为明白，其卷三《杂文》条云：“唐贞观八年，刘思立始令贡士试杂文，今论是也。《摭言》云调露二年。”

仁宗时，进士科曾有某些变化，但大致未变，一直施行了110年。

神宗熙宁二年(1069)二月，王安石(1021—1086)被擢为参知政事，建议改革贡举。四月，神宗下诏曰：

今兹诏下郡国，招徕隽贤。惟其教育之方，课试之格，若曰但循旧制，则无以一道德而奖进于人材；若将别为新规，则必当图悠久而详延于众论。惟是台阁之列，与夫禁近之联，必有猷为，固尝讲议，俾悉条于利病，思有助于搜扬。宜令两制、两省、待制以上、御史台、三司、三馆臣僚各限一月内具议状闻奏。仍令御史台牒催。噫！取士择人，兹圣王之先务；立法创制，亦贤者之存心。谅毋惮于讨论，且将观于趋舍。咨尔有位，宜体朕怀。①

五月，吕公著(1018—1089)、韩维(1017—1098)、苏颂(1020—1101)、司马光(1019—1086)、王珪(1019—1085)、陈襄(1017—1080)、苏轼(1037—1101)、范纯仁(1027—1101)等纷纷答诏论学校贡举之法，多欲变改旧法，惟有苏轼认为不必变改。王安石对苏轼的奏议进行了针锋相对的反驳。

经过近两年的讨论和酝酿之后，熙宁四年二月一日，宋神宗批准了王安石的建议，颁布了贡举新制：

所有明经科欲行废罢，并取诸科额内元解明经人数添解进士；仍更俟一次科场，不许新应诸科人投下文字，渐令改习进士。②

进士罢诗赋、帖经、墨义，各占治《诗》、《书》、《易》、《周礼》、《礼记》一经，兼以《论语》、《孟子》。每试四场，初本经，次兼经，并大义十道，务通义理，不须尽用注疏；次论一首；次时务策三道，礼部五道。中书撰大义式颁行。③

---

① 《宋会要辑稿·选举》三之四一至四二《贡举杂录》。

② 《宋会要辑稿·选举》三之四四《贡举杂录》；《长编》卷二二〇，熙宁四年二月丁巳；《王文公文集》卷二一《乞改科条制》。

③ 《长编》卷二二〇，熙宁四年二月丁巳。

这就是说，立即废罢明经科；诸科在经一次科场（即熙宁六年科场）之后，除旧应诸科人外，不得新应诸科举，目的在于让诸科随着旧应人的销尽而消亡。也就是说，罢明经、诸科，专以进士一科取士。而进士科则罢诗赋、帖经、墨义，改为专以经义、论、策取士。

元丰八年（1085）三月，宋神宗病死，不满十岁的哲宗继位，太皇太后高氏摄政。元祐元年（1086），司马光等反变法派当政，对进士科的熙宁新制提出了疑义。闰二月二日，尚书省言：

> 近岁以来，承学之士，闻见浅陋，辞格卑弱，其患在于：治经者专守一家，而略去诸儒传记之说；为文者唯务解释，而不知声律体要之学。深虑人材不继，而适用之文从此遂熄。兼一经之内，凡可以为义题者牢笼殆尽，当有司引试之际，不免重复。若不别议更张，寖久必成大弊。欲乞朝廷于取士之法，更加裁定。①

同日，侍御史刘挚（1030—1097）言：

> 臣愚欲乞试法复诗赋，与经义兼用之。进士第一场试经义，第二场试诗赋，第三场试论，第四场试策。经义以观其学，诗赋以观其文，论以观其识，策以观其才。前二场为去留，后二场为名次。②

于是，"诏礼部与两省、学士、待制、御史台、国子监司业集议闻奏。所有将来科场，且依旧法施行。"③

元祐元年十一月戊寅，"三省奏立经义、词赋两科，下群臣议。"诏"从之"。④所谓"两科"，即解、省试恢复以诗赋、论、策取士，称为词赋进士；同时，保留熙宁以经义、论、策取士的科目，称为经义进士。

对于进士科复试诗赋，反变法派内部也有不同意见。《吕公著传》云：

> 元祐初，台谏、待从、馆阁及四方上封事者，争言科举之弊，请复仁、英旧

---

① 《宋会要辑稿·选举》三之四八《贡举杂录》；《长编》卷三六八，元祐元年闰二月庚寅。

② 《长编》卷三六八，元祐元年闰二月庚寅。

③ 《宋会要辑稿·选举》三之四九《贡举杂录》；《长编》卷三六八，元祐元年闰二月庚寅。

④ 《长编》卷三九二，元祐元年十一月戊寅。

> 制。公著曰:“先帝更新法度,如试进士以经术,最为近古。且仲尼六经何负于后世,特安石课试之法为谬尔。安石解经亦未必不善,惟其欲人同己为大谬尔。”司马光亦以为诗赋不可复。然论者习见经义之弊,忿懑不可遏,乃定制:进士初场试经义,次赋诗、论策,对经义者许引用古今诸儒之论及己见。①

此“定制”乃元祐二年十一月事。《宋会要辑稿・选举》一五之二五《发解》载:“(元祐二年)十一月十二日,诏进士以经义、诗赋、论策通定去取,明法增《论语》、《孝经》义。将来一次科场,未习诗赋人依旧法取应,解发不得过元额三分之一。令礼部立诗赋格式以闻。”《长编》卷四〇七载:(元祐二年)十一月庚申(十二日),依三省奏,“考试进士分为四场,第一场试本经义二道、《论语》或《孟子》义一道,第二场试律赋一首、律诗一首,第三场试论一首,第四场问子、史、时务策三道。以四场通定去留高下。”另外,《长编》卷四一二又将“将来一次科场,未习诗赋人依旧法取应,解发不得过元额三分之一”系于元祐三年六月庚辰。二者时间虽有出入,但对“未习诗赋人”在解额上予以限制,即“解发不得过元额三分之一”,则是一致的。此即刘挚所说的“合诗赋、经义为一科”②,大有“阴消”未习诗赋人之意。

于是,元祐三年闰十二月,力主“试进士以经义”的御史中丞李常(1027—1090)、侍御史盛陶、殿中侍御史翟思、监察御史赵挺之(1040—1107)、王彭年等“累次论奏,乞以经义别为一科,令与诗赋科并行均取”,并具体提出“臣等今采之舆议,欲以经义、诗赋各设为一科”,一再申奏“伏望陛下深加省察,必存经义一科,令与诗赋并行匀取,以为万世之利。”③

到元祐四年四月十八日,经过长达三年多的讨论,正式确定进士科分为“经义兼诗赋进士”和“经义进士”两科。《宋会要辑稿・选举》三之五〇至五一《贡举杂录》载:

> 元祐四年四月十八日,礼部言:“经义兼诗赋进士听习一经,第一场,试本经义二道,《论语》或《孟子》义一道;第二场,赋及律诗一首;第三场,论一首;第四场,子、史、时务策二道。经义进士并习两经,以《诗》、《礼记》、《周礼》、《左氏春秋》为大经,《书》、《周易》、《公羊》、《穀梁》、《仪礼》为中经。愿

---

① 《长编》卷四〇八,元祐三年二月癸巳注引《吕公著传》。

② 《长编》卷四二三,元祐四年三月甲申。

③ 《长编》卷四二〇,元祐三年十二月末。

习二大经者听，即不得偏占两中经，其治《左氏春秋》者，不得以《公羊》、《穀梁》为中经。第一场，试本经义三道，《论语》义一道；第二场，本经义三道，《孟子》义一道。馀如前。并以四场通定高下去留，不以人数多寡，各取五分，即零分及元额解一人者，听取辞理优长之人。其省试奏名额准此。”并从之。

对于经义兼诗赋进士与经义进士两科，“不以人数多少，各取五分”的规定，不少主张以诗赋取士的人纷纷表示不满。元祐四年六月戊辰（二十九日），左谏议大夫梁焘（1034—1097）言：

臣伏睹科举之制，以经义、词赋进士各取五分。窃闻进士多从词科，十常七人，或举州无应经义者。如此，则五分之限固不可行。臣愚欲乞圣慈特赐指挥，更不以两科分取，止以两科入试人数多寡，用解额均取合格之人。南省奏名依此。①

元祐四年十月甲寅（十八日），知杭州苏轼上奏，奏上杭州进士汪溉等一百四十八人陈状，指出“比来专习经义者十无二三，若平分解名，委是有亏诗赋进士”，“太学生习诗赋者，十人而七”，“蜀中进士习诗赋者，十人而九”，于是提出：

欲乞朝廷参详众意，特许将来一举，随诗赋、经义数多少，各纽分数发解，如经义零分，不及一人，许并入诗赋额内。仍除将来一举外，今后并只许应诗赋进士举，所贵学者不至疑惑，专一从学。②

元祐四年十二月庚申（二十四日），礼部言：

诸路申请，贡举敕：经义兼试诗赋进士及经义进士解额各取五分。窃虑两科应者不齐，拘定五分，则似未尽，乞行均取。看详：进士两科，试法不一，举人互有轻重难易之论；兼就试人数不定，则解额难以均当，经非通法，似不可久行。③

---

① 《长编》卷四二九，元祐四年六月戊辰。
② 《长编》卷四三四，元祐四年十月甲寅。
③ 《长编》卷四三六，元祐四年十二月庚申；《宋会要辑稿·选举》一五之二六《发解》。

根据礼部上言，朝廷对进士科又作出了新的规定：

> 诏来年科场，以试毕举人分数均取。后一次科场，其不兼诗赋人解额，依元祐三年六月五日所降朝旨，如有未习诗赋举人，许依旧法取应，解发合格人，不得过解额三分之一。已后并依元祐二年十一月十二日敕命，考试进士分为四场：第一场，本经义二道，《论语》或《孟子》一道；第二场，律赋一首，律诗一首；第三场，试论一首；第四场，问子、史、时务策三道。以四场通定去留高下，内仍减时务策一道。[①]

这就是说，逐步废除元祐四年四月十八日关于进士科分为"经义兼诗赋进士"和"经义进士"两科的新制，经过两次科场(即元祐五年的解试、六年的省、殿试及三年之后的另一次科场)之后，又回到元祐二年十一月"合诗赋、经义为一科"[②]的"定制"了。

"经义兼诗赋进士"与"经义进士"两科取士之法，实际上只在元祐五年解试至六年省、殿试实行了一举。到绍圣元年(1094)，哲宗亲政之后，遂于五月八日"诏进士罢诗赋，专治经术"，基本上恢复了王安石改革的贡举新制。[③]《宋会要辑稿·选举》三之五五《贡举杂录》载：

> (绍圣元年)五月四日，诏进士罢试诗赋，专治经术，各专大经一、中经一，愿专二大经者听。第一场试大经义三道、《论语》义一道；第二场试中经义三道、《孟子》义一道；第三场试论一首；第四场试子、史、时务策二道。

此即进士科直接罢"经义兼诗赋进士"和"经义进士"两科取士，而专以经义、论、策一科取士。此制至北宋灭亡，未曾改易。

宋室南迁，时人多将靖康之祸归罪于王安石变法，议改科举之制。建炎元年(1127)六月十三日敕云："科举之弊，至此极矣。苟无变通，则忠实异才之士何由而出？可自后举讲元祐诗赋、经术兼收之制，庶学者近正。"[④]遂复以经义、诗赋两科取士。《礼部韵略》附《韵略条式》载：

---

① 《长编》卷四三六，元祐四年十二月庚申；《宋会要辑稿·选举》一五之二六《发解》。
② 《长编》卷四二三，元祐四年三月甲申。
③ 《宋会要辑稿·选举》三之五五《贡举杂录》。
④ 《宋会要辑稿·选举》四之一七《贡举杂录》。

建炎二年五月四日，敕：中书省勘会，已降指挥，后举科场讲元祐诗赋、经术兼收之制，今来省试了毕，便合施行。今参酌拟定下项。五月五日，三省同奉圣旨：依拟定。

元祐法："习诗赋人更令兼试经义。"欲习诗赋人止试诗赋，不兼经义。第一场，诗、赋各一首；第二场，论一首；第三场，策三道。

元祐法："不习诗赋人令治两经。"欲习经义人依见行止习一经。第一场，本经义三道；第二场，论一首；第三场，策三道。

解额、省额。（旧法考校，依条以所治经十分为率均取，若有馀、不足，听通融相补，各不得过三分。）欲计数各取，通定高下。除诗赋既不分经，自无有馀、不足外，将诸经听通融相补，不得过三分之数。内逐经各留一分，添取诗赋。如无合格人，听阙。

殿试。欲习诗赋、习经义人并同试策。

试诗赋、经义两科。欲注疏、三经义许从便用，取文理通者。音义如不同，许通用。（徐君平音义同）馀并依格。

建炎二年的进士科与元祐四年的进士科有所不同，即：习诗赋人止试诗赋，不再兼试经义；不习诗赋人不再治两经，而是依见行止治一经。也就是说，建炎二年的进士科不再是分为"经义兼诗赋进士"和"经义进士"两科，而是"诗赋进士"和"经义进士"两科，经义、诗赋分得更为彻底了。

绍兴十三年(1143)二月己卯(二十一日)，又因国子司业高闶(1097—1153)建言，自绍兴十四年起，合经义、诗赋进士为一科："第一场，大经义三道，《论语》、《孟子》义各一道；第二场，欲以诗赋；第三场，以子史论一首，并时务策一道，永为定式。"①但到绍兴十五年正月十三日，又恢复为诗赋、经义两科取士。《宋会要辑稿·选举》四之二八《贡举杂录》载：

（绍兴）十五年正月十三日，诏诗赋、经义分为两科，各计终场人数为率，依条纽取。试经义人，第一场本经义三道，《论语》、《孟子》义各一道，第二场论一首，第三场策三道。试诗赋人，第一场诗、赋各一首，第二场论一首，第三场策三道。②

① 李心传：《建炎以来系年要录》（以下简称《系年要录》）卷一四八，绍兴十三年二月己卯。

② 《宋会要辑稿·选举》四之二八《贡举杂录》。

绍兴十八年王佐榜即是经义、诗赋两科取士。《绍兴十八年同年小录》载其省试云："二月十八日、十九日、二十日，引试诗赋、论、策三场。二月二十二日、二十三日、二十四日，引试经义、论、策三场。"

诗赋、经义两科取士实行了十二年之后，又发现不少问题。绍兴二十六年闰十月二十四日，宰执进呈权兵部侍郎兼国子祭酒杨椿(1094—1166)言："今时经学者，白首一经，如蠹书之鱼；词赋者，骈四俪六，如儿女之戏，而皆不读史。乞下明诏训导，使学者博约兼通。"高宗曰："士人不习史，何以知古今治乱兴亡之迹？"沈该等曰："诚如圣谕。今来臣僚所言，当札下国子监，令长贰晓谕诸生。"高宗曰："又举人多习诗赋，习经义者绝少，更数年之后，恐经学遂废，当议处此。"沈该等曰："前此固尝以经义兼习诗赋，若两科兼习，庶不偏废。欲乞来春省试毕施行。"高宗曰："甚善。"[①]于是，绍兴二十七年二月一日，诏曰：

> 今后国子、太学公私试及将来科举取士，并令兼习经义、诗赋。内第一场大小经义各与减一道，馀依绍兴十三年二月二十二日指挥施行，永为定制。[②]

即为了解决"士人不习史"及"举人多习诗赋，习经义者绝少，更数年之后，恐经学遂废"等问题，遂复合经义、诗赋进士为一科。

不过，这种兼习经义、诗赋之制并未能"永为定制"，而仅于绍兴三十年梁克家(1128—1187)榜实行了一举，以臣僚纷纷上疏言经义、诗赋合为一科之弊，遂于绍兴三十一年二月二十二日诏曰：

> 经义、诗赋依旧分为两科取士，分数依绍兴二十七年正月十日指挥，诗赋不得侵取经义，若经义文理优长合格人有馀，许将诗赋人材不足之数听通融优取，仍以十分为率，不得过三分。自今年三月太学公、补试为始。[③]

为何兼习经义、诗赋之制仅施行了一榜就又依旧分两科取士呢？《宋会要辑稿·选举》四之三四《贡举杂录》云："以臣僚言：自经义、诗赋合为一科，老成经术之士强习辞章，不合声律，后生习诗赋者不能究经旨渊源。场屋之内病于偏枯，

① 《宋会要辑稿·选举》四之三一《贡举杂录》。
② 《宋会要辑稿·选举》四之三二《贡举杂录》。
③ 《宋会要辑稿·选举》四之三四《贡举杂录》。

策问太寡，议论器识，无以尽人。有司去取不以此为重轻，士守传注，史学浸废。故有是诏。"《系年要录》卷一八八进一步说明："先是，右谏议大夫何溥上疏，论经义、词赋合为一科之弊，以为两场俱优者百无一二，而韦布之士，皓首穷经，扼于声病之文，卒无以自见于世。……议者多以为经义、词赋不能并精，又减策二道而并于论场，故策问太寡，无以尽人。且一论一策，穷日之力不足以致其精，虽有实学，无以自见。愿复经义、词赋分科之旧。诏礼部、国子监、太学官看详，经久可行，申尚书省。至是，权礼部侍郎金安节(1094—1170)等奏依旧为两科。"[①]

此后，经义、诗赋分科取士施行了30年，未有异议。至光宗绍熙元年(1190)，国子司业计衡奏："士子科举，一于经义则或不足于词藻，一于诗赋则或不根于理致，乞照绍兴十三年国子司业高闶(1097—1153)条具太学课试及科举三场之制。"礼部侍郎兼直学士院兼权给事中李巘、中书舍人罗点(1150—1194)、起居舍人兼权中书舍人莫叔光看详曰："臣等谓两科之分，其来已久。绍兴十三年、二十七年，臣僚申请兼科取士，非不详尽，然皆行之一举，随即分科。盖缘人材各有所长，难以求备，勉强取办，终不能精。强其所劣，并丧所长，虽平时场屋有声之人，亦复未免指诮。臣等窃谓宜如旧便。"七月十八日，宰执进呈李巘等看详，光宗曰："士人各有所长，亦不必拘兼经。"[②]遂依旧分经义、诗赋两科取士。

自此直至南宋灭亡，历朝沿之，经义、诗赋两科取士遂成为定制。如度宗咸淳七年(1271)省试，"二月初一日、初二日、初三日，引试大学、诸州军正解、免解诗赋、论、策三场。二月初六日、初七日、初八日，引试大学、诸州军正解、免解经义、论、策三场。"[③]又如元人刘一清《钱塘遗事》卷一〇记载宋朝省试时亦云："二月初一、初二、初三日，引试诗赋人。初五、初六、初七日，引试经义人。"

综上所述，两宋320年间，进士科共发生过两项重大变化。一是熙宁四年(1071)王安石改革贡举，罢明经、诸科，专以进士一科取士；而进士又废诗赋、贴经、墨义，专试以经义、论、策。二是元祐四年(1089)、建炎二年(1128)、绍兴十五年(1145)、三十一年先后分进士为经义、诗赋两科取士：以经义、论、策试经义进士，以诗赋、论、策试诗赋进士。绍兴十三年、二十七年，臣僚申请合经义、诗赋一科取士，但皆行之一举，随即分科。北宋后期，诗赋兼经义进士与经义进士两科取士，只在元祐五年至六年(1090—1091)马涓榜实行了一举；南宋时期，合经义、诗赋一科取士，只在绍兴十四年至十五年(1144—1145)刘章榜和绍兴二十九年

① 《系年要录》卷一八八，绍兴三十一年二月乙丑。

② 《宋会要辑稿·选举》一之二二至二三《贡举》。

③ 刘埙：《隐居通议》卷二一《前朝科诏》。

至三十年(1159—1160)梁克家榜实行了两举,其余47榜均为分经义、诗赋两科取士。

这里需要说明的是,元祐四年及南宋时期,虽分进士为经义、诗赋两科,但这一分科只限于解试和省试,而殿试仍统一试策;另外,经义进士与诗赋进士在及第、授官及迁转等方面,都没有区别。因此,可以说,王安石贡举改革之后,宋朝贡举科目即改为进士一科了。

第二节　诸　　科

本章第一节征引《宋史・选举志》云:"宋之科目,有进士,有诸科,有武举。常选之外,又有制科,有童子科,而进士得人为盛。……初,礼部贡举,设进士、九经、五经、开元礼、三史、三礼、三传、学究、明经、明法等科。"[①]宋朝所谓的"诸科",是指除进士、明经之外的各种贡举科目,包括九经、五经、开元礼(后改为开宝通礼)、三史、三礼、三传、学究、明法(后改为新科明法)等科。这种划分,乃上承五代,而与唐代有所不同。《新唐书・选举志》云:"明经之别,有五经,有三经,有二经,有学究一经,有三礼,有三传,有史科。"清人徐松在《登科记考》的《凡例》中则指出:"所谓诸科者,谓明法、明字、明算、史科、道举、开元礼、童子也,明经不在此数。"《朱子语类》卷一二八记载:"问学究一科沿革之故。曰:'此科即唐之明经是也。进士科则试文字,学究科但试墨义。"[②]尽管对唐代明经、诸科这两个概念的内涵还有待于详加辨析,但宋代的诸科既包括唐代的诸科,又包括唐代的明经,则是大致不错的。宋代诸科大概包括九经、五经、三礼、三传、学究、开元礼与开宝通礼、三史、明法与新科明法、经律等科。下面我们就分别考察一下宋朝诸科中各个科目的具体情况。

一、九经科

宋朝称《周易》、《尚书》、《毛诗》、《礼记》、《周礼》、《仪礼》、《春秋左传》、《公羊传》、《穀梁传》等九部儒家经典为"九经"。九经科即是以考试《周易》、《尚书》、

① 《宋史》卷一五五《选举志一》。

② 黎德靖编:《朱子语类》卷一二八《本朝二・法制》。

《毛诗》等等九部儒家经典取士的贡举科目。此科唐代未见，《五代会要》卷二三《科目杂录》载：

> （后唐明宗天成）三年（928）二月十日，礼部贡院奏："当司据乡贡九经刘英甫经中书陈状，请对经义九十道，以代旧格帖经，奉堂判令详状处分者。当司伏准格文，九经只帖九经书各一十帖，并对《春秋》、《礼记》口义各一十道。今准往例，并不曾有应排科讲义，九经若便据送到引试排科讲义，即恐有违格例者。"奉敕："刘英甫请以讲义便代帖经，既能鼓箧而来，必有撞钟之应，宜令礼部贡院考试。"

由此看来，明宗天成三年不但已有九经应举者，而且已有有关格文，大概九经科应该始置于后唐初年。宋初承五代后周之制，试六场十八卷，"帖书一百二十帖，对墨义六十条"。①庆历四年（1044），曾一度改为"六场十四卷，并对墨义"，共一百二十道。②可见考试之繁难。

太祖建隆年间（960—962），"准旧制，举九经，一上不中第即改科"。③建隆四年（十一月改乾德元年，963）八月十三日，诏曰："一经皓首，十上干名，乃前史之明文，见昔贤之苦节。自今礼部贡院所试九经举人落第者，宜依诸科举人例，许令再应。"④

大概正是因为九经科考试繁难，所以由此科选拔了一些博学通经之士。如宋初的孔维（928—991）、孙奭（962—1033）、李觉等名儒，皆为九经及第。也正因为考试繁难，其授官也较其他诸科优厚。如太宗太平兴国二年（977）三月，"第一、第二等进士并九经，授将作监丞、大理评事，通判诸州。"⑤景德二年（1005）曾明令规定："[进士]第一等并九经第一人试秘书省校书郎、知县。"⑥

神宗熙宁四年（1071）二月一日，诏："更俟一次科场，不许新应诸科人投下文字，渐令改习进士"。就是说，诸科在经下一次科场（即熙宁六年科场）之后，除旧应诸科人依旧应举之外，不许新应举人应诸科举。九经科与其他诸科一样，经熙

---

① 《文献通考》卷三〇《选举考三》、《宋史》卷一五五《选举志一》。
② 《宋会要辑稿·选举》三之二七《贡举杂录》。
③ 《宋史》卷四三一《孔维传》。
④ 《宋会要辑稿·选举》一二之二六《明经科》；《长编》卷四，乾德元年八月壬辰。
⑤ 《长编》卷一八，太平兴国二年正月戊辰。
⑥ 《宋会要辑稿·选举》二之二《进士科》。

宁六年科场之后，逐渐随着旧应九经科举人的销尽而消亡。

二、五经科

汉代始以《周易》、《尚书》、《毛诗》、《仪礼》、《春秋》等五部儒家经典为“五经”；唐则以《周易》、《尚书》、《毛诗》、《左氏春秋》、《礼记》为“五经”。五经科即是以考试《周易》、《尚书》、《毛诗》等五部儒家经典取士的贡举科目。此科始置于唐，宋承五代后周之制，试六场十一卷，“帖书八十帖，对墨义五十条”。[①]庆历四年(1044)，曾一度改为六场七卷，对墨义六十二道。[②]应五经举者，若成绩优异，可特赐九经及第。如宋初名儒邢昺(932—1010)，“太平兴国初，举五经。廷试日，召升殿讲《师》、《比》二卦，又问以群经发题。太宗嘉其精博，擢九经及第，授大理评事、知泰州盐城监，赐钱二十万。”[③]

熙宁四年(1071)二月，王安石改革科举，五经科也与其他诸科一样，经熙宁六年科场之后，逐渐随着旧应五经科举人的销尽而消亡。

三、三礼科

《周礼》、《礼记》、《仪礼》等三部儒家经典合称“三礼”。三礼科是以考试《周礼》、《礼记》、《仪礼》取士的贡举科目。此科始置于唐德宗贞元五年(789)。《唐会要》卷七六《贡举中·三礼举》载：

> 贞元五年五月二日，敕：“王者设教，劝学攸先；生徒肄业，执礼为本。然则礼者务学之本，立身之端，居安之大猷，致理之要道。……自今已后，诸色人中，有习三礼者，前资及出身人，依科目例选，吏部考试；白身人，依贡举例，礼部考试。每经问大义三十条，试策三道。所试大义，仍委主司于朝官、学官中，拣选精通经术三五人闻奏，主司于同试问。义全通为上等，特加超奖；大义每经通二十五条以上，策通两道已上，为次等，依资与官。如先是员外、试官者，听依正员例。其诸馆学生，愿习三礼及《开元礼》者，并听。仍永为常式。”

---

① 《文献通考》卷三〇《选举考三》；《宋史》卷一五五《选举志一》。

② 《宋会要辑稿·选举》三之二八《贡举杂录》。

③ 《宋史》卷四三一《邢昺传》。

宋承五代后周之制，“三礼，对墨义九十条”。[①]景德二年(1005)七月丙子，从翰林学士晁迥(951—1034)等议，“三礼、三传所习浩大，精熟尤难，请问经注四道，疏义六道，以疏通三以上为合格”。[②]大中祥符四年(1011)十二月三日，又下诏曰：“眷彼设科，存乎旧制，惟《礼》经之义奥，暨《传》学之文繁，念其研习之勤，特蠲条对之数，冀申奖劝，式广搜罗。自今试三礼、三传，宜各特与减一场，仍以五通为合格。”[③]但应举者仍甚少。

熙宁四年(1071)二月，王安石改革科举，三礼科也与其他诸科一样，经熙宁六年科场之后，逐渐随着旧应三礼科举人的销尽而消亡。

四、三传科

《左传》、《公羊传》、《穀梁传》等解释《春秋》的三部儒家经典称为“三传”。三传科是以考试《左传》、《公羊传》、《穀梁传》取士的贡举科目。此科始置于唐穆宗长庆二年(822)。《唐会要》卷七六《贡举中·三传》载：

> 长庆二年二月，谏议大夫殷侑奏：“谨按《春秋》二百四十二年行事，王道之正，人伦之纪备矣。故先师仲尼称志在《春秋》，历代立学，莫不崇尚其教焉。……伏请置三传科，以劝学者。《左传》问大义五十条，《公羊》、《穀梁》各问大义三十条，策三道。义通七以上，策通二以上，与及第。其白身应者，请同五经例处分；其先有出身及前资官应者，请准学究一经例处分。”……敕旨：“宜依。仍付有司。”

宋朝承五代后周之制，“三传，(对墨义)一百一十条”。[④]景德二年(1005)七月丙子，从翰林学士晁迥(951—1034)等议，“三礼、三传所习浩大，精熟尤难，请问经注四道，疏义六道，以疏通三以上为合格。”[⑤]大中祥符四年(1011)十二月三日，又下诏曰：“眷彼设科，存乎旧制，惟《礼》经之义奥，暨《传》学之文繁，念其研习之勤，特蠲条对之数，冀申奖劝，式广搜罗。自今试三礼、三传，宜各特与减一场，仍

① 《文献通考》卷三〇《选举考三》、《宋史》卷一五五《选举志一》。
② 《长编》卷六〇，景德二年七月丙子。
③ 《宋会要辑稿·选举》一二之二八《明经科》；《长编》卷七六，大中祥符四年十二月壬寅。
④ 《文献通考》卷三〇《选举考三》；《宋史》卷一五五《选举志一》。
⑤ 《长编》卷六〇，景德二年七月丙子。

以五通为合格。”①但应举者仍不多。

熙宁四年(1071)二月,王安石改革科举,三传科也与其他诸科一样,经熙宁六年科场之后,逐渐随着旧应三传科举人的销尽而消亡。

五、学究科

学究科是“学究一经科”的简称,是以考试《周易》、《尚书》、《毛诗》中之一经或两经取士的贡举科目。此科亦始置于唐。如宣宗大中十年(856)五月,中书门下奏:“据礼部贡院见置科目内,开元礼、三礼、三传、三史、学究、道举、明算、明法、童子等九科,近年取人颇滥,曾无实艺可采,徒添入仕之门。”②《册府元龟》卷六四二《贡举部四·条制第四》载:

> (后周世宗显德二年)五月,尚书礼部侍郎、知贡举窦建德上言:“……学究请今后《周易》、《尚书》并为一科,每对墨义三十道,仍问经考试。《毛诗》依旧为一科,对墨义六十道。及第后,请并减为七选集。……”诏并从之。

宋初承五代后周之制,以《毛诗》为一科,《周易》、《尚书》并为一科。“凡学究:《毛诗》对墨义五十条、《论语》十条、《尔雅》、《孝经》共十条;《周易》、《尚书》,各二十五条。明法,对律令四十条,兼经并同《毛诗》之制。”③

太祖开宝七年(974)二月十四日,“并《诗》、《书》、《易》为一科”④,诏曰:“学古入官,历代垂训,将期进用,必藉该通。其《毛诗》、《尚书》、《周易》三经学究,自今宜并为一科,及第后依三礼、三传选数、资序入官。”⑤这样,学究科即与三礼、三传科很类似了。

太宗太平兴国四年(979),复分为三科。《宋会要辑稿·选举》一二之二七《明经科》载:

> 太平兴国四年(979)十一月十日,诏曰:……先是,学究通习三经之业,

---

① 《宋会要辑稿·选举》一二之二八《明经科》;《长编》卷七六,大中祥符四年十二月壬寅。

② 《唐会要》卷七七《贡举下·科目杂录》;《册府元龟》卷六四一《贡举部三·条制第三》。

③ 《文献通考》卷三〇《选举考三》、《宋史》卷一五五《选举志一》。

④ 《宋大诏令集·目录》卷一七二《科举》一。

⑤ 《宋会要辑稿·选举》一二之二七《明经科》。

> 恐难精至，今分为三科，令各习一经，仍通习明法所习律令等书，并准格以考试。

雍熙二年（985），又恢复宋初之制，“并《周易》、《尚书》为一科，《毛诗》自为一科”①，考试内容也有所变化。《太宗皇帝实录》卷三三载：

> （雍熙二年四月）丙子（二日），诏曰：“……向者，以《毛诗》、《周易》、《尚书》三经各为一科，顾其本大小，不相伦等，况复序选之一致，岂容艺学之不侔？今后以《周易》、《尚书》并为一科，而附以《论语》、《尔雅》、《孝经》三小经；《毛诗》卷帙差大，可令专习。……进士、九经已下，更不习法书，庶使为学之精专，用功之均一。”②

其变化在于，《周易》、《尚书》并为一科，而附以《论语》、《尔雅》、《孝经》三小经；《毛诗》自为一科，不兼经，两科学究均不再习法书。

真宗初年，考试内容又有所变化。景德二年（1005）十二月己卯（五日），礼部贡院又言：“《尚书》、《周易》学究，近年并为一科，欲请试本经日，每十道义，二经各问二道，仍杂问疏义五道、经注五道，以为定式。”③遂“下其奏，令翰林侍读学士邢昺（932—1010）等定议，诏昺更与学官等同议可否。初，昺请令《尚书》、《周易》并明法，各杂问疏义五道，缘此二科经籍不多，宜问疏义六道、经注四道，通六为合格。”于是，“诏礼部贡院，自今《周易》、《尚书》学究试本经日，各问经注四道、疏义六道，以为定式。”④

仁宗天圣八年（1030）《尚书》、《周易》学究又实行二经分场各试。《宋会要辑稿·选举》一二之二九至三〇《明经科》载：

> 天圣八年六月二十六日，上封者言：“礼部考试《尚书》、《周易》学究，缘此本是两科，先朝以其习书少，遂并一科。然后举人至今，犹多偏习一经，盖以每场各于两经内问经注五道，每对只记得一经，以答五道，颇为侥幸。欲

---

① 《宋大诏令集·目录》卷一七二《科举》一。

② 《太宗皇帝实录》卷三三，雍熙二年四月丙子；据《宋会要辑稿·选举》一二之二七《明经科》；《长编》卷二六雍熙二年四月丙子；《玉海》卷一一六《雍熙明法科》校补。

③ 《长编》卷六一，景德二年十二月己卯。

④ 《宋会要辑稿·选举》一二之二八《明经科》。

> 望自今依《礼》、《传》例，每经分场各试，贵令后学之人并精二经书疏。……”诏两制详定。既而，请令《尚书》、《周易》二经分场各试。……奏可。

此后，宋朝学究科大概一直分为《尚书》、《周易》学究与《毛诗》学究两科。

另外，对于特奏名登科者，往往授予“同学究出身”。如咸平三年（1000）三月十八日，“又试进士五举、诸科八举以上，及曾经先朝御试洎年五十以上者……得进士张浩然以下二百三十六人，第为四等……第一、二等赐同学究出身，第三等授试校书郎，第四等授试主簿。”①

熙宁四年（1071）二月，王安石改革科举，学究科也与其他诸科一样，经熙宁六年科场之后，逐渐随着旧应学究科举人的销尽而消亡。

六、开元礼与开宝通礼科

开元礼科是以考试《开元礼》取士的贡举科目。此科始置于唐德宗贞元二年（786）。《唐会要》卷七六《贡举中·开元礼举》载：

> 贞元二年六月十一日敕：《开元礼》，国家盛典，列圣增修，今则不列学科，藏在书府，使敕官者昧于郊庙之仪，理家者不达冠婚之义，移风固本，合正其源。自今已后，其诸色举人中有能习《开元礼》者，举人同一经例，选人不限选数许集，但问大义一百条，试策三道。全通者，超资与官；义通七十条，策通两道已上者，放及第；已下不在放限。其有试散官能通者，亦依正官例处分。

宋初因五代后周之制，“开元礼、三史，各（对墨义）三百条”。②如开宝六年（973）首创殿试，即录取开元礼七人。

开宝四年（971）五月，宋太祖命刘温叟（909—971）、李昉（925—996）、卢多逊（934—985）等，“以本朝沿革制度损益《开元礼》”，编修《开宝通礼》。③六年四月辛丑（十八日），“翰林学士卢多逊等上所修《开宝通礼》二百卷，《义纂》一百卷，并付有司施行。”④四月二十四日，“诏礼部贡院，先有开元礼科，自今宜改作乡贡通礼，

---

① 《宋会要辑稿·选举》七之六《亲试》。

② 《文献通考》卷三〇《选举考三》；《宋史》卷一五五《选举志一》。

③ 王应麟：《玉海》卷六九《开宝通礼》。

④ 《长编》卷一四，开宝六年四月辛丑。

逐年考试之时，用新出本墨义。”[①]自此改开元礼科为开宝通礼科（简称通礼科），遂以《开宝通礼》取士。宋朝之所以立开宝通礼科，正如翰林学士宋祁（998—1061）等所言：“立开宝通礼科，国家本欲使人习学仪典，不至废坠。”[②]

太宗淳化四年（993），曾经降低通礼科考试难度。《宋会要辑稿·选举》一二之二八《明经科》载：

> 淳化四年十二月十四日，诏曰：“……旧条，三史、通礼各试三十场，今特减其半；馀十五场，每场令知贡举官抽取三卷，发其端，俾之习读，能晓大义及识奇字者，并为合格。”

《文献通考》卷三〇《选举考三》系此事于淳化三年，云：“旧制，三史、通礼各试三十场，每场墨义十道。制自今只试墨义十五场，馀十五场，抽取令面读，能知义理、分辨其句、识难字者，为合格。不合格者落。”即原对墨义三十场共三百条，现减少为十五场共一百五十条；其余十五场，只令考试官抽取三卷，令应举人面读，能知晓大义、认识难字，即为合格。这样，考试难度就降低多了。

熙宁四年（1071）二月，王安石改革科举，经熙宁六年科场之后，开宝通礼科也与其他诸科一样开始消亡。

不过，元祐六年（1091）四月六日，又曾一度复置通礼科。《宋会要辑稿·选举》一二之三二《明经科》载：

> 元祐六年四月六日（乙未），诏复置通礼科，其解额分数及考校格式等，令礼部立法以闻。仍令太常寺将《开宝通礼》重行校定，送国子监颁行。[③]

关于其“解额分数”，元祐八年七月五日，礼部言：“五路进士及新科明法等，欲将旧诸科并经律、通礼三科举人，许于诸科额内各与一分解额。”于是，“诏以诸科解额分为十分，内以一分解旧诸科，一分解经律科，一分解通礼科，其馀七分人数通入进士额，以进士及新科明法人共纽分数均取。”[④]关于其“考校格式”，《宋会要辑稿·选举》八之三八《亲试杂录》载：“元祐八年四月敕：复置通礼科，御试墨义五

---

① 《宋会要辑稿·选举》一二之二七《明经科》。
② 《宋会要辑稿·选举》三之二八《贡举杂录》。
③ 《宋会要辑稿·选举》一二之三二《明经科》；《长编》卷四五七，元祐八年四月乙未。
④ 《宋会要辑稿·选举》一五之二六《发解》。

道，本经义三道。”

通礼科复置后实行了一举，“绍圣元年(1094)三月丁酉，上御集英殿，赐进士毕渐以下，通礼、诸科、经律及第、出身，总六百人”。①但毕渐榜殿试后不到一个月，通礼就被废除了。《宋会要辑稿·选举》一二之三二《明经科》载：

> 绍圣元年四月二十五日，诏罢五路经律、通礼科，其额拨入进士正额。

不过，通礼科的应举并未随着通礼科的废罢而完全结束。《宋会要辑稿·选举》四之四《贡举杂录》又载：

> 崇宁五年(1106)十月一日，礼部尚书朱谔言：“奉诏令礼部将诸科六举、四举、两举已上贡举人，具姓名、人数闻奏，当议别行推恩。今契勘元祐年中置经律、通礼两科，许于诸科额内解发，至绍圣元年废罢，并系一举之人，即与熙宁五年已前旧应诸科举人不同，将来别无科额。……”诏七举与本科及第，六举本科出身，五举同本科出身，四举与上州文学，三举下州文学，两举、一举并经律、通礼科人，候将来科场更令取应一次。

于是，通礼科在废罢十四年之后，又于大观三年(1109)贾安宅榜应试了一次。此后，开宝通礼科才与其他诸科一样，随着旧应通礼科解试合格举人的销尽而消亡了。

七、三史科

魏晋南北朝以《史记》、《汉书》、《东观汉记》三部史书为“三史”；唐开元后，《东观汉记》失传，乃以《史记》、《汉书》、《后汉书》三部史书为“三史”。三史科即以考试《史记》、《汉书》、《后汉书》取士的贡举科目。此科与三传科同时始置于唐穆宗长庆二年(822年)。《唐会要》卷七六《贡举中·三传》载：

> 长庆二年二月，谏议大夫殷侑又奏：“历代史书皆记当时善恶，系以褒贬，垂裕劝戒。司马迁《史记》、班固、范晔两《汉书》，旨义详明，惩恶劝善，亚

---

① 杨仲良：《皇宋通鉴长编纪事本末》(以下简称《长编纪事本末》)卷一〇〇；《太平治迹统类》卷二七。

于六经，堪为代教。伏惟国朝故事，国子学有文史直者，弘文馆弘文生，并试以《史记》、两《汉书》、《三国志》，又有一史科。近日以来，史学都废，至于有身处班列，朝廷旧章昧而莫知，况乎前代之载，焉能知之？伏请置前件史科，每史问大义一百条，策三道。义通七、策通二以上，为及第。能通一史者，请同五经、三传例处分；其有出身及前资官应者，请同学究一经例处分。有出身及前资官，稍优与处分。其三史皆通者，请录奏闻，特加奖擢。仍请颁下两都国子监，任生徒习读。"敕旨："宜依，仍付所司。"

宋初因五代后周之制，"《开元礼》、三史，各（对墨义）三百条"。[①]开宝六年（973）首创殿试，即有三史科三人及第。

太宗淳化四年（993），曾经降低三史科的考试难度。《宋会要辑稿・选举》一二之二八《明经科》载：

淳化四年十二月十四日，诏曰："……旧条，三史、通礼各试三十场，今特减其半；馀十五场，每场令知贡举官抽取三卷，发其端，俾之习读，能晓大义及识奇字者，并为合格。"

《文献通考》卷三〇《选举考三》系此事于淳化三年，云："旧制，三史、通礼各试三十场，每场墨义十道。制自今只试墨义十五场，馀十五场，抽取令面读，能知义理、分辨其句、识难字者，为合格。不合格者落。"即原对墨义三十场共三百条，现减少为十五场共一百五十条；其余十五场，只令考试馆抽取三卷，令应举人面读，能知晓大义、认识难字，即为合格。这样，考试难度就降低多了。

庆历四年（1044）三月，实施新政，从翰林学士宋祁（998—1061）等言，"三史科愿对大义者，每道所对与史意相合、文理可采者为通，五通为合格，其中深明史义、文理俱优者，仍为上等"。[②]但是，不到一年，庆历五年三月，随着庆历新政的失败，三史科与其他诸科一样，"并以旧制考校"了。[③]

熙宁四年（1071）二月，王安石改革科举，三史科也与其他诸科一样，经熙宁六年科场之后，逐渐随着旧应三史科举人的销尽而消亡。

---

① 《文献通考》卷三〇《选举考三》；《宋史》卷一五五《选举志一》。

② 《宋会要辑稿・选举》三之二八《贡举杂录》。

③ 《长编》卷一五五，庆历五年三月己卯。

八、明法科与新科明法科

明法科是以考试律令取士的贡举科目。“明法”作为选士科目，始于西汉初年，当时乃察举科目之一。至唐初，才成为贡举科目之一。宋朝承唐及五代后周之制，“明法，对律令(墨义)四十条，兼经并同《毛诗》之制”，即兼对墨义“《论语》十条，《尔雅》、《孝经》共十条”。[①]太祖开宝六年(973)殿试及第者即有明法五人。

太宗太平兴国四年(979)十一月丙戌(十日)，“诏以明法科于诸书中所业非广，遂废之”[②]。太宗为什么突然废除明法科呢？《长编》卷二所载此诏接着说道：“学究并通三经，谅难精至，乃分为三科，仍兼习法令。又诏进士及诸科引试日，并以律文疏卷问义。”而《宋会要辑稿·选举》一二之二七《明经科》记载得更为明白：

> (太平兴国四年)十一月十日，诏曰：禁民为非者，莫大于法；陈力就列者，当习其书。苟金科玉律之不明，虽食蘖饮冰而何益？宜申沿革，式著典彝。自今礼部应进士、九经、五经、三史、通礼、三礼、三传引试日，宜于律及律疏中问义三、五条；或执卷发其端，令面对一、两事。先是，学究通习三经之业，恐难精至，今分为三科，令各习一经，仍通习明法所习律令等书，并准格以考试。

可以看出，太宗之所以废除明法科，并非认为法律不重要，恰恰相反，而是认为“禁民为非者，莫大于法；陈力就列者，当习其书”，让进士、诸科“通习明法所习律令等书”，因而就不必单设明法科了。

六年之后，即雍熙二年(985)四月二日，又恢复了明法科。《太宗皇帝实录》卷三三载：

> (雍熙二年四月)丙子(二日)，诏曰：“夫经术者，王化之本也。故悬科取士，要在得宜；明经入用，期于专业。向者，以《毛诗》、《周易》、《尚书》三经各为一科，顾其本大小，不相伦等，况复序选之一致，岂容艺学之不侔？今后以

---

① 《文献通考》卷三〇《选举考三》;《宋史》卷一五五《选举志一》。

② 《长编》卷二〇，太平兴国四年十一月丙戌。

《周易》、《尚书》并为一科，而附以《论语》、《尔雅》、《孝经》三小经；《毛诗》卷帙差大，可令专习。法家之学，最切于时，废之已久，甚无谓也，可复置明法一科，亦附以三小经。进士、九经已下，更不习法书，庶使为学之精专，用功之均一。"①

太平兴国四年（979）废除明法科是为了重视法律，让进士、诸科通习"明法所习律令等书"，而不再单设明法科；雍熙二年复置明法科，则是为了重视经术，"进士、九经已下，更不习法书，庶使为学之精专，用功之均一"，而单独设置明法科。

真宗景德二年（1005）明法科考试增加了难度，由考试六场增加为七场。《宋会要辑稿·选举》一二之二八《明经科》载："十二月五日，诏礼部贡院……明法比来六场，自今依学究例七场，第一、第二场试律，第三场试令，第四、第五场试小经，第六场试令，第七场试律，仍杂问疏义五道、律文五道。"

仁宗天圣八年（1030）明法科考试又增加了难度。《宋会要辑稿·选举》一二之二九至三〇《明经科》载：

天圣八年六月二十六日，上封者言："……又明法一科，文字亦少，易为习读，昨登第人数至多。欲望添习一经，或添至七通为合格。"诏两制详定。既而，请令《尚书》、《周易》二经分场各试。其明法所习文字比两科卷数稍多，请更不别添经书，止添义七通为合格。奏可。

即明法科由六通为合格改为七通为合格。

庆历四年（1044）三月，实施新政，从翰林学士宋祁等言，"明法科愿对大义者，并立甲乙罪犯，引律令断罪，每道所断与律令相合、文理可采者为通，五通为合格，其中深明律意、文理俱优者，仍为上等。"②但是，不到一年，庆历五年三月，随着庆历新政的失败，明法科与其他诸科一样，"并以旧制考校"了。③

熙宁四年（1071）二月，王安石改革科举，经熙宁六年科场之后，开宝通礼科也与其他诸科一样开始消亡。但是，"既罢明经诸科，乃用其法立新科明法，以待诸科之不能改试进士者，试以律令、《刑统》大义、断案，中格即取。惟尝应明经、

① 《太宗皇帝实录》卷三三，雍熙二年四月丙子，据《宋会要辑稿·选举》一二之二七《明经科》、《长编》卷二六雍熙二年四月丙子、《玉海》卷一一六《雍熙明法科》校补。

② 《宋会要辑稿·选举》三之二八《贡举杂录》。

③ 《长编》卷一五五，庆历五年三月己卯。

诸科试在熙宁五年前者得试，非此类有司不受。既得官，又得预刑法官试，中者推恩有加。”[①]熙宁六年三月丁卯，“诏……曾应明法举人，遇科场，愿试断案、大义者听。如中格，排于本等人之上。”[②]此即新科明法科。

新科明法与旧科明法的不同之处主要在于：旧科明法试律令帖经、墨义，新科明法“试以律令、《刑统》大义及断案”；“旧制明法，最为下科”，新科明法在赐第、授官等方面均予以优待，“明法登科者，吏部将司法员阙先次差注，在进士及第人之上”。[③]

新科明法的取应对象，初为“曾应明法举人”，旋改为“曾应诸科举人”，[④]即“惟尝应明经、诸科试在熙宁五年前者得试，非此类有司不受。”其目的在于“以待诸科之不能改试进士者”[⑤]，“欲销尽明经及诸科旧人”[⑥]。

元丰二年（1079）三月辛卯（二十二日），御试编排官李承之等言：“熙宁九年，御试新科明法，正奏名三十九号，止以粗、通资次编排。今一百四十六号，比前数倍，欲以二通为合格，分两等。”诏从之。[⑦]正如元祐八年（1093）四月二十二日礼部所奏大名府新科明法侯弼等状言：“先朝废罢明经及诸科举人，许改应新科明法……当日务从朝廷之意，而改应新科者十有七八。”[⑧]

元祐元年（1086）闰二月，侍御史刘挚（1030—1097）上言：“今新科罢其兼经，专于刑书，则意若止欲得浅陋刻害之人、固滞深险之士而已。又所取之数，比旧猥多，调拟之法，失其次序。臣以谓宜有更张，欲乞新科明法，并加《论语》、《孝经》大义，登科之额，裁减其半，及注官之日，并依科目资次。”[⑨]诏礼部与两省学士、待制、御史台、国子司业，集议闻奏。三月，司马光上言：“至于律令敕式，皆当官者所须，何必置明法一科，使为士者豫习之？……朝廷若不欲废弃已习之人，其明法曾得解者，依旧应举；未曾得解者，不得更应，则收拾无遗矣。”[⑩]元祐二年十一月庚申（十二日），从三省奏，“新科明法依旧试断案三道、《刑统》义五道，添《论语》义二道、《孝经》义一道，分为五场。仍自元祐五年秋试施行。”[⑪]

元祐四年，对应新科明法者的资格又做了一些限制。《长编》卷四二五载：

---

①⑤　《文献通考》卷三一《选举考四》。

②　《长编》卷二四三，熙宁六年三月丁卯。

③⑨　《长编》卷三六八，元祐元年闰二月庚寅；刘挚《忠肃集》卷四《论取士并乞复贤良科疏》。

④　《长编》卷二四四，熙宁六年四月己亥。

⑥⑧　《宋会要辑稿・选举》一四之三《新科明法》。

⑦　《长编》卷二九七，元丰二年三月辛卯。

⑩　《温国文正司马公文集》卷五二《起请科场札子》。

⑪　《长编》卷四〇七，元祐二年十一月庚申。

“元祐四年四月己未（十九日），诏元祐二年以前诸科举人改应新科明法听取应外，自今更不许改。其获冒应人，仍增旧赏。从礼部、刑部请也。”①

元祐八年，对新科明法的解额又给予了优待。《宋会要辑稿·选举》一五之二六《发解》载：

> 元祐八年七月五日，礼部言：“五路进士及新科明法等，欲将旧诸科并经律、通礼三科举人，许于诸科额内各与一分解额。”诏以诸科解额分为十分，内以一分解旧诸科，一分解经律科，一分解通礼科，其馀七分人数通入进士额，以进士及新科明法人共纽分数均取，仍须就试终场进士每十人、新科明法每七人各许解一人，零分亦各许解一名。

绍圣四年（1097）四月丙午（二十三日），御史蔡蹈言：“吏部差注新赐进士、诸科及第官，用元丰三年指挥，司法阙，先注新科明法，次注明法人。窃详先朝既废罢明经、学究科，特设新科明法，以变革旧业，故优为恩例，使趋新习。以至赐第之后，率先进士并注法司，盖变法之初，所以示劝。经今二十年，旧人为新科者十消八九，恩例之优，宜亦少损。欲乞明法与其馀判司阙衮同从上差。”诏从之。②由于旧应诸科该应新科明法者即将销尽，减少了对新科明法注官的优待。

徽宗时，新科明法同其他诸科一样，随着旧应诸科举人的销尽而消亡。

宋室南迁，以“法官缺人”，建炎二年（1128），复立新科明法科。③《宋会要辑稿·选举》一四之四《新科明法》载：

> 建炎二年正月八日，大理少卿吴瓌言：“神宗熙、丰间，将旧科明法念诵无用之科，改为新科明法。今来此学浸废，法官阙人，乞复立明法之科。诸进士曾得解贡人就试，多取人数，增立恩赏，诱进后人，以备采择。”从之。

但不知何故，“未及行”。④绍兴七年（1137）六月壬寅，仓部郎中兼权大理少卿薛仁辅又上言：“比年以来，法官寖阙……望诏有司，讨论祖宗设法科之制，于京西、荆湖、淮南、江西每路量立明法科解额，以收遗才。”诏刑部条具申省。⑤于是，“绍兴

① 《长编》卷四二五，元祐四年四月己未。
② 《长编》卷四八六，绍圣四年四月丙午。
③ 《宋会要辑稿·选举》一四之四《新科明法》。
④ 《系年要录》卷一二，建炎二年正月癸巳。
⑤ 《系年要录》卷一一一，绍兴七年六月壬寅。

十一年,始就诸路秋试,每五人解一名,省试七人解一名,皆不兼经。明年御试,御药院分为二等:第一等本科及第,第二等本科出身。"[①]但应举中第者甚少。据记载,绍兴十二、十五年两榜仅记载得黄子淳、张镃两人而已。

绍兴十四年,在取人分数、考试内容等方面,又有所变化。《宋会要辑稿・选举》一四之四《新科明法》载:

> 绍兴十四年七月十八日,臣僚言:"新科明法得解人亦许取应,更不兼经。白身得官,其科反易于有官试法。礼部看详:前举立定取解格,发[解]五人取一名,省试七人取一名,零分亦取一名。比之进士,取解太宽。欲发解及省试各递增二人,其发解内本路若就试人不及七人,止有五人已上,亦许收试取一名。其省试零分不及,不在收试之限。所试断案、刑名粗通,以十分为率。断[案]及五分,所试《刑统》义文理全通为合格。若不合格,虽有人数,亦不许收取。虽《刑统》义全通,断案不及分数,许行驳放。仍自后举兼经。"从之。

其变化一是减少了解额和省额,由"发解五人取一名,省试七人取一名"改为"发解七人取一名,省试九人取一名";其变化之二是增加了考试难度,"所试断案、刑名粗通,以十分为率。断[案]及五分,所试《刑统》义文理全通为合格。……仍自后举兼经。"

绍兴十六年二月三十日,礼部言:"熙宁以来,诏罢诸科,许令曾应明经及诸科举人,依法官例试断案、《刑统》义。至崇宁元年,上件解、省额尽归为进士解、省额讫。兼见今自有官人许试刑法,其新科明法欲自后举废罢。"[②]诏从之,遂罢新科明法。《系年要录》卷一五四则云:"绍兴十五年闰十一月己卯(八日),诏罢新科明法。"未知孰是,待考。

九、经律科

何谓经律科?现有史料记载均不甚详。元祐八年(1093)十月一日,赵鼎臣(承之)(1070—?)《送张氏二甥赴举序》云:"顷遂增以新科明法,令者颛习律而不

① 李心传:《建炎以来朝野杂记》(以下简称《朝野杂记》)甲集卷一三《新科明法》。

② 《宋会要辑稿・选举》一四之四《新科明法》。

谈经，学者病焉。今天子即位，乃诏有司设为经律之目，兼记诵之业而识其义，通法律之文而去其蔽。学不拘贤愚，人争趋之。”①由此看来，经律科大概是试经义与律令的贡举科目。《长编》卷四五六载：“元祐六年三月壬申（十三日），[御集英殿]试明经、诸科、经律科，并诸科特奏名人。”由此可知，经律科的设立不晚于元祐五年。

元祐八年七月五日，礼部言：“五路进士及新科明法等，欲将旧诸科并经律、通礼三科举人，许于诸科额内各与一分解额。”乃下诏曰：“以诸科解额分为十分，内以一分解旧诸科，一分解经律科，一分解通礼科，其馀七分人数通入进士额，以进士及新科明法人共纽分数均取，仍须就试终场进士每十人、新科明法每七人各许解一人，零分亦各许解一名。”②由此还可以看出，经律科是为京东、京西、河北、河东、陕西等五路旧应诸科举人而设，由诸科额内解发的。

绍圣元年（1094）“三月丁酉（二十六日），上御集英殿，赐进士毕渐以下通礼、诸科、经律及第、出身，总六百人”。③可知绍圣元年毕渐榜有经律科及第、出身者，但不知其人数几何。

不知何故，经律科实行了一举就被废罢了。《宋会要辑稿·选举》一二之三二《明经科》载：“绍圣元年四月二十五日，诏罢五路经律、通礼科，其额拨入进士正额。”

不过，经律科的应举并未随着经律科的废罢而完全结束，和通礼科一样，在废罢十四年之后，又于大观三年（1109）贾安宅榜应试了一次。

熙宁四年（1071）二月，王安石改革贡举，罢明经、诸科。但对旧应诸科举人，并不是要求他们必须马上统统改应进士，而是规定：“候经一次科场，除旧人外，不得应诸科举。”④这也就是让诸科随着旧应举人的销尽而消亡。那么，诸科是何时消亡的呢？《宋会要辑稿·选举》一五之二八《发解》载：

> 崇宁元年（1102）八月八日，礼部言：“臣僚奏，五路诸科旧人见在应书者今已无几，愿以所存（进士）[诸科]解额悉解进士，使熙宁诱进诸科向习进士之意，至是始得纯一。欲遍行指挥，应有诸科解额今来无人取应者，并许并入进士解额。”从之。

---

① 赵鼎臣：《竹隐畸士集》卷十三《送张氏二甥赴举序》。
② 《宋会要辑稿·选举》一五之二六《发解》。
③ 杨仲良：《长编纪事本末》卷一〇〇，绍圣元年三月丁酉。
④ 《长编》卷二二〇，熙宁四年二月丁巳。

有人认为崇宁元年诸科解额已完全并入进士一科取士，恐即据此。但此说并不太确切，应该说崇宁元年诸科基本消亡，但并未完全消亡。

据上引《宋会要辑稿·选举》四之四《贡举杂录》所载崇宁五年十月一日礼部尚书朱谔上言及诏书，"（诸科）七举与本科及第，六举本科出身，五举同本科出身，四举与上州文学，三举下州文学"，即三举（即解试合格三次）以上的诸科应举人均已经推恩，但是，"两举、一举并经律、通礼科人，候将来科场，更合取应一次"，即三举以下的诸科及经律、通礼科应举人，还要参加"将来科场"的科举考试，即要参加大观二年（1104）的解试和大观三年（1105）的省试、殿试。也就是说，大观三年以前，诸科并未消亡。

旧应诸科曾得解者被销尽之后，仍有一些曾应诸科而未得解之人。政和七年（1117）三月二十六日，徽宗诏曰："诸科三经应举以上人，许赴来年学事司试一次。"①即参加过三次以上诸科解试的应举人，允许赴"来年"（即政和八年）的诸路学事司考试。

政和七年七月二十八日，礼部尚书许光疑言：

> 三月二十六日，诏许诸科三经应举以上人赴来年学事司试一次。契勘：自来诸科人应举并经本县自陈，勘验申州收试。其应干取应文籍，并在所属州县，既未经解发，本部别无簿籍照证。欲乞行下诸路提举学事司，预报所部州县，委官取索自来诸科应举公案勘验，令三人以上结为一保，如一州不及三人处，即召命官一员保识，引问别无违碍，本州保明，申学事司收试，庶几杜绝伪滥。

诏从之。既而，翰林学士蔡嶷等复奏：

> 京东东路提举学事司申明，本路九州军诸科举人三百四十五人，未审如何纽计分数，取合格人。其考校、取人分数，既未有明降指挥，兼附试新旧科明法、《尚书》、《毛诗》学究、五经、三传人，未审合格逐科目取人为复通衮取人。本部契勘，前次诸科一举、两举人许附学事司试一次，缘当时别无解额，止取就试逐色合格之人赴政和六年贡士举院试，具得失取定，其不合格人本部类聚闻奏。
>
> 契勘：今来京东路学事司申明前件事理，除前次一举、两举人已有逐件

① 《宋会要辑稿·选举》四之一〇《贡举杂录》。

> 赦文指挥施行外，今来三经应举终场人止是各为应举，自来并不曾合格，比之一举、两举人事体至轻，即来审合如何施行。

诸科“三经应举终场人”的问题，远比“一举、两举人”的取应复杂得多。既有“杜绝伪滥”的问题，又有“考校、取人分数”的问题，还有“逐科目取人为复通衮取人”的问题。大概由于问题过于复杂，以及“三经应举终场人”比之“一举、两举人”“事体至轻”，徽宗最后取消了“诸科三经应举以上人”的“来年学事司试”，“诏政和七年三月二十(七)[六]日并七月二十八日指挥，并更不施行”。[①]此后，再未见到诸科应举的记载。至此，可以说宣告诸科彻底消亡了。

第三节　说书举与明经科的迭兴迭废

宋初，以帖经、墨义试诸科，举人只知记诵，罕通经义。为了改变这种“讲学久废，士不知经”的状况，仁宗时期先后创立了说书举和明经科。

一、说书举

说书举是以考试讲说经书取士的贡举科目。《宋会要辑稿·选举》一二之二九《明经科》载：

> 天圣三年(1025)九月十六日，诏贡院将来考试诸科举人，有明习经义、长于讲说及三经以上者，许经主司自陈，量加试问，委是可取，即具名闻，当议别遣官试验，特与甄擢。

《长编》卷一〇四载：

> 天圣四年九月庚申(十八日)，诏礼部贡院，举人有能通三经者，量试讲说，特以名闻，当议甄擢之。[②]

---

① 《宋会要辑稿·选举》四之一一《贡举杂录》。

② 《长编》卷一〇四，天圣四年九月庚申。

李焘在《长编》卷一八六嘉祐二年(1057)十二月戊申条记载“旧置说书举，今罢之”的夹注中也说：“说书举，在天圣四年九月。……今依本志移见于此。”此即所谓“说书举”①。而上引《宋会要辑稿・选举》一二之二九《明经科》则系设说书举为“天圣三年九月”，待考。至于当时如何具体地“量加试问”及“特与甄擢”，尚未见记载。庆历四年(1044)，改革贡举，曾定新制云：

> 举人讲通三经以上，进士非纰缪、诸科无九否者，过落外，许自陈牒具言曾于某处讲说某经，招举人三人保明，即依前项别试大义十道，以五通为合格。仍令讲诵，与所对大义相合者，具奏取旨。②

北宋人徐积(1028—1103)说：

> 且朝廷亦尝置说书科，亦何尝拘以注疏，故近年多得其人。③

据此可知，说书举所试及讲诵者为经书大意，而不拘注疏。需要说明的是，说书举并不与进士、诸科一起进行解试、省试，而是在省试之后，有举人自陈，另行考试，特赐出身。如《长编》卷一二二载：“宝元元年(1038)五月庚子，赐进士张宗雅同出身。京雅既下第，自陈能讲三经，诏国子监试而命之，仍附春榜。”《宋会要辑稿・选举》九之九《赐出身》载：“宝元元年五月八日，赐说书进士张宗雅同进士出身。”张宗雅即是依说书举赐进士出身的。熙宁元年(1068)六月，孙觉亦上疏曰：“往者尝设说书一科，亦多通经之士。”④

嘉祐二年(1057)十二月五日，诏曰：“罢说书举人。”⑤因为置明经科，其考试内容与说书举略同，遂罢说书举。说书举前后实行了32年。

二、明经科

“明经”一词起源甚早，其义为通晓经术，自西汉起即成为察举的一种科目；

---

① 《长编》卷一八六，嘉祐二年十二月戊申。
② 《宋会要辑稿・选举》三之二九《贡举杂录》。
③ 徐积：《节孝集》卷三十《上赵殿院书》。
④ 《宋朝诸臣奏议》卷八〇，孙觉《上神宗论取士之弊宜有改更》。
⑤ 《宋会要辑稿・选举》三之二四《贡举杂录》；《长编》卷一〇四，天圣四年九月戊申。

而成为贡举科目，大概同进士一样，始于隋。唐五代因之。唐高祖武德四年(621)沿袭隋制科举取士，四个贡举科目之中即有明经科。①但是，唐代后来的明经并非单独一科，而是对以考试儒家经典取士科目的总称。如《新唐书·选举志》云："明经之别，有五经，有三经，有二经，有学究一经；有三礼，有三传，有史科。"②五代后唐时，有所变化。明宗天成三年(927)七月十三日敕云："应九经、五经、明经帖书及格后，引试对义时，宜令主司于大经泛出问义五道，于帘下书于试纸，令隔帘逐段解说。但要不失疏注，义理通二、通三，然后便令念疏。如是熟卷，并须全通，仍无失错，始得入策。……其问义、念疏、对策，逐件须有去留。"③据此，明经似为单独一科。后晋高祖天福五年(940)四月，礼部侍郎张允奏曰："明经者悉包于九经、五经之中，无出于三礼、三传之内，若无厘革，恐未便宜。其明经一科，伏请停废。"遂敕："明经、童子……等科，并停。"④出帝开运元年(944)八月，又下诏曰："其明经、童子二科，今后复置。"⑤后周时，又被停废。《册府元龟》卷六四二《贡举部四·条制第四》载："后周世宗显德二年(955)五月，翰林学士、尚书礼部侍郎、知贡举窦仪(914—967)上言：'……其明经、童子，请却依晋天福五年敕停罢，任改就别科赴举。……'诏并从之。"

宋初，科举承后周之制，亦未单独设明经科，而是在进士科之外，设有九经、五经、开元礼(后改为开宝通礼)、三史、三礼、三传、学究、明法等科。这些以考试儒家经典取士的科目总称为"诸科"，相当于唐朝的"明经"。宋朝之明经科乃系嘉祐二年(1057)所新置。《长编》卷一八六载：嘉祐二年十二月庚申(六日)，诏："又别置明经科。"其试法和待遇，详见于《宋会要辑稿·选举》三之三四《贡举杂录》所载诏书：

> 嘉祐二年十二月五日，诏曰：……其明经科并试三经，谓大经、中经、小经各一也。以《礼记》、《春秋左氏传》为大经，《毛诗》、《周礼》、《仪礼》为中经，《周易》、《尚书》、《穀梁传》、《公羊传》为小经。其《礼记》为大经者，许以《周礼》、《仪礼》为中经；习《春秋左氏传》者，许以《穀梁传》、《公羊传》为小经。每经试墨义、大义各十道，仍帖《论语》、《孝经》十道，分八场，以六通为合格。又试时务策三道，以文词典雅者为通。其出身与进士同。

① 王定保：《唐摭言》卷一《统序科第》，卷一五《杂记》。
② 《新唐书》卷四十四《选举志上》，第1159页。
③ 《册府元龟》卷六四一《贡举部三·条制第三》。
④⑤ 《册府元龟》卷六四二《贡举部四·条制第四》。

宋仁宗为什么在诸科之外别置明经科呢？熙宁元年(1068)六月，右正言孙觉(1082—1090)在《上神宗论取士之弊宜有改更》的奏议中说：

学究诸科多不通经义，而猥以记诵为工。记诵不能，则或务为节抄，至断裂句读，错谬文辞，甚可闵笑。仁宗患其如此，始立明经科，将以变学究诸科之习。今西北诸州，颇愿习为明经矣。①

熙宁二年五月，翰林学士吕公著在《上神宗答诏论学校贡举之法》的奏议中说：

又经学一科，虽其来盖远，然自唐以后，始加填贴，由是应此科者，专务记诵。此于章句音切，尚不能辨，然而举用之曰"此可以治人"，不待有识者然后知其非也。臣以谓自后次科场，明经止用正文填帖，更不以注，而增试大义。如此应明经者渐多，而诸科之弊自消矣。②

熙宁二年五月，韩维在《议贡举状》中说：

本设明经，举其所取人数与诸科相通者，亦欲渐诱经生，使习义理之学。③

又熙宁二年五月，王珪在《议贡举庠序奏状》中说：

诸科徒专诵数之学，无补于时。请自今新人无得应诸科，皆令习明经，不数举间，可以尽革其弊。④

北宋人徐积说：

朝廷本意，其大略盖患学者之失，文浮而少实，虽或口诵其文，而心昧其义，故特建明经科，使夫朴茂之伦得以发摅其蕴。⑤

---

① 《宋朝诸臣奏议》卷八〇，孙觉《上神宗论取士之弊宜有改更》。
② 《宋朝诸臣奏议》卷七八，吕公著《上神宗答诏论学校贡举之法》。
③ 韩维：《南阳集》卷二五《议贡举状》。
④ 王珪：《华阳集》卷七《议贡举庠序奏状》。
⑤ 徐积：《节孝集》卷三十《上赵殿院书》。

《宋史》卷三四二《王岩叟传》则说：

> 仁宗患词赋致经术不明，初置明经科。岩叟年十八，乡举、省试、廷对皆第一。

宋初承唐及五代之制，九经、五经、三礼、三传等诸科，考试以贴经、墨义为主，只要背熟经书及注疏，就可以登科及第。因此，“学究诸科多不通经义，而猥以记诵为工。记诵不能，则或务为节抄，至断裂句读，错谬文辞，甚可闵笑”。为了革除这一弊病，天禧元年(1017)九月二十八日，右正言鲁宗道上言：“进士所试诗赋，不近治道；诸科对义，惟以念诵为工，罔究大义。”真宗回答说：“前已令进士兼取策论，诸科能通经者，别加考校。宜申谕之。”①天圣三年(1025)九月十六日，仁宗则下诏曰：“贡院将来考试诸科举人，有明习经义，长于讲说及三经以上者，许经主司自陈，量加试问，委是可取，即具名闻，当议别遣官试验，特与甄擢。”②庆历三年(1043)九月，范仲淹上《答诏条陈十事》云：“其取士之科，即依贾昌朝等起请，进士先策论而后诗赋，诸科墨义之外，更通经旨。”③嘉祐二年(1057)十二月，仁宗正是为了进一步革除“诸科徒专诵数之学，无补于时”的弊病，“渐诱经生，使习义理之学”，所以在诸科之外，又别置明经科。

宋朝的“明经科”与唐代的“明经”有着明显的区别：一是考试重点由帖经、墨义改为经书大义；二是提高了及第者的待遇，“其出身与进士同”。

嘉祐三年(1058)三月十一日，根据礼部贡院上言，对明经科又做了具体的规定：“明经别试而系诸科解名，无诸科处许解一人。……明经试大经、中经、小经，试墨义、大义各二十道，帖小经十道，试(二)[策]三道，共为八场，仍不理场第。御试明经大义十道，大经四，中经、小经各三。”④

熙宁四年(1071)二月一日，王安石改革贡举，遂罢明经科。《宋会要辑稿·选举》三之四三《贡举杂录》及同书一三之三一《明经科》载：

> 熙宁四年二月一日，中书门下言：“……所有明经欲行废罢，并取诸科额内元解明经人数添解进士；仍更俟一次科场，不许新应诸科人投下文字，渐

① 《宋会要辑稿·选举》三之一一《贡举杂录》。

② 《宋会要辑稿·选举》一二之二九《明经科》。

③ 范仲淹：《范文正公集·政府奏议》卷上《答手诏条陈十事》。

④ 《宋会要辑稿·选举》三之三五至三六《贡举杂录》；《长编》卷一八七，嘉祐三年三月辛巳。

令改习进士。……”诏可。

王安石之所以废罢明经科，并非因为此科像诸科那样“惟以念诵为工”，败坏人才，而是因为既然进士科罢诗赋、帖经、墨义，专以经义、论、策取士，进士科与明经科就没有什么大的区别；也就是说，实际上是以新的进士科代替了明经科，明经科也就没有继续存在下去的必要。明经科是为了主要以大义试经术而设立的，王安石的贡举改革既然以大义试经术即“经义”成为进士科的主要考试内容，所以前后设立了 14 年的明经科，就被新的进士科所取代了。

第四节　经明行修与八行科昙花一现

宋朝贡举专以艺业取士，即所谓“一切以程文为去留”①，而德行仅是应举的资格之一。北宋后期也曾设立过以德行为主而取士的科目，如经明行修科及八行科，但施行的时间都很短，不过是昙花一现。

一、经明行修科

经明行修科是经通判以上官员奏举、兼以德行和经术取士的科目。此科亦始于唐，起初大概为察举科目，后改为贡举科目。宋真宗大中祥符二年(1009)、四年、七年，因封泰山、祀汾阴、谒太清宫，曾诏开封府、国子监及车驾所经州军举服勤词学、经明行修之士，但仍为进士、诸科，并非新立科目。宋朝经明行修科初立于哲宗元祐元年(1086)。是年三月，宰相司马光上《起请科场札子》，其起请之一，即是乞设经明行修科。他说：

> 应举者听自占习三经以上，多少随意，皆须习《孝经》、《论语》，于家状前开坐习某经某经。又每岁委升朝文官保举一人，不拘见在任、不在任，是本部、非本部，各举所知。若亲戚，亦于举状内声说。其举状称：臣窃见某州某县人某甲，有何行能，臣今保举堪应经明行修科。于后不如所举，臣甘当连坐不辞。

① 陆游：《老学庵笔记》卷五。

候奏状到，朝廷下礼部贡院置簿，各分逐路抄录本人姓名，注举主官姓名于其下。仍下本州出给公据，付本人收执，及令本州亦如贡院置簿抄录，准备开科场日考验公据。其举状既上之后，若所举之人犯赃私罪至徒以上、情理重，及违犯名教，候断讫，仍收坐举主，奏乞朝廷取勘施行。其人未及第者，减五等；已及第者，减三等坐之，一如举选人充京官法。……

每遇开科场，其有举主者，自称应经明行修举，仍于所投家状前开坐举主官位、姓名。有司检会簿上合同，方许收接。其无举主者，只称应乡贡进士举，如常法。

每举人三人以上，自相结为一保，止保委是正身，及是本贯，不曾犯真刑，无隐忧匿服，此外皆不保。其本州及贡院考试，并依旧法，差封弥、誊录、监门、巡铺官；程试之日，严加检察，如旧试经学诸科法。各令求己，毋得移坐位，相从托商量，相聚传义、传本，怀挟、代笔，违者扶出。

第一场，先试《孝经》、《论语》大义五道，内《孝经》一道、《论语》四道。先须备载正文，次述注疏大意，次引诸家异义，次以己见评其是非。以援据精详、理长文优者为通，其次为粗，援据疏略、理短文拙者为否。三通以上为合格，不合格者先次驳放，合格者榜引次场就试，如旧试经学诸科法。或合格人数太少，则委试官临时短中求长，详酌放过。次场试《诗》，次场试《尚书》，次场试《周礼》，次场试《仪礼》，次场试《礼记》，次场试《春秋》，次场试《周易》，大义各五道。令举人各随所习经书就试，考校过落，如《孝经》、《论语》法。次场试论二道，一道于儒家诸子书内出题，一道于历代正史内出题。次场试策三道，皆问时务。考策之日，方依解额及奏名人数定去留，编排高下，以经数多者在上；经数均，以论策理长文优者在上。其经明行修举人，并于进士前别作一项出榜解发。

及奏名至御前，试时务策一道，千字以上，封弥官于号上题所明经数及举主人数。候考校详定毕，编排之时，亦以经数多者在上；经数均，以策理长文优者在上；文理均，以举主多者在上。其经明行修举人，亦于进士前别作一项编排，先放及第；其推恩注官，比进士特加优异。他时选择清要官、馆阁、台谏等，并须先取经明行修人；其举主姓名，当于官告前声说。

如此，则举人皆务尊尚经术，穷圣人指趣，不敢不精；旁览子史，不敢不博，又不流放入于异端小说；讲求时务，亦不敢不知。所得之士，既有行义，又能明道，又能博学，又知从政，其为国家之用，岂不贤于今日之所取乎？

司马光这一起请看上去很好，但并未被立即采纳。四月，司马光又上《乞先行经明行修科札子》，始获批准。《宋会要辑稿·选举》一一之四二《经明行修科》载：

> 元祐元年四月二十四日，诏：每遇科举诏下，令文官升朝以上无赃罪及无私罪重者，于应进士举人，不拘路分，但不系有服亲，各奏举经明行修一名。候将来发解及南省奏名合格者内有不系所举人数，于榜示及奏名内每人名下注"经明行修"字。至殿试唱名，升一甲姓名。如历官后犯正入己赃及违犯名教，断讫，收坐举主，并依举选人转京官法减一等。

此即经明行修科创立之始。不久，又作了一些补充规定。其一，元祐元年六月十六日，御史中丞刘挚（1030—1097）言："经明行修人宜使知州以上举之为便。"遂诏"京朝官、通判资序以上人许举"。①

其二，元祐二年规定了各路奏举经明行修的人数。《宋会要辑稿·选举》一一之四二《经明行修科》曰：

> 元祐二年正月十五日，诏举经明行修，京东西、河北、陕西路各五人，淮南、江南东西、福建、河东、两浙、成都府路各四人，荆湖南路、广南东西、梓州路各二人，荆湖北、夔州、利州路各一人。委州县当职官同状保任申监司，监司再加考察以闻，仍充本州解额，无其人则阙之。②

诏书所列十八路，共应奏举五十九人。但要占本州的解额。

其三，元祐二年十一月庚申（十二日），三省奏："其诸路举到经明行修人，如省试不合格，即未得黜落，别作一项奏取指挥。"诏从之。③元祐三年三月六日，又诏："经明行修人如省试不应格，听依特奏名进士例就殿试。"④

总之，经明行修举人既免解赴省试，又占本州解额；省试合格，则殿试唱名日升甲；省试不合格，也可以依特奏名例就殿试。正如监察御史黄庆基所言："是凡被荐举者，皆可以入官也。"⑤经明行修科设立的目的在于："以劝勉天下举人，使

---

① 《宋会要辑稿·选举》一一之四二《经明行修科》。

② 参见《长编》卷三九四，元祐二年正月戊辰。

③ 《长编》卷四〇七，元祐二年十一月庚申。

④⑤ 《宋会要辑稿·选举》一一之四三《经明行修科》。

敦修士行”，“美教化，厚风俗”，[①]但其制如此侥幸滥进，必然弊端丛生，与其初衷背道而驰。“元祐二年诸所荐者，甚有不协士论。”[②]因而刚施行一举，即多遭非议。

右司谏王觌要求经明行修科不占本州解额。元祐二年二月癸巳，上言：

> 今若以州县所举之人充本州解额，则臣恐未足以劝学行，而先有以败风俗矣。……伏望圣慈指挥，于前项敕内改“与充本州解额”六字作“于本州解额外解发”，庶可以久行而无弊也。[③]

苏轼（1037—1101）则建言废罢经明行修科。元祐三年三月，苏轼权知贡举，殿试后上疏曰：

> 窃谓累举奏名，已是滥恩，而经明行修，尤是弊法。其间权势请托，无所不有。侵夺解额，崇奖虚名，有何功能，复令升甲？……其经明行修一科，亦乞详议，早行废罢。[④]

哲宗虽未采纳苏轼的建言而废罢经明行修科，但不久即增加了限制。元祐四年五月二十五日，“诏今后遇降诏，方许奏举经明行修之人；先降每遇科场奏举指挥不行。”[⑤]经明行修科由原来的每遇科场奏举改为遇降诏方许奏举，即由常科改为特科了。

后来，经明行修科一再受到批评。元祐八年二月二十四日，监察御史黄庆基上奏曰：“臣闻元祐二年诸所荐者，甚有不协士论。欲乞朝廷申谕诸路监司、郡守，凡荐经明行修之士，必须精加考察，委有术业、行义为乡党所尊、士论所服者，方许奏荐。或不如所举，则以贡举非其人之法坐之。”诏从之。[⑥]

绍圣元年（1094），哲宗绍述神宗之政，先后废罢元祐年间设立的经律科和通礼科，以及罢进士习诗赋等，尽复熙丰之制。关于经明行修科的存废，现有史籍未见记载，大概同元祐新设的经律科、通礼科一样，也于绍圣元年被废罢了。

---

① 司马光：《司马文正公文集》卷五二《乞先行经明行修科札子》。

②⑤⑥ 《宋会要辑稿·选举》一一之四三《经明行修科》。

③ 《长编》卷三九五，元祐二年二月癸巳。

④ 《苏轼文集》卷二八《御试札子二首·放榜后论贡举合行事件》。

二、八行科

八行科是以"孝、悌、睦、姻、任、恤、忠、和"八种德行取士的科目。当时,"废州郡发解及省试法,其取士并由学校升贡"①,而殿试仍存。以八行升贡者,除上舍上等外,大部分仍需赴殿试,故也可以权作贡科目之一。此科为宋徽宗所独创。大观元年(1107)三月甲辰(十八日),诏以八行取士,此为八行科之始。据《长编纪事本末》卷一二六,其诏曰:

学以善风俗,明人伦,而人才所以自出也。今有教养之法,而未有善俗明伦之制,殆未足以兼善天下。朕考成周之隆,宾兴万民以六德六行,否则威之以不孝不悌之刑。比已立法,保任孝悌、睦姻、任恤、忠和之士。去古绵邈,士非里选,习尚科举,不孝不悌,有时而容,故任官临政,趋利犯义,诋讪贪污,无不为者,此官非其人,士不素养故也。近因余暇,稽《周官》之书,制为法度,颁之学校,明伦善俗,庶几于古。

一、诸士有善父母为孝,善兄弟为悌,善内亲为睦,善外亲为姻,信于朋友为任,仁于州里为恤,知君臣之义为忠,达义利之分为和。

一、诸士有孝、悌、睦、姻、任、恤、忠、和八行,见于事状、著于乡里者,耆邻保伍以行实申县;县令佐审察,延入县学,考验不虚,保明申州如令。

一、诸士八行,孝、悌、忠、和为上,睦、姻为中,任、恤为下。士有全备八行,保明如令,不以时随奏贡入太学,免试为太学上舍。司成以下引问考验,较定不诬,申尚书省取旨,释褐命官,优加擢用。

一、诸士有全备上四行,或不全一行而兼中等二行,为州学上舍上等之选;不全上二行而兼中等一行,或不全上三行而兼中二行者,为上舍中等之选;不全上三行而兼中等一行或兼下一行者,为上舍下等之选;全有中二行,或中等一行而兼下一行者,为内舍之选。余为外舍之选。

一、诸士以八行中三舍之选者,上舍贡入内舍。在州学半年,不犯第二等罚,升为上舍。外舍一年,不犯第三等罚,升为内舍,仍准上舍法。

一、诸士以八行中上舍之选而被贡入太学者,上等在学半年,不犯第三等罚,司成以下考验行实闻奏,依太学贡士释褐法,取旨推恩;中等依太学上

① 《宋会要辑稿·选举》四之三《贡举杂录》。

等法，待殿试推恩；下等依太学中等法。

一、诸士以八行中选，在州县若太学，皆免试补为诸生之首，选充职事及诸斋长谕。

一、诸士以八行考士为上舍上等，其家依官户法；中、下等，免户下支移、折变、借借、身丁。内舍，免支移、身丁。①

大观元年六月庚午，"御笔：诸州学以御制八行、八刑刻石"。②十一月壬午，御笔："八行、八刑之士，所在皆得以名闻，不限在学不在学，令学制局申明行下。"③八行科奏举人数，同经明行修科类似，每路也有一定名额。大概是"路三人为率"。④

政和年间，八行科又有某些变化。政和三年(1113)闰四月甲寅，"八行许添差诸州教授"。⑤政和六年，则对八行科的升舍稍微作了一些限制，《长编纪事本末》卷一二六载：

政和六年十二月甲戌，臣僚上言："欲乞今后八行预贡之人，必与诸州贡士混试太学上舍，俟其中选，然复随所中等第与之升舍。应所推恩，如上舍法。不中选者，还之本贡。"手诏："依所奏。"

八行升舍不是根据所备八行的等级及多少，而是"与诸州贡士混试太学上舍，俟其中选，然复随所中等第与之升舍"。

创立八行科的目的是仿周代所谓"宾兴万民以六德六行"之制，"优待行已修洁、学术已成之人"，"善风俗，明人伦"。但施行的结果，往往适得其反。《宋会要辑稿·选举》一二之三五至三六载：

[大观]四年正月一日，臣僚言："……切闻迩来诸路以八行贡者，多或违诏旨、失法意，而有司不以为非。……如亲病割股，或对佛燃顶，或刺臂出血，写青词以祷，或不茹荤，常诵佛书，以此谓之孝；或尝救其兄之溺，或与其

① 《长编纪事本末》卷一二六，《山堂群书考索》后集卷二八。

② 《长编纪事本末》卷一二六，大观元年六月庚午。

③ 《长编纪事本末》卷一二六，大观元年十一月壬午。

④ 《广东通志》卷三十九《名宦志》。

⑤ 《长编纪事本末》卷一二六，政和三年闰四月甲寅。

> 弟同居十余年，以此谓之悌；其女适人，贫不能自给，取而养之于家，为善内亲；又以婿穷窭，收而养之，为善外亲。此则人之常情，仍以一事分为睦、姻二行。尝一遇歉岁，率豪民以粥食饥者，而谓之恤。夫粥食饥者，乃豪民共为之而已，独谓之恤，可乎？又有尝收养一遗弃小儿者，尝救一跛者之溺，皆以为恤。如此之类，不可遽陈。今所保任，多不言学术，意皆其乡曲寻常之人，非所谓士者。[伏]愿下之太学，俾长贰、博士考以道(义)[艺]，别白是非，澄去冒滥，勿使妄进，务在[奉承诏旨，]不失法意而已。"诏太学、辟雍长贰等并诸路学事司考以道艺，别白是非，澄去冒滥。①

《宋史全文》卷十四亦载此事云：

> 庚寅大观四年春正月庚子朔，中丞吴执中言："迩来诸路以八行贡者，臣谓所贵乎士者，为其能学知先王之道，其为行不悖于义而已。以亲病而割股，闾里小民时有能者，官有给赐，悯恤其愚有爱亲之心而至于毁伤支体，用是以恤之。士而为此，是不知孝之道矣。然顶刺血，非圣人之教；常诵佛书，岂儒者之事哉？救其兄之溺，恤其女之贫，皆不足以为异。伏愿下之太学，俾长贰、博士考以道(义)[艺]，别白是非，澄去冒滥。"从之。

所载文字，多为《宋会要辑稿·选举》一二之三五至三六、《长编纪事本末》卷一二六所不载，可以互为补充。

马端临《文献通考》卷三一《选举考四》云：

> 自元祐仿古创立经明行修科，主德行而略艺文。间取礼部试黜之士，附置恩科，其时御史既已咎其无所甄别矣。及八行科立，专以八行全偏为三舍高下，不间内外，皆不试而补，则往往设为形迹，以求入于八行，固已可厌；至于请托徇私，尤难防禁。大抵两科相望，几数十年，乃无一人卓然能自著见，与名格相应者。而八行又有甚弊，士子跅弛，公私交患苦之，不能谁何，乃借八行名称纳之学校，使其冀望无罚应贡，则稍且自戢。而长史实恐缪举从坐，故宁使之占额不贡。以是知略实艺而追古制，其难盖如此也。

---

① 参见《长编纪事本末》卷一二六，大观四年正月庚子朔。此"臣僚"即御史中丞吴执中。

现遍查宋朝史籍，确实未见一人以八行科著名于世者。所奏举，多为年老而多次科举下第者，且往往不应举。如《宋史》卷四五九《徐中行传》载：

> 崇宁中，郡守李谔又以八行荐。时章、蔡窃国柄，窜逐善类且尽。中行每一闻命，辄泪下。一日去之黄岩，会亲友，尽毁其所为文，幅巾藜杖，往来委羽山中。客有诘以避举要名者，中行曰："人而无行，与禽兽等。使吾得以八行应科目，则彼之不被举者非人类与？吾正欲避此名，非要名也。"客惭而退。

宣和三年(1121)，诏罢天下三舍法，开封府及诸路并以科举取士。由学校升贡的八行科，大概也随之而被废罢了。

第五节　宋朝贡举科目沿革的特点及其原因

综上所述，宋朝贡举科目，始沿唐及五代之制，设进士、诸科。天圣四年(1026)，置说书举；嘉祐二年(1057)，罢说书举而别置明经科。熙宁四年(1071)，王安石改革贡举，罢明经、诸科，明经一律改应进士，诸科除旧应人外不得应举；熙宁六年，又改旧明法科为新科明法，以待诸科之不能改应进士者。崇宁元年(1102)，诸科基本消亡；到政和六年(1116)，随着旧应诸科曾得解者的销尽，诸科及新科明法彻底消亡，完全变为进士一科取士。大约元祐六年(1091)，曾于河北等五路设经律、通礼二科，但只施行了一举，至绍圣元年(1094)悉罢。另外，元祐元年(1086)曾置经明行修科，绍圣元年罢；大观元年(1107)又置八行科，宣和三年(1121)罢。南宋绍兴十一年(1141)又曾复立新科明法，十六年罢。进士科本身，于元祐、绍兴间也曾几度变化，最后于绍兴三十一年(1161)解、省试分为经义进士、诗赋进士两科，殿试仍为一科，一直沿用至南宋灭亡。现制《宋朝贡举科目沿革示意图》如下。(见附图)

由以上可以看出，宋朝贡举科目沿革，主要有两个特点。一是由繁到简，由进士、明经、诸科等变为进士一科取士。为什么会发生这种变化呢？其主要原因大概有如下几点：

(一) 应从考试内容的变化上进行考察。如前所述，北宋前期，主要以诗赋取进士，以帖经、墨义取诸科。其弊甚多，难以培养和选拔"通经致用"之才。熙

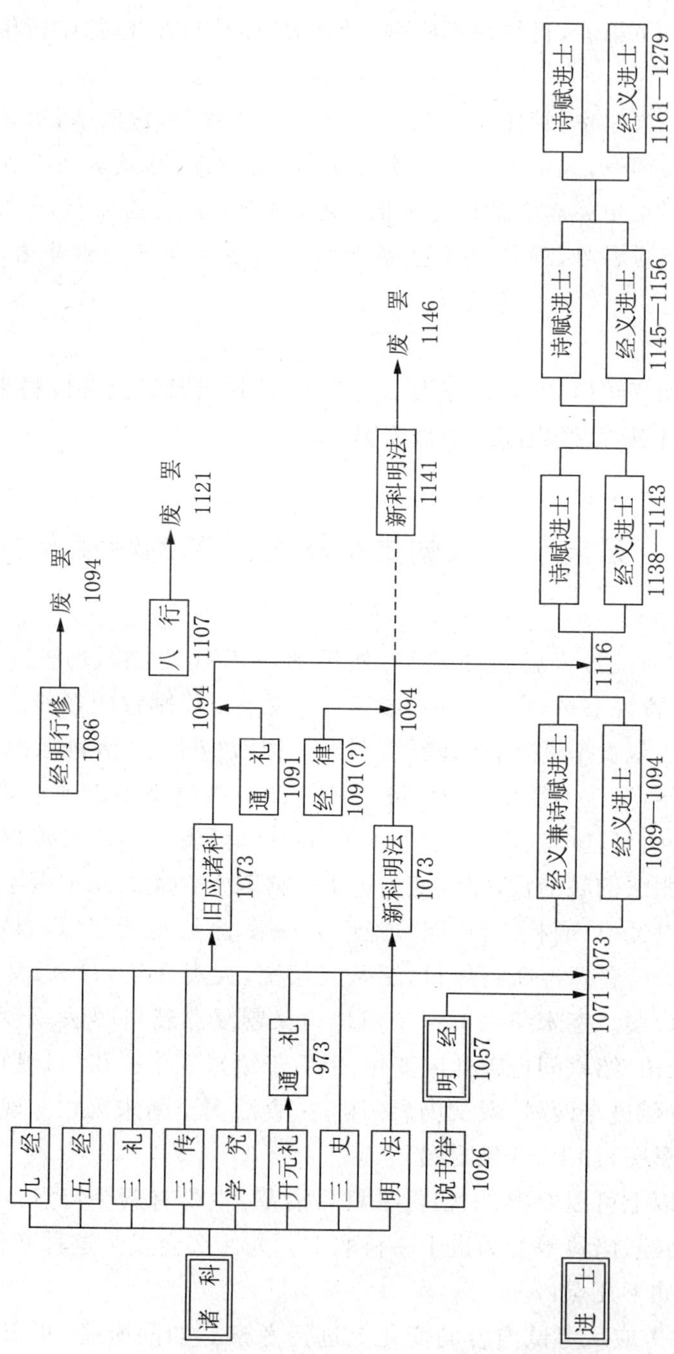

宋朝贡举科目沿革示意图

宁四年，王安石改革贡举，罢诗赋和帖经、墨义，专以经义、论、策取进士。这样，实际上是把原来的明经科由新进士科所替代，明经科自然就没有存在的必要了。而诸科是以试帖经、墨义为特点的，既罢帖经、墨义，当然诸科也就要废罢了。

（二）由进士、明经、诸科变为进士一科，也是为了提高以经术及第举人的地位。唐代以来，即重以诗赋及第的进士科，而轻视以经术及第的明经科。《宋史·选举志》云："自唐以来，所谓明经（按：宋称诸科），不过帖书、墨义，观其记诵而已，故贱其科。"王栐《燕翼诒谋录》卷五亦云："国朝因唐制取士，只用词赋，其解释诸经者，名曰明经（按：此亦当指诸科），不得与进士齿。"

进士与诸科及第待遇也很不相同。《宋会要辑稿·选举》二之八《进士科》载：

> 庆历二年（1042）四月二十三日，诏新及第进士第一人杨寘为将作监丞，第二人王珪为大理评事，第三人韩绛为太子中允，并通判。第四人王安石校书郎，第五人曾公定为奉礼郎，并佥书诸州判官事。第六人已下两使职官。第二甲，初等职事。第三甲，试衔知县。第［四］甲，试衔簿尉。第五甲，判司簿尉。……九经第一人，两使推官；诸科并注判司簿尉。

由此可知，诸科中授官最高者即九经第一人，才相当于进士第六人以下的第一甲及第者。而其他诸科及第、出身人所授官，仅相当于第五甲进士同出身者。此榜进士及第而后来成为宰相者，就有王安石、王珪、韩绛、吕公著、韩缜、苏颂等六人；而诸科出身后来荣显者，则寥寥无几，已知为官最高者仅为知州。又据统计，北宋时期共有宰相 71 人，其中由科举出身者为 65 人。在这 65 人中，除富弼一人为制科出身外，其余均为进士出身，而无一人为明经、诸科出身者。正如南宋人吕祖谦所云："到得本朝，待遇不同，进士之科往往皆为将相，皆极通显；至明经之科（按：指诸科），不过为学究之类。"①从以上不难看出，熙宁四年之后，罢明经、诸科，改由进士一科取士，显然提高了以经术及第者的地位。

（三）宋朝的党派之争，也对贡举科目的沿革具有影响。例如，元祐年间，司马光等反变法派执政，即对熙丰贡举新制多有改变，如分进士为经义、诗赋两科，并且新设了经律、通礼及经明行修等科。绍圣年间，哲宗亲政之后，起用变法派，

---

① 《文献通考》卷三二《选举考五》。

又基本上恢复了熙丰之制，废罢了经律、通礼及经明行修科。

贡举科目沿革的第二个特点，是重艺业，以文取人，即"一切以程文为去留"①；只有极少数科目偏重德行，但也不过是昙花一现。如前所述，经明行修科前后总共施行了不过八年，实际上只施行了两举；八行科也不过十四年就被废罢了。因为这些科目不过是察举制度的变种或残余。以德取人，德行难以考核，必然弊端百出。正如马端临所说："则往往设为形迹，以求入于八行，固已可厌；至于请托徇私，尤难防禁。""略实艺而追古制"是行不通的。②这在北宋时期即遭到许多有识之士的反对，因而经明行修科和八行科实行了很短时间，即被废罢。从以推荐选官到以考试选官，即由察举制到科举制，是一个历史的进步。经明行修、八行科与进士科相比，乃是一种历史的倒退，因而，其昙花一现也是历史的必然。

---

① 陆游：《老学庵笔记》卷五。

② 《文献通考》卷三一《选举考四》。

第二章　宋朝贡举开科制度

第一节　宋朝贡举周期的演变

一、太祖建隆元年至仁宗嘉祐二年的贡举周期

宋初，沿袭唐及五代之制，仍每年开科贡举。太祖朝，只有开宝七年(974)、九年(976)两年未开科场。而凡不开贡举的年份，均颁布了权停贡举的诏书。《宋会要辑稿·选举》一之二《贡举》、《长编》卷十五均载："开宝七年三月，诏权停贡举。"《宋会要辑稿·选举》一之二《贡举》又载："开宝九年三月，诏权停贡举。"而《长编》卷十六载："开宝八年辛酉(二十二日)，诏停今年贡举。"《长编》卷十七开宝九年三月又载："是春，权停贡举。"但均未说明原因。

太宗继位，大开贡举。太平兴国二年(977)正月吕蒙正榜，录取进士、诸科正奏名316人、特奏名184人，共500人，大大超过了太祖朝每榜贡举录取人数。而这一年的十月则诏"其礼部贡举宜权罢一年"。其权停贡举的理由是上一榜录取得太多了："朕昨以振举滞淹，详求俊乂，乃以清闷之宴，亲校贤能之书，中我悬科，几乎数百，所宜暂停贡举，且使进修。"①不过，此诏是十月才颁布的，此前诸州府应该在八月已经举行了解试。据说是"复恐场屋间有留滞者"②，太平兴国三年

① 《宋会要辑稿·选举》一之二《贡举》。

② 《长编》卷十九，太平兴国三年八月甲戌。

(978)三月十七日,"诏礼部贡院,自去年十月已前诸科贡举人,除三礼、三传、学究等三科外,馀并听于贡院投牒,次以八月朔俱至都下,俟引试"。[①]于是,太平兴国三年八月举行了省试,九月举行了殿试。这一年的十二月,又诏罢来年正月的省试,《长编》卷十九载:

> 太平兴国三年十二月,是冬,诸州贡举人并集,会将亲征河东,罢之。自是,每间一年或二年乃置贡举。

这次权停贡举的理由是太宗将亲征河东,无法临轩殿试。所以,太平兴国四年,未举行贡举。自此,未再每年贡举。太平兴国六年、七年,雍熙元年(984)、三年、四年,淳化元年(990)、二年、四年、五年,至道元年(995)、二年、三年,均停贡举。不仅是"每间一年或二年乃置贡举",而是淳化四年至至道三年(993—997)连续五年不开科场贡举。太宗在位22年,开科贡举才8榜,共有14年停贡举。

真宗初年,连续三年贡举取士,似乎又恢复了太祖朝每年贡举的旧制。咸平三年(1000)五月二十四日,"诏权停贡举一年"。[②]当年停解试,次年停省试、殿试。咸平五年开科贡举,咸平六年五月四日,真宗又颁降科诏曰:

> 贡闱之设,用采时髦,言念远方,岁偕上计,未遑肄业,遽已饬装,颇□聚学之勤,有异育材之旨。宜令礼部权停今年贡举。[③]

其权停贡举的理由是,每年贡举,往来赶考途中,无暇习业,长育人才。于是,咸平六年至景德元年(1003—1004)连续两年均未贡举。景德二年(1005)重开贡举,录取进士、诸科正奏名1 661人、特奏名1 388人,共3 049人,其一榜取士之多,可谓空前绝后。但当年六月一日,又下诏"其贡举宜令权住二年"。权停贡举的目的仍然是"劝学":"且使各务服勤,更专学术,无失大成之义,将符虚伫之怀。仍委礼部贡院,今后科场精加考试。"[④]此诏书又被称为《景德劝学诏》。

真宗大中祥符二年(1009)、三年五月四日、五年五月一日、六年五月二日、八年五月四日、九年五月四日、天禧元年(1017)五月四日、四年五月四日、五年五月

---

① 《宋会要辑稿・选举》一二之二七《明经科》。

②③ 《宋会要辑稿・选举》一之七《贡举》。

④ 《宋会要辑稿・选举》一之七《贡举》,据《玉海》卷一一六《景德劝学诏》及《文献通考》卷三〇《选举考三》校勘。

三日，共九年均“诏权停贡举”。[①]而其大中祥符二年、四年、七年所开贡举，参加考试者并非全国诸路州府举人，而是东封泰山、西祀汾阴、南祀老子的沿途州府及开封府、国子监的服勤词学经明行修举人。如《宋会要辑稿·选举》一四之二〇《发解》载：

> 大中祥符元年(1008)十月二十五日，东封赦书：车驾所经州府及开封府有服勤词学经明行修者，如发解例考试。开封府、兖州各五十人，郓州四十八人，澶、濮州各三十人，进士、诸科相半。来春荐送阙下。

大中祥符二年四月六日，又“令国子监举服勤词学经明行修进士、诸科各十人。(前诏止下开封府及所过州郡，至是本监上言，故及之。)”[②]“五月十五日，命工部侍郎张秉、知制诰周起，于武成王庙试开封府、国子监、兖、郓、澶、濮州解送服勤词学经明行修举人。”[③]“六月二十七日，帝御崇政殿，试服勤词学经明行修举人。内出《大德日生赋》、《神无方诗》、《升降者礼之末节论》题。得进士梁固等三十一人，并赐及第、同进士、三礼出身；得诸科九经、五经、三礼、学究、明法五十四人，并赐本科及第、同出身。”[④]

上述东封车驾所经州府及开封府、国子监服勤词学经明行修举人的考试，与解试、省试、殿试的考试方法、考试内容非常相似，但参加考试的人员、考试的时间、录取人数等又大不相同。而且，本年五月七日，明确“诏权停今年贡举”[⑤]，其科诏曰：

> 俊造之科，贤能所出。临轩校艺，既搜采以居多；随计干名，亦劳费之斯甚。有妨肄业，讵称求(财)[材]？当务敏修，副兹虚伫。宜权罢今年贡举。[⑥]

大中祥符四年西祀汾阴车驾所过河中府、西京河南府、陕州、郑州、河阳汜水县、虢州虢略县、同州朝邑县、华州华阴县及开封府、国子监服勤词学经明行修人

---

① 分别见《宋会要辑稿·选举》一之八《贡举》及《长编》卷七一、卷七二、卷七七、卷八〇、卷八四、卷八七、卷八九、卷九五、卷九七。

② 《宋会要辑稿·选举》一四之二〇《发解》。

③ 《宋会要辑稿·选举》一九之五《试官》。

④ 《宋会要辑稿·选举》七之一一《亲试》。

⑤ 《长编》卷七一，大中祥符二年五月辛酉。

⑥ 《宋会要辑稿·选举》一之八《贡举》。

的考试，七年南祀老子车驾所过亳州及开封府、国子监服勤词学经明行修人的考试，与东封泰山车驾所过州府服勤词学经明行修人的考试相同。所以，这三榜均不是严格意义上的贡举考试。

即使将大中祥符二年、四年、七年服勤词学经明行修人考试算作贡举考试，真宗在位 26 年，开科贡举才 12 榜，共有 14 年停贡举。除继位初年连续三年开科贡举之外，一般都是每间隔一年或二年乃置贡举，其晚年即天禧四年至乾兴元年(1020—1022)则连续三年权停贡举。

仁宗朝前期，开科贡举的周期仍无一定之规。天圣元年(1023)五月八日，"诏礼部贡举"，天圣二年宋庠(996—1066)榜录取进士、诸科正奏名 561 人、特奏名 122 人，共 681 人。天圣三年五月二日又降诏权停贡举一年。《宋会要辑稿·选举》一之九《贡举》载：

> [天圣]三年五月二日，礼部贡院言："今年贡举，乞赐指挥。"帝曰："去岁放及第人数不少，然而览其程试，多未尽善。今宜权罢贡举，各令励志修学。"宰臣王曾奏曰："前来远郡下第举人，方到乡里，今若复许随计，何暇温习事业？"即降诏曰："朕祇绍丕基，思皇群士，用广得人之路，庶资致治之方。前岁肇辟礼闱，洽臻乡秀，遵先朝之旧制，至考艺于有司，将辨等威，俾崇进取。朕亲临轩陛，面锡科名，其或久困词场，累从宾荐，轸其淹滞，悉示甄收，在于搜扬，斯亦至矣。聿周岁序，将及计偕，言念学古之流，或切干名之志，非愈加于修励，则曷副于详延？暂罢贡书，更期肄业，勉务日新之益，慰兹虚伫之怀。其贡举，宜令礼部贡院更权住一年。"

权停贡举的理由与真宗景德二年《劝学诏》相同，亦是"各令励志修学"。

天圣六年五月十二日、九年三月二十二日、明道元年(1032)三月二十八日、景祐二年(1035)、宝元二年(1039)三月、康定元年(1040)三月、庆历三年(1043)三月、四年三月、七年三月，均"诏权停贡举"。①其中有些权停贡举年份，史料未见"诏权停贡举"的记载，如皇祐二年(1050)、三年及至和元年(1054)、二年等。

仁宗朝的史书，不但频繁记载"诏权停贡举"，而且频繁记载"诏礼部贡举"。如天圣元年(1023)五月八日、四年五月四日、七年五月一日、明道二年(1033)五

① 分别见《宋会要辑稿·选举》一之九至一〇《贡举》、《长编》卷一一〇、卷一一一、卷一一六、卷一二三、卷一四〇、卷一四七、卷一六〇。

月四日、景祐四年(1037)三月五日、庆历元年(1041)三月七日、五年三月七日、八年三月六日、皇祐四年(1052)三月四日、嘉祐元年(1056)三月五日、三年三月四日、五年三月三日,共12次记载"诏礼部贡举"。①可惜现存宋代史书中均没有这些科举诏文本的记载。

从天圣元年至嘉祐元年(1023—1056),34年间,共开科贡举10榜,其中有3榜间隔3年,其余6榜均间隔4年,基本形成了四年一开科场贡举的惯例。

二、仁宗嘉祐二年至南宋末年的贡举周期

仁宗前期贡举开科的时间不定,后来四年一开贡举,间隔时间又太长,势必对朝廷和应举人都会带来许多不便。《长编》卷一八六载:

> 嘉祐二年(1057)十二月戊申(六日),先是,上封者言:"四年一贡举,四方士子客京师以待试者,[恒]六七千人,一有喧噪,其徒众多,势莫之禁。且中下之士,往往废学数年;才学之士,不幸有故,一不应诏,沉沦十数年;或累举滞留,遂至困穷,老且死者甚众。以此,毁行冒法干进者,不可胜数。宜间岁一贡举,中分旧数而荐之。"
>
> 王洙侍迩英阁讲《周礼》,至"三年大比,大考州里,以赞乡大夫废兴",帝曰:"古者选士如此,今率四五岁一下诏,故士有抑而不得进者。为今之计,孰若裁其数而屡举也。"
>
> 下有司商议,而议者乃合奏曰:"臣等谓易以间岁之法,无害而有利,不足疑也。使举子不幸有疾病、丧服之故者,不至久沉,且程文偶不中选,旋亦遇贡举,则下无滞才之叹;而天下所荐数既减半,礼部主司易以详较,得士必精矣。近年挟书、代笔、传义者多,因使权贵、富豪之子得以滥进,盖由人众,有司无由检察;若人少,则诸伪滥势不自容,使寒苦艺学之人得其途而进。"②

于是,仁宗下诏曰:

> 国家致治之原,莫先乎得士;乡里兴贤之法,必归于考行。惟选举之失

① 《长编》卷一〇〇、卷一〇四、卷一〇八、卷一一二、卷一二〇、卷一五五、卷一六三、卷一七二、卷一八二、卷一八七、卷一九一。

② 《长编》卷一八六,嘉祐二年十二月戊申。

> 实，乃古今之共患。爰自比岁，尤异所闻。悼我诸生，颇沦薄俗：或先敦孝悌而敢为傲逸，或不勤文艺而专务剽袭；及乎应诏而起，覆试有程，负累者奸利相成，寡闻者怀挟交济，条制虽密，朋比莫惩。且四年设科，时颇淹久，虑兴遗滞之叹，殊匪招来之勤。将革弊端，宜更著令：自今间岁一开科场，天下进士、诸科并解旧额之半。开封府、国子监以皇祐四年所解人数五分为额，锁厅及试官亲戚举人亦准此。使来者既寡，则察之差易，防检得尽其公，事业毋以相贸。且人贵土著，俗重邻戚，盖出处之与同，于举措而必审。三代取士，莫或异斯。①

宋朝贡举的周期，从太祖朝沿袭唐及五代之制每年贡举，到太宗、真宗朝贡举时间不定，甚至有连续五年不开科贡举者，演变至仁宗中期，形成四年一开贡举。“言者以为四年一下诏，中下之人往往废学，而才学之士不幸有故，则滞留，以至走死。”②嘉祐二年，由于“四年设科，时颇淹久，虑兴遗滞之叹，殊匪招来之勤”，于是“将革弊端，宜更著令：自今间岁一开科场，天下进士、诸科并解旧额之半。”对贡举的周期第一次做出了明确的规定。其间岁一开贡举的理由大概是：其一，由四年一开贡举改为间岁一开贡举，大大缩短了两榜之间的间隔时间，“使举子不幸有疾病、丧服之故者，不至久沉，且程文偶不中选，旋亦遇贡举，则下无滞才之叹”；其二，解额、省额减半之后，大为减少了参加省试、殿试的人数，便于公平考校，防止舞弊，“天下所荐数既减半，礼部主司易以详较，得士必精矣”③。

间岁贡举之诏颁布之初，受到朝野许多士人的欢迎。如皇祐五年(1053)及第进士韦骧(1033—1105)《和闻新制间岁贡士》诗云：

> 五载兴贤日月疏，间关多是老闲居。朝廷远虑淹才弊，郡国新颁间岁书。
>
> 士子将期贺空谷，诗人当复兴嘉鱼。无能自愧逢辰早，已脱犁锄就栈车。④

但是，也是持不同意见者。嘉祐二年，胡宿(996—1067)就不以为然。《欧阳修全

① 《宋会要辑稿·选举》三之三三《贡举杂录》。

② 《宋会要辑稿·选举》三之三四《贡举杂录》。

③ 《长编》卷一八六，嘉祐二年十二月戊申。

④ 韦骧：《钱塘韦先生文集》卷三《和闻新制间岁贡士》。

集》卷三五《赠太子太傅胡公墓志》载：

> 近制，礼部四岁一贡士，议者患之，请更为间岁。议已定，公独以为不然，曰："使士子废业，而奔走无宁岁，不如复用三岁制也。"众皆以公言为非。行之数年，士子果以为不便，而卒用三年之制。

嘉祐三年，乡贡进士徐积在《上赵殿院书》中，也认为间岁贡举不便。他说：

> 何谓二年一开科场不便？积常行陕西道中，亲见西川举人多是徒步，或自提挈，或十数人共雇一仆役，其甚者，破产业而来，及至半路，或滞霖潦，或不幸而有疾病，故有不得应举而归者。虽应得一举，亦受尽艰险。今又二年一开科场，则其远方孤寒益受其弊也。然又有大不可者。今之为进士者，多是不肯治经，但于经史之内摘拾题目，及赋中要用事迹，其甚者，只是记诵近年词赋策论及诸家类题，以为苟进之计。今又二年一开科场，宜乎学者尤不暇治经，尤为苟简之计。以此论之，且宜仍旧四年一开科场，或三年一开。①

间岁贡举从嘉祐二年至治平二年（1057—1065）实行了四榜之后，果然又发现了许多弊病。其主要者，一是间岁一开科场，请解人数依旧，而解额减半，无疑增加了竞争的激烈程度；二是当年春末殿试落榜，第二年秋天即要再去诸路州府参加解试，冬天又要奔赴京师参加第二年正月的省试，边远州郡，路途往返，不但劳苦不堪，而且无暇习业。此时又有人建言。于是，英宗治平三年（1066）十月六日，乃下诏曰：

> 国家承祖宗之休，功成治定，而贡举之法烦而未安。永惟致治之方，盖本得材之盛。先帝深诏执事，询求其故。诚以士久不贡，则学废于闲肆；时旷难逢，则人嗟于留滞。故易四载之旧，始为间岁之举。粤自更制，寖闻非便，乃以为里选之牒仍故，而郡国之取减半；计偕之籍屡上，而道途之劳良苦。朕甚闵焉。载图事制之中，俾从更定之令。今后宜每三年一开科场，应天下所解进士、诸科，并以本处旧额四分[中解]三分。内开封府、国子监以皇祐四年所解进士、诸科数各四分中以三分为额。所有礼部奏名进士以三

① 徐积：《节孝集》卷三十《上赵殿院书》。

百人为额，明经、诸科不得过进士之数。凭限年取才，虽为法之末，力学从仕，乃服儒之常。毋专文辞，而忘操履之修；毋矜帖对，而昧义理之当。服我明训，务祗乃心，庶几得贤无愧于古。诏示中外，咸体朕怀。①

宋修《国史·选举志》称："自是恩典不增，而贡举[期]缓，士得休息，官以不烦矣。"②而且，这也正合《周礼》"三年大比"之制，遂为定制。

徽宗崇宁三年(1104)，"罢州郡发解及省试法，其取士并由学校升贡"，③但仍然每三年举行一次殿试。宣和三年(1121)二月，"诏太学以三舍考选，开封府及诸路以科举取士，并依元丰法"，④贡举周期又恢复了治平之制。

钦宗朝由于金军南侵，兵临京师开封城下，省试、殿试无法举行。高宗南渡初年，战乱频仍，贡举仍无法如期举行，原有贡举周期被打乱。靖康元年(1126)，应当省试、殿试，因金军围城，无法举行。建炎元年(1127)五月，高宗即位于南京应天府(今河南商丘)，因金军南下，遂播迁于扬州、杭州，只好于诸路举行类省试。《宋会要辑稿·选举》四之一七《贡举杂录》载：

建炎元年十二月一日，诏诸道进士赴京省试，今春兵革已展一年，国家急于取士，已降指挥，来年正月锁院，缘巡幸非久居，盗贼未息灭，道路梗阻，士人赴试非便，可将省试合取分数下诸路，令提刑司差官转运司所在州类试。三省措置省试合放人额，纽计正解、免解、转运司正解，并衮同，合以一十四人取一名，馀分不及一十四人亦取一名，不终场者不计。

于是，建炎二年四月于诸路举行类省试，八月于行在所举行殿试。

从宣和六年至建炎二年(1123—1128)，其间四年权停贡举。绍兴元年(1131)二月丙申，"复诏诸路提刑司类省试"⑤，而殿试又延至绍兴二年三月。《宋会要辑稿·选举》一六之四《发解》载：

绍兴三年二月一日，尚书省言："昨建炎四年八月依条发解，合至绍兴元

① 《宋会要辑稿·选举》三之三八《贡举杂录》。
② 《长编》卷二〇八，治平三年十月丁亥条注。
③ 《宋会要辑稿·选举》四之三至四《贡举杂录》。
④ 《宋会要辑稿·选举》四之一一《贡举杂录》。
⑤ 《系年要录》卷四二，绍兴元年二月丙申。

> 年省试、殿试，缘当年行明堂大礼，展至绍兴二年三月殿试，所有发解自合理绍兴二年殿试年份。”诏于绍兴四年发解。

可知，绍兴元年本应殿试，因为当年举行明堂大礼，所以延至绍兴二年。按照绍兴二年殿试计算，下一次贡举解试时间将顺延至绍兴四年，省试、殿试则顺延至绍兴五年。

绍兴九年十二月己酉（三日），御史中丞廖刚（1070—1143）上言：

> 国朝治平以来，诏三岁一举士，自是率用今年大礼，明年科场，又明年省、殿试，故荫补与登第人往往先后到部，于注授为便，而漕司岁费亦无相妨，诚经远之计。昨建炎元年殿试，为军兴展至明年就维扬试，绍兴元年殿试，为明堂又展一年就临安府试，今明年当试进士，复与大礼相妨，且省司财计难以应办。此不便一也。
>
> 近岁初官人率待四五年阙，若奏名人与荫补人同时到部，愈见差注不行。此不便二也。
>
> 倘更展一年，则大礼、科场、省、殿试皆得如古制矣。况来年不独举大礼，且山陵营奉有日，豫备两宫回銮，差官置局，日分亦恐不给，安得不权时而制宜哉？兼河南、陕西士人各罹乱政，学业荒废，姑缓一年，亦无不愿。①

诏礼部讨论申省。礼部言：

> 建炎元年省、殿试，因军兴展至建炎二年，次举省、殿试合攒至绍兴元年，除省试分诸路转运司类试外，其殿试又为明堂相妨，再展至二年，续于五年、八年两次省、殿试，合系十年秋举，十一年省、殿试。今臣僚奏陈，若展一年科场，于今年大礼不至相妨，并特奏名人到部，与正奏名又注授，不至倒置。其向后科场，自十二年省试为准，于十四年令诸路发解。如此，则经久依得祖宗旧制，委不相妨。②

于是，绍兴十年二月十七日，诏曰：

---

① 《系年要录》卷一三三，绍兴九年十二月己酉。

② 《宋会要辑稿·选举》四之二六《贡举杂录》。

永惟三岁兴贤之制，肇自治平，爰暨累朝，遵为彝典。顷缘多事，洊展试期，致取士之年属当宗祀，宜从革正，用复故常。可除科场于绍兴十年仰诸州依条发解外，将省、殿试更展一年，于绍兴十二年正月锁院省试，三月择日殿试。其向后科场，仍自绍兴十(三)[二]年省试为准，于绍兴十四年令诸州依条发解。内将来绍兴十二年特奏名合出官人，有年六十一岁者，许出官一次。

绍兴十二年省、殿试之后，绍兴十四年诸州解试，此后每三年一开科场贡举，直到南宋灭亡，一直相沿未改。而且，三年一开科场之制，为此后的元、明、清三朝所继承，直至科举被废除。

第二节　宋朝贡举颁布科诏的演变

宋朝贡举每当开科之年，都要颁布“礼部贡举”或“权停贡举”的诏书，称为“科诏”。宋太祖朝沿袭唐及五代之制，原则上每年均开科举，只有开宝七年(974)、九年(976)两年未开科场，均于当年的三月分别颁布了“权停贡举”的诏书。①太平兴国三年十二月，诸州贡举人已经解送至京师，但由于太宗将亲征河东，无法临轩殿试，遂罢贡举。“自是，每间一年或二年乃置贡举”。②甚至连续四、五年不开贡举。直至仁宗嘉祐二年(1057)，始诏“自今间岁一开科场，天下进士、诸科并解旧额之半”。③

建隆元年至仁宗嘉祐二年(960—1057)，将近一百年间，原则上均承唐及五代之制，每岁均开贡举，所以，其不开贡举之年，均下诏“权停诏礼部”。其下诏时间，太祖、太宗朝一般为三月，仅有太平兴国二年(977)为十月。《宋会要辑稿·选举》一之二《贡举》载：

太平兴国二年十月二十一日，诏曰：“朕昨以振举滞淹，详求俊乂，乃以清闲之宴，亲校贤能之书，中我悬科，几乎数百，所宜暂停贡举，且使进修。其礼部贡举宜权罢一年，今年诸州已得解举人，将来特免解。仍令有司颁行天下。”

① 《宋会要辑稿·选举》一之二《贡举》。
② 《长编》卷十九，太平兴国三年十二月。
③ 《宋会要辑稿·选举》三之三三《贡举杂录》。

真宗朝，颁布权停贡举诏的时间改为五月初。[①]偶尔为六月初。如《宋会要辑稿·选举》一之七《贡举》载：

> 景德二年(1005)六月一日，诏曰："今岁荐辟礼闱，并臻时彦，四方之士，充赋斯来，两河之间，后期可念。既升名于贡部，乃射策于广庭，则有词旨优长、经义精(富)[当]，悉登上第，允叶旁求。复有淹回岁时，潦倒场屋，嗟其晚暮，亦用甄收。重念贡举之门，因(为循)[循为]弊，躁竞斯甚，谬(滋)[滥]益彰。至有属词未识于师资，专经不晓于章句，攘窃古人之作，怀藏所习之书，假手成文，遥口授义。众已惭于丑行，自犹振于屈声，匪徒黜落以贻羞，固亦诈欺而有咎。士之干禄，岂有然乎？其贡举宜令权住二年。且使各务服勤，更专学术，无失大成之义，将符虚伫之怀。仍委礼部贡院，今后科场精加考试。比者，亦有州郡全无解送，如其实负苦辛，何以使之淹滞？不能贡士，是谓旷官。将来秋赋，有敢顾避，全不解人，必行朝典。"[②]

仁宗天圣年间(1023—1031)，颁布权停贡举诏的时间一般仍为五月初。如《宋会要辑稿·选举》一之九《贡举》载：

> 天圣三年(1025年)五月二日，礼部贡院言："今年贡举，乞赐指挥。"帝曰："去岁放及第人数不少，然而览其程试，多未尽善。今宜权罢贡举，各令励志修学。"宰臣王曾奏曰："前来远郡下第举人，方到乡里，今若复许随计，何暇温习事业？"即降诏曰："朕祗绍丕基，思皇群士，用广得人之路，庶资致治之方。前岁肇辟礼闱，洽臻乡秀，遵先朝之旧制，至考艺于有司，将辨等威，俾崇进取。朕亲临轩陛，面赐科名，其或久困词场，累从宾荐，轸其淹滞，悉示甄收，在于搜扬，斯亦至矣。聿周岁序，将及计偕，言念学古之流，或切干名之志，非愈加于修励，则曷副于详延？暂罢贡书，更期肄业，勉务日新之益，慰兹虚伫之怀。其贡举，宜令礼部贡院更权住一年。"

其权停贡举的理由，无论是仁宗所说"去岁放及第人数不少，然而览其程试，多未

---

① 《宋会要辑稿·选举》一之七《贡举》。

② 《宋会要辑稿·选举》一之七《贡举》，据《玉海》卷一一六《景德劝学诏》及《文献通考》卷三〇《选举考》三校改。

尽善。今宜权罢贡举，各令励志修学”，还是宰相王曾（978—1038）所说“前来远郡下第举人，方到乡里，今若复许随计，何暇温习事业”，都是意在劝学。所以宋人直接称景德二年的权停贡举诏书为《景德劝学诏》。[①]仁宗明道元年（1032）之后，颁布权停贡举诏的时间一般又回到三月。[②]

从仁宗朝起，现存宋朝文献不但记载权停贡举诏的颁布，而且记载礼部贡举诏书的颁布。其颁布礼部贡举诏书的时间，天圣元年至明道二年（1023—1033）间一般为五月初。[③]明道四年（1037），由于实行转运司解试，又改变了颁布礼部贡举诏书的时间。《长编》卷一二〇载：

> 景祐四年二月甲寅（十一日），诏礼部贡院，自今三月一日申请贡举，其举人到省以十一月二十五日为限。先是，崇政殿说书贾昌朝言：“举人有亲戚仕本州，或为发解官，及侍父祖远宦距本州二千里，宜敕转运司选官类试，以十率之，取三人。”诏两制议。而翰林学士丁度等言：“贡举旧制，以五月一日申请，十月二十五日上名于省。若二千里而移试，或有不及，愿稍宽其期，听如昌朝说。”故降是诏。[④]

此后，颁布礼部贡举诏书的时间一般又回到了三月初。[⑤]

仁宗嘉祐二年至英宗治平二年（1057—1065），间岁一开科场；英宗治平三年之后，每三年一开科场。《宋会要·选举》三之四〇至四一《贡举杂录》载：

> 治平四年（1067）正月二十二日（神宗已即位，未改元）礼部贡院言：“……每岁贡举于三月一日起请。今既指定三年一开，欲乞合开科场之岁依旧三月一日起请外，其余二年更不申请。”并从之。

此后，再也未见权停贡举的记载，而在开科之年，仍要颁布礼部贡举的诏书。如《宋会要辑稿·选举》三之五四《贡举杂录》载：

---

① 王应麟：《玉海》卷一一六《景德劝学诏》。

② 《长编》卷一一〇、卷一一一、卷一一六、卷一二三、卷一四〇、卷一四七、卷一六〇。

③ 《长编》卷卷一〇〇、卷一〇四、卷一〇八、卷一一二。

④ 《长编》卷一二〇，景祐四年二月甲寅，据《文献通考》卷三一《选举考四》校正。

⑤ 《长编》卷一二〇、卷一五五、卷一六三、卷一七二、卷一八二、卷一八七、卷一九一。

元祐八年三月十三日，礼部言："检准《元丰礼部令》，诸开科场，每三年于季春月朔日取裁。本部勘会：昨元祐五年解发，至今已及三年。"诏所有今岁科场，依例施行。

"季春月朔"即三月一日。三月一日"取裁"，则其颁布礼部贡举诏书的时间，应该在当日或三月初。直至北宋末年，一直未改。

靖康之祸，宋室南渡。颁布礼部贡举诏书的时间有所变化。《宋会要辑稿·选举》四之二三《贡举杂录》载汪藻（1079—1154）所撰《绍兴元年科举诏》云：

绍兴元年（1131）二月二十九日，诏曰："朕宵衣图治，侧席思贤，昨诏谕于绵区，俾宾兴于髦俊。兹阅贤书之献，将偕计吏之来。言念杪秋，适当大飨。有司校艺，于祀事以或妨；多士在途，恐行期之靡逮。姑从近制，分试外台。用比岁之彝章，临大庭而亲策。既克成于朕志，亦良便于尔私。可将省额合取分数下诸路，提刑司差官于转运司所在州类试，就今年八月上旬内择日引试。其馀应合行事件，并令礼部比附建炎三年十二月二日指挥，条具申尚书省，于来年三月上旬择日殿试。"①

颁布礼部贡举诏书的时间稍微提前至二月底。绍兴十四年之后，贡举周期走上原来的轨道，颁布礼部贡举诏书的时间也回归到了三月。如《绍兴十八年同年小录》载：

绍兴十七年三月二十四日，御笔手诏：门下：朕惟自古圣王之治，莫先得士，而国家科目之设，最为周密。往者宇内多故，犹不忘三年之举，况今疆垂日靖，学校兴行，人知乡方，顾不能率厥旧典，网罗群材乎？可令有司搜取茂异，咸于计偕，朕将试之春官，亲策于廷，縻以好爵，几有益于治道。布告天下，体朕意焉。故兹诏示，想宜知悉。

自此直至孝宗乾道九年（1173），三十年间，均为三月初颁布贡举诏书。

孝宗淳熙四年（1177）正月二十二日，礼部言："逐举科场依条于三月一日降旨许发解，仍令学士院降诏。续承淳熙三年六月二十四日指挥，四川州军发解改

① 《宋会要辑稿·选举》四之二三《贡举杂录》，据汪藻《浮溪集》卷一三《绍兴元年科举诏》校补。

用三月五日锁院，即与降诏书日分相逼。"为了使四川州军解试锁院与礼部贡举诏书颁布的时间不至于太接近，于是"诏后科场于二月一日奏裁，仍令敕令所立法"。①自此直至宁宗嘉定十一年(1218)，四十年间均为二月一日奏裁，当日或二月初降科举诏。

宁宗嘉定十一年(1218)十二月二十六日，礼部言："准令，诸开科场，每三年于二月一日降指挥，许发解，令降诏。照得四川解试遂举用三月五日锁院，十五日引试。近降指挥，四川解试改用二月二十一日锁院，三月一日引试，所有嘉定十二年开设科场，窃恐降诏日分相逼。"还是为了使四川州军解试锁院与礼部贡举诏书颁布的时间不至于太接近，于是"诏用正月十五日"奏裁降诏。②嘉定十二年之后，是否"改用正月十五日奏裁降诏"，③史料失载，不得而知。但是，据《宋史全文》记载，从宝庆元年至景定五年(1225—1264)，理宗一朝四十年间，共开科 14 榜，均为二月一日"诏礼部贡举"。④直至度宗咸淳六年(1271)，仍为二月一日降诏贡举。宋末元初人刘埙《隐居通议》卷三一《前朝科诏》载咸淳六年二月一日，诏书：

> 敕门下：朕闻为国之道，得士则重。隆周以乡里举，盛汉以州郡荐，莫不由此其选。唐众科之目，进士为尤贵。本朝因之，斯道寖昌，名臣辈出，盖其效可睹矣。朕自践祚，嘉与海内，俊茂臻于斯路，永为天地之间，惟理最大。先皇帝实表章之，以幸斯文。"济济多士，文王以宁。"信乎！其以宁也。前年群试礼部，深诏执事，务索诸理，以观其学，庶几成风，以章先帝诒谋之仁。思昔仁祖尝下诏书，以古道饬天下士，天下士皆自濯摩，亦翕然丕变，一归于正。若时得人，号称最盛。至元祐而裕于所用，汔至隆平。今天下方闻之士，素所蕴抱，有志当世，而弗壹新美之，真材何由见？朕今有诏，令中外各举进士，勿以具文。应诸路转运使者，其为朕精择有司，越庶伯君子，尚既乃心，以考其艺，渊原正大之学，忠实剀切之言，朕所欲闻也。追琢其章，金玉其相，凡尔选造，其为时奋兴式，丕化于人文，称朕意焉。故兹诏示，想宜知悉。

---

① 《宋会要辑稿・选举》一六之一九《发解》。

② 《宋会要辑稿・选举》一六之三三《发解》。

③ 《宋史》卷一五六《选举志二》。

④ 《宋史全文》卷三一至三六。

《宋季三朝政要》卷四、王圻《续通考》卷四三载："咸淳九年(1273)春正月，诏举士以明体达用之学。"此是否咸淳九年的科举诏，不得其详。若是，也是宋朝贡举最后一榜了。恭帝德祐二年(1276)，时值贡举开科之年。是年正月十二日，元军已经兵临南宋行都临安(今杭州)城下；二十日，元军入临安，太皇太后奉表请降。此后，端宗、帝昺在陆秀夫、张世杰、文天祥等大臣的拥戴下，虽然又坚持了两三年，但都驻跸于福建、广东等东南沿海一带，无法也无暇开科贡举了。

第三节　宋朝贡举的应举资格

宋朝贡举"取士不问家世"①，但对于应举人的资格仍有一定的限制。宋承唐及五代之制，应举人参加解试前，除皆需投纳家状之外，还需要投纳保状。结保人所担保的内容主要是应举人需符合应举资格。如仁宗庆历四年(1044)三月，新定贡举条制云：

> 进士、诸科举人每三人为一保，所保之事有七：一、隐忧匿服；二、曾犯刑责；三、不孝不悌，迹状彰明；四、故犯宪条，两经赎罚或未经赎罚为害乡里；五、籍非本贯，假户冒名；六、祖、父曾犯十恶四等以上罪；七、身是工商杂类及曾为僧道者，并不得取应。违者，本人依条行遣，同保人殿两举。②

科举考试与察举的重要区别之一，就是士人不需推荐，而可以"怀牒自列于州县"，即自由报考。但也并不是所有的士人都可以应举，而是有一定的限制。不同朝代其规定有所不同，关于宋朝贡举应举人的资格，归纳起来，大概主要有以下五个方面。

一、品行端正，未曾犯刑责

科举取士的主要目的是为了选拔统治人材，当然应该十分重视应举人的品行。唐宪宗元和二年(807)十二月壬午敕："自今以后，州府所送进士，如迹涉疏

① 郑樵：《通志》卷二五《氏族略第一》。
② 《宋会要辑稿·选举》三之二五《贡举杂录》。

狂，兼亏礼教，或曾为官司科罚，或曾任州府小吏，一事不合入清流者，虽薄有词艺，并不得申送。如举送，以后事发，长吏停见任，及已停替者殿二年，本试官及司功官并贬降。”[①]所谓“迹涉疏狂，兼亏礼教”以及“曾为官司科罚”，都属品行不端，因而不许应举。

对于应举人的品行，宋朝规定得更加具体。前引庆历四年新定贡举条制规定了三条，即“曾犯刑责”、“不孝不悌，迹状彰明”、“故犯宪条，两经赎罚或未经赎罚为害乡里”不得应举。但后两条比较空泛，最主要的是前一条：“曾犯刑责”。太宗淳化三年（992）三月二十一日，曾颁布诏书曰：

> 州府子细辨认……曾遭刑责之人，并不在解送之限。如违，发解官当行朝典，本犯人连保人并当驳放。[②]

咸平元年（998）五月二十三日，礼部贡院言：

> 又举人中，有工商杂类、曾犯刑责及素无行止之人，辄玷士流，冒取文解，并许诸色人陈告。犯人勘罪决放，永不得入科场。官司辄有容隐，人吏并决停，发解、监试官追一任。

诏从之。[③]何谓“曾遭刑责”？真宗景德三年（1006）二月七日，诏曰：“贡举人因事殿举及永不得入科场，非被杖者，并许复应举。”[④]宋承唐制，刑罚仍分为笞刑五等、杖刑五等、徒刑五等、流刑三等、死刑二等，共五种二十等。按照真宗景德年间的规定，曾受杖以上刑罚，不得应举。真宗时，曾遭杖刑的萧立之就被取消了应举资格。《长编》卷七七载：“大中祥符五年（1012）三月丁酉，上封者言：‘进士萧立之，本名琉，尝因赌博抵杖刑，今易名赴举登第。’诏有司召立之诘问，立之引伏。命夺其敕，赎铜四十斤，遣之。”

《宋刑统》卷二规定：“诸应议、请、减及九品以上之官，若官品得减者之祖父母、父母、妻、子、孙犯流罪以下听赎。”这样，有官荫者与无官荫者在适用“曾犯刑责，不许应举”上就会极为悬殊。仁宗天圣元年（1023）十二月，修订科场条贯，孙

---

① 《册府元龟》卷六四〇《贡举部》二《条制第二》。
② 《宋会要辑稿・选举》一四之一五《发解》。
③ 《宋会要辑稿・选举》一四之一七《发解》。
④ 《宋会要辑稿・选举》三之八《贡举杂录》。

奭等上言：

> 曾犯刑责之人，不得收试。大凡无官荫者，笞以上皆决，不复更践科场；有官荫者，流以下皆赎，取应并无妨碍。轻重之间，恐未允当。欲今后有官荫举人身犯徒以上罪，虽赎及虽逢恩宥，并不许应举。如敢罔冒，以违制罪之，同保人殿五举，有保官者与同罪。

诏从之。[①]据此，无官荫举人身犯"笞"以上罪不得应举，有官荫举人身犯"徒"以上罪不得应举。

庆历四年(1044)，新定贡举条制云："……二、曾犯刑责；三、不孝不悌，迹状彰明；四、故犯条宪，两经赎罚，或未经赎罚，为害乡里；……并不得取应。违者，本人依条行遣，同保人殿两举。"[②]对应举人品行的要求又做了更为详细的规定。

北宋后期，逐渐放宽了"曾犯刑责"的限制。如宋徽宗宣和七年(1125)十一月十九日，南郊赦书云："应举人因事殿举及不得入科场之人，除犯罪徒以上及真决并假名代笔情理重人外，可并许应举。"[③]这样，就把一般应举人的刑责从"杖刑"改为"徒刑"，按刑等来说，放宽了五等。绍兴三十二年(1162，孝宗已即位，未改元)六月十三日，登极赦文亦云："应举人除犯徒罪以上得真决人外，其馀因事殿举及不得入科场之人，虽有'不以赦降原免'指挥，可并许应举。"[④]可见"犯徒罪以上得真决人"不得应举，成为"曾犯刑责"的定制。

二、身份清白，非曾为僧道胥吏

宋承唐及五代之制，"取士不问家世"[⑤]，即应举不问家庭出身。但对其本人的职业身份，仍有一定限制。

其一是，曾为僧道者不得应举。如太平兴国八年(983)十二月癸卯(二十二日)，宋太宗谓宰相曰："迩来场屋混淆，颇闻有僧道还俗赴举者。此辈不能专一

---

① 《宋会要辑稿·选举》三之一三至一四《贡举杂录》。
② 《宋会要辑稿·选举》三之二五《贡举杂录》。
③ 《宋会要辑稿·选举》四之一六《贡举杂录》。
④ 《宋会要辑稿·选举》四之三五《贡举杂录》。
⑤ 郑樵：《通志》卷二五《氏族略第一》。

科教，可验操履；他日在官，必非廉洁之士。进士先须通经，遵周、孔之教。或止习浮浅文章，殊非务本之道，当下诏切戒之。"[1]十二月甲辰（二十三日），乃诏曰：

> 朝廷比设贡举，以待贤材。如闻缁褐之流，多弃释、老之业，反袭褒博，来窃科名。自今贡举人内有曾为僧、道者，并须禁断。[2]

曾为僧道者不得应举，而曾为僧道者的子弟，完全可以应举。如北宋进士及第的杨何，"其父本黄冠（道士），母尝为尼"[3]。

其二是，吏人不得应举。《长编》卷三〇载：

> 端拱二年（989）三月……壬寅（二十一日），上御崇政殿，试合格举人，得进士阆中陈尧叟、晋江曾会等一百八十六人，并赐及第。……时中书令史、守当官陈贻庆举《周易》学究及第。既而，上知之，令追夺所授敕牒，释其罪，勒归本局。

端拱二年，中书门下的吏人陈贻庆应《周易》学究举及第。太宗得知此事，即令追夺所授敕牒，释其罪，勒令回到中书门下，仍然为吏。宋末元初人马端临评论此事的按语曰：

> 按端拱二年，有中书堂后官及第，上夺所授敕牒，勒归本局，诏今后吏人无得应举，盖惟恐杂流取名第以玷选举也。[4]

宋朝为何不准吏人应举？究其原因，大概如马端临所说，是因为恐怕"杂流"科举入仕，而玷污了选举的清名。这和唐宪宗元和二年（807）十二月壬午敕中所说"自今以后，州府所送进士……或曾任州府小吏，一事不合入清流者，虽薄有词艺，并不得申送"[5]，如出一辙。

同僧道子弟一样，吏人之子也可以应举。英宗治平二年（1065）状元彭汝砺

---

① 《长编》卷二四，太平兴国八年十二月癸卯。
② 《太宗实录》卷二七；《宋会要辑稿·选举》三之四《贡举杂录》。
③ 庄绰：《鸡肋编》卷上。
④ 《文献通考》卷三一《选举考四》。
⑤ 《册府元龟》卷六四〇《贡举部》二《条制第二》。

(1047—1095)就是饶州州吏之子，因得到饶州知州范仲淹(989—1052)的资助，方就学读书，后遂进士及第，并荣登榜首，“乃成就门户，与士大夫齿”。①

其三是，“工商杂类”不得应举。重农抑商是中国古代社会的传统政策，隋唐以前，均规定：“工商不得入仕。”②唐朝后期，曾有工商业者改业三年之后可以入仕的规定。到宋朝，随着手工业、商业的发展，工商业者的社会地位得到了相应提高，赵宋王朝也就放宽了对工商业者应举的限制。《宋会要辑稿·选举》一四之一五至一六《发解》载：

> 淳化三年(992)三月二十一日，诏曰：“……州府子细辨认，如不是本贯，及工商杂类、身有风疾、患眼目、曾遭刑责之人，并不在解送之限。如违，发解官当行朝典。本犯人、连保人并当驳放。如工商杂类人内有奇才异行、卓然不群者，亦许解送。”

真宗咸平元年(998)，又重申工商杂类不得应举。《宋会要辑稿·选举》一四之一七《发解》载：

> 咸平元年五月二十三日，礼部贡院言：“……又举人中，有工商杂类、曾犯刑责及素无行止之人，辄玷士流，冒取文解，并许诸色人陈告。犯人勘罪决放，永不得入科场。官司辄有容隐，人吏并决停，发解、监试官追一任。……”从之。

在这两封诏书中，一方面规定：“工商杂类……并不在解送之限”，即不得应举；另一方面又说：“如工商杂类人内有奇才异行、卓然不群者，亦许解送。”③此例一开，实际上就没有什么限制了。“工商杂类人内”应举者，都可以说是“有奇才异行、卓然不群者”。

至于工商业子弟应举者，更是比比皆是。如仁宗皇祐元年(1049)连中三元的冯京(1021—1094)，南宋人罗大经《鹤林玉露》乙编卷四《冯三元》云：“冯京，字当世，鄂州咸宁人，其父商也。”可见他就是一个商人之子。

以上这些身份限制，其用意大概也都是恐怕“杂流”入仕，玷污科举的清名吧！

---

① 《长编》卷四六〇，元祐六年六月丙辰。

② 《通典》卷一四《选举二》。

③ 《宋会要辑稿·选举》一四之一五《发解》。

三、身无期周尊长丧服

中国传统社会非常重视孝行。父祖等亲属去世，子孙等应按规定服丧。在服丧期间，有不准婚嫁、作乐等禁忌，还禁止士人在服丧期间应举。宋朝丧服承古制，仍依据生者与死者之间的亲疏关系，分为斩衰、齐衰、大功、小功、缌麻五个等级。丧服等级不同，其服丧的期限亦不相同。斩衰服期最长，为三年，齐衰为一年，大功为九个月，小功为五个月，缌麻服期最短，为三个月。宋初，凡服丧者均不得应举。如《宋会要辑稿・选举》一四之二一至二二《发解》载：

> 大中祥符四年(1011)七月十八日，开封府言："进士郭颜与孙硕等五人共为一保，应服勤词学科。考官以硕词学独优，荐为第三人，颜等退落，即诣府自首有惨恤，不当赴举，硕亦合驳落。府司按问议罪，皆坐违制。"帝谓宰臣王旦曰："郭颜但欲孙硕落解，不寤不得首原，且为儒干进，用心如是，颜可罚铜，永停取应，配蔡州衙前。硕等罚铜，各殿三举。"

"惨恤"即居丧。郭颜即因为服丧期间应举而又欲使人落解，所以被罚铜、永不得应举，并罚服衙前役；孙硕等则因为同保中有服丧者而被罚铜并罚未来三次科场不得应举。

又如天禧三年(1019)正月，郭稹"冒缌麻丧应举，为同辈所讼，上命典谒诘之。稹即引咎，付御史台劾问，殿三举；同保人并赎金，殿一举。"①郭稹也是因为"冒缌麻丧应举"而被罚未来三次科场不得应举。

缌麻服以上即不得应举，所牵涉的面甚广。凡本宗为高祖父母、曾伯叔祖父母、族伯叔父母、族兄弟及未嫁族姐妹，外姓为中表兄弟、岳父母等，均为缌麻服。缌麻服以上均不准应举，其限制太大了。诸州举人为隐匿丧服，纷纷奔赴京师应举。于是，不久即大为放松了服制的限制。《宋会要辑稿・选举》一五之三《发解》载：

> 天禧四年(1020)三月二十八日，翰林学士晁迥等言："窃详诸州举人，多以身有服制，本贯难以取解，遂奔走京毂，寓籍充赋。有司但考材艺解送，本

① 《长编》卷九三，天禧三年正月乙亥。

> 府土著登名甚少。交构喧竞，亦由于此。欲请自今举人有期周尊长服者，依旧制不得取解，余服悉听。”诏从之。

“有期周尊长服者”，不得取解；有周期卑幼及大功、小功、缌麻服者是否均可应举呢？《宋会要辑稿·选举》三之一三《贡举杂录》有更为明确的记载：

> 天圣元年（1023）七月七日，学士院言：“准中书批送汝州并镇海军状称：天禧四年敕，今后举人有周期尊长已上服，依元条不得取应，其缌麻服并特许应举者。看详：除周期尊长已上不许取应，即周亲卑幼已上并得应举。又缘敕文只指定缌麻服并特令应举，其有周期卑幼及大功、小功等服，即未有明文。诏送两制定夺。臣等看详：欲乞依天禧四年晁迥等元定夺：有周期尊长以上服不得取应外，有周期卑幼并大功以下服并许应举。”从之。

期服即齐衰为一年之丧服。凡长辈如祖父母、伯叔父母、在室姑等，平辈如兄弟姐妹、妻，小辈如侄、嫡孙等，均服之。“期周尊长服”即只是为祖父母、伯叔父母、在室姑服丧。“期周尊长服”之外均可应举，就是说除为父母、祖父母、伯叔父母、在室姑服丧期间不得应举外，其他均可应举。此后冒哀求试者就大为减少了。因为正如南宋人王楙所说：“大凡人家尊长期丧，多年高者，卑幼期丧，多年幼者，免避卑幼，则妨试亦鲜。”①

“期丧”期限为一年，在此期间，“有期周尊长服者”不得应举，时间仍嫌太长。神宗熙宁三年（1070）十一月五日，乃诏曰：“今后期丧已满三月者，并听应举。”②这样，因身有丧服而妨碍应举的时间大为缩短，其不得应举的限制也大为减少了。

四、身体健康，未被废疾

既然科举考试的主要目的在于选拔治国安民的统治人材，当然也要求应举人身体健康。宋朝把残疾人分为残疾、废疾、笃疾三等。一般不准废疾、笃疾人应举。这在太宗初年就有明确规定。《宋会要辑稿·选举》一四之一四《发

---

① 王楙：《燕翼诒谋录》卷四。

② 《宋会要辑稿·选举》三之四三《贡举杂录》。

解》载：

太平兴国三年(978)九月二日，诏自今进士及诸科贡举人被废疾者，诸州不得解送，礼部不授牒。

何谓“废疾”？《宋刑统》卷十二引《户令》云：“诸一目盲、两耳聋、手无二指、足无三指、手足无大拇指、秃疮无发、久漏下重、大瘿瘇，如此之类，皆为残疾。痴哑、侏儒、腰脊折、一支废，如此之类，皆为废疾。[恶]疾、癫狂、二支废、两目盲，如此之类，皆为笃疾。”显然身患“废疾”者不便于做官，举人资格的这种限制是可以理解的。

淳化三年(992)三月二十一日，太宗又下诏曰：“州府子细辨认……身有风疾、患眼目……之人，并不在解送之限。”①“风疾”指“疯病”，又指“风痹(半身不遂)”、“麻风病”等；“患眼目”应相当于“两目盲”，均属“笃疾”，当然不适于参加科举考试。

既然“废疾”不得应举，身患较“废疾”更重的“笃疾”，当然更不能应举了。那么较“废疾”为轻的“残疾”者可否应举呢？史无明文，但南宋人俞文豹《吹剑录外集》载：

淳祐十年(1250)……状元严州方梦魁，赐名逢辰，右足跛，左目瞽。第四名川人杨潮、南省元泉州陈应雷，皆瞽一目。

据《宋刑统》卷十二所引《户令》，“一目盲(瞽)”为“残疾”，可见身患“残疾”者是可以应举的。

五、本贯取解，非为寄应

宋朝科举解试，种类不同，其解额即不相同。即使同为州府军监解试，地域不同，其解额也不相同。所以，解试资格有地域方面的要求。太祖开宝五年(972)十一月十四日，即诏曰：

---

① 《宋会要辑稿·选举》一四之一五《发解》。

> 乡举里选，先王之制也。朕之取士，率由旧章，宜用申明，俾从遵守。应天下贡举人，自今并于本贯州府取解，不得更称“寄应”。如化外人，即述归依因依，预于开封府投状，长吏具事取裁。其国子监举人，须是元在监习业，方许校艺、解送，不得妄称监生。仍并令礼部贡院分明勘会。违者，具名以闻。馀有条制，委所司详酌行下。①

即按照“乡举里选”的精神，对三类应举人分别做了明确规定：第一，诸路州府军监举人必须在本贯参加解试，不得“寄应”；第二，“化外人”即宋朝政令教化之外的士人，先于开封府投状，说明归依的原因，由开封府长官取裁；第三，国子监举人必须是原来在国子监习业者，才能参加解试。

所谓本贯取解，主要是指诸路州府军监举人，必须在本贯应举，而不得冒贯到开封府应举。太宗淳化三年(992)三月二十一日，又诏曰：

> 国家开贡举之门，广搜罗之路，采其乡曲之誉，登于俊造之科。近年举人颇隳前制，不于本贯取解，多是随处荐名，行止莫知，真虚罔辨……令式明文，固合遵守，宜特行于条贯，庶永绝于混淆。应举人今后并须取本贯文解，不得伪书乡贯发解。州府子细辨认，如不是本贯……并不在解送之限。如违，发解官当行朝典。本犯人、连保人并当驳放。……或举人内有乡里是声教未通之地，许于开封府、河南府寄应，其归本贯取解人，许通理自前举数。②

再次重申“应举人今后并须取本贯文解”，并规定了惩罚措施：“发解官当行朝典。本犯人、连保人并当驳放。”“乡里是声教未通之地”的举人即“化外人”则许于开封府、河南府参加解试。

真宗景德二年(1005)七月二十日，龙图阁待制戚纶(954—1021)与礼部贡院言：“今请诸色举人各归本贯取解，不得寄应，及权买田产立户。诸州敢解发寄应举人，长吏以下请依解十否人例科罪，典吏严加断责。开封府委官吏觉察，犯者罪亦如之。”③真宗“以分数至少，约束过严，恐沮仕进之路。乃诏两制、知贡举官同详定以闻”。于是，翰林学士晁迥(951—1034)等上议：“远人无籍者，令召命官保识就京府取解。文武升朝官嫡亲，许附国学。先寄应令还本贯者，不得叙理。

① 《宋会要辑稿·选举》一四之一四《发解》。
② 《宋会要辑稿·选举》一四之一五至一六《发解》，《宋会要补编》第四十六页。
③ 《宋会要辑稿·选举》一四之一九《发解》。

馀如戚纶等条奏。"诏从之。[①]

大中祥符四年(1011)五月二十七日,翰林学士晁迥等言:"准诏详定礼部贡院条制……举人并不得寄应,仍不得分人田土,虚立户名,违,论如法。如有久在乡县实无户籍,许召命官一人保明行止非妄冒者,听具本贯家状于开封府投纳收试。……"诏并从之。[②]进一步规定,不但"不得寄应",而且"不得分人田土,虚立户名"。

大中祥符七年(1014),发生了一起"进士刘溉、韩扬等讼顾询美等寄籍求荐"的科场案。于是,九月二十四日,诏曰:

> 应进士并诸科举人等,今后除取本乡文解赴举外,如是显无户籍,及虽有籍已离本贯、难更往彼者,即许召曾经省试举人三人,或御试举人二人,或命官一员,保明行止。仍只许保明一人,但不是负犯殿责及勒出科场之人,即明其元本贯乡家状,许于开封府投纳、引验,便与收接,依例考试、发解,并于卷头分明开坐元本乡贯并寄应去处,馀并依旧敕。如违,必行前制。[③]

对于没有户籍,以及虽有户籍但是已经离开本贯而难以回去应举者,只要有曾经省试举人三人,或御试举人二人,或命官一员,保明其不是"负犯殿责及勒出科场之人",就可以到开封府应举。显然是放宽了寄应开封府应举的限制。

虽有上述种种规定,但冒贯之事仍时有发生,究其根源所在,其一,正如天禧四年(1020)三月翰林学士承旨晁迥等所言:"……诸州举人,多以身有服制,本贯难于取解,遂奔凑京毂,寓籍充赋。"如何解决这一问题?晁迥等建议:"欲请自今举人有期周尊长服者,依旧制不得取解,余服悉听;寄应举人实无户籍者,许召命官保任,于本府户籍人数外,别定分数荐送。"[④]诏从之。这样,因为身有服制,本贯难于取解,而到京师开封应举的问题,得到了基本解决。

其二,正如苏颂(1020—1101)上疏所云:"所谓诈冒户贯请应者,今外郡举人赴开封府取应是也。天下州郡举子,既以本处人多解额少,往往竞赴京师,旋求户贯。乡举之弊,无甚于此。虽朝廷加以峻文而终不能禁止者,盖以开封府举人不多,解额动以数百人,适所以招徕之而使其冒法。"苏颂认为假冒开封户贯的原

---

① 《长编》卷六〇,景德二年七月丙子。
② 《宋会要辑稿・选举》三之九至一〇《贡举杂录》。
③ 《宋会要辑稿・选举》一四之二五《发解》。
④ 《宋会要辑稿・选举》一五之三《发解》。

因是“本处人多解额少”，而“开封府举人不多，解额动以数百人”。

如何解决冒贯之弊呢？苏颂云：“欲革其弊，莫若预为之防。于罢举之岁，令本府下诸县察访见今土著，实有多少举人。候见得的实数目，开送贡院。比较外郡人数，酌中解名处量其分数，别立定额。外方举人知其如此，岂肯不远数千里冒峻文而求寄贯乎？”①即根据开封府土著举人的数目，与诸路州府的应举人数相比较，酌中立定发解的定额，即减少开封府的解额。这恐怕是很难行得通的。

由于开封府解额较宽，且得考试风气之先，所以有大量士人寄籍召保取解。看来仅仅召保取解，无法解决寄应问题。天圣七年(1029)十一月十九日，上封者言：

> 贡举条制：“进士、诸科如显无户籍及虽有户籍久离本贯者，许召官委保就试，仍于卷首具标本贯、寄应二处；若虽无田业，见存坟域，久居旧贯，显有行止，亦许召保取应。”伏见近年每开科场，外州举人竞凑京府寄贯召保，多违此条。昨庐州进士王济因兄修己于祥符县买田十八亩，投状之际，遂以修己为父；又有王宇，亦贯济户，遂以济之三代为己名讳。不顾宪章，换易亲讳，亏损孝行，无甚于兹。
>
> 欲请自今开封府进士除旧有户版十年以上，见居本贯者，许投状；未及十年或虽已十年、不居本贯者，无得接状。其在京无户之人，许先经县投状，责乡耆保验，委是久居别州亦无户籍者，结罪书状，委县官访验行业无有虚矫，保明上司录司，先示召保取解。其外州先有户籍之人，各勒就本贯请解，与理旧举数场第。如乡里别无亲戚，但有坟墓，亦许召保取解；如旋置田土，妄召保官寄立户名，罔冒乡县一事非实，许人纠告，应干犯人皆以违制一等科罪，举人有荫，亦勿听赎。

诏两制集官议定。翰林学士章得象(978—1048)等言：

> 按贡院条制，臣僚在任所有亲属者，无得旋置田土贯户取解。今缘京师，四方所聚，即与外州不同。请令举人如有户籍及七年以上、见居本处，即许投状；未及七年、不居本贯者，不在收接之限。其委无户贯者，旧制许召有出身京朝官保明行止，仍不得过二人，无出身京朝官曾勾当事者亦许保一

① 苏颂：《苏魏公文集》卷一五《议贡举法》。

> 人。如有违犯，保官以违犯失论，举人勒出科场，永不得取应，同保者殿五举。如涉请嘱，自从重论。今上封者请先经所隶县投状及责村耆察访行止，望如所请，仍听诸色人纠告。其外州举人与理旧举数场第，及止有坟墓亦许召保取解。若一事违条贯，用违制一等科罪，望并依所请。

诏可其奏。并规定其举人妄认乡贯、三代，如用赂者，虽有荫，不以赎论；如不用赂，亦奏裁。[①]取消了“虽有籍已离本贯、难更往彼者”召保取解之制，规定“如有户籍及七年以上、见居本处，即许投状”。并进一步严格了“委无户贯者”召保取应的制度和惩罚措施。嘉祐三年(1058)三月又规定：“凡户贯及七年者，若无田舍而有祖、父坟者，并听。”[②]即凡是有户籍七年以上而有祖、父坟者，均可以落籍成为“本贯”，以取解应举。这样，本贯取解、不得寄应的问题基本上得到了解决。

但是，直至南宋，冒贯应举仍然是一大问题。《宋会要辑稿·选举》一六之二一至二二《发解》载：

> 淳熙五年(1178)五月十一日，右谏议大夫萧燧言：“比言诸路士人并有寡廉鲜耻，贪他郡解额之宽，诈冒以侥幸于一得。土著士人，争讼纷纭，场屋鼓噪，无所不至。乞下诸州，严为之禁。自今士人赴乡举者，必须实系土著，方许赴试。仍从本县保明烟爨，申州以凭结保。若揭榜有非烟爨冒贯得解人，并行驳放。其借以户名与之妄认者，同底于罚。”从之。

“保明烟爨”指保明“有产业如烟爨实及七年以上”[③]，方许应举。不但对于冒贯者给予严厉惩罚，而且对于“其借以户名与之妄认者”，也要给予同样的处罚。

六、在学听读一定日限

宋初，承唐及五代之制，没有学历要求。仁宗庆历二年(1042)闰九月，天章阁侍讲、史馆检讨王洙(997—1057)言：

> 庠序之设，教化所先。自顷学徒，未悬师业，国子监每科场诏下，许品官

① 《宋会要辑稿·选举》一五之七至八《发解》。
② 《宋会要辑稿·选举》三之三六《贡举杂录》。
③ 《宋会要辑稿·选举》一六之二二《发解》。

子弟投保官家状，量试艺业，给牒充广文、太学、律学三馆学生，多或至千馀人，即随秋试，召保取解。及科场罢日，则生徒散归，讲官倚席。若此但为游士寄应之所，殊无国子肄习之法。居常讲筵，无一二十人听读者。以圣朝经籍道崇，儒雅日盛，岂兹学校弗著彝规？……欲望自今应国子监每遇科场敕下，授纳取解家状日以前，须实曾附本监听学满五百日者，许投状。令本授业学官取文簿勘会诣实，依例召京朝官委保，方得取应，每十人之中与解三人。……愿下学官参议施行。

诏国子监详定以闻。国子监请："自今去经试补学生，并依起请，听读满五百日方许取解；已得国学文解、省试下者止听读一百日，许再请解。……"诏从之。①

庆历四年三月，范仲淹(989—1052)等改革科举，又对逐路州府应举人的在学听读日限做了规定：

应取解，逐处在学本贯人并以入学听习至秋赋投状日前及三百日以上，旧得解人百日以上，方许取应。(秋赋投状日，并依本州军旧制。)内有亲老别无得力兄弟侍养，致在学日数不足者，除依例合保外，别召命官一员或到省举人三名委保诣实，亦许取应。②

但是，此制只实行了不到八个月，到十一月初，即"诏罢天下学生员听读日限"。③《长编》卷一五三载：

庆历四年(1044)十一月戊午朔，判国子监余靖言："臣伏见先降敕命并贡举条制，国子监生徒听学满五百日方许取应，每十人之中与解三人。其诸路州府军监并各立学及置县学，本贯人并以入学听习三百日，旧得解人百日以上方许取应。后来虽有敕命，曾到省举人与免听读，内新人显有事故给假，并与勘会除破。其如令非画一，难以久行。……伏缘朝廷所赐庄园、房钱等赡之有限，而来者无穷，若遍加廪给，则支费不充，若自营口腹，则贫窭者众，日有定数，不敢不来，非其本心，同于驱役。……欲乞应国子监太学生徒，如有情愿听读，满五百日，即依先降敕命，将来取解十人之中与解三人；

① 《宋会要辑稿·崇儒》一之二九至三〇《太学》。
② 《宋会要辑稿·选举》三之二五《贡举杂录》。
③ 《长编》卷一五三，庆历四年十一月戊午朔。

其不满五百日者，并依旧额取解应举。所有开封府及天下州军建立州学处，亦取情愿听读，更不限以日数。所贵寒士营生务学，不失其所。”乃诏罢天下学生员听读日限。

庆历五年三月，随着新政的失败，科举又一切恢复旧制了。

神宗熙宁四年(1071)十月，立三舍法；元丰二年(1079)十二月，御史中丞李定(1027—1086)上《国子监敕令式并学令》，太学三舍考选、升补、推恩之法始趋于完备。徽宗崇宁三年(1104)十一月，以三舍法遍行天下，乃诏“除将来科场如故事外，并罢州郡发解及省试法，其取士并由学校升贡”。[①]即士人必须由县学升入州学，再由州学升入太学。太学岁试入上等者即可赐第授官；入中等者，则可参加每三年举行一次的殿试，第其高下，赐第授官。

由于种种原因，“罢州郡发解及省试法，其取士并由学校升贡”之制从崇宁三年(1104)至宣和三年(1121)，只实行了十八年。《宋会要辑稿·选举》四之一一《贡举杂录》载：

宣和三年(1121)二月二十日，诏太学以三舍考选，开封府及诸路以科举取士，并依元丰法。

这样，三舍考选升补之法仅实行于太学，诸路州郡又恢复了原来实行的发解及省试法，应举人便又无学历要求了。

综上所述，宋承唐及五代之制，科举取士不问家世，但对其本人在德行、身份、身体、服纪、籍贯等方面则有一定的要求。但宋朝对应举人资格的限制并不苛刻，而且有逐渐放宽的趋势。这就使一般人均可参加科举考试，国家取士的范围也就扩大了。这对于选拔经国安民之才，维护王朝的统治，显然是有利的。

---

① 《山堂群书考索》后集卷二八引《长编》。

第三章　宋朝贡举解试制度

解试又称“发解试”，是科举考试中取得解送礼部参加省试资格的初级考试。赵升《朝野类要》卷二《解试》条云：“依额解人，荐名于朝廷，谓之乡贡。”由于解试一般都在秋天举行，故又称“秋试”、“秋赋”、“秋闱”。若按照考试地点的不同，可分为诸路州府军监解试、转运司解试（又称“漕试”、“牒试”）、国子监解试（又称“胄试”）及开封府解试；按照应举人的身份不同，又可以分为一般士人解试、有官人解试（又称“锁厅试”）、宗室解试等。其中最主要的是一般士人参加的诸路州府军监解试。下面我们仅就诸路州府军监、转运司、国子监及开封府解试的请解、考试机构与考官、考试时间与地点、得解、免解与发解等问题，进行一些叙述与评论。至于解试的考试方法与考试内容，基本上与省试相同，我们将在《宋朝贡举考场规则》、《宋朝贡举考试内容》、《宋朝贡举试卷评定制度》等章节中加以专门论述，此处不赘。

第一节　诸路州府军监解试

一、诸路州府军监解试的请解制度

宋朝贡举，“及大比之岁”，一降礼部贡举的科诏，“许发解，然后礼部遍牒诸路及四川州军”，①即按照规定筹备解试。诸路州府军监士人得知礼部贡举的信

① 《宋史》卷一五六《选举志二》。

息之后，即可到所在州府军监请解应举，即现代所说的“报考”。《宋会要辑稿·选举》一四之一三至一四《发解》载：

乾德二年(964)九月十日，权知贡举卢多逊言：“伏以礼部设科，贡闱校艺，杜其滥进，是曰宏规。所以发解之时，必积程式，取其合格，方可送名。……请准周显德二年敕，诸州解发进士……合格者，即请解送，仍解状内开说当州、府元若干人请解，若干人不及格落下讫，若干人合格见解。……”从之。

《宋会要辑稿·选举》一五之七至八《发解》载：

天圣七年(1029)十一月十九日，上封者言：“……其外州先有户籍人，各勒就本贯请解，与理旧举数场第。……”奏可。

“请解”也称为“请举”。赵升《朝野类要》卷二《请举》条云：“请举，赴解试之谓也，古者举贤之制。”《宋会要辑稿·选举》一六之一八《发解》载：

乾道八年(1172)正月三日，诏应国学进士不曾请举该覃恩免解之人，后如实得解，并曾经外路请举，后入学该覃恩免解之人，并理为一免。

宋承唐及五代之制，一般士人赴州府军监请解，须投纳家状、保状及试纸。现存此类史料甚少，谨简述如下。

(一) 家状

一般士人在诸路州府军监请解，首先要递交家状。家状的样式与内容如何，现已不得其详。但可以通过关于贡籍的记载和现存的几个《同年小录》，推知其大概内容。《宋会要辑稿·选举》一六之二《发解》载：

建炎四年(1130)五月二十七日，祠部员外郎章杰言：“诸路举人贡籍兵火烧毁不存，乞下诸路转运司取索，诸州军令举人各召保官二员，结除名罪，委保元符二年以后节次得解、升贡等因依及户贯、三代、治经状作册。”从之。

《宋会要辑稿·选举》四之四二至四三《贡举杂录》载：

乾道八年(1172)十一月二十一日，权礼部尚书胡沂、秘书省秘书郎兼权礼部郎官萧国梁造贡籍成，上之。(沂等因条陈事宜，士人诉乞收试，并以本州元得解旧籍家状参照年甲、举数，的无差误，方许保明申发。本部参照，如有不同，更不受辞；或他处请解，后归本贯，须用当时得解的实年甲、举数。发解年，遇开榜，将得解人于解状姓名下开具乡贯、治经、三代、年甲、举数及终场人数，同合格试卷解发赴部，凭将卷首家状参照修籍。科举年，僻远州军候发解，开元先将得解举人解状及终场人数，自守倅点验保明，先附急置申部，候解发试卷，参照收试。免解进士诉乞赴省具有条限，如实有缘故，并具出限事因，州县结罪保明，以凭勘实，即不得临试期申发，及止执公据。国学士人，本部自有贡籍，乞自今止凭贡籍年甲、举数，并国学进士赴解，令国子监以所供家状参照入学旧籍一同，方许放行。从之。)

《宋会要辑稿·选举》一之二三《贡举》载：

绍熙二年(1191)七月十六日，礼部尚书李巘言："乞下四川，自今试院开榜，即时专委官编辑贡籍，详著本人姓名及三代、年甲、曾举不曾终场、系与不系试下，明白该载，发赴省部，毋得稽缓，庶几别无隐漏差误之患，免致徒有取会往来之劳。"从之。

《宋季三朝政要》卷四及王圻《续通考》卷四三载：

咸淳六年(1270)春，诏贡举精于择人为先。……冯梦得中书舍人请置士籍。时贾相患举人猥众，御史陈伯大请置士籍，开具乡贯、姓名、年甲、三代、所习经赋、娶妻姓氏，令士人书之，乡邻著押保结，于科举条制并无违碍，方许纳卷。识者谓：士有籍与禁何异？

金军南侵，不但攻陷北宋首都开封，而且挥师江南，宋室南渡，颠沛于江淮之间。由于战乱，北宋贡籍大多毁于兵火。南宋统治稳定之后，乃重新编制贡籍。贡籍是根据应举人的家状编修的，根据上述高宗、孝宗、光宗三朝关于贡籍的记载，可以推知，家状至少包括应举人姓名、年甲、三代、治经、举数、乡贯等。

另外，现存《绍兴十八年同年小录》载：

第一甲第一人：王佐，字宣子，小名千里，小字骥儿。年二十，九月初一日生。外氏叶。具庆下，第五十八。兄弟五人。一举。娶高氏。曾祖仁，故，不仕；祖忠，故，不仕；父俊彦，见任左迪功郎、镇江府教授。本贯绍兴府山阴县禹会乡广陵里，父为户。

《宝祐四年登科录》载：

第一甲第一名：文天祥，字宋瑞，小名云孙，小字从龙。第千一，偏侍下。年二十，五月二日丑时生。外氏曾。治赋，一举。弟璧，同奏名天麟。娶[欧阳氏]。曾祖安世，祖时用，父仪。本贯吉州庐陵县，父为户。

《咸淳七年同年小录》载：

第一甲第一名：张镇孙，字鼎卿，小名鼎，小字金。第鼎一，具庆下。年三十三，七月五日寅时生。治《易》，一举。外氏何。娶蔡[氏]。兄弟。曾祖元贵，祖机，父南仲。本贯广州南海县城南厢，高祖朝请大夫为户。

家状除请解时需要缴纳之外，考试答卷时还需要写在卷首，看来不会像《同年小录》这样复杂和详细，但与《同年小录》也会有很多相似之处。

综上所述，家状的内容大概包括应举人姓名、年甲、治经、举数、三代（包括存亡、任官状况）、乡贯、户主等。

关于家状，我们还可以从庆元元年（1195）王逢、王遂科举案得到一些验证。《宋会要辑稿·选举》五之一四至一五《贡举杂录》载：

庆元元年十一月一日，臣僚言："建康通判王万枢，以其二子王逢、王遂嘱试官刘大临，皆预荐书。虽未行根究，而众论决知其是事。臣今考遂家状，则万枢为见任建康通判；考王逢家状，则万枢为前任建康通判。若以为见任，则从来见任守倅子弟例不敢于隶官处就试，盖避计嘱观望之嫌。若以为前任，则万枢实以今年八月七日受代，必未离建康，则计嘱观望之嫌犹在焉。同官监试，何所不可行其私，合驳放者一也。今逢、遂均为万枢之子，而户实异同，逢作江州，遂作真州，而万枢家状则江州。况遂方年十二，决未能文，代笔私取，其理甚明，合驳放者二也。乞下所属，追逢、遂到部，取旨覆试。若其能文，与真卷不异，亦合照臣所言二事而与驳放；如见得委是代笔及有私嘱伪冒等事，乞送有司追人照勘，依法施行。"从之。

由此可见，王遂的家状包括姓名王遂，父万枢、见任建康通判，年十二，户贯真州；王逢的家状包括姓名王逢，父万枢、前任建康通判，户贯江州。可知宋朝解试家状中至少包括姓名、年甲、三代（包括姓名及任官）、乡贯等项内容。

（二）结保与保状

宋朝诸路州府军监士人请解，除缴纳家状之外，还要缴纳保状。《宋会要辑稿·选举》一五之一一《发解》载：

庆历四年（1044）六月二十八日，详定贡举条贯所言："准诏删定新贡举条制，取解进士、诸科国子监、开封府为保人数。欲令诸处取解进士、诸科举人，每三人已上为一保，国子监、开封府五人已上为一保，内须有曾到省举人。"从之。

《宋会要辑稿·选举》四之一一《贡举杂录》亦载：

政和七年（1117）七月二十八日，礼部尚书许光疑言："三月二十六日，诏许诸科三经应举以上人赴来年学事司试一次。契勘：自来诸科人应举并经本县自陈，勘验申州收试。其应干取应文籍，并在所属州县，既未经解发，本部别无簿籍照证。欲乞行下诸路提举学事司，预报所部州县，委官取索自来诸科应举公案勘验，令三人以上结为一保，如一州不及三人处，即召命官一员保识，引问别无违碍，本州保明，申学事司收试，庶几杜绝伪滥。"从之。

由此可知，宋朝诸路州府军监请解，需三人以上结为一保，如一州不到三人，即召命官一员保识。本保内必须有曾经解试合格发解参加过省试的举人。

每保设保头一人。赵升《朝野类要》卷二《保头》云："举人三举终场者，得为解试保头。"《宋会要辑稿·选举》五之八《贡举杂录》载：

淳熙十三年(1186)三月五日,礼部、国子监言:"照得在法,应举者三人以上为保。今欲从臣僚所请,依条许以三人以上结为一保。窃详上条,自二十人之下皆为三人以上,于内选曾发解人为保头。如无得解人,即将曾预秋试终场人、年齿稍高、才行为众所推之人听为保头。若保内有鼓噪场屋、冗滥假伪之人,即将同保人依贡举条制施行。"从之。

据此,保头一般应是曾经解试合格发解参加省试的举人担任,如果没有这样的举人,曾经参加解试终场而年龄稍大、才行为众所推者,亦可以为保头。此时较仁宗庆历四年所规定的"内须有曾到省举人"有所放宽。

同保举人所保何事呢?庆历四年(1044)三月十三日,翰林学士宋祁等言:

进士、诸科举人,每三人为一保,所保之事有七:一隐忧匿服;二曾犯刑责;三不孝不悌,迹状彰明;四故犯条宪,两经赎罚,或未经赎罚,为害乡里;五籍非本土,假户冒名;六父祖犯十恶四等以上罪;七身是工商杂类及曾为僧道者,并不得取应。违者,本人依条行遣,同保人殿两举。其保状式具此七事外,馀并令礼部贡院重行删定。①

元祐元年(1086)三月,司马光在《上哲宗乞置经明行修科》中说:

每遇开科场……其无举主者,只称应乡贡进士举,如常法,每举人三人以上,自相结为一保。止保委是正身,及是本贯,不曾犯真刑,无隐忧匿服,此外皆不保。②

据此,所保大概为委是正身,非冒名顶替;本贯取解,非为寄应;品行端正,未犯刑责;无隐忧匿服等。这些我们在第二章第三节中,已经做过比较详细的讨论,此处不赘。

至于宋朝保状的样式,尚未见到史料记载。元代亦有投纳家状、保状之制,《事林广记》辛集卷十《儒人赴试结保新式》载:

---

① 《宋会要辑稿·选举》三之二五《贡举杂录》。
② 《宋朝诸臣奏议》卷八一,司马光《上哲宗乞置经明行修科》。

乡贡进士姓名等

右厶等五人今为一保，各无丧服禫制未终，并不是倡优之家及放浪之人并父祖曾犯十恶死罪经断之家，及不是患废疾并犯十恶、奸盗经配、窃盗刺字，亦不是曾充吏人、犯赃至徒之人。委是依得贡举条(理)[制]，并无诸般违碍诈冒。若有违犯，甘罪无词。谨状。

年 月 日 厶 处乡贡进士 厶 人 状

元代保状应该是继承宋朝之制，由此或许可见宋朝保状之一斑。

(三) 试纸、公卷与乡饮酒礼

宋朝诸路州府军监发解举人赴省试，除纳家状、保状之外，还要纳试纸。如《宋会要辑稿·选举》三之一三《贡举杂录》载："天圣元年(1023)十月十二日，礼部贡院言：'旧制，诸州解发举人试卷并家、保状、试纸等，置库编排封锁，合差官与主判官同加检勘。'从之。"解试是否需要缴纳，现尚未见记载，恐怕也是需要缴纳的吧！

另外，北宋前期，诸路州府军监士人在参加解试之前，还需投纳自己平时所撰写的诗赋文论，即"公卷"。苏颂(1020—1101)在《议贡举法》的奏疏中曾说："旧制，秋赋先纳公卷一副，古律诗赋、文论共五卷。"①此制在北宋前期大概实行了一百年，到仁宗庆历元年(1041)就被废除了。《宋会要辑稿·选举》一五之一一《发解》载：

庆历元年八月十一日，权知开封府贾昌朝言："故事，举人秋赋纳公卷。今既糊名、誊录，则公卷但录题目，以防重复，不复观其素业，请罢去。"从之。

关于"公卷"的行废等问题，我们在本书第九章中将有更为详细的论述，此处不赘。

南宋高宗时期，诸路州府军监士人，必须参加乡饮酒礼，然后才能请解应举。《系年要录》卷一六〇载：

绍兴十九年(1149)十一月甲辰(二十六日)，诏诸郡行乡饮酒之礼以取

① 苏颂：《苏魏公文集》卷十五《议贡举法》；《历代名臣奏议》卷一六六。

士。先是，司农卿汤鹏举请对，论举人多冒贯求试，乞于未下科诏前，令州县长吏籍定来岁当应举人名，州县学职事核实申教授，预先引保，委无伪冒，然后许赴乡饮酒。若临时投状射保者，并不收试。事下礼部，至是颁行焉。

《宋会要辑稿·选举》一六之八至九《发解》有更为详细的记载：

绍兴十九年(1149)十一月二十六日，礼部言："臣僚奏：'乞今后于未下科诏以前，令诸州军及属县长吏籍定来岁合应举人数、姓名，关县学职事，限来年二月令县官将家、保状缴申本州，行下州学。遇行乡饮酒之礼，令州学职事前期核实申教授，预先引保一次，或有事故出在外州，或随侍他处，并具因依申本州，关送试院；外若有临时投状射保者，并不收试。'欲并依所请，其在诸路流寓举人，亦乞依此。"从之。

此制实行了十七年，至绍兴二十六年又突破了这一规定。《宋会要辑稿·选举》一六之一四《发解》载：

绍兴二十六年(1156)四月二十七日，臣僚言："欲乞科举保任并依旧法，虽不预乡饮酒礼者，皆许试赴。"从之。

《系年要录》卷一七二有更为详细的记载：

绍兴二十六年四月戊戌(二十七日)，左承议郎、新通判抚州张洙行国子监丞。洙召对，乞士人虽不预乡饮酒者，皆许赴试。事下礼部，其后礼部言："今后科举，欲并依旧法。其乡饮酒礼愿行于里社者，听从其便，仍不许官司干预。"从之。

绍兴二十六年之后，"虽不预乡饮酒礼者，皆许赴试"，诸路州府军监愿意行乡饮酒礼者，听从其便。乡饮酒礼只是一种民间活动，不再成为请解的必要条件。

二、诸路州府军监解试的考试机构与考官

宋朝诸路州府军监解试不另设考试机构，而由诸路州府军监的政府机构担

任。其解试官,不同时期则稍有差别。其解试官的选差,初由诸路州府军监的长官负责。如太祖开宝六年(973)四月二日,诏:"诸州考试官,令长吏精择僚属,有才学公正者充。"①大概真宗大中祥符四年(1011)八月二日,翰林学士晁迥(951—1034)等所上《诸州发解进士条制》,即已改为诸路州府军监发解试官由转运司选差。如大中祥符八年四月六日,诏:"自今诸路发解官本处缺进士出身者,令转运司于部内选邻州官充,不得以举人就他郡试。"②这样,在某种意义上也可以说,转运司也是诸路州府军监解试的管理机构之一。

宋初诸路州府军监解试官承五代后周之制,设考试官与监试官。《宋会要辑稿·选举》一四之一三《发解》载:

> 乾德二年(964)九月十日,权知贡举卢多逊(934—985)言:"请准显德二年敕,诸州解发进士,差本判官考试,如本判官不晓文章,即于诸从事内选差,所试并得合格,方可解送。诸科差录事参军考试,如录事参军不通经义,即于州县官内抡选,本判官监试。"

即进士科的考试官为本州府军监"晓文章"的判官或诸从事官。判官指节度判官、观察判官、防御判官、团练判官、军事判官,为州府军监的属官。诸从事官指判官以外的幕职官,如推官、节度掌书记、观察支使等,亦为州府军监的属官。诸科的考试官为"通经义"的录事参军或其他州县官。录事参军为州府军监属官,掌州院、军院,并负责纠察司理参军等诸曹官。本州府军监的判官为监试官。

太宗至道三年(997)五月,曾诏翰林学士、中书舍人参议诸路州府军监进士、诸科发解条贯;真宗大中祥符四年(1011)八月二日,翰林学士晁迥等又上《诸州发解进士条制》,宋朝诸路州府军监解试制度基本完备。仁宗时又制定了一些发解条制,使诸路州府军监解试制度更加完备。宋朝诸路州府军监解试的官员主要有监试官、考试官、点检官、封弥官、誊录官、对读官、监门官、巡铺官、举送官等。

(一) 监试官

宋朝诸路州府军监解试,一般设监试官一人,由转运司选差本州府军监通判

---

① 《宋会要辑稿·选举》三之三《贡举杂录》,《太平治迹统类》卷二八。

② 《宋会要辑稿·选举》一四之二六《发解》。

或幕职官充任。李心传(1167—1244)《朝野杂记》甲集卷十三《诸路解试》云:“诸路解试官,故事,皆由转运司选差,率以本州通判监试。”《宋会要辑稿·选举》二〇之二一《试官》载:

> 乾道七年(1171)七月十七日,两浙路转运司言:“《绍兴重修贡举令》:‘试院以本州通判监试,若无或阙,若(则?)以次官。’今临安府学罢通判,未审合差何官充监试。”诏差推官。

《宋会要辑稿·选举》六之二四《贡举杂录》载:

> 嘉定八年(1215)九月二十八日,殿中侍御史黄序言:“诸州解试,有监试一员,或通判、幕职官,在法不预考校。”①

“率以本州通判监试”既然是“故事”,并且载诸贡举法令,即是一项制度。而且并非行之南宋,而是北宋早已有之。如太宗至道三年(997)五月,曾诏“仰知州、通判躬亲监试”②;神宗熙宁五年(1072),苏轼为杭州通判,是年八月,即任杭州解试的监试官。③他在与范梦得的信中说:“某旬日来,被差本州监试,得闲二十余日。日在中和堂、望海楼闲坐,渐觉快适,有诗数首寄去,以发一笑。”④徽宗大观元年(1107)五月二十九日,宗子博士毛若冲札子亦云:“州郡通判合差监试,并依差试官条不得辄有规避,如前期在假,委监司审察。”⑤

诸州府军监解试监试官,“在法不预考校”,其职责是负责监督诸路州府军监解试的考场引试、分发试卷、关防作弊、后勤保障等所有各种管理事务。如宁宗嘉定三年(1210)七月六日,权礼部尚书章颖(1141—1218)言:“……试院之内,事务浩繁,监试职在弹压,以至分拨士人试卷,支遣钱(量)[粮],关防漏泄,革绝欺弊,事不胜数,诚难委之于官卑望轻之人。”⑥嘉定六年四月二十七日,殿中侍御史石宗万亦言:“……盖终场诸经,多寡不齐,而考官治经亦不同,是知去取全系分

---

① 《宋会要辑稿·选举》六之二四《贡举杂录》。
② 《宋会要辑稿·选举》一四之一六《发解》。
③ 施宿:《东坡先生年谱》卷上云:“(熙宁五年)八月,监试进士。”
④ 《苏轼文集》卷五六《与范梦得》。
⑤ 《宋会要辑稿·选举》一九之二二《试官》。
⑥ 《宋会要辑稿·选举》六之七至八《贡举杂录》。

房。使俗吏为监试，必不能以经、赋斟量多寡。今考官各占所长，分考不过令胥辈照旧例耳，此利害最甚者。至于门禁不严，则有传递漏泄之弊；封弥不谨，则有拆换家状之弊；纳卷有历，结算稍稽，则有增减之弊；字号有簿，缄识不密，则有揩改之弊。誊录之吏，钱米灯火不以时给，欲无差误，得乎？至有就坐而不得题目，日已升而未启棘门，欲无喧哄，得乎？凡此，皆监试之责。”①因此，仁宗庆历四年(1044)八月十一日，奏可礼部贡院所言：“解试日，有试院诸般情弊，止坐监试官”。②如高宗绍兴二十六年(1156)闰十月九日，“诏鄂州通判任贤臣监试不职，容纵举人假手、传义，特降一官。”③监试官鄂州通判任贤臣因为没有尽到监试的职责，受到了降官的行政处罚。如果贪赃枉法，将给以更为严厉的刑事处罚。宁宗嘉定十一年(1218)荣州监试官何周才受贿舞弊案即是一个典型案例。《宋会要辑稿·选举》一六之三二至三三《发解》载：

> 嘉定十一年十一月十一日，诏荣州发解监试官承直郎、签判何周才特贷命，追毁出身以来文字，除名、勒停，免真决，不刺面，配忠州牢城，免籍没家财；考试官石伯酉、扈自中、冯夤仲各特降一资，并放罢；刘颐并徒二年私罪，赎铜二十斤，仍照举人犯私罪不得应举；杨元老徒二年私罪，荫减外，杖一百，赎铜十斤；刘济特送五百里外州军，刘颐、杨元老特分送三百里外州军，并编管。
>
> 以周才充发解监试，受刘光赇赂，用杨元老之谋，约以策卷中三“有”字为暗号取放光之子颐(改名宜孙)，及其孙济二名。既为赵甲经漕司告试院孔窍之弊，下遂宁府鞫得其实，具按来上，从大理拟断。于是，臣僚言：“周才、光等罪犯皆得允当，伯酉、自中、夤仲不合擅令周才干预考校，又听从取放，乞并携罢。”故有是命。

荣州发解监试官何周才受刘光贿赂，通过试卷标记暗号，而取放刘光的儿子刘颐、孙子刘济得解。此事被人告发，经大理寺拟断，何周才受到除名、勒停、配役的行政处罚和刑事处罚。考试官石伯酉、扈自中、冯夤仲也因听任何周才干预考校、取放刘颐、刘济得解，而受到降级的行政处罚。

---

① 《宋会要辑稿·选举》六之一二《贡举杂录》。

② 《宋会要辑稿·选举》一五之一二《发解》。

③ 《宋会要辑稿·选举》二〇之一二《试官》。

（二）考试官

诸州府军监解试，除监试官外，还主要有考试官。前引太祖开宝六年(973)四月二日诏云："诸州考试官，令长吏精择僚属，有才学公正者充。"①太宗至道三年(997)五月九日诏云："逐处各选清廉通本业官与本判官、录事参军同考试。如本判官、录事有文艺通经，即不更差试官。"②南宋宁宗庆元元年(1195)六月十三日，从臣僚陈乞，"今后试官须精加选择，委有文行，该通博洽可以服众，方严公正可以厉俗，始许以名闻。"③说明考试官的资格，第一其身份是诸州的属官，即幕职州县官和诸曹官；第二是"有才学公正者"、"清廉通本业官"、"委有文行，该通博洽可以服众，方严公正可以厉俗"。品行、才学要求较高。另外，大概大中祥符四年(1011)八月二日，翰林学士晁迥等所上《诸州发解进士条制》又规定"差有出身人以充考试官"④，所以大中祥符八年四月六日诏曰："自今诸路发解官本处缺进士出身者，令转运司于部内选邻州官充，不得以举人就他郡试。"⑤若选差无出身人为考试官，将受到惩罚。如"绍兴五年(1135)九月四日，广南东路漕臣特降两官。(以差无出身人陈涣充封州考试官故也。)"⑥

北宋后期，曾经规定"在法，县丞不许差考试"⑦，徽宗宣和五年(1123)七月五日，"诏县丞并常平主管官，并特许差充考试等官"。⑧高宗绍兴二十九年(1159)七月二十七日，又诏"诸路运司今后遇考试阙官，合差县丞，须先期申画指挥，备坐移牒，如无许差指挥，听县丞遵依专法缴纳差牒不行。"⑨徽宗宣和元年(1119)正月二十五日，又"诏县令今后不许差充试官"。⑩南宋孝宗时又重申了这一规定。《宋会要辑稿・选举》二二之一《试官》载：

> 淳熙元年(1174)四月二十八日，诏乾道七年十月二十三日指挥，自今考试官并不许差知县，合于旧法内注文改"县丞不得差充考试官"为"知县不得差充考试官"。

---

① 《宋会要辑稿・选举》三之三《贡举杂录》，《太平治迹统类》卷二八。
② 《宋会要辑稿・选举》一四之一六《发解》。
③ 《宋会要辑稿・选举》五之一三至一四《贡举杂录》。
④ 《宋会要辑稿・选举》四之六《贡举杂录》。
⑤ 《宋会要辑稿・选举》一四之二六《发解》。
⑥ 《宋会要辑稿・选举》二〇之四《试官》，《系年要录》卷九三。
⑦⑨ 《宋会要辑稿・选举》二〇之一三《试官》。
⑧ 《宋会要辑稿・选举》二〇之二《试官》。
⑩ 《宋会要辑稿・选举》一九之二四《试官》。

之所以“知县不得差充考试官”，大概因为知县乃一县之长，事务繁忙，不能须臾离开的缘故。

宋朝《诸州发解进士条制》规定，必须“差有出身人以充考试官”。但是，边远州郡往往缺少有出身官员，因而出现考试官人数不足的情况，其解决之道之一，是选差祠禄官、特奏名文学出身官等。如高宗绍兴十四年(1144)四月二十八日，“诏诸路选差试官如不足，或无经术精通之人，即许于见任宫祠中通选。从臣僚请也。”①又如孝宗乾道元年(1165)七月七日，广南西路转运司言：“本路二十五州军府先申明朝廷，将比近州并置试院外，静江府等处及本司共置试院十四。缘地里僻远，少有出身文官。旧例，每试院差考试二员，合差二十八员。本路出身官今止二十四员，阙少四员，无官可差。今欲差特奏名文学出身人添同考试，又缘有碍见行贡举条法，深虑差那不行。状乞详酌指挥。”礼部看详：“欲将特奏名文学权差试官一次。”诏从之。②

其解决之道之二，是从邻近路分选差考试官。《宋会要辑稿·选举》二〇之一九《试官》载：

> 乾道四年(1168)四月三日，淮南路转运司言：“本路赴试举人扬、真、通、泰、楚州、高邮军六郡置试院，计合差考试官十二员。本路有出身知县、幕官于锁院前见任止计五员，委分差考试官不足。”礼部看详：“欲许淮南于江浙近便州军选差，淮东即差常州、镇江府，淮西即差太平、池州官。仍先具合差官数，牒逐路，令留关报淮南。”从之。

淳熙四年(1177)七月十六日，又诏“自今两学、诸州、漕司解试……若见任官不足，在内许差到部人，在外许通融于比近州县官选充”。③此后很少见于邻近路分州县选差考试官的记载，大概这并非一个行之有效的解决之道。

此后，经常见于史书记载的是第三种解决之道，即选差本路寄居待阙官为考试官。《宋会要辑稿·选举》二二之二《试官》载：

> 淳熙四年(1177)六月七日，江南西路转运司言：“本路诸州军合差试官，旧例系五十员，计阙一十六员。乞于本路寄居待阙官内，曾经试中宏词及教

---

① 《宋会要辑稿·选举》二〇之七《试官》。
② 《宋会要辑稿·选举》二〇之一七《试官》。
③ 《宋会要辑稿·选举》一六之二〇至二一《发解》。

官,或进士殿试第一甲、省试前十名、曾经升补上舍人内,选差一次。”从之。

寄居待阙官与本州应举人往往有千丝万缕的联系,容易产生私嘱之弊。于是,孝宗淳熙十三年(1186)七月十三日,应臣僚陈乞,“凡待阙被差者,止令考校,不与出题。其有学生就试者,试官自陈回避,如或隐而不言,后因事发觉,重置典宪”。①至宁宗嘉定三年(1210)四月,甚至做出了“寄居待阙,并不许差充试官”的规定。②

既然选差本路寄居待阙官为考试官,难于防止私嘱之弊,于是又采取了考试官不足的第四种解决之道,即延长考校期限。《宋会要辑稿·选举》二〇之一八至一九《试官》载:

乾道三年(1167)十月十二日,太学博士吴飞英言:“诸州考试官以进士有出身者充,意者止谓见任人,近乃有差寄居、不差见任之弊,止欲应副食闲之人。……欲乞自今诸道考试官并止于所部见任中选差,如或不足旧例所差之数,不过少展考试程限,不必拘一月开院之例,则事无不办。……”从之。

《宋会要辑稿·选举》二二之一《试官》又载:

淳熙元年(1174)五月九日,臣僚言:“诸路漕司今秋考试官除知县不许差外,其馀并止于见任官选差。如或不及旧来所差之数,则听那展考校程限,不必拘一月开院之例;如或其间实有阙少员数过多去处,即欲令转运司申取指挥。”从之。

《宋会要·选举》五之一三《贡举杂录》再载:

庆元元年(1195)五月四日,权礼部侍郎许及之言:“……臣窃以为阴通默授者,固无从禁格,至于形格势禁可以大为之防者,乃不能守已行之令,而反开弊倖之门,如试官得差待阙人是也。……见任之员不足,惟当展日考

① 《宋会要辑稿·选举》二二之六《试官》。
② 《宋会要辑稿·选举》二二之二三至二四《发解》。

校。今岁大比，乞检照淳熙六年臣僚之请，勿开寄居考校之门。除知县、县令不差外，虽总所属官，许本路运司同州县见任人差，随其多寡，量分诸郡，宽其考校之程，续其供给之数，仍将差不足员数合破供需，亦行均给。如是，则有司奉令承命精择公选场屋之士，得者不以为私，而失者不以为怨矣。”

《宋会要辑稿·选举》二二之二三至二四《发解》复载：

嘉定三年(1210)四月二十四日，臣僚言：“三岁大比，弊端不一。漕司所差考试，多是寄居待阙官。而见任有出身人，或无势援，返处以帘外职事。以至寄居待阙被差者，本贯相去不远，率多私嘱之弊。每一揭榜，不能免人之议。……乞下诸路转运司，所差诸郡考试官，刷其见任内有出身官，尽数从公差委。如或欠少一二员，许量展揭榜日子，令尽心考校，亦不至阙误，外有寄居待阙，并不许差充试官，庶可以得实才。其有违戾者，令台谏觉察，重置于罚。”从之。

上述史料显示，从孝宗乾道三年到宁宗嘉定三年(1167—1210)，四十余年间，不断提出延展考校期限的问题，可见考试官不足这一问题并未得到很好的解决。

为了保证考试官的质量，南宋时期还对其健康状况及年龄做出了相应的规定。如孝宗淳熙四年(1177)七月十六日，诏：“自今两学、诸州、漕司解试及将来省试、公试所差试官……其有年高昏眊、视听已衰之人，不在兹选。”①另据《宋会要辑稿·选举》二二之二四至二五《考试(试官)》载：

嘉定六年(1213)十月二十六日，礼部侍郎范之柔言：“臣今岁科举，辅郡试官有昏耄不能视阅卷子，至令书吏读而卧听。窃详铨法，年六十，不许注县与尉，盖恐精力不逮。况于校文去取，岂容昏耄备数？自今年六十以上，不许差充试官。如所差不及累举之数，则以卷子多寡纽算，展日放榜，却以空员供给均补考官。……”从之。

明确规定“年六十以上，不许差充试官”，具体解决了“年高昏眊、视听以衰之人”不能视阅卷子的问题。

① 《宋会要辑稿·选举》一六之二〇《发解》。

关于考试官的员额，宋初未见明确规定。后来，大概每州府试院差考试官二员。南宋高宗绍兴年间，殿中侍御史郑刚中(1088—1154)上奏曰："检准贡举法，试院试官考试进士，不满三百人二员，五百人四员，每增五百人添一员，至七员止。"[①]淳熙十三年(1186)七月二十一日，福建路转运副使赵彦操、转运判官王师愈言："在法，不满三百人，试官二员，每添五百人添官一员。"[②]孝宗乾道元年(1165)七月七日，广南西路转运司言："本路二十五州军府先申明朝廷，将比近州并置试院外，静江府等处及本司共置试院十四。缘地里僻远，少有出身文官。旧例，每试院差考试二员，合差二十八员。本路出身官今止二十四员，阙少四员，无官可差。"[③]这一"每试院差考试二员"的"旧例"大概就是北宋之例。后来，随着诸路州府军监应举人数的增加，考试官人数也相应增加。《宋会要辑稿·选举》二二之六《试官》载：

淳熙十三年(1186)七月二十一日，福建路转运副使赵彦操、转运判官王师愈言："窃见福州每岁就试之士不下万四五千人，而考试官只差十员；建宁府亦不下万馀人，而考试官止差八员。且以建宁府计之，通三场则三万三千卷，分之八房，每房皆四千八百馀卷。在法，不满三百人，试官二员，每添五百人添官一员。乞于福州添试官三员，建宁府添试官二员，庶几稍分其劳，不至以繁冗失士。"从之。

这样，福州试院考试官即为十三员，建宁府试院考试官为十员。

元祐元年(1086)十一月戊寅，"三省奏立经义、词赋两科，下群臣议。"诏"从之"。[④]由于经义进士和诗赋进士两科的解试内容不同，所以提出了分科选差考试官的问题。《长编》卷四〇八载：

元祐三年二月癸巳(十六日)，礼部状："都省送下朝奉郎、监察御史、充集贤校理赵挺之奏：'伏睹近制更易科举，参用经义、辞赋取人。以臣愚见，科场之中，得人失人，皆在试官能否。盖六经之义，固有渊意妙旨，而辞赋声律，就其术而论之，亦有精微至理。昔之学经义者，造道不能无精粗，学辞赋

① 《历代名臣奏议》卷一六九《选举》，郑刚中奏。
② 《宋会要辑稿·选举》二二之六《试官》。
③ 《宋会要辑稿·选举》二〇之一七《试官》。
④ 《长编》卷三九二，元祐元年十一月戊寅。

者，属辞不能无巧拙。以粗以拙者，尚不能知精巧者之所存，况其未尝诵读习学，而遽令主试考校，则去取升降安有不谬者哉？辞赋之罢，几二十年，世以进士登科者，止治一经。向来科举差官，只问出身，而不论元初登科所治何经。以治《礼》之人乃使考《书》，以治《诗》之人乃使考《易》，是以一经登科而令遍考《五经》，往往差失谬乱，今若更令参考辞赋，窃恐难为去取升降，其幸而得与不幸而失者必多，恐非朝廷设科取士、务在得人之意。臣愚欲乞特下有司，明立将来选差试官之法：每经各差试官一员，只考本经；别差辞赋登科，或曾应辞赋得解，后来用经入仕之人，专考词赋，量举人多少立定员数。如难得其人，即乞于通判人内兼差，或乞聚邻近州、军三五处，于一会要大郡类试，所贵试官之员易为充足，而考校之艺必须精致。……'本部看详：所差试官，欲乞将来科场如差三员者，以二员经义、一员辞赋；两员者，各差一员。所有考校，自依条试。所乞聚类邻近州军三五处类试，恐一郡之中难为应办，且依旧条施行。……"诏并依礼部所定，仍先施行。

是年，翰林学士苏轼权知贡举，他认为分经义、诗赋两科选差考试官不可行。是月，他上言曰：

伏见近日礼部立法，今后科场差试官三人者，一人诗赋，二人经义；差两人者，诗赋、经义各一人。臣谓此法不可施行。凡差试官，务在选择能文之士。若得其人，则治《易》及第，不害其能问《春秋》；经义入官，不害其能考试赋。若不得其人，纵用本科，不免错谬。顷自声律变为经义，则诗赋之士便充试官，何曾别求经义及第之人，然后取士？若必用本科各考所试，则经义、诗赋、策、论四场，文理不同，亦须各差试官一人而后可。此本言者私忧过计，而有司不察，便为生出此条，自有科场以来，无此故事。今后每一试院分两头项试官，问经义者，则主虚浮之文，考诗赋者，则贵声病之学，纷纭争竞，理则不疑，自此科场日有词讼，为害不小，了无所益。今来朝廷既复诗赋，又立此条，深恐天下监司妄意朝廷必欲用作诗赋之人为试官，不问有无词学，一例差充。其间久离场屋之人，或已废学，若用虚名差使，显不如经义及第有文之人。欲乞特赐指挥，今后差试官，不拘经义、诗赋，专务选择有词学之人。其礼部近日所立条贯，更不施行。①

---

① 《长编》卷四〇九，元祐三年三月。

随后，又经礼部上奏，取消了分科选差考试官的规定。《长编》卷四一一载：

> 元祐三年五月甲戌（二十九日），礼部状："准都省送下翰林学士苏轼等札子，奏：'近为将来科场既复诗赋，乞更不分经取人，已奉圣旨依奏。今来窃见礼部新立条贯，将来科场如差试官三员者，以二员经义、一员诗赋；两员者，各差一员。臣等欲乞今后差试官不拘曾应诗赋、经义举者，专务选择有词学人充。其礼部近日新立条贯，乞不施行。'所有苏轼举奏，别无批降指挥，已行附案。尚书省看详：上条内差三员处，经义不必须差二员。今欲科场所差试官三员处，参差经义、词赋人，更不指定员数，馀依元降指挥。"五月二十九日，奉圣旨依，仍先次施行。

北宋时期，经义、诗赋两科进士只在元祐五年解试、元祐六年省试中实行了一举。到绍圣元年（1094）哲宗亲政之后，遂于五月八日"诏进士罢诗赋，专治经术"，又恢复了进士一科取士。①南宋时期，进士科又分为经义进士、诗赋进士两科，解试则实行了分科选差考试官。孝宗淳熙四年（1177）七月十六日，"诏自今两学、诸州、漕司解试及将来省试、公试所差试官，并令先考脚色，将习诗赋、经义之人相半差充。候到院，许监试各以所治经与诗赋分拨考校。"②《宋会要辑稿·选举》五之一三至一四《贡举杂录》又载：

> 庆元元年（1195）六月十三日，臣僚言："国家三岁大比，经义、诗赋分为两科，使各占其艺，以便多士，德之至渥也。惟差试官有失立法之意，或全差治经而不差习诗赋者，或全差习诗赋而不差治经者，是以考校去取间有枉被黜落，或滥中科名。今试期已迫，乞下礼部符诸路漕司，凡差试官，必经义、诗赋相半，虽远方小郡解额少处，不可使偏于一。……"从之。

经义、诗赋两科分别选差考试官，成为一项制度。

另外，为了防止请托作弊，南宋时期还实行了考试官的地域回避制度，隔州选差考试官。南宋史学家李心传（1167—1244）《朝野杂记》甲集卷十三《诸路解试》载：

---

① 《宋会要辑稿·选举》三之五五《贡举杂录》。
② 《宋会要辑稿·选举》一六之二〇《发解》。

乾道六年(1170)四月丙午(二十六日),始命诸州试官皆隔一郡差,以绝请托之弊。时刘通靖章为礼部侍郎,用其请也。淳熙十六年(1189)春试,王侍郎溉为潼川漕,始令试官每员皆历三郡合符,符合乃听入。后又行之西川,迄今不改。

考试官的职责在于命题及考校试卷。因此,仁宗庆历四年(1044)八月十一日,奏可礼部贡院所言:"考校不精,妄有充荐,至省试日拖白、纰缪、十否,止坐考试官。"①如《宋会要辑稿・选举》二〇之三《试官》载:

高宗建炎四年(1130)九月十一日,诏利州试官宋愈、陈协各特罚铜十斤。(臣僚言:"驻跸会稽,是为首善之地。愈出策题谀宰相为得王佐,夏旱秋霖而协以为雨旸时若。导谀如此,何以求切直言?"故有是罚。)

考试官宋愈、陈协因为命题不当,而受到"罚铜"的处罚。又如《宋会要辑稿・选举》一九之三《试官》载:

咸平元年(998)九月十六日,淄州邹平县令正可象,坐考试举人受钱三万,法当绞,诏贷死,决杖配少府监役;知州、通判各停官。帝曰:"官吏如此,何以柬拔寒俊?"令刑部别定条制以闻。

太宗雍熙二年(985)十二月三十日,诏:"监官、试官如受请求财物,并准枉法赃论。"②考试官正可象受贿三万,属"枉法赃",依法当判绞刑,因皇帝开恩免死,受到决杖、配役的刑事处罚;举送官、监试官也因连带责任而受到停职的行政处罚。

(三)点检官

诸路州府军监解试为了加强命题和去取的检验,还曾经设立了点检官。《朝野杂记》甲集卷十三《诸路解试》云:

庆元四年(1198),有果州州学教授王莘者,考昌州春试,于《尚书》断章出

① 《宋会要辑稿・选举》一五之一二《发解》。
② 《宋会要辑稿・选举》三之五《贡举杂录》。

问。明年正月，尚书省奏罢莘。时漕臣汪德输，故相伯彦孙，太府卿召嗣子也。议者谓汪以祖任入官，故择考官不善。张肖翁为监察御史，因请自今漕臣不由科第进者，更委他监司一员选试官校试，仍责有文学士望者一人为点检官，专掌出题、去取之事，即有不称，加以重罚。从之，盖自嘉泰元年(1201)始。

其实，解试设点检官并非"自嘉泰元年始"，哲宗时期即曾一度设过点检官。《宋会要辑稿·选举》一九之一九《试官》载：

绍圣元年(1094)正月十八日，礼部言："诸州军就试进士及千人已上，差点检试卷官二员，每增五百人添一员，人数虽多，不得过六员。"从之。

《太平治迹统类》卷二八载：

绍圣元年正月丁酉(二十五日)，蔡安持言："贡举敕，五百人以上，差点检官一员，千人已上差二员。既举试官分定考试，又独力点检试卷，实恐力有不逮。若以犯不考试卷为合格止坐点检官，独试官无责，必不加意考校。显见条约交互未为均便。欲乞除在京外，于贡举敕内改'点检官'为'考试官'，所贵五百人以上添官考校，同心合议，参定去留，士无遗滥。"从之。

据此，哲宗时，贡举敕中已经有"五百人以上，差点检官一员，千人已上差二员"的规定，绍圣元年始将诸州解试中的"点检官"改为"考试官"。但是，宁宗庆元五年(1199)又出现了点检官的记载。《宋会要辑稿·选举》二二之一四至一五《试官》载：

庆元五年正月十九日，臣僚言："诸郡与漕闱考官，必差一员为点检主文，凡命题与所取程文，皆经点检，以防谬误。比年以来，徒为具文。一时考官，各骋己意，异论纷然，甲可乙否，以至题目多成乖谬。……皆由点检官不择才望之士，考官中有矜能挟气者，不同心商榷，故有题目出于一人之见，其他官旁睨，不欲指其疵颣。及有摘发其失，出题之官独被谴责，而无点检之名。乞今后漕臣若非由科第，即别委本路提刑、提举、总领有出身者，每举从朝廷专委一司选差试官，须择其素有文声名望、士论所推者充点检官，专以文柄责之。诸考官先供上题目，点检官斟酌审订，择其当理而不悖古训、兼

> 通时务者，然后用之。及考官所取合格试卷，点检官仍加详校，公定去留。礼部俟其申到题目及程文，再行点检。如有乖谬，将点检试官重行黜责。”从之。

此即前引李心传《朝野杂记》甲集卷十三《诸路解试》所说的从监察御史张肖翁之请，“责有文学士望者一人为点检官，专掌出题、去取之事”，“自嘉泰元年始”。自此至度宗末年，大约四十年间，诸路州府军监解试一直设有点检官，并有所增加。《宋史》卷一五六《选举志二》载度宗时州郡贡举事云：“时诸州郡以乡贡终场人众而元额少，自咸淳九年（1273）为始，视终场人多寡，每二百人取放一名。以士子数多，增参详官二员，点检试卷官六员。”

（四）封弥官、誊录官、对读官、巡铺官、监门官

另外，从仁宗宗明道二年（1033）起，诸路州府军监解试开始实行封弥制度。《宋会要辑稿·选举》一五之九《发解》载：“明道二年七月十二日，诏自今诸州府军监考试解发举人，一依先降条制，应在试解发人处，兼令依省试例，封弥卷首后考校过落。”《长编》卷一一二载：“明道二年七月乙亥（十二日），诏诸州自今考试举人，并封弥卷首，仍委转运司于所部选词学并公勤者为考试、监门、封弥官。”自此增加了封弥、监门官。从景祐四年（1037）起，诸路州府军监解试又实行了誊录制度。《长编》卷一二〇载：“景祐四年六月丙申（二十五日），诏开封府、国子监及别头试，自今封弥、誊录如礼部。从左司谏韩琦之请也。”《玉海》卷一一六云：“诸州易书，自景祐四年始。”相应地，诸路州府军监解试从此同礼部省试一样，增加了誊录官、对读官以及巡铺官、监门试官等。

南宋时期，为了防弊，对封弥官、对读官又提出了更高的要求。《宋会要辑稿·选举》二〇之五至六《试官》载：

> 绍兴十年（1140）十一月二十二日，诏诸州遇科场年分，封弥、誊录之类，先从本州取会见任官有无亲戚赴试，如别无应避之人，方许差。若本州皆有应避亲数少人充，被差官不得托故辞免。

绍熙三年（1192）六月十八日，臣僚言：“……封弥官不得其人，则吏因缘为奸，取受情嘱，毁匿有名士人文卷。对读官全不晓文理，则程文之详赡者，或为誊录人节略首尾，以至见黜。正缘州郡所差官不过丞簿、监当，素不经历，又无事权，不

能检束吏奸，遂使士人优长之文暗遭毁弃。”于是，诏曰：“诸路转运司考试官，并须依公选差，毋得听受请托，容其有所避就。及诸州试院封弥官，专差幕职官一员，其对读官亦差粗识文理者为之。”①

（五）举送官

最后，是举送官。举送官一般由本州府军监的长官充任，其职责是将所在州府解试合格举人的家状、保状、试卷及解状等解送到礼部，以便得解举人参加来年礼部举行的省试。端拱元年（988）三月二十三日，翰林学士、知贡举宋白（936—1012）言：“考试贡举人内有墨义十不者，请责罚举送官，以诫滥进。”诏从之。②庆历四年（1044）八月十一日，礼部贡院言：“准诏详定试官与长吏解试举人分等定罪。今请解送举人有保明行实不如式者，知州以下坐罪，仍以州县长吏为首。解试日有试院诸般情弊，止坐监试官；考校不精，妄有充荐，至省试日拖白、纰缪、十否，止坐考试官。”诏可其奏。③举送官保证所举送参加省试的举人在籍贯、品行、服制等方面符合应举资格，不再承担举人省试时文字纰缪、墨义十不的责任。《宋会要辑稿·选举》一九之三《试官》载：

> 咸平元年（998）六月三日，密州发解官鞠傅坐荐送非其人，准法罚铜九斤。诏特停见任，仍令进奏院传报诸路，以戒官吏。

另外，上述嘉定十一年（1216）荣州解试监试官何周才受贿舞弊案，其举送官知州杨叔兰也因“关防不谨”而受到了行政处罚。何周才等被处罚后的第三天，即嘉定十一年十一月十四日，潼川提刑、权运判魏了翁（1178—1237）言：“荣州解试拆号后，士人赵甲等诉试院欺弊事。叔兰系举送官，关防不谨，以致官吏作弊；朝奉郎刘光不能训其子，使抵冒法禁。”于是，“诏知荣州杨叔兰放罢，朝奉郎刘光特降一官。”④

宋朝一般以文臣为知州府军监事，但也有以武臣为知州府军监事者。真宗大中祥符五年（1012）八月二十八日，礼部贡院言：“所试举人皆是考校文艺，有武臣知州府军监处，或遇解发举人不当，亦作举送长官一例取勘，似未允当。”于是，

① 《宋会要辑稿·选举》二二之一〇《考试(试官)》。
② 《宋会要辑稿·选举》三之六《贡举杂录》。
③ 《宋会要辑稿·选举》一五之一二至一三《发解》。
④ 《宋会要辑稿·选举》一六之三二《发解》。

诏曰："自今诸卫将军、诸司使副、三班使臣知州府军监处，举贡人委通判、幕职、录事参军及所试官依格式解发，其武臣更不管勾，止同书解状；所解不当，亦不同罪；如敢徇托，当重行朝典。"①武臣任知州府军监者，举送合格举人时不再参与发解的有关具体事务，只是一同书写解状，所解不当，武臣知州府军监者也不再承担有关责任。

三、诸路州府军监解试的考试时间与场所

（一）诸路州府军监解试的考试时间

宋朝诸路州府军监解试时间，宋初尚未有一定之规。《文献通考》卷三十《选举考三》和《宋史》卷一五五《选举志一》均曰："宋朝礼部贡举……皆秋取解，冬集礼部，春考试，合格及第者，列名放榜于尚书省。"这里只是说解试在秋天，但何日锁院、何日引试、何日开院放榜，未见具体规定。《宋会要辑稿·选举》一六之六《发解》载：

> 绍兴十三年(1143)八月十五日，诏祖宗旧法，诸路州军科场并限八月五日锁院。缘福建去京师地远，遂先期用七月；川、广尤远，又用六月。

南宋高宗朝所言"祖宗旧法"应是北宋之制，但所说"诸路州军科场并限八月五日锁院"，恐不太确切，大概说在八月初较妥。北宋定都东京开封，福建路离开封较远，所以提前一个月于七月锁院；"川、广"即成都府路、利州路、潼川府路、夔州路和广南东路、广南西路离开封更远，所以提前两个月于六月锁院。

至于引试时间，据现有史料可知，大概是在八月中旬。苏辙(1039—1112)《栾城集》卷四《洛阳试院楼上新晴五绝》诗云：

> 熙宁壬子(五年，1072)八月，于洛阳妙觉寺考试举人，及还，道出嵩、少之间，至许昌，共得大小诗二十六首。

洛阳试院楼上新晴五绝(其二)

嵩少犹藏薄雾中，前山迤逦夕阳红。
高楼一闭三十日，遥忆岩头种药翁。

---

① 《宋会要辑稿·选举》一四之二三《发解》。

文同(1018—1079)有《中秋夜试院寄子平》诗[①],黄裳(1044—1130)有《试院中秋夜月》诗[②],说明中秋夜他们都在解试考官的任上。

开院放榜则大概在九月。仁宗天圣四年(1026)八月十九日,诏"将来秋赋,限至九月终试毕。"[③]《咸淳毗陵志》卷十一《贡举》载:

> 中兴前,以僧寺为贡院,故永福寺大殿东壁尝有题字云:"上即位明年改元靖康,诏取天下士,毗陵八月乙未(二日)锁永福院,中秋引试二千二百八十有二人。监试:通判军州事朱发;考试:知盐官县事郑朴,富阳□□□尚友,嵊县丞崔耀卿,权越州税院娄寅亮,湖州士曹洪兴祖,杭州刑椽谢祖信,权吴县尉边知白。九月四日讫事,取《春秋》以下四十有三人。"

据此可知,钦宗靖康元年(1126)常州解试,八月二日锁院,十五日引试,九月四日开院放榜。

综上所述,北宋诸路州府军监解试时间大概一般为八月初锁院,八月中旬引试,九月开院放榜。

南宋初年,诸路州府军监解试大概是八月五日锁院,但引试日期仍然没有确定,"其诸军州有例选日引试,由是举人多贯通而再试于他州者,或妄引亲嫌而再试于别路者,至有一身而两次预为荐送者"。[④]为了防止应举人数州取解之弊,绍兴二十四年(1154)遂规定同以八月十五日引试。《宋会要辑稿・选举》一六之九《发解》载:

> 绍兴二十四年(1154)正月二十日,诏今后国子监、临安府、两浙转运司与诸路州军并转运司,依条并以八月五日锁院,十五日引试。

《系年要录》卷一六六亦云:"绍兴二十四年(1154)正月癸酉(二十日),初诏郡国同以中秋日试举人。旧诸州皆自选日举士,故士子或有就数州取解者,至是始禁之。"此后,"八月五日锁院,十五日引试"遂成为定制。

关于开院放榜日期,按惯例应在锁院后一个月之内。前引苏辙《栾城集》卷

---

① 文同:《丹渊集》卷九《中秋夜试院寄子平》。
② 黄裳:《演山集》卷七《试院中秋夜月》。
③ 《宋会要辑稿・选举》一五之六《发解》。
④ 李心传:《朝野杂记》甲集卷十三《诸路同日解试》。

四《洛阳试院楼上新晴五绝》诗中即有“高楼一闭三十日”的诗句，史书中也有“一月开院之例”的记载。但因应试举人过多或解试考官不足，则可以稍展时日。《宋会要辑稿·选举》一六之一〇《发解》载：

> 绍兴二十六年(1156)七月三日，诏诸州试院于常限之外，如三千人以上与展开院五日，五千人以上倍之。(以臣僚言：每州以三千人就试，则程文几万卷，而使六七人考之，限以三、四十日之期，不能遍览研究。故有是命。)

《宋会要辑稿·选举》二二之一《试官》载：

> 淳熙元年(1174)五月九日，臣僚言：“诸路漕司今秋考试官除知县不许差外，其馀并止于见任官选差。如或不及旧来所差之数，则听那展考校程限，不必拘一月开院之例；如或其间实有阙少员数过多去处，即欲令转运司申取指挥。”从之。

综上所述，南宋高宗绍兴二十四年之后，一般州府军监解试均为八月五日锁院，十五日引试，九月开院放榜。

南宋初承北宋之制，福建与四川、两广七路州府军监解试仍均提前一、两个月锁院。高宗绍兴八年(1148)定都临安即杭州。南宋首都南迁，大为缩短了福建、两广与首都的距离；而四川则实行类省试。于是，福建、川、广七路州府军监解试时间，随之做了相应的调整。《宋会要辑稿·选举》一六之六《发解》载：

> 绍兴十三年(1143)八月十五日，诏祖宗旧法，诸路州军科场并限八月五日锁院。缘福建去京师地远，遂先期用七月；川、广尤远，又用六月。今福建、二广趋行朝不远，可并限八月五日锁院；内川、陕州军特以六月，若依近例类省试，即亦以八月五日锁院。

绍兴十三年之后，福建路与广南东、西路州府军监解试时间，与两浙、荆湖南北等路一样，均为八月五日锁院，十五日引试，九月开院放榜；而四川和陕西等路州府军监解试，因为实行四川类省试，也改为八月五日锁院。

四川类省试之后，合格举人需要赴临安参加殿试。四川距临安路途遥远，非一个月所能到达，必须提前举行类省试，于是，四川、陕西诸路州府军监解试时间也必须相应提前。《宋会要辑稿·选举》一六之六《发解》载：

> 绍兴十三年(1143)十月十五日，诏川、陕发解，科诏到日，便行锁院。逐路运司并令六月前锁院，当月中开院。

李心传云："先是，成都府路安抚张焘(1092—1166)乞就春月发解，庶使得解举人可赴行在省试。礼部言：'自来发解年，系三月降诏。'故改用夏季焉。"①

绍兴二十八年九月八日，又诏"四川州军并用四月五日锁院，十五日引试。"②周必大《范公(成大)神道碑》云："淳熙元年(1174)十月……知成都府……解试取士，以四月五日锁院，后十日引试。公(按指范成大)请避盛暑，先一月。著为令。"③于是，四川州府军监解试时间又提前了一个月。《宋会要辑稿·选举》一六之一九《发解》载：

> 淳熙三年(1176)六月二十四日，礼部言："四川州军依绍兴二十八年九月八日指挥，并用四月五日锁院，十五日引试。闻四川诸州赴试举人最多去处至有四五千人，最少处亦不下千馀人，举人皆有暑途奔走之患。乞遇科场解试年分，许并进用三月五日锁院，十五日引试。"从之。

于是，四川州府军监解试时间提前为"三月五日锁院，十五日引试"，成为定制。大约六十年之后，到宁宗嘉定年间，四川州府军监解试时间又有了变化。《宋会要辑稿·选举》一六之三三《发解》载：

> 嘉定十一年(1218)十二月二十六日，礼部言："准令，诸开科场，每三年于二月一日降指挥，许发解，令降诏照得四川解试遂举用三月五日锁院，十五日引试。近降指挥，四川解试改用二月二十一日锁院，三月一日引试，所有嘉定十二年开设科场，窃恐降诏日分相逼。"诏用正月十五日。

据此，嘉定十一年之后，四川州府军监解试改用二月二十一日锁院，三月一日引试。此后，大概再也没有改变，恐怕不能再提前了。

---

① 《系年要录》卷一〇五，绍兴十三年十月戊戌。

② 《宋会要辑稿·选举》一六之一九《发解》。

③ 周必大：《周益国文忠公集》卷六二《范公(成大)神道碑》。

（二）诸路州府军监解试的考试场所

宋朝诸路州府军监解试，一般在本州府军监治所举行。北宋前期，曾有过集中一路州府军监举人，在本路转运司治所举行解试的建议。真宗朝，吏部尚书夏竦《议贡举奏》曰：

> 为朝廷计者，莫若改立制度，颁下郡国，自今本道举人各于都会取解，专委转运之使，慎择秋赋之官，选采良士，上名礼部。①

此建议未被采纳。仁宗嘉祐年间（1056—1063），郑荀等又起请各路聚之转运使司解试，仁宗命礼部贡院定夺。刘敞上奏曰：

> 当院今看详：聚试之议，今时多持此说，但于国体未为通允。本责刺史、县令乡举里选，重操行而后文词，若聚之转运司，则此法何寄？又一路不下十数州军，所差试官正令不得人，决不尽失；若聚之一处而试官非其人，则一路俱受其弊矣，此必然之患也。事不稽古，又不便今，难以施行。②

此后，还有起请聚一路应举人于转运司治所解试者，但均未被采纳施行。倒是有两州乃至数州并试于一州者。真宗时，规定解试官必须选差进士出身者充任，“怀（治今河南沁阳）、卫（治今河南卫辉）、滨（治今山东滨县）等州以部内官少进士登科者，乃聚数州进士并试之”。大中祥符八年（1015）四月六日，诏：“自今诸路发解官本处缺进士出身者，令转运司于部内选邻州官充，不得以举人就他郡试。”③此为因本州少进士出身者充任发解官而数州解试并试者。还有因本州应举士人不足一定数量而与临近州军并试者。《长编》卷二二〇载：

> 熙宁四年（1071）二月丁巳朔（一日），中书言：“……今定贡举新制：诸州进士不及二百人处，令转运司并邻近三两州考试，仍各用本州解额。”从之。

元丰元年（1078）七月五日，又诏：“其诸州不满百人者，委转运司取近便州各用本

---

① 夏竦：《文庄集》卷十五《议贡举奏》。

② 刘敞：《公是集》卷三三《礼部贡院定夺郑荀起请科场未便事件》。

③ 《宋会要辑稿·选举》一四之二六《发解》；《长编》卷八四，大中祥符八年四月乙卯。

处解额就一州考试。”①哲宗元祐八年，并试对于应举人数的要求又有变化。《长编》卷四八四载：

元祐八年(1093)六月辛亥(五日)，礼部言：“又，元祐五年三月十九日礼部状，准条：‘诸州应举不满百人，转运司预相度指近便州并试。’欲诸州应举不满一百五十人者，权依上条并试。”从之。

靖康之祸，宋室南迁。由于州军残破，士人流亡，州府军监解试往往并试。《宋会要辑稿·选举》一六之一一《发解》载：

绍兴三十二年(1162)闰二月十九日，礼部言：“唐(治今河南唐河)、邓(今属河南)二州乞依本路诸州例于襄阳府并试，以一路诸州举人数通衮二十人终场取一名，馀分亦取一名。”从之。

孝宗时期，诸路州府军监应举士人渐多，并试州军纷纷要求自置试院，解发举人。如《宋会要辑稿·选举》四之三七《贡举杂录》载：

隆兴元年(1163)五月八日，权知万州李刚中言：“本州每举往夔州(治今重庆奉节)附试，原其始，盖为士人数少，官(借)[惜]费用。承平既久，士子益盛，昨仲秋释奠，预其事者五百馀人。乞下本路转运司，许本州自置试院，解发举人。”礼部勘当：“若就试士人委及百人以上，令本州依条设置试院；如不及数，且循逐举例并试。”从之。

就试士人百人以上，始可自置试院，其所依据仍是元丰元年的贡举条制。而京西南路、广南东西路，情况不同，仍然三数州并于一处解试。《宋会要辑稿·选举》一六之三三至三四《发解》载：

嘉定十五年(1222)二月十九日，左司谏张次贤言：“窃谓考艺兴能，视远若近，此圣朝公天下之心。至于俗有不同，法有未便，时解而更张之，亦圣朝之所不免也。二广之俗，揆之中州不同，人才多寡，文物盛衰，何啻十百千

① 《宋会要辑稿·选举》一五之二二《发解》；《长编》卷二九〇，元丰元年七月丁丑。

万！而科举之法，乃与中州无异，则其间不便之尤者，可不为之厘正乎？

国家驻跸吴会，且将百年，中州近地，士类日繁。引试不分州，则无以息冒贯之弊；考试不分官，则无以责校艺之精。若夫二广风俗，乌可以此例视之哉？一气常燠，四时如夏，草木实于穷冬，蛇虺游于既蛰。人之冒瘴得疾者，鲜克自全，其风气之异如此。茅苇弥漫，居民鲜少，业儒之家既疏，能文之士益寡，阖郡应举，多者三四百人，少者不满百人，其士子之稀如此。

风气之异，则远官之人勿令深入；士子[既]稀，考试之官不必分州。今科举分遣考官，一用中州之例。当暑蕴隆，驱之深入瘴乡，动千余(千)[里]。呼吸炎风，濡染毒雾，其间固不能无毙于往来之途。故仕于广者，每以考试为惧，一遇宾兴之岁，百计营免，如逃寇攘。为漕臣者亦虑之畏避，而仓卒无以充数，故自正月以后行下郡县，应有出身僚属，并不(详)[许]给假。

侧闻往岁廷臣以京西士子稀少，乞将本路六州军士子并就襄阳一处收试，各用本州解额取放，行之已久，咸以为便。今二广士风与京西一同，独其间州郡数多，地里辽绝，难以一处收试。若取其地之相比近者，合三数州而并试之，亦广中之一便。乞下二广漕司，令仿京西类试体例，随宜措置，取相近州郡合三数州就一州并试，所有解额仍各自依逐州之数。如此则天地隆恩，无往不被，不独为考官者免于畏避，而漕司与州郡亦得以省事。”诏从之。令礼部、国子监看详。

宋朝诸路州府军监解试一般在本州府军监治所举行，京西、二广诸路则数州并于一处举行解试。此为因地制宜、因应举人数制宜。

宋朝诸路州府军监的解试场所与解试时间一样，也经历了一个由不固定到固定的发展变化过程。北宋前期，诸路州府军监解试没有固定的场所，大多临时设考场于佛寺、学宫及官舍。如周必大《吉州(治今江西吉安)新贡院记》云：“庐陵为江西大州，文武盛于诸路，承平时应诏者率数千人。试无定所，学宫、佛寺，取具一时。”①魏了翁《眉州创贡院记》云：“国朝设科取士，损益隋唐之旧，凡二百有七十季矣，列郡校试，寓于浮屠之馆者十有七八。”②陈俊卿(1113—1186)《兴化军贡院记》亦云：兴化军(治今福建莆田县)解试，“间三岁诏下，试于郡庠；已而褊隘，则移于部使者行部之舍；历数举，试员益众，则又移于南山之广化寺”③。

---

① 周必大：《周益国文忠公集》卷二八《吉州新贡院记》。

② 魏了翁：《鹤山大全集》卷四八《眉州创贡院记》。

③ 《弘治兴化府志》卷二七《兴化军贡院记》。

元祐五年(1090),诏州府学及孔子庙不得作为试士之所。①大概在北宋中期之后,诸州府开始陆续创建贡院。如福州贡院即建于哲宗元祐五年。《淳熙三山志》卷七《试院》载:

长乐大府,祥、禧以来,文物岁盛。自景祐建学,大比例为集试所。生员逡巡,邸宿于外。先圣释奠,亦移他所。元祐五年(1090),柯龙图述谋所以易之。会朝廷下学及孔子庙不得试进士之制,五月,乃择州治之东南公廨及隙地(治平图有察推厅及作院),广二百三尺有奇,而深倍之。乃增筑厥址,崇其旧三尺,穹堂延庑,中辟旷除,后敞公堂,缭以重屋,以为考校之舍。外门之内,监门、巡铺、弥封、誊录之所皆具。旬五十而成。凡为正屋百有二十区。是时举士才三千,峨冠鹄袖,雍容而入。其后浸增,至于五倍。侧肩争门,坐不容膝。绍兴十七年,乃假漕司行台,以杀其溢,然犹病其隘也。乾道元年,郡学诸生、乡士林丙相率以请于王参政之望,乃相其西北隅官舍而易之。得其地东西三十有八丈,南北四之三,增为屋百二十有七楹。

泰州贡院创建于绍圣四年(1097)。《嘉靖维扬志》卷七《泰州贡院》载:

绍圣四年,州守陆佃建于学右南山寺之西。有凤池、朝阳亭、雌堂、鸥阁、雏庵,共屋六十二间。

徽宗政和二年(1112),“又从董正封建请,令诸州遍立贡院”②,此后各州府的贡院才普遍建立起来。魏了翁《普州贡院记》亦云:

政和二年,从董正封之请,诸郡得立贡院。然舍法既罢,则贡院亦随废矣。……国初贡院废置亦无常居。自崇宁至政和,中都外郡咸有贡院,贡院之备又昉此。③

说北宋末年,诸路所有州郡皆有贡院,可能有些夸张。但可以说,由于政和二年

① 《淳熙三山志》卷七《试院》。

② 《成都文类》卷四〇李焘《贡院记》。

③ 魏了翁:《鹤山大全集》卷四四《普州贡院记》。

董正封之请，绝大部分州府都建立了贡院。

但靖康罹难，宋室南迁，诸州贡院多毁于兵火，如《隆庆仪真县志》卷八《学校考》云："故真州（治今江苏仪征）有贡院，靖康、建炎中，虏数入寇，院遂毁废。"《永乐大典》卷五三四三《潮州府》引《三阳志》云："试进士以来，辟贡院于城北之五里，建炎间，火（为）[于]草寇。"①于是，很多州府的解试又复寓于佛舍、学宫。如《嘉泰会稽志》卷一《贡院》云：绍兴府"迨复科举，更寓诸暨大雄寺、城东延庆寺，最后寓光相寺，亡虑十数。"魏了翁《普州（治今四川安岳）贡院记》云：

> 蜀自中兴以来，生聚教训，既百有余年，儒风丕振，应书之士，岁滋月益，而诸郡校士，非学官则佛舍也。其特为之官者，远则六十年，近止三五岁耳。普于东川，号多士，而亦寓于学官。②

建康府（治今南京市）、衡州（治今湖南衡阳）也是如此。陈天麟《重修贡院记》云："兵兴，百事卤莽，有司不暇治屋庐以待进士，始夺浮图、黄冠之居而寓焉。"③衡州"旧无试院。岁大比，即南门学舍为试所"④。

借用佛寺、学宫及官舍作为解试场所，给诸路州府军监解试带来了很多问题。⑤第一，是给所借用的场所造成很大破坏，也给解试带来不便。如镇江府解试，"淳熙初，贡院犹未创，大比试于郡学及先圣庙两庑，撤棘则再补葺，士以为病"⑥。又如黄州解试，楼钥（1137—1213）《黄州贡院记》云："建炎兵毁以来，秋赋多附他邦。乾道七年，始试于州。而因陋就简，寓贡闱于庠校，三载比一毁撤。既非所以作士气，而学宫浸以颓靡，州人病之。"⑦再如徽州（治今安徽歙县）解试，《新安志》卷一《贡院》载："贡院自宣和后不复设，遇岁大比，则毁学之斋壁以纳之，坐讲堂及庙两庑皆满。"

第二，佛寺、学宫、官舍作为临时考场，空间有限，而请解士人日益增多，使这些临时考场难以容纳。如池州解试，陆游（1125—1210）《监丞周公（必正）墓志铭》云："池州旧试贡士，率寓景德寺，隘不能容，士病之。"⑧又如长宁军（治今四川

① 转引自梁庚尧：《南宋的贡院》，《宋代社会经济史论集》下册。
② 魏了翁：《鹤山大全集》卷四四《普州贡院记》。
③ 《景定建康志》卷三二《贡院》。
④ 《永乐大典》卷八六四七《衡州府》引《衡州府图经志》。
⑤ 参见梁庚尧：《南宋的贡院》，《宋代社会经济史论集》下册。
⑥ 《嘉定镇江志》附录《咸淳镇江志》。
⑦ 楼钥：《攻媿集》卷五四《黄州贡院记》。
⑧ 陆游：《渭南文集》卷三八《监丞周公（必正）墓志铭》。

珙县)解试,魏了翁《长宁军贡院记》云:“长宁之为军,自政和四年(1114)始。……绍兴十四年(1144),始以士之请,寓试于郡之龙华僧舍。……由是数十年间,人才彬彬间出,接武科级,就试者因以倍于曩日。僧舍湫隘,既不足以容,校士其间者,亦病于弗葺。”①再如资州(治今四川资中)解试,魏了翁《资州新创贡院记》云:

资之文物,于是为蜀称首。然考其贡士之官,则未之有也。寓试于报恩佛舍,弗便,则合郡县庠而棘焉,犹病其褊也。庆元初,分漕司贡额于诸郡,资之贡二十有一人,至是增为三十有二。士舍是亡他途也,则就试者因以倍于昔,盖不下五千人。而仅入出于一门,既未免有壅阏蹦籍之虞。幸而得入,负笈而冀少纾焉,则伥伥然靡所至戾。编苇架竹,犹未足以容也。有徙于楼居者焉,则危栈腐梁,上下填物,廪乎压覆是惧。投卷之庑,衣冠曳屦;校艺之馆,藩拔级夷(四库本作:组绂委顿);封录之所,嚣隘近市;导水之沟,污秽杂袭。士生一世,居广居而立正位,其所存何如也。②

佛舍不足以容纳就试举人,再加上州县的学官,仍然容纳不下,入门则有拥挤蹂践之患,答卷则有危楼倾覆之惧,真是正如魏了翁所感叹的那样:“今若此,殆所谓唐虞三代不若是慢易者乎!”

第三,开科取士,本为儒生大事,借学宫为试院,犹有可说,而以佛舍为考场,总有些不伦不类。李道传(1170—1217)《初建贡院记》云:“若夫合圆冠方屦之士,以校其艺,曾无定处,而反托于异教之庐,事益苟,名益不正,此则有司所得为者。”③

有鉴于以上种种,南宋政权稳定之后,自高宗至孝宗时期,陆续重修或新建诸路州府军监贡院,作为解试的专用考试场所。据史料显示,南宋州府贡院修建最早的是高宗绍兴十四年(1144)所建的吉州(治今江西吉安)贡院。周必大《吉州新贡院记》云:

庐陵为江西大州,文武盛于诸路,承平时应诏者率数千人。试无定所,学官、佛寺,取具一时。绍兴十四年,始度地于糖食巷,为屋二百余楹。④

① 魏了翁:《鹤山大全集》卷四十《长宁军贡院记》。
② 魏了翁:《鹤山大全集》卷三八《资州新创贡院记》。
③ 《景定建康志》卷三二《贡士》。
④ 周必大:《周益国文忠公集》卷二八《吉州新贡院记》。

此后，诸路州府大都建有贡院。如绍兴十七年，兴建衢州贡院；绍兴二十年，兴建潮州贡院；孝宗乾道四年（1168），兴建平江府（治今苏州）贡院，等等。梁庚尧搜集了 50 所兴建于南宋的州府军监贡院资料，其中兴建于高宗绍兴年间者有 7 所，兴建于孝宗时期者有 24 所，共 31 所，占五分之三以上。可以说，南宋州府军监贡院的兴建，自高宗中期开始，至孝宗时期全面展开，而到光宗、宁宗时期告一段落，至此大部分州府军监都兴建了贡院。[①]有些州府军监在兴建贡院之后，随着应举人数的不断增加，又或临时搭建浮屋，或借用佛寺、学宫及官舍，进而扩建或改建更大的贡院。如庆元府（治今浙江宁波）贡院就是如此。《宝庆四明志》卷二《叙郡・贡举》云：

> 旧无贡院，士亦不过数百，率寓试于行衙，又于府学西妙音院。院为之废，建炎元年（1127）移其额于定海。四年，毁于兵，士寓试于谯楼之上，或于开元寺。试者日众，乾道五年（1169），守张津始即妙音院废址建院以容之。……其后又不足以容，有司每借府学之冷斋以居。嘉定六年（1213），提刑程覃摄守，葺治之，南增屋数十间，作弥封、誊录所，又于学地立墙以障之，限隔始严。绍定六年（1233），守胡榘重修，誊录屋圮，重建。

建康府（治今南京市）贡院也是如此。《景定建康志》卷三二《贡士》载：

> 建康府贡院在青溪之南、秦淮之北，即蔡侍郎宽夫宅旧址也。乾道四年（1168），留守史公正志建；绍熙三年（1192），留守余公端礼修而广之；嘉定十六年（1223），端礼之子嵘为守，撤而新之。陈公天麟、杨公万里尝为记。

此后四十五年，即咸淳三年（1267），沿江制置大使、江东安抚大使兼知建康府事马光祖又重修建康府贡院。至此，建康府贡院大的修建已经四次，其三岁一次小的修补不计其数。

诸州府军监贡院颇具规模，少则数十间，多则三五百间，甚至上千间。其形制，一般均分监试、考试、封弥、誊录、巡铺、监门等处所，颇为完备。《咸淳毗陵志》卷十一《贡举》载：

---

① 参见梁庚尧：《南宋的贡院》，《宋代社会经济史论集》下册。

贡院在子城东南，本漕司监籴料官廨。绍兴间，监官与时宰有连营度甚广，后省贡遂改创焉。大门西向，中门南向，东西庑几百楹。正厅五楹，厅后监试主之，考试位有六。又轩屋三楹，为会文之地。封弥、誊录、对读皆有所。岁大比，则增葺浮屋十余楹，分列试席。距围棘数十步，又设三外门，俾群试者无壅滞之患云。

周必大《吉州新贡院记》云：

绍兴十四年，始度地于糖食巷，为屋二百余楹。其后至者益多，无可展之地。或畏蹂践，望而去之。众议欲迁久矣。绍熙壬子（三年，1192），大理寺丞胡侯长卿被命出守，崇化以礼士，节用而爱人，政成岁丰，锐意改作。得五代水军废营于城中，地广百亩，闾民畦而为圃者若干户，乃厚与直而取之。鸠工聚材，徙旧图新，为屋五百十有八间。修廊布席，居五之四。议道校艺之堂，分职莅事之所，视昔大抵加倍。崇墉之外，周以通途。高门四辟，宛如城闉。……是秋赴举者逾万人，冠带俨然，几案绳然。尽三日，出入无哗。场屋之盛，前所未有。①

常州、吉州均非大藩府，尚且如此，其他可知。再如建康府（治今南京市），更为壮观。杨万里（1127—1206）《建康府新建贡院记》云：

绍熙二年（1191）春，三衢余公自刑部尚书除焕章阁直学士，实来居守。……乃彻厥旧，乃图斯新。意匠是断，画堵是度，栋宇崇崇，柱桷奕奕，率眡旧贯，盖四之一。考官有舍，揖士有堂。爰廊四庑，爰拱二掖。可案可几，可研可席。堂之北堧，中阑以南，前后仞墙，内外有闲。自阑之表，缄封之司，写书之官，是正之员，左次右局，不殽不并。会为门关，启闭维时，职谁何者。于此攸宅，凡二百一十有二楹。自堂徂庭，自庭徂门，自门徂裔，皆甓其地。士之集者，霁则不埃，霖则不淖。

《景定建康志》卷三二《贡士》载：

① 周必大：《周益国文忠公集》卷二八《吉州新贡院记》。

咸淳丁卯(三年,1267)岁诏,大使亲即其所,爰究爰度,悉命撤而新之。鸠工聚材,筑基崇址,宏壮爽垲,视昔迳庭。厅事之后为堂三间,匾曰衡鉴;翼以考官位次,薇阶莲沼,前后相辉,供帐什物,百尔具备。试场旧止四庑,众以为隘,乃即西偏阔地数百弓,添创两庑,为屋二百九十四间,庖湢守视之所,罔不整洁。又仿金华诸郡例,置长卓钉柱间,阑三门以来多士。中门之外,设封弥、交卷、誊录、对读所,各有司存,井然不紊。栋宇翚飞,与正厅埒。始置锁钥,属府学董之。规模于是乎详备矣。

《景定建康志》卷首还载有咸淳三年(1267)之《重建贡院之图》,可以更为形象地了解重建的建康府贡院的形制。据图,建康府贡院朝南有大门、中门,中门两侧为东偏门、西偏门。大门之内、中门之外有封弥所、誊录所、监门处、交卷处。中门内有天井,对面为正厅,两侧有房舍数百间,以为举人解试答卷之所;一般考场内备有桌凳,数间相连,与现代考场相类似。正厅后边为衡鉴堂,系评定试卷之所;正厅前面有箔水,正厅后面与衡鉴堂之间有穿廊。衡鉴堂两侧为监试、主文、考试官及吏人之舍。另外有里受事室、外受事室、厨屋、钱米库、更衣室、榜屋等。各种设施,甚为齐全。其他州府军监的贡院也大多类此。

诸路州府军监解试的专用场所——贡院的兴修和扩建,对于解试的顺利进行,无论在物质方面,还是在精神方面,都带来了很大方便。徽州贡院就是一个典型的例证。《新安志》卷一《贡院》载:

贡院自宣和后不复设,遇岁大比,则毁学之斋壁以纳之,坐讲堂及庙两庑皆满。乾道四年,郑侯规大成殿之东故闲地,增买民地六百二十余丈,为屋东西八十间。长廊广厦,使士各以其艺别为位,最后则堂以处较艺者。自是学舍无毁彻之患,士得去此隘,尽思于为文,且以称登能天府之意。余所买地,颇当庙学,前者皆虚之。又尽彻学前小屋,直南而出,以达于逵,气象恢宏。是秋遂以试进士,明年登第者十人,有为礼部第一、御试第三人者,士子宜之。

"礼部第一"即"省元"者,徽州歙县方恬也,官至太学博士;"御试第三人"即"探花"者,徽州黟县汪义端也,官至知鄂州。是榜登科者共391人,徽州既有10人登科,占2.6%,又有为省元和探花者,这与徽州新建贡院不无关系。

但五十多年之后,徽州应举士人增加了五倍,贡院无法容纳,以至"门进入蹦跣屦惊，屋不足，芘盖以芦苇。上下交病者三十年于此矣”。宝庆二年(1226)，予以扩建，于是面貌大为改观：

> 新者以间计，一百二十有七；旧者百楹，亦再缮之。潭潭沈沈，林郁云屯。五门洞开，东西径可入，中坐万士裕如也。自是父兄之遣子弟者，无争门叠趾之忧，而群试之吐英奇者，有畅目爽心之助。侯之惠多士为如何邪！且是役也，亦有数焉。初郑侯之创制也，岁为戊子，是秋即试士，明年冠南宫、占鼎魁、联翩上第者，两倍他时。今侯之增广也，来年又为戊子，则己丑胪传之盛，以当增广于乾道矣！①

徽州贡院的兴建或增广，使之“长廊广厦”，“气象恢宏”，“中坐万士裕如也”。这样，士人“得去此隘”，“无争门叠趾之忧”，就可以“尽思于为文”，“有畅目爽心之助”，所以“冠南宫、占鼎魁、联翩上第者，两倍他时”。

四、得解、解额与免解

(一) 得解与解额

1. 北宋太祖建隆元年至真宗大中祥符二年的解额

宋朝解试合格，称为“得解”。得解举人，即得到解送礼部参加省试资格的应举人，其第一名称“解元”，亦称“解头”。

宋朝诸路州府军监解试合格举人有一定的录取名额，称为“解额”。宋初，解额尚无定数。太祖朝解额甚少，以取士最多的开宝六年(973)为例，三月辛酉(七日)，录取“新及第进士雍丘宋准等十人、诸科二十八人”，共38人。后因李“昉用情，取舍非当”，太祖“乃令贡院籍终场下第者姓名，得三百六十人”。②这样，所有包括及第与下第的终场者，共398人。当时省试，大概逐场去留，并非所有解送礼部参加省试的举人都能够“终场”，其解额会多于398人，但恐怕无论如何也不会超过1 000人。

“斧声烛影”，太宗继位，为了“补阙员而振滞淹”③，乃大开贡举之门。太平兴国二年(977)正月丙寅(五日)，“诸道所发贡士凡五千三百余人”④。太平兴国八

---

① 程珌：《洺水集》卷七《徽州贡院记》。
② 《长编》卷一四，开宝六年三月辛酉。
③ 《曾巩集》卷四九《本朝政要策·贡举》。
④ 《长编》卷一八，太平兴国二年正月丙寅。

年(983)正月,“两京、诸道州府贡士一万二百六十人”①。“雍熙初,贡举人集阙下者殆逾万计”②,如雍熙二年(985)春正月癸亥(十八日),太宗谓宰相曰:“夫设科取士之门,最为捷要。然而近年籍满万馀人,得无滥进者乎?”③雍熙四年(987)十二月十日,翰林学士、知贡举宋白(936—1012)等言:“今进士、诸科八千馀人,其间终场落者四百九十馀人,御前落者六百八十馀人。”④淳化三年(992)正月丙申朔,“诸道贡举人万七千三百,皆集阙下”⑤。其发解人数之多,为现存史料之最。

真宗即位,认为“设科取士,当惩滥进”,应该尽快制定发解制度。遂于至道三年(997)五月九日(真宗已即位,未改元),即颁诏曰:

> 朝廷为官择人,设科待士,当惩滥进,方尽至公。应两诏诸道州府进士、诸科举人发解及贡院考试条贯,宜令翰林学士、中书舍人参议,先具发解条贯以闻。

翰林学士承旨宋白等议曰:

> 国家封域至广,州郡甚多,每岁举人,动以万数,将惩滥进,理在精求。欲乞不限两京国学及诸道州府,应新旧进士、诸科举人,每秋赋各依前后敕命,委本处逐邑差官考试,须是文章、经义最精者,每进士一百人只解二十人,“九经”已下诸科共及一百人只解二十人赴阙。如将来考试,或有谬滥,其逐处发解官并依先敕殿罚。内诸州府不及一百人处,亦令约此数目解送,但十分中只解二分。

诏依所奏。⑥此后每开贡举,只将请解进士、诸科举人中的十分之二解送礼部参加省试,即解额为请解举人的十分之二。

按照请解举人的十分之二发解,仅施行了一举,真宗咸平元年(998)五月二十三日,礼部贡院又言:

---

① 《长编》卷二四,太平兴国八年正月。
② 《长编》卷二八,雍熙四年十二月庚寅朔。
③ 《长编》卷二六,雍熙二年春正月癸亥。
④ 《宋会要辑稿・选举》一四之一五《发解》。
⑤ 《长编》卷三三,淳化三年正月丙申朔。
⑥ 《宋会要・选举》一四之一六《发解》。

> 自来两京及诸道州府解送举人将近二万，春闱校艺，及格非多。去岁，朝廷特许十分内量解二分。自立规程，已成伦贯。今欲乞更不定分数，只严示惩戒，专委知州、通判、判官选差清强官程试，精选德行词学之士到南省考校。不及格人数多，并乞依前项纰缪、十否条例停放。将来知举官不得庇容，如失举行，并当连坐。①

真宗批准了礼部贡院的建议，取消了按照请解举人比例解送礼部省试的规定，只是用“严示惩戒”的办法防止滥进。

按照请解举人比例解送，尚容易操作，仅仅“严示惩戒”，很难奏效。咸平三年(1000)五月辛卯(十五日)，又下诏曰：

> 去岁天下举人，数逾万人，考核之际，缪滥居多。盖其荐送之时，辄容侥幸，合申典宪，以儆官司。又自前贡院举奏诸州不合格举人，朝廷每虑停殿人多，或与宽宥。将惩前弊，再示明文。自今滥有解荐及遗落孤寒实艺之士，并从覆试，有不当者，悉论如律。②

咸平二年解试，仍然是“天下举人，数逾万人，考核之际，缪滥居多”。其解决之道，仍然是“再示明文”,“以儆官司”，加重惩罚。这样，不但不能解决滥进的问题，反而会激化省试官与解试官之间的矛盾。《长编》卷五一载：

> 咸平五年三月己未(二十三日)，上亲试礼部举人，得进士益都王曾以下三十八人，“九经”诸科百八十一人，并赐及第。……
>
> 先是，贡举人集阙下者万四千五百六十二人。命吏部侍郎陈恕知贡举。恕所取士甚少，以王曾为首。及是，糊名考校，曾复得甲科，时议称之。旧制，试经科，复旧场第，始议进退。恕初试一场，即按“通”、“不”去留之。以是，诸州举送官吏皆被黜责，谴累者甚众。江南，恕乡里，所斥尤多。人用怨讟，竞为谣咏讥刺。或刻木像其首，涂血掷于庭。又缚苇为人，题恕姓名，列置衢路，过辄鞭之。

① 《宋会要辑稿·选举》一四之一七《发解》。
② 《长编》卷四七，咸平三年五月辛卯。

咸平四年解试发解举人多达14 562人，接近淳化二年的17 300人，其滥进可知。而且，由于省试知贡举陈恕“初试一场，即按‘通’、‘不’去留之。以是，诸州举送官吏皆被黜责，谴累者甚众”，引起诸州解试官的怨恨和愤怒，不但编写歌谣加以讽刺，并且把陈恕做成木人和草人，置于大庭广众之下，予以鞭打，成为一起科场事件。

既然加重惩罚无济于事，只能另求良策。景德二年（1005）七月二十日，龙图阁待制戚纶（954—1021）与礼部贡院上言：

> 今岁诸道取解、免解进士仅三千人，诸科万馀人。其中文理纰谬、经义十否、九否者甚众。苟非特行约束，必恐益长因循。又虑官吏坐此殿罚，因而避事，全不荐人。窃惟取士之方，合垂经远之制。今请诸色举人各归本贯取解，不得寄应，及权买田产立户。……自今开封府、国子监、诸路州府，并请据秋赋投状举人，解十之四；如艺业优长，或荒缪至甚，则不拘多少。今岁秋赋，请止解旧人，新人且令习业。西川、广南旧取解举人，并许免解。

景德二年诸道取解、免解举人又多达13 000多人，而且“文理纰谬、经义十否、九否者甚众”，如果加重对解试官的惩罚，又担心他们“因而避事，全不荐人”，所以又回到至道三年按照请解举人比例解送的办法：“请据秋赋投状举人，解十之四”。真宗认为：“所定分数至少，约束过严，恐阻仕进之路，当酌中立制。”乃诏两制与知贡举官同详定以闻。①于是，翰林学士晁迥等上议曰：“令诸州约数解送，或自来举子止有三两人者，欲听全解；或其间才业卓然不群者，别以名闻。……馀如戚纶等条奏。”诏从之。②

随着应举人数的增加，这种按比例解送的办法也难以奏效。如景德四年闰五月二十九日，真宗帝问宰臣等：“天下贡举人几何？”王旦（957—1017）曰：“万三千有馀人。”真宗曰：“约常例奏名几何？”曰：“大约十取其一而已。”真宗曰：“当落者不啻万人矣。必慎择其有司。”③于是，乃改按比例解送为限额解送。大中祥符二年（1009）五月丁丑（二十三日），礼部贡院言：“准诏，议定国子监、两京、诸路五次解到举人内，取一岁最多者为数。自今解十之三，永为定式。”真宗“庸振淹滞，以广搜罗”，于是，五月二十四日诏曰：

---

① 《宋会要辑稿·选举》一四之一九《发解》；《长编》卷六〇，景德二年七月丙子。

② 《长编》卷六〇，景德二年七月丙子。

③ 《宋会要辑稿·选举》三之八《贡举杂录》；《文献通考》卷三〇《选举考三》。

> 朕恢崇儒术，博访贤能，因有司之上言，限岁贡之常数，永言俊茂，宜广搜罗。其令礼部于五年最多数中，特解及五分。①

大中祥符二年诏书所说的“特解及五分”，不是请解举人的五分，而是得解举人的五分，这与至道三年诏书中的“十分中只解送二分”及景德二年的“解十之四”是大不相同的。大中祥符二年以前的五次解试，为咸平二年(999)、咸平四年、景德元年(1004)、景德四年、大中祥符元年(1008)解试。其中发解人数最多者为咸平四年解试，是年“贡举人集阙下者万四千五百六十二人”，“特解及五分”所形成的“岁贡之常数”即为 7 281 人。仁宗庆历八年(1048)，礼部贡院言：“举人每至尚书省，不下五、七千人。”②嘉祐二年(1057)欧阳修(1007—1072)在《礼部唱和诗序》中云：“嘉祐二年春，予幸得从五人于尚书礼部考天下贡士，凡六千五百人。”③《长编》卷一八六载：“嘉祐二年十二月戊申(六日)，先是，上封者言：‘四年一贡举，四方士子客京师以待试者[恒]六七千人，一有喧噪，其徒众多，势莫之禁。’”可见，大中祥符二年之后、嘉祐二年之前，即四年一开贡举之时，全国解额大概为七千人左右。与大中祥符二年的诏书是吻合的。大中祥符二年的这一诏书奠定了国子监、两京、诸路州府军监解额的基础，是宋朝解试得解人数由无定额到有定额转变的标志，也是宋朝解额制度趋于完备和成熟的标志。

2. 北宋真宗大中祥符二年至徽宗崇宁四年的解额

真宗大中祥符二年(1009)诸路州府军监解额确定之后，并没有“永为定式”，而是随着贡举制度的变化，各种形势的需要，经常进行一些调整。

第一，是随着贡举周期的变化而调整解额。如上所述，真宗大中祥符二年至仁宗嘉祐二年(1009—1057)，基本上是四年一开贡举，每举的解额为 7 000 人左右。嘉祐二年十二月戊申(六日)，鉴于“负累者奸利相成，寡闻者怀挟交济，条制虽密，朋比莫惩；且四年设科，时颇淹久，虑兴遗滞之叹，殊匪招来之勤”，遂下诏曰：

> 自今间岁一开科场，天下进士、诸科并解旧额之半。开封府、国子监以皇祐四年所解人数五分为额，锁厅及试官亲戚举人亦准此。④

① 《宋会要辑稿·选举》一四之二〇《发解》；《长编》卷七一，大中祥符二年五月丁丑；《文献通考》卷三〇《选举考三》。

② 《宋会要辑稿·选举》三之三一。

③ 《欧阳修全集》卷四一《礼部唱和诗序》。

④ 《长编》卷一八六，嘉祐二年十二月戊申。

“天下进士、诸科并解旧额之半”，即解额由七千人左右减为三千五百人左右。

间岁一开科场仅仅施行了四榜，就又暴露了许多弊病：“以里选之牒仍故，而郡国之取减半，计偕之籍屡上，而道途之劳良苦。”①于是，英宗治平三年(1066)十月六日，又颁布了调整贡举周期的诏书。其诏曰：

> 今后宜每三年一开科场，应天下所解进士、诸科，并以本处旧额四分[中解]三分。内开封府、国子监以皇祐四年所解进士、诸科数各于四分中以三分为额。②

次年正月，神宗继位，关于解额又有具体规定。《宋会要辑稿·选举》一五之一七载：

> 治平四年正月二十三日，礼部贡院言：“欲将贡举条制内解额自至和二年后不曾增添者，即用为旧额，依今敕施行。若曾经增添者，更加新添人数并在贡举条制元额内，通计为数，然后于四分中解三分，永为定额。又勘会逐州军解额人数不等，其间有二人、三[人]、五人、六人、七人者，虽(柝)[析]分数，今欲乞应将旧额四分中解三分，不满一人，并许解一人。假设旧额十人，今四分中解三分合解七人外，更有馀分，即解八人之类。”从之。

治平四年正月八日，英宗崩，神宗继位，未改元。诏书中所说“依今敕施行”，是指依治平三年十月六日诏书“今后宜每三年一开科场，应天下所解进士、诸科，并以本处旧额四分[中解]三分”施行。并且规定“将旧额四分中解三分不满一人，并许解一人”。如果以大中祥符二年的解额即 7 281 人为旧额，其“四分中解三分”即为 5 460 人。如果以 7 000 人左右为旧额，则“四分中解三分”即为 5 200 人左右。

庞元英《文昌杂录》卷五云：“礼部投纳试卷，因国学至天下所解进士者、诸科赴省试者，约六千人。辞场之盛。未有今日之比也。”《文昌杂录》卷五全卷皆按月记载“元丰甲子(七年，1084)史事，可知元丰七年天下所解进士、诸科举人共“约六千人”。另外，黄庭坚(1045—1105)《题太学试院》云：“元祐三年正月乙丑(十七日)，锁太学，试礼部进士四千七百三十二人。三月戊申(一日)，奏号进士五百人，宗室二人。”③《长编》卷四〇八元祐三年正月乙丑条亦载：“天下进士凡四

①② 《宋会要辑稿·选举》三之三八《贡举杂录》。

③ 黄庭坚《山谷集》别集卷十一《题太学试院》；《容斋四笔》卷八《省试取人额》。

千七百三十二人，并即太学试焉。"并注云此据"黄庭坚为孙敏行书石刻"。《长编》卷四〇九又载："元祐三年(1088)三月己巳(二十二日)，赐进士李常宁等二十四人及第，二百九十有六人出身，一百八十有八人同出身；内宗室子湜为承务郎，令䥚为承奉郎。诸科、明经七十有三人，各赐本科及第、出身、同出身有差。"《长编》所载进士及第人数与黄庭坚《题太学试院》略同，可见元祐三年解送礼部参加进士科省试的举人为 4 732 人。另外，此榜还有诸科及第者 73 人，若按及第率为十分之二计算，其解送礼部参加诸科省试的举人至少为 365 人。这样，元祐二年解送礼部参加省试的进士、诸科举人共约为 5 100 人。这些与治平三年诏书所规定的解额是吻合的。可以说，治平三年之后，三年一开科场，每举解额约为五、六千人。

第二，是请解就试人多，而解额少处，因而增加解额。如天圣三年(1025)十一月十六日，应天府言："本府自建都以来，学徒益多，望于合解发举人额外量添人数。"诏特添三人。①又如明道元年(1032)七月丁酉(二十八日)，"诏天下举人，依大中祥符八年额解五分外，其人多额少处，许计就试人数解十之二。"②

北宋因"就试人多、解额少处"而大规模地增加诸路州府军监解额者有两次。一次是庆历五年(1045)。《宋会要辑稿・选举》一五之一三《发解》载：

> 庆历五年三月二十五日，诏礼部贡院增天下解额。既而，上言："请以景祐四年、庆历元年科场取解进士人数内，择一年多者，令解及得二分为率。就试人虽多，所添人数各不过元额之半。其陕西路惟永兴军、凤翔府两处就试人多，解额尚少，用庆历四年赦恩，已增及分数，自馀州军所增未宽，今欲于定额上每州军增一名。保(定)[安]、镇戎、德顺三军，自来未有解额，今各许解一名。其河北、河东沿边州军，自来少人修学，解额已宽，难更增益。今总诸州军，凡增三百五十九人，乞永为定额。"从之。

庆历五年，全国共有 18 路。陕西路的永兴军、凤翔府已于庆历四年赦恩增加，其余州军只各增一名，河北、河东州军解额已宽，不必再增，这样，359 人大概主要是江、浙、荆湖、福建诸路增加的。

另一次是嘉祐五年(1060)。《宋会要辑稿・选举》一五之一五《发解》载：

> 嘉祐五年二月七日，礼部贡院言："准袷飨赦书，增诸路州举进士解额绝

① 《宋会要辑稿・选举》一五之五《发解》。
② 《长编》卷一一一，明道元年七月丁酉。

少处，今请苏、明、常、衢、睦州共十一人，歙、饶州共四人，洪州、建昌军共八人，福建泉、南剑、漳、汀州、邵武、兴化军共四十五人，广、韶、新、端、康州共八人，桂、宾州共八人，益、眉、陵、绵、汉、嘉、邛州、永康军共三十二人，遂、资、果、普、合、昌州、广安军共二十人，渝州、云安军共三人。”从之。

嘉祐四年(1059)十月十二日，袷飨赦书曰：“诸路解发有就试人多、解额少处，令礼部量添解额。”①根据这一诏书，江浙、福建、川、广诸路39个州军共增加了进士解额139人。

值得注意的是，这两次大规模地增加解额，主要是由于应进士举者大量增加，而进士解额绝少，所增加者大多为进士解额。宋初，承五代之势，应诸科者多，应进士科者少。以至到景德二年(1005)，即宋朝建立45年之后，依然“诸道取解、免解进士仅三千人，诸科万余人。”进士科得解举人仅占23%。随着社会、经济、文化的发展，应进士举的士人越来越多，应诸科举的士人日趋减少，出现了原有的进士解额严重不足，而诸科解额取人不满的现象。这在庆历五年之前就已经相当突出。如《宋会要辑稿·选举》一五之七《发解》载：

天圣七年(1029)十月六日，知许州钱惟演言：“本州准条解进士三十一人、诸科百六人。今试到进士三十一人、诸科八人外，进士王寅等十五人辞理可采，欲试诸科额三十人添进士额十五人，自今为定。”诏与寅等数中选八人，委合格者解发，馀不行。②

又如《宋会要辑稿·选举》一五之九《发解》载：

景祐元年(1034)正月十三日，知青州夏竦言：“考试举人内合格系额进士刘概等二十二人外，更有合格进士王子厚等一十四人，乞充填诸科阙额人数。”知永兴军范雍奏：“本府发解举人除额定九人外，有窦璋等八人文理可采，欲乞收试。”诏贡院并依例收计。

大概到仁宗嘉祐五年之后，进士科解额超过了诸科解额。治平元年(1064)，

① 《宋会要辑稿·选举》一五之一五《发解》。
② 《宋会要辑稿·选举》一五之七《发解》。

中书批送下太子中舍、知封州军州事柳材奏："伏见国家间岁一开科场，诏下州郡，使之乡举里选，遣诣京师，覆试于礼部，虽幽远之士，咸与其进。然而天下发解进士到省，常不下二千馀人，南省取者，才及二百。"[①]间岁一开科场，每举解额约三千五百余人，"而天下发解进士到省，常不下二千馀人"，则进士科解额占到近60%。神宗熙宁四年(1071)二月，王安石改革贡举，罢明经、诸科，专以进士一科取士。"所有明经欲行废罢，并取诸科额内元解明经人数添解进士；仍更俟一次科场，不许新应诸科人投下文字，渐令改习进士。"[②]即罢明经科以其解额添解进士；诸科在经熙宁六年科场之后，除旧应诸科人可以依旧应举之外，不许新应举人应诸科举。其目的在于让诸科随着旧应举人的销尽而消亡。《宋会要辑稿・选举》一五之二八《发解》载：

> 崇宁元年(1102)八月八日，礼部言："臣僚奏，五路诸科旧人见在应书者今已无几，愿以所存(进士)[诸科]解额悉解进士，使熙宁诱进诸科向习进士之意，至是始得纯一。欲遍行指挥，应有诸科解额今来无人取应者，并许并入进士解额。"从之。

至此，诸科基本消亡。至政和七年(1117)，诸科才彻底消亡。

第三，是因对边远地区的照顾而增加解额。如"以其远方多学者故也"，大中祥符七年(1014)七月十六日，"诏益州举人自今荐送定名外，别解三人。"[③]又如天圣七年(1029)六月七日，"诏川峡四路于解发额外各添人数，益州添四人，梓州添二人，馀不及三人者，并添为三人。"[④]再如，熙宁六年(1073)十二月戊寅(十日)，"诏熙河路举人不以户贯、年限听取应。应熙州以五人，河、洮、岷州各以三人为解额。"熙、河、洮、岷四州，均为宋朝新设的州军，所以增加解额，予以优惠。

3. 北宋徽宗崇宁三年至钦宗靖康元年的解额

崇宁三年十一月丁亥(十七日)，诏曰："其诏天下，除将来科场如故，其外并罢州郡发解及省试法，其取士并由学校升贡。"[⑤]即崇宁四年解试、五年省试之后，并罢州郡发解及省试，"解额"即变为"贡额"。实际上并非完全如此。崇宁五年

---

① 《温国文正司马公文集》卷三〇《贡院乞逐路取人状》。

② 《宋会要辑稿・选举》三之四三《贡举杂录》。

③ 《宋会要辑稿・选举》一四之二四至二五《发解》；《长编》卷八三，大中祥符七年七月庚子。

④ 《宋会要辑稿・选举》一五之四《发解》；《长编》卷一〇八，天圣七年六月癸卯。

⑤ 章如愚：《山堂群书考索》后集卷二八《士门》。

九、十、十一月，礼部尚书朱谔连上三封奏疏，徽宗则连续三次下诏，处理解额与贡额的问题。《宋会要辑稿·选举》一五之二九《发解》载：

> 崇宁五年(1106)九月三十日，礼部尚书朱谔奏："今将诸路元符二年、崇宁元年、四年三举就试终场人数，以国子监、诸州解额及已拨开封府额充诸州贡额，并五路诸科剩额发解人数，除出一分充贡武士额外，共二千三百三十四人，纽计约三十四人取一名。均拨诸州共计一千六百四人，其畸零拨不尽数，亦以逐州人数多者零十二人以上更添一人，共计八十二人。其逐州解额元多于今来所约人数者，更不增减。"诏东南占用五路解额，其五路多勇士，宜增一分为二分，以贡武士，馀可就整立额，不及百人者，留以待天下孝悌特起之士，再可分拨闻奏。

《宋会要辑稿·选举》一五之二九至三〇《发解》载：

> 崇宁五年十月十三日，礼部尚书朱谔言："五路剩额并诸科正解人数共六百五十四人，内除二分计一百三十人充贡武士外，有五百二十四人，依御批指挥，就整将五百人分拨诸州，馀二十四人留以待天下孝悌特起之士。寻以应举人及诸州解额纽计人数分拨内有不该添拨州军，亦各添拨一名充贡。今将上项五路额并国子监解额再分拨诸州贡额，元约三十四人添一名。"诏福建州所增太多，福州可拨四十人，建州三十人，高州十人，眉州二十人，馀依所奏。其所减人数，留待天下孝悌特起之士。

《宋会要辑稿·选举》一五之三〇《发解》载：

> 崇宁五年十一月九日，礼部尚书朱谔言："国子监解额四百七十六人，已奉朝旨，同五路剩额一处添拨诸州了当，所乞留三分发解，计一百四十三人。今于已添拨诸州贡额内措置，均减留充本将一次科场发解人额，其权留外并不该权留处已添拨人额，并合与本处七分解额充今来三年分贡之数。"从之。

这次处理的结果是将国子监解额留三分计 143 人发解，其余 333 人并诸州解额及五路诸科剩额除留二分计 130 人充贡武士外，其余分拨诸州作为贡额。诸州亦留三分解额依旧发解，另外七分解额作为贡额"充今来三年分贡之数"。就是说，未来下一次科举(按即大观二年[1008]的解试)，有原来解额的三分由州郡解试发解，有原来解额的七分由学校升贡。即实行科举取士与学校贡士相结合的发解举人办法。《宋会要辑稿・选举》四之六《贡举杂录》载：

大观三年(1109)正月二十日，诏国家承平日久，文物之盛，度越前古。今庠序之教兴，科举之制罢，试之贡院，逮七千人，有司较艺，额止百数，甚失兼收博访之意。贡院取士可以额外增一百人。

大观三年，经州郡发解与学校升贡参加省试的人数达到7 000人，超出了原来的解额，于是贡院取士增加一百人。《山堂群书考索》后集卷二八《士门》引《长编》云：

大观四年八月戊寅(十二日)，诏：学校之法颁行天下，奉行之初，设官属，厚饩廪，所以劝趋向，及今累年，颇见就绪，其间事贵经久，理须裁适。……多士悉由乡贡，虑有遗逸，自今取贡额三分，于大比前一年解发，不入学及虽入学而现系退黜者方得取应，仍别作一项。

由此可见，政和元年(1111)仍为州郡发解与学校升贡并行，有十分之三的举人通过解试合格而参加政和二年的省试。此后未见州郡解试的记载，大概政和元年之后均由学校升贡了。

那么，大观三年之后的贡额是多少呢？《宋会要辑稿・崇儒》三之二二《医学》载：

政和八年(1118)十月十六日，礼部奏："……又契勘下项：一、旧进士并诸科解额并五路剩额，及国子监、开封府解额，共四千八百九十二人。内一百三十人充武士贡额，二十四人充贡孝悌特起之士，四千七百三十八人立为见今诸路贡额。"

《山堂群书考索》后集卷三〇《士门》引《长编》作"政和五年九月壬午"，未知孰是。但此贡额当是崇宁五年分拨诸州之后的贡额。

宣和三年(1121)二月二十日，"诏太学以三舍考选，开封府及诸路以科举取士，并依元丰法。"①于是，取消了诸路州府的贡额，对解额又做了新的调整。《宋

① 《宋会要辑稿・选举》四之一一《贡举杂录》。

会要辑稿·选举》一五之三〇至三一《发解》载：

> 宣和三年(1121)十一月二十二日，诏太学解额依《元丰贡举敕》，以五百人为额，内除拨二十四人归滑、郑州外，合解四百七十六人；国子监依《元丰贡举敕》，以四十人为额；开封府依《元丰贡举敕》，以一百人为额。崇宁分拨五路解额，系以剩额并诸科正解人数均拨，合依崇宁五年指挥，拨六百五十四人与诸路，令礼部均拨。

《宋会要辑稿·选举》一五之三一《发解》载：

> 宣和四年(1122)七月三十日，三省言："已降指挥，五路剩解额依崇宁五年指挥，令礼部拨六百五十四人与诸路。续取到礼部状，崇宁五年分拨五路剩额并诸科正解等人数与东南等路，系将诸路已应与就试终场人数纽计分拨，缘当时系有九百二十二人，每三十五人九分二厘一毫三丝八忽均一人。今来除拨还太学额外，止有六百五十四人，合以五十人七分四厘均一名，均拨过六百五十二人外，有均拨不尽零数二人。"诏一名与杭州，一名与湖州，馀并依。

宣和五年，时值开科贡举之年，其解额的绝对数字，有待进一步考证。但是，宣和六年正月，"天下士褒然来试礼部者逾万五千人，承平文物之盛，前未之有"。二十八日，诏"可特添省额百人"。[①]是举可能有不少免解者，但其解额之多也是异乎寻常的。

4. 南宋时期的解额

靖康元年(1126)，金军第一次南下之后，虽然兵荒马乱，但解试仍如期举行。九月，金军第二次大举南下；十一月，金军再次兵临开封城下；闰十一月，开封城陷，钦宗成为人质，次年的省试、殿试无法举行。建炎元年(1127)五月一日，宋高宗继位于南京应天府(今河南商丘)，贡举继续进行。建炎二年三月，于各路举行类省试；八月，于行在所扬州举行殿试。

建炎四年，又值开科贡举，由于金军南侵，不但中原为金军占领，士人南逃，而且江淮州军，也多遭金军蹂躏，士人也不得不或逃往江南，或逃往山林，难以仍

① 《宋会要辑稿·选举》四之一四《贡举杂录》。

依靖康元年旧额解发。建炎四年四月三十日，礼部言：

> 诸路解额除不经残破去处，乞依靖康元年额发解外（宣和五年诸路解试，并用均添人数为额，靖康元年七月七日，诏用为例）；内经残破州军就试人数稀少，乞以终场人数权取前举例分数解发（谓如某州元额二十人，靖康元年终场二千人，即以百人解一人），有零分者听更解一名。

诏从之。[1]历经兵火，诸路州府军监举人贡籍大多烧毁或遗失不存，如何保证诸路州府军监依靖康元年额或以前举终场人数比例发解，后来又进一步做了有关规定。《宋会要辑稿・选举》一六之二至三《发解》载：

> 建炎四年六月四日，礼部言："宣和五年立定解额指挥并案牍，自渡江并皆散失，将来诸路解发到合格人数，难以检察，欲下转运司，令遍下所部州军，候发解开院毕，具合格人数、姓名并试卷及缴连本部元立定解额指挥真符赴部；如曾经兵火州军，令当职官及考试官结除名罪，人吏结编配罪保明。若稍涉虚冒，不依元立解额，致大放举人，虽已出官，令行改正。仍乞不以去官赦降原减。"从之。

江淮一些州军取解举人过于稀少，不但不能依宣和五年立定解额（即靖康元年解额）解发，而且难以以靖康元年终场人数比例解发。如绍兴元年（1131）六月十日，礼部言："宣州申到建炎四年发解并试建康府、太平州、广德军举人，称各依元额解发。建康府应举二十四人，合格一十人；太平州应举一十九人，合格一十人；广德军应举二十一人，合格五人。"于是，"诏各取一名，其馀多解人数，并行驳放。"[2]这些都是沿江州军，由于战火，其士人只好逃往江南的宣州（今安徽宣城）请解并试，由于各州应举人数太少，即使各取一名，其比例也已甚高。

另外，还有一些中原及淮南士人四散逃往江南，无法成建制地并试，只能附所在州军解试，其解额则另有规定。《宋会要辑稿・选举》一六之二《发解》载：

> 建炎四年五月二十二日，诏京畿、京东、京西、河北、陕西、淮南路士人许

① 《宋会要辑稿・选举》一六之二《发解》。
② 《宋会要辑稿・选举》一六之三《发解》。

于流寓所在州军，各召本贯或本路及邻路文官两员，结除名罪保识，每员所保不得过二人，仍批书印纸，听附本州军进士试，别为号，以终场二十人解一名，馀分或不及二十人处，亦解一名，不及五人，附邻州试。（从都官员外郎侯延庆请也）。

这些逃亡江南于寓居州军请解的士人称为“流寓举人”，其附于所寓居州军的解试也称为“流寓试”。后来，流寓试的解额又有变化。《系年要录》卷一〇二暨《宋会要辑稿·选举》一六之五《发解》载：

绍兴六年(1136)六月甲子(二十八日)，诏自今诸州流寓举人每十五人解一名；不及十五人，令本路漕司类聚附试。仍不拘路分，召文臣二员结除名罪委[保]，所保不得过三人。用国子监请也。

其解额由“以终场二十人解一名，馀分或不及二十人处，亦解一名；不及五人，附邻州试”变为“每十五人解一名；不及十五人，令本路漕司类聚附试”。对于流寓举人更为优惠。

按照宋朝的法律，“烟爨满七年，许用户贯”。绍兴二十六年(1156)，流寓举人在所居州军已达二、三十年。荆湖北路转运判官程敦临言：“乞流寓进士并避亲门客移试之人，与土著人通立为额混试。”于是，当年二月七日，高宗颁诏曰：

诸路州军将绍兴二十三年各州土著进士就试终场人计若干人取一人，将当年发解就试流寓终场人数每及土著人分数即添解一人，或零分及流寓人少去处，依土著所解人十分为率，及三分亦解一人；若已后发解就试人多，不得过绍兴二十六年所取之数，仍立为定制。若已用流寓户贯得解之人，许自陈并入东南户贯。其已得举数，即合通理，如有违犯，并依贡举条法。若州军辄行大解，当职官吏并发解官依法徒二年科罪；举人即从下驳放。①

即是诏诸路州军以前举解试(即绍兴二十三年解试)流寓举人终场人数纽计，及土著举人合取放一人之数，即与添解额一人；或零分及流寓人少，以土著所解人数十分为率，及三分亦解一人。将所寓居州军原有解额和今举所添流寓举人解

① 《宋会要辑稿·选举》一六之九《发解》。

额合并为一个统一的解额。今后应举人再多,也不得超过今举所取之数。如福州,淳熙初年,知福州赵汝愚(1140—1196)上奏说:"及罢舍法行科举,本州始定解额六十人,至绍兴二十六年,因罢流寓试,续添二名,共成六十二名。然罢舍法之初,当时就试人数不过三四千人。今六十年间,累举增加人数已逾五倍,而解名尚仍旧贯。"①

此后,再未有流寓试。乾道七年(1171)八月七日,宗正少卿兼权中书舍人林机乞复流寓试,虞允文(1110—1174)等曰:"此乃西北士大夫随事驾南渡者,在法,烟爨满七年,许用户贯。自建炎置流寓试,至绍兴二十六年(1156)而罢,今又十五年矣。"上曰:"已四十馀年,难以更议。"允文固请将辛巳(绍兴三十一年)以来归正之人,依仿祖宗陕西、河北赴南省试别立号取人最优之制,措置收试。"上曰:"西北人多强记,特不甚能文耳。"②

绍兴十一年(1141)十一月,宋金签订绍兴和议,诸路州府军监的解额也渐趋稳定,由于应举人数增加等原因,也有一些增加和调整。第一,是对新置或新复州军解额的确定。如绍兴十四年四月二十七日,礼部言:"盱眙军系创置州军,未有立定解额,欲依崇宁贡举条令,满二十人解一人,不满三十人解二人,三十人以上解三人。候至后举,别行参酌,立定解额。"诏从之。③盱眙军旧为泗州盱眙县,建炎三年(1129)升为军;四年,废为县;绍兴十二年复升为军,割天长、招信来隶,则盱眙军领盱眙、天长、招信3县。南宋木刻《舆地图》所载"诸路州府解额"作3县,解额3人。大概盱眙军后来立定解额为3人。又如绍兴三十二年夏四月辛未(五日),"诏淮南新复州军举人,许于近便州军一处并试,每终场十三人解一人。"④

第二,由于请解人数大量增加而增添解额。《宋会要辑稿·选举》一六之一〇《发解》载:

> 绍兴二十六年(1156)四月十七日,执政进呈礼部状,参酌均定诸州解额,温州添解额五人,台州、婺州各添解额三人,融州、福州、静江府,明州、衢州、湖州、严州、宾州、徽州、秀州、叙州、汀州各添解额二人。上可其请,因宣谕曰:"解额窄处,自当量与增添,宽处却不可减,皆欲优之也。"

① 《历代名臣奏议》卷一六九《选举》,赵汝愚上疏。
② 《宋会要辑稿·选举》四之四一《贡举杂录》。
③ 《宋会要辑稿·选举》一六之七《发解》。
④ 《系年要录》卷一九九,绍兴三十二年夏四月辛未。

《系年要录》卷一七二记此事云："先是，尚书省言：'诸郡解额多寡不均。'诏礼部参酌均定，申省取旨。及是，进呈。上曰：'解额窄处自当量与增添，宽处却不可减。皆欲优之也。'乃命行下。"计 15 州府，共增解额 35 人。之所以增加解额，"以三郡（按指温、台、婺三州）终场二百人已上始解一人，而静江及诸州百人始解一人也。"①

《系年要录》卷一七二所载诏书又云："其四川诸州，令漕司取会，视此数而增之。"绍兴二十八年，泸州等四川州军的解额也得到了增加。《宋会要辑稿·选举》一六之一〇至一一《发解》载：

> 绍兴二十八年八月八日，诏增泸州添解额三人，遂宁府、西和州、眉、汉、嘉、邛、简、雅、忠、涪、资、叙、昌、石泉、永康、长宁军、仙井监解额各二人。

计 18 州府军监，共添解额 37 人。其所以增添解额，也是"以逐路转运司言，皆以终场百人以上取放一人故也"。②再如潭州（治今湖南长沙），"景定二年（1261）九月癸酉，诏增潭州解额三名，以终场及万余人故也。"③

第三，由于解试制度的变化而增加解额。如理宗端平元年（1234），因罢牒试而增加有关州军的解额。《宋史》卷一五六《选举志三》载：

> 既而，以诸路转运司牒试多营求伪冒之弊，遂罢之。其实有防嫌者收试，每百人终场取一人，于各路州军解额窄者量与均添，庶士子各安乡里，无复诈竞。于是临安、绍兴、温、台、福、婺、庆元、处、池、袁、潮、兴化及四川诸州府，共增解额一百七十名。

这次共增加解额 170 人，是南宋时期增加幅度最大的一次。

第四，由于潜邸、驻跸等恩例而增加解额。如乾道七年（1171）五月二十四日，以皇子判宁国府，魏王恺言："宁国解额并流寓旧十一名，自并试止解十名，乞增依旧。"于是，"诏宁国府特增解额一名"。④又如，秀州（嘉兴府），《至元嘉禾志》卷七《科举》载：

---

① 《系年要录》卷一七二，绍兴二十六年四月戊子。
② 《系年要录》卷一八〇，绍兴二十八年八月乙未。
③ 《宋史全文》卷三六，景定二年九月癸酉。
④ 《宋会要辑稿·选举》一六之一七《发解》。

> 宋宣和五年(1125),罢三舍法,每科举取八名。南渡后,有流寓七十五名解一名。绍兴丙子(二十六年,1156),皆归土著,则解十名矣。端平元年(1234),宗室赵与篡以是邦为孝宗虹流之地,援绍兴例,有请于朝,增解额为十三名,著为定制。

秀州(嘉兴府)因系孝宗的出生地而增解额。再如临安府(治今杭州)、建康府(治今南京)因高宗驻跸之地而增解额。《景定建康志》卷三十二《解额》载:"端平元年,守臣奏:以建康行阙之重,请比临安府恩例,特与增添解额。八月十日,奉圣旨:建康府解额特增两名,共以一十三名为额。"

孝宗之后,直至南宋后期,诸路州府军监解额大概没有太大变化,一般仍在五千人左右。如宁宗嘉定四年(1211)二月十七日,礼部贡院言:"今来省试,诸州军、国学赴试经义、诗赋进士,贡院终场四千三百一十一号。内有国学该赦恩免解及还赴省试等人。"[①]南宋末,大概有较大增加,《梦粱录》卷二《诸州府得解士人赴省闱》云:"三年一次,到省士人,不下万余人。"至于南宋诸路各州府军监的解额,现有史料缺乏完整、系统的记载。现存日本京都东福寺塔头栗棘庵的南宋木刻《舆地图》的左上方刊载了"诸路州府解额"。该图分上下4栏,每栏50行左右。记载了东京开封府、西京河南府、南京应天府、北京大名府和京东东路、京东西路、京西南路、京西北路、河北东路、河北西路、永兴军路、秦凤路、河东路、淮南东路、淮南西路、潼川府路、利州路、夔州路、福建路、广南东路、广南西路、两浙东路、两浙西路、江南西路、荆湖南路、荆湖北路、成都府路等23路与65府、200州、52军、3监、1关的地名。其中南宋的淮南东路、淮南西路、潼川府路、利州路、夔州路、福建路、广南东路、广南西路、两浙东路、两浙西路、江南西路、荆湖南路、荆湖北路、成都府路等15路大多数府州军监还注明了所辖的县数和每举的解额。虽然其中多有遗漏,但因为南宋诸路州府军监的解额大多已经不存,所以该图仍然是考证南宋诸路州府解额的最有价值的史料之一。

据日本学者青山定雄[②]、森鹿三[③]、中嶋敏[④]的考证,栗棘庵藏南宋木刻《舆地图》翻刻于咸淳元年(1265)至南宋末的十五年间。因为栗棘庵所藏《舆地图》上

① 《宋会要辑稿・选举》六之九《贡举杂录》。
② 青山定雄:《栗棘庵所藏舆地图》,《东洋学报》第三十七卷第四号。
③ 森鹿三:《栗棘庵所藏舆地图解说》,《东方学报》京都第十一册第四分册。
④ 中嶋敏:《南宋的解额——栗棘庵藏舆地图诸路州府解额》。

"诸路州府解额"中夔州路的咸淳府(忠州)、两浙东路的瑞安府(温州)、两浙西路的建德府(严州),均为咸淳元年由州升为府的,所以此说可以成立。但是,《舆地图》上所载诸路州府军监的解额,并非南宋末年的解额。如利州路的文州(治今甘肃文县),《舆地图》作1县,解额5人。《宋史》卷八十九《地理志五》"文州"条云:"绍定末,置司成都。端平后,兵乱州废。"可见《舆地图》上所载解额,显然为端平元年(1234)以前的解额。又如成都府路的眉州(治今四川眉山),《舆地图》作4县,解额34人。魏了翁《鹤山大全集》卷四十八《眉州创贡院记》云:"自庆元初分贡额于诸郡,眉以三十六人,益为五十有二。"可知,《舆地图》所载解额34人,乃是庆元元年(1195)之前的解额。[①]

还有,《舆地图》"诸路州府解额"中有相当多的阙载,如对安吉州(治今浙江湖州)、镇江府、建德府、宝庆府(治今湖南邵阳)、常德府、达州(治今四川达川)、峡州(治今湖北宜昌)、江阴军等著名的州府都付之阙如,是不应该的。如峡州,洪适《盘洲文集》卷五一《复解额申省状》云:"峡州靖康元年(1126)系八人取一人。绍兴七年(1137)终场二十人,解发三人;绍兴十四年终场七十三人,解发五人,已复旧额。"可知,峡州靖康元年解额为5人,绍兴十四年已复旧额。此后可能会有所增加。又如江阴军,《咸淳毗陵志》卷十一《解额》云:"江阴建军,析额之九。"建炎初,以常州江阴县置江阴军,绍兴二十七年废,三十一年复置,其解额为9人。这些都是不应该缺漏的。可见《舆地图》"诸路州府解额"制作乃是一个地方行为,其收集之不全、记载之混乱是可以想见的。

综合来看,《舆地图》"诸路州府解额"所记载的大多数州府军监的解额是其他史书所未记载的,而且其记载虽不全是南宋末年的解额,但都有一定根据的。所以,由此可以看出南宋诸路州府军监解额的概貌。

南宋末年,诸路州府军监请解举人多而解额少的矛盾更为突出。度宗时,"诸州郡以乡贡终场人众而元额少,自咸淳九年(1273)为始,视终场人多寡,每二百人取放一名。"[②]

(二) 免解

宋承五代后唐之制,对于某些应举人可以免于参加解试,而直接参加省试,称作"免解"。赵升《朝野类要》卷二《免解》云:"在学及格,或遇特恩。"宋初,太

① 参见何忠礼:《南宋科举制度史》第二章《南宋的发解试》。

② 《宋史》卷一五六《选举志二》。

祖、太宗朝尚未形成制度。如太祖开宝八年(975)十二月,“诏贡士之下第者,特免将来请解,许直诣贡部”①。而太宗太平兴国八年(983),即废此制,诏曰:

> 岁当秋赋,是曰彝章。爰自近年,遂隳前制,止一偕于计吏,许常赴于贡闱,岂足程功,颇容徼幸。复归旧贯,克叶至公。宜令诸道下第举人,依旧重请文解。②

真宗咸平二年(999)五月五日,“诏天下贡举人应三举以上者,今岁特免取解外,自馀依例举送,务得俊贤,必求艺实,勿以孤贫遗至业,勿以豪势取非材”。③自此,免解开始形成一种制度。宋朝免解大概有以下几种情况。

其一,是进士、诸科举人积累到一定举数而免解。真宗咸平二年之制是“天下贡举人应三举以上者,今岁特免取解”。大中祥符七年(1014)十月二十二日,则诏曰:“进士、诸科曾至御试,内河北、陕西曾至南省终场,并别路州军两曾南省终场下第者,亦与免解。”④即御试下一举,河北、陕西路州军省试终场一举,其他诸路州军省试终场两举,也可以免解。此诏比咸平二年之制优渥甚多,但只是临时之计,“帝以诸州府发解官惧以累己,去人稍多,未副搜罗之意,故有是诏”。⑤

仁宗朝,此制更为完备。天圣四年(1026)五月二十三日,诏曰:

> 况兹取士之方,并有酌中之制,向暂停于秋赋,已再易于岁时,言念孤平,尚多遗滞,特颁恩诏,用广明扬。应诸道州府军监贡举人等内进士曾实应三举并诸科实应五举已上者,特免取解外,宜令礼部贡院准旧例指挥,逐处依前后敕条考试举送,须是艺业精修,士行无玷,勿使权豪之党假左右以为容,寒俊之流或滞淹而兴叹。⑥

仁宗“自纂御以来,方居谅闇,礼闱取士,止命有司,将复临轩之试,故颁是诏。又以其累举不第困于场屋者,特免秋赋”。果然,“诏下之日,寒素之士无不忻戴”。⑦

---

① 《长编》卷一六,太祖开宝八年十二月。
② 《文献通考》卷三〇《选举考三》;《宋会要辑稿·选举》一四之一五《发解》。
③ 《宋会要辑稿·选举》一四之一八《发解》。
④⑤ 《宋会要辑稿·选举》一四之二六《发解》;《长编》卷八三,大中祥符七年十月乙亥。
⑥ 《宋会要辑稿·选举》三之一五《贡举杂录》。
⑦ 《宋会要辑稿·选举》一五之五《发解》。

这种积累到一定举数的特与免解，仁宗之后逐渐形成每当郊祀、明堂及升祔、恭谢大礼颁布赦书和某地颁布德音时予以覃恩免解。如宝元元年(1038)十一月十八日，南郊赦书曰："应三京、诸道州军进士、诸科举人，曾经先朝御试，及今日已前得解及三十年，进士实应五举，诸科实应七举，并免将来文解。"①庆历七年十一月南郊赦书、皇祐二年(1050)九月明堂赦书并同。庆历五年(1045)十月九日，升祔赦书曰："天下举人进士实应三举、诸科五举并曾经省试，并进士两举、诸科三举曾经御试者，并与免今来文解。"皇祐五年(1053)十一月四日，南郊赦书曰："应贡举人曾经先朝省试者，昨虽尽与搜扬，尚虑或有遗落，仰逐处更切检会，及进士两举、诸科四举殿试下并进士四举、诸科六举省试下者，并特免将来文解。内先朝举人如省试不合格者，别具名闻奏。"②嘉祐元年(1056)九月恭谢赦书同。嘉祐四年(1059)十月十二日，祫飨赦书曰："进士三举、诸科五举殿试下，进士五举、诸科七举省试下，与免将来文解。"③免解的资格由皇祐五年的进士两举、诸科四举殿试下，进士四举、诸科六举省试下，增加到进士三举、诸科五举殿试下，进士五举、诸科七举省试下。治平二年(1065)十一月南郊赦书、熙宁七年(1074)十一月南郊赦书、熙宁十年十一月南郊赦书、元丰三年(1080)九月明堂赦书、元丰六年十一月南郊赦书、元祐元年(1086)九月明堂赦书、元祐四年九月明堂赦书、元祐七年十一月南郊赦书、绍圣二年(1095)九月明堂赦书、元符元年(1098)十一月南郊赦书、建中靖国元年(1101)十一月冬祀赦书并同。

南宋时，郊祀、明堂赦书覃恩免解有所不同。如建炎二年(1128)十一月二十二日，南郊赦书曰：

> 应诸路进士曾经政和二年以前(绍兴元年明堂赦政和五年，四年明堂赦政和八年，七年明堂赦宣和三年，十年明堂赦宣和六年，十三年郊赦建炎二年，十六年郊赦绍兴元年，二十二年郊赦绍兴五年，二十五年郊赦绍兴八年，二十八年郊赦绍兴二十一年)省试下，贡士退归本贯合理举人并政和八年以前御试下，开封府、国子监进士、贡士政和八年以前省试下，退归本贯合理举人并曾经政和八年以前御试下(以上三项，绍兴元年赦宣和三年，四年赦宣和六年，七年赦建炎二年，十年赦绍兴二年，十三年赦绍兴五年，十六年赦绍兴八年，二十二年赦绍兴十二年，二十五年赦绍兴十五年，二十

① 《宋会要辑稿·选举》一五之一〇《发解》。
② 《宋会要辑稿·选举》一五之一四至一五《发解》。
③ 《宋会要辑稿·选举》一五之一五《发解》。

八年郊赦绍兴二十一年。御试下开封府、国子监绍兴十八年，三十一年赦绍兴二十四年），及诸路进士曾经省试下，贡士退归本贯合理举各及四举，并开封府、国子监进士、贡士两举到省，并特免将来文解。（绍兴四年赦免七年文解，七年赦免十年文解，十年赦免十四年文解，十五年赦免十七年文解，十六年赦免二十年文解。绍兴八年御试下人，特免十七年文解。十九年、二十二年、二十五年、二十八年赦，并免将来文解。）①

以上是高宗朝的情况。孝宗朝又有所不同。《宋会要辑稿·选举》一六之一六《发解》载：

乾道六年(1170)十一月六日，南郊赦书："诸路绍兴二十四年省试下进士，昨承指挥，自到省试下实理十八年，方许免解。前举科场不曾免解，可将二十四年省试下人与免将来文解，及国学进士先请后免或先免后请已得解人，可并与免将来文解一次施行。"（九年十一月九日赦书，除递趱一举及不该述前举科场不曾免解外，馀同此制。）

同日，南郊赦书："应诸路进士、贡士四举，开封府进士、贡士实请到本府文解并国子监进士、贡士两举人，并依旧制，与免将来文解。"（九年十一月九日南郊赦书同。）

同日，南郊赦书："应诸路进士曾经绍兴三十年以前御试下，及开封府、国子监进士，昨承旨挥，自到省试下实理十二年方许免解。前举科场不曾免解，可将绍兴三十年省试下或绍兴三十年以前御试下并与免将来文解。"

光宗绍熙二年(1191)十一月南郊赦、绍熙五年九月明堂赦并同，"自后郊祀、明堂大礼，亦如之。"②

德音所赦的区域较小，其免解恩例则更为优惠。如仁宗庆历五年(1045)三月二十七日，陕西德音："应陕西举人进士一举、诸科两举，并特与免今年文解。"③英宗治平四年(1067)正月一日，西京德音："应先朝举人嘉祐二年以前进士一举、诸科两举殿试下，进士三举、诸科四举省试下，并特与免今来文解。其趁试不及

---

① 《宋会要辑稿·选举》一六之一《发解》。

② 《宋会要辑稿·选举》一六之三〇《发解》。

③ 《宋会要辑稿·选举》一五之一三《发解》。

者，即与免将来文解。”[1]神宗元丰三年(1080)正月十三日，颍昌府德音：“本府到省进士一举、诸科二举，及曾到御前不以举数，并免将来文解；内曾到御前者，如将来南省考试不合格，奏取指挥。”[2]

其二，进士、诸科曾经御试者，特与免解。太宗雍熙二年(985)三月十七日，“诏殿前不合格、南省已奏名进士内文采可取者，许令再试。”[3]真宗大中祥符七年(1014)十月二十二日，亦诏“进士、诸科曾至御试……亦与免解。”[4]天禧四年(1020)四月九日，又诏“诸州尝经御试下第进士，不限举数，并令转运使司检勘解发。”[5]仁宗继位，第一次临轩取士，亦诏曾经御试的下第举人特与免解。《宋会要辑稿·选举》一五之六《发解》载：

> 天圣四年(1026)十月十二日，中书门下言：“应三京、诸道州府军监，进士、诸科举人除已发解、免解外，有诸科曾经终场、进士曾经御试、今来不该解荐者，并乞特许将来赴省试，馀不得妄有陈述收接文状。如违，必行严断。”从之。

天圣八年十一月十九日，南郊赦书和明道元年(1032)八月二十八日的赦书中，又一再重申：“应诸道进士、诸科举人曾经先朝御试者，与免将来文解。”[6]庆历五年(1045年)十月九日，升祔赦书曰：进士两举、诸科三举曾经御试者，方与免解，自此对御试下第免解增加了举数的要求。

其三，曾经敌军蹂躏处或英勇抗敌者，其贡举人可以免解。如真宗咸平三年(1000)五月一日，“诏河北诸州军并青(治今山东益都)、淄(治今山东淄川)、齐(治今山东济南)三州曾经蕃贼蹂践处，贡举人特免解赴举。”[7]咸平四年七月三十日，复下此诏。又如，仁宗庆历三年(1043)二月癸卯(五日)，“诏礼部贡院，渭州、镇戎军进士刘绅等二十四人尝被甲乘城，与免将来文解。”[8]皇祐四年(1052)七月二日，“诏广南东、西路曾经蛮贼焚劫去处举人，令转运司勘会，如委实曾经南省

---

① 《宋会要辑稿·选举》一五之一七《发解》。
② 《宋会要辑稿·选举》一五之二二至二三《发解》。
③ 《宋会要辑稿·选举》七之四《亲试》。
④ 《宋会要辑稿·选举》一四之二六《发解》;《长编》卷八三，大中祥符七年十月乙亥。
⑤ 《宋会要辑稿·选举》一五之四《发解》。
⑥ 《宋会要辑稿·选举》一五之八至九《发解》。
⑦ 《宋会要辑稿·选举》一四之一八《发解》。
⑧ 《长编》卷一三九，庆历三年二月癸卯。

下第并得解后丁忧、疾病不曾到省，并与免本州文解。”①再如，理宗嘉熙四年(1240)六月戊戌(五日)，“诏两淮经寇州郡，已举未该免人与比(京)[荆]襄例，令赴来年省试一次。”②

其四，对举人上书、有功等，特予免解。如仁宗“至和二年(1055)正月庚辰(二十一日)，定州乡贡进士赵肃上《兵民总论》十卷，诏特免将来文解。”③又如神宗“元丰七年(1084)十月庚辰(十四日)，诏广西进士黎易从、陈蒙特免将来文解。以入黎峒说谕陈被等归明故也。”④高宗“绍兴十七年(1147)十二月癸卯(十三日)，婺州进士施谓进《中兴颂》、《行都赋》各一首，《绍兴雅》十篇。诏永免文解。”⑤再如绍兴二十二年二月丁丑(十二日)，上谓大臣曰：“近有士人投献诗赋之类，其间文理可采者，可取旨与免文解。”⑥绍兴三十二年九月壬戌(二十九日)，即“诏吴钩、刘藻、黄开、陈马癸、陈岩肖、周允闻、沈尧闻、沈尧资、汪必明、褚观、刘祖礼上书，皆已亲览，有补治道。京朝官可减二年磨勘，选人与循一资，布衣进士与免将来文解一次。”⑦

其五，南宋时，对皇帝驻跸和藩邸的应举人，往往特予免解。如高宗绍兴元年(1131)九月十八日，明堂赦曰：“朕驻跸会稽，行将三载，应越州(治今浙江绍兴)举人曾得解者，并特与免将来文解一次。”⑧绍兴五年二月二十一日，“诏临安府(治今浙江杭州)曾得解举人，依绍兴府驻跸恩例，与免文解一次。”⑨绍兴八年二月六日，“诏建康府(治今南京)本贯曾得解举人，并依临安府驻跸例，特与免文解一次。”⑩绍兴八年三月甲午(九日)，“诏平江府曾得解举人，依临安、建康府例，免文解一次。”以乡贡进士陈长方等言“自建炎以来四经巡幸”故也。⑪又如宁宗嘉泰三年(1201)十一月十一日，南郊赦文：“临安府系驻跸之地，进士实请到本府文解两次者，可依开封府例，与免将来文解一次。”“自后郊祀、[明]堂大礼赦亦如之。”⑫

潜藩举人也有免解恩例。南宋著名史学家李心传云：“潜藩恩试者，盖自未

① 《宋会要辑稿·选举》一五之一四《发解》。

② 《宋史全文》卷三三；王圻《续通考》卷四三。

③ 《长编》卷一七八，至和二年正月庚辰。

④ 《长编》卷三四九，元丰七年十月庚辰。

⑤ 《系年要录》卷一五六，绍兴十七年十二月癸卯。

⑥ 《系年要录》卷一六三，绍兴二十二年二月丁丑。

⑦ 《系年要录》卷二〇〇，绍兴三十二年九月壬戌。

⑧⑨ 《宋会要辑稿·选举》一六之四《发解》。

⑩ 《宋会要辑稿·选举》一六之五《发解》。

⑪ 《系年要录》卷一一八；《宋会要辑稿·选举》一六之五《发解》。

⑫ 《宋会要辑稿·选举》一六之三〇《发解》。

渡江前有之，然必曾试举人两到省以上乃得试。绍兴二年(1132)，蜀州举人以高宗登极覃恩径赴类省试。"[①]孝宗时，改为潜藩进士应举三经终场和曾得解举人推恩免解。《宋会要辑稿·选举》一六之一二《发解》载：

> 绍兴三十二年(1162，孝宗已即位，未改元)十一月十七日，礼部言："宣、洪、建、鼎、剑州系今上皇帝藩邸，得旨进士应举三经终场并曾得解之人免解一次。"从之。

此后成为惯例。如淳熙十六年(1189)二月四日，光宗登极赦曰："荣州、恭州系潜藩举人，理宜推恩，可令礼部照应绍兴三十二年体例条具取旨。"[②]《宋史全文》卷二十八载："绍熙元年(1190)五月，上(按指光宗)受禅，推恩潜藩举人，其恭、荣二郡皆在蜀中。时京镗为蜀帅，乃命三举终场不改名人并特赴类省试。倍省额三十二人而取一人，一州共得二十六人。议者以为滥，因请廷试入第四等以前者并赐第，余但文学出身云。"绍熙五年(1194)七月七日，宁宗登极赦曰："应潜藩州军举人，礼宜推恩，可令礼部照应淳熙十六年体例，条具取旨。"[③]淳熙十六年体例即绍兴三十二年体例，亦即"进士应举三经终场并曾得解之人免解一次"。

其六，登极、庆寿、册封皇太子等大赦时，亦特恩予以免解。如孝宗登极推恩免解。《宋会要辑稿·选举》四之三五《贡举杂录》载：

> 绍兴三十二年(1162，孝宗已即位，未改元)六月十三日，赦书：勘会太学、国子学、武学生系是久被太上皇帝教养之士，宜因庆霈，特加优异。应见在籍人，并与免文解一次；已系免解人，候登第日与升甲；如就特奏名试，亦与升等推恩；上舍已系免省人，特与先次释褐，赐进士出身，内愿赴将来殿试，与堂除差遣一次。

光宗登极赦书除太学、国子学、武学生免解外，还规定："应临安府府学大小职事并本府曾得解进士，与免解一次；已曾免解人，候登第日与升甲；如就特奏名试，亦与升等；学生并赐束帛。内该乾道九年以前领尹日在籍之人，令本府取索学籍，开具姓名、年甲，结罪保明，申礼部参酌取旨。应临安府本贯进士在乾道九年

---

① 李心传：《朝野杂记》甲集卷十三《潜藩恩试》。
② 《宋会要辑稿·选举》二之二七《进士科杂录》。
③ 《宋会要辑稿·选举》二之三〇《进士科》。

领尹以前两经秋试终场人，仰本府取索元初簿籍，开具人数、县分、年甲，结罪保明，令礼部审实，申尚书省。”

庆寿推恩免解，如“淳熙十三年（1186），光尧太上皇帝以圣寿八十，肆赦推恩，宇宙之内，蒙被甚广。太学诸生，至于武学，皆得免解一次。凡该此恩者，千二三百人。”①

册封皇太子赦也要推恩免解。如乾道七年（1171）二月八日，册皇太子赦书曰：“勘会建宁、隆兴、宁国、常德府、剑州进士、贡士，如内有实请到三举文解到省试下之人，许将绍兴三十二年覃恩一举凑成四举，免将来文解。”②

其七，神宗熙宁四年（1071）实行太学三舍法之后，上舍下等免解。熙宁八年十月十六日，诏：“国子监上舍生顾襄、安惇、丁执古、虞蒉、叶唐稷如不得解，与免解；已得解，免礼部试”。③熙宁十年二月十三日，诏：“国子监上舍生自今应补中后，在学实及二年、无犯学规二等以上过，委主判同学官保明，与免解。从上不得过三十人。”④熙宁十年五月乙亥（二十六日），诏：“上舍生在学一年，并免解。”⑤元丰二年（1079），颁《学令》，太学上舍下等免解成为制度。《宋会要辑辑稿・职官》二八之九至一〇《国子监》载：

> 太学置斋舍八十斋，斋容三十人。外舍生二千，内舍生三百，上舍生百，总为二千四百。生员入学，本贯若所在州给文据，试而后入。月一私试，岁一公试，补内舍生。间岁又一试，补上舍生。……公试外舍生入第一、第二等，参以所书行艺，预籍者升内舍。内舍生试入优、平二等，参以行艺，升上舍。[上舍](合)[分]三等：俱优为上，一优一平为中，俱平若一优一否为下。上等命以官，中等免礼部试，下等免解试。

元祐年间，废上舍推恩法；绍圣初，恢复元丰之制。《宋会要辑稿・职官》二八之一二至一三《国子监》载：

> 绍圣元年（1094）闰四月七日，诏：“太学合格上舍生并依元丰二年法：内

---

① 洪迈：《容斋五笔》卷五《宗室覃恩免解》。
② 《宋会要辑稿・选举》一六之一六《发解》。
③ 《宋会要辑辑稿・选举》一五之二一《发解》。
④ 《宋会要辑稿・职官》二八之八至九《国子监》。
⑤ 《长编》卷二八二，熙宁十年五月乙亥。

上舍上等该推恩注官者，每年不得过二人；免省者，每举不得过五人；免解者，每举不得过二十人，仍充省试发解额。内人数并依补中年月高下为次。其元祐法勿用。馀三舍升补等法，令礼部、国子监推行旧制。”

南宋绍兴十三年(1143)，复建太学，仍实行上舍下等免解之制。《文献通考》卷四二《学校考三》载：

绍兴十三年，始建太学。……诸补上舍，以间岁九月五日锁院(发解年，候试毕，别为一甲附试)，考校合格，分优、平二等奏号，长贰同拆号官入院，以所奏行艺参定，俱优为上，一优一平为中，俱平或一优一否为下(“否”谓已经三季已上选，或校考不预闻奏，而试入优等及有优等校定而试不入等者)。注籍讫，具名闻奏。上等命以官，中等免省，下等免解。中、下等补及一年，并申尚书礼部。(若下等自该免解，及已经免解而再该免者，即与免省。其不自该免者许再试，入优与升等。)

其他免解名目还有很多，不再一一列举。这样，特恩免解者甚多，有时一举可达数千人，造成取士之滥。绍兴三十二年六月二十九日，殿中侍御史张震言：“太学免解，已非旧典，今当免者千二百馀人。其间固有已得解者，今此一免，数举之后，不失一官，已为优幸。而此外或以驻跸，或以藩邸，或以节镇，皆得曲为之辞，转相攀引，则是当免解者几二万人。窃虑来春取人数倍常举。乞下礼部预行条约，庶几上不失推恩之旨，下不启侥幸之路。”①诏礼部看详。孝宗隆兴元年(1163)正月二十七日，礼部贡院言：“去年覃恩免解进士除鼎、剑州不曾申数外，国学一千三百四人，建宁府一千八十九人，洪州二百三十八人，宣州二百七人，计二千八百三十八人。”②此榜免解人数如此之多，其省试录取人数不得不临时增加一百人。

淳熙十六年(1189)二月，光宗继位，覃恩免解。臣僚上言：“近年士风不竞，廉耻汩丧，京师首善之地，士子该登极恩例，十百为群，诣台省陈乞恩泽，遂至两终场而得免者数百人，系学籍而得免者又数百人，例皆计属府学学司诈为干照，皆得预免，略无廉耻。始进若此，万一得试春闱而又为有司收录，则士类

① 《宋会要辑稿·选举》一六之一一《发解》。
② 《宋会要辑稿·选举》四之三五《贡举杂录》。

岂不羞与为伍?”因此,绍熙元年(1190)正月十四日,“诏临安府免解人,令礼部贡院(令)[另]项考校,具终场人数取旨,量行取放。元审实不当官赵汝忧降两资放罢。”①

嘉定十三年(1120)四月二十七日,礼部亦言:“今次省试,增免解二、三千人,委是繁冗。”②

第二节 转运司解试

宋朝诸路除了州府军监解试之外,还有转运司解试。转运司解试是由诸路转运司主持的取得解送京师参加省试资格的考试。转运司俗称为“漕司”,因此转运司解试也称为“漕试”或“漕举”。另外,在宋朝,诸路帅臣、监司、守、倅的子弟、亲戚、门客,为回避亲嫌,牒送转运司考试,称为“牒试”。在京的宰执、侍从等文武升朝官的子弟、亲戚、门客等应举牒送国子监附试,称为“国子牒试”;而转运司解试又称为“漕司牒试”。转运司解试的考试方法和考试内容与州府军监解试相同,但主持机构及考试官员不同,考试对象和录取名额也不大相同。赵升《朝野类要》卷二《漕试》条云:“转运司承集本路见任官牒送到随侍子弟及五服内亲,如州府解试法,但漕司员额颇宽容也,系选差本路官主文考校。”下面试图从转运司解试的创立与废罢、考试对象、录取名额、利弊得失等方面,作一些概括论述,以便于更深入、全面地了解宋朝贡举的解试制度。

一、转运司解试的创立与废罢

宋初太祖、太宗、真宗三朝,诸路只有州府军监解试,而无转运司解试。转运司解试创始于宋仁宗景祐四年(1037)。《宋会要辑稿·选举》一五之九至一〇《发解》载:

> 景祐四年二月十一日,详定科场条贯所言:“直集贤院贾昌朝奏:诸州举人亲戚守任在本贯、远地官僚子孙在任处、发解官亲戚三等举人,乞今后并

① 《宋会要辑稿·选举》一之二一《贡举》。
② 《宋会要辑稿·选举》六之三九《贡举杂录》。

申转运司类聚，别差官考试，每十人解三人；见守任处去本贯二千里内者，并归本贯取应。看详：牒送举人须是五服内的亲，自馀不在移送之限。违者，科违制之罪。今来二千里内举人各勒归本贯，深虑奔赴后期，及令贡院于三月一日起请，转运司差官试到举人，与限十一月二十五日到省，馀依昌朝所奏施行。"从之。

《长编》卷一〇二亦载：

景祐四年二月甲寅（十一日），诏礼部贡院，自今三月一日申请贡举，其举人到省以十一月二十五日为限。先是，崇政殿说书贾昌朝言："举人有亲戚仕本州，或为发解官，及侍父祖远宦距本州二千里，宜敕转运司选官类试，以十率之，取三人。"诏两制议。而翰林学士丁度等言："贡举旧制，以五月一日申请，十月二十五日上名于省。若二千里而移试，或有不及，愿稍宽其期，听如昌朝说。"故降是诏。自是诸路始有别头试。

宋承唐制，省试有别头试，始于太宗雍熙二年(985)。真宗咸平元年(998)，国子监和开封府解试亦设别头试。但是，直到仁宗景祐四年之前，诸路州府军监解试尚未有别头试，而"诸州试官多以亲戚举人送邻州取解。"①景祐四年之后，诸路州府军监解试始有别头试。

宋朝为什么要设立转运司解试？首先，景祐四年创立的转运司试，主要是为"亲戚守任在本贯、远地官僚子孙在任处，发解官亲戚三等举人"设立的，其主要目的与省试别头试一样，是以避亲嫌，防止作弊，维护贡举考试的公平、公正。其二，据宝元二年(1039)闰十二月四日礼部贡院言："逐州试官多以亲戚举人送邻州取解，妨占本土孤寒举人解额，遂送转运司别差官考试，每十人解三人为额。"②可知，不再妨占诸州孤寒举人解额，大概也是专设诸路转运司解试的原因之一。其三，从转运司解试的解额远远高于州府军监解试的解额来看，设立转运司解试恐怕也是为了便于对官僚子弟给以优待。

从仁宗景祐四年转运司试创立起，到理宗绍定四年(1231)的近二百年间，大概除了徽宗罢解、省试的十几年之外，转运司试一直都在实行。此后，则屡经废

① 《宋会要辑稿·选举》一四之一一《发解》。
② 《宋会要辑稿·选举》一四之一一《发解》；《长编》卷一二五。

复。《宋史》卷一五六《选举志二》载：

> 既而，以诸路转运司牒试，多营求伪冒之弊，遂罢之。其实有妨嫌者收试，每百人终场取一人，于各路州军解额窄者量与均添，庶士子各安乡里，无复诈竞。于是临安、绍兴、温、台、福、婺、庆元、处、池、袁、潮、兴化及四川诸州府，共增解额一百七十名。
>
> 未几，又命止许牒满里亲子孙及门客，召见任官二员委保，与有官碍格人各处收试，五十人取放一人。合牒亲子孙别项隔截收试，不及五十人亦取一人。凡涉诈冒，并坐牒官、保官。

据此，大约绍定四年，为了革除营求伪冒之弊，曾废除了诸路转运司试，而将其解额分拨于临安、绍兴等解额较窄的州军。但是，不久，又许牒送随侍离本贯二千里以上的亲子孙和门客，召两名现任官担保，与锁厅应举人一起参加转运司解试。至嘉熙元年(1237)，才完全罢转运司试，而代之以"寓试"。其具体情况，《宋史》卷一五六《选举志二》有如下的记载：

> 嘉熙元年，罢诸牒试，应郎官以上监司、守倅之门客及姑姨同宗之子弟，与游士之不便于归乡就试者，并混同试于转运司，各从所寓县给据，径赴司纳卷，一如乡举之法。家状各书本贯，不问其所从来，而定其名"寓试"。以四十名为额，就试如满五(十)[千]人，则临时取旨增放。

《宋史》卷一五六《选举志二》又记载："淳祐三年(1243)……是岁，两浙转运司寓试终场满五千人，特命增放二名。后虽多不增，如不及五千人，止依原额。"看来，淳祐三年，实行的就是"寓试"。其"特命增放二名"，即是在原额四十名之外增放二名，共为四十二名。《梦粱录》卷四《解闱》条载："两浙运司寓试士人约一百名取一名。"看来，南宋末年转运司解试与寓试是并行的。这大概与蒙元南侵，四川、江淮诸路相继沦陷有关。士人大量流亡，愈演愈烈，于是"寓试"的人数也大量增加，转运司解试人数则相应有所减少。

二、转运司解试的考试对象

什么样的人才有资格参加转运司考试呢？据前引《宋会要辑稿·选举》一五

之九至一〇《发解》载，仁宗景祐四年(1037)有资格参加转运司试者是这样“三等举人”：(1)“诸州举人亲戚守任在本贯”者，(2)“远地官僚子孙在任处”者，(3)“发解官亲戚”。而所有亲戚“须是五服内的亲”。嘉祐五年(1060)，又扩大了转运司解试的考试对象。《长编》卷一九一载：

> 嘉祐五年五月癸巳(六日)，诏西川、广南罢任官有侍行子孙归本贯取解不及，锁厅人在川、广、福建罢任，及元系川、广、福建人见在本乡守选待阙者，并许就本路转运司起解。

即又增加了“三等举人”：(1)西川、广南罢任官随侍子孙；(2)在川、广、福建罢任的锁厅应举人；(3)本贯川、广、福建现在乡守选待阙官子孙。

熙宁二年(1069)六月二十二日，“诏诸州军监举送发解考试、监试官亲戚、门客类聚送转运司，与锁厅、明经一处考试。”①转运司解试的对象不但有考试官的亲戚，而且又增加了门客。对“门客”，南宋时还有具体的规定。《宋会要辑稿·选举》一六之一三《发解》载：

> 乾道元年(1165年)四月五日，礼部言：“前举行在职事官自监察御史已上，许牒门客一名，赴两浙转运司请解。今举乞依前例施行，其门客依条须秋试前客见任官实及半年，即许牒试，若辄请托，妄称门客牒送者，自有立定贡举条法论罪。”从之。

即根据贡举条制，必须是解试前作为现任官的门客已经半年的应举人，方许牒试。乾道四年(1168)，对门客的年限稍有放松：“诸路监司、守倅牒试门客，所牒官到任虽未及半年、其门客实贯本州及为门客实及半年者，依条亦听牒试。”②

南宋时，转运司解试多称为“牒试”，其应举对象更为扩大和具体。李心传云：“牒试者，旧制，以守、倅及考试官同异姓及有服亲大功以上，并婚姻之家，与守、倅门客，皆引嫌赴本路转运司别试。若帅臣、部使者亲属、门客则赴邻路，率七人而取一人。绍兴后，牒试者猥多。”③孝宗时，对牒试对象曾经进行过多次调整。《宋会要辑稿·选举》一六之一三至一四《发解》载：

---

① 《宋会要辑稿·选举》一五之二〇《发解》。
② 《宋会要辑稿·选举》一六之一四至一五《发解》。
③ 《朝野杂记》甲集卷一三《避亲牒试》。

乾道二年(1166)五月十六日,礼部言:"参酌旧制,除随行本宗大功以上亲许牒试,及诸州守倅本宗大功以上亲有户贯在所任州军许牒本路运司,帅臣等官本宗大功以上亲在所置司有户贯者许牒邻路运司就试外,馀并令本贯州军取解。武臣任准备差遣、巡辖、马递铺之类,除亲子孙许牒试外,馀并不许。权摄官,虽亲子孙亦不许。……"诏并从之。

只准许帅臣、监司、守倅等官员"本宗大功以上亲"牒试,而武臣准备差遣等只准亲子孙牒试,大为缩小了牒试的范围。乾道四年,修订牒试法,牒试资格有所放宽。《宋会要辑稿·选举》一六之一四至一五《发解》载:

乾道四年正月十九日,诏臣僚集议牒试冒滥等事,将旧法删修,立为成法。应本贯川、广而任别路差遣,或本贯别路而任川、广差遣者,随行本宗及异姓缌麻以上亲,愿应举而无户籍,二千里外许所在州投状勘实,申送转运司试。其武臣大小使臣以上,本贯川、广任别路及或别路任川、广仿此外,止许牒亲子孙。知州、通判亲戚本贯在所试州,即牒本路。若经略官、安抚、总管、钤辖、监司或发运、提举、主管茶事买马、提点坑冶铸钱、制置解盐、提举市舶官亲戚,有本贯在所辖路应避者,即牒邻路。(谓进纳之类,碍吏部注授格法者。)……在京职事官文臣监察御史以上,武臣任在京职事而职事杂压在监察御史以上者,各牒门客一人,并须锁院前在逐门下及半年者,听牒本路运司试。

按乾道四年牒试法规定,以下五种举人可以参加转运司试:(1)本贯川、广而任别路差遣或本贯别路而任川、广差遣的随行本宗及异姓缌麻以上亲,愿应举而无户籍,二千里外许所在州投状勘实申送转运司试。(2)武臣大小使臣以上本贯川、广任别路及或别路任川、广的亲子孙,愿应举而无户籍,二千里外许仿照文臣送转运司试。(3)知州、通判亲戚本贯在所试州,即牒本路。(4)帅臣、监司等亲戚,有本贯在所辖路应避者,即牒邻路。(5)在京职事官文臣监察御史以上,武臣任在京职事而职事杂压在监察御史以上者,各牒在门下已经半年的门客一人,牒本路运司试。[①]概括起来,仍是三种举人:"随侍见任守、倅等官,在本贯二千里外,曰'满里子弟';试官内外有服亲及婚姻家,曰'避亲';馆于见任门下,曰'门客'。是三等许牒试,否则不预。"[②]与乾道二年相比,其一,由"本宗大功以上亲"扩大到

---

① 《宋会要辑稿·选举》一六之一四至一五《发解》。

② 《宋史》卷一五六《选举志二》。

“本宗及异姓缌麻以上亲”；其二，增加了在京职事见任等官监察御史以上各牒门客一人。

淳熙七年(1180)，为了防止冒滥，又取消了异姓缌麻以上亲牒试的资格，只允许随行本宗缌麻以上亲参加漕司牒试。《宋会要辑稿·选举》一六之二二《发解》载：

> 淳熙七年五月一日，臣僚言：“川、广、福建牒试冒滥，止缘所牒缌麻姑姨之子等皆异姓，可以为欺。乞将旧法命官本贯川、广、福建而任别路差遣或本贯别路而川、广、福建者‘随行缌麻以上亲’改为‘随行本宗缌麻以上亲’，仍令召保官二员，结罪保明批书，如有委保不实，从贡举申明，保官先降一官，然后勘罪。”上曰：“若改作本宗亲方许牒试，则冒滥自革矣。”

取消异姓缌麻以上亲牒试之制仅施行了一举，就又恢复了祖宗旧制。《宋会要辑稿·选举》一六之二三《发解》载：

> 淳熙九年十二月十六日，右谏议大夫黄洽言：“诸命官本贯川、广、福建而任别路差遣，或本(本)贯别路而任川、广、福建者，随行缌麻以上亲愿应举而无户籍或去户籍二千里外，许于所在州投状，申送转运司。此见于祖宗旧制然也。但以官司奉行不谨，故勘会止于文具，兼不取应牒官及保官印纸批书，是以伪冒生焉。夫有服亲牒试而至于伪冒，固在所禁，议者因而改缌麻亲应牒试之法，无乃非祖宗立法本意乎！其有服亲牒试，乞只依祖宗旧制，唯严批书之法。”从之。

淳熙十六年二月壬戌(二日)，孝宗下诏传位给皇太子，即光宗。牒试之制又出现了反复。礼部言：

> 旧法，命官本贯川、广、福建而任别路差遣，或本贯别路而任川、广、福建者，随行缌麻以上亲愿应举而[无]户籍或去户籍二千里外，许于所在州投状，勘会无违碍，申送转运司。并淳熙七年五月一日指挥，欲将旧法“随行缌麻以上亲”改作“随行本宗缌麻以上亲”，淳熙九年十二月十六日指挥，将川、广、福建任别路差遣，或任川、广、福建者，随行缌麻以上亲牒试，只当依祖宗旧制。本部窃详，前项条法，行之太宽，每举牒试，既是异姓冒滥为甚，虽有

保官，并皆请托。今乞依淳熙七年五月指挥施行。

闰五月十七日，臣僚言：

> 伏睹贡举旧法，有所谓随行缌麻以上亲牒试者。行之既久，异姓亲属，诚有冒滥。故淳熙七年指挥改作“本宗缌麻以上亲”之法。及淳熙九年指挥，又改新法，将随行有服亲牒试只依祖宗旧制，惟严保官批书之法。行之两举，今有司复请从淳熙七年指挥。窃谓川、广、福建，去朝廷远者，或二三千里，或四五千里，或七八千里。今去秋试无三月，指挥到日已迫试期。窃见淳熙七年五月一日已降指挥，当时士人不得已而奔归，隆暑修程，或绝粮于道途，或暍死于舍馆。其有归至本贯者，秋试已无及矣。今来指挥又复差后，深虑士人奔迸狼狈甚于昔日。欲乞收还今降指挥，特依旧法牒试此一举，仍申严保官批书之法，亦可以革冒滥。却俟后举，早降指挥施行。

于是，“诏特与行今举，已后依淳熙七年五月一日指挥施行”。[1]不允许异姓缌麻以上亲牒试，对于抑制冒滥会起到积极作用。正如淳熙七年改制时孝宗所说：“若改作本宗亲方许牒试，则冒滥自革矣。”

但是，《宋会要辑稿・选举》五之二二至二三《贡举杂录》又载：

> 庆元五年(1199)七月十七日，知兴化军叶端衡言：“今日贡举之制，最为严密。独于漕司牒试，未免有启伪之端。夫守倅有门客，有本治所异姓亲之牒试，一命而上，去乡二千里，有随侍同宗亲之牒试，二弊不可概举。以守倅牒一门客，人情法意，无可言者。至于异姓亲，如所谓女夫儿妇之兄弟，姊妹之亲家，强连牵合，皆平生素昧之人。苟有亲党多处，于注拟之际，自当回避。今以举人家状与其父祖告命观之，乡贯异同，又有亲兄弟各自异其乡贯者。玩侮朝廷，一至于是。去乡二千里，有随侍牒试者，本为子孙设，况皆监当兵将之类，职卑而俸薄，决无随侍之多。使果有族类，濒期涉远，犹之可也。今皆以同姓冒牒，不过应亲要嘱托，甚则货赂请求而已。乞除守倅合牒门客一人外，其异姓避亲牒试，乞行罢免。如有异姓服属亲，为倅者则不许监试，合差以次官。其随侍之人，照指挥许牒子孙弟侄，仍召升朝保官二员，

① 《宋会要辑稿・选举》一六之二四至二五《发解》。

并牒官重甘罪罚，批书印纸。苟有败露，必置宪典。”从之。

由此可见，庆元五年时，知州、通判仍有本治所异姓亲之牒试。淳熙十六年废罢之后，何时恢复，有待考证。不过，庆元五年之后，异性亲终于退出了牒试的范围。

三、转运司解试的解额

转运司解试的对象为官僚的子弟、亲戚或门客，因而在录取名额上比诸州府军监解试享有很大的优惠待遇。仁宗景祐四年（1037）二月十一日，在转运司解试创立之初，定为“每十人解三人”①。嘉祐三年（1058）三月十一日，礼部奉诏再详定科举条制，因“应天下进士、诸科解额各减半”而改为：“别头试每路百人解一十五人，五人以上解一人，不及五人送邻路试。”②录取率由30%降低到了15%。两年之后，解额再次减少。《长编》卷一九一载：“嘉祐五年六月壬申（十五日），诏礼部贡院，内外锁厅并亲戚举人，并同引试，解十分之一；如不及十人，亦许解一人；四人以下，送邻路聚试。”③录取率降至10%。

神宗熙宁二年（1069），应礼部之请，录取率又有所回升。《宋会要辑稿·选举》一五之二〇《发解》载：

> 熙宁二年六月二十二日，诏诸州军监举送发解考试、监试官亲戚、门客类聚送转运司，与锁厅、明经一处考试，各十分取一分半为额，即馀分或应举不满十人，并五人以上听解一名，其四人以下如灼然有文艺可称者准此。以上并不系诸州军解额。

即录取率又回升至15%。时三年一开贡举，解额为景祐四年的四分之三，即相当于景祐四年时的20%。元丰年间，基本不变。据《元丰贡举令》：“转运司发解，每七人解一人。”④即录取率为14.29%。而徽宗崇宁年间，据《崇宁贡举令》：“每十人解一人。”⑤即录取率又降至10%。宣和六年（1124）七月一日，“礼部言：‘转运

---

① 《宋会要辑稿·选举》一五之一〇《发解》。

② 《宋会要辑稿·选举》三之三五《贡举杂录》。

③ 《宋会要辑稿·选举》一四之一一《发解》系此诏于嘉祐六年六月十五日。

④⑤ 《宋会要辑稿·选举》一六之四《发解》。

司发解就试避亲门客，依元丰法，合行就试终场每七人解一名；依崇宁贡举法，避亲门客合行就试终场人每十人解一名。'诏依元丰法。"①即就试终场每七人解一名。

宋室南迁，高宗时，仍依《元丰贡举令》："转运司发解每七人解一人。"②孝宗时，转运司解额一度曾经大幅度减少。乾道二年(1166)五月十六日，"仍令转运司自今以二十人解一人，零数亦解一人"③。即将录取率降至5%。乾道四年正月十九日，"诏臣僚集议牒试冒滥等事，将旧法删修，立为成法"。遂规定：转运司牒试"请解者每四十人解一人，外有零数或请解不及四十人者，亦解一人。"④将录取率降低至2.5%！其所以如此，正如其后礼部所言："昨乾道四年，立牒试条法，缘臣僚屡陈旧法泛滥，是以措置之时，多方削去。"⑤但是三年之后，又放宽了转运司的解额。《宋会要辑稿·选举》一六之一八《发解》载：

> 乾道七年七月十七日，中书门下省勘会："诸路运司解额，其避亲、门客及有关碍格人已有定数。旧法每十人解一人，乾道新法乃以四十人解一人，诚为大狭。今以酌中之数，依乾道二年之制，令二十人解一人，试人虽多，亦不许逾元立解额之数取放。"从之。

即将转运司牒试录取率恢复到5%。"二十人解一人"被认为是"酌中之数"，大概直至理宗绍定四年(1231)，长达六十年间，均沿用不改。理宗绍定四年罢牒试，不久，又复牒试，但"止许牒满里亲子孙及门客，召见任见任官二员委保，与有官碍格人各处收试，五十人取放一人。合牒亲子孙别项隔截收试，不及五十人亦取一人。"⑥

牒试之滥，四川尤甚。高宗绍兴四年(1134)，"成都路漕司就试者三千馀人，解四百四十人；潼川路漕司就试者一千馀人，解三百人"⑦。李心传亦云："[绍兴]二十三年，成都一路就试者三千五百人，而发解则五百人。议者以为滥，于是成都路以八十三人，潼川路以八十人为定额。"⑧光宗绍熙五年(1194)五月二十八

① 《宋会要辑稿·选举》一五之三一《发解》。
② 《宋会要辑稿·选举》一六之四《发解》。
③ 《宋会要辑稿·选举》一六之一四《发解》。
④⑤ 《宋会要辑稿·选举》一六之一五《发解》。
⑥ 《宋史》卷一五六《选举志二》。
⑦ 《系年要录》卷一〇二，绍兴六年六月甲子。
⑧ 《朝野杂记》甲集卷十三《避亲牒试》。

日，“从成都漕臣王溉所请”，“诏成都、潼川两路转运司解额各与存留二十名馀额，令四川制置司、成都、潼川转运司取会诸州解额及终场人数，参酌多寡分拨，取令均平。”①“丘崈（1135—1208）时为制置使，复请每路止存十二人，若就试者少，则以二十人而取一人。”②《宋会要辑稿・选举》一六之二七至二八《发解》载：

> 绍熙五年（1194）十月二十八日，四川制置司言：“诸路所部牒试，不胜其繁，乞各与存留十名，以待诸州守贰门客及碍格有官人，及东南游宦于蜀实及二千里同姓缌麻亲。得旨各存留二十名，余额令本司取会诸州解额及终场人，参酌多寡，拨令均平。本司契勘，昨缘两漕司解额太宽，故士子侥求移试。今来所当移试者，不过诸州守贰门客并内地官任川蜀差遣及二千里之人随行本宗缌麻亲。其考试官亲戚，漕司自当先期取会无亲戚合回避处方得宣差外，其知通实合回避亲人，每员多亦三二人而矣。约一路合移试者，多不过三数百人。今若将两路漕司解额各与存留二十名，比之诸州尚为宽优，窃虑士子仍前奔竞。今相度各存留（二）十[二]名外，余均与诸州。兼照得见行条法，每二十人解一人，如将来就试人少，所取不及十二人，即据二十人解一人之数取放，不必拘十二人之数。”从之。

由以上可以看出，转运司解试的解额有两大特点，一是其趋势呈逐渐减少的状态，但在一定时期是相对稳定的。如在北宋中期到南宋初期，一般为“每百人解一十五人”或“每七人解一人”，即录取率在15%左右。在南宋中期，一般为“以二十人解一人”，即录取率为5%。

二是其解额仍大大宽于诸路州府军监的解试。北宋诸路州府军监解试的解额为定额制，据欧阳修治平元年（1064）所上《论逐路取士札子》云：“今东南州军进士取解者，二三千人处只解二三十人，是百人取一人，盖已痛裁抑之矣。西北州军取解，至多处不过百人，而所解至十馀人，是十人取一人，比之东南十倍假借之矣。”其录取率，东南诸路与西北诸路有比较大的差异，大概是1%至10%。此时的转运司解试录取率是30%至10%，也远远高于诸路州府军监的解额。

南宋时期，转运司的解额比诸州府军监的解额更宽。如《系年要录》卷一七二载：

---

① 《宋会要辑稿・选举》一六之二七《发解》。

② 《续编两朝纲目备要》卷三，《宋史全文》卷二八。

> 绍兴二十六年(1156)四月戊子(十七日)，诏增温州解额五人，台、婺州各三人，静江府、明、处、湖、衢、严、福、徽、秀、汀、宾、融州各二人。以三郡终场二百人已上始解一人，而静江及诸州百人始解一人也。其四川诸州，令漕司取会，视此数而增之。

又如《系年要录》卷一八〇载：

> 绍兴二十八年八月乙未(八日)，增泸州解额三人，眉、汉、嘉、邛、简、忠、涪、资、叙、昌、西和州、遂宁府、石泉、永康、长宁军、仙井监解额各二人。以逐路转运司言，皆以终场百人以上取放一人故也。

由此可知，当时东南温、台、婺三州解试的录取率不到0.5%，而东南诸路其他州府及四川诸州府解试的录取率也不到1%，而同时转运司牒试的录取率一般为15%，是诸州府试解额的15至30倍。

再如，孝宗淳熙年间，福建路安抚使赵汝愚上疏曰："对照本州今次科场，所纳家、保状计一万六千余人，他州军未有其比，而解额只有六十二人，系二百七十方解一人。"①其录取率仅有0.37%，当时转运司牒试的录取率是5%，二者相差也有近14倍。

四、转运司解试的利弊得失

正由于转运司试解额甚宽，故人们趋之若鹜，冒滥甚多，颇受宋人的诟病。孝宗初年，王之望(1103—1170)即在《论恩榜任子革弊奏议》中指出：

> 今科举之弊，莫甚于转运司之牒试。祖宗时，无若是之滥也。有避一人亲而牒三四十人者。而所谓亲，未必亲也；所谓门客，而未必门客也。每三岁诏下，士人奔走，竞求牒试。富者行贿赂，巧者干请托，改换乡井，诡冒宗支，败坏礼俗，莫此为甚。②

---

① 《历代名臣奏议》卷一六九《选举》，赵汝愚上疏。

② 王之望：《汉滨集》卷七《论恩榜任子革弊奏议》。

乾道元年(1165)六月二十九日,臣僚亦言:

> 科举之制,州郡解额狭而举子多,漕司所解其数颇宽。士取应者,往往舍乡贯而图漕牒,至于冒亲戚、诈户籍而不之恤。且牒试之法,川、广之士用此可也,而福建则密迩王都,亦复牒试!见任官用此可也,而待阙、得替官一年内亦许牒试!本宗有服亲用此可也,而中表、缌麻之亲亦许牒试!或宛转请求,或通问嘱托,至有待阙、得替官一人而牒十馀名者!倘不稍加禁约,窃恐冒滥太甚。①

理宗初,礼部侍郎曹彦约(1157—1228)上奏曰:

> 臣窃见科举之弊莫甚于牒试,而牒试之弊莫甚于作伪。盖解额之有广狭,士子之有众寡。广而寡者固已安其分,则狭而众者必思所以为之计。朝廷以承平日久,士子日盛,设为牒试之法,宽其进取之门,末节细故,未暇深察。于是改乡里以就他人之贯,改三族以认他人之亲,甚者改其父祖,改其姓氏。若得若失,尚未可知,而欺君之迹,已昭昭不可掩矣。……漕试之弊,积习既久,士大夫互相欺诈,恬不为怪,坏士子心术,莫甚于此。②

如何革除转运司牒试之弊?综上所述,南宋臣僚提出了三种办法:一是缩小牒试应举人的范围。如淳熙七年(1180)五月一日,为了防止冒滥,取消了异姓缌麻以上亲牒试的资格,只允许随行本宗缌麻以上亲参加漕司牒试。③但是,取消异姓缌麻以上亲牒试之制仅施行了一举,淳熙九年十二月,就因右谏议大夫黄洽(1122—1200)上言,又恢复了祖宗旧制。④淳熙十六年二月壬戌(二日),光宗受禅继位;闰五月十七日,诏下一举之后,"依淳熙七年五月一日指挥施行"⑤。此后,不再允许异姓缌麻以上亲牒试,对于抑制冒滥起到了积极作用。不知何故,庆元五年(1199)仍有知州、通判本治所异姓亲牒试者;庆元五年之后异姓亲终于退出了牒试应举人的范围。

---

① 《宋会要辑稿·选举》一六之一三《发解》。
② 《历代名臣奏议》卷一七〇《选举》,曹彦约奏。
③ 《宋会要辑稿·选举》一六之二二《发解》。
④ 《宋会要辑稿·选举》一六之二三《发解》。
⑤ 《宋会要辑稿·选举》一六之二四至二五《发解》。

二是减少转运司牒试的解额。转运司解试创立之初，解额为“每十人解三人”，即录取率为30%。北宋中期到南宋初期，一般为“每百人解一十五人”或“每七人解一人”，即录取率在15%左右。南宋中期，则减少为“以二十人解一人”，即录取率为5%。理宗端平元年(1234)，又减少为“五十人取一”，即录取率为2%。①而四川还限定了转运司牒试解额的绝对数字。高宗绍兴二十三年(1153)之后，“成都路以八十三人，潼川路以八十人为定额”。②光宗绍熙五年(1194)，成都、潼川两路，“每路止存十二人，若就试者少，则以二十人而取一人。”③减少转运司牒试解额，对牒试冒滥也会起到抑制作用。正如侍御史林大中(1131—1208)所说：“乞照前举例取旨量立解额，但比本州取解无异，彼非甚不得已者，亦各归赴乡举。”④

三是严保官、牒官批书印纸之制，加重对作弊者的处罚。高宗绍兴六年(1136)六月甲子(二十八日)，“诏自今委保举人避亲牒试不实者，许人告，保官先降一官，然后取勘合负罪犯。”⑤孝宗乾道七年(1171)七月五日，臣僚言：“命官牒试，贡举条法亦既详备，循习旧弊，尚或结托改移乡贯以就远，或迁服属以为近，宛转干求，至预作保官文书，交通书铺，公立价出卖族坟姓名，冒滥百出。欲乞严行禁止。”于是，“诏礼部行下诸路转运司，检坐见条，严行核实。如或违戾，告者赏钱五百千，取受者以赃论，仍并依贡举条制，书铺知情受赂，重加配流施行。”⑥对检举揭发给予重奖，对受贿者以赃论，予以重罚。《宋会要辑稿·选举》一六之二六《发解》又载：

> 绍熙三年(1192)五月二十四日，侍御史林大中言：“乞申严行下，令诸路转运司遍牒诸州，如委保亲戚，则牒官及保官照牒实批印纸。如有伪冒，亦合照条科罪。仍令内外台严行觉察。”从之。

根据上述诏书，对伪冒者也做了一些惩罚。如绍兴十五年(1145)十一月十一日，“诏通判眉州李彦辅核实避亲举人失当，致有侥滥，展二年磨勘。”⑦绍兴十

① 《宋史》卷一五六《选举志二》。
② 《朝野杂记》甲集卷十三《避亲牒试》。
③ 《续编两朝纲目备要》卷三，《宋史全文》卷二八。
④ 《宋会要辑稿·选举》一六之二六《发解》。
⑤ 《系年要录》卷一〇二，绍兴六年六月甲子。
⑥ 《宋会要辑稿·选举》一六之一七《发解》。
⑦ 《宋会要辑稿·选举》一六之八《发解》。

六年六月癸丑（十五日），“左朝奉郎、知彭州彭宾会赦犹降一官。以前通判邛州，牒避亲举人不实故也。”①绍兴十八年五月六日，“诏郭印前任永康军通判，牒试避亲举人不当，特降一官。”②

宋朝为了革除牒试冒滥之弊，在牒试范围、牒试名额、官员委保、惩罚作弊等方面制定了一套不断完备的制度。转运司牒试作为诸路州府试的别头试，与省试别头试一样，对于防止考试官作弊是有一定作用的。但是，虽有不断完备的制度，也无法防止权贵们通同作弊。如《系年要录》卷一四四、《宋史全文》卷二一载：

> 绍兴十二年(1142)三月乙卯（二十二日），上御射殿，引试南省举人何溥已下。是举两浙转运司秋试举人，凡解二百八人，而温州所得四十有二，宰执子侄皆预焉。溥，永嘉人也。（朱胜非《秀水闲居录》云：东南诸州解额少，举子多求牒试于转运司，每七人取一名，比之本贯，难易百倍。秦桧居永嘉，引用州人以为党助，吴表臣、林待聘号党魁，名为从官，实操国柄。凡乡士具耳目口鼻者，皆登要途，更相扳援，其势炎炎，日迁月擢，无复程度。是年，有司观望，所荐温士四十二名，桧与参政王次翁子侄预选者数人。前辈诗云：“惟有糊名公道在，孤寒宜向此中求。”今不然矣。）

秦桧(1090—1155)的儿子秦熺(？—1161)、孙子秦埙(1137—？)就是通过两浙转运司牒试窃取巍科的。

又如嘉定六年(1213)五月二十六日，监察御史倪千里上言：“窃见诸路漕赋，若江东西、湖南北、福建、广南等处，率多惟势是视，惟巧是图。臣尝分教汉东，亲闻湖北漕闱，第一场经义及赋破题，次日传录在外，有写出全篇者。若试官，则预知某士系某官所牒，某官子弟系某经应举。或惮其势，或[畏]（谓）其吻，或受其宛转，或惑其虚誉，必与寻取，取媚上官，为进身计，使寒俊白同殿举，一黜三年，殊可悯恤。”③这种作弊当然不是牒试所特有，但是恐怕在牒试中表现最为突出。

另外，从转运司牒试解额较州府军监解额甚宽来看，这种为避亲嫌的别头试制度，又是对官僚子弟、亲戚及门客的一种优待。《宋会要辑稿·选举》六之一七《贡举杂录》载：

---

① 《系年要录》卷一五五，绍兴十六年六月癸丑。
② 《宋会要辑稿·选举》一六之八《发解》。
③ 《宋会要辑稿·选举》六之一五至一六《贡举杂录》。

> 嘉定六年(1213)十二月五日,臣僚言:"……凡取解之优,自太学及胄子外,则有诸路漕试尔。以天子之教养与公卿之子弟,于法宜优。"①

由此可以进一步看出,宋朝的皇帝是与士大夫共治天下的。官僚们及其子弟、亲戚以至门客,是有很多特权的。因为正如礼部侍郎曹彦约所说:"在内有职事官,朝廷之所选用也;在外有监司、帅守,朝廷之所责任也。"②由此也可以看出,宋朝科举制度虽然努力贯彻"公开考试、平等竞争、择优录用"的原则,但其"公平"只是相对的,还有很大的局限性。既然转运司试解额如此之宽,毫无疑问官僚子弟、亲戚及门客登第的机会要比一般士人大得多。转运司牒试将对官僚子弟的优待制度化了、合法化了,这虽然可以起到回避亲嫌的作用,但恐怕同时也是赋予官僚子弟、亲戚及门客以优先入仕的特权,从而更好地维护赵宋王朝的统治。当然,有制度总比没有制度好,公开地按制度予以优待总比随意推恩好。正如监察御史张次贤谈到国子监解试时所说:"立法贵于守法。……为公卿大夫士者,体朝廷之美意,守一定之成法可也。"③

第三节 国子监解试

宋初承五代之制,设国子监,作为最高学府及教育管理机构。太祖建隆三年(962)六月,始聚生徒讲学。仁宗庆历四年(1044)设太学,国子监成为专门管理教育的机构。但自宋初起,国子监就是一个组织解试的重要机构。其收试者,先后有国子生、太学生、文武升朝官嫡亲、宗子及有官锁厅应举者。国子监解试的考试方法和考试内容与诸路州府军监解试基本相同,但在考试官员、考试对象、解额等方面不大相同。

一、国子监解试的考试机构与考官

国子监解试,北宋时大概未设专门机构,南宋时则设有发解所。宋初大概是由判国子监主持,太宗淳化二年(991)始别敕差官主持。《长编》卷三二载:

---

① 《宋会要辑稿·选举》六之一七《贡举杂录》。
② 《历代名臣奏议》卷一七〇《选举》,曹彦约奏。
③ 《宋会要辑稿·选举》六之三〇《贡举杂录》。

> 淳化二年十二月，先是，左司谏、直史馆谢泌奉诏发解国子学举人，黜落既多，群聚喧诟，怀甓以伺其出。泌知之，潜由他径入史馆，数宿不敢归，请对自陈。上问："何官驺导严肃，都人畏避?"有以台杂对者。癸亥(二十八日)，命泌为虞部员外郎兼侍御史知杂事。

李焘云："国子学发解举人，别敕差官主之，盖自泌始也。"①至道三年(997)九月，即差直史馆路振、殿中丞杜寿隆考试国子监举人。②

宋初，国子监、开封府举人有发解官亲戚者，只是互相考试，真宗咸平元年(998)九月二十八日，"诏遣官试开封府、国子监发解官亲戚举人"。③为了防止国子监与开封府考试官员作弊，才专命考官。自此国子监解试始有别头试。

仁宗天圣元年(1023)闰九月十二日，命"殿中侍御史王硕、直史馆张观考试国子监举人；直史馆章得象太常寺考试亲戚举人，监察御史张亿封印卷首。"④自此始设封弥官。

天圣二年正月甲午(五日)，诏："礼部贡院、开封府、国子监及别头，各增置点检试卷、封弥、巡铺、监门官有差。"⑤自此始设点检试卷官、巡铺官、监门官。

景祐四年(1037)六月二十四日，从左司谏韩琦之请，"诏令开封府、国子监发解举人并锁厅人，并依南省例封弥、誊录"。⑥自此始设誊录官。

这样，至仁宗景祐四年，国子监考试官的设置已经基本完备，计有考试官、点检试卷官、封弥官、誊录官、巡铺官、监门官等。

南宋时，国子监解试的考试官制度更加完备。《建炎以来朝野杂记》甲集卷十三《国子监解试》云：

> 行在国子监解试，以察官一员监试，郎中二员充考试官，职事、厘务官六员充点校试卷官。(试太学生及武举。)而别试所以郎官一员充考试官兼监试，职事、厘务官三员充点校试官。(试国子生及朝士同姓有服亲。)

---

① 《长编》卷三二，淳化二年十二月。
② 《宋会要辑稿・选举》一九之二《试官》。
③ 《宋会要辑稿・选举》一九之三《试官》。
④ 《宋会要辑稿・选举》一九之七至八《试官》。
⑤ 《长编》卷一〇二，天圣二年正月甲午。
⑥ 《宋会要辑稿・选举》一五之一〇《发解》；《长编》卷一二〇，景祐四年六月丙申。

即南宋国子监解试，第一，设监试官一员，由监察御史充任。如庆元年二月五日，宰执进呈："国子监发解所监试官合差监察御史，今有二员。"宁宗曰："当以供职在先者为之。"于是差王恬。①其职责是主持、监督国子监解试。如孝宗淳熙十三年(1186)八月十四日，"诏国子监发解所监试官，措置将合避亲试卷尽送无亲嫌官，尽公考校。其有避亲嫌之官，亦不许干(与)[预]出题。仍委监试官专一觉察，于考校日不得往来。"②第二，设考试官二员，以郎官充任，后有设三员、四员者。其职责是考校评定试卷。第三，设点检试卷官六员，后也有七、八员者，以职事、厘务官充任，其职责是"准《绍兴御试贡举令》：点检试卷官专点检杂犯、不考"③。另外，别试所设考试兼监试官一员，以郎官充任；点检试卷官三员，以职事、厘务官充任。

如高宗绍兴十七年(1147)八月，"以监察御史宋敦朴充国子监发解监试官；司封员外郎汤思退、司勋员外郎沈介、祠部员外郎陈诚之、刑部员外郎吴㮚充考试官；枢密院编修官唐稷、详定一司敕令所删定官喻彦先、曹筠，国子监丞陈孝恭、秘书省正字孙仲鳌、太学博士王之望、国子正冯谔、国子录吴武陵充点检试卷官。诸王宫大小学教授林大鼐充国子监小院发解官。时以附铨试院小院，止差一员。"④计监试官一人，考试官四人，点检试卷官八人；别试所考试官一人。

又如宁宗嘉定十二年(1219)八月十五日，"国子监发解，命监察御史徐龟年监试，侍右郎中林岊、考功郎中楼观、著作郎危稹考试，太府寺丞方灼、秘书省正字兼翰林权直徐凤、秘书省正字卢祖皋、籍田令黄灏、太社令王梦龙、主管吏部架阁文字杨璘、主管礼兵部架阁文字陶崇、监左藏库中门皇甫晔点检试卷。避亲别试秘书郎萧舜咨考试，主管户部架阁文字葛从龙、朝奉郎应镛、监赡军南外酒库胡刚中点检试卷。"⑤计监试官一人，考试官三人，点检试卷官八人；别试所考试官一人，点检试卷官三人。

二、国子监解试的考试对象

国子监解试的考试对象，顾名思义，应该是国子监生。宋初承唐及五代

---

① 《宋会要辑稿·选举》二一之六《试官》。
② 《宋会要辑稿·选举》二一之四《试官》。
③ 《宋会要辑稿·选举》二〇之二一《试官》。
④ 《宋会要辑稿·选举》二〇之八至九《试官》。
⑤ 《宋会要辑稿·选举》二一之一六《试官》。

之制，设国子监，“国子生以京朝七品以上子孙为之，初无定员”，而“系籍者或久不至”。[①]太祖开宝五年(972)十一月十四日，诏曰：“其国子监举人，须是元在监习业，方许校艺、解送，不得妄称监生。仍并令礼部贡院分明勘会。违者，具名以闻。馀有条制，委所司详酌行下。”[②]《宋会要辑稿·崇儒》一之二九《太学》载：

> 开宝八年，国子监上言：“生徒旧数七十人，元奉诏令分习五经，内有系籍而不至者，又有住京进士、诸科常赴讲席。缘监生元有定数，欲以在监习业之人补充生徒。”诏令元系籍而听习不阙，得(千)[预]秋赋；系籍而不至者，听于本贯请。其未入于籍而听习者，或有冠裳之族，不居乡里，令补监生之缺。

太宗太平兴国九年(984)六月，放宽了在监习业的限制，诏曰：“国子监所解举人，自今但负勤苦，有父兄居官食禄，不在本贯乡里居住，监司谙知行止，便可收补发解，不必附监听读，即不得收不系食禄之家。”[③]规定凡是不在本贯居住的官僚子弟，都可以参加国子监的解试。真宗初年，国子监解试的资格更宽。“景德间，许文武升朝官嫡亲附国学取解，而远乡久寓京师，其文艺可称，有本乡命官保任，监官验之，亦听附学充贡。”[④]

真宗大中祥符七年(1014)八月，“诏国子监学生、应子弟在监习业者，除实是开封府外，每人召京朝官一人为保识，然后收试，其保官须具印状赴监。”[⑤]后来，改为“本监举人无户籍者，听召京朝官有出身者保三人，无出身者保二人”。庆历元年(1041)五月乙亥(二十七日)，从右正言、同管勾国子监梁适(1000—1069)之请，“应见任并在铨幕职州县官，非伎术、流外及历任有赃者，并听为保”。[⑥]

北宋前期，国子监实际上只是游士为了应举的寄应之所。正如田况所说：

> 国朝以来，京都有国子监，为讲学之地，然生徒不上三十人，率蒙稚未能

---

① 《宋史》卷一五七《选举志三》。

② 《宋会要辑稿·选举》一四之一四《发解》;《长编》卷一三，开宝五年十一月己巳。

③ 《宋会要辑稿·选举》二八之一《举官》。

④ 《宋史》卷一五七《选举志三》。

⑤ 《长编》卷八三，大中祥符七年八月。

⑥ 《长编》卷一三二，庆历元年五月乙亥，《宋会要辑稿·选举》一五之二二。

成学者。遇秋试诏下,则四方多士竞投牒于学,干试求荐。罢则引去,无肯留者。初试补监生,但无大碍,无不收采。生员得牒以归,则自称广文馆进士。监出一牒,生员输缗二千馀,目为光监,利为公廨之用。直讲置员,但躐为资地,希迁荣耳!①

天章阁侍讲、史馆检讨王洙也说:

自顷学徒,未悬师业,国子监每科场诏下,许品官子弟投保官家状,量试艺业,给牒充广文、太学、律学三馆学生,多或至千馀人,即随秋试,召保取解。及科场罢日,则生徒散归,讲官倚席。若此但为游士寄应之所,殊无国子肄习之法。居常讲筵,无一、二十人听读者。②

于是,仁宗庆历二年(1042)闰九月,从国子监之请,国子监生"听读满五百日,方许解荐。已得国学文解、省试下者,止听读一百日,许再请解"。③ 庆历四年(1044)十一月,随着庆历新政的失败,又诏罢天下学生员听读日限。

庆历四年四月壬子(二十一日),判国子监王拱辰、田况、王洙、余靖等言:"首善当自京师,汉太学二百四十房,千八百馀室,生徒三万人。唐学舍亦一千二百间。今取才养士之法盛矣,而国子监才二百楹,制度狭小,不足以容学者,请以锡庆院为太学,葺讲殿,备乘舆临幸,以潞王宫为锡庆院。"诏从之。④自此,太学与国子学并立,太学生、国子生均经国子监取解。随着神宗兴学、徽宗兴学及太学三舍法的实施,太学日盛,而国子学则相形见绌,逐渐被太学所取代。太学生成为国子监解试的主要考试对象。⑤

哲宗元祐七年(1092)曾实行广文馆试。《长编》卷四七四载:

元祐七年六月甲子(十二日),置广文馆解额。礼部状:"近准都省批状,勘会……太学生员依条须在学及一年,方预就试,其间有未及一年之人,亦不免有寄贯取应之弊。检会旧制,国子监取应举人,先于广文馆补试给牒取

① 田况:《儒林公议》卷上。

②③ 《宋会要辑稿·崇儒》一之二九《太学》。

④ 《长编》卷一四八,庆历四年四月壬子。

⑤ 参见朱瑞熙、张邦炜:《论宋代国子学向太学的演变》,《宋史研究论文集》(一九八二年年会编刊),河南人民出版社1984年版。

应。今欲复置广文馆生员，送礼部看详立法，申尚书省。……今再行看详……将本府诸科二百人并国子生四十人，共为二百四十人解额，并拨属广文馆，以补中生员，每十人发解一人。今拟修下诸条：开封府举人投下取应文字，限试补广文馆生员……诸补广文馆生员，以二千四百人为额。……诸试补广文馆生员，于科场岁六月五日锁院，委主司定日引试；诸广文馆生员，于开科场七月终以前，[赍]元授公据赴国子监照验，并投纳保状、试卷请解。其公据至，并行毁抹，如请解不中，即仍去听别试补。"（六月十二日三省同奉。）诏依礼部所申，今后太学举人并国子生发解，并依元祐五年发解取人分数施行。①

广文馆试实际是国子监解试的一次预备性考试，"以待四方游士试京师者"。"绍圣元年（1094），罢广文馆试，其额悉复还之开封府、国子监。"②

徽宗崇宁三年（1104），诏罢州郡解试及省试法，国子监解试亦罢。至宣和三年（1121），又复旧制。

宋室南渡，仍设国子监解试。初因战乱，附试于转运司。《宋会要辑稿·选举》一六之二《发解》载：

建炎四年（1130）五月二十一日，权礼部员外郎侯延庆言："行在职事及厘务官随行有服亲若门客之类，欲乞立应举法，以国子监进士为名，其解发人数依旧制，以就试终场人为率，七人取一名，馀分亦听取一名。"诏门客请解取人合依《崇宁贡举令》外，馀依所乞，仍就转运司附试。

绍兴七年（1137）五月，"诏行在职事、厘务官并宗子应举、取应及有官人，并于行在赴国子监试"。③绍兴十四年八月，又立同文馆试。《宋会要辑稿·选举》一六之七《发解》载：

绍兴十四年（1144）八月二十八日，礼部云："国子司业宋之才陈请，欲立同文馆收试士人。见在行朝去本贯及一千里以上无处取应之士，令实通乡贯五人为一保，召文官二员结罪委保乡贯、士行等诣实，仍赍保官付身赴监

① 参见《宋会要辑稿·选举》一六之五《发解》。
② 《宋史》卷一五七《选举志三》。
③ 《宋会要辑稿·职官》二八之三〇至三二《广文馆》。

> 官呈验讫，许纳试卷应举，令附本监发解试，别立号考校，每三十人取一名，通取不得过三十人。看详：欲依所乞。保官每员所保不得过十人，如不实，其保官依委保转运司就试人不得实例，先降一官，取责罪犯，申取朝廷指挥。仍令本监续行取会就试举人本贯州军审察勘会，与贡举条制如有违碍，不该赴试或两处应举，虽已得解过省，即行驳放。犯人并保官、保人，依法施行。"从之。

这一规定的目的在于让"见在行朝去本贯及一千里以上无处取应之士"附国子监解试。三十三年之后，即孝宗淳熙四年(1177)，随着社会的安定，而"罢同文馆试"①。

光宗朝，又对国子监牒试的范围做了规定，《宋会要辑稿·选举》一六之二六至二七《发解》载：

> 绍熙三年(1192)五月二十七日，礼部言："已降指挥，文武职事官本宗同居五服内，并异居大功以上亲，厘务官文臣京官、武臣朝官以上本宗同居小功以上亲，并许赴监取应，合召京朝官二员委保。国子监照得武臣任职事、厘务官所牒亲赴监取应，逐举体例，系通召文武京朝官混同作保，致有冒滥。本部乞自今举为始，将行在文武臣任职事、厘务官及诸军将领朝官以合该牒应试文举之人，所召保官，并用文臣京朝官结罪听保批书，赴监收试。如所保不实，即照应淳熙二年六月六日指挥，举人殿举，虽试中亦行驳放；元牒官及保官各降一官，仍取勘不许自首改正，及照应见行贡举条法断罪。所有其馀事节，仍照应绍熙二年五月二十五日已降指挥施行。"从之。

"文武职事官本宗同居五服内，并异居大功以上亲，厘务官文臣京官、武臣朝官以上本宗同居小功以上亲"，召京朝官二员委保，方可参加国子监解试，比建炎四年的"行在职事及厘务官随行有服亲若门客之类"均可参加国子监解试的应举范围缩小了许多。而且规定，文武官员亲属应举，均须用文臣京朝官充任保官，所保不实，即予以严惩，以防冒滥。

宁宗庆元年间，对赴国子监试的亲属范围又有所缩小。《宋会要辑稿·选举》六之三一载："庆元间，职事官许牒子孙、亲兄弟、兄弟之子，厘务官牒本宗同

---

① 《宋史》卷一五六《选举志二》。

居大功。”较之光宗绍熙三年“文武职事官本宗同居五服内并异居大功以上亲，厘务官文臣京官、武臣朝官以上本宗同居小功以上亲，并许赴监取应”，又减少了许多。

总之，国子监牒试的亲属范围越来越小，召京朝官委保的要求越来越严，所保不实的惩罚越来越重，目的均在于防止冒滥。

三、国子监解试的解额

国子监解额亦甚宽。监察御史张次贤曾说：“夫三岁取士，国之成法，于法之中，特优其选，国子是也。岂私于公卿大夫子弟哉？盖以亲父兄之训，试政事之体，讲闻素熟，选而举之，唯恐不宽。”①事实上，也正是这样。宋初，国子监与诸路州府解额无甚区别。真宗天禧二年(1018)十一月丁亥(二十九日)，“命翰林学士承旨晁迥、知制诰陈尧咨，于秘阁再考国子监及太常寺别试进士文卷。”②“十二月八日，迥等再考定试卷以闻。诏国子监从上解二十人，太常寺六人。”③即共解进士仅二十六人。

仁宗天圣元年(1023)十月十二日，“国子监言：‘欲乞今来取解进士，除元额外，量添数十人，以为定额。诸科免解人外，依旧数解发。’诏进士将添二十人，余如旧。”④天圣七年八月八日，“诏国子监发解举人，今后进士以五十人为定式，余(按指诸科)依旧。”⑤庆历元年(1041)八月十七日，“诏国子监今岁解发进士、诸科，各增二十人”。⑥皇祐五年(1053)闰七月二十日，改为按比例发解：“诏开封府、国子监进士，自今每一百人解十五人。”⑦嘉祐二年(1057)，改为间岁一开科场，天下进士、诸科解额各减半。《长编》卷一八七载：

> 嘉祐三年三月辛巳(十一日)，礼部贡院言：“开封府进士二百一十人，诸科一百六十人；国子监进士一百人，诸科十五人；明经各一十人，并为定额。”从之。

---

① 《宋会要辑稿·选举》六之三〇《贡举杂录》。
② 《长编》卷九二，天禧二年十一月丁亥。
③ 《宋会要辑稿·选举》一五之二《发解》。
④ 《宋会要辑稿·选举》一五之四《发解》。
⑤ 《宋会要辑稿·选举》一五之六《发解》。
⑥ 《宋会要辑稿·选举》一五之一一《发解》。
⑦ 《宋会要辑稿·选举》一五之一四《发解》。

则国子监进士、明经、诸科解额共为一百二十五人。

神宗熙宁八年(1075)七月二十三日,“诏开封府、国子监并就一处考试,仍以两处解额通计取人。”①“旧制,开封府三百三十五人,国子监百六十人”,共计四百九十五人。元丰二年(1079)十二月四日,开封府、国子监复分别解试。“诏自今解发进士,太学以五百人、开封府以百人为额。”②国子生则以四十人为额。《宋会要辑稿·选举》一五之二三《发解》载:“元丰三年五月三日,编修学制所言:‘臣等看详:监以国子为名,而无国子教养之实,恐未称朝廷建学育士之意。乞应清要官亲戚并令入监听读,以二百人为额,解发毋过四十人。’从之。”

哲宗元祐七年(1092)六月甲子(十二日),置广文馆解额。礼部状:“将本府(按即开封府)诸科二百人,并国子生四十人,共为二百四十人解额。”“诏依礼部所申,今后太学举人并国子生发解,并以元祐五年发解取人分数施行。”而“元祐五年发解国学举人,每五人四厘二毫一忽解一人”。③即又改为按比例发解。

徽宗崇宁五年(1106),因罢州郡发解及省试法,取士并由学校升贡,将国子监解额等尽添拨诸路州府贡额。宣和三年(1121),复旧,即依元丰贡举之制。

宋室南渡,高宗建炎四年(1130)五月二十一日,依权礼部员外郎侯延庆陈请:“其解发人数依旧制,以就试终场人为率,七人取一名,馀分亦听取一名。”④又改为按比例解发。宁宗嘉定三年(1210),“太学解试,系是十三人取三人”。⑤《梦粱录》卷四云:“国子牒试,五人取一名。”较之诸路州府军监解额一般不到百分之一,国子监解额要优惠得多。

正因为国子监解额较宽,故多冒滥,公然犯法。嘉熙二年(1238),臣僚言:“国子牒试之弊,冒滥滋甚。在朝之士,有强认疏远之亲为近属者,有各私亲故换易而互牒者,有为权势所轧、人情所牵应命而泛及者,有自揆子弟非才、牒同姓之隽茂利其假手者,有文艺素乏、执格法以求牒转售同姓以谋利者。”⑥为革其弊,一是常申严牒试之法,二是缩小亲属牒试应举的范围。但均收效甚微。南宋末年,又推出两项革弊办法,其一是置簿籍。“宝祐四年(1256),命在朝之臣,除宰执、

---

① 《宋会要辑稿·选举》一五之二一《发解》。
② 《宋会要辑稿·选举》一五之二二《发解》。
③ 《长编》卷四七四,元祐七年六月甲子。
④ 《宋会要辑稿·选举》一六之二《发解》。
⑤ 《宋会要辑稿·选举》六之七《贡举杂录》。
⑥ 《宋史》卷一五六《选举志二》。

侍从、台谏外，自卿监、郎官以下至厘务官，各具三代宗支图三本，结立罪状，申尚书省、御史台及礼部，所属各置簿籍，存留照应。遇属子孙登科、发解、入学、奏补事故，并具申入凿。后由外任登朝，亦于供职日后，具图籍记如上法。遇胄试之年，照朝廷限员，于内牒应举人就试，以革胄牒冒滥之弊。”其二是胄子牒试限员。“景定二年(1261)，胄子牒试员：宰执牒缌麻以上亲增作四十人，侍从、台谏、给事中、舍人小功以上亲增作二十七人，卿监、郎官、秘书省官、四总领小功以上亲增作二十人，寺监丞簿、学官、二令大功以上亲增作十五人，六院、四辖、省部门、史馆校勘、检阅大功以上亲增作十人，临安府通判牒大功以上亲增作八人，馀应牒亲子孙者，一仍旧制。”①但为时已晚，此后没有几举南宋就灭亡了。

第四节　开封府解试

一、开封府解试的考试机构与考官

宋初，开封府解试，如诸州府军监解试之制，“皆府官专其事”。太宗端拱元年(988)“秋，以府事繁剧，始别敕朝臣主之，定名讫，送府发解如式，遂为永制”。②如至道三年(997)九月二十一日，“命直集贤院李建中、直史馆盛元、太常丞陈尧佐考试开封府举人”。③

宋初，“国子监、开封府举人有与发解官亲戚者，止两司更互考试。”真宗“虑涉私徇”，咸平元年(998)九月“特选官别试”④，即国子监、开封府解试始有别头试。大中祥符七年(1014)七月七日，武成王庙考试官杨侃言：“所试服勤词学经明行修举人，未敢只依旧令小试官更互封弥卷首，乞别差人。”诏从之。⑤此后，开封府解试始有专差封弥官。

仁宗天圣二年(1024)正月甲午(五日)，诏：“礼部贡院、开封府、国子监及别头，各增置点检试卷、封弥、巡铺、监门官有差。”⑥自此，开封府解试始有点检试

① 《宋史》卷一五六《选举志二》。
② 《长编》卷二九，端拱元年闰五月。
③ 《宋会要辑稿·选举》一九之二《试官》。
④ 《长编》卷四三，咸平元年九月；《宋会要辑稿·选举》一九之三《试官》。
⑤ 《宋会要辑稿·选举》一四之二四《发解》；《长编》卷八三，大中祥符七年七月辛卯。
⑥ 《长编》卷一〇二，天圣二年正月甲午。

卷、巡铺、监门官。景祐四年(1037)六月二十四日，从左司谏韩琦之请，“诏令开封府、国子监发解举人并锁厅人，并依南省例封弥、誊录”。①自此始设誊录官。

这样，至仁宗景祐四年，开封府解试的考试官设置已经基本完备，计有考试官、点检试卷官、封弥官、誊录官、巡铺官、监门官等。如天圣七年(1029)八月十一日，“命殿中侍御史张逸、直史馆高竦、宋祁考试开封府举人，殿中侍御史陈琰封弥卷首；……集贤校理钱仙芝，秘阁校理范仲淹考试亲戚举人，屯田员外郎王涣封弥卷首。”②计有考试官三人，封弥官一人；别头试考试官二人，封弥官一人。又如神宗熙宁二年(1069)八月十四日，“以秘阁校理、同修起居注陈襄，集贤校理王权，秘阁校理王介、安焘、李常，馆阁校勘刘攽考试开封府举人；虞部郎中陈偁监门。……集贤校理王益柔、秘阁校理钱藻考试锁厅举人，都官员外郎许懋监门。”③计有考试官六人，监门官一人；锁厅举人考试官二人，监门官一人。

二、开封府解试的考试对象

宋朝贡举要求本贯取解，不得寄应。开封府解试的对象当然应该是开封府举人。但是，也有一些特殊情况，本贯非开封府的举人也可以在开封府取解。如太宗淳化三年(992)三月二十一日，诏曰：“或举人内有乡里是声教未通之地，许于开封府、河南府寄应，其归本贯取解人，许通理自前举数。”④“乡里是声教未通之地”的举人即“化外人”，不便于归本贯取解，也许于开封府、河南府参加解试。

真宗景德二年(1005)七月二十日，翰林学士晁迥(951—1034)等上议：“远人无籍者，令召命官保识就京府取解。”诏从之。⑤《宋会要辑稿·选举》三之九至一〇《贡举杂录》载：

> 大中祥符四年(1011)五月二十七日，翰林学士晁迥等言：“准诏详定礼部贡院条制……如有久在乡县实无户籍，许召命官一人保明行止非妄冒者，听具本贯家状于开封府投纳收试。”并从之。

---

① 《宋会要辑稿·选举》一五之一〇《发解》；《长编》卷一二〇，景祐四年六月丙申。

② 《宋会要辑稿·选举》一九之九《试官》。

③ 《宋会要辑稿·选举》一九之一五《试官》。

④ 《宋会要辑稿·选举》一四之一五至一六《发解》，《宋会要补编》第四十六页。

⑤ 《长编》卷六〇，景德二年七月丙子。

上述规定应该载入是年八月晁迥所上《诸州发解进士条制》。①

大中祥符七年(1014)，发生了一起进士刘溉、韩扬等讼顾询美等寄籍开封府解试的科场案。于是，九月二十四日，诏曰：

> 应进士并诸科举人等，今后除取本乡文解赴举外，如是显无户籍，及虽有籍已离本贯、难更往彼者，即许召曾经省试举人三人，或御试举人二人，或命官一员，保明行止。仍只许保明一人，但不是负犯殿责及勒出科场之人，即明其元本贯乡家状，许于开封府投纳、引验，便与收接，依例考试、发解，并于卷头分明开坐元本乡贯并寄应去处，馀并依旧敕。如违，必行前制。②

对于没有户籍，以及虽有户籍但是已经离开本贯而难以回去应举者，只要有曾经省试举人三人，或御试举人二人，或命官一员，保明其不是“负犯殿责及勒出科场之人”，就可以到开封府应举。这显然是放宽了寄应开封府应举的限制。

由于开封府解额较宽，且得考试风气之先，所以有大量士人寄贯召保取解。大中祥符七年寄应开封府请解者就有“进士四百四十四人、诸科三十二人”。为了解决寄籍举人侵占开封府土著举人解额的矛盾，天禧四年(1020)乃采取了寄应举人“别定分数荐送”的措施。《宋会要辑稿·选举》一五之三至四《发解》载：

> 天禧四年(1020)三月二十八日，翰林学士承旨晁迥等言：“准诏，以开[封]府举人稍多，屡致词讼，令议定条制。……寄应举人实无户籍者，许召命官保任，于本府户籍人数外，别定分数荐送。”诏从之。仍令于大中祥符七年寄贯人数中定额，许召有出身京朝官充保，所保不过三人。考试合格，别立项申解。保举后，本人有伪冒、曾犯刑宪，保官当行朝典。开封府具到大中祥符七年寄应请解额：进士四百四十四人，诸科三十二人。续诏：“解进士十之三，诸科十之五。”

即寄应举人不占开封府原来的解额，而按“进士十之三，诸科十之五”的分数荐送礼部省试。

仁宗天圣元年(1023)又取消了寄应举人“别定分数荐送”之制。《宋会要辑

---

① 《宋会要辑稿·选举》一四之二二《发解》。

② 《宋会要辑稿·选举》一四之二五《发解》。

稿·选举》一五之四《发解》载：

> 天圣元年闰九月二十五日，侍御史高弁等言："奉敕差考试秋赋举人，欲乞特许依旧额解发五分人数，及将无户籍召到保官进士，各解分数衮同考试。"从之。

侍御史高弁时任开封府解试考试官，诏从其请，开封府解试"依旧额解发五分人数"，"无户籍召到保官进士"与本贯开封府的举人"衮同考试"，不再"别定分数荐送"。天圣二年正月甲午（五日），仁宗又下诏曰："开封府举人无户籍者，召有出身京朝官保二人，无出身曾历任者保一人。外州召命官、使臣为保，不得过一人。所保不实，以违制论。举人两处取解及犯徒而尝以荫赎者，永不得入科场。同保人殿五举，其殿三举者实殿一举，五举殿二举。"①

仅仅召命官委保，无法解决冒贯问题。天圣七年十一月，"上封者言：'今开封府举进士者至千九百馀人，多妄冒户籍，请条约之。'癸酉（十九日），诏举人有开封府户籍七年以上不居他处者，听取解。虽无户籍，亦不曾占名他州者，先经所属投牒察访行实，召京朝官二人保之，违犯则保官以违制论。其外州寄应者，悉令还本贯，与理旧举场第。若行赂而妄冒乡贯、三代者，以违制失论，不以荫赎。"②景祐四年（1037）八月十日，"翰林学士丁度等上准诏修定《开封府国子监发解条制》，乞付贡院。从之。"③此后，天圣七年十一月诏书成为定制。

三、开封府解试的解额

开封府是首善之区，其解额也甚宽。真宗天禧二年（1018）十二月二日，钱惟演（962—1034）等再考定开封府试卷以闻。诏："从上依定百五十人与解。"④即天禧二年开封府解试取一百五十人。

仁宗皇祐五年（1053）闰七月二十日，改为按比例发解："诏开封府、国子监进士，自今每一百人解十五人。"⑤嘉祐二年（1057），改为间岁一开科场，天下进士、

---

① 《长编》卷一〇二，天圣二年正月甲午。
② 《长编》卷一〇八，天圣七年十一月癸酉。
③ 《宋会要辑稿·选举》一五之一〇《发解》。
④ 《宋会要辑稿·选举》一五之二《发解》。
⑤ 《宋会要辑稿·选举》一五之一四《发解》。

诸科解额各减半。《长编》卷一八七载：

> 嘉祐三年三月辛巳(十一日)，礼部贡院言："开封府进士二百一十人，诸科一百六十人；国子监进士一百人，诸科十五人；明经各一十人，并为定额。"从之。

则开封府进士、明经、诸科解额共为三百八十人。

神宗熙宁八年(1075)七月二十三日，"诏开封府、国子监并就一处考试，仍以两处解额通计取人。""旧制，开封府三百三十五人，国子监百六十人"①，共计四百九十五人。元丰二年(1079)十二月四日，开封府、国子监复分别解试。"诏自今解发进士，太学以五百人、开封府以百人为额"②。元丰三年十二月十二日，罢开封府解额，并归太学。元丰八年十一月甲辰(十四日)，"诏还开封府解额百人"③。熙宁中罢开封府解额并归太学，至是复之。

哲宗元祐五年(1090)七月乙亥(十二日)，礼部言："开封府解进士一百人，而就试二千馀人。请依元祐二年例，于诸科解额内拨五十人，添解进士。"诏从之。④九月己巳(八日)，"诏开封府诸科额二百三十二，已拨五十添解进士，今就试人多，特更拨一百五十。"⑤由此可知，元祐五年开封府解额进士为一百人，诸科为二百三十二人，共为三百三十二人。两次划拨之后，当年解进士三百人、诸科三十二人。元祐七年六月甲子(十二日)，置广文馆解额。礼部状："检会元祐贡举敕，进士解额，开封府一百人，国子生四十人，其诸科依旧条，开封府二百四十人。"⑥由此可知，元祐七年开封府进士、诸科解额共为三百四十人。

绍圣三年(1096)八月十九日，"诏开封府解额今后依元丰三年十二月十二日指挥，并拨属太学。"⑦元符三年(1100)六月二十八日，"诏开封府进士许依旧额发解，以一百人为额。"⑧这里所说开封府旧额进士一百人，不包括诸科解额二百四十人。

徽宗崇宁五年(1106)，因罢州郡发解及省试法，取士并由学校升贡，将国子

---

① 《宋会要辑稿·选举》一五之二一《发解》。
② 《宋会要辑稿·选举》一五之二二《发解》。
③ 《长编》卷三六一，元丰八年十一月甲辰；《宋会要辑稿·选举》一五之二四《发解》。
④ 《长编》卷四四五，元祐五年七月乙亥。
⑤ 《长编》卷四四八，元祐五年九月己巳。
⑥ 《长编》卷四七四，元祐七年六月甲子。
⑦ 《宋会要辑稿·选举》一五之二七《发解》。
⑧ 《宋会要辑稿·选举》一五之二七至二八《发解》。

监、开封府等解额添拨诸路州府贡额。宣和三年(1121)二月二十日,“诏太学以三舍考选,开封府及诸路以科举取士,并依元丰法”。[①]十一月二十二日,诏“开封府依《元丰贡举敕》,以一百人为额”。[②]这里所说开封府“以一百人为额”,也只是进士解额,而不包括诸科解额二百四十人。

正由于开封府解额远比诸路州府军监解额宽得多,而且游学京师可以得风气之先,所以有许多士人冒贯参加开封府解试。如真宗大中祥符七年(1014)九月,“开封府解服勤词学进士二十五人,为下第者刘溉所讼,其十三人以寓贯,皆奔窜潜匿,有司追捕”。[③]又如仁宗天圣七年(1029年)十一月,上封者言:“今开封府举进士者至千九百馀人,多妄冒户籍,请条约之。”[④]

宋室南渡,定都临安府(今杭州),设有临安府解试。但是,却很少有像开封府解试那样冒贯取解的情况。其可能的原因,一是临安府的解额与一般州府差别不大。《咸淳临安志》卷五十六《贡院》云:“旧制,三岁解七人。崇宁三舍法,岁贡七人。宣和五年,复科举,三岁解十四人。绍兴二十六年,增西北流寓解额三人。端平元年(1234),增为十九人。宝祐三年(1255),增二人。景定五年(1264),增一人,共二十二人。已上皆据旧志,但东坡所序送进士诗云,熙宁五年贡者九人,与此不同,当考。”《梦粱录》卷四《解闱》云:“杭城辇毂之地,恩例特优。本州元解额七十名,今增作八十九名。”不知临安府解额何时增加至七十名,亦不知增作八十九名之“今”为何时,但可以肯定,在景定五年之前,即距南宋灭亡前的十几年,其解额都不超过二十二人,所以不必冒贯取解。

二是游学京师的士人可以参加两浙转运司解试的附试。如高宗绍兴二十九年(1159)八月庚申(九日),“诏四川等处见在行在进士归乡赴试不及,可特令就两浙转运司附试一次。后试者七百五十人,诏令解发十五人。”[⑤]又如孝宗淳熙元年(1174)八月二十四日,“两浙转运司言:‘临安府学生陈大有等见在学一百七十一人,并系川、广等处士子,无力归乡,已逼试期,(试)特令就两浙转运司附试别考,取旨立额,自今不得援例。终场八十七人。’诏令解发一名。自今各赴乡举,不许陈乞附试。”[⑥]此后,两浙转运司附试并没有停止,而是大有越来越多之势。

---

① 《宋会要辑稿·选举》四之一一《贡举杂录》。

② 《宋会要辑稿·选举》一五之三一《发解》。

③ 《长编》卷八三,大中祥符七年九月丙午。

④ 《长编》卷一〇八,天圣七年十一月癸酉。

⑤ 《系年要录》卷一八三,绍兴二十九年八月庚申。

⑥ 《宋会要辑稿·选举》一六之一九《发解》。

如淳熙十六年九月一日(光宗已继位,未改元),“两浙转运司言:‘临安府见有远方游学士人,试期在近,归赴乡举不及。奉旨特令就两浙转运司附试别考,取旨立额。终场一千三百一十一人。’诏令解发十名。”①又如宁宗庆元元年(1195)八月三日,“[都]省言:‘勘会临安府见有远方游学士人,试期在近,归赴乡举不及,理宜措置。’诏特令就两浙转运司附试一次,另项考校。候见终场人数,取旨量立解额。既而,本司言:‘附试终场一千五百六十二人。’诏依淳熙十六年指挥,特与取放十人。(四年,终场一千六百六十七人;嘉泰元年,终场一千四百四十九人;四年,终场一千三百八十九人;开禧三年,终场一千三百八十四人,逐举诏令取放五人。嘉定三年,终场一千六十九人,诏令取放四人;六年,终场一千九百二十四人,诏令取放七人;九年,终场一千六百七十人,诏令取放六人;十年,终场一千九百九十三人,诏令取放七人;十五年,终场二千四百九十三人,诏今举特与取放十人。以都省照得两浙运司附试士人,缘今举该遇进宝大赦,系是非常特恩,所有取放人数,即与逐举事体不同故也。)”②

① 《宋会要辑稿·选举》一六之二五《发解》。
② 《宋会要辑稿·选举》一六之二八至二九《发解》。

第四章　宋朝贡举省试制度

宋朝贡举省试是对解试合格举人的覆试。正如赵升《朝野类要》卷二《省试》条所云："诸州及漕司解士，就礼部贡院锁试，名曰省试。"因其由尚书省礼部主持，故又称"礼部试"、"礼闱"；又因其一般在春天举行，故又称"春试"、"春闱"。宋朝省试与唐代有所不同，太祖开宝六年(973)以前，省试为贡举的最高级考试，省试合格即赐及第；开宝六年创立殿试制度之后，省试则成为解试、省试、殿试三级考试中的第二级考试。不过，在某种意义上说，省试仍为最重要的一级考试，在仁宗嘉祐二年(1057)殿试免黜落之后，更是如此。南宋初年，臣僚言："科举之设，实用人材之根本，而省试最为重事。"①南宋后期，臣僚仍说："贡举莫重于省试。"②另外，南宋初年在诸路及整个南宋时期在四川地区，曾由诸路转运司及四川制置司，举行类似于礼部省试的考试，史称"类省试"。本章我们仅就得解举人赴省、省试考试机构与考官、省试考试时间与地点、省试奏名与免省试等问题，进行一些叙述与评论。至于省试的考试方法与考试内容，我们将在《宋朝贡举考场规则》、《宋朝贡举考试内容》、《宋朝贡举试卷评定制度》等章节中，与解试的考试方法与考试内容一起加以专门论述。

第一节　得解免解举人赴省试

宋朝应举人在开科之年的秋天，经诸路州府军监、转运司、国子监等解试合

---

① 《宋会要辑稿·选举》二〇之三《试官》。
② 《宋会要辑稿·选举》六之三七《贡举杂录》。

格即得解之后，只是在应举道路上走出了重要的第一步，紧接着要“冬集礼部”①，准备参加第二年春天在京城由礼部主持的省试。得解举人为了参加省试，不但要长途跋涉赶赴京城，而且要办理一系列比请解更为复杂的报考手续。

一、到省日期

宋承唐制，贡举省试一般在开科的第二年春天的正月举行，在省试引试之前要求得解或免解举人缴纳家保状、文卷、试纸等报名考试。关于到省投状报名日期，宋初规定大概是十月二十五日。《宋会要辑稿・选举》一四之二四《发解》载：

> 大中祥符七年(1014)五月二日，礼部贡院言：“诸道举人取解，准格并于十月二十(三)[五]日已前以解文、试卷到省。近年多违日限，欲预先移牒天下州郡。”从之。

既云“准格”即是按照“敕令格式”即贡举法，应该在十月二十五日以前到礼部投状报到。但是诸路得解举人“多违日限”，不能按时到省。对于边远州军，只好采取特殊优惠办法。如仁宗庆历二年(1042)正月七日，“诏川、广合该解发及诸处免解举人，虑地远到阙稽迟，令贡院如未引试日前续次到者，并收试。”②只要省试引试日前到省，就还可以参加考试，真是照顾备至了。

九月解试放榜，十月二十五日以前就要到省投状、纳卷，中间只有一个多月的时间，对于诸路州府军监的得解举人，时间的确太仓促了。所以，仁宗时又将到省日限延长到十一月二十五日。《长编》卷一二〇载：“景祐四年(1037)二月甲寅(十一日)，诏礼部贡院，自今三月一日申请贡举，其举人到省以十一月二十五日为限。”到省日限延长到十一月二十五日，应该是比较合适的了。但仍时有延期者。《宋会要辑稿・选举》三之三二《贡举杂录》载：

> 庆历八年(1048)四月十四日，礼部贡院言：“勘会庆历五年科场，诸州军举人并不依条限投纳家保状、文卷，缘自来承例，乞展日限。欲乞今来于十一月二十五日限外，与量展半月，更不重叠，展限内不来投纳，即先驳放，更

① 《宋史》卷一五五《选举志一》。

② 《宋会要辑稿・选举》三之二二《贡举杂录》。

不在收试之限。"诏依所奏。

此后,或因时值隆冬,或因书铺慢易,仍然经常展限延期。如哲宗元符三年(1100)春正月癸酉(六日),礼部言:"近以天下解发并免解举人有不到京者,尝申请纳卷、引保,各展限十日。今将限满,尚有千馀人未到。闻远方举人正值雪寒,道路难阻,乞特展限锁院五日。其未锁院以前,并许纳卷、引保。"诏从之,"仍特展七日。"①

南宋时期,对到省的日限又延长了一个月。《宋会要辑稿·选举》四之三三《贡举杂录》载:

> 绍兴二十九年(1159)十一月二十二日,礼部言:"将来省试,依条正月九日锁院,合于十二月二十五日以前引保、纳卷。其限外续到举人,若锁院后、引试前内有续到之人,欲许赴部引保纳卷收试。"从之。

来年正月九日锁院,头年十二月二十五日以前引保、纳卷,中间只有不到半个月的时间。到省日限已经延长到极限了。而且南宋时期,四川诸路在成都府实行"类省试",广南东西、福建诸路离行在临安(今杭州)已经不像北宋时离京城开封那样遥远,所以到省日限已经不成为一个问题了。

二、荐送举人并给往来公券

诸路州府军监得解举人不仅有到省日限的问题,更为严重的是赴省旅费的问题。南宋宁宗庆元五年(1199)进士第三人及第的魏了翁(1178—1237),在谈到赴省旅费时说:

> 至隋唐后,纯用科举,士幼而学,壮而欲行,非是无进也。裹粮负笈,似役夫隶人,以群趋于有司。幸而升诸春官,则去畿愈远者,聚粮愈艰。货田庐,贷子钱,不足则失口失色于人,自以求济其欲。又不足,则昼而不前,往而遄返。士生斯世,所居广居也,所位正位也,所行大道也。今未能以有行,而使降志辱身若是,是将谁咎与?②

---

① 《长编》卷五二〇,元符三年春正月癸酉。

② 魏了翁:《鹤山大全集》卷五〇《靖州兴贤庄记》。

魏了翁从自己的亲身经历说明进京赶考需要一笔很大的费用。离京城越远，费用越大，筹措越艰难。甚至要变卖田产，向人借贷，如果不足，还要低声下气求人接济。如果还不足，则或者止步不前，或者去而速回。得解而无力进京赶考，身受其辱，这应该归咎于谁呢？

宋朝政府大概注意到了远方得解举人遇到的这一问题，对边远地区的举人进京赶考并给往来公券，解决旅费困难。太祖开宝二年(969)十月六日，诏曰：

> 汉诏吏民明当世之务、习先圣之术者，县次给食，令与计偕，盖优贤之道也。朕开设礼闱，敷求俊乂，四方之士，岁贡而来。眷惟遐远之乡，虑迫道途之费，爰稽古典，用示朝恩。自今应西川、山南、荆湖等道所荐送举人，并给往来公券，仍令枢密院定例施行。①

西川、山南、荆湖指现在的四川、湖北、湖南等地，一是离京城开封路途较远，二是属于刚刚并入宋朝版图的后蜀、荆南、湖南等国的旧地，对于这些地区荐送举人，“并给往来公券”，既是“优贤之道”，也有笼络士人、巩固赵宋王朝统治的用意。

仁宗时，三司曾经让成都府路的举人偿还公券。天圣三年(1025)八月辛亥(二日)，知益州薛田言：“本州发解举人，自张咏以来，例给馆券至京师。今得三司移文，乃责吏人偿所给官物，恐非朝廷之意。”仁宗曰：“汉贡士皆郡国续食，今独不能行之远方耶？其令悉蠲之。”②公券制度得以继续施行。徽宗崇宁五年(1106)修订的《学令》中也明确规定对川、广、福建入贡者给以公券。《宋史》卷一五七《选举志三》载：

> 崇宁五年(1106年)，著令：……凡州学上舍生升舍，以其秋即贡于辟雍，长吏集阖郡官及提学官，具宴设以礼敦遣，限岁终悉聚阙下。自川、广、福建入贡者，给借职券，过二千里给大将券，续其路食，皆以学钱给之。

宋室南渡，公券制度仍旧施行。《系年要录》卷一〇七载：

> 绍兴六年(1136)十二月戊申(十五日)，诏川陕进士将来省试，令四川制

① 《宋会要辑稿·选举》三之二《贡举杂录》；《长编》卷十，开宝二年十月丁亥；《东都事略》卷二。

② 《长编》卷一〇三，天圣三年八月辛亥；《宋会要辑稿·选举》一五之五《发解》。

> 置大使司依旧例施行。其合预殿试人并赴行在，仍给五人衙门驿券。自是为例。

王栐《燕翼诒谋录》卷一云：

> 远方寒士预乡荐，欲试礼部，假丐不可得，则宁寄举不试，良可为念。谨按开宝二年十月丁亥，诏西川、山南、荆湖等道所荐送举人，并给往来公券，令枢密院定例施行。盖自初起程以至还乡，费皆公家。……今不复闻此举矣。

根据王栐的自序及《四库全书总目提要》，可知《燕翼诒谋录》写于理宗"宝庆丁亥（三年，1227）"，其用意在于，有感于"祖宗之良法美政，俱废格不行"，"故采成宪之可为世守者"，"以著为警戒"。看来"荐送举人并给往来公券"这一良法美政，在理宗时已经"废格不行"。究竟何时所废？此后是否曾又复行？都有待进一步考证。

三、结保、召保与保状

在本卷第三章第一节《宋朝诸路州府军监解试》中谈到士人请解时，曾谈到家状、保状等问题。关于省试的家状，应该与解试的家状没有多大的区别，不再赘述。至于结保与保状，则有所不同。如解试"诸处取解进士、诸科举人，每三人已上为一保，国子监、开封府五人已上为一保，内须有曾到省举人"。①宋初，省试则是每十人为保。《宋会要辑稿·选举》三之四《贡举杂录》载：

> 太平兴国七年（982）九月八日，诏曰："应（西）[两]京及诸道贡举人等，自今所在长吏慎择部内清强官一人，精加考试，取版籍分明、为乡里所推誉者，须所试诗赋、杂文合格，即许解送。仍令礼部自今诸道解到贡举人，依吏部选人例，每十人为保，内有行止逾违为他人所告者，并当连坐，永不在赴举之限。"

---

① 《宋会要辑稿·选举》一五之一一《发解》。

太平兴国八年三月乙酉(二十九日),“斩孟州进士张两。两试吏部不合格,纵酒大骂于街衢中,言涉指斥,游徼吏捕以闻。上怒,故抵于法。同保九辈永不得赴举,州长吏罚一季俸”。①张两“行止逾违”,“同保九辈永不得赴举”,可见是十人为保,张两事件就是按太平兴国七年诏书处理的。

大概十人为保人数太多,不久即改为“五人以上为一保”,并减轻了对同保人的处罚。雍熙二年(985)十二月三十日,诏:“诸科举人,省试第一场十不者,殿五举;第二、第三场十不者,殿三举;其三场内有九不者,并殿一举。其所殿举数,并于试卷上朱书封送中书,请行指挥及罪发解试官、监官。义卷子头上如有虚书举数、场第,及诈称曾到御前者,并驳放、殿举。应合保,并五人以上为一保。……今后如有倩人撰述文字应举者,许人告言,送本处色役,永不得仕进;同保人知者殿四举,不知殿两举;受(情)[倩]者,在官停任,选人殿三举,保人殿五举,诸色人量事科罪。”②

此前,“应挟书赴试者,并同保人殿一举”。大中祥符五年(1012),“试诸科,以挟书扶出者十八人,计同保九十三人,而十二人当奏名,有司以闻。帝特令赴殿试,因诏重定此制”。四月六日,礼部贡院言:“……诸科怀挟书策,比对义十否者,情理稍重,其进士所挟,未必全是所试文字,则情理稍轻。请自今南省就试日,有怀挟至省门及到铺搜获者,进士殿二举,诸科殿五举。诸科,旧场第虽高,并降从第一场,仍于所试卷上明标所犯;其同保殿举更不施行。”诏从之。③

庆历四年(1044)范仲淹、宋祁等改革贡举,对省试合保也作了专门规定,省试合保与解试一样,都是“每三人为一保,所保之事有七”。

嘉祐二年(1057),贡举改为间岁一开科场,言者以为“举人至京师始结保,多欺冒隐匿,请令就乡里结保及使州县察视之”。下两制详定,十二月五日,乃降诏曰:

> 应天下举人,并令归本贯,令本县令佐察其行实以上于州,知州、通判审覆以上于转运司。既选官考试解发而不如所保者,其知州、通判、令佐皆坐之。其得解人,令就本处二人以上为一保;如止解一人处,许召本州命官一员保之,随试卷上礼部贡院。④

① 《长编》卷二四,太平兴国八年三月乙酉。
② 《宋会要辑稿·选举》三之五至六《贡举杂录》。
③ 《宋会要辑稿·选举》三之一〇至一一《贡举杂录》。
④ 《宋会要辑稿·选举》三之三三至三四《贡举杂录》。

由于就本贯结保，可能该州得解举人不多，所以规定两人以上即可结为一保，“如止解一人处，许召本州命官一员保之”。

熙宁四年（1071），王安石改革科举，罢明经、诸科，只许旧曾应诸科举人依旧取解。于是，诸科的结保也发生了相应的变化。《宋会要辑稿・选举》三之五〇《贡举杂录》载：

> 元祐三年（1088）九月九日，礼部言：“勘会诸科举人，自熙宁四年将曾应本科人许依旧取应，新人许令改应进士及新科明法，至今已十六年。有年三十岁已下六十人，契勘当时即无年十五岁人取应诸科，显有伪冒。缘本贯州县即无勘验关防之法，礼部亦无诸科专籍，今欲乞将旧曾应诸科举人，每三人作一保，具乡贯、年甲，赴所属自陈，仍检元投下文字照验置籍，具结罪保明送礼部类聚置籍。内不见元投下文字之人，即将干照文字勘会诣实，并召本乡得解举人二人委保入籍。如遇科场年分，将得解到省人照验，有伪冒之人，并保人并依冒应法施行。合干官司，依贡举非其人法，知情者不以赦原。后有推恩、事故之人，仰州县及礼部逐款注籍开落。”从之。

这仍是“每三人作一保”，只是增加了“具乡贯、年甲，赴所属自陈，仍检元投下文字照验置籍”，如果“不见元投下文字之人，即将干照文字勘会诣实，并召本乡得解举人二人委保入籍”等规定。

南宋时，对省试结保要求更为严格。如光宗绍熙元年（1190）五月二十四日，臣僚言：“贡举条制最为严密，向使有司一一举行，必无轻犯条制者。谓如结保，必须相识，使其人果是庸缪，或假手必得解，或多赀以经营，或挟人以同行，为相识者岂不知之？然而同保之罚不行，故轻易与之结保。此当严者一也。……”诏从之。①“结保必须相识”对于防止冒滥无疑是有益的。又如嘉定十三年（1220）四月二十七日，因刑部员外郎徐瑄、监六部门张国均、大理评事郭正己上言，礼部“今遵指挥条具：……一、约束书铺，三人结保，如一名造弊，并三名同罪，乞从本部告报施行。”诏从之。②

对于免解举人，除了应举人之间互相结保之外，还需召保官委保就试。如高

---

① 《宋会要辑稿・选举》一之二二《贡举》。

② 《宋会要辑稿・选举》六之三七至三九《贡举杂录》。

宗绍兴二十五年(1155)十一月十九日，郊赦曰："免解进士昨缘散失案籍，增召保官二员。今来礼部自有文籍，除流寓无本贯士人外，与免增召保官。"①又如宁宗庆元元年(1195)十一月十五日重申："依绍兴二十九年八月指挥，合该免解进士如愿赴南省，无州军保明公据，不在收试之限。"②嘉定九年(1216)九月二十七日，臣僚言："……凡免举试人，于本贯勘会，召保官批书，给据保明；有游学在京不能归者，召朝士委保，庶几一扫旧弊。"诏从之。③

关于省试得解举人相互结保的保状样式，尚未见到史料记载。不过，对于免解举人召官委保的保状，由于2011年"武义南宋徐谓礼文书"的发现和2012年包伟民、郑嘉励编《武义南宋徐谓礼文书》的出版，我们有幸可以在760多年之后，一睹南宋免解举人保状的风采。现仅逡录其中的一则保状如下：

> 两浙转运司
>
> 据本官状：今委保两浙转运司免解进士包志轼，昨于嘉定十二年请到浙漕文解，次年到省讫，今来该遇/明堂赦恩，免解赴淳祐七年省试。所保本人，委是正身，于/贡举条制即无诸般违碍。如后异同，甘俟/朝典。/右今批上本官印纸照会。/
>
> 淳祐六年十二月　日　焕　押④

包志轼于宁宗嘉定十二年(1219)两浙转运司解试合格，请到文解，次年省试落第，至理宗淳祐六年(1246)，已经二十七年。按照省试下十八年即可免解赴省试的规定，包志轼早该免解赴省试了。当时，保官徐谓礼为正七品的朝奉郎，刚从浙西两淮发运司主管文字一职离任，在临安府待次。⑤本保状已经注明"右今批上本官印纸照会"，完全符合"保官必须批书印纸"⑥的规定。现有史料中未发现有关包志轼参加淳祐七年省试的其他情况的记载，大概他又名落孙山了。

---

① 《宋会要辑稿·选举》一六之九《发解》。

② 《宋会要辑稿·选举》五之一五《贡举杂录》。

③ 《宋会要辑稿·选举》六之二七《贡举杂录》。

④ 《淳祐六年十二月　日包志轼保状》，包伟民、郑嘉励编《武义南宋徐谓礼文书》，中华书局2012年版。

⑤ 参见包伟民：《前言：武义南宋徐谓礼文书概况及其学术价值》，包伟民、郑嘉励编《武义南宋徐谓礼文书》。

⑥ 《宋会要辑稿·选举》一之二二《贡举》。

四、投状、纳卷与引保

诸路州府军监得解举人到省之后，即按期投纳家保状、文卷、试纸等，由礼部贡院掌管。宋初，“礼部止设判部一人……兼领贡院，掌受诸州解发进士、诸科名籍及其家保状、文卷，考验户籍、举数、年齿而藏之。”①《宋会要辑稿·选举》三之一三《贡举杂录》载：

> 天圣元年(1023)十月十二日，礼部贡院言：“旧制，诸州解发举人试卷并家保状、试纸等，置库编排封锁，合差官与主判官同加检勘。”从之。

其“主判官”即是判礼部贡院。元丰改制后，归礼部。

其所投纳者，宋初还有公卷，“公卷一幅，古律诗、赋、文、论共五卷。”②仁宗庆历元年(1041)废罢。南宋孝宗乾道五年(1169)还令赴省举人纳草卷一幅。《宋会要辑稿·选举》四之四〇《贡举杂录》载：

> 乾道五年二月二十八日，礼部言：“将来省试举人投纳试卷，并令更纳草卷一幅，依式装界，以备誊录。”从之。(其后，礼部言：“四方举人，纸色参差，深恐未便。欲依旧下所属增价买高厚连纸，务令如法。仍将纸样从本部印押，封送主司并誊录所。如不及元样及誊录非善书人，并重科罚。”从之。)

投状、纳卷的程序是由开封府、国子监类聚，申礼部。《宋会要辑稿·选举》三之五六《贡举杂录》载：

> 绍圣三年(1096)六月十二日，礼部言：“近准诏今后应开封府、国子监及诸路进士、诸科，若曾经得解，叙理举数，合该特奏名推恩及免解之人，并须于发解前具诣实，经所属自陈，勘会诣实申部，以贡籍及证据文字审验有无伪滥违碍。内免解者未发解前一月，特奏名者于省试开院后立限保明闻奏。若逾限证据未明，或会问未毕，并俟圆备，次举施行。令礼部勘当立法。”(后

① 《宋史》卷一六三《职官志三》。

② 苏颂：《苏魏公文集》卷一五《议贡举法》。

礼部言:“得解举人许于发解、开院限半月投纳家、保状,委开封府、国子监类聚,限十日连申礼部。特奏名及免解举人于五月已前叙陈举数,连家、保状两本经所属自陈,勘验诣实,类聚,限八月以前结罪保明,亦连申礼部。并于开封府司录司缴申本府,国子监即于本监,即用今举通理。合该特奏名者,于发解开院后,限半月自陈礼部,候申到,即将贡籍照据文字审验。内免解者于发解年十二月已前,特奏名者于省试开院后七日保明闻奏。内特奏名用今次省试下一举并勘验。”从之。)

礼部贡院根据贡籍与得解及免解举人所纳家状对照,的确无差误,然后收试。如《宋会要辑稿·选举》四之四二至四三《贡举杂录》载:

乾道八年(1172)十一月二十一日,权礼部尚书胡沂、秘书省秘书郎兼权礼部郎官萧国樑造贡籍成,上之。(沂等因条陈事宜,士人诉乞收试,并以本州元得解旧籍家状参照年甲、举数,的无差误,方许保明申发。本部参照,如有不同,更不受辞;或他处请解,后归本贯,须用当时得解的实年甲、举数。发解年,遇开榜,将得解人于解状姓名下开具乡贯、治经、三代、年甲、举数及终场人数,同合格试卷解发赴部,凭将卷首家状参照修籍。科举年,僻远州军候发解,开元先将得解举人解状及终场人数,自守倅点验保明,先附急置申部,候解发试卷,参照收试。免解进士诉乞赴省具有条限,如实有缘故,并具出限事因,州县结罪保明,以凭勘实,即不得临试期申发,及止执公据。国学士人,本部自有贡籍,乞自今止凭贡籍年甲、举数,并国学进士赴解,令国子监以所供家状参照入学旧籍一同,方许放行。从之。)

关于“引保”《宋会要辑稿·选举》三之三二《贡举杂录》载:

仁宗皇祐五年(1053)十一月四日,诏应贡举人自来南省锁院后,知举官当面引保。近制,未锁院前先于贡院引验,期会逼迫,奔走不逮,远方之人,深为非便。自今引保依旧例。

引保旧例是“锁院后,知举官当面引保”,近制为“未锁院前先于贡院引验”,由于“远方之人,奔走不逮”,自皇祐五年后又按旧例施行。

吴自牧《梦粱录》卷二《诸州府得解士人赴省闱》云:“诸州士人,自二月间前后到都，各寻安泊待试，遂经部呈验解牒，陈乞纳卷用印，并收买试篮、桌椅之类。试日已定，隔宿于贡院前赁房待试，就看坐图。”绍兴二十九年(1159)规定，十二月二十五日以前引保、纳卷。再延长也不会到二月才到省投状纳卷，《梦粱录》所云大概是南宋末年的情形。

南宋末年，为了防止举人作弊，由州府发给得解举人一“历”，凭“历”赴省试，并像官员“批书历纸”一样，将参加贡举的情况记录在“历”上。《宋史》卷一五六《选举志二》载：

> 宝祐二年(1254)，监察御史陈大方言：“士风日薄，文场多弊。乞将发解士人初请举者，从所司给帖赴省，别给一历，如命官印纸之法批书，发解之年及本名、年、贯、保官姓名，执赴礼部，又批赴省之年，长贰印署。赴监试者同。如将来免解、免省、到殿，批书亦如之。如无历则不收试。候出官日，赴吏部缴纳，换给印纸。应合免解、免省人，亦从先发解处照此给。如省、殿中选，将元历发下御史台考察，以凭注阙给告。士子得历，可为据证；有司因历，可加稽验。日前伪冒之人，可不却而自遁。”遂自明年始行之。

上述这种办法极为繁琐，每举省试少则五六千人，多则上万人，如何批书其“历”！其效果如何？不得而知。

五、群见与谒先师

宋承唐制，得解举人到省投状、纳卷之后，还有觐见皇帝的仪式，称为“群见”。《唐会要》卷七六《贡举中》载：

> 长寿二年(693)十月，左拾遗刘承庆上疏曰：“伏见比年以来，天下诸州所贡物，至元日，皆陈在御前，贡人独于朝堂拜列。……恐所谓贵财而贱义，重物而轻人。伏请贡人至元日引见，列在方物之前，以备充庭之礼。”制曰：“可。”

高承《事物纪原》卷二《群见》云：“此贡人群见之始也。”沈括(1031—1095)《梦溪笔谈》卷九云：

> 旧制，天下贡举人到阙，悉皆入对，数不下三千人，谓之群见。远方士皆

未知朝廷仪范，班列纷错，有司不能绳勒。[觐]见之日，先设禁闱于著位之前，举人皆拜于禁闱之外，盖欲限其前列也。至有更相抱持，以望黼座者。有司患之，近岁遂止令解头入见，然尚不减数百人。嘉祐中，予忝在解头，别为一班，最在前列。目见班中，唯从前一两行，稍应拜起之节，自馀亦终不成班缀而罢，每为阁门之累。常言殿庭中班列不可整齐者，唯有三色，谓举人、番人、骆驼。

沈括嘉祐八年(1063)进士及第，他作为"解头"参加群见，当在嘉祐八年正月省试之前。而"止令解头入见"，则在宝元元年(1038)。《长编》卷一二一载：

宝元元年二月戊辰朔(一日)，诏天下贡举人，自今只令逐州解头入见。时举人群见，进止多不如仪，而民有缑化隆、高惟志者，又辄阑入殿廷献封事也。

李焘云："举人进止多不如仪，据司马光《记闻》增入。"查司马光《涑水记闻》现存的各种版本，未见此条。群见时，得解举人的代表要致辞。嘉祐二年(1057)，林希(约1035—约1101)参加群见时，其《开封府群见致辞》云：

臣希等伏以圣人在上，首善始于京师；天下修文，贡士兴于畎亩。此盖伏遇尊号皇帝陛下，仰稽古道，下育人材，发明诏于多方，命兴贤于列郡。臣等谬当诏旨，辄与能书，虽为草野之臣，得奉天庭之贡。①

在"群见"之后，还有一个"谒先师"的仪式。王辟之《渑水燕谈录》卷六云：

国初，诏诸州贡举人员群见讫，就国子监谒先师，迄今行之，循唐制也。

王辟之生于仁宗天圣九年(1031)，治平四年(1067)中进士，此后做了三十多年的县官、州官，到哲宗绍圣四年(1097)从知忠州任上告老还乡。《渑水燕谈录》有写于绍圣二年正月甲子的自序。可见，直到绍圣四年，仍在施行"群见"和"谒先师"的仪式。

① 林希：《开封府群见致辞》，《宋文鉴》卷六九。

马端临《文献通考》卷三一在引录了沈括《梦溪笔谈》关于群见的笔记后所加按语中说："按沈公所记典故，皆源于唐时，宋朝因之，至嘉祐时犹然。然后来天下所解进士，非中选礼部，待对亲策之日，不得觐清光。而礼部试士之时，虽无所谓五经学究，然其所以待进士者，礼亦杀于祖宗之时矣！"应该说，群见之礼，绍圣犹然。至于何时废除，有待考证。

第二节　省试考试机构与考官

一、省试考试机构

北宋前期，省试考试机构为礼部贡院。《宋会要辑稿·职官》一三之八《贡院》载：

> 贡院掌受诸州解送"九经"、"五经"、进士、"通礼"、"三礼"、"三传"、"毛诗"、"尚书"学究、(名)[明]法之名籍，及家保状、文卷，考验户贯、举数、年几而藏之。以朝官一员主判。若遣官知贡举，即主判官罢。举事毕，复别遣官。

《宋史》卷一六三《职官志三》亦载：

> 礼部止设判部一人……兼领贡院，掌受诸州解发进士、诸科名籍及其家保状、文卷，考验户籍、举数、年齿而藏之。若朝廷遣官知举，则主判官罢，事毕，以知举官卑者一员主判。元丰官制行，悉归礼部。

上面所说的都是北宋前期的情况。礼部贡院是常设的管理省试有关事务的机构，负责接收、保管诸州府解发得解举人的名籍、家保状、文卷等，并且负责核对户贯、举数、年龄，确定是否收试。同时，负责修订、颁布有关贡举的制度和政令等。平时由判礼部事主管，以朝官一人充任。举行省试时，则由权知贡举主管，负责组织省试的命题、引试、考校试卷、决定去取高下、奏名等事务。

神宗元丰五年(1082)改官制，撤销礼部贡院和判礼部事，"悉归礼部"，即由礼部贡举案负责管理有关省试的事务与政令。《宋会要辑稿·职官》一三之一《礼部》载：

> 礼部……分案有五：……曰贡举，掌学校，凡经籍，科举发解、省试，及讲筵、史官、赐书、修书，皆属之。

《宋史》卷一六三《职官志三》亦载：

> 礼部……尚书　掌礼乐、祭祀、朝会、宴享、学校、贡举之政令，侍郎为之贰，郎中、员外郎参领之。……分案五：……曰礼乐，曰贡举……。

礼部贡举案下属有职级、手分、贴司等吏人。举行省试时，本案吏人忙不过来，还要从礼部四司的吏人中添差。如《宋会要辑稿·职官》一三之六《礼部》载：

> 绍兴二十一年(1151)，诏礼部贡举案，许于省试前一年六月一日添手分五人、贴司三人，通本案人行遣。其当行职级二人，并本案及添差到手分、贴司各八人，于见请外，每人每日各添破别给钱二百文，内贴司减半，不理为次数。于本曹四司职级、手分、贴司内选差，并罢身分文字，以次人承权，及自六月一日许添支夹表连纸各一千张，于国子监息钱内收买应副。内别给钱系自十月一日起支，并至唱名了日住罢。

省试事务繁多，礼部贡院有专用印章。《宋会要辑稿·选举》三之四七《贡举杂录》载：

> 元丰六年(1083)闰六月十四日，尚书礼部言："旧制，贡院专掌贡举，其印章曰'礼部贡院之印'。遇锁试，则知举官总领。昨废贡院，毁旧印，以其事归礼部。准格，遇科场牒印并公事。伏缘本部分曹治事，凡十有五，贡举乃其一事，若遇锁试牒印，即他曹事实有阙。乞别铸'礼部贡举之印'。"从之。

北宋前期，设礼部贡院专掌贡举省试事务与政令，有专用的"礼部贡院之印"。元丰五年改官制，废礼部贡院，礼部贡院之印也随之被毁。按规定，遇科场需要用印，只能用"礼部之印"。礼部分曹治事，贡举是十五事之一，省试用印，其他曹可能误事，所以又重铸了"礼部贡举之印"。

需要说明的是，应该把作为省试考试管理机构的礼部贡院，与作为省试考试场所的礼部贡院分开。对于后者，我们将在“省试的考试时间与场所”一节中叙述与讨论。

二、省试官员

宋朝“南省引试(按即省试)，都堂垂帘，两边钉小幕，小试官不得辄上都堂，诸色人非指使呈覆签押文字，不得到都堂上，如违，严断。”①都堂垂帘之内的省试官员称为“帘内官”，是主要参与及监督省试命题、试卷考校、去取高下、奏名等业务性职事的官员，主要有权知贡举、权同知贡举、监试官、参详官(覆考官)、点检试卷官等；都堂垂帘之外的省试官员称为“帘外官”，也称“小试官”，是不直接参与省试试卷考校的事务性职事的官员，主要有封弥官、誊录官、对读官、巡铺官、监门官等。帘内官与帘外官不得互相交通，以防作弊。如孝宗淳熙三年(1176)六月十五日，从国子监之请，“诏自今差充贡院帘内试官，并不得出帘外干预帘外职事；如违，令本院长官觉察具名闻奏，重作施行”。②

(一) 帘内官

宋朝承唐及五代之制，省试考官设权知贡举一人(两宋贡举共108榜，仅有咸淳七年[1271]省试为知贡举二人)，但不再像唐代那样是礼部侍郎的固定职务，而是一个临时性的差遣。权知贡举一般由皇帝派遣翰林学士、六部尚书、知制诰、中书舍人等官担任。如太祖建隆元年(960)二月首开科场贡举，即命“中书舍人安次扈蒙权知贡举”。③建隆二年二月再开科场贡举，则命“工部尚书窦仪权知贡举”。④权知贡举主管省试的命题、引试、决定去取高下、奏名及其他事务，总领省试，被称为“主司”、“主文”。

随着省试人数的增多，宋朝省试增设了权同知贡举。如“开宝八年(975)二月二十四日，以知制诰王祐权知贡举，知制诰扈蒙、左补阙梁周翰、秘书丞雷德骧并权同知贡举。”⑤李焘云：“命权同知贡举，始此。”⑥权同知贡举选派六部侍郎、

① 《宋会要辑稿・选举》三之二一〇《贡举杂录》。
② 《宋会要辑稿・选举》二二之二《试官》。
③ 《长编》卷一，建隆元年二月庚寅。
④ 《宋会要辑稿・选举》一之一《贡举》。
⑤ 《宋会要辑稿・选举》一之二《贡举》。
⑥ 《长编》卷一六，开宝八年二月丁卯。

给事中、台谏官等充任。同知贡举一般为二至三人。有时为一人或四、五人，偶尔也有多达八、九人者。如太宗“太平兴国八年(983)正月七日，以中书舍人宋白权知贡举，知制诰贾黄中、吕蒙正、李至，直史馆王沔、韩丕、宋准，司封员外郎李穆、监察御史李范、秘书丞杨砺权同知贡举”。①权同知贡举就多达九人。

哲宗元祐八年(1093)十二月二十四日，翰林学士范祖禹(1041—1098)言：

> 窃见祖宗时，知贡举官止以出题、较艺为职，专意抡选天下之士，间得奇伟绝异之才，由其用心精一也。承平日久，举人浸多。比岁以来，法令益密，知举官受接词状，兼治杂事，日力常苦不给，为之者无不告劳，非复曩之优裕也。夫承平之世，政事所宜从容，况选贤取士，朝廷必重择其人，付以文柄，今乃疲弊于吏事，如此恐非设贡举之意也。臣愚欲每遇贡举，别差礼部郎中一员，专治杂事，凡词状之类，委知举官判送检法施行。庶使知举官专意于考校，以副陛下求贤之意。②

范祖禹的建议是否被采纳，史书未见记载，不过此后常有台谏官一人充任权同知贡举。宁宗嘉泰三年(1203)四月二十三日，左司谏宇文绍节言：

> 知举、参详，必以谏台官参之，所以严其事也，而不能无弊者，知举三人，虽是侍从、两省官，然议论题目，去取高下，率惟台谏意向，无所可否，其未能尽餍人心者多矣。……臣以为知举参以台谏，固不可废，当专付纠察之任，不与议论去取，庶几权尊势一，无得而议。如公试、类试、监试，亦差察官，而未尝与考校，何独于省试不然乎？其参详官，不必更差台谏，庶几考官人人得尽所见，而无畏缩之患。从之。③

于是，“开禧元年(1205)正月二十五日，诏更差同知贡举一员，余依已降指挥”。④即知举虽参以台谏官，但“当专付纠察之任，不与议论去取”。嘉定六年(1213)十二月十五日，臣僚言：“窃见近制，差台谏一员同知贡举，既不预考校，而贡院一行事又使知举裁处，恐心力不能两用。乞自今贡院内外事务，皆决于同知举台谏，

---

① 《宋会要辑稿·选举》一之二《贡举》。
② 《宋会要辑稿·选举》三之五四《贡举杂录》。
③ 《宋会要辑稿·选举》五之二六至二七《贡举杂录》。
④ 《宋会要辑稿·选举》五之三〇《贡举杂录》。

使得一意检柅吏奸，关防弊幸。其三知举，专主去取，勿以他事为累，庶几各举其职。"诏令礼部看详申尚书省。①

嘉定十三年(1220)，又将台谏同知贡举一员改作监试官。《宋会要辑稿·选举》六之三六至三七《贡举杂录》载：

> 嘉定十三年(1220)正月二十二日，殿中侍御史胡卫言："照得知贡举一员、同知贡举二员，皆择禁从近臣、儒学时望，又以台谏参之。嘉泰间，谓司谏司考校不无迎合，乞专纠察，而于议题去取高下勿预焉，即增置同知贡举一员。但更制之后，所差台谏既无卷子可考，至于贡闱弊幸，如怀挟、假手之类，合措置关防者，玩愒其间，仅与三知举通签文书而已。盖不司考校，不应谓同知举，既专纠察，不应不正监试之名。今科举之法，诸州解试、别院省试皆有监试官，安得省试大院独无监试？今宣锁在即，乞将台谏同知贡举一员改作监试，其校文之官有勤惰不一者，察之；执事之吏有内外容奸者，纠之。凡贡闱事不属考校去取者，悉听于监试。然后名正言顺，责有所归，且使知举免亲琐务，专意文衡，诚非小补。"从之。

自此，宋朝省试遂专设监试官，"凡贡闱事不属考校去取者，悉听于监试"，既使监试官名正言顺，又使知举官免于亲自处理琐碎事务，而专心考校去取。如"嘉定十三年(1220)三月一日，以吏部侍郎宣缯知贡举，右谏议大夫俞应符充监试，礼部侍郎杨汝明、起居舍人李安行同知贡举"。②

另外，徽宗崇宁五年(1106)之前，均称"权知贡举"、"权同知贡举"；崇宁五年之后，则均称"知贡举"、"同知贡举"。南宋人周密云："祖宗朝，知贡举者，礼部长贰乃云知举。余官虽在礼部贰之上，皆称权知举，盖知举乃礼部职也。今不复然。"③其说法未必能够成立。太宗端拱元年(988)三月二十三日，"以翰林学士宋白权知贡举，知制诰李沆权同知贡举。"④当时宋白的差遣是翰林学士，而阶官则是礼部侍郎⑤，但是仍称"权知贡举"。其所以称"权"，大概主要是"临时差遣"之意。权知贡举、权同知贡举，皆"临期御笔点差"。⑥省试完毕，复任他官。

① 《宋会要辑稿·选举》六之一七至一八《贡举杂录》。
② 《宋会要辑稿·选举》一之二九《贡举》。
③ 周密：《癸辛杂识·别集》卷下《权知举》。
④ 《宋会要辑稿·选举》一之三《贡举》。
⑤ 《宋史》卷四三九《宋白传》云："端拱初，加礼部侍郎，又知贡举。"
⑥ 《宋会要辑稿·选举》二〇之一一《试官》。

宋朝省试还设有参详官(覆考官)。宋初,主要由知贡举、同知贡举考校试卷。仁宗天圣二年(1024)正月二十一日,以御史中丞刘筠等权知贡举,筠等言:"乞差覆考官,及别令近上臣僚详定。"仁宗曰:"朝廷文柄,比是委选近臣,若别令覆考,乃是过有规避。但令筠等依公考试。"①但是,景祐元年(1034年)正月十六日,"以翰林学士章得象等权知贡举,侍御史蒋堂、右正言滕宗谅封印卷首,直史馆张子皋、集贤校理陈商充覆考官。"②庆历四年(1044)六月二十六日,诏"经科举人为有过落不当,具考试、覆考官于知举官下减等定罪"。③则不知何时省试增设了覆考官。据《宋会要辑稿·选举》,嘉祐二年(1057)、治平四年(1067)、熙宁三年(1070)、熙宁六年省试均设有覆考官。

熙宁九年(1076),始设"参详官"。《宋会要辑稿·选举》一九之一七《试官》载:"熙宁九年正月,以翰林学士邓绾权知贡举,集贤校理同管勾国子监黄履、国子监直讲龚原、彭汝砺、秘书丞周谌参详"。是年省试曾设权知贡举一人、权同知贡举二人、参详官四人。哲宗元祐六年(1091)十月二十二日,从翰林学士范百禄之请,"诏今后省试,罢差参详官,差知举官四员"。④元符二年(1099)又从臣僚之请,"将来春试,更增加知举官一员、参详官二员,使之分力考校。"⑤这大概是重设参详官。此后,省试未见覆考官,而常见参详官的记载。参详官多由卿监、郎官等充任,初为二、三人,后多则十馀人,如徽宗宣和六年(1124)正月二十三日,"承议郎、尚书水部员外朗龚端,承议郎、尚书职方员外郎陈磷,朝奉部、尚书礼部员外郎孙傅,朝奉郎、尚书职方员外郎胡交修,宣教郎、尚书都官员外郎孙觌,朝奉郎、尚书都官员外郎胡秀实,朝奉郎、秘书省著作郎樊察,奉议郎、尚书礼部员外郎潘果,通直郎、秘书省校书郎潘良贵,承议郎、尚书屯田员外郎张纲,奉议郎、开封少尹郑滋,朝奉郎、符宝郎周离亨,承议郎、大晟府典乐兼国史编修官刘国瑞,奉议郎、尚书吏部员外郎王俊乂,朝奉郎、秘书省著作郎康执权,朝奉大夫、国子司业黄哲,并充贡举参详官"。⑥计有十六人。其职责是负责审定点检试卷官所定等第当否,起覆考的作用。故宋人谈到参详官的职责时说:"覆考以参详为职,盖参订辞义,精详工拙,以上于知举"。⑦

---

① 《宋会要辑稿·选举》一九之八《试官》。
② 《宋会要辑稿·选举》一九之一〇《试官》。
③ 《宋会要辑稿·选举》三之三〇《贡举杂录》。
④ 《宋会要辑稿·选举》一九之一九《试官》。
⑤ 《宋会要辑稿·选举》一九之二〇《试官》。
⑥ 《宋会要辑稿·选举》二〇之二至三《试官》。
⑦ 《宋会要辑稿·选举》六之二七《贡举杂录》。

省试还设有点检试卷官。真宗景德四年(1007)十二月二十三日,命"直集贤院任随、著作佐郎陈覃点检进士程文"。[①]李焘云:"凡礼部封印卷首及点检程试别命官,皆始此。"[②]点检试卷官多从馆职、学官中选派。初为数人,后增加到二十余人。仁宗天圣五年(1027)为五人,神宗熙宁九年(1076)为十六人,高宗绍兴五年(1135)为二十二人,度宗咸淳七年(1271)则多达三十人。如高宗"绍兴五年六月二十五日,以翰林学士孙近知贡举,给事中廖刚、中书舍人刘大中同知贡举。中书门下省检正诸房公事吕祉、殿中侍御史张绚、吏部员外郎董弅、礼部员外郎许抟、都官员外郎董将、工部员外郎程克俊,并充参详官。秘书省正字李弥正、高闶、胡珵、张嵲,秘书省校书郎李公懋、御史台主簿闾丘昕、御史台检法官方庭实、大理寺丞黄邦俊、主管官告院宋棐、司农寺丞金安节、诸王宫大小学教授刘长源、钱观复,监尚书六部门孙荩、太常寺丞王普、庄必强,将作监丞张宇、知大宗正沈禹卿、国子监丞张戒、枢密院编修官王鉌、李谊,枢密院计议官方云翼、李寀,并充点检试卷官。大尚少卿陈桷充别试所考试官,司勋员外郎林季仲、吏部员外郎范同、枢密院编修官孙汝翼、敕令删定官左时,并充点检试卷官。"[③]凡知贡举一人,同知贡举二人,参详官六人,点检试卷官二十二人。李心传云:"自后率如此例。"[④]

其职责初为考校举人试卷,批定分数,初定等第;在知贡举判定合格之后,再检查试卷中有无杂犯。哲宗绍圣元年(1094)正月十九日,翰林学士范祖禹言:"切见礼部贡举差点检试卷官二十人,自来久例,点检官先考校书(鉴)[凿]等第,送知举官;然后知举官再考定去留高下。点检官自入试院,未誊录到卷子以前及将卷子以送知举官以后,别无职事,止是中间考校,及候知举考毕,然后分定合格卷子点校杂犯。故前后空闲之日常多,考试点检之日常少。而知举官以夜继昼,力犹不给。臣愚欲乞将点检官二十人分属知举官,每员各得属官五员,使之相通考校,去留高下,可以共议。如此,则不独任一人之见,又得稍均劳逸,必须精审。"于是,"诏今后礼部贡院以点检试卷官二十人分属知举官,使之相通考校。"[⑤]设立参详官后,则"省闱体例,士人卷子先经点检官批定分数,然后参详官审订其当否,而上之知举,从而决其去取高下。"[⑥]

---

① 《宋会要辑稿·选举》一九之四《试官》。

② 《长编》卷六七,景德四年十二月癸卯。

③ 《宋会要辑稿·选举》二〇之四《试官》。

④ 《系年要录》卷九〇,绍兴五年六月戊辰。

⑤ 《宋会要辑稿·选举》一九之二〇《试官》。

⑥ 王圻:《续文献通考》卷四三。

点检试卷官在试卷考校中起着重要作用。《宋会要辑稿·选举》六之二七至二八《贡举杂录》载：

> 嘉定十年(1217)正月九日，臣僚言："初考以点检为名，盖点检程式，别白优劣，而上于覆考；覆考以参详为职，盖参订辞义，精详工拙，以上于知举；至于知举，则取舍方定。今初考批卷，人各不同：谨畏分守者，虽遇杰作，未敢过予；率意任情者，偶有所合，径批优分。虽知举、参详，或升或驳，而过落攒分之际，合数而总计之，得失不能不差矣。乞下礼部……初考批分，必从知举先集考官，议其去取高下，所批字号分数，务适其当。过落司如遇初考分数，方于参详、知举，许当职官缴申试厅，公共予夺。庶几弊幸稍革，真才不遗。"从之。

嘉定十二年十二月九日，臣僚又言："岁当大比，试于春官，知举主文衡，参详审当否，至于考校去取之责，实繇点检试卷官。每举例选二十员，莫非文艺器识，试越一日，分房考卷，自朝抵夜，一月甫能竣事。脱有病者，又难分考。莫若就点检官内添一二员，俾我能胜文，文不我窘。""都省照得，近来宗子到省人数倍于常举，其点检试卷官若仍旧止差二十员，窃虑考校不精，合议施行"。于是，"诏更添置点检试卷官二员，专一考校宗子试卷。"①

另外，北宋时期，还设有诸科出义官、诸科考试官、考试官等。神宗熙宁四年改革科举，废明经、诸科，专以进士一科取士之后，上述考官不复设。

(二) 帘外官

为了防止考官作弊，宋朝实行了封弥制度。真宗景德四年(1007)十二月二十三日，命"知制诰周起、祠部员外郎滕元晏封印卷首"。②李焘云："凡礼部封印卷首及点检程试别命官，皆始此。"③周起、滕元晏为首任的封弥官。封弥官一般为二人，神宗熙宁六年(1073)以权三司户部判官张讽、监察御史里行盛陶、馆阁校勘梁焘等三人为封弥官，度宗咸淳七年(1271)封弥官为六人。北宋时，多为台谏、馆阁官充任。南宋时，差官稍轻。孝宗淳熙八年(1181)正月十一日，臣僚言：

---

① 《宋会要辑稿·选举》六之三三至三四《贡举杂录》。

② 《宋会要辑稿·选举》一九之四《试官》。

③ 《长编》卷六七，景德四年十二月癸卯。

> 封弥、誊录、巡铺官多是差刑部及厘务官，既不谙事体，又官卑人微，不敢谁何，弊幸多在。封弥所至有涂抹试卷，漏泄字号，拆换印缝，能文者反被其害。景祐五年，翰林学士丁度知举，其封弥官则三司副使姚仲孙、殿中侍御史方偕也。庆历二年，翰林学士聂冠卿知举，其封弥官则龙图阁直学士孙祖德、直集贤院田况也。庆历六年，翰林孙抃知举，其封弥官则侍御史仲简、三司判官周陵也。封弥所差官多清望之官，故奸弊亦消于未然。近时差官既轻，吏辈益无忌惮，其弊有不可胜言。

因此，"诏自今省试封弥官，依祖宗典故，差郎官卿监以上，在院供给，并依参详官例"。①其职责是将应举人试卷截去卷首三代家状，代以字号，封弥之后送誊录所誊录，以及其他需要封弥之事。

为了防止考官根据应举人的笔迹作弊，宋朝创立了誊录制度。而誊录别命官则始于真宗大中祥符八年（1015）。《长编》卷八四载：

> 大中祥符八年正月甲午（十三日），命兵部侍郎、修国史赵安仁知礼部贡举，翰林学士李维、知制诰盛度、刘筠同知。……是岁，始置誊录院，令封弥印官封所试卷付之，集书吏录本，诸司供帐，内侍二人监焉。命京官校对，用两京奉使印讫，复送封印院，始送知举官考校。

省试举人少则五六千人，省试三场，需要誊录的试卷一、两万份，其工作量甚大，需要数百名书手才能完成，管理这些誊录人的誊录官，则十分重要。《宋会要・选举》五之三三至三四《贡举杂录》载：

> 宁宗开禧三年（1207）十一月二十一日，国子博士朱著言："……誊录善否最关考校。……掌誊录者率皆宣差局务，忽焉被命，莫得而稽。及课工程，善书者或规避，不善者多强勉。始焉靳靳成字，夜以继日，卤莽灭裂，十脱四五，颠倒句读，反覆涂窜，有不可晓者。胥有利焉，则择善者而授之书。其或文字本工，传抄多失。对读之官目力不逮，而考校督迫，工而失者有之，不工而得者亦有之。欲去斯弊，莫若于选差局务数内，先期下临安守臣选委通判，责以拣择，就臂印押。凡誊录之事，悉以委之。彼知此责，实身任焉，

① 《宋会要辑稿・选举》二二之四至五《试官》。

> 乌合之辈，亦自知警。是说果行，则昔弊自革矣。"诏令礼部勘当。（既而，本部言："所陈关防场屋积弊，委为切当。乞下逐处遵守施行。"从之。）

由通判任誊录官，对于革除旧弊是会有作用的。其誊录官的人数，很少见于记载。据《咸淳七年同年小录》，是年"誊录官三员"。①

为了保证誊录无误，需将誊录卷（朱卷）与原卷（墨卷）校对。负责校对的官员称为对读官。据前引《长编》卷八四，对读官之设，也始于大中祥符八年(1015)。据《咸淳七年同年小录》，是年"对读官二十四员"。②其他榜次对读官大概没有如此之多，但恐怕也不会太少。

宋朝省试还设有监门官、巡铺官，始于太宗雍熙二年(985)。《宋会要辑稿·选举》三之五载：

> 雍熙二年正月二十四日……又诏礼部贡院，应九经诸科举人，并令参杂引试，人贴科目字号，间隔就坐，依次设席。轮差官二人在省门监守，分差官于廊下察视，勿容朋比私相教授。犯者，永不得赴举。

"在省门监守"者即监门官，"于廊下察视"者即巡铺官。高承《事物纪原》认为，此即省试监门、巡铺设官之始。

监门官一般设二人，由台谏官、郎官等充任。如真宗景德四年(1007)十二月二十三日，"命监察御史严颖、张士逊监贡院门"。③仁宗天圣八年(1030)，命"殿中侍御史张存、屯田员外郎张旨监门"。④南宋时，对监门官不太重视，"监门多差监当及在部小官"。《宋会要辑稿·选举》二二之五《试官》载：

> 淳熙九年(1182)二月十八日，太常少卿俞端礼言："试院全藉（籍）门禁严密，以防奸弊，缘监门多差监当及在部小官，皆得慢易。乞自今监门官并差六院官及临安府通判。"从之。

何谓"六院官"？李心传《朝野杂记》甲集卷十《六院官》云："六院官，检、鼓、粮料、审计、官告、进奏也。例以京官知县有政绩者为之，亦有自郡守除者，则继即除

---

①② 刘埙：《隐居通议》卷三一《前朝科诏》。

③ 《宋会要辑稿·选举》一九之四《试官》。

④ 《宋会要辑稿·选举》一九之九《试官》。

郎，如鹿伯可是也，故恩数略视职事官，而不入杂压。绍兴十一年，胡汝明以料院除监察御史，遂迁副端。乾道后，相继入台者有宋敦书、萧之敏、陈升卿、傅淇等数人，而六院弥重，号为察官之储矣。……绍熙二年夏，六院官始复入杂压，在九寺簿之下焉。”以六院官及临安府通判为监门官，可见其重视。

巡铺官职责在于防止怀挟、传义、代笔。仁宗天圣二年(1024)省试差巡铺官六员，度宗咸淳七年(1271)省试差巡铺官八员。北宋时，对巡铺官还有年龄限制。《宋会要辑稿・选举》四之一〇至一一《贡举杂录》载：

> 政和七年(1117)四月十四日，兵部尚书蒋猷言：“比蒙差考试，窃见试所差巡铺官例皆年幼，不甚谙练。乞自今后贡士贡院巡铺并差三十以上者，庶几皆熟条禁。”从之。

巡铺官对于维护考场纪律、防止应举人作弊具有重要作用。

另外，省试还有别头试，另设别试所考试省试官避亲举人。别试所也设有监试官、考试官、点检试卷官等。总之，宋朝省试设官分职比唐代要完备、细密得多。如《宋会要辑稿・选举》二一之一八《试官》载：

> 嘉定十六年(1223)正月二十五日，命权吏部侍郎程珌知贡举，权刑部侍郎朱著、起居舍人郑自诚同知贡举，左司谏李伯坚监试；宗正少卿方猷、大理少卿曾焕、直焕章阁枢密副都承旨吴格、司封郎官魏了翁、工部郎中秦季槱、将作少监权直学士院卢祖皋、太府寺丞王克恭、秘书郎钟震、宗学博士陈公益、国子博士葛从龙参详；将作监丞邱榟、秘书省校书郎陶崇、杨迈，秘书省正字方淙、太常主簿赵至道、宗正寺主簿冯特卿、主管官告院李大有、陈观，监都进奏院李勋、干办诸军审计司李知新、太学博士杨璘、国子监主簿王与权、国子正高熙绩、太学正李宗勉、宗学谕周直方、主管户部架阁文字陈登、主管礼兵部架阁文字叶武子、主管刑工部架阁文字富㬋、两浙转运司干办公事林良显、李刘，临安府府学教授潸敷、监车辂院田克悉、监草料场门戴栩、从事郎照略点检试卷。避亲别试，监察御史康梦庚监试，吏部员外郎黄桂考校，诸王宫大小学教授范楷、监左藏库中门卫洙、文林郎宋恭、缪师皋点检试卷。

宁宗嘉定十六年省试，计有知贡举一人，同知贡举二人，监试一人，参详官十人，点检试卷官二十四人。别试所监试官一人，考试官一人，点检试卷官四人，共四十四人。另据《咸淳七年同年小录》，度宗咸淳七年(1271)省试，计有知贡举二人，同知贡举二人，监试一人，参详官十二人，点检试卷官三十人，主管牒试避亲官一人，监大门官一人，监中门官一人，中诸司官二人，封弥官六人，誊录官三人，对读官二十四人，巡铺官八人，弹压受卷官一人，总辖诸司官一人，同主管官一人，外诸司官一人。别院试监试官一人，主文官二人，考试官二人，点检试卷官七人，监门官二人，封弥、誊录、对读、巡铺等官共八人。计大院官九十七人，别院官二十二人。共计一百一十九人。省试官队伍可谓庞大壮观，而且此举并不一定是最多的。这对于防止作弊及选拔人才显然是有益的。

第三节　省试考试时间与场所

一、省试考试时间

北宋时期，省试锁院、引试、放榜的具体日期，尚未有统一的规定。太祖朝，一般是每年二月中旬命知贡举官、引试。太宗继位，除太平兴国三年(978)八月八日命知贡举官、引试外，一般是正月上旬或中旬命知贡举官、引试。端拱元年(988)正月六日，开封府发解官、直史馆王世则等言："千里外举人并今年赴试人数不少，欲展限至二月二十日，兼乞下开封府晓示，须正月十五日已前到京投状，纳文卷、试纸。"诏从之。①则是年二月二十日命知贡举官、引试。

太宗淳化三年(992)，创立锁院制度。真宗、仁宗两朝，一般是正月上旬或中旬命知贡举官、锁院，锁院后十日左右引试，二月底或三月初奏名放榜。嘉祐二年(1057)正月六日，"以翰林学士欧阳修知贡举，翰林学士王珪、龙图阁直学士梅挚、知制诰韩绛、集贤殿修撰范镇并权同知贡举。"②欧阳修在《礼部唱和诗序》中云："嘉祐二年春，予幸得从五人于尚书礼部考天下贡士，凡六千五百人。盖绝不通人者五十日。"③可知，嘉祐二年省试，正月六日命知贡举官、锁院，五十日后，即二月底奏名放榜。

英宗、神宗两朝，一般是正月九日命知贡举官、锁院，锁院后十日左右引试，

① 《宋会要辑稿·选举》一四之一五《发解》。

② 《宋会要辑稿·选举》一之一一《贡举》。

③ 《欧阳修全集》卷四一《礼部唱和诗序》。

二月底或三月初奏名放榜。庞元英《文昌杂录》卷六载：

> 元丰八年(1085)开宝寺为礼部贡院，二月十八日，火，凡本部贡籍与夫所考试卷，须臾灰烬，略无遗者。自正月九日锁院，方定二十八日奏号，至是火。诏以太学为贡院，再令引试，前此未有也。

据此可知，神宗元丰八年省试为正月九日锁院，定于二月二十八日奏号放榜，由于贡院失火，试卷大都被烧为灰烬，所剩不到三分之一，被迫再命知贡举官、锁院、引试。

哲宗朝，一般为正月中旬命知贡举官、锁院，锁院后十日左右引试，三月初奏名放榜。如元祐三年(1088)正月乙丑(十七日)，“命翰林学士苏轼权知礼部贡举，吏部侍郎孙觉、中书舍人孔文仲权同知贡举。”①黄庭坚为参详官。黄庭坚《题太学试院》云：

> 元祐三年正月乙丑(十七日)，锁太学，试礼部进士四千七百三十二人。三月戊申(一日)，奏号进士五百人，宗室二人。②

据此可知，元祐三年省试，为正月十七日命知贡举官、锁院，三月一日奏号放榜。自锁院至奏名，共四十四日。

哲宗元符三年(1100)，由于雪寒，诸路得解、免解举人有一千多人未到京，未能如期命知贡举官、锁院。《长编》卷五二〇载：

> 元符三年春正月癸酉(六日)，礼部言：“近以天下解发并免解举人有不到京者，尝申请纳卷、引保，各展限十日。今将限满，尚有千馀人未到。闻远方举人正值雪寒，道路难阻，乞特展限锁院五日。其未锁院以前，并许纳卷、引保。”从之。仍特展七日。

哲宗朝，一般为正月中旬命知贡举官、锁院，现在展限十日之后，再展七日，则其命知贡举官、锁院就要到正月底了。正月己卯(十二日)，哲宗不幸病逝，徽宗继

---

① 《长编》卷四〇八，元祐三年正月乙丑。

② 黄庭坚：《山谷集》别集卷十一《题太学试院》；《容斋四笔》卷八《省试取人额》。

位。是年省试，直到元符三年（徽宗已即位，未改元）二月十四日，才命知贡举官、锁院；四月乙丑（二十九日），才放礼部合格奏名进士李釜已下五百五十八人及第、出身。①

徽宗朝，虽然崇宁三年（1104）十一月丙申（二十六日），“其诏天下，将来科场如故事外，并罢州郡发解及省试法，其取士并由学校升贡。”②但仍每三年举行一次省试。其省试时间一般仍是正月上旬命知贡举官、锁院，锁院后十日左右引试，二月底或三月初奏名放榜。

靖康之祸，宋室南渡。由于战乱，高宗初年，贡举无法正常进行。建炎二年（1128），只能由诸路在当年夏天于转运司所在州举行类省试。建炎四年，局势仍然动荡。十一月十二日，尚书省言：“自来省试正月锁院，今来诸路进士解榜，道途梗涩，犹未尽到，欲改八月上旬定日就行在锁院。”诏从之。③由于行在所不断迁徙，即使八月上旬就行在锁院的设想也未能实现，于是，绍兴元年（1131）二月二十九日，诏曰：“可将省额合取分数下诸路，提刑司差官于转运司所在州类试，就今年八月上旬内择日引试。”④结果又施行了一举诸路类省试。由于高宗避乱于平江府（今苏州），绍兴五年正月七日，又“诏将来省试权展至今年六月十六日锁院”。⑤直到绍兴八年，贡举时间仍然没有恢复到正常，到四月二十七日才命知贡举官、锁院贡举。绍兴十二年，宋金签订“绍兴和议”之后，省试才恢复到正月上旬或中旬命知贡举官、锁院贡举。

绍兴二十四年前，大概对省试时间做了一个规定：正月九日锁院，十五日引试。因为其一，绍兴二十九年十一月二十二日，礼部言：“将来省试，依条正月九日锁院，合于十二月二十五日以前引保、纳卷。”⑥既然说是“依条正月九日锁院”，那就是说此前制定有“正月九日锁院”的贡举条制。其二，孝宗淳熙十三年（1186）十二月二十二日，臣僚言：“窃闻积雪之后，道路多阻，远方之士，奔趋省试，极为狼狈；兼以引试之日，春令尚浅，天寒晷短，笔砚胶冻，不能尽其所长。向来立定八月十五日引试发解，盖以关防诸州举人重叠冒试；至若省试则因而立定正月十五日，非若解试，有所关防。乞将今来锁院引试日分稍展旬日，以惠四方寒士，不胜大幸。”诏从之。⑦据此可知，正月十五日引试也是朝廷“立定”的。其

① 《宋会要辑稿·选举》一之一三《贡举》；《宋史》卷十九《徽宗本纪一》。

② 《宋会要辑稿·选举》四之四《贡举杂录》。

③④ 《宋会要辑稿·选举》四之二三《贡举杂录》。

⑤ 《宋会要辑稿·选举》四之二五《贡举杂录》。

⑥ 《宋会要辑稿·选举》四之三三《贡举杂录》。

⑦ 《宋会要辑稿·选举》五之九《贡举杂录》。

三，根据《宋会要辑稿・选举》和《系年要录》的记载，绍兴二十四年至淳熙十一年(1154—1184)，前后三十一年间，共举行了十一次省试，都是正月九日命知贡举官、锁院的。

由于淳熙十三年十二月二十二日臣僚的上言，淳熙十四年省试锁院的时间延迟至正月二十日，引试大概延迟至正月二十五日。淳熙十六年(1189，光宗已继位，未改元)九月，臣僚再次上言，终于对省试引试时间做出了新的规定。《宋会要辑稿・选举》一之二〇至二一《贡举》载：

> 淳熙十六年九月二十一日，右谏议大夫何澹言："窃惟国家三岁一举士，事体不轻，四方士子，冲冒严寒，引试之时，春令尚浅，间遇风雪，则笔砚冰冻，终日呵笔，书字不成。纵有长才，莫克展布，年高之人，至有不能终场者。今欲展半月，定于二月一日引试。"从之。(绍熙三年亦如之。)

引试日期"展半月"，锁院亦展半月，光宗绍熙元年(1190年)、四年均为正月二十四日锁院。如果正月是小尽，到二月一日为五天，如果正月是大尽，则为六天。如何处理这一问题，宁宗时又做出了明确规定。《宋会要辑稿・选举》五之一四《贡举杂录》载：

> 庆元元年(1195)十月九日，礼部言："依条省试系用正月九日锁院，淳熙十六年臣僚奏陈，省试乞用二月一日引试。绍熙元年、四年正月并小尽，用二十四日锁院，来年正月系大尽，欲乞用二十五日锁院。"从之。(以后省试锁院准此。)

自此成为定制。据《宋会要辑稿》及《宋史全文》等史书记载，从光宗绍熙元年至理宗景定三年(1190—1262)，前后七十三年间，共举行了二十五次省试，均为二月一日引试；其锁院日期，均为若正月为小尽，则用二十四日，若正月为大尽，则用二十五日。

度宗朝，省试时间在制度上仍依光宗、宁宗、理宗之制。如咸淳七年(1271)省试，仍然是正月二十五日锁院，二月一日引试。[1]但由于各种原因，往往不能如期举行。如咸淳元年(1265)七月癸亥，"以谅阴，命宰执类试。阮登炳以下，依廷

---

① 刘埙：《隐居通议》卷三一《前朝科诏》。

试例出身”。[①]则是年省试七月才锁院、引试。

关于省试开院的时间，史书未有明确记载。洪迈云：“累举省试，锁院至开院，限以一月。如未讫事，则申展亦不过十日。”[②]欧阳修嘉祐二年主考省试，自锁院至开院为五十日；黄庭坚元祐三年主考省试，自锁院至开院为四十四日。南宋时期“锁院至开院，限以一月”，似乎太仓促了一些。

二、省试考试场所

北宋省试的考试场所，前期同解试一样，亦无定所，或寓于寺院、官舍，或寓于太学。如太宗太平兴国六年(981)九月壬寅，田锡进封事曰：“礼部无贡院，每贡士试，或就试武成王庙。”[③]英宗治平二年(1065)省试，“以汴河上旧省为试院”[④]。神宗元丰八年(1085)省试，先在开宝寺，后在太学。元丰八年正月九日，命知贡举官、锁院。二月十八日，贡院失火，试卷被烧毁，所剩者不及三分之一。二月二十三日，三省言：“礼部贡院火，试卷三分不收一分，欲令礼部别锁院。”诏从之。[⑤]三月五日，神宗病逝，哲宗继位。三月二十六日，重新命知贡举官于太学再令引试。前引黄庭坚《题太学试院》亦云：“元祐三年正月乙丑(十七日)，锁太学，试礼部进士四千七百三十二人。”[⑥]大概哲宗朝大都在太学进行省试。

至徽宗崇宁之后，省试始有定所。李焘《贡院记》云：

> 元丰末年，开宝寺实寓贡院火，试官有焚死者，而试卷悉为灰烬。此非有司苟简之过欤？崇宁弥文，创建外学，以待四方所贡士，则礼部贡院自是特起，不复寓他所矣。政和二年，又从董正封建请，令诸州遍立贡院。[⑦]

魏了翁《普州贡院记》亦云：

> 礼部之有贡院，自唐开元始。国朝科举虽袭唐旧，而贡院之或废或置，

① 《宋史》卷四六《度宗本纪》。
② 洪迈：《容斋四笔》卷八《省试取人额》。
③ 《长编》卷二二，太平兴国六年九月壬寅。
④ 王铚：《默记》卷中。
⑤ 《宋会要辑稿·选举》三之四八《贡举杂录》。
⑥ 黄庭坚：《山谷集》别集卷十一《题太学试院》；《容斋四笔》卷八《省试取人额》。
⑦ 李焘：《贡院记》，《成都文类》卷四六。

> 或毁或复，至崇宁而后有定所。政和二年，从董正封之请，诸郡得立贡院。[①]

关于北宋贡院，孟元老《东京梦华录》卷二《朱雀门外街巷》云："东至贡院什物库、礼部贡院、车营务草场。"即礼部贡院在朱雀门外，与开封府贡院什物库、车营务草场等相邻近，具体形制不详。

南宋省试，高宗初年，行踪不定，或于诸路转运司所在州类省试，或于行在所寓于寺院、官舍，大概绍兴十二年宋金签订"绍兴和议"之后，始于临安府（今杭州）修建礼部贡院。《宋会要辑稿・职官》一三之一三《贡院》载：

> 淳熙六年(1179)四月二十四日，宰执进呈礼部状，乞修贡院。上曰："岁久不修，恐致倾倒，可令漕司修盖。"赵雄等奏曰："秦桧盖造如贡院、太学、秘书省等，大抵皆宏壮。"上曰："秦桧亦有才，若能公而无私，便是贤相。"

南宋礼部贡院，大概由秦桧任宰相时所建，孝宗淳熙六年，曾予重修。对于南宋贡院，《梦粱录》卷十五《贡院》有比较详细的记载：

> 礼部贡院，在观桥西。……贡院置大、中门。大门里置弥封、誊录所及诸司官，中门内两廊各千馀间廊屋，为士子试处。厅之两厢，列进士题名石刻。堂上列省试赐知贡举御札，及殿试赐详定官御札，并闻喜宴赐进士御诗石刻。别试院，在大理寺之西，专以待贡士之避亲嫌者。

其形制与诸路大州府如建康府（今南京）贡院相似。

第四节　省试省额、奏名与免省试

一、省试省额与奏名

宋朝应举人省试合格，即由知贡举官将合格进士、诸科的姓名上奏给皇帝，以参加殿试，称为"正奏名"。

---

① 魏了翁：《鹤山大全集》卷四四《普州贡院记》。

宋初，省试合格奏名人数无常额。真宗咸平元年(998)二月九日，诏曰："久停贡举，颇滞时才，言念士伦，不忘勤恤。宜令礼部贡院据合格人数内，放进士五十人，诸科共放百五十人，来年不得为例。"①之后，省额大约为省试应举人的十分之一左右。如《宋会要辑稿·选举》三之八《贡举杂录》载：

> 景德(三)[四]年(1007)闰五月二十九日，帝问宰臣等："天下贡举人几何?"王旦曰："万三千有馀人。"帝曰："约常例奏名几何?"曰："大约十取其一而已。"帝曰："当落者不啻万人矣。必慎择其有司。"

仁宗继位，对省试合格奏名人数即省额，曾经做过具体规定。《宋会要辑稿·选举》三之一四《贡举杂录》载：

> 天圣二年(1024)正月十二日，帝问今年新旧举人甚众，将来合放人数多少，宰臣王钦若曰："已令礼部贡院具合格等第字号人数闻奏。"帝曰："久罢科场，虑遗贤俊，令贡院精加考试艺业，候将来特放进士二百人，诸科三百五十人。"

真宗大中祥符二年(1009)之后、仁宗嘉祐二年(1057)之前，即四年一开贡举之时，全国解额大概为七千人左右。天圣二年的省额大概不到参加省试人数的十分之一。于是，仁宗天圣五年正月己未(十八日)，"又诏进士奏名勿过五百人，诸科勿过千人"②。其比例大约是"十取其二"。《宋会要辑稿·选举》三之一七《贡举杂录》载：

> 景祐元年(1034)正月二十二日，诏曰："朕以绍隆先构，总揽宏纲，务恢致治之源，弥切思皇之念，况以幅员至广，文物浸昌，秀茂颇多，计偕尤众。间者，俾敦修于儒业，遂连罢于贡闱。顾场屋湮滞之人，洎衡泌孤贫之士，爰加轸悯，特示甄收，用旌稽古之勤，式阐右文之化。其今年南省就试进士、诸科，宜令礼部贡院于十分中许解送二分；并曾经先朝御试，及后来殿试进士三举、诸科五举，并进士五举年五十已上、诸科六等年六十已上者，虽所试不

① 《宋会要辑稿·选举》三之六《贡举杂录》。
② 《长编》卷一〇五，天圣五年正月己未。

合格,特许别作一甲奏名。其二分人内如合格人数不足,不得将文艺纰缪之人充数。”

《长编》卷一一四景祐元年正月癸未纪此事云:“自此率以为常。”其省额的绝对人数大概仍是“进士奏名勿过五百人,诸科勿过千人”。

皇祐年间(1049—1053),因官吏猥滥,对省额又做了限制。《宋会要辑稿·选举》三之三二至三三《贡举杂录》载:

至和二年(1055)十月十五日,判礼部贡院王珪言:“窃惟贡举之法,盛于有唐,自贞观迄于开元,文章最隆。其较艺者岁有千馀人,而所收者毋几。咸亨、上元中,尝增其数,然无及百人者。国初取士之科,皆袭唐制,兴国中,始大擢贡士。其后,浸以益广,无有定数。故近年以来,官吏猥滥,溢于常员,甚非国家所以取人之意。前诏礼部,应进士、诸科奏名皆以四百人为额。兹诚圣虑所以欲革仕进之弊而敦治原之要也。伏虑将来群士皆至阙下,有扇摇而言者辄议冲改,望申饬有司,令固守之。

《长编》卷一八二载:“嘉祐元年(1056)四月丙辰(五日),诏:‘……科场取士,以皇祐四年进士限四百人,诸科毋得过其数。’”李焘自注云:“皇祐四年不见此指挥。至和二年十月己酉王珪奏疏,亦止称近诏,不称皇祐四年。按皇祐五年三月,赐郑獬等及第、出身,凡五百二十人,限以四百,必在五年三月后,‘四’字乃误也。《志》上卷亦无年号,下卷乃尔,当考。”按“皇祐五年(1053)正月十二日,以翰林学士承旨王拱辰权知贡举,翰林学士曾公亮、翰林侍读学士胡宿、知制诰蔡襄、王珪并同知贡举。合格奏名进士徐无党已下六百八十三人。”①李焘所云“限以四百,必在五年三月后”,是有道理的。

嘉祐二年(1057)十二月戊申(六日),“诏自今间岁贡举,进士、诸科悉解旧额之半”。②省额相应地亦为原额之半。《宋会要辑稿·选举》三之三五至三六《贡举杂录》载:

嘉祐三年三月十一日,礼部贡院言:“奉诏再详定科举条制。应天下进

---

① 《宋会要辑稿·选举》一之一一《贡举》。

② 《长编》卷一八六,嘉祐二年十二月戊申。

> 士、诸科解额各减半。明经别试而系诸科解名，无诸科处许解一人。……礼部奏名进士二百人，诸科、明经不得过进士之数。"从之。

即进士、诸科皆以二百人为额。据《宋会要辑稿·选举》一之一一《贡举》记载，嘉祐四年、六年、八年，合格奏名进士均为二百人。

英宗治平三年(1066)，改为三年一开科场。"六月六日，诏今后宜每三年一开科场，应天下所解进士、诸科，并以本处旧额四分中解(二)[三]分。内开封府、国子监以所解进士、诸科数，各于四分中以三分为额。所有礼部奏名进士，以三百人为额，明经、诸科不得过进士之数。"①在实施过程中，也有因故增添者，但皆取具临时，而非常例。如治平四年正月一日，西京德音："将来南省所试进士，除元定额外，更添五十人奏名，明经、诸科不得过进士所添之数。今后不为常例。"②

自治平三年至北宋灭亡(1066—1127)，六十多年间，除徽宗大观三年(1109)、政和二年(1112)、宣和六年(1124)等三次特诏"可特添省额百人"之外，省额均为进士、诸科奏名共为六百人，迄未改变。

南宋高宗建炎元年(1127)，宋室刚刚再建，战乱频仍，道路梗阻，得解举人无法赴行在所省试，遂暂于诸路转运司所在州举行类省试，其省试奏名人数又改为按比例录取。《宋会要辑稿·选举》四之一七《贡举杂录》载：

> 建炎元年十二月一日，诏诸道进士赴京省试，今春兵革已展一年，国家急于取士，已降指挥，来年正月锁院，缘巡幸非久居，盗贼未息灭，道路梗阻，士人赴试非便，可将省试合取分数下诸路，令提刑司差官转运司所在州类试。三省措置省试合放人额，纽计正解、免解、转运司正解，并衮同合以一十四人取一名，馀分不及一十四人亦取一名，不终场者不计。

即类省试"以一十四人取一名，馀分不及一十四人亦取一名，不终场者不计"。此外，还有额外增加者，如绍兴五年(1135)七月十七日，"诏今次省试举人，除合取人数外，特更取十名。有官锁应宗子，零分特更取一名"。③孝宗隆兴元年(1163)正月十六日，"诏礼部贡院，以前举取过人数，共添取一百人"。④

---

①② 《宋会要辑稿·选举》一五之一七《发解》。

③ 《宋会要辑稿·选举》四之二五《贡举杂录》。

④ 《宋会要辑稿·选举》四之三五《贡举杂录》。

孝宗朝，省试合格奏名比例有所减少。《宋会要辑稿·选举》五之五《贡举杂录》载：

> 淳熙十年(1183)三月二十三日，礼部侍郎郑丙言："绍兴以来，礼部贡院与四川类试并以十四人取一名。隆兴元年，礼部免解人多，率一十七人取一名，自后遂为定例，惟四川类试仍旧。以数校之，礼部为窄，四川差优，二者要当均一。"诏四川类试自今以一十六人取一名。

李心传《朝野杂记》乙集卷十五《淳熙议复四川类省试所减额》亦云：

> 省试旧以十四人取一名，隆兴初，建、剑、宣、鼎、洪五州进士，三举实到场者，皆以覃恩免解，有旨增省额百人，遂以十七人取一人。而四川类省试则十六人取一名，后不复改。

孝宗乾道、淳熙年间，省试合格奏名比例曾发生过一些变化，如"乾道五年(1169)正月二十九日，诏贡院并别试所依前举例，每十五人四分纽取一名，零数各取一名"。①又如"淳熙二年(1175)正月二十八日，诏今来省试每一十六人取一名，零分更取一名"。②

宁宗朝，大概仍"以十七人取一人"。《宋会要辑稿·选举》五之一八《贡举杂录》载：

> 庆元二年(1196)三月十一日，都省言："正免解并国学该遇覃恩免解，临安府府学职事及临安、庆元、安庆、英德府曾该赦文免解，国学诸州还赴庆寿恩覃恩等免解人，依绍(兴)[熙]四年取放分数，十七人取一名，零分更取一名。其庆元、安庆、英德府连三举不改名人，庆元府取四人，安庆府取二人，英德府取一人。内英德府如无应取合格卷子，即听阙。"从之。

可知，宁宗绍熙四年、宁宗庆元二年，省试均为"十七人取一名，零分更取一名"。《宋会要辑稿·选举》六之九《贡举杂录》亦载：

---

① 《宋会要辑稿·选举》四之三九《贡举杂录》。

② 《宋会要辑稿·选举》五之三《贡举杂录》。

嘉定四年(1211)二月十七日,礼部贡院言:"今来省试,诸州军、国学赴试经义、诗赋进士,贡院终场四千三百一十一号,内有国学该赦恩免解及还赴省试等人,其取人分数,乞指挥施行。"诏依嘉定元年收放分数,每一十七人取一名,零分更取一名。

李心传(1167—1244)《建炎以来朝野杂记乙集序》写于嘉定九年七月,其卒于理宗淳祐四年(1244),则其所记省试"以十七人取一人",至少到理宗淳祐四年仍然未变。马端临《文献通考》卷三十二《选举考五》抄录了李心传《朝野杂记》乙集卷十五关于省试"以十七人取一人"的记载,则大概自孝宗隆兴元年至南宋末年,省试合格奏名的比例一直是"以十七人取一人",后不复改。

二、免省试

宋朝省试,与解试有免解一样,也有免省试。赵升《朝野类要》卷二《免省》条云:"上舍试取中在省试前,即免省赴殿。"其实,此只是免省试中最主要的一种。神宗朝始实行太学三舍法,熙宁八年(1075)十月十六日,"诏国子监上舍生顾襄、安惇、丁执古、虞赍、叶唐稷如不得解,与免解;已得解,免礼部试。"①熙宁十年二月十三日,又诏:"国子监上舍生自今应补中后,在学实及二年、无犯学规二等以上过,委主判同学官保明,与免解。从上不得过三十人。内于贡举自合免解者与免省试一次。已该免解后又在学及二周年已上,别无公私过者,并免省试。"②元丰二年颁《学令》,太学三舍法更为完备。《长编》卷三〇一载:

太学置斋舍八十斋,斋容三十人,外舍生二千,内舍生三百,上舍生百,总二千四百。生员入学,本贯若所在州给文据,试而后入,月一私试,岁一公试,补内舍生;间岁又一试,补上舍生,封弥、誊录如贡举法,而上舍则学官不与考校。诸斋月书学生行艺,以帅教不戾规矩为行,治经程文合格为艺。斋长、谕、学录、学正、直讲、主判官,以次考察籍记。公试外舍生入第一、第二等,参以所书行艺,预籍者升内舍。内舍生试入优、平二等,参以行艺升上舍。上舍分三等,俱优为上,一优一平为中,俱平若一优一不为下。上等命

① 《宋会要辑稿·选举》一五之二一《发解》。
② 《宋会要辑稿·职官》二八之八至九《国子监》。

> 以官，中等免礼部试，下等免解。

即上舍中等免省试。李心传《朝野杂记》乙集卷十五《太学生校定新制》亦云：

> 京都旧法，太学生外舍二千人，校定百人，内舍三百人，校定三十人。仍分优、平二等，优等再赴舍试，又入优等，则径自学官之，恩数与进士第一人等，所谓释褐状元也。若入平等，则谓之一优一平，例得免省，直赴殿试。其次先免解，后免省，仍并有陞甲恩例。

校定、舍试成绩"一优一平"，即是上舍中等，按惯例即免省试。

其二，宗室曾经两次得解，许免省试。绍兴三十二年（1162，孝宗已即位，未改元）六月十三日，寿皇圣帝登极赦书："宗室曾经锁试两次得解人，许赴将来殿试；曾经锁应人，许赴将来省试一次。"①如"宗子忠训郎伯山，为锁试，两获文解，昨遇覃恩，特免省"。②又如"隆兴元年（1163）正月十三日，诏宗子进士赵不忮等五人并补将仕郎。（登极覃恩，无官宗室曾请两举，并免省赴廷试。不忮等止一请解，先有旨并取应得解人并补承信郎。不忮等诉，乞比附两举人推恩。故有是命。）"③

其三，遇特恩，免解人免省试。如高宗建炎元年（1127）五月一日，赦："应天府免省举人、特奏名并就殿试及再就殿试人，并与同进士出身，免解人与免省试。"④又如徽宗时，由于收复燕云诸州，大批应举人免省试。王明清《挥麈录》前录卷三云："宣和七年沈元用榜，正奏名殿试至八百五人。盖燕、云免省者既众，天下赴南宫试者万人，前后无逾此岁之盛。"

其四，皇帝巡幸太学，推恩免省试。如崇宁三年（1104）十一月甲戌（四日），"皇帝（按指徽宗）视太学，幸辟雍，即敦化堂赐上舍释褐者凡十有六人，其次免省试者二十有六人，内舍生及畿内贡士皆免解，其数几半三岁赐第于集英者。"⑤又如度宗"咸淳二年（1266）正月，幸太学，谒先圣，礼成，推恩三学：前廊与免省试，内舍、上舍及已免省试者与升甲，起居学生与泛免一次。"⑥

---

① 《宋会要辑稿·选举》一八之二一《宗室应举》。

② 《宋会要辑稿·选举》八之四四《亲试杂录》。

③ 《宋会要辑稿·选举》一八之二二《宗室应举》。

④ 《宋会要辑稿·选举》四之一七《贡举杂录》。

⑤ 《无锡县志》卷四中，王相《常州无锡县崇宁增建学记》。

⑥ 《宋史》卷一五七《选举志三》。

第五章　南宋贡举类省试制度

宋承唐制，在解试之上设省试。至南宋，除在行在所举行由礼部主持的省试外，在四川等诸路也曾举行过由帅臣、监司主持的相当于省试的科举考试，史称“类省试”，亦称“类试”。赵升《朝野类要》卷二《类试》条云：“四川州军解士，只就安抚制置司类省试毕，径赴殿试。”对于宋朝贡举中的类省试，中外学者多有论述，但尚不够系统，也不够充分详实。①现在拙著《南宋科举类省试述论》及前人研究的基础上，试就南宋诸路类省试制度的渊源、行废及四川类省试制度及其作用意义等，再作一些探讨。

第一节　南宋类省试的渊源

南宋贡举中类省试的设立，有其现实的原因，也有其历史的渊源。追根溯源，类省试当滥觞于唐代“两都贡举”。所谓“两都”，系指西京长安(今西安)和东都洛阳。唐代宗广德二年(764)，礼部侍郎贾至建言：“岁方艰歉，举人赴省者，两都试之。”②永泰元年(765)七月，以京师米贵，遂分别于东都洛阳和上都长安两京

---

① 参见[日]荒木敏一：《宋朝科举制度研究》，同朋社1969年版；林天蔚：《南宋时四川“类省试”的分析》，《书目季刊》第14卷3期，1980年；穆朝庆：《论南宋科举中的“类省试”》，《中州学刊》1987年第6期；祝尚书：《宋代科举与文学》第七章《南宋四川类省试》，中华书局2008年版；何忠礼：《南宋科举制度史》第三章第一节《类省试》，人民出版社2009年版；粟品孝：《成都通史》第四卷第三章第四节《南宋四川类省试》，四川人民出版社2011年版。

② 《新唐书》卷四四《选举志上》。

贡举。《册府元龟》卷六四〇《贡举部二・条制第二》载:"永泰元年,始置两都贡举。礼部侍郎官号,皆以知两都为名。每岁两地别放及第。"此制施行了十年,至大历十年(775)五月十九日,"敕今年诸色举人,悉赴上都"[①]。其理由是为了便于贡举人谒见皇帝。《册府元龟》同卷又载:"时礼部侍郎常衮以贡举人合谒见,异于选人,并合上都集,举旧章也。是后不置东都贡举。"然而,五十年之后,又曾两都置举。文宗大和元年(827),京师长安大旱,于是七月敕:"今年宜权于东都置举,其明经、进士[任]便在东都赴集。其上都国子监举人等,合在上都试。及节目未尽者,[委]条流奏闻。"[②]次年,又再次实行两都贡举。

唐代之所以在两都贡举,原因在于"时艰岁歉,举人赴省者众"[③],上都长安漕运不便,米价昂贵,不得不"分选于洛邑,放第于东都"[④]。据统计,唐代两都贡举大概共实行了十二次,尚未成为定制。

唐代两都贡举与南宋类省试有所不同:一是唐代省试为贡举最高一级考试,省试合格即放及第,毋需参加殿试;二是两都贡举,地位相当,甚至有时东都洛阳在人数上超过了上都长安。虽然如此,宋朝之类省试与唐代两都贡举仍有许多相似之处。

北宋仁宗时,张方平亦曾因岭南、两川至东京开封"崎岖万里",举人赴试"往复一年",遂请仿唐两都贡举,实行类省试。其所上《川岭举人便宜》云:

> 我太祖朝,其风犹在,抑亦王度草创,人物希少。及举荆蜀,下江广,收闽越,定太原,武事偃罢,文物浸昌。兴国已来,取士益广。风教遐被,海寓大同,曳博带于文身,诵圣言于鸩舌。瓯闽之俗,编户待乎宾兴;邛髳之乡,比间思乎随计。逾剑者崎岖万里,度岭者往复一年。故礼闱不可岁开,而贤者能者同时而滞塞;贡士必当广取,而猥者滥者一概而混淆。且其远方之人,顾有可售之伎,虽蒙续食,莫拔穷巷之身,弗预充庭,遂断亨衢之望,托于遐陋,诚有可嗟。
>
> 臣伏请凡当秋赋之年,礼部既以三月上请,即颁示远方。其岭南、两川即于中夏发荐。其预荐名者,岭南诸郡送广州,两川诸郡送益州,委二府如礼部式考试。当试时,本路转运使及州长吏监考,于部郡选差文学才望有闻者为试官,朝廷特遣台阁臣僚一人传诣监试。比岁之杪,取令毕事。其当解

①② 《唐会要》卷七六《缘举杂录》。

③ 《册府元龟》卷六四〇《贡举部二・条制第二》。

④ 张方平:《乐全集》卷八《川岭举人便宜》;《历代名臣奏议》卷一六四,张方平奏疏。

人，即遣至都，附南省榜，送预廷试；其不预解人，即依到省叙举。其廷试下第者，既还本贯，许本路计使差充摄官。如此，则远人免崎岖之劳，寒士无废弃之叹；土俗以乡举而民劝，礼闱得人省而考精矣。①

由此看来，张方平关于岭南、两川分别于广州、益州（治今成都）举行"如礼部式考试"的建议，与南宋时的四川类省试，有着惊人的相似之处。但是，不知何故，张方平的建议未被采纳。至南宋初，类省试才始行于诸路，后仅行于川陕。

第二节　南宋诸路类省试的行废

靖康二年（1127）四月一日，金军将宋徽宗、钦宗二帝掳掠北去，最后宣告北宋灭亡。五月一日，康王赵构于南京应天府（治今河南商丘）即位，改元建炎，再造宋室。因其后来以临安府（今杭州）为临时都城，史称南宋；赵构庙号为宋高宗。宋高宗即位后害怕金军南下，不敢回銮开封，而于十月南逃至扬州。从宣和五年（1123）开科贡举以来，至此已经四年，按三年一开科贡举之制，已逾期一年。南宋刚刚建立，仍处于风雨飘摇之中，但为了选拔人才、笼络士心，又急于取士，遂于十二月一日下诏诸路类省试。《文献通考》卷三二《选举五》载其诏曰：

国家设科取人，制爵待士，岁月等阴阳之信，法令如金石之坚。顷缘寇戎侵犯京邑，爰致四方之隽，已愆三岁之期。比申饬于有司，涓上春而明试。深虞道阻，宽伫浃旬。而驻跸行宫，时巡方岳，非若中都当远近之会，可使四方得道里之均。特从权宜，创立规制，分礼闱之奏额，就诸路之漕台，俾谨择于考官，用精搜于实学。士省劳费，乡烝誉髦，悉预计偕，以俟亲策。敷告多士，咸体至怀。诸道令提刑司选官即转运置司州军引试，使、副或判官一人董之。河东路附京西转运司，国子监、开封府人于留守司，御史一人董之。国子监人愿就本路者听。

另据《宋会要辑稿·选举》四之一七《贡举杂录》载：

---

① 张方平：《乐全集》卷八《川岭举人便宜》；《历代名臣奏议》卷一六四，张方平奏议。

十二月一日,诏诸道进士赴京省试,今春兵革,已展一年,国家急于取士,已降指挥,来年正月锁院。缘巡幸非久居,盗贼未息灭,道路梗阻,士人赴试非便,可将省试合取分数下诸路,令提刑司差官[于]转运司所在州类试。三省措置省试合放人额,纽计正解、免解,转运司正解,并衮同,合以一十四人取一名,余分不及一十四人亦取一名,不终场者不计。内河东路合赴试人,令附京西路转运司所在[州]试。国子监、开封府合就试人,于开封府。诸路合就试人,于转运司置司州军类试。内国子监合赴试人,如在外路州军,愿就本路试者听。

其国子监、开封府人令留守司,诸路令提刑司,依贡举法选差试官六员,两路者各差三员;内开封府令留守司差御史台官一员,诸路令提刑司临时实封移牒转运使、副或判官一员监试,不得干预考校。如有合避亲之人,专委官依公考校,所避之官不得干预。合避非本路提刑者,依本路监司法前期牒邻路;合避试官者,封弥官暗记送别位。应逐场试卷不得止送一位考校,仍令监试官专切觉察。

根据这道诏书,南宋诸路于建炎二年(1128)的夏天举行了类省试。李心传认为:"省试之有'类',盖自此始。"①

根据上述记载可知,这次类省试是由诸路提点刑狱司(开封府则为留守司)主持;牒该路转运使、副或判官一员(开封府则差御史台官一员)监试,选差考试官六员考校试卷;考试地点在开封府和诸路转运司置司州军;类省试为避亲嫌,亦实行别头试;其类省额为"以一十四人取一名,余分不及一十四人亦取一名,不终场者不计"。

建炎三年二月,金兵大举南下,前锋迫近扬州。宋高宗仓惶渡江南逃,辗转驻跸杭州。次年,金军渡江南侵,宋高宗被迫避于海上。绍兴元年(1131),又值省试之年。时金完颜兀术率军渡江北撤不久,宋高宗刚从海上回到越州(治今浙江绍兴),又遇上此年应举行郊祀大礼,难以举行省试,遂于二月二十九日,"复诏诸路提刑司类省试"。②《宋会要辑稿・选举》四之二三《贡举杂录》载:

绍兴元年二月二十九日,诏曰:朕宵衣图治,侧席思贤,昨诏谕于绵区,

① 《系年要录》卷一一,建炎元年十二月丙辰朔。

② 《系年要录》卷四二,绍兴元年二月丙申。

俾宾兴于髦俊。兹阅贤书之献，将偕计吏之来，言念杪秋，适当大享，有司校艺，于祀事以或妨；多士在途，恐行期之靡逮。姑从近制，分试外台，用比岁之彝章，临大庭而亲策，既克成于朕志，亦良便于尔思。可将省额合取分数下诸路提刑司，差官于转运司所在州类试，就今年八月上旬内择日引试，于来年三月上旬择日殿试。

此次类省试与建炎二年时略同，只是不再专由提点刑狱司主持。建炎四年"七月四日，诏京畿、京东西、淮南、荆湖北路既已分镇，监司并罢，其本路科举，令提举茶盐司差官于逐路可置科扬州军分赴就试"①。绍兴元年六月九日，臣僚又言："窃见近诏诸路进士令提刑司差官于转运司所在州类试，然改科之初，考试官未必尽晓词赋。去秋榜出，远方之士诉有司者已多，今若止令提刑司差官，不惟预有干请，亦恐未必皆系通习声律之人，则所差可知矣。乞诏执政大臣于诸路漕、宪或帅守中择词学之臣总其事，使于所部精选考试官。务令公审，庶几上副设科更制之意。"诏从其请，于是，"除分镇路分令提举茶盐事司依诸路转运司类试条例外，诏两浙路差提刑施坰，福建路差帅臣程迈，江南东路差帅臣吕颐浩（1071—1139），江南西路差帅臣朱胜非（1082—1144），荆湖（东西）[南北]路差转运判官孙绶，广南东路差帅臣赵存诚，广南西路差转运判官王次翁（1079—1149），其川陕路并令张浚（1097—1164），于诸路帅臣、转运、提刑内选差有出身之人。"②李心传认为，建炎二年诸路类省试"榜既揭，远方之士多诉其不公，绍兴元年六月，始专择诸路宪、漕或帅守中词学之人总其事"。即并非仅仅是"考试官未必尽晓词赋"，恐怕主要是类省试舞弊、不公。

自诸路置类省试，行之才二举，已暴露出许多弊病，士人多诉其不公。臣僚言："科举之设，实用人材之根本，而省试最为重事，必于六曹尚书、翰林学士中择知贡举，诸行侍郎、给事中择同知贡举，卿、监、郎官为参详官，馆职、学官为点检官，又以御史监察其中，故能至公至当，厌服士心。间因军兴，遂以此权付之诸路漕司，所差试官不过数人，其选皆出于漕臣，奸弊百端。乞今后省试并就行在，遴选近臣，付以兹事。"③绍兴三年十月戊申（二十七日），"诏今后省试并赴行在"。"于是，遂罢诸路类试。"④

---

① 《宋会要辑稿·选举》一六之三《发解》。
② 《宋会要辑稿·选举》四之二三至二四《贡举杂录》。
③ 《宋会要辑稿·选举》二〇之三《试官》。
④ 《系年要录》卷六九，绍兴三年十月戊申。

南宋初年，为什么实行诸路类省试？又为什么才行两举即罢呢？综上所述，可以看出，诸路类省试之设，第一是因为，金灭北宋之后，又多次大举南下，企图灭亡南宋；南宋刚刚再建，慑于金军压力，一再奔逃，从应天府到扬州，再到杭州，直至漂泊海上。此即所谓"驻跸行宫，时巡方岳"，"巡幸非久居"，故难以照常于行在所省试。第二是因为，诸路举人也难以赴行在所省试。此即所谓"因军兴"，"盗贼未息灭，道路梗阻，士人赴试非便"。第三是因为，科举取士乃是笼络士人、维持统治的重要法宝，虽然朝廷颠沛，兵兴道阻，也不能中断，此即所谓"国家急于取士"。

而诸路类省试之废，则第一是因为，省试试官职高人众，关防严密，故能"至公至当，厌服士心"，而诸路类省试"所差试官，不过数人，其选皆出于漕臣，奸弊百端"。第二是因为，绍兴三年之后，金军不敢再贸然渡江南侵，南宋朝廷在临安已初步安顿下来，"盗贼屏息，道路已通"①，罢诸路类省试不但有必要，而且也有了可能。

总之，诸路类省试乃是在南宋初年特殊条件下的权宜之计。其行废均与当时的军事、政治形势密切相关，也与科举制度本身有关。

第三节　南宋四川类省试

一、四川类省试的行废议论反复

建炎二年(1128)，川陕与其他诸路一样，令提刑司差官于转运司所在州类省试。李焘《贡院记》云："建炎初，始有诏即成都类试一路十五州进士之当试于礼部者。"②绍兴元年，则是"川陕宣抚处置使张浚始以便宜合川、陕举人即置司州类省试。"③当时张浚置幕府于秦州(治今甘肃天水)，"即秦为类省试"④。《宋会要辑稿·选举》二之一五《进士科》载：

> 绍兴二年(1132)十二月十七日，知枢密院事、宣抚处置使张浚言："遵依诏旨，选官就成州锁院类试陕西路发解举人，考到合格周楧等一十三人，已恭依便宜圣训，第一名特赐进士出身，馀并特赐同进士出身讫。"诏依。令尚

① 《系年要录》卷六九，绍兴三年十月戊申。
② 李焘：《贡院记》，《成都文类》卷四六。
③ 《系年要录》卷四二，绍兴元年二月丙申。
④ 魏了翁：《鹤山大全集》卷四四《资州省元楼记》。

书省给降敕牒。

可知绍兴二年张浚曾在成州(治今甘肃成县)举行过陕西发解举人的类省试。李焘《贡院记》云:"绍兴二年,宣抚司承制,并三路四十三州,当试日皆集成都试焉。"①可知绍兴二年张浚又在成都"承制"举行了成都府等三路的类省试。

绍兴三年十月二十七日,诏罢诸路类省试,今后省试并赴行在。绍兴四年六月十二日,礼部侍郎兼侍讲陈与义(1090—1138)奏:"川陕道远,恐举人不能如期。"六月十四日,高宗又下诏曰:

川陕合赴省试人,令宣抚使于置司州军置试院,选差有出身清强见任转运使、副或提点刑狱官充监试。于逐路见任京朝官内选差有出身、曾任馆职、学官或有文学官充考试官。务依公精加考校,杜绝请托不公之弊。②

于是,诸路类省试皆罢,而四川类省试独存。但是,后来仍有反复。《系年要录》卷一七七绍兴二十七年五月乙亥(十一日)载:

初,朝廷以蜀道远,命举人即宣抚制置司类省试。行之既久,议者或以为不能无弊,欲罢之,悉令赴南省。事下国子监,权尚书兵部侍郎兼祭酒杨椿曰:"蜀士多贫,而使之经三峡、冒重湖,狼狈万里,可乎?欲去此弊,一监试得人足矣!"遂请选清强有才行郎曹以上一人往莅其事,仍令监司守倅宾客子弟有力可行者赴省,馀不在遣中。是日,宰执进呈,诏付礼部。其后本部乞士人愿赴南省者给驿券。选官不行,馀从之。

《宋会要辑稿·选举》一六之一〇《发解》亦载:

绍兴二十七年五月十一日,诏四川监司、帅臣、守倅亲属、门客牒试,及属官干办官以上本贯别路随行缌麻以上亲、去户籍二千里外应合赴运司试得解人,并令前来行在省试。其馀四川依旧类试,如愿赴行在省试人,并沿路给券。(以臣僚言:议者乞将四川解发举人尽赴省试,道远狼狈,欲望且仍

① 李焘:《贡院记》,《成都文类》卷四六。

② 《宋会要辑稿·选举》二之二四《贡举》;《系年要录》卷七七,绍兴四年六月壬辰。

> 旧贯，若监司、帅臣子弟力足以致侥滥，可令前来。下礼部看详，故有是诏。）

结果以监司、帅臣子弟、亲戚、门客"并令前来行在省试"的折衷方案化解了这次废罢四川类省试的危机。因为监司、帅臣子弟、亲戚、门客有势力足以"致侥滥"，也有财力可以"前来行在省试"，这样既可以防止四川类省试之弊，又不存在贫穷无钱赴行在的问题。而且又规定："如愿赴行在省试人，并沿路给券。"对愿赴行在省试者给以经费支持，以资鼓励。

绍兴二十九年，四川类省试又发生了危机。《系年要录》卷一八一绍兴二十九年三月丙辰朔（一日）纪事云：

> 先是，集英殿修撰周绾为吏部侍郎，建言："四川进士类省试所奏差试官，乃取一路帅臣、职司，封部既异，在院官吏势难总一。欲望今后选差行在清强官一员，或假以御史之名，充监试。"诏礼部看详申省。于是，权礼部侍郎兼侍讲孙道夫（耕）言："臣僚所乞委得允当，但四川去行在遥远，难以差官前去，更合取自朝廷指挥。"

《宋会要辑稿・选举》二〇之一三《试官》载：

> 绍兴二十九年三月一日，诏今后四川类省试用九月十五日锁院，朝廷于帅臣、监司内选差监试、考试官各一员，于锁院二十日前用金字牌遣降指挥。在院官吏如有挟私违戾，令监试官径行劾奏，馀官制置司精加选差。（以吏部侍郎周绾言四川类试之弊，乞选差行在清望官充监试。以路远不可差，故有是诏。）

此诏颁布之日，"[孙]道夫（耕）侍经筵，犹请罢类试，令赴礼部。上曰：'早方与执政议，今岁已无及，后举当遣御史监之。'道夫曰：'御史监试，事体固重。然所关防，不过试闱中传义、代名等弊，其有前期投举业、问题目、以秘语为契验，则无迹可寻，必令赴礼部乃为允也。'"①这次是以"朝廷于帅臣、监司内选差监试、考试官各一员"化解了废罢四川类省试的第二次危机。

绍兴二十九年三月甲申（二十九日），权礼部侍郎孙耕又上言："四川省类试，

---

① 《系年要录》卷一八一，绍兴二十九年三月丙辰朔。

已降指挥，选差监试、考试官各一员。今看详：别试所收试避亲进士，其利害、关防，比之类省试，事体无异。欲望亦自朝廷选差监试并考试官各一员。所贵选举尽公，仰副圣世取士之意。"诏从之。①

于是，当年七月遵照上述诏书，首次向四川类省试敕差了考官。《宋会要辑稿·选举》二〇之一三《试官》载：

> 绍兴二十九年七月四日，诏四川类省试院监试官差成都府转运副使王之(柔)[望]，考试官差知嘉州何逢原；别试所监试官差知邛州费行之，考试官差知荣州李(烨)[晔]。令王刚中将逐官差札酌度锁院日分给付，候指挥到日起发入院供职。监试官依监学条法取摘试卷详定，如监试官有故，即所差考试官兼监试职事。

李心传云："类省试敕差官自此始。"②"四川类省试"自此直至度宗咸淳十年(1274)最后一榜贡举，都在施行，未曾中辍。

需要说明的是，所谓"四川类省试"，实为川、陕类省试。因陕西各路大部丧失，故合川、陕举人一起类省试。绍兴九年之前，川、陕未分类省试额。绍兴九年十一月己丑，户部侍郎周聿上言："陕西士人学术久荒，拙于为文，若与四川类试，必不能中程，乞别立字号。"宋高宗说："陕西久陷伪境，朕欲加惠远方，可令礼部措置。"于是，参加四川类省试的陕西举人单独编号录取。李心传认为："川、陕分类试额自此始。"③孝宗时仍是如此。《宋会要辑稿·选举》五之三《贡举杂录》载："淳熙四年二月五日，诏阶、成、西和、凤四州今次科举，令四川制置司取见举人及的实乡贯别无诈冒，方许收获。其发解自依逐州解额取放，将来省试，别作一项考校，以十四人取一名。如合格人数少，听阙。"由于川、陕得解举人皆于成都类省试，而且绍兴五年之后，川陕宣抚处置司改为四川安抚制置司，所以川、陕诸路类省试就统称为"四川类省试"了。

二、四川类省试制度

四川类省试原则上遵循省试成法，但为了优待川、陕举人及防止请托不公之

---

① 《系年要录》卷一八一，绍兴二十九年三月甲申。

② 《系年要录》卷一八三，绍兴二十九年七月乙酉。

③ 《系年要录》卷一三三，绍兴九年十一月己丑。

弊，也在考试时间、地点、考官、取人分数、赴殿试等方面，作了某些变通，形成了一套独特的制度。

（一）四川类省试的时间与场所

四川距南宋的行在所临安府（今杭州）路途遥远，道路崎岖，为了使类省试合格奏名举人有充裕的时间赴行在参加殿试，四川类省试锁院、引试的时间大大早于省试。南宋省试，建炎二年（1128）诸路类省试以夏天锁院、引试，绍兴元年（1131）诸路类省试以八月上旬锁院、引试，绍兴五年省试于六月十六日锁院，直到绍兴八年的省试仍是四月二十七日锁院。绍兴十二年，宋金签订"绍兴和议"之后，省试才恢复到正月上旬或中旬锁院、引试。绍兴二十四年之后，规定于开科贡举次年的正月九日锁院，十五日引试；而殿试则于三月举行。淳熙十六年（1189）之后，省试改为开科贡举次年的正月二十四或二十五日锁院，二月一日引试；殿试则相应地延至四月。

关于四川类省试的锁院时间，《宋会要辑稿·选举》二〇之一三《试官》载："绍兴二十九年三月一日，诏今后四川类省试用九月十五日锁院。"但不久又发生了变化。《宋会要辑稿·选举》四之三三《贡举杂录》载：

> 绍兴二十九年七月四日，四川安抚制置使司言："准诏四川类省试用九月十五日锁院。缘去行在地理遥远，若以九月十五日锁院，依条限考校至十一月放榜。窃恐举人趁赴御试不前。欲望于八月内锁院。"从之。

刚刚过了四个多月，就提前至"八月内锁院"。具体在八月何日锁院呢？宁宗嘉定八年（1215）九月二十八日，臣僚言："类试仲秋之末，揭榜季秋之杪。"[①]嘉定十五年九月十九日，臣僚言："累举以来，殿试最迟亦不过五月初旬、末旬，而唱名至六月十五日，特庚辰年（嘉定十三年）为然，前此未之见也。陛下乐于待士，当暑临轩，初无倦色，而群臣侍立，踧踖不安。况在廷之士，露立终日，炎赫所迫，间有委顿者，甚非所以肃堂陛之分也。臣契勘庚辰年殿试，缘蜀道多梗，恐赴廷对者来未齐足，所以屡至展日。续据剑南节推任一鸣申请，以潼川、夔、利路至成都颇遥，欲进十日，用八月十五日类试，特俞其请。则来赴大对，比之常年，又可先期十日治行，岂不甚便！"[②]据此可知，嘉定十五年之前，四川类省试于开科贡举年的

① 《宋会要辑稿·选举》八之二四《亲试》。
② 《宋会要辑稿·选举》八之二八《亲试》。

八月二十五日锁院；嘉定十五年之后，则提前至八月十五日锁院，恰与诸州府军监解试的引试时间相同。

四川类省试的地点，最初由川陕宣抚处置使于置司州军举行。但仅在建炎二年、绍兴元年、五年施行了三举。绍兴六年十二月戊申，"诏川陕进士将来省试令四川制置大使司依旧例施行。"①即改由四川制置使于置司州军举行，遂成为定制。李心传《朝野杂记》甲集卷十三《类省试》云："类省试者，始高宗在扬州，以军兴道梗，建炎元年十二月，遂命诸道提刑司选官，及漕司所在州类试，率十四人而取一人。……绍兴元年六月，始专择诸路宪、漕或帅守中词学之人主其事。时张魏公为宣抚处置使，以便宜合川、陕举人即置司州类省试。五年，始试进士于南省，惟四川即试宣抚司。自七年后，又移制置司。迄今不改。"李焘《贡院记》云："（绍兴）七年以来，类试成都，率循（绍兴）二年之制。后或即阆，或即利，或即兴元，则随宣抚使治所也。其（绍兴）十一年，试事虽属宣抚使，而试所还即成都。"《宋会要辑稿·选举》二二之二《试官》载："淳熙四年（1177）三月二十日，诏四川类省试，今就安抚制置使司置院类试。时已罢宣抚司故也。"四川宣抚司、制置司名称虽然有变化，但四川类省试每开科场，则成都府、潼川府、利州、夔州四路及陕西得解举人，一般皆类试于成都。

四川类省试的场所，起初大概沿用成都府原来的贡院及佛寺，孝宗淳熙五年（1178），四川安抚制置使胡长文（字元质）始于成都创建类省试贡院。李焘《贡院记》云："（胡长文）惕然不安于衷，爰议改作，度隙地于锦官坊直府治之南，其袤九十一丈，广五十一丈四尺……凡为屋三百七十二楹，为墙三百二十六堵"。②岳珂（1183—1234）《程史》云："淳熙间，胡给事元质制置四川……会贡院敝甚，因撤而新之。既毕工，壮丽甲西州焉。"③又云："胡给事既新贡院，嗣岁庚子（淳熙七年、1180）适大比，乃侈其事，命供帐考校者，悉倍前规。鹄袍入试，茗卒馈浆，公庖继肉，坐案宽洁，执事恪敬，誾誾于于，以鬯于文，士论大惬。"④其规模相当可观。

（二）四川类省试的考官

四川类省试的考官与省试稍有不同，不设知贡举、同知贡举，而是设监试官、考试官等。绍兴四年（1134）六月曾规定："令宣抚司于置司州军置试院，选差有

① 《系年要录》卷一〇七，绍兴六年十二月戊申。

② 李焘：《贡院记》，《成都文类》卷四六。

③ 岳珂：《程史》卷十《成都贡院》。

④ 岳珂：《程史》卷十《万春伶语》。

出身、清强、见任转运使、副或提点刑狱官充监试，于逐路见任京朝官内选差有出身、曾任馆职、学官或有文学官充考试官。”[①]如潼川府路提点刑狱公事杨椿，签书剑南、东川节度使判官厅公事赵逵(1117—1157)，均曾任四川类省试考试官。

绍兴二十九年，吏部侍郎周绾建言：“四川进士类省试所差试官，乃取一路帅臣、监司，封部既异，在院官吏势难总一。欲望今后选差行在清强官一员，或假以御史之名，充监试。”诏礼部看详申请。权礼部侍郎兼侍讲孙耕言：“臣僚所乞委得允当，但四川去行在遥远，难以差朝官前去，更合取自朝廷指挥。”于是，三月一日，诏：“今后四川类试，用九月十五日锁院。朝廷于帅臣、监司内选差考试官、监试官各一员，于锁院二十日前用金字牌遣降指挥。在院官吏如有挟私违戾，令监试径行劾奏。余官制置司精加选差，务尽公明，不得苟简。”[②]三月十九日，又从孙耕之请，四川类省试别试所，“亦自朝廷选差监试并考试官各一员”。[③]于是，绍兴二十九年七月乙酉(四日)，“诏直秘阁、成都路转运副使王之望充四川制置司类省试院监视，左朝奉郎、知嘉州何逢原充考试官。左朝请大夫、知邛州费行之充别试院监视，左朝奉郎、知荣州李畔充考试官。监试官依监学条法，取摘试卷详定。类省试敕差官自此始。仍以金字牌递给降敕，札付制置使收掌，俟试近发出”。[④]

除类省试的大院、别试所降敕差官以外，特奏名亦降敕差官。绍兴二十九年十一月二十四日，四川安抚制置使王刚中(1103—1165)言：“类省试已从朝廷选差监试、考试官，所有特奏名进士试院，亦合从朝廷选差。”绍兴三十年二月七日，“诏监试官差利州路转运判官苏钦，考试官差知简州房与之。监试官取摘试卷，同共详定。”李心传云：“自是以为例。”[⑤]

四川类省试除敕差监试、考试官外，还有考试官、点检试卷官以及封弥、誊录等官，略同礼部省试之制，然皆由制置司选差。李心传《朝野杂记》甲集卷一三《四川类省试官》云：

> 四川类省试官，自敕差监试、主文之外，制置司差考试官四员，以有出身知州充；点(校)[检]试卷官十员，以京官、选人有士望者充；别试所但差小试

---

① 《系年要录》卷七七，绍兴四年六月壬辰；《宋会要辑稿·选举》二之二四《进士科》。

② 《系年要录》卷一八一，绍兴二十九年三月丙辰朔。

③ 《系年要录》卷一八一，绍兴二十九年三月甲申。

④ 《系年要录》卷一八三，绍兴二十九年七月乙酉。

⑤ 《宋会要辑稿·选举》二〇之一四至一五《发解》；《系年要录》卷一八四，绍兴三十年二月丁巳。

官二员而已。旧监试、主文皆是差提、转，近岁多以郡守为之，而考试官亦差倅贰，至郡守之尝任馆学者或不差，非故典也。

仅靠朝廷降敕差六员监试、考试官，很难完全革除类省试之弊。嘉定九年(1216)六月二十四日，右谏议大夫应武言：

臣窃闻四川类省试有考官徇私纳贿，去取不公，预选之人不协舆论，固当奏罢矣。近年所闻，或谓徇私之弊已久，朝廷不能尽知。盖监试一员、考试一员，系朝廷敕差外，自余考试、点检试卷官，并令制置司自行选差。近有有势力者，于差官之前，先事请托，或立暗号，或求题目，或私付文字，于考官、点检官内多所请嘱，虽封弥誊录，而实知其姓名，虽文理疏谬，而曲为之拔拭。方其未揭榜之前，某人为某人所厚，某人为某人所主，士子相与指目。逮至揭榜，悉如所言。又闻敕差考官与制置司所差考官(各)[名]称职事既同，势不相统。监试官虽许抽摘试卷详定，然一人之力，不能遍周，既不足以禁考官之私，且考试官或系本路知州，而本路监司乃为监试，则考官限于职守之相临，又不足以止监司之私，由是蜀士抑郁无诉。

可见其弊之重。如何革除此弊？应武建议：

乞将考试官员数尽从朝廷选差，或将所差考官一员别立名称，同监试遍阅诸房卷子。或差东南人充监试，或(监)[差]不系监试官所部知州充考官。其被差者，不必专取文词之人，惟以公心取士为主，严行戒饬。①

诏从其请，遂差东南人充监试，收到了一定的效果。监察御史方猷言："蜀之省类试例自朝廷遴选试官，多择东南士夫于彼者为试文、主点检试卷等官，故其弊稍减。"②李心传也说："自庆元后，监试、考试官率以南士，余官选南士及蜀人参之，然去取之柄，专在南人，无复曩时之疑矣。"③以东南人充任监试、考试官当是嘉定九年六月应武上奏以后之事，李心传谓"自庆元后"，将时间提前了二十余年，大概是其记忆之误。

---

① 《宋会要辑稿·选举》二二之二五至二六《试官》。
② 《宋会要辑稿·选举》一六之三六《发解》。
③ 李心传：《朝野杂记》甲集卷十三《类省试》。

（三）四川类省试的录取名额

四川类省试在录取名额等方面，也备受优待。南宋初年，诸路类省试每十四人取一名，礼部省试因之。孝宗隆兴元年（1163），礼部改为十七人取一名，自后遂为定制，惟四川类省试仍旧。这种优惠一直持续了二十年，到孝宗淳熙十年（1183）才发生了一些变化。《宋会要辑稿・选举》五之五《贡举杂录》载：

> 淳熙十年三月二十三日，礼部侍郎郑丙言："绍兴以来，礼部贡院与四川类试并以十四人取一名。隆兴元年，礼部免解人多，率一十七人取一名，自后遂为定例，惟四川类试仍旧。以数校之，礼部为窄，四川差优，二者要当均一。"诏四川类试自今以一十六人取一名。

于是，"四川类试自今以一十六取一名"。但仍较礼部省试为优。

淳熙十五年，范仲艺等曾建议恢复十四人取一名，孝宗意欲改用十五人取一名，因宇文价率尔一言，未能实现。李心传《朝野杂记》乙集卷十五《淳熙议复四川类省试所减额》云：

> 淳熙十五年，范东叔（仲艺）为右司郎中，议以蜀去天日远，士惟科举一路，非有学校他歧进也；且隆兴省额，蜀人初不预，今乃例减名额，非是，当复故。时留仲至（正）自成都召还，为参加政事，意亦主之。执政共议曰："上改用十五人取一名，有成说矣。"东叔喜，遍为礼曹、给舍、台谏诸人言之，亦无异议。会宇文子英（价）以兵部尚书兼侍讲，当夜直，上以其蜀人也，以所议告之。子英不知其由，遽对曰："类省十六人，视南省已优矣，尚何议？"翌日，执政奏其事，上曰："朕已为宇文价言之，毋庸尔。"诸公乃退。盖用东叔之议，则类试每举当增省额七八人，子英率意而言，遂不可复。东叔深以为恨。

（四）四川类省试的即家赐第与赴殿试

四川类省试奏名举人因种种原因，往往无法赴行在参加殿试，或赴殿试不及。据统计，高宗一朝共开科场十一次，前五榜四川类省试合格奏名举人均未赴殿试；至绍兴十五年（1145）刘章榜始有赴殿试者。而后六榜赴殿试者为551人，不赴者为212人，未赴殿试者占总人数的28%。前后十一榜不赴殿试者则为827人，竟占总人数的60%！（参见附表）对此，朝廷也总是给予优待。

其一，即家赐第。即对四川类省试奏名举人无法赴行在参加殿试或赴殿试不及者，即家特赐进士及第、进士出身、同进士出身。如建炎二年(1128)“以兵兴道梗，诸路进士赴殿试不及者，河北路李汇等二人，京东路祝师龙等二人，四川类试正奏名进士八十三人，陕西类试正奏名周忠厚等十六人，并赐同进士出身”。[①]绍兴二年(1132)，“四川类试正奏名杨希仲等一百二十人，第一人依殿试第五人恩例，余并赐同进士出身”。[②]《宋会要辑稿・选举》二之一五《进士科》又载：

> 绍兴二年十二月十七日，知枢密院事、宣抚处置使张浚言：“遵依诏旨，选官就成州锁院类试陕西路发解举人，考到合格周模等一十三人，已恭依便宜圣训，第一名特赐进士出身，馀并特赐同进士出身讫。”诏依。令尚书省给降敕牒。

又如，绍兴五年十一月十九日，“诏川陕类试过省第一人特赐进士及第，与依行在殿试第三人恩例；馀并赐同进士出身。仍令川陕宣抚司开具姓名，申尚书省给敕牒”。[③]给予四川类省试第一人以殿试第三人的恩例，是相当高的待遇。同时，对四川类省试特奏名也给予优惠。绍兴五年十一月十九日，又“诏令川陕宣抚司将今次合该特奏名进士，置院差官试时务策一道，其取人分数并推恩等第，令礼部开具申尚书省行下本司照会”。[④]

另外，在授官方面，对四川类省试也给予优惠。按规定，第五甲即赐同进士出身者应守选，待铨试合格后方能注拟出官。绍兴十二年九月十四日，从礼部侍郎施坰之请，“诏川陕类试正奏名来行在趁赴殿试不及、赐同进士出身人，与免铨选”。[⑤]

后来，稍杀四川类省试榜首的恩数。《宋会要辑稿・选举》二之一六至一七《进士科》载：

> 绍兴十八年八月八日，礼部言：“四川省试高等人，为见先有推恩等第，虑御试却致低甲，往往在路迁延，不肯前来趁试。欲将四川类试合格人第一等并赐进士出身，馀并赐同进士出身，今后依此。”从之。

---

① 《宋会要辑稿・选举》八之一至二《亲试》。
② 《宋会要辑稿・选举》八之三《亲试》。
③ 《宋会要辑稿・选举》二之一六《进士科》。
④ 《宋会要辑稿・选举》四之二五《贡举杂录》。
⑤ 《宋会要辑稿・选举》二之一八《进士科》。

此言稍杀四川类省试榜首恩数是为了督促四川类省试高第人赴行在参加殿试。李心传则认为,是因为四川类省试榜首何耕《对蜀人才策》为丞相秦桧所怒。李心传《系年要录》卷一五八载:

> 绍兴十八年八月癸巳(八日),权礼部侍郎沈该乞四川类省试合格不赴殿试人,第一等并赐进士出身,余人同出身。从之。
>
> 自行在吴中,蜀士不就廷试,榜首率依第三人推恩。讲和后,稍稍来奉大对。是举类试,策古今蜀人才盛衰之故,而德阳何耕对策,极论蜀士徇道守节,无心于世。引楚相子文三仕三已之说为证。又言:"李固无大雅之明哲,卒蹈于跋扈将军之手,议者固已少之。若相如作《封禅书》,盖孟子所谓逢君之恶;扬子云作《美新》以媚贼,又蜀人所羞道。"有司定为榜首。秦桧见其州里,大恶之,曰:"是敢为张德远为地耶?"会耕以后至,乞推恩。桧批送礼部措置。(沈)该喻其意,即言:"今举有试中高等之人,为见先有已降等第推恩名色,及虑御试却中底甲,往往在路迁延日月,才候试毕,并自陈为病,趁赴不及,显属太优。"桧入熟状,画可。自是遂为故事。

另外,李心传还在《朝野杂记》甲集卷十三《四川类省试榜首恩数隆杀》和乙集卷十五《四川类省试榜首恩数差降事始》中两次重申,杀降四川类省试榜首恩数是由于榜首何耕《对蜀人才策》为丞相秦桧所怒的缘故。周必大《朝请大夫知潼川府何君耕墓志铭》亦云:"方弱冠,类试奏名第一,时绍兴七年也。自行在吴中,蜀士不预廷试,例赐魁进士及第,命官视甲科第三。时秦益公(桧)当国,谕礼部尚书,第一等并赐进士出身,今后准此。入熟画可,遂为故事,盖自公始。"①现在看来,其直接原因应该诚如李心传所言,但长期起作用的原因,恐怕主要在于督促四川类省试高第人赴行在参加殿试。李心传也说:"自是无有不赴御试者。惟上不亲策,则类试第一人恩数如旧,第二、第三人皆附第一甲,九名以上附第二甲云。"②

宁宗时,对四川类省试高第者又稍加优待。庆元五年(1199)六月四日,"诏四川类省试上三名,与依省试上十名例,并授教官差遣"。③

---

① 周必大:《周益国文忠公集》卷三五《朝请大夫知潼川府何君耕墓志铭》。

② 《朝野杂记》甲集卷一三《四川类省试榜首恩数隆杀》。

③ 《宋会要辑稿·选举》五之二二《贡举杂录》。

其二，为四川类省试合格奏名举人赴行在参加殿试创造各种有利条件。

第一，提前四川解试、类省试日期，以便有充裕时间奔赴行在。前文所述类省试日期的变通，目的正在于此。正如嘉定七年(1214)五月二十七日，左谏议大夫郑昭先所说："四川之士去阙廷远，虑其奔趋不逮，其试于乡则以二月，其试于春官则以八月，先期半年，毕此二试。庶可趋赴廷对。"①

第二，延展殿试之期，以待蜀士。如绍兴二十七年二月二十八日，宋高宗曾对宰执说："蜀中举人前此有赴殿试不及者，皆赐同进士出身，恐其间有俊秀能取高第之人，例皆置之下列，甚可惜也。今次若来者尚少，宜相度展日少待。"②左仆射(宰相)沈该奏曰："天时向暄，恐陛下临轩不无少劳。乞一面引试，后有至者，臣等策之，中书定其高下。"高宗不许，说："三年取士，朕岂惮三日之劳耶?"及唱名，四川晋原人阎安中为第二，双流人梁介为第三。高宗连举首对沈该说："如何?"沈该大惭悚。③宁宗开禧北伐，宋金战事又起，四川宣抚副使吴曦(1162—1207)叛变，自立为王，四川大乱。开禧三年(1207)，四川类省试只好延期举行。嘉定元年(1208)，为了等待四川类省试合格奏名举人赴行在殿试，遂将殿试展期至五月。"嗣后即习为故常"。④嘉定十三年(1220)殿试，"缘蜀道多梗，恐赴廷对者来未齐足，所以屡至展日"。迟至五月下旬锁院、引试，"而唱名至六月十五日"。⑤直至度宗咸淳十年(1274)，南宋最后一榜贡举，"殿试拟五月五日，以蜀士至者绝少，展至末旬。又因覆试特奏名至部犹少，展作六月七日。"⑥真可谓"进退迟速，惟彼之听。"⑦

第三，对四川类省试合格奏名举人赴行在殿试者，发给驿券，以解决沿途的食宿问题。《宋会要辑稿·选举》八之四二《亲试杂录》载：

> 绍兴六年十二月十五日，诏川陕进士合预殿试人，发赴行在，仍破五人衙官驿券，经由州县，依条施行。

甚至专门立法，"凡赴廷对，许量带税物随行，以助旅费"。以至于"后来人各一

①⑦ 《宋会要辑稿·选举》八之二四《亲试》。
② 《宋会要辑稿·选举》八之四三《亲试杂录》。
③ 《系年要录》卷一六七，绍兴二十七年三月丙戌。
④ 《宋会要辑稿·选举》八之二六至二七《亲试》。
⑤ 《宋会要辑稿·选举》八之二七至二八《亲试》。
⑥ 《宋史》卷一五六《选举志二》。

舟,货物未足,卒难起离,遂成濡滞”。①

三、四川类省试施行的原因与意义

四川类省试与南宋一朝相终始,前后实行了近一百五十年。南宋长期实行四川类省试的原因何在呢?细加考辨,原因甚多,择其要者,大概有二。其一是,南宋偏安江南,建行都于临安(今杭州),四川距临安不但路途遥远,而且又有山岭江湖之隔,“水陆万里,风波险阻,涉历州县,关津滞留”,②举人不便赴礼部省试。正如绍兴二十七(1157)年五月,权兵部侍郎兼国子祭酒杨椿详定悉罢四川类省试之议时所说:“蜀士多贫,而使之经三峡,冒重湖,狼狈万里,可乎?”③据推算,四川 60 余州府军监,每举正解、免解举人不下 1 700 余人,过省者则不下 100 余人。四川类省试合格举人赴行在殿试,尚有万里行役之弊,多有无法赴殿试或赴殿试不及者;若让四川得解举人尽赴礼部省试,劳累往返,其困难重重,可想而知。因此,宋室“南渡以来,笃念蜀士道(理)[里]阻修,分类省于成都,预试以便其入对”。④

其二是,南宋先后与金、蒙古对峙于淮河至大散关一线,四川、陕西在政治上、经济上、军事上都具有十分重要的战略地位。四川类省试乃是笼络士人、经营川陕的重要手段。绍兴二年(1132)四月,中书舍人胡安国(1074—1138)上《时政论》曰:“朝廷近弃湖北远留川陕者,固谓秦甲可以强兵,蜀货可以富国,取其资力以自助也。”⑤嘉定十五年(1222)三月,监察御史方猷言:“西蜀之地,祖宗视为殿之西角。”⑥南宋人林駉也说:“自古立国于东南,其攻守之势有三:曰淮甸,曰陇蜀,曰荆襄。”⑦事实正是如此。四川人丁兴旺,南宋时期,“四川户数则占南宋总户数的百分之二十以上”。经济发达,“南宋时期,东南军粮共 300 万石,四川负担川陕驻军军粮即达 150 万石,占了全国军粮总数 450 万石的三分之一,是南宋全国军粮最主要的供应地”。形势险要,在南宋与金、蒙古长达一百多年的对峙战争中,“四川是两淮、荆襄、川陕四防区之一,宋廷依靠四川的人力物力财力,部

---

① 《宋会要辑稿・选举》八之二八《亲试》。
② 《宋会要辑稿・选举》八之二七《亲试》。
③ 《系年要录》卷一七七,绍兴二十七年五月乙亥。
④ 《宋会要辑稿・选举》八之二六《亲试》。
⑤ 《历代名臣奏议》卷四七,胡安国《时政论》。
⑥ 《宋会要辑稿・选举》一六之三六《发解》。
⑦ 《古今源流至论》续集卷一《形势》。

分地抵挡住了金、蒙的南下”，成为南宋得以偏安的重要支柱。[①]既然如此，为了选拔人才，笼络川陕士人，必须对四川贡举实行特殊政策。因为，这对于经营川陕、维护南宋王朝的统治是至关重要的。其实行类省试，并一再调整四川类省试的时间、优予类省额、即家赐第、为其赴行在参加殿试创造种种条件等等，其用意均在于此。

四川类省试也的确发挥了相当大的积极作用。其一，通过类省试，在川陕地区选拔了大批人材，笼络了士人之心，对维护南宋在川陕以至全国的统治，以及抵御金和蒙古的侵略起了重要作用。据《宋会要辑稿》、《建炎以来系年要录》及《皇宋十朝纲要》、《文献通考》等史书统计，南宋高宗一朝共开科场 11 次，取正奏名进士 4 537 人，其中四川类省试奏名者为 1 378 人，竟占总人数的 30%。（参见附表）另据前引李心传所说“用东叔之议（即由以十六人取一名改为以十五人取一名），则类试每举当增省额七八人”推算，孝、光、宁诸朝每举四川类省试取士亦当在 110 人左右。这样，南宋一朝，四川类省试正奏名进士当为 5 560 人左右，约占南宋正奏名进士总数的 24%。可见四川类省试取士之多！李焘《贡院记》云：“乘舆巡狩吴越，士生西南，尤惮涉险，得与计偕，亦迟迟其行。天子委曲加惠，故即以古泽宫泽士夫典就付西南统帅，既择乃趋行在所策试，遂官爵之。”[②]假如没有类省试，四川不可能选拔出如此众多的人才。在这些通过四川类省试及第的众多进士中，有大量的政治家、思想家，如官至端明殿学士、同签书枢密院事的魏了翁，官至资政殿学士、权礼部尚书的牟子才（？—1265）等。魏了翁说：“予以贫贱，未免有科举之累，然亦耻于揣摩剽袭之文，始举于乡，故吏部郎赵公大全取之于类省试。”[③]还有不少奋起抗击蒙古军入侵，英勇保卫川陕，最后壮烈而死的忠义之士。据《宋史·忠义传》记载，就有杨震仲、高稼、曹友闻、贾子坤、邓得遇、司马梦求、张山翁、黄申、蹇彝、王翊、赵孟坚、邓若水等十余人。这些忠义之士均为通过四川类省试合格奏名的进士。其他建功立业、载入史册的四川类省试进士，也不乏其人。

其二，四川类省试也促进了川陕地区的教育、出版、学术等文化事业的发展，进而推动了经济的发展。南宋时期，四川的学校继续得到发展。造纸及印刷业也很发达，如绍兴十四年（1144）眉山漕司刻印的《宋书》、《魏书》、《梁书》、《南齐

---

① 参见贾大泉：《宋朝四川经济述论》—《宋朝四川的经济地位》。

② 李焘：《贡院记》，《成都文类》卷四六。

③ 魏了翁：《鹤山大全集》卷六三《跋类省试策卷后》。

书》、《北齐书》、《周书》、《陈书》，被称之为“眉山七史”（或曰“宋蜀刻七史”），在版本学上享有盛名。[①]四川史学家之多，冠绝两宋。除编撰《续资治通鉴长编》的李焘和编撰《建炎以来系年要录》的李心传两位著名的史学大家之外，还有编撰《东都事略》的王称、编撰《太平治迹统类》的彭百川、编撰《宋朝事实》的李攸、编撰《皇宋十朝纲要》的李埴等人，其著作的总量超过了整个宋代史学著作的一半。在教育方面，除了众多的官学、私学之外，其书院就达 31 所之多。[②]南宋时期，川陕地区战争频仍，其经济、文化还能够有相当的繁荣和发展，与类省试制度的实行是有关系的。

当然，应该看到四川类省试也有不少消极的作用。如朝廷敕差几名监试、考试之官，难以防止请托等弊。当时权礼部侍郎兼侍讲孙耕就指出：“御史监试，事体固重，然所关防，不过试闱中传义、代名等弊，其有前期投举业、问题目、以秘语为契念，则无迹可寻，必令赴礼部乃为允也。”[③]事实也基本如此。如嘉定八年(1215)九月二十八日，殿中侍御史黄序上言：“世变愈下，奸弊愈滋，四蜀为甚。盖蜀号多士，邈在一方，为主司者，不胜其弊。嗜利者卖号于多货之室，嗜进者纳号于势要之门。分卷不至本房，则宛转旁搜于比邻。已黜之文，或出他房，则回护揩改其批凿。或差在所事上官之乡，或差在同官所居之郡，皆得以行其私，岂不负国求贤之意？臣尝采蜀中舆论，则四路漕试、诸州解试、四川类省试，皆有私取之弊，而廷对之士，则有行役之弊。”其论四川类省试之弊云：“四川之类省试，朝家幸惠遐方之士，别院之设，所以待举子之有妨嫌者也。凡有亲嫌，宜试别院。今闻帘外官亲戚则以有妨嫌而送入别院，帘内官亲戚反为无嫌而标作避房。前后以私中选者，非帘内官之亲则其馆客，皆以避房待之。虽杂以他卷，然卷数既少，尤易辨认。又如蜀士中类试前名，及居廷试鼎甲，适当见任，度其必预考校，莫不先有所祷。累举物论不平，此类省试之弊也。”[④]此只是四川类省试弊病之一端，其他有些弊病在本章前面已经提到，不再赘述。

但是，权衡利弊得失，四川类省试的积极作用在很大程度上要大于消极作用。它的长期实行，是有其道理的，并且为后人提供了许多经验教训，有待我们去研究、总结和吸收。

---

① 参见贾大泉：《宋朝四川经济述论》九《造纸印刷陶瓷和矿冶造船》。

② 参见何忠礼：《南宋史稿》第十二章《文化的普及与发展》，杭州大学出版社 1999 年版。

③ 《系年要录》卷一八一，绍兴二十九年三月丙辰朔。

④ 《宋会要辑稿・选举》六之二四至二六《贡举杂录》。

附表：南宋高宗朝四川类省试登科表

年　代	榜　首	正奏名人数（赴殿试＋不赴者）	全国登科总数	四川所占比例
建炎二年(1128)	李　棠	99(0＋99)	554	18%
绍兴元年(1131)	杨希仲	133(0＋133)	392	34%
绍兴四年(1134)		137(0＋137)	357	38%
绍兴七年(1137)	黄　贡	102＊(0＋102)	395	26%
绍兴十一年(1141)	史尧俊	144(0＋144)	398	36%
绍兴十四年(1144)	任　渊	109(36＋73)	374	29%
绍兴十七年(1147)	何　耕	98(75＋23)	353	28%
绍兴二十年(1150)	张　震	142(124＋18)	422	34%
绍兴二十三年(1153)		138(75＋63)	419	33%
绍兴二十六年(1156)		148(129＋19)	445	33%
绍兴二十九年(1159)		128(112＋16)	428	30%
		1 378(551＋827)	4 537	30%

＊此数系据《文献通考》、《系年要录》、《宋史》等推算得来。

第六章　宋朝贡举殿试制度

殿试是皇帝亲自主持的对省试合格奏名举人的覆试，又称“御试”、“亲试”、“廷试”等，是贡举三级考试中最高、最后一级考试。赵昇《朝野类要》卷二《殿试》条云：“本朝例就崇政殿锁试，考试策一道，毕日唱名。”殿试制度的创立，不仅是宋朝，而且是整个中国科举制度史上的一件大事。它在当时及对后代，都有着广泛而深远的影响。对于宋朝的殿试制度，中外学者多有论述。[①]现不揣冒昧，拟在前人研究的基础上，试作进一步的探讨。宋朝殿试，自太祖开宝六年(973)于讲武殿覆试进士以来，中经太宗、真宗继统创制，至仁宗时基本形成了一套比较完备的制度。其制度甚详，难以尽述，今仅将殿试制度的创建与确立、考试机构与考官、考试时间与场所、唱名赐第、殿试不黜落等简述如下，以期勾勒出一个大概的轮廓。至于殿试的考试方法与考试内容，我们将在《宋朝贡举考场规则》、《宋朝贡举考试内容》、《宋朝贡举试卷考校制度》等章节中，与解试、省试的考试方法与考试内容一起加以专门论述。

第一节　殿试制度的创建与确立

殿试制度究竟创立于何时？历来颇有争议。《长编》卷十四载：

---

① 荒木敏一：《宋朝科举制度研究》，京都同朋舍1969年版；金中枢：《北宋科举制度研究再续——进士诸科之殿试试法(上)》，《成功大学历史学报》第七期，1980年；同上文(中)，同上刊第九期，1982年；穆朝庆：《论宋朝的殿试制度》，《许昌师专学报》1984年第1期；何忠礼：《宋朝殿试制度述略》，《中国史研究》1988年第1期；拙作《宋代殿试制度述论》，《北京大学学报》(哲学社会科学版)1992年第2期；祝尚书：《宋代科举与文学》第八章《宋代科举的殿试》，中华书局2008年版；何忠礼：《南宋科举制度史》第四章《南宋的殿试》，人民出版社2009年版。

开宝六年三月辛酉(七日),新及第进士雍丘宋准等十人、诸科二十八人诣讲武殿谢。上以进士武济川、三传刘浚材质最陋,应对失次,黜去之。济川,翰林学士李昉乡人也。昉时权知贡举,上颇不悦。

会进士徐士廉等击登闻鼓,诉昉用情,取舍非当。上以问翰林学士卢多逊,多逊曰:"颇亦闻之。"上乃令贡院籍终场下第者姓名,得三百六十人。癸酉(十九日),皆召见,择其一百九十五人,并准以下及士廉等,各赐纸札别试诗赋,命殿中侍御史李莹、左司员外郎侯陟等为考官。

乙亥(二十一日),上御讲武殿亲阅之,得进士二十六人,士廉预焉;五经四人,开元礼七人,三礼三十八人,三传二十六人,三史三人,学究十八人,明法五人,皆赐及第。……自兹殿试遂为常式。

据此,殿试制度创立于宋太祖开宝六年(973)。然而,杜佑《通典》卷十五云:"武太后载初元年(689)二月,策问贡人于洛城殿,数日方了。殿前试人自此始。"《唐会要》卷七六、《册府元龟》卷六三九均作了类似记载。于是,不少人将武则天的"殿前试人"等同于宋朝的殿试,认为殿试制度始于武后。如富弼(1004—1083)在庆历二年(1042)二月的奏疏中说:"殿试非古,始于唐武后之初年尔。"①后来,胡寅(1098—1156)附和其说,也认为:殿试之事"始自僭窃乱淫之武后"。②司马光《资治通鉴》卷二〇四亦载:"则天后天授元年(690)二月辛酉,太后策贡士于洛城殿。贡士殿试自此始。"此后,南宋潘自牧《记纂渊海》卷三七、明冯梦祯《历代贡举志》及董其昌《学科考略》等皆因袭此说。

其实,殿试制度始于武后之说是不能成立的。首先,武后"殿前试人"并非贡举三级考试中的殿试,而实际上仍然是省试。正如马端临在《文献通考》卷三〇《选举考三》及卷二九《选举考二》的按语中所反复指出的那样:"殿前试士始于唐武后。然唐制以考功郎中任取士之责,后不过下行其事,以取士誉,非于考功已试之后再试之也。""武后所试诸路贡士,盖如世之省试,非省试之外再有殿试也。唐自开元以前,试士未属礼部,以考功员外郎主之。武后自诡文墨,故于殿陛间下行员外郎之事。"其次,唐代"策问贡人于洛城殿"仅武则天这一次,只是偶尔为之,并未形成制度。

所以,作为贡举三级考试最高一级的殿试,应该说始于宋太祖开宝六年

① 《宋会要辑稿·选举》三之二二《贡举杂录》。

② 《文献通考》卷二九《选举考二》。

(973)。大多数宋朝学者也是这样认为的。如《宋会要辑稿·选举》七之一《亲试》在记载开宝六年宋太祖御讲武殿覆试新及第进士宋准等一事之后,注云:“御试举人自兹始也。”唐宋八大家之一的曾巩(1019—1083)在《本朝政要策·贡举》中说:“开宝六年,又召宋准等覆试于讲武殿。殿试自此始也。”庞元英《文昌杂录》卷四、王应麟(1223—1296)《玉海》卷一一六等均持此说。其持殿试始于武后之说者,或者是对殿试怀有成见,而上挂于武后,如富弼、胡寅;或者是对殿试制度未加深究,而将武后的“殿前试人”与宋朝的殿试混为一谈了。

需要说明的是,开宝六年殿试与省试尚未完全区分开来,是榜进士,“始昉等所取十一人,重试共取二十六人。然于昉等所取十一人内只黜武济川一人,余十人则高下一依元次。而续取到一十六人,不过附名在此十人之后,共为一榜”。[①]自开宝八年起,殿试与省试始完全分开,“自是御试与省试名次,始有升降之别”。[②]而开宝五年“上召对讲武殿始下诏放榜”的新制,[③]则是殿试的前奏。

那么,宋太祖为什么要创立殿试制度呢?开宝六年三月二十一日,宋太祖在《赐宋准等及第诏》中说:

> 国家悬科取士,校艺求人,有司虽务于搜罗,积岁不无其漏落,所以亲临考试,精辨否臧。或悯其年深,或允其才进,俾咸登于上第,谅克叶于至公。其进士宋准等百二十七人并赐及第、出身。[④]

开宝八年二月二十五日,他又在第二次殿试时说:

> 向者登科名级,多为势家所取,致塞孤寒之路,甚无谓也。今联躬亲临试,以可否进退,尽革畴昔之弊矣。[⑤]

由此看来,宋太祖创立殿试制度,似乎只是为了精辨否臧,克叶至公,防止势家垄断科举,致塞孤寒之路。诚然,这无疑是宋太祖创立殿试制度的重要原因之一。因为开宝六年的殿试,就是由下第举人徐士廉等击登闻鼓,诉权知贡举李昉用

---

① 《文献通考》卷三〇《选举考三》。
② 《宋史》卷一五五《选举志一》。
③ 《长编》卷一三,开宝五年闰二月壬辰。
④ 《宋会要辑稿·选举》七之一《亲试》。
⑤ 《长编》卷一六,开宝八年二月戊辰。

情、取舍非当而引起的。但是，其主要用意并不在于此，只是在诏书中不便于明说罢了。

柳开（947—1000）《与郑景宗书》云：

> 太祖皇帝开宝六年，命今仆射李公考试贡举人，取士有不能尽。……进士徐士廉……伏阙下，求见太祖。太祖夕召与之见，士廉即具道贡举人事，请太祖廷试之，曰："方今中外兵百万，提强黜弱，日决自上，前出无敢悖者。惟岁取儒为吏，官下百数，常常赘戾，以其授于人而不自决致也。为天下国家，止文与武二柄取士耳，无为其下鬻恩也。"太祖即命礼部所中、不中贡举人，到于殿廷试之，得百有二十七人，赐登高第，开幸在其数。……
>
> 唐高祖、太宗用文取士，止于委在有司，……非如夫太祖纳人一言，变古易式，取由朕、弃由朕也。今上恢阐其道，广穷俊能，海外区中，良才硕士，皆自我得；材智取异，名位取大，傍睨下视，尹夔旦奭，逐逐如儿子辈，即何止于百千万祀，定其享天下乎！贤贤世世，齐天地而为久耳。①

柳开本人亦开宝六年赐进士第，他书信中的话应该是可信的。北宋许多学者也都有类似的看法。如张方平（1007—1091）在《梁固墓志铭》中说："初，艺祖（按：指宋太祖）深讲治要，总揽权纲，以谓取士官材，为国基本，乃人主之柄，非下所宜专，始御便殿，亲阅春官所奏名士。至太宗遂以为常。"②刘敞（1019—1068）所上《礼部贡院定夺郑荀起请科场未便事件》也说："取士之制，古今不同。非务相反，事有所因也。祖宗收揽威权，兼听天下，鉴唐之弊，亲程多士。四圣相继，以为定法，固非群臣所当辄议。"③由此可知，宋太祖创立殿试制度，主要是鉴唐之弊，收揽威权，在收兵权之后，把取士大权也收归自已亲自掌握，变"恩归有司"为"恩由主上"，防止知举官与及第举人结为朋党，以巩固和加强赵宋王朝的君主专制主义中央集权的统治。

殿试制度创立之后，受到广大举人的拥护，当然也遭到某些权臣的反对。太宗雍熙四年（987 年）十二月一日，因"宰相（按：指李昉）屡请以春官之职归于有司"，乃诏："自今岁命春官知贡举，如唐室故事。"④端拱元年（988）三月二

---

① 柳开：《河东集》卷八《与郑景宗书》。

② 张方平：《乐全集》卷三九《梁固墓志铭》。

③ 刘敞：《公是集》卷三三《礼部贡院定夺郑荀起请科场未便事件》。

④ 《长编》卷二八，雍熙四年十二月庚寅朔。

十三日，翰林学士宋白(936—1012)权知贡举，“准敕放进士并诸科举人程宿等一百二十九人”。[①]其中进士 28 人，诸科 101 人。“榜既出，而谤议蜂起，或击登闻鼓求别试。”[②]宋太祖遂于闰五月、六月两次召下第举人殿试，复取进士、诸科 842 人，竟是初次所取进士、诸科的 6.5 倍！端拱二年，“翰林学士、知贡举苏易简(958—997)等固请御试”，于是又恢复了殿试。[③]

仁宗景祐元年(1034)二月乙未(四日)，知制诰李淑上《时政十议》，其六《议贡举》曰：

> 开宝以前，每岁进士不过三十人，经学不过五十人。自克复伪国，吏员益众，始以廷试广收士子。太宗委之春官，自咸平后，乃复廷试。则是以天子之尊，而亲春官之职。且取人太广，又一日之艺，未极所长；数日考覆，难尽其当。愿陛下约今岁吏部阙官之数，为来年入等之准，先委贡院考试，然后委文学近臣三两人覆阅可否，陛下与执政之臣启封阅名，旁采声实，第以科级。如此，则天下之士可得实才矣。[④]

这也就是说，要用文学近臣的“覆阅”取代皇帝亲临的殿试。

李淑的建议并未被采纳。这大概由于他废罢殿试的理由根本不能成立。第一，关于“太宗委之春官，自咸平以后，乃复廷试”云云，并不符合历史事实。太宗一朝，仅端拱元年第一次放榜时不殿试，且并非是成功的事例，而是失败的典型。如前所述，因谤议蜂起，不得不再试、三试，再后两次考试，都是经太宗御殿亲试的。另外，殿试是对省试合格奏名举人的覆试，并非像武则天那样代行省试知举官之职。第二，关于“一日之艺，未极所长；数日考复，难尽其当”云云虽有一定道理，但也不必非罢殿试不可。仁宗遂即下诏：“自今初考、覆考、详定，以十日为限。”这也就解决了“考官日迫，多不精审”的问题。[⑤]

八年之后，即庆历二年(1042)二月五日，知制诰富弼再次建言废罢殿试，上奏曰：

> 臣欲乞自今岁以后，只令南省放榜，必恐恩归省司，则请如天圣二年，令

---

① 《太宗实录》卷四四，端拱元年三月己卯。

② 《长编》卷二九，端拱元年闰五月壬寅。

③ 《长编》卷三〇，端拱二年三月壬寅。

④⑤ 《长编》卷一一四，景祐元年二月乙未。

南宫考定高下，以混榜引于殿庭，依次唱名赐第，则与殿试同矣！

其理由之一是：

> 省试有三长，殿试有三短。南省主文者四五人，皆两制宗匠，又选馆阁有辞学者数人，以助主文考校，复有监守、巡察、糊名、誊录，上下相警，不能容毫厘之私，此一长也。又一日试诗赋，一日试论，一日试策；诗赋可以见辞艺，策论可以见才识，四方之士得以尽其所蕴，此二长也。又贡院凡两月余，日研磨差次，必俟穷功悉力，然后榜出，此三长也。可谓至公至精矣！以此姓名高下遂放及第，辞艺才识高者得高科，下者得下等。高科者待以好爵，下等者归于常调。朝廷既不失其实，举人又各足其志矣。洎至殿试，号为亲临，然所差考校之官，多不精慎，此一短也。又只试诗赋与论，并在一日，不能尽人之才，此二短也。又考校不过十日，不暇研磨差次，忽忽而定，此三短也。向之省试至公至精也，乃混淆而不复见。今舍其所长、用其所短者，或云“省试放榜则恩归有司，殿试放榜则恩由主上”。是尽弃取士之实，而沽此虚名也。普天率土，岂有恩不出天子者耶？

富弼所言，看起来似乎头头是道，振振有词，其实不过是重弹八年前李淑的老调而略有发挥罢了。稍加分析，就不难发现，其省试三长、殿试三短之说是似是而非的。其一，关于考校之官，殿试之初、覆考及详定官，亦皆“两制宗匠”及“馆阁有辞学者”，亦有编排、封弥、誊录等官，同样“不能容毫厘之私”，何短之有？其二，关于考试内容与时间，当时省试虽较殿试多试帖经、墨义各十条及策三道，但省试以诗赋定去取，以策论定高下，殿试以诗赋论三题，二者也无所谓短长。其三，关于考校时间，省试考校时间虽是殿试的六倍，但其应试人数则是殿试的五倍，加之省试三场每人为三卷，殿试一场每人为一卷，那么省试考卷总数则为殿试的十五倍。既然如此，怎么能说殿试“不暇研磨差次”呢？刘敞后来也说过：“若以南宫考校日多为精，崇政考校日少为粗，此又不然。南宫虽累旬，然所考不下数千人，崇政虽浃日，然所考不上数百人，相去有十一之较，诚未见其淹速精粗之弊也。”[①]由以上可见，实行殿试制度并不能说是“舍其所长，用其所短”，当然也就不能说是“尽弃取士之实，而沽此虚名”了。

---

① 刘敞：《公是集》卷三三《礼部贡院定夺郑荀起请科场未便事件》。

其理由之二是：

> 况殿试非古，始于唐武后之初年尔，此安足为后世法！

且不说不应该对武后之制存在偏见，而且前已辨明，殿试始于宋太祖开宝六年(973)，而并非始于武后初年。所以这一条根本不能成其为理由。

其理由之三是：

> 往时无糊名、誊录之制，主文可以专取舍，遂有殿试，以防主文。今无以容其私，殿试复何为哉？

前面也已说明，宋太祖创立殿试制度，主要目的并非为了防弊，而是为了把取士大权收归自己亲自掌握，变“恩归有司”为“恩由主上”，怎么能说省试实行糊名、誊录之后，殿试就没有必要了呢？

大概由于富弼的建言貌似有理，颇能惑主，仁宗遂于二月七日，下诏罢殿试。其诏曰：

> 国家申命迩臣，往司贡部，关防之制，已极于至公，优劣之殊，或经于审定，矧责成之素重，固练实以无差。宜服故常，庶臻精要，俟辨等之来上，即延对以赐科，用洽茂恩，著为彝式。

九日，又诏：“近已依富弼上言，更不临轩亲试。今已锁院，令贡院且依旧例奏名殿试，仍解二分人数。将来科场，另奏取旨。”①

《长编》卷一三五载：“翰林学士王尧臣(1003—1058)、同修起居注梁适(1000—1069)皆以为祖宗故事，不可遽废。越三日，诏复殿试如旧。”②《文献通考》卷三一《选举考四》亦云：“议者多言其轻上恩，隳故事。旋复殿试如旧。”仁宗二月七日，依富弼上言，诏罢殿试，只过了三天，又于二月九日即“诏复殿试如旧”了。

王栐《燕翼诒谋录》卷四云：

---

① 以上均见《宋会要辑稿·选举》三之二二至二三《贡举杂录》。

② 《长编》卷一三五，庆历二年二月辛巳。

> 庆历二年，(富)弼乞罢殿试，止令尚书礼部奏名，次第唱名。盖以廷试惟用诗赋，士子多侥幸故也。王尧臣、梁适皆状元及第，以为讥己。正月(按：应为二月)辛巳(七日)，方从弼之请，癸未(九日)，遽从尧臣、适之请，复旧制。

富弼不善诗赋，由布衣应制举茂材异等科试策论中第起家，王尧臣、梁适皆状元及第，彼此对殿试制度在感情上自然会有不同。但是，殿试的废复，恐怕主要不是出于富弼与王尧臣、梁适的个人意气，而是“恩归有司”抑或“恩由主上”的问题。罢殿试，必然削弱皇帝取士的威权，“轻上恩”。正因为如此，从庆历二年起，殿试成为定制，三级考试制度最终确立。虽然后来又有人建议仅“御前放榜”而罢殿试，但是直至南宋末，相沿不改。

第二节　殿试的考试机构与考官

一、殿试的考试机构

掌管省试的考试机构是礼部贡院，而掌管殿试的考试机构却是看来与贡举无关的内侍机构——入内内侍省的御药院。《宋会要辑稿·职官》一九之一三载：

> 御药院，在崇政殿后，至道三年(997)置。大中祥符八年(1015)，移于崇政殿门外东华门南。宝元二年(1039)九月，复移于后东庑。皆按局秘方合和御药，专奉禁中之用，及别供御膳。若御试举人，别(长)[掌]颁示考官等条贯，监弥(政)[封]之事。初以入内内侍三人勾当，(政)[后]参用士人。天圣中又置上御药及上御药供奉，多至九人，后皆罢之，今止以入内供奉四人通领，有药童十二人。

《宋会要辑稿·职官》一九之一四《御药院》载：

> 《神宗正史·职官志》：御药院勾当官四人，以入内内侍充，掌制药以进御，又供禁中之用，凡药尝而后进。有奏方书，则集国医按验以闻。馈进膳

差、祭祀、朝会、燕享、行幸，则扶侍左右。廷试进士，则主行其禁令，封印卷首而给纳之。岁时酌献陵园、春夏颁中外药，及元日、生辰致契丹国礼币，则前期为之办具，宫省庆赐亦如之。凡五年进一官，分案三，设吏八。

御药院所分三案为生熟药案、杂事案、开拆司。差取排办御试举人诸事，即归杂事案掌管。宋朝史书中有不少关于御药院掌管殿试的记载，归纳起来，其职责大概有以下几个方面。

一是传达皇帝圣旨，颁行贡举条制。如《赵清献公(抃)充御试官日记》载："[嘉祐六年(1061)二月]二十七日，晴。……御药院公文二道，传宣精加考校。"①即是御药院传达仁宗让御试考官"精加考校"的圣旨。又如《宋会要辑稿·职官》一九之一四《御药院》载："熙宁三年(1070)三月五日，诏中书门下令别定御试举人封弥式样送御药院，仍仰本院誊录两本，分送初、覆考官。"则是颁行贡举条制。

二是上达天听，请示报告。《宋会要辑稿·选举》八之三三《贡举杂录》载："景祐四年(1037)三月七日，御药院言：'内降丁度奏《贡举条制》，御试举人就集英殿考校，位次、关防事件并须改易。'诏仍旧崇政殿试。"就是御药院向仁宗请示是否要将殿试场所由崇政殿改为集英殿，仁宗下诏仍旧在崇政殿举行殿试。又如《赵清献公(抃)充御试官日记》载："[嘉祐六年(1061)三月]九日，清明，雨。……御药院关奏圣旨看详定夺：鞆、貜、觬、觓、虭五号等第。"即是奏请仁宗定夺五个号码试卷的等第。再如《系年要录》卷一七载：

建炎二年(1128)九月庚寅(九日)，上御集英殿，赐诸路类省试正奏名进士李易等四百五十一人及第、出身、同出身。……故事，殿试上十名，例先纳卷子御前定高下。及是，御药院以例奏，上不许，曰："取士当务至公，既有初、覆考、详定官，岂宜以朕一人之意，更自升降？自今勿先进卷子。"

殿试上十名的卷子也是由御药院奏进的。

三是经办殿试的有关事务。如《宋会要辑稿·选举》八之三二《亲试杂录》载："景祐元年(1034)三月十六日，诏御试进士三题，据出处、义理，令御药院随题目雕印，至日各赐一纸，更不令解元上请。"可知，殿试赋诗论三题试卷的题目是

① 刘昌诗：《芦浦笔记》卷五《赵清献公充御试官日记》。

由御药院雕印的。又如《宋会要辑稿·职官》一九之一四《御药院》载："熙宁三年(1070)正月二十八日，诏将来于集英殿御试举人，[①]其臣僚及考校并诸司幕次，依今来御药院图子内相度贴定去处，应合行事件，令御药院检举施行。"殿试考官及封弥所、誊录所等诸司的幕次，是由御药院制图安排的。

四是参与对照省试合格奏名举人试卷的笔迹，审查过省举人参加殿试的资格。如《文献通考》卷三二《选举考五》载："开禧二年(1206)，诏诸道运司、州府军监，凡发解举人合格试卷姓名，类申礼部。候省试中，牒发御史台，同礼部长贰参对字画，关御药院内侍照应廷试。字画不同者，别榜驳放。"字画不同，即取消参加殿试的资格。

御药院掌管上传下达、颁行殿试条制、监管封弥、安排考场等事务，权力甚大，当然也就可以从中作弊。《宋会要辑稿·选举》一三之八《特奏名》载："嘉定十年(1217)五月四日，臣僚言：'比年以来，赴特奏名试者，其间有富室大家，他日未尝学问，临时专事经营，与书铺人等议定价值，计嘱御药院等处，通同作弊。试后，各写所有举主二员。特奏名补授，有举主三员，可权差破格岳庙一次。'"特奏名可以通过书铺人与御药院通同作弊，恐怕正奏名也就可以与御药院通同作弊。

二、殿试的考官

殿试系皇帝亲试，其主考官名义上由皇帝担任。实际上，皇帝也往往参与殿试的许多事务，如选定试题、临轩策士、视察督促试卷考校、审定状元等上十名的名次，以及临轩唱名赐第等。但考校试卷等具体事务，则临时选派其他官员办理。

太祖朝殿试仅有考官数人，亦无明确分工。如"开宝六年(973)三月十九日，帝御讲武殿覆试新及第进士宋准并下第进士徐士廉、终场下第诸科等，内出《未明求衣赋》、《悬爵待士诗》，召殿中侍御史李莹、右司员外郎侯陟、国子监丞郝益为考官。得进士宋准已下二十六人，诸科五经已下一百一人。"[②]殿试本来事出仓促，其考官大概也是仓促派遣。次年殿试，史书也未见关于殿试考官的记载。

太宗继位，大开贡举，太平兴国二年(977)正月戊辰(七日)，"御讲武殿，内出诗赋题覆试进士，赋韵平侧相间依次用。命翰林学士李昉、扈蒙定其优劣为三等，得河南吕蒙正以下一百九人。"[③]以两位翰林学士为殿试官，表示对殿试的重

---

① 集英殿，《宋会要辑稿·选举》八之三四作"崇政殿"。

② 《宋会要辑稿·选举》七之一《亲试》。

③ 《长编》卷一八，太平兴国二年正月戊辰。

视。此后，太宗朝又举行了七次殿试，仅《长编》卷二九记载："端拱元年(988)六月，上既擢马国祥等，犹恐遗材，复命右正言王世则等召下第进士及诸科于武成王庙重试，得合格数百人。"其他殿试考官均未见记载。太宗八开贡举，省试权知贡举、权同知贡举均有记载，惟独殿试考官绝大多数阙如，可见其对殿试考官并不重视。

真宗朝，咸平元年(998)、二年，谅阴不殿试，咸平三年，首次殿试，即十分重视殿试考官。《宋会要辑稿·选举》七之五至六《亲试》载：

> 咸平三年三月十七日，帝御崇政殿试礼部奏名进士，内出《观人文以化成天下赋》、《崇德报功诗》、《为政宽猛先后论》题。得陈尧咨已下三百六十五人，(等)[第]为六等，并赐及第、出身、同学究出身。
>
> 时命翰林学士承旨宋白，侍读学士夏侯峤、吕文仲，工部尚书张宏，给事[中]董俨，右谏议大夫李若拙，知制诰梁周翰、师颃、朱昂，知杂御史冯拯为[覆]考官，列于殿之东阁。又命直昭文馆安德裕、句中正，直史馆姚铉、孙何、曾致尧，秘阁校理舒雅，诸王府翊善张蔚、杨澈、郭成范，三司判官施护为考官，列于殿之西阁。又命国子监博士雷说、著作佐郎梅询于殿后封印卷首。始命德裕等考讫，次命白等覆之，然后取入等者，帝亲览之，赐第一、二、三等及第，四等出身，五等同"三传"、学究出身。

殿试考官增至22人，而且有明确分工，既有初考10人，又有覆考10人，还有封印卷首2人。考官的级别也甚高，既有翰林学士承旨等馆阁学士，又有尚书、给事中、知制诰、知杂御史等。

大中祥符元年(1008)殿试考官中又增加了详定等第官。《宋会要辑稿·选举》七之一〇《亲试》载：

> 大中祥符元年四月十二日，帝御崇政殿，试礼部奏名进士。内出《清明象天赋》、《明证定保诗》、《盛德大业论》题。……命翰林学士李宗谔等八人为考官，直史馆张复等八人为覆考官，侍御史周师望、秘阁校理慎镛糊名，给事中张秉、知制诰周起详定等第。帝遍至幄次，谕宗谔等各务精详，勿遗贤俊。

既有考官、覆考官，又有详定等第官，使殿试的主要考官趋于完备。

大中祥符二年，增编排试卷官2人。《宋会要辑稿·选举》七之一一《亲试》载：

> 大中祥符二年六月二十七日，帝御崇政殿，试服勤词学、经明行修举人。……前试一日，命职方员外郎、判国子监孙奭、直史馆刘锴同定诸科义目。又命翰林学士晁迥等十人为考官，设次于崇政殿后庑；直史馆查道等十一人为覆考官，设于景福殿西庑；龙图阁待制戚纶等二人，编排试卷；直史馆王希逸等二人，封弥卷首，于《玉篇》中取字为号，乃录本考校。

封弥卷首兼录本考校。

天禧三年(1019)，增参详官2人。《宋会要辑稿·选举》七之一三《亲试》载：

> 天禧三年三月九日，帝御崇政殿，试礼部奏名进士……命翰林学士承旨晁迥，学士盛度，龙图阁直学士陈尧咨，谏议大夫朱巽、张士逊、王随，知制诰宋绶、张师德，直史馆张复，直集贤院祖士衡为考官；直史馆崔遵度，兵部员外郎李若谷，都官员外郎张谷，屯田员外郎上(言秘)[官佖]、郑立，直史馆麻温舒，右正言刘烨，太常博士郭弁，太常丞富言，著作郎张昞为覆考官；知制诰晏殊、起居舍人吕夷简为参详官；太常博士阎梦松、萧贺为封弥官；直史馆陈尧佐、右正言陈执中为编排官。

计有考官10人，覆考官10人，参详官2人，封弥官2人，编排官2人。首次将“详定等第”称为“参详官”。

景祐五年(即宝元元年，1038)，别置点检官三五人。《宋会要辑稿·选举》八之三三《亲试杂录》载：

> 景祐五年四月十六日，知制诰李淑言：“昨充崇政殿试详定官，窃见考试条贯，元是贡院编次，颇有未备之处，又缘旋差到官，不悉前后体例，以至元有拘执，频烦圣听。又，初、覆考定等之际，多不照会，相去颇远，详定官既不别定等，只是斟量就一，或未适中。朝廷择士授官，所系至重，欲望下御药院取索应该条贯，于昨来祗奉御试官内委经历编次之人参详，添修条制，或并考官一处考定，别置点检官三五人，令先点检然后考校，亦恐却得精审，所冀立制经久，上副求人之意。”诏可。

至此，殿试考官计有编排官、封弥官、点检官、考官、覆考官、参详官，已经基本完备，直至南宋末，大体相沿不改。据《赵清献公充御试官日记》记载，仁宗嘉祐六年(1059)，殿试考官有编排官3人，初考经学官3人，覆考经学官3人，(经学)详定官2人，封弥官2人，出义官3人，(初考)点检官2人，进士初考官4人，进士覆考官4人，(覆考)点检官2人，(进士)详定官3人，对读官6人。除去编排官、封弥官之外，专门考校诸科的考官共有11人，专门考校进士的考官共有21人，总共有37人。又据《绍兴十八年同年小录》记载，高宗绍兴十八年(1148)殿试考官有初考官3人，覆考官3人，详定官3人，编排官2人，初考点检试卷官1人，覆考点检试卷官1人，添差对读毕充初、覆考官6人，共有19人。据《宝祐四年登科录》记载，理宗宝祐四年(1256)殿试考官有详定官3人，编排官2人，初考官3人，添差初考官3人，覆考官3人，添差覆考官4人，初考检点试卷官1人，覆考检点试卷官1人，对读官5人，封弥官2人，巡铺官2人，共29人。据刘埙《隐居通议》摘抄《咸淳七年同年小录》记载："咸淳七年五月四日，御试集英殿。敕差详定官：中顺大夫、试尚书吏部侍郎兼权吏部尚书兼给事中兼侍读章鉴，朝散大夫、权尚书工部侍郎兼中书舍人兼直学士院兼祭酒、侍读卢钺，奉议郎、守右正言兼侍讲陈伯大。编排官：朝议大夫、新除大府少卿邓益，朝请郎、尚书吏部员外郎、右司陈纬。初考、覆考、点检、对读、封弥、巡铺等官，共二十六员，皆不录。"①总共31人。周必大云："殿试有初考，有覆考，有详定，有编排，其详如此。"②李心传亦云："殿试以馆学、郎官充初、覆考官，以余官一员充点校试卷官，侍从二员充详定官，两省二员充编排官。以上并降敕押入院。"③周必大、李心传所云皆是举其要者。现将殿试考官的设置、职责等情况按照考校试卷的顺序分别简要叙述如下。

编排官：真宗大中祥符二年(1009)初设，一般为2人，有时为3人，以六部侍郎、郎官、馆阁官、台谏官等充任，其职责主要是举人纳卷后，先去掉试卷卷首乡贯状，以字号第之，然后付封弥官；待试卷等第考定之后，再取乡贯状、字号合之，编排其姓名顺序，并试卷一起上报皇帝，以供唱名赐第。

封弥官：殿试封弥(糊名)考校始于太宗淳化三年(978)，其封弥官可能是真宗咸平三年(1000)初设，一般为2人，以国子博士、侍御史、直史馆等充任，其主要职责是举人试卷编排好之后，先将试卷誊录校对，然后付初考点检试卷官(或初考官)点检、考校；待初考官定等讫，再将初考官所定等第封弥之后付覆考点检

① 刘埙：《隐居通议》卷三一《前朝科诏》。
② 周必大：《周益国文忠公集》卷一四一《论解试试官》。
③ 李心传：《朝野杂记》甲集卷十三《国子监解试》。

试卷官(或覆考官)点检、覆考。

对读官:初见于仁宗嘉祐六年(1059)。据《赵清献公充御试官日记》,一般为5—6人,以太学博士、转运司干办公事等充任,其主要职责是负责组织校对举人原卷与誊录试卷无误。有误,即罚。如高宗绍兴十五年(1145)四月三日,“诏太学博士杨邦弼御试进士对读试卷有所脱漏,罚铜十斤”。①

初考点检试卷官:仁宗景祐五年(即宝元元年,1038)初设,一般为1人,以从事郎、文林郎等充任,其主要职责是检查试卷中的杂犯和“不考式”,供初考官参考。

初考官:真宗咸平三年(1000)初设,初称“考官”,一般为3—10人,以馆阁学士、给事中、知制诰、六部侍郎、郎官等充任,其主要职责是初考举人试卷,批定等第。考校不精要受处罚。如神宗熙宁九年(1076)三月二十六日,“诏殿试进士初考官翰林学士陈绎、集贤校理孙洙、王存、崇文院校书练亨甫、范镗、审官东院主簿陆佃各罚铜二十斤;……并坐考校第一甲进士不精也。”②

覆考点检试卷官:仁宗景祐五年(即宝元元年,1038年)初设,一般为1人,以文林郎等充任,其主要职责不详,大概也是检查试卷中的杂犯和“不考式”,供覆考官参考。

覆考官:真宗咸平三年(1000)初设,一般为3—10人,以翰林学士、馆阁官、给事中、知制诰、六部侍郎、郎官等充任,其主要职责是覆考举人试卷,第二次批定等第。考校不精也要受处罚。如“元丰五年(1082)三月戊申(二十七日),御试……覆考官龙图阁直学士安焘、知制诰王存、史馆修撰陈睦、曾巩、集贤校理赵彦若、太学博士张崇……各罚铜三十斤。坐(苏)颂等考黄裳等下,上亲擢为第一,故罚之。”③

详定官:大中祥符元年(1008)初置,一般为2—3人,以翰林学士、馆阁官、给事中、知制诰、六部尚书、侍郎、郎官等充任,其主要职责一般是检阅初考官、覆考官所定等第的异同,或从初考,或从覆考,不别定等第。如初、覆考皆未当,二者相差两等以上,累及五人,可以申明理由,上奏改定等第。考校不精也要受处罚。如“元丰五年三月戊申(二十七日),御试……详定官翰林学士蒲宗孟、宝文阁待制何正臣、集贤校理陆佃各罚铜三十斤。坐(苏)颂等考黄裳等下,上亲擢为第一,故罚之。”④

---

① 《宋会要辑稿·选举》八之四三《亲试杂录》。
② 《宋会要辑稿·选举》八之三五《亲试杂录》。
③④ 《长编》卷三二四,元丰五年三月戊申。

另外,还有巡铺官,北宋前期还有诸科出义官等,不再详述。这些殿试官,"并委中书选择有文学官充",①皆为一时之选。

殿试考官与省试明显不同的是,多了编排官,少了誊录官。大概是殿试编排官承担了封弥官的许多事务,则封弥官有可能兼任誊录官,负责殿试誊录等事务。

第三节 殿试的考试时间与场所

一、殿试的考试时间

北宋贡举,一般是于开科场年的八月举行解试,冬集礼部;第二年正月举行省试,三月举行殿试。南宋高宗、孝宗两朝依然。宁宗嘉定十五年(1222)八月十六日,臣僚言:"窃见国家取士,自太祖开宝六年以三月覆试于讲武殿,累圣相承,廷试率以三月。南渡以来,笃念蜀士道(理)[里]阻修,分类省于成都预试,以便其入对。自绍兴至淳熙,廷试皆不出三月。"据《宋会要辑稿》、《长编》等史书记载,从太祖开宝六年(973)至徽宗宣和六年(1124),整个北宋时期,除了谅阴罢殿试及大中祥符年间(1008—1016)因东封、西祀而举行的殿试之外,共举行了45次正式殿试;其中在三月间举行者为36次,占80%。据《宋会要辑稿》、《建炎以来系年要录》等史书记载,自高宗建炎二年(1128)至孝宗淳熙十四年(1187),即高宗、孝宗两朝,共举行了18次殿试,其中举行于三月间者为14次,占78%。可以说,两宋前11朝220年间,殿试基本上都是在三月间举行的。

淳熙十六年(1189,光宗已即位,未改元)九月,因避春寒,省试延至二月一日引试,殿试乃顺延至四月举行。据《宋会要辑稿》等史书记载,光宗绍熙元年(1190)至宁宗嘉定元年(1208),前后二十年间,共举行了七次殿试,均在四月举行。

嘉定元年(1208),因宋金交战,四川类省试过期,殿试延至五月,后遂以为例。嘉定七年(1214)五月二十七日,左谏议大夫郑昭先就殿试时间建言:"乞下礼部,继自今定就三月或四月择日,断不改易,预行告谕,令四川州军榜示通衢,庶俾士知有定日,不至迟迟,仰副陛下虚己延待之意。"诏从之。②嘉定十年四月二

① 《宋会要辑稿·选举》八之三二《亲试杂录》。
② 《宋会要辑稿·选举》八之二三至二四《亲试杂录》。

十二日殿试，而嘉定十三年又延至五月二十七日。宁宗嘉定十五年(1222)臣僚又连续上奏，建言殿试不要延期。《宋会要辑稿·选举》八之二六至二七《亲试杂录》载：

> 嘉定十五年八月十六日，臣僚言："开禧丁卯(三年，1207)……向者士子必四五人共为一舟，舟楫易办。数举以来，或一二人为一舟，舟人寖成稽缓，水陆万里，风波险阻，涉历州县，关津滞留，势必至夏，始达行都。数蒙睿旨展期，以俟其集。盛夏炎赫，皇上[临]轩，汗透御服，臣子殊不遑安。嘉定七年、十三年，臣僚屡次申明，而玩弛既久，终未能革。至勤朝廷，为之进类试(试)之期，以图其速至。今类省将(军)[至]，乞下四川制司，严行戒谕，期以冬至前逐路并行起发舟楫，所至州县随即通放，不得苛留。所有廷试日分，遵照祖宗旧制，于三月内选择，更不展期。庶使四方之士云集，奉对皆适其时，以副朝家作成之意。"从之。①

《宋会要辑稿·选举》八之二七至二八《亲试杂录》又载：

> 嘉定十五年九月十九日，臣僚言："恭惟国家重士，三岁大比，解试以八月，省试以二月，皆有一定不易之日。独是廷对、唱名，临期取旨，每举不同。臣向叨甲辰(淳熙十一年，1184)末第，省试犹是正月十五日引头场，三月二十三日殿试，四月十一日唱名。淳熙己酉(十六年，1189)，臣僚奏请省闱引试展就二月一日。若以廷试常在省榜已揭一月之后，则四月间择日殿试，自不相妨。累举以来，殿试最迟亦不过五月初旬、末旬，而唱名至六月十五日，特庚辰年(嘉定十三年，1220)为然，前此未之见也。陛下乐于待士，当(署)[暑]临轩，初无倦色，而群臣侍立，踧踖不安。况在廷之士，露立终日，炎赫所迫，间有委顿者，甚非所以肃堂陛之分也。臣契勘庚辰年殿试，缘蜀道多梗，恐赴廷对者来未齐足，所以屡至展日。续据剑南节推任一鸣申请，以潼川、夔、利路至成都颇遥，欲进十日，用八月十五日类试，特俞其请。则来赴大对，比之常年，又可先期十日治行，岂不甚便。……欲望圣慈令四川制司行下诸路州军，今岁类试既进十日，来年士人并要三月初到阙，如循习滞留，止将已到蜀士收试，更不再展。庶几胪唱之日，未至剧暑，朝仪整肃，以副临

---

① 《宋会要辑稿·选举》八之二六至二七《亲试杂录》。

轩策士之意。"从之。

臣僚连续上疏，均建言恢复三月殿试之制，虽然皇帝下诏"从之"，但是，嘉定十五年之后没有一次殿试是三月举行的。据《宋史》、《宋史全文》等史书记载，只有宁宗嘉定十六年、理宗绍定二年（1229）、嘉熙二年（1238）殿试是四月举行的，其余都是五月，甚至有的是延期至六月、七月、甚至八月、九月举行的。如理宗绍定五年（1232）七月丁未（二十八日），"御集英殿试策"；①八月乙丑（十七日），"御集英殿，赐进士徐元杰以下及第、出身、同出身，凡四百九十三人"。②又如淳祐十年（1250）"七月庚辰，诏殿试改用八月十五日"。③

淳祐十二年，又有臣僚提出恢复二月省试、四月殿试之制。《宋史全文》卷三四暨王圻《续通考》卷四三载：

淳祐十二年八月己未（七日），诏明年省试仍用二月一日，以四月殿试。先是，淳祐九年，台臣陈垓奏：省试用三月，殿试用八月。远方之士留滞逆旅。至是复旧。

但是，此诏仍然是一纸空文，实际上，从宝祐元年（1253）直至南宋末，殿试仍于五月举行。如宝祐四年（1256）文天祥榜，"五月戊戌（八日），御集英殿，策进士"。④南宋末年的最后一榜殿试拖延时间更长。《宋史》卷一五六《选举志二》载：

[咸淳十年]殿试拟五月五日，以蜀士至者绝少，展至末旬。又因覆试特奏名至部犹少，展作六月七日。近臣以隆暑为请，复命立秋后择日。七月八日，度宗崩，竟不毕试。嗣君即位，下礼部讨论，援引皆未当，既不可谓之谅阴，又不可不赴廷对，乃仿召试馆职之制而行之。

本来要五月五日殿试，先是展作六月七日，后又改为立秋之后，不幸七月八日度宗病逝，殿试拖了两个多月，竟未能举行。恭帝继位，按照惯例应该谅阴不殿试，

① 《宋史全文》卷三二，绍定五年七月丁未。
② 《宋史全文》卷三二，绍定五年八月乙丑；《宋史》卷四一《理宗纪一》。
③ 《宋史全文》卷三四，淳祐十年七月庚辰。
④ 《宋史全文》卷三四，宝祐四年五月戊戌。

礼部讨论,"既不可谓之谅阴,又不可不赴廷对",乃仿照召试馆职的办法,于九月己亥(二十六日),"类试王龙泽等,比廷试出身"。①

殿试虽有一定的月份,但其锁院、引试、唱名赐第,并不像省试那样有一定的日期。不过,大致也有一定之规可循。北宋初年,往往于三月某日任命殿试官并锁院,第二日引试进士,第三日引试诸科,三五日后即唱名赐第。仁宗景祐元年(1034)二月乙未(四日),因李淑上言,"诏殿试举人,考官日迫,多不精审。自今初考、覆考、详定,以十日为限"。②此后,遂为定制。如皇祐五年(1053),"三月壬子(十三日),御崇政殿试礼部奏名进士;……辛酉(二十二日),御崇政殿,赐进士郑獬等二百人及第,一百五十人出身,一百七十人同出身"。③即三月十三日殿试,二十二日唱名赐第,前后十日。南宋时,殿试考校时间有时延长为十五日左右。如理宗宝祐四年(1256)文天祥榜,"五月丁酉(七日),以新除权吏部侍郎时暂权中书舍人兼侍讲陈大方、新除起居舍人兼权直学士院兼权舍人院兼侍讲林存、太府卿兼检正诸房公事饶虎臣为殿试详定官。戊戌(八日),御集英殿策进士。……甲寅(二十四日),御集英殿,赐正奏名进士文天祥等及第、出身、同出身"。④即五月七日锁院,五月八日引试,五月二十四日唱名赐第。前后十七日。

二、殿试的考试场所

关于殿试地点,太祖朝以讲武殿为殿试之所。开宝六年(973)三月十九日,太祖"御讲武殿覆试新及第进士宋准并下第进士徐士廉、终场下第诸科等。……得进士宋准已下二十六人,诸科五经已下一百一人"。"开宝八年二月二十五日,帝御讲武殿,试礼部奏名进士。……得王嗣宗以下三十一人,赐及第、出身"。⑤

太宗朝初年,依然殿试于讲武殿。雍熙二年后殿试皆于崇政殿。雍熙二年(985)后试进士,皆于崇政殿。《玉海》卷一六〇《太平兴国崇政殿》云:

> 内东门之北崇政殿,旧曰简贤、讲武,兴国八年四月乙卯改。殿东西迩英、延义二阁,阁后隆儒殿。崇政殿有柱廊,次北景福殿。试贡举人,考官设

---

① 《宋季三朝政要》卷四,咸淳十年;《宋史》卷四七《瀛国公纪》。

② 《长编》卷一一四,景祐元年二月乙未。

③ 《长编》卷一七四,皇祐元年三月壬子。

④ 《宋史全文》卷三五,宝祐四年五月丁酉、戊戌、甲寅。

⑤ 《宋会要辑稿·选举》七之一《亲试》。

> 次于两庑。（雍熙二年后试进士，咸平四年后试制科，皆于崇政殿。）大中祥符七年始建额，即阅事之所也。

讲武殿改名崇政殿，实际上场所未变。真宗朝，亦殿试于崇政殿。

仁宗景祐年间，曾经一度将殿试场所改为集英殿。《宋会要辑稿·选举》八之三三《亲试杂录》载：

> 景祐元年(1034)六月二十六日，臣僚言："乞今后御试举人就集英殿，及乞条贯封弥、誊录、编排卷子并减覆考诸科举人。"诏减覆考不行，馀从之。

殿试改于集英殿的诏书尚未来得及施行，景祐四年三月七日，御药院即上言："内降丁度奏《贡举条制》，御试举人就集英殿，考校位次、关防事件并须改易。"改动"考校位次、关防事件"是一件相当麻烦的事情，于是仁宗又下诏："仍旧崇政殿试"。[①]据《宋会要辑稿·选举》、《长编》等史书记载，从太宗雍熙二年直至仁宗末年，除真宗大中祥符七年(1014)九月御试亳州、南京路服勤辞学经明行修举人于景福殿外，殿试均在崇政殿。

礼部奏名合格举人的考试在崇政殿内举行，如真宗大中祥符元年(1008)四月十二日，"帝御崇政殿，试礼部奏名进士。内出《清明象天赋》、《明证定保诗》、《盛德大业论》题。初于殿廊设幔，列坐席，标其姓名；又揭榜，表其次序，令视讫就座。"[②]而殿试考官的幕次则设于殿后及附近。如真宗大中祥符二年(1009)殿试，"命翰林学士晁迥等十人为考官，设次于崇政殿后庑；直史馆查道等十一人为覆考官，设于景福殿西庑"。[③]天禧三年(1019年)三月九日，试进士于崇政殿。殿试考官也是"设次于崇政殿之后"。三月十日，真宗"幸考校官幕次，抚问久之"。[④]据《赵清献公充御试官日记》记载，仁宗嘉祐六年(1061)殿试，其考官的幕次有编排所、考校所、覆考所、详定所等，编排所在"崇政殿后水阁"，其他三所，具体位置不详。这次殿试考官共有37人，仁宗遍幸四所，可见诸所相当宽敞，足供殿试考校之用。[⑤]

---

① 《宋会要辑稿·选举》八之三三《亲试杂录》。
② 《宋会要辑稿·选举》七之一〇《亲试》。
③ 《宋会要辑稿·选举》七之一一《亲试》。
④ 《宋会要辑稿·选举》七之一三《亲试》。
⑤ 均见刘昌诗：《芦浦笔记》卷五《赵清献公充御试官日记》。

英宗治平年间(1064—1067),因谅阴不殿试。神宗熙宁三年(1070)之后,殿试移于集英殿。《玉海》卷一六〇《明道集英殿》载:

> 集英殿,旧曰广政,开宝三年改大明,淳化元年二月己酉改含光,祥符八年六月十五日甲子改会庆,明道元年十月甲辰改元和,寻改今名。春秋、诞圣节,锡宴此殿。熙宁以后,亲策进士于此殿。

《宋会要辑稿·方域》一之五《东京》亦云:"集英殿……每春秋、诞圣节锡宴此殿,熙宁以后亲策进士于此殿。"据《宋会要辑稿·选举》、《长编》等史书记载,哲宗、徽宗朝殿试亦皆在集英殿举行。神宗为什么坚持将殿试场所改为集英殿?南宋孝宗隆兴元年(1163)进士及第的赵彦卫《云麓漫抄》卷七云:"国朝例崇政殿试举人,景福殿考覆。自熙宁后,以诸殿增置内帑库屋,难以就置幕次,遂移于集英殿。(见哲宗御集)"恐怕另外还有原因,大概崇政殿是"阅事之所",殿旁有迩英阁,是君臣经常奏对议事的地方,而集英殿是"春秋、诞圣节锡宴"之所,作为殿试场所更合适些。

神宗、哲宗、徽宗三朝殿试,"士人诣集英殿起居,就殿庑赐坐引试;依图分庑坐定,各赐印刊策题。……午后纳卷而出"。[①]殿试考官幕次也有编排、考校、覆考、详定等所。其幕次不像真宗、仁宗朝那样,在崇政殿之后,而是"在集英门之前","而驾幸之仪敻无有知之者,盖其废已久。"[②]

宋室南渡,置行在所于临安府(今杭州)。其殿试仍于集英殿。如建炎二年(1128)八月二十三日,南宋第一次殿试,即是高宗"御集英殿,试礼部奏名进士"。[③]度宗咸淳七年(1271)五月四日殿试,也是在集英殿。不过,临安的集英殿与崇政、文德、紫宸、选德四殿实为一殿。《玉海》卷一六〇《宫室·殿下》云:"绍兴十二年十一月庚子,命内侍王晋锡作崇政、垂拱二殿。……崇政以故射殿为之,朔则权置帐门,以为文德殿、紫宸殿。按射则以为选德,策士则以为集英。……其修广仅如大郡之设厅。"如"皇帝御集英殿唱名"一样,集英殿"非有他殿,只挂集英殿牌于殿前"。[④]

---

① 吴自牧:《梦粱录》卷三《士人赴殿试、唱名》。
② 刘昌诗:《芦浦笔记》卷五《赵清献公充御试官日记》。
③ 《宋会要辑稿·选举》八之一至二《亲试》。
④ 刘一清:《钱塘遗事》卷一〇《赴省登科五荣须知·择日唱第》。

第四节 唱名赐第

一、唱名

唱名，又称“传胪”、“唱第”，是殿试赐第的一种仪式。此制始于太宗雍熙二年(985)。《宋会要辑稿·选举》一三之一《唱名》云：

> 雍熙二年三月十五日，太宗御崇政殿试进士，梁颢首以程试上进，帝嘉其敏速，以首科处焉。十六日，帝按名一一呼之，面赐及第。唱名赐第盖自是为始。

唱名一般从试卷考校完毕的次日开始。哲宗元祐六年(1091)三月二十六日，御延和殿，太皇太后宣谕曰：“今岁御试考较定后两日方唱名，于内中火禁非便。其令自今(后)[候]见考试次第，旋定唱名日。”①孝宗淳熙十一年(1184)三月二十三日，“宰执进呈太史局拣择廷试唱名日辰。上曰：‘不必择日，候考毕于次日唱名。’”②

唱名一般分两日举行。高宗绍兴二年(1132)三月十六日，御药院言：

> 自来御试进士，引试、唱名，并作两日。第一日，正奏名并应举宗子等；第二日，特奏名并武举、取应宗子。③

如庆历二年(1042)三月乙丑(二十二日)，“御崇政殿，赐进士杨寘等二百三十七人及第，一百二十二人出身，七十三人同出身”。三月丙寅(二十三日)，“赐诸科及第并同出身者四百七人。又赐特奏名进士、诸科三百六十四人同出身及补诸州长史、文学”。④北宋前期，也有分三日者：第一日，正奏名进士；第二日，正奏名诸科；第三日，特奏名进士、诸科。而嘉祐年间，间岁一开科场，因取士人数较少，也有合为一日者。如嘉祐八年(1063)三月二十二日，“帝御延和殿，赐进士许将

① 《长编》卷四五六，元祐六年三月乙酉；《宋会要辑稿·选举》八之三六《亲试杂录》。

② 《宋会要辑稿补编》页四四三下。

③ 《宋会要辑稿·选举》八之四〇《亲试杂录》。

④ 《长编》卷一三五，庆历二年三月乙丑、丙寅。

已下一百九十四人及第、出身、同出身，诸科一百四十七人本科及第、同出身，特奏名进士刘景阳已下七十二人，诸科程铭已下二十八人，并赐同五经、三礼、学究出身，授长史、文学"。①

靖康之祸，宋室南渡。建炎二年(1128)，始开贡举，高宗驻跸扬州，戎马倥偬，殿试放榜，即改为一日唱名。《宋会要辑稿·选举》八之三九《亲试》载：

> 建炎二年九月十日，宰臣黄潜善奏曰："昨日唱名至申时，圣体良劳。"上曰："昨日归内，观书良久方憩。朕以艰难中四方之士来会行在，策以时务，高等多得远方之士，朕意甚喜，不觉劳也。"

此后三榜，由于宋金战争，时局动荡，赴殿试人数不多，唱名仍各作一日。《宋会要辑稿·选举》八之三九至四〇《亲试杂录》载：

> 绍兴二年三月十六日，御药院言："自来御试进士引试、唱名并作两日……昨扬州御试，缘特奏名并举人数不多，共作一日引试、唱名，今来未审合作几日?"诏并依扬州例。

绍兴十二年，宋金战局趋于稳定，殿试放榜，始恢复旧制，两日唱名。《宋会要辑稿·选举》八之四二《亲试杂录》载：

> 绍兴十二年三月十四日，御药院言："在京御试举人，引试、唱名并作两日。建炎二年以后三举，赴试人数不多，各作一日。将来御试欲作一日引试，两日唱名。"从之。

李心传《系年要录》卷一四五载："绍兴十二年四月庚午(初七日)，上御射殿，引正奏名进士唱名。……自(陈)诚之已下赐第者二百五十三人。新科明法得黄子淳一人而已。……四月辛未(八日)，上御射殿放合格特奏名进士胡鼎才等二百四十八人；武举正奏名陈鹗等五人，特奏名潘璋等二人。是岁始依在京旧制，分两日唱名。自是以为例。"②孝宗时，对两日唱名的对象又做了一些调整。乾道八年

① 《宋会要辑稿·选举》七之一九《亲试》。

② 《系年要录》卷一四五，绍兴十二年四月庚午、辛未。

(1172)十月八日,“诏自今御试唱名,第一日唱文举正奏名,应举、锁应宗子,武举正奏名;第二日唱文举特奏名,取应宗子,武举特奏名。”①

北宋时期,唱名之前,例由殿试官进呈前十名试卷,由宰臣覆考,皇帝审定,然后唱名放榜。南宋建炎二年,高宗始改此制。《系年要录》卷十七载:

> 建炎二年(1128)九月庚寅(九日),上御集英殿,赐诸路类省试正奏名进士李易等四百五十一人及第、出身、同出身……故事,殿试上十名,例先纳卷子御前定高下。及是,御药院以例奏,上不许,曰:“取士当务至公,既有初、覆考、详定官,岂宜以朕一人之意,更自升降?自今勿先进卷子。”

后来,大概又恢复了北宋旧制。如《宋史》卷四三八《王应麟传》载:“帝(按指理宗)御集英殿策士,召应麟覆考。考第既上,帝欲易第七卷置其首。应麟读之,乃顿首曰:‘是卷古谊为龟镜,忠肝如铁石,臣敢为得士贺。’遂以第七卷为首选。及唱名,乃文天祥也。”吴自牧《梦粱录》则云:“上御文德殿临轩唱名,进呈三魁试卷。天颜亲睹三魁,排定姓名资次,然后宣唤三魁姓名。”②元人刘一清《钱塘遗事》亦云:“皇帝临轩,宰臣进三名卷子读于御案前。”③此制不知始于何时。

唱名之日,皇帝御崇政殿(神宗后改为集英殿),殿试官、省试官及宰臣、馆职等入殿侍立,举人则于殿门外祗候。南宋后期,“唱名之日,亦由和宁门而入,身襕袍,而足亦穿靴。列行举号,数人收号,一如廷试之日。候常朝毕,赞者引入廷下,再拜”。④

关于唱名过程,叶梦得云:

> 故事,殿试唱名,编排官以试卷列御座之西,对号以次拆封,转送中书侍郎,即与宰相对展进呈,以姓名呼之。军头司立殿陛下,以次传唱。⑤

刘一清说得更为详细:

> 皇帝临轩,宰臣进三名卷子读于御案前。用牙篦点读毕,宰执立于上

① 《宋会要辑稿·选举》八之四五《亲试杂录》。
② 吴自牧:《梦粱录》卷三《士人赴殿试、唱名》。
③④ 刘一清:《钱塘遗事》卷一〇《赴省登科五荣须知·择日唱第》。
⑤ 叶梦得:《石林燕语》卷八。

前，阁门立于御案之西向。宰执先于御案前拆视姓名，则曰某人，阁门则承之以传于阶下卫士，凡六七人，皆齐其声传其名呼之，谓胪传，亦谓绕殿雷也。凡呼而唱者三四声，士人方从众中出应。卫士夹而翼之，问以乡贯、父名。翼至廷下，对玉墀，且躬未拜。廷上问以乡贯、父名，卫士则以对。对毕，过轩下，少去就甲人次。其荣在此也。非特名登天府，三代祖、父之名达于圣听矣。

待一甲毕，则往两廊角取敕黄而执之。甲内人齐，则廷上呼谢恩，士人廷下立，躬身再拜而退，去于轩下。状元则便独班谢恩，不待甲内齐也。自第二名、第三名为一班，便赐食相身为袍，各设位赋诗以答皇恩。第四名至第十名终为一班，第二甲全甲为一班，谢恩了，皆自执敕黄而立。敕黄用麻纸两幅连粘，大书某人等宜唱某等科第。状元至第二甲终，皆曰宜赐进士及第；第三甲、第四甲终，皆曰宜赐进士出身；第五甲，则曰宜赐同进士出身。敕黄可漏子又长于敕黄一尺。

唱第二甲尽，驾兴，入内进膳。须臾，赐进士食三品，赤焦肉饼二枚，天花饼二枚，羊肉饭一盂。上方起，卫士已将下三甲名字来排当士人，两卫士管一纸，一纸书十五人名字，皆先自唤集排当资次，仍问乡贯、父名。审毕，候上复出殿上，一呼某人，则卫士已夹其人而进于前，骈贯而进，亦俟一甲齐，方拜谢恩，授黄敕。有恩例升甲人，则当殿上宣示：上旨：某人有某恩，合升一甲末。……唱至第五甲，上亦入少憩。顷之，传出唱第五甲毕，士人皆执敕黄再拜。

殿上传曰："赐进士袍、笏。"袍、笏积于殿外之两庑下，士人出殿门，于上廊争取之，往往皆不暇脱白襕而便就加绿袍于其上。其所赐淡黄绢衫一领(袖如绿袍之宽大)，淡黄带子一条，绿罗公服一领，笏一面。士人披衫系带未毕，则殿上催谢恩。谢恩罢，拜而出。紫绿相间，璀璨可观。紫袍牙笏，以取左宗子拜所赐也。拥而趋出门头，亦不待书名字。盖前日秀才，今日官人，五荣之中，此属其最。

宝庆二年(1226)王会龙榜第三人李昴英(1201—1257)在家书中汇报了唱名的经历，更加真实可信。其家书云：

[宝庆二年六月]十三日，上御文德殿，移御榻临轩，引见前三甲人。三名前作一班，相去才咫尺，日表龙姿，俨然在前。余四甲、五甲人，只在殿门

之外，不及见也。礼毕，三名前就幕次，各赐食七品，罗满几案，精美可挹，累科所无也。中贵快行卫士来索谢恩诗，即时就换袍、笏。是时驾已入内，但抱敕黄拜殿门而已。三名先谢而出，即重戴乘马，所喝迎导如每科仪，但未过太庙，不审其仪也。①

由此可知，唱名过程中，有两个重要程序：一是唱名赐第，颁发敕黄；二是赐袍、笏。关于唱名赐第，杨万里（1127—1206）有《四月十七日侍立集英殿观进士唱名》诗云：

殿上胪传第一声，殿前拭目万人惊。
名登龙虎黄金榜，人在烟霄白玉京。
香满乾坤书一卷，风吹鬓发雪个茎。
旧时脱却银袍处，还望清光侍集英。

可见其仪式甚为隆重。孝宗淳熙十四年（1187），杨万里为省试参详官，故可以“侍立集英殿观进士唱名”。时年他六十一岁，故有诸多感慨。

仁宗雍熙二年（985）创立唱名之制时，为“按名一一呼之，面赐及第”。②孝宗晚年难于久坐，遂不“按名一一呼之”。《宋会要辑稿补编》第四四四页载：

淳熙十四年（1187）四月七日，诏唱名第一日，文武举正奏名进士免执敕谢恩。第二日，特奏名止宣第一名姓名，特赐同进士出身，余人并取应宗子更不逐名喧唱，止早逐色宣某人等人数等第推恩。内有该降升人，一就宣唱。共作一班谢恩，免执敕谢。依例唱赐袍、笏。余谢恩等依旧班次，更不再坐。

宁宗继位，乃恢复逐一宣名之制。《宋会要辑稿·选举》八之一八《亲试》载：

庆元五年（1199）五月七日，上御集英殿，临轩唱名，赐进士及第。至第一、第二甲毕，进膳。御药院欲用近例，自三甲已后，只逐甲拨。京镗等同入

① 李昴英：《文溪集》卷二十《丙戌过省第五书》。
② 《宋会要辑稿·选举》一三之一《唱名》。

札子，乞遵祖宗故事，逐一宣名。上欣然从之。至再临轩，镗等奏曰：“臣等适来僭越陈情，此乃祖宗旧制。孝宗皇帝晚年艰于久坐，只一两举权宜如此，自后遂以为例。陛下一旦复举旧制，多士在廷，皆得一一仰望清光，实为盛事。臣等与多士不胜荣幸。”上曰：“既是祖宗旧制，岂可轻废？”

十三日，宰执进呈次，京镗奏曰：“凡是祖宗法度，皆不可轻改。如臣等前日冒昧奏陈第二甲以后进士逐一宣名，盖自来旧制。陛下从善如流，即赐施行。”上曰：“当日虽觉得汗浃体，亦不以为劳。”镗奏曰：“三岁一策士，他日多有为国家用者。逐一宣名之制，诚不可废。非特龙飞之初为然，后举亦合如此。”

但是，不知何时又废除了逐一宣名之制。如前引李昴英《丙戌过省第五书》云：理宗宝庆二年(1226)，只是“引见前三甲人。……余四甲、五甲人，只在殿门之外，不及见也”。据刘一清《钱塘遗事》与周密《武林旧事》，南宋末期，又恢复了逐一宣名之制。

关于“敕黄”，宋末元初人刘埙《屯田员外郎刘公敕黄后跋》云：“宋制，士人登科即授敕牒。以厚黄纸书之。名曰敕黄。然后赴部铨注，给诰授官。自是脱韦布而列簪绅矣。”其跋中收录了其七世祖刘\u{5E34}于仁宗景祐五年(即宝元元年，1038)吕溱榜登科时所授敕黄，现移录如下：

中书门下　牒

　　　　乡贡进士刘\u{5E34}

牒奉

敕宜赐同学究出身牒至准

敕故牒

景祐五年三月　　日牒

工　部　侍　郎　参知政事　李(若谷)

右　谏　议　大　夫　参知政事　王(鬷)

尚　书　左　丞　参知政事　程(琳)

户　部　侍　郎　平　章　事　(张)[章](得象)

门下侍郎兼兵部尚书平章事　张(士逊)

刘埙跋云：“押敕者，首相张邓公(士逊)、章郇公(得象)也。三参政不可考，程疑讳琳。”[1]现据《宋宰辅编年录》卷四、《宋史》卷二一一《宰辅表二》，是年，张士逊为“行门下侍郎兼兵部侍郎、同平章事、昭文馆大学士、监修国史”，即首相；章得象为“行户部侍郎、同平章事、集贤殿大学士”，即次相。李若谷为“工部侍郎、参知政事”，王鬷为“右谏议大夫、参知政事”，程琳为“尚书左丞、参知政事”。与刘嘏敕牒正相符合，可补刘埙所“不可考”者。

赐黄牒后，对状元等前三人，“各设位赋诗以答皇恩”。[2]“前三名各进谢恩诗一首”。[3]光宗绍熙四年(1193)状元陈亮《及第谢恩和御赐诗韵》云：

云汉昭回倬锦章，烂然衣被九天光。
已将德雨平分布，更把仁风与奉扬。
治道修明当正宁，皇威震叠到遐方。
复仇自是平生志，勿谓儒臣鬓发苍。[4]

宁宗庆元五年(1199)曾从龙榜第三人魏了翁《己未唱第后谢恩诗》云：

圣皇学问富春秋，当宁宵衣渴壮猷。
鹄立银袍天北阙，龙飞金榜殿西头。
彤池缪对三千字，黄甲俄输一二筹。
初学粗知存大体，纷更要洗洛阳羞。[5]

理宗宝祐四年(1256)状元文天祥《集英殿赐进士及第恭谢诗》云：

于皇天子自乘龙，三十三年此道中。
悠远直参天地化，升平奚羡帝王功。
但坚圣志持长久，须使生民见泰通。
第一胪传新渥重，报恩惟有厉清忠。[6]

---

① 刘埙：《云水村稿》卷七《屯田员外郎刘公敕黄后跋》。
② 刘一清：《钱塘遗事》卷一〇《赴省登科五荣须知·择日唱第》。
③ 周密：《武林旧事》卷二《唱名》。
④ 陈亮：《陈亮集》卷三九《及第谢恩和御赐诗韵》。
⑤ 魏了翁：《鹤山大全集》卷七《己未唱第后谢恩诗》。
⑥ 文天祥：《文山集》卷一《集英殿赐进士及第恭谢诗》；《宝祐四年登科录》。

唱名时，宰执、馆阁等官员侍立，如有子弟登科，也须降阶谢恩。徐度《却扫编》卷下云："故事，进士唱名，宰执、从官侍立左右，有子弟与选者，唱名之次，必降阶称谢。缙绅间颇以为荣。"如王辟之《渑水燕谈录》卷六《贡举》云："庆历五年(1045)，仁宗临轩赐进士第，审刑详议官祝谏侍廷中，男唐中甲科，次男虞、弟谘、一婿(忘其名)皆擢第，季弟许得同出身。每唱一名，即称谢。是日，谏五拜殿下。仁宗以问近臣，对以皆子弟也。仁宗嘉赏之。"按庆历五年开科贡举，六年始殿试、唱名赐第，《渑水燕谈录》作"庆历五年，仁宗临轩赐进士第"，偶误。

关于赐袍、笏，前面引文已经讲得很清楚，不赘述。

二、赐第

关于宋初进士赐第等甲与科名的情况，史载不详。《长编》卷二一云："太平兴国五年(980)闰三月甲寅(十一日)，上御讲武殿，覆试权知贡举程羽等所奏合格进士。得铜山苏易简已下百一十九人，又得诸科五百三十三人，并分第甲乙。"《文献通考》卷三十《选举考三》亦云："太平兴国五年，覆试进士。得苏易简以下一百一十九人，并分甲乙之第。"似乎太宗太平兴国五年始分第甲乙。其实，进士登科分甲乙之第，始于唐朝，宋初只是承唐及五代之制。宋太祖开宝六年(973)首创殿试之制，"其进士宋准等百二十一人，并赐及第、出身"。①即将进士、诸科登科者分为两等，科名也分为两类，第一等赐及第，第二等赐出身。太平兴国五年也是甲等赐及第，乙等赐出身。

雍熙二年(985)三月十五日，太宗"御崇政殿，试礼部奏名进士……得梁颢已下一百七十九人，第为三等。翌日(十六日)，帝临轩唱名，面赐及第、出身。"②自此，科名未变，而等第变成了三等。淳化三年(992)三月四日，太宗"御崇政殿，试礼部奏名进士……得孙何已下三百五十三人……定优劣为五等，第一至三赐及第，第四、五赐出身。"③

咸平三年(1000)三月十七日，真宗"御崇政殿试礼部奏名进士……得陈尧咨已下三百六十五人，第为六等，并赐及第、出身、同学究出身。"④自此，科名也增加了"同学究出身"。"学究"是诸科中的一个科目，进士登科者赐"同学究出身"，有

① 《宋会要辑稿·选举》七之一《亲试》。

② 《宋会要辑稿·选举》七之四《亲试》。

③ 《宋会要辑稿·选举》七之五《亲试》。

④ 《宋会要辑稿·选举》七之五至六《亲试》。

轻视之意。此后，等第、科名变化不定。如景德二年(1005)，第为五等，"第一、二、三等赐及第，第四、五等同出身"。[①]与太宗淳化三年同。大中祥符元年(1008)则第为四等，"并赐及第、同出身、同三礼、学究出身"。[②]天禧三年(1019)，又第为五等，"并赐及第、同出身、同学究出身"。[③]

仁宗初年，等甲、科名仍未定。天圣二年(1024)，"赐宋郊、叶清臣、郑戬等一百五十四人及第，四十六人同出身。不中格者六人，以尝经真宗御试，特赐同三礼出身"。[④]天圣五年，第为六等，"第一、第二、第三等及第，四等同进士出身，第五等同学究出身，第六等试衔"。[⑤]"试衔"是一种出身，经七选集，始得参选出官，其身份比"同学究出身"还要低。进士登科赐"试衔"者，大概仅此一榜。天圣八年，又改为四等，"第一、二、三等及第，第四等同出身"。[⑥]景祐元年(1034)则有所不同，《宋会要辑稿·选举》七之一五《亲试》载：

> 景祐元年三月十八日，帝御崇政殿试礼部奏名进士，内出《房心为明堂赋》、《和气致祥诗》、《积善成德论》题。命翰林学生承旨盛度已下三十六人锁宿考试如新制。得张唐卿已下七百一十五人，第为五等，并赐及第、出身、同出身。第一、第二、第三等及第，第四等出身，第五等同出身。

这一等甲、科名新制，自仁宗景祐元年至神宗熙宁三年(1034—1070)，前后 37 年间，开科贡举 13 榜，基本未改，成为定例。

神宗熙宁四年(1071)，王安石改革贡举，又新定进士等甲。《长编》卷二二〇载：

> 熙宁四年二月丁巳朔(一日)，中书言："今定贡举新制：进士……殿试策一道，限千字以上，分五等。第一等、第二等赐及第，第三等出身，第四等同出身，第五等同学究出身。"从之。

① 《宋会要辑稿·选举》七之八《亲试》。
② 《宋会要辑稿·选举》七之一〇《亲试》。
③ 《宋会要辑稿·选举》七之一三《亲试》。
④ 《长编》卷一〇二，天圣二年三月乙巳。
⑤ 《宋会要辑稿·选举》七之一四《亲试杂录》。
⑥ 《宋会要辑稿·选举》七之一五《亲试》。

此制仅在熙宁六年、九年、元丰二年(1079)施行了三举,因臣僚上言“请进士第五甲依旧赐本科出身,无以同学究耻之”,[①]遂于元丰五年,第五等复赐“同进士出身”。大概是第一等、第二等赐进士及第,第三等赐进士出身,第四等、第五等赐同进士出身。哲宗朝相沿不改,均为赐及第、出身、同出身。具体等甲不详。徽宗朝,稍有变化。《宋会要辑稿·选举》二之一九《进士科》载:

> 检照崇宁二年(1103)典故,进士霍端友以下分为五甲,第一、第二甲并赐及第,第三、第四并赐进士出身,第五甲赐同进士出身。

直至北宋末年,相沿未改。

宋室南渡,高宗建炎二年(1128),首次开科贡举,殿试所得正奏名进士,仍“第为五等,赐进士及第、出身、同出身”。[②]至于等甲的详细情况,大概仍如崇宁二年典故。《宋会要辑稿·选举》二之一九至二〇《进士科》载:

> 乾道二年(1166)三月十七日,礼部言:“今次御试进士,龙飞恩例所有等第合推恩数,检照崇宁二年典故,进士霍端友以下分为五甲,第一、第二甲并赐及第,第三、第四甲并赐进士出身,第五甲赐同进士出身。第一人宣义郎,第二、第三人承事郎,第一甲两使职官,第二甲初等职官。特奏名第一人赐进士及第。建炎二年,特奏名三人,张鸿举赐及第,黎克俞、丘山并赐同进士出身。伏乞朝廷详酌指挥。”诏正奏名第一甲第一名宣义郎,第二,第三人并承事郎;第一甲并文林郎;第二甲并从事郎。特奏名第一等第一名赐进士出身。

《宋史》卷一五六《选举志二》载:

> [乾道]二年,御试,始推登极恩,第一名宣义郎,第二名与第一名恩例,第三名承事郎;第一甲赐进士及第,并文林郎;第二甲赐进士及第,并从事郎;第三、第四甲进士出身,第五甲同进士出身。特奏名第一名赐进士出身,第二、第三名赐同进士出身。

---

① 《长编》卷二九七,元丰二年三月癸巳。

② 《宋会要辑稿·选举》八之一至二《亲试》。

两书所载略同。另外，刘一清《钱塘遗事》云："状元至第二甲终，皆曰宜赐进士及第；第三甲、第四甲终，皆曰宜赐进士出身；第五甲，则曰宜赐同进士出身。"①周密《武林旧事》云："第一甲，赐进士及第；第二甲，同进士及第。第三甲、第四甲，赐进士出身；第五甲，同进士出身。"②吴自牧《梦粱录》云："第一甲举人赐进士及第，第二甲赐进士出身，第三至第五甲并赐同进士出身。"③据考证，进士登科者有赐"进士及第"、"进士出身"、"同进士出身"者，历来没有赐"同进士及第"者，周密《武林旧事》所云应与刘一清《钱塘遗事》所云相同，即第一甲、第二甲赐进士及第。这样，刘一清《钱塘遗事》、周密《武林旧事》与《宋会要辑稿·选举》、《宋史·选举志》又略同。由此可知，北宋后期及南宋时期，进士登科等第、科名为：第一、第二甲赐进士及第，第三、第四甲赐进士出身，第五甲赐同进士出身。

宋朝进士登科五等或五甲的人数，无一定之例，不像明清时期那样，第一甲仅三人，而是第一甲少则十几人，多则上百人。现存有《绍兴十八年同年小录》、《宝祐四年登科录》和《咸淳七年同年小录》(摘录)，记载了五甲的人数，现统计如下④：

甲　次	绍兴十八年(1148)		宝祐四年(1256)		咸淳七年(1271)	
	人　数	比　例	人数	比例	人数	比例
第一甲	10	3%	21	3.5%	17	3.4%
第二甲	19	5.8%	40	6.7%	39	7.8%
第三甲	37	11.2%	79	13.1%	77	15.3%
第四甲	122	37%	248	41.3%	198	39.4%
第五甲	142	43%	213	35.4%	171	34.1%
总　计	330	100%	601	100%	502	100%

从以上统计中可以看出，三榜进士登科人数不同，每甲的人数也不相同，但是其每甲人数在本榜登科总人数中所占的比例，却是十分相近。第一、第二、第三甲约占本榜总人数的 20%—25%，而第四、第五甲则约占本榜总人数的 75%—80%。

① 刘一清：《钱塘遗事》卷一〇《赴省登科五荣须知·择日唱第》。
② 周密：《武林旧事》卷二《唱名》。
③ 吴自牧：《梦粱录》卷三《士人赴殿试、唱名》。
④ 此统计参考何忠礼《宋代进士甲第考》(载《科举与宋代社会》，商务印书馆 2006 年版)，稍作修改。

北宋时，殿试第一人即称为“状元”，或称为“榜首”、“状头”。《宋会要辑稿·选举》三之七《贡举杂录》载：

> 景德二年(1005)三月十日，礼部贡院言：“新及第举人，自今欲令状元用一节呵道，馀止双控马首，遇常参官敛马侧立。”诏可。

《宋会要辑稿·选举》二之一四《进士科》载：

> 宣和六年(1124)四月十八日，诏状元沈晦以下及第，依令赐钱一千七百贯文，添赐钱五百贯文。

“状元”科名一见之于礼部贡院上言，一见之于诏书，可见北宋初期已成为官方称呼。不过直至北宋末年，也有称之为“榜首”、“状头”者。如《宋会要辑稿·选举》八之三九《亲试》载：“重和元年(即政和八年，1118)三月二十六日，上御集英殿唱名，诏嘉王楷有司考在第一，不欲令魁多士，以第二人王昂为榜首。”又如叶梦得《石林燕语》卷五云：“是岁(按指太平兴国二年，977)，御试题以《训兵练将》为赋，《主圣臣贤》为诗，盖以示参用之意。特取一百九人，自唐以来未有也。遂得吕文穆公为状头，李参政至第二人。”

需要说明的是，宋朝也有将前三名均称为状元者。刘一清《钱塘遗事》卷十《置状元局》云：“状元一出，都人争看如麻。第二、第三名亦呼状元。是日，迎出便入局，局以别试所为之，谓之三状元。”高宗绍兴三十年(1160)梁克榜，第二人是许克昌、第三人是丁时发。王十朋(1112—1171)《梅溪王先生文集》后集卷二十二有《答梁状元》、《答许状元(克昌)》、《答丁状元(时发)》三启。孝宗淳熙五年(1178)姚颖榜，第二人是叶適、第三人是李寅仲。周必大《周益国文忠公集》卷二十五有《回姚状元(颖)启》、《回第二人叶状元(適)启》、《回第三人李状元(寅仲)启》，可见前三名均可以称“状元”。

殿试第二人，北宋初并不称为“榜眼”，而“榜眼”只是第三人的俗称。真宗咸平元年(998)朱俨为孙仅榜第三人，王禹偁(954—1001)赋《送第三人朱俨先辈从事和州》诗云：“乘船东下历阳湖，榜眼科名释褐初。宾职不忧无厚俸，郡斋唯喜有藏书。”《长编》卷六四载：

> 景德三年(1006)十一月，先是，工部郎中陈若拙接伴契丹贺正旦使，若

> 拙谈词鄙近。丙午(七日),命太子中允、直集贤院孙仅代之。若拙多诞妄,寡学术,虽以第三人及第,然素无文。旧语第三人及第号“榜眼”,因目若拙为“瞎榜”。

朱俨、陈若拙都是殿试第三人而被称为“榜眼”。南宋时期,才称第二人为“榜眼”。如周必大宁宗嘉泰二年(1202)《抚州登科题序》云:“近乙未岁罗点廷试为榜眼。”①“乙未岁”即孝宗淳熙二年(1175),是年廷试,状元詹骙,第二人罗点,第三人邓驲。周必大《高宗朝进士第二人官过大魁》又云:“高宗中兴以来,十放进士,其榜眼官职往往过于状头。……绍兴二年,张九成止权侍郎,而凌景夏乃为尚书;……八年,黄公度止于考功郎官,而陈俊卿作相十二年;……十八年,王佐终八座,而蒋芾为相二十四年……”张九成、黄公度、王佐均为殿试第一人即周必大所说的“状头”,而凌景夏、陈俊卿、蒋芾均为殿试第二人即周必大所说的“榜眼”。《宋季三朝政要》卷一载:

> 嘉熙二年(1238)〔闰〕四月,上亲试举人。……时邵泽同廷对,有中贵人巡按,见邵泽所磨京墨甚佳,拟求之,泽与无吝色。中贵曰:“主上三日前御苑中方建一亭,名曰‘定一’。上曰‘士人用此立说,取为状元’。”邵得其说,挥豪如飞。中贵见其文字,回奏曰:“陛下三日前方建定一亭,一士人用此立说。”上大喜,于是搜求此卷,遂得邵泽,欲置首选。时已取周坦为状元。群臣贺曰:“喜陛下今日得周、邵。”于是泽为榜眼。

邵泽无论是否如此高中,但他作为殿试第二人被称为“榜眼”却是事实。

北宋承唐及五代之制,期集时,择年少者二人为探花郎。王明清《挥麈前录》卷三云:

> 李昌武宗谔之子昭遘,十八岁锁厅及第,昭遘子杲卿、杲卿子士廉,皆不逾是岁登甲科,凡三世俱曾为探花郎,亦衣冠之盛事也。

李宗谔(965—1013)是太宗朝宰相李昉(925—996)之子,端拱二年(989)进士及第;其子昭遘、昭遘子杲卿、杲卿子士廉,皆因不超过十八岁进士及第而为探花

---

① 周必大:《周益国文忠公集》卷五四《抚州登科题序》。

郎，可见北宋仍承唐制。至南宋时期，始称殿试第三人为探花。赵升《朝野类要》卷二《探花》条亦云：

> 选年最少者二人，于赐闻喜宴日，先到琼林苑，折花迎状元吟诗。此唐制，久废。今人或谓第三名为探花者，非是。

关于《朝野类要》一书，赵升自序所署时间为“端平丙申重九”，即南宋理宗端平三年(1236)九月初九。即在理宗初年“探花”尚未成为殿试第三人的正式称呼。对于“探花”的演变过程，宋末人戴埴《鼠璞》记载较详，现移录于下：

> 《摭言》载，唐进士赐燕曲江，置团司，年最少为探花郎。本朝胡旦榜，冯拯为探花，太宗赐诗曰：“二三千客里成事，七十四人中少年。”《蔡宽夫诗话》亦言：期集择少年为探花，是杏园赏花之会，使少年者探之，本非贵重之称，今以称鼎魁，不知何义。《东轩笔录》谓期集选年少三人为探花，使赋诗。熙宁余中为状元，乞罢宴席、探花，以厚风俗。从之。恐因此讹为第三人。

余中系神宗熙宁六年(1073)状元，他以厚风俗的名义乞罢闻喜宴、探花，但当年并未施行。熙宁九年三月，练亨甫上言：“熙宁六年赐新及第进士期集钱三千缗，诸科七百缗，多假借名目，送遗游士，其馀以资胥吏，乞止赐三百千，罢期集。”诏加赐二百千。于是，“赐新及第进士等钱五百千，诸科钱二百千造小录等”。[①]但是，闻喜宴只停了一榜，元丰二年(1079)三月丁酉(二十八日)，“诏新进士依旧式赐钱五百千为宴集费外，特赐千缗，诸科三百千”，[②]则闻喜宴又照旧了。长期罢闻喜宴则是南宋初年之事。《宋会要辑稿·选举》二之一四《进士科》载：

> 建炎二年(1128)九月十六日，诏状元李易以下依例赐钱一千七百贯文。二十一日，李易等言：“乞权罢闻喜宴。”从之。自后五举皆免宴。

南宋高宗建炎二年免闻喜宴，至绍兴十八年(1148)始复之，前后20年未举行闻喜宴，当然也没有探花郎。大概绍兴十八年恢复闻喜宴之后，世人才将探花讹为

① 《长编》卷二七三、熙宁九年三月戊寅。

② 《长编》卷二九七、元丰二年三月丁酉。

殿试第三人。《云麓漫抄》卷七云："世人目状元第二人为榜眼，第三人为探花郎。"赵彦卫于孝宗隆兴元年(1163)进士及第，可见孝宗时期世人已称殿试第三人为探花。这在时间上也与绍兴十八年之后探花讹为殿试第三人相吻合。

无论如何，经过演变，唐朝的英俊年少探花郎，到南宋时期已经成为殿试第三人了。何梦桂《潜斋集》附录《家传》云：

> 公讳梦桂，字严叟，幼名应祈，字申甫，别号潜斋，姓何氏，世居严州淳安县安乐乡安定里之富昌村。自幼颖悟，读书过目即成诵，必精研其义理之所在。宋度宗咸淳乙丑(元年，1265)省试，考官得其文，深异之，擢置首选。时罢临轩，比廷唱，以第一甲三名进士及第，时俗所谓状元探花郎是也。授文林郎、台州军事判官。

吴自牧《梦粱录》卷三《士人赴殿试、唱名》亦云："第一名状元及第，第二名榜眼，第三名探花"。看来，南宋末年殿试第三人称为"探花"，已经成为世人的共识了。

宋朝对于状元及殿试第二人、第三人的确十分重视。北宋时期，一般要将殿试考官选定的上十人上奏皇帝，由皇帝钦定状元。《系年要录》卷一七载：

> 建炎二年(1128)九月庚寅(九日)，上御集英殿，赐诸路类省试正奏名进士李易等四百五十一人及第、出身、同出身……故事，殿试上十名，例先纳卷子御前定高下。及是，御药院以例奏，上不许，曰："取士当务至公，既有初、覆考、详定官，岂宜以朕一人之意，更自升降？自今勿先进卷子。"

"殿试上十名先纳卷子御前定高下"乃是北宋的惯例。王銍《默记》卷下云：

> 庆历二年，御试进士，时晏元献为枢密使。杨察，晏婿也，时自知制诰避亲勾当三班院。察之弟寘，时就试毕，负魁天下望。未放榜间，将先宣示两府，上十人卷子。寘因以小赋求察问晏公已之高下焉。晏公明日入对，见寘之赋已考定第四人，出以语察。察密以报寘。而寘试罢与酒徒饮酒肆，闻之，以手击案，叹曰："不知那个卫子夺吾状元矣！"不久唱名，再三考定第一人之卷进御。赋中有"孺子其朋"之言，不怿曰："此语忌，不可魁天下。"即王荆公卷子。第二人之卷即王珪，以故事，有官人不为状元，令取第三人，即殿中丞韩绛，遂取第四人卷子进呈，上欣然曰："若杨寘，可矣。"复以第一人为

第四人。寘方以鄙语骂时，不知自为第一人也。然荆公平生未尝略语曾考中状元，其气量高大，视科第为何等事而增重耶！

这里详细记载了庆历二年(1042)殿试放榜之前，两府上前十人卷子，仁宗亲自确定状元及前四名进士的情况。

皇帝还有以其他原因钦点状元者。如《长编》卷一二〇载："天圣二年(1024)三月乙巳(十八日)，御崇政殿赐宋郊、叶清臣、郑戬等一百五十四人及第，四十六人同出身。……郊与其弟祁俱以辞赋得名。礼部奏祁名第三，太后不欲弟先兄，乃推郊第一，而置祁第十。"范镇《宋景文公(祁)神道碑》有更详细的记载："仁皇帝在谅闇，公兄弟试礼部，糊名籍奏公第一，兄元宪公(宋郊，后改名庠)第三。章献太后曰：'弟不先兄。'遂擢元宪第一，降公为第十人。"又如鲜于绰《传信录》云："元丰中，黄裳为状元，有语：'黄裳却作绿衣郎'，就姓名咏之也。考官本考黄裳置第五甲，神宗尝见其文，因记其数句。至唱名，令寻裳卷，须臾寻获进呈，神宗曰：'此乃状元也。'乃唱名。"①李心传亦云："自绍兴、乾道、淳熙、绍熙之际，殿榜上三名，多人主亲擢云。"②

吴自牧《梦粱录》卷三《士人赴殿试、唱名》载：

旧制，士人卷子仍弥封，卷头打号，然后纳初考官，次下覆考，考定次第，后送定参详一同，方定甲名资次，而定夺三魁。伺候上御文德殿临轩唱名，进呈三魁试卷。天颜亲睹三魁，排定姓名资次。然后宣唤三魁姓名。

据此，南宋后期，则仅进呈前三名的试卷，于唱名时排定顺序。其详情如何，有待考订。

另外，宋朝还规定，殿试有官人不得为状元。《宋会要辑稿·选举》二之一六《进士科》载：

绍兴五年(1135)九月五日，上御射殿，宰执呈黄中策卷第一，系有官人。上曰："故事如何？"沈与求曰："臣闻皇祐元年(1049)沈文通考中御试进士第一人，系有官人，仁宗曰：'朕不欲以世胄先天下寒俊。'遂以冯京为第一，文

① 《长编》卷三二四，元丰五年三月戊申。
② 《朝野杂记》甲集卷一三《殿试详定官别立等》。

通为第二。"上曰:"可用此故事。"遂擢汪洋为第一。

沈文通即沈遘(1028—1067),因避高宗赵构名,故以字行。王安石《沈内翰墓志铭》云:"公姓沈氏,讳遘,字文通,世为杭州钱塘人。……公初以祖荫补郊社斋郎,举进士,于廷中为第一,大臣疑已仕者例不得为第一,故以为第二。"[①]李心传云:"锁厅人不为状元,非故事也。祥符二年(1009),梁固廷试第一。固,翰林学士颢之子,景德初已赐进士出身矣。皇祐初,沈文通以斋郎对策为第一,宰相陈恭公疑已仕者不当为第一人,乃降为第二。"[②]吴曾也认为:"本朝殿试,有官人不为第一人,自沈文通始。"[③]实际上恐怕不然。前引《默记》所载庆历二年(1042)进士赐第事,仁宗认为原定第一人"不可魁天下","第二人之卷即王珪,以故事,有官人不为状元",乃"令取第三人,即殿中丞韩绛",而韩绛"少以荫补太庙斋郎,累迁大理评事"[④],仍为有官人,"遂取第四人卷子进呈",原定第四人为杨寘(1014—1044),无官,所以"上欣然曰:'若杨寘,可矣。'"遂以原定第四人杨寘为状元,原定第一人王安石为第四人。庆历二年,有官人不为状元已是"故事",则有官人不为状元的起始时间应该更早些。

黄中(1096—1180)字通老,南宋初年,以族祖父丞相黄潜善(?—1130)荐,"诏补修职郎、御营使司干办公事"[⑤]。高宗绍兴五年(1135)举进士时,黄中已是有官人,故用沈遘故事,虽策卷考校为第一,也不得为状元,而以殿试第二人赐第。以有官人不得为状元者,还有徽宗重和元年(1118)王昂榜的嘉王赵楷[⑥],高宗绍兴十二年(1142)陈诚之榜的秦熺,绍兴十八年王佐榜的董德元,绍兴二十四年张孝祥榜的秦埙,绍兴三十年梁克家榜的许克昌,孝宗乾道二年(1166)萧国梁榜的赵汝愚,宁宗庆元二年(1196)邹应龙榜的莫子纯,庆元五年曾从龙榜的许奕等。

宋朝贡举殿试赐第还有升甲、升等、升名恩例。其一是,省试第一人及前十名等升甲。《长编》卷一二一载:

---

① 王安石:《王文公文集》卷九四《沈内翰墓志铭》。

② 《朝野杂记》甲集卷一三《锁厅人不为状元》。

③ 吴曾:《能改斋漫录》卷二《殿试有官人不为第一》。

④ 《名臣碑传琬琰之集》上编卷十《韩献肃公绛忠弼之碑》。

⑤ 朱熹:《朱文公文集》卷九一《端明殿学士黄公墓志铭》。

⑥ 吴曾:《能改斋漫录》卷二《殿试有官人不为第一》云:"是岁,[王]昂以有官人为殿魁,以此知有司亦失于契勘也。"

宝元元年(1038)三月庚申(二十三日),赐进士扬州吕溱等二百人及第,一百十人出身。……先是,上以开封府所解锁厅进士陈博古等嘲谤籍籍,密诏博古及韩亿四子并两家门下士范镇、家静试卷皆勿考。镇,成都人;静,眉山人。考官奏镇、静实有文,久驰声场屋,非附两家之势而得者。乃听考,而降其等级。镇,礼部奏名为第一,故事,礼部第一人赐第未有在第二甲者,虽近下犹升之。吴育、欧阳修殿庭唱第过三人,亦抗声自陈。镇独默然,至第七十九人,乃出拜,退就列,无一言。众以是贤之。礼部第一人在第二甲,自镇始。

此后,省试前十人仍有升甲、升名恩例。熙宁九年(1076)三月二十四日,诏:"自今南省第一甲十人以上,放榜日第四甲唱名未到者,取旨。"①

元祐三年(1088)五月丙午朔(一日),翰林学士兼侍读苏轼、户部侍郎苏辙同转对。苏轼上《转对条上三事状》曰:

又进士升甲,本为南省第一人唱名近下,方有特旨,皆是临时出于圣断。今来南省第十人以上,别试第一人,国子、开封解元,武举第一人,经明行修举人,与凡该特奏名人正及第者,皆著令升一甲。纷然并进,人不复以升甲为荣,而法在有司,恩不归于人主,甚无谓也。……欲望圣慈特诏大臣详议,……其著令升甲指挥,乞今后更不施行。②

无论是"特旨升甲",还是"著令升甲",省试第一人及前十名等升甲是肯定的。

其二是,宗室应举,例升一甲。《长编》卷四五六载:"元祐六年(1091)三月壬午(二十三日),御集英殿,赐进士、诸科马涓以下及第、出身、同出身,假承务郎、文学,总六百有二人。……宗室八人,子漪自第四甲升第二甲,馀递升一甲。"乾道八年(1172)四月二日,御药院亦言:"……检为绍兴二十四年赵不同系应举宗子,合升一甲。"

其三是,因登极、潜藩等恩例升甲、升等。绍兴三十二年(1162,孝宗已即位,未改元)六月十三日,登极赦书云:

---

① 《宋会要辑稿·选举》八之三五《亲试杂录》。

② 《长编》卷四一〇,元祐三年五月丙午朔;《苏轼文集》卷二九《转对条上三事状》。

勘会太学、国子学、武学生系是久被太上皇帝教养之士，宜因庆霈，特加优异。应见在籍人，并与免文解一次；已系免解人，候登第日与升甲；如就特奏名试，亦与升等推恩；上舍已系免省人，特与先次释褐，赐进士出身，内愿赴将来殿试，与堂除差遣一次。①

淳熙十六年（1189，光宗已继位，未改元）二月四日，登极赦亦云：

应临安府府学大小职事并本府曾得解进士，与免解一次；已曾免解人，候登第日与升甲；如就特奏名试，亦与升等；学生并赐束帛。

同日，赦云：

应太学、国子学、武学生见在籍人，并与免文解一次；已系免解人，候登第日与升甲；如就特奏名试，亦与升等推恩。上舍已系免省人，特与先次释褐，赐进士出身；内愿赴将来殿试者，与堂除差遣一次。仍令礼部检照三十二年体例，开具人数申尚书。②

绍熙五年七月七日，宁宗登极赦书与孝宗、光宗登极赦书同。

潜藩的正奏名、特奏名进士也要升甲、升等。如孝宗淳熙五年（1178）四月一日，诏："静江府、崇庆府、严州并系太上皇帝潜藩，其正奏名、特奏名进士，依例升等、升名。"③

高宗时，对升甲还作出了具体规定。如绍兴十二年（1142）四月十三日，诏："唱正奏名进士进卷内'升一甲'字下可添入'末'字，其'降一甲'字下亦合添入'首'字，馀举人升降依此，以为定法。"④

关于殿试赐第的人数，我曾经做过考证和统计，发表了《北宋登科人数考》和《南宋登科人数考》，现略作修改，作为本卷的附录，可资参考。经初步考证，北宋共开科贡举（不包括徽宗朝上舍贡士）69 榜，其所取士，有具体数字记载者约为：正奏名进士 19 365 人，诸科 16 352 人，合计 35 717 人；特奏名进士、诸科合计

① 《宋会要辑稿·选举》四之三五《贡举杂录》。
② 《宋会要辑稿·选举》二之二七《进士科杂录》。
③ 《宋会要辑稿·选举》二之二二《进士科》。
④ 《宋会要辑稿·选举》八之四二《亲试杂录》。

16 667 人；正、特奏名进士、诸科总计 52 384 人。但是，以上统计数字除正奏名进士较为详备外，其他如正奏名诸科及特奏名进士、诸科均有残缺，有待于进一步考证、补充。

关于正奏名诸科的取士人数，据史籍记载，在宋太祖朝中，只有乾德四年、开宝五年、六年、八年四榜有诸科登第人数的记载，其他 11 榜皆未涉及。按天圣中，李淑曾上时政十议，其“议贡举”曰：“皇朝开宝以前，岁取[进]士不过三十人，经学不过五十人。”①王禹偁、王栐、叶梦得都说过类似的话。由此可知，太祖朝每榜都应有诸科及第者，且其人数要多于进士。那么，未记载诸科及第人数的 11 榜，当是脱漏。其 11 榜所缺诸科人数是多少呢？这有待于进一步考证。现有诸科人数记载的 4 榜，共得 161 人，平均每榜为 40 人。其 11 榜所缺诸科人数，若考虑到太祖初年，尚未统一江淮川广之地，取士较少，以每榜平均 30 人推算，则缺 330 人。又元符三年(1100)李釜榜，亦应有正奏名诸科登第者，史籍皆失载。按哲宗朝开科五次，共取诸科 356 人，平均每榜 71 人。以此推算，则诸科又缺 71 人。又《宋会要辑稿·选举》四之四《贡举杂录》载：徽宗崇宁五年(1106)十月一日，诏诸科“两举、一举并经律、通礼科人，候将来科场，更合取应一次”。据此，大观三年(1109)贾安宅榜亦应有诸科登第者，且其人数不会太少。具体人数无法推算，有待进一步考证。总之，据统计及推算，北宋共得正奏名诸科 16 753 人，而正奏名进士、诸科合计约为 36 000 多人。

至于特奏名的取士人数，缺载更多。据史籍记载，北宋至少有 42 榜曾有特奏名者。其中有具体人数记载者有 29.5 榜，得 16 667 人，平均每榜 565 人。没有具体人数记载者有 13.5 榜，其中有的可以推知所取人数甚多。如据考证，太宗端拱元年(988)程宿榜，据《宋会要辑稿·选举》一四之一四《发解》载，当缺 1 000 人左右的特奏名者。即使有人数记载者，也有缺漏。如据考证，真宗天禧四年(1020)特奏名进士、诸科当为 700 人左右，而不止 211 人。又如据考证，仁宗庆历二年(1042)杨寘榜特奏名进士、诸科当在 700 人以上，也不止 364 人。依此推算，特奏名缺载者约有 9 000 人左右。这样，北宋当共得特奏名进士、诸科合计约为 25 000 多人。

综上所述，北宋贡举正、特奏名进士、诸科取士总计约为 61 000 人，平均每年约为 360 人。

南宋开科贡举，共有 49 榜。其登科人数，有具体数字记载者为：正奏名进士

① 《东都事略》卷五七《李淑传》。

23 198 人(含新科明法 2 人),特奏名进士 22 442 人,合计 45 640 人。

但是,以上统计数字尚有不少残缺。其中正奏名进士人数记载最为详备,然据《十朝纲要》、《通考》可以推知,当仍有漏载四川类省试合格未赴殿试而赐第者。其数量,在和平时期,不至于太多;但在战争频仍时期,将会有所增加。究竟漏载多少,因史料匮乏,难以考证。

关于特奏名进士人数,漏载就较多了。根据南宋贡举惯例,每榜均应有特奏名登科者。据考证,南宋 49 榜中,只有 40 榜有特奏名登科人数的记载,而其他 9 榜均付诸阙如。据现有统计数字计算,平均每榜特奏名登科者为 561 人。照此推算,9 榜当共缺 5 049 人。这样,南宋当得特奏名进士 27 491 人。另外,既然诸榜有四川类省试合格未赴殿试而赐第的正奏名进士,那么,也当有四川类省试特奏名进士未赴殿试而赐第者。究竟这部分人能有多少,史料更为匮乏,只好暂付阙如。

综上所述,南宋贡举登科人数,正奏名进士约为 23 198 人(含新科明法 2 人),特奏名进士约为 27 491 人,总计至少为 50 689 人。

据统计与推算,两宋登科人数,正奏名进士约为 42 561 人,正奏名诸科约为 16 760 人,特奏名进士、诸科约为 52 491 人,正、特奏名进士、诸科,总共为 111 812 人。平均每年约为 350 人。其取士之多,在中国科举史上,是空前绝后的。

第五节　殿试不黜落制度

隋唐五代直至宋初,贡举考试均为解试、省试两级考试,省试合格即赐及第。开宝六年(973),创立殿试制度之后,贡举考试遂发展成为解试、省试、殿试三级考试。北宋初年,不但解试、省试有黜落,而且殿试也黜落不少;仁宗嘉祐二年(1057),殿试非杂犯者免黜落;哲宗元祐八年(1093),殿试杂犯者亦免黜落,自此殿试不黜落成为一种制度,直至南宋末年,相沿未改。对于宋朝殿试不黜落制度,也有不少研究,[①]现对殿试由黜落到不黜落的演变,尤其是宋代殿试不黜落的原因,进一步予以辨析。

---

① 何忠礼:《宋代殿试制度述略》,《中国史研究》1988 年第 1 期;拙著:《宋代殿试制度述论》,《北京大学学报》1992 年第 2 期;龚延明:《宋代殿试不黜落考》,《西北大学学报》2005 年第 1 期;祝尚书:《宋代科举殿试制度考论》,《宋代科举与文学考论》,大象出版社 2006 年版。

一、北宋前期的殿试黜落制度

宋初，殿试考校之制不详，但是殿试有黜落则是无疑的。例如宋太祖开宝六年(973)创立殿试制度之始，殿试就有黜落。李焘(1115—1184)《长编》卷一四载：

> (开宝六年)三月辛酉(七日)，新及第进士雍丘宋准等十人、诸科二十八人诣讲武殿谢。上以进士武济川、三传刘浚材质最陋，应对失次，黜去之。济川，翰林学士李昉乡人也。昉时权知贡举，上颇不悦。会进士徐士廉等击登闻鼓，诉昉用情，取舍非当。上以问翰林学士卢多逊，多逊曰："颇亦闻之。"上乃令贡院籍终场下第者姓名，得三百六十人。
>
> 癸酉(十九日)，皆召见，择其一百九十五人，并准以下及士廉等，各赐纸札，别试诗赋，命殿中侍御史李莹、左司员外郎侯陟等为考官。
>
> 乙亥(二十一日)，上御讲武殿亲阅之，得进士二十六人，士廉预焉；五经四人，开元礼七人，三礼三十八人，三传二十六人，三史三人，学究十八人，明法五人，皆赐及第。又赐准钱二十万，以张宴会。责昉为太常少卿，考官右赞善大夫杨可法等皆坐责。自兹殿试遂为常式。

《宋会要辑稿·选举》七之一《亲试》、《太平治迹统类》卷二八《祖宗科举取人》所载与此略同。据此可知，开宝六年首创殿试制度之时，省试之后，得"新及第进士雍丘宋准等十人、诸科二十八人"，省试终场下第者三百六十人，则省试终场者共三百九十八人。经太祖召见被选择参加殿试者为一百九十五人；殿试之后，"得进士宋准已下二十六人，诸科五经已下一百一人"，共一百二十七人，"并赐及第、出身"。①这就是说，经过殿试黜落了六十八人，即黜落者约占殿试人数的35%。

开宝八年王嗣宗榜，即创立殿试制度之后的第二榜，亦有黜落。《宋会要辑稿·选举》一之二《贡举》载：

> [开宝八年]二月二十四日，以知制诰王祐权知贡举，知制诰扈蒙、左补

---

① 《宋会要辑稿·选举》七之一《亲试》。

> 阙梁周翰、秘书丞雷德骧并权同知贡举。合格奏名进士王式已下二百九十人。

《宋会要辑稿·选举》七之二《亲试》载：

> [开宝八年]二月二十五日，帝御讲武殿，试礼部奏名进士，内出《桥梁渡长江赋》、《龙舡习水战诗》题。得王嗣宗以下三十一人，赐及第、出身。
>
> 翌日(二十六日)，得三礼纪自成已下三十四人，赐本科及第、出身。

《长编》卷一六开宝八年二月戊辰条、《太平治迹统类》卷二八《祖宗科举取人》所载略同。据此可知，开宝八年参加殿试者为"王式已下二百九十人"，殿试赐进士及第、出身者为"王嗣宗以下三十一人"，赐诸科及第、出身者为"纪自成已下三十四人"，共六十五人，则殿试黜落者为二百二十五人，即黜落者约占殿试人数的77.6%。其黜落比例较开宝六年高出了一倍多！

太宗太平兴国年间(976—983)四开科场，但史籍未载省试合格即参加殿试的人数，故难知殿试黜落的人数。《宋会要辑稿·选举》七之二《亲试》载：

> 太平兴国二年(977)正月七日，帝御讲武殿，试礼部奏名进士，内出《训兵练将赋》、《主圣臣贤诗》题，得吕蒙正已下一百九人，并赐及第。(命翰林学士李昉、扈蒙阅所试，定其优劣为三等。)

此大概是殿试分等之始，但可能是对及第者的分等，而不是对所有参加殿试者的分等。

雍熙二年(985)"正月十八日，以翰林学士贾黄中权知贡举，右散骑常侍徐铉、知制诰赵昌言、韩丕、苏易简、宋准、礼部郎中张泊、直史馆范杲、宋湜、戴贻庆权同知贡举。合格奏名进士陈充已下四百五十八人。"①《宋会要辑稿·选举》七之四《亲试》载：

> [雍熙二年]三月十五日，帝御崇政殿，试礼部奏名进士，内出《颍川贡白雉赋》、《烹小鲜诗》、《玄女授兵符论》题，得梁颢已下一百七十九人，第为三等。

---

① 《宋会要辑稿·选举》一之二《贡举》。

翌日(十六日),帝临轩唱名,面赐及第、出身。(颢先以程试上进,帝嘉其敏速,以首科处焉。)

十七日,试九经已下,得三百一十八人,第为三等,并赐本科及第、出身。(是日,召考官分出问目。举人就坐既定,遣左右监视,非预考试者,不得入殿门。)

是日,诏殿前不合格、南省已奏名进士内文采可取者,许令再试。

十八日,帝复御崇政殿亲试,内出《庭燎赋》、《淡交如水诗》题,又得进士洪湛已下七十六人,并赐及第,以姓名附本等。湛以文采遒丽,特升为第三人。

翌日(十九日),又试御前下第三传、毛诗、尚书学究三科,得三百二人,并赐本科及第、出身。(时有五经王从善,能并注诵其书,帝取《五经》举其端,从善应声念之,甚嗟赏,赐九经及第。)

《长编》卷二六雍熙二年三月己未、庚申、壬戌、癸亥条、《太平治迹统类》卷二八《祖宗科举取人》所载与此略同。

《宋会要辑稿补编》四三六页引《宋会要辑稿·帝系》一之二三载:"雍熙二年,取进士梁颢等二百五十八人。"旧题李焘经进《续宋编年资治通鉴》、李埴《皇宋十朝纲要》卷二、《宋状元及第图》、马端临《文献通考》卷三二及《容斋续笔》卷一三《科举恩数》均同。据此可知,雍熙二年梁颢榜省试"合格奏名进士陈充已下四百五十八人",殿试赐进士及第、出身者为"梁颢等二百五十八人",赐诸科及第、出身者为六百二十人。二者共八百七十八人。这样,殿试合格人数远远超过了四百五十八人。可见,《宋会要辑稿·选举》一之二《贡举》所载"合格奏名进士陈充已下四百五十八人",只是进士科参加殿试者的人数,而诸科参加殿试者人数不详。则殿试进士科黜落者为200人,即殿试黜落者约占参加殿试人数的43.7%。

太宗端拱二年(989),经过端拱元年的省试风波之后,"正月十一日,以知制诰苏易简、宋准权知贡举,合格奏名进士三百六十八人。"①"三月二十一日,帝御崇政殿,试礼部奏名进士。……得陈尧叟已下百八十六人,并赐及第。"②则殿试黜落者为182人,约占参加殿试人数的49%,即约有一半人被黜落。

大概到宋真宗时期,贡举殿试试卷开始形成了五等考第制度。《长编》卷七一载:

① 《宋会要辑稿·选举》一之三《贡举》。

② 《宋会要辑稿·选举》七之五《亲试》。

> [大中祥符二年(1009)六月]庚戌,上御崇政殿亲试,仍别录本考校,取《玉篇》中字为号,始令第进士程试为五等,曰“上次”,曰“中上”,曰“中次”,曰“下上”,曰“下次”。取考官、覆考官所定试卷参较等第,有不同者,命再考之。考讫,又付右仆射张齐贤等详审,仍以高等十卷付宰相重定。

《宋会要辑稿·选举》一之八《贡举》载:

> 大中祥符五年正月四日,以翰林学士晁迥权知贡举,枢密直学士刘综、知制诰李维、龙图阁待制孙奭权同知贡举。合格奏名进士某已下一百九十人。

《宋会要辑稿·选举》七之一一至一二《亲试》载:

> 大中祥符五年三月二十二日(己丑),帝御崇政殿,试礼部奏名进士。……得徐奭已下一百二十六人,并赐及第、出身。……先是,考卷入第四等者,止九十人,又令取五举已上者再考,始充此数。诏入第四等者,以赋、论为先,诗次之;又以入高等者,凡十卷,命辅臣重定之,始诏放焉。

由此可知,其一,进一步证明殿试试卷成绩评为“上次”、“中上”、“中次”、“下上”或曰第一至四等者方可赐进士及第、出身;其二,该榜参加殿试人数为190人,殿试赐及第、出身者为126人,则殿试黜落者为64人,即占参加殿试人数的34%。

仁宗时,《赵清献公充御试官日记》记载,直至嘉祐六年(1061)殿试进士试卷仍考为五等,第五等为“须必然合落者”。大概整个仁宗朝均是如此。如宝元元年(1038),“正月十三日,以翰林学士丁度权知贡举,翰林学士胥偃、侍读学士李仲容、知制诰王尧臣、郑戬并权同知贡举,合格奏名进士范镇已下四百九十九人。”①“三月十七日,帝御崇政殿试礼部奏名进士。……得吕溱已下三百一十人。”②则殿试黜落者为189人,约占参加殿试人数的38%。

如上所述,太祖开宝六年(973)参加殿试人数为195人,殿试赐及第、出身者为127人,则殿试黜落者为68人,即占参加殿试人数的35%;开宝八年(975)参

① 《宋会要辑稿·选举》一之一〇《贡举》。
② 《宋会要辑稿·选举》七之一六《亲试》。

加殿试者为 290 人，殿试赐及第、出身者为 65 人，则殿试黜落者为 225 人，即约占殿试人数的 77.6%。太宗端拱二年(989)，礼部奏名合格进士陈尧叟以下 368 人，殿试仅赐陈尧叟以下 186 人及第、出身，殿试黜落者为 182 人，即占参加殿试人数的 49%。真宗大中祥符五年(1012)参加殿试人数为 190 人，殿试赐及第、出身者为 126 人，则殿试黜落者为 64 人，即占参加殿试人数的 34%。仁宗宝元元年(1038)，礼部奏名合格进士范镇以下 499 人，殿试赐吕溱以下 310 人及第、出身，殿试黜落者为 189 人，占参加殿试人数的 38%。正如元祐三年(1088)苏轼上疏所云："祖宗旧制，过省举人，一经殿试，黜落不少。"①可见北宋前期，殿试多有黜落。

二、殿试不黜落制度的形成

殿试不黜落之制起于何时？李焘《长编》卷一八五嘉祐二年(1057)三月丁亥(十一日)记事云："是岁，进士与殿试者，始皆不落。"马端临《文献通考》卷三一亦云："嘉祐二年亲试举人，凡进士与殿试者，始皆免黜落。"

其实，上述说法并不太确切。据《宋会要辑稿·选举》、《长编》、《文献通考》、《宋史》等史籍记载，自嘉祐二年至熙宁九年(1076)，共举行了 7 次殿试，有参加殿试人数及殿试合格人数者为 6 次，每次均有黜落者，少则四、五人，多则三十余人。详见下表：

年　代	参加殿试人数	殿试合格人数	黜落人数	黜落人数所占比例
嘉祐二年	400	388	12	3%
嘉祐四年	200	165	35	17.5%
嘉祐六年	200	193	7	3.5%
嘉祐八年	200	194	6	3%
治平二年	是榜谅阴不殿试			
治平四年	是榜谅阴不殿试			
熙宁三年	300＋?	355		
熙宁六年	408	400	8	2%
熙宁九年	426	422	4	1%

① 《长编》卷四〇九，元祐三年三月；《苏轼文集》卷二八《放榜后论贡举合行事件》。

程大昌(1123—1195)针对《长编》及李复圭《记闻》所说嘉祐二年“殿试不落一人”云:“案《实录》,试进士李寔等四百人,而得第者三百八十八人。谓之‘不落一人’,固举大约言之耳。”①

元祐三年(1088)三月,翰林学士、权知贡举苏轼上疏云:“到嘉祐中,始尽赐出身,然犹不取杂犯。”②所谓“杂犯”指犯先朝皇帝及当今皇上庙讳、御名等“不考式”。何谓“不考式”?据《宋会要辑稿·选举》三之二六《贡举杂录》载:

> 庆历四年(1044)三月十三日,翰林学士宋祁等言:……策论诗赋不考式十五条:策一道内少五字;论诗赋不识题;策论诗赋文理纰缪;不写官题;用庙讳、御名;论少五十字;诗赋脱官韵;诗赋落韵,用韵处脱字亦是;诗失平侧,脱字处亦是;重叠用韵;小赋内不见题意,通而词优者非;赋少三十字;诗韵数少剩;诗全用古人一联;诗两韵以前不见题意,通者非。

即嘉祐年间,殿试“杂犯”者不予录取。

王得臣现身说法云:“予嘉祐四年蒙赐第,初行间岁取士第一榜也。南省放合格二百人殿试,内考落三十五人,比前后累榜最为人少。”③王得臣此说与《太平治迹统类》卷二八、《皇宋十朝纲要》卷四、《文献通考》卷三十二同,可见嘉祐四年殿试并非不黜落。

王明清亦云:“熙宁三年廷试罢三题,专以策取士,非杂犯不复黜落。”④

综上所述,较为确切的说法大概应该是:自嘉祐二年起,殿试非杂犯不复黜落。

元祐三年(1088)三月,苏轼知贡举,他在给宋哲宗所上《放榜后论贡举合行事件》的奏章中写道:

> 近岁流弊之极,杂犯亦或取录,遂使过省举人,便同及第,纵使纰缪,亦玷科举,恩泽既滥,名器自轻,非祖宗本意也。

所谓“近岁”,当指临近元祐三年的岁月,据《宋会要辑稿·选举》、《长编》等史书

---

① 程大昌:《演繁露》续集卷一《殿试不落人》。

② 《长编》卷四〇九,元祐三年三月;《苏轼文集》卷二八《放榜后论贡举合行事件》。

③ 王得臣:《麈史》卷中《神授》。

④ 王明清:《挥麈录》卷三。

记载，元丰五年(1082)、八年(1085)均曾开科取士。据考证，元丰五年礼部合格奏名进士485人，殿试取进士445人，则殿试黜落40人。鲜于绰《传信录》云：

> 又有刘概者，前此一举，蒲宗孟为省试，喜其文，考概作省元。以策中“岁”字犯庙讳藩邸名，不得已黜落。①

“犯庙讳藩邸名”即“杂犯”，因而黜落。可见元丰五年仍在实行殿试杂犯黜落之制。

另据考证，元丰八年省试合格奏名进485人，此榜谅阴不殿试，故均赐及第、出身。《宋会要辑稿·选举》三之四八载：

> 五月三日(哲宗已即位，未改元)，礼部言：“贡院以合格进士郑奕、江屿、刘正夫、太史章犯高兖王讳驳放。”四日，太皇太后曰：“此举人未通知，特与收录。”蔡确曰：“法当黜。以事初过误，恕其罪，足彰盛德，例当附榜末。”从之。

可见，苏轼所奏“近岁流弊之极，杂犯亦或取录”，当指元丰八年之事，但属特例，并非定制。

那么，从何时起，杂犯亦不黜落成为制度呢？《宋会要辑稿·选举》八之三七《亲试杂录》载：

> [元祐八年]三月二十三日……诏来年御试，将诗赋举人复试三题，经义举人且令试策，此后全试三题。其杂犯举人未得黜落，别作一项闻奏。

据此，元祐八年之后，殿试杂犯者始不复黜落，别作一项上奏皇帝，请予定夺。

皇帝对殿试杂犯举人如何定夺呢？《建炎以来系年要录》卷五二载：

> 绍兴二年(1132)三月甲寅(二十三日)……时举人策有犯庙讳及文理纰谬者，上命黜降；又有犯御名者，命收置本等。……时举人陈之茂等十一人，二人以犯讳降等，九人以文理纰缪与诸州助教。……寻诏助教人调官依特

① 《长编》卷三二四，元丰五年三月戊申条注引。

奏名例。辅臣再请，乃并文学人并附正甲。

绍兴五年七月戊子（十七日），殿中侍御史谢祖信言：

> 勘会绍兴二年陈之茂等一十九人，为文理纰缪及犯名讳，各补下州文学，后来并附第五甲末。夫犯名讳在不考式，有司之法也。祖宗以来，加惠多士，特赐文学、助教之科，示不弃黜，盖有常典，未闻再许附进士之科也。至如文理纰缪之类，尤宜详精考校，务厌众心。前此舆议，以为纰缪之文，乃缘触犯忌讳之故，其后大臣闻之，于是奏附正甲。此盖一时失于慎重，遂紊祖宗之制。既失而得，进士举不足贵矣。今廷试在迩，伏乞戒谕有司，慎重其事，无蹈前失。①

李心传（1167—1244）在《系年要录》卷五十二、绍兴二年三月甲寅条的注中云："以《进士同年小录》考之，是年第五甲后别有文学一十一人，系陈之茂至陈宗周，下注'同进士出身'，则是果附正甲也。"由此可见，定夺结果往往是特赐下州文学或助教，仍有可能附第五甲末。

此类事情，此后也时有发生。如绍兴十二年三月殿试，"叶侁杂犯，与同学究出身；林观过犯讳，与下州文学。"②绍兴十五年三月殿试，"汪安仁杂犯，特赐学究出身；徐涓、李理犯庙讳嫌名，特与下州文学。"③绍兴二十一年闰四月殿试，"杜时可为四犯，犯庙讳嫌名，特与下州文学。"④

孝宗时，有省试杂犯亦不黜落者。《宋会要辑稿·选举》四之三六《贡举杂录》载：

> 隆兴元年（1163）二月十七日，翰林学士承旨、知制诰知贡举洪遵等言："考校'已感康'字号试卷，学问源渊，论议切直，为前后场之冠，已考入魁选，偶策卷误犯哲宗旧讳。"诏楼钥特降末等头名。乾道五年（1169），廷试进士，勾龙京复犯哲宗旧讳，特授下州文学。京自陈旧讳凡有两音：其一余封切，谓售役于人，即旧讳也；其一痴容切，谓均直于下，音义各殊。下秘书省看

---

① 《系年要录》卷九一，绍兴五年七月戊子；《宋会要辑稿·职官》一三之九《贡院》。

② 《宋会要辑稿·选举》八之五《亲试》。

③ 《宋会要辑稿·选举》八之六《亲试》。

④ 《宋会要辑稿·选举》八之七《亲试》；《系年要录》卷一六二，绍兴二十一年闰四月丁亥。

> 详，与楼正同。已而，诏时附第五甲末。

是榜谅阴不殿试，楼钥（1137—1213）省试已考为第一名，但策卷犯哲宗旧讳，本应按惯例授下州文学，大概因为“已考入魁选”及哲宗旧讳“佣”有两音，一音“余封切”即 yong，意为受雇为人劳动，一音“痴容切”即 chong，意为均、直，音、义均不同，所以仍为第五甲头名，为同进士出身。

又《宋会要辑稿·选举》四之三八《贡举杂录》载：

> 乾道二年（1166）二月十二日，贡院申明：“有第三场策卷误犯庙讳嫌名，从口从休。”宰执洪适等奏曰：“前举楼钥误犯庙讳旧名，从人从庸，得旨特与降充末等头名。”上曰：“嫌名比旧名为轻，可令依等第取放。”

此榜亦有殿试犯“不考式”而黜落者。如《宋会要辑稿·选举》八之四四《亲试》载：

> 乾道二年三月十六日，御药院言：“正奏名‘宁远嘉’字号试卷犯不考式。”洪适等奏：“写御题外仅及二百字。”上曰：“此必假笔。朕欲先拆见姓名，取省试卷比较，使见情迹，卿等一面取开。”适等奉诏进。
>
> 翌日，呈拆见姓名，乃宗子忠训郎伯山，为锁试，两获文解，昨遇覃恩，特免省。适等乞与换授文〔资〕（质）带“右”字。以文不合格，法当不考，罢之。

省试“误犯庙讳嫌名”，不黜落；宗室赵伯山因为“试卷犯不考式”，特黜落。这也可能是特例。

直至南宋末年，殿试杂犯皆不黜落，或授诸州文学，或特与附第五甲末出身。如“嘉定元年（1208）七月十二日，诏保义郎、敕授全州文学赵汝易特与附五甲末出身。汝易殿试中第二甲第七名，缘犯庙讳嫌名，敕授文学。汝易乞依昨来进士林一鸣、宗子希旦犯庙讳例，比附降甲，改正出身。特从其请。”①

三、殿试不黜落制度形成的原因

为什么嘉祐二年殿试非杂犯不复黜落呢？宋人已众说纷纭。《长编》卷一八

---

① 《宋会要辑稿·选举》八之二二《亲试》。

五嘉祐二年(1057)三月丁亥(十一日)记事注引北宋人李复圭《记闻》云：

> 是春(按嘉祐二)以进士群辱欧阳修之故，殿试并赐及第，不落一人。

北宋人邵伯温(1056—1134)《邵氏闻见录》卷二云：

> 本朝自祖宗以来，进士过省赴殿试，尚有被黜者。远方寒士殿试下第，贫不能归，多至失所，有赴水而死者。仁宗闻之恻然，自此殿试不黜落，虽杂犯亦收之末名，为定制。呜呼！可以谓之仁矣。

南宋人王栐《燕翼诒谋录》卷五则云：

> 旧制，殿试皆有黜落，临时取旨，或三人取一，或二人取一，或三人取二，故有累经省试取中，屡摈弃于殿试者。故张元以积忿降元昊，大为中国之患，朝廷始囚其家属，未几复纵之。于是群臣建议，归咎于殿试黜落。嘉祐二年三月辛巳，诏进士与殿试者皆不黜落。迄今不改。是一叛逆之贼子，为天下后世士子无穷之利也。

李复圭认为，殿试不黜落是"以进士群辱欧阳修之故"；邵伯温认为，是出于仁宗对"远方寒士殿试下第贫不能归"的恻隐之心；王栐认为，是因"张元积忿降元昊"，而"为天下后世士子无穷之利。"这些说法虽然都不无道理，但总使人感到似是而非。

其一，关于"进士群辱欧阳修"一事，《长编》卷一八五载：

> 嘉祐二年(1057)正月癸未(六日)，翰林学士欧阳修权知贡举。先是，进士益相习为奇僻，钩章棘句，浸失浑淳，修深疾之，遂痛加裁抑，仍严禁挟书者。及试榜出，时所推誉，皆不在选。嚣薄之士，候修晨朝，群聚诋斥之，至街司逻吏不能止。或为《祭欧阳修文》，投其家，卒不能求其主名置于法。然文体自是亦少变。

这是北宋古文运动中的一大重要事件。对于"习为奇僻，钩章棘句"的"太学体"，早在十一年前即庆历六年(1046)，张方平为同知贡举，即上《贡院请戒励天下举人文章》的奏章，激烈抨击“太学新体”，在对“举人程试有擅新体而又诞漫不合程式者，已准格考落外”，并“伏乞朝廷申明前诏，更于贡院前榜示，使天下之士知循常道”。①但是，“太学新体”并未得到有效的遏止。直到十一年后欧阳修知贡举，才得到根本的改变。韩琦《欧阳公墓志铭》云：“嘉祐初，权知贡举。时举者务为险怪之语，号‘太学体’。公一切黜去，取其平淡造理者即预奏名。初虽怨讟纷纭，而文格终于复古者，公之力也。”②

既然“进士群辱欧阳修”十一年之前，张方平即已黜落“举人程试有擅新体而又诞漫不合程式者”，“进士群辱欧阳修”之后又文体大变，“终于复古”，怎么会“以进士群辱欧阳修之故，殿试并赐及第，不落一人”呢？

而且，嘉祐二年殿试也并非“并赐及第，不落一人”。《宋会要辑稿·选举》一之一一《贡举》载：“嘉祐二年正月六日，以翰林学士欧阳修知贡举……合格奏名进士李寔已下三百七十三人。”而《宋会要辑稿·选举》七之一七《亲试》载：“嘉祐二年三月五日，帝御崇政殿试礼奏名进士，内出《民监赋》、《鸾刀诗》、《重巽命论》题，得章衡已下三百八十八人，第为五等，并赐及第、出身、同出身。”殿试进士登科者竟然比礼部奏名者多了 15 人！遍查有关史料，此榜未见有免省试的记载，殿试进士登科者不应该多出 15 人。据《宋会要辑稿·选举》三之三二《贡举杂录》载：“至和二年(1055)十月十五日，判礼部贡院王珪言：‘……前诏礼部，应进士、诸科奏名皆以四百人为额。兹诚圣虑所以欲革仕进之弊而敦治原之要也。伏虑将来群士皆至阙下，有扇摇而言者辄议冲改，望申饬有司，令固守之。’”又据《宋会要辑稿·选举》三之三三《贡举杂录》载：“嘉祐二年十二月五日，诏曰：……自今间岁一开科场，天下进士、诸科并解旧额之半。”即由四百人减为二百人。据《宋会要辑稿·选举》一之一一《贡举》载，嘉祐四年、六年、八年所开科场，均严格奉行嘉祐二年诏书，省试合格奏名进士均为二百人。可知，嘉祐二年应该奉行至和二年十月之前的诏书，省试合格奏名进士四百人，而不应该更少。前引程大昌《演繁露》续集卷一《殿试不落人》亦云：“案《实录》，试进士李寔等四百人，而得第者三百八十八人。”可见，前引《宋会要辑稿·选举》一之一一《贡举》所载“嘉祐二年正月六日，以翰林学士欧阳修知贡举……合格奏名进士李寔已下三百七十三人”有误。这样嘉祐二年殿试黜落者应为十二人，所以不能说嘉祐二年“以进士群辱欧阳修之故，殿试并赐及第，不落一人”。

---

① 张方平：《乐全集》卷二〇《贡院请戒励天下举人文章》。

② 韩琦：《安阳集》卷五〇《欧阳公墓志铭》。

其二,关于“远方寒士殿试下第贫不能归”。这一现象由来已久,邵伯温云“本朝自祖宗以来”皆然。实际上,自宋太祖开宝六年(973)创立殿试制度以来皆然。“远方寒士殿试下第贫不能归”的现象至嘉祐二年已有84年之久,至仁宗即位也有50年之久,那么为什么嘉祐二年才殿试不黜落呢?并没有具体的令人信服的证据。

其三,关于“张元积忿降元昊”。北宋人王巩《闻见近录》云:

> (张)元累举进士不第,又为县宰笞之,乃逃诣元昊。……及元昊叛,露布有“朕欲亲临渭水,直据长安”之语,元所作也。后鄜州(治今陕西富县)被围,元实在兵中,于城外寺中题曰:“太师、尚书令兼中书令张元,从大驾至此。”其跋扈如此。昊虽强黠,亦元导之也。

岳飞之孙岳珂(1183—1234)《桯史》卷一《张元吴昊》云:

> 景祐末,有二狂生曰张曰吴,皆华州人,薄游塞上,觇览山川风俗,慨然有志于经略,耻于自售,放意诗酒,语皆绝豪险惊人,而边帅豢安,皆莫之知。怅无所适,闻夏酋有意窥中国,遂叛而往。二人自念不力出奇无以动其听,乃自更其名,即其都门之酒家剧饮终日,引笔书壁曰:“张元、吴昊来饮此楼。”逻者见之,知非其国人也。迹其所憩,执之。夏酋诘以入国,问讳之义。二人大言曰:“姓尚不理,乃理名耶?”时曩霄未更名,且用中国赐姓也。于是竦然异之,日尊宠用事。宝元西事,盖始此。其事国史不书,诗文杂见于《田承君集》、沈存中《笔谈》、洪文敏《容斋三笔》,其为人概可想见。文敏谓二人名偶与酋同,实不详其所以更之意云。

北宋初年,宋辽对峙;仁宗之后,西夏崛起,大有三足鼎立之势。为了巩固边防,笼络士人,在科举中实行一些特殊政策,是理所当然的。如治平元年(1064)欧阳修上疏云:“西北近虏,士要牢笼。”[①]但是,“张元积忿降元昊”事件发生在景祐末年,至嘉祐二年,已经过去有20年。很难说,“张元积忿降元昊”是“进士与殿试者皆不黜落”的直接原因。

那么,宋代究竟为什么实行“殿试不黜落”的制度呢?我认为,其原因大概有三:

---

① 欧阳修:《欧阳文忠公文集》卷一一三《论逐路取人札子》。

第一，是为了使应举人对皇帝感恩而不积怨，进一步加强君主专制中央集权。宋代帝王所以实行殿试制度，主要是为了收揽威权，变“恩归有司”为“恩由主上”。殿试及第，金榜题名，应举人当然会对皇帝感恩戴德。但是，如果过省举人累经殿试而不中，必然积怨于主持殿试的皇帝。这样，反倒成了“恩归有司”而“怨由主上”了。而且殿试黜落往往比省试黜落更令举人懊丧和怨愤。这当然是帝王们所不希望的。省试减少奏名数额而殿试不复黜落，则应举人对皇帝只会感恩戴德而不会抱怨了。这是宋朝殿试不黜落最主要的原因，也是其最主要的目的。

第二，是因为嘉祐二年已经大为减少并限定了礼部奏名的数额。皇祐五年(1053)，“诏礼部，应进士、诸科奏名皆以四百人为额。”①此时一般是四年一开科场，即平均每年省试奏名进士、诸科各一百人。自此至宋末，省额均以此数为准。如嘉祐二年十二月五日，诏曰：“自今间岁一开科场，天下进士、诸科并解旧额之半。”②嘉祐四年、六年、八年省试奏名合格进士均为二百人。英宗治平三年(1066)十月，诏曰：“今后宜每三年一开科场。……所有礼部奏名进士以三百人为额，明经、诸科不得过进士之数。”③神宗熙宁四年(1071)改革科举，废明经、诸科，专以进士一科取士，“候经一次科场，除旧人外，不得应诸科举”，“礼部奏名，于诸科解额十分之三增进士额”。④所以熙宁六年之后，省试奏名进士始超过 300 人，但省试奏名诸科相应减少，直至诸科消亡，省试奏名进士、诸科总数仍为 600 人左右。惟有徽宗朝有时省试奏名超过 600 人，但一般都特颁诏书，方予增加。如徽宗大观三年(1109)正月二十日，诏：“贡院取士可以额外增一百人。”⑤政和二年(1112)正月九日，御笔：“今次可特添省额一百人。”⑥宣和六年(1124)正月二十八日，诏：“可特添省额百人。”⑦平均每年省试奏名一百人的省额已经低于前此仁宗朝殿试各榜的进士取士人数，因而可以实行殿试不黜落。程大昌也看出了这一点，他在《演繁露》续集卷一《殿试不落人》中指出：

> 案皇祐元年廷试取四百九十八人，五年取五百二十人。至嘉祐四年所

---

① 《长编》卷一八二，嘉祐元年四月丙辰；《宋会要辑稿·选举》三之三二《贡举杂录》。
② 《宋会要辑稿·选举》三之三三《贡举杂录》。
③ 《宋会要辑稿·选举》三之三八《贡举杂录》。
④ 《长编》卷二二〇，熙宁四年二月丁巳。
⑤ 《宋会要辑稿·选举》四之六《贡举杂录》。
⑥ 《宋会要辑稿·选举》四之七《贡举杂录》。
⑦ 《宋会要辑稿·选举》四之一四《贡举杂录》。

> 取人止一百六十五人，六年一百八十三人，阅两举才共取三百四十八人耳。虽缘其时初制间年一开科举，故约此意指，似是礼部奏名先减其额，故廷试虽不落人，其得第少。是亦朝三暮四之比也。又缘其时立制减去诸州解额之半，礼部以半额纽数而取，故奏名已少，及至廷试，不用汰黜也。

正是限定省额即礼部奏名合格人数这一科举制度本身的变化，为宋朝殿试不黜落提供了可行性，因而成为殿试不黜落的一个重要原因。

第三，省试至嘉祐二年，已经形成一套相当完备的制度，所取人数既少且精，即使殿试不再黜落，也不至于有太大的舛误。

景祐元年（1034）二月乙未（四日），李淑曾上《时政十议》，其六议贡举，曰："……太宗委之春官，自咸平后，乃复廷试。则是天子之尊，而亲春官之职。且取人太广，又一日之艺，未极所长，数日考覆，难尽其当。愿陛下约今岁吏部阙官之数，为来年入等之准，先委贡院考试，然后委文学近臣三两人覆阅可否，陛下与执政之臣启封阅名，旁采声实，第以科级。如此，则天下之士可得实才矣。"①

庆历二年（1042）二月，富弼上疏请罢殿试，富弼正是借口"省试有三长、殿试有三短"，他说："臣欲乞自今岁以后，只令南省放榜。必恐恩归省司，则请如天圣二年，令南宫考定高下，以混榜引于殿庭，依次唱名赐第，则与殿试同矣！"②

庆历三年，范仲淹在《答手诏条陈十事》的奏疏中也主张不再以殿试进退士人："其南省考试之人……定夺等第讫，进入御前，选官覆考，重定等第讫，然后开看南省所定等第，内合同姓名偶有高下者，更不移改；若等第不同者，人数必少，却加弥封，更宣两地参较，然后御前放榜，此为至当。"③也就是说，省试合格者殿试不再黜落，只是调整一下部分过省举人的名次。

仁宗至和二年（1055）六月至嘉祐三年（1058）六月，富弼为户部侍郎、同平章事、集贤殿大学士（集贤相）；嘉祐三年（1058）六月至六年（1061）三月，升为礼部侍郎、同平章事、昭文馆大学士、监修国史（昭文相）。嘉祐二年之后实行殿试非杂犯不复黜落之制，大概与上述富弼的思想以及他本人时为宰相也不无关系。

宋朝殿试考校逐渐形成的殿试不黜落制度，是科举制度中的一项重要制度。它不但自形成之后到南宋末年一直奉行未改，而且为元、明、清历代科举所继承。深入研究殿试不黜落制度，不但具有学术价值和历史意义，而且或许具有现实意义。

---

① 《长编》卷一一四，景祐元年二月乙未。

② 《宋会要辑稿·选举》三之二二至二三《贡举杂录》。

③ 范仲淹：《范文正公政府奏议》卷上《答手诏条陈十事》；《长编》卷一四七，庆历三年九月丁卯。

第六节　谅阴不殿试及特恩免殿试

一、谅阴不殿试

李心传(1167—1244)云:“自咸平以来,人主有三年之丧则罢殿试,而以省元为榜首。”①《宋会要辑稿·选举》三之六载:“真宗咸平元年(998年)二月三日,诏曰:‘……宜令礼部贡院考试毕日,录合格人姓名以闻,当议降敕放榜赐及第。’”又载:“咸平二年三月十日,礼部贡院言:‘考试举人毕,请御试。’帝以谅阴中,不许。”自此,谅阴不殿试遂成为定制。

仁宗天圣二年(1024)正月二十三日,诏:“今年贡举,依咸平二年南省榜体例施行,仍除不合格系驳放等外,先具考试到合格等第字号、人数以闻,听旨。”②“咸平二年南省榜体例”即是谅阴不殿试,令礼部放榜。英宗治平二年(1065)正月二十七日,诏:“贡院如南省放榜故事,合格者以名闻,俟敕下,仍放榜。”③“南省放榜故事”也是谅阴不殿试,令礼部放榜。此后神宗治平四年(1067)许安世榜、哲宗元丰八年(1085)焦蹈榜、徽宗元符三年(1100)李釜榜、高宗绍兴八年(1138)黄公度榜、孝宗隆兴元年(1163)木待问榜、宁宗庆元二年(1196)邹应龙榜、宁宗嘉泰二年(1202)乔行简榜、理宗宝庆二年(1226)王会龙榜、度宗咸淳元年(1265)阮登炳榜,皆因谅阴罢殿试,仅引见礼部奏名合格举人,降敕赐及第而已。其中,高宗绍兴八年不殿试曾出现过一些反复。《系年要录》卷一一三载:

> 绍兴七年(1137)八月乙卯(二十五日),诏来年礼部奏名进士,依祖宗故事,更不临轩策试。先是,祠部员外郎兼权礼部句龙如渊引天圣、治平谅闇故事为请,召侍从讨论,吏部尚书孙近等言:“皇帝临御天下,发号出令,已逾十年,即与前世嗣君新立谅闇不言事体不同,所有将来御试贡士,乞用临轩之制。”奏可。(是月辛丑行下)未几,权礼部侍郎陈公辅入见,请罢经筵、策士等事,以三年之内,凡涉吉礼者皆未宜讲。上以为然。

---

① 《朝野杂记》甲集卷一三《谅闇罢殿试》。

② 《宋会要辑稿·选举》三之一四《贡举杂录》,《长编》卷一〇二,天圣二年正月庚戌。

③ 《宋会要辑稿·选举》三之三八《贡举杂录》。

绍兴六年四月二十一日，宋徽宗病死于金国的五国城(今黑龙江省依兰县)。绍兴七年正月二十五日，何藓、范宁之至自金国，宋高宗始闻宋徽宗及宁德皇后崩，正月二十七日，乃为徽宗服丧。是年，开科贡举，八年将殿试。臣僚援引天圣二年(1024)、治平二年(1065)、四年仁宗、英宗、神宗谅阴不殿试的故事为请，高宗召近臣讨论，吏部尚书孙近认为高宗继位已经十余年，与此前的皇帝新立谅阴不同，可以临轩殿试。高宗认可，并于八月辛丑(十一日)颁布了诏书。不久，权礼部侍郎陈公辅(1077—1142)认为服丧三年期间，经筵、策士等凡涉吉礼的活动都不宜举行。高宗复以为然，遂又下诏来年更不临轩策试。

谅阴不殿试，一般则以省元为状元。如真宗咸平元年(998)省元、状元均为孙仅，咸平二年省元、状元均为孙暨，英宗治平二年(1065)省元、状元均为彭汝砺，神宗治平四年省元、状元均为许安世，哲宗元丰八年(1085)省元、状元均为焦蹈，徽宗元符三年(1100)省元、状元均为李釜，高宗绍兴八年(1138)省元、状元均为黄公度，孝宗隆兴元年(1163)省元、状元均为木待问，宁宗嘉泰二年(1202)省元、状元均为傅行简，理宗宝庆二年(1065)省元、状元均为王会龙，度宗咸淳元年(1265)省元、状元均为阮登炳。惟有仁宗天圣二年(1024)，诏翰林学士晏殊、龙图阁直学士冯元编排等第，省元为吴感，而状元为宋庠；宁宗庆元二年(1196)省元莫子纯系有官人，降为第二名，而以邹应龙为状元；咸淳十年(1274)七月八日，度宗崩，恭帝即位，礼部认为“既不可谓之谅阴，又不可不赴廷对，乃仿召试馆职之制而行之”，①所以省元为李大同，状元为王龙泽。

谅阴不殿试，因为皇帝不临轩策试，故其状元以下授官恩数要稍差一些。李心传云:“自咸平以来，人主有三年之丧则罢殿试，而以省元为榜首。……旧制止除职官，惟天圣二年宋元宪独除京官、通判。绍兴八年，黄公度复补京官，自是遂为故事。”②如真宗咸平元年(998)五月十六日，“以礼部及第进士孙仅、黄宗旦、朱严并为防、团推官，馀悉授判司簿尉”。③上三人授防御、团练推官，仅为文阶官37阶中的第34阶，从八品，属选人七阶中的第四阶。判司簿尉为最低一级的文阶官，从九品。而咸平三年四月二十七日，真宗第一次临轩殿试授官，则“以新及第进士第一人陈尧咨、第二人周起、第三人胡用、第四人朱巽、第五人李颖、锁厅李绎，并为将作监丞、通判诸州。第一等四十二人并‘九经’关头为大理评事、知县；第二等节察推官；第三等初幕职。馀判司尉、试衔，令归乡守选。”④“将作监丞”为

① 《宋史》卷一五六《选举志二》。
② 《朝野杂记》甲集卷一三《谅阁罢殿试》。
③ 《宋会要辑稿·选举》二之三《进士科》。
④ 《宋会要辑稿·选举》二之四《进士科》。

文阶官 37 阶中的第 27 阶,从八品,属京官五阶中的第二阶。两相比较,咸平三年的上三人比咸平元年的上三人官阶高出了 7 阶。

又如英宗治平二年(1065)二月丙午(十六日),"赐贡院奏合格进士、明经、诸科鄱阳彭汝砺等三百六十一人及第、出身。汝砺等三人授初等幕职官,如咸平元年例,馀授判司簿尉,出身人守选。"[①]"初等职官"指防、团、军事推官,军、监判官,为文阶官 37 阶中的第 34 阶,从八品,属选人七阶中的第四阶,与咸平元年授官之制同。而熙宁三年(1070)四月丁卯(七日),神宗第一次临轩殿试授官,"以新及第进士叶祖洽为大理评事,上官均、陆佃为两使职官,张中、程尧佐为初等职官。第六人以下为判、司、主簿或尉。第三甲并诸科同出身,并守选"。[②]"大理评事"为第 28 阶,属京官五阶中的第三阶;"两使职官"指留守、节、察判官,掌书记、支使、防团判官,留守、节、察推官,军事判官。"两使职官"为文阶官 37 阶中的第 31、32、33 阶,从八品,即选人七阶中的第一、二、三阶。熙宁三年比咸平四年贡举授官也优渥得多。

二、特恩免殿试

另外,宋朝贡举还有特恩免殿试之制。其一,是以兵兴道梗赴殿试不及而特恩赐第。如高宗绍兴二年(1132)闰四月乙未(五日),"诏诸路类试进士赴殿试不及人,正奏名与进士同出身,特奏名与诸州助教,调官如文学例。以道梗特优之也"。[③]

其二,是对川陕类试合格未赴殿试者,特予赐第。如绍兴五年十一月十九日,"诏川陕类试过省第一人特赐进士及第,与依行在殿试第三人恩例,余并赐同进士出身。仍令川陕宣抚司开具姓名,申尚书省给敕牒"。[④]

其三,是对某些太学生免试赐第。如"绍兴元年正月初一日,德音:太学上舍已该再免省试合赴绍兴元年殿试人,特免赴殿试,并与赐同进士出身"。[⑤]绍兴元年四月三日,因为"依德音免赴殿试",而"赐太学免上舍生高闶、元盥同进士出身"。[⑥]

总之,由以上可以看出,宋朝殿试制度是相当严密而完备的。

---

① 《长编》卷二〇四,治平二年二月丙午。
② 《长编》卷二一〇,熙宁三年四月丁卯。
③ 《系年要录》卷五三,绍兴二年闰四月乙未。
④ 《宋会要辑稿・选举》二之一六《贡举》。
⑤ 《宋会要辑稿・选举》四之二三《贡举杂录》。
⑥ 《宋会要辑稿・选举》九之一七《赐出身》。

第七节　宋朝殿试制度的作用与影响

宋朝殿制度自太祖开宝六年(973)创立以来，前后实行了三百年，在政治生活中发挥了重要作用。首先，皇帝亲自掌握取士大权，加强了君主专制的中央集权制度。唐及五代，省试为贡举的最高一级考试，先后由考功员外郎、礼部侍郎主持，皇帝并不亲自参与其事。省试知贡举官握有取士大权，决定着举人登科或落第的命运。因此，当时谓知贡举官为"座主"，谓登第进士为"门生"。每科放榜之后，状元以下都要排队到知贡举官宅第行礼谢恩。座主、门生之间，"扬谕品目，至于终身；敦尚恩纪，子孙不替"。①唐代座主与门生的关系，乃是两汉察举制的遗迹。王夫之云："汉之孝廉，于所举之公卿州将，皆生不改与齿，而死服三年之丧。"②简直是义如君臣，情同父子。这种关系必然生出种种弊病。其一，他们之间彼此标榜，互相勾结，极易结成"朋党"。汉代的党锢之祸，唐代的牛李党争，都与此有关。其二，孝廉认举主为君父，门生称座主为恩师，"受命公朝，拜恩私室"③，这对维护君主专制中央集权是大为不利的。

五代的有识之士已经认识到这些弊病，后唐长兴元年(930)，曾下诏禁止及第举人呼知贡举官为恩门和自称门生。但这不过是一纸空文。清泰二年(935)，即在此诏颁布之后的第五年，仍然出现"门生门下见门生"的现象。据《古今合璧事类备要》卷三九载：

> 裴皞官至礼部尚书，放三榜，四人拜相：桑维翰、窦贞固、张砺、马裔孙。清泰二年，马裔孙知贡举，才放榜谢恩，引诸生诣座主宅谒拜。裴公以诗示之曰："宦途最重是文衡，天与愚夫著盛名。三主礼闱年八十，门生门下见门生。"世以为荣。

可见当时称座主、门生之风非但并未稍减，反而愈演愈烈。

北宋建立伊始，宋太祖就下诏重申明令禁止及第举人呼知贡举官为"恩门"、"师门"及自称"门生"。但是，由于取士大权仍然掌握在知贡举官手中，这一纸诏

---

①③　《云溪居士集》卷二四《上门下许侍郎书》。

②　《宋论》卷一。

书仍然起不了多大作用。创立殿试制度之后，皇帝"亲程多士"，"取由朕"，及第举人就不再是知贡举官的门生，而成为"天子门生"了。这样，就可以根除过去那种"受命公朝，谢恩私室"的弊病，使科举出身的官僚对皇帝更加感恩戴德，俯首听命。《挥麈前录》卷三载：

刘器之(安世)晚居南京，马涓巨济作少尹。巨济廷试日，器之作详定官所取也。而巨济每见器之，未尝修门生之敬。器之不平，因以语客。客以讽巨济，巨济曰："不然。凡省闱、解送则有主文，故所取士得以称门生，殿试盖天子自为座主，岂复可称门生于它人？幸以此谢刘公也。"客以此告，器之叹服其说，自是甚欢。

宋人王栐评论说：

自唐以来，进士皆为知举门生，恩出私门，不复知有人主。开宝六年，下第人徐士廉挝登闻鼓，言久困场屋。乃诏入策进士、终场经学，并试殿廷。……艺祖以初殿试，特优与取放，以示恩惠。而御试进士不许称门生于私门，一洗故习。大哉宏模！可谓知所先务矣。①

蔡居厚《蔡宽夫诗话》亦云：

始，唐于礼部放榜，故座主、门生之礼特盛，主司因得窃市私恩。本朝欲革其弊，即更殿试。②

殿试制度的创立，也的确同收兵权一样，成为维护和加强赵宋王朝统治的重要措施。

其次，皇帝亲自主持殿试，并陆续制定了一系列颇为完备而严密的制度，对于防止势家请托作弊和精择寒俊，都起了重要作用。例如皇帝亲自选定试题，亲临考场策士，亲自视察考校官幕次，过问试卷考校，亲定状元以下前十名的高下等，以及封弥誊录、三级考第等制度的创立，所有这些都是有利于杜绝私请和选拔寒俊的。如《长编》卷一六载：

---

① 王栐：《燕翼诒谋录》卷一。

② 蔡居厚：《蔡宽夫诗话》，引自胡仔：《苕溪渔隐丛话》后集卷十九。

开宝八年(975)二月戊辰(二十五日),上御讲武殿,覆试王祐等所奏合格举人王式等,因诏之曰:“向者登科名级,多为势家所取,致塞孤寒之路,甚无谓也。今朕躬亲临试,以可否进退,尽革畴昔之弊矣。”式等皆顿首谢。

实行殿试虽然也难以“尽革畴昔之弊”,但是皇帝等最高统治者从维护其统治出发,也会通过殿试稍为抑制“势家”垄断贡举,开辟一些“孤寒”进取之路。

宋朝也的确通过殿试选择出了一批治国之材。即使殿试非杂犯不复黜落之后,也是如此。虽然仁宗嘉祐二年(1057)之后,殿试对举人的弃取影响不大,但对其名次高下,仍具有决定性作用。进士高第者,授官清要,升迁迅速,或不十年而至公辅。苏轼云:

观进士登科录,自天圣初讫于嘉祐之末,凡四千五百一十有七人,其贵且贤以名闻于世者,盖不可胜数。数其上之三人,凡三十有九,而不至于公卿者,五人而已。①

一代名臣如寇准、包拯、欧阳修、范仲淹、王安石等,都是由殿试高第之后而荣登宰辅的。

再次,完备而严密的殿试制度,在宋朝科举制度的发展中,也起了重要作用。例如,作为科举防弊关键性措施的封弥、誊录制度,首先是在殿试中采用的,若干年后,才逐渐推广于省试和解试。由此可见,殿试制度对于省试及解试制度,在试卷考校方面,无疑起到了开创性和示范性的作用。其他许多方面,如上请之制等,也有类似的情形。可以说,殿试制度的发展,促进了宋朝整个科举制度日趋完备。

正因为殿试有如此重要的作用,所以三级考试制度成为不易之制,一直为元、明、清三代所袭用。又因为宋朝殿试制度已经发展到相当严密而完备的程度,所以它的许多方面,如按榜引试、丹陛对策、封弥考校、殿试不黜落、唱名赐第等,也为后代所继承。因此可以说,宋朝殿试制度无论在当时还是对后代,都具有广泛而深远的影响。当然,这些影响既有积极的,也有消极的。而且,在不同时期和不同情况下,其积极和消极的影响也不相同。总之,对于宋朝殿试制度,至今仍然是值得研究的。

---

① 《苏轼文集》卷十《送章子平诗叙》。

第七章　宋朝贡举考场管理制度

为了防止徇私舞弊，以便应举人平等竞争，宋朝贡举制定了一系列考场管理制度。归纳起来，主要有锁院与别头试制度，按榜就座、上请与禁止继烛制度，禁止怀挟、传义、代笔制度等。这些制度对于维持考场秩序、防止徇私舞弊都起到了相当积极的作用。

第一节　锁院与别头试制度

一、锁院制度

唐代后期，贡举请托之风盛行，弊端百出。章如愚《山堂群书考索》续集卷三八《贡举》云：

> 唐初，贡举属之考功，至开元移之礼部，所谓主司，皆有常人，则既预知之矣。不惟预知也，亦可预谒之；不惟预谒也，亦可预托之。贵者以势托，富者以财托，亲故者以情托，此岂复有真贡举哉！

北宋初年，为了杜绝贡举请托之弊，乃创立了锁院制度。赵升《朝野类要》卷二《锁院》条云："凡言锁院者，机密之谓也。故试士、撰麻皆如此也。"宋朝贡举锁院始于太宗淳化三年(992)。《宋会要辑稿·选举》一九之二《试官》载：

淳化三年正月六日，以翰林学士承旨苏易简等权知贡举。易简等以贡举重柄，义在无私，受诏之日，五人便赴尚书省锁宿，更不归私第，以杜绝请托。物论嘉之。

《宋会要辑稿·选举》一之三—四《贡举》亦载：

[淳化]三年正月六日，以翰林学士承旨苏易简权知贡举，翰林学士毕士安、知制诰吕祐之、钱若水、王旦权同知贡举。……自端拱元年试士罢，进士击鼓诉不公后，次年，苏易简知贡举，固请御试。是年，又知贡举，既受诏，径赴贡院，以避请求，后遂为例。

锁院就是在贡举考官被任命之后，立即被送入贡院或其他考试场所，在与外界隔绝的状态下，拟题、引试、考校试卷、确定等第，放榜之后，才能解禁出院，以防止请托之弊。此制自太宗淳化三年创立之后，一直沿用。吴自牧《梦粱录》卷二《诸州府得解士人赴省闱》描述南宋末年锁院时云：

朝廷待士之重，差官之际，并令快行宣押所差官员入内，到殿听敕。其知贡举、监试、主文，并带羞帽，穿执乘驭，同诸考试等官，迎引下贡院，然后锁院，择日放试。

锁院之前，有关官员不得请假外出，待命官锁院之后，未被差作考官的官员方可请假外出。如神宗熙宁五年(1072)十二月九日，诏："应发解、省试，于锁院一月前，不许官员乞假出外，差官毕仍旧。"①

考官任命之后，要求立即伴送入贡院锁宿，不准停留与外人交谈，更不准回家。大中祥符四年(1011)十一月十二日，"诏自今知贡举及发解试官，并令门辞，遣官伴送入院锁宿，不得更求上殿及进呈题目"。②连上殿也不允许。大中祥符七年(1014)八月十七日，命翰林学士王曾(978—1038)、知制诰钱惟演(962—1034)于武成王庙试经明行修服勤词业举人。"王曾等授敕知贡举，与李维偶语于长春殿阁子，至审刑院伺候鞍马，迟留久之。押伴、阁门祗候曹仪虑其请嘱，因以上

① 《宋会要辑稿·选举》一九之一六《试官》。

② 《宋会要辑稿·选举》三之一〇《贡举杂录》。

言，即令曾、惟演分析，与李维词同，特放曾等。”王曾与李维偶语于长春殿阁子说了些什么呢？《长编》卷八三云：“（李）维、（王）曾同在翰林，曾妻，维侄也。时曾妻将产子，故曾属维以家事。”[①]查明并非王曾受李维请托，方才特释王曾等。尽管如此，为防止请托，大中祥符七年八月二十三日，还是特地颁布了一封诏书：

> 今后所差考试、发解并知举官等，宜令阁门候敕出，召到画时令阁门祇候引伴指定去处锁宿，更不得与臣僚相见言话。如违，仰引伴使或阁门弹奏，并当重行朝典。如候鞍马未至，即阁门立便于左骐骥院权时供借。[②]

“画时”即“立即”。就是任命考官之后，立即令阁门祇候伴引到指定地点锁宿，不得再与其他臣僚相见说话，如果违犯，将重行处罚。如果所派鞍马未到，则立即借用左骐骥院的鞍马前往锁院。

后来仍然发生过没有及时锁院的情形。《宋会要辑稿·选举》一九之一九《试官》载：

> 元祐八年（1093）十二月二十四日，翰林学士范祖禹言：“伏见祖宗时，差知贡举官常以昼日入省。近岁每宣召知举官至阁门，须等候其馀官作一番押入，或已昏晚，则受敕于宫城门外，往往夜深方入试院。元丰八年，孙觉同知贡举，臣为点检官，亲见觉宿于东华门外卫士榻上，天将晓，方隔门受敕而去。切惟朝廷差侍从近臣、两省以上官知贡举及同知贡举，委以进退天下多士，其体不轻，而近世陵迟至此，恐非所以观示四方，为国光华也。臣欲乞自今宣知贡举官到阁门已上，令便受敕，先次差内臣一人押入。乞下礼部施行。”从之。

知贡举官到阁门即授敕，伴送入贡院。目的仍在于让考官尽快入院锁宿，避免在外滞留。

锁院制度不但施行于省试，而且也施行于殿试和解试。如《宋会要辑稿·选举》四之三九《贡举杂录》载：

---

① 《长编》卷八三，大中祥符七年八月丙子。

② 《宋会要辑稿·选举》一九之六《试官》。

> 乾道四年(1168)三月二十九日,臣僚言:"科举元法定用八月五日锁院,十五日引试。缘考官于八月五日以前虽至所差州军,其监试官例托以日数未及,不即入院,迁延至初五日方入。考官入院,坐待之久,并无禁约,既涉嫌疑,亦生奸弊。欲乞明降指挥,锁院不得过八月五日,考试官并限前期至所差州军,有一先至,监试官登时锁院。仍乞修入贡举条敕。"从之。

说明解试考官也是要及时锁院的。李心传云:"殿试以馆学、郎官四员充初、覆考官,以余官一员充点检试卷官,侍从二员充详定官,两省二员充编排官。以上并降敕押入院。"①光宗绍熙元年(1190)杨万里为殿试考官,其《上皇帝留刘光祖书》云:"臣昨被命覆考殿试进士,锁宿半月,不知近事。至二十五日、二十六日唱名,蒙恩赐告,少休私室。"②可见殿试也是要锁院的。

从锁院到放榜,解试、省试大概需要一个月左右的时间。如仁宗嘉祐二年(1057)省试,欧阳修知贡举,"绝不通人者五十日",③即锁院五十日。哲宗元祐三年(1088)省试,黄庭坚为省试参详官,"乃是在院四十四日",④即锁院四十四日。南宋省试锁院时间要短些。洪迈云:"累举省试,锁院至开院,限以一月。如未讫事,则伸展亦不过十日。"⑤殿试锁院时间大概在十日左右。《宋会要辑稿·选举》八之三二《亲试杂录》载:

> 景祐元年(1034)二月四日,中书门下言:"今后殿试举人,差初、覆考、详定官,并委中书选择有文学官充,仍与限十日,精审考校。"诏依。

有时会延长一些,上引杨万里《上皇帝留刘光祖书》即云:"臣昨被命覆考殿试进士,锁宿半月,不知近事。"光宗绍熙元年殿试即锁院半月。

宋朝贡举锁院,少则十天,多则近两月,家中难免有事需要通报,为了方便通报,又能防止借通报家事作弊,于是发明了"平安历"。司马光《涑水记闻》卷十四《平安历》云:

> 旧制,试院门禁严密,家人日遣报平安,传数人口,讹谬皆不可晓,常苦

---

① 李心传:《朝野杂记》甲集卷十三《国子监解试(南省试、别试、殿试)》。
② 杨万里:《诚斋集》卷六二《上皇帝留刘光祖书》。
③ 《欧阳修全集》卷四三《礼部唱和诗序》。
④⑤ 洪迈:《容斋四笔》卷八《省试取人额》。

之。皇祐中，王罕为监门，始置平安历，使吏隔门问来者，详录其语于历，传入院中。试官复批所欲告家人之语及所取之物于历，罕遣吏呼其人读示之，往来无一差失。自知举至弥封、誊录、巡铺，共一历，人皆见之，不容有私，人甚便之。自后遵以为法。（身见）

据司马光“身见”即亲身所见，“平安历”是仁宗皇祐年间监门官王罕所始置，而且“自后遵以为法”，确实是一个很好的办法。但是，良法美制在施行过程中有时也会走样。《宋会要辑稿·选举》六之一一《贡举杂录》载：

嘉定六年(1213)正月二十三日，臣僚言：“试院有平安历，不过以报平安。今则不然，其出也，所书项目，监门莫得而见；其入也，所传件数，监门莫得而稽。囊复封识，不知所藏何物。名为药裹，安知无简札往来；号为家书，安知无消耗漏泄？其弊有未易言者。嘉泰间，议臣亦尝推究关防矣，未闻许其发视而后通传。乞下所属，自今平安历早暮出入，监门官逐一点检，不许帕复缠裹，私自封缄，虽药贴家书，亦先开拆，方得收传。监试覆视，则考试者无得容其私，就试者无以售其私。”从之。

宁宗嘉定六年的“平安历”已经难以起到隔绝考官、防止请托的作用，所以宁宗从臣僚所请，又恢复了仁宗皇祐之制。

前引范祖禹言：“近岁每宣召知举官至阁门，须等候其馀官作一番押入”；又司马光云：“自知举至弥封、誊录、巡铺，共一历”，可见贡举锁院不仅是知贡举、同知贡举等主管命题、考校试卷的主要考官，还有封弥、誊录、巡铺等主管考试事务的考官，即凡是在贡院中考官均要锁宿，这对于隔绝考官、防止请托是非常必要的。

另外，考官贡举锁院，还派遣医官随同入院。《宋史》卷四六一《冯文智传》云：“出师及使境外、贡院锁宿，皆令医官随之。”医官随同锁院，可以为考官提供医疗保障，有利于贡举考试的顺利进行。

考官锁院一月左右，与外界隔绝，难免枯燥寂寞，往往相互赋诗唱和。嘉祐二年(1057)正月六日，以翰林学士欧阳修知贡举，翰林学士王珪、龙图阁直学士梅挚、知制诰韩绛、集贤殿修撰范镇并权同知贡举，梅尧臣充点检试卷官。锁院期间，彼此唱和，事后欧阳修还将这些唱和诗编为《礼部唱和诗集》。他在《礼部唱和诗序》中记载此事云：

嘉祐二年春，予幸得从五人者于尚书礼部，考天下所贡士，凡六千五百人。盖绝不通人者五十日，乃于其间，时相与作为古律、长短歌诗、杂言，庶几所谓群居燕处言谈之文，亦所以宣其底滞而忘其倦怠也。故其为言易而近，择而不精。然绸缪反复，若断若续，而时发于奇怪，杂以诙嘲笑谑，及其至也，往往亦造于精微。夫君子之博取于人者，虽滑稽鄙俚犹或不遗，而况于诗乎！古者《诗》三百篇，其言无所不有，惟其肆而不放，乐而不流，以卒归乎正，此所以为贵也。于是次而录之，得一百七十三篇，以传于六家。①

其《归田录》卷二亦纪其事云：

嘉祐二年，余与端明韩子华、翰长王禹玉、侍读范景仁、龙图梅公仪同知礼部贡举，辟梅圣俞为小试官，凡锁院五十日。六人者相与唱和，为古律、歌诗一百七十余篇，集为三卷。……前此为南省试官者，多窘束条制，不少放怀。余六人者，欢然相得，群居终日，长篇险韵，众制交作，笔吏疲于写录，僮史奔走往来，间以滑稽嘲谑，形于风刺，更相酬酢，往往烘堂绝倒。自谓一时盛事，前此未之有也。

南宋人方回(1227—1307)《瀛奎律髓》卷二亦云：

承平时，省试诸公例有唱和，于考校两不相妨。是年欧阳公知举，王岐公以翰学与圣俞俱在院，得二苏与南丰(曾巩)之年也。元祐三年，东坡为知举，黄山谷、李伯时俱为属，唱和尤盛。《张宛丘集》后有同文馆倡和数卷，晁无咎、曹子方、蔡天启、邓忠臣皆与，佳句无算，亦考试时作。南渡以后，此风颓落。

考官诗歌唱和，这些"所谓群居燕处言谈之文"，产生的原因在于用来"宣其底滞而忘其倦怠"，虽然"于考校两不相妨"，但据叶梦得云：欧阳修等知举官仍然不免"哄哄然，以为主司耽于唱酬，不暇详校"之讥，以至于"自是礼闱不复敢作诗，终元丰末几三十年。元祐初虽稍稍为之，要不如前日之盛"。②南宋贡举，考官唱和

① 《欧阳修全集》卷四一《礼部唱和诗序》。

② 叶梦得：《石林诗话》卷下。

之风更为颓落。大概是因为锁院时间缩短，考校任务加重，以及考官平素并非诗友的缘故吧。

贡举锁院期间的费用，由朝廷专项拨付。李焘《长编》卷二九端拱元年(988)闰五月纪事载："旧制，锁院，给左藏库钱十万以资费用。是岁，诏改支尚书祠部钱，仍倍其数。"这大概是宋朝初年省试锁院的费用。解试、殿试的费用情况，有待考证。

总之，锁院隔断了考官与其他臣僚及应举人的联系，使"贵者以势托，富者以财托，亲故者以情托"等请托都难以得逞。

二、别头试制度

《新唐书》卷四四《选举志上》云："初，礼部侍郎亲故移试考功，谓之别头。"即对省试知贡举官礼部侍郎的亲戚故旧另设考场，由考功员外郎进行考试，叫作"别头试"。唐玄宗开宝二十四年(736)，改以礼部侍郎知贡举。肃宗上元二年(761)，始设别头试。[①]德宗"[贞元]十六年(800)，中书舍人高郢奏罢，议者是之"。[②]宪宗"元和十三年(818)十月，权知礼部侍郎庾承宣奏：'臣有亲属应明经、进士举者，请准旧例送考功试。'从之。自贞元十六年，高郢掌贡举，请停考功别试，议者是之，自今始复。"[③]文宗"大和三年(829)，高锴为考功员外郎，取士有不当，监察御史姚中立又奏停考功别头试。六年，侍郎贾悚又奏复之"。[④]可见唐代别头试时行时废，尚未形成定制。

至宋朝，别头试则普遍施行于解试、省试，专门派遣考官，单独设立考场考试考官的亲属，成为一种回避亲嫌的考试制度。李心传《朝野杂记》乙集卷十五《殿试不避亲》云："国朝之制，发解进士及省试，皆置别头场，以待举人之避亲者。自缌麻已上亲及大功已上婚姻之家，皆牒送。惟殿试，则虽父兄为考官亦不避，盖以无别试之故也。"《宋史》卷一五六《选举志二》亦云："旧制，秋贡、春试，皆置别头场，以待举人之避亲者。自缌麻已上亲及大功已上婚姻之家，皆牒送。惟临轩亲试，谓之天子门生，虽父兄为考官，亦不避。嘉定元年，始因议臣有请，命朝官有亲属赴廷对者，免差充考校。"[⑤]

---

① 王定保：《唐摭言》卷八《别头及第》。

②④ 《新唐书》卷四四《选举志上》。

③ 《唐会要》卷七六《缘举杂录》。

⑤ 又见《文献通考》卷三二《选举考五》。

省试别头试始于太宗雍熙二年(985)。《太宗实录》卷三二载:"雍熙二年二月壬辰(十七日),诏左谏议大夫滕中正、兵部郎中杨徽之、屯田郎中孔承恭同试知贡举官亲属,凡九十八人。"《宋会要辑稿·选举》一九之二《试官》亦载:"雍熙二年二月二十五日,诏左谏议大夫滕中正、兵部郎中杨徽之、屯田郎中孔承恭同试知贡举官亲戚。(贾黄中等同知贡举,各以子弟甥侄籍名求别试。)"而《长编》卷六八载:"景德四年(1007)十二月,监察御史张士逊为贡院监门官。时贡举初用糊名之法,士逊白主司有亲戚在进士中,明日当引试,愿出以避嫌。主司不听,士逊乃自言引去。上是之,记名于御屏,遂诏自今举人与试官有亲嫌者,皆移试别头。"王栐《燕翼诒谋录》卷五云:"真宗时,试进士初用糊名法。……遂诏自今举人与试官有亲嫌者,移试别头。别试所自此始。"据前引《太宗实录》等,省试别头试始于太宗雍熙二年,而《长编》与《燕翼诒谋录》皆云别头试自真宗景德四年始,不知何故。

国子监、开封府解试的别头试始于真宗咸平元年(998)。《宋会要辑稿·选举》一九之三《试官》载:"咸平元年九月二十八日,诏遣官试开封府、国子监发解官亲戚举人。(故事,二司交互考试,帝虑涉情弊,故专命官焉。)"诸路州府解试别头试则始于仁宗景祐四年(1037)。《长编》卷一二〇载:"景祐四年二月甲寅(十一日),诏礼部贡院,自今三月一日申请贡举,其举人到省以十一月二十五日为限。先是,崇政殿说书贾昌朝(998—1065)言:'举人有亲戚仕本州,或为发解官,及侍父(母)[祖]远宦距本州二千里,宜敕转运司选官类试,以十率之,取三人。'诏两制议。而翰林学士丁度(990—1053)等言:'贡举旧制,以五月一日申请,十月二十五日上名于省。若二千里而移试,或有不及,愿稍宽其期,听如昌朝说。'故降是诏。自是诸路始有别头试。"

别头试的对象本为"以待举人之避亲者。自缌麻已上亲及大功已上婚姻之家,皆牒送。"但是,南宋后期,曾将太学解试合格赴省试的四分之一与避亲举人一起别头试。《宋会要辑稿·选举》六之六至七《贡举杂录》载:

> 嘉定三年(1210)六月七日,礼部、国子监看详:"臣僚言:'乞太学解试将赴试士子之数拨出四分之一,与避亲士子同试别院,仍于大院拨差试官与取额人数,并以四分之一为准。'照得臣僚所陈别试利害,欲以大院人数分拨四分之一就别院引试,委是可行。比来省试,治经人数其最少者亦近二百人,随所取之额分拨以四分之一,甚易区处。惟是太学解试,系是十三人取三人,诗赋数多,尽可分拨;其间经义恐有数少者,难拘四分之一,欲得或全留

或全拨，或不一半在监试，临时随宜区处。其待补国子生系是二十五人取三人，若太学生分拨别院者，合与待补国子生各出题目，仍分东西廊，严行隔截，庶几不至混淆。其别院屋宇窄狭，合行增广，欲下临安府措置。所有别院省元，从来止升本甲首，今取人既多，欲将上二名准大院省试上十名恩例，庶得公平。"从之。

嘉定六年，又有臣僚提出，拨诸路转运司发解赴省试举人与省试避亲举人一同别头试。《宋会要辑稿·选举》六之一七至一八《贡举杂录》载：

嘉定六年十二月十五日，臣僚言："比年省试差官，有前期恳免不愿就者。公道不明，人莫不亲其亲、子其子。趋宽畏狭，情所不免。自避亲别试，取人至窄，朝士宜为试官者规避求免，临期无官可差，或以干堂到部充数。外官视朝士等级有差，惟务顺承，不敢可否。

臣尝熟思，士不乐于别院者，就试人少也。使试者众，而取亦众，何避之有？今莫若尽拨诸路漕司新旧发解碍格不碍格之士而别试之。盖凡取解之优，自太学及胄子外，则有诸路漕试尔。以天子之教养与公卿之子弟，于法宜优，而四方游士非其亲故，夤缘请托，侥幸于二十人之中者，所得已多。臣尝略计，前与诸路运司取数几四百人，参以旧请漕举还试、该免解者，亦不下百馀。以数百人之场屋取放之榜，视昔大为有间然。后以大院避亲者归别院，而别院避亲者归大院，将见就试与考试者两得其便，无复求避矣。今既减大院人数而增别院试，合于大院参详及点检试卷官内分拨二三员，添别院考校，仍展拓位次，所有试中前三名，乞依四川类省试例，与授教官，庶几无偏重之患。……"诏令礼部看详申尚书省。

由于别试所就试人数较少，远不如大院就试人数众多，录取的回旋余地不如大院大，所以朝官不愿充任省试官。诸路转运司发解赴省试者约有五百人，将其拨归别试所就试，这样，朝官就不会避免充任省试官了。但是，诸路转运司发解赴省试者并不愿意拨归别头试。《宋会要辑稿·选举》六之三四至三五《贡举杂录》载：

嘉定十二年十二月二十二日，臣僚言："场屋弊极，法禁当严。请言秋试一二，复以省闱当谨者陈之。……别试之所，盖避亲嫌，漕闱合避二百六十馀人,类以孤经牒还大院,别院所试仅二十人,安有孤经若是之众?借曰避考校,宁保其无嘱托?别院考毕,仍归太院同考,别院之设,特具文尔。……"从之。

诸路转运司发解赴省试者二百六十余人应在别试所与避亲人一起就试,但是竟有二百四十余人以"孤经"的名义送还大院考试,别院所试即参加别头试者仅二十人。实在是不可能有那么多"孤经",其中肯定有受嘱托借口"孤经"而避免参加别头试者。

绍定四年(1231),又有言者建议"以漕举及待补国子生到省者,与避亲人同试于别院"。《宋史》卷一五六《选举志二》云:

绍定四年(1231),命官锁厅及避亲举人,自绍熙分场各试,寒士惮之。缘避亲人七人取一,其额太窄,咸以为窘;而朝士之被差为大院考官者,恐多妨其亲,亦不愿差。寒士于乡举千百取一之中,得预秋荐,以数千里之远,辛勤赴省;而省闱差官,乃当相避。遂有隐身匿名不认亲戚以求免者,愤懑忧沮狼狈旅邸者,彼此交怨,相视为雠。至是,言者谓:"除大院收试外,以漕举及待补国子生到省者,与避亲人同试于别院,亦将不下数百。人数既多,其额自宽,寒士可不怨其亲戚,朝士可不惮于被差。"从之。

关于"漕举及待补国子生到省者",是否"与避亲人同试于别院",理宗朝曾出现过多次反复。《宋史》卷一五六《选举志二》载:

淳祐三年(1243)……别院之试,大率士子与试官实有亲嫌者,绍定间,以漕试、胄试无亲可避者亦许试,或谓时相徇于势要子弟故也;端平初,拨归大院,寒隽便之;淳祐元年,又复赴别院,是使不应避亲之人抑而就此,使天下士子无故析而为二,殊失别试之初意。至是,依端平厘正之,复归大院。

此后,不知何时,又赴别头试。刘埙《隐居通议》卷三一《前朝科诏》载:

别院排场日分:

二月初一日、初二日、初三日,引试避亲并诸路漕举、监举进士诗赋、论、策三场。(初四日、初五日歇。)

二月初六日、初七日、初八日，经义、论、策三场。

二月初九日、初十日、十一日、十二日，引试大学避[亲经义、诗]赋、论、策二场。

以上是刘埙对《咸淳七年同年小录》中省试情况的摘录。既然省试别院同场“引试避亲并诸路漕举、监举进士”，可见咸淳七年施行的仍是绍定四年“以漕举及待补国子生到省者，与避亲人同试于别院”之制。

宋朝对于别头试的考官也相当重视。太宗雍熙二年(985)，省试别头试之始，考官即为“左谏议大夫滕中正、兵部郎中杨徽之、屯田郎中孔承恭”。①不但官阶高，而且有台谏官。又如，庆历二年(1042)正月十八日，“以直集贤院、知谏院张方平，集贤校理欧阳修考试知举官亲戚举人”。②《系年要录》卷九〇载：

绍兴五年(1135)六月戊辰(二十六日)，命翰林学士孙近知贡举，给事中廖刚、中书舍人刘大中同知贡举；中书门下省检正诸房公事吕祉、殿中侍御史张绚等六人为参详官；秘书省正字李弥正等二十二人为点检试卷官。太常少卿陈桷为别试所考试官，司勋员外郎林季仲等四人为点检试卷官。自后率如此例。

绍兴五年，别头试考官增加考试官一人、点检试卷官四人，共五人。《绍兴十八年同年小录》载：“别试考试官：左朝请郎、殿中侍御史兼崇政院说书余尧弼。点检试卷官：左承奉郎、枢密院编修官林机，左承议郎、干办行在诸司粮料院谢邦彦，左奉议郎、就差监行在左藏东库锺世明，左从事郎、监行在杂卖场鲍同。”绍兴十八年省试别头试考官的确如绍兴五年之例。宁宗嘉泰二年(1202)，别头试与省试礼部贡院一样，增设监试官一员，以台谏官充。又如嘉定元年(1208)，“避亲别试，监察御史章燮监试，侍左郎官王介考试，秘书省校书郎陆峻、秘书省正字陈舜申、太学博士王益之、监赡军激赏酒库史弥谨点检试卷”。③李心传亦云：“省试别试所，以卿、监一员充考试官兼监试，职事、厘务官四员充点检试卷官。”④

别头试也设有监门、封弥、誊录、对读、巡铺等官。如《长编》卷一〇二载：“天

① 《太宗实录》卷三二，雍熙二年二月壬辰。

② 《宋会要辑稿·选举》一九之一〇至一一《试官》。

③ 《宋会要辑稿·选举》二一之一一《试官》。

④ 《朝野杂记》甲集卷一三《国子监解试(南省试、别试、殿试)》。

圣二年(1024)正月甲午(五日),诏礼部贡院、开封府、国子监及别头,各增置点检试卷、封弥、巡铺、监门官有差。”

南宋末年,别头试的考官更是大为增加。刘埙《隐居通议》卷三一《前朝科诏》载:

> 别院试
>
> 敕差监试官:朝散郎、监察御史古括张志立泽民,癸丑姚榜。
>
> 主文官:朝奉郎、新除将作监、兼崇政殿说书长沙丁应奎圭叟,癸丑姚榜;承议郎、守秘书丞、兼权度支郎官、兼庄文府教授三山许自资道,丙辰文榜。
>
> 考试官二员,点检试卷官七员,监门官共二员,封弥、誊录、对读、巡铺等官共八员,今不尽录。

咸淳七年(1271)省试别头试帘内官包括监试官、主文官、考试官、点检试卷官共12人,帘外官包括监门官、封弥官、誊录官、对读官、巡铺官共10人,总共22人。这大概与当时别头试者包括省试官避亲举人、转运司发解举人、国子监发解举人及太学避亲举人,人数大量增加有关。

南宋时期,对于四川类省试别头试的考官也十分重视。《系年要录》卷一八一载:

> 绍兴二十九年(1159)三月甲申(二十九日),权礼部侍郎孙道夫言:“四川省类试,已降指挥,选差监试、考试官各一员。今看详:别试所收试避亲进士,其利害、关防,比之类省试,事体无异。欲望亦自朝廷选差监试并考试官各一员。所贵选举尽公,仰副圣世取士之意。”从之。

绍兴二十九年三月一日,“以吏部侍郎周绾言四川类试之弊,乞选差行在清望官充监试。以路远不可差”,故诏:“今后四川类省试用九月十五日锁院,朝廷于帅臣、监司内选差监试、考试官各一员,于锁院二十日前用金字牌遣降指挥,在院官吏如有挟私违戾,令监试官径行劾奏,馀官制置司精加选差。”①三月二十九日,又从权礼部侍郎孙道夫之请,别头试“亦自朝廷选差监试并考试官各一员”,可见朝廷对别头试的重视。

---

① 《宋会要辑稿·选举》二〇之一三《试官》。

别头试也有专门的考试场所，如真宗天禧二年(1018)九月十二日，“命屯田员外郎、判度支勾院任布，直集贤院徐奭、麻温其考试开封府举人；直集贤院杨侃、丁度考试国子监举人；直史馆张复太常寺别试亲戚举人”。①即当年开封府、国子监解试的别头试考场设在太常寺。又如仁宗天圣五年(1027)正月十二日，“以枢密直学士刘筠等权知贡举；……御史知杂王骙、太常博士萧贯武成王庙考试知举亲戚举人，太常博士孙昱、集贤校理刘立礼充武成王庙覆考官”。②则当年省试的别试考场设在武成王庙。别头试的场所称为“别试所”或“别试院”。南宋时，省试别头试设有专用的考试场所——别试院，《梦粱录》卷一五《贡院》记载：“别试院，在大理寺之西，专以待贡士之避亲嫌者。”

宋朝对于礼部贡院省试上十人有升甲等优待，对于别头试第一人也有相应的优待。《长编》卷四〇九载：元祐三年(1088)三月，苏轼言：“今者南省十人已上及别试第一人、国学、开封解元、武举第一人、经明行修举人，与凡该特奏名人正及第者，皆著令升一甲。”后来，别头试第一人改为升本甲之首。《宋会要辑稿·选举》六之六至七《贡举杂录》载：

> 嘉定三年(1210)六月七日，礼部、国子监看详：“所有别院省元，从来止升本甲首，今取人既多，欲将上二名准大院省试上十名恩例，庶得公平。”从之。

嘉定三年，由于拨太学发解赴省试举人的四分之一，与避亲举人同试于别院，于是将别头试上二人按照礼部贡院省试上十人的恩例，与升一甲。

锁院与别头试都是针对考官的，通过锁院、别头试将考官与应举人及其亲属隔离开来，使之无法交往，因而不能通过考官作弊。这对于维护贡举的公平竞争，无疑是有积极作用的。

第二节　按榜就座、上请与禁止继烛制度

一、按榜就座

宋朝贡举考试，一般在考试前一天排定座次，张榜公布；引试时，由监门官按

---

① 《宋会要辑稿·选举》一九之六《试官》。

② 《宋会要辑稿·选举》一九之八至九《试官》。

姓名引入，依榜就座，不得移易。此制始于太宗雍熙二年(985)的省试。《宋会要辑稿·选举》三之五《贡举杂录》载：

雍熙二年正月二十四日，诏曰："国家设俊造之科，启公平之路，务要艺实，以副勤求。近年举人动盈万计，奸伪之迹，朋结相连，或丐于他人，或传以相授，纷然杂乱，无以辨明，考核既难，妄冒滋甚。宜令知举官专察之。如有谬滥，具以名闻。"

又诏礼部贡院："应九经诸科举人，并令参杂引试，人贴科目字号，间隔就坐，稀次设席。轮差官二人，在省门监守，分差官于廊下察视，勿容朋比，私相教授。犯者，永不得赴举。主司务求艺实，不得以曾经御试，一例放过。"

为了防止"或丐于他人，或传以相授"即代笔、传义，于是对诸科应举人按"科目字号"，"参杂引试"，"间隔就坐，稀次设席"，并且分差官监门、巡铺，这样就不可能"私相教授"了。

真宗景德二年(1005)，对"按榜就座，不得移易"又做了更加明确的规定。《长编》卷六〇载：

景德二年七月丙子(三十日)，翰林学士晁迥等上议："……南省引试前一日，分定坐次，榜名晓谕，勿容移徙。……"从之。

大中祥符四年(1011)，则将"按榜就座，不得移易"写进了《礼部贡院条制》。《宋会要辑稿·选举》三之九至一〇《贡举杂录》载：

大中祥符四年五月二十七日，翰林学士晁迥等言："准诏详定《礼部贡院条制》……仍预于贡院纳书案，有司于试前一日排定坐次，榜名告示；至日，监门据姓名引入，依此就座，不得移易。……"并从之。

在省试实行"按榜就座，不得移易"的同时，殿试也采取了同样的办法。《宋会要辑稿·选举》七之一〇《亲试》载：

大中祥符元年四月十二日，帝御崇政殿试礼部奏名进士。……初于殿廊设幔，列坐席，标其姓名。又揭榜表其次序，令视讫，就座。

刘一清《钱塘遗事》卷七《丹陛对策》所记南宋后期殿试引试事甚详，其中有云：

> 廷试之日，士人由和宁门入，徐行……至集英殿门外，……殿外挂混图（按：即座位榜）于露天，甚高。良久，天大明了然，分明知位次。士人聚于殿门外，待百官常朝毕，方引士人进拜，列于殿下。宰相进题，上览焉。天子临轩，天颜可瞻。起居赞曰："省元某人以下躬拜，再拜。"又躬身而退，各依坐图行列而坐。每位有牌一枚，长三尺，幂以白纸，已书某人、某乡贯，或东西第几人，不得移动及污损。坐定，中官行散御题。……既坐而试，不得与邻座说话，中官、从官杂处董之，宰执巡行。

吴自牧《梦粱录》卷三《士人赴殿试、唱名》亦云：

> 士人诣集英殿起居，就殿庑赐坐引试；依图分庑坐定，各赐印刊策题。

贡举考试按榜就座，不得移易，这样一方面可以防止应举人私相传授作弊，另一方面也便于维持考场秩序，遂为后世所沿用。

二、上请制度

北宋初期，省试、御试题目不明示出处，应举人可以"上请"，即进问题意。《宋会要辑稿·选举》七之五《亲试》载：

> 淳化三年（992）三月四月日，帝御崇政殿试礼部奏名进士，内出《卮言日出赋》、《射不主皮诗》、《儒行论》题。……时御出赋题，孙何等不知所出，相顾惶骇，阁笔不敢措词。人教之上请，因相率叩殿槛，乞指示。帝初不为言，既所请再三，始为陈其大义焉。

南宋人叶绍翁云："其后诸生上请，有司揭示，皆始于此。"①

---

① 叶绍翁：《四朝闻见录》甲集《制科词赋三经宏博》。

真宗大中祥符元年(1008)殿试,始录题解,摹印以示之。但仍许上请。大中祥符四年,"上请"之制写入了《礼部贡举条制》。《宋会要辑稿・选举》三之九《贡举杂录》载:

> 大中祥符四年五月二十七日,翰林学士晁迥等言:"准诏详定《礼部贡院条制》,请进士就试日……或举人有所请问,主司即与解说。……"并从之。

天禧三年(1019)杨亿同知贡举,应举人即曾上请。范镇《东斋记事》附录(一)《辑遗》云:

> 杨文公知举于都堂,帘下大笑,真宗知之。既开院,上殿,怪问:"贡举中何得多笑?"对曰:"举人有上请'尧舜是几时事',臣对以'有疑时,不要使',以故同官俱笑。"真宗亦为笑之。①

岳珂则认为,此为嘉祐二年(1057)欧阳修知贡举时之事。《桯史》卷九《尧舜二字》云:

> 欧阳文忠知贡举,省闱故事,士子有疑,许上请。文忠方以复古道自任,将明告之,以崇雅黜浮,期以丕变文格,盖至日昃,犹有喋喋弗去者,过晡稍阒矣。方与诸公酌酒赋诗,士又有扣帘,梅圣俞怒曰:"渎则不告,当勿对。"文忠不可,竟出应,鹄袍环立,观所问。士忽前曰:"诸生欲用尧舜字,而疑其为一事或二事,惟先生幸教之。"观者哄然笑。文忠不动,徐曰:"似此疑事,诚恐其误,但不必用可也。"内外又一笑。它日每为学者言,必蹙额及之,一时传以为雅谑。余按《东斋记事》指为杨文公,而徒问其为几时人,岁远传疑,未知孰是。然是举也,实得东坡先生,识者谓不啻足为词场刷耻矣,彼士何嗤!②

范镇生于大中祥符元年(1008),卒于元祐四年(1089),离天禧三年(1019)杨亿同知贡举时间颇近,且高晦叟《珍席放谈》卷下纪事,与《东斋记事》同,大概范镇所

---

① 《宋朝事实类苑》卷六六引范镇《东斋记事》。

② 岳珂:《桯史》卷九《尧舜二字》。

记不会有错。而岳珂所记欧阳修知贡举回答应举人上请事颇详，亦足参考。

仁宗初年，臣僚曾请罢上请。《宋会要辑稿·选举》三之一四《贡举杂录》载：

> 天圣二年(1024)二月四日，考试巡铺官、左正言孔延鲁言："进士就试以前，欲令主司晓谕不得上请，仍雕印试题，分明解说在逐人卷子内，依此给散。"帝以文闱取士条约已多，只令依旧例施行。

"依旧例施行"即仍许上请。如"天圣五年三月二十日，帝御崇政殿试礼部奏名进士，内出《圣有谟训赋》、《南风之薰诗》、《执政如金石论》题。进士吴育(1004—1058)等以圣题渊奥上请，帝宣谕久之，后录三题所出经疏以示之。"①"天圣八年三月十一日，帝御崇政殿试礼部奏名进士，内出《藏珠于渊赋》、《溥爱无私诗》、《儒者可与守成论》题，进士欧阳修等以圣题渊奥上请，帝宣谕久之，仍录所出经疏示之。"②

景祐元年(1034)，仁宗始下诏不准应举人上请。《宋会要辑稿·选举》八之三二《亲试杂录》载：

> 景祐元年三月十六日，诏御试进士三题，据出处义理，令御药院随题目雕印，至日各赐一纸，更不令解元上请。

仁宗为什么废除上请之制呢？两宋之际的叶梦得云：

> 唐礼部试诗赋，题不皆有所出，或自以意为之，故举子皆得进问题意，谓之"上请"。本朝既增殿试，天子亲御殿，进士犹循用礼部故事。景祐中，稍厌其烦渎，诏御药院具试题，书经史所出，模印给之，遂罢"上请"之制。③

南宋人王栐云：

> 旧制，御试诗、赋、论，士人未免上请于殿陛之下，出题官临轩答之，往复纷纭，殊失尊严之体。景祐元年三月丙子，诏进士题具书史所出，御药院印

---

① 《宋会要辑稿·选举》七之一四《亲试杂录》。

② 《宋会要辑稿·选举》七之一五《亲试》。

③ 叶梦得：《石林燕语》卷八。

给，士人不许上请。自后进士各伏其位，不敢复至殿庭。①

叶梦得认为废除上请的原因是："厌其烦渎。"王栐认为是："往复纷纭，殊失尊严之体。"叶、王之说或许有一定道理。

不过，景祐元年之后并未完全废除上请。如《宋会要辑稿·选举》三之二〇《贡举杂录》载：

宝元二年(1039)十一月四日，翰林学士丁度等言："……知制诰郑戬言：'南省引试，都堂垂帘，两边钉小幕，小试官不得辄上都堂，诸色人非指使呈覆签押文字，不得到都堂上，如违，严断。进士引试，依旧写札所出去处、注疏，一处晓示，不令上请。或疑处须得上请，止在厅砌下，不得逼近帘帷。'……并请依所奏施行。"从之。

宝元二年十一月，仁宗从知制诰郑戬之请，省试一般不准上请，但有"疑处"，仍可上请，只是不得逼近都堂上的垂帘。又如庆历四年(1044)三月十三日，翰林学士宋祁等言："近准敕详定贡举条制者。……进士并试三场……赋官韵有疑混声，疑者许上请；诗、赋、论题目经史有两说者，许上请。"②南宋高宗建炎四年(1130)八月，仍依"旧条"，"应赋官韵有疑混声者，许上请"。③宋人孙奕《示儿编》即记载了绍兴二十四年(1154)一个上请的事例：

庐陵董克正以其父参政当国，避亲就别院，考官周孟觉以二月一日试出《中和节》诗，董上请云："何谓中和节？"周答曰："上元已过，上巳未至，今日所以为中和也。"董即体其意曰："上巳时将近，元宵节已过。仲春方骀荡，今日是中和。"遂高中。④

董克正绍兴二十四年进士及第，其父董德元(1096—1163)时为参知政事。

南宋后期，贡举仍有上请。宁宗嘉定十六年(1223)七月十日，国子博士杨璘言："迩来士习卑陋，志在苟得，编写套类备怀挟。一入场屋，群趋帘前，以上请为

① 王栐：《燕翼诒谋录》卷五。
② 《宋会要辑稿·选举》三之二三至二九《亲试杂录》。
③ 《礼部韵略》附《韵略条式》。
④ 孙奕：《示儿编》卷十《省题诗更须留意》。

名，移时方散，人数丛杂，私相检阅，抄于卷首，旋即掷弃，巡案无从检察，所作率多雷同，极难选取，侥幸者众。”①上请竟然成了应举人检阅怀挟书册的机会。《宋史》卷一五六《选举志二》载：

> ［绍定］二年，臣僚言考官之弊：词赋命题不明，致士子上请烦乱；经义不分房别考，致士子多悖经旨。遂饬考官明示词赋题意，各房分经考校。

吴自牧《梦粱录》卷二《诸州府得解士人赴省闱》亦云：

> 其士人各引试三场。……士人各入院内，依坐位分廊占坐讫，知贡举等官于厅前备香案，穿秉而拜，诸士人皆答拜，方下帘幕，出示题目于厅额。题中有疑难处，听士人就帘外上请，主文于帘中详答之讫，则各就位作文，随手上卷。

自景祐元年（1034）三月十六日，“诏御试进士三题，据出处义理，令御药院随题目雕印，至日各赐一纸，更不令解元上请”②之后，虽然并未完全废罢上请，但由于随题目雕印了考试题目的出处、义理，上请人数大为减少，这样也便于维持考场秩序。

三、禁止继烛制度

所谓“继烛”，是指贡举考试时，举人白天答卷未完，夜晚点燃蜡烛，继续考试。王辟之《渑水燕谈录》卷六云：

> 唐制，礼部试举人，夜试以三鼓为定。无名子嘲之曰：“三条烛尽，烧残学士之心；八韵赋成，笑破侍郎之口。”后唐长兴，改令昼试。侍郎窦贞固以短晷难成，文字不尽意，非取士之道，奏复夜试。本朝引校多士，率用白昼，不复继烛。

---

① 《宋会要辑稿·选举》六之四九《贡举杂录》。

② 《宋会要辑稿·选举》八之三二《亲试杂录》。

唐朝省试，一般可以给蜡烛三条，挑灯夜试，烛尽交卷。五代后唐明宗长兴二年(931)二月，改令昼试；清泰二年(935)九月，复依旧例夜试。后晋开运元年(944)十二月，准窦贞固奏，贡举考试依旧例以三条烛为限。宋用昼试，贡举考试不许继烛。但是，北宋初年并未严格执行。《长编》卷六〇载：

景德二年(1005)秋七月丙子(三十日)，龙图阁待制戚纶与礼部贡院上言："……咸平三年(1000)诏旨，进士就试，不许继烛。每岁贡院虽预榜示，然有达曙未出者。今请除书案外，不将茶厨、蜡烛等入，如酉后未就者，驳放之。……"①

这一建议经两制详定，得到真宗批准。大中祥符四年(1011)五月二十七日，翰林学士晁迥等言："准诏详定《礼部贡院条制》，请进士就试日，不得张烛，亦不得将入茶担，火燎、汤茶官备。……"并从之。②"进士就试日，不得张烛"写进了《礼部贡院条制》。此后不但实行于省试，而且普遍实行于解试和殿试。这样，尽用昼试，不仅可严宫中火禁，而且更加重要的是，在光天化日之下，举人怀挟、传义、代笔等作弊就较为困难了。

哲宗时，还进一步明确了对继烛的惩罚。《长编》卷五〇一载：

元符元年(1098)八月戊寅(三日)，左司谏陈次升言："举人就试，将烛入院者，乞依《怀挟法》。"从之。

按《怀挟法》，不同时期，处罚有所不同。真宗景德二年(1005)，怀挟书册者，进士"即时扶出，仍殿一举"，③诸科"准例扶出，准条殿两举"。④大中祥符五年(1012)，"有怀挟至省门及到铺搜获者，进士殿二举，诸科殿五举"。⑤南宋宁宗时又加重处罚："科举条制，怀挟殿五举，不以赦原。"⑥

南宋时期，仍不许继烛。绍兴年间，秦桧(1090—1155)专权，颇弛其禁。《朝野杂记》甲集卷十三《灯挟之禁》云：

①③ 《长编》卷六〇，景德二年七月丙子。
② 《宋会要辑稿·选举》三之九至一〇《贡举杂录》。
④ 《宋会要辑稿·选举》三之七《贡举杂录》。
⑤ 《宋会要辑稿·选举》三之九《贡举杂录》。
⑥ 《宋会要辑稿·选举》六之五〇《贡举杂录》。

灯挟之禁，近岁惟行在国子监及南省行之。若两浙漕司，则虽禁灯，而以弛挟书律矣。其他郡国，秋试率达旦乃罢，虽类省试亦然。至绍兴二十九年，王瞻叔（之望）护试，始复禁之。然习俗之久矣，虽令不行，今秉烛、挟书如故。

绍兴二十五年（1155）十月，秦桧病死，次年三月二十四日，内降手诏，戒饬试院欺弊。其诏曰：

近年以来，士风浸薄，巧图牒试，妄认户名，货赂请求，重叠冒试；逮至礼闱，不遵绳矩，挟书、代笔、传义、继烛，种种弊欺，靡所不为。不惟负国家教育选举之意，兼使有素行负实学之人俱蒙其耻。一至于此，岂所望哉！夫待之厚，则责之深；出于礼，则丽于法。傥名检之全亏，实自干于邦宪。缵自今其克黜，乃心明听训言，无蹈非彝，以贻后悔。在外委漕臣及监司按察，在内令主司觉察，御史台纠劾以闻。当重置典宪，务在必行，故兹戒谕，想宜知悉。①

此后，仍旧实行了继烛之禁。

另外，南宋孝宗之后，偶尔也有出于特恩例外赐烛者，然而唱名时须降甲、降等。《宋会要辑稿·选举》二之二五《进士科》载：

[淳熙十一年（1184）三月]二十七日，侍御史刘[国瑞]言："今月二十三日御试进士，薄暮有未纳卷者三人。寻闻奉旨赐烛，仰见陛下所以待遇士子之礼至深至厚。然三人者，岂不知贡举之法，不许见烛？而宫廷之内，自有火禁。一时特恩，假以须臾，犹之可也，而最后一名乃迁延至一更四点，方纳试卷，则其慢令云甚矣。此而不惩，窃恐玩习成风，浸隳法制，理合弹奏。乞下御试所，将最后纳卷之人取旨责罚，降黜施行，庶使后来知有警惧。"从之。

自此遂开殿试赐烛之先例，但同时也形成了一定的责罚之制："故事，赐烛，正奏名降一甲，如在五甲，降充本甲末；特奏名降一等，如在第五等，与摄助教。"②如

① 《宋会要辑稿·职官》一三之一〇《贡院》；《系年要录》卷一七二。

② 《朝野杂记》甲集卷一三《廷试赐烛》。

《续编两朝纲目备要》卷五、《宋史全文》卷二九上载：

> ［庆元五年(1199)五月］戊戌(七日)，亲试举人，赐曾从龙等四百十有二人及第、出身有差。旧例，廷试举人至暮者，许赐烛，然殿深易黑，日昃则殿上烛出矣。是年，上初策进士，江西正奏名进士黄寔、严州特奏名进士皇甫鉴纳卷最后，廉州特奏名进士刘嘉猷，赐烛至一更四点。御药院言："故事，赐烛，正奏名降一甲，如在第五甲，降充本甲末名；特奏名降一等，如在第五等，与摄助教。"诏如故事。

因为殿试赐烛要降甲、降等，所以日暮未纳卷而要求赐烛者甚少，基本上仍是尽用昼试。

南宋后期，某些州郡解试往往不行继烛之禁。《宋会要辑稿・选举》五之三二至三三《贡举杂录》载：

> 开禧三年(1207)六月二十九日，臣僚言："科举之弊，如漕司差考试官及州郡挟书、继烛、代笔、传义，二者不可不革。"令礼部同国子监看详。既而，礼部、国子监言："……一、照得挟书、继烛、代笔、传义禁防周密，务求实才。今州郡不行挟书、继烛之禁矣。此又有因，继烛而每试一场辄歇一日，次日既午，纳卷未毕，视以为常，曾不禁约。彼真才实学，穷日之力，已为有馀，既继以烛，难免代笔，况尽一昼夜继以次日乎？于是，人率备三五卷，或父代其子，兄挟其弟，而太半以货取。故有名预能书而口尚乳臭，行偕计吏而习则市廛。士方困于解额之窄，病于糊名之无据，又苦于此。欲革代笔，莫若去州郡继烛之弊，勿许以歇日。……今看详：挟书、继烛、代笔、传义，自有贡举条法，乞遵守施行。"从之。

此后，又多次重申不许继烛。但是，南宋末年，仍有州郡解试继烛者。《宋史》卷一五六《选举志二》载："度宗初，以雷同、假手之弊，多由于州郡试院继烛达旦，或至次日辰、巳犹未出院。其所以间日者，不惟止可以惠不能文之人，适足以害能文之士，遂一遵旧制，连试三日。""既继以烛，难免代笔"，因为"继烛达旦"，可以有代笔的时间；"继烛达旦"，在烛影之下，也比较便于怀挟、传义。所以，尽用昼试，不许继烛，对于防止应举人在考场作弊具有重要意义。

第三节　挟书、传义、代笔之禁

一、挟书之禁

挟书之禁始于唐,但并未成为定制。五代后唐时虽曾将禁止挟书载入贡举条制,但也未认真实行。北宋时期始严挟书之禁,成为一种制度。专门设监门、巡铺等官吏,进行搜索、巡查;一旦查获,即严加处罚。

文献记载,太宗初年即有挟书之禁。如《宋会要辑稿·选举》三之四《贡举杂录》载:

> 太平兴国七年(982)九月八日,诏曰:"郡国贡士,有司抡才,朕必亲临殿庭,躬校能否,宴见细绎,日旰忘劳。亦既策名,即令解褐,不限选调,皆授以官,隆儒之风,可谓至矣。而有矫情饰诈,盛貌深衷,口诵周、孔之言,身为桀、跖之行。乃至临莅多触宪章,或假手以干名,或挟书而就试,渐成浇薄,宜用澄清。"

宋朝虽有挟书之禁,但是怀挟书册的现象屡禁不止,有时则甚为严重。仁宗嘉祐二年(1057)翰林学士欧阳修权知贡举,他在当时所上《条约举人怀挟文字札子》中指出:

> 窃闻近年举人公然怀挟文字,皆是小纸细书,抄节甚备。每写一本,笔工获钱三二十千。亦有十数人共敛钱一二百千,雇倩一人,虚作举人名目,依例下家状,入科场,只令怀挟文字,入至试院,其程试则他人代作。事不败则赖其怀挟,共相传授。事败则不过扶出一人,既本非应举之人,虽败别无刑责,而坐获厚利。①

哲宗元祐年间,挟书之禁松弛,怀挟书册的现象也就十分严重,直到徽宗政和二年,其风依然。《宋会要辑稿·选举》四之七至八《贡举杂录》载:

---

① 《欧阳修全集》卷一一一《条约举人怀挟文字札子》。

政和二年(1112)正月二十四日,臣僚言:"舆论以谓士人溺于元祐挟书之习者,尚多有之。蝇头细字,缀成小册,引试既毕,遗编蠹简,几至堆积;兼鬻书者以《三经新义》、《庄》、《老》、《字说》等作小册刊印,可置掌握,人竞求买,以备场屋检阅之用。虽其法甚严,而前此有司往往爱惜士风,未之举行。遂致荒唐缪悠之人,公然抵冒,无复忌惮。"

直到南宋,挟书作弊仍然十分严重。宁宗嘉定九年(1216)九月二十七日,臣僚言:

夫挟书有禁,旧制也。今郡至棘闱,日未及中,残编散帙,盈于阶戺。甚者,以经史纂辑成类,或赋论全篇刊为小本,以便场屋。巧于传录者既以倖得,而真有问学者未免见遗。①

嘉定十六年七月十日,国子博士杨璘亦云:

迩来士习卑陋,志在苟得,编写套类备怀挟。一入场屋,群趋帘前,以上请为名,移时方散,人数丛杂,私相检阅,抄于卷首,旋即掷弃,巡案无从检察,所作率多雷同,极难选取,侥幸者众。今书坊自经子史集事类,州县所试程文,专刊小板,名曰夹袋册,士子高价竞售,专为怀挟之具,则书不必读矣。②

杨璘所说利用上请检阅所怀挟书册,与欧阳修所说十数人共敛钱雇一人专门怀挟书册一样,可谓是挟书的一大发明。杨璘所说的"夹带册",也称为"巾箱本"。戴埴《鼠璞》云:

今之刊印小册,谓"巾箱本"。起于南齐衡阳王钧,手写五经,置巾箱中。贺玠曰:"家有坟素,何须蝇头细书?"答曰:"检阅既易,且手写不忘。"诸王从而效之。古未有刊本,虽亲王亦手自抄录。今巾箱刊本,无所不备。嘉定间,从学官杨璘之奏,焚毁小板,近又盛行。第挟书,非备巾箱之藏也。

---

① 《宋会要辑稿·选举》六之二七《贡举杂录》。

② 《宋会要辑稿·选举》六之四九至五〇《贡举杂录》。

制造这些“夹带册”者，以福建的建阳最为有名。岳珂《愧郯录》卷九云：

自国家取士场屋，世以决科之学为先。故凡编类条目、撮载纲要之书，稍可以便检阅者，今充栋汗牛矣。建阳书肆，方日辑月刊，时异而岁不同，以冀速售。而四方转致传习，率携以入棘闱，务以眩有司，谓之怀挟，视为故常。

“怀挟书册”成为举人作弊的一项重要手段。为了公平竞争，选拔真才实学之士，宋朝政府采取了一系列措施，主要有以下几项：

第一，监门搜检，巡铺视察。宋朝贡举解试、省试、殿试均设有监门官负责举人入贡院门时搜查怀挟，另设巡铺官，负责举人进入考场之后的巡查。举人入贡院门时，起初甚至解衣搜查。大中祥符五年（1012）二月十五日，诏：“贡院所试诸科举人，如闻解衣搜阅，虑其挟藏书册，颇失取士之体，亟宜止之。”①但是，南宋后期，仍有解衣搜查者。如吴自牧《梦粱录》卷三《士人赴殿试唱名》云：“其士人止许带文房及卷子，余皆不许挟带文集。士人入东华门，各行搜检身内有无绣体私文，方行放入。”②又如《宋季三朝政要》卷四载：

咸淳六年春，诏贡举精于择人为先。……覆试之日，露索怀挟。辛未榜（按即咸淳七年[1271]张镇孙榜）李钫孙者，少时戏雕摩睺罗于股间，惧搜者之见，蒙纸其上。搜者视之，骇曰：“此文身者！”事闻，被黜。当此边事危急之际，束手无策，而以科举苦举子，何其缪耶！

第二，官给《韵略》，不准将片纸只字带入考场。初，进士科考试，许带《礼部韵略》入试院。真宗景德二年（1005）七月丙子（三十日），龙图阁待制戚纶与礼部贡院上言：“……近年进士多务浇浮，不敦实学，惟钞略古今文赋，怀挟入试。昨者廷试以正经命题，多懵所出。旧敕止许以篇韵入试，今请除官《韵略》外，不得怀挟书策，令监门、巡铺官潜加觉察，犯者即时扶出，仍殿一举。”真宗从之。③仁宗天圣二年（1024），改为韵书官给。天圣二年正月甲午（五日），诏：“礼部贡院、开封府、国子监及别头，各增置点检试卷、封弥、巡铺、监门官有差。……进士不得

---

① 《宋会要辑稿·选举》三之一〇《贡举杂录》。

② 《梦粱录》卷三《士人赴殿试唱名》。

③ 《长编》卷六〇，景德二年七月丙子。

以《押韵》入试。”[①]天圣五年三月十八日，又诏：“崇政殿引试举人，不得将带文字书册入殿门，《韵略》官中至日给散。”[②]这样，就不许举人带任何文字进入考场了。《宋会要辑稿·职官》一三之一〇《贡院》又载：

> 绍兴二十六年(1156)三月十九日，诏今后省试，太学、国子监公试、发解，及铨试刑法，令国子监印造《礼部韵略》、《刑统》律文、《绍兴敕令格式》，并从官给。(先是，上谓宰执曰：“自来举人许带《礼部韵略》入试院，致有司难以检察。自今可令国子监多印造《韵略》，并从官给，庶几怀挟之弊可革，当得真贤硕能之士，以副选择。”沈该等曰：“陛下精审灼见弊源如此，敢不谨遵圣训。”故有是命。)

不知何时恢复“举人许带《礼部韵略》入试院”，至于南宋高宗绍兴二十六年又下《礼部韵略》并从官给之诏。

第三，搜获挟书，严厉惩罚。真宗景德二年(1005)二月二十三日，礼部贡院言：“考试诸科举人，就座搜获怀挟书册节义者十七人。准例扶出，准条殿两举。”[③]同年七月丙子(三十日)，龙图阁待制戚纶与礼部贡院上言：“近年进士多务浇浮，不敦实学，惟钞略古今文赋，怀挟入试。昨者廷试，以正经命题，多懵所出。旧敕止许以篇韵入试，今请除官《韵略》外，不得怀挟书策，令监门、巡铺官潜加觉察，犯者即时扶出，仍殿一举。”[④]真宗诏从之。即进士科犯者即时扶出、殿一举，诸科犯者即时扶出、殿两举。不久，又加重了处罚。《宋会要辑稿·选举》三之一〇至一一《贡举杂录》载：

> 大中祥符五年(1012)四月六日，诏礼部贡院取前后诏敕经久可行者编为《条例》。本院言：“……怀挟书策，旧例，入省门搜获者，不计多少扶出，殿二举。今参详，诸科怀挟书策，比对义十否者，情理稍重，其进士所挟，未必全是所试文字，则情理稍轻。请自今南省就试日，有怀挟至省门及到铺搜获者，进士殿二举，诸科殿五举。诸科，旧场第虽高，并降从第一场，仍于所试卷上明标所犯；其同保殿举更不施行。”从之。(先是，直史馆刘锴请应挟书

---

① 《长编》卷一〇二，天圣二年正月甲午。

② 《宋会要辑稿·选举》八之三一《亲试杂录》。

③ 《宋会要辑稿·选举》三之七《贡举杂录》。

④ 《长编》卷六〇，景德二年七月丙子。

赴试者，并同保人殿一举。是岁，试诸科，以挟书扶出者十八人，计同保九十三人，而十二人当奏名，有司以闻。帝特令赴殿试，因诏重定此制焉。）

即有挟书至试院门及进入考场后被搜获者，进士殿二举，诸科殿五举。

南宋时，又加重了对挟书的处罚。《宋会要辑稿·选举》四之三二《贡举杂录》载：

> 绍兴二十八年（1158）四月二十六日，礼部言："就试举人怀挟，诏今重别增立法禁，今欲应因怀挟殿举，并令实殿举数，不以赦恩原免；如再犯，永不得应举。"

宋朝皇帝登极或郊祀、明堂大礼，往往对举人殿举者给予特赦，如徽宗崇宁三年（1104）十月二十六日，冬祀赦书曰：

> 应举人因事殿举，并特候有科场依例取解。其今日以前永不得入科场人，为经今三赦，亦限到半年内于所属投状，立便缴申礼部，令本部定夺，情理不至深重，特逐旋闻奏，许令取应。①

南宋孝宗乾道三年（1167）十一月二日，南郊赦书曰：

> 应举人因事殿举及不得入科场之人，除犯徒罪以上及真决未曾改正、编管人未放逐便外，可并许应举。（六年十一月六日、九年十一月九日南郊赦书，并同此制。）②

按"实殿举数，不以赦恩原免"，如"殿两举"即六年不得应举，而且如果再犯，就永远不得应举即剥夺应举权利终身了。

南宋宁宗时对怀挟的处罚更为加重，《宋会要辑稿·选举》六之五〇《贡举杂录》载："嘉定十六年（1223）七月十日，国子博士杨璘言：'窃见科举条制，怀挟殿五举，不以赦原。'"③"殿一举"就是取消一次参加科举考试的资格。英宗治平三

---

① 《宋会要辑稿·选举》一五之二八至二九《发解》。

② 《宋会要辑稿·选举》四之三九《贡举杂录》。

③ 《宋会要辑稿·选举》六之五〇《贡举杂录》。

年(1060)之后,每三年一开科场,“殿五举,不以赦原”就等于十五年内不准应举,即使大赦也不能减免。对于挟书的惩罚也越来越重。

第四,查获怀挟,重加酬奖。仁宗嘉祐二年(1057),知贡举欧阳修上《条约举人怀挟文字札子》云:

> 臣今欲乞增定贡院新制,宽监门之责,重巡铺之赏。盖以入门之时一一搜检,则虑成拥滞。故臣乞自举人入院后严加巡察,多差内臣及清干京朝官巡铺,每获怀挟者,许与理为劳绩,或免远官,或指射差遣。其监门官与免透漏之责。若搜检觉察得人数多者,令知举官闻奏取旨,重加酬奖。……如允臣所奏,乞立定巡铺官赏格及怀挟人责罚刑名,添入贡院新定条制。仍榜南省门,及下进奏院,颁告天下。所贵先明条约,然后必行。①

《宋会要辑稿·选举》六之四八至四九《贡举杂录》载:

> 嘉定十六年(1223)正月十一日,臣僚言:“比年场屋多弊,前举增巡铺官,以防怀挟、传义。旋有败露,奸蠹非一。春官设棘,近在逾月,倘不申严警饬,则伪冒滋长。摭取其尤,凡十二事陈之。……应宏博人,巡铺八厢巡缉,如有怀挟,拘赴帘前,取旨镌斥,仍支赏钱五百贯文。……”诏令礼部疾速严切施行,仍令封桩库拨二千贯付临安府,五百贯付礼部贡院监试所,推垛充赏使用。

重巡铺之赏,并立定巡铺官赏格,赏钱高达五百贯文。赏罚分明,对于严挟书之禁是有重要作用的。

第五,焚毁夹袋册,不许货卖。书坊自经子史集事类,州县所试程文,专刊小板,名曰“夹袋册”,亦曰“巾箱本”,专供怀挟之用。宋朝不但对挟书的应举人严厉惩罚,而且对供怀挟用的夹袋册明令焚毁、禁售。徽宗时,臣僚就上言禁毁。《宋会要辑稿·选举》四之七至八《贡举杂录》载:

> 政和二年(1112)正月二十四日,臣僚言:“……伏望圣慈申严怀挟之禁,增重巡铺纵容之责,印行小字《三经义》,亦乞严降睿旨,禁止施行。”从之。

---

① 《欧阳修全集》卷一一一《条约举人怀挟文字札子》。

南宋时，亦多次明令禁毁，并严立罪赏，务在必行。《宋会要辑稿·选举》六之四九至五〇《贡举杂录》载：

嘉定十六年七月十日，国子博士杨璘云："乞申严[怀]挟之禁，仍下诸路运司，令州县拘收书坊挟袋夹小板，并行焚毁，严立罪赏，不许货卖，自临安府书坊为始。"后批送礼部看详。既而，礼部、国子监据太学博士胡刚中等言："怀挟之禁，非不严切，近来场屋违戾，书坊规利，撰印小册，名曰夹袋，以便其用。若不痛革，此弊日滋。欲从礼部行下诸路运司，遍州县，应书坊夹袋小板怀挟日下焚毁，不许货卖，严立罪赏，务在必行。本部欲从国子监看详施行。"从之。

上述赏罚等措施，对于禁止挟书是积极意义的。但是，在实施过程中，也曾发生巡铺官"诬执士人，以幸典赏"的事件。《宋会要辑稿·选举》四之一〇《贡举杂录》载：

政和七年(1117)二月一日，臣僚言："仰惟陛下缉熙先志，罢黜科举，以学校岁贡多士，群试于有司。间者辄敢怀挟，招致人言，朝廷始以皇城司亲从官察视其事。访闻贡院所差人不知专以察视为职，其苛扰殆至诟詈侵辱并及无辜，而编栏人等又或暗投文字，诬执士人，以幸典赏。欲望圣慈申命有司，礼闱之中毋以凌蔑士人。访闻去岁贡院引试，有于学生坐次或得文字一册者，巡铺官争欲便牒送，赖知举等定验，其学生乃是治《书》，其日系试策，文字却是《易》义。事理辩明，仅逃刑宪。"诏从之，仍札与皇城司。

"苛扰殆至诟詈侵辱"举人已是有辱斯文，而"暗投文字，诬执士人，以幸典赏"则更为恶劣了。另外，举人还有"不以遵法为难，但以疑似为忧"者。《宋会要辑稿·选举》五之六至七《发解》载：

淳熙十一年(1184)正月十四日，臣僚言："科举成法，如怀挟、传义、代笔之禁，不可不严者，所以来实学而抑奸弊也。每见科场，士人之谨畏者，不以遵法为难，但以疑似为忧。盖巡逻等人未必究知事体，例多轻率，见士人适然相逢，便谓传义、代笔，或因傍近有他人所弃掷纸札之属及于座侧，便执座上之人，以为怀挟。士人必苍皇失措，莫能便说，致使场屋众情不安，适所以挠其文思。又试官在于帘内,无由得知,及其收来,彼此猜忌,难于不从。臣备员太学,见有前举因疑似被收者,后来契勘,并无实迹,乃得改正。且疑似之处在于一时入人之罪为甚易,而人之以疑似被收者,或至穷年累岁而不能以自明。待士之本意,正不如此。今来省试,乞晓谕应怀挟、传义、代笔并合照法严行外,如有犯禁被收者,亦要据见的实,不许于疑似之间泛有尤执。如此,则法严而信,有合待士之体。"从之。

收执怀挟,不能"因傍近有他人所弃掷纸札之属及于座侧,便执座上之人,以为怀挟",而必须有确凿的证据。这样,才能"法严而信",并且符合"待士之体"。

二、传义之禁

"传义"指在考场上遥口相授或传递文字。太祖乾德二年(964)九月十日,权知贡举卢多逊(934—985)言:"伏以礼部设科,贡闱校艺,杜其滥进,是曰宏规。……如有遥口相授传与人者,即时遣出,不在试限。"诏从之。①

如何防止应举人传义?据《宋会要辑稿·选举》三之五《贡举杂录》载,宋朝防止传义的办法之一,是在考试座位上实行"间隔就坐,稀次设席"。宋朝贡举考试,规定举人按榜就座,不得移易,诸科按照不同科目,"间隔就坐,稀次设席",就不容易遥口相授或传递文字了。这种办法有时遭到破坏,如度宗咸淳十年(1274)省试,"命大院、别院监试官于坐图未定之先,亲监分布坐次,严禁书铺等人,不许纵容士子抛离座案,过越廊分,为传义、假手之地。"②

防止传义的办法之二,是设监门官、巡铺官,派遣巡铺内臣、兵士,在考场巡查,禁止私相传授。对查获传义者,予以重赏:"官员使臣减年磨勘,指射差遣,诸色人支钱多至六百贯。"其副作用是,"缘此小人贪功,希赏搜探,怀袖众证,以成其罪,其间不免冤滥。"③如元祐三年(1088)二月某日,翰林学士朝奉郎知制诰苏轼(1037—1101)同孙觉、孔文仲札子奏云:

贡院今月三日,据巡铺官郑永崇领押到进士王太初、王博雅,称是传义。问得举人,各称被巡铺官诬执。寻令巡铺官宣德郎王厚将逐人卷子与众官

① 《宋会要辑稿·选举》一四之一三《发解》。

② 《宋史》卷一五六《选举志二》。

③ 《苏轼文集》卷二八《乞裁减巡铺兵士重赏》。

> 点对，得逐人试卷内有一十九字同，即不成片段。本院检准条贯，惟经学不许传义，口授者同。至于进士，须是怀挟、代笔，方令扶出。今来逐人试卷，点对得只有一十九字偶同，别无违碍，显是巡铺官郑永崇举觉不当。……欲望圣慈速赐指挥，或且勾回石君召、郑永崇两人，却差晓事使臣交替，所贵不致非理生事。①

诏从其请。因此，知贡举苏轼再次上奏云："欲乞下有司立法，裁减重赏及减定巡铺士兵人数，如非理罗织举人，即重行责罚，以称朝廷待士之意。"②

对于考官监管不力者，也要予以惩罚。如高宗绍兴二十六年（1156）闰十月九日，"诏鄂州通判任贤臣监试不职，容纵举人假手传义，特降一官"。③又如绍兴三十年二月丁巳（八日），"监察御史任文荐罢。先是，文荐为别试所监试，有告举人刘侯度、吴渐传义者，文荐不依条扶出，而移之帘前，且以状申都省。诏给事中王晞亮密究其事，二人皆避知举官御史中丞朱倬亲，而文荐里人也。于是诏与文荐外任"。④

防止传义的办法之三，是违反传义之禁者，一旦查获，马上"扶出"即取消应举考试资格，并且"永不得赴举"。如元祐三年（1088）二月三日，"据巡铺官捉到怀挟进士共三人，依条扶出"。⑤

北宋前期，"传义"之禁主要是防止明经、诸科作弊。如嘉祐五年（1060），秘阁校理陈襄（1017—1080）等言："诸科之弊，在于传义难禁。"⑥神宗熙宁四年（1071）罢明经、诸科之后，"传义"之禁则主要是防止进士作弊，于是专门制定了进士传义之法。《宋会要辑稿·选举》三之四六《贡举杂录》载：

> 元丰元年（1078）八月十二日，知谏院黄履言："贡举新敕以诸科口授旧条删为进士传义之法，立赏既重，证验难明，施之礼闱，恐生诬罔，乞再删定。"从之。

---

① 《苏轼文集》卷二八《贡院劄子四首·巡铺郑永崇举觉不当乞差晓事使臣交替》。

② 《苏轼文集》卷二八《乞裁减巡铺兵士重赏》。

③ 《宋会要辑稿·选举》二〇之一二《试官》。

④ 《系年要录》卷一八四，绍兴三十年二月丁巳。

⑤ 《苏轼文集》卷二八《奏劾巡铺内臣陈慥》。

⑥ 《宋会要辑稿·选举》一五之一五至一六《发解》。

“进士传义之法”的具体内容不详，大概与诸科传义之法略同，另外，从上引苏轼元祐三年(1088)知贡举时所上的一系列奏章中也可以看出赏罚的部分内容。

宋朝十分重视传义之禁，也有时一度松弛，则屡下诏申严之。如高宗绍兴二十六年(1156)三月二十四日，权相秦桧(1090—1155)病逝不久，即“内降手诏，戒饬试院欺弊”。其诏曰：

> 近年以来，士风浸薄，巧图牒试，妄认户名，货赂请求，重叠冒试；逮至礼闱，不遵绳矩，挟书、代笔、传义、继烛，种种弊欺，靡所不为。不惟负国家教育选举之意，兼使有素行负实学之人俱蒙其耻。一至于此，岂所望哉！夫待之厚，则责之深；出于礼，则丽于法。傥名检之全亏，实自干于邦宪。缵自今其克黜，乃心明听训言，无蹈非彝，以贻后悔。在外委漕臣及监司按察，在内令主司觉察，御史台纠劾以闻。当重置典宪，务在必行，故兹戒谕，想宜知悉。①

后来，宰相沈该曾因虑有不实，乞少宽传义之禁，遭到高宗的强烈反对，于是承认建言不当，所奏更不施行。《宋会要辑稿·职官》一三之一二《贡院》载：

> 绍兴二十九年三月二十八日，宰执进呈监试官监察御史沈枢奏，乞少宽传义之禁，虑有不实。上曰：“向来举场纵弛太甚，此奏若行，又复前日之弊矣。是在今日，似为细事，朕所以区区必欲禁止者无他，以取士之原实在于此，异时公卿大臣，皆繇此途出，其利害不为不重。况挟书、传义，类非佳士，傥稍有实学、知廉耻者，必不肯为。枢此奏，盖欲沽士人之誉尔。”臣该奏曰：“其间语言诚为过当，乞更不施行。”从之。

南宋后期，传义之禁虽严，而传义的手法也不断翻新。《宋会要·选举》六之三四至三五《贡举杂录》载：

> 嘉定十二年(1219)十二月二十二日，臣僚言：“场屋弊极，法禁当严。请言秋试一二，复以省闱当谨者陈之。……传义以线从地引入，饮食公然传入，弹圆随水注入，机巧百出。……引试之日，令临安府多差厢官，四围巡

① 《宋会要辑稿·职官》一三之一〇《贡院》。

逻，签厅官提督，如有捕获，准条推赏。因事败露，亦议责罚。注水之地，引试之日，厢官监视，卯时注入，入场之后，不许注水。……今来省闱，深虑循习，乞以臣此章严行禁止，专委监试措置搜逻，违犯之人，必罚无赦，巡铺八厢不行觉察，取旨责罚。"从之。

真可谓"道高一尺，魔高一丈"："传义以线从地引入"，则加强监试搜罗、巡铺觉察；"弹圆随水注入"，则"厢官监视，卯时注入，入场之后，不许注水"。这样，再要传义也就不太容易了。

三、代笔之禁

考场之弊，为害最大者是代笔。哲宗绍圣三年(1096)七月十七日，礼部言："详定重修敕令所看详：举人取应，群至有司，校一日之长，以得科第。故其怀挟、代笔，为害最大。"①宁宗嘉定元年(1208)正月二十四日，臣僚言："比年省闱取士，弊幸百端，最是挟书、代笔尤为场屋之患。"②挟书、代笔之中，为害最大者则是代笔。如孝宗淳熙十年(1183)十月十二日，秘书省著作佐郎兼权礼部郎官范仲艺言："近日科举之弊，如假借户贯，迁就服纪，增减年甲，诡冒姓名，怀挟文书，计嘱题目，喧竞场屋，诋诃主司，拆换家状，改易试卷，如此等弊，不可胜数，而代笔一事，其弊尤甚。"③周必大(1126—1204)说得更为直截了当，他在《论科举代笔》的奏疏中开头即说："臣闻科举之害，莫切于代笔。"④因此在挟书、传义、代笔之禁中，最重要的是代笔之禁。代笔之禁始见于五代后周世宗显德二年(955)。《五代会要》卷二二《进士》载：

显德二年五月，尚书礼部侍郎、知贡举窦仪奏："……及今后进士如有倩人述作文字应举者，许人言告，送本处色役，永不仕进。同保人知者殿四举，不知者殿两举。受倩者，如见任官停任，选人殿三选，举人殿五举，诸色人量事科罪。"从之。

---

① 《宋会要辑稿·选举》三之五六《贡举杂录》。
② 《宋会要辑稿·选举》六之三至四《贡举杂录》。
③ 《宋会要辑稿·选举》五之五《贡举杂录》。
④ 周必大：《周益国文忠公集》卷一三六《论科举代笔》。

"倩人述作文字应举"即代笔。宋初承后周之制，重申了代笔之禁。《宋会要辑稿·选举》三之五至六《贡举杂录》载：

> 雍熙二年(985)十二月三十日，诏："进士以德行为基，文章为业，苟容欺诈，何称科名？近年多有诈他人之述作，窃自己之声光，用此面欺，将为身计，宜加条约，以诫轻浮。今后如有倩人撰述文字应举者，许人告言，送本处色役，永不得仕进；同保人知者殿四举，不知殿两举；受(情)[倩]者，在官停任，选人殿三举；(保)[举]人殿五举，诸色人量事科罪。"

太宗雍熙二年的诏书与后周显德二年的诏书在文字上也极为相似，可见是一脉相承。

宋朝虽然如此严禁代笔，但代笔之事时有发生。如真宗景德二年(1005)六月一日，诏曰："……重念贡举之门，因循为弊，躁竞斯甚，谬滥益彰。至有属词未识于师资，专经不晓于章句，攘窃古人之作，怀藏所习之书，假手成文，遥口授义。众已惭于丑行，自犹振于屈声，匪徒黜落以贻羞，固亦诈欺而有咎。士之干禄，岂有然乎？"①又如高宗绍兴十八年(1148)二月五日，礼部言："省试系是遴选实才，访闻就试举人内，有势力之家，多输贿赂，计嘱应试人换卷代笔起草并书真卷，或冒名就试，或假手程文，自外传入，就纳卷处誊写。"②再如宁宗嘉定十二年(1219)九月二十八日，右谏议大夫李楠言："……厥今之弊，曰传义，曰挟书，曰见烛，未若代笔最失本意。……今赂贿公行，代笔中选，十常二三。……臣窃见丙子(嘉定九)举，奏请州郡，召保给据，前赴省试。续以试期迫近，权就礼部检元解帖给据就试，而贪婪无藉之徒，乃用情解已死姓名投状，或用弟兄亲戚同乡姓名，脱漏给据，专为假手。试讫，委而弃之。……至有门外假手，递稿入院；或内外通同，交卷历子先上姓名，旋将见成卷子传入填纳；或封弥之初，私置别本，记其名号，计嘱吏人涂改，以图必取。"③四川类省试代笔之弊尤甚。正如曾任川陕宣谕使的王之望所说："某契勘四川贡士类试于蜀，盖三十年矣。积弊不可胜言，其尤甚者，往往冒入解名而就试，倩人入试而过省，代笔之价至万余，引轻薄子多以致富，风俗大坏。"④

---

① 《宋会要辑稿·选举》一之七《贡举》。
② 《宋会要辑稿·选举》四之二八《贡举杂录》。
③ 《宋会要辑稿·选举》六之三三《贡举杂录》。
④ 王之望:《汉滨集》卷八《论监类省试朝札》。

为了防止代笔之弊，宋朝采取了许多措施。其防止代笔之弊的措施之一是，查获代笔，严厉惩罚。如太宗雍熙二年(985)诏曰："如有倩人撰述文字应举者，许人告言，送本处色役，永不得仕进；同保人知者殿四举，不知殿两举；受(情)[倩]者，在官停任，选人殿三举；(保)[举]人殿五举，诸色人量事科罪。"对令人代笔者、同保人、代笔者都予以不同的严厉惩罚。又如孝宗乾道元年(1165)十二月二十六日，诏曰：

> 应令人代名及为人冒名赴省试者，各计所受财，依条坐罪外，并真决编配千里外州军；同保知情人，依条永不得应举。……馀依见行条法施行，仍令尚书省出榜晓谕。①

令人代笔者和代笔者，各按所受财物判罪，并编配至千里之外的州军；同保知情人不是"殿四举"，而是"永不得应举"。较之太宗雍熙二年，大为加重了处罚。还有，冒名代笔即使遇郊祀大赦，也不允许应举。《宋会要辑稿·选举》四之一四至一六《贡举杂录》载：

> 宣和七年(1125)十一月十九日，南郊制：应举人因事殿举及不得入科场之人，除犯罪徒以上及真决并假名代笔情理重人外，可并许应举。

"假名代笔情理重人"与"犯罪徒以上及真决"一样，仍不得入科场。

另外，不但令人代笔者、同保人、代笔者要受到惩罚，而且考官也要受到惩罚。徽宗政和六年(1116)十二月十四日，诏："比来士失所守，假名代笔，挟书就试，干托请求，观望权要，岂朕所望于士哉？已命有司重置于法，其令监司互察，知而不举与同罪，提举、教授仍加二等。"②"监司"即转运司、提点刑狱司互相监察，知情而不举报者，与假名代笔者同罪，提举学事司、教授仍加二等。

其防止代笔之弊的措施之二是，许人告发，告获者予以重赏。《宋会要辑稿·选举》三之五六《贡举杂录》载：

> 绍圣三年(1096)七月十七日，礼部言："详定重修敕令所看详：举人取应，群至有司，校一日之长，以得科第。故其怀挟、代笔，为害最大。熙宁、元

---

① 《宋会要辑稿·职官》一三之七《礼部》，据《宋会要辑稿·选举》四之三八《贡举杂录》校改。

② 《宋会要辑稿·选举》四之一〇《贡举杂录》。

丰所立赏格，轻重适中，不为过当。元祐一切裁减从宽，以禁则缓，以赏则薄。是使学人无复忌惮，公然怀挟、代笔，以侥幸一时。(际)[除]约束刑名见行删修外，所有赏格愿尽依熙宁、元丰旧制。”从之。

“熙宁、元丰所立赏格”已不得其详。而《宋会要辑稿·职官》一三之九至一〇《贡院》载：

绍兴十八年(1148)二月五日，诏：“省试举人计嘱应试人换卷代笔起草并书真卷，或冒名就试，或假手程文，自外传入，就纳卷处誊写，除依条许人并就试举人告捉，犯人从贡院先送所司申朝廷重作施行，及告获人优与推赏外，内士人该赏取旨补官，仍赐出身。”从礼部请也。

告获代笔人除“优与推赏”外，其中士人另外还要补官并赐进士出身。孝宗乾道元年(1165)十二月二十六日，则诏：“如士人告获，与免一次文解；诸色人告获，支给赏钱三百贯。馀依见行条法施行，仍令尚书省出榜晓谕。”①

其防止代笔之弊的措施之三是，比对试卷及家状字迹异同，字迹不同，别榜驳放。《宋会要辑稿·选举》六之二至三《贡举杂录》载：

嘉定元年(1208)正月十五日，礼部言：“已降指挥，将开禧三年发解举人取中试卷并省试合格试卷并行牒发御史台，同本部长贰参考字画，关御药院殿试。字画不同之人，照指挥驳放施行。今来诸路州军免解进士合赴今年省试，若有过省，既无解试卷子比对，无由辨验字画。今欲告报书铺，如有免解进士赴省投纳试卷，并亲身题写卷首三代家状，即不许令人代书。如不遵告报，致本部验出，定将犯人、书铺送所属根究施行。如免解人过省，从本部再行告报帘试，亲书三代家状一纸印押，同过省试卷类聚牒发御史台，同本部长贰参考，将字画比对，如有不同之人，遵依前项指挥施行。”从之。

其办法是，对于得解进士，将解试取中试卷和省试合格试卷一起牒送御史台，御史台与礼部长贰共同比对字画，同者关御药院殿试，字画不同，别榜驳放。对于免解进士，因无解试试卷，则令其亲自题写卷首三代家状，将家状与过省试卷类

① 《宋会要辑稿·职官》一三之七《礼部》，据《宋会要辑稿·选举》四之三八《贡举杂录》校改。

聚牒发御史台，御史台与礼部长贰将字画比对，如有不同之人，别榜驳放。

南宋末年，则改为亲书历首，与过省试卷比对笔迹异同。《宋季三朝政要》卷四载：

> 度宗咸淳九年(1273)二月，御史陈伯大奏言："科场弊幸百出，有发解、还省而笔迹不同者，有冒已死之人解帖免举者。请今后应举及免举人，各于所属州县给历一道，亲书历首。将来赴举过省，参对笔迹异同，以防伪滥。"

历首与过省试卷笔迹不同，则不准参加殿试。

其防止代笔之弊的措施之四是，对得解、过省举人进行覆试，如不能动笔或大段错谬，即行驳放。周必大(1126—1204)《论科举代笔》云：

> 臣愿诏诸州就鹿鸣宴之前，委教官或有出身官二员，集得解举人，就州厅试论一首，如太学帘引、南省覆试之法，知、通躬亲监视，严为防闲，须文理不至纰缪、用字不至颠错，方给解牒，令赴省试。或有不能动笔，及大段错谬者，即行驳放，仍推究代笔人，依条施行。却将驳放之数，次举补还。其转运司发解者，准此。盖治之于科场之中，则人众，而势或难行；核之于既定之后，则人寡，而真伪易辨。此法既立，代笔之风不禁而自熄矣。

此为得解进士覆试之法，后得到批准施行。《宋史》卷一五六《选举志二》云：

> 宝祐三年(1255)，乡贡、监补、省试皆有覆试。……凡覆试，令宰执出题，不许都司干预，仍日轮台谏一员，帘外监试。

《宋史》卷一五六《选举志二》又云：

> 度宗初……先是，州郡乡贡未有覆试。会言者谓冒滥之弊，惟在乡贡，遂命漕臣及帅守于解试揭晓之前，点差有出身倅贰或幕官专充覆试。尽一日命题考校，解名多者，斟酌分日。但能行文不缪、说理优通、觉非假手即取，非才不通就与驳放。如将来省覆不通，罪及元覆试漕守之臣及考校官。

关于省试的覆试，理宗景定三年(1262)二月戊申(二十二日)，诏："省试中选士人，覆试于御史台，为定制。”[①]吴自牧《梦粱录》卷二云：“举人中省闱者，俟候都堂点请覆试，不过一论冒而已。复试毕，然后到殿也。”[②]

其防止代笔之弊的措施之五是，加强备卷管理。《宋会要辑稿·选举》六之二八至二九《贡举杂录》载：

> 嘉定十年（1217）正月二十八日，臣僚言：“……日来多有冒名入场之人，颇骇人听。如甲系正名赴省，乙乃冒名入场，方州士子，纷揉错杂，书铺莫辨，安然入试，略无顾忌。十年之前，安得此弊！
>
> 预榜之后，独有参验字踪真伪，非不严也。曾不知奸弊之生，出人意外。场屋制备卷以防正卷之阙失，今乃预买备卷，冒名出试，则以场中之文令正身誊上。及至中榜，计赂吏胥，抽换场中之卷，虽一二千缗，亦不惮费。吏辈为地，何计不遂？则比字踪之设，不足恃矣。
>
> 备卷条印通印卷首，以防拆换，此曹多是买下，或于帘前妄请，潜地袖与正身誊写，帘前纷陈之备卷，何所稽考？此弊之尤者，非怀挟、传义之比。
>
> 乞下礼部，自今省试，只许监中印士人正卷，所有备卷，只许白卷纳入省场，令监试专差官监印，计数封起。引试之日，有请备卷，必逐名监给，抄上姓名、乡贯，以为后日稽考私买滥请之弊。仍令巡按等人巡缉，有正卷又请备卷冒名入场人，必罚无恕，庶几伪冒可革。”从之。

国子监只印正卷，备卷则令监试官专门差官印制，计数封存。引试之日，有请备卷者，则需详细登记，以防私买滥请；有正卷又请备卷者，则予以处罚。这样，私买滥请备卷、冒名入场之弊就可以革除了。

当然，上述防止代笔的措施并不能完全杜绝代笔之弊。《宋会要辑稿·选举》五之三一《贡举杂录》载：

> 开禧元年（1205）闰八月十四日，诏谢采伯、棐伯并驳放。（先是，嘉泰二年，宰相谢深甫令其二子同赴省试，未锁院之前，密语当差试官，预计会题目，又令朝士能文者代笔，付与试官，果置高等，人已指言。其后，诸子忿争，

---

① 《宋史全文》卷三六，王圻《续通考》卷四三。

② 吴自牧：《梦粱录》卷二《诸州府得解士人赴省闱》。

交相诋讦，于是传播。是时，深甫任相位，无敢言者。至是，臣僚有言，故有是诏。）

由此可知，宁宗朝宰相谢深甫二子，即是于嘉泰二年（1202）傅行简榜通过代笔登科的。当时人们已经议论纷纷，只是谢深甫高居相位，人们敢怒而不敢言。但是，嘉泰三年正月，谢深甫罢相，开禧元年闰八月，以臣僚上言，谢深甫二子遂被驳放。

总之，上述这一系列考场管理制度，对于维持考场秩序、防止徇私舞弊都起到了相当积极的作用。因此，大都为元明清历代所继承，对于当今的各种考试也有借鉴意义。

第八章　宋朝贡举考试内容

贡举的考试内容，直接关系到选拔什么样的人材，同时对于士人平时的学习也起着导向作用。因而，为隋唐以来历代统治者所重视。随着时代的不同，贡举考试内容也发生了许多变化，对当时的政治及文化产生过重要影响，也为后人提供了许多宝贵的经验和教训。贡举科目不同，考试内容也就不同；同一科目，解试、省试及殿试也不相同。对此，金中枢、宁慧如、龚延明、祝尚书等不少学者已有论述，[①]但还不够系统详细。现谨在前人研究的基础上，按照宋朝的贡举科目，分别将各级的考试内容概述简论如下。

第一节　进士科考试内容

宋朝进士科解试、省试的考试内容基本相同，而殿试的考试内容与解试、省试则有较大的差别，而且在神宗熙宁三年（1070）有较大的变化，所以下面分为"解试、省试考试内容"与"殿试考试内容"两目加以叙述。

一、进士科解试、省试考试内容

宋朝进士科解试、省试考试内容的演变，大概可以分为三个时期。第一是北

① 金中枢：《北宋科举制度研究续（上）》，《宋史研究集》第十三辑；宁慧如：《北宋进士科考试内容之演变》，知书房出版社 1996 年版；龚延明：《宋代文武进士科举考试内容考述》，《国学学刊》2013 年第 3 期；祝尚书：《宋代科举与文学》，中华书局 2008 年版。

宋前期，从太祖建隆元年至神宗熙宁四年（960—1071）；第二是北宋后期，从神宗熙宁四年至钦宗靖康二年（1071—1127）；第三是南宋时期，从高宗建炎元年至度宗咸淳十年（1127—1274）。

（一）北宋前期（建隆元年至熙宁四年）

宋初进士科解试、省试的考试内容，盖承唐及五代之制。《五代会要》卷二十二《进士》载：

> 周广顺三年（953）正月，户部侍郎、权知贡举赵上交奏："进士元试诗、赋各一首，帖经二十帖，对义五道。今欲罢帖经、对义，别试杂文二首，试策一道。"从之。至其年八月，刑部侍郎、权知贡举徐台符奏："请别试杂文二首外，其帖经、对义，亦依元格。"从之。

即五代后周时，进士科考试诗、赋各一首，杂文二首，帖经二十帖，墨义五道，对策一道。《文献通考》卷三〇《选举考三》云：

> 宋朝礼部贡举，设进士、九经、五经、开元礼、三史、三礼、三传、学究、明经、明法等科。……凡进士，试诗、赋、杂文各一首，策五道，帖《论语》十帖，对《春秋》或《礼记》墨义十条。

《宋史》卷一五五《选举志一》所载进士科考试内容，惟"杂文"作"论"，其余全同。可见，宋初进士科考试内容的项目亦是诗、赋、论、策、帖经、墨义六种，只是每项考试题目的多少略有不同而已。

北宋前期，进士科解试、省试内容为诗赋、论策和帖经、墨义，实际上主要是以诗赋取士，诗赋中最主要的则是赋。北宋前期进士科解试、省试虽然规定"帖《论语》十帖，对《春秋》或《礼记》墨义十条"，但由于帖经类似于现代的"填空白"，墨义相当于现代的"默写"，向来不受重视。唐朝即已出现以考试诗文代替帖经的"赎帖"。仁宗庆历四年（1044）范仲淹改革贡举，其贡举新制即规定："旧试帖经、墨义，今并罢。"①英宗治平元年（1067）四月，司马光所上《贡院定夺科场不用诗赋状》云："所有进士帖经、墨义一场，从来不曾考校，显是虚设，乞更不试。"②司

① 《宋会要辑稿·选举》三之二七《贡举杂录》。

② 《司马公文集》卷二八《贡院定夺科场不用诗赋状》。

马光认为进士科的帖经、墨义只用于“考试”，而不曾“考校”，因为“显是虚设”，所以“乞更不试”。

诗赋与论策相比，则往往是先诗赋后论策。真宗咸平五年（1002）十一月庚申（二十九日），河阳节度判官清池张知白（？—1028，仁宗时曾为同中书门下平章事即宰相）上疏中即提出：“先策论，后诗赋，责治道之大体，舍声病之小疵。”①大中祥符元年（1008）正月二十一日，冯拯（958—1023）曰：“进士比来省试，惟以诗赋进退，不考文论。且江浙举人，专业词赋，以取科名。今岁望令于诗赋合格人内，兼考策论。”真宗从之。②十年之后，即天禧元年（1017）九月二十八日，右正言鲁宗道又上言：“进士所试诗赋，不近治道；诸科对义，惟以念诵为工，罔究大义。”真宗曰：“前已令进士兼取策论，诸科能通经者，别加考校。宜申谕之。”③大概“兼考策论”并未很好施行，而真宗解决诗赋“不近治道”的办法，不过是“申谕”“兼取策论”而已。直到仁宗初年，仍然如此。《宋会要辑稿·选举》三之一五《贡举杂录》载：

> 天圣五年（1027）正月十六日，诏贡院将来考试进士，不得只于诗赋进退等第，今后参考策论以定优劣；诸科所对经义，亦不得将重复文句及抽折经注令数字对答，致有非理黜落。仍榜谕举人。

《宋会要辑稿·选举》三之一七《贡举杂录》载：

> 景祐元年（1034）二月一日，诏贡院所试进士，除诗赋依自来格式考定外，其策论亦仰精研考校，如词理可采，不得遗落，如欲不依次押官韵者，听。

“策、论”仍然只是“兼取”。《文献通考》卷三一《选举考四》载：

> 宝元中，李淑侍经筵，帝访以进士诗赋策论先后，俾以故事对。淑退而上奏曰：“……今陛下欲求理道，而不以雕篆为贵，得取士之实矣。然考官以所试分考，不能通加评校，而每场辄退落。士之中否，特系于幸不幸尔。愿约旧制，先策，次论，次赋及诗，次帖经、墨义，而敕有司并试四场，通较工拙，

① 《长编》卷五三，咸平五年十一月庚申。

② 《宋会要辑稿·选举》三之九《贡举杂录》。

③ 《宋会要辑稿·选举》三之一一《贡举杂录》。

毋以一场得失为去留。"诏有司议，稍施行焉。

《文献通考》虽云"诏有司议，稍施行焉"，但并未见施行，还是主要以诗赋取士，甚至主要是以赋取士。欧阳修(1007—1072)《六一居士诗话》云：

自科场用赋取人，进士不复留意于诗，故绝无可称者。惟天圣二年省试《采侯诗》，宋尚书祁最擅场，其句有"色映堋云烂，声迎羽月迟(一作驰)"，尤为京师传诵。当时举子目公为"宋采侯"。①

宋人贡举不重视诗，所以省题诗没有可称道的。查阅《全宋诗》，省题诗流传下来者甚少。另外，吴处厚《青箱杂记》卷二亦云：

五代之际，天下剖裂，太祖启运，虽则下西川，平岭表，收江南，而吴越、荆、闽纳籍归覲，然犹有河东未殄。其后太宗再驾乃始克之，海内自此一统，故因御试进士，乃以"六合为家"为赋题。时进士王世则遽进赋曰："构尽乾坤，作我之龙楼凤阁；开穷日月，为君之玉户金关。"帝览之大悦，遂擢为第一人。

王世则因为赋作得好，于是被擢为太平兴国八年(983)的状元。

仁宗庆历四年(1044)三月，范仲淹(989—1052)针对"国家乃专以词赋取进士，以墨义取诸科，士皆舍大方而趋小道，虽济济盈庭，求有才有识者十无一二"，②始对贡举考试内容进行了较大的改革，其贡举新制云：

(省试)进士试三场……先试策三道，一问经旨，二问时务；次论一道；次诗、赋各一道。旧试帖经、墨义，今并罢。初场引试策，先次考校，内有文辞鄙恶者，对所问不备者(谓十事不对五以上)，误引事迹者(谓十事误引五以上)，虽能成文而理识乖谬者，杂犯不考式者，凡此五等，并更不考论。次场论，内有不识题者，文辞鄙恶者，误引事者(十事误用三以上)，虽成文而理识乖缪者，杂犯不考式者，凡此五事，亦更不考诗、赋。第三场诗、赋毕，将存留策、论卷子上与诗、赋通考定去留。合格荐名者，出榜告示。③

① 《欧阳修全集》卷一二八《诗话》。
② 《范文正公政府奏议》卷上《答手诏条陈十事》。
③ 《宋会要辑稿·选举》三之二七《贡举杂录》。

此前，欧阳修在《论更改贡举事件劄子》中指出："今贡举之失者，患在有司取人先诗赋而后策论，使学者不根经术，不本道理，但能诵诗赋，节抄《六帖》、《初学记》之类者，便可剽盗偶俪，以应试格。而童年新学，全不晓事之人，往往幸而中选。此举子之弊也。……今之可变者，知先诗赋为举子之弊，则当重策论。……其高下之等，仍乞细加详定，大率当以策论为先。"①贡举新制吸收了欧阳修的建言，解试、省试进士科考试，帖经、墨义并罢，均以策、论、诗赋为三场，先策论，后诗赋，省试以五事随场去留，在某种意义上，相当于以策论定去留、以策论诗赋定高下，大大提高了策论在考试内容中的地位，"则文辞者留心于治乱矣"。②范仲淹改革贡举考试内容，"先策论后诗赋"，较之"兼取策论"，又在重策论的道路上前进了一大步。这对选拔经世致用的优秀人才无疑是有益处的。

庆历八年(1048)四月八日，礼部贡院言："四年，宋祁等定贡举新制，会明年诏下，且听须后举施行。……新制，进士先试策三道，次试论，次试诗赋。先考策、论定去留，然后与诗赋通定高下。然举人每至尚书省，不下五七千人，及临轩覆较，止及数百人。盖诗赋以声病杂犯，易为去留，若专取策论，必难升黜。盖诗、赋虽名小巧，且须指题命事，若记问该富，则辞理自精。策论虽有问目，其间敷对，多挟他说。若对不及五通尽黜之，即与元定解额不敷；若精粗毕收，则滥进殊广。所以自祖宗以来，未能猝更其制。兼闻举人集经史疑义可以出策论题目，凡数千条，谓之'经史质疑'。至于时务，亦有钞撮之要。浮伪滋甚，难为考较。……伏惟祖宗以来，得人不少，考较文艺，固有规程，不须变更，以长浮薄。请并如旧制。"于是降诏曰："科场旧条，皆先朝所定，宜一切无易。"③

嘉祐二年(1057)十二月戊申(六日)，诏："进士增试时务策三条。"④

北宋前期，进士科考试内容，还有一个变化，即律义的增加与废除。太宗太平兴国四年(979)十一月十日，诏曰："禁民为非者，莫大于法；陈力就列者，当习其书。苟金科玉律之不明，虽食蘖饮冰而何益？宜申沿革，式著典彝。自今礼部应进士、九经、五经、三史、通礼、三礼、三传引试日，宜于律及律疏中问义三、五条；或执卷发其端，令面对一、两事。"⑤鉴于法律的重要而进士、诸科加试律义。雍熙二年(985)四月二日，又诏曰："法家之书，最切于时，废之已久，甚无谓也，可

① 《欧阳修全集》卷一〇四《论更改贡举事件札子》。
② 《宋会要辑稿·选举》三之二三至二九《贡举杂录》。
③ 《长编》卷一六四;《宋会要辑稿·选举》三之三一《贡举杂录》。
④ 《长编》卷一八六，嘉祐二年十二月戊申。
⑤ 《宋会要辑稿·选举》一二之二七《明经科》。

复置明法一科，亦附三小经。进士、九经已下，更不习法书，庶使为学之精专，用功之均一。”[①]大概由于复置明法科，进士、九经等科才不习法书，即不再加试律义。

（二）北宋后期（熙宁四年至靖康二年）

庆历八年（1048）四月八日，诏“科场旧条，皆先朝所定，宜一切无易”[②]，尽罢庆历贡举新制之后，并未解决进士科考试内容中诗赋与策论的争议。英宗治平元年（1064）四月，天章阁待制、判国子监吕公著（1018—1089）上札子曰：

> 先帝察取士之弊，尝集近臣之论，形于诏文，则曰：“本学校以教之，然后可以求其行；先策论，则辨理者得尽其说；简程式，则闳博者颇见其才。”虽丁宁申谕，而有司不能奉行。……欲乞今来科场，更不用诗赋。如未欲遽罢，即乞令第一场试论，第二场试策，第三场试诗赋。

“先帝”即仁宗，吕公著实际上是要恢复庆历贡举新制。司马光（1019—1086）看详吕公著札子曰：

> 近世取人，专用诗赋，其为弊法，有识共知。今来吕公著欲乞科场更不用诗赋，委得允当。然进士只试论、策，又似太简。欲乞今后省试除论、策外，更试《周易》、《尚书》、《毛诗》、《周礼》、《仪礼》、《春秋》、《论语》大义，共十道，为一场。其策只问时务。所有进士帖经、墨义一场，从来不曾考校，显是虚设，乞更不试。御前除试论外，更试时务策一道。如此，则举人皆习经术，不尚浮华。若是依旧不罢诗赋之时，即先试后试，事归一体，别无损益。今若罢去诗赋，仍乞依吕公著起请，预行告示，使天下学者早得闻知。[③]

司马光《贡院定夺科场不用诗赋状》奏上之后，结果如何，不得而知。

治平四年正月，神宗继位，熙宁元年（1068）四月，诏新除翰林学士王安石（1021—1086）越次入对，相谈颇为投机。安石退而上奏，其言本朝累世因循末俗之弊曰：“以诗赋记诵求天下之士，而无学校养成之法。”[④]六月，右正言孙觉

① 《宋会要辑稿·选举》一二之二七《明经科》。

② 《长编》卷一六四；《宋会要辑稿·选举》三之三一《贡举杂录》。

③ 并见《温国文正司马公文集》卷二八《贡院定夺科场不用诗赋状》。

④ 杨仲良：《长编纪事本末》卷五九《王安石事迹上》。

(1028—1090)亦上疏“论取士之弊宜有改更”，曰：“臣窃计来年之春，当下诏选士。以陛下聪明睿智，将大有为于时，而取士之法，不早有所更定，则不足以尽天下之才，不足尽天下之才，则不足以新天下之化。臣谨条取士之弊并所当改定者，具列如后。……伏望圣慈下两制、杂学士、待制以上、台谏官、三馆、秘阁臣寮，博加论议，必有良法可以行之。有论议不同者，听为别状。朝廷取具最优者施行。”①熙宁二年三月九日，“诏贡院依例贡举。……又论科场之弊，以进士第一人例与馆职为非，及西北人材多废，以为贡举法当议而改。乃下诏详议”。四月，其诏曰：

> 今兹诏下郡国，招徕隽贤。惟其教育之方，课试之格，若曰但循旧制，则无以一道德而奖进于人材；若将别为新规，则必当图悠久而详延于众论。惟是台阁之列，与夫禁近之联，必有猷为，固尝讲议，俾悉条于利病，思有助于搜扬。宜令两制、两省待制以上、御史台、三司、三馆臣僚各限一月内具议状闻奏。仍令御史台牒催。噫！取士择人，兹圣王之先务；立法创制，亦贤者之存心。谅毋惮于讨论，且将观于趋舍。咨尔有位，宜体朕怀。②

五月，吕公著、韩维(1017—1098)、司马光、王珪(1019—1085)、苏轼(1037—1101)、陈襄(1017—1080)等纷纷应诏上疏，议论学校、贡举改革。除苏轼认为学校、贡举不必改革之外，其他都主张不同程度的改革。

经过一年多的酝酿，根据王安石的建议，经过广泛讨论，至熙宁四年二月一日，颁布了贡举新制，在进士科解试、省试内容方面，进行了大胆改革。《长编》卷二二〇载：

> 熙宁四年二月丁巳朔(一日)，中书言：“……今定贡举新制：进士罢诗赋、帖经、墨义，各占治《诗》、《书》、《易》、《周礼》、《礼记》一经，兼以《论语》、《孟子》。每试四场，初本经，次兼经，并大义十道，务通义理，不须尽用注疏；次论一首；次时务策三道，礼部五道。(礼部五道，当考。)中书撰大义式颁行。……”从之。

即进士科解试、省试改为四场：第一场，本经大义十道，举人“各占治《诗》、《书》、《易》、《周礼》、《礼记》一经”为本经；第二场，兼经(以《论语》、《孟子》为兼经)大义

---

① 赵汝愚：《宋朝诸臣奏议》卷八，孙觉《上神宗论取士之弊宜有改更》。
② 《宋会要辑稿・选举》三之四一至四二《贡举杂录》。

十道；第三场，论一首；第四场，解试时务策三道，省试时务策五道。其改革主要有二：一是“罢诗赋”。真宗、仁宗时，屡次下诏“兼考诗赋”；庆历贡举改革，也不过是“先策论，后诗赋”，熙宁贡举改革，则干脆不考诗赋，改革更为彻底。二是增加了考试经术的分量，第一场、第二场均考经术。三是经术的考试方法由帖经、墨义改为大义。

此后，在考试内容方面，又做了一些小的调整。《长编》卷二三四载：

“熙宁五年六月癸亥（十五日），知制诰王益柔（1015—1086）兼判礼部贡院。试法分四场，除第三、第四场策论如旧，其第一场试本经五道，第二场《论语》、《孟子》各三道。”《宋会要辑稿·选举》三之四七《贡举杂录》载：“元丰四年（1081）正月十二日，中书礼房请令进士试本经、《论语》、《孟子》大义、论、策之外，加律义一道，省试二道。从之。”即第一场，试本经五道，较熙宁四年减少了五道；第二场，试《论语》、《孟子》各三道，较熙宁四年减少了四道；第三场、第四场仍同熙宁四年之制；另外，解试加试律义一道，省试加试律义二道。这是一次对于贡举考试内容的意义重大、影响深远的改革。

为什么说王安石的这一改革，在中国科举制度史上，是具有重要意义呢？第一，变诗赋取士为经义、论、策取士，有利于国家造就和选拔经世致用的人才。

在中国古代社会，“诗赋浮靡，不根道德，施于有政，无所用之”。[①]以诗赋取士，对于造就文学家、推动文学的发展，或许有一定作用；对于选拔和造就经世致用人才，不但无益，反而有害。王安石在《上仁宗皇帝言事书》中说：“以诗赋取士，所得之技能，不足以为公聊”，结果是“不肖者，苟能雕虫篆刻之学，以此进至乎公卿；才之可以为公卿者，困于无补之学，而以此绌死于岩野，盖十八九矣”。这就是说，以诗赋取士，不足以选拔公卿之才。王安石在反驳苏轼时又指出：“今以少壮时正当讲求天下正理，乃闭门学作诗赋，及其入官，世事皆所不习，此乃科法败坏人才，致不如古。”[②]以诗赋取士，使士人学非所用，用非所学，这样非但不足以选拔人才，反而会“败坏人才”。

自唐朝后期以来，有识之士虽然对诗赋取士屡有批评，但是没有什么重大改进，惟独王安石断然罢诗赋，专以经义、论、策取士、连司马光也认为：“神宗皇帝深鉴其失，于是悉罢赋、诗及经学诸科，专以经义、论、策试进士。此乃革历代之积弊，复先王之令典，百世不易之法也。”[③]以经术取士，对于造就和选拔国家统治

① 《长编》卷二二〇，熙宁四年二月丁巳注。
② 《文献通考》卷三一《选举考四》。
③ 《温国文正司马公文集》卷五二《起请科场札子》。

人才是有好处的。因为首先，儒家的经术，是中国古代国家统治的主要思想武器；而且王安石所说的经术，已不是汉儒的传注之学，而是经过新的解释发挥、熔儒法释道为一炉的"新学"。其次，王安石主张经术不能脱离社会实际，通经是为了致用，即"通先王之意"而"施于天下国家之用"。[①]其三，论策则是官僚向皇帝"讲治道"、"议时政"的工具。对于国家来说，论策要比诗赋有用得多，连竭力维护诗赋取士的苏轼也不得不承认："自文章而言之，则策论为有用，诗赋为无益"[②]；就贡举考试来说，"诗赋不过工浮词，论策可以验实学"。[③]以论策取士，不但可以使举人留心于治乱，学其所用，用其所学，而且可以考察举人关于历代治乱兴衰的知识，了解他们对当代国家大事的对策，从中选拔真才实学之士。韩驹（? —1135）在上宋高宗的奏疏中说："臣窃唯神宗皇帝所以罢黜词赋而独不废策论者，以为取士之道，义以观其经术，论以察其智识，策以辨其谋略，则天下之士尽在吾彀中矣。"[④]韩驹简明扼要地说明了经义、论、策在科举取士中的作用和意义，他的话是颇有道理的。

第二，罢帖经、墨义，以大义试经术，是贡举考试形式的一个进步。

何谓"帖经"？《通典》卷十五《选举三》载：

凡举司课试之法，帖经者以所习经掩其两端，中间开唯一行，裁纸为帖。凡帖三字，随时增损，可否不一，或得四、得五、得六者为通。

这大概是唐高宗调露二年（680）帖经之法。到唐玄宗天宝十一载（752），又稍有变化："每帖前后各出一行，相类之处，并不须帖。"[⑤]宋代帖经，又称"帖书"，考试内容和方法，也大体如此。这和现在的"填空"十分相似，故宋人亦称之为"填帖"。

何谓"墨义"？王栐《燕翼诒谋录》卷二云：

试场所问本经义疏，不过记出处而已。如吕申公试卷，问："子谓子产有君子之道四焉，所谓四者何也？"答曰："对：其行己也恭，其事上也敬，其养民也惠，其使人也义。谨对。"试卷不誊录，而考官批于界行之上，能记则曰

① 王安石：《临川文集》卷三九《上仁宗皇帝言事书》。

②③ 《文献通考》卷三一《选举考四》。

④ 《历代名臣奏议》卷一一五，韩驹奏疏。

⑤ 《唐会要》卷七五《帖经条例》。

"通",不记则曰"不"。十问之中四通,则合格矣。其误记者,亦只书曰"不"。而全不能记,答曰:"对:未申。谨对。"

可见,所谓墨义,类似于今天的"默写",也不过是考试背诵经文及其注疏而已,内容和方法也都极为简单,其弊病甚多。正如司马光所说:"有司以帖经、墨义试明经,专取记诵,不询义理。其弊至于离经析注,务隐争难,多方以误之,是致举人自幼至老,以夜继昼,腐唇烂舌,虚费勤劳,以求应格。诘之以圣人之道,懵若面墙。或不知句读,或音字乖讹。"①

何谓"大义"?仁宗庆历四年(1044)贡举新制规定:"试大义十道,直取圣贤意义解释对答,或以诸书引证,不须具注疏。"②皇祐初年,刘恕(1032—1078)曾对《春秋》、《礼记》大义,其法为:"先列注疏,次引先儒异说,末乃断以己意。"③《文献通考》卷三一《选举考四》云:"试义者,须通经、有文采,乃为中格,不但如明经墨义粗解章句而已。"

通过以上简单对比,不难看出,试大义显然优于帖经、墨义。正如蔡襄(1012—1067)所说:"明经(按指帖经、墨义)只问所习经书异同,大义所对之义只合注疏大意,不须文字尽同,或有意见,即依注疏解释外,任自陈述,可以明其识虑。"④可见,以大义试经术,对于国家造就和选择"通经致用"的人才,无疑是有好处的;对于学者,也不为无补。正因为经义显然优于帖经、墨义,在神宗熙宁二年(1069)讨论学校贡举之法时,几乎众口一词主张"不用帖、墨而考大义",唯有苏轼(1037—1101)一人反对,却又拿不出像样的理由,而只是说诸科举人都是"朴鲁不能化者","欲使此等分别注疏、粗识大义,而望其才能增长,亦已疏矣。"⑤也因为如此,从熙宁四年(1071)罢帖经、墨义之后,虽然经历了元祐更化、宋室南迁,以及元、明、清诸代政治风云的变幻,一直没有人提出要恢复帖经、墨义,而以大义试经术成为定制。

当然,在后来的经义考试中,也发生过一些流弊。南宋中期以后,甚至命题者"强裂句读,专务断章"⑥,答义者不顾经旨,或争为新奇。到明代中叶之后,更

① 《温国文正司马迁公文集》卷五二《起请科场札子》。
② 《宋会要辑稿·选举》三之二八《贡举杂录》。
③ 《宋史》卷四四四《刘恕传》。
④ 《蔡忠惠公文集》卷二三《论改科场条制疏》。
⑤ 《苏轼文集》卷二五《议学校贡举状》。
⑥ 《文献通考》卷三二《选举考五》。

演变为八股文。但明清的八股文与宋代的大义是有明显区别的。

第三，加试律令大义，可以促使士人粗通法律，有利于实行法治。在中国古代，礼乐刑政是国家的大事，但是，唐宋贡举考试，对律令却并不重视，进士科不试律令。太宗太平兴国四年(979)虽曾加试律令墨义或口义，到雍熙二年(985)即被废罢。因此，绝大多数举人只是闭门学作诗赋，根本不过问律令、断案之事。这些人一旦登科入仕，遇到有关律令、断案之事，只好取办于胥吏，很难称职。王安石改革贡举，使进士在考试经义、论、策之外，必须加试律令大义。这就必然促使举人们平时注意学习律令、断案等法律知识，在登科做官之后，也就能够按照有关律令处理政务。总之，王安石关于考试内容的改革是有进步意义的。

元丰八年(1085)三月，神宗病逝，哲宗继位，年尚不到十岁，太皇太后高氏听政。元祐元年(1086)闰二月庚寅(二日)，侍御史刘挚(1030—1097)上言：

> 臣愚欲乞试法复诗赋，与经义兼用之。进士第一场试经义，第二场试诗赋，第三场试论，第四场试策。经义以观其学，诗赋以观其文，论以观其识，策以观其才。前二场为去留，后二场为名次。其解经义，仍许通用先儒传注或己之说，而禁不得引用字解及释典，庶可以救文章之弊而适乎用，革贡举之弊而得其人，亦使学者兼通他书，稍至博洽。

闰二月二十二日，“诏礼部与两省、学士、待制、御史台、国子司业，集议闻奏。所有将来科场，且依旧法施行”。①元祐元年三月，司马光(1019—1086)上《起请科场札子》，建言：

> 以臣所见，莫若依先朝成法，合明经、进士为一科，立《周易》、《尚书》、《诗》、《周礼》、《仪礼》、《礼记》、《春秋》、《孝经》、《论语》为九经，令天下学官依注疏讲说，学士博观诸家，自择短长，各从所好。《春秋》止用《左氏传》，其《公羊》、《穀梁》、陆淳等说，并为诸家。《孟子》止为诸子，更不试大义。

另外，又提出设立“经明行修科”。此后，监察御史上官均(1038—1115)建言：

> 经术以理为主，诗赋以文为工。以理者于言为实而所根者本，以文者于

---

①　《长编》卷三六八，元祐元年闰二月庚寅。

言为华而所逐者末。先帝去数百年之弊，不为不艰，而议者不计本末，乃欲袭前日诗赋之弊，未见其为得也。源深流长，事大体重，张官置吏之原，安危理乱之本，愿陛下详听而谨行之。

又言：

方陛下临御之初，士之趣操未定，方引颈拭目以听教令，观好尚，正宜奖经术以厉学者之志，进行谊以励士大夫之操。今遽厌薄经术，崇奖诗赋，有司以文辞取士，学者以文辞应于有司；及其久也，逐华而遗实，徇末而弃本，固非细累。请令学者各占三经，杂以《论语》、《孟子》，不必专用《新义》。试策以二：一问历代，一访时务。禁用释典，不得专援《庄》、《老》。比于参用诗赋，使学者敝精神于无用之文，得失固相远矣。①

科场考试是否复诗赋，各执一词，集议未决。四月庚寅（三日），则从苏辙（1039—1112）所请，来年科场（即元祐二年解试）一切如旧。《长编》卷三七四载：

元祐元年（1086）四月庚寅（三日），右司谏苏辙言："臣伏见礼部会议科场欲复诗赋，议上未决，而左仆射司马光上言，乞以九经取士，及朝官以上保任举人为经明行修之科。至今多日，二议并未施行。臣窃惟来年秋试，自今以往，岁月无几，而议不时决，传闻四方，学者知朝廷有此异议，无所适从，不免惶惑濡乱。盖缘诗赋虽号小技，而比次声律，用功不浅。至于兼治它经，诵读讲解，尤不可轻易。要之，来年皆未可施行。臣欲乞先降指挥，明言来年科场一切如旧，但所对经义兼取注疏及诸家议论，或出己见，不专用王氏之学。仍罢律义，令天下举人知有定论，一意为学，以待选试。然后徐议元祐五年以后科举格式，未为晚也。"从之。

至元祐二年十一月，终于决定进士科考试恢复诗赋，初立进士四场法。《宋会要辑稿·选举》一五之二五《发解》载：

元祐二年十一月十二日，诏进士以经义、诗赋、论、策通定去取，明法增

① 《长编》卷三六八，元祐元年四月庚寅。

> 《论语》、《孝经》义。[将来]一次科场,未习诗赋人依旧法取应,解发不得过元额三分之一。令礼部立诗赋格式以闻。

《长编》卷四〇七记载得更为详细明白:

> 元祐二年十一月庚申(十二日),是日,三省奏:"检会元祐元年闰二月二十二日指挥,今来科场且依旧法施行;四月十二日指挥,仍罢律义;六月十二日指挥,今后科场程试不得引用《字说》,并许用古今诸儒之说或己见,即不许引用申、韩、释氏之书,考试官不得于《老》、《列》、《庄子》内出题。举经明行修人:京东、京西、河北、陕西路各五人,淮南、江南东、江南西、福建、河东、两浙、成都府路各四人,荆湖南、广南东西、梓州路各二人,荆湖北、夔州、利州路各一人,委州县当职官同状保任申监司,监司再加考察,依上项人数闻奏,仍于发解前牒报本州,与充本州解额赴省试,无其人则阙。
>
> 上件逐次朝旨并已施行外,今欲依下项:
>
> 一、考试进士分为四场:第一场试本经义二道、《论语》或《孟子》义一道,第二场试律赋一首、律诗一首,第三场试论一首,第四场问子、史、时务策三道。以四场通定去留高下。
>
> 一、新科明法依旧试断案三道、《刑统》义五道,添《论语》义二道、《孝经》义一道,分为五场。仍自元祐五年秋试施行。其诸路举到经明行修人,如省试不合格,即未得黜落,别作一项奏取指挥。"从之。

即进士科解试、省试恢复了"试律赋一首、律诗一首",并规定"将来一次科场,未习诗赋人依旧法取应",但是"解发不得过元额三分之一"。意在元祐五年之后,进士科必须尽习诗赋。

元祐二年十一月十二日,为合诗赋、经义为一科,有"阴消"经术之嫌;元祐三年九月壬子(九日),又"诏尚书、侍郎、学士、待制、两省、御史台官,国子监长、贰,详议殿试用三题法"①,则更是以诗赋代经术。十一月,"礼部牒,奉旨令两制、两省同共看详修立到考校诗赋并格式闻奏"。②两省、两制臣僚纷纷上言。《长编》卷四一七元祐三年十一月壬子(十日)载中书舍人彭汝砺(1047—1095)言:

---

① 《长编》卷四一四,元祐三年九月壬子。

② 《长编》卷四一七,元祐三年十一月壬子。

臣准礼部牒，奉旨令两制、两省同共看详修立到考校诗赋并格式闻奏。臣伏念自井田之法坏，学校之教废弛，乡举里选之法不行，朝廷取士非古，其陋至于用诗赋，极矣。先皇帝受天明命，悼道之郁滞，奋于独断，初用经术造士，以革数百千年之弊，士知本且向方。而议者独病辞章之不工，欲踵隋、唐之弊法，狎玩经说，耗蠹道真，学者疑之，不知取舍。……诗赋不经，可以无辨，是犹滑稽俳优之戏，门巷讴唱之辞而已。而议者欲以此教人，欲以此取士，臣考于心，验于古，参于今，反覆曲折，终未见其可。……臣愚以为今学校选举，宜一用元丰条约，因今经明行修、贤良方正之科而稍加损益焉，盖亦庶几矣，如诗赋，决当寝罢。

其意在沿用元丰之制，即罢诗赋，而以经义、论、策取进士。元祐三年闰十二月，御史中丞李常（1027—1090）、侍御史盛陶、殿中侍御史翟思、监察御史赵挺之（1040—1107）、王彭年则提出了一个折中方案，即“以经义别为一科，令与诗赋科并行均取”。《长编》卷四二〇载：

元祐三年闰十二月，御史中丞李常、侍御史盛陶、殿中侍御史翟思、监察御史赵挺之、王彭年言：“臣等近者累次论奏，乞以经义别为一科，令与诗赋科并行均取者，盖以见行科场诏条称，将来一次科场，如有未习诗赋举人，许依旧法取应，解发合格人，不得过解额三分之一。以此观之，则是朝廷更无用经术设科取人之理，止以旧人未习诗赋，且于将来一次科场，量以分数收取，而欲阴消之故也。

臣等今采之舆议，欲以经义、诗赋各设为一科：

一、经义进士科。欲试四场：第一场试经义六道，每经二道；（欲于《易》、《书》、《诗》、《春秋》、《礼记》内，第一场各出题二道，人许占对三经，以古今注疏及己见所长，文理通赡者为合格，不得如旧日止记诵一家之义。）第二场试经义三道，每经一道，《论语》、《孟子》各一道，共五道；第三场试论一首；第四场试策三道，并问子、史、时务。

一、诗赋进士科。四场：第一场试诗、赋各一首；第二场试经义四道，出题同第一场，人许占对一经，试本经三道，《论语》、《孟子》一道；第三场试论一首；第四场试策三道，并问子、史、时务。

右伏望圣慈深惟国家教化之大，陶冶人物之重，四海执经之士七八万人，仰俟命令之所向，诏以臣等愚瞽之言付之有司，如或不谬，特降指挥，不胜幸甚。”

而中书侍郎刘挚（1030—1097）、右正言刘安世（1048—1125）则仍坚持“合诗赋、经义为一科”。《长编》卷四二三载：

元祐四年三月甲申（十三日），中书侍郎刘挚上书，……又贴黄曰：“近日又将科场一事，摇动荧惑。昨元祐元年，两制、侍从、台省臣僚，讲议定夺，凡一年有馀，又经圣览，方此施行，亦是将祖宗先帝之法，合诗赋、经义为一科，是万世有利无害可行之法。今人情已定，止是安石之党，力要用经义。臣愿陛下坚守已行之法，勿为浮议所动。”

《长编》卷四二四载：

元祐四年是月（三月），右正言刘安世言：“……先帝已知经术取士久而有弊，因欲复用词律。昨者有司请于经义之外，加以诗赋，朝廷采纳，已为定制，而安石之党，必欲阻挠。（李）常以屡乞改用经义，其徒翕然誉之。赖陛下圣明，主执不轻变易，而常等言之不已，背公死党，其事六也。”

经过两制、两省臣僚四个多月的同共看详，元祐四年四月戊申（八日），下诏曰：

应进士不兼诗赋人，许以旧法取应，于本经外增治一经，增试一场，《论语》、《孟子》分两场试。合格人将解额与兼诗赋人各解五分。令礼部立法以闻。①

元祐四年四月十八日，礼部言：

经义兼诗赋进士听习一经，第一场，试本经义二道，《论语》或《孟子》义一道；第二场，赋及律诗一首；第三场，论一首；第四场，子、史、时务策二道。

经义进士并习两经，以《诗》、《礼记》、《周礼》、《左氏春秋》为大经，《书》、《周易》、《公羊》、《穀梁》、《仪礼》为中经。愿习二大经者听，即不得偏占两中

① 《长编》卷四二五，元祐四年四月戊申；《宋会要辑稿·选举》一五之二五《发解》。

经，其治《左氏春秋》者，不得以《公羊》、《穀梁》为中经。第一场，试本经义三道，《论语》义一道；第二场，本经义三道，《孟子》义一道。馀如前。

并以四场通定高下去留，不以人数多寡，各取五分，即零分及元额解一人者，听取辞理优长之人。其省试奏名额准此。

哲宗"并从之"。[①]遂立"试进士四场法"。即分经义兼诗赋进士、经义进士取士，各试四场：经义兼诗赋进士听习一经。第一场，试本经义二道，《论语》或《孟子》义一道；第二场，赋及律诗一首；第三场，论一首；第四场，子、史、时务策二道。经义进士并习两经（一大经、一中经或两大经）。第一场试本经义三道，《论语》义一道；第二场，本经义三道，《孟子》义一道；第三、第四场，同经义兼诗赋进士。并以四场通定高下去留。

此后，对经义进士和经义兼诗赋进士的考试内容作了一些补充规定。元祐四年五月二十八日，"诏经义进士并习两经，《左氏春秋》兼《公羊》、《穀梁》或《书》，《周礼》兼《仪礼》或《周易》，《礼记》兼《书》或《毛诗》。"[②]元祐四年六月八日，详定重修敕令所言："兼诗赋进士若将《公羊》、《穀梁》、《仪礼》为本经专治，缘卷数不多，即比其馀六经未至均当，所有兼诗赋进士自合依元条于《易》、《诗》、《书》、《周礼》、《礼记》、《春秋左氏传》内各习一经。"诏"从之"。[③]

哲宗亲政之后，绍圣元年（1094）五月，绍述神宗圣政，罢试诗赋，专治经术。《宋会要辑稿·选举》三之五五《贡举杂录》暨《长编纪事本末》卷一〇〇载：

绍圣元年五月四日，诏进士罢试诗赋，专治经术，各专大经一、中经一，愿专二大经者听。第一场试大经义三道、《论语》义一道；第二场试中经义三道、《孟子》义一道；第三场试论一首；第四场试子、史、时务策二道。

即又以经术一科取进士。此后不久，进士科考试内容又有一些调整。《宋会要辑稿·选举》三之五五《贡举杂录》载：

绍圣元年七月二十七日，礼部、国子监言："议定到举人将中经各随大经分定，《春秋》兼《书》，《周礼》兼《易》，《礼记》兼《诗》，所有愿治两大经指挥乞

① 《宋会要辑稿·选举》三之五〇至五一《贡举杂录》；《长编》卷四二五，元祐四年四月戊午。

②③ 《宋会要辑稿·选举》三之五一《贡举杂录》。

不行。”诏将来科场，权且试一经，后次即依礼部所定。其所试《春秋》许于《三传》解经处出题，虽缘经生文而不系解经旨处不许出题。仍并试策三道。

绍圣四年二月二十五日，“诏罢《春秋》科”。[①]即进士科考试时，如熙宁、元丰之制，不把《春秋》作为考试内容。《长编》卷四八五又载：“绍圣四年四月丙申（十三日），翰林学士、权知贡举林希等言：‘应试举人止试策一道，大略欲乞依进士试策三道。’诏自今发解、省试，添试策一道。”即恢复了熙宁、元丰之制。

元符三年（1100）正月，哲宗病逝，徽宗继位，向太后听政，进士科考试内容又出现了反复。《宋会要辑稿・选举》三之五八《贡举杂录》载：

元符三年十一月二十七日，徐州州学教授范柔中言：“《春秋》之书，六经中独此经与《易》为全书。自熙宁、元丰以来，废经不讲，元祐中曾置，不久复罢，遂使学者不见天地之全、圣人之妙，深可痛惜。臣欲乞依旧立博士讲贯之，使孔子之志明于圣时，以慰学者之愿。”从之。

徽宗亲政，制止进士科考试内容的反复。建中靖国元年（1101）二月，都水监丞李夷行乞复诗赋科，与经义并行。彭汝霖劾夷行非所宜言，且云：“若不惩戒，则意欲坏神宗法度者将接踵而起。”左仆射韩忠彦（1038—1109）收其章不行。汝霖又言：“陛下方以继志述事为治，专用经术取士，而夷行狂瞽妄说，傥不明降指挥，则天下不知禁。”夷行遂罚金。[②]

崇宁元年（1102），徽宗推崇熙宁之政。《宋会要辑稿・选举》四之三《贡举杂录》载：

崇宁元年八月十六日，臣寮言：“乞检会元丰进士试论日兼试律义之文，参酌行之。此诚有助经术作人之道。”从之。仍后次科场施行。

徽宗不但在进士考试时罢诗赋，而且禁止“诗赋私相传习”。《宋会要辑稿・选举》四之七《贡举杂录》载：

① 《宋会要辑稿・选举》三之五七《贡举杂录》，《长编纪事本末》卷一〇〇。
② 《太平治迹统类》卷二八《祖宗科举取人》。

政和元年(1111)十一月十五日,同日,臣僚言:"伏睹神宗皇帝以声律偶对之文雕虫篆刻,不足以发挥圣人之馀蕴,遂罢诗赋,崇经术。元祐中,曲学陋儒,自售其私,请以诗赋取士,仍争为篇章,更相酬唱,欲鼓天下之众而从之。哲宗皇帝深悯其弊,俄即废革,尽复熙丰科举之法。陛下兴学养士,增光前烈,亲洒宸翰,训迪多方,元祐学术政事悉禁毋[习](曾)。然缙绅之徒、庠序之间,尚以诗赋私相传习,或辄投进,仰渎聪聪。盖义理之学高明而难通,声偶之文美丽而易入。喜易而恶难者,世俗之常情也。倘非重行禁约,为之矫拂,恐复流而为元祐之学矣。"诏榜朝堂,委御史台弹劾。

马端临评论说:"尊经书,抑史学,废诗赋,此崇、观以后立科造士之大指。其论似正矣,然经之所以获尊者,以有荆舒之《三经》也,史与诗之以遭斥者,以有涑水之《通鉴》、苏黄之酬唱也。群憸借正论以成其奸,其意岂真以为六籍优于迁、固、李、杜也哉?"①哲宗、徽宗时期,进士科考试内容的反复,与党争密切有关,但恐怕没有马端临所说的那样简单。

宣和六年(1125),徽宗退位,钦宗继位,进士科考试内容再一次出现反复。靖康元年(1126)四月九日,少宰兼中书侍郎吴敏(1089—1132)言:"愿复立《春秋》学官,三岁贡举,遂以取士。"诏"从之"。②

(三)南宋时期(建炎元年至咸淳十年)

宋室南迁,高宗继位,复以经义、诗赋两科取士。建炎元年(1127)六月十三日赦书云:"科举之弊,至此极矣。苟无变通,则忠实异才之士何由而出?可自后举讲元祐诗赋、经术兼收之制,庶学者近正。"③

建炎二年五月,诏试论日不再兼试律义。《宋会要辑稿·选举》四之二一《贡举杂录》载:

建炎二年五月三日,诏旧试论日兼试律义,并改试《孙子》义指挥,并更不施行。(先是,臣僚建请,乞以《七书》代律义。得旨:自后举兼试《孙子》义一道,其律义更不施行。礼部侍郎王绹言:"昨兼律义,举人全以功力治经之外,方及论策,以律义不系去留升降,不暇留心,但无杂犯,并凿合格。若以

① 《文献通考》卷三一《选举考四》马端临按语。
② 《宋会要辑稿·选举》四之一六《贡举杂录》。
③ 《宋会要辑稿·选举》四之一七《贡举杂录》。

《孙子》义代之，又为文具。今已复元祐诗赋、经术兼收之制，元祐两科试论日不兼律义。”故有是命。）

建炎二年五月，又拟定了诗赋、经义两科取士之制。《礼部韵略》附《贡举条式》载：

建炎二年五月四日，敕：中书省勘会已降指挥，后举科场讲元祐诗赋、经术兼收之制，今来省试了毕，便合施行。今参酌拟定下项。五月五日，三省同奉圣旨：依拟定。

元祐法：习诗赋人更令兼试经义。欲习诗赋人止试诗赋，不兼经义。第一场，诗、赋各一首；第二场，论一首；第三场，策三道。

元祐法：不习诗赋人令治两经。欲习经义人依见行止习一经。第一场，本经义三道；第二场，论一首；第三场，策三道。

建炎法与元祐略有不同：一是元祐法习诗赋兼试经义，建炎法则试诗赋不兼经；二是元祐法不习诗赋人治两经，建炎法则止治一经；三是元祐法诗赋兼试经义进士及经义进士俱兼试《论语》、《孟子》，建炎法则俱不再兼试；四是元祐法诗赋兼试经义进士及经义进士俱各试四场，建炎法则各试三场。具体说来，建炎法：第一场，诗赋进士试诗、赋各一首，经义进士试本经义三道；第二场，并试论一首；第三场，并试策三道。建炎法较元祐法更为简单了。

绍兴六年(1136)八月二十二日，据秘书省正字兼史馆校勘喻樗及太常博士兼权国子监丞黄积厚札子，经国子监、礼部看详，三省奏上，最后奉圣旨又施行了四场考试法。《礼部韵略》附《贡举条式》载：

一、兼诗赋人，许于《易》、《诗》、《书》、《周礼》、《礼记》、《春秋》正经内治一经，仍兼习《论语》、《孟子》(内治《春秋》者，仍听于《三传》解经处相兼出题，缘经生文而不系解经旨处者非)。第一场，经义二道，《论语》或《孟子》义一道；第二场，律赋一首(限三百六十字以上成)，律诗一首(限五言六韵成)；第三场，论一首(限五百字以上成)；第四场，子、史、时务策二道。

一、不兼诗赋人，许治《易》、《周礼》，或治《礼记》、《诗》，或治《春秋》、《书》，各治两经，仍兼习《论语》、《孟子》(内治《春秋》者，仍听于《三传》解经处相兼出题，缘经生文而不系解经旨处者非)。第一场，《易》、《诗》、《书》经义三道，《论语》义一道；第二场，《周礼》、《礼记》、《春秋》经义三道，《孟子》义一道；第三场，论一首（限五百字以上成）；第四场，子、史、时务策二道。

一、发解、省试以经义、诗赋各计就试终场人数为率纽取。其考校格法，以进士经义、诗赋、论、策四场通定去留高下；内不兼诗赋专治经义进士，既五经终场人数不等，自合以十分为率均取，若有馀、不足，听通融相补，各不得过三分；内一经人数虽少，亦取一名，如无合格者，即听阙之。

绍兴六年之制基本上恢复了元祐法。

绍兴十三年，始建太学，二月庚申（二日），国子司业高闶因引对，曰："取士以经义为主，不过三场。后加诗赋为四场，不能无碍。今欲经义第一，诗赋第二，论、策各一第三。"高宗"可之"。①二月己卯（二十一日），国子司业高闶又言：

臣今参合条具太学课试及科举三场事件：第一场，大经义三道，《论语》、《孟子》义各一道；第二场，欲以诗赋；第三场，以子史论一首，并时务策一道，永为定式。

诏"从之"。又合经义进士、诗赋进士为一科。

但是，合经义进士、诗赋进士为一科只施行了一举。绍兴十五年，又分为两科，考试内容略同于建炎法。《宋会要辑稿·选举》四之二八《贡举杂录》载：

绍兴十五年正月十三日，诏诗赋、经义分为两科，各计终场人数为率，依条纽取。试经义人，第一场本经义三道，《论语》、《孟子》义各一道，第二场论一首，第三场策三道。试诗赋人，第一场诗、赋各一首，第二场论一首，第三场策三道。

绍兴二十七年，又合经义进士、诗赋进士为一科。《宋会要辑稿·选举》四之三二《贡举杂录》载：

绍兴二十七年二月一日，诏今后国子、太学公私试及将来科举取士，并令兼习经义、诗赋。内第一场大小经义各与减一道，馀依绍兴十三年二月二

① 《系年要录》卷一四八，绍兴十三年二月庚申。

十二日指挥施行，永为定制。

即大概是第一场，大经义二道，《论语》或《孟子》义一道；第二场，诗、赋各一首；第三场，以子史论一首，并时务策一道。但是，绍兴二十七年合经义进士、诗赋进士为一科之制并未“永为定制”，只于绍兴三十年实行了一举，就又仍旧分为两科。《宋会要辑稿·选举》四之三四《贡举杂录》载：

> 绍兴三十一年二月二十二日，诏经义、诗赋依旧分为两科取士，分数依绍兴二十七年正月十日指挥，诗赋不得侵取经义，若经义文理优长合格人有馀，许将诗赋人材不足之数听通融优取，仍以十分为率，不得过三分。自今年三月太学公、补试为始。

以臣僚言：“自经义、诗赋合为一科，老成经术之士强习辞章，不合声律，后生习诗赋者不能究经旨渊源。场屋之内病于偏枯，策问太寡，议论器识，无以尽人。有司去取不以此为重轻，士守传注，史学浸废。”故有是诏。直至南宋末年，相沿未改，成为永制。

二、进士科殿试考试内容

贡举殿试制度创立于宋太祖开宝六年（973），起初殿试内容仅赋、诗二题。如太祖开宝六年第一次殿试，即内出《未明求衣赋》、《悬爵待士诗》题。又如，开宝八年二月二十五日，太祖“御讲武殿试礼部奏名进士，内出《桥梁渡长江赋》、《龙舡习水战诗》”。[①]太宗太平兴国三年（978）九月，太宗御讲武殿试礼部奏名进士，加试论一首，自是殿试常以赋、诗、论三题为准。当年殿试题目即为《不阵而成功赋》、《二仪合德诗》、《登讲武台观习战论》。又如太平兴国八年三月十五日，太宗“御讲武殿试礼部奏名进士，内出《六合为家赋》、《鹦啭上林诗》、《文武双兴论》”。[②]仁宗庆历四年（1044），范仲淹（989—1052）实行新政，其贡举新制云：“御试……进士试策一道，限五百字以上成，赋一道。”[③]其殿试内容未谈到诗，不知何故。而此殿试新制因庆历新政的失败，未及实施就被废罢了。

---

① 《宋会要辑稿·选举》七之二《亲试》。

② 《宋会要辑稿·选举》七之四《亲试》。

③ 《宋会要辑稿·选举》三之二九《贡举杂录》。

神宗熙宁二年(1069)四月,王安石(1021—1086)建议改革学校贡举之制,诏"令两制、两省、待制以上、御史台、三司、三馆臣僚各限一月内具议状闻奏"。[①]五月,司马光(1019—1086)上《议学校贡举状》建言:"至御试时,进士、明经各试时务策一道。"[②]熙宁三年正月,吕公著(1018—1089)同知贡举,在贡院密上奏曰:"天子临轩策士而用诗赋,非举贤求治之意,且近世有司考较,已专用策论。今来廷试,欲乞出自宸衷,唯以诏策咨访治道。"[③]于是,当年殿试进士罢赋、诗、论三题而改试策一道。《宋会要辑稿·选举》七之一九至二〇《亲试》载:

> 熙宁三年三月八日,上御集英殿试礼部奏名进士,内出制策曰:"朕德不类,托于士民之上,所与待天下之治者,惟万方黎献之求,详延于庭,诹以世务,岂特考子大夫之所学,且以博朕之所闻。盖圣人之王天下也,百官得其职,万事得其序。有所不为,为之而无不成;有所不革,革之而无不服。田畴辟,沟洫治,草木鬯茂,鸟兽鱼鳖,无所不得其性者。其富足以备礼,其知足以广乐,其治足以致刑。子大夫以谓何施而可以臻此?方今之弊,可谓众矣。救之之道,必有本末,所施之宜,必有先后。此子大夫所宜知也。生民以来,所谓至治,必曰唐虞成周之时,诗书称其迹可见,以至后世贤明之君,忠智之臣,相与优勤,以营一代之业。虽未尽善,要其所以成就,亦必有可言者。其详著之,朕将亲览焉。"
>
> 旧制,殿试进士以诗、赋、论,特奏名进士一论。至是,进士就席,有司又犹给《礼部韵》,及试题出,乃策问也。上顾执政曰:"对策亦何足以实尽人材,然愈于以诗赋取人尔。"得叶祖洽以下三百五十五人,第为五等,赐及第、出身、同出身。

熙宁四年二月丁巳朔(一日),中书言:"今定贡举新制:……殿试策一道,限千字以上,分五等。第一等、第二等赐及第,第三等出身,第四等同出身,第五等同学究出身。"神宗诏"从之"。[④]如果说熙宁三年殿试以策为临时改制,熙宁四年贡举新制规定"殿试策一道,限千字以上,分五等",则是天下通行的法律了。自熙宁三年之后,至元丰八年(1085)神宗病逝,六开贡举科场,殿试内容皆为时务策一道。

---

① 《宋会要辑稿·选举》三之四一至四二《贡举杂录》。

② 《宋朝诸臣奏议》卷七八《议学校贡举状》。

③ 朱熹:《三朝名臣言行录》卷八《丞相申国吕正献公》引《吕公著家传》。

④ 《长编》卷二二〇,熙宁四年二月丁巳朔。

元丰八年三月，神宗病逝，哲宗继位，年尚不到十岁，太皇太后高氏听政。元祐元年(1086)闰二月庚寅(二日)，侍御史刘挚(1030—1097)上言"欲乞试法复诗赋，与经义兼用之"。闰二月二十二日，"诏礼部与两省、学士、待制、御史台、国子司业，集议闻奏。"[①]至元祐二年十一月，终于决定进士科考试恢复诗赋，初立进士四场法，"诏进士以经义、诗赋、论、策通定去取"，[②]但对殿试内容没有太多涉及。元祐三年二月癸巳(十六日)，都省送下朝奉郎、监察御史、充集贤校理赵挺之(1040—1107)奏："发解及省试虽兼用经义、辞赋、论策，然而各分一场引试，故学者得以尽其所长。若廷试并合经义或策论、辞赋同为一日引试，深恐迫于晷刻，使举人仓遽难为尽工。欲乞依旧只试策一道，使其引古验今，足以见平日学识智虑之所存。"礼部看详："其殿试经义、辞赋举人并试策一道。"[③]《宋会要辑稿·选举》八之三六《亲试杂录》载：

元祐三年二月十六日，诏殿试经义、辞赋举人并试策一道。从监察御史赵挺之请也。

于是，元祐三年三月十日，哲宗御集英殿试礼部奏名进士，殿试内容仍为时务策一道。但此后不久，中书臣僚上言，"将来殿试宜即用祖宗试三题之法，并乞先赐诏谕中外之士"。其理由是：

盖用策以来，其弊不一，其始用也，骤以政务赐问于廷，即未测知，可使人自献其说；然既著为定例，诸生在外，莫不宿造预作之，文不工者可以假托他人，学不充者可以累集古语，试日就所问目贯穿以成文尔。……考校之官凭此以辨优劣，以第高下，安得实也？

惟三题散出诸书，不可前料，诗赋以见其才，论以知其识，且无以伸佞时之说焉。盖对策之流，本缘进取而来，利害交其前，得失撄其心，于是佞辞以取说，妄意以希合者，比比皆是，如昨对策以阴雪为瑞之类者是也。……其决科筮仕既以佞进，则从政立朝又将循而蹈之，其肯尽忠而忤时乎？[④]

---

① 《长编》卷三六八，元祐元年闰二月庚寅。
② 《宋会要辑稿·选举》一五之二五《发解》。
③ 《长编》卷四〇八，元祐三年二月癸巳。
④ 《长编》卷四一五，元祐三年十月末。

元祐三年九月壬子(九日),"诏尚书、侍郎、学士、待制、两省、御史台官,国子监长、贰,详议殿试用三题法"。①

元祐三年十月,吏部侍郎傅尧俞(1024—1091)、范百禄(1030—1094),礼部侍郎陆佃(1042—1102),兵部侍郎赵彦若(约1033—约1095),中书舍人曾肇(1047—1107)、刘攽(1023—1089)、彭汝砺(1047—1095),天章阁待制刘奉世(1041—1113),国子司业盛侨、丰稷(1033—1107),御史翟思、赵挺之(1040—1107)、王彭年等十三人联名上疏曰:

> 乃者陛下遵先帝之旧,亲策进士,所问灾异、夷狄、官冗、财费之类,皆今日急务,不可以已,而议者独疑以为定例之可预造。且韦布草野之士,修于家,肄于学,日夜讲说者,固所以待问于上也。诚能摅其蕴蓄,应问如响,不失所对,虽预备而贯穿之,何害于得士?
>
> 若夫知据掇陈说,充以芜语,无当于对问,而弗加汰择;知荒唐滥中,佞谀希合,以异为瑞之类,而弗加纠绌,皆考官之过,非策之訾也。……
>
> 臣等以谓:学校教诸生,州郡发解,礼部考贡士,今已悉用诗赋,足审其辞。所有御前试进士,宜一依先帝故事试策,合于古义,于体为允。②

极力反对王安石变法的吕公著(1018—1089)也反对殿试复用祖宗试三题之法。《吕公著家传》云:

> 至是,将廷试,执政又以熙宁复策之初,进士叶祖洽讥议祖宗,自后对策者皆讪前朝,以阿当世,因以为策问可废,当复诗、赋、论三题。公曰:"天子临轩发策,延四方贡士,询以治道,岂非近古良法耶?至于对者是非邪正,则在考官去取耳。"乃仍旧试策。③

元祐六年三月十日,哲宗御集英殿试礼部奏名进士,殿试内容仍旧为时务策一道。

哲宗元祐八年(1093)三月,又以中书臣僚建言,诏来年殿试复试赋、诗、论三

---

① 《长编》卷四〇八,元祐三年九月壬子。

② 《宋朝诸臣奏议》卷八一,傅尧俞等《上哲宗论殿试宜依神宗故事用策》;《长编》卷四一五,元祐三年十月末。

③ 朱熹:《三朝名臣言行录》卷八《丞相申国吕正献公》引《吕公著家传》;《长编》卷四〇八,元祐三年二月癸巳注。

题。《长编》卷四八二暨《宋会要辑稿·选举》八之三六至三七《亲试杂录》载：

> 元祐八年(1093)三月庚子(二十三日)，中书省言："进士御试答策，多系在外准备之文，工拙不甚相远，难于考校。祖宗旧制，御试进士赋、诗、论三题，施行已远，前后得人不少。况今朝廷见行文字，多系声律对偶，非学问该洽，不能成章，若不复行祖宗三题旧法，则学者未知朝廷所向。……"诏来年御试，将诗赋举人复试三题，经义举人且令试策，此后全试三题。其杂犯举人未得黜落，别作一项闻奏。

九月，太皇太后高氏病死，哲宗亲政。绍圣元年(1094)二月二十三日，礼部言："立御试三题条并约束。"哲宗诏"从之"。[①]此诏未及施行，半个月后即诏仍旧试策。《宋会要辑稿·选举》八之三七《亲试杂录》载：

> 绍圣元年三月六日，诏今次御试举人，依旧试策。

此后，贡举殿试内容为策一道，成为定制。如高宗建炎二年(1128)五月四日，敕："殿试，欲习诗赋、习经义人并同试策。"[②]南宋贡举共有49榜，殿试内容均为策。

如前所述，殿试以策，可以促使举人关心政事，借以辨其谋略。尽管试策也有这样那样的弊病，但殿试内容由赋、诗、论三题改为策一道，无疑是一个进步。正如熙宁三年(1070)殿试初用策时，宋神宗所说："对策亦何足以实尽人材，然愈于以诗赋取人尔。"[③]大概也正因为如此，殿试内容为策一道，遂为同时代的辽、金两国，及后来的元、明、清三朝所沿用，成为不易之制。

第二节　明经、诸科考试内容

一、明经、诸科解试、省试考试内容

根据本书第一章《宋朝贡举科目设置》，可以看出，唐代的明经大致相当于宋

---

① 《宋会要辑稿·选举》八之三七《亲试杂录》。

② 《礼部韵略》附《贡举条式》。

③ 《宋会要辑稿·选举》七之一九《亲试》。

代的诸科，宋代的明经则是一个新设的科目。这里，我们主要以宋朝贡举的科目设置，分科考察明经、诸科解试、省试的考试内容。

（一）九经科

宋朝九经科的考试内容，顾名思义即为《周易》、《尚书》、《毛诗》、《礼记》、《周礼》、《仪礼》、《春秋左传》、《公羊传》、《穀梁传》等九部儒家经典。宋初承五代后周之制，"九经，帖书一百二十帖，对墨义六十条"。①太宗太平兴国四年（979），省试加试律义。《宋会要辑稿・选举》一二之二七《明经科》载：

> 太平兴国四年十一月十日，诏曰："禁民为非者，莫大于法；陈力就列者，当习其书。苟金科玉律之不明，虽食蘖饮冰而何益？宜申沿革，式著典彝。自今礼部应进士、九经、五经、三史、通礼、三礼、三传引试日，宜于律及律疏中问义三、五条；或执卷发其端，令面对一、两事。"②

太平兴国八年十二月甲辰（二十三日），又诏曰："其诸科举人，于本业外，别试法书墨义十道，著为定制。"③其实，别试法书墨义十道并成为定制，仅施行了一举，就被废罢。《宋会要辑稿・选举》一二之二七《明经科》载：

> 雍熙二年（985）四月二日，诏曰："……法家之书，最切于时，废之已久，甚无谓也，可复置明法一科，亦附三小经。进士、九经已下，更不习法书，庶使为学之精专，用功之均一。"

大概因为"复置明法一科"，所以"进士、九经已下，更不习法书"。即九经科"别试法书墨义十道"仅施行了一举，就被废罢了。

仁宗庆历四年（1044）三月，范仲淹（989—1052）改革贡举，翰林学士宋祁（998—1061）等新定贡举条制云：

> "九经"旧是六场十八卷，帖经、墨义相半，今作六场十四卷，并对墨义。第一场，《春秋》、《礼记》、《周易》、《尚书》各五道（为二卷）；第二场，《周礼》、

---

① 《文献通考》卷三〇《选举考三》；《宋史》卷一五五《选举志一》。

② 《宋会要辑稿・选举》一二之二七《明经科》。

③ 《宋太宗皇帝实录》卷二七，太平兴国八年十二月甲辰。

《仪礼》、《公羊》、《穀梁》各五道(为四卷);第三场,《毛诗》、《孝经》、《论语》、《尔雅》各五道(为二卷);第四场,《礼记》二十道(为二卷);第五场,《春秋》二十道(为二卷);第六场,《礼记》、《春秋》各十道(为二卷)。……

外诸科举人,依旧制[逐]场各对墨义外,有能明旨趣愿对大义者,于取解到省家状内具言愿对大义,除逐场试墨义外,至终场并御试各于本科经书内只试大义十道,直取圣贤意义解释对答,或以诸书引证,不须具注疏。九经、三礼、三传、毛诗、尚书科愿对大义者,每道所对与经旨相合、文理可采者为通,五通为合格,其中深晓经义、文理俱优者为上等。①

即试"六场十四卷,并对墨义",终场试本科经书大义十道。随着庆历新政的失败,庆历五年三月己卯(二十三日),"诏礼部贡院,进士所试诗赋,诸科所对经义,并以旧制考校。"②庆历八年四月丙子(八日),"诏科场旧条,皆先朝所定,宜一切无易"。③九经科的解试、省试内容又回到了"六场十八卷,帖经、墨义相半"的旧制了。

皇祐五年(1053),又诏"诸科举人自今后终场问大义十道"。《宋会要辑稿·选举》一二之三〇《明经科》载:

皇祐五年闰七月二十日,诏诸科举人自今后终场问大义十道,每道举科首一两句为问,能以本经注疏对而加以文辞润色发明之者,为上;或不指明义理但引注疏备者,次之,并为"通"。若引注疏及六分者,为"粗"。其不识本义或连引他经而文章乖戾、章句断绝者,为"否"。并以四"通"为合格。九经、五经止问大义,而不须注疏全备。其九经场数,并各减二场,仍不问兼经。

九经科原为"六场十八卷,帖经、墨义相半",今减二场,当为考试四场,而其卷数几何,则不得其详。

嘉祐二年(1057)十二月戊申(六日),诏:"自今间岁贡举,进士、诸科悉解旧额之半。进士增试时务策三条,诸科增试大义十条。"此据《长编》卷一八六。《宋会要辑稿·选举》三之三三至三四《贡举杂录》载:"嘉祐二年十二月五日,诏曰:'诸州进士增试策三道,诸科举人增问大义一场。'"按"增试大义十条"与"增问大义一场"相同,诸科考试一场一般为帖经或墨义十条。是年,"别置明经科,其试

① 《宋会要辑稿·选举》三之二七至二八《贡举杂录》。
② 《长编》卷一五五,庆历五年三月己卯。
③ 《长编》卷一六四,庆历八年四月丙子。

法，凡明两经或三经、五经者，各问墨义、大义十条”，[①]注重大义，所以九经等诸科亦增试大义十条。

神宗熙宁四年(1071)二月一日，诏：“更俟一次科场，不许新应诸科人投下文字，渐令改习进士”。[②]就是说，诸科在经下一次科场(即熙宁六年科场)之后，除旧应诸科人依旧应举之外，不许新应举人应诸科举，目的在于让诸科随着旧应举人的销尽而消亡。因此，九经科解试、省试内容也再没有新的变化。

（二）五经科

汉朝始以《周易》、《尚书》、《毛诗》、《仪礼》、《春秋》等五部儒家经典为“五经”；唐朝则以《周易》、《尚书》、《毛诗》、《左氏春秋》、《礼记》为“五经”。宋朝五经科的考试内容与唐朝相同。宋初承五代后周之制，“五经，帖书八十帖，对墨义五十条”。[③]太宗太平兴国四年(979)，与九经科一样，省试“引试日，宜于律及律疏中问义三、五条；或执卷发其端，令面对一、两事。”[④]太平兴国八年十二月甲辰(二十三日)，又诏曰：“其诸科举人，于本业外，别试法书墨义十道，著为定制。”[⑤]五经科与九经等诸科一样，别试法书墨义十道。雍熙二年(985)四月二日，诏曰：“进士、九经已下，更不习法书，庶使为学之精专，用功之均一。”[⑥]即五经科“别试法书墨义十道”仅施行了一举，就被废罢了。

仁宗庆历四年(1044)三月，范仲淹(989—1052)改革贡举，翰林学士宋祁(998—1061)等新定贡举条制云：

> “五经”旧是六场十一卷，帖经、墨义相半，今作六场七卷，并对墨义。第一场，《礼记》、《春秋》共十道(为一卷)；第二场，《毛诗》、《周易》各五道(为二卷)；第三场，《尚书》、《论语》、《尔雅》、《孝经》各三道(为一卷)；第四场、第五场，《春秋》、《礼记》逐场各十道(为二卷)；第六场，《礼记》、《春秋》共十道(为一卷)。……
>
> 外诸科举人，依旧制场各对墨义外，有能明旨趣愿对大义者，于取解到省家状内具言愿对大义，除逐场试墨义外，至终场并御试各于本科经书内只试大义十道，直取圣贤意义解释对答，或以诸书引证，不须具注疏。

---

① 《长编》卷一八六，嘉祐二年十二月戊申。

② 《宋会要辑稿·选举》三之四三《贡举杂录》。

③ 《文献通考》卷三〇《选举考三》；《宋史》卷一五五《选举志一》。

④⑥ 《宋会要辑稿·选举》一二之二七《明经科》。

⑤ 《宋太宗皇帝实录》卷二七，太平兴国八年十二月甲辰。

即试"六场七卷，并对墨义"，终场试本科经书大义十道。随着庆历新政的失败，庆历五年三月己卯（二十三日），"诏礼部贡院，进士所试诗赋，诸科所对经义，并以旧制考校。"[①]庆历八年四月丙子（八日），"诏科场旧条，皆先朝所定，宜一切无易"。[②]五经科的解试、省试内容又回到了"六场十一卷，帖经、墨义相半"的旧制了。

随后，根据皇祐五年（1053）闰七月二十日诏书，五经科与九经科一样，"自今后终场问大义十道"，而且"止问大义，而不须注疏全备"。[③]

嘉祐二年（1057）十二月戊申（六日），诏："诸科增试大义十条。"[④]五经科与九经等诸科一样，亦增试大义十条。

神宗熙宁四年（1071）二月，王安石（1021—1086）改革科举，五经科也与九经等诸科一样，经熙宁六年科场之后，逐渐随着旧应五经科举人的销尽而消亡。因此，五经科解试、省试内容也再没有新的变化。

（三）三礼科

三礼科的考试内容，顾名思义即为《周礼》、《礼记》、《仪礼》等三部儒家经典。宋初承五代后周之制，"凡《三礼》，对墨义九十条"。[⑤]太宗太平兴国四年（979），与九经、五经科一样，省试"引试日，宜于律及律疏中问义三、五条；或执卷发其端，令面对一、两事。"[⑥]太平兴国八年十二月甲辰（二十三日），诏曰："其诸科举人，于本业外，别试法书墨义十道，著为定制。"[⑦]三礼科亦"别试法书墨义十道"。雍熙二年（985）四月二日，又诏曰："进士、九经已下，更不习法书，庶使为学之精专，用功之均一。"[⑧]即三礼科"别试法书墨义十道"也仅施行了一举，就被废罢了。

真宗景德二年（1005）十二月己卯（五日），礼部贡院言："三礼、三传经业稍大，难为精熟，请每十道义中，问经注六道，疏义四道，以六通及疏通二、经注通三为合格。"诏翰林学士邢昺（932—1010）与国子监官同议可否。昺等言："其三礼、三传请如贡院所奏。"真宗"并从之"。[⑨]自此，三礼科遂"每十道义中，问经注六道，疏义四道"。《宋会要辑稿・选举》一二之二八《明经科》载：

---

① 《长编》卷一五五，庆历五年三月己卯。
② 《长编》卷一六四，庆历八年四月丙子。
③ 《宋会要辑稿・选举》一二之三《明经科》。
④ 《长编》卷一八六，嘉祐二年十二月戊申。
⑤ 《文献通考》卷三〇《选举考三》；《宋史》卷一五五《选举志一》。
⑥⑧ 《宋会要辑稿・选举》一二之二七《明经科》。
⑦ 《宋太宗皇帝实录》卷二七，太平兴国八年十二月甲辰。
⑨ 《长编》卷六一，景德二年十二月己卯。

大中祥符四年(1011)十二月三日,诏曰:"眷彼设科,存乎旧制,惟《礼》经之义奥,暨《传》学之文繁,念其研习之勤,特蠲条对之数,冀申奖劝,式广搜罗。自今试三礼、三传,宜各特与减一场,仍以五通为合格。"①

按三礼科原为对墨义九十条,以每场对墨义十条计,为九场。现"特与减一场",即为八场、对墨义八十条。

仁宗庆历四年(1044)三月,根据翰林学士宋祁(998—1061)等新定贡举条制规定,三礼科终场试本科经书大义十道。②随着庆历新政的失败,庆历五年三月己卯(二十三日),"诏礼部贡院,进士所试诗赋,诸科所对经义,并以旧制考校。"③庆历八年四月丙子(八日),"诏科场旧条,皆先朝所定,宜一切无易"。④三礼科所试大义十道之制亦随之被废罢了。

皇祐五年(1053)闰七月二十日,又诏"诸科举人自今后终场问大义十道,每道举科首一两句为问,能以本经注疏对而加以文辞润色发明之者,为上;或不指明义理但引注疏备者,次之,并为'通'。若引注疏及六分者,为'粗'。其不识本义或连引他经而文章乖戾、章句断绝者,为'否'。并以四'通'为合格。"⑤则三礼科终场问大义十道。

嘉祐二年(1057)十二月戊申(六日),诏:"诸科增试大义十条。"⑥三礼科与九经等诸科一样,亦增试大义十条。

神宗熙宁四年(1071)二月,王安石(1021—1086)改革科举,三礼科也与其他诸科一样,经熙宁六年科场之后,逐渐随着旧应三礼科举人的销尽而消亡。因此,其解试、省试内容也再没有新的变化。

(四)三传科

三传科的考试内容,顾名思义即为《左传》、《公羊传》、《穀梁传》等解释《春秋》的三部儒家经典。宋初承五代后周之制,"《三传》,[对墨义]一百一十条"。⑦太宗太平兴国四年(979),三传科与九经等诸科一样,省试"引试日,宜于律及律

---

① "五通"原作"五道","合"字原脱,据《宋会要辑稿·选举》三之一〇《贡举杂录》及《长编》卷七六大中祥符四年十二月壬寅改补。

② 《宋会要辑稿·选举》三之二七至二八《贡举杂录》。

③ 《长编》卷一五五,庆历五年三月己卯。

④ 《长编》卷一六四,庆历八年四月丙子。

⑤ 《宋会要辑稿·选举》一二之三《明经科》。

⑥ 《长编》卷一八六,嘉祐二年十二月戊申。

⑦ 《文献通考》卷三〇《选举考三》;《宋史》卷一五五《选举志一》。

疏中问义三、五条；或执卷发其端，令面对一、两事。”[①]太平兴国八年十二月甲辰（二十三日），三传科也与九经等诸科一样，“于本业外，别试法书墨义十道，著为定制”。[②]雍熙二年(985)四月二日，诏曰：“进士、九经已下，更不习法书，庶使为学之精专，用功之均一。”[③]三传科“别试法书墨义十道”也仅施行了一举，就被废罢了。

真宗景德二年(1005)十二月己卯（五日），礼部贡院言：“三礼、三传经业稍大，难为精熟，请每十道义中，问经注六道，疏义四道，以六通及疏通二、经注通三为合格。”诏翰林学士邢昺(932—1010)与国子监官同议可否。昺等言：“其三礼、三传请如贡院所奏。”真宗“并从之”。[④]自此，三传科遂“每十道义中，问经注六道，疏义四道”。按三传科原为对墨义一百一十条，以每场对墨义十条计，应为十一场。至大中祥符四年，“特与减一场”，[⑤]即为十场、对墨义一百条。

仁宗庆历四年(1044)三月，范仲淹(989—1052)改革贡举，规定三礼科终场试本科经书大义十道。庆历新政失败后，庆历五年三月己卯（二十三日），“诏礼部贡院，进士所试诗赋，诸科所对经义，并以旧制考校。”[⑥]庆历八年四月丙子（八日），“诏科场旧条，皆先朝所定，宜一切无易”。[⑦]三传科所试大义十道之制亦随之被废罢了。

皇祐五年(1053)闰七月二十日，又诏“诸科举人自今后终场问大义十道，每道举科首一两句为问，能以本经注疏对而加以文辞润色发明之者，为上；或不指明义理但引注疏备者，次之，并为‘通’。若引注疏及六分者，为‘粗’。其不识本义或连引他经而文章乖戾、章句断绝者，为‘否’。并以四‘通’为合格。”[⑧]则三传科终场问大义十道。

嘉祐二年(1057)十二月戊申（六日），诏：“诸科增试大义十条。”[⑨]三传科与九经等诸科一样，亦增试大义十条。

神宗熙宁四年(1071)二月，王安石(1021—1086)改革科举，三传科也与其他诸科一样，经熙宁六年科场之后，逐渐随着旧应三传科举人的销尽而消亡。因此，其解试、省试内容也再没有新的变化。

---

①③　《宋会要辑稿・选举》一二之二七《明经科》。
②　《宋太宗皇帝实录》卷二七，太平兴国八年十二月甲辰。
④　《长编》卷六一，景德二年十二月己卯。
⑤　《宋会要辑稿・选举》一二之二八《明经科》。
⑥　《长编》卷一五五，庆历五年三月己卯。
⑦　《长编》卷一六四，庆历八年四月丙子。
⑧　《宋会要辑稿・选举》一二之三《明经科》。
⑨　《长编》卷一八六，嘉祐二年十二月戊申。

（五）学究科

学究科解试、省试的考试内容，是《周易》、《尚书》、《毛诗》中之一经、两经或三经，时期不同其内容也有所不同。宋初承五代后周之制，以《毛诗》为一科，《周易》、《尚书》并为一科。“凡学究：《毛诗》对墨义五十条，《论语》十条，《尔雅》、《孝经》共十条；《周易》、《尚书》，各二十五条。”①

太祖开宝七年(974)二月，“并《诗》、《书》、《易》为一科”②。《宋会要辑稿·选举》一二之二七《明经科》载：

> 开宝七年二月十四日，诏曰：“学古入官，历代垂训，将期进用，必籍该通。其《毛诗》、《尚书》、《周易》三经学究，自今并为一科，及第后依三礼、三传选数、资序入官。”③

这样，学究科的考试内容即为《毛诗》、《尚书》、《周易》三经。

太宗太平兴国四年(979)，复分为三科。《宋会要辑稿·选举》一二之二七《明经科》载：

> 太平兴国四年十一月十日，诏曰：“……先是，学究通习三经之业，恐难精至，今分为三科，令各习一经，仍通习明法所习律令等书，并准格以考试。”

即《毛诗》学究的考试内容为《毛诗》，《尚书》学究的考试内容为《尚书》，《周易》学究的考试内容为《周易》，并均考试“明法所习律令等书”。

雍熙二年(985)，又恢复宋初之制，“并《周易》、《尚书》为一科，《毛诗》自为一科”④，其考试内容也有所变化。《太宗皇帝实录》卷三三载：

> 雍熙二年四月丙子(二日)，诏曰：“向者，以《毛诗》、《周易》、《尚书》三经各为一科，顾其本大小，不相伦等，况复序选之一致，岂容艺学之不侔？今后以《周易》、《尚书》(各)[并]为一科，而附以《论语》、《尔雅》、《孝经》三小经；《毛诗》卷帙差大，可令专习。……[进士、九经已下，更不习法书]，庶使为学精专，用功均一。”⑤

---

① 《文献通考》卷三〇《选举考三》；《宋史》卷一五五《选举志一》。

②④ 《宋大诏令集·目录》卷一七二《科举一》。

③ 《宋会要辑稿·选举》一二之二七《明经科》。

⑤ 《太宗皇帝实录》卷三三，雍熙二年四月丙子；据《宋会要辑稿·选举》一二之二七《明经科》、《长编》卷二六雍熙二年四月丙子、《玉海》卷一一六《雍熙明法科》校补。

其变化在于,《周易》、《尚书》学究并为一科,而附以《论语》、《尔雅》、《孝经》三小经;《毛诗》自为一科,不兼经,两科学究均不再习法书。

真宗初年,学究科考试内容又有所变化。景德二年(1005)十二月己卯(五日),礼部贡院又言:"《尚书》、《周易》学究,近年并为一科,欲请试本经日,每十道义,二经各问(二)[五]道,仍杂问疏义五道、经注五道,以为定式。"①真宗遂"下其奏,令翰林侍读学士邢昺(932—1010)等定议,诏昺更与学官等同议可否。初,昺请令《尚书》、《周易》并明法,各杂问疏义五道,缘此二科经籍不多,宜问疏义六道、经注四道,通六为合格。"于是,"诏礼部贡院,自今《周易》、《尚书》学究试本经日,各问经注四道、疏义六道,以为定式。"②

仁宗天圣八年(1030),《尚书》、《周易》学究又实行二经分场各试。《宋会要辑稿・选举》一二之二九至三〇《明经科》载:

> 天圣八年六月二十六日,上封者言:"礼部考试《尚书》、《周易》学究,缘此本是两科,先朝以其习书少,遂并一科。然后举人至多,犹多偏习一经,盖以每场各于两经内问经注五道,每对只记一经,以答五道,颇为侥幸。欲望自今依礼、传例,每经分场各试,贵令后学之人并精二经书疏。……"诏两制详定。既而,请令《尚书》、《周易》二经分场各试。……奏可。

此后,宋朝学究科大概一直分为《尚书》、《周易》学究与《毛诗》学究两科。

庆历四年(1044)三月,范仲淹改革贡举时规定,"诸科举人……至终场并御试各于本科经书内只试大义十道"。③随着庆历新政的失败,庆历五年三月己卯(二十三日),"诏礼部贡院,进士所试诗赋,诸科所对经义,并以旧制考校。"④庆历八年四月丙子(八日),"诏科场旧条,皆先朝所定,宜一切无易"。⑤学究科所试大义十道之制亦随之被废罢了。

皇祐五年(1053)闰七月二十日,又诏"诸科举人自今后终场问大义十道,每道举科首一两句为问,能以本经注疏对而加以文辞润色发明之者,为上;或不指明义理但引注疏备者,次之,并为'通'。若引注疏及六分者,为'粗'。其不识本义或连引他经而文章乖戾、章句断绝者,为'否'。并以四'通'为合格。"⑥则学究

① 《长编》卷六一,景德二年十二月己卯。
② 《宋会要辑稿・选举》一二之二八《明经科》。
③ 《宋会要辑稿・选举》三之二七至二八《贡举杂录》。
④ 《长编》卷一五五,庆历五年三月己卯。
⑤ 《长编》卷一六四,庆历八年四月丙子。
⑥ 《宋会要辑稿・选举》一二之三《明经科》。

科终场亦问大义十道。

嘉祐二年(1057)十二月戊申(六日),诏:"诸科增试大义十条。"①学究科与九经等诸科一样,亦增试大义十条。

神宗熙宁四年(1071)二月,王安石(1021—1086)改革科举,学究科也与其他诸科一样,经熙宁六年科场之后,逐渐随着旧应学究科举人的销尽而消亡。因此,其解试、省试内容也再没有新的变化。

(六) 开元礼与开宝通礼科

《开元礼》科的考试内容,顾名思义即为《开元礼》。宋初因五代后周之制,"《开元礼》、三史,[对墨义]各三百条"。②开宝四年(971)五月,宋太祖命刘温叟(909—971)、李昉(925—996)、卢多逊(934—985)等,"以本朝沿革制度损益《开元礼》",编修《开宝通礼》。③开宝六年四月辛丑(十八日),"翰林学士卢多逊等上所修《开宝通礼》二百卷,《义纂》一百卷,并付有司施行"。④四月二十四日,"诏礼部贡院,先有开元礼科,自今宜改作乡贡《通礼》,逐年考试之时,用新出本墨义"。⑤自此改开元礼科为开宝通礼科(简称通礼科),其考试内容则改为《开宝通礼》。

太宗太平兴国四年(979),通礼科与九经等诸科一样,省试"引试日,宜于律及律疏中问义三、五条;或执卷发其端,令面对一、两事。"⑥太平兴国八年十二月甲辰(二十三日),《通礼》科也与九经等诸科一样,"于本业外,别试法书墨义十道,著为定制"。⑦雍熙二年(985)四月二日,诏曰:"进士、九经已下,更不习法书,庶使为学之精专,用功之均一。"⑧通礼科"别试法书墨义十道"也仅施行了一举,就被废罢了。

淳化四年(993),曾经降低通礼科考试难度。《宋会要辑稿·选举》一二之二八《明经科》载:

淳化四年十二月十四日,诏曰:"……旧条,三史、通礼各试三十场,今特

---

① 《长编》卷一八六,嘉祐二年十二月戊申。
② 《文献通考》卷三〇《选举考三》;《宋史》卷一五五《选举志一》。
③ 王应麟:《玉海》卷六九《开宝通礼》。
④ 《长编》卷一四,开宝六年四月辛丑。
⑤⑥⑧ 《宋会要辑稿·选举》一二之二七《明经科》。
⑦ 《宋太宗皇帝实录》卷二七,太平兴国八年十二月甲辰。

> 减其半；馀十五场，每场令知贡举官抽取三卷，发其端，俾之习读，能晓大义及识奇字者，并为合格。”

《文献通考》卷三〇《选举考三》系此事于淳化三年，云：“旧制，三史、通礼各试三十场，每场墨义十道。制自今只试墨义十五场，馀十五场，抽卷令面读，能知义理、分辨其句、识难字者，为合格。不合格者落。”即原对墨义三十场共三百条，现减少为十五场共一百五十条；其余十五场，每场只令考试官抽取三卷，令应举人面读，能知晓大义、认识难字，即为合格。这样，考试难度就降低多了。

仁宗庆历四年（1044）三月，范仲淹改革贡举，翰林学士宋祁等新定贡举条制云：

> 外诸科举人，依旧制场各对墨义外，有能明旨趣愿对大义者，于取解到省家状内具言愿对大义，除逐场试墨义外，至终场并御试各于本科经书内只试大义十道，直取圣贤意义解释对答，或以诸书引证，不须具注疏。①

即终场试本科经书大义十道。随着庆历新政的失败，庆历五年三月己卯（二十三日），“诏礼部贡院，进士所试诗赋，诸科所对经义，并以旧制考校。”②庆历八年四月丙子（八日），“诏科场旧条，皆先朝所定，宜一切无易”。③《通礼》科所试大义十道之制亦随之被废罢了。

皇祐五年（1053）闰七月二十日，又诏“诸科举人自今后终场问大义十道，每道举科首一两句为问，能以本经注疏对而加以文辞润色发明之者，为上；或不指明义理但引注疏备者，次之，并为‘通’。若引注疏及六分者，为‘粗’。其不识本义或连引他经而文章乖戾、章句断绝者，为‘否’。并以四‘通’为合格。”④则《通礼》科终场亦问大义十道。

嘉祐二年（1057）十二月戊申（六日），诏：“诸科增试大义十条。”⑤《通礼》科与九经等诸科一样，亦增试大义十条。

熙宁四年（1071）二月，王安石（1021—1086）改革科举，经熙宁六年科场之

---

① 《宋会要辑稿・选举》三之二七至二八《贡举杂录》。
② 《长编》卷一五五，庆历五年三月己卯。
③ 《长编》卷一六四，庆历八年四月丙子。
④ 《宋会要辑稿・选举》一二之三《明经科》。
⑤ 《长编》卷一八六，嘉祐二年十二月戊申。

后，开宝通礼科也与其他诸科一样开始消亡。不过，哲宗元祐六年(1091)四月六日，又曾一度复置通礼科。《宋会要辑稿·选举》一二之三二《明经科》载：

> 元祐六年四月六日(乙未)，诏复置通礼科，其解额分数及考校格式等，令礼部立法以闻。仍令太常寺将《开宝通礼》重行校定，送国子监颁行。①

关于其"考校格式"，《宋会要辑稿·选举》八之三八《亲试杂录》载："元祐八年四月敕：复置通礼科，御试墨义五道，本经义三道。"

通礼科复置后于绍圣元年(1094)毕渐榜实行了一举，就被废除了。"绍圣元年四月二十五日，诏罢五路经律、通礼科，其额拨入进士正额。"②不过，经律科的应举并未随着经律科的废罢而完全结束，而是在废罢十四年之后，又于大观三年(1109)贾安宅榜应试了一次。此后，开宝通礼科才与其他诸科一样，随着旧应通礼科解试合格举人的销尽而消亡了。

(七) 三史科

魏晋南北朝以《史记》、《汉书》、《东观汉记》三部史书为"三史"；唐开元后，《东观汉记》失传，乃以《史记》、《汉书》、《后汉书》三部史书为"三史"。宋朝三史科的考试内容即为《史记》、《汉书》、《后汉书》。宋初因五代后周之制，"《开元礼》、三史，各[对墨义]三百条"。③

太宗太平兴国四年(979)，三史科与九经等诸科一样，省试"引试日，宜于律及律疏中问义三、五条；或执卷发其端，令面对一、两事。"④太平兴国八年十二月甲辰(二十三日)，三史科也与九经等诸科一样，"于本业外，别试法书墨义十道，著为定制"。⑤雍熙二年(985)四月二日，诏曰："进士、九经已下，更不习法书，庶使为学之精专，用功之均一。"⑥三史科"别试法书墨义十道"也仅施行了一举，就被废罢了。

淳化四年(993)，三史科与通礼科一样，曾经降低考试难度，将原对墨义三十场共三百条，减少为十五场共一百五十条；其余十五场，每场只令考试官抽取三卷，令应举人面读，能知晓大义、认识难字，即为合格。⑦

---

① 《宋会要辑稿·选举》一二之三二《明经科》；《长编》卷四五七，元祐八年四月乙未。
② 《宋会要辑稿·选举》一二之三二《明经科》。
③ 《文献通考》卷三〇《选举考三》；《宋史》卷一五五《选举志一》。
④⑥ 《宋会要辑稿·选举》一二之二七《明经科》。
⑤ 《宋太宗皇帝实录》卷二七，太平兴国八年十二月甲辰。
⑦ 《宋会要辑稿·选举》一二之二八《明经科》。《文献通考》卷三〇《选举考三》系此事于淳化三年。

仁宗庆历四年(1044)三月,范仲淹(989—1052)改革贡举,翰林学士宋祁(998—1061)等新定贡举条制云:

> 外诸科举人,依旧制场各对墨义外,有能明旨趣愿对大义者,于取解到省家状内具言愿对大义,除逐场试墨义外,至终场并御试各于本科经书内只试大义十道,直取圣贤意义解释对答,或以诸书引证,不须具注疏。……三史科愿对大义者,每道所对与史意相合、文理可采者为通,五通为合格,其中深明史义、文理俱优者,仍为上等。①

即终场试本科经书大义十道。随着庆历新政的失败,庆历五年三月己卯(二十三日),“诏礼部贡院,进士所试诗赋,诸科所对经义,并以旧制考校。”②庆历八年四月丙子(八日),“诏科场旧条,皆先朝所定,宜一切无易”。③三史科所试大义十道之制亦随之被废罢了。

皇祐五年(1053)闰七月二十日,又诏“诸科举人自今后终场问大义十道,每道举科首一两句为问,能以本经注疏对而加以文辞润色发明之者,为上;或不指明义理但引注疏备者,次之,并为‘通’。若引注疏及六分者,为‘粗’。其不识本义或连引他经而文章乖戾、章句断绝者,为‘否’。并以四‘通’为合格。”④则三史科终场亦问大义十道。

嘉祐二年(1057)十二月戊申(六日),诏:“诸科增试大义十条。”⑤三史科与九经等诸科一样,亦增试大义十条。

神宗熙宁四年(1071)二月,王安石(1021—1086)改革科举,三史科也与其他诸科一样,经熙宁六年科场之后,逐渐随着旧应三史科举人的销尽而消亡。因此,其解试、省试内容也再没有新的变化。

(八) 明法科与新科明法科

明法科的考试内容,主要是律令,兼考经书。宋初承唐及五代后周之制,“明法,对律令[墨义]四十条,兼经并同《毛诗》之制”,即兼对墨义“《论语》十条,《尔雅》、《孝经》共十条”。⑥

---

① 《宋会要辑稿·选举》三之二七至二八《贡举杂录》。
② 《长编》卷一五五,庆历五年三月己卯。
③ 《长编》卷一六四,庆历八年四月丙子。
④ 《宋会要辑稿·选举》一二之三《明经科》。
⑤ 《长编》卷一八六,嘉祐二年十二月戊申。
⑥ 《文献通考》卷三〇《选举考三》;《宋史》卷一五五《选举志一》。

太宗太平兴国四年(979)十一月丙戌(十日),“诏以明法科于诸书中所业非广,遂废之。”[①]六年之后,即雍熙二年(985)四月二日,又恢复了明法科。《太宗皇帝实录》卷三三载:

> 雍熙二年四月丙子(二日),诏曰:“法家之学,最切于时,废之已久,甚无谓也,可复置明法一科,亦附以三小经。”[②]

即仍为宋初之制:对律令墨义四十条,兼对《论语》墨义十条,《尔雅》、《孝经》墨义共十条。[③]

真宗景德二年(1005)明法科考试增加了难度,由考试六场增加为七场。《宋会要辑稿·选举》一二之二八《明经科》载:

> 景德二年十二月五日,诏礼部贡院,……明法比来六场,自今依学究例七场,第一、第二场试律,第三场试令,第四、第五场试小经,第六场试令,第七场试律,仍杂问疏义五道、律文五道。

仁宗天圣八年(1030)明法科考试又增加了难度。《宋会要辑稿·选举》一二之二九至三〇《明经科》载:

> 天圣八年六月二十六日,上封者言:“又明法一科,文字亦少,易为习读,昨登第人数至多。欲望添习一经,或添至七通为合格。”诏两制详定。既而,请令《尚书》、《周易》二经分场各试。其明法所习文字比两科卷数稍多,请更不别添经书,止添义七通为合格。奏可。

即明法科由六通为合格改为七通为合格。

仁宗庆历四年(1044)三月,范仲淹(989—1052)改革贡举,翰林学士宋祁(998—1061)等新定贡举条制云:“明法科愿对大义者,并立甲乙罪犯,引律令断罪,每道所断与律令相合、文理可采者为通,五通为合格,其中深明律意、文理俱优者,仍为上等。”[④]即明法科终场对律令大义十道。随着庆历新政的失败,明法

---

① 《长编》卷二〇,太平兴国四年十一月丙戌。

② 《太宗皇帝实录》卷三三,雍熙二年四月丙子,据《宋会要辑稿·选举》一二之二七《明经科》、《长编》卷二六雍熙二年四月丙子、《玉海》卷一一六《雍熙明法科》校补。

③ 《文献通考》卷三〇《选举考三》;《宋史》卷一五五《选举志一》。

④ 《宋会要辑稿·选举》三之二八《贡举杂录》。

科所试大义十道之制亦随之被废罢了。[1]

皇祐五年(1053)闰七月二十日,又诏"诸科举人自今后终场问大义十道,每道举科首一两句为问,能以本经注疏对而加以文辞润色发明之者,为上;或不指明义理但引注疏备者,次之,并为'通'。若引注疏及六分者,为'粗'。其不识本义或连引他经而文章乖戾、章句断绝者,为'否'。并以四'通'为合格。"[2]则明法科终场亦问大义十道。

嘉祐二年(1057)十二月戊申(六日),诏:"诸科增试大义十条。"[3]明法科与九经等诸科一样,亦增试大义十条。

熙宁四年(1071)二月,王安石(1021—1086)改革贡举,经熙宁六年科场之后,九经等诸科开始消亡。但是,"既罢明经、诸科,乃用其法立新科明法,以待诸科之不能改试进士者,试以律令、《刑统》大义、断案,中格即取。惟尝应明经、诸科试在熙宁五年前者得试,非此类有司不受。既得官,又得预刑法官试,中者推恩有加。"[4]熙宁六年三月丁卯(八日),"诏……曾应明法举人,遇科场,愿试断案、大义者听。如中格,排于本等人之上。"[5]此即新科明法科。

新科明法与旧科明法考试内容的不同之处主要在于:旧科明法试律令帖经、墨义,新科明法"试以律令、《刑统》大义及断案"。[6]

元祐元年(1086)闰二月,侍御史刘挚(1030—1097)上言:"今新科罢其兼经,专于刑书,则意若止欲得浅陋刻害之人、固滞深险之士而已。又所取之数,比旧猥多,调拟之法,失其次序。臣以谓宜有更张,欲乞新科明法,并加《论语》、《孝经》大义,登科之额,裁减其半,及注官之日,并依科目资次。"[7]诏礼部与两省学士、待制、御史台、国子司业,集议闻奏。三月,司马光(1019—1086)上言:"至于律令敕式,皆当官者所须,何必置明法一科,使为士者豫习之?……朝廷若不欲废弃已习之人,其明法曾得解者,依旧应举;未曾得解者,不得更应,则收拾无遗矣。"[8]元祐二年十一月庚申(十二日),从三省奏:"新科明法依旧试断案三道、《刑统》义五道,添《论语》义二道、《孝经》义一道,分为五场。仍自元祐五年秋试施行。"诏"从之"。[9]元祐三年闰十二月,诏定三场考试法。《宋会要辑稿·选举》一四之二《新科明法》载:

---

① 《长编》卷一五五,庆历五年三月己卯;《长编》卷一六四,庆历八年四月丙子。

② 《宋会要辑稿·选举》一二之三《明经科》。

③ 《长编》卷一八六,嘉祐二年十二月戊申。

④ 《文献通考》卷三一《选举考四》。

⑤ 《长编》卷二四三,熙宁六年三月丁卯。

⑥⑦ 《长编》卷三六八,元祐元年闰二月庚寅;刘挚:《忠肃集》卷四《论取士并乞复贤良科疏》。

⑧ 《温国文正司马公文集》卷五二《起请科场札子》。

⑨ 《长编》卷四〇七,元祐二年十一月庚申。

元祐三年闰十二月二十三日，诏：五路不习进士新人，今后令应新科明法，许习《刑统》。仍于《易》、《诗》、《书》、《春秋》、《周礼》、《礼记》内各专一经，兼《论语》、《孝经》。发解及省试分为三场，第一场试《刑统》义五道，第二场试本经义五道，第三场《论语》、《孝经》义各二道，以三场通定高下。

即考试内容为：第一场，《刑统》义五道；第二场，本经义五道，于《易》、《诗》、《书》、《春秋》、《周礼》、《礼记》六经中任选一经为本经；第三场，《论语》、《孝经》义各二道。不但缺少了断案，而且经义的数量超过了律义。

徽宗时，新科明法同其他诸科一样，随着旧应诸科举人的销尽而消亡。

宋室南迁，以“法官缺人”，高宗建炎二年(1128)，复立新科明法科。[①]但不知何故，“未及行”。[②]绍兴七年(1137)六月壬寅，仓部郎中兼大理少卿薛仁辅又上言：“比年以来，法官浸阙……望诏有司，讨论祖宗设法科之制，于京西、荆湖、淮南、江西每路量立明法科解额，以收遗才。”诏刑部条具申省。[③]于是，“绍兴十一年，始就诸路秋试，每五人解一名，省试七人解一名，皆不兼经。”[④]绍兴十四年，在考试内容等方面，又有所变化。《宋会要辑稿·选举》一四之四《新科明法》载：

绍兴十四年七月十八日，臣僚言：“……所试断案、刑名粗通，以十分为率。断[案]及五分，所试《刑统》义文理全通为合格。若不合格，虽有人数，亦不许收取。虽《刑统》义全通，断案不及分数，许行驳放。仍自后举兼经。”从之。

其变化是，较元祐三年之制增加了《刑统》的考试难度及断案和兼经。但此制尚未及实施，即于绍兴十六年二月三十日，诏罢新科明法，终南宋之世不再复设。

(九) 经律科

何谓经律科？其考试内容如何？现有史料记载均不甚详。元祐八年(1093)十月一日，赵鼎臣(承之)(1070—?)云：“顷遂增以新科明法，令者颛习律而不谈经，学者病焉。今天子即位，乃诏有司设为经律之目，兼记诵之业而识其义，通法律之文而去其蔽。学不拘贤愚，人争趋之。”[⑤]由此看来，经律科的考试内容大概

① 《宋会要辑稿·选举》一四之四《新科明法》。

② 《系年要录》卷一二，建炎二年正月癸巳。

③ 《系年要录》卷一一一，绍兴七年六月壬寅。

④ 李心传：《朝野杂记》甲集卷一三《新科明法》。

⑤ 赵鼎臣：《竹隐畸士集》卷十三《送张氏二甥赴举序》。

是经义与律令。而且，经律科顾名思义其考试内容也大概是经义与律令。不知何故，经律科在绍圣元年(1094)毕渐榜实行了一科就被废罢了。

(十) 明经科

宋朝的明经科与唐朝所谓的明经科不同，唐朝的明经科相当于宋朝的九经、五经、开元礼(后改为开宝通礼)、三史、三礼、三传、学究、明法等诸科，而宋朝的明经科乃是为了进一步革除“诸科徒专诵数之学，无补于时”[①]的弊病，“欲渐诱经生，使习义理之学”[②]，而于嘉祐二年(1057)十二月，在诸科之外新设的贡举科目。《宋会要辑稿·选举》三之三四《贡举杂录》载：

> 嘉祐二年十二月五日，诏曰：“其明经科并试三经，谓大经、中经、小经各一也。以《礼记》、《春秋左氏传》为大经，《毛诗》、《周礼》、《仪礼》为中经，《周易》、《尚书》、《穀梁传》、《公羊传》为小经。其《礼记》为大经者，许以《周礼》、《仪礼》为中经；习《春秋左氏传》者，许以《穀梁传》、《公羊传》为小经。每经试墨义、大义各十道，仍帖《论语》、《孝经》十道，分八场，以六通为合格。又试时务策三道，以文词典雅者为通。其出身与进士同。”

由此可知，明经科的考试内容为：一是《礼记》、《春秋左氏传》、《毛诗》、《周礼》、《仪礼》、《周易》、《尚书》、《穀梁传》、《公羊传》等九经，九经又分大经、中经、小经，各考一经，即并试三经，每经试墨义、大义各十道；二是兼试《论语》、《孝经》，各试帖经十道；三是时务策三道。计墨义、大义各三十道，帖经二十道，共八十道，分八场；时务策三道，为一场，共九场。宋朝明经科与诸科考试有明显区别，即由帖经、墨义为主改为经书大义、时务策为主，所以提高了及第者的待遇，“其出身与进士同”。

嘉祐三年(1058)三月，对明经科的考试内容又做了一些调整。《宋会要辑稿·选举》三之三五至三六《贡举杂录》载：

> 嘉祐三年三月十一日，礼部贡院言：“奉诏再详定科举条制。……明经试大经、中经、小经，试墨义、大义各二十道，帖小经十道，试(二)[策]三道，

① 王珪：《华阳集》卷七《议贡举庠序奏状》。

② 韩维：《南阳集》卷二五《议贡举状》。

共为八场，仍不理场第。”从之。

即试墨义、大义各六十道，分六场；帖经十道，为一场；策三道，为一场，共八场。较嘉祐二年之制，增加了考试大中小经的墨义、大义的数量，不再兼试《论语》、《孝经》，而改为小经的帖经，场次由九场改为八场。

熙宁四年（1071）二月一日，王安石（1021—1086）改革贡举，进士科罢诗赋、帖经、墨义，专以经义、论、策取士，由于进士科与明经科的考试内容已经没有什么大的区别，遂罢明经科，使之改应进士科。这样，前后施行了14年的明经科，也就被新的进士科所取代了。

二、明经、诸科殿试考试内容

关于明经、诸科殿试的考试内容，史料较少，只能知其大概情况。宋初殿试内容不详。仁宗庆历四年（1044）三月，范仲淹（989—1052）改革贡举，翰林学士宋祁（998—1061）等新定贡举条制云：

> 御试举人试卷并依旧封弥、誊录。……诸科试墨义十道，对大义者即问大义十道，出题目并考试条格，并依省试。对大义入上等并合格人及试中讲说及等者，所授恩泽等第当议在对墨义及第人之上。[①]

即诸科殿试一般是“试墨义十道”，如果对大义，“即问大义十道”。其旧制如何？大概只是“试墨义十道”而不试大义。

明经科殿试考试内容，亦为大义十道。《宋会要辑稿·选举》三之三五至三六《贡举杂录》载：

> 嘉祐三年（1058）三月十一日，礼部贡院言：“奉诏再详定科举条制。……御试明经大义十道，大经四，中经、小经各三。”从之。

《通礼》科殿试则为“墨义五道，本经义三道”。《宋会要辑稿·选举》八之三八《亲试杂录》载：

---

① 《宋会要辑稿·选举》三之二九《贡举杂录》。

> 绍圣元年(1094)三月十七日,中书省言:"诸科初考所奏,元祐八年(1086)四月敕:复置通礼科,御试墨义五道,本经义三道。"①

仁宗嘉祐六年(1061),殿试编排官赵抃《赵清献公充御试官日记》载:[嘉祐六年二月]"二十九日阴,旬休。传宣赐酒食、七宝茶。初考经学官:王惟熙、祝谘、夏璋。覆考经学官:王彭、张兑、朱从道。详定官:贾寿、吴中复。封弥官:傅求、王陶。出义官:王逢、傅卞、卢士宗。"②"出义官"所出之明经、诸科御试题目,应该就是经书的墨义或大义。

第三节　命题与答卷制度

在宋朝贡举考试中,与考试内容密不可分的,是命题与答卷制度。宋朝贡举进士、明经、诸科解试、省试、殿试的考试内容,概括起来,主要有经义、诗赋、论策三类。本文即按文体分类对宋朝贡举的命题与答卷制度予以简要叙述与评论,不再有进士、明经、诸科等科目及解试、省试和殿试等层级之分。祝尚书等学者从文学等角度对宋代的时文做了比较详细的分析,但从贡举制度层面的研究尚有不少欠缺。有关宋朝贡举命题与答卷制度的研究,不但具有学术价值,而且具有现实意义。下边主要从制度层面对宋朝贡举的命题与答卷制度做一些叙述和分析。

一、经义的命题与答卷制度

经义命题与答卷又分为帖经、墨义和大义三种。帖经比较简单,《通典》卷十五《选举三》载:

> 凡举司课试之法,帖经者以所习经掩其两端,中间开唯一行,裁纸为帖。凡帖三字,随时增损,可否不一,或得四、得五、得六者为通。

---

① 《宋会要辑稿·选举》八之三八《亲试杂录》。

② 刘昌诗:《芦浦笔记》卷五《赵清献公充御试官日记》。

这大概是唐高宗调露二年(680)帖经之法。到唐玄宗天宝十一载(752),又稍有变化:“每帖前后各出一行,相类之处,并不须帖。”[①]宋承唐及五代之制,帖经又称“帖书”,考试内容和方法,也大体如此。这和现在的“填空”十分相似,故宋人亦称之为“填帖”。其命题的实例,尚未发现。

墨义题目与答卷稍为复杂一些。王栐《燕翼诒谋录》卷二云:

> 试场所问本经义疏,不过记出处而已。如吕申公试卷,问:“子谓子产有君子之道四焉,所谓四者何也?”答曰:“对:其行己也恭,其事上也敬,其养民也惠,其使人也义。谨对。”试卷不誊录,而考官批于界行之上,能记则曰“通”,不记则曰“不”。十问之中四通,则合格矣。其误记者,亦只书曰“不”。而全不能记,答曰:“对:未审。谨对。”

上面所征引的“问:子谓子产有君子之道四焉,所谓四者何也?”就是一道墨义题。此题出自《论语·公冶长篇第五》,原文为:“子谓子产有君子之道四焉:其行己也恭,其事上也敬,其养民也惠,其使人也义。”只要答曰:“对:其行己也恭,其事上也敬,其养民也惠,其使人也义。谨对。”就行了,就是“通”。其答卷格式,开头要写“对”字,然后是答卷正文,结尾要写“谨对”二字。

吕申公即吕夷简(979—1044),真宗咸平三年(1000)进士及第,因晋升宰相先被封为申国公,后又被晋封为许国公,故后人称其为“吕申公”或“吕许公”。马端临对吕夷简解试墨义试卷有更为详细的记载。《文献通考》卷三〇《选举考三》按语云:

> 按:自唐以来,所谓明经者,不过帖书、墨义而已。愚尝见东阳丽泽吕氏家塾有刊本吕许公夷简应本州乡举试卷,因知墨义之式。盖十馀条。有云:“作者七人矣。请以七人之名对。”则对云:“七人某某也。谨对。”有云:“见有礼于其君者,[事之,]如孝子之养父母也。请以下文对。”则对云:“下文曰:见无礼于其君者,[诛之,]如鹰鹯之逐鸟雀也。谨对。”有云“请以注疏对”者,则对云:“注疏曰:云云。谨对。”有不能记忆者,则只云:“对:未审。”盖既禁其挟书,则思索不获者不容臆说故也。其上则具考官批凿。如所对善,则批一“通”字;所对误及未审者,由则批一“不”字。大概如儿童挑诵之状。

① 《唐会要》卷七五《帖经条例》。

马端临所征引的第一条墨义题目“作者七人矣。请以七人之名对”，出自《论语・宪问篇第十四》，原文为：“子曰：作者七人矣。”七人的名字不见于正文，而见于注疏，即：“作，为也。为之者，凡七人，谓长沮、桀溺、荷蓧丈人、石门、荷蒉、仪封人、楚狂接舆。”答卷应为：“对：凡七人，谓长沮、桀溺、荷蓧丈人、石门、荷蒉、仪封人、楚狂接舆也。谨对。”第二条墨义题目“见有礼于其君者，[事之，]如孝子之养父母也。请以下文对”，则出自《春秋左传・文公十八年》，原文为：“见有礼于其君者，事之，如孝子之养父母也；见无礼于其君者，诛之，如鹰鹯之逐鸟雀也。”故其答卷为：“对：下文曰：见无礼于其君者，[诛之，]如鹰鹯之逐鸟雀也。谨对。”墨义相当于现代的默写，与帖经一样，只要将经文与注疏背熟，就可以应付。正如马端临所说：“大概如儿童挑诵之状。”

帖经、墨义只以记诵为工，很难分别高下。为了决定去取，于是一方面增加考试难度，如帖经，“至有帖孤章绝句、疑似参互者以惑之。甚者或上抵其注，下馀一二字，使寻之难知，谓之‘倒拔’”。①另一方面，增加考题数量，如北宋初年，九经科帖书一百二十帖，对墨义六十条；而开元礼和三史科，竟各对墨义三百条。②

为了改变这种状况，仁宗庆历四年(1044)，范仲淹(989—1052)、宋祁(998—1061)等所定贡举新制曾规定：诸科举人愿对大义者，“除逐场试墨义外，至终场并御试各于本科经书内只试大义十道，直取圣贤意义解释对答，或以诸书引证，不须具注疏。九经、三礼、三传、毛诗、尚书科愿对大义者，每道所对与经旨相合、文理可采者为通，五通为合格；其中深晓经义、文理俱优者为上等”。③

神宗熙宁四年(1071)二月，王安石(1021—1086)改革贡举，更断然罢帖经、墨义，改以经书大义试进士，并令中书颁大义式。究竟中书所颁大义式的具体情况如何，已不得其详；关于大义命题与答卷，从现存史料看，尚可略知大概。经书大义大概是从《周易》等九经及《论语》、《孝经》等儒家经典中抽出一句话或几句话作为题目。如吕祖谦(1137—1181)所编《宋文鉴》卷一一一载有哲宗元祐六年(1091)马涓榜探花张庭坚经义两篇，其一为《惟几惟康其弼直》，此题出自《尚书・虞书・益稷第五》，原文为：“禹曰：‘安汝止，惟几惟康，其弼直，惟动丕应。徯志以昭受上帝，天其申命用休。’”其二为《自靖人自献于先王》，此题出自《尚书・商书・微子第十七》，原文为：“自靖，人自献于先王，我不顾行遁。”其答卷则是根据命题而作的论说文。现谨将张庭坚的第二篇经义答卷移录如下。

① 《文献通考》卷二九《选举考二》。

② 《宋史》卷一五五《选举志一》。

③ 《宋会要辑稿・选举》三之二八《贡举杂录》。

自靖人自献于先王

张庭坚

君子之去就死生，其志在于天下国家，而不在于一身。故其死者非沽名，其生者非惧祸，而引身以求去者，非要利以忘君者也。仁之所存，义之所主，鬼神其知之矣。昔商之"三仁"，或生或死，或为之奴，而皆无愧于宗庙社稷，岂非谋出于此欤！此其相戒之言曰："自靖，人自献于先王。"

盖于是时，纣欲亡而未寤也。其臣若飞廉、恶来者，皆道王为不善，而不与图存。若伯夷、太公，天下可谓至贤者，则洁身退避，而义不与俱亡。夫为商之大臣，而且于王为亲，惟王子比干、箕子、微子也。三人者，欲退而视其败则不忍，欲进而与王图存则不可；与言，虽有忠孝诚悫之心，其谁达之哉！顾思先王创业垂统以遗其子孙，设为职业禄位以处天下之贤俊，俾相与左右而扶持之，期不至于危亡而后已。子孙弗率，亡形既见，而忠臣义士之徒，犹不忘先王所以为天下后世之意，以为志不上达，道与时废，乱者弗可治也，倾者弗可支也，而臣子所以报先王者，惟各以其能自献可也。

虽然，君子之志不同，而欲死生去就各当于义，不获罪于先王，非人所能为之谋，其在于自靖乎！盖若商祀之颠隮，则微子以为心忧，而辱于臣仆，不与其君俱亡者。箕子、比干之所羞为也。微子抱祭器适周以请后，则奉先王之孝得矣；比干谏不从，故继以死，则事君之节尽矣；箕子以父师为囚奴，犹眷眷不去，则爱君之仁至矣。其死者若愚，其囚者若污，而其辄去者若背叛非忠也，然三子皆安然行之，不以所不能为自愧，而亦不以所能为愧人，更相劝勉以求合于义，而不期于必同。夫谓先王所以望于后世臣子者，惟忠与孝也。故微子之去，自献以其孝；比干以谏死，箕子以正囚，则自献以其忠，则是三子之非苟为也。处垂亡之世，犹眷眷乎天下国家，而不在一身，故其志之所谋，各出其所欲为，以期先王之知耳。古所谓较然不欺其志者，非斯人之谓乎！

虽然，《书》载微子与箕子相告戒之辞，而比干不与焉，何哉？人臣之义，莫易明于死节，莫难明于去国，而屈辱用晦者，亦所难辨者也。比干以死无足疑，故不必以告人；而箕子、微子不免云云者，重去就之义而厚之故也。不然，安得并称"三仁"哉！

张庭坚这篇《书》义，自宋朝以来，一直被称为是经义的楷模。朱熹(1130—1200)云："刘子澄(清之)……因伤时文之弊，谓张才叔(按张庭坚，字才叔)《书》义好。

《自靖人自献于先王》义，胡明仲(寅)醉后每诵之。"①刘埙《隐居通议》卷十五《张才叔义》引吉州所刊《自靖人自献于先王》义跋语云："此中兴前近二百年《书》义也，至今尚可咀嚼如此，曷可讶其为古哉！盖吾侪所作时文，本自无用，然能以义理为主，发挥圣贤心事于千百载之上，亦自打颠不碎。如此篇文虽简，格虽与今不同，然议论正当，辞不迫而意已独至，所以屡经前辈品题。"宋朝的经义传世者，据祝尚书等学者统计，不过百余篇，而且其中不少篇章的真实性还有待考证。张庭坚这篇《书》义曾被宋人吕祖谦收入《宋文鉴》，又有胡寅(1098—1156)、朱熹等宋人的评论，可以作为宋朝经义的代表作。

张庭坚这篇《书》义为北宋中期大义的样式，其在内容上不拘泥于经文和注疏，亦不是"代圣贤立言"，而是强调阐明经旨，自陈己见；其文体为散文，虽然作文自有章法，但没有什么固定的格式，更不要求必须对偶排比。南宋时期则有所变化。据说，到南宋末年，经义已形成固定的格式。元人倪士毅在《作义要诀》自序中说："至宋季，则其篇甚长，有定格律：首有破题，破题之下有接题(接题第一接，或二、三句或四句；下反接，亦有正说而不反说者)，有小讲(小讲后，有引入题语，有小讲上段；上段毕，有过段语，然后有下段)，有缴结。以上谓之'冒子'。然后入官题，官题之下有原题(原题有起语、应语、结语，然后正段，或又有反段，次有缴结)，有大讲(有上段，有过段，有下段)，有余意(亦曰从讲)，有原经，有结尾。篇篇按此次序。其文多拘于捉对，大抵冗长繁复可厌。"说明南宋后期经义，分为破题、接题、小讲、缴结、官题、原题、大讲、余意、原经、结尾十个部分，而且多用对偶，篇幅冗长。但与明清的八股文相比，还是有一定的区别。关于宋朝的经义，祝尚书《宋代科举与文学》第十一章《宋代的科举时文：经义》有更为详尽的论述，此处不赘。

宋朝经义命题和答卷，还有三个突出的问题。第一是，《春秋》经义，是否允许在三传解经处出题。哲宗元祐四年(1089)五月十九日，礼部言：

> 勘会：试习《春秋》进士，缘只于正经内出题不多，今以《左氏春秋》为大经，自合兼出题目。近添《公羊》、《穀梁》二中经，亦出题不多。合于经传注文兼出题。又恐二传难以称经，乞以《公羊》、《穀梁》并为一中经，止于经传内出题。

哲宗诏"并从之"。②绍圣元年(1094)七月二十七日，则改为："其所试《春秋》许于

① 《朱子语类》卷一三九《论文上》。

② 《宋会要辑稿·选举》三之五一《贡举杂录》。

三传解经处出题，虽缘经生文而不系解经旨处不许出题。”[①]徽宗崇宁元年(1102)七月则诏进士勿治《春秋》。钦宗靖康元年(1126)四月九日，从少宰兼中书侍郎吴敏之请，复以《春秋》取士。七月九日，因“科场秋试在近”，诏“止于正经出题”。《礼部韵略》附《贡举条式》载：

靖康元年七月十一日，尚书省札子：“江南西路转运司状：伏睹少宰吴敏札子，乞复《春秋》一经，今岁贡举，遂以取士。奉圣旨：依奏。契勘《崇宁贡举令》：‘诸《春秋》义题，听于三传解经处出。(缘经生文而不系解经旨处者，非。)’已有令文，该说分明。缘今岁科场秋试在近，欲望详酌，早降指挥，申明行下，以凭遵守施行。伏候指挥。七月九日，奉圣旨：止于正经出题，申明行下。”七月十一日，三省同奉圣旨：依已得指挥。

靖康之祸，宋室南渡，仍以《春秋》取士。高宗绍兴五年(1135)颁布的《绍兴重修贡举令》云：“诸《春秋》义题，听于三传解经处出。(缘经生文而不系解经旨处者，非。)”绍兴十三年四月三十日，国子司业高闶言：“《贡举令》：‘诸《春秋》义题，听于三传解经处出。’此法殊失尊经之意。今欲只于《春秋》正经出题，庶使学者专意经术。”高宗诏“从之”。绍兴十四年十一月癸丑(六日)，吏部员外郎严抑又言：“正经其辞至简，为题者历历可数，使士子私习满百篇，则有司出题殆无逃者。罢去三传，虽曰尊经，其于考校实有未便。”诏“依崇宁贡举法，于三传解经[处]出题”。[②]遂成为定制。

第二是，关题、合题与断章题等问题。经义命题是从九经等儒家经典中抽出一句或几句话作为题目，经书虽然不少，但可出的题目终归有限。正如毕仲游(1047—1121)所说：“经义所问之目，各从本经而有尽。”[③]考官“正恐题目有限，士子得以准拟”[④]，故命题不本经旨，出“关题”、“合题”，甚至是“断章题”。

何谓“关题”？宁宗嘉泰元年(1201)十二月二十四日，臣僚言：“命题之际，或于上下磔裂，号为断章；他处牵合，号为关题。”关题就是将经书中的一句话或一个短语，与经书另一处内容相关的一句话或一个短语牵合在一起，组成一个经义题目。但是，往往是此处的经句或短语与彼处的经句或短语，在内容上了不相

---

① 《宋会要辑稿·选举》三之五五《贡举杂录》。
② 《宋会要辑稿·选举》四之二七《贡举杂录》。
③ 毕仲游：《西台集》卷一《理会科场奏状》。
④ 《宋会要辑稿·选举》五之二〇《贡举杂录》。

关,牵合起来组成的经义题目则成为断章题。《宋会要辑稿·选举》一之二一《贡举》载:

> 淳熙十六年(1189)十一月二十五日,诏自今岁试闱,六经义并不许出关题,亦不得摘取上下经文不相贯者为题。
>
> 先是,以国子祭酒沈揆言:"六经自有大旨,坦明平正,不容穿凿。关题既摘经语,必须大旨相近。今秋诸郡解试,有《书》义题用'在璇玑玉衡以齐七政',关'舞干羽于两阶七旬有苗格'者,据此题目,判然二事,略不附近,岂可相关?谬妄如斯,传者嗤笑。此则关题之弊。有《易》义题云:'时乘六龙,以御天也;云行雨施,天下平也。'至此当止矣,而试官复摘下文'君子以成德为行',相连为题。据此一句,其义自连下文,若止已上四句为题,有何不可?此则命题好异之弊。"宰执进呈,上曰:"出题碍理,诚不可不革。见说近时科场,文格卑陋,将来省试,须是精择试官。"故有是命。

沈揆所列举的《书》义题目,"在璇玑玉衡以齐七政"出自《尚书·虞书·舜典第二》,原文为"正月上日,受终于文祖。在璇玑玉衡,以齐七政。""舞干羽于两阶七旬有苗格"出自《尚书·虞书·大禹谟第二》,原文为"帝乃诞敷文德,舞干羽于两阶。七旬,有苗格。""在璇玑玉衡"与"舞干羽",是毫不相关的两件事。沈揆所列举的《易》义题目,"时乘六龙,以御天也;云行雨施,天下平也。君子以成德为行",出自《周易·乾卦》,原文下尚有"日可见之行也",前两句是指太阳,后一句指君子。

正如沈揆所说,"关题既摘经语,必须大旨相近"。现在出义官将毫不相关的两件事硬是牵合在一起,组成一道关题,断章取义,只能让答卷人无所适从,只好离开经旨,乱说一通。其答卷的后果,正如嘉定四年(1211)十二月,国子祭酒兼权刑部侍郎刘爚(1144—1216)所言:"近年经学不明,命题断章,学者以巧于迁就为工,不以推本经意为正,略传注之说,侮圣人之言。"①

淳熙十六年十一月二十五日(光宗已继位,未改元),虽然下诏自今岁贡举不许出关题或断章,但仍禁而不止。宁宗庆元元年(1195),朱熹(1130—1200)撰《学校贡举私议》云:

① 《宋会要辑稿·选举》六之一〇至一一《贡举杂录》。

> 今日治经者既无家法，其穿凿之弊已不可胜言矣。而主司命题又多为新奇，以求出于举子之所不意，于所当断而反连之，于所当连而反断之。大抵务欲无理可解，无说可通，以观其仓卒之间趋附离合之巧。其始盖出于省试《上天之载无声无臭仪刑文王》之一题。然而当时传闻犹以为怪，及今数年，则无题不然，而人亦不之怪矣。主司既以此倡之，举子亦以此和之，平居讲习，专务裁剪经文，巧为饾饤，以求合乎主司之意。其为经学贼中之贼、文字妖中之妖，又不止于家法之不立而已也。……愿下诸路漕司，戒敕所差考试官，今后出题须依章句，不得妄有附益裁剪。①

此奏议由于朱熹被迫离开朝廷而未及奏上。

"关题"实际上也可以称为"合题"。庆元四年，礼部侍郎胡纮言："惟经义是一科，全用套类，积日穷年，搜括殆尽，溢箧盈箱，无非本领。主司题目，鲜有出其揣拟之外。欲令有司，今岁秋试所出六经，各于本经内摘出两段文意相类、不致牵强者，合为一题，庶使举子有实学者得尽已见，足以收一日之长，而挟策雠伪者或可退听矣。"诏"从之"。此后，臣僚又言："近者臣僚有请，自今试场出六经合题，深中场屋之弊。但本意正恐题目有限，士子得以准拟，返使实学不能见一日之长。臣谓若出题，则合题亦自有限，士子仍旧准拟。乞下礼部，令遍牒诸路，自今出题，或尽出全题，或三篇中欲合一题，听从有司，庶几不致拘泥，不为举人所测。"诏"从之"。②据此，合题成为经义命题的一种形式。

"关题"、"合题"都难免牵强。嘉泰元年(1201)十二月二十四日，起居舍人章良能(？—1214)又"以省闱利害四事以闻"，其三曰：

> 治经以经旨为主，文辞为辅。近者经学惟务遣文，不顾经旨，此非学者过也，有司实启之。盖命题之际，或于上下磔裂，号为断章；他处牵合，号为关题。断章固无意义，而关题之显然浑成者，多已经用，往往搜索新奇，或意不相属，文不相类，渐成乖僻。士子虽欲据经为文，势有不可，是有司驱之穿凿。乞今后经义命题，必本经旨。如所谓断章、关题，一切禁约。庶几学者得以推原经文，不致曲说。③

---

① 《朱文公文集》卷六九《学校贡举私议》。

② 《宋会要辑稿·选举》五之二〇《贡举杂录》。

③ 《宋会要辑稿·选举》五之二四至二五《贡举杂录》；参见《文献通考》卷三二《选举考五》。

宁宗虽诏“从之”，但仍是屡禁不止，嘉定四年(1211)，又诏采取刊印范文以为体式等措施以禁断章。《宋会要辑稿·选举》六之一〇至一一《贡举杂录》载：

嘉定四年十二月二十七日，礼部言：“国子祭酒兼权刑部侍郎刘爚言：‘国家以科举取士，三日之试虽兼策论，而去留之际，必本经义、诗赋。近年经学不明，命题断章，学者以巧于迂就为工，不以推本经意为正，略传注之说，侮圣人之言。……文义无取，器局何观？乞令学官选择中兴以来魁选义赋、根本经旨、词气浑厚者数十篇，刊降以为体式。今后命题，不许断章，长短不拘，《春秋》一经，照嘉定四年省试例，以事实通贯者为题，令礼部下诸路，于差试官牒内备坐施行。’本部看详：乞下国子监，令监学官精加选择刊本颁降。所有经义命题，亦下国子监、诸路遵依施行。”从之。

刊印范文以为体式的措施对于防止断章的效果也不大。嘉定十五年二月十二日，礼部言：秘书郎何淡奏：“夫经本注疏，则学有源流；文先义理，则士有器识。世之所谓时文者，亦非不知注疏之当考，义理之当精，然束于命题之短长，沮于立说之关键，穿凿为奇，牵合为工，反以经旨为难拘，先儒为难从。为主司者，但见循习之文多，可命之题少，于是强裂句读，出其所不拟，专务断章，试其所难通。在我已先离绝旨意，破碎经文，何以责其尽合于大义？无怪乎举所得类多新进，坐失老成之才也。乞及科诏之将颁，预下有司，命题不许断章，许出关题，惟意所择，不必尽拘每举句之多寡，求其字之对类，惟务明纲领而识体要，则学有本原，文不浮靡。”[①]后批送礼部看详。关于“看详”的结果，《宋会要辑稿·选举》六之四二《贡举杂录》载：

既而，礼部送国子监，据国子博士钟震等聚议，所陈考校命题事，其取士不为无补，但经义关题一节，庆元四年指挥，许于本经摘两段合为一题，又令尽出全题，或三篇之中欲合一题，听从有司之便。后缘外州场屋命题，多是牵合而求对，更不考究经旨。如以“在璇玑玉衡以齐七政”合“七旬有苗格”之类，但合七字，更无义理，岂不有碍经旨？所以，关题自嘉泰元年后，不曾再出。今来奏请，以全题有限，自后场屋若间(题)[出]关题，理亦可行。从之。

① 《宋会要辑稿·选举》六之四一至四二《贡举杂录》。

自此，又恢复了庆元四年指挥，允许科场“间出关题”。既出关题，难免牵强，答卷不能无弊。理宗淳祐元年(1241)正月，吏部侍郎兼侍讲杜范(1182—1245)知贡举，其《上殿札子》云：

> 盖文弊至今极矣，不敢不为陛下言之。先朝举子之文，去今甚远者，朴古浑厚，今难以遽复。乾、淳之间，词人辈出，见之方册者，质而不野，丽而不浮，简而不率，奇而不怪，士子所当仿效。数十年来，体格浸失，愈变愈差，越至于今，其弊益甚。六经义不据经旨，肆为凿说。其破语牵合字面之对偶，弗顾题意之有无，终篇往往掇拾陈言，缀缉短句，体致卑陋，习以为工。

如何革除这一命题与答卷的弊病，这位晚宋名臣也无甚良策，只不过重复嘉定四年(1211)国子祭酒刘爚的故技，“委监学官精选经赋论策各数十篇，付书肆板行，以为四方学者矜式”而已。①

第三是，经义答卷也有一定的格式。高宗绍兴五年(1135)所颁布的《绍兴重修通用贡举式》载：

> **进士书卷**　草纸顺连于卷前，仍于卷首留白纸半张，以备封弥。馀试卷准此。
>
> 治经义人
>
> 　第一场
>
> 　　奉
>
> 　　试某经义三道。谓如治《易》，则云《易》义之类。
>
> 　　　第一道
>
> 对：云云。谨对。
>
> 　　　第二道
>
> 对：云云。谨对。
>
> 　　　第三道
>
> 对：云云。谨对。
>
> 　《论语》、《孟子》义各一道。
>
> 　　　《论语》一道
>
> 对：云云。谨对。

① 杜范：《清献集》卷一一《上殿札子》。

《孟子》一道

对：云云。谨对。

涂、注、乙共计若干字。俱无则云："无涂、注、乙。"诗赋并馀试卷并准此。

举人书写经义试卷，第一行写"奉"字，第二行写"试某经义三道。（谓如治《易》，则云《易》义之类。）"字，第三行写"第一道"，第四行先写"对"字，然后写所对经义。写经义毕，再写"谨对"二字。次行再对第二道、第三道及《论语》、《孟子》义，格式与第一道同。最后，结涂、注、乙。何谓"涂、注、乙"？"涂"即涂改，涂掉抹去；"注"即注释，或添注；"乙"即勾转倒误。

另外，经义也有"不考式"、"抹"、"点"等要求。高宗绍兴五年（1135）颁布的《绍兴重修通用贡举式》所载"试卷犯不考"的二十一条中有七条与经义答卷有关，现列举如下：

犯名讳。谓于式应避者，即笔误而义非者不为犯。

文理纰缪。全无文理，即为纰缪。

策、义不应所问，而别指事。略应所问而全指别事同。即已解问意而广为证说者非。

漏写官题。谓全漏官题者。如止少字及有误，依脱字例。

策、义写问目或不写道数及不依次。谓先第二、后第一之类。即字误而文依次者非。

卷内切注及书名。

试卷不写"奉试"及"对"或"谨对"，"论曰"或"谨论"及涂、注、乙若干并"无涂、注、乙字。"

还有"试卷犯点抹"中"抹式"二十条中的"文理丛杂"、"文意重叠"、"误用字"、"脱三字"、"文意不与题相类"、"论、策、经义连用本朝人文集十句"等六条，"点式"六条中的"错用一字"、"脱一字"、"误一字"等三条，也与经义答卷有关。

二、诗赋的命题与答卷制度

诗赋是宋朝贡举进士科考试的重要内容之一。宋神宗熙宁四年（1071）之前，进士科主要以诗赋取士，其中赋更为重要。北宋人孙复（992—1057）云："国家踵隋之制，专以辞赋取人，故天下之士皆奔走致力于声病偶对之间。”[①]南宋人刘克庄(1187—1269)亦云：“本朝亦以诗赋设科，然去取予夺一决于赋，故本朝赋工而诗拙。”[②]王安石(1021—1086)改革贡举，罢诗赋，专以经义、论、策试进士。哲宗元祐年间(1086—1093)及南宋时期，诗赋用于诗赋进士科之解、省试。

宋朝贡举考试之诗，被称为“省题诗”，亦称之为“格诗”。赋则为“律赋”。其命题范围较广。如太祖开宝六年(973)宋准榜殿试为《未明求衣赋》、《悬爵待士诗》，二题皆出自《文选》；太宗太平兴国二年(977)吕蒙正(944或946—1011)榜殿试为《训兵练将赋》、《主圣臣贤诗》，均无出处，而是出于当时的时事。可见，当时对诗赋的出题范围尚无明确规定。真宗咸平五年(1002)十一月庚申(二十九日)，河阳节度判官清池张知白(？—1028)上疏曰：

> 进士之学者，经、史、子、集也。有司之取者，诗、赋、策、论也。故就试者，惧其题之不晓，词之不明，惟恐其学之不博，记之不广。是故五常、六艺之意，不遑探讨，其所习泛滥而无著，非徒不得专一，又使害生其中，何为其然！……夫儒者之术，不以广记隐奥为博学，不以善攻奇巧为能文。若使明行制令，大立程式，每至命题考试，不必使出于典籍之外，参以正史。至于诸子之书，必须辅于经、合于道者取之，过此并斥而不用。……如此，则使夫进士之流，知其所习之书简而有限，知其所学之文正而有要，不施禁防，而非圣之书，自委弃于世矣，不加赏典，而化成之文，自兴行于世矣。[③]

自张知白开始提出限制诗赋命题的范围。仁宗宝元元年(1038)正月八日，知制诰李淑上言，更明确划定了进士科命题的范围。他说：

> 切见近日发解进士，多取别书、小说、古人文集，或移合经注以为题目，竞务新奥。臣以为朝廷崇学取士，本欲兴崇风教，反使后进习尚异端，非所谓化成之义也。……其经典子书之内，有《国语》、《荀子》、《文中子》，儒学所宗，六典通贯，先朝以来，尝于此出题，只是国庠未有印本。欲望取上件三书，差官校勘，刻板撰定音义，付国子监施行。自今应考试进士，须只于国子监有印本书内出题，所贵取士得体，习业有方，稍益时风，不失淳正。如允所

---

① 《孙明复小集》卷二《寄范天章书(一)》。

② 《后村先生大全集》卷九九《李耘子书卷跋》。

③ 《长编》卷五三，咸平五年十一月庚申。

请，兼乞编入贡举条贯施行。[①]

宝元元年四月乙未（二十九日），“诏自今试举人，非国子监见行经书，毋得出题。从翰林侍读学士李淑之请也。”[②]庆历四年（1044）三月，范仲淹（989—1052）、宋祁（998—1061）等详定贡举新制，亦提出“诗赋论于九经、诸子、史内出题”。[③]

哲宗元祐二年（1087）六月十二日指挥，“今后科场……考试官不得于《老》、《列》、《庄子》内出题。”[④]元祐八年五月二十七日，礼部尚书苏轼（1037—1101）言：

> 臣伏见《元祐贡举敕》：“诸诗、赋、论题于子史书出，如于经书出而不犯见试举人所治之经者听。”臣今相度，欲乞诗、赋、论题许于《九经》、《孝经》、《论语》、子史并《九经》、《论语》注中杂出，更不避见试举人所治之经。但须于所给印纸题目下，备录上下全文并注疏，不得漏落。则本经与非本经举人所记均一，更无可避。兼足以示朝廷待士之意，本只以工拙为去取，不以不全之文掩其所不知以为进退，于忠厚之风，不为无补。

哲宗“诏从之”。[⑤]于是，进士科考试诗赋“许于九经、《孝经》、《论语》、子史并九经、《论语》注中杂出”。绍圣二年（1095）正月十三日，国子监司业龚原言：“续降敕节文，论题并于子史书出，唯不得于《老》、《列》、《庄子》出题。缘祖宗以来，科场出题，于诸子书并无简择，乞删除前条。”哲宗“从之”。[⑥]更扩大了命题范围，不再有不得于《老》、《列》、《庄子》出题之禁。高宗绍兴八年（1138）五月丙申（十二日），又“诏韩愈《昌黎集》中有佐佑六经，不抵牾于圣人之道者，许依《白虎通》、《说文》例出题以取士。”[⑦]所以，仁宗之后诗赋命题多有所本。如宝元元年（1038）吕溱榜殿试《富民之要在节俭赋》出自《史记·平津侯传》，《鲲化鹏诗》出自《庄子·逍遥游》。

宋朝诗赋命题有一定的格式，称为“出题式”。《礼部韵略》附《贡举条式》载：

> 建炎四年（1130）八月三日，敕：中书门下省、尚书省送到礼部尚书谢克

① 《宋会要辑稿·选举》三之一八至一九《贡举杂录》。
② 《长编》卷一二二，宝元元年四月乙未。
③ 《宋会要辑稿·选举》三之二五《贡举杂录》。
④ 《长编》卷四〇七，元祐二年十一月庚申。
⑤ 《宋会要辑稿·选举》三之五〇《贡举杂录》。
⑥ 《宋会要辑稿·选举》三之五五《贡举杂录》。
⑦ 《系年要录》卷一一九，绍兴八年五月丙申；《宋会要辑稿·选举》四之二五《贡举杂录》。

家等札子：契勘诸州军不住申明试诗赋格式，及出题书写试卷式样等。本部今参定到下项：

一、出题式《周以宗强赋》（以“周以同姓强固王室”为韵，依次用，限三百六十字以上成。）等画一，候指挥，仍连元札子。八月三日，奉圣旨：并依。令礼部镂版颁降。

一、出题式

周以宗强赋

以“周以同姓强固王室”为韵，依次用，限三百六十字以上成。

出《史记·叙·管蔡世家》，曰：“周公主盟，太任十子，周以宗强，嘉仲改过。”

天德清明诗

以题中平声字为韵，限五言六韵成。

出《毛诗》：“清庙，祀文王也”。注：“天德清明，文王象焉。”

尧舜性仁赋

以“其性好仁得于自然”为韵，不依次用，限三百六十字以上成。

出《孟子》，曰：“尧舜，性之也。五霸，假之也。”注：“云性之者，其性好仁，自然也。”

玉烛诗

以“和”字为韵，限五言六韵成。

出《尔雅·释文》，云：“四时调，为玉烛。”

官韵八字，一平一侧相间，即依次用；若官韵八字，平侧不相间，即不依次用。虽官韵一平一侧相间，亦许主司临时写“不依次用”，即举人亦不依次用。

从高宗建炎四年八月三日颁布的以上两套诗赋题目可知，宋朝诗赋“出题式”包括以下内容：一是诗赋题目；二是所押韵字，及是否依次用韵；三是题目出处，并有简单征引解释。另外，可以看出，诗赋题目都出自儒家经典或正史。

同时，还颁布了“举人书写试卷式”。《礼部韵略》附《贡举条式》载：

一、举人书写试卷式

奉

试周以宗强赋

以“周以同姓强固王室”为韵，依次用，限三百六十字以上成。

云云。

天德清明诗

以题中平声字为韵,限五言六韵成。

云云。

涂、注、乙共计若干字。如无涂、注、乙,即云“涂、注、乙无”。

举人书写试卷,但于官题后更不写出某书。谓试卷第一行写“奉”字,第二行写“试周以宗强赋”字,第三行一行内用小字分写“以‘周以同姓强固王室’为韵,依次用,限三百六十字以上成”,第四行便写所作赋。写赋毕,次行便写诗题,更不加“奉”、“试”字。写诗毕,即结涂、注、乙。其诗赋首尾更无“对”及“谨对”之类。省题诗,假令《玉烛诗》,临时主司或定“和”字或定“时”字,但平声字皆可。

绍兴五年(1135)又颁布进士诗赋书卷格式。《礼部韵略》附《贡举条式》载:

进士书卷 草纸顺连于卷前,仍于卷首留白纸半张,以备封弥。馀试卷准此。

治诗赋人

第一场

奉

试某赋 具所试赋。

以某字为韵,依次或不依次用,限三百六十字以上成。

云云。

某诗 具所试题。

以某字或题中平声字为韵,限五言六韵成。

云云。

绍兴五年颁布的诗赋答卷格式,与建炎四年颁布的诗赋书写试卷式完全相同,大概此即为有宋一代的定式。

另外,宋代贡举诗赋答卷还有其他许多规定。一是“不考式”,犯不考式,即不予录取。仁宗庆历四年(1044)宋祁(998—1061)等详定贡举新制,其中就有“策论诗赋不考式十五条”。《宋会要辑稿·选举》三之二六《贡举杂录》载:

策论诗赋不考式十五条:第一道内少五[十]字;论诗赋不识题;策论诗

赋文理纰缪；不写官题；用庙讳、御名；论少五十字；诗赋脱官韵；诗赋落韵（用韵处脱字亦是）；诗失平侧（脱字处亦是）；重叠用韵；小赋内不见题意（通而词优者非）；赋少三十字；诗韵数少剩；诗全用古人一联；诗两韵以前不见题意（通者非）。

其中除"策一道内少五[十]字"、"论少五十字"两条之外，其余十三条都是与诗赋答卷有关的。南宋高宗绍兴五年（1135）颁布的《绍兴重修通用贡举式》对不考式又做了更为详细的规定。《礼部韵略》附《贡举条式》载：

试卷犯不考　但一事不考，馀皆不考。

犯名讳。谓于式应避者，即笔误而义非者不为犯。

文理纰缪。全无文理，即为纰缪。

诗、赋、论不识题。

策、义不应所问，而别指事。略应所问而全指别事同。即已解问意而广为证说者非。

漏写官题。谓全漏官题者。如止少字及有误，依脱字例。

策、义写问目或不写道数及不依次。谓先第二、后第一之类。即字误而文依次者非。

诗赋题全漏写官韵。

论题全漏写"限五百字以上"。如止少字，依脱字例。

诗赋不压官韵。如文意分明，止是漏书字，即依脱字例。谓如赋官韵用'华'字压，云"祥开日"，漏"华"字；诗官韵用"居"字压，云"山河壮帝"，漏"居"字之类。

诗赋落韵。如文意分明，止是误书字，即依字误例。谓如赋"祥开日华"，误书作"日革"之类。

诗赋重叠用韵。如文意分明，止是误书字，即依字误例。谓如赋官韵用"东"字压，云"阴魄既没，大明在东。吐象成字，昭文有融"，误书作"昭文有东"之类。诗官韵用"灵"字压，云"善鼓云和瑟，尝闻帝子灵。冯夷徒自舞，楚客不堪听"，误书作"楚客不堪灵"之类。

赋协韵正韵重叠。

诗赋失平侧。

小赋内不见题。

赋少二十字。

诗韵数少剩。

诗全用古人一联。

诗两韵以前不见题。

论少五十字。

卷内切注及书名。

试卷不写“奉试”及“对”或“谨对”，“论曰”或“谨论”及涂、注、乙若干并“无涂、注、乙字。”

以上不考式共二十一条，除“策、义不应所问，而别指事”、“策、义写问目或不写道数及不依次”、“论少五十字”等三条外，其余十八条都与诗赋答卷有关。

二是“抹式”、“点式”。仁宗庆历四年(1044)宋祁(998—1061)等详定贡举新制，其中就有“抹式十二条”、“点式四条”。《宋会要辑稿·选举》三之二六《贡举杂录》载：

抹式十二条：

误用事；连脱三字；误写官题，须是文理无失但笔误者非；诗赋重叠用事；诗赋不对，诗赋初用韵及用邻韵引而不对者非，及诗赋末两句亦不须对；小赋四句不见题意，通者非；全用古人一联赋语，别以一句对者非；赋少二十字；诗用隔句对；策一道内全用古今人文字十句以上；策一道内全用经书子史语五十字以上；对策以他辞装，或首尾与题意不相类。

点式四条：

错用字；诗赋脱一字；诗偏枯；诗重叠用字。

“抹式十二条”除“策一道内全用古今人文字十句以上；策一道内全用经书子史语五十字以上；对策以他辞装，或首尾与题意不相类”三条外，其余九条都与诗赋答卷有关。“点式四条”，均与诗赋答卷有关。南宋高宗绍兴五年(1135)颁布的《绍兴重修通用贡举式》对“试卷犯点抹”又做了更为详细的规定。《礼部韵略》附《贡举条式》载：

试卷犯点抹

抹：

文理丛杂。

文意重叠。

误用字。

脱三字。

文意不与题相类。

诗赋重叠用事。

诗赋不对。赋初用韵及用邻韵引而不对者，非；诗破题及诗赋末两句，亦不须对。

诗赋属对偏枯。

小赋四句以前不见题。

赋压官韵无来处。

赋全用古人一联语。以一句别对者非。

赋第一句末与第二句末用平声不协韵。

赋侧韵第三句末用平声。今谓赋眼，如第一句用侧声，即第三句用平声亦许。

赋初入韵用隔句对，第二句无韵。用长句引而协韵者，非。

赋少十字。

论、策、经义连用本朝人文集十句。

诗全用古人一句。

诗叠用两字。两字各一叠，或一字两叠，皆是。

诗用隔句对。

论少二十字。

点：

错用一字。

脱一字。

误一字。

赋少五字。

论少十字。

诗叠用一字。

抹式二十条，除“论、策、经义连用本朝人文集十句”一条外，其余十九条均与诗赋答卷有关。点式六条，均与诗赋答卷有关。

关于试卷犯点抹的处罚，仁宗宝元二年（1039）十一月四日，翰林学生丁度（990—1053）等言：“准诏详定直集贤院王皞言：‘旧例，举人试卷涂、注、乙字，并卷后计数，不得揩改。脱误三字为一点，三点为一抹，降一等；三抹九点，准格落。赋少九[十]字，论少三十六字，并不考。臣昨覆考进士试卷，各有涂注、脱误三四十字以上，寻依例书凿点抹，等第发过。切以祗奉御试，颇涉不恭，欲乞自今后误多者依少字例落下不考。'并请依所奏施行。"仁宗"从之"。[①]仁宗庆历四年(1044)宋祁(998—1061)等详定贡举新制云："三点当一抹，降一等。涂、注、乙字，并须卷后计数，不得揩洗。每场一卷内涂、注、乙五字已上为一点，十五字以上为一抹。"[②]绍兴五年所颁布的《绍兴重修贡举令》云："诸举人试卷，犯点、抹者，五点当一抹，五抹降为下。"[③]

由以上可见，宋朝诗赋出题与答卷的清规戒律甚多，可以说是动辄得咎。虽然正如杨察(1101—1056)所说"诗赋声病易考"[④]，又如蔡襄(1012—1067)所说"点抹细碎，条约纤悉，有司奉之，便于考校"[⑤]，但是这在形式上对举人的思想则是一个极大的束缚，不利于造就和选拔经世致用之才。正如范仲淹(989—1052)所说："既声病所拘，意思不远。或音韵中一字有差，虽生平辛苦，即时摈逐；如音韵不失，虽末学浅近，俯拾科级。"[⑥]也正如司马光(1019—1086)所说："至于以赋、诗、论、策试进士，及其末流，专用律赋格诗取舍过落。擿其落韵、失平侧、偏枯不对、蜂腰鹤膝，以进退天下士。不问其贤不肖，虽顽如跖、蹻，苟程试合格，不废高第；行如渊、骞，程试不合格，不免黜落，老死衡茅。是致举人专尚辞华，不根道德，涉猎钞节，怀挟剿剽，以取科名。诘之以圣人之道，未必皆知。其中或游处放荡，容止轻儇，言行丑恶，靡所不至者，不能无之。其为弊亦极矣！"[⑦]

在现存宋人文集中，也保存有一些省试赋和殿试赋。仁宗天圣八年(1030)，欧阳修(1007—1072)进士及第，为省试第一名(省元)。现将其《省试司空掌舆地图赋》抄录如下，以供参考。文中的黑体字，即该赋所限定的官韵。《欧阳修全集》卷五九载：

省试司空掌舆地图赋　平土之职图掌舆地

率土虽广，披图可明，命乃司空之职，掌夫舆地之名。奉水土以勤修，慎司无旷；览山川而尽载，按牒惟精。所以专一官而克谨，辨九区而底**平**者也。伊昔令王，尊临下**土**。以谓绵宇非一，不可以周览；众职异守，俾从于各主。

① 《宋会要辑稿·选举》三之二〇《贡举杂录》。
② 《宋会要辑稿·选举》三之二六《贡举杂录》。
③ 《礼部韵略》附《贡举条式》。
④ 《长编》卷一五五，庆历五年三月己卯。
⑤ 蔡襄：《端明集》卷二三《论改科场条制疏》。
⑥ 《范仲淹全集·范文正公政府奏议》卷上《答手诏条陈十事》。
⑦ 《温国文正司马公文集》卷五二《起请科场札子》。

故我因地理之察，宜建冬官而法古。将使如指诸掌，括乎地以无遗；皆聚此书，著之图而可睹。险固咸在，方隅异宜，分形胜以昭若，庶指陈而辨**之**。度地居民，即修官而有旧；辨方正位，俾披文而可知。其或作屏建亲，命侯封国，小大有民社之制，远迩异封圻之式。非图无以辨乎数，非官无以奉其**职**。主于空土，既险阻之尽明；别尔封疆，志广轮而可识。诚由据函夏之至要，赞大君之永**图**。上以体国而经野，下以建邦而设都。参古号于周官，各司其局；辨群方于禹迹，无得而逾。是何标区域以并分，限华夷而靡爽。域中所以张乎大，天下无以逾其广。亦犹五土异物，必辨于司徒之官；九州有宜，乃命乎职方之**掌**。用能三壤咸则，四民奠居，穷人迹于遐域，包坤载于方**舆**。且异夫充国论兵，但模方略之状；酇侯创业，惟收图籍之余。彼《夏贡》纪乎州名，《汉史》标乎地志。虽前策之并载，在设官而未备，曷若我谨三公于汉仪，专掌图于舆**地**。

王铚《默记》卷中云：

晏元献以前两府作御史中丞，知贡举，出《司空掌舆地之图赋》。既而，举人上请者皆不契元献之意。最后，一目眊瘦弱少年独至帘前，上请云："据赋题，出《周礼·司空》郑康成注，云：'如今之司空，掌舆地图也；若周司空，不止掌舆地之图而已。'若如郑说'今司空掌舆地之图也'，汉司空也。不知做周司空与汉司空也？"元献微应曰："今一场中，唯贤一人识题，正谓汉司空也。"盖意欲举人自理会得寓意于此。少年举人，乃欧阳公也，是榜为省元。

《司空掌舆地之图赋》出自《周礼·司空》郑康成注。欧阳修就是凭借此赋夺得天圣八年省元(省试第一人)的。

在现存宋人文集中，保存的省题诗甚少。仁宗天圣五年(1027)省试《蒲车诗》，文彦博(1006—1097)《潞公文集》卷三载其《省试蒲车诗》云：

汉祀精禋洁，云亭禅礼殊。金泥伸秘检，车毂尚编蒲。
越席侔前制，文茵愧后涂。软轮同致美，规地用难符。
翠[illegible]芳蕤集，华芝秀彩敷。升中仪矩盛，备物壮皇图。

此诗题出自《史记》卷二十八《封禅书》。

嘉祐四年(1059)二月二十八日，殿试出《尧舜性仁赋》、《求遗书于天下诗》、《易简得天下之理论》题。杨杰是榜进士及第，其《无为集》卷五载有《御试求遗书于天下诗》，其诗云：

炎德侔三代，文章叹烬余。千金期重赏，诸郡购遗书。
东鲁藏经出，西秦挟律除。儒生搜简毕，谒者骛轩车。
阙史修兰省，亡诗补石渠。愿观新四部，清禁直明庐。

此诗题出自《汉书》卷十《成帝纪》。格诗、律赋在宋朝贡举中曾经起过重要作用，但传世者甚少，其中佳作更少。大概由于"点抹细碎，条约纤悉"，规矩甚多，又限以时日，应试之文，难有佳作。

三、论策的命题与答卷制度

在宋朝贡举考试中，论、策是应用最多的两种文体。神宗熙宁四年(1071)王安石(1021—1086)改革科举之前，虽然主要是以帖经、墨义取诸科，以诗赋取进士，但进士科的后两场仍然要试论、策。真宗大中祥符元年(1008)正月，开始"兼考策论"①；仁宗庆历四年(1044)三月，范仲淹(989—1052)、宋祁(998—1061)等改革科举，提出"先策，次论，次诗赋，通考为去取"②。但庆历新政失败，又回到"兼考策论"。神宗熙宁三年，进士科殿试废赋论诗三题，改试策一道，成为定制。熙宁四年二月，王安石变法，废明经、诸科，罢帖经、墨义与诗赋，专以经义、论、策试进士。元祐时期及南宋，虽然分经义、诗赋两科取进士，但两科的后两场都是论、策。两科进士分别以经义、诗赋为去取，而以论策定高下。

论策命题范围较广。正如真宗咸平五年(1002)十一月庚申(二十九日)，河阳节度判官清池张知白(？—1028)上疏中所说："进士之学者，经、史、子、集也。有司之取者，诗、赋、策、论也。"③经、史、子、集皆可出题。仁宗宝元元年(1038)正月八日，知制诰李淑亦云："切见近日发解进士，多取别书、小说、古人文集，或移合经注以为题目，竞务新奥。"提出："自今应考试进士，须只于国子监有印本书内

---

① 《长编》卷六八，大中祥符元年正月癸未。
② 《长编》卷一四七，庆历四年三月乙亥。
③ 《长编》卷五三，咸平五年十一月庚申。

出题，所贵取士得体，习业有方，稍益时风，不失淳正。如允所请，兼乞编入贡举条贯施行。”仁宗“诏可”。[①]自此，论策亦划定出题范围，“只于国子监有印本书内出题”。庆历四年（1044）三月，范仲淹、宋祁等详定贡举新制，亦提出“诗赋论于九经、诸子、史内出题，其策题即通问历代书史及时务，并不得于偏僻小处文字中（出题）。”[②]哲宗元祐八年（1093）五月二十七日，礼部尚书苏轼（1037—1101）上言：“欲乞诗、赋、论题许于九经、《孝经》、《论语》、子史并九经、《论语》注中杂出，更不避见试举人所治之经。”哲宗“诏从之”。[③]于是，论题亦“许于九经、《孝经》、《论语》、子史并九经、《论语》注中杂出”。

此后，论策出题范围又有一些变化。一是，是否于《老》、《列》、《庄子》出题？哲宗元祐二年（1087）六月十二日指挥：“今后科场程试不得引用《字说》，并许用古今诸儒之说或己见，即不许引用申、韩、释氏之书，考试官不得于《老》、《列》、《庄子》内出题。”[④]这显然是针对王安石贡举改革的。绍圣二年（1095）正月十三日，国子监司业龚原言：“续降敕节文，论题并于子史书出，唯不得于《老》、《列》、《庄子》出题。缘祖宗以来，科场出题，于诸子书并无简择，乞删除前条。”哲宗“从之”。[⑤]又恢复了熙宁、元丰科举之制。钦宗靖康元年（1126年）四月癸未（二十七日），“复诏科举依祖宗法，以诗赋取士，禁用《庄》、《老》及王安石《字说》”。[⑥]《庄》、《老》及王安石《字说》又被禁止出题。孝宗乾道四年（1168）九月壬申（十四日），礼部员外郎李焘（1115—1184）轮对，论科举等事。孝宗曰：“科举之文，不可用《老》、《庄》及佛语。若自修于山林，何害？傥入科场，必坏政事。”[⑦]贡举出题与答卷不可用《老》、《庄》及佛语成为定制。

二是，时务策是否“参以汉唐历史故实为问”？政和二年（1112）三月二十一日，翰林学士蔡嶷（1067—1123）等言：“比岁学者妄相传播，谓学校以史书为禁，士子程文，至于历代世次先后，古人名氏显著者，亦或差舛。乞今后时务策并随事参以汉唐历代故实为问。”[⑧]“奉御笔：经以载道，（文）[史]以纪事，本末该贯，乃称通儒。可依所奏，今后时务策问，并参以历代事实。庶得博习之士，不负宾兴之选。”[⑨]此

① 《宋会要辑稿·选举》三之之一八至一九《贡举杂录》。
② 《宋会要辑稿·选举》三之二五《贡举杂录》。
③ 《宋会要辑稿·选举》三之五四《贡举杂录》。
④ 《长编》卷四〇七，元祐二年十一月庚申。
⑤ 《宋会要辑稿·选举》三之五五《贡举杂录》。
⑥ 《皇宋十朝纲要》卷十九，靖康元年四月癸未。
⑦ 《宋史全文》卷二五，乾道四年九月壬申。
⑧ 《宋会要辑稿·选举》四之八《贡举杂录》。
⑨ 吴曾：《能改斋漫录》卷一二《记事·罢史学》。

后不久又出现了反复。吴曾《能改斋漫录》卷一二《记事·罢史学》载：

> 未几，监察御史兼权殿中侍御史李彦章言："夫《诗》、《书》、《周礼》，三代之故；而史载秦、汉、隋、唐之事。学乎《诗》、《书》、《礼》者，先王之学也；习秦、汉、隋、唐之史者，流俗之学也。今近臣进思之论，不陈尧、舜之道，而建汉、唐之陋；不使士专经，而使习流俗之学，可乎？伏望罢前日之诏，使士一意于先王之学，而不流于世俗之习，天下幸甚。"奉御笔："'经以载道，史以纪事。本末该贯，乃为通儒。'今再思之，纪事之史，士所当学，非上之所以教也。况诗赋之家，皆在乎史。今罢黜诗赋，而使士兼习，则士不得专心先王之学，流于俗好，恐非先帝以经术造士之志。可依前奏，前降指挥，更不施行。"

南宋时，论策不但于汉唐等史可以出题，而且三国、六朝、五代等诸史也可以出题。《宋会要辑稿·选举》五之七至八《贡举杂录》载：

> 淳熙十二年(1185)十月二日，太学博士倪思言："窃见近日学校科举之弊，悉在士子视史学为轻。夫所谓史者，岂独汉唐而已哉！而今之论史，独有取于汉唐，至若三国、六朝、五代，则以为非盛世事，鄙之而耻谈。然其进退之得失，守御之当否，筹策之疏密，计虑之工拙，与夫兵民区处之方，形势成败之迹，前事之失，后事之戒，不为无补，皆学者所宜讲究者也。近者有司稍知其弊，命题之际，颇出史传，然犹有所拘忌；而又场屋考校，专以经义、诗赋定得失，而以论策为缓。乞申敕考官，课试命题杂出诸史，无所拘忌，而于去取之际，稍以论策为重，庶几士子博古通今，皆为有用之学。"从之。

宋室南渡，偏安一隅，难以与汉唐相比，更应该从三国、六朝、五代汲取经验教训，所以从倪思(1147—1220)之请，"课试命题杂出诸史，无所拘忌，而于去取之际，稍以论策为重"。

三是，是否可以用"本朝故事"发为策问？淳熙十四年(1187)二月三十日，翰林学士知制诰洪迈(1123—1202)、权刑部尚书葛邲、右谏议大夫陈贾言："……仰惟祖宗事实，载在国史，稽诸法令，不许私自传习。而举子左掠右取，不过采诸传记杂说，以为场屋之备，牵强引用，类多讹舛，不择重轻，虽非所当言，亦无忌避。其所自称者，又悉变'愚'为'吾'。或于叙述时事，继以'吾尝闻之'、'吾以谓'等语。其间得占前列，皆尘睿览。臣子之谊，尤非所宜。”洪迈等“乞以此章下国子监并诸州学官，揭示士人……其妄论祖宗与夫支离怪僻者，严加黜落。”孝宗“从之”。[①]答策不许用“祖宗事实”，似乎太过，而且也不大可能，于是次年又有臣僚上言，予以纠正。《宋会要辑稿·选举》五之一一至一二《贡举杂录》载：

> 淳熙十五年十一月十八日，国子祭酒何澹言：“去岁春闱，有司申请，今后程文不许用祖宗故事。臣窃以为未然。祖宗盛德大业，见于二百年之间。制度典章，上追三代，下陋汉唐。设使士子平日不能究讲，则异时从政，沿革废置有所不知，动必乖谬。乞今后士子答策许用祖宗故事，其馀或引证谬误者，不许收使。”
>
> 既而又臣僚奏：“去岁省试之后，臣僚奏请举子程文引用祖宗事实，类多讹舛，不择轻重，乞下国子监并诸州学官，揭示士人，一洗前弊。窃缘有司之所请，不过欲令士子考究其实，无至讹舛而已，即非禁其程试之文悉不得用祖宗故事也。而中外士人，转相传播。且谓自今场屋之文，凡用本朝典故者必加黜落，往往士气为之少沮，文体为之少弱。若考官命题，问及时务，使士子不得用本朝故事，则将何辞以对乎？臣尝记绍兴二十七年廷试，御题专问遵守祖宗法度，(若)[莫]不用本朝故事者。若引证不当、剽窃不实，悉皆黜落；其有切当而精确者，自应收取。庶几士气稍长，文体自振矣。”
>
> 奉诏令礼部一就条具闻奏。本部据国子博士孙逢吉等申，今条具前项事理：“今后命题，杂以政治所关，士子对策，许用祖宗故事显而有据者，若引证讹舛，或辄用野史、杂说，即行黜落。窃恐科举在即，诸路士子未知上件因依，乞下诸路州军遵守施行。”从之。

经过臣僚反复论议，孝宗从礼部闻奏：“士子对策，许用祖宗故事显而有据者，若引证讹舛，或辄用野史、杂说，即行黜落。”最后形成了比较正确的意见。但是，其法仍有未尽者。十三年后，宁宗嘉泰元年(1201)十二月二十四日，臣僚“以省闱利害四事以闻”，其四曰：

> 国朝《正史》与凡《实录》、《会要》等书，崇护惟谨，人间私藏，具有法禁。惟公卿子弟或因父兄得以窃窥，而有力之家冒禁传写。至于寒远士子，何缘

① 《宋会要辑稿·选举》五之一〇《贡举杂录》。

得知？而近时乃取本朝故事，藏匿本末，发为策问。是责寒远之士以素所不见之书，欲其通习，无乃不近人情。乞今后策题如系本朝事实，并须明白指问，不得藏匿本末，庶几草茅寒士不至独为所困。

宁宗“并从之”。[①]“策题如系本朝事实，并须明白指问，不得藏匿本末”，这样，对于“公卿子弟”、“有力之家”与“寒远士子”就公平了。

另外，宋朝论策命题与答卷还有一些禁忌。如淳熙十四年(1187)五月九日，右谏议大夫陈贾言：“近者充员典举，备阅诸路赋题，其间有一时发策，莫非边防急切之务，流传所至，为害甚大。乞自今内外场屋，凡事涉边防利害机密，不许发为问目，严立法禁止，遵令依旧式泛问古今，诚非小补。伏见今来约束，除经义、诗赋许印行外，其馀策论并令禁止。所有论卷，自来不涉时事，乞许赐颁行。”孝宗“从之”。[②]南宋与金对峙，“事涉边防利害机密，不许发为问目”，是有一定道理的。

关于论策的出题式，未见记载。《礼部韵略》附《贡举条式》载有绍兴五年(1135)颁布的《绍兴重修通用贡举式》，其中载有论、策的试卷书写格式，现移录如下：

第二场

奉

试某论　具所试题

限五百字以上

论曰：云云。谨论。

第三场

奉

试策三道

第一道

对：云云。谨对。

第二道

对：云云。谨对。

第三道

对：云云。谨对。

---

① 《宋会要辑稿·选举》五之二四至二五《贡举杂录》。

② 《宋会要辑稿·选举》五之一一《贡举杂录》。

《礼部韵略》附《贡举条式》所载绍兴五年(1135)颁布的《绍兴重修御试贡举式》，其中载有殿试策卷的书写格式，现亦移录如下：

书卷式

奉

御试策一道

限一千字以上。特奏名则云七百字。武举及宗室非袒免亲取应，则云五百字。

臣对：云云。臣谨对。

涂、注、乙共计若干字。

另外，论策答卷也有"不考式"和"点"、"抹"等要求。仁宗庆历四年(1044)宋祁(998—1061)等详定贡举新制，其中"策论诗赋不考式十五条"中，就有"策一道内少五[十]字"、"论诗赋不识题"、"策论诗赋文理纰缪"、"不写官题"、"用庙讳、御名"、"论少五十字"等六条与论策答卷有关。①高宗绍兴五年(1135)颁布的《绍兴重修通用贡举式》对不考式又做了更为详细的规定。其"试卷犯不考"二十一条中就有十条与论策答卷有关，现列举如下：

犯名讳。谓于式应避者，即笔误而义非者不为犯。

文理纰缪。全无文理，即为纰缪。

诗、赋、论不识题。

策、义不应所问，而别指事。略应所问而全指别事同。即已解问意而广为证说者非。

漏写官题。谓全漏官题者。如止少字及有误，依脱字例。

策、义写问目或不写道数及不依次。谓先第二、后第一之类。即字误而文依次者非。

论题全漏写"限五百字以上"。如止少字，依脱字例。

论少五十字。

卷内切注及书名。

试卷不写"奉试"及"对"或"谨对"，"论曰"或"谨论"及涂、注、乙若干并"无涂、注、乙字"。②

① 《宋会要辑稿·选举》三之二六《贡举杂录》。

② 《礼部韵略》附《贡举条式》。

试卷犯不考，“但一事不考，馀皆不考”。徽宗建中靖国元年（1101）二月十二日，礼部言：“周杞陈乞男无逸于元符三年秋赴郓州应进士举，准试院榜示称，考中优等，于第三道策漏‘谨对’二字，驳放。诣本部披陈，乞依脱字例发解。本部看详：举人试卷既已立定式目，自合一体，若有不依式书写，即恐暗作弊幸，最是紧切关防去处，与不干式样处脱误一二字事体不同。虽已引用前项朝旨告示施行外，窃虑向去诸路州军等处，亦有似此疑惑，今欲乞申明行下。”徽宗“从之”。①贡举试策答卷，试卷不写“奉试”及“对”或“谨对”，为犯不考式，所以周无逸解试第三道策漏写“谨对”二字，即被驳放，无可通融。

还有，仁宗庆历四年宋祁（998—1061）等详定贡举新制，“抹式十二条”中有“误用事”、“连脱三字”、“误写官题，须是文理无失但笔误者非”、“策一道内全用古今人文字十句以上”、“策一道内全用经书子史语五十字以上”、“对策以他辞装，或首尾与题意不相类”等六条，“点式四条”中有“错用字”一条，②与论策答卷有关。南宋高宗绍兴五年（1135）颁布的《绍兴重修通用贡举式》对“试卷犯点抹”又做了更为详细的规定。其“抹式”二十条中有“文理丛杂”、“文意重叠”、“误用字”、“脱三字”、“文意不与题相类”、“论、策、经义连用本朝人文集十句”、“论少二十字”等七条，“点式”六条中有“错用一字”、“脱一字”、“误一字”、“论少十字”等四条，③与论策答卷有关。其格式要求较之诗赋要简单得多。

论策都是议论文，只是写作方法和内容有所区别。苏轼（1037—1101）云：“试之论，以观其所以是非于古之人；试之策，以观其所以措置于今之世。”④刑部尚书、庆元五年（1199）状元曾从龙等言：“论以观其识，策以观其才。”⑤宁宗嘉定六年（1213）十二月二十九日，臣僚言：“恭惟国家三岁大比，经义考讲学之源流，诗赋观词章之润色，论以见评议古今，策以试潦通时务，真材实能虽非纸上语所能尽得，使其参求互考，详观精择，则胸中抱负大略可见矣。”⑥论策对于政事来说，要比经义、诗赋有用得多。所以现存宋人文集中，保存有不少贡举考试的论策。现先抄录仁宗嘉祐二年（1057）苏轼《省试刑赏忠厚之至论》如下：

① 《宋会要辑稿·选举》四之一《贡举杂录》。
② 《宋会要辑稿·选举》三之二六《贡举杂录》。
③ 《礼部韵略》附《贡举条式》。
④ 《苏轼文集》卷四九《谢梅龙图书》。
⑤ 《宋会要辑稿·选举》六之二一《贡举杂录》。
⑥ 《宋会要辑稿·选举》六之一八《贡举杂录》。

省试刑赏忠厚之至论

苏　轼

论曰：尧、舜、禹、汤、文、武、成、康之际，何其爱民之深，忧民之切，而待天下之以君子长者之道也。有一善，从而赏之，又从而咏歌嗟叹之，所以乐其始而勉其终。有一不善，从而罚之，又从而哀矜惩创之，所以弃其旧而开其新。故其吁俞之声，欢休惨戚，见于虞、夏、商、周之书。成、康既没，穆王立，而周道始衰。然犹命其臣吕侯，而告之以祥刑。其言忧而不伤，威而不怒，慈爱而能断，恻然有哀怜无辜之心，故孔子犹取焉。

《传》曰："赏疑从与，所以广恩也。罚疑从去，所以慎刑也。"当尧之时，皋陶为士，将杀人，皋陶曰"杀之三"，尧曰"宥之三"，故天下畏皋陶执法之坚，而乐尧用刑之宽。四岳曰"鲧可用"，尧曰"不可，鲧方命圮族。"既而曰"试之"。何尧之不听陶之杀人，而从四岳之用鲧也？然则圣人之意，盖亦可见矣。

《书》曰："罪疑惟轻，功疑惟重。与其杀不辜，宁失不经。"呜呼！尽之矣。可以赏，可以无赏，赏之过乎仁；可以罚，可以无罚，罚之过乎义。过乎仁，不失为君子；过乎义，则流而入于忍人。故仁可过也，义不可过也。古者赏不以爵禄，刑不以刀锯。赏以爵禄，是赏之道行于爵禄之所加，而不行于爵禄之所不加也。刑之以刀锯，是刑之威施于刀锯之所及，而不施于刀锯之所不及也。先王知天下之善不胜赏，而爵禄不足以劝也；知天下之恶不胜刑，而刀锯不足以裁也。是故疑则举而归之于仁，以君子长者之道待天下，使天下相率而归于君子长者之道，故曰忠厚之至也。

《诗》曰："君子如祉，乱庶遄已。君子如怒，乱庶遄沮。"夫君子之已乱，岂有异术哉！时其喜怒，而无失乎仁而已矣。《春秋》之义，立法贵严，而责人贵宽。因其褒贬之义，以制赏罚，亦忠厚之至也。谨论。

此论大受是年知贡举欧阳修（1007—1072）、点检试卷官梅尧臣（1002—1060）的赞赏。叶梦得（1077—1148）《石林燕语》卷八云：

苏子瞻自在场屋，笔力豪骋，不能屈折于作赋。省试时，欧阳文忠公锐意欲革文弊，初未之识。梅圣俞作考官，得其《刑赏忠厚之至论》，以为似《孟子》。然中引皋陶曰"杀之三"，尧曰"宥之三"，事不见所据，亟以示文忠，大喜。往取其赋，则已为他考官所落矣，即擢第二。及放榜，圣俞终以前所引为疑，遂以问之。子瞻徐曰："想当然耳，何必须要有出处？"圣俞大骇，然人已无不服其雄俊。

苏轼正是以《刑赏忠厚之至论》为省试第二人，否则险些被黜落。

南宋人魏天应编有《论学绳尺》一书。《四库提要》云："天应此集，其偶传者也。其始尚不拘成格。如苏轼《刑赏忠厚之至论》，自出机杼，未尝屑屑于头项、心腹、腰尾之式。南渡以后，讲求渐密，程式渐严。"①此书收录宋人论三百五十六篇，前有《论诀》一卷，讲解如何破题、原题、讲题、使证及结尾等等，是专供应举人学习参考用的。现抄录南宋林希逸《孝宣厉精为治论》一篇如下：

孝宣厉精为治论

林希逸

论曰：以一人而作新天下，亦运诸此心而已。神乎心之用也，举天下之大，斡旋阖辟，有非智巧之所能，而精神之地，一日用其力焉，则治之功用随之。此其故何也？盖吾心之蕴者为精，而其发者为治。求治于天下，不于其治而于其心，则沉潜于未发之先，激扬于既发之后，风采所至，怠必奋，弛必张，事物条理而政治精明，特吾心一运量之顷尔。

地节、元康之政，汉治更始之日也，帝之精神晦藏亦甚矣。一旦权纲反正，而与斯世更新焉。不致力于其他，而汲汲于此心之用。一念奋而百废兴，帝之所操何其约也。方其韬晦，则精蕴于心；及其奋发，则精见于治。中兴之盛，其可以心外求之乎！孝宣厉精为治，请以是明班固之意。

尝谓治道之精神在于人主，而人主之精神在于一心。含洪停蓄，心之体也；光明发越，心之用也。其虚灵之妙、主宰之神，存诸方寸者虽微，而万化之枢纽、百为之纲纪系焉。帝之所以帝，王之所以王，无非吾心之精者为之也。今夫日月星辰之运行，阴阳寒暑之代谢，人莫不以为天之功，而冥冥之中，乾实主之。大《易》之赞乾，既曰刚健、中正、纯粹矣，而管摄之妙，独归于精之一辞。精也者，其乾道变化之根乎！吁！乾，天也，君也。天以乾运而精之用见于四时，君以心运而精之用见于政治，二者盖同一机括也。宣帝之为君，固未足以语此，而更始一意独得于此心之用，愚于是有取焉尔。

地节以前，帝之于治何如也？弊根之蟠固，蠹冗之浸淫，志气梏于滞固

① 《四库全书总目》卷一八七《论学绳尺》提要。

之深，神采铄于退逊之久，民生疾苦，帝非不知也，而未及问焉；吏治得失，帝非不闻也，而未暇察焉。帝于斯时，韬聪明以自晦，则此心之精者未露也；藏智勇以若怯，则此心之精者未奋也。一旦阴翳剥而阳和舒，洊雷震而群蛰起，一时之政，粲然精芒，如太阿之出匣，人孰不曰：枢机周密，治之键也；品式备具，治之目也。劳来之褒，所以明劝赏之权；副封之撤，所以防壅蔽之渐。初政施行，班班可纪，治之美殆以是基之。

然尝观诸帝之心矣。遣使循问之诏，则曰朕所甚闵；真言箴过之诏，则曰朕所甚惧。想其闵心一萌，而痒痾疾痛真切吾身；惧心一动，而天地鬼神森布左右。其曰念虑之不忘，其曰朕意之未称，无非此心之精所著见者。故听断惟精，见于斋居之决，而内治以兴；饬躬斋精，诏及勤事之吏，而吏治以振。二十余年，田里绝愁叹之声，上下无苟且之意，文学法意咸精其能，中兴之治号为厉精，至今在人耳目，是岂出于帝心之外乎！帝果何以得此哉？人之一心，动则汩，静则精。当其韬晦之明，盖有静定之益；阅历之久，则其见精；容忍之积，则其虑精；帝之所得，愚知其出于是矣。

虽然，心也者合理与气后有是名也。理足以御气，则其用也纯；气得以胜理，则其用也驳。唐虞三代之治，粹而不杂，精而无间，纯乎心之理也。秦汉而下，英君谊辟，时获有为于斯世，而大抵皆以气主之。以帝之精锐，一时之振厉固有余用，而不能充此心之理，以进于传心精一之地，使汉之为汉，仅止于斯，是可慨叹也已。岂惟帝哉！贞观之思治，曰厉精也；开元之政事，亦曰厉精也。于其气而不于其理，视帝盖一辙焉。帝与太宗犹能勉强支持，帅是气以终身，故不尽见其败缺；玄守之晚节，亦馁甚矣。后之厉精为治，其监于兹！谨论。①

此论题出自《汉书·循吏传序》。林希逸于宋理宗端平二年(1235)吴叔告榜进士及第，此论有考官批语云："地位广大，议论纯粹，时文中高作也。"这大概是他省试的试卷。由此也可以窥见南宋所试论的一斑。

策一直是宋朝贡举考试的一项重要内容。策按其内容又分为三种：一是以儒家经典为考试内容的经义策，二是以历代史事为考试内容的子史策，三是以时事政务为考试内容的时务策。三者之中，以后者实用价值最大，在贡举考试中使用得也最多。现存宋人文集中，保存有不少贡举考试的策问及对策，如仁宗天圣

① 魏天应：《论学绳尺》卷一。

八年(1030)省元欧阳修(1007—1072)的《南省试策五道》(《欧阳修全集》卷七一)、高宗绍兴二年(1135)状元张九成(1092—1159)的《状元策一道》(《横浦集》卷一二)、绍兴二十七年状元王十朋(1112—1171)的《御试策》(《梅溪王先生文集》卷一)、光宗绍熙四年(1193)状元陈亮(1143—1194)的《廷对策》(《陈亮集》卷一一)、理宗宝祐元年(1253)状元姚勉(1216—1262)的《癸丑廷对策》(《雪坡集》卷七)、宝祐四年(1256)状元文天祥(1236—1283)的《御试策》(《文山先生全集》卷三)等。这些省试、御试策,短者有二三千字,长者达八九千字。殿试策的字数只有低限,没有高限。而解试、省试策一场要试三道或五道,所以要短得多。现先移录仁宗天圣八年(1030)欧阳修的省试策第五道如下:

南省试策　第五道

欧阳修

问:听德惟聪,前王之至训;嘉言罔伏,举善之令猷。国家守承平之基,御中区之广,地利无极,齿籍益蕃。各有争心,必虞强诈之患;或非良吏,虑兴枉滥之尤。故立肺石以达穷民,设匦函以开言路。而又俾之转对,复彼制科,思广所闻,遂延多士,属兹举首,将列仕途。以何道致民之暴者兴仁,智者无讼;以何术使吏之酷者存恕,贪者守廉?试举所长,用观精识。

对:帝尧之德非不圣也,必乘九功而兴;虞舜之明非不智也,必开四聪之听。大禹之勤求贤士,乃至乎王;汉家之并建豪英,以翼乎治。诚以一人之圣,据群元之尊,王道之浸微浸昌,生民之或仁或鄙,理有未烛,思求其端。是以垂精留神,广览兼听,居以侧迟贤之席,行则弛裹轮之车,施及于方外而弗遗,退托于不明而求辅。其勤若此,犹惧乎弗及也。故今国家所以览照前古,讲求旧规,下明诏以开不讳之门,设匦函以广言者之路,复转对以采缙绅之议,立制策以待隽良之言者,意在兹乎!猥惟梼昧之微,举皆管浅之说。夫欲民之暴者兴仁,智者无讼,在乎设庠序以明教化;欲吏之酷者存恕,贪者守廉,在乎严督责而明科条。为治之方,不过乎是而已。谨对。①

神宗熙宁三年(1070)之后,殿试一直试策一道,限一千字以上。现抄录高宗绍兴二年(1132)状元张九成(1092—1159)的殿试策如下以见一斑:

---

① 《欧阳修全集》卷七一《南省试策五道》。

状元策一道(绍兴二年)

张九成

问:朕承中否之运,获奉大统,六年于兹。顾九庙未还,两宫犹远,夙兴夕惕,靡敢荒宁。悯国步之久艰,悼已事之失策,虚心求治,不惮改图。故详延子大夫于廷,咨以当世之务,冀闻长计以兴大业,将核其言,以收其用。非直循故事,设科举塞人情而已!盖古先辟王,继中微之世,承思治之民,芟夷大患,事半功倍。少康一旅而复有夏,宣王兴衰以隆成周,光武三年而兴汉祚,肃宗再岁而复两京,皆蒙前人之绪,拨乱反正,若此其易也!今赖四方黎献,翊戴眇躬,列圣之泽未远也。朕焦心劳思,不敢爱身以勤民,然屈己以和戎,而强敌内侵;招诱以弭盗,而盗贼犹炽。以食为急,漕运不继而廪乏羡馀;以兵为重,选练未精而军多冗籍。吏员猥并,而失职之士尚众;田莱多荒,而复业之农尚寡。严赃吏之诛,而不能革贪污之俗;优军功之赏,而无以消冒滥之风。方今欲外攘,则不足以靖民,取于民有制,则不足以给车徒之众。为人父而自榷其子,则又何以保民而王哉!朕弗明治道,仍暗事几,凡此数者,常交战于胸中,徒寝而弗寐,当食而叹也。子大夫与国同患难久矣,宜考前世中兴之主,施为次序有切于今者;祖宗传绪累世,其法有可举而行者;平时种学待问,奇谋硕画,本于自得,可以持危扶颠者,其悉意以陈,朕将亲览焉。

臣对:臣闻祸乱之作,将以开圣人也。商道不衰,何以见高宗;四夷不叛,何以见宣王。汉无昌邑之变,则无以启宣帝;唐无宫壶之变,则无以启明皇。是以知君天下者,遇祸逢乱,当以刚大为心,无遽以惊忧自沮。灼知此理,然后可以知天意之所在矣!臣尝历考前古,兴衰拨乱之君,以谓莫善于宪宗,莫不善于文宗。何以言之?宪宗当唐室陵夷之际,藩镇跋扈,主权下移,乃能左顾右盼,慨然起恢复之心。不幸廷臣异议,刺客在朝,京师皇皇,朝不谋夕,惟宪宗当宁发愤,屏声却欲,讨贼之心愈厉。明年平夏,又明年平蜀,又明年平淮、蔡。元和之功,卓然为天下冠,此以刚大为心者也。文宗当昭、愍之后,阉寺执柄,主威不宣,虽能高举远蹈,毅然有扫除之心,不幸委任失当,害及非辜,甘露之祸,言之使人酸楚。岂非文宗遽以泣下沾襟,魂飞气索,自比周赧,又自比汉献,又自谓无与尧舜,又自纵酒以伤其生,悲辛愁苦,不复以朝廷为意,此以惊忧自沮者也!故臣尝断之曰:若宪宗,可谓知天意之所在;若文宗者,又何足与论天意哉!盖祸乱之作,正圣人奋励之时也,何至以惊忧自沮乎?今陛下痛九庙未还,两宫犹远,又悯国步之久艰,悼已事之失策，然深察祸乱之故，是乃皇天所以启至圣也。伏惟陛下谨之重之，以刚大为心，无遽以惊忧自沮，庶几与商高宗、周宣王、汉宣帝等，相揖于千载之上，合皇天所以畀付之意，不胜臣子之愿。然以刚大为心者，要当夙兴夜寐，恶衣菲食，屏远便佞，登崇俊良，好切直之言，戒声色之惑，先定规模，以定大事。臣观古之圣人，将大有施为于天下者，必先默定规模，而后从事。其应也有候，其成也有形，非若顺风扬飒，一求快意，而无所归赴也。商君之法，非良法也，然而规模先定，故能兵雄天下，臣服诸侯；苏秦之术，非善术也，然而规模先定，故能合六姓之异，却强秦之兵。淮阴对高帝，以北举燕、赵，东击齐，南绝楚之粮道，而西会于荥阳，无一不如其言者，规模先定故也。耿弇对光武，以定渔阳，取涿郡，还收富平，而东下齐，无一不如其言者，规模先定故也。伏仰陛下欲迎九庙，归两宫，安国步而康庶事，式扩规模，固已定于圣心，而又元枢捷报，歼厥渠魁，自前世之君观之，固有满假而自大，以速天下之谤者矣。独陛下不然，乃抑谦不居，躬御便殿，亲颁德音，以前世中兴之君为问。至于攘夷狄，弭盗贼，足食练兵，澄冗官，复农业，革贪污而消冒滥，宽民力而给车徒，前世中兴之施为，祖宗传绪之法度，下询于承学之士曰："本于自得，可以持危扶颠者。"此有以知陛下用心之勤也。臣虽智识浅陋，然而仰见规模宏阔深大，辄整冠肃容，再拜稽首曰：猗欤盛哉！有君如此，天下何忧乎！宗庙社稷何忧乎！二圣六宫，暂当淹恤，亦何忧乎！臣学术至空虚也，然忠愤所激，敢不敷陈管见，上裨日月之光。臣谨昧死上愚对。

臣伏读圣策曰："古先辟王，继中微之世，承思治之民，芟夷大患，事半而功倍。少康一旅而复有夏，宣王兴衰以隆成周，光武三年而兴汉祚，肃宗再岁而复两京，皆蒙前人之绪，拨乱反正，若此其易也！"臣有以见陛下规模远大，知所以为中兴之本也。臣闻禹有治水之德，民心怀之，故其有天下也十有七世，历年四百六十有二；少康一旅而复有夏者，祖宗之德在人也。稷有播种之德，民心怀之，故其有天下也三十七世，历年八百有馀；宣王兴衰以隆成周者，祖宗之德在人也。汉高祖有宽仁之德在人，故其有天下也二十一世，而历年至于四百，然则光武三年而兴汉祚者，岂非蒙高祖之德哉！唐太宗有仁义之德在人，故其有天下也二十四世，而历年仅及三百，然则肃宗再岁而复两京者，岂非蒙太宗之德哉！皇宋一祖六宗，英灵在天，功德在民，中兴之运，正归今日，倘能扩此规模，济以兢谨，果何往而不可乎！

伏读圣策曰："今赖四方黎献，翊戴眇躬，列圣之泽未远也。朕焦心劳思，不敢爱身以勤民，然屈己以和戎，而强敌内侵。"臣有以见陛下规模远大，知祖宗之德，士民之归，将乘此时，为两宫、中国雪积年之耻也。臣观金人有易弱之势三：夫好战者劳，失其故俗者弊，人心不服者离，而金人皆与有焉，臣请为陛下历陈之。

始皇并吞六国，可以止矣，恣心快意，复征南越，曾不知骊山之役未成，而二世子婴已被害而就擒矣，此以好战而伤也。隋文帝远平江东，可以止矣，炀帝嗣位，亲驾征辽，曾不知锦帆未过隋渠，而大盗已据其都矣，此亦好战而伤也。金人负其勇锐，自靖国兴兵，越于今三十馀载矣，适国家当此否运，乃敢因势乘便，犯我民人，侵我疆土，夺我两河，又捣我都城，又要我二圣，又入我淮右，践我江浙，转战经年，恃其士马之盛，而不知民力固已殚矣。无平不陂，无往不复。此臣所以言：好战必伤也。

西晋之乱，兵燹侵陵，纷纭于中国，而其豪杰间起为之君长，如刘元海、苻坚、石勒、慕容儁之俦，皆以绝异之资，驱驾一时之贤俊，其强者至有天下大半，宜有以自立，然不过一传再传而已。何也？君臣相戾，上下不安，虽建都邑，立城社，其心岌岌然，常若寄寓于其间，其可恃乎！金人既灭契丹，复陵中国，中国声名文物，洵非遐陬所及，然承平日久，士人或溺词章，小人共安畎亩，怯战斗而恋身家，使金人乐而效之，其亦易弱也。此臣所以言：失其故俗必衰也。

始皇灭韩，张良奋椎击其车；朱泚僭号，段秀实提笏击其额。以今日我士庶，蒿目时艰，固亦有豪杰慷慨之士，欲图之久矣。而又凌辱及于公卿，鞭扑行于殿陛，贵为将相，而不免有臣仆之耻，将见有愤惋郁结，而思变者矣。此臣所以言：人心不服必亡也。

区区一刘豫，欲收中国之心，呜呼愚哉！中国之心，岂易收乎！彼刘豫者，何为者耶？素无勋德，殊乏声称，黠雏经营，有同儿戏，何足虑哉！

然金人虽有易衰之势，而我有必兴之理，不可不讲也。臣观古人所以谋人之国，必有一定之计。越王之取吴，是骄之而已；秦之取六国，是散其从而已；高祖之取项籍，是离间其君臣而已。今越之计、秦之计、高祖之计，宜次第而用之。当先用越王之法骄之，使其侈心肆意，无复忌惮，天其灭之，将见权臣争强，篡夺之祸起矣。臣请备论越王所以取吴之术，惟陛下听之。范蠡曰“卑辞厚礼以骄之”，越王则自称曰“草鄙之人”，自称其国曰“贡献之邑”；范蠡曰“玩好女乐以骄之”，越王则先之以皮币，随之以管龠，使大夫女女于大夫，士女女于士。其称吴为天王者，范蠡使尊之以名也；其请亲为前驱者，范蠡使以身为市也。今日之金人，当损益其法可也。

呜呼！越王含辛茹苦，志在报吴，非笃志之君，其孰能之？以民之不蕃，而兵之不给也，乃下令于国中曰："壮者无娶老妇，老者无娶壮妻。女子十七不嫁，丈夫二十不娶，则罪其父母。生男子也，赐束修一犬；生女子也，赐束修一豚。生三人，公与之母；生二人，公与之饩。支子死，当室者死，则哭泣之，葬埋之，如其子也。"载脂与粱，以食孺子，身耕妻织，以裕国人。国人荷其恩，感其德，愤其土地之狭，而悯其会稽之耻也。于是父兄请战，不许，父兄则又请战，而致其辞曰："越四封之内，其视君也，犹父母也。子而思报父母之仇，臣而思报君之仇，其敢不尽力乎！"及其将行，父勉其子，兄勉其弟，妇勉其夫，曰："孰谓是行也，而可无死乎？"陛下欲报金人，当先结吾民之心可也。

越王之在国也，觞酒豆肉以分左右，饮酒不尽味，听乐不尽声，求以报吴，今陛下有是乎？病者问，死者葬，老其老，长其幼，慈其孤，求以报吴，今陛下有是乎？富者安之，贫者与之，救其不足，裁其有馀，求以报吴，今陛下有是乎？南事楚，西事晋，北事齐，春秋皮币玉帛子女以宾服焉，未尝敢绝，求以报吴，今陛下有是乎？如其有也，天下幸甚；若犹未也，伏愿陛下勉之。

越王归国四年，愤祖宗之仇，思欲一战以快心，范蠡曰："未可也。"五年而吴王信谗喜优，憎辅远弼，又欲乘其间以伐吴，范蠡曰："姑待之。"七年吴王杀申胥，又欲乘其间以伐吴，范蠡曰："姑待之。"七年而吴国稻蚕不遗种，又欲乘其间以伐吴，范蠡曰："姑待之。"今之金人虽有易衰之势三，然而信谗乎？喜优乎？憎辅而远弼乎？曾杀贤如申胥乎？曾有天灾，如稻蚕不遗种者乎？必也俟其天时去，人事失，然后可以图之。越王归国二十年，乃得举兵以遂其志。其举兵也，必智以度天下之众寡，仁以共三军之饥劳，勇以断疑而决大事，又后庸使之审赏，苦成使之审罚，大夫种使之审物，大夫蠡使之审备，大夫皋使之审声。其将行也，则背屏而立，委夫人以内政；背檐而立，委大夫以国政。其至军也，则斩通行赂者。又明日徙舍，则斩不从令者。又明日徙舍，则斩不用命者。又明日徇军，则归无兄弟尽在军者。又明日徇军，则归有昏眊之疾者。又明日徇军，则归筋力不足以胜甲兵、志行不足以听命令者。虽列国之君，不足以为今务，然其禁密如此，亦可喜也，故能一战而败吴于囿，再战而败吴于泓，又战而败吴于郊，夷其城，犁其庭，墟其庙，以雪积年之耻。陛下欲报金人，愿观其用心，而以越王之法用之，不亦可乎！

伏读圣策曰："招诱以弭盗，而盗贼犹炽。"臣有见陛下规模远大，欲先靖中国也。臣闻唐太宗之说曰："民之所以为盗者，由赋繁役重，官吏贪求，饥寒切身，故不暇顾廉耻尔。当去奢从俭，轻徭省赋，使民衣食有馀，则自不为盗。”韩愈之说曰：“刺史不得其官，观察不得其职，财已竭而敛不休，人已穷而赋愈急，其不去而为盗也，亦幸矣。”此皆论良民为赋敛所困，故不得已而为盗尔。今日之事，则又甚于此。其横行于州郡，啸聚于山林者，类皆军兵尔。此曹在太平时，帖首妥尾，惟上之令，不幸中国多故，朝廷权轻，何尔动辄怨怒耶？而一夫倡乱，百夫从之；百夫倡乱，千万人从之。然使吾无间而可入，则朱滔不能起卢龙之卒，而李怀光不能强邠宁之兵。今其所以一呼响应者，其心不服也。其心所以不服者，无乃吾恭俭未至乎？用人未当乎？赏无功而罚无罪乎？昔唐德宗放象豹，出宫人，以恭俭服天下；罢常衮，用崔祐甫，以用人服天下；赏淄青将士，以折其奸谋，杖邵光超，以惩其贪冒，又以赏罚服天下。时李正己持兵十五万，雄视山东，其将士闻德宗所为如此，皆投兵相顾曰：“明天子出矣，吾辈犹反乎？”不特此也，吐蕃恃其强大，以凌中国，非一日积也。德宗即位，使者归告其国主曰：“新天子出宫人，放禽兽，威德英武，洽于中国。”吐蕃大悦，遣使入贡。夫德宗恭俭委任，信赏必罚，行于户庭之间，而强蕃悍卒，自格于千里之外，使其恪守此心，终始不变，则贞观之风，亦不难到，奈何其自败坏也。臣愿陛下笃恭俭，谨用人，明赏罚，以收天下之心。若曰：“我有甲兵，可以诛其不服；我有招降，可以俟其改过。”诚恐去一大盗，其事卒未已也。诚能用臣之说，非特悍卒格心，而蕃戎亦且悔过也。故臣以太宗、韩愈、德宗之事为献。

伏读圣策曰：“以食为急，漕运不继，而廪乏羡馀；以兵为重，选练未精，而军多冗籍。”此有以见陛下规模远大，知兵食之不可不虑也。臣以谓漕运不继，宜选财赋之官；选练未精，宜责将帅之职。唐代宗以国用虚乏，馈饷纷纷，独得一刘晏，斡山海，排商贾，制万物低昂，操天下赢赀，而军用以给，以财赋得其人也。臣愚欲于常赋之外，创置一司，名曰“军兴”，凡关市榷酤，载在有司者，不与其数，独变通有无，权制轻重，使利归公上，敛不及民。出入钱谷，勾检簿书，则付之士类；书符檄，觇低昂，则付之皂吏。明敏精悍如刘晏辈，实司其职，夫何忧漕运之不继乎！马燧之在河东也，驭马厮役，教以骑射，制甲有长短之等，造车为行止之宜，比及二年，得精兵二万，以将帅得其人也。臣愚欲于冗兵之数，创置一军，名曰“精锐”，凡攻卫战斗，功在有司者，不与此选，独招降之兵，擒获之兵，俾弓矢戈矛，随器而使，有能者则书之尺籍，其无能者则驱之屯田，择强力勇毅如马燧辈，实司其职，夫何忧选练之未精也！

伏读圣策曰："吏员猥并，而失职之士尚众；田莱多荒，而复业之农尚寡。"此有以见陛下规模远大，知吏农之不可不虑也。臣以谓吏员猥并，宜行辟举之法；田莱多荒，宜行屯田之法。昔沈既济欲宰臣叙群司，州郡辟僚佐，其意欲无失职之士也。臣愚欲使宰臣精选太守、部使者之职，若群僚，则太守辟举，若监当、若巡尉，则使者辟举，举而不当，重者褫其职，轻者罚其金，吏部、台谏得以纠正之。每辟一员，则具二人以待之，补者既上，则又辟一人以待之，前后相承，虽怠者亦励。夫国家所以设官分职，将惟贤才之求，非为尔衣食之资也。志在衣食，胡不为工乎，为商乎，为农而力田亩乎！胡为在缙绅之列也。夫责之以士人，则朝廷待之亦不可轻。凡太守、监司之赴官也，若内若外，皆陛辞而后行。监司为一辈，郡太守为一辈，当行之日，陛下亲御正殿，借辞色告监司，则曰："一路官吏，实汝之托。"告郡守，则曰："一郡官吏，实汝之托，汝当夙夜以思，宣我所以爱民之意。予有大赉，报汝功，亦有大罚，惩不恪。"庶几贤才并用，则失职非所患也。

昔邓艾欲行陈、颍以东，屯田两淮，得谷五万斛，其意欲得复业之农也。臣愚不敢远引，且以镇江一路论之。屯兵江口，无虑数万人，就以二万人论之，人必有家，家止五人，人日二升，日计二千斛，月计六万斛，则岁百万斛矣。顾此馈运，非由天降，非从地出，皆当取之于民。三吴之间，旱暵仍岁，长淮以北，草莽连云，去岁到今，米斗千馀，今此下民，谁救其迫？而又追需急于星火，箠械酷于秋霜，开元屯田之法，振武屯田之法，不知其可用乎？勋官八品以上，前资七品以上，此建官之法也；土柔则五十亩而一牛，土刚则二十亩而一牛，此耕耨之法也，如是之法，出于开元。募人为十五屯，屯置一百五十人，令各就高为堡，东起振武，转而极西，过云州界中，出入河山之险，八百馀里，寇来不能为害，人得肆耕其中，如是之法，出于振武。臣愿自淮以北，开置屯田，参开元、振武之法，非特足以招复业之农，而军储所资，亦足以宽其忧矣。

伏读圣策曰："严赃吏之诛，而未能革贪污之俗；优军功之赏，而无以消冒滥之风。"此有以见陛下规模远大，欲清流俗而惩侥幸也。昔毛玠为尚书，而士大夫不敢鲜衣美食；杨绾为宰相，而豪贵功臣为之撤乐毁第，减驺御。赃吏贪污，流风远矣。臣愿陛下去声远色，躬俭节用，以励朝廷；朝廷宰相，却苞苴，断货贿，以励猾胥，而惩狡吏，又何患贪污之弗革乎！昔元载、王缙秉政，四方以贿求官者，相踵于门，大者出于载、缙，小者出于卓英倩，皆如所欲而去。代宗欲得士大夫之不阿附者为己用，乃擢李栖筠为御史大夫，事出主意，宰相不知，缗等由是稍绌。臣今欲用此策，以消冒滥可乎！凡大将以功来上，陛下亲据其中一二人，晏见而劳问之，果有功者，优加拔擢，其或言语不伦，事涉诞罔者，痛加惩斥，又何患冒滥之弗消乎！

伏读圣策曰："方今欲外攘，则不足以靖民；取于民有制，则不足以给车徒之众。为人父而榷其子，则又何以保民而王哉?"此有以见陛下规模远大，恤民如是之深也。臣伏读圣问，至此不觉涕泗交颐，仰知陛下仁心如天地之大，而天下弗知也。臣观滨江郡县，为守为令者，类无远图。阳羡、惠山之民，何其被酷之深也！率敛之名，种类闳大，秋苗之外，又有苗头；苗头未已，又行折八；折八未已，又曰大姓；大姓竭矣，又曰湮实；湮实虚矣，又曰均敷；均敷之外，名字未易数也。流离奔窜，益以无聊。前日桑麻沃润，鸡犬相闻，今为狐狸之居，虎豹之宅，苍烟白露，弥望满野。彼所谓守令，独抵几而言曰："与其委之于盗贼，孰若输之于国家。"呜呼！安得此委巷之语乎？堂堂国家，而下比于盗贼，不忠之罪，莫大于此矣！夫节财即生财之道也。今藩方大使，各置使臣，收召亲戚，竭民膏血以市私恩，或曰"准备"，或曰"干办"者，不知其几人也；色目纷纷，难以数举，凡医巫卜祝之流，皆在其选。又诸县添置武尉，尤为无用。见敌则走，小胜则杀贫民以要功，居山则卖私茗，滨海则鬻私醝，未及交付，则已捕之为己功矣。不知平时剥肤椎髓，敛怨招谤，以廪此曹，果何谓哉！臣愿陛下明降诏书，戒饬藩方，罢去武尉，以苏凋瘵，此亦保民之道也。

伏读圣策曰："朕弗明治道，仍暗事几，凡此数者，交战于胸中，徒寝而弗寐，当食而叹。子大夫与国同患难久矣，宜考前世中兴之主，其施为次序有切于今者；祖宗传绪累世，其法有可举而行者；平时种学待问，奇谋硕画，本于自得，可以持危扶颠者，其悉意以陈，朕将亲览。"臣有以见陛下规模远大，谦冲退托，将以追配前王，绍述祖宗，旁搜远取，以尽愚夫之虑也。臣窃谓中兴之主，大抵以刚德为上，是故震伐鬼方者，高宗之刚；有严有翼者，宣王之刚；信赏必罚者，宣帝之刚；赳赳雄断者，光武之刚也。陛下之欲中兴，当以刚德为主，去谗节欲，远佞防奸，此中兴之本也。祖宗传绪之意，大抵以俭德为主。恭闻仁祖服浣衣，寝绝被，力行恭俭，不忍费一毫以伤民力，至今父老言我仁祖，必泣下霑襟。盖俭必仁，仁必能感天下。陛下欲绍祖宗，当以俭德为主，珍奇弗御，玩好弗求，此祖宗之意也。

夫攘夷狄，弭寇盗，足食练兵，澄冗官，复农业，革贪污而消冒滥，宽民力而给车徒者，臣以一言而该之，不过曰"刚"与"俭"而已。然刚俭之德，圣心自明，天下犹未信者，何也？臣窃有说焉。

臣尝读《左氏传》，见吕甥论君子小人情状于秦穆公，何其切至也。其曰："小人慼谓之不免，君子恕以为必归。"又曰："小人曰'秦岂归君'，君子曰'秦必归君'。"又曰："小人曰'必报仇'，君子曰'必报德'。"夫士人所见高远，故其言多恕；小人所见浅狭，故其语易深。善夫孟子有曰："百姓皆以王为爱也，臣固知王之不忍也。"夫百姓以齐王为爱牛，以小人之见，每如此也，然小人满天下，而所谓士人者几何？虽家置一喙，言提其耳，不能胜众多之口也。则人主于食息謦欬之间，其可以弗谨乎？夫文王一饭，武王亦一饭，文王再饭，武王亦再饭，是武王以身试文王之安否也。盖一饭则我力微矣，今吾亲一饭而已，力不其微乎！此其所以可忧也。再饭则我力强矣，今吾亲至于再饭，无乃寿考之期乎，此所以可喜也。夫武王之于文王如此。

若陛下之心，臣得而知之，方当春阳昼敷，行宫别殿，花柳纷纷，想陛下念两宫之在北边，尘沙漠漠，不得共此融和也，其何安乎！盛夏之际，风窗水院，凉气凄清，窃想陛下念两宫之在北边，蛮毡拥蔽，不得共此疏畅也，亦何安乎！澄江泻练，夜桂飘香，陛下享此乐时，必曰："西风凄劲，两宫得无忧乎？"狐裘温暖，兽炭春红，陛下享此乐时，必曰："朔雪袤丈，两宫得无寒乎？"至于陈水陆，饱奇珍，必投筯而起曰："雁粉腥羊，两宫所不便也，食其能下咽乎？"居广厦，处深宫，必抚几而叹曰："穹庐区脱，两宫必难处也，居其能安席乎？"今闾巷之人，皆知有父兄妻子之乐，陛下虽贵为天子，富有四海，以金人之故，使陛下冬不得温，夏不得凊，昏无所于定，晨无所于省，问寝之私，何时可遂乎？在原之急，何时可救乎？日往月来，何时可归乎？每岁时遇物，想惟圣心雷厉，天泪雨流，抚剑长吁，思欲扫清蛮帐，以还二圣之车，此臣心之所以知陛下者如此。

若小民之心则不然，以谓搜揽珍禽，驱驰骏马，道路之言，有若上诬圣德者。此臣所以食不甘味，寝不安席，不量微贱，思为陛下雪之也。深察其言，盖亦有自焉。唐阉人仇士良致仕，其党送归私第，教以固宠之术曰："天子不可令闲，尝当以奢靡娱其耳目，使日新月盛，无暇及他事。"又曰："谨勿使之读书，亲近儒生，彼见前代兴亡，知忧惧，则吾辈疏斥矣。"其党拜谢而去。此术既行，卒使天子昏惑于上，大臣壅蔽于下，兵柄在手，官爵在手，废立在手，至自称曰"定策国老"，而称昭宗曰"门生天子"。呜呼！不臣之态，臣岂忍陈于君父之前。彼私求禽马，动以陛下为名，此臣之所以耻也，又何怪乎小民！陛下欲尊临宸极，泽及寰区，何不反其术而用之，勿为其所陷也。且阉寺闻名，国之不祥也，是以尧舜阍寺，不闻于《典》、《谟》，三王阍寺，不闻于《誓》、《诰》。竖刁闻于齐，而齐乱；伊戾闻于宋，而宋危。今此曹名字，稍稍有闻，此臣所以忧也。

窃惟万乘之尊，深居邃宇，万机之暇，何以为情？贤士大夫，晏见有时矣；宦官子女，安居前后矣。有时者易疏，前后者难间，圣情荏苒，不知其非。不若使之安扫除之役，复门户之私，凡交结往来者有禁，敢与政事者必诛。陛下日御便殿，亲近儒者，讲诗书之指归，论古今之成败，追求典故，历访民情，不在于分文析字，绨章绘句，为书生之学，以取天下之名也。

呜呼！隋炀帝、陈后主岂曰不文，适足以亡国而已，果何补于人主之学欤？臣愿陛下之为学也，见前世道德之主，英明之王，则瞻之仰之，退而自省曰："吾其以此为法乎？"见前世暴虐之主，则震焉沮焉，退而自省曰："吾其以是为戒乎？"读《贤臣传》，默观百僚中有类是者，任之勿疑；读《佞臣传》，默观左右有类是者，诛之无赦。久之不倦，将闻阍寺之言，见便佞之态，如狐狸夜号，而鸱枭昼舞也，则陛下之圣德进矣。

昔唐宪宗卓卓为中兴之主，其必有以也。及观其与宰相论道于延英殿，日旰暑甚，汗透御服，宰相请退，宪宗留之曰："朕入禁中，所与游者，独宫人、宦官尔，故乐与卿等共谈。"为理之要，此其所以兴乎！臣闻鸣鹤在阴，其子和之，陛下勿谓深宫密殿，万事无迹也。然善恶未究，四海已知。历观前史所载，宫闱之谋，床笫之语，想见时君以谓宫中不得而知也，而况外庭乎？外庭不得而知也，而况天下乎？然而皎如日星，不可掩没，卒为天下后世之所嗤笑。呜呼，其亦可畏也哉！故古人有言曰："莫见乎隐，莫显乎微，故君子谨其独也。"谨独之学，其用甚大，陛下不可不知也。古之圣人所以端拱岩廊，而四方万里，日趋于治，天地清明，日星循轨，百谷用成，蛮夷率服，用此道也。

心一不善，足以伤天地之和；心欲悔过，固已同天地之德。古之圣人所以趋众善之门，而得改过之要者，不过听谏一路而已。此臣所学于师，盖以为持颠扶危之术也。舜圣人也，而益戒之以罔游于逸，罔淫于乐；武王亦圣人也，而召公戒之以不矜细行，终累大德。以至禹有善言之拜，汤有改过之称。汉高祖何人也，止能听谏，故能成四百载之大业；唐太宗亦何人也，止能听谏，故能成三百载之洪基。至于商纣杀谏臣，其祚终归于周室；成帝杀谏臣，其祚终移于王氏；明皇杀谏臣，其祚终微于禄山。杀一谏臣，真若无与于治乱也；然乱臣贼子，苛政虐刑，一切不得闻也，不亡何待乎！故臣愿陛下先以谨独为心，后以听谏为意，奖借言路，以旌直士之风，以至远阉寺，亲儒臣，以成就规模之大，此臣所望于陛下也。

草茅贱士，充赋在庭者，志在一第尔，独臣不揆愚贱，妄议国体，负罪于不可赦，可谓愚矣。然臣闻天下之事，宰相能行之，谏官能言之，职不在此，虽抱奇策，拥雄材，无路可进，卒于老死而已。伏惟国家策士之制，上自公卿之子弟，下至山林之匹夫，皆得自竭以罄其所怀。非天子黜陟赏罚之吏，而得议百官之长短；非天子钱谷大农之吏，而得推财赋之多少；非天子帷幄将帅之臣，而得论兵革之强弱。则夫宰相、谏官之事，一旦得以详说而悉数之，而臣何敢无说以处于此。又况晏子一言，而使齐侯省刑；田千秋一言，而使武帝念太子；柳伉一言，而使代宗黜程元振。谁谓皇皇大宋，无其人乎！《皋陶谟》曰："天叙有典。"是父子之间，君臣之际，无非天理也。臣处闺门之内，勉明孝道久矣，今自山林中来，望见陛下，突兀孤忠，卓然发于悃愊，不可遏也，此盖天理自然，无足怪者。臣或志在爵禄，不为陛下一言，臣谁欺，欺天乎！故臣虽进一言，退受斧钺之诛，于司败，不忍欺天，以昧此心也！惟陛下幸赦其愚。臣谨对。①

绍兴二年(1132)三月甲寅(二十三日)，高宗策试诸路类试奏名进士于讲殿，曾谓辅臣曰："朕此举将以作成人才，为异日之用，若其言鲠亮切直，他日必端方不回之士。自崇宁以来，恶人敢言，士气不作，流弊至今，不可不革。"因手诏谕考官，直言者置之高等，尤谄佞者居下列。张九成殿试对策，上言高宗"以刚大为心，无遽以惊忧自沮"。高宗感其言，遂擢为第一，曰："九成对策，虽不甚工，然上自朕躬，下逮百执事之人，无所回避，擢置首选，谁谓不然？"龙图阁直学士致仕杨时(1053—1135)遗九成书亦曰："廷对自更科以来未之有，非刚大之气不为，得丧回屈不能为。"②张九成的《状元策》可以作为宋朝殿试策的代表作。

① 张九成：《横浦集》卷一二《状元策一道》。

② 《系年要录》卷五二，绍兴二年三月甲寅。

中国科举制度通史

宋代卷　下册

国家社会科学基金重点项目

张希清　毛佩琦　李世愉　主编

中国科举制度通史

宋代卷　下册

张希清　著

上海人民出版社

本书编纂委员会

顾　问　王戎笙　傅璇琮　陈高华
　　　　吴宗国　宋德金

主　任　张希清　毛佩琦　李世愉

委　员（按姓氏笔划为序）

毛佩琦　李世愉　李治安
吴志坚　张希清　武玉环
金滢坤　胡　平　都兴智
郭培贵　高福顺

第九章　宋朝贡举试卷考校制度

在贡举考试中，试卷考校是一项重要制度。是否公开、公平、公正地考校应举人的试卷，是能否选拔经国治世之才、笼络士人之心的重要措施。宋朝贡举为此也制定了一系列的制度，举起荦荦大者，一是废“公荐”、罢“公卷”，“一切以程文为去留”；二是创立封弥、誊录制度；三是实行分等考第、多级评定制度。对此，不少学者曾做过不少论述，现谨在前人研究的基础上，试做进一步的叙述与评论。

第一节　废“公荐”、罢“公卷”，“一切以程文为去留”

宋朝贡举凭什么决定应举人的取舍、高下？根据宋朝科举制度发展史的考察，可以看出，宋朝贡举的取舍、高下依据，经历了一个从废“公荐”，到罢“公卷”，再到“一切以程文为去留”的演变过程。

一、“公荐”与“行卷”的行禁

众所周知，汉魏南北朝的察举制度，是一种主要依据推荐而选拔官员的制度。脱胎于察举制度的科举制度，在其初期，亦即隋唐五代及北宋初期，还保留有推荐的残余和遗迹，所谓“公荐”就是一种突出的表现。

唐朝进士科的取舍、高下，一般即由知贡举一人决定，有时会聘请一位交情深厚的朋友作为助手,称为"通榜"。南宋洪迈(1123—1202)《容斋四笔》卷五《韩文公荐士》条云:"唐世科举之柄,专付之主司,仍不糊名,又有交朋之厚者为之助,谓之通榜。"①如德宗贞元十八年(802),权德舆(759—818)知贡举,即请"相视莫逆"的老朋友祠部员外郎陆傪作为通榜。

那么知贡举及其通榜凭什么决定进士科的取舍、高下呢?唐代进士科初只试时务策,高宗调露二年(680)"加试杂文两道,并帖小经"②。至中宗神龙元年(705),最后确定了"先帖经,然后试杂文及策"的三场考试制度。所谓"杂文",起初为箴、铭、论、表之类;玄宗开元年间(713—741),开始或诗、赋居其一,或全用诗赋,到天宝年间(742—756),才开始专用诗赋。帖经、杂文和策的考试成绩,应该是进士科决定取舍、高下的依据。但在隋唐五代及北宋初期,并非尽然。因为当时举人试卷尚未封弥(糊名)、誊录,知贡举的个人好恶及外界的影响也起有很大的作用。正如前引南宋洪迈《容斋四笔》所说:"唐世科举之柄,专付之主司,仍不糊名,又有交朋之厚者为之助,谓之通榜。故其取人也畏于讥议,多公而审;亦或胁于权势,或挠于亲故,或累于子弟,皆常情所不能免者。"③这就是说,进士科的取舍、高下不仅仅取决于应举人的考试成绩,而且台阁近臣的推荐也起有很大的作用。在某种情况下,权臣的推荐甚至可以起到决定性的作用。

正因为公卿大臣的"推荐"对进士科的取舍、高下起有重要作用,所以有唐一代,"行卷"之风十分盛行。在参加贡举考试之前,应举的士人纷纷将自己撰写的诗文做成卷轴,投送至公卿大臣之门,以求其"延誉"、举荐。有关行卷的时间、地点、内容、格式以及行卷时的着装等等,程千帆先生在《唐代进士行卷与文学》中,及傅璇琮先生在《唐代科举与文学》中都有比较详尽的论述,此不复赘。④本文将主要考察北宋初期公荐、行卷与延誉的情况。

(一)太祖、太宗朝"公荐"与"行卷"的行禁

宋初仍然因循唐末五代"故事",实行"公荐"制度,因而"行卷"与"延誉"之风依然盛行。此时进士科取舍、高下的依据仍然有着考试成绩之外的很多因素。但是,不久即开始禁止"公荐"。罗从彦(1072—1135)《豫章文集》卷二《尊尧录》云:

---

①③ 洪迈:《容斋四笔》卷五《韩文公荐士》。

② 封演:《封氏闻见记》卷三《贡举》。

④ 程千帆:《程千帆全集》第八卷《唐代进士行卷与文学》,河北教育出版社2001年版;傅璇琮:《唐代科举与文学》,陕西人民出版社2007年版。

> 国初取士，宗伯之司，旷而未设，但择名臣有闻望于禁掖台省者权典之。太祖尝谓近臣曰："闻及第举人呼有司为恩门，自称门生，见知举官辄拜之。此甚薄俗，非推公取士之道。又缙绅间，多以所知进士致书主司，谓之公荐。朕虑误取虚誉，当悉禁之。"①

《长编》卷四载：

> 乾德元年（建隆四年，963）九月丙子（二十七日），诏："礼部贡举人，自今朝臣不得更发公荐，违者重置其罪。"故事，每岁知举官将赴贡院，台阁近臣得保荐抱文艺者，号曰"公荐"，然去取不能无所私，至是禁止。

宋太祖虽然在北宋开国第四年即下诏禁止"公荐"，但是收效甚微。太祖开宝五年（972），柳开（947—1000）在《河东集》卷七《上窦僖察判书》中说道：

> 今之所谓进士者，天下几百人，凡所能中有司之选者，其道有三：非材，非力，非智，即不得从其列。斯三者，能用其一，皆为取名之良者矣。……于三之中，苟复能参用其二者，即誉之与位，劳不失矣。有能兼是者，由来鲜哉！夫所谓材者，文章也；力者，权势也；智者，朋党也。文章之用，固如金石；权势之要，疾如风雷；朋党之附，密如胶漆。……友朋间凡进于有司者，开常以是言告之，其取名也者，彼于得失也，无能逃脱于此。或三者之中俱无一也，见其来而私惧焉。

这就是说，宋初进士科取舍、高下的依据仍然是：一是文章，即试卷的考试成绩；二是权势，即是否出身于权贵之家；三是台阁近臣的延誉和举荐。事实也正是如此。

宋初，即有大量"世禄之家"凭借权势进士及第，迫使朝廷采取对"食禄之家"进行覆试等措施。《长编》卷九载：

> 开宝元年（968）三月癸巳（十日），权知贡举王祜擢进士合格者十人，陶谷子邴，名在第六。翌日，谷入致谢，上谓左右曰："闻谷不能训子，邴安得登

① 罗从彦：《豫章文集》卷二《尊尧录》。

> 第?”遽命中书覆试，而邴复登第。因下诏曰：“造士之选，匪树私恩，世禄之家，宜敦素业。如闻党与，颇容窃吹，文衡公器，岂宜斯滥！自今举人凡关食禄之家，委礼部具析以闻，当令覆试。”

《宋会要辑稿·选举》三之二《贡举杂录》所载此诏曰：

> 开宝元年三月十日，诏曰：“取士之道，责实为先。今岁辟礼闱，明悬科级，贤良之选，务在得人，世禄之家，尤宜笃学。如闻缙绅之内，朋比相容，论才苟爽于无私，擢第即成于滥进。自今应诸色举人内，有父兄骨肉食禄者，委礼部贡院于奏名之时，别具开析，当议更与覆试，贵于公道，无所屈焉。”

此即《举人父兄骨肉食禄者覆试诏》。其两种文本都说明“缙绅之内，朋比相容”，“如闻党与，颇容窃吹”，造成取士不公，为了防止权贵之家擢第滥进，因而对其采取单独“覆试”的措施。

开宝六年，知贡举翰林学士李昉（925—996）用私情将“材质最陋”的同乡武济川等录取及第，太祖为了“克叶于至公”并亲自掌握取士大权，在省试之上建立了殿试制度。①开宝八年，太祖再次亲试省试合格举人，在诏书中承认：“向者登科名级，多为势家所取，致塞孤寒之路，甚无谓也。”并说：“今朕躬亲临试，以可否进退，尽革畴昔之弊矣。”②

为了防止权势滥进，宋太祖在创立殿试制度的同时，再次下诏严厉禁止“公荐”，并颁布了详细的处罚条例。《宋会要辑稿·选举》三之三《贡举杂录》载：

> 开宝六年四月二日，诏：“……今后凡中外文武官僚荐嘱举人，便即主司密具闻奏，其被荐举人勒还本贯重役，永不得入举场；其发荐之人，必行勘断。犯者，许逐处官吏及诸色人陈告；如得实，应幕职及令录当与升朝官，判司簿尉即与本处令录；其诸色人，赏绢五百匹，以犯事人家财充，不足，以系省绢添支。”

太祖虽然再一次从法律上禁止“公荐”，但实际上并未见严格实行。在史书上，太

① 《长编》卷十四，开宝六年三月辛卯；《宋会要辑稿·选举》七之一《亲试》。

② 《长编》卷十六，开宝八年二月戊辰。

祖、太宗两朝均未见有人因为“荐嘱举人”而受到惩处的记载。

至于广大士人纷纷利用台阁近臣的延誉和举荐以觊觎一第，在北宋初期，更是不亚于唐及五代。现仅以柳开和王禹偁为例，简要谈谈这方面的情况。①

1. 柳开的“行卷”

柳开(947—1000)字仲涂，本名肩愈，字绍先，自号东郊野夫，又号补亡先生，大名(今属河北)人。其父承翰(903—965)，五代至宋初，历任南乐、元城县令，官至监察御史。其叔父承陟(917—972)、承远(924—968)，堂叔父承昫(908—965)，堂兄弟肩吾(942—984)、柳辟(945—982)、柳闵(950—984)，堂侄柳湜、柳灏、柳沆等，皆好学，或进士及第，或曾任州县官。大名柳氏，可谓是一个书香门第和不小的官宦之家。柳开“幼颖异，有胆勇”，“既入学，喜讨论经义”，“慕韩愈、柳宗元为文”②，但是直到二十三岁时，仍未通过贡举的解试。太祖开宝二年(969)八月，知制诰王祜(924—987)出知大名府。王祜是大名府莘县(今属山东)人，曾于乾德四年(966)和开宝元年(968)、八年三知贡举，“多拔擢寒俊，毕士安、柴成务皆其所取也”。③开宝八年状元王嗣宗，“以文谒王祜，颇见优待”④；太平兴国八年进士及第的李建中，“携文游京师，为王祜所延誉”⑤。王祜出知大名府，柳开即先三次将名片呈送给王祜，接着写信请求一见。其《上大名府王学士书》云：

> 开窃自念，幸而不生于夷狄之中，自五岁而读书，以至于此，凡十九年矣。当时便诵执事之文章，与夫圣人之言杂而记之，敢望今日亲逢执事于是邦哉？……开颇有自知其幸也，敢请见焉。执事倘不罪而宽容之，成乎开之大幸矣。开再拜。⑥

王祜很快答应了柳开的请求，接见了他。于是柳开又写了第二封信，表示感谢。

① 关于北宋初期举人行卷的情况，日本学者高津孝在《宋初行卷考》(见所著《科举与诗艺——宋代文学与士人社会》，上海古籍出版社2005年版)，东英寿在《从行卷看北宋初期的古文运动》和《北宋初期的古文家与行卷》(见所著《复古与创新——欧阳修散文与古文复兴》，上海古籍出版社2005年版)等文章中已有比较详细的论述，但他们都主要是从古文运动的角度考察行卷的。另外，祝尚书《论宋初的进士行卷与文学》(载所著《宋代科举与文学考论》，大象出版社2006年版)，也大多是从文学的角度论述的。因此，仍有从贡举制度的角度重新加以考察的必要。

② 《宋史》卷四四〇《柳开传》。

③ 《宋史》卷二六九《王祜传》。

④ 《宋史》卷二八七《王嗣宗传》。

⑤ 《宋史》卷四四一《李建中传》

⑥ 柳开：《河东集》卷五《上大名府王学士书》。

其《上王学士第二书》云：

我国家四海，今治者盖得执事者之在于位也。执事之心，固常在于取士矣。当今取士之道，独有礼部焉。每岁秋八月，士由乡县而举于州郡，由州郡而贡于有司，有司试其艺能，择其行义，得中者，后进名于天子，始得为仕也。然士之虽有贤能，由乡县而得闻于州郡者，由州郡而得闻于有司者，万少其一二矣。……

开行修而人不誉，辞成而众不解，块然独处，出无与交，亦将由乎乡县而举州郡，岂敢遂望贡于有司乎！……幸逢执事之来，故有望于执事矣。是以三投刺而一奉书，先斋沐而后请见焉。执事果不罪而与之进退揖让，俯仰周旋，使得尽其仪焉。执事之若此者，固无失也，盖以接其士而欲求其贤，以致于国也。开之幸者则过矣。何也？本将由乡县州郡而贡有司，苟得贡于有司，而敢遽望于有司之知乎？今者不由乡县州郡，而亟得拜见于执事，执事复加之褒扬之赐，开未知从何而便至于此也，宜何以报执事耳！姑进其言而谢焉。开再拜。①

在上书表示感谢之后不久，柳开即将自己的作品呈送给王祐，并写了第三封信。其《上王学士第三书》云：

开再拜。谨投所业书、序、疏、箴、论一十七篇，纳其后进进谒之礼，非为文也。开始将见于执事之时，欲收拾有所罄其鄙恶，士咸谓开伤于太古，不若择其浅近者以献之。开惧其失也，遂取旧所著文，写以五通。暨乎得见于执事，执事赐之大恩，不罪狂愚，私心复悔，遽拟易之。又虑以疏其次第之仪，时日相悬，不可也，即俟以后，以别有闻。②

《宋史》卷四四〇《柳开传》云："王祐知大名，开以文贽，大蒙激赏。"于是，柳开又写了第四封信，希望"时得容进于门"，今后能够再次晋见。其《上王学士第四书》云：

① 柳开：《河东集》卷五《上王学士第二书》。
② 柳开：《河东集》卷五《上王学士第三书》。

某不度鄙陋，近献旧文五通。书以喻于道也，序以列其志也，疏以刺其事也，箴以约其行也，论以陈其义也。言疏而理简，气质而体卑，用于时不足为有道之资，纳于人不足为君子之观，妄而贡于执事者，自知其过大矣。执事苟不摈斥而时得容进于门，而今而后，益知其幸也。①

柳开向王祐行卷，首先三次呈上名片，然后又连续四次上书，这是按照唐五代以来举子见先达之礼恭敬行事的。北宋王辟之（1031—1097年之后）《渑水燕谈录》卷九云：

国初，袭唐末士风，举子见先达，先投笺刺，谓之“请见”。既与之见，他日再投启事，谓之“谢见”。又数日，再投启事，谓之“温卷”。或先达以书谢，或有称誉，即别裁启事，委曲叙谢，更求一见。当时举子之于先达者，其礼如此之恭。近岁举子不复行此礼，而亦鲜有上官延誉后进者。②

王辟之于英宗治平四年（1067）中进士，《渑水燕谈录》则成书于哲宗绍圣二年（1095）。其所说“近岁”当在其中进士之后，此时已早无贡举意义上的行卷了。但柳开应举时尚在北宋初年，所以犹“袭唐末士风”。其步骤是：（1）“三投刺”；（2）奉书“请见”，即《上大名府王学士书》；（3）再投书“谢见”，即《上王学士第二书》；（4）奉书“行卷”，即《上王学士第三书》；（5）“委曲叙谢，更求一见”，即《上王学士第四书》。

柳开行卷之后，是否在王祐知大名府任上解试合格，未见明确记载。但是，直到太祖开宝五年（972），他仍然接连向观察判官窦偁、翰林学士梁周翰（929—1009）、翰林学士卢多逊（934—985）等行卷，可见他尚未进士及第。开宝四年夏初，柳开曾登于翰林学士卢多逊之门，“直以恶文干于左右”，并请教是否到开封府参加解试。因为，“凡近年举进士者，唯开封解为盛，礼部升而中第者，十居其五，所以天下之士，群来而求荐焉，争先而冀上焉”。卢多逊说：“汝何必须开封解矣？去年李蔚解于郑而成名，有司不遗其材，斯果在于开封乎？汝但效其李蔚耳，无执于内外解也。”于是，柳开“遂西入郑郊，果获首荐”。当年十一月，柳开又向卢多逊上书，一方面向卢多逊报告他在郑州获得解元的消息，并表示感谢说：

---

① 柳开：《河东集》卷五《上王学士第四书》。

② 王辟之：《渑水燕谈录》卷九。

"开是知其进有利于有司矣，岂不尽系于执事乎！"另一方面又请求卢多逊继续提携。他在《上卢学士书》的末尾说：

> 自秦汉已来，有名之士登用于民上者，谁不曰某因某而彰于时，某因某而获于位乎！今由古也，弗可废矣。开虽不敏，愿从事于斯。开受性介僻，与世少合，今虽司贡士执事不当于任，然望赐于执事也，誓心不迁矣。愿出于执事之门下，开实为荣。……荷执事之恩，宜将何报！姑致谢而进斯言焉。开再拜。①

卢多逊曾于乾德三年(965)、五年和开宝四年(971)三知贡举，所以柳开信誓旦旦，即使次年卢多逊不知贡举，也愿意出于他的门下。

开宝五年，扈蒙(915—986)权知贡举，闰二月二日，奏合格进士安守亮等十一人、诸科十七人。柳开不幸落第。但他并不灰心，三天之后，即写信给窦偁请求延誉。他在《上窦偁察判书》中说：

> 后二月五日，开再拜谨奉书于执事：……开本在魏东郊著书，以教门弟子，愿有终焉之志。不幸迩来父兄以家贫令求禄以养生，交朋以时亨，勉趋仕以专道，故束带冠发，编修简策，欲陪士君子之下，有冀望以名焉。退而自度，其己之于时也，正在此常惧者耳。谓其材也，即文章不合于俗尚；谓其力也，即权势下列于民伍；谓其智也，即朋党绝疏于世务。如是求而望得也，可不艰哉？或谓子可从人以访诸，用决其得且失矣。开遂北走，是来愿伏门下，以冀执事之知，进退之间，唯执事之命耳。故以是书，敢为贽业之先容也。开再拜。②

仅仅十二天之后，柳开又上书窦偁。其《上窦偁察判第二书》云：

> 后二月十七日，开再拜言于执事：……其当今之文士才子，虽国家崇异此道，碌碌散满于天下，或有已得名者，或有未得名者。观其徒即繁，求其人即少，若较其杰出者，不过五六人耳。范师回(杲)、李天钧、郭杲之、宋素臣

① 以上引文均见柳开：《河东集》卷八《上卢学士书》。

② 柳开：《河东集》卷七《上窦偁察判书》。

(白)、孙文通、李守之辈,或文或才,皆谓众不能及者也。……其此数子之中,受知其恩于执事之门下者过半矣。……执事苟能固其诚,执其义,有所贤,抱所能者,谁不延颈而望、叠迹而来矣。开非自尊之论,其与此数君子,亦有一日之长可容厕其间矣。敢望执事以一言而见之,以万力而拔举也,不是虚矣,不是二三其求矣。执事之心,果肯若前芳而不弃于材,即开之志不误其此来也。事蹙时迫,辞旨恳切,余其面闻,死罪死罪。开再拜。

窦偁虽然只是一个观察判官,但其兄窦仪(914—966)曾于建隆二年(961)知贡举;乾德四年(966)秋,再知贡举,因是年冬卒而改为王祐。其兄窦俨、侃、偁(925—982),也相继登科。窦偁兄弟五人,"当时号称为窦氏五龙"①。宋白(936—1012)、范杲等均出于窦氏门下,所以柳开一再写信恳求窦氏"以万力而拔举也"。

柳开向窦偁的行卷,似乎未见到什么反应,所以他不久又向右拾遗梁周翰(929—1009)行卷。周翰答书称赞柳开"贤过于韩吏部(愈)",并对他将名字肩愈改为开等问题,提出了质疑。于是,柳开又上书予以解释。其《答梁拾遗改名书》云:

四月十五日,乡贡进士柳开再拜:……去秋(按指开宝四年,971)八月已来,遂有仕进之心以干于世,故得今以所著文投知于门下,实为之举进士矣。窃冀于公者,公以言誉之,公以力振之,同于常辈而是念矣。②

此书上于开宝五年四月十五日。梁周翰"幼好学,十岁能文辞。广顺二年(952),举进士"。入宋,深受宰相范质(911—964)、王溥(922—982)器重,"引为秘书郎、直史馆"。"乾德中,献《拟制》二十篇,擢为右拾遗"。"五代以来,文体卑弱,周翰与高锡、柳开、范杲习尚淳古,齐名友善,当时有'高、梁、柳、范'之称。"③开宝八年(975),又曾同知贡举。周翰著名于官场文坛,在古文方面,与柳开又是同道,所以柳开认为向他行卷是会有效果的。

在经过一番紧张的行卷活动之后,柳开又参加了开宝五年秋天的解试,并有幸得解而参加开宝六年春天的省试。宋初进士科取士名额甚少,开宝六年之前,每榜取士一般只有七、八人,最多也只有十几人,竞争异常激烈。大概因此之故,柳开在得到赞誉的同时,也遭到了某些人的诋毁。为此,开宝六年二月,柳开又

① 《宋史》卷二六三《窦仪传》。
② 柳开:《河东集》卷五《答梁拾遗改名书》。
③ 《宋史》卷四三九《梁周翰传》。

向当年知贡举的翰林学士李昉(925—996)上书。他在《上主司李学士书》中首先写道：

二月日，乡贡进士柳开再拜献书于执事：……自去年(按指开宝五年，972)秋应举，在京师间，士大夫或以恶文见誉者多矣，度明公之所亦甚知也。是以小子行事之间，不复列于此书者，以开所纳文中有《东郊野夫》及《补亡先生》二传，可以观而审之。为人也，誉之声从来既有矣，毁之者果不能无之也。窃听近日嚣嚣成风，兴谤之徒十或一二。誉开斯既君子，毁开者斯必小人，度明公必不以小人之毁而易君子之誉开也。然自有礼部岁贡士来，岁岁群进于有司也。有材者必有誉，有誉者必有成，既而材斯异，誉斯至，成斯见，未有一人既免其小人之群毁也，故明公之所深察者也。

然后，柳开又列举了唐光化二年(899)赵光逢知贡举时，其先祖柳璨应举而遭到毁谤的事例。称赞赵光逢非但不信谤书，反而“始得一书，乃迁其名而进一等”。当年共放进士二十七人，光逢本来对柳璨“将以榜末处之”，因为“前后得谤书二十六通”，遂列柳璨于第二。柳开在上书的最后说：

开虽不敢望踵于先人，而明公岂肯使赵专美也？……苟明公不以二三小人之毁而移听于开，即开之名出于明公门下也。万万敢自贺曰必矣。开再拜。①

虽然柳开在这封信中高谈阔论，旁征博引，煞费苦心，但大概并未能打动李昉。是年三月七日，知贡举李昉奏名新及第进士雍丘宋准等十人、诸科二十八人诣讲武殿谢恩，而柳开则不幸又一次落榜了。

不过，柳开到处频频行卷，最终还是在进士及第中起到了关键作用。《长编》卷十四载：

开宝六年(973)三月辛酉(七日)，新及第进士雍丘宋准等十人、诸科二十八人诣讲武殿谢。上以进士武济川、三传刘浚材质最陋，应对失次，黜去之。济川，翰林学士李昉乡人也。昉时权知贡举，上颇不悦。会进士徐士廉

① 以上引文均见柳开《河东集》卷七《上主司李学士书》。

等击登闻鼓，诉昉用情，取舍非当。上以问翰林学士卢多逊，多逊曰："颇亦闻之。"上乃令贡院籍终场下第者姓名，得三百六十人。

癸酉（十九日），皆召见，择其一百九十五人，并准以下及士廉等，各赐纸札，别试诗赋，命殿中侍御史李莹、左司员外郎侯陟等为考官。

乙亥（二十一日），上御讲武殿亲阅之，得进士二十六人，士廉预焉。……责昉为太常少卿，考官右赞善大夫杨可法等皆坐责。自兹殿试遂为常式。

因知贡举李昉用情取舍、高下不当而太祖亲自主持覆试，重新取进士二十六人，柳开才得以因卢多逊举荐，特赐及第。叶梦得《石林燕语》卷八云：

国朝取士，犹用唐故事，礼部发榜。柳开少学古文，有盛名，而不工为词赋，累举不第。开宝六年，李文正昉知举，被黜下第。徐士廉击鼓自列，诏卢多逊即讲武殿覆试。于是，再取宋准而下二十六人，自是遂为故事。再试自此始。然时开复不预，多逊为言，开英雄之士，不工篆刻，故考较不及。太祖即召对，大悦，遂特赐及第。

由此可知，若非翰林学士卢多逊的鼎力举荐，即使太祖御试，柳开仍然不会进士及第。可见，柳开的《上卢学士书》是起了重要作用的。由此看来，武济川进士及第的依据不仅仅是他的考试成绩，而且还因为（甚至更重要的是）他的老乡李昉是知贡举；同样，柳开进士及第的依据也不仅仅是他的考试成绩，而且还有（甚至更重要的是）翰林学士卢多逊的举荐。

2. 王禹偁的"行卷"与"延誉"

王禹偁（954—1001）与柳开有所不同，他不但因向文坛领袖、宰执大臣行卷而进士及第，而且广泛接受举人的行卷，多方为之延誉和举荐。[①]禹偁字元之，济州巨野（今属山东）人。始为"磨家儿"[②]，即出身于以磨面为生的贫苦人家。自云："家本寒素，宅于澶渊（今河南濮阳）。梁季乱离，举族分散。叔父没于兵而葬雷夏（即雷泽，今山东鄄城西北），伯父没于客而葬博关，太夫人又旅葬于济"[③]，遂

① 本文王禹偁部分的撰写，多得徐规先生《王禹偁事迹著作编年》（中国社会科学出版社1982年版）之益，谨致谢忱。

② 毕仲游：《西台集》卷十六《丞相文简公（毕士安）行状》。

③ 王禹偁：《小畜集》卷十九《送鞠仲谋序》。

为济州人。太祖开宝四年(971),十八岁时,受到济州团练推官毕士安(938—1005)的赏识和礼遇,始逐渐有名。二十岁起,始游学他乡。其间曾经向左拾遗宋白(936—1012)投书行卷。其《投宋拾遗书》云:

十一月二十日,乡贡进士王某谨斋庄沐浴,裁书百拜于拾遗执事:

……顷者,明公之典宋、鲁也,某尝策杖辞亲,揭厉行潦,编文著书,求明公之顾,一接威重。属明公有泰山之祷,某以晨羞阙贡,旅火是逼,不果志业,彷徨而归居鲁西。二年间,贫病相绊,乞衣假食,以给切累。勉强为文,皆有悲愁寒冻之意,不知他人之见者,悯乎?咎乎?周乎?舍乎?但以砚席旧交,变化殆尽,故里眦睚,以为不才。

今年春,始敢囊琴笈文,来诣辇毂,登明公之门以求誉,师明公之道以进身。未知明公按剑而拒之?解榻而延之?向所谓以某为首,则贤于某者不远千里而来矣,其在今日哉!且某辍旨甘之具,为桂玉之费,久留阙下,则身与亲冻馁俱至矣。进之?退之?俟明公命。①

太宗太平兴国五年(980)三月,王禹偁曾经省试合格,“受知春卿,荐以甲科”,但是“廷试失利,前功并遗”。②太祖开宝九年即太宗天平兴国元年(976)十月,太宗即位,宋白被“擢为左拾遗、知兖州(今属山东),岁余召还。泰山有唐玄宗刻铭,白摹本以献,且述承平东人望幸之意”。③王禹偁这封《投宋拾遗书》大概写于太平兴国四年十一月。从投书中可知,早在开宝九年即天平兴国元年,宋白在知兖州(今属山东)时,王禹偁就曾辞亲离家,跋山涉水,编文著书,求见宋白,以便行卷,但由于宋白去祭泰山,自己又缺乏旅费,只好无果而返。太平兴国二年、三年,由于“贫病相绊”,勉强为文,“皆有悲愁寒冻之意”,无法示人。太平兴国四年春天,才将所作诗文编装为卷轴,来到京师,登门行卷,请求宋白延誉,时宋白大概在直史馆、判吏部南曹任上。由于宋白从太宗征北汉及契丹,直到十一月,禹偁似乎尚未得到宋白的答复。大概这封《投宋拾遗书》呈上之后不久,得到宋白的接见,禹偁即参加了太平兴国五年的省试。

此榜省试由文明殿学士程羽(913—984)权知贡举,中书舍人宋白等同知贡

① 王禹偁:《投宋拾遗书》,《宋文选》卷七。

② 王禹偁:《小畜外集》卷十三《送进士郝太冲序》。

③ 《宋史》卷四三九《宋白传》;田锡:《咸平集》卷十五《府解后有诏旨权停贡举因成长句寄太素兼简韩丕茂才》。

举。由于受到宋白的提携，禹偁省试遂以甲科合格奏名，所以他在《送进士郝太冲序》中说："洎予受知春卿，荐以甲科，喧喧我名，雷奋人耳。"但是闰三月殿试时，他却功亏一篑。所以他接着写道："廷试失利，前功并遗。茫茫九衢，尘土相困，愤气一吐，高于虹霓。"不过他并不灰心，所以又接着写道："然我朝甚明，我志俱壮，誓雪前耻，庸何恨哉！"①

太宗太平兴国六年(981)，诏权停贡举。七年秋，照例举行解试。八年正月，命中书舍人宋白权知贡举，知制诰贾黄中、吕蒙正、李至，直史馆王沔、韩丕、宋准，司封员外郎李穆、监察御史李范、秘书丞杨砺等九人同知贡举。王禹偁则为省试合格奏名进士第一人。三月，殿试，禹偁遂乙科进士及第。宋白知贡举与王禹偁为省元之间的背后有何关系，九年之后即太宗淳化三年(992)，王禹偁在《寄献鄜州行军司马宋侍郎》长诗中曾有所透露。《宋史》卷四三九《宋白传》云："白凡三掌贡士，颇致讥议，然所得士如苏易简、王禹偁、胡宿、李宗谔辈，皆其人也。"太平兴国八年，解试、省试、殿试均尚未实行封弥、誊录制度，此前王禹偁多次向宋白行卷，请求延誉和举荐，宋白则是一位往往以个人的好恶决定举人取舍、高下的知贡举，以至因此"颇致讥议"。综合以上种种情况，可以断定，王禹偁的进士及第，与他此前多次向宋白行卷而得到延誉和提携是有密切关系的。也就是说，禹偁的进士及第，不仅仅是依据他的考试成绩，知贡举宋白的延誉和提携无疑也起了重要作用。当然，禹偁的程文也是很出色的。现存有其《省试三杰佐汉孰优论》和《省试四科取士何先论》，可见一斑。另据其《律赋序》有云："禹偁志学之年，秉笔为赋，逮乎策名，不下数百首，鄙其小道，未尝辄留。秋赋春闱，粗有警策，用能首冠多士，声闻于时。然赋罢即为同人掠夺其草，于今莫有存者。"②可知，他的律赋也是"声闻于时"的。

王禹偁科举入仕担任右正言、直史馆之后，尤其是任左司谏、知制诰之后，也有很多举人向他行卷，他也多加奖掖。太宗淳化二年(991)，他在描写当时向他行卷盛况时说：

> 主上躬耕之岁(按端拱元年，988)，仆始自长洲宰被召入见，由大理评事得右正言，分直东观。既岁满，入西掖掌诰，且二年矣。由是今之举进士者，以文相售，岁不下数百人。朝议之余，历览忘息。然有视其命题而罢者，有

① 王禹偁：《小畜外集》卷十三《送进士郝太冲序》。

② 王禹偁：《小畜集》卷二《律赋序》。

> 读数句而倦者，有终一篇而止者。或诗可采，其赋则无有也；或赋可称，其文则无有也。能全之者，百不四五，况宗经树教、著书立言之士乎！①

每年向他行卷者竟有数百人之多！真让他应接不暇。虽然行卷的水平参差不齐，大都不尽如人意，而对其中的佼佼者，如孙何（961—1004）、丁谓（966—1037）等，他还是大加延誉和举荐的。淳化元年冬，孙何再到京城，登门拜见禹偁，告归时，禹偁即赠之以序曰：

> 国家乘五代之末，接千岁之统，创业守文，垂三十载，圣人之化成矣，君子之儒兴矣。然而服勤古道，钻仰经旨，造次颠沛，不违仁义，拳拳然以立言为己任，盖亦鲜矣。富春孙生有是夫！
>
> 先是，余自东观移直凤阁，同舍紫微郎广平宋公尝谓余曰："子知进士孙何者邪？今之擅场而独步者也。"余因征其文，未获。会有以生之编集惠余者，凡数十篇，皆师戴六经，排斥百氏，落落然真韩、柳之徒也。……
>
> 余是以喜识其面，而愿交其心者有日矣。今年冬，生再到阙下，始过吾门，博我新文，且先将以书，犹若寻常贡举人，恂恂然执先后礼，何其待我之薄也？观其气和而壮，辞直而温，与夫向之著述相为表里，则五事之言貌，四教之文行，生实具焉。宜其在布衣为闻人，登仕宦为循吏，立朝为正臣，载笔为良史，司典谟、备顾问，为一代之名儒。过此则非吾所知也，岂止一名一第哉！告归许田，序以为赠，余非多可而易与者也。凡百君子，宜贺圣朝得贤，吾道之不坠尔。②

禹偁在赠序中对孙何给予了极高的评价，不但称赞他"服勤古道，钻仰经旨，造次颠沛，不违仁义，拳拳然以立言为己任"，其文"凡数十篇，皆师戴六经，排斥百氏，落落然真韩、柳之徒也"；而且预期他："宜其在布衣为闻人，登仕宦为循吏，立朝为正臣，载笔为良史，司典谟、备顾问，为一代之名儒。过此则非吾所知也，岂止一名一第哉！"禹偁不但在赠序中对孙何极力赞扬，同时还"夸于同列，荐于宰执间"③。

淳化二年春，丁谓亦再到京师，登门拜见禹偁，告归时，禹偁亦赠之以序曰：

---

① 王禹偁：《小畜集》卷十九《送丁谓序》。
② 王禹偁：《小畜集》卷十九《送孙何序》。
③ 王禹偁：《小畜集》卷二九《孙府君（庸）墓志铭》。

去年得富春生孙何文数十篇，格高意远，大得六经旨趣，仆因声于同列间。或曰："有济阳丁谓者，何之同志也。其文与何不相上下。"仆未之信也。会有以生之文示仆者，视之，则前言不诬矣。是秋，何来访仆，既与之交，又得生之履行甚熟，且渴其惠顾于我也。

今春生果来，益以新文二编，为书以投我。其间有律诗、今体赋文，非向所号进士者能及也。其诗效杜子美，深入其间；其文数章，皆意不常而语不俗，若杂于韩、柳集中，使能文之士读之，不之辨也。由是，两制间咸愿识其面而交其心矣，翰林贾公尤加叹服。是知道之尊人也，岂位也乎哉；学之富人也，岂赀也乎哉！今之不勤于道、不力于学而望人之知者，宜视丁氏子之道何如哉！告归许田，序以为赠。①

禹偁在赠序中对丁谓也给予了极高的评价，称赞"其诗效杜子美（甫），深入其间；其文数章，皆意不常而语不俗，若杂于韩（愈）、柳（宗元）集中，使能文之士读之，不之辨也。由是，两制间咸愿识其面而交其心矣，翰林贾公（黄中）尤加叹服。"同时，也向同僚极力推荐。如当年三月，他即致书故宰相薛居正的养子、左千牛卫大将军、知扬州事薛惟吉，其《荐丁谓与薛太保书》云：

三月一日，左司谏、知制诰王某谨致书于淮海薛侯阁下：……有进士丁谓者，今之巨儒也。其道师于六经，泛于群史，而斥乎诸子；其文类韩、柳，其诗类杜甫，其性孤特，其行介洁，亦三贤之俦也。先君尝为泾原从事，幼而侍行，故参政窦公（偁）抚顶叹异，以女妻之。伟乎窦公，能知人也如是！去年冬，携文百篇，游辇毂下，两制司言之臣，览之振骇，佥谓今之举人，未有出乎其右者。……

惟阁下以名相之子，得大将军官，而能市义礼贤，读书好古，知丁谓者非侯而谁？是以裁书荐才，不远千里。至止之日，幸解榻焉。②

禹偁这封推荐信对丁谓的评价更高，如说他是"今之巨儒"，不但"其文类韩、柳，其诗类杜甫"，而且"其性孤特，其行介洁，亦三贤（按指韩、柳、杜）之俦也"。

王禹偁还赋诗对孙何、丁谓大加赞扬。司马光（1019—1086）《涑水纪闻》卷二载：

① 王禹偁：《小畜集》卷十九《送丁谓序》。
② 王禹偁：《小畜集》卷十八《荐丁谓与薛太保书》。

孙何、丁谓举进士第，未有名。翰林学士王禹偁见其文，大赏之，赠诗云："三百年来文不振，直从韩、柳到孙、丁。如今便好合修史，二子文章似六经。"二人由此诗名大振。

司马光认为此诗赠于孙何、丁谓进士及第之后，恐误。孙何状元及第，丁谓亦中第四名进士，不能说孙、丁及第后仍"未有名"。另外，"三百年来文不振"，《宋史》卷二八三《丁谓传》云："禹偁大惊重之，以为自唐韩愈、柳宗元后，二百年始有此作。"且韩愈生于唐代宗大历三年(768)，孙何生于宋太祖建隆二年(961)，丁谓生于太祖乾德四年(966)，韩愈与孙何、丁谓年龄相差仅二百岁，故"三百年"应为"二百年"之误。不过"二人由此诗名大振"则是确实的。

淳化三年(992)正月，翰林学士苏易简(958—997)权知贡举，翰林学士毕士安(938—1005)、知制诰吕祐之、钱若水(960—1003)、王旦(957—1017)权同知贡举，孙何为省试合格奏名进士第一人。三月殿试，孙何又以进士第一人及第，丁谓亦以进士第四人及第。淳化二年九月，王禹偁因尼道安案被贬为商州(治今陕西商县)团练副使。孙何、丁谓进士及第时，他虽身在贬所，却仍然十分高兴，立即写诗祝贺云：

昨朝邸吏报商山，闻道孙生得状元。
为贺圣朝文物盛，喜于初入紫微垣。①

既然孙何、丁谓进士及第之前，禹偁已经被贬出京城，是榜殿试又已经开始实行糊名考校，禹偁的延誉和举荐是否对孙、丁的及第还有作用呢？回答应该是肯定的。因为既然省试尚未实行封弥(糊名)制度，孙、丁经过禹偁的延誉，早已名声大振，对孙何省试合格奏名第一，即为省元，丁谓亦省试合格奏名，应该是起有重要作用的。柳宗元在谈到唐朝知举官省试阅卷的情况时，曾经分析说：

所谓先声后实者，岂唯兵用之，虽士亦然。若今由州郡抵有司求进士者，岁数百人，咸多为文辞，道今语古，角夸丽，务富厚。有司一朝而受者几千万言，读不能十一，即偃仰疲耗，目眩而不欲视，心废而不欲营，如此而曰吾不能遗士者，伪也。唯声先焉者，读至其文辞，心目必专，以故少不胜。②

① 王禹偁：《小畜集》卷八《闻进士孙何及第因寄》。
② 《柳宗元集》卷二十三《送韦七秀才下第求益友序》。

柳宗元的分析是颇有道理的。至于殿试虽糊名考校，孙、丁仍能高中，说明他们的考试成绩确实也是很优异的。

太祖、太宗两朝的贡举之制，虽然开始禁止“公荐”、创立殿试、设特奏名、唱名赐第及在太宗末年殿试封弥（糊名）考校等，在考试方法方面，实行了一些改革，以便“允叶至公”，“广求俊彦”，巩固和加强赵宋王朝君主专制中央集权的统治，但是“禁公荐”等措施的作用不大，举人行卷、公卿延誉、知举官滥取之风依然盛行，导致“权势争前，而孤寒难进”①，问题十分严重。

（二）真宗朝“公荐”与“行卷”的行禁

太宗至道三年（997年，真宗已即位未改元）九月，为了解决“权势争前，而孤寒难进”的问题，一些臣僚提出了“世禄之家”与“寒畯之士”分别于国子监与州郡考试的建议。如孙何《上真宗请申明太学议》云：

> 国家必欲开孤进之路，辟至公之门，莫若再举令文，复严经术，使寒畯之士，由乡里以升闻，世禄之家，自成均而出仕。太学不得补庶人之子，神州不得贡卿士之门。②

又如，《长编》卷四二至道三年九月壬午载：

> 监察御史王济上疏陈十事，……曰：“贡举不严，则权势争前，而孤寒难进。必欲均之，莫若令皇朝三品及见任文武升朝官子孙、弟侄，荐名于两监，而未升朝官子弟及白屋之士，荐名于州郡，然后升于礼部，第其可否，亦两分之。若然，则权势异途，孤寒自进矣。”③

孙何、王济之所以提出这样的建议，说明当时“权势争前，而孤寒难进”已经达到了十分严重的程度。但是“世禄之家”与“寒畯之士”分别考试的办法并不可行，因而也未得到真宗采纳。真宗继位之后，主要是围绕进士科取舍、高下依据的问题，采取了打击请托、徇私等人为干扰和完备以封弥、誊录为代表的防嫌制度两项措施，并取得了显著成效。

---

①③　《长编》卷四二，至道三年九月壬午。

②　孙何：《上真宗请申明太学议》，《宋朝诸臣奏议》卷七八；《长编》卷四二，至道三年九月壬午。

宋真宗继位之始，即在太宗权停贡举五年之后，重开贡举。咸平元年（998）正月，即命翰林学士、太祖建隆元年（960）即北宋首科状元杨砺（931—999）知贡举，并在接见时语之曰："贡举重任，当务选擢寒俊，精求实艺，以副朕心。"[①]二月三日，又下诏曰：

> 春官取士，抑惟旧章，举而复之，所委甚重，冀从精择，以尽至公。宜令礼部贡院考试毕日，录合格人姓名以闻，当议降敕放榜赐及第。如覆试有谬滥，知举官重行朝典。[②]

要做到"冀从精择，以尽至公"，就需要严禁和打击"嘱请"即宋初的所谓"公荐"。因为如前所述，从太祖乾德元年（963）九月禁止"公荐"之后，台阁近臣若再荐嘱举人，就要"重置其罪"了。[③]景德年间（1004—1007），即"禁公荐"四十余年之后，真宗又一再重申此禁。《宋会要辑稿·选举》三之七《贡举杂录》载：

> 景德元年九月十七日，令御史台谕馆阁台省官，有以简札贡举人姓名嘱请者，即密以闻，当加严断。其隐匿不言，因事彰露，亦当重行朝典。[④]

又如《宋会要辑稿·选举》一九之三至四《试官》载：

> 景德四年十二月二十二日，以翰林学士晁迥等权知贡举。既受命，帝召对，谕以取士之意，务在至公，擢寒俊有艺者。……帝又曰："外言荐嘱举人者，先以姓名达两制词臣。卿等受得，当速还之。入院后，如有简札请求者，并即时以闻。"

令出惟行。真宗也果然对馆阁台省官荐嘱举人、知举官徇私滥取"重行朝典"了。如从咸平元年（998）到景德二年（1005）的短短七年间，真宗即连续办了四起贡举作弊的案件，这是太祖、太宗两朝所没有的。如《宋会要辑稿·选举》一九之三《试官》载：

---

① 《长编》卷四三，咸平元年正月丙寅。
② 《宋会要辑稿·选举》三之六《贡举杂录》。
③ 《长编》卷四，乾德元年九月丙子。
④ 《宋会要辑稿·选举》三之七《贡举杂录》。

咸平元年六月三日，密州发解官鞠傅坐荐送非其人，准法罚铜九斤。诏特停见任，仍令进奏院传报诸路，以戒官吏。

密州发解官鞠傅“荐送非其人”的具体情况不详，但从“诏特停现任”、“传报诸路”来看，其情节应该是颇为严重的。不过，此案通报之后，有的官吏并没有以为鉴戒，仍然顶风犯案。如《宋会要辑稿·选举》一九之三《试官》又载：

咸平元年九月十六日，淄州邹平县令正可象，坐考试举人受钱三万，法当绞。诏贷死，决杖配少府监役；知州、通判各停官。帝曰：“官吏如此，何以柬拔寒俊？”令刑部别定条例以闻。

淄州邹平县的州县官因考试举人受贿而被惩罚，是因为在解试中州县官不是以考试成绩为举人取舍、高下的主要依据，而是以权势与金钱决定举人的取舍、高下。

真宗不但严办州县官解试违法的科场案，而且对省试、殿试中请托、徇私的京朝高官也严惩不贷。如《长编》卷五一载：

咸平五年三月庚戌（十四日），比部员外郎、直史馆洪湛削籍，流儋州。工部尚书兼御史中丞赵昌言、膳部郎中兼侍御史知杂事范正辞并削一任，昌言责授安远行军司马，正辞滁州团练副使。推直官、殿中丞高鼎、主簿王化并削两任，鼎责授蕲州别驾，化黄州参军。

洪湛（963—1003）等受到“削籍，流儋州”等重罚，是因为“临津尉任懿纳贿登第”事发，本来是原来的知贡举王钦若（962—1025）受贿作弊，因为王钦若“出为同知枢密院事，以湛代之。”“湛之入贡院，懿已试第三场毕。”但“钦若方被宠顾”，真宗说：“朕待钦若至厚，钦若欲银，当就朕求之，何苦受举人赂耶？且钦若才登政府，岂可遽令下狱乎？”遂由洪湛代王钦若受过。[①]在这起科场案中，受贿者已经不是州县官，而是两府大臣；科举考试已经不是初级的解试，而是十分关键的省试了。

再如《长编》卷五九载：

---

① 以上引文均见《长编》卷五一，咸平五年三月庚戌。

> 景德二年(1005)四月丁酉(二十日),枢密直学士刘师道责授忠武行军司马,知制诰陈尧咨单州团练副使。
>
> 先是,师道弟几道举进士,礼部奏名,将廷试。近制,悉糊名校等。尧咨为考官,教几道于卷中密为识号。几道擢第,或告其事,诏落籍,永不得预举。上初欲含容,不复穷理其事,而师道固求辨理,诏东上阁门使曹利用、兵部郎中边肃、内侍副都知阎承翰诣御史府杂治之,坐论奏诬罔,与尧咨并及于责。大理寺王湛者,咸平五年登进士第,与几道同,至是,狱词连及,亦削官。

这起科场案则发生在殿试糊名考校中,考试官教礼部奏名进士采取"于试卷中密为识号"的办法作弊而"擢第"。这起科场案涉及的殿试考试官知制诰陈尧咨是真宗咸平三年(1000)的状元,其兄尧叟(961—1017)为仁宗端拱二年(989)的状元,兄尧佐(963—1044)亦于端拱二年进士及第。在宋初,他可以名正言顺地对刘几道进行"公荐",也可以看到几道试卷上的名字,用情录取。而到景德二年,既已"禁公荐",又在殿试、省试中施行了封弥(糊名)制度,他们采取"于试卷中密为识号"的方式而使几道擢第,就是徇私作弊,公然违背了真宗一再重申的"贡举重任,当务选擢寒俊,精求实艺,以副朕心","取士之意,务在至公,擢寒俊有艺者"的宣谕,也就必须"重行朝典"了。不如此,就不能达到"选擢寒俊,精求实艺"、"务在至公"的取士之意。

真宗不但严厉惩处贡举中的徇私作弊,更重要的是建立和完备了以封弥(糊名)、誊录为代表的一整套贡举考试制度。如前所述,殿试的"糊名考校"是太宗末年创立的。《长编》卷三三载:

> 淳化三年(992)三月戊戌(四日),上御崇政殿,覆试合格奏名进士。先是,胡旦、苏易简、王世则、梁颢、陈尧叟皆以所试先成,擢上第,由是士争习浮华,尚敏速,或一刻数诗,或一日十赋。将作监丞莆田陈靖上疏,请糊名考校,以革其弊,上嘉纳之。于是,召两省、三馆文学之士,始令糊名考校,第其优劣,以分等级。

此即殿试"糊名(封弥)考校"之始。所谓封弥(糊名)就是将试卷卷首举人的姓名、年甲、三代、乡贯等密封或去掉,代之以字号,然后再交考试官评定成绩的一种试卷考校的制度。《宋史》卷四二六《陈靖传》记载与《长编》略同,都是说为了革除“士争习浮华，尚敏速”的弊病，而采取的一种制度，其实质则是“选擢寒俊，精求实艺”，“务在至公”。

淳化三年三月殿试之后，直到至道三年（997）三月太宗去世之前，连续五年均“诏权停贡举”。真宗继位后，从咸平元年（998）到咸平三年，则连续三年均开贡举。咸平元年、二年，真宗“以谅阴中”，不御试；咸平三年始御试，继续“封印卷首”即“糊名考校”，从此，殿试糊名考校成为定制。不仅如此，自咸平二年开始，省试也施行了封弥（糊名）制度。《宋会要辑稿·选举》一九之三《试官》载：

> 咸平二年正月十日，以礼部尚书温仲舒等知贡举，刑部员外郎董龟正、太常博士王陟同考试及封印卷首，仍当日入院。

《长编》卷四四咸平二年正月甲子云：“礼部贡院封印卷首，自此始。”这里的“封印卷首”亦即“糊名考校”。

如果说景德二年（1005）之前，贡举制度的改革还是单个性的，那么从景德二年到大中祥符八年（1015）的十年间，贡举制度的改革则是整体性的。其标志即是《考试进士新格》、《诸州发解进士条制》的制定与颁行。

首先是封弥、誊录制度的完备与普遍推行。施行封弥（糊名）制度之后，尚未能完全杜绝试卷考校中的作弊。因为考试官还可以通过辨认笔迹得知试卷出于何人之手。为了堵塞这一漏洞，真宗时还创立了誊录制度，即雇用书吏将举人的试卷用红笔誊录、对读之后，再交给考试官评定等第。《宋会要辑稿·选举》七之九《亲试》载：

> 景德二年五月十三日，帝御崇政殿，试礼部奏名河北举人，内出题《建用皇极赋》、《昭德塞违诗》、《汉文宣二帝政理孰优论》。帝召王钦若等一十一人于内阁糊名考校，分为六等。别录本，去其姓名，召两制、尚书、丞郎、两省、给谏、馆阁官凡三十人，分处殿东、西阁覆考之。帝遣中使宣谕，令尽公平，无得压降等第，令钦若总详之。

“别录本”就是誊录。景德二年五月，即是殿试誊录之始。至于省试誊录制度的施行，《长编》卷八四载：

> 大中祥符八年（1015）正月甲午（十三日），命兵部侍郎、修国史赵安仁知

> 礼部贡举，翰林学士李维、知制诰盛度、刘筠同知。……是岁，始置誊录院，令封弥印官封所试卷付之，集书吏录本，诸司供帐，内侍二人监焉。命京官校对，用两京奉使印讫，复送封印院，始送知举官考校。

据此可知，省试的誊录制度，至迟在大中祥符八年正月已经开始施行，并“始置誊录院”了。

至此，在殿试、省试中已经普遍施行了封弥、誊录制度，这就从制度上有效地禁止了馆阁台省官的荐嘱举人和知举官的徇私滥取。至于解试封弥、誊录的施行，其封弥制度在真宗大中祥符四年(1011)之前即施行于开封府解试，至迟在仁宗明道二年(1033)普遍施行于诸州府军监的解试；誊录制度则最后在仁宗景祐四年(1037)施行于开封府、国子监及诸州府军监的解试。①

关于《考试进士新格》的制定，《宋会要辑稿·选举》三之八《贡举杂录》载：

> 景德四年闰五月十五日，龙图阁待制陈彭年上言，请令有司详定《考校进士诗赋杂文程式》，付礼部贡院遵行。又请许流内选人应宏词拔萃科，明经人投状自荐举策试经义，以劝儒学。诏《贡举考试进士程式》，宜令彭年与待制戚纶、直史馆崔遵度、姜屿议定，徐令彭年各具条制以闻。

经过大约五个月的讨论，翰林学士晁迥(951—1034)等上《考试进士新格》，诏颁行之。《宋会要辑稿·职官》一三之九《贡院》载：

> 景德四年(1007)十月[十二日]，翰林学士晁迥等上《考试进士新格》。诏曰：“甲乙设科，文章取士，眷惟较艺，素有常规。特用申明，聿加刊定，既遵程式，免误学徒。庶敦奖善之怀，以广至公之道。宜令崇文院雕印，送礼部贡院颁行。”

《宋大诏令集目录》卷一七二有《颁考试进士新格诏》，惜有目无文，上述当是此诏或此诏的摘要。关于《考试进士新格》的内容，不得其详。《玉海》卷一一六“晁迥上《考试进士新格》，诏颁行”下注云：“《国史志》：《礼部考试进士敕》一卷，晁迥等

---

① 详见拙作《宋代科举封弥、誊录制度述论》，《科举制的终结与科举学的兴起》，华中师范大学出版社2006年版。

撰。礼部试进士，旧用唐制。景德中，陈彭年始为条目。”据此，《新格》应该有相当丰富而具体的规定，其中关于封弥、誊录的条文当更为详细、更具有可操作性。

为了说明《考试进士新格》的用意，真宗在发布《颁考试进士新格诏》之后，还在贡院门上张贴了“诏榜”。《宋会要辑稿·选举》三之八《贡举杂录》载：

> 景德四年闰五月(?)二十五日，诏榜贡院门曰：“国家儒学斯崇，材能是选。眷惟较艺，务在推公。而近岁有司罔精辨论，尚存请托，有失拟伦。其何以待八方英秀之流，辟四海孤寒之路？虑遗贤俊，深轸予衷。今乡赋咸臻，礼闱方启，俾司文柄，慎择春官，用革弊源，别申条制，靡间单平之选，庶无徼幸之人。咨尔众多，咸体予意。”

诏榜张贴时间原文系于景德三年，但三年无闰月，并据《长编》卷六七景德四年十二月丙辰纪事，应为景德四年。再据诏榜中云“今乡赋咸臻，礼闱方启”，其张榜时间并非“闰五月二十五日”，而应该是“十月十二日”与“十二月二十四”之间，可能是“十月二十五日”，待考。但诏榜受到举人的普遍欢迎则是确实的。《长编》卷六七载：

> 景德四年十二月，先是，上降诏榜下礼部贡院，序所以杜绝私请、搜扬寒秀之意，举人见者咸喜。丙辰(二十四日)，上与王旦等言及之，旦等曰：“昨颁《考较新格》，周行中颇有议论，且言中书不能守科场大体，但疑春官有私。及诏榜出，天下士乃知陛下务尽至公，恐多遗才，故更此条贯也。”

《考试进士新格》是晁迥领衔上奏的，因为他当时是翰林学士，之前曾于景德二年同知贡举，之后又于大中祥符元年(1008)、五年两知贡举，对《考试进士新格》的编修无疑起了重要作用。但是，如上所述，提出编修《考试进士新格》者则是陈彭年(961—1017)，他也曾于大中祥符元年与晁迥同知贡举，在编修《新格》过程中则起到了主要作用。释文莹《玉壶清话》卷五说：

> 陈彭年……除正言，待制于龙图阁。与晁少保迥、戚密学纶条贡举事，尽革旧式，防闲主司，严设糊名、誊录。……凡科场仪范，遂为著格。

另外，《长编》卷六七载：

> 景德四年十月乙巳(十二日),翰林学士晁迥等上《考试进士新格》,诏颁行之。初,陈彭年举进士,轻俊,喜谤主司。宋白知贡举,恶其为人,黜落之,彭年憾焉。于是更定条制,多因白旧事而设关防。所取士不复拣择文行,止较一日之艺,虽杜绝请托,然置甲等者,或非人望,自彭年始也。

而《宋史》卷二八七《陈彭年传》和卷四三九《宋白传》也有类似的记载。如《陈彭年传》云:

> 陈彭年字永年,抚州南城(今属江西)人。……幼好学……年十三,著《皇纲论》万余言,为江右名辈所赏。……师事徐铉为文。太平兴国中,举进士,在场屋间颇有隽名。……然佻薄好嘲咏,颇为宋白所黜,雍熙二年(985)始中第。……与晁迥同知贡举,请令有司详定考试条式。真宗因命彭年与戚纶参定,多革旧制,专务防闲。

可见《考试进士新格》的编修,有着陈彭年与宋白(936—1012)之间的矛盾这一背景。太平兴国五年(980)宋白同知贡举,八年权知贡举,他一再黜落彭年,除了恶其"轻俊,喜谤主司"之外,大概还因为彭年是抚州南城人,而宋白是大名人,当时北方士人与南方士人之间尚有一定的矛盾。宋白黜落彭年的依据不是贡举考试的成绩,而是自己个人的好恶。所以晁迥、陈彭年等编修的《考试进士新格》"多革旧式","严设糊名、誊录","止较一日之艺",即只是依据考试成绩决定举人的取舍、高下,目的即在于"防闲主司","务尽至公"。

另外,大中祥符年间,晁迥、陈彭年等还编修了《诸州发解进士条制》。《宋会要辑稿·选举》一四之二〇《发解》载:

> 大中祥符元年(1008)七月二十八日,内出新定《州郡考试举人格式》,付宰臣等参定,令与《礼部格式》同,方可施行。

于是,"龙图阁直学士陈彭年言:'前所颁《诸路发解条式》,与《礼部新格》不同,虑官吏惑于行用,望申明之。'诏翰林学士晁迥等重加详定。"经过了四年的讨论,到大中祥符四年八月癸未,"迥等上其书,乃颁于诸路。"①其《颁诸州发解进士条制

---

① 《长编》卷七六,大中祥符四年八月癸未。

诏》曰：

比者，有司著式，以定计偕，冀考核之惟精，庶贤才之并进。朕以春官辨等，即置于设科；列郡荐能，始谐于观国。倘循定制，虑或遗材；用广搜罗，俾加裁损。其令礼部颁下诸州。①

此外，大中祥符四年五月二十七日，翰林学士晁迥曾准诏详定《礼部贡院条制》②；大中祥符四年十一月丙子（七日），真宗御崇政殿亲试时，也曾内出新定御试条制。③还有，大中祥符五年四月六日，诏礼部贡院取前后诏敕经久可行者编为条例。④大中祥符八年四月，“诏兵部侍郎赵安仁详定权知贡举起请事件，与陈彭年等编入《贡院条制》。”⑤至此，宋代贡举考试方法方面的各种制度已经趋于完备。《长编》卷八四载：

大中祥符八年三月戊戌（十八日），赵安仁等上礼部合格人数、姓名。上顾谓宰相曰：“今岁举场，似少谤议。安仁等适对，朕亦以此语之矣。”王旦曰：“条式备具，可守而行，至公无私，其实由此。”⑥

科举取士的“至公无私”是由《考试进士新格》、《诸州发解进士条制》等贡举条制作为保证的。正是以封弥、誊录为代表的贡举条制的完备，最后从制度上杜绝了朝臣的“请托”、“荐嘱”和知举官的徇私滥取。

既然“请托”、“荐嘱”在决定进士科的取舍、高下中失去了作用，举人们也就不会再纷纷“行卷”以求延誉和举荐了。正如仁宗宝元元年（1038）进士及第的范镇（1008—1089）《东斋记事》卷三所说：

初，举人居乡，必以文卷投贽先进。自糊名后，其礼浸衰。贾许公为御史中丞，又奏罢公卷，而士子之礼都亡矣。

---

① 《宋会要辑稿·选举》一四之二二《发解》。
② 《宋会要辑稿·选举》三之九《贡举杂录》。
③ 《长编》卷七六，大中祥符四年十一月丙子。
④ 《宋会要辑稿·选举》三之一〇《贡举杂录》。
⑤ 《宋会要辑稿·职官》一三之九《贡院》。
⑥ 《长编》卷七六，大中祥符八年三月戊戌。

事实上,在真宗咸平二年(999)殿试、省试均施行封弥(糊名)制度之后,举人“行卷”与朝臣延誉、举荐就很少了;景德、祥符年间《考试进士新格》、《诸州发解进士条制》颁行之后,“行卷”与延誉、举荐之风则几乎绝迹了。此后即使尚有个别士人“行卷”,也大都不是原来意义上的“行卷”了。

二、“公卷”(“省卷”)的行罢

另外,在唐及五代,举人除向公卿大臣投献所写诗文等作品,即“行卷”以求“公荐”之外,还要向知贡举官投纳所撰诗文,称为“公卷”,亦称“省卷”,以供观其素业,作为进士科取舍、高下的依据之一。

唐代科举投纳公卷始于何时,未见明确记载。元结《次山集》卷十《文编序》云:

> 天宝十二载,漫叟以进士获荐,名在礼部,会有司考校旧文,作《文编》纳于有司。……所为之文,可戒可劝,可安可顺。侍郎杨公见《文编》叹曰:“以上第污元子耳,有司得元子是赖。”……明年,有司于都堂策问群士,叟竟在上第。①

由此可知,到天宝十二载,纳公卷即成为省试的一项规定了。其制为,得解举人“冬集礼部”时,除了纳家状之外,还需要纳公卷。第二年春天省试,公卷成为有司取舍、高下的依据之一。

唐代所纳公卷的内容,开始并未有具体规定。李观《帖经日上侍郎书》云:

> 乡贡进士李观,长跪荐书侍郎座右:……十首之文,去冬之所献也,有《安边书》、《汉祖斩白蛇剑赞》、《报弟书》、《邠宁庆三州飨军记》、《谒文宣王庙碑文》、《文大夫种碑》、《项籍碑》、《请修太学书》、《吊韩弇没胡中文》等作,上不罔古,下不附今,直以意到为辞,辞讫成章。中最逐情者,有《报弟书》一篇,不知侍郎尝览之邪?②

---

① 元结:《次山集》卷十《文编序》。

② 李观:《帖经日上侍郎书》,《全唐文》卷五三三。

李观这封信是省试帖经日写给知贡举的礼部侍郎的，信中所说“去冬之所献”的“十首之文”应该是所纳的公卷。李观（766—794）字元宾，德宗贞元六年（790）、七年，省试接连不利，八年进士登上第。由此可知，德宗贞元年间，公卷有十首之多，其中有书启，有碑文，有记赞，有奏章，有吊文等。

公卷之文，大概诸体兼备，其数量或多多益善。如皮日休《皮子文薮序》云：

咸通丙戌中，日休射策不上第，退归州东别墅，编次其文，复将贡于有司，发箧丛萃，繁如薮泽，因名其书曰《文薮》焉。比见元次山纳《文编》于有司，侍郎杨公浚见《文编》叹曰：“上第污元子耳。”斯文也，不敢希杨公之叹，希当时作者一知耳。赋者古诗之流也，伤前王太佚，作《忧赋》；虑民道难济，作《河桥赋》；念下情不达，作《霍山赋》；悯寒士道壅，作《桃花赋》。离骚者文之菁英者，伤于宏奥，今也不显《离骚》，作《九讽》。文贵穷理，理贵原情，作《十原》。太乐既亡，至音不嗣，作《补周礼》、《九夏歌》。两汉庸儒，贱我《左氏》，作《春秋决疑》。其余碑、铭、赞、颂、论、议、书、序，皆上剥远非，下补近失，非空言也，较其道，可在古人之后矣。古风诗，编之文末，俾视之粗俊于口也，亦由食鱼遇鲭，持肉偶馔。《皮子世录》著之于后，亦《大史公自序》之意也。凡二百篇，为十卷，览者无诮矣。①

咸通丙戌，即是唐懿宗咸通七年（866）；八年，日休登进士第。《文薮》即是他仿元结《文编》而编次的公卷。这份公卷的数量竟有十卷、二百篇之多，其文体亦兼有赋、文、歌、碑、铭、赞、颂、论、议、书、序等，可谓应有尽有。大概公卷数量太多，知贡举无暇遍览，所以晚唐、五代，对所纳公卷的数量作了限制。《唐摭言》卷十二《轻佻》条载：

刘允章侍郎主文年，榜南院曰：“进士纳卷不得过三轴。”刘子振闻之，故纳四十轴。

刘允章知贡举在唐懿宗咸通九年，其所以张榜规定“进士纳卷不得过三轴”，大概与前一榜皮日休纳卷十卷、二百篇有关。刘子振明明知道纳公卷不得过三轴，却故意纳四十轴，可见当时“纳卷繁多”已经蔚然成风，不能自已。

① 皮日休：《皮子文薮》原序。

五代时，对公卷的数量和内容又有进一步的规定。《五代会要》卷二二《进士》条载：

> 其年[后周显德二年(955)]五月，尚书礼部侍郎、知贡举窦仪奏："其进士请今后省卷限纳五卷已上，于中须有诗、赋、论各一卷，余外杂文、歌篇，并许同纳，只不得有神道碑、志文之类。"……从之。

晚唐刘允章规定所纳公卷的上限不得过三轴，窦仪所奏请也应该是公卷的上限，而不应该是下限，即不得过五卷。至于他奏请"于中须有诗、赋、论各一卷"，因为当时进士科的考试内容主要是诗、赋、论，这样才能起到通过公卷以观其素业的作用。

宋初，踵唐及五代之制，解试、省试犹用公卷。沈括(1031—1095)《梦溪笔谈》卷九载：

> 柳开少好任气，大言凌物。应举时，以文章投主司于帘前，凡千轴，载以独轮车。引试日，衣襕自拥车以入，欲以此骇众取名。时张景能文有名，唯袖一书，帘前献之。主司大称赏，擢景优等。时人为之语曰："柳开千轴，不如张景一书。"

柳开太祖开宝六年(973)进士及第，沈括说他应举时以独轮车纳公卷千轴，有点过于夸张，但可以说明宋初科举犹纳公卷。《宋会要辑稿·选举》一四之一七《发解》载：

> 太宗至道三年(997)五月九日……诏依所奏。……仍令都官郎中黄夷简权接省卷、家状，候毕日具奏取旨。

《宋史》卷二九一《王博文传》亦载：

> 王博文，字仲明，曹州济阴人。……博文年十六，善属文，举进士开封府，以回文诗百篇为公卷，人谓之"王回文"。淳化三年(992)，太宗亲试进士，以年少罢归。

王博文生于太祖开宝六年(973)，他十六岁参加开封府解试时，应为太宗端拱元年(988)。如果说《梦溪笔谈》属于笔记小说,并非信史,而《宋会要辑稿》和《宋史》的记载则可以确证宋初公卷制度的施行。

公卷的评定,历来是一个问题。既然行卷可以抄袭他人之作,公卷也可假借他人文字,难以保证就是应举人自己所作,此其一。其二,解试、省试考试官不过数人,入院考校公卷时间有限,而所纳公卷繁多,致使无暇遍览,更不用说详览了。《宋会要辑稿·选举》三之七至八《贡举杂录》载:

> 真宗景德二年(1005)十二月五日,礼部贡院言:"昨详进士所纳公卷,多假借他人文字,或用旧卷装饰,重行书写,或被庸书人易换文本,是致到省无凭考校。请自今并令亲自投纳,仍于试卷上亲书家状。如将来程试与公卷全异,及所试文字与家状书体不同,并驳放之。或多假借他人文字,辨认彰露,即依例扶出,永不得赴举。其知举官亦望先一月差入贡院,考较公卷,分为等第。如事业殊异者,至日更精加试验。所冀抱艺者不失搜罗,躁进者难施伪滥。"从之。①

此应为景德公卷新制。至于所纳公卷的内容和数量,礼部贡院的上奏中没有说明,应该仍依旧制。神宗时,知审官院苏颂(1020—1101)上《议贡举法》曰:

> 旧制,秋赋先纳公卷一副,古律诗赋、文论共五卷。②

其内容与数量与后周显德二年(955)尚书礼部侍郎、知贡举窦仪所奏准者略同。大概北宋初期均依此制。

既然"进士所纳公卷,多假借他人文字,或用旧卷装饰,重行书写,或被庸书人易换文本,是致到省无凭考校",即使令应举人亲自投纳,并于试卷头亲书家状,将来也很难辨别所试文字与家状书体的异同,以及所纳公卷是否假借他人文字,仍然是难以为凭。另外,真宗朝每榜应进士举者约有三千多人,应诸科举者约有一万多人。试想真宗朝三千多应进士举人齐赴省试,而仁宗朝诸科举人减少,应进士举者则增加到四五千人,按公卷一副共五卷计算,省试则约有两万卷之多;此时省试的知贡举、同知贡举为三到四人,而且他们还要负责进士、诸科的

---

① 《长编》卷六一,景德二年十二月己卯亦载此奏,"于试卷上亲书家状"作"于试纸前亲书家状"。苏颂《苏魏公文集》卷十五《议贡举法》作"于试卷头自写家状",据此,"试卷上"似应作"试卷头"。

② 苏颂:《苏魏公文集》卷十五《议贡举法》;《历代名臣奏议》卷一六六,苏颂奏议。

出题等事务，即使先一月差入贡院，又如何能详加考校、分为等第？公卷既无凭考校，又无暇考校，根本难以实现"抱艺者不失搜罗，躁进者难施伪滥"的愿望，行之何用？

从真宗景德二年(1005)到仁宗庆历元年(1041)，近四十年间，未见关于"公卷"施行的记载，其景德公卷新制施行情况如何不得而知。《宋会要辑稿・选举》一五之一一《发解》载：

> 庆历元年八月十一日，权知开封府贾昌朝言："故事，举人秋赋纳公卷。今既糊名、誊录，则公卷但录题目，以防重复，不复观其素业，请罢去。"从之。

《长编》卷一三三亦载：

> 庆历元年八月丁亥(十日)，罢天下举人纳公卷。初，权知开封府贾昌朝言："唐以来，礼部采名誉，观素业，故预投公卷。今有弥封、誊录，一切考诸试篇，则公卷为可罢。"诏从之。

如前面第一节所述，宋代贡举封弥(糊名)制度首先在太宗淳化三年(992)施行于殿试；然后在真宗咸平二年(999)施行于省试，一说省试封弥施行于真宗景德四年(1007)；再然后在真宗大中祥符四年(1011)之前施行于开封府解试，最后至迟在仁宗明道二年(1033)普遍施行于诸州府军监的解试。誊录制度则首先在真宗景德二年(1005)施行于殿试，然后至迟在真宗大中祥符八年(1015)施行于省试，再然后在仁宗景祐四年(1037)施行于开封府、国子监及诸州府军监的解试。①

在宋代的科举考试中，省试是最为关键的一级考试。在真宗咸平二年(999)(至在迟景德四年[1007])省试施行封弥(糊名)制度，以及在真宗大中祥符八年(1015)省试施行誊录制度之后，公卷的意义就不大了。省试不再通过公卷"观其素业"，而是"公卷但录题目，以防重复"，最后"一切考诸试篇"，公卷不再作为进士科取舍、高下的依据之一了。到仁宗明道二年(1033)和景祐四年(1037)在殿试、省试和解试中先后普遍施行封弥(糊名)、誊录制度之后，公卷制度很自然地于庆历元年(1041)被废罢，从此，进士科完全"一切以程文为取舍"了。

---

① 详见拙作《宋代科举封弥、誊录制度述论》，载《科举制的终结与科举学的兴起》，华中师范大学出版社 2006 年版。

三、“一切以程文为去留”的评说

由以上考察可知，隋唐五代及北宋初期，在进士科取舍、高下的依据中，除了应举人的考试成绩之外，“公荐”与“公卷”也起有重要作用。太祖乾德元年(963)，开始“禁公荐”；真宗朝随着封弥(糊名)、誊录制度的创立和普遍施行，“行卷”之风渐息，“公卷”也不再起什么作用；到仁宗庆历元年(1041)，“公卷”亦最终被废罢，应举人的考试成绩成为进士科取舍、高下的唯一依据。正如南宋陆游所说：“本朝进士，初亦如唐制，兼采时望。真庙时，周安惠公起，始建糊名法，一切以程文为去留。”①那么，我们应该如何评价这一历史现象呢？

南宋刘克庄(1187—1269)，在为“累上春官不第”的姚元泰所作的墓志铭中说：

> 呜呼！先行后艺，古也。行艺兼取，汉也。遗行取艺，唐也。坏取士之法，自唐始。然当其时主司得求士，陆贽、权德舆是也。先达得荐士，陆傪、韩愈是也。士得自荐，行卷是也。论定于平素，而一日之工拙不与焉。至本朝，文法益密，主司不敢求，先达不敢荐，士不敢自荐，糊名焉，置棘焉。欧公欲绌刘辉而得刘辉，苏公欲取李廌而失李廌。二公皆文擅当世，眼高四海，而抑扬去取之际如此。然则君之屡摈于春官，无怪也。

姚元泰曾为“福州首荐”，“累上春官不第”，“卒年五十有五”，“平生所欠一第”。②但是，元泰“屡摈于春官”并非因为“主司不敢求，先达不敢荐，士不敢自荐，糊名焉，置棘焉”，而是因为第一，贡举是选拔性考试，宋代应举人太多，取士名额有限，以解试每一百人取一人，省试每十人取一人计算，其登第的比例只有千分之一，而实际比例较此更小，绝大部分应举人肯定要落第；第二，虽然刘克庄说他“天下皆诵君赋，尤工策论”，但恐怕其程文的考试成绩还不够出类拔萃，或者不合乎考试官的标准，所以落第。在这里，刘克庄是从主司“求士”、先达“荐士”、士人“自荐”三个方面评论唐宋时期取士之法演变的，下面我们就从这三个方面加以考察。

---

① 陆游：《老学庵笔记》卷五。

② 刘克庄：《后村先生大全集》卷一四九《姚元泰墓志铭》。

首先，关于主司“求士”。前引南宋洪迈(1123—1202)说：“唐世科举之柄，专付之主司，仍不糊名……故其取人也畏于讥议，多公而审。”但他紧接着又说：“亦或胁于权势，或挠于亲故，或累于子弟，皆常情所不能免者。”①事实上，“取人也畏于讥议，多公而审”只是“主司得求士”的一个次要的方面；而“或胁于权势，或挠于亲故，或累于子弟”则是人之常情，在所难免，因此而造成的取士不公的种种弊端，才是“主司得求士”的主要后果。如唐文宗开成三年(838)高锴知贡举，放裴思谦为状元，就是胁于大宦官仇士良的权势。宋赵德麟《侯鲭录》卷四云：“唐末五代，权臣执政，公然交赂，科第差除，各有等差。故当时语云：‘及第不必读书，作官何须事业。’”以致晚唐奔波科场数十年的杜荀鹤(846—907)发出“空有篇章传海内，更无亲族在朝中”②的浩叹。

宋太祖开宝元年(968)三月十日，《举人父兄骨肉食禄者覆试诏》曰：“如闻缙绅之内，朋比相容，论才苟爽于无私，擢第即成于滥进。”③至道三年(997)九月真宗刚继位时，监察御史王济上疏陈十事曰：“贡举不严，则权势争前，而孤寒难进。”④这些都是由于主司“胁于权势”所致。开宝八年(975)太祖在殿试时曾说：“向者登科名级，多为势家所取，致塞孤寒之路，甚无谓也。今朕躬亲临试，以可否进退，尽革畴昔之弊矣。”⑤其实，即使殿试皇帝也不可能事必躬亲，具体决定举人的取舍、高下。在施行封弥(糊名)、誊录制度之前，难免是主司“求士”，也就难以革除“向者登科名级，多为势家所取，致塞孤寒之路”的弊病。

主司“挠于亲故”者也甚多。前述开宝六年(973)，翰林学士李昉(925—996)知贡举，“用情取舍、高下非当”，武济川因为是其乡人，即被录取。在讲武殿谢恩时，济川等因“材质最陋，应对失次”被黜去。李昉因此被责降为太常少卿。⑥又如宋白(936—1012)，在太宗朝“凡三掌贡士，颇致讥议。……白尝过何承矩家，方陈倡优饮宴。有进士赵庆者，素无行检，游承矩之门，因潜出拜白，求为荐名。及掌贡部，庆遂获荐，人多指以为辞。”⑦再如《长编》卷一〇一载：

天圣元年(1023)十一月己未(二十九日)，降侍御史高弁为太常博士，职

① 洪迈：《容斋四笔》卷五《韩文公荐士》。
② 杜荀鹤：《唐风集》卷二《投从叔补阙》。
③ 《宋会要辑稿·选举》三之二《贡举杂录》。
④ 《长编》卷四二，至道三年九月壬午。
⑤ 《长编》卷十六，开宝八年二月戊辰。
⑥ 《长编》卷十四，开宝六年三月辛酉。
⑦ 《宋史》卷四三九《宋白传》。

方员外郎吴济为都官员外郎，太常丞、直集贤院胥偃为著作佐郎，监察御史王轸为太常博士：监兖州、涟水、光化军、郢州酒税。……初，弁等为开封府发解官，举人讼其考试不公，上……因听止取讼者试卷看详。弁与济、偃乃坐擅拆举人卷首，择有名者居上；轸为封弥官，而不以闻……故有是命。

高弁、吴济、胥偃等开封府解试的考官如此“求士”，恐怕也是“胁于亲故”吧！

至于前述咸平五年(1002)，知贡举王钦若受贿作弊，令任懿登第一案①，较之“胁于亲故”，则更为不堪了。

其次，关于先达“荐士”。固然，如前所述，王禹偁对孙何、丁谓之极力延誉，对科举选拔人才是有一定积极作用的。但是，它与主司“求士”一样，也不能摆脱私情。正如前引太祖尝谓近臣所说：“又缙绅间，多以所知进士致书主司，谓之公荐。朕虑误取虚誉，当悉禁之。”②也正如《长编》卷四乾德元年(963)九月丙子纪事所说：“故事，每岁知举官将赴贡院，台阁近臣得保荐抱文艺者，号曰‘公荐’，然去取不能无所私，至是禁止。”可以说是，号曰“公荐”，实为“私请”。

事实是，虽然也有某些真才实学之士通过主司“求士”和先达“荐士”而科举及第，但这些做法更为势家子弟垄断科举大开方便之门。一般士人无权无势，也大都无由交结权贵，无人推荐，则只能望榜兴叹！这显然是察举制度的残余。正如唐开元时王泠然上宰相张说书所说：

仆窃谓今之得举者，不以亲，则以势；不以贿，则以交；未必能鸣鼓四科，而裹粮三道。其不得举者，无媒无党，有行有才，处卑位之间，仄陋之下，吞声饮气，何足算哉！③

其三，关于士人“自荐”。南宋赵蕃云：“唐室登科士，多因行卷知，至今传不朽，犹或谓能诗。”④南宋王栐又说：“行卷之礼，人自激昂，以求当路之知。其无文无行，乡闾所不齿，亦不敢妄意于科举。”⑤其实，这也是后代人说前代事，只知其一，不知其二。而唐朝人薛登(647—719)就指出：

---

① 《长编》卷五一，咸平五年三月庚戌。
② 罗从彦：《豫章文集》卷二《尊尧录》。
③ 《唐摭言》卷六《公荐》；《全唐文》卷二九四。
④ 赵蕃：《淳熙稿》卷九《送李元藻入浙三首》。
⑤ 王栐：《燕翼诒谋录》卷二。

今之举人，有乖事实，乡议决小人之笔，行修无长者之论。策第喧竞于州府，祈恩不胜于拜伏。或明制才出，试遣搜扬，驱驰府寺之门，出入王公之第。上启陈诗，唯希欬唾之泽；摩顶至足，冀荷提携之恩。故俗号举人，皆称"觅举"。觅为自求之称，未是人知之辞。察其行而度其材，则人品于兹见矣。徇私之心切，则至公之理乖；贪仕之性彰，则廉洁之风薄。①

晚唐的杜荀鹤就是一个四处奔走"觅举"的代表。葛立方《韵语阳秋》卷十八云：

杜荀鹤老而未第，求知己甚切，投裴侍郎云："只望至公将卷读，不求朝士致书论。"投李给事云："相知不相荐，何以自谋身？"投所知云："知己虽然切，春官未必私。宁教读书眼，不有看花期。"投崔尚书云："闭户十年专笔砚，仰天无处认梯媒。"如此等句，几于哀鸣矣。②

北宋初期，举人"自荐"，亦复如此。如宋真宗时，孙何在《上真宗请申明太学议》中也指出："今士子名为乡举，其实自媒，投贽于郡府之门，关节取公卿之第。"③即使南宋人也多有与王栐之说相反者。如宋末元初马端临《文献通考》卷二十九引江陵项安世语曰：

风俗之弊，至唐极矣。王公大人巍然于上，以先达自居，不复求士。天下之士，什什伍伍，戴破帽，骑蹇驴，未到门百步，辄下马奉币刺再拜以谒于典客者，投其所为之文，名之曰求知己。如是而不问，则再如前所为者，名之曰温卷。如是而又不问，则有执贽于马前自赞曰："某人上谒者。"嗟乎！风俗之弊，至此极矣。此不独为士者可鄙，其时之治乱盖可知矣。④

项安世（？—1208），字平父，其先括苍人，后家江陵。孝宗淳熙二年（1175），进士及第。其言更有道理。

另外，主司"求士"、先达"荐士"和士人"自荐"还很容易结成一个个"利益集团"即"朋党"。自唐代以来，进士皆称知贡举及延誉者为座主、师门，而自称为门

① 刘昫等：《旧唐书》卷一〇一《薛登传》。
② 葛立方：《韵语阳秋》卷十八。
③ 孙何：《上真宗请申明太学议》，《宋朝诸臣奏议》卷七八；《长编》卷四二，至道三年九月壬午。
④ 《文献通考》卷二十九《选举考二》引江陵项氏（安世）语。

生,座主与门生之间终生结成互相依存的亲密关系。唐末,甚至出现了"礼部知贡举有得程文优者,即以己登第时名次处之,不以甲乙为高下也,谓之'传衣钵'"①的情况。如邵伯温(1052—1134)《邵氏闻见录》卷七载:

> 范鲁公质举进士,和凝为主文,爱其文赋。凝自以第十三登第,谓鲁公曰:"君之文宜冠多士,屈居第十三者,欲君传老夫衣钵耳。"鲁公以为荣至。②

先达与行卷举人之间也有着知贡举与及第举人之间类似的关系。韩愈曾经说过:

> 布衣之士,身居穷约,不借势于王公大人,则无以成其志;王公大人,功业显著,不借誉于布衣之士,则无以广其名。是故布衣之士虽甚贱而不谄,王公大人虽甚贵而不骄,其事势相须,其先后相资也。③

后唐明宗即对这种结为座主门生关系的现象予以禁止。《五代会要》卷二十三《缘举杂录》载:

> 后唐长兴元年(930)六月,中书门下奏:"……及第举人放榜时,并须据才艺高低,从上依资安排,不得以只科取鼎、岛、岳、斗之名。兼不得呼春官为恩门、师门,不得自称门生。除赐宴外,不得辄有率敛,别谋欢会。……"从之。

宋太祖即位后,如前所述,也曾对近臣说过:"闻及第举人呼有司为恩门,自称门生,见知举官辄拜之。此甚薄俗,非推公取士之道。"④并于建隆三年(962)九月一日下诏明令禁止。《宋会要辑稿·选举》三之一至二载其诏曰:

> 国家悬科取士,为官择人,既擢第于公朝,宁谢恩于私室?将惩薄俗,宜举明文。今后及第举人不得辄拜知举官子孙弟侄。如违,御史台弹奏。应

① 叶梦得:《石林燕语》卷八。
② 邵伯温:《邵氏闻见录》卷七。
③ 韩愈:《韩昌黎集》卷十八《与凤翔邢尚书书》。
④ 罗从彦:《豫章文集》卷二《尊尧录》。

名姓次第，放榜时，并须据才艺高低，从上安排，不得以只科为贵；兼不得呼春官为恩门、师门，亦不得自称门生。除赐宴外，不得辄有率敛。并依后唐长兴元年六月敕处分。

宋太祖之所以于乾德元年(963)"禁公荐"及于开宝六年(973)创立殿试制度，根据当时的诏书，似乎只是为了"杜绝请托"和"精辨否臧"、"克叶于至公"①，防止势家垄断科举，"致塞孤寒之路"。②诚然，这无疑是其中的重要原因之一。但主要原因则是鉴唐之弊，收揽威权，在收兵权之后，把科举取士的大权也收归皇帝亲自掌握，变"恩归有司"为"恩由主上"③，使及第举人成为"天子门生"，以防止知贡举官与及第举人结党营私，从而巩固和加强赵宋王朝君主专制中央集权的统治。

由上述可见，隋唐五代到北宋初期，那种"主司得求士"，"先达得荐士""士得自荐"，"论定于平素，而一日之工拙不与焉"的取士之法并非善法。而宋朝"主司不敢求，先达不敢荐，士不敢自荐，糊名焉，置棘焉"的取士之法才是既可以"杜绝私情，搜罗寒秀"，"精求实艺"，"克叶于至公"，又可以巩固和加强赵宋王朝中央集权统治的良法。《旧唐书》卷一六四《王播传附王起传》载："[穆宗]长庆元年(821)……钱徽掌贡士，为朝臣请托，人以为滥。"在此之前，也是"贡举猥滥，势门子弟，交相酬酢，寒门俊造，十弃六七。"④苏轼(1037—1101)在神宗熙宁二年(1069)五月所上《议学校贡举状》中说得非常透彻：

或欲举唐室故事，兼采誉望，而罢封弥。……此数者皆知其一而未知其二者也。臣请历言之。……唐之通榜，故是弊法。虽有以名取人、厌伏众论之美，亦有贿赂公行，权要请托之害。且使恩去王室，权归私门，降及中叶，结为朋党，通榜取人，又岂足尚哉！⑤

最后，关于"公卷"(省卷)问题，仁宗庆历元年(1041)被废罢之后，似乎没有遇到太多议论，只是神宗时，知审官院苏颂(1020—1101)在讨论贡举改革时曾经建议恢复公卷。他在所上《议贡举法》中说道：

---

① 《宋会要辑稿·选举》七之一《亲试》。
② 《长编》卷一六，开宝八年二月戊辰。
③ 《宋会要辑稿·选举》三之二二《贡举杂录》。
④ 《旧唐书》卷一六四《王播传附王起传》。
⑤ 《苏轼文集》卷二五《议学校贡举状》。

所谓士子不事所业者，举人不纳公卷是也。旧制，秋赋先纳公卷一副，古律诗赋、文论共五卷。预荐者，仍亲赴贡院投纳，及于试卷头自写家状。其知举官，去试期一月前差入贡院，先行考校。内事业殊异者，至日更精加试验。如程试与公卷全异，及书体与家状不同者，并行驳放。或假借他人文字，辨认彰露，亦便扶出，永不得赴举。是举人先纳公卷，所以预见其学业趣向如何，亦有助于选择也。

景祐已前，学者平居必课试杂文、古律诗赋，以备秋卷，颇有用心于著述者。自庆历初罢去公卷，举人唯习举业，外以杂文、古律赋诗为无用之言，而不留心者多矣。此岂所以激劝士之笃学业文之意邪？

臣欲望自今举人请应依前令投纳公卷一副，不得假借他人文字，并亲书试卷头家状，一准旧制。委知举考试官预先看详，以备将来与试卷参验是非而升黜焉。如此，庶几人知向学，不为苟且之事矣。①

苏颂所建议恢复的投纳公卷的方法，乃是前述景德二年(1005)十二月制定的投纳公卷新制，其目的是为了解决公卷“假借他人文字”和知举官“考校公卷”时间不足的问题。如前所述，即使应举人“亲书试卷头家状”，和“知举官，去试期一月前差入贡院，先行考校”，也无法解决“无凭考校”和“无暇考校”的问题。而且，如前所述，殿试、省试均已实行封弥(糊名)、誊录制度。当时，权知开封府贾昌朝(998—1065)指出：省试糊名、誊录之后，已经不再考校公卷，而是“公卷但录题目，以防重复，不复观其素业”②。这样，应举人投纳公卷还有什么必要呢？所以，庆历元年(1041)废罢公卷是必然的。至于苏颂所说“激劝士之笃学业文”云云，也不成其为恢复投纳公卷的理由。应举人所纳“古律诗赋、文论共五卷”，实际就是宋代进士科考试的主要内容。既然科举取士是士人获得高官厚禄和实现“治国平天下”抱负的终南捷径，不必投纳公卷，他们照样会“笃学业文”，“用心于著述”，“人知向学，不为苟且之事”，苏颂的担心是多余的。贡举考试在施行封弥(糊名)、誊录制度之后，再保留公卷制度，除了为势家权贵子弟大开方便之门以外，只能是一种累赘。要做到“抱艺者不失搜罗，躁进者难施伪滥”，最好的办法还是像杜绝“荐嘱”、“请托”那样，彻底废罢公卷制度，“一切以程文为去留”。

“公卷”之不适宜用于贡举，主要是因为贡举是一种全国性的大规模的考试，

---

① 苏颂：《苏魏公文集》卷十五《议贡举法》；《历代名臣奏议》卷一六六，苏颂《贡举议》。

② 《宋会要辑稿·选举》一五之一一《发解》。

难以解决“无凭考校”和“无暇考校”的问题。对于制举来说，所谓“公卷”还是有必要而且可行的。宋代制举规定，应制举人必须在考试前先缴进词业，审核合格，才能取得参加制举考试的资格。如仁宗天圣七年(1029)闰二月二十三日，诏曰：

> 应内外京朝官……仍先进所业策论五十首，诣阁门或附递投进，委两制看详。如词理优长，具名闻奏，当降朝旨，召赴阙。①

高宗绍兴元年(1131)正月，礼部讲求到典故亦云：

> 旧制，科场年，春降诏，九月赴试。……各具词业缴进(词业谓策论五十篇，分为十卷，随举状缴进入举词)，送两省侍从参考，分为三等：文理优长为上等，文理次优为中等，文理平常为下等。考试缴进次优以上，召赴阁试。②

这一规定，在制举中一直得到了贯彻施行。如哲宗绍圣元年(1094)五月二十三日，翰林学士承旨曾布(1036—1107)等奏：“看详到应[制]科人辞业，三人并优长，五人并次优，七人并平常。”诏次优已上人召试。③

应制举人考试前缴进的“所业策论五十首”，就类似于北宋初期贡举考试中的“公卷”。宋代制举是比贡举要求更高的科举科目，参加考试人数和录取名额都甚少，便于解决“无凭考校”和“无暇考校”的问题。在制举考试中，“先进所业策论五十首”这种类似“投纳公卷”的制度，还是有积极作用的。

综上所述，宋朝贡举取舍、高下的依据经历了从“公荐”、“公卷”加“程文”到“禁公荐”、“罢公卷”、“一切以程文为取舍”的演变过程，这也就是从“以程文考试成绩为主”到“一切以程文为取舍”的演变。这一演变是通过对朝臣“请托”、知举官徇私滥取“重行朝典”和完备以封弥(糊名)、誊录为代表的一整套贡举考试制度来完成的。“一切以程文为去留”虽然有一定的偶然性，有幸有不幸，但它比较好地体现了“杜绝私请、搜扬寒秀”、“精求实艺”、“务在至公”的取士之意，也比较好地体现了“公开考试、平等竞争、择优录用”的普世原则。当时“举人见者咸喜”④；欧阳修

---

① 《宋会要辑稿·选举》一一之一六至一七《制科》。

② 《宋会要辑稿·选举》一一之二〇《制科》。

③ 《宋会要辑稿·选举》一一之一九《制科》。

④ 《长编》卷六七，景德四年十二月丙辰。

(1007—1072)则极力称赞这一取士之制:"其无情如造化,至公如权衡,祖宗以来不可易之制也"。[①]宋仁宗庆历元年(1041)之后,"一切以程文为取舍"的贡举取士之制,不但终两宋之世未变,而且为后来的元、明、清历代所继承。可以说,这一演变是历史的必然选择,它不但在中国古代历史上具有重要意义,而且在我们今天也具有借鉴的价值。

第二节 封弥、誊录制度

封弥、誊录制度是宋代贡举考试制度的一大发明和创造。对此,前辈学者和当代同仁多有论述[②],但还有一些问题需要系统梳理,补充说明。

一、封弥、誊录制度的创立和推行

(一) 封弥、誊录制度的渊源

封弥制度的渊源可以追溯到唐代,但当时大概先用于制举考试。《通典》卷十五《选举典三》载:"其制诏举人,不有常科,皆标其目而搜扬之。试之日,或在殿廷,天子亲临观之。试已,糊其名,于中考之。文策高者特授以美官,其次与出身。"《新唐书》卷一二五《张说传》云:"永昌中(689),武后策贤良方正,诏礼部尚书李景谌糊名较覆。(张)说所对第一,后署乙等,授太子校书郎,迁左补阙。"

稍后,糊名又用于吏部铨试。《通典》卷十五《选举典三》载:"武太后又以吏部选人多不实,乃令试日自糊其名,暗考以定等第。糊名自此始也。"但到天册元年(695)十二月二十二日,"武后以为非委任之方"[③],遂下敕曰:"……其常选人自今已后,宜委所司依常例铨注。其糊名入试,及令学士考判,宜停。"[④]大约三十年

---

① 《欧阳修全集》卷一一三《论诸路取人札子》。

② 关于宋代科举封弥、誊录制度,主要有以下论著:荒木敏一:《关于宋代的糊名法》,《京都学艺大学纪要》昭和 39 年 10 月号;荒木敏一:《宋代科举制度研究》第二章第七节《糊名法及誊录法》,同朋社 1969 年版;徐规、何忠礼:《北宋的科举改革与封弥制》,《杭州大学学报》1981 年第 1 期;徐规:《仰素集》,杭州大学出版社 1999 年版;穆朝庆:《宋代糊名法和誊录法的若干问题》,《中州学刊》1983 年第 5 期;何忠礼:《宋代封弥制考辨》,《杭州大学学报》1987 年第 3 期;祝尚书:《宋代科举糊名誊录制度考论》,大象出版社 2006 年版。及拙作《宋代科举封弥誊录制度述论》,《科举制终结与科举学的兴起》,华中师范大学出版社 2006 年版。

③ 《新唐书》卷四五《选举志下》。

④ 《唐会要》卷七五《杂处置》。

后，唐玄宗在吏部铨试中又恢复了糊名试判。《唐会要》卷七五《杂处置》载："（开元）十五年（727）九月，敕：'今年吏部选人，宜依例糊名试判，临时考第奏闻。'"唐代制举和铨试糊名大概都只是实行了很短的时间。

直到五代后周广顺二年（952），赵上交知贡举，糊名才开始用于贡举省试。《宋史》卷二六〇《赵上交传》载："广顺初，拜礼部侍郎。会试贡士，上交申明条制，颇为精密，始复糊名考校。擢扈载甲科，及取梁周翰、董淳之流，时称得士，转户部侍郎。明年，再知举，谤议纷然。时枢密使王峻用事，常荐童子，上交拒之。峻怒，奏上交选士失实，贬商州司马。"赵上交被贬，省试糊名亦随之被废。

（二）宋朝封弥、誊录制度的创立和推行

1. 封弥制度的创立和推行

宋代贡举糊名考校始于太宗淳化三年（992）的殿试。《长编》卷三三载：

> [淳化三年]三月戊戌（四日），上御崇政殿，覆试合格奏名进士。先是，胡旦、苏易简、王世则、梁颢（963—1004）、陈尧叟（961—1017）皆以所试先成，擢上第，由是士争习浮华，尚敏速，或一刻数诗，或一日十赋。将作监丞莆田陈靖上疏，请糊名考校，以革其弊，上嘉纳之。于是，召两省、三馆文学之士，始令糊名考校，第其优劣，以分等级。

《宋会要辑稿·选举》七之五《亲试》、《玉海》卷一一六《景德考试新格》记载略同。对于殿试封弥始于淳化三年，学界亦无分歧。不过，殿试封弥制度的创立已经是宋朝建国三十二年之后的事情了。

而对于省试实行封弥的时间，则有多种意见。徐规、何忠礼认为："省试糊名始于大中祥符元年（1008）。"①荒木敏一认为，始于景德四年（1007）。②其根据都是《长编》卷六七景德四年十二月癸卯（十一日）纪事："凡礼部封印卷首及点检程试别命官，皆自此始。"及李焘的原注："按《周起传》云，起创糊名之法；又《陈靖传》，亦云糊名考校始于靖。盖靖先请用之殿试，起复用之礼部，故起首为封弥官也。"穆朝庆则认为，省试封弥始于咸平二年（999）。③其根据是，《宋会要辑稿·选

① 徐规、何忠礼：《北宋的科举改革与封弥制》，《杭州大学学报》1981年第1期；徐规：《仰素集》，杭州：杭州大学出版社，1999年。

② 荒木敏一：《宋代科举制度研究》第二章第七节《糊名法及誊录法》，京都：同朋社，1969年。

③ 穆朝庆：《宋代糊名法和誊录法的若干问题》，《中州学刊》1983年第5期。

举》一九之三《试官》记载："[咸平]二年正月十日，命礼部尚书温仲舒等知贡举，刑部员外郎董龟正、太常博士王陟同试举人及封印卷首，仍当日入院。"《长编》卷四四记载略同，李焘又云："礼部贡院封印卷首，自此始。"

徐规、何忠礼与荒木敏一的意见并不矛盾，不过是景德四年(1007)十二月任命周起、滕元晏为封弥官，大中祥符元年(1008)正月省试实施罢了。真正的分歧在于徐规、何忠礼与穆朝庆之间。即省试糊名究竟是始于大中祥符元年，还是咸平二年？二者之所以有如此分歧，关键在于对"封印卷首"的解读不同。穆朝庆认为，"封印"即"封弥"；何忠礼认为："此处的'封印'，当不作'封弥'理解，而是'印署'之意。因为它起有记验与限制的作用，故亦可称为'封印'。"①

检阅宋代文献，除上引《长编》卷四四和《宋会要辑稿·选举》一九之三《试官》记载"封印卷首"外，在景祐元年(1034)之前，至少还有11处可以见到"封印卷首"(或称"封弥卷首")一词。现不惮其烦，征引如下：

(1)[咸平三年(1000)]三月十七日，帝御崇政殿试礼部奏名进士……又命国子博士雷说、著作佐郎梅询于后殿封印卷首。

(《宋会要辑稿·选举》七之五至六《亲试》，《长编》卷四六略同)

(2)[景德四年(1007)]②闰五月二十九日，帝问宰臣等："天下贡举人几何？"王旦曰："万三千有馀人。"帝曰："约常例奏名几何？"曰："大约十取其一而已。"帝曰："当落者不啻万人矣。必慎择其有司。"旦曰："至于封印卷首，若朝廷差官，于理亦顺，然须择素有操执者。凡进士、诸科试卷，悉纳封印院糊名，送知举官考校，仍颁其式。知举官考定等第后，复令封之，俟覆考毕，参校其得失。"

(《宋会要辑稿·选举》三之八《贡举杂录》)

(3)[景德四年]十二月癸卯(十一日)，先是，上尝问辅臣以天下贡举人数。王旦曰："万三千有馀，约常例，奏名十一而已。"上曰："若此，则当黜者不啻万人矣。典领之臣，必须审择，晁迥兢畏，当以委之，周起、王曾、陈彭年皆可参预。"冯拯曰："封印卷首，若朝廷遣官主之，于理亦顺，尤宜用素有操守之人。"旦曰："滕元晏于士大夫间少交游。"上曰："今当以朱巽代周起知举，令起与元晏同掌封印事。"

① 何忠礼：《宋代封弥制考辨》，《杭州大学学报》1987年第3期。

② 原系年为景德三年，是年无闰月，据《长编》卷六五、《文献通考》卷三〇《选举考三》改。

于是，命翰林学士晁迥，知制诰朱巽、王曾，龙图阁待制陈彭年同知贡举。既受诏，上谕以取士之意，务在至公，擢寒俊有艺者。又命监察御史严颍、张士逊监贡院门，都官员外郎乔颜、太常博士郑彝、太常丞陈既济巡试铺，太常丞、直集贤院任随、著作佐郎陈覃点检进士程试，大理寺丞马龟符等六人考校诸科程试。又命知制诰周起、京东转运使、祠部员外郎滕元晏封印举人卷首，用奉使印；殿中丞李道监封印院门。进士、诸科试卷，悉封印卷首，送知举官考校，仍颁其式。知举官既考定等级，复令封之进入，送覆考所考毕，然后参校得失。凡礼部封印卷首及点检程试别命官，皆始此。元晏，中正子。士逊，光化军人也。（李焘原注："按《周起传》云，起创糊名之法；又《陈靖传》，亦云糊名考校始于靖。盖靖先请用之殿试，起复用之礼部，故起首为封弥官也。"）

（《长编》卷六七，《文献通考》卷三〇《选举考三》）

(4)［大中祥符四年(1011)］七月七日，武成王庙考试官杨侃言："所试服勤词学经明行修举人，未敢只依旧令小试官更互封弥卷首，乞别差人。"从之。

（《宋会要辑稿·选举》一四之二四《发解》，《长编》卷八三略同）

(5)［天禧三年(1019)］正月九日，以翰林学士钱惟演权知贡举，命国子监直讲马龟符、刑部详覆官王(名与御名音同)、大理寺丞张峤、大理寺详断官赵继武、国子监说书卢自明、冯诚为考试官，户部员外郎兼太子右谕德鲁宗道、直龙图阁冯元封印卷首，秘阁校理李垂、国子监丞王准点检试卷，集贤校理陈宽、馆阁校勘晁宗慤覆考诸科试卷，直史馆陈从易、国子博士李成务考试知举官亲戚举人。

（《宋会要辑稿·选举》一九之六至七《试官》）

(6)［天圣元年(1023)］闰九月十二日，命侍御史高弁，职方员外郎、判三司开拆司吴济，直集贤院胥偃考试开封府举人；监察御史王轸封弥卷首。殿中侍御史王硕、直史馆张观考试国子监举人；直史馆章得象太常寺考试亲戚举人，监察御史张亿封印卷首。（弁等后坐拆举人策卷及莽卤解策词，同进士疑误。弁降两官，济、偃、轸各降一官，诸州监当。）

（《宋会要辑稿·选举》一九之七至八《试官》）

(7)［天圣二年(1024)］正月二十一日，以御史中丞刘筠等权知贡举，龙图阁待制滕涉、判三司户部勾院、刑部郎中李若谷封印卷首。

（《宋会要辑稿·选举》一九之八《试官》）

(8)［天圣五年(1026)］正月十二日，以枢密直学士刘筠等权知贡举……工部侍郎赵稹、监察御史鞠泳充封印卷首。

(《宋会要辑稿·选举》一九之八至九《试官》)

(9)［天圣八年(1029)］正月十四日，以资政殿学士晏殊等权知贡举……右司谏范讽、监察御史崔暨封印卷首。

(《宋会要辑稿·选举》一九之九《试官》)

(10)［明道二年(1033)］八月十二日，命三司盐铁判官杨日华、直史馆郑戬、开封府推官明镐考试开封府举人，侍御史郭劝封印卷首。

(《宋会要辑稿·选举》一五之九《发解》)

(11)［景祐元年(1034)］正月十六日，以翰林学士章得象等权知贡举，侍御史蒋堂、右正言滕宗谅封印卷首。

(《宋会要辑稿·选举》一九之一〇《试官》)

由上引11条宋代史料可知，"封印卷首"(或称"封弥卷首")一词不但见于咸平二年(999)，此后又见于咸平三年(1000)、景德四年(1007)、大中祥符四年(1011)、天禧三年(1019)、天圣元年(1023)、明道二年(1033)和景祐元年(1034)。这11条宋代史料中的"封印卷首"(或称"封弥卷首")均指"封弥"(或曰"糊名")，宋人不至于将"封印"与"封弥"混淆到如此程度。所以，我认为省试封弥应该始于咸平二年(999)。至于《长编》卷六七、《文献通考》卷三〇景德四年(1007)十二月纪事所载"凡礼部封印卷首及点检程试别命官，皆始此"，大概是在咸平二年至景德四年间的省试中，"封印卷首"(封弥)尚未"别命官"，而由其他考试官兼管，如咸平二年的封印卷首官董龟正和王涉即是"同考试及封印卷首"；①到景德四年十二月，才开始任命周起、滕元晏专门负责"封印卷首"(封弥)，即封印卷首"别命官"自此始吧。

关于解试实行封弥的时间，《长编》卷八三载："［大中祥符四年(1011)］七月辛卯(二十日)，开封府考试举人。旧制，试官更互封弥卷首，直集贤院杨侃等请别差官。从之。"《宋会要辑稿·选举》一四之二四《发解》载："［大中祥符四年］七月七日，武成王庙考试官杨侃言："所试服勤词学经明行修举人，未敢只依旧令小试官更互封弥卷首，乞别差人。从之。"据此，至迟在大中祥符四年之前，封弥制度已经推行于开封府的解试。

① 《长编》卷四四，咸平二年正月乙丑；《宋会要辑稿·选举》一九之三《试官》。

又据《宋会要辑稿·选举》一五之九《发解》载："[明道二年(1033)]七月十二日，诏自今诸州府军监考试解发举人，一依先降条制，应在试解发人处，兼令依省试例封弥卷首后考校过落。"《长编》卷一一二载："[明道二年]七月乙亥(十二日)，诏诸州自今考试举人，并封弥卷首，仍委转运司于所部选词学并公勤者为考试、监门、封弥官。"可见，至迟明道二年(1033)，封弥制度即广泛推行于诸州府军监的解试。

2. 誊录制度的创立和推行

科举考试实行封弥之后，尚未能完全杜绝试卷考校中的作弊。因为，考试官还可以通过辨认笔迹得知试卷出自何人之手。为了堵塞这一漏洞，于是又创立了誊录制度。吴曾《能改斋漫录》卷一《糊名考校》云：

> 取士至仁宗始有糊名考校之律，虽号至公，然尚未绝其弊。其后袁州人李夷宾上言，请别加誊录。因著为令，尔后识字画之弊始绝。

由此看来，誊录制度似乎始创立于仁宗时期，实则不然。《宋会要辑稿·选举》七之九《亲试》载：

> [景德二年(1005)]五月十三日，帝御崇政殿，试礼部奏名河北举人，内出题《建用皇极赋》、《昭德塞违诗》、《汉文宣二帝政理孰优论》。帝召王钦若等一十一人于内阁糊名考校，分为六等。别录本，去其姓名，召两制、尚书、丞郎、两省、给谏、馆阁官凡三十人，分处殿东、西阁覆考之。帝遣中使宣谕，令尽公平，无得压降等第，令钦若总详之。是夕，内阁十人于殿后及试诸科举人，糊名考定如例。得进士范昭已下一百四十六人，第为三等，并赐及第、同出身、同学究出身。

《长编》卷七一亦载："大中祥符二年(1009)六月庚戌，上御崇政殿亲试，仍别录本考校。"可见，"别录本"即是誊录。誊录也是首先从殿试开始的，殿试誊录始于景德二年(1005)。

至于省试何时誊录，《长编》卷八四载：

> [大中祥符八年]正月甲午……是岁，始置誊录院，令封弥印官封所试卷付之，集书吏录本，诸司供帐，内侍二人监焉。命京官校对，用两京奉使印

讫，复送封印院，始送知举官考校。(置誊录院，《实录》未见，疑本脱，当考其月日。)

《玉海》卷一一六及《宋史·选举志》亦云，大中祥符八年，省试始置誊录院。据此，省试誊录起码不迟于大中祥符八年。

关于开封府解试的誊录，天禧二年(1018)十月三日，开封府发解官任布等上言："望依南省例誊录进士试卷，及前一日先进诗、赋、论题目，御笔点定。"真宗诏曰："题目依奏进入，余不许。"[①]即真宗未允许开封府解试实行誊录。此后近二十年间，未见解试誊录的记载。《长编》卷一二〇载：

[景祐四年(1037)]六月丙申(二十五日)，诏开封府、国子监及别头试，自今封弥、誊录如礼部。从左司谏韩琦之请也。

《宋会要辑稿·选举》一五之一〇《发解》所载略同。据此可知，在任布建言近二十年之后，到仁宗中期，誊录制度才在开封府、国子监及别头试的解试中实行。至于诸州府军监解试的誊录，《玉海》卷一一六云："诸州易书，自景祐四年始。"或许较开封府、国子监解试稍晚，但大概不会晚于下次开科考试的庆历元年(1041)。

从以上可以看出，封弥、誊录制度的创立与推行至少有两个特点：一是首先创立于殿试，然后逐步推行于省试、解试；二是封弥、誊录制度从创立到普遍推行经历了一个相当长的过程，从太宗淳化三年(992)殿试封弥，到仁宗景祐四年(1037)诸州府军监解试誊录，前后经历了太宗、真宗、仁宗三朝46年。

二、封弥、誊录制度的主要内容

(一) 封弥、誊录的机构与官员

根据真宗大中祥符四年(1011)十一月颁布的新定御试条制，负责"去其卷首乡贯状，以字号第之"即封弥者为"编排官"；负责"誊写校勘"即誊录者为"封弥官"。[②]后又单独设立对读官负责"校勘"，则封弥官仅负责"誊写"试卷。如仁宗嘉

① 《宋会要辑稿·选举》一五之二《发解》；《长编》卷九二，天禧二年十月壬辰。

② 《长编》卷七六，大中祥符四年十一月丙子。

祐六年(1059)殿试,翰林学士贾黯、侍御史知杂事范师道、右司谏赵抃 3 人为编排官,傅求、王陶 2 人为封弥官,胡稷臣、苏衮、傅尧俞、张次立、宋迪、周孟阳 6 人为对读官。①宝祐四年(1256)殿试,"中顺大夫、行大理少卿高衡孙,朝散郎、尚书吏部员外郎兼资善堂赞读皮龙荣"2 人为编排官,"朝请大夫、新除大理寺主簿张檠(棽),朝散郎、干办行在诸司粮料院张蕴"2 人为封弥官,"承直郎、差充提领户部犒赏酒库所干办公事陈应星,从政郎、添差两浙路转运司干办公事陈问,从政郎、监行在省仓下界斛面官唐再炳,从政郎、监行在车辂院门余盂成,文林郎、差充两浙西路转运司准备差遣魏正子"5 人为对读官。②又如咸淳七年(1271)殿试,"朝议大夫、新除太府少卿邓益,朝散郎、尚书吏部员外郎、右司陈纬"2 人为编排官及对读官、封弥官各若干人。③从目前搜集到的材料看,殿试未见设有誊录官,或许两宋一直遵守大中祥符四年(1011)十一月颁布的新定御试条制。

而省试则有封弥官、誊录官、对读官。如度宗咸淳七年(1271)省试有封弥官 6 人、誊录官 3 人、对读官 24 人。当年别院试、四川类省试也均设有封弥官、誊录官、对读官。④

负责封弥的机构或场所称为"封弥院",或称"封印院"、"封弥所";负责誊录的机构或场所称为"誊录院",或称为"誊录所";负责校对的机构或场所称为"对读所"。仁宗天圣七年(1029)十月,"诏铸封弥院印三面,誊录所印三面,发解印三面,送礼部收管,遇科场给付逐处使用"。⑤官员、机构、印信的设置更为完备。

(二) 封弥、誊录的程序

关于封弥、誊录的程序,《长编》卷七六载:

> [大中祥符四年(1011)]十一月丙子(七日),上御崇政殿亲试……内出新定《条制》:举人纳试卷,内臣收之;先付编排官去其卷首乡贯状,以字号第之;付封弥官誊写校勘,用御书院印;始付考官,定等讫;复弥封送覆考官,再定等。编排官阅其同异,未同者再考之;如复不同,即以相附近者为定。始取乡贯状字号合之,乃第其姓名差次并试卷以闻,遂临轩唱第。

① 《芦浦笔记》卷五《赵清献公充御试官日记》。
② 《宝祐四年登科录》卷一。
③④ 《隐居通议》卷三一《前朝科诏》。
⑤ 《宋会要辑稿·选举》六之五一《贡举印》。

据此可知，封弥、誊录的程序为：第一步，由编排官去掉卷首的乡贯状，即应举人姓名、年龄，曾祖、祖、父三代姓名、籍贯等，以字号作为顺序次第；第二步，交由封弥官誊录、校对；第三步，交初考官评定等第；第四步，将初考官所定等第封上，送覆考官再评定等第；第五步，由编排官对比初、覆考官所定等第的异同，如果不同，即再详阅试卷，确定其中一个相近的等第；第六步，调取乡贯状的字号，与试卷字号相合，即以其姓名次第和试卷一并上报给皇帝，然后唱名，赐进士及第。

此后，殿试设详定官，负责确定进士等第，编排官专管封弥编号。详定官或从初考，或从覆考，不别立等第。如《梦溪笔谈》卷一云："旧制，御试举人，设初考官，先定等第；复弥封之，以送覆考官，再定等第；乃付详定官，发初考官所定等，以对覆考之等，如同即已，不同，则详其程文，当从初考，或从覆考为定，即不别立等第。"仁宗嘉祐六年（1061），王安石为详定官，奏请皇帝之后，始可别立等第。

解试、省试封弥、誊录程序与殿试略同。《梦粱录》卷二《诸州府得解士人赴省闱》云：

> 所纳卷子，径发下弥封所封卷头，不要试官知士人姓名，恐其私取故也。却于每卷上打号头，三场共一号，方发往誊录所誊录卷子。依字号书写，对读无差，方纳入考试官各房考校。如卷子考中，发过别房覆考，如称众意，方呈主文，却于誊录所吊取真卷，点对批取，定夺魁选。伺候申省奏号揭榜取旨，差官下院拆号放榜。

据此，省试第一步，由封弥所封住卷首乡贯状，在试卷上打字号；第二步，由誊录所誊录试卷，校对无误；第三步，送初考官评定等第；第四步，发送别房覆考；第五步，呈送知贡举，于誊录所调取真卷，确定录取名次：第六步，申报尚书省，拆号放榜。

（三）封弥字号

《长编》卷七六真宗大中祥符四年（1011）十一月丙子（七日）载："编排官去其卷首乡贯状，以字号第之。"那么宋代是如何编号的呢？北宋时期，一般是"于《玉篇》中取字为号"，如大中祥符二年（1009）殿试，"仍以高等十卷，付宰臣重定。王旦请以'珣'字号者为第一，帝然之。因阅晁迥等所正以'珣'为首卷，即梁固也。"①该榜

① 《宋会要辑稿·选举》七之一一《亲试》。

状元梁固的字号为“珏”，即是取自《玉篇》卷第一、玉部第七。

又如仁宗嘉祐六年(1061)殿试，“奏乞送‘熠’字号卷重详定。封弥官详定五号，奏取旨。御药院关奏，圣旨：看详定夺‘靮’、‘豥’、‘觬’、‘觯’、‘虭’五号等第。”①所谓‘熠’字号卷，即是状元王俊民的殿试卷②，此字取自《玉篇》卷第二十一、火部第三百二十三。圣旨看详定夺的五个字号，“靮”取自《玉篇》卷第二十六、革部第四百二十三，“豥”取自《玉篇》卷第二十一、多部第三百十五，“觬”取自《玉篇》卷第二十六、角部第四百二十，“觯”取自《玉篇》卷第二十六、角部第四百二十，“虭”取自《玉篇》卷第二十五、虫部第四百一。

南宋时，封弥撰号与北宋有所不同，大概为了防止泄漏和便于编排顺序，一般以三个字组成一个字号，“字号用《千字文》”③。如高宗绍兴二十七年(1157)三月殿试，宣谕宰臣沈该等曰：“……朕前日谕考试官，令取直言，置之上列，非为虚文，可将‘任贤辉’字号卷居第一。”④“任贤辉”即状元王十朋殿试卷的字号。又如孝宗隆兴元年(1163)二月十七日，翰林学士承旨、知制诰、知贡举洪遵(1120—1174)等言：“考校‘巳库感’字号试卷，学问源渊，论议切直，为前后场之冠，已考入魁选，偶策卷误犯哲宗旧讳。”诏楼钥特降末等头名。⑤‘巳库感’即是楼钥殿试卷的字号。

后来，改为“以三不成字凑成一号”。宁宗庆元五年(1199)又基本改为三成字。《宋会要辑稿·选举》五之二二《贡举杂录》载：

> 庆元五年(1199)六月，臣僚言：“……至若封弥撰号，例以三不成字凑成一号，盖防漏泄也。殊不知点画之间，便有同异。夫字号用《千字文》，且如‘方’之与‘文’，阙其一画，不知其为‘方’耶？为‘文’耶？以至‘目’之与‘且’，‘才’之与‘寸’，亦然。若不全成，何以区别？前后差误，率皆由此。乞应封弥撰号，并用全字，以绝差误之失。”礼部勘当：“除母头十千等，仍用不成字外，余依所乞。”从之。

嘉定七年(1214)九月四日，通判临安府孔元忠言：

① 《芦浦笔记》卷五《赵清献公充御试官日记》。
② 《王荆文公诗笺注》卷二九《和杨乐道韵六首·后殿朝次偶题》。
③ 《宋会要辑稿·选举》五之二二《贡举杂录》。
④ 《宋会要辑稿·选举》八之九《亲试》。
⑤ 《宋会要辑稿·选举》四之三六《贡举杂录》。

> 准差监类试所门兼撰号，检会试卷封弥打号，母头既同，从来以《千字文》排去，其间相类，可以添改。如“乃”可为“及”，“王”可为“玉”，“白”可为“百”，“止”可为“正”，“心”可为“必”，“比”可为“此”，“旦”可为“且”，“壁”可为“璧”，“乂”可为“又”，“中”可为“甲”之类，共一百五十四字。万一或出奸弊，甲能文乙不能文，或有请嘱，将甲乙两卷“及”字、“玉”字中选字号，却以“乃”字、“王”字试卷添一笔持出，有司仓猝，但见草卷、真卷一同，不假以文比对，便行开拆，何缘辩白？岂不为试者之不幸！乞下封弥所，不许重行施用，并下礼部、国子监契勘。

既而，礼部言：“国子博士曾焕等看详：孔元忠点检得字画相类不合兼用，所乞委是允当。如遇试场，即合遵守施行。”诏从其请，孔元忠所列举的 154 个字画相类的字，在封弥撰号时不再使用。①

三、封弥、誊录制度的论争与废复

殿试、省试实行封弥、誊录制度之后，立即得到上至皇帝、宰相，下至应举人的赞扬。景德四年(1007)闰五月，真宗降诏榜下礼部贡院，说明“所以杜绝私请、搜扬寒秀之意，举人见者咸喜”。十二月丙辰(二十四日)，真宗与宰相王旦(957—1017)等谈及此事，王旦等曰：“昨颁《考较新格》，周行中颇有论议，且言中书不能守科场大体，但疑春官有私。及诏榜出，天下士乃知陛下务尽至公，恐多遗才，故更此条贯也。”②第二年，第一次施行《考较新格》，真宗对封弥考校的结果也很满意。大中祥符元年(1008)正月癸未(二十一日)，宋真宗曾对宰相王旦等说：“今兹举人，颇以糊名考较为惧，然有材艺者，皆喜于尽公。”③大中祥符八年(1015)三月戊戌(十八日)，赵安仁(958—1018)等上礼部合格人数、姓名。真宗又对宰相王旦说：“今岁举场，似少谤议。安仁等适对，朕亦以此语之矣。”王旦说：“条式备具，可守而行，至公无私，其实由此。”④其条式主要即是指封弥、誊录制度。

但此后对是否实行封弥、誊录，还有一些议论和反复。一次是在庆历新政之时。仁宗庆历三年(1043)九月丁卯(三日)，范仲淹(989—1052)、富弼(1004—

① 《宋会要辑稿・选举》六之二三至二四《贡举杂录》。
② 《长编》卷六七，景德四年十二月丙辰。
③ 《长编》卷六八，大中祥符元年正月癸未。
④ 《长编》卷八四，大中祥符八年三月戊戌。

1083）等应诏上奏曰：

三曰：精贡举。……又外郡解发进士、诸科人，本乡举里选之式，必然考其履行，然后取以艺业。今乃不求履行，惟以词藻、墨义取之，加用弥封，不见姓字，实非乡里选举之本意也。……臣请重定外郡发解条约，须是履行无恶、艺业及等者，方得解荐，更不弥封试卷。其南省考试之人，已经本乡询考履行，却须弥封试卷，精考艺业。①

于是，仁宗命翰林学士宋祁（998—1061）等修订贡举考试制度。庆历四年（1044）三月十三日，宋祁等言：

国子监、开封府发解，就试人数既多，其进士、诸科卷子并依旧封弥、誊录外，诸州发解，已令知州、通判、职官、令录等保明行实，更不封弥、誊录。②

仁宗批准了宋祁等拟定的贡举新制，即诸州解试，“更不封弥、誊录”。庆历四年十一月，知谏院包拯（999—1062）上奏曰：

天下郡学自罢听读之后，生徒各以散去，一旦诏下，投牒求试者比比皆是，长吏等又安能一一练悉行实哉？不免只凭逐人递相保委，然而诈伪猥杂者亦无由辩明；兼每州用试官一员，是天下试官逾三百馀员，必恐未能尽得其人，而悉心于公取也。或缘其雅素，或牵于爱憎，或迫于势要，或通于贿赂，势不得已因而升黜者有矣，又何暇论材艺、较履行哉！洎取舍、高下一谬，则是非纷作，不惟抑绝寒素，窃虑天下因此构起讼端多矣。况封弥、誊录，行之且久，虽非取士之制，稍协尽公之道，若今来诸州发解举人，且令仍旧封弥、誊录考校，于理甚便。③

庆历新政推行不到一年，即遭夭折，科举新制尚未施行，即被废罢，诸州解试依旧封弥、誊录。《长编》卷一六四载：

庆历八年（1048）四月丙子（八日），诏：“科场旧条，皆先朝所定，宜一切

① 《长编》卷一四三，庆历三年三月戊戌。
② 《宋会要辑稿·选举》三之二四《贡举杂录》。
③ 《包拯集校注》卷一《请依旧封弥、誊录考校举人奏》。

无易。”时礼部贡院言:“(庆历)四年,宋祁等定贡举新制,会明年诏下,且听须后举施行。今秋赋有期,缘新制,诸州军发解,但令本处官属保明行实,其封弥、誊录,一切罢之。窃见外州解送举人,自未有封弥、誊录以前,多采虚誉,苟试官别无请托,亦只取本州曾经荐送旧人,其新人百不取一。自封弥以后,考官不见姓名,即须实考文艺,稍合至公。……伏惟祖宗以来,得人不少,考较文艺,固有规程,不须变更,以长浮薄。请并如旧制。”故降是诏。①

第二次集中议论封弥、誊录是在王安石(1021—1086)变法时。神宗熙宁二年(1069)四月,诏议科举。五月,苏颂(1020—1101)上奏曰:

所谓考试关防太密,弥封、誊录是也。夫弥封、誊录,本欲示至公于天下。然而徒置疑于士大夫,而未必尽至公之道,又因而失士者亦有之。何则?国家取士,行实为先。今既弥封、誊录,考官但校文词,何由知其行实?故虽有瑰异之士,所试小戾程式,或致退落。平时常负玷累,苟一日之长可取,便预收采。士之贤否,而进退之间系乎幸与不幸,往往是矣。是岂朝廷之本意耶?……为今之便,则莫若去弥封、誊录之法,使有司得专参详考察。一则主司知朝廷委任不疑,益务尽心。二则负实学者得以自明,程文小疵,不虞见弃。三则浅陋之人。固无侥幸之望。至公之道,无大于此。②

司马光(1019—1086)在熙宁二年五月应诏所上《议学校贡举状》中,则针锋相地指出曰:

议者又曰:“宜去封弥、誊录,委有司考其文辞,参以行实而取之。”臣独以为不然。夫士之德行,知州县者尚不能知,而有司居京师,一旦集天下之士,独以何术知之?其术不过以众人之毁誉决之。孔子曰:“众好之,必察焉;众恶之,必察焉。”夫众人之毁誉,庸讵足以尽其实乎?必如是行之,臣见其爱憎互起,毁誉交作,请托公行,贿赂上流,谤讟并兴,狱讼不息,将纷然淆乱。朝廷必厌苦之而复用封弥、誊录矣。夫封弥、誊录,固为此数者而设之也。譬犹筑防以鄣淬水也,今不绝其源而徒去其防,则横流之患愈不可救矣。③

---

① 据《宋会要辑稿·选举》三之三一《贡举杂录》校改。
② 《苏魏公文集》卷十五《议贡举法》。
③ 《温国文正司马公文集》卷三九《议学校贡举状》。

连反对王安石罢诗赋而专以经义、论、策取士的苏轼(1037—1101)也说：

> 今议者所欲变改，不过数端。……或欲举唐室故事，兼采誉望而罢封弥……此数者，皆知其一而未知其二者也。臣请历言之。……唐之通榜，故是弊法，虽有以名取人、厌伏众论之美，亦有贿赂公行、权要请托之害。且使恩去王室，权归私门，降及中叶，结为朋党。通榜取人，又岂足尚哉?①

王安石变法对贡举制度实行了重大改革，但主要是贡举科目和考试内容方面的改革，而封弥、誊录制度，在仁宗庆历四年(1044)之后，一直奉行，从未废罢；庆历新政之时，所要废罢者也仅仅是诸州解试中的封弥、誊录，而开封府、国子监解试及省试、殿试中的封弥、誊录是照行不误的。到神宗熙宁二年(1069)之后，连废罢封弥、誊录的议论也极少了。

封弥、誊录制度一旦创立就受到绝大多数人的赞扬，具有强大的生命力，主要是它确实对防止评阅试卷作弊起到了关键作用。正如英宗治平元年(1064)，欧阳修(1007—1072)在《论逐路取人札子》中所说：

> 糊名、誊录而考之，使主司莫知为何方之人，谁氏之子，不得有所憎爱薄厚于其间。故议者谓国家科场之制，虽未复古法，而便于今世，其无情如造化，至公如权衡，祖宗以来不可易之制也。②

欧阳修的话说得虽然有点太绝对了，但毫无疑问是很有道理的。人称"小东坡"的唐庚(1070—1120)也说："国朝以来，三易取士之法，然要之不离文字晦名、易书暗考而明取之。虽无出长入治之利，亦无毁誉比周之害矣。其大故如此。"③

在实践中，也充分显示了封弥、誊录制度"无情如造化，至公如权衡"的作用。举例来说，仁宗嘉祐四年(1059)，欧阳修为殿试考官，决心黜落刘几，而刘几却中了状元。《梦溪笔谈》卷九载：

> 嘉祐中，士人刘几累为国学第一人，骤为怪险之语，学者翕然效之，遂成风俗，欧阳公深恶之。会公主文，决意痛惩。……有一举人论曰："天地轧，

---

① 苏轼:《上神宗答诏论学校贡举之法》,《宋朝诸臣奏议》卷七九;《苏轼文集》卷二五。

② 《欧阳修全集》卷一一三《论逐路取人札子》。

③ 唐庚:《眉山唐先生文集》卷六《名治论》。

万物茁，圣人发。”公曰：“此必刘几也。”戏续之曰：“秀才剌，试官刷。”乃以大朱笔横抹之，自首至尾，谓之“红勒帛”。判“大纰缪”字，榜之。既而，果几也。

复数年，公为御试考官，而几在庭。公曰：“除恶务本，今必痛斥轻薄子，以除文章之害。”有一士人论曰：“主上收精藏明于冕旒之下。”公曰：“我已得刘几矣。”既黜，乃吴人萧稷也。是时试《尧舜性仁赋》，有曰：“故得静而延年，独高五帝之寿；动而有勇，形为四罪之诛。”公大称赏，擢为第一人。及唱名，乃刘煇。人有识之者曰：“此刘几也，易名矣。”公愕然久之。

还有一个有名的例子：元祐三年（1088），苏轼知贡举，苏门六君子之一的李廌（1059—1109）应举。苏轼特意要使他及第，但结果李廌却落第而归。为此，苏轼作诗以送之。其诗题为《余与李廌方叔相知久矣领贡举事而李不得第愧甚作诗送之》，诗云：

与君相从非一日，笔势翩翩疑可识。平生漫说古战场，过眼终迷日五色。

我惭不出君大笑，行止皆天子何责。青袍白苎五千人，知子无怨亦无德。

买羊酤酒谢玉川，为我醉倒春风前。归家但草凌云赋，我相夫子非癯仙。①

此外，那些废罢封弥、誊录制度的理由都是难以成立的。概括起来，其理由大概有三，其一是：实行封弥、誊录，“不能守科场大体，但疑春官有私”②；罢之，“则主司知朝廷委任不疑，益务尽心”③。事实上，正如包拯所说：诸州解试，“每州用试官一员，是天下试官逾三百馀员，必恐未能尽得其人，而悉心于公取也”④。所以不得不防。而实行封弥、誊录制度，并不会妨碍考官尽心尽力，反而会使考官排除各种请托干扰，尽心精选英才。

其废罢封弥、誊录的理由之二是：“外郡解发进士、诸科人，本乡举里选之式，

① 《苏轼诗集》卷三〇《余与李廌方叔相知久矣领贡举事而李不得第愧甚作诗送之》。

② 《长编》卷六七，景德四年十二月丙辰。

③ 《苏魏公文集》卷十五《议贡举法》。

④ 《包拯集校注》卷一《请依旧封弥、誊录考校举人奏》。

必先考其履行，然后取以艺业。今乃不求履行，惟以词藻、墨义取之，加用封弥，不见姓字，实非乡里举选之本意也。”①实际上，宋代在参加解试的资格中，已经规定了履行等方面的种种要求，如未犯杖以上刑责、非曾为僧道胥吏、无期周尊长丧服、身不被废疾等等，并且五人为保，立有“保状”，如果在品行方面不合格，本人要受到严厉惩罚，同保应举人也要负连带责任。这样，并非“不求履行，惟以词藻、墨义取之”，而是有效地解决了“履行”与“艺业”的矛盾，不会出现苏颂(1020—1101)所担心的“平时常负玷累，苟一日之长可取，便预收采”的情况，也不是像南宋后期的王柏(1197—1274)所说：“至糊名之法行，而士之进退一决于三日之虚文，虽纲常沦坏之人，贩缯屠狗之辈，不必择也。”②

如果不实行封弥、誊录，考试官也很难亲知每位应举人的履行，所谓的“考其履行”不过是“采虚誉”罢了。那样就会如包拯(999—1062)所说：“或缘其雅素，或牵于爱憎，或迫于势要，或通于贿赂，势不得已因而升黜者有矣，又何暇论材艺、较履行哉！”③即使不受请托，也会出现“亦只取本州曾经荐送旧人，其新人百不取一”④。这样，必然会“爱憎互起，毁誉交作，请托公行，贿赂上流，谤讟并兴，狱讼不息”⑤。要解决这些问题，又必然回到实行封弥、誊录制度。正因为如此，它才成为“祖宗以来不可易之制”。⑥

四、封弥、誊录制度下的作弊与防弊

封弥、誊录制度在科举考试的实践中，确实起到了防止考校试卷作弊的积极作用。但是，宋代作为一个科举社会，科场的胜败得失，必然牵动数以十万计的举人之心。南宋人洪迈(1123—1202)《容斋四笔》卷八《得意失意诗》载：

> 旧传有诗四句夸世人得意者云：“久旱逢甘雨，他乡见故知。洞房花烛夜，金榜挂名时。”好事者续以失意四句曰：“寡妇携儿泣，将军被敌擒。失恩宫女面，下第举人心。”此二诗，可喜可悲之状极矣。

---

① 《长编》卷一四三，庆历三年三月戊戌。
② 王柏：《鲁斋集》卷一一《题吕申公试卷》。
③ 《包拯集校注》卷一《请依旧封弥、誊录考校举人奏》。
④ 《长编》卷一六四，庆历八年四月丙子。
⑤ 《温国文正司马公文集》卷三九《议学校贡举状》。
⑥ 《欧阳修全集》卷一一三《论逐路取人札子》。

"及第"和"落第"已经成为宋人的"四喜"、"四悲"之一。因此,宋代科举防弊措施尽管已经十分严密,但是,"道高一尺,魔高一丈",仍有人千方百计作弊。对于封弥、誊录制度来说也是如此。"贡举莫重于省试,利害关系莫重于封弥。"①实行封弥、誊录制度之后,实行作弊的手段主要有密约暗号、预买题目、拆换试卷、誊录灭裂等,宋朝政府也相应地采取了各种防弊的措施。

(一) 密约暗号

封弥制度实行之后不久,就出现了密约暗号的作弊事件。《长编》卷五九载:

[景德二年(1005)]四月丁酉(二十日),枢密直学士刘师道责授忠武行军司马,知制诰陈尧咨单州团练副使。先是,师道弟几道举进士,礼部奏名,将廷试。近制,悉糊名校等。尧咨为考官,教几道于卷中密为识号。几道擢第,或告其事,诏落籍,永不得预举。上初欲含容,不复穷理其事,而师道固求辨理,诏东上阁门使曹利用、兵部郎中边肃、内侍副都知阎承翰诣御史府杂治之,坐论奏诬罔,与尧咨并及于责。大理寺王湛者,咸平五年登进士第,与几道同,至是,狱词连及,亦削官。

殿试考官陈尧咨教枢密直学士刘师道(961—1014)的弟弟刘几道在试卷中密约暗号,因而及第。事发之后,均被严惩。此类弊案,时有发生。《宋会要辑稿·选举》一六之三二至三三《发解》载:

嘉定十一年(1218)十一月十一日,诏荣州(今四川荣县)发解监试官承直郎、签判何周才特贷命,追毁出身以来文字,除名勒停,免真决,不刺面,配忠州牢城,免籍没家财;考试官石伯酉、扈自中、冯夤仲各特降一资,并放罢;刘颐并徒二年私罪,赎铜二十斤,仍照举人犯私罪不得应举;杨元老徒二年私罪,荫减外,杖一百,赎铜十斤;刘济特送五百里外州军,刘颐、杨元老特分送三百里外州军,并编管。

以周才充发解监试,受刘光赇赂,用杨元老之谋,约以策卷中三"有"字为暗号取放光之子颐改名宜孙,及其孙济二名。既为赵甲经漕司告试院孔窍之弊,下遂宁府鞫得其实,具按来上,从大理拟断。于是,臣僚言:"周才、

① 《宋会要辑稿·选举》六之三七《贡举杂录》。

> 光等罪犯皆得允当，伯酉、自中、夤仲不合擅令周才干预考校，又听从取放，乞并镌罢。”故有是命。

荣州解试监试官何周才受贿“约以策卷中三‘有’字为暗号”，录取刘光之子刘颐、之孙刘济二人得解，受到“除名勒停”、“配忠州牢城”等刑罚。这些都是揭露出来的案件，未暴露的恐怕更多。其所以如此严惩，也是为了杀一儆百。

（二）预买题目

所谓“预买题目”，就是预先购买科举考试题目。《宋会要辑稿·选举》六之一六《发解》载：

> 夫差官考校，逐州对号，以防请嘱；今富室子弟先期计会，漕胥密知考官姓字，要之于路，潜行贿赂，预买题目，暗为记号，侥幸中选，铜臭得志，而真材老于岩穴矣！此考官鬻解之弊。

元祐三年（1088），苏轼（1037—1101）知贡举，为了能让门人李廌（1059—1109）及第，据说还采取了类似“预买题目”的作弊手段，只不过交换的是人情而不是金钱。《鹤林玉露》甲编卷之五《李方叔》云：

> 元祐中，东坡知贡举，李方叔就试。将锁院，坡缄封一简，令叔党持与方叔，值方叔出，其仆受简置几上。有顷，章子厚二子曰持曰援者来，取简窃观，乃《扬雄优于刘向论》一篇。二章惊喜，携之以去。方叔归，求简不得，知为二章所窃，怅惋不敢言。已而果出此题，二章皆模仿坡作，方叔几于阁笔。及拆号，坡意魁必方叔也，乃章援。
>
> 第十名文意与魁相似，乃章持。坡失色。二十名间，一卷颇奇，坡谓同列曰：“此必李方叔。”视之，乃葛敏修。时山谷亦预校文，曰：“可贺内翰得人，此乃仆宰太和时，一学子相从者也。”而方叔竟下第。……余谓坡拳拳于方叔如此，真盛德事。然卒不能增益其命之所无，反使二章得窃之以发身，而子厚小人，将以坡为有私有党，而无以大服其心，岂不重可惜哉！

南宋人罗大经竟然将苏轼这种“有私有党”的舞弊行为称赞为“真盛德事”，岂非咄咄怪事！由此更可以看出封弥、誊录作用和意义重大。

南宋时期,"预买题目"更为普遍。周密(1232—1298)《癸辛杂识》后集《私取林竹溪》载:

> 林竹溪希逸,字肃翁,又号鬳斋,福清人。乙未,吴榜由上庠登第,凡三试,皆第四。是岁,真西山知举,莆田王迈实之亦预考校。……林居与王隔一岭,素相厚善。省试前,林衣弊衣邀王车,密扣题意。王告以必用"圣人以天下为一家",要以《西铭》主意,自第一韵以后,皆与议定。……至引试日,题将揭晓,循例班列拈香,众方对越,闻王微祝云:"某誓举所知,神其鉴之!"是时乡人林彬之元质亦在试中,上情,以乡音酬答,亦授以意,亦预选云。

此为理宗端平二年(1235)省试事,如为解试,作弊就更容易了。

(三) 拆换试卷

封弥、誊录制度实行后的主要作弊手段是"拆换试卷",即孝宗淳熙五年(1178)知贡举范成大(1126—1193)所说的"拆换卷子之弊","谓如甲知乙之程文优长,即拆离乙文换缀甲家状之后"。[①]造成换易卷首的原因是多种多样的,宋朝政府也有针对性地采取了多种措施。

第一,本来为了防止换易卷首,在乡贯状与试卷正文之间加盖有压缝墨印,"缘其印狭长,往往可以裁去重贴"。针对这种情况,范成大建言:

> 臣等今措置于卷首背缝添造长条朱印,以"淳熙五年省试卷头背缝印"为文,仍斜印之,使其印角横亘家状、程文两纸,易于觉察。乞自后应干试院依此施行。[②]

孝宗"从之",采纳了这一建议。

后来,虽有卷缝长条背印之设,"而条印不印卷身,多印家状,亦有不及缝者,亦有全不印至封弥处者。又有封弥后写奉试,及作文处全无正面缝印者,公然掇换。"宁宗嘉定十三年(1220)四月二十七日,刑部员外郎徐瑄(?—1228)等又建言:

---

① 《宋会要辑稿·选举》五之四《贡举杂录》。

② 《宋会要辑稿·选举》五之四至五《贡举杂录》。

乞下部委郎官一二员监印背，须管印至封弥后第一、第二缝背面齐全，仍要锁院前一日印绝，不得于贡院用印。候引试日，榜示帘前，如无印缝，许即陈乞补印，仍逐卷用主行人印记。如仍前简漏，重行断降。有情弊，送狱根治。①

另外，书铺所纳试卷多不合格，而使卷缝长条背印之设失效。嘉定十三年四月二十七日，刑部员外郎徐瑄等又建言：

一、书铺纳卷，多不依式。或卷身行数"奉试"字外，只写"第一道"字，幅纸尽绝，其作文处，已入第二幅。又粘缝占寸许，合掌连粘，亦为揭起再粘之地。并合榜示士人，如有欺弊，帘前自陈改正，违者，封弥出别项架阁。如系取中，辩验稍涉掇换，取旨驳放。

不久，礼部言："今遵指挥条具：……一、约束书铺，榜示士人，试卷依式界行，如不依式，帘前改正事，乞从本部严示士人、书铺，依式界行粘缝；如违，重作施行。"宁宗"从之"，批准了礼部所拟条制。②

第二，封弥试卷，严置号簿。《宋会要辑稿·选举》六之一三至一五《贡举杂录》载：

嘉定六年(1213)五月一日，臣僚言："……一、封弥试卷，必有簿籍，抄记姓名，以备点对打号。寻常漏泄拆换，皆出于此。若对卷打号，监官亲临封记，不入吏手，则弊奸可革。兼真卷对毕，发归封弥所，合置橱封锁。或遇钓卷，监开以防偷窃。今乃置之架上，并无关防，安得不有换易之事？乞自后锁院，先令临安府就封弥所夹截库屋，可以封锁置架。开库，监官亲监，庶革前弊。"从之。

嘉定十三年(1220)四月二十七日，刑部员外郎徐瑄等又建言：

一、封弥所置号簿，纳卷书姓名、三代，注籍稽考。日前付之吏手，至拆

---

① 《宋会要辑稿·选举》六之三七《贡举杂录》。

② 《宋会要辑稿·选举》六之三七至三九《贡举杂录》。

> 榜，全不用，及只将草卷对真卷拆取，号簿遂为虚设，掇换窜易，皆无所考。乞监封弥卷首院门官衔内添“专拘号簿”，封锁卧内，直候台官拆榜，赍置知举前，将真卷对簿，见姓名、三代同，然后书榜。仍于卷身第二幅纸角添写字号，以备参对，可革掇换。①

不久，礼部言：“今遵指挥条具：……一、封弥所置号簿，乞差监封弥院门官敕牒内添‘拘号簿’字，从本部牒封弥所，照指挥施行。”宁宗批准了礼部所拟条制。

第三，亦有对换整个试卷而作弊者：“掇换之弊，亦有未试前，先将直本白卷寄封弥、誊录吏贴收藏，入试却请备卷。吏贴受嘱，专俟钓卷，全篇誊上。其元纳备卷，却行毁匿，遂无稽考。”嘉定十三年（1220）四月二十七日，刑部员外郎徐瑄等又建言：

> 乞合备卷之时，先具姓名，报封弥所，于簿内明注第几场系请备卷。候拆榜，如系真卷，不系备卷，即行根究。

不久，礼部言：“今遵指挥条具：……一、请备卷报封弥所事，乞下本部关贡举窠，照指挥施行。”宁宗“从之”，批准了礼部所拟条制。②

第四，拆换试卷之弊，往往有书铺参与，对书铺必须严加约束。嘉定十三年四月二十七日，刑部员外郎徐瑄等又建言：

> 一、书铺无非熟于奸弊之人。凡富室经营，未有不由书铺。设有官吏公心，弊亦难绝。乞于未纳试卷之前。约束书铺，三人结保，如一名造弊，并三名决配籍没。乞严赐施行，专为省试约束，札付礼部，候将来省试年分，预期检举。

不久，礼部言：“今遵指挥条具：……一、约束书铺，三人结保，如一名造弊，并三名同罪，乞从本部告报施行。”宁宗宁宗“从之”，批准了礼部所拟条制。③

（四）誊录灭裂

封弥、誊录制度下的另一大弊病是“誊录灭裂”。宁宗开禧三年（1207）十一

---

①②③　《宋会要辑稿·选举》六之三七至三九《贡举杂录》。

月二十一日,国子博士朱著言:

> 誊录善否最关考校。尝闻有司委官较字,不过书云"某县誊录人姓名"数字,其能否未甚别也。一时急于集事,未免苟容,以纸封臂,往往文具。掌誊录者率皆宣差局务,忽焉被命,莫得而稽。及课工程,善书者或规避,不善者多强勉。始焉靳靳成字,夜以继日,卤莽灭裂,十脱四五,颠倒句读,反覆涂窜,有不可晓者。胥有利焉,则择善者而授之书。其或文字本工,传抄多失。对读之官目力不逮,而考校督迫,工而失者有之,不工而得者亦有之。

这里所说大概是省试的情况,省试尚且如此,其他州府解试可想而知。那么如何防止这一弊病呢?国子博士朱著建言:

> 欲去斯弊,莫若于选差局务数内,先期下临安守臣选委通判,责以拣择,就臂印押。凡誊录之事,悉以委之。彼知此责,实身任焉,乌合之辈,亦自知警。是说果行,则昔弊自革矣。

诏令礼部勘当。礼部言:"所陈关防场屋积弊,委为切当。乞下逐处遵守施行。"宁宗"从之",遂从礼部之请,按朱著建言施行。①

宁宗嘉定元年(1208)正月九日,臣僚上言,造成誊录、对读之弊的主要原因,在于对读、誊录人的素质低下,且待遇太差。防弊之法,在于提高其素质和待遇。《宋会要辑稿·选举》六之一至二《贡举杂录》载:

> 嘉定元年正月九日,臣僚言:"仰惟国家数路取士,得人最盛,莫如进士设科。近年奸弊滋甚……
>
> 一、试卷去取,虽赖考官精明,而誊录、对读尤当加意。誊录脱误,对读卤莽,文义舛讹,必误考校。每举所差对读官员数特多,正欲订正誊录脱误,以便考校。惟是差官不加选择,虽昏耄衰病亦使备数。所以待遇者,又皆简薄,位次狭隘疏漏,上雨旁风,不能自庇,而幕帟、器用、油烛、薪炭之属,亦多不备,何以责其尽心?遂致草卷虽经对读,脱误尚多,帘内考校倍觉费力。乞加选择,无以昏耄衰病者充数。凡所供备,如位次、幕帟、器用、油烛、薪炭

① 《宋会要辑稿·选举》五之三三至三四《贡举杂录》。

之属，无得苟简。择之精，待之厚，傥不敬谨其事，罚亦不贷。

一、誊录试卷所差誊录人，率是雇代充应，只求雇直稍轻，虽疾病、癃老不惯书写，俱不暇问。当其誊写之初，老病与不善书者尚能强勉，数日之后，精力疲苶，多不成字，再三详访，方见意义。若多脱误，又不可读，实为深害。乞令礼部下所属须管选择惯熟书写、精力强健之人充应，仍令长吏保明。（长吏谓县押录、州府之都吏。）如更循袭充数，仰誊录所申试院，牒报元差官司，将承行长吏断勒。……"从之。

誊录灭裂的另一个原因，在于誊录强度太大。《吹剑录外集》载：

余见贡院誊录人言，每日卷子若干，限以时刻，迟则刑责随之。日夜不得休息，饥困交攻，眼目涩赤。见试卷有文省字大涂注少者，则心目开明，自觉笔健，乐为抄写。

如何防止誊录灭裂之弊？则对于违犯条制者，严刑处罚。如仁宗庆历八年（1048）四月十四日，礼部贡院言："……本院投名充佣笔书写人，并依元定人数，不得夹带不系元雇人数入院。如违，知情并犯人并行严断。……"诏依所奏。①高宗绍兴十五年（1145）四月三日，"诏太学博士杨邦弼御试进士，对读试卷有所脱漏，罚铜十斤"。②光宗绍熙元年（1190）五月二十四日，臣僚言："……其誊录人，自今须十名为一甲，并要亲身，不许和顾代名。如有代名之人，许甲内自陈，其不首者，他日事发，并同犯人坐罪。"诏从之。③

南宋后期，随着政局的变化，贡举作弊愈益严重。但宋朝政府并未放弃防弊的努力，特别注意封弥、誊录的有效施行。《宋史》卷一五六《选举志二》云：

至理宗朝，奸弊愈滋。……举人之弊凡五：曰传义，曰换卷，曰易号，曰卷子出外，曰誊录灭裂。迨宝庆二年（1226），左谏议大夫朱端常奏防戢之策，谓："……士人暮夜纳卷，易于散失。宜令封弥官躬亲封鐍卷匮，士人亲书幕历投匮中。俟举人尽出院，然后启封，分类抄上，即付誊录所。明旦，申逐场名数于御史台检核。其撰号法，上一字许同，下二字各异，以杜讹易之

① 《宋会要辑稿·选举》三之三二《贡举杂录》。
② 《宋会要辑稿·选举》八之四三《亲试杂录》。
③ 《宋会要辑稿·选举》一之二二《贡举》。

弊。誊录人选择书手充，不许代名，具姓名字样，申院覆写检实。……”帝悉从之，且命精择考官，毋仍旧习。

由以上可以看出，实行封弥、誊录之后，虽然也难免产生这样或那样的弊病，但其作弊要困难多了。而且，宋朝政府进一步采取了一系列防弊措施，只要认真执行，还是颇为有效的。但是，权臣擅政，政治黑暗之时，即使实行封弥、誊录，仍然防不胜防。如高宗时，秦桧（1090—1155）专权，绍兴十二年（1142），殿试考试官奏名其子秦熺（？—1161）为第一；绍兴二十四年，又以其孙秦埙为省元和殿试奏名第一，均以有官人不得为状元，才降为第二、第三，但仍享受状元的恩例。《建炎以来系年要录》卷一六六载：

绍兴二十四年三月辛酉（八日），上御射殿策试正奏名进士。先是，秦桧奏以御史中丞魏师逊、权礼部侍郎兼直学士院汤思退、右正言郑仲熊同知贡举。吏部郎中、权太常少卿沈虚中，监察御史董德元、张士襄等为参详官。师逊等议以敷文阁待制秦埙为榜首，德元从誊录所取号而得之，喜曰：“吾曹可以富贵矣。”遂定为第一。榜未揭，虚中遣吏逾墙而白秦熺。及廷试，桧奏以士襄为初考官，仲熊覆考，思退编排，而师逊详定。虚中又密奏，乞许有官人为第一。……

于是师逊等定（秦）埙为首，（张）孝祥次之，（曹）冠又次之。上读埙策，觉其所用皆桧、熺语，遂进孝祥为第一，而埙为第三，赐孝祥以下三百五十六人及第至同出身。

董德元（1096—1163）从誊录所索取秦埙试卷字号，沈虚中锁宿贡院而派吏人向秦熺暗通消息，这都是公然违背贡举条法的。正如南宋人吕中在《大事记》中所说：“桧子既尝为举首，又以其孙埙为举首，上觉之，遂居第三。进士榜中，悉以亲党居之，天下为之切齿，而士子无复天子之臣矣。”但是，秦桧的阴谋只能得逞于一时，绍兴二十五年十月秦桧死，绍兴二十六年八月，“诏敷文阁直学士秦埙……所带阶官并易‘右’字，左宣义郎曹冠……并驳放”。[①]即取消了他们的科举出身。[②]

① 《系年要录》卷一七四，绍兴二十六年八月。

② 参见拙著《秦桧与科举》，《岳飞研究》第3辑，中华书局1992年版。

通过实行封弥、誊录制度，保证科举考试的“平等竞争”，从积极方面来说，可以从中选拔出经国治世的优秀人才，推动社会的发展；从消极方面来说，可以平息落第者的愤怒，化解落第者的怨恨，保持社会的稳定。因此，封弥、誊录制度一直为元、明、清三代所继承。直至今天，在高等学校入学考试、公务员资格考试等考试中仍然在实行封弥（糊名）制度。我们研究宋朝的封弥、誊录制度，不仅具有学术价值，而且具有现实意义。

第三节　分等考第、多级评定制度

对于应举人试卷的考校，宋朝还采取了分等考第、三级评定的制度。以保证试卷评定的公开、公正与公平。

一、分等考第制度

在贡举试卷考校中，经义试卷的考校比较简单。经义试卷包括帖经、墨义和大义三种，其评定难易程度也不相同。帖经、墨义均较简单，在第八章第三节中已有介绍，此不赘述。

在经义试卷考校中，比较复杂的是大义试卷。仁宗庆历四年（1044）三月，范仲淹（989—1052）改革贡举，翰林学士宋祁（998—1061）等新定贡举条制云：

> 诸科举人依旧制场各对墨义外，有能明旨趣愿对大义者，于取解到省家状内具言愿对大义，除逐场试墨义外，至终场并御试各于本科经书内只试大义十道，直取圣贤意义解释对答，或以诸书引证，不须具注疏。九经、三礼、三传、毛诗、尚书科愿对大义者，每道所对与经旨相合、文理可采者为通，五通为合格，其中深晓经义、文理俱优者为上等。①

但由于庆历新政失败，这一考校大义的新制未及实行。庆历五年三月己卯（二十三日），“诏礼部贡院进士所试诗赋、诸科所对经义，并以旧制考校”。②九年之后，

① 《宋会要辑稿·选举》三之二七至二八《贡举杂录》。

② 《长编》卷一五五，庆历五年三月己卯；《宋会要辑稿·选举》三之三〇《贡举杂录》。

又制定了考校大义新制。《宋会要辑稿·选举》一二之三〇《明经科》载：

> 皇祐五年(1053)闰七月二十日，诏：诸科举人自今后终场问大义十道，每道举科首一两句为问，能以本经注疏对，而加以文辞润色发明之者，为上；或不指明义理，但引注疏备者，次之，并为"通"。若引注疏及六分者，为"粗"。其不识本义或连引他经而文章乖戾、章句断绝者，为"否"。并以四"通"为合格。

此为初试大义时的规定。即根据征引注疏与指明义理的情况，分为上、次、粗、否四等，上等和次等为"通"，每场问大义十道，四道为"通"即为合格。

宁宗嘉定十五年(1222)二月十二日，礼部上言征引秘书郎何淡奏云："祖宗之制，诸科举人问大义十道，能以本经注疏对，加以文辞润色发明者，为上；或不指明义理，但引注疏备者，次之；若引注疏及六分者，为粗；其不识本义，或连引他经文意乖戾、章句断绝者，为下。"①其所说"祖宗之制"与皇祐五年诏书略同，可见在皇祐五年至嘉定十五年(1053—1222)的一百七十年间，大义四等考校法一直未变。

诗、赋、论、策试卷的考校更为复杂一些。大概到宋真宗时期，贡举殿试试卷开始形成了五等考第制度。《长编》卷七一载：

> [大中祥符二年(1009年)六月]庚戌，上御崇政殿亲试，仍别录本考校，取《玉篇》中字为号，始令第进士程试为五等，曰"上次"，曰"中上"，曰"中次"，曰"下上"，曰"下次"。取考官、覆考官所定试卷参较等第，有不同者，命再考之。考讫，又付右仆射张齐贤等详审，仍以高等十卷付宰相重定。

由此可见，殿试试卷成绩分为五等，但是，此五等是将所有殿试试卷分为五等，还是将殿试合格试卷分为五等，史无明言，仍然难以断定。此时殿试内容为赋、诗、论三题，所以也可以说，赋、诗、论试卷考校形成了五等考校制度。

大中祥符四年(1011)新定《新试进士条制》，对殿试考第之制有更为具体的规定。《长编》卷七六载：

---

① 《宋会要辑稿·选举》六之四一至四二《贡举杂录》。

[大中祥符四年十一月丙子]内出新定《条制》：……其考第之制，学识优长、词理精绝为第一等，才思该通、文理周密为第二等，文理俱通为第三等，文理中平为第四等，文理疏浅为第五等。

此处所分五等，大概是指所有殿试试卷而言，因为既然"文理疏浅为第五"，其第五等恐怕不会被评定为殿试合格吧！

《宋会要辑稿·选举》一之八《贡举》载：

大中祥符五年正月四日，以翰林学士晁迥权知贡举，枢密直学士刘综、知制诰李维、龙图阁待制孙奭权同知贡举。合格奏名进士某已下一百九十人。

《宋会要辑稿·选举》七之一一至一二《亲试》载：

大中祥符五年三月二十二日，帝御崇政殿，试礼部奏名进士。……得徐奭已下一百二十六人，并赐及第、出身。……先是，考卷入第四等者，止九十人，又令取五举已上者再考，始充此数。诏入第四等者，以赋、论为先，诗次之；又以入高等者，凡十卷，命辅臣重定之，始诏放焉。

此榜实施的即为《新试进士条制》。由此可进一步证明，殿试试卷的五等考校之法，是对所有殿试试卷而言，成绩评为第一至四等者方可赐进士及第、出身，该榜参加殿试人数为190人，殿试赐及第、出身者为126人，则殿试黜落者为64人，即占参加殿试人数的34%。

仁宗时，赵抃(1008—1084)在其嘉祐六年(1061)担任殿试编排官时的日记中，对殿试试卷考校等第有更为明确的记载。《赵清献公充御试官日记》云：

第一谓学识优长，辞理精纯，出众特异，无以比伦；第二谓才学该通，文理周密，于群萃中堪为高等；第三谓艺业可采，文理俱通(原注：须合得及第者)；第四等谓艺业稍次，文理粗通，于此等中仍分优劣，优即为第四等上；第五等(原注：须必然合落者)谓文理疏浅，退落无疑。不考，谓犯不考式。纰缪，谓所试文字并皆荒恶。

由以上可知,殿试试卷考第在第一至第四等者为殿试合格,第五等及“不考”、“纰缪”者则黜落无疑。《赵清献公充御试官日记》与《新试进士条制》略同,只是将“文理中平”换成了“文理粗通”。看来,最晚至大中祥符四年对殿试所有试卷的考第已经成为定制,第一至第四等为殿试合格,赐及第、出身,第五等则黜落无疑。

神宗时,殿试试卷考校亦分为五等,而每等又分上、中、下,第五等亦应黜落。元祐二年(1087)十月己亥(二十一日),苏轼(1037—1101)上奏云:

> (叶)祖洽及第时,臣轼系编排官,据初考官吕惠卿等定祖洽为第三等中,合在甲科,覆考官宋敏求等定祖洽为第五等中,合是黜落。臣曾具事由闻奏,乞行黜落。①

《长编》卷四〇六元祐二年十月己亥条注云:

> 旧录于君锡传载祖洽事又云:盖先帝初以策试多士,俾陈当世之务,将因时适宜,更张流弊。而祖洽所对当上意,擢居第一。

熙宁三年(1070),陈襄(1017—1080)所上《乞升陆佃优等唱名札子》亦云:

> 臣窃见进士誊录卷子内有“偲”字一号,初、覆考一处考到等第,绝相辽远,初考定作第三等上,必专取其义理之学而略其文辞,覆考定作第四等下,必以其文辞不工而遗其义理。臣与吴充等为见等第未安,已依近降圣旨指挥,酌中详定作第三等下。②

按叶祖洽于神宗熙宁三年状元及第,“偲”字号乃为陆佃(1042—1102)试卷,为当年第三人。由此可知,神宗熙宁三年殿试试卷考校在分为五等的基础上,每等又分为上、中、下;而第五等也是“合是黜落”的。

南宋时,殿试试卷考校亦同神宗熙宁之制。孝宗淳熙五年(1178),周必大(1126—1204)《次韵陈叔晋舍人殿试笔记》诗曰:“墨朱同异容兼采,第级从违得

---

① 《长编》卷四〇六,元祐二年十月己亥。

② 陈襄:《古灵集》卷七《乞升陆佃优等唱名札子》。

细书。”其注云：“考校法，第一至第五凡五等，每等分上、中、下。”①其具体情况不详，有待进一步考证。

宋朝对于殿试合格试卷又分为五甲即五等，分别赐贡举及第、出身、同出身。北宋前期，也有分为四等或六等者。其具体情况也不得其详，有待进一步考证。

二、三级评定制度

宋朝贡举解试试卷的考校层级不得其详，而省试、殿试试卷考校则都是分为三级评定的。

宋朝贡举省试，主要设有知贡举、同知贡举、参详官、点检试卷官等考试官，负责省试的命题、试卷考校、去取高下、奏名等事务，省试试卷实行点检官、参详官、知举官三级评定制度。此制大概始于真宗初年。《长编》卷六七载：

> 景德四年(1007)十二月癸卯(十一日)，命翰林学士晁迥、知制诰朱巽、王曾、龙图阁待制陈彭年同知贡举。……又命监察御史严颖、张士逊监贡院门，都官员外郎乔颜、太常博士郑彝、太常丞陈既济巡试铺，太常丞、直集贤院任随、著作佐郎陈覃点检进士程试，大理寺丞马龟符等六人考校诸科程试。又命知制诰周起、京东转运使、祠部员外郎滕元晏封印举人卷首，用奉使印；殿中丞李道监封印院门。进士、诸科试卷，悉封印卷首，送知举官考校，仍颁其式。知举官既考定等级，复令封之进入，送覆考所考毕，然后参校得失。凡礼部封印卷首及点检程试别命官，皆始此。

即先封弥卷首，送知贡举官考校，知贡举官考定等第后，再将所考等第封弥，然后送覆考所覆考，最后由知贡举官“参校得失”，确定去取、高下。此时省试已设知贡举官和点检官，尚未设参详官，所以三级考校制度尚不十分完备。仁宗时始设覆考官，神宗时改称参详官，至此，省试常设点检试卷官、参详官、知举官，三级考校制度趋于完备。其阅卷程序，正如中书舍人虞俦所言：

> 省闱体例，士人卷子先经点检官批定分数，然后参详官审订其当否，而

① 《周益国文忠公集》卷七《次韵陈叔晋舍人殿试笔记》。

上之知举,从而决其去取高下。①

也正如嘉定十年(1217)正月九日,臣僚所言:

初考以点检为名,盖点检程式,别白优劣,而上于覆考。覆考以参详为职,盖参订辞义,精详工拙,以上于知举。至于知举,则取舍方定。②

由此可知,省试阅卷采取的是点检试卷官—参详官—知贡举官三级考校制度。其所以如此,正如嘉定元年(1208)正月九日臣僚所言:"省闱差官,有知举、参详、点检之别,盖欲参稽互考,必求其当。"③也正如嘉定六年十二月二十九日臣僚所言:"旧制,点检试卷官批高下,参详覆考,供纳知举,欲使三场互考,不以一人之见为去取,一场所作定得失。"④

当然,三级评定施行过程中,也会出现一些问题。如嘉定元年(1208)正月九日,臣僚言:

省闱差官,有知举、参详、点检之别,盖欲参稽互考,必求其当。向为知举者,不此之思,乃谓试卷去取,可得自专,至有参详、点检去取一同,知举独不以为然,而得失遂定。往岁宰臣、台谏有子登科,继行驳放,多是参详、点检以为可黜,而知举自行取放。凡为知举,绝无私意,犹不可专用己见,傥或藉此行私,岂不为考校大弊?臣谓参详、点检可否不同,正须知举平心参酌,择其是者从之。若参详、点检去取相同,而知举或有异见,要当更与考订至当,以定去留。如此,不惟参详、点检各得与知举详议,尽其所见,为知举者亦可无自用之嫌。乞令礼部候锁院日详此施行。⑤

宁宗"从之"。正因为有点检、参详、知举三级试卷评定制度,才能防止任何一级的作弊或不公,做到"考订至当"及"无自用之嫌"。

为了防止作弊或考校不公,还需要点检试卷官、参详官、知贡举官共同商议定夺。《宋会要辑稿·选举》六之二七至二八《贡举杂录》载:

① 王圻:《续通考》卷四三。
② 《宋会要辑稿·选举》六之二七至二八《贡举杂录》。
③⑤ 《宋会要辑稿·选举》六之一《贡举杂录》。
④ 《宋会要辑稿·选举》六之一八至一九《贡举杂录》。

> 嘉定十年正月九日，臣僚言："今初考批卷人各不同：谨畏分守者虽遇杰作，未敢过予；率意任情者偶有所合，径批优分。虽知举、参详，或升或驳，而过落攒分之际，合数而总计之，得失不能不差矣。其他如挟专门之学者，自是所见，取舍不合于公论，喜穿凿之论者，不顾经意，权衡莫当于人心，使辛勤实学者有不遇之叹。乞下礼部……初考批分，必从知举先集考官议其去取高下，所批字号分数，务适其当。过落司如遇初考分数，方于参详、知举，许当职官缴申试厅，公共予夺，庶几弊幸稍革，真才不遗。"从之。

三级考校，加上考官集议，有利于所批分数适当；"公共予夺"，可以稍革弊幸，不遗真才。

宋朝殿试主要设初考官、覆考官、详定官，殿试试卷实行初考、覆考、详定三级评定制度。此制始于真宗大中祥符四年（1011）。《长编》卷七六载：

> 大中祥符四年十一月丙子（七日），上御崇政殿亲试……内出新定《条制》：举人纳试卷，内臣收之；先付编排官去其卷首乡贯状，以字号第之；付封弥官誊写校勘，用御书院印；始付考官，定等讫；复弥封送覆考官，再定等。编排官阅其同异，未同者再考之；如复不同，即以相附近者为定。始取乡贯状字号合之，乃第其姓名差次并试卷以闻，遂临轩唱第。

此时殿试尚未设详定官，由初考官、覆考官、编排官实行三级考校。殿试试卷由编排官去其卷首、编排字号，付封弥官誊录、校勘之后，先送初考官考校定等；然后，将初考官所定等封弥，送覆考官再定等；再然后，送编排官，打开初考官所定等，检阅初考与覆考所定等的异同，"未同者，再考之；如复不同，即以相附近者为定"。最后，取乡贯状字号与试卷合在一起，将及第者的姓名、名次和试卷呈送皇帝，唱名赐第。

天禧三年（1019），增设详定官，遂改为初考官、覆考官、详定官三级考校。《宋会要辑稿·选举》七之一三《亲试》载：

> 天禧三年三月十日，幸考校官幕次，抚问久之。殿试之制，举人纳卷先付编排官，去卷首乡贯状，以字号第之，付封弥官，誊本比较，始付考官，定等讫；复封弥送覆考官，再定等；(仍)[乃]送参详官启封，阅其同异，参详著定；始付编排官，取乡贯状，以字号合之，第其姓名、差次并试卷以闻，即放榜焉。

殿试试卷考校程序改为：第一步，“编排官，去卷首乡贯状，以字号第之”；第二步，“封弥官，誊本比较”；第三步，初考官定等；第四步，“复封弥，送覆考官再定等”；第五步，“送参详官启封，阅其同异，参详著定”；第六步，“编排官，取乡贯状，以字号合之，第其姓名、差次并试卷以闻，即放榜焉”。参与殿试试卷考校者主要有编排官、封弥官、初考官、覆考官、详定官，但是编排官、封弥官仅仅负责编排、封弥、誊录试卷一类的考校事务，而决定试卷等第者则是初考官、覆考官、详定官，即殿试试卷封弥、誊录之后，先送初考官评定等第；然后将初考官所定等第封弥之，再送覆考官重定等第；最后送详定官根据初考官、覆考官所定等而确定等第。所以说，至此，殿试试卷的初考—覆考—详定三级考校制度趋于完备。

天禧三年殿试试卷考校新制与大中祥符四年旧制相比，最大区别在于：“编排之职，无覆考验，第据参详所定而已。”①其目的在于：“大抵欲考校、详定官不获见举人姓名、书翰，编排官虽见姓名，而不复升降，用绝情弊。”是榜工部郎中陈尧佐（963—1044）、右正言陈执中（990—1059）为殿试编排官，不详此制，复改易详定官所定等第，遂闹出一起科场案。《长编》卷九三天禧三年三月己卯（二十二日）载：

翌日，内廷覆验，多所同异，遂悉付中书，命直龙图阁冯元、太子右谕德鲁宗道阅视，仍召尧佐、执中洎考校、详定官对辨之。尧佐等具伏。王钦若等言：“尧佐等所犯，诚合严谴。若属吏议，其责尤重，请止据罪降黜。”从之。

天禧三年三月己卯（二十二日），工部郎中陈尧佐、右正言陈执中，并夺一官。尧佐为起居郎，依前直史馆，监鄂州茶场。执中卫尉寺丞、监岳州酒税。

是榜三月丙寅（九日）殿试，按规定殿试后十日考校完毕，将考校结果呈报皇帝，则“翌日”当为三月丁丑（二十日），编排官陈尧佐、陈执中因罪降黜在三月己卯（二十二日）。《长编》卷九三天禧三年三月己卯（二十二日）注引《国史·选举志》亦云：

先是，编排官兼详定，仍许点检差失。是岁，分编排、详定为二，而尧佐、执中不详诏意，得详定试卷，复更升降。放及第毕，禁中参验，多所同异。故

---

① 《宋会要辑稿·选举》七之一三《亲试》。

尧佐、执中坐黜责。

按照天禧三年殿试试卷考校新制，不但编排官不得改易详定官所定等第，而且在仁宗嘉祐六年(1061)之前，详定官对初考官、覆考官所定等第，也只能二者取一，或从初考，或从覆考为定，即不得别立等第。沈括(1031—1095)《梦溪笔谈》卷一云：

> 嘉祐中，进士奏名讫，未御试，京师妄传王俊民为状元，不知言所起，人亦莫知俊民为何人。及御试，王荆公时为知制诰，与天章阁待制杨乐道二人为详定官。旧制，御试举人设初考官，先定等第，复弥封之，以送覆考官，再定等第，乃付详定官，发初考官所定等，以对覆考之等，如同即已，不同则详其程文，当从初考，或从覆考为定，即不得别立等。是时王荆公以初、覆考所定第一人皆未允当，于行间别取一人为状首，杨乐道守法，以为不可。议论未决，太常少卿朱从道时为弥封官，闻之，谓同舍曰："二公何用力争？从道十日前已闻王俊民为状元。事必前定，二公徒自苦耳。"既而，二人各以己意进禀，而诏从荆公之请。及发封，乃王俊民也。详定官得别立等自此始，遂为定制。

"嘉祐中"，乃为嘉祐六年，是榜状元为王俊民，进士殿试详定官为杨畋(字乐道，1007—1062)、何郯、王安石(1021—1086)。自真宗天禧三年至仁宗嘉祐六年(1019—1061)的42年间，详定官的职责仅为"发初考官所定等，以对覆考之等，如同即已，不同则详其程文，当从初考，或从覆考为定，即不得别立等"。"详定官得别立等"自嘉祐六年王安石为详定官始，自此"遂为定制。"

熙宁三年(1070)，神宗更下诏规定详定官可以"酌中别立等第"。《宋会要辑稿·选举》八之三五《亲试杂录》载：

> 熙宁三年三月十八日，诏御试详定所，如今来初、覆考官考到试卷内等第相远者，更酌中别立等第。①

在实践中，是榜即将陆佃(1042—1102)试卷别立等第。陈襄(1017—1080)《古灵集》卷七《乞升陆佃优等唱名札子》载：

---

① 《宋会要辑稿·选举》八之三五《亲试杂录》。

> 臣窃见进士誊录卷子内有“偲”字一号，初、覆考一处考到等第，绝相辽远，初考定作第三等上，必专取其义理之学而略其文辞，覆考定作第四等下，必以其文辞不工而遗其义理。臣与吴充等为见等第未安，已依近降圣旨指挥，酌中详定作第三等下。虽立等不为不优，然已混在稠人之中，不能旌别，以副陛下求人之意。……伏望陛下取其根本之学，不求词藻之工，临轩唱名，特赐省览。如实有可采，愿以优等置之。不惟上称陛下至诚文士之心，抑足以风劝后学。

是榜陈襄、吴充(1021—1080)为详定官，“偲”字号殿试试卷初考为第三等上，覆考定为第四等，二者相差甚远，详定官酌中别立等第为第三等下。临轩唱名，神宗亲览，又升为第三人。

徽宗时所颁《崇宁御试贡举令》又进一步规定：“隔二等累及五人许奏”。[①]即初考与覆考所定等第之间相差二等，累计五人，允许详定官上奏皇帝别定等第。

靖康之祸，宋室南渡，沿用嘉祐二年“详定官得别立等”之制。高宗绍兴五年(1135)八月九日，翰林学士、知制诰孙近言：

> 祖宗廷试进士，差官初考、覆考、详定，盖欲参用众见，以求实材。初考既定等第，乃加封印，以送覆考，复定等第，而详定所或从初考，或从覆考，不许别自立等。至嘉祐间，因王安石充详定官，始乞不用初、覆考两处等第，别自立等，至今循袭。为法如此，则高下升黜，尽出于详定官，而初、覆考殆为虚设。欲望复用祖宗旧制，如初、覆考皆未当，即具失当因依奏禀，方许别立等第。

高宗“从之”。[②]是年八月癸亥(二十二日)，高宗策礼部合格正奏名进士于射殿。“于是，右谏议大夫赵霈为详定官，以试卷初、覆考不同者具奏，御宝批送编排官、殿中侍御史谢祖信定夺。祖信别有升黜，悉依所定。”[③]九月戊子(十八日)，右谏议大夫赵霈上言：

> 《崇宁御试贡举令》自有“隔二等累及五人许奏”之文。臣近充详定官，

---

①② 《宋会要辑稿·选举》八之四一《亲试杂录》。

③ 《系年要录》卷九二，绍兴五年八月癸亥。

> 以试卷与初、覆考等第不同者闻奏。奉御宝：令编排所定夺。[如此]是使编排官得以兼详定之职，非特废法，恐自此遂为定例。乞今後隔二等累及五人，各开具集号某说可取、合升某等，某说非是、合降某等，许依令奏闻，免令复加定夺。”

高宗“从之”。①遂恢复崇宁之制。

宋朝殿试试卷考校采取初考、覆考、详定三级评定等第的制度，目的在于“欲参用众见，以求实才”。②南宋宰相周必大（1126—1204）有《次韵陈叔晋舍人殿试笔记（戊戌四月七日）》诗咏此制，其中有云：“墨朱同异容兼采，第级从违得细书。”周必大对这两句诗的自注分别为：

> 初考纯用墨书臣名、等第，送监封弥封官封印，送覆考所，纯用朱书臣名、等第，然后详定官启封，而酌其中书臣及等第以朱，而书名以墨。
>
> 考校法，第一至第五凡五等，每等分上、中、下。至详定所，从初考或从覆考，亦或别定。③

“戊戌”年乃孝宗淳熙五年（1178），是年三月贡举殿试，赐姚颖以下四百十七人进士及第、出身、同出身；“陈叔晋舍人”即陈骙（1128—1203），绍兴二十四年进士及第，时为中书舍人，宁宗朝曾为参知政事。由此诗看来，宋代朝野对当时的殿试试卷考校制度是相当满意的。

---

①② 《宋会要辑稿·选举》八之四一《亲试杂录》。

③ 《周益国文忠公集》卷七《次韵陈叔晋舍人殿试笔记》。

第十章　宋朝贡举特奏名制度

宋朝贡举取士，除了正奏名之外，还设有特奏名。何谓特奏名？《宋史》卷一五五《选举志一》云：

> 凡士贡于乡而屡绌于礼部，或廷试所不录者，积前后举数，参其年而差等之，遇亲策士则别籍其名以奏，径许附试，故曰特奏名。

《四朝国史·欧阳修传》云：

> 所谓特奏名者，非他，儒人老于场屋者也。闵其无成而老，故予之微官，使沾禄而后归。

赵彦卫《云麓漫钞》卷十云：

> 国朝进士累举不第者，限年许赴特奏名，号为恩科。

这就是说，所谓特奏名，就是凡解试合格而省试或殿试落第的举人，积累到一定的举数和年龄，不经解试、省试，即由礼部特予奏名，直接参加殿试，分别等第，并赐出身或官衔的一种科举制度。因为是皇帝特予推恩，故也称“恩榜”、“恩科”。特奏名制度为宋朝所特有，弄清楚这一制度，对研究整个的宋朝科举制度具有重要意义。现谨对特奏名制度的始末、概况及作用等试加探讨。

第一节　特奏名制度的创立

南宋著名史学家李心传(1167—1244)云:“特奏名者,自仁宗朝始,其后浸宽。”①官至吏部侍郎的徐度则云:“进士以累举推恩,特召廷试,已而唱名,次第赐进士或同学究出身,或试监主簿、诸州文学、长史、四门助教、摄诸州助教,谓之特奏名,自景德二年始。”②其实,这些说法都不准确。《宋会要辑稿·选举》三之三《贡举杂录》载:

> 开宝三年(970)三月一日,诏礼部贡院阅贡士十五举以上、曾经终场者,具名以闻。三月七日,诏曰:“汉诏有云:结童入学,白首空归。此盖悯乎耆年无成而推恩于一时也。朕务于取士,期在得人,岁命有司,大开贡部,进者俾升上第,退者俟乎再来。而礼闱相继籍到十五举已上贡士司马浦等一百六人,皆困顿风尘,潦倒场屋,学固不讲,业亦难专,非以特恩,终成遐弃。浦等宜各赐本科出身,今后不得为例。”

《长编》卷十一载:

> 开宝三年三月壬寅朔(一日),诏礼部贡院阅进士、诸科十五举以上曾经终场者,以名闻。甲辰(三日),得司马浦等六十三人;庚戌(九日),复取十五举未经终场者四十三人,并赐出身。仍诏自今勿得为例。

虽然诏书中说“今后勿得为例”,但事实上,此例一开,遂演变而成定制。正如南宋人王林所说:“此特奏所由始也。”③马端临(约1254—1323)也说:“此特奏名恩例之始。”④《宋史》卷一五五《选举志一》也认为:“开宝三年,诏礼部阅贡士及十五举尝终场者,得一百六人,赐本科出身。特奏恩例,盖自此始。”

太宗太平兴国二年(977)正月庚午(九日),“又诏礼部阅贡籍,得十五举以上

---

① 《朝野杂记》甲集卷一三《特奏名试》。
② 徐度:《却扫编》卷上。
③ 王林:《燕翼诒谋录》卷一。
④ 《文献通考》卷三十《选举考三》。

进士及诸科一百八十四人，并赐出身。”[①]雍熙二年(985)三月甲子(二十日)，诏：“御前下第人有十五举已上者，及贡院第四等人，凡八十四人，并赐同本科及第。”[②]这正是太祖开宝三年特奏名的继续。

太宗雍熙四年，特奏名又有所变化。《宋会要辑稿·选举》一四之一四《发解》载：

> 雍熙四年九月一日，诏河南、西川、两浙、荆湖、淮南三举曾御试、四举曾荐名举人年五十已(下)[上]者，东、西京各三十人，节镇各一十五人，防御、刺史余州军各一十人，委长吏拣选人材心力，召官吏委保别无行止逾滥者，具姓名解送赴阙，如不及数，即据拣到人解送，当议量材录用。

此诏不但有举数要求，而且有年龄限制。

真宗咸平三年(1000)，特奏名制度趋于完备。《宋会要辑稿·选举》七之六《亲试》载：

> 咸平三年三月十七日……翌日，又试进士五举、诸科八举已上，及曾经先朝御试，洎年五十以上者，内出《礼乐刑政致理何先论》题。时帝谓左右曰：“此辈潦倒场屋，皆已迟暮。倘例试三题，则遗落多矣。”故止令试论一篇，粗观其智识也。得进士张浩然已下二百三十六人，第为四等，并赐同学究出身，授试衔官，第一、二(第)[等]赐同学究出身，第三等授试校书郎，第四等授试主簿。十九日，试诸科，得三史刘昌已下六百九十七人，第为二等，并赐本科出身。

至此，特奏名制度得到了完全确立。王栐云：“至景德二年(1005)三月丁巳(九日)，因赐李迪等进士第，赐特奏名：五举以上本科六十四人，三传十八人，同学究二十二人，三礼四十四人，年老授将作监主簿三十一人。此特奏之名所由立也。”[③]实际上，特奏名的确立比王栐所说至少要早五年。

据统计，真宗朝共开科场12次，其中放特奏名者有5榜，分别为咸平三年(1000)、景德二年(1005)、大中祥符四年(1011)、大中祥符八年(1015)、天禧四年

---

① 《长编》卷一八，太平兴国二年正月庚午。
② 《太宗实录》卷三二，雍熙二年三月甲子。
③ 王栐：《燕翼诒谋录》卷一。

(1020)，但特奏名时有时无，尚未有常规。

仁宗景祐元年(1034)以后，则每开科场，均有特奏名，成为定制。《宋会要辑稿·选举》三之一七《贡举杂录》载：

> 景祐元年正月二十二日，诏曰："朕以绍隆先构，总揽宏纲，务恢致治之源，弥切思皇之念，况以幅员至广，文物浸昌，秀茂颇多，计偕尤众。间者，俾敦修于儒业，遂连罢于贡闱。顾场屋湮滞之人，洎衡泌孤贫之士，爰加轸悯，特示甄收，用旌稽古之勤，式阐右文之化。其今年南省就试进士、诸科，宜令礼部贡院于十分中许解送二分；并曾经先朝御试，及后来殿试进士三举、诸科五举年五十已上，并[省试]进士五举、诸科六举年六十已上者，虽所试不合格，特许别作一甲奏名。其二分人内如合格人数不足，不得将文艺纰缪之人充数。"

《长编》卷一一四景祐元年正月癸未(二十二日)纪事云：特奏名"自此率以为常"。从此，不但每开科场均有特奏名，而且人数也逐渐增多起来。正如王栐所说："此特奏名所以渐多也。"①

此后由于官冗恩滥，曾对特奏名作过种种限制，甚至拟予废除。如《长编》卷一八二载：

> 嘉祐元年(1056)四月丙辰(五日)，初，龙图阁直学士李柬之请更定选举、补荫之法。……下两制议。而翰林学士承旨孙抃等言："……罢南省特奏名。百司入流者如吏部格，弗听减年或换武。"遂敕中书、枢密院裁定。于是诏："……科场取士，以皇祐四年进士限四百人，诸科毋得过其数。罢南省特奏名。百司入流，必如吏部格，无得叙劳减年及换武。……"

此诏所云"罢南省特奏名"并未实行。李焘(1115—1184)《长编》纪事即注云："明年三月，赐章衡等二百六十二人及第，一百二十六人同出身，又赐诸科三百八十九人及第。又赐特奏名进士、诸科二百十四人同出身。此云'罢南省特奏名'，当考。"无论有无"罢南省特奏名"的诏书，但嘉祐元年之后贡举每榜均有特奏名，确是事实。

---

① 王栐：《燕翼诒谋录》卷一。

南宋孝宗隆兴二年(1164)七月庚寅(七日),“孝宗初受禅,以官冗恩滥,思有以革之。乃议定制,百官已任子者,遇郊恩权免奏荐。开贤良科,令中外普荐,而罢特奏名。手诏左谏议大夫王之望、殿中侍御史尹穑、右正言晁公武参酌来上。”既而,王之望(1103—1170)言:“陛下即位未久,恩泽未遍,此二事关于士大夫者甚众,望少宽之。”结果“罢特奏名”之制亦未实行。①

直到南宋灭亡之前,特奏名制度一直盛行不衰。不但文举有特奏名,武举亦有特奏名。关于武举特奏名的情况,此处不拟多加涉及,将在武举制度一章另外讨论。

宋朝为什么创立并一直施行特奏名制度呢?

开宝三年(970)三月七日,宋太祖在赐特奏名司马浦等本科出身的诏书中说:

> 汉诏有云:“结童入学,白首空归。”此盖愍乎耆年无成而推恩一时也。朕务于取士,期在得人,岁命有司,大开贡部,进者俾升上第,退者俟乎再来。而礼闱相继籍到十五举以上贡士司马浦等一百六人,皆困顿风尘,潦倒场屋,学固不讲,业亦难专,非以特恩,终成遐弃。浦等宜各赐本科出身,今后不得为例。”②

大中祥符八年(1015),宋真宗曾对宰相说:

> 如闻科场举人有累举不第、年龄已高、无家可归者,深可矜悯。宜令广示搜罗,特与奏名。③

由此看来,特奏名的创立,好像是出于皇帝对累举不第士人的怜悯。其实,并非仅仅如此,究其根本原因,乃是当时社会经济文化的发展、阶级关系的变化,以及由此而来的科举制度本身发展的结果。

宋朝社会经济文化高度发展,阶级关系发生了显著变化,魏晋以来的士族地主最后绝迹,庶族地主完全取而代之,占据了绝对统治地位。士族地主与庶族地主的对立,已转变为庶族地主中的官僚大地主与普通中小地主的对立。同时,在

---

① 《朝野杂记》乙集卷一五《孝宗议权免奏荐及罢特奏名》。

② 《宋会要辑稿·选举》三之三《贡举杂录》。

③ 《宋会要辑稿·选举》三之一一《贡举杂录》。

整个地主阶级中，中小地主的数量也大为增加。他们强烈要求提高自己的政治地位，以保护和扩大其经济利益。科举取士就成为他们跻身官场的终南捷径。科场的胜败得失，必然牵动数以十万计的举人之心。

洪迈(1123—1202)《容斋四笔》卷八《得意失亦诗》云：

> 旧传有诗四句诵世人得意者云："久旱逢甘雨，他乡见故知。洞房花烛夜，金榜挂名时。"好事者续以失意四句曰："寡妇携儿泣，将军被敌擒。失恩宫女面，下第举人心。"此二诗，可喜可悲之状极矣。

既然登科、下第已成为宋人的"四喜"、"四悲"之一，如果举人累试不第，以至完全绝望，必然会铤而走险，或起而造反，或投奔异域。赵宋王朝虽然大大增加了科举取士的名额，但也不可能无限增加，下第者总是多数。正如南宋后期的宰相杜范(1182—1245)所说："自中朝文物之盛播于东南，吾乡俊秀能文之士在在不乏，幸而登上第、骋荣途者，百不一二，不幸而陆沉约处、首白衣褐者，可伛指枚数也。"[①]如何笼络下第举人之心，成为一个十分重要的问题。特奏名制度正是为解决这一问题而创立的。它使广大举人虽累举不第，但仍有积以举数和年甲而获得一官半职的可能，不至于完全绝望，铤而走险。正如北宋人蔡絛所说："国朝科制，恩榜号'特奏名'，本录潦倒于场屋，以一命之服而收天下士心尔。"[②]

宋朝大开恩科，笼络天下举人，除防止他们起而造反之外，还为了防止他们投奔异域，进而使他们成为"乘城捍寇"的重要力量。如景德二年(1005)，即宋辽订立澶渊之盟的第二年，曾下诏规定："礼部贡院别试河北贡举人，其曾援城者，进士虽不合格，特许奏名；诸科例进二场至三场者，许终场；五举及经御试并年五十者，并以名闻。虽不更城守，应七举、年六十及瀛州有劳效者，亦如之。"[③]结果，此榜河北特奏名进士、诸科共达 1 202 人之多！另外，如前所述，平时的特奏名，对于河北、河东、陕西三路士人也特别优待。在特奏名科诏中，往往明确规定："河北、河东、陕西举人仍递减一举。"[④]其所以如此，原因也在于"西北近虏，士要牢宠。"[⑤]

---

① 杜范：《清献集》卷一六《车隘轩闲居录序》。

② 蔡絛：《铁围山丛谈》卷二。

③ 《长编》卷六〇，景德二年五月庚申。

④ 《宋会要辑稿·选举》三之三七《贡举杂录》。

⑤ 《欧阳文忠公文集》卷一一三《论逐路取人札子》。

第二节 特奏名制度概况

特奏名究竟是怎样的一种制度？下面仅就特奏名的资格、考试、赐第、出官等，作一简述，以期勾勒出来其大概的面貌。

一、特奏名的资格

特奏名除了一般应举人所具备的资格之外，还有两个主要条件：一为“举数”，即被州府举送参加省试或殿试的次数；二为“年甲”，即年龄。这些条件，在进士与诸科之间，曾经省试与殿试之间，不同路分之间，又有一定差别；另外，随着时间的推移，也有某些变化。在其初创阶段，即太祖开宝三年(970)至太宗雍熙二年(985)，凡进士、诸科十五举以上者，许特奏名，无年龄限制。在其定制形成阶段，即太宗端拱元年(988)至仁宗天圣五年(1027)，一般是曾经省试进士五举或六举、诸科七举或八举，年龄在五十以上，许特奏名。在成为定制之后这一长达240余年的漫长阶段中(1034—1274)，按其举数、年甲均不同，又可分为三个时期。第一是仁宗景祐元年(1034)至嘉祐二年(1057)时期，一般为“曾经先朝御试及后来殿试进士三举、诸科五举年五十已上，并[省试]进士五举、诸科六举年六十已上”，特予奏名。①第二是仁宗嘉祐四年(1059)至徽宗宣和七年(1125)时期，一般为“进士五举、诸科六举曾经御试下，进士六举、诸科七举省试下，年五十以上；进士七举、诸科八举曾经御试下，进士九举、诸科十举省试下，年四十已上”，许特奏名。②第三是南宋时期(1127—1274)，一般为“进士六举曾经御试、八举曾经省试，并年四十以上；进士四举曾经御试、五举曾经省经省试，并年五十以上”，许特奏名。③

真宗、仁宗时期，一般四年一开贡举，英宗治平三年(1066)之后，则每三年一开科场，对于一个举人来说，能够积累到五举、六举，甚至七举、八举，并非是一件容易的事情。相当多的举人在二、三十年中只能积累两三举，甚至仅仅只有一举。宋朝政府则另有规定，使他们也有沾特奏名之恩的机会。

---

① 《宋会要辑稿·选举》三之一七《贡举杂录》。

② 《宋会要辑稿·选举》三之四六《贡举杂录》。

③ 《宋会要辑稿·选举》四之二〇《贡举杂录》。

其一,北宋前期,对于曾经参加先朝御试者,往往不限举数或年甲,即可特予奏名。如真宗咸平三年(999)三月十八日,"又试进士五举、诸科八举以上,及曾经先朝御试洎年五十以上者……得进士张浩然以下二百三十六人,第为四(第)[等],并赐同学究出身、试衔官,第一、二等赐同学究出身,第三等授试校书郎,第四等授试主簿"。[①]仁宗天圣五年(1027)三月二十三日,"诏今年省试下第举人进士五举、年五十以上及曾应淳化年举者,诸科七举并六举终场、年六十以上者,并进士、诸科曾经先朝御试者,令贡院检会以闻"。[②]景祐元年(1034)正月二十二日,诏曰:"曾经先朝御试,及后来殿试进士三举、诸科五举年五十已上,并[省试]进士五举、诸科六等年六十已上者,虽所试不合格,特许别作一甲奏名。"[③]

其二,北宋中期以后,则有所谓"一举三十年推恩之法",即"自[得]解到省试下实及三十年,并许赴特奏名殿试"[④]。据说,此法为富弼(1004—1083)所创。邵伯温(1056—1134)《邵氏闻见录》卷九载:

> 至和间,富公当国,立一举三十年推恩之法。盖公与河南进士段希元、魏升平同场屋相善,公作相,不欲私之,故立为天下之制。二人俱该此恩,希元官至太子中舍,致仕,转殿中丞;升平官至大理寺丞。此法至今行之。

《宋会要辑稿·选举》八之二八至二九《亲试》亦载:

> 嘉定十六年(1223)四月二十七日,臣僚言:"至和间,富弼奏请一举三十年推恩之法,欲使久困场屋差足自慰,景迫桑榆者聊以自娱。至今行之,恩至渥矣。"

富弼于至和二年(1055)六月戊戌(十一日)拜相,嘉祐六年(1061)三月己亥(二十六日)罢相。其拜相的第二年九月改元嘉祐,是年三月丁巳(五日),"诏礼部贡举"。[⑤]八月,解试。嘉祐二年(1057)省试、殿试。如果邵伯温记载可信,此法当创始于至和三年即嘉祐元年(1056)。但在仁宗、英宗两朝的科诏中,均未见到一举

---

① 《宋会要辑稿·选举》七之六《亲试》。
② 《宋会要辑稿·选举》三之一五至一六《贡举杂录》。
③ 《宋会要辑稿·选举》三之一七《贡举杂录》。
④ 《宋会要辑稿·选举》一三之五《恩科》。
⑤ 《长编》卷一八二,嘉祐元年三月丁巳。

三十年推恩的记载，而一举推恩者首见于神宗熙宁三年（1070）。《宋会要辑稿·选举》三之四三《贡举杂录》载：

> 熙宁三年三月六日，诏贡院应景祐五年已前到省举人，进士一举、诸科前后两举，见年六十五岁以上，令本贯州县当职官勘会闻奏，当议特与推恩。如开封府、国子监举人，令止召见任京朝官二员结除名罪保明。其景祐五年已前到省进士前后两举、诸科合前后三举，更不限年；并进士七举、诸科八举，年四十已上、曾经殿试者，并令赴今来御试。

从景祐五年到熙宁三年（1038—1070），前后为12榜32年。熙宁九年二月十六日，诏："天下进士、诸科举人，庆历六年（1046）已前到省……进士一举、诸科两举年六十以上……并委本贯保明，当职官勘会诣实，依得贡举条制，其开封府、国子监即令各召京朝官二员委保以闻，当议特与推恩。"①庆历六年至熙宁九年（1046—1076）此时才真正实行了"一举三十年推恩之法"。在实行过程中，有时也有不足三十年者。如《宋会要辑稿·选举》一三之三《特奏名》载：

> 隆兴元年（1163）正月十一日，诏礼部贡院："其（绍兴）五年以前到省一举，见年五十五以上者，令本贯州县当职官勘实，别无违碍，结除名罪保明申礼部。内开封府、国子监即各令召见任承务郎（上）以[上]贰员，亦依前结罪保明，本属关送礼部勘验闻奏，当议特与推恩。"

绍兴五年至隆兴元年，仅29年。《宋会要辑稿·选举》一三之四《特奏名》载：

> 隆兴二年二月十二日，诏雷州进士王抡与补诸州助教，特与下州文学恩例。以抡自陈绍兴四年请解，因事不曾赴省，依指挥理到省一举，计应举二十七年推恩也。

又如《宋会要辑稿·选举》一三之六至七《特奏名》载：

> 乾道八年三月六日，礼部言："昨臣僚申请特奏名自合依旧制，自得解到

① 《宋会要辑稿·选举》三之四五至四六《贡举杂录》。

省试下实及三十年，许殿试。定例并无实及三十年之人，当时臣僚一时申请，大率以十举为三十年。今将宣和六年旧制定例参照，自绍圣四年至宣和六年，系十举二十九年，即于今绍兴（四）[十五]年省试下到乾道八年，恰及十举二十九年，比较旧制一同。今欲依旧制定例，将绍兴十四年得解、十五年省试下之人许赴今举特奏名。"从之。

绍圣四年何昌言榜至宣和六年沈晦榜（1097—1124），前后为28年，因绍圣四年何昌言榜系绍圣三年开科解试，如此计算，为"十举二十九年"。绍兴十五年省试下到乾道八年（1145—1172），按绍兴十四年解试计算，亦为"十举二十九年"，故许赴特奏名。

据史书记载，进士一举三十年推恩者，还有年龄限制：熙宁九年（1076）以前，一般限制在65岁以上；熙宁九年（1076）至北宋末年，一般限制在60岁以上，宣和五年（1123），曾一度限制在50岁以上；到南宋，则一般限制在55岁以上，成为定制。而进士两举三十年，则一直不限年龄。

其三，宋朝因西、北二边与辽（后为金）、西夏毗邻，为了笼络士人、稳固边防，对河北、河东、陕西三路的举人，在特奏名上也特予优特。《宋会要辑稿·选举》三之三七《贡举杂录》载：

嘉祐八年（1063）三月五日，诏进士七举、诸科八举曾经御试年四十以上，进士五举、诸科六举曾经御试，及进士六举、诸科七举曾经省试年五十以上，河东、河北、陕西举人仍递减一举，令礼部贡院特以名闻。

至迟自嘉祐八年起，"河北、河东、陕西举人仍递减一举"成为特奏名的定制。又如《宋会要辑稿·选举》三之五七《贡举杂录》载：

元符三年（1100）二月二十日（徽宗已即位，未改元），诏南省下第举人曾经御试进士七举、诸科八举，曾经省试进士九举、诸科十举，并年四十以上；曾经御试进士五举、诸科六举，曾经省试进士六举、诸科七举，并年五十以上；内河北、河东、陕西举人更各减一举；应曾经治平四年已前到省进士前后实得两解、诸科实得三解，并免解共及两举、诸科共及三举，更不限年，并特与奏名。治平四年以前到省进士一举、诸科前后两举，见年六十以上者，并令本贯州县保明，送礼部贡院，次第闻奏，当议特与推恩。

河北、河东、陕西三路举人特奏名递减一举的规定，直到南宋孝宗年间仍在实行。如淳熙二年（1175）三月二日，诏："礼部贡院下第举人进士、贡士八举、曾经省试、年四十以上，五举、曾经省试、年五十以上，内河北、河东、陕西举人于逐项举数内特与各减一举。……令礼部勘会，并特与奏名，许就殿试。"①

其四，特奏名不该出官人，许纳敕再试。高宗绍兴十二年（1142）十一月二十五日，"诏特奏名不该出官人，与免纳敕牒，许赴十五年再试。"②但未规定纳敕再试的次数。孝宗淳熙六年（1179）二月二十九日，臣僚言："乞将特奏名人每三名取一名，置在第四等以前，第五等人止许纳敕再试一次。"孝宗"从之"。③由于官员冗滥，特规定特奏名第五等不该出官人，止许纳敕再试一次。不久，特奏名不该出官人纳敕再试次数又有增加。《宋会要辑稿·选举》二之二四《进士科》载：

> 淳熙十一年三月二十一日，宰执进呈赴特奏名试孙时敏等状，乞特奏名人不限纳敕次数。上曰："可许纳敕三次，自今举为始。"

自淳熙十一年起，特奏名第五等不该出官人，可许纳敕再试三次，"为定制焉"。④如宁宗庆元元年（1195）十一月十五日，礼部言："淳熙六年指挥，特奏名二人取一名，人数冗滥，欲三人取一名置在第四等以前（谓如三百人赴试，则取一百人出官），其馀并入第五等，听纳敕再试，后止纳敕一次，淳熙十一年三月增而为三，至今遵用。"宁宗"并从之"。⑤

二、特奏名的考试方法与考试内容

正奏名须经过解试、省试、殿试三级考试，颇为复杂；特奏名则简单得多，不需再经过解试、省试，只需各州保明申报礼部，由礼部核准，特予奏名，即可直接参加殿试。关于保明闻奏的手续，《宋会要辑稿·选举》三之四八《贡举杂录》载：

> 元丰八年（1085）二月十九日，尚书省言："进士、诸科举人嘉祐二年以前

---

① 《宋会要辑稿·选举》二之二一《进士科》。
② 《宋会要辑稿·选举》八之四二《亲试杂录》。
③ 《宋会要辑稿·选举》二之二三《进士科》。
④ 《宋史》卷一五六《选举志二》。
⑤ 《宋会要辑稿·选举》五之一五至一六《贡举杂录》。

到省进士一举、诸科前后两举年六十以上人，令本州贯子细勘会诣实，及于贡举条制别无违碍，结罪保明申部。内开封府、国子监即各令召见任承务郎已上二员，亦依前项结罪委保，于本属投下，关送礼部勘验闻奏。当议特与推恩。"从之。

后来，哲宗时又有更为明确的规定。据《宋会要辑稿·选举》三之五六《贡举杂录》载：

绍圣三年(1096)六月，哲宗曾下诏云："今后应开封府、国子监及诸路进士、诸科，若曾经得解、叙理举数合该特奏名推恩及免解之人，并须于发解前具诣实经所属自陈，勘会诣实申部，以贡籍及证据文字审验有无伪滥违碍。内免解者未发解前一月，特奏名者于省试开院后立即保明闻奏。若逾限、证据未明或会问未毕，并俟圆备，次举施行。令礼部勘当立法。"

礼部言：特奏名举人"于五月已前叙陈举数，连家保状两本经所属自陈，勘验诣实，类聚，限八月以前结罪保明，亦连申礼部；并于开封府司录司缴申本府，国子监即于本监。即用今举通理合该奏名者，于发解开院后限半月自陈。礼部候申到，即将贡籍照据文字审验。""特奏名者于省试开院后七日保明闻奏。内特奏名者用今次省试下一举，并勘验。"这一"勘当"得到哲宗批准，立为成法。

特奏名进士、诸科的殿试，一般在正奏名进士、诸科殿试后的第二天举行。如仁宗宝元元年(1038)，"三月甲寅(十七日)，御崇政殿，试礼部奏名进士。乙卯(十八日)，试诸科。丙辰(十九日)，试特奏名。"①也有在正奏名进士、诸科殿试两三天之后举行特奏名殿试的。如仁宗庆历六年(1046)，"三月十三日，帝御崇政殿，试礼部奏名进士，内出《戎祀国之大事赋》、《形盐象武诗》、《两汉循吏孰优论》题。……翌日(十四日)，试诸科。……十六日，试特奏名进士，内出《宜木名社诗》、《安危在出令论》题。……同日，试特奏名诸科。"②

特奏名殿试的考试内容，也与正奏名殿试有较大区别。关于太祖、太宗朝特奏名的殿试内容，未见具体记载。真宗咸平三年(1000)三月十八日，试特奏名进士，"内出《礼乐刑政致理何先论》题。时帝谓左右曰：'此辈潦倒场屋，皆已迟暮，

① 《长编》卷一二一，宝元元年三月甲寅、乙卯、丙辰。
② 《宋会要辑稿·选举》七之一六至一七《亲试》。

傥例试三题，则遗落多矣。故止令试论一题，粗观其智识也。'"[①]景德二年(1005)五月十六日，"试特奏名进士，内出《射不主皮诗》、《文武之道何先论》题"。[②]仁宗天圣五年(1027)四月三日，"帝御崇政殿召礼部特奏名举人进士试《天地节而四时成论》，经科止试墨义五道"。[③]仁宗景祐元年(1034)三月十九日，"诏南省特奏名进士只试论一首、诗一首，诸科对义五道。内年老者特与免试"。[④]是年三月二十一日，"试礼部特奏名进士，内出《六律为万事本论》、《群玉山诗》题。"[⑤]从此遂为定制。神宗熙宁三年(1070)，正奏名进士殿试改试策一道，特奏名进士殿试亦改试策一道，明经、诸科殿试则改试大义十道。《宋会要辑稿·选举》七之一九至二〇《亲试》载：

> 熙宁三年三月九日，试特奏名进士，内出制策曰："子大夫问学日久，阅义理多矣。唐虞三代所以治中国兼夷狄，与夫秦汉以来天下所以存亡兴坏，其要可得而闻欤？尧舜圣而不可知也，而以能哲而惠为难。乃至忧驩兜，畏巧言令色孔壬，而不能使有苗化其道，安在乎其为神也？伯夷、柳下惠，皆古圣人也。而孔子曰："我则异于是。"杨朱、墨翟，虽不合大中之道，然其一以为为我，其一以为兼爱，于义未甚悖也。而孟子绌之，以比禽兽，此其故何也？各以所闻，详著于篇。"
>
> 同日，试特奏名明经、诸科大义十道。

熙宁四年，王安石改革贡举，废明经、诸科，专以进士一科取士。明经科立即尽转应进士科，待熙宁六年一举后，诸科逐渐销亡。特奏名亦同。北宋末年及南宋时期，特奏名只有进士一科，殿试也仅试策一道了。

特奏名进士的命题与答卷格式，与正奏名进士则相类似。《吏部韵略》附《贡举格式》载：

> **绍兴重修御试贡举式**
>
> **不考**
>
> 策少一百字。

---

① 《宋会要辑稿·选举》七之六《亲试》。

② 《宋会要辑稿·选举》七之九《亲试》。

③ 《宋会要辑稿·选举》七之一五《亲试》。

④ 《宋会要辑稿·选举》三之一八《贡举杂录》。

⑤ 《宋会要辑稿·选举》七之一六《亲试》。

书卷不如式。谓如全不写"奉御试策一道"或"限一千字以上"之类。

书试卷

奉

御试策一道。

限一千字以上。特奏名则云七百字。武举及宗室非袒免亲取应，则云五百字。臣对：云云。臣谨对。

涂、注、乙共计若干字。

即特奏名殿试策亦有"不考式"两条，一为"策少一百字"，二为"书卷不如式。谓如全不写'奉御试策一道'或'限七百字以上'之类。"答卷字数为限七百字以上。

另外，孝宗右武，欲"文士能射御"，自淳熙二年(1175)詹骙榜起，殿试唱名赐第之后，引文士正、特奏名射艺。"各给箭六，弓不限斗力"，"凡三箭中帖为上等"，"二箭中为中等"，"一箭中帖及一箭上垛为下等"。①其特奏名亦依正奏名比拟推恩。《宋会要辑稿·选举》二之二二《进士科》载：

淳熙二年四月七日，诏特奏名内愿射射者听，仍依正奏名比拟推恩。国子监将正奏名逐等推恩：比拟应射艺精熟能全中者听旨，第五等同。射入上等，第一名循一资，余免铨试，内文学免待郊出官；入中等，一任回，不依名次注官，内文学候到部日收使；入下等，一任回，升一年名次，内文学候到部日收使。第[五等人]射入上等，与依下州文学恩例；入中等，与带阶官，注应格岳庙一次；入下等，与带阶官，注破格岳庙一次。

五月九日，又诏："特奏名射不合格人如系第五等助教，并与换下州文学，不理选限。"先是，宣谕执政曰："特奏名第五等若不出官，与助教无异，因射而与之，亦有名。"故有是命。②

三、特奏名的赐第与出官

特奏名赐第、授官与正奏名有很大不同。其恩数较正奏名逊色甚多，但所赐

① 《宋史》卷一五六《选举志二》。

② 《宋会要辑稿·选举》二之二二《进士科》。

第毕竟是一种贡举科名，大多数人也可以被授予一命之官。

（一）特奏名赐第

凡特奏名者，不论殿试合格与否，均赐予一定的出身或官衔，如太宗太平兴国二年(977)正月，“又诏礼部阅贡籍，得十五举以上进士及诸科一百八十四人，并赐出身。九经七人不中格，亦怜其老，特赐同三传出身”。[①]神宗元丰二年(1079)，特奏名进士孙宝犯“不考式”，仍“恩补摄助教”。[②]哲宗绍圣四年(1097)二月二十三日，三省言：“特奏名进士自今……犯不考式，摄助教。”哲宗“从之”，成为定制。[③]朱彧《萍洲可谈》卷一云：“元丰间，特奏名陛试，有老生七十许岁，于试卷内书云：‘臣老矣，不能为文也。伏愿陛下万岁！万万岁！’既闻，上嘉其诚，特给初品官，食俸终其身。”此虽为宋人笔记，不能尽信，但“彧之父服，元丰中以直龙图阁历知莱、润诸州……故彧是书多述其父之所见闻”，[④]可以说明宋朝特奏名殿试概不黜落，其考试基本上徒具形式而已。

在太祖、太宗朝，特奏名登科尚未分等第，均赐本科出身。如太宗太平兴国二年(977)正月庚午(九日)，“又诏礼部阅贡籍，得十五举以上进士及诸科一百八十四人，并赐出身”。[⑤]

真宗朝，特奏名进士、诸科赐第一般分为三等或四等，赐同本科出身、试将作监主簿、诸州长史、文学、助教。[⑥]如真宗咸平三年(1000)三月十八日，“得(特奏名)进士张浩然以下二百三十六人，第为四(第)[等]，并赐同学究出身、试衔官，第一、二等赐同学究出身，第三等授试校书郎，第四等授试主簿。”[⑦]又如真宗“景德二年(1005)三月六日……又得特奏名五举以上进士江白已下一百一十一人，第为三等，并赐同进士、三传、学究出身。翌日……又得特奏名诸科三礼已下七十五人，第为三等，赐同学究出身，授试衔官。”[⑧]景德二年五月十六日，“试特奏名进士……得马至已下二百五人，并赐及第、同出身、同学究出身、试监簿、助教，补

---

① 《宋史》卷一五五《选举志一》。

② 《长编》卷二九七，元丰二年三月丁酉。

③ 《宋会要辑稿·选举》二之一二至一三《进士科》。

④ 《四库全书》子部十二《萍洲可谈》提要。

⑤ 《长编》卷一八，太平兴国二年正月庚午。

⑥ 《宋会要辑稿·选举》三之一八《贡举杂录》。

⑦ 《宋会要辑稿·选举》七之六《亲试》。

⑧ 《宋会要辑稿·选举》七之八《亲试》。

三班奉职”。[①]“同进士、三传、学究出身”为正奏名所授最低的科名，须守选经郊祀然后出官。“试校书郎”、“试监簿”为试衔官，经多次铨选方能出官。如《长编》卷十八载：“太平兴国二年(977)三月壬戌朔(一日)，诏应授试衔等人，特定七选赴集。”《宋史》卷一六九《职官志九·试衔》云：“亦有解褐试大理评事、校书郎、正字、寺监主簿、助教者，谓之试衔。有选集，同出身例。”“助教”即“诸州助教”，为最低级的文散官，“不理选限”，不得出任职事官。

仁宗朝，特奏名进士、诸科赐第一般分为五等，一般赐同出身、试将作监主簿、诸州长史、文学。如仁宗天圣二年(1024)四月庚辰(二十三日)，“以特奏名进士李宗道等四十三人、诸科王播等七十七人为[试]将作监主簿及诸州长史、文学、司士参军”。[②]又如天圣五年四月三日，“帝御崇政殿召礼部特奏名举人进士试《天地节而四时成论》，经科止试墨义五道。仍命翰林学士宋绶已下考核优劣以闻。得进士孟楷已下一百九人，赐同学究出身及试监簿、四门助教、诸州文学、长史；诸科崔用化已下二百三十四人，授试监簿、国子四门助教、文学”。[③]再如嘉祐六年(1061)二月十九日，“试特奏名进士，内出《作乐荐上帝诗》、《谨用五事明天道论》题；得翟诏已下四十四人，并赐同五经、三礼、学究出身，授长史、文学。同日，试特奏名诸科；得四十二人，并赐同本科出身，授长史、文学。”[④]“国子四门助教”及“长史”、“司士参军”、“文学”皆为散官。《宋会要辑稿·职官》五六之四三《官制别录》载：“别驾、长史、司马、司士、文学、助教为散官。”仁宗时期，特奏名各榜赐第、授官不尽相同，说明当时尚未有统一的规定。

神宗时期，特奏名进士、诸科赐第，一般分为五等，赐同出身、试将作监主簿、长史、文学、助教等。如熙宁六年(1073)三月癸亥(二十日)，“御集英殿，赐特奏名进士、明经、诸科同学究出身、试将作监主簿、州长史、文学、助教，总六百九十一人”。[⑤]又如熙宁“九年三月，上御集英……放进士、诸科特奏名，考同五经、三礼、学究，监簿、文学、长史六等”。[⑥]再如元丰二年(1079)三月十三日，“试特奏名进士……得进士、明经、诸科总七百七十八人，赐同学究出身，授试将作监主簿、国子四门助教，长史、文学、助教”。[⑦]

---

① 《宋会要辑稿·选举》七之九《亲试》。
② 《长编》卷一〇二、天圣二年四月庚辰。
③ 《宋会要辑稿·选举》七之一五《亲试》。
④ 《宋会要辑稿·选举》七之一八《亲试》。
⑤ 《长编》卷二四三，熙宁六年三月癸亥。
⑥ 《长编》卷二八〇，熙宁十年二月末注引林希《野史》。
⑦ 《宋会要辑稿·选举》七之二三《亲试》。

哲宗朝，特奏名进士、诸科赐第一般分为五等，每等又分上、中、下，赐同出身、假承务郎（即元丰改官制前的试将作监主簿）、京府助教、诸州文学、助教等。如元祐三年（1088）三月十一日，“试特奏名诸科、进士……得王邻臣已下五百三十三人，赐同出身、假承务郎、京府助教、诸州文学、助教”。①绍圣四年（1097）又有更为详细的规定。《宋会要辑稿・选举》二之一二至一三《进士科》载：

绍圣四年二月二十三日，三省言：“特奏名进士自今第一等上，同诸科出身；第一等中、下，假承务郎；第二等上、中、下，京府助教，依旧注官，两等通不过二[十]三人。第三等上、中、下，上州文学；第四等上、中、下，下州文学。遇赦，见年六十已下堪厘务者，许自本州县保明，申转运司，本司保明，申吏部，召升朝官三员奏举，注权入官。所取通不得过八十人。第五等上、中、下，下州助教；犯不考式，摄助教，以上更不许出官。特奏名诸科第一等假承务郎，第二等京府助教，依旧注官，两等通不得过十五人。第三、四等推恩。及馀悉如特奏名进士例。”从之。

自此，遂成为定制。此后以至南宋末年，没有大的变化，只是科名有所改变而已。如徽宗政和六年（1116）之后，因废假版官，而将“假承务郎”改为“登仕郎”，《宋会要辑稿・选举》四之一二《贡举杂录》载：

宣和三年（1121）三月十五日，尚书省言：“今次就试特奏名进士，检会政和五年、八年就试人并第二、第四等以上取人分数。依条，特奏名进士第一等已上，同[本]科出身，五经、学究、三礼；第一等中、下，登仕郎；第二等上、中、下，京府助教，已上所取通不得过二十人，依旧注官。第三等上、中、下，上州文学；第四等上、中、下，下州文学，已上所取通不得过一百四十五人，遇赦，年六十以(上)[下]召保注权入官。第五等上、中、下，诸州助教；[不考]式，摄助教。欲今次特奏名进士第一等、第二等所取通不得过三十七人；第三等、第四等通不得过二百八十人。”从之。

徽宗宣和三年的特奏名赐第较之哲宗绍圣四年，只是将“假承务郎”改为“登仕郎”而已，其余均同绍圣四年之制。“登仕郎”为选人十阶的第九阶。

---

① 《宋会要辑稿・选举》七之二五至二六《亲试》。

又如高宗绍兴十八年(1148)四月,“始以将仕郎易京府助教”①。《宋会要辑稿·选举》八之七《亲试》载:“绍兴二十一年闰四月十七日,上御集英殿,试礼部奏名进士。……特奏名昌永以下五百三十一人,赐同进士出身、同学究出身、登仕郎、将仕郎、上下州文学、诸州助教。”“将仕郎”为选人十阶的第十阶。

再如,皇帝即位后首次亲试的“龙飞恩例”,往往对特奏名赐第予以优惠,第一等第一人有赐进士及第或进士出身,第一等第二、第三人亦有赐同进士出身者。《宋会要辑稿·选举》八之一至二《亲试》载:

> 建炎二年(1128)八月二十三日,上御集英殿,试礼部奏名进士。……特奏名进士张鸿举以下赐进士及第、同进士出身、同学究出身、登仕郎、京府助教、上下州文学、诸州助教。特奏名自来常格第一等第一名赐同进士出身,第二名、第三名并赐学究出身。时上初即位,御殿试举人特恩也。

《宋会要辑稿·选举》二之一九至二〇《进士科》载:

> 乾道二年(1166)三月十七日,礼部言:“今次御试进士,龙飞恩例所有等第合推恩数,检照崇宁二年典故……特奏名第一人赐进士及第。建炎二年,特奏名三人,张鸿举赐及第,黎克俞、丘山并赐同进士出身。伏乞朝廷详酌指挥。”诏……特奏名第一等第一名赐进士出身。

上述特奏名所赐及第、出身、同出身,与正奏名类似,属科举出身,其特奏名进士第一人往往附进士登科录第五甲末。如《绍兴十八年同年小录》第五甲末载:“特奏名第一人:俞舜凯,徽州歙县登瀛乡折桂里。”又如刘埙《隐居通议》卷三十一《前朝科诏》所摘录《咸淳七年同年小录》云:“特奏名第一名吴清伯,附第五甲。建宁府政和县人。”特奏名所赐“试将作监主簿”为试衔官,“假承务郎”为假版官,“国子四门助教”、“京府助教”为散官,“登仕郎”、“将仕郎”为无品的文阶官。其中“登仕郎”由“试将作监主簿”、“假承务郎”依次演变而来、“将仕郎”则是由“国子四门助教”、“京府助教”演变而来。“别驾、长史、司马、文学、助教”亦为散官。《两朝国史志》云:“诸州有司马、长史、文学(参军)、助教,士人或有特恩而

① 《系年要录》卷一五七,绍兴十八年四月乙巳。

授，皆不厘务，亦有以负犯人为之者。”①

关于特奏名进士、诸科各等赐第的人数，北宋前期未见具体规定，大概无甚限制。大概神宗熙宁初年，特奏名第五等即赐诸州助教者，不理选限，即不再允许出官。哲宗元祐三年（1088）二月乙巳（二十八日），权知贡举苏轼同孙觉、孔文仲言：“臣等伏见从来天下之患，无过官冗。……伏乞断自圣意，明敕大臣，特奏名举人只依近日圣旨指挥，仍诏殿试考官精加考校，量取一二十人，委有学问，词理优长者，即许出官，其馀皆补文学、长史之类，不理选限，免使积弊之极增重不已。”②元祐四年八月二十日，哲宗下诏曰：“自今考校特奏名举人，进士入第四等中以上、诸科人第三等以上，各不得过就试人之半。”③

后来，对特奏名所取第二、第四等以上的人数，又作了进一步的具体规定。据前引《宋会要辑稿·选举》二之一二至一三《进士科》所载，绍圣四年（1097）二月二十三日，从三省言：“特奏名进士自今第一等上，同诸科出身；第一等中、下，假承务郎；第二等上、中、下，京府助教，依旧注官，两等通不过二[十]三人。第三等上、中、下，上州文学；第四等上、中、下，下州文学。……所取通不得过八十人。……特奏名诸科第一等假承务郎，第二等京府助教，依旧注官，两等通不得过十五人。”又《宋会要辑稿·选举》四之九至一〇《贡举杂录》载：

> 政和五年（1115）三月十八日，尚书省言：“今次就试特奏名进士一千五十七人，特奏名诸科二人。检会崇宁五年、大观三年、政和二年就试特奏名[进士]、诸科人并第二、第三等以上所取人数。”诏今次特奏名进士第一、第二等新取通不得过六十人，第三、第四等通不得过四百五十人，特奏名诸科随所试合入等第推恩，馀人依条施行。

此榜共取特奏名进士1 057人，第四等以上者510人，第五等为547人，第四等以上者正好将近总人数的一半。再据前引《宋会要辑稿·选举》四之一二《贡举杂录》载宣和三年（1121）三月十五日，尚书省所言：

> 检会政和五年、八年就试人并第二、第四等以上取人分数。依条，特奏

① 《宋会要辑稿·职官》四八之二《上佐官》。
② 《宋朝诸臣奏议》卷八一《上哲宗论特奏名举人》。
③ 《宋会要辑稿·选举》八之二《亲试》；八之三六《亲试杂录》。

> 名进士第一等已上，同[本]科出身，五经、学究、三礼；第一等中、下，登仕郎；第二等上、中、下，京府助教，已上所取通不得过二十人，依旧注官。第三等上、中、下，上州文学；第四等上、中、下，下州文学，已上所取通不得过一百四十五人，遇赦，年六十以上召保注权入官。

政和五年特奏名所取第二、第四等以上人数已见前述，此处所言大概是政和八年特奏名所取第二、第四等以上人数。即依贡举条制，特奏名进士第一、第二等“所取通不得过二十人”，第三、第四等“所取通不得过一百四十五人”。第四等以上通不超过一百六十五人。再有，宣和三年(1121)三月十五日，尚书省言：“欲今次特奏名进士第一等、第二等所取通不得过三十七人；第三等、第四等通不得过二百八十人。”徽宗“从之”。[①]即此榜所取特奏名第四等以上者为通不得过三百一十七人，大概也不超过特奏名就试人数的一半。

南宋孝宗淳熙六年(1179)二月二十九日，臣僚认为特奏名所取第四等以上者为就试人数的一半仍然过于冗滥，于是上言：“乞将特奏名人每三名取一名，置在第四等以前，第五等人止许纳敕再试一次。”孝宗“从之”。[②]宁宗庆元元年(1195)十一月十五日，礼部言：“淳熙六年指挥，特奏名二人取一名，人数冗滥，欲三人取一名置在第四等以前(谓如三百人赴试，则取一百人出官)，其馀并入第五等，听纳敕再试，后止纳敕一次，淳熙十一年三月增而为三，至今遵用。”[③]“特奏名人每三名取一名，置在第四等以前”之制，从淳熙六年直至南宋末，相沿未改，成为定制。

关于宋朝特奏名登科的人数，我在《北宋贡举登科人数考》和《南宋贡举登科人数考》中，曾经做过一些统计和考证。在现有史料中，特奏名的取士人数，缺载甚多。据史籍记载，北宋一朝贡举取士 69 榜中，至少有 42 榜曾有特奏名者。其中有具体人数记载者有 28.5 榜，得 16 669 人，平均每榜 585 人。没有具体人数记载者有 13.5 榜，即缺 7 897 人。依此推算，北宋一代当共得特奏名进士、诸科合计约为 25 000 多人。

根据南宋贡举惯例，每榜均应有特奏名登科者。据考证，南宋一朝贡举取士 49 榜中，只有 40 榜有特奏名登科人数的记载，计 22 442 人，而其他 9 榜均缺。据现有统计数字计算，平均每榜特奏名登科者为 561 人。照此推算，9 榜

---

① 《宋会要辑稿·选举》四之一二《贡举杂录》。
② 《宋会要辑稿·选举》二之二三至二四《进士科》；《宋史》卷一五六《选举志二》。
③ 《宋会要辑稿·选举》五之一五至一六《贡举杂录》。

当共缺 5 049 人。另外,既然诸榜有四川类省试合格未赴殿试而赐第的正奏名进士,那么,也当有四川类省试特奏名进士未赴殿试而赐第者。究竟这部分人能有多少,史料更为匮乏,只好暂付阙如。据统计与推算,南宋一代共得特奏名进士合计约为 2 800 多人。

这样,两宋特奏名进士、诸科登科总人数,则共有约 53 000 多人。

(二) 特奏名出官

关于特奏名的出官即出为职事官问题,比较复杂。北宋前期与后期及南宋有所不同,各等第之间也有所不同。一般来说,凡赐进士及第、进士出身者,与正奏名一样,免选注官。凡赐同本科出身及授试衔官(元丰改制后之假版官,政和六年后之登仕郎、将仕郎)者,守选注官。

凡授上、下州文学者,"遇赦,见年六十已下堪厘务者,许自本州县保明申转运司,本司保明申吏部,召升朝官三员奏举,注权入官"。[①]

凡授诸州助教及犯不考式而授摄助教者,神宗之前,经保举,可注权入官。《宋会要辑稿·职官》四八之二《上佐官》载:

> 皇祐二年(1050)十一月五日,诏应庆历六年(1046)以前因应举殿前恩泽授诸州司士、长史、文学、助教,见年六十以下、精神不至昏昧者,并许朝臣三人同罪保明奏举,赴铨投下文字,试判三道,依言边事试中人注权入官,其摄助教与注诸州参军。

神宗熙宁三年(1070)诏:特奏名"自同五经出身而降为九等,上等注官,次守选,次遇郊注官,及不理选限各有差。"[②]哲宗绍圣四年(1097)二月二十三日,从三省言,重申:"特奏名进士……第五等上、中、下,下州助教;犯不考式,摄助教,以上更不许出官。特奏名诸科……悉如特奏名进士例。"[③]

特奏名第五等授诸州助教及犯不考式而授摄助教者,不许出官,但可纳敕再参加下举殿试。北宋时,对纳敕再试的次数没有明确规定。南宋孝宗淳熙六年(1179)二月规定:"第五等人止许纳敕再试一次"。[④]淳熙十一年(1184)三月又规定:"可许纳敕三次,自今举为始。"[⑤]遂为定制。

---

①③ 《宋会要辑稿·选举》二之一二至一三《进士科》。

② 《文献通考》卷三一《选举考四》。

④⑤ 《宋会要辑稿·选举》二之二三至二四《进士科》;《宋史》卷一五六《选举志二》。

另外，即使累试末等，仍为诸州助教，亦有出官的机会。其一，新一代皇帝即位或郊祀、明堂、庆寿大礼等实行大赦时，诸州助教也会被允许依下州文学例出官。如元符三年（1100，徽宗已即位，未改元）四月二十一日，诏："特奏名进士、诸科补授诸州助教，许遇赦召保注权入官，如文学例。"[①]又如《宋会要辑稿·选举》四之二二至二三《贡举杂录》载：

> 建炎二年（1128）十一月二十三日，赦："诸路省试到并合格特奏名试人，以道路艰阻，既到行在，已过试期，不愿赴将来殿试人，亲身经礼部陈状，勘验诣实，召京朝官二员，结除名罪委保申尚书省，正奏名赐同进士出身，特奏名与州助教，仍依下州文学恩例。（三年十一月三日德音，绍兴二年闰四月五日，诏在外正奏名令逐路漕臣据元举送奏状，乡贡治经验实，特奏名验实年甲、举数，并召保官保明，申尚书省。九月四日赦，并同此制。）"

孝宗隆兴元年（1163）三月二十五日，诏："今年特奏名进士试在第五等人，并与特依下州文学例施行。"[②]淳熙二年（1175）十二月甲午（十七日），孝宗朝德寿宫，为太上皇高宗行庆寿礼，大赦，对特奏名第五等人普施特恩。《宋会要辑稿·选举》二之二二《进士科》载：

> 淳熙二年十二月十七日，庆寿赦：应太上皇帝潜藩州军进士赴淳熙二年特奏名试在第五等，缘升降格该载不尽，未沾恩霈，令礼部保明，特与升等恩例；应淳熙二年特奏名进士试在第五等人，如年七十以上，特与差破格岳庙一次；应淳熙二年特奏名已授诸州文学应出官人，与减升朝官举主一员，便于放行参选；淳熙二年赴特奏名进士如系归正人，试在第五等，特与升等恩例。

淳熙十六年（光宗已即位，未改元）二月四日，登极赦云："应太学、国子学、武学生见在籍人，并与免文解一次；已系免解人，候登第日与升甲；如就特奏名试，亦与升等推恩。"[③]宁宗嘉定十五年（1222）正月十日，以徽宗、钦宗被掳"皇帝恭膺天命之宝"来归，行受玉宝礼，大赦，其玉宝赦文亦云："应嘉定十三年特奏名进士试在

---

① 《宋会要辑稿·选举》二之一三《进士科》。
② 《宋会要辑稿·选举》一三之三《恩科》。
③ 《宋会要辑稿·选举》二之二七《进士科杂录》。

第五等之人，并特与补下州文学。”①

其二，特奏名第五等人，在新一代皇帝即位后第一次亲临殿廷试士之时，往往受到特殊优待即所谓“龙飞恩例”。如孝宗乾道二年(1166)八月九月，诏：“今举系龙飞，特奏名第三、第四等，令吏部特与依建炎二年赦放行参选；其第五等人元系诸州助教，已降指挥特与依下州文学恩例，自合待郊出官。”②又如光宗绍熙元年(1190)四月十八日，诏：“特奏名进士试在第五等不应出官者，为该龙飞恩例，并与升等推恩。”③再如宁宗庆元五年(1199)四月二十九日，诏：“今来龙飞恩例，特奏名进士如试在第五等不应出官者，依绍熙元年四月十八日指挥升等推恩。”④

其三，特奏名第五等诸州助教即使不能出任职事官，也还可以差注祠禄官。如孝宗淳熙十三年(1186)正月一日庆寿赦恩，其中一项即为：“应淳熙十一年(1184)赴特奏名试在第五等，如系国学、临安府进士，特与差岳庙一次；诸州进士，与破格岳庙。”⑤宁宗庆元二年(1196)二月二十五日，诏：“今举特奏名试在第五等人，候遇郊舍(？赦)日，许部(差?)岳庙一次。愿缴纳敕牒再试者听。”⑥凡差注岳庙者，“令州军每月特与支俸钱一十贯，米一石，须管按月支给”。⑦

总之，凡特奏名者，经过各种途径，大部分可以出任职事官或祠禄官，授予一命之官，沾受尺寸俸禄。

第三节　特奏名制度的作用与意义

宋朝贡举特奏名自太祖开宝三年(970)创立，到南宋灭亡，一直施行不辍，延续了300多年，由特奏名登科者达52 500多人。无论在宋朝科举制度史上，还是在整个宋朝历史上，特奏名制度都起过重要作用，具有重要意义。

蔡絛《铁围山丛谈》卷二云：

---

① 《宋会要辑稿·选举》一三之一〇《恩科》。
② 《宋会要辑稿·选举》一三之五《恩科》。
③ 《宋会要辑稿·选举》二之二八《进士科杂录》。
④⑦ 《宋会要辑稿·选举》一三之九《恩科》。
⑤ 《宋会要辑稿·选举》二之二六《进士科杂录》。
⑥ 《宋会要辑稿·选举》一三之七《恩科》。

国朝科制，恩榜号特奏名。本录潦倒于场屋，以一命之服而收天下士尔，亦时得遗才，但患此曹子日暮途穷，而罕砥砺者。又凡在中末之叙，得一文学、助教之目而已，或应出仕，盖止许一任。

特奏名的作用之一是"时得遗才"。如仁宗朝的王猎。王辟之《渑水燕谈录》卷六载：

王猎，酸枣人。天圣末，累举未第。……猎后困于场屋，久之，推恩五举，得同出身登仕。又二十余年，年且七十，始为尚书员外郎。将乞身以去，故人或止之。会英庙入继为皇子，近臣荐公为宫僚。……侍读宫邸未及期年，英庙即位，遂登侍从。

王猎应该是个人才。又如宁宗庆元五年(1199)特奏名登科的何普(1142—1208)，就颇有才干。他特奏名登科后历任遂宁府青石县主簿、荣州司户参军兼司法，治疑狱、修泮宫，政绩卓著。可惜58岁始特奏名登科，67岁即死于任上。

特奏名的作用之二是"以一命之服而收天下士"，即笼络士人。南宋人王栐《燕翼诒谋录》卷一说得十分明白：

唐末，进士不第，如王仙芝辈唱乱，而敬翔、李振之徒，皆进士之不得志者也。盖四海九州之广，而岁上第者仅一二十人，苟非才学超出伦辈，必自绝意于功名之涂，无复顾藉。故圣朝广开科举之门，俾人人皆有觊觎之心，不忍自弃于盗贼奸宄。开宝三年三月壬寅朔，诏礼部阅贡士十五举以上曾经终场者，具名以闻。庚戌，诏曰："贡士司马浦等一百六人，困顿风尘，潦倒场屋，学固不讲，业亦难专，非有特恩，终成遐弃，宜各赐本科出身。"此特奏所由始也。自是士之潦倒不第者，皆觊觎一官，老死不止。……英雄豪杰皆汩没消靡其中而不自觉，故乱不起于中国，而起于夷狄，岂非得御天下之要术欤?!

特奏名制度的施行，也的确在很大程度上起到了笼络士人、巩固赵宋王朝统治的作用。一命之官，尺寸之禄，引诱得广大士人一生汩没消靡于科场之中，虽齿脱发白，仍孜孜以求，直至死而后已。《宋朝事实类苑》卷六三引《倦游杂录》云：

景祐元年(1034)九月二日,诏先朝免解者,候将来省试,与特奏名。时有无名子,改王元之升平词以嘲曰:"旧人相见问行年,名说真宗更已前。但看绿袍包裹了,这回含笑入黄泉。"

此虽为"谈谐戏谑"之言,但却反映了宋朝士人的心态。又詹义《登科解嘲》诗云:

读尽诗书五六担,老来方得一青衫。
家人问我年多少,五十年前二十三。①

诗虽不是詹义的夫子自道,但肯定是有所指的。他所代为解嘲的这位举人,已经73岁才刚刚登科,未曾出官已该致仕了。张邦基《墨庄漫录》卷九载:

徐遹闽人,博学尚气,累举不捷,久困场屋。崇宁三年为特奏名魁,时已老矣。赴闻喜赐宴于琼林苑,归骑过平康狭邪之所,同年所簪花多为群倡所求,惟遹至所寓,花乃独存。因戏题一绝云:"白马青衫老得官,琼林宴罢酒肠宽。平康过尽无人问,留得宫花醒后看。"

可见这位特奏名魁已是何等的老态龙钟了。又楼钥(1137—1213)《攻媿集》卷七四《跋王如晦文卷》载:

绍兴三十年,王如晦之子泣曰:"先君少在郡庠,以明《易》试优等,升内舍,籍上庠。兵火之后,再以本经中乡举。太学再兴,又以诗赋联荐。一日,外报省榜而不及门,先君方理发,吾母劝之曰:'君发已种种,兹事可已,徒费精神何为?'先君握其发曰:'未死,终不可已。'然竟赍志以殁。"

"未死,终不可已",这正是特奏名制度创立的目的和施行的结果。

正因为如此,宋朝士人参加农民起义或投奔异域者较少。中国古代社会的历史表明,农民起义如果没有知识分子参加,很难对王朝统治构成重大威胁。特奏名制度能够紧紧地笼络住广大士人,的确是古代帝王"御天下之要术"。王定保《唐摭言》卷一云:"文皇帝(按指唐太宗)修文偃武,天赞神授,尝私幸端门,见

① 俞文豹:《唾玉集》,《说郛》卷二三下。

新进士缀行而出，喜曰：'天下英雄入吾彀中矣！'"又云："进士科始于隋大业中，盛于贞观、永徽之际；缙绅虽位极人臣，不由进士者，终不为美，以至岁贡常不减八九百人。……其有老死于文场者，亦无所恨。故有诗云：'太宗皇帝真长策，赚得英雄尽白头！'"其实，只有在宋朝创立特奏名制度之后，才使科举真正成为"赚得英雄尽白头"的长策；只有宋朝帝王，才更有资格说："天下英雄入吾彀中矣！"在这一点上，唐宗是稍逊色于宋祖的。正如苏轼（1037—1101）所说："纵百万虎狼于山林而饥渴之，不知其将噬人。艺祖皇帝深知此理者也，岂汉唐所可仰望哉！"①

特奏名的作用之三是，虽有大量的特奏名第五等人滞留民间，长期不能出官，但因其有一定贡举科名和官衔，在地方上还是有一定社会地位和势力的。庄绰《鸡肋编》卷上载：

> 周曼，衢州开化县孔家步人，绍兴二年（1132）以特奏名补右迪功郎，授谭州善化县尉，待阙。有人以柬与之，往寻周官人家。曼怒曰："我是宣教，甚唤作官人？看汝主人面，不欲送汝县中吃棒。"又曾夜至邑中灵山寺，以知事不出参，呼而捶之，曰："我是国家命官，怎敢恁地无去就！"欲作状解官，群僧祷之，且令其仆取赂，而已。

特奏名者可以在乡里作福作威，也可以利用其社会地位，为地方上的兴学、救灾等公益事业上做出一定贡献。

特奏名制度虽然起到了笼络士人、维护赵宋王朝统治的作用，但也暴露了明显的弊端。第一，大量录取特奏名，势必加重宋朝官员的冗滥。冗官是宋朝的一大社会问题，造成冗官的主要原因固然是门荫之滥，但特奏名也是造成冗官的原因之一。据统计和推算，两宋贡举取士共约 11 万多人，其中正奏名约 6 万多人，特奏名约 5 万多人，特奏名登科者约占总登科人数的 45%。据统计与考证，南宋贡举特奏名登科者约为 28 000 多人，正、特奏名登科总数约为 51 000 多人，特奏名占总人数的 55%，超过了正奏名人数。特奏名登科人数如此之多，所占比例如此之大，实在令人吃惊。而且，这些特奏名者，既才学低下，又年迈衰老，出官之后，大多不可能持廉奉法，尽心治事，只能迫不及待地贪赃枉法，中饱私囊，以为

① 王栐：《燕翼诒谋录》卷一。

归老之计。仁宗庆历八年(1048)三月,宋庠(996—1066)在《资政殿答手诏》中就指出:

> 近岁举人殿试,有老榜之目,但论举数,无取艺能。释褐虽被朝恩,参选已登暮齿。纵分职任,尽昧廉隅。臣等欲乞将来科场,罢兹一事。①

哲宗元祐元年(1086),上官均(1038—1115)明确地把特奏名与荫补、胥吏出职、进纳买官同时作为造成官冗的原因之一。他在《上哲宗乞清入仕之源》奏疏中说:

> 所谓特奏名者,凡五等。其最滥者,但曾一次预荐,仅及三十年即该推恩。其就廷试,则试题平易,字数减少,有司考校,又加宽假,但粗成文理,不至甚纰缪者,皆置第四等以上,未满七十者,即更不须保任,便许出官。昨元丰八年,特奏名系第四等以上者四百余人,可谓冗矣。……况偶获一荐,累试见黜,年高才耗,学术忘废,其比进士实固相远。……夫以血气衰耗,有苟得之心,荐举不及,无向进之意,其能精明治事、廉洁自守者,十无一二。……臣以为四者之冗,有可罢者,纳粟得官是也;有可以裁抑者,特奏名、资荫、胥吏是也。②

元祐三年二月二十九日,知贡举苏轼(1037—1101)与同知贡举孙觉(1028—1090)、孔文仲(1033—1088)曾联名上了一道著名的《论特奏名》札子,其中写道:

> 臣等伏见恩榜得官之人,布在州县,例皆垂老,别无进望,惟务黩货,以为归计,贪冒不职,十人而九。朝廷所放恩榜几千人矣,何曾见一人能自奋励有闻于时?而残民败官者不可胜数。以此谓其无益有损,不言可知。③

元祐三年五月丙午朔(一日),翰林学士兼侍读苏轼、户部侍郎苏辙(1039—1112)同转对。苏轼又上言:

---

① 宋庠:《元宪集》卷三二《资政殿答手诏》。

② 《宋朝诸臣奏议》卷七〇,上官均《上哲宗乞清入仕之源》。

③ 《苏轼文集》卷二八《论特奏名》。

特奏名人，除近上十馀人文词稍可观，其馀皆词学无取，年迫桑榆，进无所望，退无所归，使之临政，其害民必矣。①

宋宁宗嘉定七年(1214)五月二日，监察御史倪千里亦云：

若人等(按指特奏名者)日暮途远，苟有幸门，何惮不乘？今日既已重费得官，他日筮仕，必将取偿于民，何所不至？②

宋庠、上官均、苏轼、倪千里等人这些话都是十分中肯的。连宋神宗也认为："特奏名人阘茸而多，与官害治。"③隆兴二年(1164)，初受禅继位的宋孝宗，"以官冗恩滥，思有以革之，乃议定制……罢特奏名"，曾下手诏令大臣"参酌来上"。④可见特奏名为害之深。

第二，既然举人积累到一定举数，达到一定年龄，即使考试不合格，也可特予奏名，赐第授官。这样，也就必然使一大批士人不务实学，坐候岁月，冀希恩泽。仁宗天圣五年(1027)，中书门下言："昨以天下举人至多，所试词业罕及格式。圣造曲成，不遗片善，念其久在场屋，齿发已衰，其中择举多年甲高者并列官常，俾荣乡里。然虑隳学之徒，不务进修，坐候岁月，恐爽激劝之理。欲乞特出诏旨，敦谕四方。"于是，四月十八日，诏曰：

应诸道贡举人等，今后并须服膺翰墨，励志典坟，当企慕于隽贤，勿坐希于侥幸。其或靡务激昂而自奋，正期华皓以见收。人将谓何，朕所不敢。苟敦修之未至，谅黜落以无疑。预形告戒之言，庶尽详延之旨。凡尔多士，宜知朕意。⑤

宝元元年(1038)四月二十一日，又诏曰：

惟贡荐而屡绌，洎迟暮而无成，审覆不诬，甄采咸及。然念溥率之广，褒

① 《长编》卷四一，元祐三年五月丙午朔。
② 《宋会要辑稿·选举》一三之八《恩科》。
③ 《长编》卷二四三，熙宁六年三月庚戌。
④ 《朝野杂记》乙集卷一五《孝宗议权免奏荐及罢特奏名》。
⑤ 《宋会要辑稿·选举》三之一六《贡举杂录》。

> 博滋多，或狃于宽恩，则堕其素业，靡荐温知之习，浸成苟简之风。恩洽政醇，用颁诏谕。贡举人等，自今当研覃古义，景慕前良，为学务于资深，属词尚乎体要，宗师雅正，斥去浮华，勉事厥修之勤，勿贻将落之诮。若仍累举之叙，限年以收，盖匪经常之规，无怀侥幸之望。傥声实之非允，岂名级之可希。咨尔群儒，宜悉朕意。①

虽屡下诏书，恐怕不过是一纸空文，起不到多大的作用。

第三，特奏名制度是对广大士人的残害和对人才的浪费。特奏名制度的施行，诚然使不少人虽耄耋之年而终登科第，但是相对于数以十万计的举人来说，这毕竟是少数，充其量不过是百分之几，而广大士人却是皓首穷经，老死场屋。如王辟之《渑水燕谈录》卷七载："青州布衣张在，少能文，尤精于诗，奇蹇不遇，老死场屋。"又如陆九渊（1139—1193）的侄子陆涣之（1140—1203），"十三学为进士，即有声"，"屡贡礼部，皆不合"，"将退耕于野，著书传世，而未及也。以嘉泰三年十月戊子卒，年六十有四"。②再如李得之，"弱冠游太学，荐而不第；舍法行，当充贡，又不果行。竟以累试礼部恩奏名天府，将入廷奉对，前一日卒于临安之客"。③像张庄、陆涣之、李得之这样老死场屋者，又何止千千万万！他们在一命之官、尺寸之禄的引诱下，汩没场屋，一生潦倒，无所作为。这对其本人来说，无异于戕害；对社会来说，也是人才的极大浪费。

在我们今天看来，特奏名制度显然是宋朝科举制度中的一大弊病，但它作为正奏名的必要补充，有着笼络天下士人尽入彀中的妙用，因而宋朝统治者一直把特奏名作为一个法宝，沿用不废。由此进一步证明，宋朝的科举制度，完全是为了维护赵宋王朝的统治服务的。

---

① 《宋会要辑稿·选举》三之一九至二〇《贡举杂录》。

② 陆游：《渭南文集》卷三八《山堂陆先生墓志铭》。

③ 朱熹：《朱文公文集》卷九一《特奏名李公墓志铭》。

第十一章　宋朝贡举锁厅试制度

在宋朝，不但一般士人可以参加贡举考试，而且已经入仕为官的人也可以应举。宋人将这种入仕为官人参加的贡举考试称为“锁厅试”。如马端临（约1254—1232）《文献通考》卷三〇《选举三》云：“凡见任官应进士举，谓之锁厅试。”为什么称之为“锁厅试”呢？徐度《却扫编》卷中云：“祖宗时，有官人在官应进士举，谓之锁厅者，谓锁其厅事而出。”即因为是锁其官府的办公厅堂而参加贡举考试，所以称之为“锁厅试”。这一称谓是非常形象的。锁厅试是宋朝贡举中一项相当重要的制度，对整个官僚制度也产生过重要作用和影响。

第一节　锁厅试的设立与应举资格

宋朝入仕有官人应举即锁厅试始见于宋太宗太平兴国五年（980）。《宋会要辑稿·选举》一四之八《锁厅》载：

> 太平兴国五年闰三月十一日，京兆府户曹参军颜明远、徐州节度推官刘昌言、洺州鸡泽县主簿张观、德州将陵县主簿乐史并应进士举，殿试合格，帝惜科第不与，乃除明远中正军、昌言归德军、观忠武军、史武成军，并为节度掌书记。

叶梦得（1077—1148）《石林燕语》卷四亦云：“祖宗时，见任官应进士举谓之锁厅，虽中选，止令迁官，而不赐科第，不中者则停见任。其爱惜科名如此。”其实并不尽然。汪应辰(1119—1176)《石林燕语辨》及宇文绍奕《石林燕语考异》皆云：“太平兴国五年，见任官赴殿试有六人，惟单饰、周缮赐及第，余皆诸州节度掌书记。此云‘止迁官而不赐科第’，非皆如此也。”也就是说，太平兴国五年苏易简榜，有单饰、周缮、刘昌言、颜明远、张观、乐史等六人以现任官应进士举，其中单、周二人赐及第，乐史等四人止授近藩掌书记。另据《长编》卷二十一载：“其后，复赐乐史进士及第，仍附是年(按即太平兴国五)第一等进士之下。”[①]太平兴国五年大概是锁厅试创立之始。至淳化三年(992)，锁厅试合格者，则皆赐及第、授官了。《宋会要辑稿·选举》一四之八—九《锁厅》载：

> 淳化三年四月五日，滁州军事判官鲍渊、邓州录事参军杨令问、滁州清流县尉胡咸秩并锁厅举，各赐及第。以渊为忠正军节度掌书记，令问为本州观察支使，咸秩为楚州山阳县令。(是后，合格者皆赐及第、出身，命官升差遣有差。)

《石林燕语》卷四亦云：“淳化三年，滁州军事判官鲍当等应举合格，始各赐进士及第。自是遂皆赐第。”淳化三年可以说是锁厅试制度的确立与完备。

对于锁厅试的应举资格，北宋前期，除与一般士人应举的相同要求之外，尚有诸多限制。北宋中期之后，限制逐渐放宽，一般有官人皆可应锁厅试。

锁厅试应举资格的限制之一是，“才学优茂而历官无过”，[②]方可应举。《宋会要辑稿·选举》一四之八《锁厅》载：

> 雍熙二年(985)六月七日，中书门下言：“近日诸道州府解到官吏去官赴举者，礼部贡院考试，多是所业未精。欲望今后锁厅应举者，须是文学优赡，才器出群，历官无负犯之尤，检身有可观之誉，即委本处先考程试，如文艺合格，以闻待报，解送礼部考试。如所业纰缪，发解官、(与)[举]送长官必置重罪，本人免所居官。”从之。

仁宗初年，始放松了这一限制。天圣四年(1026)闰五月二十六日，翰林学士宋绶

---

① 《长编》卷二一，太平兴国五年闰三月甲寅。

② 《长编》卷二六，雍熙二年夏四月丙子。

(991—1040)等言：

> 准诏与礼部贡院详定贡举具合条约以闻。检会天禧二年七月诏书："应命官乞锁厅应举，须先行考试，艺业合格，即许取解。如荐发到省，却有纰缪不及格，其前后考试官、举送官并重行朝典，本人勒停。"又雍熙二年六月诏书："锁厅应举者须是文学优赡、才器出群，历官无负犯之尤，检身有可观之誉，先试艺文，合格以闻，待报解送。或礼部考试纰缪，发解官与举送长官必置重罪，本人免所居官。"
>
> 参详：锁厅举人既历仕途，复勤词业，非加奖激，恐怠进修，而命官之内少有全无遗阙者，须至分别轻重。欲乞今后除历任有赃私罪并见勒停、殿责降、冲替未经叙用人等不许取应外，馀并许奏；候朝旨，依举人例荐解，即更不先行考试；将来省试，实显纰缪，即乞以雍熙二年诏书从事。①

仁宗认可其奏，从此"除历任有赃私罪并见勒停、殿责降、冲替未经叙用人等不许取应外，馀并许奏"，即锁厅应举者事先不再要求"才学优茂"，只要"历官无过"均可应锁厅试。

景祐四年(1037)七月十九日，河北转运司言："怀州河内县主簿贾程为先赴官稽迟，罚铜二斤，为私罪。看详：私罪至轻，本官有文，乞特许应举。"仁宗"从之"。于是，"自后锁厅人如私罪轻，并许应举"。②这样，又放宽了对于"历任有赃私罪"不得应举的限制。

锁厅试应举资格的限制之二是，仁宗时曾规定宗室婿不得应举。如《宋会要辑稿·选举》一四之一一《锁厅》载："皇祐四年(1052)六月二十五日，诏应锁厅武臣系与宗室女为亲补转班者，不得收试。"③嘉祐三年(1058)八月六日，又重申此禁："诏礼部贡院，宗室婿不许锁厅应举。"④这种限制显然没有太多道理。治平元年(1064)司马光(1019—1086)上奏曰：

> 先准嘉祐三年八月二日中书札子，供系官亲授班行人，云云。右具如前，当院检会贡举条制，若奇才异行卓然不群者，虽工商杂类，亦听取解。又进纳人自来皆得锁应。看详：上件系官亲人并是三代食禄之家，有人保任，方

---

① 《宋会要辑稿·选举》一四之一〇《锁厅》。

② 《宋会要辑稿·选举》一四之一〇至一一《锁厅》;《长编》卷一二〇，景祐四年七月己未。

③④ 《宋会要辑稿·选举》一四之一一《锁厅》。

> 得充选,比于工商杂类、纳财授官之人,流品殊胜。其中岂无奇才异行可以进用?岂可止以连姻帝族,遂同赃私罪犯之人,不得锁厅应举?求诸义理,全无意谓。欲乞今后应与宗室女为亲补转班行者,如别无事节违碍科场条贯,并许依其它武臣例,锁厅应奉,以广求贤之路。①

治平元年六月九日,礼部贡院又言:

> 准皇祐四年诏,娶宗室女补官者,不得应举。按贡举条制,进纳人及工商杂类有奇才异行者,亦听取解。今宗室婿皆三世食禄、有人保任乃得充选,比工商杂类、纳财受官流品为胜,岂可以连姻皇族遂同赃私罪戾之人?乞许其应举,以广求贤之路。

仁宗“从之”。②于是,宗室婿不得应举之禁实行不久,即被取消。

锁厅试应举资格的限制之三是,对有官人锁厅应举次数的限制。太宗、真宗时期,现任官只准参加一次锁厅试。如真宗天禧二年(1018)七月十二日,诏:“自今锁厅应举人,仰逐处长吏先依发解例考试艺业,合格者,即令取解。如荐发到省不及格,前后考试官、举送长官,并重行朝典,本人勒停。”③锁厅应举人省试不及格即本人勒停,因而也就没有资格再参加锁厅试了。《宋会要辑稿・选举》一四之一〇《锁厅》载:“天禧三年、天圣二年礼部贡院奏,考试锁院不及格人,奉敕令御史台各罚铜一十斤,仍今后不得锁厅应举”。即有官人应锁厅试不及格,即不得再次锁厅应举。

仁宗时期,逐渐放宽了锁厅应举次数的限制。天圣七年(1029)七月六日,诏:“今后锁厅举人许文臣两次、武臣一次取应”。④十年之后,又稍宽其制。宝元元年(1038)九月,诏:“锁厅举人自今举文臣应三举、武臣两举”。⑤庆历四年(1044),范仲淹(989—1052)施行新政,改革科举,其新制规定:“锁厅举人,自今不限举数,许令取应。”⑥司马光《涑水记闻》卷三亦云:“庆历中,又诏文武锁厅者

① 《温国文正司马公文集》卷二九《贡院奏系官亲人许锁应状》。

② 《宋会要辑稿・选举》一四之一二《锁厅》。

③ 《宋会要辑稿・选举》一四之九《锁厅》。

④ 《宋会要辑稿・选举》一四之一〇《锁厅》。

⑤ 《宋会要辑稿・选举》一四之一一《锁厅》。

⑥ 《宋会要辑稿・选举》三之二七《贡举杂录》。

不复限以举数。"嘉祐初年，曾规定臣僚门客受恩泽补官者，"锁厅取应限以一次"。嘉祐三年(1058)二月二十四日，礼部贡院言："近制，不许臣僚门客受恩泽出官而又锁厅取应，限以一次，倘不中第，遂废终身，甚非劝学之意，请自今更不限举数。"仁宗"从之"。①自此以后，直至南宋灭亡，前后二百三十多年间，有官人锁厅应举不再有次数的限制。

另外，在宋朝，不但现任职事官可以应举，而且长史、司马、文学、助教之类的散官也可以应举；不但门荫入仕者可以应举，而且进纳得官者也可以应举。《宋会要辑稿·选举》一四之一一《锁厅》载：

> 嘉祐三年(1058)二月二十四日，礼部贡院言："其长史、司马、助教、文学及曾应武举人，非因事安置、羁管，并令锁应(人)。进纳人亦听应举，中第者不理前资，仍与除去进纳之名。"从之。

这就是说，至此所有的入仕有官人，除因犯罪而被"安置"、"羁管"者外，均可以参加锁厅试了。进纳买官入仕者也可以锁厅应举，合格登第者还可以除去"进纳"之名，即不再是进纳出身，而变成为进士出身了。

第二节　锁厅试的考试方法

入仕有官人锁厅应举，其省试、殿试与一般士人应举者共同考试，其考试方法无甚区别，唯解试有所不同。北宋初年，对合乎锁厅应举资格的有官人，先由所在州府长官按照解试条例进行考试。前引《宋会要辑稿·选举》一四之八《锁厅》载：

> 雍熙二年(985)六月七日，中书门下言："近日诸道州府解到官吏去官赴举者，礼部贡院考试，多是所业未精。欲望今后锁厅应举者，须是文学优赡，才器出群，历官无负犯之尤，检身有可观之誉，即委本处先考程试，如文艺合格，以闻待报，解送礼部考试。如所业纰缪，发解官、(与)[举]送长官必置重罪，本人免所居官。"从之。

① 《宋会要辑稿·选举》一四之一一至一二《锁厅》。

太宗年间，锁厅应举须由诸道州府先行考试，如果艺业合格，候朝旨，解送礼部参加省试。如果省试不及格，州府的考试官、举送长官要被严加治罪，锁厅应举的本人则要被免所居之官。

真宗时，又重申此制。天禧二年（1018）七月十二日，诏："自今锁厅应举人，仰逐处长吏先依发解例考试，艺业合格者，即令取解。如荐发到省不及格，前后考试官、举送长官并重行朝典，本人勒停。"①是年，从宰相王钦若（962—1025）之请，"锁厅举人试不合格者，并坐私罪"。②如真宗天禧三年（1019）、仁宗天圣二年（1024），礼部贡院奏有锁厅试不及格人，即奉敕："令御史台各罚铜一十斤，放，仍今后不得锁厅应举。"③太宗太平兴国五年（980）状元苏易简之孙苏舜元（1006—1054），天圣二年即因"锁应不合格，罚铜十斤"。④

天圣四年（1026）闰五月二十六日，翰林学士宋绶（991—1040）等准诏与礼部贡院详定贡举具合条约以闻，检会雍熙二年（985）六月和天禧二年（1018）七月诏书后上言："参详：锁厅举人既历仕途，复勤词业，非加奖激，恐怠进修，而命官之内少有全无遗阙者，须至分别轻重。欲乞今后除历任有赃私罪并见勒停、殿责降、冲替未经叙用人等不许取应外，馀并许奏；候朝旨，依举人例荐解，即更不先行考试；将来省试，实显纰缪，即乞以雍熙二年诏书从事。……若不及格，便加责罚，不得取应，恐非诱劝之道。今后欲乞与免责罚，并许取应。"⑤仁宗"从之"，遂"诏命官锁厅应举，自今更不先试所业，下第者免责罚，仍听再举。"⑥

关于锁厅应举人的解试，仁宗天圣七年（1029）六月二十八日，诏曰：

> 应锁厅应举人，在京及见厘务并开封府界任官者，令于国子监、开封府取解；见在外任者，委转运司无干碍州府取解；如已罢未赴任并随亲在外，并令于国子监、开封府投状，仍所在奏待报。余依旧制。⑦

即锁厅应举人依据所任官的地域，分别于国子监、开封府及转运司指定的州府参加解试。此前锁厅应举人往往自请州府取解，为了防止请托之弊，所以颁布了上述诏书。

---

① 《宋会要辑稿・选举》一四之九《锁厅》。

② 《长编》卷一一四，景祐元年四月壬辰。

③④⑦ 《宋会要辑稿・选举》一四之一〇《锁厅》。

⑤ 《宋会要辑稿・选举》一四之九至一〇《锁厅》。

⑥ 《长编》卷一〇四，天圣四年闰五月辛未。

随着锁厅试应举资格和应举次数限制的放宽，锁厅应举人数大为增加。如《长编》卷一二〇景祐四年（1037）十月乙未（七日）纪事载："时锁厅应举人特多，开封府投牒者至数百，国子监及诸州不在焉。及出榜，而宰相陈尧佐（963—1044）之子博古为解元，参知政事韩亿（972—1044）子孙四人皆无落者，故嘲谤群起。"为了防止锁厅应举人挤占一般应举人的解额，遂实行锁厅应举人单独考试。《宋会要辑稿·选举》一四之一一《锁厅》载：

> 宝元元年（1038）八月十四日，命屯田员外郎、集贤校理曾公亮，右正言、直史馆、同修起居注梁适考试锁厅举人。旧制，每秋赋，别差官考试官亲戚，谓之"别头"。至是，以锁厅人多，颇侵寒士解额，乃令府、监互送亲戚而专差官试锁厅人。

此前，为了防止考试官与其应举的亲戚徇私作弊，国子监、开封府解试实行别头试。现在，由于"锁厅人多，颇侵寒士解额"，于是令国子监、开封府解试互送亲戚考试，以代替原来的别头试，而"专差官试锁厅人"，即对锁厅人的考试成了国子监、开封府解试的别头试。

既然对锁厅人实行单独考试，于是也就需要规定单独的解额。《宋会要辑稿·选举》一四之一一《锁厅》载：

> 宝元二年闰十二月四日，礼部贡院言："锁厅举人见任者，自来止（与）[于]邻近州军取解，不曾立定解额。昨来并于举人额外解发，朝廷例皆收试。遂降敕旨，不得于额外解发。本院看详：逐州试官多以亲戚举人送邻州取解，妨占本土孤寒举人解额，遂送转运司别差考试。每十人解三人为额。今来却将锁厅人于本州额内解发，妨占本土孤寒举人，深未便允。乞送锁厅人于转运司考试，别立一项解发。"诏两制详定。翰林学士丁度等言："锁厅人今在京于别试所，在外于转运司差官与亲戚举人同试，十人解三人，不及十人与二人，五人以下与一名，馀并依亲戚发解例施行。"从之。①

这样，锁厅应举人在京者于国子监、开封府解试的别试所考试，在外者于诸路转运司差官与亲戚人一同考试，其解额为"十人解三人，不及十人与二人，五人以下

① 参见《长编》卷一二五，宝元二年闰十二月庚寅。

与一名”。对于锁厅试的这一演变过程，司马光《涑水记闻》卷三记载颇详：

> 先朝时，锁厅举进士者，时有一人，以为奇异。试不中者，皆有责罚，为私罪。其后，诏文官听两举，武官一举，不中者，不复责罚。景祐四年，锁厅人最盛，开封府投牒者至数百人，国子监及诸州者不在焉。是时，陈尧佐为宰相，韩亿为枢密副使。既而解榜出，尧佐子博古为解元，亿子孙四人皆无落者。众议喧然，作《河满子》词以嘲之，流闻达于禁中。殿中侍御史萧定基时掌誊录，因奏事，上问《河满子》之词，定基因诵之。先是，天章阁待制范仲淹坐言事，左迁饶州；王宫待制王宗道因奏事，自陈为王府官二十年不迁，诏改除龙图阁学士。权三司使王博文言于上曰：“臣老且死，不复得望两府之门。”因涕下。上怜之，数日遂为枢密副使。当时轻薄者取张祜诗，益其文以嘲之曰：“天章故国三千里，学士深宫二十年。殿院一声《河满子》，龙图双泪落君前。”于是，诏今后锁厅应举人与白衣别试，各十人中解三人；在外者众试于转运司，恐其妨白衣解额故也。

锁厅试“十人解三人”，其录取比例是相当高的。于是，二十年后，又对锁厅试的解额做了调整。《长编》卷一九一载：“嘉祐五年（1061）六月壬申（十五日），诏礼部贡院，内外锁厅并亲戚举人，并同引试，解十分之一；如不及十人，亦许解一人；四人以下，送邻路聚试。”①《宋会要辑稿·选举》一四之一二《锁厅》系此诏于嘉祐六年六月十五日，未知孰是，待考。此后，诸路锁厅试解额与转运司解试解额相同。神宗熙宁二年（1069）六月二十二日，诏：“诸州军监举送发解考试、监试官亲戚、门客类聚送转运司，与锁厅、明经一处考试，各十分取一分半为额，即馀分或应举不满十人，并五人以上听解一名，其四人以下如灼然有文艺可称者准此。”②元丰年间，基本未变，据《元丰贡举令》：“转运司发解，每七人解一人。”③而徽宗崇宁年间，据《崇宁贡举令》：“每十人解一人。”④宣和六年（1124）七月一日，“诏依元丰法。”⑤即就试终场每七人解一名。宋室南迁，高宗时仍依《元丰贡举令》：“转运司发解每七人解一人”。⑥孝宗乾道二年（1166）五月十六日，“仍令转运

---

① 《长编》卷一九一，嘉祐五年六月壬申。
② 《宋会要辑稿·选举》一五之二〇《发解》。
③④ 《宋会要辑稿·选举》一六之四《发解》。
⑤ 《宋会要辑稿·选举》一五之三一《发解》。
⑥ 《宋会要辑稿·选举》一六之四《发解》。

司自今以二十人解一人，零数亦解一人”。[①]乾道四年正月十九日，转运司牒试“请解者每四十人解一人，外有零数或请解不及四十人者，亦解一人。”[②]将录取率降低至2.5%！三年之后，又放宽了转运司的解额：“以酌中之数，依乾道二年之制，令二十人解一人。”[③]遂为定制。

第三节　锁厅试的赐第与授官

一、锁厅试赐第

北宋初年，锁厅应举殿试合格，曾有止令迁官而不赐科第者。如前引《宋会要辑稿·选举》一四之八《锁厅》载：“太平兴国五年(980)闰三月十一日，京兆府户曹参军颜明远、徐州节度推官刘昌言、洺州鸡泽县主簿张观、德州将陵县主簿乐史，并应进士举，殿试合格。帝惜科第不与，乃除明远中正军、昌言归德军、观忠武军、史武成军，并为节度掌书记。”叶梦得(1077—1148)据此云：“祖宗时，见任官应进士举，谓之锁厅，虽中选，止令迁官，而不赐科第。”[④]汪应辰(1119—1176)辨之曰：“太平兴国五年，见任官赴殿试有六人，惟单湅、周缮赐及第，余皆诸州节度掌书记。此云‘止迁官而不赐科第’，非皆如此也。”[⑤]另外，“其后复赐乐史进士入第，仍附是年(按指太平兴国五)第一等进士之下”。[⑥]至太宗淳化三年(992)之后，锁厅应殿试合格者，始皆赐科第。前引《宋会要辑稿·选举》一四之八《锁厅》载：“淳化三年四月五日，滁州军事判官鲍渊、邓州录事参军杨令问、滁州清流县尉胡咸秩并锁厅举，各赐及第。”原注云：“是后，合格者皆赐及第、出身，命官升差遣有差。”自此，即不再有锁厅应举殿试合格“止令迁官而不赐科第”者。

南宋人王栐说：“旧制，命官锁厅应举，先于所属选官考试所业，方听取解至礼部。程文纰缪勒停，不合格者赎铜，永不得应举。中格，庭对，唱第日仍降甲。”[⑦]锁厅应举人唱第日降甲，此事未见他书记载，纵有其事，亦当为天圣四年

---

① 《宋会要辑稿·选举》一六之一四《发解》。
② 《宋会要辑稿·选举》一六之一五《发解》。
③ 《宋会要辑稿·选举》一六之一八《发解》。
④ 叶梦得：《石林燕语》卷四。
⑤ 叶梦得：《石林燕语》卷四附汪应辰《石林燕语辨》及宇文绍奕《石林燕语考异》。
⑥ 《长编》卷二一，太平兴国五年闰三月甲寅。
⑦ 王栐：《燕翼诒谋录》卷三。

(1026)以前之事，因为“天圣四年，诏免责罚，听再举。以旧制试礼部不合格者赎铜，永不得应举也”。[①]仁宗可其奏。[②]此后免除了“不合格者赎铜，永不得应举”的责罚，也应该免除合格者“唱第日仍降甲”的贬抑。司马光《涑水记闻》卷三云：“庆历中，又诏文武锁厅者不复限以举数。故事，锁厅及第、注官者皆升一甲，今不复升之。”锁厅应举人“及第、注官者皆升一甲”亦未见他书记载，其施行的时间大概也不太长。

锁厅应举及第者的“降甲”抑或“升甲”均为成为定制，而锁厅应举人不得为状元，则是宋朝的惯例。南宋人吴曾《能改斋漫录》卷二云：“本朝殿试，有官人不为第一，自沈文通始。迄今循之，以为故事。”沈文通名遘(1028—1067)，因避高宗赵构讳以字行。其进士及第于仁宗皇祐元年(1049)，王安石《沈内翰墓志铭》云：“公姓沈氏，讳遘，字文通，世为杭州钱塘人。……公初以祖荫补郊社斋郎，举进士，于廷中为第一，大臣疑已仕者例不得为第一，故以为第二。”[③]南宋史学家李心传(1167—1244)《朝野杂记》甲集卷十三《锁厅人不为状元》云：

> 锁厅人不为状元，非故事也。祥符二年，梁固廷试第一。固，翰林学士颢之子，景德初，已赐进士出身矣。皇祐初，沈文通以斋郎对策为第一，宰相陈恭公疑已仕者不当为第一人，乃降为第二。其后王昂榜本嘉王楷，汪洋榜本秦熺，陈诚之榜本黄中，王佐榜本董德元，梁克家榜本许克昌，萧国梁榜本赵汝愚，邹应龙榜本莫子纯，曾一龙榜本许奕，皆用此例。

其实，李心传所谓梁固系锁厅应举之说不太确切。《宋史》卷二九六《梁固传》载：“固字仲坚，幼有志节，尝著《汉春秋》，颢器赏之。初，以颢遗荫，赐进士出身。服阕，诣登闻院让前命，愿赴乡举，许之。大中祥符元年，举服勤词学科，擢甲第，解褐将作监丞、同判密州。”可见，梁固应举之前已辞去所赐进士出身，是以白衣士人的资格应举的。沈遘之前是否有“锁厅人不为状元”之例，尚有待考证，而此后成为惯例则是确实的。如徽宗重和元年(1118)王昂榜，殿试嘉王赵楷为第一，徽宗宣谕：“嘉王楷，有司考在第一，不欲以魁天下，以第二人为榜首。”[④]遂以王昂为第一。高宗绍兴五年(1135)汪应辰榜，“详定官中书舍人胡寅等定(黄)中为首

---

① 叶梦得：《石林燕语》卷五附汪应辰《石林燕语辨》及宇文绍奕《石林燕语考异》。

② 《宋会要辑稿·选举》一四之一〇《锁厅》。

③ 《王文公文集》卷九四《沈内翰墓志铭》。

④ 吴曾：《能改斋漫录》卷二。

选，辅臣奏中系有官人。上问故事如何，沈与求曰：'臣闻皇祐元年，沈文通考中第一，仁宗曰：朕不欲以贵胄先天下寒俊。遂以冯京为第一，文通第二。'上曰：'可用此故事。'遂擢（汪）洋为第一。"[①]绍兴十二年（1142）陈诚之榜，"有司定（秦）熺第一，（陈）诚之次之，（杨）邦弼又次之。（秦）桧引故事辞，乃降为第二人。"[②]绍兴十八年（1148）王佐榜，"奏（董）德元第一，（陈）孺次之。既而以故事递降，遂擢（王）佐为首。"[③]绍兴三十年（1160）梁克家榜，"得右迪功郎许克昌为首，用故事降为第二，遂赐晋江梁克家等四百十二人及第、出身、同出身。"[④]孝宗乾道二年（1166）萧国梁榜，殿试以赵汝愚为第一，以宗室锁应降为第二。宁宗庆元二年（1196），省试莫子纯第一，邹应龙第二。虽因谅阴罢殿试，仍以莫子纯有官不可以为首，依惯例升邹应龙为第一。庆元五年（1199）曾从龙榜，宁宗亲擢许奕进士第一，亦因许奕以父任官至涪城县尉而降为第二。

二、锁厅试授官

如果说对锁厅应举人在赐第方面稍有抑制的话，那么在授官方面则是颇为优渥的。如《宋会要辑稿·选举》二之四《进士科》载：

> 咸平三年（1000）四月二十七日，以新及第进士第一人陈尧咨、第二人周起、第三人胡用、第四人朱巽、第五人李颖、锁（听）[厅]人李绎，并为将作监丞、通判诸州；第一等四十二人并九经关头为大理评事、知县；第二等节察推官；第三等初幕职；馀判司尉、试衔，令归乡守选。

此特予锁厅试第一人为白衣贡举第五人恩例。司马光《涑水记闻》卷三云："故事，锁厅及第、注官者，皆升一甲，今不复升之。"这里所说的注官优惠，大概指的是仁宗时期的情况。《宋会要辑稿·选举》二之八《进士科》载：

> 庆历二年（1042）四月二十三日，诏新及第进士第一人杨寘为将作监丞，第二人王珪为大理评事，第三人韩绛为太子中允，并通判。第四人王安石为

---

① 《系年要录》卷九三，绍兴五年九月乙亥。

② 《系年要录》卷一四五，绍兴十二年四月庚午。

③ 《系年要录》卷一五七，绍兴十八年四月庚寅。

④ 《系年要录》卷一八四，绍兴三十年三月戊子。

> 校书郎，第五人曾公定为奉礼郎，并佥书诸州判官事。第六人已下，两使职官。第二甲，初等职官。第三甲，试衔知县。第四甲，试衔簿尉。第五甲，判司簿尉。
>
> 锁厅人第一甲，京朝官转官，选人进下京官。第二甲，京官家便推官，后任升陟，选人两使推官。第三甲，京官佥书诸州判官，选人初等职官。第四甲，京官家便知县，后任佥书诸州判官，选人试衔知县。第五甲，京官家便知县，选人试衔知县。

锁厅人授官除与赐第的等甲有关之外，还与锁厅应举时所任官的级别（如京朝官、选人）有关。仅以选人锁厅试进士登科授官与白衣进士登科授官相比，锁厅人授官也优渥得多。锁厅人第一甲选人均可进下京官，一般进士第一甲前五人可以授中下京官，第六人以下只能授两使职官（选人一等）；锁厅人第二甲选人授两使推官（选人一等三阶），一般进士第二甲只能授初等职官（选人二等四阶）；锁厅人第三甲选人授初等职官（选人二等四阶），一般进士第三甲只能授试衔知县（选人三等六阶）；锁厅人第四甲选人授试衔知县（选人三等六阶），一般进士第四甲只能授试衔簿尉（选人三等六阶）；锁厅人第五甲选人授衔知县（选人三等六阶），一般进士第五甲只能授判司簿尉（选人四等七阶）。一般情况下，锁厅人选人要比一般进士授官高一等。

另外，这一规定并非自庆历二年始，前此大概也是依此实行的。如阎某，“天圣五年（1027）郡举进士，南宫类其所程文，奏入高等，覆试廷下，唱第裁得同学究出身。……调佐永兴军醴泉县。间益自勉，造为词章，遂锁主簿厅以起。于是，中八年进士乙科，授本军推官。”①即由选人（县主簿）授两使推官，相当于锁厅试考中第二甲所授之官。

锁厅举人赐进士及第、出身后，还有转官、循资及堂除差遣等恩例。仁宗庆历四年（1044），改革科举，稍损锁厅及第推恩之制。宋祁（998—1061）等所详定贡举新制规定：“锁厅举人，自今更不限举数，许令取应。如及第、出身后，即不别推恩。”②这大概是由于锁厅举人自此可以同亲戚人一样应举，不再有举数及先行考试等限制，所以除在解额上享有优待之外，在授官上不复升甲及其他推恩。然而，不时仍有京官转官、选人循资以及堂除差遣等推恩。如哲宗绍圣二年（1095）

① 文同：《丹渊集》卷三六《屯田郎中颜君墓志铭》。

② 《宋会要辑稿·选举》三之二七《贡举杂录》。

正月十七日，诏："今来科场承务郎已上锁厅赐及第、出身、同出身人，依元祐三年临轩第一榜例，并与堂除合入差遣一次。"①高宗绍兴二年（1132）五月六日，诏："正奏名进士范寅宾、杨愿、孙朝彦、张庭实、严习已、王宣哲系有官人，未曾推恩，各与转一官，内选人循一资，仍占射差遣。"②

第四节　锁厅试的特点及意义

宋朝锁厅试有着明显的特点和重要意义。由以上可以看出，宋朝锁厅试的一大特点，就是前后变化甚大：北宋初年，对锁厅试的应举资格、应举次数都有严格的限制；锁厅应举人程文纰缪、省试不合格，发解官、举送长官必置重罪，本人免所居官，不得再应贡举。仁宗天圣四年（1026）之后，逐渐放宽以至取消了锁厅应举资格、应举次数等限制，免除了锁厅应举省试不合格的有关责罚，使锁厅试同于避亲戚之嫌的国子监、开封府别头试及诸路转运司试即漕试、牒试、胄试，并进而合为一体了。

宋人叶梦得（1077—1148）对锁厅试的这一演变曾经做过论述。他在《石林燕语》卷五中说：

> 国初，贡举法未备，公卿子弟多艰于进取，盖恐其请托也。范杲，鲁公之兄子，见知陶谷、窦仪，皆待以甲科。会有言"世禄之家不当与寒畯争科名"者，遂不敢就试。李内翰宗谔已过省，以文正为相，因唱名辞疾不敢入，亦被黜。文正罢相，方再登科。天禧后立法，有官人试不中者，皆科私罪，仍限以两举。或云王冀公所请也。庆历以来，条令日备，有官人仍别立额，于是，进取者始自如矣。③

汪应辰（1119—1176）《石林燕语辨》及宇文绍奕《石林燕语考异》云："天禧二年（1018），王钦若请锁厅人不及格坐私罪。天圣四年（1026），诏免责罚，听再举。以旧制试礼部不及格赎铜，永不得应举也。七年，诏文臣许应两次、武臣一次。盖科罪者，王冀公所请；而免责罚、许两次者，乃后来从宽。今并云'冀公所请'，

① 《宋会要辑稿·选举》一四之一二《锁厅》。
② 《宋会要辑稿·选举》二之一四至一五《进士科》。
③ 叶梦得：《石林燕语》卷五。

非也。"叶梦得所说在细节上虽然稍有差误，但大体上概括得还是相当准确的。宋初贡举考试制度尚很不完备，高官权贵易于作弊而登第。如太宗雍熙二年(985)六月七日，中书门下言："近日诸道州府解到官吏去官赴举者，礼部贡院考试，多是所业未精。"①是举，"宰相李昉之子宗谔，参知政事吕蒙正之从弟蒙亨，盐铁使王明之子扶，度支使许仲宣之子待问，举进士，试皆入等。"太宗曰："此并势家，与孤寒竞进，纵以艺升，人亦谓朕为有私也！"遂皆罢之。②为了防止势家子弟滥取科名，妨碍寒俊举人进身之路，朝廷对锁厅应举人多有限制。有的臣僚甚至上疏建议取消锁厅试。如真宗天禧二年(1018)九月二十三日，左正言刘烨言："今岁秋赋，食禄之家锁厅应举者颇众，望诏谕中外，自今食禄之家弟侄子孙，如文艺必可程试者，即不得就资荫；如有官者，即不得与孤寒竞进。"真宗虽未采纳，但"诏自今诸州精加考试"。③至仁宗时，各种防止作弊的制度渐趋完备。如自太宗雍熙二年(985)至仁宗景祐四年(1037)，逐步实行了省试、解试的别头试制度；自太宗淳化三年(992)至真宗大中祥符七年(1014)，逐步实行了省试、解试及殿试官的锁院制度；特别是自太宗淳化三年(992)至仁宗景祐四年(1037)，逐步实行了殿试、省试、解试的封弥、誊录制度，成为杜绝势家权贵请托、考试官徇私作弊最有效的措施，使贡举考试成为比较公平的竞争。这样，就基本上解除了势家子弟滥取科名、妨碍孤寒士人进身仕途的顾虑，于是，逐步放宽以至完全取消了对锁厅应举的种种限制，使入仕有官人能够比较自如地锁厅应举。

锁厅试放宽以至取消了种种限制及责罚之后，吸引了日益众多的有官人锁厅应举。前引司马光(1019—1086)说："先朝时，锁厅举进士者，时有一人，以为奇异。试不中者，皆有责罚，为私罪。其后，诏文官听应两举、武官一举，不中者不复责罚。景祐四年，锁厅人最盛，开封府投牒者至数百人，国子监及诸州者不在焉。"④司马光所谓"先朝"是指太宗、真宗朝，说此时"锁厅举进士者，时有一人，以为奇异"，恐怕言过其实，如真宗天禧二年(1018)左正言刘烨就曾上言："今岁秋赋，食禄之家锁厅应举者颇众。"⑤不过，说仁宗朝之后，锁厅人大盛，倒是确实的。

为什么有如此众多的有官人锁厅应举呢？这主要是与宋朝入仕制度有关。《宋史》卷一五八《选举志四》云："太祖设官分职，多袭五代之制，稍损益之。凡入仕，有贡举、奏荫、摄署、流外、从军五等。"宋朝入仕，主要有科举取士、恩荫补官、

① 《宋会要辑稿·选举》一四之八《锁厅》。

② 《长编》卷二六，雍熙二年三月己未。

③⑤ 《宋会要辑稿·选举》一四之九《锁厅》。

④ 司马光：《涑水记闻》卷三。

胥吏出职、进纳买官、军功补官等途径。其中，“以科举取士得人为最盛”。[1]进士登科者，不但授官优渥，而且升迁捷速。其授官，仁宗嘉祐三年(1058)以前，进士第一人授京官将作监丞，第二、第三人授京官大理评事，并为诸州通判；第四、第五人授京官大理评事、校书郎，并签书诸州节度判官事或两使职官；第六人以下第一甲，授校书郎、知县或初等职官；第二甲，初等职官或试衔大县簿尉；第三、第四甲，并判(军巡判官)、司(司理、司法、司户参军)、簿(主簿)、尉(县尉)；第五甲，仁宗庆历六年(1046)以前，授判、司、簿、尉；庆历六年以后，阶官仍授判、司、簿、尉，但须守选，经吏部铨试合格，方能注授职事官。仁宗嘉祐三年(1058)以后，稍损旧制，进士第一人，授京官大理评事(后改称承事郎)、签书诸州节度判官事；第二、第三人，授两使职官(文林郎)；第四、第五人，授试衔知县(从事郎)、初等职官；第六人以下第一甲，授试衔大郡判司、大县簿尉；第二至第四甲，一般授迪功郎、判(军巡判官)、司(司理、司法、司户参军)、簿(主簿)、尉(县尉)。第五甲，仍授判、司、簿、尉，并守选。锁厅及第者，一般还会受到升甲注官或转官、循资等优待。这与唐代进士及第之后，都仅仅只是取得了入仕的资格，经吏部铨试合格，方能注授职事官，是大不相同的。决不会出现像“文起八代之衰”的韩愈那样，进士及第三年，仍为布衣，只好投奔藩镇去当一名幕僚，迂回曲折地进入仕途。而且，宋朝进士出身的官员，比其他途径入仕者，升迁也快得多。进士出身的选人，容易升改为京官，可以“超资迁转”即越级升官，其他出身的京朝官必须“逐资迁转”即逐级升官；进士出身的朝官，还可以优先进入馆阁这一“辅相养材之地”[2]，进而成为宰相执政大臣。因而，进士高科及第者，往往不到十年即登宰辅。苏轼(1037—1101)在《送章子平诗叙》中写道：

> 观《进士登科录》，自天圣初讫嘉祐之末，凡四千五百一十有七人，其贵且贤以名闻于世者，盖不可胜数。数其上之三人，凡三十有九，而不至于公卿者，五人而已。[3]

司马光也说：“国家用人之法，非进士及第者不得美官。”[4]既然如此，难怪大批恩荫、进纳等出身的有官人对锁厅试趋之若骛了。加之仁宗又广开诱进之路，锁厅

---

① 叶梦得：《石林燕语》卷三。
② 《欧阳文忠公集》卷一一四《又论馆阁取士札子》。
③ 《东坡集》卷二四《送章子平诗叙》。
④ 《温国文正司马公文集》卷三〇《贡院乞逐路取人状》。

应举不合格者免责罚，仍许再应举，所以，“自是任子心无所惮，虽实无才能者，亦求试矣”。[①]应当指出，不但恩荫、进纳等出身的有官人纷纷锁厅应举，而且科举下等及第者，所授官小，或因位卑升迁慢，或因“官小事如麻”[②]，也纷纷锁厅应举。如孙甫（998—1057），“初举进士，天圣五年得同学究出身，为蔡州汝阳县主簿；八年，再举进士及第，为华州观察推官”。[③]

锁厅试之设，虽然难免有一些势家权贵子弟侥幸登第，但其初衷则是劝诱恩荫、进纳等出身的有官人学习艺业，提高官员的素质，拔擢治国安邦之材。从锁厅试实行的效果来看，也的确选拔出了大批的优秀人材，基本上达到了预期的目的。《长编》卷一三二载：

> 庆历元年（1040）六月壬辰（十五日），中书上锁厅举人姓名，上谓吕夷简曰：“比开此路，以奖厉世禄子弟，何其盛也！”又顾王举正曰：“卿世为参加政事，可谓荣矣。”

王举正系太宗朝参知政事王化基（994—1010）之子，以荫补秘书省校书郎。锁厅应举，进士及第，仁宗朝官至参知政事。锁厅试既是对世禄子弟的一种奖励，也是选拔优秀人才的一种途径。高宗绍兴十八年（1148）王佐（1126—1191）榜，共取进士三百三十人，而锁厅应举者就多达二十七人，占百分之八点二。其中有以特奏名授官右迪功郎又锁厅应举而殿试第一、后来官至参知政事的董德元（1096—1163），有葛胜仲（1072—1144）之孙葛郃、韩世忠（1089—1151）之子韩彦直、张俊（1086—1154）之子张宗元等。另据苏颂（1020—1101）《苏魏公集》卷五二《太子少保元章简公（绛）神道碑》载：

> 公（按指元绛）幼孤，流寓江湖，卓然自立，向学不怠。九岁，谒荆州太守孙公冕，面试三题，以神童荐于朝，贫不克行。十八，拔开封进士荐，廷试优等，以声病降同学究出身。迫于养亲，不遑择禄，调楚州淮阴县主簿。……乡贡再上，擢乙科，授江宁府观察推官。

又据杨万里（1127—1206）《诚斋集》卷一二〇《宋故左丞相虞公（允文）神道

---

① 王林：《燕翼诒谋录》卷三。

② 金君卿：《金氏文集》卷上《张子礼锁应下第南归》。

③ 《欧阳文忠公集》卷三三《孙公（甫）墓志铭》。

碑》载：

> 公讳允文，字彬父，隆州人也。……未冠有能名，初不欲以门子进，秦公曰："薄吾泽耶？"公乃拜命。锁厅试，凡四荐名，至绍兴二十四年第进士，竟如志。初仕监成都府权茶司卖引所，又监雅州名山县茶场，权四川都大提举茶马司干办公事，四川总领所辟差干办，行在分差户部粮料院。既登第，转左奉议郎、通判彭州。

元绛（1008—1083）官至参知政事（副宰相），虞允文（1110—1174）官至左丞相（宰相），均政绩卓著，为一世名臣；若非锁厅应举，他们很可能终生沉沦下僚，难以有较大的作为。那样，于国于己都是一大损失。由锁厅应举官至宰辅者，除以上所述的王举正、董德元、元绛、虞允文之外，还有梁适（1000—1069）、韩忠彦（1038—1109）、章楶（1027—1102）等，不再一一列举。从宋朝官僚制度的整个历史来看，锁厅试起了积极的作用，有着重要的意义。

当然，锁厅试也不可避免地带来一些弊端。如前所述，锁厅试的解额比例远远高于一般应举人，这就公然违背了"公开考试、平等竞争、择优录用"的科举取士原则，必然造成"与孤寒竞进"的局面。总而言之，从正反两个方面来看，锁厅试制度至今仍然具有进一步深入探讨的价值。

第十二章　宋朝贡举宗室应举制度

有宋一朝，不但一般士人和有官人可以应科举考试，而且有官、无官的宗室也可以应举。宋朝宗室应举，在考试科目、考试方法、考试内容、赐第授官等方面，均较一般士人优渥，形成了一套较为完备的制度。对宋朝宗室应举制度，汪圣铎、张邦炜、祖慧、何兆泉及美国学者贾志扬(J.W.Chaffee)等学者，已作了初步考证①，现谨在近人研究及拙作《宋代宗室应举制度述论》的基础上试作进一步的探讨。

第一节　宋朝宗室应举制度的创立

宋初，"宗室之子，始名而官"，②无预于科举者。至仁宗宝元二年(1039)，太子右卫率府率赵世丰始追赐进士及第。《长编》卷一二五载：

> 宝元二年十一月辛亥(二十四日)，赠太子右卫率府率世丰为左领军卫将军，仍赐进士及第。世丰少喜学聚书，率励兄弟讲习，能为诗，有声宗室

---

① 汪圣铎：《宋朝宗室制度考略》，《文史》第三三辑，中华书局1990年版；张邦炜：《宋朝皇亲与政治》第一章《宋朝宗室与政治》，四川人民出版社1993年版；[美]贾志扬(J.W.Chaffee)：《宋朝科举》，台北东大图书公司1995年版；[美]贾志扬著、赵冬梅译：《天潢贵胄——宋代宗室史》，江苏人民出版社2005年版；[日]诸户立雄：《宋朝の対宗室策について》，《文化》第二十二卷第五号，昭和三十三年(1958)九月；拙作《宋代宗室应举制度述论》，《第二届宋代学术研讨会会论文集》，中国文化大学1996年版；祖慧：《南宋宗室科举制度探析》，《历史研究》2011年第2期；何兆泉：《宋代宗室研究》，浙江大学博士论文，2004年。

② 《苏辙集》卷二八《叔考等三十二人并除右班殿直》。

间。因侍燕太清楼，以善书褒赐绘帛。尤慕为进士学，尝曰："吾安得预科举哉！"既卒，其父霭上其诗二百篇，特追赠焉。

世丰系死后追赠进士及第，而生前赐进士及第者，则始于赵叔韶。《长编》卷一六六载：

皇祐元年(1049)六月乙丑(四日)，以太子右清道率府率叔韶为右领军卫将军，仍赐进士及第，寻加文州刺史。叔韶尝献所著文，召试学士院，入优等，特迁之。入谢，命坐赐茶，谓曰："宗子好学无几，尔独以文章得进士第，前此盖未有也。朕欲天下知属籍有贤者，宜勿忘所学。"叔韶顿首谢。既退，又出九经赐之。

又《长编》卷一七四载：

皇祐五年(1053)二月乙未(二十五日)，诏大宗正司，宗室有能习诗赋文词者以名闻。后二日，又诏通经者差官试验，虑其专尚华藻，不留意典籍也。

三月庚戌(十日)，右龙武大将军赵克悚上拟试诗、赋、论十卷，且请随举人赴殿试。上曰："宗子好学，亦朝廷美事也。"令学士院召试诗、赋、论三题，既中等，迁右卫大将军。

仁宗并未允许克悚随举人赴殿试，也未赐以科名，只是召试、迁官。直至英宗朝，仍不准宗室应举，仅仅是召试合格而赐进士出身或迁官而已。

宗室应举之制，则始创于神宗熙宁二年(1069)。《宋会要辑稿·帝系》四之三二至三四《宗室杂录》载：

熙宁二年十一月甲戌(十一日)，中书、枢密院言："伏以祖宗受命百年，皇族日加蕃衍，而亲疏之施未有等衰，甄序其才未能如古。臣等今议定方今可行之制：宣祖、太祖、太宗之子，皆择其后一人为宗，令世世封公，补环卫之官，以奉祭祀，不以服属尽故杀其恩礼。祖宗袒免亲将军以下愿出官者听，仍先令经大宗正司投状上闻……愿锁厅应举者，依外官条例。其[非]袒免亲，更不赐名、授官，只许令应举。[①]应进士者，止试策、论；明经者，止习一大经，试大经（试）大义及策。初试考退不成文理者，馀令覆试。取合格者，以五分为限，人数虽多，毋过五十人。累经覆试不中、年长者，当特推恩，量材录用。……"

于是，诏曰："……朕惟亲戚之间，经史有训，汉唐之世，典故具存。或以九族辨尊卑，或以五宗纪远近，或听推恩而分子弟，或许自试而效才能，或宗子之贤得从科举，或诸王之女自主婚姻。尽前世之所行，顾当今之未备。况我朝制作，动法先王，岂宗室等衰，乃无定著？因俾群公之合议，将为一代之通规。……宜依中书、枢密院所奏施行。"[②]

《宋会要辑稿・职官》二〇之五《宗正寺》载："熙宁二年（1069）十二月二十三日，诏：近制，皇族非袒免以下，更不赐名、授官，只令应举。"苏轼（1037—1101）在《省试宗室策问・汉唐宗室之盛与本朝教养选举之法》中说："建隆以来，不以吏事责宗子，虽有文武异才，终身不试。先帝独见远览，恩义并用，增修教养之法，肇开选举之路，盖十有馀年矣。"[③]苏轼这首策问作于元祐三年（1088）知贡举之时，上距熙宁二年（1069）仅十九年。南宋人张淏在《云谷杂记》卷三中也说："祖宗时，宗子无预于科举。神宗始诏有官者许锁应，未命者从其应举。自是宗子始得预进士第。"可见，宗室应举创始于熙宁二年是毫无疑义的。而宗室中第一位进士及第者，则是赵德昭的玄孙赵令铄。南宋人王明清（1127—1195后）《挥麈录》前录卷一云："令铄进士及第，为本朝宗室登科第一。"令铄与神宗同年同月同日生，熙宁六年时为二十六岁，成为宗室登科第一人是可信的。

那么，宋朝为什么创立宗室应举之制呢？首先，由于"祖宗受命百年，皇族日加蕃衍，而亲疏之施未有等衰，甄序其才未能如古"，数以千计的宗室子弟一律赐名、授官，养尊处优，成为难以承受的沉重负担。为了裁抑宗室恩泽，只能"君子

---

① 《宋会要辑稿・帝系》四之三五《宗室杂录》及《宋会要辑稿・职官》二〇之五《宗正寺》载："熙宁二年十二月二十三日，诏：近制，皇族非袒免以下，更不赐名、授官，只令应举。"又《长编》卷二八一亦载："熙宁十年四月丁酉，诏：祖宗袒免亲已授官者听锁应，及非袒免亲许应举。"《宋会要辑稿・帝系》五之一三《宗室杂录》载："元符元年六月四日诏：非袒免亲应举推恩，有司建明，浸失先帝初令之意，及见今多有贫乏之人。今后袒免亲锁厅应举，及非袒免亲应举，并依熙宁二年十一月指挥。"由以上数条史料可知，"袒免亲"上当脱一"非"字，特据补。

② 又见《长编纪事本末》卷六七《裁定宗室授官》。

③ 《苏轼文集》卷七《省试宗室策问・汉唐宗室之盛与本朝教养选举之法》。

之泽五世而斩”，[①]六世亲尽别为经制了。如何“经制”呢？“许令应举”，使其由科举入仕受禄，乃是宗室非袒免亲的一条重要出路。[②]

第二，为了诱导宗室“好学从善”。正如宋高宗在论及取应宗子附正奏名殿试时所说：“天族之贵，溺于燕安，往往自陷非法。若以邦典绳之，则非所以示叙睦之恩；置而不问，又无以立国家之法。唯择其好学从善者，稍加崇厉，以风厉其馀，是亦教化之术也。”[③]

第三，为了造就各种人才，“与进士群试有司”，“以彰宗党得人之盛”。[④]

第四，应举也是宗室子弟本身的一种愿望。前引《长编》已载，早在仁宗宝元年间，赵世丰即“尤慕为进士学，尝曰：‘吾安得预科举哉！’”皇祐五年(1053)，“克悚上拟试诗、赋、论十卷，且请随举人赴殿试”。迨英宗治平元年(1064)，建宫学，选师儒，教导宗子，学有所成的宗子要求应举的呼声更高。如此等等。宗室应举正是在上述种种情况之下应运而生的。

第二节　宋朝宗室应举制度概况

神宗熙宁二年(1069)十一月甲戌(十一日)裁定宗室授官之后，唯有宗室袒免亲才赐名、授官，而且授官还须达到一定的年龄；非袒免亲不再赐名、授官，只许参加科举。宋朝宗室应举分三种情况，或称之为“宗子三科”，即有官锁应、无官应举、无官取应。如高宗绍兴九年(1139)七月二十六日，左迪功郎赵善时言：“切见沈晦榜，初罢三舍改科举，宗子分三科，亦分三等推恩。有官锁应，先转两官，换文资；无官取应，上三人保义郎，余承节郎；无官应举，补修职郎。”[⑤]南宋御试给号，则有“三色宗子号”。[⑥]宗室有官锁应类似于一般有官人的锁厅试，宗室无官应举类似于一般士人的应举，均属于贡举的正奏名，宗室无官取应则类似于贡举的特奏名。另外，年二十五岁以上的无官宗子，遇皇帝登极等大赦恩典时，还可以参加量试，合格者亦可以补官，并附特奏名进士放榜推恩。现仅根据笔者所

---

① 《孟子》卷八《离娄章句下》。
② 《宋会要辑稿·帝系》四之三二至三四《宗室杂录》；《长编纪事本末》卷六七《裁定宗室授官》。
③ 周煇撰，刘永翔校注：《清波杂志校注》卷一一《善能出身》。
④ 《宋会要辑稿·帝系》六之二三《宗室杂录》。
⑤ 《宋会要辑稿·帝系》六之一二《宗室杂录》。
⑥ 刘一清：《钱塘遗事》卷一《御试给号》。

接触到的史料，就“宗子三科”及量试的考试方法、考试内容、赐第授官等情况，进行一些初步考察。有些环节难免语焉不详，有待进一步搜集、挖掘史料，加以补充。

一、袒免亲有官锁应、非袒免亲无官应举

神宗熙宁二年(1069)十一月甲戌(十一日)，创立宗室应举法时规定：袒免亲已授官“愿锁厅应举者，依外官条例；其[非]袒免亲，更不赐名、授官，只许令应举”。即宗室有官人愿锁厅应举者，与一般有官人同样锁厅应举；无官非袒免亲与一般士人同样应举。其实，宗室应举比一般士人应举要优渥得多。

宗室有官锁应、无官应举与一般士人一样，都要经过解试、省试、殿试三级考试，方可赐第、授官。其解试的地点，在京者于国子监别试所考试，在外于诸路转运司，与避亲举人一同考试，均别作一项引试、考校。

宗室有官锁应、无官应举的解试内容，神宗熙宁二年十一月规定为：

> 应进士者，止试策、论；明经者，止习一大经，试大经(试)大义及策。初试考退不成文理者，馀令覆试。取合格者，以五分为限，人数虽多，毋过五十人。累经覆试不中、年长者，当特推恩，量材录用。①

熙宁四年(1071)二月，王安石改革贡举，废明经、诸科，专以经义、论、策取进士。于是，对宗室应举考试科目和内容也相应地作了调整，《长编》卷二三三载：

> 熙宁五年五月辛巳(二日)，诏：宗室非袒免亲应举者，试策三道，论一道或大经(议)[义]十道。初试黜其不成文理者，馀令覆试。所取以五分为限，人数虽多，不得过五十人。累经覆试不中、年长者，当议量材录用。

至熙宁十年(1077)，又作了更为详细的规定。《长编》卷二八一载：

> 熙宁十年四月丁酉(十八日)，诏：祖宗袒免亲已授官者，听锁应，及非袒免亲许应举。国子监及礼部别为一甲，试两场，五分为额，发解所取不得过

---

① 《宋会要辑稿·帝系》四之三二至三四《宗室杂录》;《长编纪事本末》卷六七《裁定宗室授官》。

> 五十人。殿试与正奏名进士试策，别作一项考校。累举不中、年四十者，申中书奏裁，量材录用。

综合熙宁二年、五年及十年的规定可知：宗室袒免亲已授官者锁应及非袒免亲应举，许赴国子监别试所解试，别为一甲，分两场，试策三道、论一首或大经义十道。初试考退不成文理者，馀令覆试。解额为每十人取五人，但最多不得超过五十人。

哲宗元祐三年（1088）三月癸亥（十六日），"诏罢别考校祖宗袒免亲试法"。《哲宗实录》（旧录）解释其原因云："宗室自熙宁后稍知向学，故科举比进士少宽，乃分考以为别异，使之劝向。至是，罢去。"①《长编》卷二八一元祐六年（1091）三月壬午（二十三日）纪事云："宗室自英宗增置教官及讲课之法，神宗又广出官之制，人竞为学，今遂与寒俊群校进退。"元符元年（1092）六月四日，诏："非袒免亲应举[推]恩，有司建明，浸失先帝初令之意，及见今多有贫乏之人。自今袒免亲锁厅应举，及非袒免亲应举，并依熙宁二年十一月指挥。"②此后又恢复了熙宁二年宗室应举别项引试、考校、推恩之制，但在引试、考校、解额、省额等方面也有一些变化。

宗室有官锁应及无官应举的解额，赴国子监别试者，初为"五分为额，发解所取不得过五十人"；③赴诸路转运司试者，初应为"各十分取一分半为额，即馀分或应举不满十人，并五人以上听解一名，其四人以下如灼然有文艺可称者准此"。④后来改为："其赴国子监试者，有官锁应每七人取三人，无官应举每七人取四人，无官袒免亲取应，文理通者为合格，不限人数。唯赴转运司所取之数即与进士一同。"⑤其转运司试的解额，神宗熙宁年间，"各十分取一分半为额"；元丰年间，"每七人解一人"；⑥徽宗崇宁年间，"每十人解一人"；⑦宣和三年（1124）及高宗初年，依《元丰贡举令》，即"每七人解一人"；⑧绍兴十五年（1145），"依《崇宁通用贡举（条）[令]》"，⑨即"每十人解一人"；孝宗乾道年间，改为"以二十人解一人"。⑩南宋后期，宗室锁应、应举国子监试解额亦有减少。宁宗嘉定十年（1217）正月十四

① 《长编》卷四〇九，元祐三年三月癸亥。
② 《宋会要辑稿·帝系》五之一三《帝系杂录》。
③ 《长编》卷二八一，熙宁十年四月丁酉。
④ 《宋会要辑稿·选举》一五之二〇《发解》。
⑤⑨ 《宋会要辑稿·选举》一六之七至八《发解》。
⑥⑦⑧ 《宋会要辑稿·选举》一六之四《发解》。
⑩ 《宋会要辑稿·选举》一六之一四《发解》。

日，诏："宗子赴监试，系七人取三人。"[①]嘉定十二年十一月壬戌（三十日）之后，则依臣僚奏："今后宗室监试，无官应举，照锁应以七人取二人。"[②]

诸路转运司的解额显然比国子监试要小得多。因此，允许外任宗室应举者赴国子监取解。如哲宗绍圣四年（1097）十月乙酉（十五日），三省言："礼部状，外任宗室应举者，欲乞所属给假赴京取应。"哲宗"从之。如愿从本路取应，亦听。其引试、考校、解额，即依锁应条制。"[③]高宗绍兴十五年（1145）十一月又予以重申。《宋会要辑稿·选举》一六之七至八《发解》载：

> 绍兴十五年十一月三日，臣僚言："行在宗室并赴国子监试，如在外任并官观岳庙，并赴转运司试。其赴国子监试者，有官锁应每七人取三人，无官应举每七人取四人，无官袒免亲取应，文理通者为合格，不限人数。唯赴转运司所取之数即与进士一同，非所以奖进宗子之意。欲诸路宗室，不以有官无官，愿赴行在应举、锁应者，依熙宁旧制，并许赴国子监请解赴省；如不愿，即依《崇宁通用贡举（条）[令]》施行。"从之。

宗室有官锁应、无官应举省试，初亦分为两场，考试内容与解试同为"试策三道，论一道或大经（议）[义]十道"，亦"别作一甲"引试、考校。哲宗元祐三年（1088），苏轼（1037—1101）知贡举，曾经撰写《省试宗室策问·汉唐宗室之盛与本朝教养选举之法》，就是专门考试宗室锁应、应举者。

宗室锁应、应举省试，后改为三场，考试内容改为经义、赋、论和策。如宁宗嘉定十五年（1222）十一月二十九日，臣僚言："以应举、锁应、取应言之，共计一千二百七十四人，合经、赋、论、策计之，则有三千四百九十四卷，内取应三百二十八人。"[④]此榜宗室应举、锁应、取应共计1 274人，取应者为328人，锁应、应举者则为946人。试卷共计3 494卷，取应人省试两场，每人2卷，为656卷；锁应、应举者则为2 838卷，则省试为三场，每人3卷。可知，此榜宗室锁应、应举省试为三场，内容为经义、赋、论和策。又如《钱塘遗事》卷十《省试》条载："二月初一、初二、初三日，引试诗赋人；初五、初六、初七日，引试经义人；初九、初十、十一日，引试宗室锁厅、应举人，混经、赋为一场。"则宗室锁应、应举省试亦为三场，考试内

---

① 《宋会要辑稿·崇儒》一之一七《宗学》。

② 刘克庄：《后村先生大全集》卷八三《玉牒初草》；《宋史》卷一五七《选举志三》。

③ 《长编》卷四九二，绍圣四年十月乙酉。

④ 《宋会要辑稿·选举》二二之二七至二八《试官》。

容应该亦是经义、赋、论和策，而且是经义、赋为一场，论为一场，策为一场。

南宋高宗绍兴年间，又曾从臣僚之言，提倡宗子与一般举人混同省试。《宋会要辑稿·帝系》六之二三《宗室杂录》载：

> 绍兴二十五年(1155)十一月二十八日，安定军承宣使、同知大宗正事士篯言："窃惟天下之才，成于激昂，败于自弃，况天族之贵乎？陛下之贵乎？陛下建官学，选师儒，所以崇奖宗子，委屈备至。比年以来，布衣韦带，与进士群试有司者，甚盛也。望令今后得解宗子，不以有官、无官，愿与异姓举子混同考试者听。如有中选之人，乞稍加采擢。如不愿与异姓举子混试者，可依旧法施行。庶几人思自励，奇才辈出，以彰宗党得人之盛。"从之。

孝宗时，蔡戡又上奏曰：

> 臣窃谓祖宗之成法，宗室之异恩，固不可革。不若设为两科而并行之，愿与庶姓混考者，许其自陈，试赋于漕司，则遵任子之例，春试于礼闱，则用庶姓之法。在选中者，以师儒之职优之。……庶几真贤实能不致弃遗，中人常材不失仕进，岂特亲亲用贤之道一举而两得，抑亦成周强本支崇屏翰之意也。①

但是，此后未见宗子与异姓举子混同考试的记载，大概宗子大多只在于苟得科第，不大愿意去冒险与异姓举子同场竞争吧！因此，直至南宋末年，宗室应举别作一项引试、考校，成为定制。

关于宗室锁应、应举的省额，原为"七人取一人"。②孝宗淳熙六年(1175)十一月二十七日，吏部尚书周必大(1126—1204)上《论差宗室作教官试官》奏曰："窃见近降十一月初七日指挥，宗室有官锁应、无官应举省试每十人[取一人]，比之诸路得解进士分数已不相远。"③李心传(1167—1244)亦云："宗室有官锁试、无官应举者……旧解、省，皆七人而取一；淳熙中，诏省试十人乃取一人。"④当时一般举人省试每十七人取一人，宗室锁应、应举仍优越得多。淳熙七年，又曾议省额

---

① 蔡戡：《定斋集》卷五《论选用宗室札子》；《历代名臣奏议》卷七七，蔡戡奏。
② 《宋会要辑稿·崇儒》一之二一《宗学》。
③ 周必大：《周益国文忠公集》卷一四三《论差宗室作教官试官》。
④ 《朝野杂记》甲集卷一三《宗室锁试迁官》。

事。宁宗嘉定十二年(1219)十一月壬戌(三十日),臣僚又上奏:“今后宗室监试,无官应举照锁应以七人取二人。省试乞下礼部,将三举所放数上之朝廷,如取应例,立为定额。”①但后来省试是否立为定额及所立定额是多少,史无明文。

宗室锁应、应举殿试,神宗熙宁四年(1071)四月丁酉(十八日),诏:“殿试与正奏名进士试策,别作一项考校。累举不中、年四十者,申中书奏裁,量材录用。”②其殿试书卷式也与一般进士一样,“书卷不如式。(谓如全不写‘奉御试策一道’或‘限一千字以上’之类。)”,亦为“不考”。③如孝宗乾道八年(1172)四月二日,御药院言:“契勘御试举人,内有应举宗子漏写‘限一千字以上’,杂犯不考。自绍兴二年以后未有此例。”④

宗室锁应、应举殿试合格,也与一般进士登科者一起唱名、赐第。高宗绍兴二年(1132)三月十六日,御药院言:“自来御试进士引试、唱名并作两日,第一日正奏名并应举宗子等,第二日特奏名并武举、取应宗子。昨扬州御试,缘特奏名并举人数不多,共作一日引试、唱名,今来未审合作几日?”诏:“并依扬州例。”⑤孝宗乾道八年(1172)十月八日,诏:“自今御试唱名,第一日唱文举正奏名,应举、锁应宗子,武举正奏名;第二日唱文举特奏名,取应宗子,武举特奏名。”⑥

宗室锁应登科也与一般士人有官锁应登科一样,不得为状元。即使宋徽宗的儿子嘉王赵楷也不例外。《宋会要辑稿·选举》八之三九《亲试杂录》载:

> 政和八年(1118)三月十一日,诏:十六日,嘉王楷令赴集英殿试,仍给食,就东廊排设幕次杂物。二十五日,诏嘉王楷依贡士唱名、赐敕、谢恩。二十六日,上御集英殿唱名,诏嘉王楷有司考在第一,不欲令魁多士,以第二人王昂为榜首。

与一般士人有官锁厅应举不同的是,宗室锁应、应举殿试别作一项考校,赐第不入第五甲。李心传《朝野杂记》甲集卷十三《宗室锁试迁官》云:“宣和六年(1124)沈元用榜,宗室始不入五等,至今以为例焉。”实际上,早在神宗朝即有升甲的先例。《宋史》卷一五七《选举志三》载:“淳熙六年(1179),臣僚上言:‘神宗朝,始立

---

① 刘克庄:《后村先生大全集》卷八三《玉牒初草》;《宋史》卷一五七《选举志三》。

② 《长编》卷二八一,熙宁四年四月丁酉。

③ 《礼部韵略》附《贡举条式·绍兴重修御试贡举式》。

④⑥ 《宋会要辑稿·选举》八之四五《亲试杂录》。

⑤ 《宋会要辑稿·选举》八之三九至四〇《亲试杂录》。

教养选举宗子之法。保义至秉义，锁试则与京秩，在末科则升甲。'"《长编》卷四五六载：

> 元祐六年(1091)三月壬午(二十三日)，御集英殿，赐进士、诸科马涓以下及第、出身、同出身、假承务郎、文学，总六百有二人。涓，阆中人也。宗室八人，子湆自第四甲升第二甲，馀递升一甲。

大概至徽宗宣和六年沈晦(1084—1149)榜，"在末科则升甲"始成为定制。《绍兴十八年同年小录》有宗子登科者 17 人、《宝祐四年登科录》有宗子登科者 84 人，无一人在第五甲者，即是明证。

宗室锁应、应举授官也相当优渥。前引《宋会要辑稿·帝系》六之一二《宗室杂录》载：

> 绍兴九年(1139)七月二十六日，左迪功郎善时言："切见沈晦榜，初罢三舍改科举，宗子分三科，亦分三等推恩。有官锁应，先转两官，换文资；无官取应，上三人保义郎，余承节郎；无官应举，补修职郎。"

前引《宋史》卷一五七《选举志三》所说"保义至秉义，锁试则与京秩"，就是武官保义郎至秉义郎锁厅应举及第，即转两官之后，换文资京官。孝宗淳熙六年(1179)改为"止依元资改授"，即不再"先转两官"。《宋史》卷一五七《选举志三》载：

> 淳熙六年，臣僚上言："神宗朝，始立教养选举宗子之法。保义至秉义，锁试则与京秩，在末科则升甲，取应不过，量试注官，所以宠异同姓，不与寒畯等也。然曩时向学者少，比年隽异者多，或冠多士，或登词科，几与寒士齐驱；而入仕浸繁，未知裁抑，非所以示至公也。"于是，礼部请锁厅登第者，旧于元官上转行两官，自今止依元资改授；馀准旧制。

宗室锁应登第者不再"上转行两官"，"止依元资改授"，似乎裁抑过甚，又会造成新的问题。淳熙八年闰三月十一日，参知政事周必大(1126—1204)又上奏曰：

> 臣伏见殿试来日唱名，偶有管见二事，密以奏闻如后。一、宗子试有两等，其一原是武官，试换文资，谓之锁应，旧格先转两官，然后换授(今次共有

八人);其一原是白身,直来就试,谓之应举,旧格特循一资,然后注授(今次共有九人)。臣谓锁应人先转两官,恩数委是太优,新制寝罢,已得允当,但应举人依旧循资,却似不均。

今契勘得锁应八人,除忠训郎善采合换京官外,其成忠郎汝僚、师粟、师愚、师程四人,并合换从事郎;保义郎伯友、希堚二人,并合换修职郎;承节郎汝写一名,止合换迪功郎,别无恩数,反不若无官应举人却循一资之为优也。

欲望圣慈临时当殿降旨,有官锁应宗子如所换官只是选人,即候参部日,特与依无官应举人例,各循一资(或循两资,亦未为过。盖须用考第、举主方改京官),京官则否。比之逐举先换两官,尽改京秩,其利害大段不侔,而又可以示均一、昭恩意。况善采等陈词未已,将来岂免量加循转,不若出自圣意,先与施行之为善也。①

周必大这一建议大概得到了批准。李心传《朝野杂记》乙集卷十四《宗室锁厅出身转官例》载:

凡宗室锁厅得出身者,京官进一官,选人比类循资。无官应举得出身者,补修职郎。濮、秀二王下子孙中进士举者,更特转一官。

由淳熙六年的宗室锁应得出身者"止依元资改授",改为"京官进一官,选人比类循资",无官应举得出身者,补为"修职郎"。《宋史》卷一五七《选举志三》有相同的记载,但系此事于隆兴元年(1163)之下,其系年有误。李心传《朝野杂记》乙集成书于嘉定九年(1216),所记应该是可信的。另据周必大《论殿试宗室换官恩科推恩》,宗室锁应"京官进一官,选人比类循资",应为淳熙八年闰三月十一日之后的事。

《宋史》卷一五七《选举志三》又载:"宁宗嘉定四年(1211),诏:锁厅、应举,省试第一名,殿试唱名、授官日,于应得恩例外,更迁一秩。"

二、袒免亲无官取应

宗室无官取应是专门为宗室袒免亲、未授阶官而举行的贡举考试,相当于一

① 《周益国文忠公集》卷一四四《论殿试宗室换官恩科推恩》(淳熙八年又三月十一日)。

般进士的特奏名。宗室无官取应不见于熙宁之制，但至迟创始于宣和三年(1121)恢复解、省试之时。前引《宋会要辑稿·帝系》六之一二《宗室杂录》载：

> 绍兴九年(1139)七月二十六日，左迪功郎善时言："切见沈晦榜初罢三舍改科举，宗子分三科，亦分三等推恩。有官锁应，先转两官，换文资；无官取应，上三人保义郎，馀承节郎；无官应举，补修职郎。见今锁应、取应人依旧推恩。"

《宋会要辑稿·选举》二之一七《进士科》记载此事之后云："其后有司以渡江散失条法，每举循例推恩。"袒免亲无官取应，直至南宋末，一直施行不废。

宗室无官取应亦分解试、省试、殿试三级。其解试例赴国子监取解，分初试、覆试。高宗绍兴七年(1137)五月二十一日，诏："行在职事、厘务官并宗子应举、取应及有官人，并于行在赴国子监试。"①绍兴三十二年(1162)，宗子赵荣之等，乞只就本路转运司取应。六月十日，诏曰：

> 应福建路愿取应宗子，依二广体例，比附国子监条法，初试许于所在州军召保、结保，勘验于贡举条制别无违碍，连《宗枝图》保明申送转运司勘验，别场引试。将合格人数缴申礼部，行下大宗正司勘会，如有伪冒违碍，虽已赴试合格，先次改正驳放，其犯人并保官申朝廷取旨。其覆试合赴行在，所有取人分数，依例初试，附国子监发解。(南外宗正司言"赵荣之等乞只就本路转运司取应"故也。)②

即宗室无官取应解试，其初试可于所在路转运司别场引试，但覆试必须赴行在，附国子监发解。对无官取应宗子的解试资格审查甚严，首先要经所在州军召保、结保，勘验于贡举条制别无违碍，然后连《宗枝图》保明申送转运司勘验，别场引试。转运司考试合格，还要缴申礼部，行下大宗正司勘会。无官取应宗子的发解至少需要经过所在州军、转运司、大宗正司三道审查，以防止冒滥。

无官取应的解试内容，史无明文，大概与有官锁应、无官应举类似，当为经义、赋、论、策，但其题目、录取标准更容易些。正如绍兴十五年(1145)十一月

---

① 《宋会要辑稿·选举》一六之五《发解》。
② 《宋会要辑稿·选举》一六之一一《发解》。

三日，臣僚所言："其赴国子监者……无官袒免亲取应，文理通者为合格，不限人数。"[1]只要"文理通者"，即为合格，其解额也没有限制。

宗室无官取应的省试，也较有官锁应、无官应举二科容易。有官锁应、无官应举初分两场，南宋时改为三场，而无官取应省试，仍分为两场。如宁宗嘉定十五年(1222)取应宗子赴省试者328人，分两场考试；[2]度宗咸淳七年(1271)省试，"二月十二日、十三日、十四日，引试博学宏词三场并宗子取应二场"。[3]《钱塘遗事》卷十《省试》条亦载："[二月]十三、十四日，引试取应宗子。"无官取应宗子既不同一般举人，也不同有官锁应、无官应举宗子一起引试、考校。魏了翁(1178—1237)《鹤山先生大全集》卷九十三所载《宗子取应策问一道》，就是专门为考试无官取应宗子而撰写的。其省额几何，亦未见明确记载，大概也与解试一样，不限人数。

无官取应宗子省试第一名、成绩优异者，特令赴正奏名殿试，或赐同进士出身。周煇《清波杂志》卷十一载：

> 绍兴十一年(1141)，程克俊进呈，乞以贡院所考合格宗室善能，特令赴正奏名殿试，以示劝奖。从之。……宗室取应赐出身自此始。善能居无锡惠山，与煇居为邻，其后三、四任州县，以选调终。

宗子取应第一人赐进士出身，附正奏名榜，与一般进士特奏名第一人恩例十分类似。不仅如此，取应宗子还可以通过参加正奏名殿试，中甲科。如绍兴十五年三月十八日，诏取应宗子伯摅令赴正奏名廷试。楼钥(1137—1213)《攻媿集》卷一〇二《益阳县丞赵君墓志铭》载：

> 君(按指赵伯摅)字德蕴，艺祖皇帝七世孙也。……高宗尝谕宰臣曰："朕阅取应宗子伯摅程文，多引《诗》、《书》，良不易得，可令赴正奏名。"及临轩放进士，刘章以下至第九人，见君名，顾廷臣曰："是能力取高第，诚可嘉也。"召见，称奖，欲加进擢。君不屈于当国者，止依格授左迪功郎、徽州司户参军，用特恩循修职郎。

---

① 《宋会要辑稿·帝系》六之一八《宗室杂录》。
② 《宋会要辑稿·选举》二二之二七《试官》。
③ 刘埙：《隐居通议》卷三一《前朝科诏》。

取应宗子伯摅即是通过特令赴正奏名殿试，而得以第一甲第九人进士及第的。此后，取应宗子第一名依例赴正奏名殿试或赐同进士出身，遂成定制。《宋会要辑稿·选举》一八之二二至二三《宗室应举》载：

> 隆兴元年(1163)四月十三日，上御射殿引见宗子彦瑗，特赐同进士出身。(以取应省试第一人推恩也。第二、第三人补保义郎，馀四十人承节郎，七人承信郎。旧制，取举第一人许赴廷试，以是举不临轩策士，故彦瑗有是命。)

直至南宋末年，依然如此。如理宗淳祐元年(1241)四月丙寅(八日)，吏部侍郎杜范(1182—1245)等奏："省试考到取应宗子第一名崇袍，附正奏名廷试。"理宗"从之"。①

其他省试合格的取应宗子，则别场殿试，御试策一道。但答卷要求不但大大低于正奏名进士，而且比一般特奏名进士也要低许多。据《礼部韵略》附《贡举条式》之《绍兴重修御试贡举式》，正奏名进士殿试御试策一道，"限一千字以上"；一般特奏名进士，限七百字以上，而宗室取应则只限五百字以上。

无官取应宗子唱名、赐第，也不与正奏名进士、有官锁应及无官应举宗子一起举行，而是与文、武举特奏名一起举行。如前引高宗绍兴二年(1132)三月十六日，御药院言："自来御试进士引试、唱名并作两日，第一日正奏名并应举宗子等，第二日特奏名并武举、取应宗子。"②前引孝宗乾道八年(1172)十月八日诏书云："自今御试唱名，第一日唱文举正奏名，应举、锁应宗子，武举正奏名；第二日唱文举特奏名、取应宗子、武举特奏名。"③

关于无官取应宗子的授官，正如前所引赵善时所言："无官取应，上三人保义郎，余承节郎。"④如孝宗乾道二年(1166)四月二十五日，"上御集英殿唱名，取应宗子师份以下三人，特补保义郎；汝舟以下三十六人，特补承节郎"。⑤陈傅良(1137—1203)《止斋集》卷十三《合格取应宗子时信等四十二人授官第一名补承节郎余补承信郎敕》云：

---

① 《宋史全文》卷三三，淳祐元年四月丙寅。
② 《宋会要辑稿·选举》八之三九至四〇《亲试杂录》。
③ 《宋会要辑稿·选举》八之四五《亲试杂录》。
④ 《宋会要辑稿·帝系》六之一二《宗室杂录》。
⑤ 《宋会要辑稿·选举》一八之二三《宗室应举》。

> 某等有司考试之法至严密也，而独优于宗室子。夫既阔略以取之，而授官与寒畯等，则非所以示公。姑属右铨，以须器使。可。

保义郎为五十二阶武阶官的第五十阶，承节郎为第五十一阶，均为小使臣。省试第一人许参加正奏名殿试，或赐同进士出身。总之，正如南宋名臣魏了翁(1178—1237)所说："宗子取应之制，务从宽易。凡以厚同姓、厚亲亲也。"①

三、无官宗子量试补官与得解推恩

宋朝宗室除通过上述"宗子三科"贡举入仕之外，还可以通过量试补官或因得解推恩入仕做官。

量试补官盖始于神宗熙宁二年(1069)所谓"累经覆试不中、年长者，当特推恩，量材录用"。徽宗崇宁元年(1102)十一月十二日，提举讲义司蔡京等上疏云："自熙宁降诏已来，宗室量试之法中废不讲，至绍圣间，始复讲之。"②熙宁、绍圣量试之法具体情况如何，有待考证，而崇宁元年及南宋量试之法，尚可见到比较具体的记载。《宋会要辑稿·帝系》五之一六《宗室杂录》载：

> 崇宁元年(1102)十一月十二日，提举讲议司蔡京等言："……非袒免亲，乃祖宗六世孙，恩泽所加，谓宜稍厚。乞将上件服属宗室年二十五以上者，今次许于礼部投状，试经义或律义二道，以文理稍通者为合格；分为两等，候至来春，附进士榜推恩。内文艺优长者，临时取旨。其不能试或不中者，并赴礼部书家状、读律，别作一项奏名。只作一时指挥，不为永法。今后自依熙宁诏书并元符试法施行。……"并从之。

《宋会要辑稿·帝系》五之一八《宗室杂录》又载：

> 崇宁二年(1103)三月二日，诏宗室非袒免亲试中经、律义人，与三班奉职；书家状、读律人，与三班借职，仍附特奏名进士放榜推恩。

---

① 魏了翁：《鹤山先生大全集》卷九十三《宗室取应策问一道》。

② 《宋会要辑稿·帝系》五之一六《宗室杂录》。

据此可知，崇宁元年量试之制为：(1)应试对象：宗室非袒免亲、年二十五岁以上、无官者；(2)考试方法：于礼部投状，试一场；(3)考试内容：试经义或律义二道，以文理稍通者为合格；(4)如不能试或试不中者，可赴礼部试书家状、读律；(5)放榜补官：试中经义、律义者，补三班奉职（即承节郎，第五十一阶武阶官）；书家状、读律者，补三班借职（即承信郎，第五十二阶武阶官）。

此后，政和五年(1115)二月十四日，因册立皇太子而大赦天下，乃量试宗子。"宣和二年(1120)，诏罢量试出官之法。"[①]宋室南迁，建炎元年(1127)五月一日，高宗即位，非袒免亲无官宗子复量试推恩。此后，每逢皇帝登极大赦天下，即量试宗子，成为定制。如绍兴三十二年(1162)六月、淳熙十六年(1189)二月、绍熙五年(1194)七月等登极赦中均有量试宗子的内容。

关于南宋量试之制，《宋会要辑稿·选举》一八之二一《宗室应举》载：

> 绍兴三十二年(1162，孝宗已即位，未改元)六月十三日，寿皇圣帝登极赦书：宗室曾经锁试两次得解人，许赴将来殿试；曾经锁应人，许赴将来省试一次。同日，登极赦书：宗室实请文解之人，并与推恩。宗室无官人依建炎元年五月一日赦，与量试推恩。
>
> 八月十三日，礼部言："宗子无官人该登宝位赦量试推恩。看详：并依国子监公试、附试例，别场引试。愿试经义，量试本经义二道，试诗、赋各一首，试论人论一首，作一场引[试]，馀并依建炎二年二月之制。合格人从本院具姓名申朝廷推恩。"从之。
>
> 二十六日，礼部言："无官宗子依赦量试推恩之人，若不立定年甲，例皆陈乞，窃恐太滥。欲自今降赦文以前，凡无官宗子见年二十五岁以上，方与量试。其行在无官宗子，经大宗正司，在外经宗正司，即去宗正司远，经所在州军陈乞，各勘会年甲无违碍，给据赴部，下大宗正司勘会取试。"从之。

《宋会要辑稿·选举》一八之二一至二二《宗室应举》载：

> 绍兴三十二年(孝宗已即位，未改元)十一月十九日，礼部言："宗子量试止试一场，难以比附取应条格补官，将合格第(之)[一]人补承节郎，馀合格人并补承信郎。如不合格，自不在推恩之限。取应宗子到省试下若

① 《宋史》卷一五七《选举志三》。

年及二十五岁，欲乞比附宗子实请文解之人，免量试，并补承信郎。其合陈乞，今已立定期日，或以赴不及为辞，并不在推恩之数。所贵不致冒滥。"从之。

《宋会要辑稿·选举》一八之二二《宗室应举》又载：

隆兴元年(1163)二月十一日，礼部贡院言："宗子量试终场七百余人，约三分文理稍通，馀程文皆不答所问，或全写他文者。若止取文理稍通并答元题为合格，仅可取三分以上。虽文理稍通，偶尔杂犯，亦多有之。"诏取放文理合格人，合格杂犯于榜后仍展二年出官。

三月十七日，诏量试不中宗子、年四十以上，特补承信郎，展三年出官；馀人许将来省试年再量试一次。

据以上可知，南宋量试之制与崇宁之制有许多相似之处：(1)应试对象：均为现年二十五岁以上的无官宗子；(2)考试方法："行在无官宗子，经大宗正司，在外经宗正司，即去宗正司远，经所在州军陈乞，各勘会年甲无违碍，给据赴部，下大宗正司勘会取试。"均为赴礼部考试一场；(3)考试内容稍有不同：改为本经大义二道，或诗、赋各一首，或论一首，以文理稍通为合格；(4)放榜补官亦稍有不同：合格第一人补承节郎，其余合格人均补承信郎；文理合格而杂犯者亦取放，但推迟两年出官；(5)新规定："量试不中宗子、年四十以上，特补承信郎，展三年出官"。

根据南宋量试新制，量试推恩者甚多。如孝宗隆兴元年(1163)二月十一日，礼部贡院言："宗子量试终场七百余人，约三分文理稍通，馀程文皆不答所问，或全写他文者。……虽文理稍通，偶尔杂犯，亦多有之。"诏："取放文理合格人，合格杂犯于榜后仍展二年出官。"①即使录取三分之一，也有230多人。又隆兴元年三月十七日，诏："量试不中宗子、年四十以上，特补承信郎，展三年出官；馀人许将来省试年再量试一次。"②至乾道二年(1166)二月十七日，礼部贡院言："量试不中宗子许今来再试，考校合格彦椿等二百十有六人，合格杂犯彦逘等五人。"诏："赵彦椿补承节郎，馀并补承信郎，赵彦逘等五人展二年出官。"③这样，孝宗登极

①② 《宋会要辑稿·选举》一八之二二《宗室应举》。

③ 《宋会要辑稿·选举》一八之二三《宗室应举》。

量试共补官450多人，尚未计算“量试不中宗子年四十以上特补承信郎”者，其总共人数应在500人之上。

另外，每逢登极大赦，除量试无官宗子之外，还对曾经得解宗子免试推恩。《宋会要辑稿·选举》四之一七《贡举杂录》载：

> 建炎元年(1127)五月一日，赦：……应宗室昨来预贡得解未曾就试人，并与推恩。

绍兴三十二年六月十三日，孝宗登极赦书亦云：“宗室实请文解之人，并与推恩。宗室无官人，依建炎元年五月一日赦，与量试推恩。”[①]绍熙五年(1194，宁宗已登极，未改元)七月七日，宁宗登极赦亦云：“应宗室犯(?)请到文解，并与推恩。”[②]这就是说，凡是曾经解试合格的宗子，遇登极大赦，均可免予量试，特授承信郎，即最低一阶的武阶官。陈傅良(1137—1203)《宗子显夫量试不中年四十以上特补承信郎敕》云：“国家所以待属籍至矣！不得隽于进士，则有量试，不得隽于量试，则有免试，皆欲使之齿仕版、习吏事也。尔其勉哉！以称朕意。”[③]宋代朝廷对于宗室真是关怀备至了。

第三节　宋朝宗室应举制度的作用

宋朝宗室应举，自熙宁二年(1069)起，直至南宋末(1276)，先后共实行了将近二百一十年，是宋朝科举制度的一个重要组成部分。通过宗室应举，数以千计的宗子入仕为官。这一制度在宋朝的社会生活中产生过广泛的影响，起过重要作用。

一、宗室应举及量试推恩补官之多

宋朝创立宗室应举之制，吸引了大批宗室子弟研习经史，以应科举。如哲宗元祐六年(1091)，即有宗室八人及第。南宋史学家李焘(1115—1184)评论说：

---

① 《宋会要辑稿·选举》一八之二一《宗室应举》。

② 《宋会要辑稿·帝系》七之二八《宗室杂录》。

③ 陈傅良：《止斋集》卷十三《宗子显夫量试不中年四十以上特补承信郎敕》。

"宗室自英宗增置教官及讲课之法，神宗又广出官之制，人竞为学，今遂与寒畯群校进退。"[①]高宗绍兴二十六年(1156)正月二十六日，枢密编修官吴某曾说："仰惟国家敦叙九族，是故睦亲有宅，敦宗有院，又设学校，尊师儒以教导之。比年以来，以科举进，数倍日前，可谓甚盛。"[②]孝宗乾道五年(1169)正月，礼部贡院引试宗室举人，即有"有官锁应宗子七十三人"，"无官应举宗子五十五人"。[③]到宁宗嘉定十五年(1222)十一月二十九日，臣僚言："宗子省试……以应举、锁应、取应言之，共计一千二百七十四人……内取应三百二十八人。"则有官锁应、无官应举为九百四十六人。[④]当时的解额，有官锁应、无官应举赴国子监试者，均为"每七人取二人"[⑤]，赴转运司试者，大概为每十人取一人；无官取应则"文理通者为合格，不限人数"。[⑥]照此推算，嘉定十五年一举参加解试者至少有三千六百多人，可见宗室应举人数之多。

再从登科人数来看，据《绍兴十八年同年小录》记载，高宗绍兴十八年(1148)王佐榜，登科人数总共为330人，其中宗子登科者为17人，占总人数的5.2%；又据《宝祐四年登科录》记载，理宗宝祐四年(1256)文天祥榜，登科人数总共为601人，其中宗子登科者为84人，占总人数的14%。从绍兴十八年到宝祐四年，宗子登科的人数增加到将近5倍；所占总人数的比例也增加到将近3倍。

既然如此众多的宗室子弟纷纷应举，而朝廷"三岁取士，于宗室特加优异"，[⑦]于是有大批宗室子弟通过科举进入仕途。有宋一代，究竟共有多少宗子登科及第，迄今尚未有精确的统计。据《郡斋读书志・附志》卷上及《玉海》卷一三〇载，孝宗淳熙二年(1175)，大宗正赵士䡅与宗正丞耿延年曾编有《皇族登科题名》一卷，"始于元祐三年李常宁榜子淔、令䮬，厥后嗣而益之"。但此《题名》已佚，不知所载人数。南宋人张淏《云谷杂记》卷三云：

> 祖宗时，宗子无预于科举，神宗始诏有官者许锁应，未命者从其应举，自是宗子始得预进士第。自元祐三年戊辰，至嘉定元年戊辰，一百二十年间，已一千三百四十四人。而嘉王、汝愚皆为廷对第一，彦中以博学宏词中选，

---

① 《长编》卷四五六，元祐六年三月壬午。
② 《宋会要辑稿・帝系》六之二三《宗室杂录》。
③ 《宋会要辑稿・选举》一八之二四《宗室应举》。
④ 《宋会要辑稿・选举》二二之二七《试官》。
⑤ 《后村先生大全集》卷八三《玉牒初草》。
⑥ 《宋会要辑稿・帝系》六之一八《宗室杂录》。
⑦ 《宋会要辑稿・选举》一六之七《发解》。

亦可谓盛矣。

自哲宗元祐三年(1088)至宁宗嘉定元年(1208)的120年间,共开科场40次,平均每榜33.6人。宁宗嘉定元年(1208)之后,宗子有官锁应、无官应举及第者更多。如前所述,嘉定十五年(1222)省试,有官锁应、无官应举宗子多达946人,若以省试每十人取一人计算,则是榜当取锁应、应举宗子95人。据《绍兴十八年同年小录》,是榜宗室登科者为17人;据《宝祐四年登科录》,是榜宗室登科者为84人,两榜平均为50人。又据《淳熙三山志》卷三十一《科名》载,福州一郡,自光宗绍熙元年(1190)余复榜至理宗宝祐元年(1253)姚勉(1216—1262)榜,先后163年共放22榜,有官锁应、无官应举宗子登科者共有336人,平均每榜15.3人。一州即如此之多,全国更可想而知。从熙宁二年(1069)至南宋末,210年间共开科场68次,若按每榜宗室有官锁应、无官应举登科平均40人推算,则共约为2 700多人,约占宋朝正奏名取士总人数的5%。

另外,尚有无官取应登科者。据《建炎以来系年要录》卷一八四及《宋会要辑稿·选举》一八之二二至二五《宗室应举》载,从高宗绍兴三十年(1160)梁克家(1128—1187)榜至孝宗乾道八年(1172)黄定榜,先后12年共开科场5次,无官取应宗子登科者共199人,平均每榜40人。其他榜所取人数缺乏记载,但从嘉定十五年(1222)省试取应宗子多达328人来看,南宋后期每榜取应宗子登科者将超过40人。若按每榜无官取应宗子登科平均40人推算,自熙宁二年(1069)至南宋末,亦约共取2 700多人。这样,宗子锁应、应举、取应三科即"宗室应举正、特奏名"约共取士5 400多人,亦约相当于整个宋朝正、特奏名取士的5%。

此外,还有大量的量试补官及得解推恩者。如孝宗登极赦恩,先后量试补官者有五百余人。[①]此时南宋建立之后不久,因靖康之难宗子大多被金人掳掠北去,宗子人数尚少,而在此后宗室繁衍之时,量试补官者将更多。正如南宋名臣洪迈(1123—1202)所说:"寿皇圣帝(按指孝宗)登极赦恩,凡宗子不以服属远近,人数多少,其曾获文解两次者,并直赴殿试;略通文墨者,所在州量试,即补承信郎。由是入仕者过千人以上。淳熙十六年二月、绍熙五年七月二赦皆然,故皇族得官者不可以数计。"[②]根据以上记载及推算,有宋一代宗室量试推恩补官者,也共当

① 《宋会要辑稿·选举》一八之二二至二四《宗室应举》。
② 洪迈:《容斋三笔》卷七《宗室补官》。

约数千人。

二、宗室应举制度的作用与意义

宋朝宗室应举制度在宋朝的社会生活中产生过广泛的影响，起过重要作用。其作用之一，就是从宗室中造就和选拔了一大批有用之才。其中赵汝愚、崇宪父子就是突出的代表。赵汝愚（1140—1196），字子直，太宗长子楚王元佐七世孙。他少有大志，孝宗乾道二年（1166），锁厅应举，殿试第一，“以宗室有官，降居其次”。[①]历任宁国军节度判官、秘书省著作郎、知信州、台州，迁福建安抚使兼知福州、四川制置使兼知成都府。光宗绍熙二年（1191），召为吏部尚书，迁知枢密院事。绍熙五年（1194），与韩侂胄（1152—1207）定议，以光宗疾，立嘉王赵扩为帝，是为宁宗，遂为右丞相。宁宗庆元元年（1195），因与韩侂胄不和，以“同姓居相位，将不利于社稷”[②]为由，被罢相，出知福州。不久，又被贬为宁远军节度副使、永川安置，至衡州，暴卒，终年仅 57 岁。他不但镇边临朝，政绩卓著，而且在公务之余，类编《国朝诸臣奏议》一百五十卷，有裨于治。其长子崇宪（1160—1219），“淳熙八年（1181），以取应对策第一。……越三年，复以进士对策，擢甲科”。历任知南昌县事、知江州、提举江西常平兼权隆兴府及帅漕司事，官至直秘阁、知静江府、广南西路经略安抚使。史称“能守家法，所至有惠政”。[③]又如濮安懿王五世孙赵善湘，宁宗庆元二年（1196）中进士，累官知余姚县、江淮制置使、知绍兴府兼浙东安抚使，并著有《周易约说》、《周易或问》、《中庸约说》、《大学解》、《论语大义》、《孟子解》、《春秋三传通义》等书。赵德昭八世孙与懽，宁宗嘉定进士，累官至吏部尚书，三知临安府，多有善政。

应举入仕的宗子，不但许多人在政治上有所作为，而且更多的人在哲学、史学、文学、艺术上取得了重要成就，对宋朝文化的发展做出了贡献。哲学方面，赵善誉（1143—1189），孝宗乾道五年（1169）中进士，累官潼川路提点刑狱、转运判官等，著《易说》四卷，朱熹称其“扩先儒之未明”，郭雍称其“贯三才之理于其中，一诸儒之说于其外”，评价甚高。孝宗也说：“公经学文章，虽士林中亦罕有之。”[④]又如赵汝谈（?—1237），孝宗淳熙十一年（1184），锁应及第，官至权刑部尚书，著

① 《宋会要辑稿・帝系》七之六《宗室杂录》。

② 《宋史》卷三九二《赵汝愚传》。

③ 《宋史》卷三九二《赵汝愚传附崇宪传》。

④ 楼钥：《攻媿集》卷一〇二《朝奉郎主管云台观赵公墓志铭》。

有《书说》二卷，怀疑《古文尚书》系伪作，初步揭开了伪古文之谜。

史学方面，如德昭五世孙赵子崧（?—1132），徽宗崇宁二年（1103）中进士，历官知淮宁府、集英殿修撰等，著有《朝野遗事》一卷，“记中兴以前凡一百二十有五事”。[①]又如太宗八世孙赵汝适，进士及第，宁宗嘉定二年（1209）知武义县，累官提举福建路市舶司，著《诸蕃志》二卷，记载所见所闻有关海外诸国事迹，颇为详赅，为研究宋朝海外交通的重要史料。又如魏王廷美七世孙赵彦卫，孝宗隆兴元年（1163）中进士，累官徽、台二州通判，知徽州，著有《云麓漫钞》十五卷，可补史志之不足。

文学艺术方面，如太祖八世孙赵师秀，光宗绍熙元年（1190）中进士，是南宋著名诗人，与徐照、徐玑、翁卷合称为“永嘉四灵”，著有《众妙集》、《二妙集》、《清苑斋集》等。又如魏王廷美七世孙赵彦端（1121—1175），高宗绍兴八年（1138）中进士，累官直宝文阁、知建宁府，工诗词，著有《介庵词》四卷。韩元吉（1118—1187）说他“力学能文，风度洒落，词辩缅缅不休。……闻其诗词一出，人嗜之往往如啖美味”。[②]又如太祖十一世孙赵孟坚，理宗宝庆二年（1226）中进士，善书画，工山水、梅竹，传世作品有《白描水仙卷》、《墨兰卷》、《自书诗卷》等，著有《梅谱》等。[③]

上述这些宗室应举入仕者，或在政治上，或在文化上，都取得了比较显著的政绩或业绩，是有一定积极意义的。当然，大多数参加贡举考试的宗室子弟，并不一定精通艺业，入仕之后也未必能够有什么大的作为，但是，广大宗室子弟研习经史，以应科举，较之“宗室熙宁之前，不以服属，皆赐名、补环卫官”，[④]“赋以重禄，别无职业”，[⑤]养尊处优，无所事事，“唯知饮酒弹琵琶耳”[⑥]，显然有着化消极因素为积极因素的作用，这无疑也是有进步意义的。

神宗熙宁二年（1069），因皇族日益蕃衍，不得不裁定宗室授官，断然规定：“其[非]袒免亲，更不赐名、授官，只许令应举。”[⑦]但是，对宗室应举又从引试、考校、赐第、授官等方面特加优待，以示亲睦，使已被裁抑的恩数，通过科举得到相

---

① 晁公武：《郡斋读书志》附赵希弁《读书附志》卷上。

② 韩元吉：《南涧甲乙稿》卷二一《直宝文阁赵公墓志铭》。

③ 参见倪士毅：《宋朝宗室士大夫在学术和文艺上的成就》，载《陈乐素教授（九十）诞辰纪念文集》，广东人民出版社 1992 年版。

④ 庄绰：《鸡肋编》卷下。

⑤ 范镇：《上仁宗乞令宗子以次补外》，《宋朝诸臣奏议》卷三二。

⑥ 司马光：《涑水记闻》卷一。

⑦ 《宋会要辑稿·帝系》四之三二至三四《宗室杂录》；《长编纪事本末》卷六七《裁定宗室授官》。

当的补偿。如前所述,宋朝"宗子三科"入仕者有 5 400 多人,而量试补官者又有数千人,再加之宋朝对宗室出官又有许多优待,这样,就无疑加重了宋朝官员的冗滥,加剧了皇族子弟与寒俊的竞争。虽然如此,但是宗室应举制度直到南宋末年仍实行不辍。因为大宋王朝乃赵家之天下,"锁试则与京秩,在末科则升甲,取应不过,量试注官,所以宠异同姓,不与寒畯等也"。[①]其作用当然是消极的。

应该看到,宋朝宗室应举,虽然"取之太优",但却"用之有限"。[②]宋朝对宗室任官有很多限制,如宗室任官,至侍从而止,更不得为宰相。高宗绍兴六年(1136)正月乙未(二十七日),高宗曾对宰相赵鼎(1085—1147)说:"唐用宗室,至为宰相。本朝宗室虽有贤才,不过侍从而止,乃所以安全之也。"[③]后又对权相秦桧(1090—1155)说:"宗室贤者,如寺监、秘书省皆可处之。祖宗不用宗室为宰相,其虑深远,可用至侍从而止。"[④]有宋一代,宗室为宰相者只有宁宗朝赵汝愚(1140—1196)一人,不久即以"同姓居相位,将不利于社稷"罢之。又如,宗室不得为主兵武官。理宗绍定三年(1230),赵善湘任江淮制置使,率兵抵御李全的进犯,虽战功卓著,而"识者有宗室不领兵之议,遂有行宫之谤"。[⑤]如此等等。所以,宋朝宗室多为低级文官或武官,而很少高官重任的。如楼钥(1137—1213)云:"自元祐初,子湜始见于进士题名。至绍兴十五年(1145),有伯摅者登甲科。余时已省事,人皆言南渡以来所创见,此人必遂通显矣。后闻其沉滞选调,而贤誉益高。"太祖七世孙伯摅第一甲第九人及第,"止依格授左迪功郎、徽州司户参军,用特恩循修职郎"。[⑥]宦海浮沉二十四年,最后仅官至县丞而已。名登甲科的赵伯摅尚且如此,其他宗室锁应、应举、取应登科者可想而知。另外,宋朝为了解决员多阙少的矛盾,往往注拟宗室为添差官,大多不厘务而只是干拿俸禄。南宋时,宗室还往往出任宫观岳庙官,也是一种有职无权、甚至不必到任的闲差,也仅仅是干拿俸禄而已。蔡戡(1141—?)《定斋集》卷五《论选用宗室札子》云:

> 夫宗室之进身有三,曰进士,曰任子,曰特恩。特恩补官,授以右选之职,处以员外之任,已置之不用之域矣。任子之法既与庶姓同,进士之科特

① 《宋史》卷一五七《选举志三》。
② 蔡戡:《定斋集》卷五《论选用宗室札子》。
③ 《系年要录》卷九七,绍兴六年正月乙未。
④ 《续编两朝纲目备要》卷二,绍熙四年三月。
⑤ 张端义:《贵耳集》卷上。
⑥ 《攻媿集》卷一〇二《益阳县丞赵君墓志铭》。

> 与庶姓异，盖由进士而进者，取之太优，用之有限故也。取之太优，则无能者或滥进；用之有限，则有才者或见遗。虽朝廷所以优异宗室亦所当然，而于搜罗人才有所未尽也。

其实，“取之太优”，是为了使大批宗室子弟通过科举沾恩受禄；“用之有限”，则是为了避免宗室子弟官高名显震耀海内而危及皇权。有宋一朝，未有酿成宗室之祸，这与宗室应举制度的施行是有相当大的关系的。宗室应举与一般士人应举一样，也起到了维护赵宋王朝统治的作用。

第十三章　宋朝贡举的期集与恩荣

宋朝贡举唱名赐第之后，在授官之前，新登科的进士还要集聚在一起举行一系列活动，称为“期集”。《朝野类要》卷五《期集》条云：“应举士人欲陈其利便，则指定一所在，会集诸人，定议以申明之。”新登科的进士除唱名赐第之外，还有赐绿袍靴笏、导从前引、朝谢皇帝、赐闻喜宴、赐御制诗、编登科录、立题名碑、释褐授官等恩荣。祝尚书《宋代科举与文学》、祖慧《宋代科举唱名赐第与期集仪制》[1]等论著，对此已有不少论述。现将有关贡举期集的组织安排及期集期间的各项活动分述如下，其不详尽之处，有待以后补充。

第一节　贡举期集的组织安排

一、期集的时间与场所

(一) 期集时间

贡举期集的开始时间，当然是在唱名赐第之后，不过是在唱名之后的当天，还是几天之后？史料则有不同的记载。《绍兴十八年同年小录》载：

---

① 祝尚书：《宋代科举与文学》，中华书局2008年版；祖慧：《宋代科举唱名赐第与期集仪制》，收入《礼学与中国传统文化》，中华书局2006年版。

绍兴十八年四月十七日，皇帝御集英殿唱名，赐状元王佐以下及第、出身、同出身，共三百三十人释褐。当月十八日赴期集所。

高宗绍兴十八年(1148)王佐榜是唱名赐第的第二天赴期集所。宁宗嘉定七年(1214)五月二日，监察御史黄序言："进士唱名之三日，期集于别试所。"①据此，宁宗嘉定七年是唱名赐第的第三天赴期集所。《文献通考》卷三二《选举考五》和《宋史》卷一五六《选举志二》亦载："新进士旧有期集，渡江后，置局于贡院，特旨赐之餐钱。集英殿赐第之三日赴焉。"李心传(1167—1244)《朝野杂记》甲集卷十三《新进士期集》则云："今新进士期集所，号为团司，置局于礼部贡院，释褐日即赴，上三人主之。"《朝野杂记》甲集成书于宁宗嘉泰二年(1202)十月，应该此前已经是唱名赐第当天即赴期集所了。《宝祐四年登科录》载：

[宝祐四年]五月二十四日，皇帝御集英殿唱名，赐进士文天祥以下及第、出身、同出身，共六百一人。当日赴期集所。

《咸淳七年同年小录》亦载：

[咸淳七年]五月二十一日，皇帝御集英殿唱名，赐进士张镇孙以下及第、出身、同出身五百二人。当日赴期集所。

据此，则理宗宝祐四年(1256)文天祥榜和度宗咸淳七年(1271)张镇孙榜都是唱名赐第的当天赴期集所。刘一清《钱塘遗事》卷一《置状元局》亦云：

状元一出，都人争看如麻。第二、第三名亦呼状元。是日，迎出便入局，局以别试所为之，谓之三状元。局中谓之期集所。

"状元局"即是期集所，刘一清是元朝人，其所记大概是南宋后期之事，看来南宋后期应该是当天赴期集所。

新及第进士唱名赐第后赴期集所，状元与其他进士均须自备鞍马。王栐《燕翼诒谋录》卷二云：

① 《宋会要辑稿·选举》六之二三《贡举杂录》。

旧制，进士首选同唱第人，皆自备钱为鞍马费，而京师游手之民，亦自以鞍马候于禁门外，虽号廷魁，与众无以异也。大中祥符八年二月戊申，诏进士第一人，金吾司差七人导从，两节前引，始与同列特异矣。

实际上，十年之前，即景德二年(1005)曾对新及第进士的导从做过一些规定。当时"及第进士导从过多，车服侈靡"，景德二年三月十日，礼部贡院言："新及第进举人，自今欲令状元用一节呵道，馀止双控马首，遇常参官敛马侧立。"真宗诏可其奏，"抑损之"。①由朝廷差导从，则始于大中祥符八年(1015)，《宋会要辑稿·选举》三之一一《贡举杂录》载：

大中祥符八年三月二十四日，诏曰："朕亲选英髦，擢登甲乙，冠群材而为重，在优待以攸宜，特异等威，著于彝矩。自今第一人及第，宜令左金吾司差七人导从，许出两节。每御试，即预差在殿门外祇候，永为定式。"初，帝以蔡齐单族，且闻佣召仆隶，故有是诏。

关于为何对状元及第的蔡齐(988—1039)特予优待，王辟之《渑水燕谈录》卷五有更为详尽的记载：

蔡文忠公自为布衣时，已恢廓有大志，而姿表秀异，见者多耸动。祥符中，擢进士，为天下第一。真宗临轩，目其堂堂英伟，进退有法，大悦之，顾寇莱公曰："得人矣!"特诏给金吾卫士七人清道，时以为荣。寻诏："自今第一人及第，给金吾七人当直，许出两对引喝。"上闻公单贫，佣僦仆隶，故有是命。

自此状元及第，"令左金吾司差七人导从，许出两节"成为定制。从集英殿到期集所，朝廷差金吾司七人导从，许出两节呵道，十分荣耀。田况(1005—1063)《儒林公议》卷上云：

太宗临轩放榜……每殿庭胪传第一，则公卿以下无不耸观，虽至尊亦注视焉。自崇政殿出东华门，传呼甚宠，观者拥塞通衢，人摩肩不可过，锦鞯绣毂，角逐争先，至有登屋而下瞰者。庶士倾羡，欢动都邑。洛阳人尹洙，意气

① 《宋会要辑稿·选举》三之七《贡举杂录》。

横跞，好辩人也，尝曰："状元登第，虽将兵数千万，恢复幽蓟，逐强虏于穷莫，凯歌劳还，献捷太庙，其荣亦不可及也。"

周密(1232—1298)《武林旧事》卷二《唱名》亦记载南宋新及第进士赴期集所的盛况云：

骏马快行，各持敕黄于前。黄旗杂沓，多至数十百面，各书诗句于上。呵殿如云，皆平日交游亲旧相迓之人，或三学使令斋臧辈。……自东华门至期集所，豪家贵邸，竞列彩幕纵观，其有少年未有室家者，亦往往于此择婿焉。

可见新及第进士赴期集所是何等的隆重，轰动京城，士庶艳羡，又是何等的荣耀！

关于期集结束的时间，《朝野杂记》甲集卷十三《新进士期集》云："立题名石刻，乃罢局焉。大凡团司，至状头授告出国门，乃罢。"《绍兴十八年同年小录》和《咸淳七年同年小录》所载期集的最后一项活动都是"立题名碑于礼部贡院"。

从"入局"到"罢局"，整个期集的时间，据《绍兴十八年同年小录》的记载，从四月十八日赴期集所，至五月某日立题名石刻于礼部贡院，大概是一个月左右的时间；刘一清《钱塘遗事》卷一《置状元局》亦云："三状元常宿于局中，不可出宿于外。月余而罢局"；而据《宝祐四年登科录》记载，从五月二十四日赴期集所，至七月二十五日立题名碑石于礼部贡院，则是两个多月的时间。又据《咸淳七年同年小录》记载，从五月十一日赴期集所，至七月□□日立题名碑于礼部贡院，也大概是两个月左右的时间。

(二) 期集场所

关于期集的场所，《宋会要辑稿·选举》二之一〇《进士科》载：

治平二年(1065)二月，诏南省合格进士已降敕及著白襕重戴丝鞭，其进士二十四日于兴国寺东经藏院、诸科于相国寺东经藏院期集，择日于阁门赐绿袍、谢恩。

据此可知，进士期集所在兴国寺东经藏院，诸科的期集所在相国寺东经藏院。沈括(1031—1095)《梦溪笔谈》卷二十三载：

> 张唐卿进士第一人及第，期集于兴国寺，题壁云："一举首登龙虎榜，十年身到凤凰池。"有人续其下云："君看姚晔并梁固，不得朝官未可知。"后果终于京官。

又载：

> 石曼卿初登科，有人讼科场，覆考落数人，曼卿是其数。时方期集于兴国寺，符至，追所赐敕牒、靴服，数人皆啜泣而起，曼卿独解靴袍还使人，露体戴幞头复坐，谈笑终席而去。①

张唐卿(1010—1037)仁宗景祐元年(1034)状元及第；石曼卿也大概是仁宗至神宗朝人。据此可知，北宋徽宗以前，即礼部贡院未建立之前，及第进士的期集所一般设于开封府的兴国寺。

前引李心传《朝野杂记》甲集卷十三《新进士期集》云："今新进士期集所，号为团司，置局于礼部贡院。"《文献通考》卷三二《选举考五》和《宋史》卷一五六《选举志二》亦载："新进士旧有期集，渡江后，置局于贡院。"南宋人吴自牧《梦粱录》卷三《士人赴殿试唱名》说得更为具体："帅、漕二司，于未唱名前，差人吏客司官等项，行排办礼部贡院充文科状元局，或别院、或借祥符寺充武科状元局，以伺唱名。"可见，南宋时，期集所设于礼部贡院。礼部贡院创建于徽宗崇宁年间(1102—1106)，则徽宗朝的期集所也可能设于礼部贡院。

二、期集的组织机构——状元局

期集所是新科及第进士第一、二、三人主持的由全体新科及第进士参加活动的机构。前引《朝野杂记》即云："今新进士期集所，号为团司，置局于礼部贡院，释褐日即赴，上三人主之。"团司也称为"状元局"。状元局设有纠弹、笺表、主管题名小录、掌仪、典客、掌计、掌器、掌膳、掌酒果、监门(亦称为"司门")等职事，分管期集中的各项事务。其人数少则数十人，多则二百余人。如高宗绍兴十八年(1148)期集所的职事有：

---

① 据《宋朝事实类苑》卷六三校改。

纠弹：江宾王、钟离松、葛郃。

笺表：俞处约、陈丰、陆升之、俞光凝、莫伋。

主管题名小录：何腾、何钦承、刘安世、程千里、田兴宗、叶谦亨、柴卫、韩彦直、张宗元。

掌仪：万介、徐履。

典客：余彦广、朱登。

掌计：萧肃。

掌器：潘观国。

掌膳：张颖。

掌酒果：王允功。

监门：方颜、袁富文。①

以上共二十七人。此榜职事的人数是比较少的，其多者甚至超过二百人。这些职事由进士前三人"自择同升之彦"担任②，实际上是"大魁入局，便差局中职事。一一由状元点差"。③但须"具所差名姓申礼部、御史台照会"，即向礼部、御史台备案。④而"初第人多喜入局，得陪侍三状元，与诸同年款密，他日仕途相遇，便为倾盖"。⑤另外，为职事者还有许多特权。王林《燕翼诒谋录》卷五云："为职事者，日叨饮食，所得小录、题名纸札装潢皆精致，不费一金。其不与职事者，出钱而所得绝不佳，不沾杯勺，无乃太不均乎！"因此，从臣僚建言，对职事数量和人选资格进行了适当的控制。《宋会要辑稿·选举》六之二三《贡举杂录》载：

> 嘉定七年(1214)五月二日，监察御史黄序言："……进士唱名之三日，期集于别试所，有旨赐之餐钱。进士前三人得自择同升之彦，而分职由纠弹、笺表而下，数在绍兴才四十人，淳熙至八十人，绍(兴)[熙]乃过百人，开禧逾二百人，前岁虽少损，犹百八十九人。夫进士通榜不过四五百人，职其间者几半，期集所非有大利而头钻竞趋，何哉？意为异日请托之地，下省小录、口腹之须。比年胪唱甫彻，请嘱交驰。于是略其当差，滥其不当差者。今廷对

① 《绍兴十八年同年小录》。

② 《宋会要辑稿·选举》六之二三《贡举杂录》。

③ 刘一清：《钱塘遗事》卷十《置状元局》。

④ 李心传：《朝野杂记》甲集卷一三《新进士期集》。

⑤ 刘一清：《钱塘遗事》卷一《置状元局》。

有日，乞下此章于进士期集所，合差职事，当先甲科、省试上十名、太学上舍生、诸州路类试首选及名望之士，酌绍兴、淳熙之数而取衷焉，亦涵养士风之一端也。”从之。

即职事人数控制在60人左右，而优先选差殿试第一甲、省试前十名、太学上舍生、诸路转运司解试第一人及有名望的人士为职事。“三状元常宿于局中，不可出宿于外”，其他新及第进士可以宿于局外，甚至有不参加期集活动者。

三、期集的经费

宋朝及第进士、诸科期集活动的经费，北宋前期由新登科者按甲次高下出钱筹措。神宗熙宁六年(1073)，始由朝廷赐钱，作为期集费。《长编》卷二四三载：

熙宁六年(1073)三月壬戌(十九日)，赐新及第进士钱三千缗，诸科七百缗，为期集费。进士、诸科旧以甲次高下率钱期集，贫者或称贷于人，至是始赐之。

王栐《燕翼诒谋录》卷五亦载：

国初，进士期集，以甲次高下率钱，刊小录、事游燕，或富而名次卑，所出无几，或贫而名次高，至于假丐。熙宁六年三月庚申(十七日)，诏赐进士及第钱三千缗，诸科七百缗，为期集费。一时歆艳，以为盛事。

李心传《朝野杂记》甲集卷十三《新进士期集》也有类似的记载。但是，朝廷赐费期集刚施行一榜，熙宁九年(1076)就有臣僚提出罢期集费的建议。《长编》卷二七三载：

熙宁九年三月戊寅(二十三日)，赐新及第进士等钱五百千，诸科钱二百千造小录等。以修《贡举敕式》练亨甫言，熙宁六年赐新及第进士期集钱三千缗，诸科七百缗，多假借名目，送遗游士，其馀以资胥吏，乞止赐三百千，罢期集。诏加赐二百千。

练亨甫借口新及第进士"多假借名目，送遗游士，其馀以资胥吏"，"乞止赐三百千"，神宗"诏加赐二百千"，共赐新及第进士五百千，主要供造小录之用，而期集游宴之费仍为新登科者凑钱筹措。期集费从三千缗降至五百缗，仅为原赐的六分之一，当然入不敷出。因此，熙宁九年四月五日，诏："贡院新赐进士、诸科期集钱如的确合用不足，仰本院公用钱相贴支用。"①本榜所补贴数额不详，而下一榜所增加的数目则有明确记载。《长编》卷二九七载：

> 元丰二年(1079)三月丁酉(二十八日)，诏新进士依旧式赐钱五百千为宴集费外，特赐千缗，诸科三百千。

这样，神宗元丰二年所赐新进士期集费共为一千五百缗，诸科期集费共为五百缗。这大概成为定制。但此后还经常有临时增加。如哲宗元祐三年(1088)三月二十七日，"增赐进士钱百万、酒五百壶，为期集费。"②是榜苏轼(1037—1101)知贡举，李常宁(1037—1088)为状元，新进士期集费增至两千五百缗，酒五百壶尚未计算在内。又如徽宗政和五年(1115)三月二十三日，诏："贡进士何㮚等依令赐钱一千五百贯，外特添赐钱五百贯文。"

徽宗重和元年(1118)，贡举令规定新进士期集费为赐钱一千七百贯，亦时有添赐。如重和元年四月五日，诏："上舍唱名讫，准令赐钱一千七百贯文，可添赐钱七百贯文。"宣和六年(1124)四月十八日，诏："状元沈晦(1084—1149)以下及第，依令赐钱一千七百贯文，添赐钱五百贯文。"③可见，徽宗政和五年与神宗元丰二年一样，依贡举令，新进士期集费"赐钱为一千五百贯"，重和元年至宣和六年，依贡举令，"赐钱一千七百贯文"，另外添赐五百贯或七百贯，总数为二千贯至二千四百贯。虽未达到熙宁六年"赐进士及第钱三千缗"之数，但较之练亨甫的"乞止赐三百千"已是七到八倍了。

宋室南渡，贡举期集费仍沿用徽宗重和年间的贡举令。如高宗建炎二年(1128)九月十六日，诏："状元李易以下依例赐钱一千七百贯文。"④所依之例，即是徽宗重和年间的贡举令。《系年要录》卷一七云："建炎二年九月丁酉(十六日)，赐新及第进士钱千七百缗，为期集费。自是以为故事。"李心传《朝野杂记》甲集卷十三《新进士期集》亦云："渡江后，赐千七百缗，自是遂为故事。"事实的确

---

① 《宋会要辑稿·选举》二之一一《进士科》。

② 《宋会要辑稿·选举》二之一二《进士科》。

③④ 《宋会要辑稿·选举》二之一四《进士科》。

如此。如《绍兴十八年同年小录》亦载："四月二十六日，依令赐钱一千七百贯。"但同北宋时期一样，南宋时期往往也有添赐钱。如《宝祐四年登科录》载：

> 六月一日，准敕依格赐进士期集钱一千七百贯文，小录钱五百贯文。……七月一日，准省札为期集钱所支用不敷，再给降题名小录钱一千七百贯文。

又如《咸淳七年同年小录》载：

> 六月一日，准敕依格赐进士期集钱及小录钱，一科计一千七百贯文，十八界。……七月□□日，准敕依格赐进士期集钱及小录钱，第二次、第三次，共三千四百贯文，十八界。①

理宗宝祐四年（1256）文天祥（1236—1283）榜和度宗咸淳七年（1271）张镇孙榜依格所赐及所添赐期集费，共达三千四百贯文，超过了熙宁六年（1173）所赐进士期集钱数。

南宋贡举期集，除朝廷赐钱之外，还向新及第进士收取小录钱。王楙《燕翼诒谋录》卷五云："相仍至今，定为千七百缗。而局中凡所率钱，皆以小录为名。"刘一清《钱塘遗事》卷一《置状元局》云：

> 凡预局中执职事官员，[免]纳小录题名钱，非职事官须纳钱五千，而后得小录题名一本。状元入局之初，依令赐钱一千七百贯，及诸公纳到助小录钱亦一千三百贯有奇。

这样，朝廷所赐期集费加上新及第进士所纳助小录钱共为三千贯文，也达到了熙宁六年所赐进士期集钱数。

第二节　贡举期集期间的各种活动

宋朝贡举期集期间的活动非常丰富。据《绍兴十八年同年小录》记载："四月

① 刘埙：《隐居通议》卷三一《前朝科诏》。

十七日，皇帝御集英殿唱名……当月十八日，赴期集所；四月二十九日，朝谢；五月初二日，就法慧寺拜黄甲、叙同年；五月初五日，赴国子监谒谢先圣、先师、邹国公；五月□日，立题名石刻于礼部贡院；赐状元王佐等闻喜宴于礼部贡院。”据《宝祐四年登科录》记载：“五月二十四日，皇帝御集英殿唱名……当日赴期集所；六月七日，谢阙；六月十三日，谒谢先圣、先师兖国公、邹国公；六月二十九日，赐闻喜宴，同日降赐御诗于礼部贡院；七月四日，拜黄甲，同日叙同年于礼部贡院；七月二十五日，立题名碑石于礼部贡院。”据《咸淳七年同年小录》记载：“五月二十一日，皇帝御集英殿唱名……当日赴期集所；六月初五日，朝谢；六月十七日，谒谢先圣、先师；七月初十日，赐闻喜宴，同日降赐御诗于礼部；七月十八日，拜黄甲，同日叙同年于礼部贡院。七月□□日，立题名碑于礼部贡院。”文天祥《文山先生全集》卷十七《纪年录》理宗开庆元年(1259)五月条注疏云：“旧例，三魁唱名罢，赐袍、笏，谢恩，入幕赐御馔，进谢恩诗。出赐席帽，于阙门上马，迎入期集所，又名状元局。官给钱物、供张、皂隶等，于此聚同年，待宾客，刊题名小录，赐闻喜宴，进谢宴诗。如此者一月，然后率榜下士诣阙谢恩，谓之门谢。门谢后，授初阶，内状元授承事郎、签书某军节度判官厅公事。至后一科放进士榜，则前一科状元召入为秘书省正字，名曰对花召。”综合以上记载，宋朝贡举新进士的期集活动主要有朝谢，谒谢先圣、先师，赐闻喜宴，拜黄甲、叙同年，刊题名小录，立题名碑等，只是时间顺序有所不同。现就据现有史料，将各项活动简述如下。

一、朝谢

唐代进士放榜后，须先谒见宰相。参见宰相是在中书省都堂举行的，因此也称“过堂”。过堂后，新及第进士还要向知贡举官谢恩。谢恩一般在知贡举官府第举行，也有在贡院举行的。第一次谢恩后数日还要曲谢，以确立和加深座主与门生的关系。宋代为了防止知贡举官与及第举人结为朋党，明令禁止及第举人向知贡举谢恩。太祖建隆三年(962)九月一日，诏曰：

> 国家悬科取士，为官择人，既擢第于公朝，宁谢恩于私室？将惩薄俗，宜举明文。今后及第举人不得辄拜知举官……如违，御史台弹奏。……兼不得呼春官为恩门、师门，亦不得自称门生。①

① 《宋会要辑稿·选举》三之一至二《贡举杂录》。

宋代新及第举人不再向宰相、知举官谢恩，而是诣阁门向皇帝谢恩，称作“朝谢”，亦称“正谢”、“门谢”。此制实行甚早。如太祖开宝六年(973)三月辛酉(七日)，“新及第进士宋准等十人、诸科二十八人诣讲武殿谢。上以进士武济川、三传刘浚材质蕞陋，应对失次，黜去之”。①又如太宗淳化三年(992)三月，“进士孙何而下四人，皆授将作监丞、大理评事通判诸州，馀及诸科，授职事、州县官。入谢于长春殿”。②朝谢制度的完备，大概是此后的事情。据后来的史料记载，朝谢一般在唱名赐第后十日左右举行。李心传《朝野杂记》甲集卷十三《新进士期集》云：期集“后十日朝谢”。周密(1232—1298)《武林旧事》卷二《唱名》、刘一清《钱塘遗事》卷十同。绍兴十八年(1148)四月十八日赴期集所，十一天后即四月二十九日，朝谢。宝祐四年(1256)五月二十四日赴期集所，十二天后即六月七日谢阙。咸淳七年(1271)五月二十一日赴期集所，十四天后即六月初五日朝谢。其仪式甚为隆重。《钱塘遗事》卷十记南宋朝谢仪式云：

> 十日后正谢。正谢日，系太史台择日，亦谓之门谢。礼用笺表，皇帝及东宫笺表隔日计会，阁门通进。表中止用三状元名衔，正、特奏同日而谢。是日，亦由和宁门而入，在常朝殿门外，北面天颜。赞者引唱“躬拜”，再拜而退。门外有立仗马及卫士等，卫士唱喏毕，马退，士人方列班而拜，拜君之门而已。

按照惯例，既赐第，诣阁门谢恩，需进谢恩银百两。神宗熙宁六年(1073)始免。《长编》卷二四四载：

> 熙宁六年(1073)四月辛巳(八日)，诏进士、诸科及第等人入谢免进银。故事，既赐第，诣阁门谢恩，进银百两。至是，罢之。

朝谢时，由状元率诸及第进士上表谢恩。如孝宗淳熙十一年(1184)状元卫泾上有《赐进士及第谢皇帝表》，云：“臣等誓坚素节，勉效前修。拜敕在廷，方被采葑之宠；捐躯报国，终存横草之忠。”③理宗宝祐元年(1253)状元姚勉(1216—1262)上有《赐第谢表》，云：“臣等誓操素节，仰答洪私。怀仁义以事其君，敢昧平生之

① 《长编》卷一四，开宝六年三月辛酉。

② 《长编》卷三三，淳化三年三月辛酉。

③ 卫泾：《后乐集》卷六《赐进士及第谢皇帝表》。

志；有谋猷则告于内，愿输他日之忠。”①

二、拜黄甲、叙同年

拜黄甲、叙同年的时间有时在朝谢数日后，有时在谒谢先圣、先师后数日；其地点，起初借用寺庙，之后一般在礼部贡院举行。何谓“黄甲”？徽宗宣和三年(1121)进士及第的胡寅(1098—1156)曰：“黄甲者，黄纸榜之甲乙丙丁戊五科之次也。”②南宋人赵升曰：“黄甲，正奏名五甲也，吏部谓之黄甲。阙榜第五甲，旧多贵显，故或称为相甲。”③刘一清曰：“黄甲者，由省中降下，唱名既毕，省中以其所升甲之人附于甲末，用黄纸以书之，故谓之黄甲。”④综上所述，可知“黄甲”就是正奏名五甲进士及第榜，因用黄纸书写，故称黄甲，类似于明清时期的“金榜”。

拜黄甲、叙同年仪式也很隆重。刘一清《钱塘遗事》卷十《置状元局》记载最详：

> (朝谢)越二日，拜黄甲于贡院。……是日，贡院设香案于庭下，状元引五甲内士人拜香案，礼部亦遣官来赞导。置黄甲于案中，望阙拜毕，士人列两廊，四十以上东廊，四十以下西廊。其日择一人最年高者上堂，大魁拜之，年高者答拜；又择一人最少者上堂，拜大魁，大魁亦答拜而退。吏人以纸笔请各书姓名，依黄甲排次，各为镌于题名石。是日谓之叙同年、拜黄甲也，特奏不得与焉。

李心传《朝野杂记》甲集卷十三《新进士期集》、周密《武林旧事》卷二《唱名》所记略同。北宋人胡寅(1098—1156)在《送刘伯称教授序》中说：

> 进士同年登科，相为兄弟，自唐至今，亦已久矣。今之朝事，既赐第授敕而出，则涓日集于一所，用官给金钱，设酒馔为宴集。同年者毕至，按先后列庭下，推一人年最长者，榜首拜之；又推一人年最少者，出拜榜首，谓之叙黄甲。

---

① 姚勉：《雪坡集》卷五《赐第谢表》。

② 胡寅：《斐然集》卷一九《送刘伯称教授序》。

③ 赵升：《朝野类要》卷二《黄甲》。

④ 刘一清：《钱塘遗事》卷十《置状元局》。

南宋人范成大(1126—1193)在《姑苏同年会诗序》中记“团司故实”云：

> 既朝谢，揆日集贡院，奉赐第录黄于香案，列拜礼毕，更以齿班立。四十以上，东序，西乡；未四十，西序，东乡。推年最长若最少者各一人升堂，长者中立南乡，少者北乡。春官吏赞拜，少者拜；又赞答拜，长者洎两序皆再拜，谓之拜黄甲、叙同年，所以明章风期，笃叙事契，委曲之意过唐远矣。士大夫宁得轻负此意，翘然云散，异日相见如途之人乎?①

胡寅徽宗宣和三年(1121)何涣榜进士及第，所记拜黄甲、叙同年的仪式与《朝野杂记》甲集卷十三《新进士期集》、《武林旧事》卷二《唱名》及《钱塘遗事》卷十《置状元局》所记略同。而范成大高宗绍兴二十四年(1154)张孝祥榜进士及第，其所记拜黄甲、叙同年故实与《朝野杂记》、《武林旧事》及《钱塘遗事》所记有所不同，或许南宋初年与北宋及南宋后期的仪式稍有差别吧。但其特点都是序齿，而不计较及第等甲的高下。

宋朝贡举为什么举行拜黄甲、叙同年的仪式呢?《文献通考》卷三二《选举考五》、《宋史》卷一五六《选举志二》云：“朝谢后，拜黄甲……所以侈宠灵、重好会、明长少也。”北宋进士及第的胡寅说：

> 进士同年登科，相为兄弟，自唐至今，亦已久矣。……黄甲者，黄纸榜之甲乙丙丁戊五科之次也，所以训在榜之人，勿以科之高下相重轻，而以齿之长幼相伯仲。推此意也，凡在榜之人，是宜先义后利，爵位相让，患难相恤，久相待而远相致也，岂不美乎?②

南宋进士及第的范成大云：

> 拜黄甲、叙同年，所以明章风期，笃叙事契，委曲之意过唐远矣。士大夫宁得轻负此意，翘然云散，异日相见如途之人乎?③

“风期”谓风尚品格，“事契”谓情谊。总之，拜黄甲、叙同年的意义在于扩大金榜

①③　祝穆：《事文类聚》前集卷二九；范至能(成大)：《姑苏同年会诗序》。

②　胡寅：《斐然集》卷一九《送刘伯称教授序》。

题名的恩宠光耀，增加同年友好的兄弟情谊，以便在今后从政为官的仕途上，互相提携，患难与共，结为亲密的关系，铺设荣升的坦途。

三、谒谢先圣、先师

谒谢先圣、先师是贡举期集的一项重要活动。一般在朝谢后数日举行。另外，诸州得解举人在参加省试之前也有一次谒见先师的活动。王辟之《渑水燕谈录》卷六《贡举》云："国初，诏诸州贡举人群见讫，就国子监谒先师，迄今行之，循唐制也。"此制始于唐玄宗开元五年(717)。《唐会要》卷七六《贡举中·缘举杂录》载：

> 开元五年九月，诏："诸州乡贡明经、进士见讫，宜令引就国子监谒先师。学官为之开讲，质问疑义，仍令所司优厚设食。两馆及监内得解举人，亦准此。其日，清[资]官五品已上及朝集使，并往观礼，即为常式。"谒先师，自此始也。

宋承唐制，太祖建隆二年(961)之后，"诸州府贡举人，十一月朔日正衙见讫，择日谒先师，遂为常礼"。[①]而谒谢先圣、先师是进士及第之后的感谢活动。此制也始于唐。《新唐书》卷一六〇《刘伯刍传》载："子允章字蕴中，咸通中为礼部侍郎，请诸生、及第进士并谒先师，衣青衿、介帻，以还古制。"则及第进士谒谢先师始于唐懿宗咸通年间(860—873)。

宋朝谒谢先圣、先师活动在国子监举行，先圣指孔子，先师指兖国公颜回，有时还同时谒谢邹国公孟子。其仪式也十分隆重。李心传《朝野杂记》甲集卷十三《新进士期集》云："(拜黄甲、叙同年)又数日，赴国子监谒谢先圣、先师、邹国公，用释菜礼，三名为三献，榜中有望者一人为监礼官。"刘一清《钱塘遗事》卷十《置状元局》有更为详细的记载：

> (乡会)越三日，赴国子监谒谢先圣、先师。祭前三日，状元点差职事官十四员。监礼官，弹压职事之不恭者。奉礼官，跪于先圣、先师座前，奉币进之于献官。太官，酌酒以进之于上三献官。太祝，读祝。分献官十员，分献

① 《宋史》卷一〇五《礼志八》。

于十哲及两廊贤人。一人分献五位，每位皆之拜。搢笏兴伏拜起，皆赞者导之，礼毕而班退。赞者皆太常寺差来。

四、赐闻喜宴

（一）闻喜宴的设立

唐代贡举礼部放榜、关宴之后，新及第进士凑钱大宴于城东南的曲江，并请教坊派乐队演唱助兴，号曰"闻喜宴"。王定保《唐摭言》卷三《散序》云："曲江之宴，行市罗列，长安几于半空。公卿家率以其日拣选东床，车马填塞，莫可殚述。"甚至连皇帝也"御紫云楼，垂帘观焉"。五代时多宴于佛庙名园。但这是新及第进士凑钱由民间举办的。后唐天成二年（927）十二月敕："新及第进士有闻喜宴，今后逐年赐钱四百贯。"[①]后周显德中（954—959），才由官府主持。宋承唐及五代之制，始于太祖开宝六年（973）赐宴。《宋会要辑稿·选举》七之一《亲试》载：

> 开宝六年三月十九日，帝御讲武殿覆试新及第进士宋准并下第进士徐士廉、终场下第诸科等，内出《未明求衣赋》、《悬爵待士诗》。……得进士宋准已下二十六人，诸科五经已下一百一人。……仍赐准等钱二十万，令宴会。

开宝八年三月十八日，"赐及第进士王嗣宗等钱百千，令宴乐"。[②]赐宴成为一项完备的制度则始于太宗太平兴国二年（977）。《宋会要辑稿·选举》二之一《进士科》载：

> 太平兴国二年正月八日，宴新及第进士吕蒙正等于开宝寺，仍赐御诗二首以宠之。故事，吏部发榜后，敕下之日，醵钱于曲江，为闻喜之饮，近代多于名园佛庙。至是官为供帐，为盛集焉。

（二）闻喜宴的时间与场所

闻喜宴一般于谒谢先圣、先师后数日举行。如《宝祐四年登科录》载："六月

① 《五代会要》卷二二《进士》。
② 《宋会要辑稿·选举》二之一《进士科》。

十三日，谒谢先圣、先师兖国公、邹国公；六月二十九日，赐闻喜宴，同日降赐御诗于礼部贡院。”《咸淳七年同年小录》载：“六月十七日，谒谢先圣、先师；七月初十日，赐闻喜宴，同日降赐御诗于礼部”。北宋前期，以进士、诸科取士，闻喜宴也分为两日举行，一日宴新进士及第者，一日宴新诸科及第者。①北宋后期及南宋时期，废明经、诸科，专以进士一科取士，闻喜宴也改为一日举行。

关于闻喜宴的地点，先后发生过一些变化。太宗太平兴国二年正月八日，“宴新及第进士吕蒙正等于开宝寺”；太平兴国五年闰(正)[三]月十四日，“赐新及第进士宴于迎春苑”。②太平兴国八年四月初二日，“赐新及第进士宴于琼林苑，自是遂为定制”。③琼林苑是北宋东京开封四大御苑之一。叶梦得(1077—1148)《石林燕语》卷一云：

> 琼林苑，乾德中置。太平兴国中，复凿金明池于苑北，导金水河水注之，以教神卫虎翼水军习舟楫，因为水嬉。……今惟琼林、金明最盛。岁以二月开，命士庶纵观，谓之开池；至上巳，车驾临幸毕，即闭。岁赐二府从官燕，及进士闻喜燕，皆在其间。

孟元老《东京梦华录》卷七《驾幸琼林苑》云：

> 驾方幸琼林苑，在顺天门大街，面北与金明池相对。大门、牙道，皆古松怪柏。两傍有石榴园、樱桃园之类，各有亭榭，多是酒家所占。苑之东南隅，政和间创筑华觜冈，高数十丈，上有横观层楼，金碧相射，下有锦石缠道，宝砌池塘，柳锁虹桥，花萦凤舸。其花皆素馨、末莉、山丹、瑞香、含笑、射香等，闽、广、二浙所进南花。有月池、梅亭、牡丹[亭]之类，诸亭不可悉数。

叶梦得哲宗绍圣四年(1097)进士及第；孟元老“崇宁癸未(二年，1103)到京师……靖康丙午之明年(二年，1127)，出京南来，避地江左”④，他们都对琼林苑非常熟悉，所记琼林苑的繁盛之况应该是信史。

据《宋会要辑稿》、《长编》记载，从太宗太平兴国八年至徽宗崇宁五年(983—

① 《宋史》卷一五五《选举志一》。
② 《宋会要辑稿·选举》二之一《进士科》。
③ 《宋会要辑稿·选举》二之二《进士科》。
④ 孟元老：《梦华录序》，《东京梦华录笺注》，中华书局2006年版。

1106)，120多年间，共开贡举45榜，惟有英宗治平二年(1065)彭汝砺榜"诏罢闻喜宴"①，其他44榜所赐闻喜宴均于琼林苑举行。因此，闻喜宴又称"琼林宴"。

崇宁三年(1104)十一月，诏"除将来科场如故事外，并罢州郡发解及省试法，其取士并由学校升贡"。②新颁《崇宁贡举通用令》规定："诸举人已唱第，赐闻喜宴于琼林苑；诸贡士已推恩，赐闻喜宴于辟雍。"③政和二年(1112)，"举人唱第"与"贡士推恩"同榜释褐，曾同宴于琼林苑。《宋会要辑稿・选举》二之一三《进士科》载：

> 政和二年四月二十四日，礼部言："《崇宁贡举通用令》：'诸举人已唱第，赐闻喜宴于琼林苑。诸贡士已推恩，赐闻喜宴于辟雍。'贡士并宗子上舍与进士同榜释褐，所有赐宴恐合就琼林苑，并差押赐官。"诏用四月二十九日于琼林苑赐宴，差郑详押赐。

政和六年，仅有贡士推恩，闻喜宴仍于辟雍举行。政和六年四月二十日，诏："赐臧瑀以下闻喜宴于辟雍，知举官慕容彦(逵)[逢]押宴。"④宣和元年(1119)四月二十三日，礼部奏："据辟雍申，契勘贡士等已推恩了当，所有赐[宴]日分并押宴官，伏乞朝廷速赐施行。"⑤是年也仅有贡士推恩，其闻喜宴也仍在辟雍举行。宣和三年二月二十日，诏："太学以三舍考选，开封府及诸路以科举取士，并依元丰法。"⑥闻喜宴亦均于琼林苑举行。《宋会要辑稿・选举》二之一四《进士科》载："宣和三年五月十三日，赐及第贡士闻喜宴于琼林苑，特降中使赐御制诗。"又载："宣和六年四月二十六日，赐状元沈晦以下闻喜宴于琼林苑。"

靖康之祸，宋室南渡。高宗建炎二年(1128)九月，首放进士。《宋会要辑稿・选举》二之一四《进士科》载：

> 建炎二年九月十六日，诏状元李易以下依例赐钱一千七百贯文。二十一日，李易等言："乞权罢闻喜宴。"从之。自后五举皆免宴。

---

① 《宋会要辑稿・选举》二之一〇《进士科》。
② 《山堂群书考索》后集卷二八引《长编》。
③ 《宋会要辑稿・选举》二之一三《进士科》。
④⑤ 《宋会要辑稿・选举》二之一四《进士科》。
⑥ 《宋会要辑稿・选举》四之一一《贡举杂录》。

至绍兴十七年(1147),始诏复旧。《宋会要辑稿·选举》二之一八《进士科》载：

> 绍兴十七年十一月[七日],礼部侍郎周执羔言:“旧制,御试进士已唱名毕,赐闻喜宴于琼林苑,舍法行,改赐于辟雍。宣和间,复置科举,而琼林之宴亦因以复焉。车驾移跸以来,士子申陈免赐,因循六大比矣。乞举行旧(治)[制],赐闻喜宴于礼部贡院。”从之。

《系年要录》卷一五六绍兴十七年十一月丁卯(七日)亦云:“自军兴废此礼,至是乃复。”《绍兴十八年同年小录》载:“赐状元王佐等闻喜宴于礼部贡院。”

从高宗绍兴十八年至恭宗咸淳十年(1148—1274),将近130年间,共开贡举43榜。宁宗嘉定元年(1208)五月三日,诏:“成肃皇后凡筵未除,闻喜宴权行免赐。”①《宋史全文》卷三四载:“淳祐七年(1247)七月甲寅(三日),进士及第张渊微等言:‘天久不雨,乞免琼林锡宴礼。’上从之。”除以上两榜免赐闻喜宴之外,其余41榜,均赐及第进士闻喜宴于礼部贡院。

(三) 闻喜宴的参加人员

参加闻喜宴的主体,当然是新及第的进士。北宋前期,以进士、诸科取士,诸科亦赐闻喜宴。②正奏名当然要参加闻喜宴,有时特奏名亦可以参加闻喜宴。《宋会要辑稿·选举》三之一八《贡举杂录》载：

> 景祐元年(1034)四月三日,诏御前放举人内除合格正奏名外,特奏名恩泽人令贡院晓示,候谢恩毕,同出身、试衔人取便归乡守选,长史、文学、助教即令归乡,如愿赴宴者听。

当然,如果特奏名不愿赴闻喜宴者,亦听从其便。《宋会要辑稿·选举》二之一一《进士科》载：

> 熙宁六年(1073)三月二十三日,诏新及第进士、诸科等举人闻喜宴,差近上内臣一员押赐。二十四日,诏新进士、诸科并特奏名赐同出身及试监

---

① 《宋会要辑稿·选举》二之三一《进士科杂录》。

② 《宋史》卷一五五《选举志一》。

簿、长史、文学、助教等，并放谢辞正衙。如便欲归乡不愿赴闻喜宴者，听。

参加闻喜宴者还有知贡举官及两制（翰林学士、知制诰）、三馆（昭文馆、集贤院、史馆）、秘阁等官员。太宗太平兴国五年闰三月十四日，赐新及第进士宴于迎春苑。《长编》卷二一纪其事云："赐宴，始有直史馆陪座之制。"[①]《长编》卷三〇端拱二年（989）三月壬寅（二十一日）纪事又云："赐宴，始令两制、三馆文臣皆预。"即不但是直史馆，而且是"两制"即翰林学士、知制诰和"三馆"即昭文馆、集贤院、史馆的学士、直学士、直史馆、修撰、检讨等文官均可参加闻喜宴。仁宗天圣二年（1024）四月七日，"宴新及第进士于琼林苑，诏翰林、龙图阁直学士、直馆已上并赴"。[②]《宋会要辑稿·选举》二之一二《进士科》又载："元祐四年（1089）正月十三日，诏赐闻喜宴，许带职人并赴。从崇政殿说书颜复请也。"宋朝官制，官衔有官（阶官）、职（贴职）、差遣（职事官）。"带职人"即是带有贴职的官员，凡带有三馆秘阁官职者皆为带职人，其人数更为众多。北宋时期，"闻喜宴分为两日，宴进士，请丞郎、大两省；宴诸科，请省郎、小两省。"[③]"丞郎"是元丰改官制之前的尚书左、右丞和六部侍郎的通称；"大两省"是散骑常侍、中书舍人、给事中、谏议大夫的通称。"省郎"是尚书省六部二十四司郎中、员外郎的通称；"小两省"是起居郎、起居舍人的通称。南宋时期，亦是"赐闻喜宴于礼部贡院，侍从已上及馆职皆与。"[④]"侍从"即前述"大两省"官；"馆职"是三馆（昭文馆、集贤院、史馆）、秘阁官的通称。《文献通考》卷三二《选举考五》亦云："新进士旧有期集，渡江后，置局于贡院，特旨赐之餐钱。……遂赐闻喜宴，侍从已上及知举官、馆职，皆预焉。"总之，闻喜宴陪座的官员有侍从以上的高级官员、三馆秘阁即带贴职的文官和知贡举官等。

关于闻喜宴的主持者——押宴官，也有不同的记载。神宗熙宁六年（1073）三月二十三日，"诏新及第进士、诸科等举人闻喜宴，差近上内臣一员押赐"。[⑤]徽宗政和二年（1112）四月二十四日，"诏用四月二十九日于琼林苑赐宴，差郑详押赐"。[⑥]政和六年四月二十日，"诏赐臧瑀以下闻喜宴于辟雍，知举官慕容彦（逵）

① 《长编》卷二一，太平兴国闰三月甲寅。
② 《宋会要辑稿·选举》二之六《进士科》。
③ 《宋史》卷一五五《选举志一》。
④ 《朝野杂记》甲集卷十三《新进士期集》。
⑤ 《宋会要辑稿·选举》二之一一《进士科》。
⑥ 《宋会要辑稿·选举》二之一三《进士科》。

［逢］押宴”。[①]据《政和五礼新仪》卷二〇三《嘉礼·赐宴》，押宴官为“中使”，即宦官。李心传《朝野杂记》甲集卷十三《新进士期集》云：“赐闻喜宴于礼部贡院，侍从已上及馆职皆与，知举官押宴。”大概北宋时期押宴官一般是内臣、中使即宦官，南宋时期押宴官一般是知贡举。

（四）闻喜宴的仪式

宋朝贡举闻喜宴的仪式甚为隆重。《政和五礼新仪》卷二〇三《嘉礼·赐宴》载：

> 押宴官以下及释褐贡士班首初入门，《正安之乐》作，至庭中，望阙位立定，乐止。与宴官就位，再拜讫。（押宴官西向立。）中使诣班首前稍东西向立，中使宣曰：“有敕。”在位者皆再拜，讫。中使宣曰：“赐卿等闻喜宴。”在位者皆再拜，搢笏，舞蹈，又再拜。次引押宴官稍前，谢坐，再拜，在位者皆再拜。（若赐敕书，即引贡士班首稍前立定，中使诣班首前西向立，宣曰：“有敕。”贡士再拜。中使宣曰：“赐卿等敕书。”班首稍前，搢笏，跪；中使授敕书讫，少退；班首执笏，以敕书加于笏上，俛伏，兴，归位，再拜。在位者皆再拜。）与宴官分东西升阶就座，［贡士以齿］。酒初行，《宾兴贤能之乐》作，饮讫，食毕，乐止。酒再行，《于乐辟雍之乐》作。酒三行，《乐育人材之乐》作。酒四行，《乐且有仪之乐》作。酒五行，《正安之乐》作。（再座，酒行，乐作，节次并如上仪，唯不作《正安之乐》。）皆饮讫，食毕，乐止。押宴官以下俱兴，就次赐花有差。少顷，戴花讫。次引押宴官以下并释褐贡士诣庭中望阙位立定，谢花，再拜，分东西升阶就座。酒行，乐作，［饮］讫，食毕，乐止。酒四行讫，退。次日，预宴官及释褐贡士入谢如常仪。

闻喜宴新仪中的“中使宣曰：‘有敕。’”即是臣僚代皇帝拟的“口宣”。如孝宗淳熙五年（1178）闻喜宴的口宣就由周必大（1126—1204）所代拟，其文曰：“有敕：唱名春殿，乐得英髦。设醴贡闱，备昭慈惠。惟兹荣遇，其各钦承。今差入内内侍省东头供奉官韩世荣赐闻喜宴，想宜知悉。”[②]闻喜宴中的《正安之乐》除有乐谱之外，还有乐词，《宋史》卷一三九《乐志十四》所载《大观闻喜宴六首》，即是徽宗大

---

① 《宋会要辑稿·选举》二之一四《进士科》。
② 《周益国文忠公集》卷一一二《贡院赐进士闻喜宴口宣》。

观三年(1109)赐进士闻喜宴所奏《正安之乐》等六支乐曲的乐词。其初举酒所奏《宾兴贤能之乐》的乐词为:"明明天子,率由旧章。思乐泮水,光于四方。薄采其芹,用宾于王。我有好爵,置彼周行。"

北宋人宋庠(996—1066)《庚午春观新进士锡宴琼林苑因书所见》诗描写了闻喜宴的盛况,其诗有云:

秘苑仪星地,群英得隽年。
飞绥鲸浦右,供帐斗城偏。
表道槐阴直,凌氛柞影圆。
丛楹开玉宇,华组会琼筵。
湛湛融君渥,渠渠奖士贤。
银珰尊右席(中贵人主宴),绿帻佐双笾(太官先置)。
饰喜优坊伎,均恩醵礼钱(诸君子合钱以劳供帐、优伶之费)。
沼浮渑酒渌,坻聚舜庖膻。
场迥歌声合,风回舞节妍。
柳疑添绀幄,鹦解啄鸣弦。
臣藿心倾日,需云象在天。
绨囊赍睿什(中席,使者以御诗驰赐),钿轴照儒篇(复镂印《大学》、《儒行》二篇以赐)。
宝思垂霓烂,欢声抃岳传。
珍台纷蹇产,翠气浩宛延。(此以下并述苑中池上景物之盛)①

"庚午年"即仁宗天圣八年(1030),是年四月四日,"赐进士王拱辰宴于琼林苑,遣中使赐御诗及《大学》篇各一轴"。②宋庠天圣二年状元及第,参加了天圣八年的闻喜宴,亲见"中贵人主宴",诸进士"合钱以劳供帐、优伶之费",宴会中间,"使者以御诗驰赐","复镂印《大学》、《儒行》二篇以赐",均为仁宗时期闻喜宴仪式的真实写照。

刘一清《钱塘遗事》卷十《置状元局》对南宋时期的闻喜宴也有较为详细的记载:

① 宋庠:《元宪集》卷八《庚午春观新进士锡宴琼林苑因书所见》。
② 王应麟:《玉海》卷三四《天圣赐进士〈大学〉篇》。

次日，赐闻喜宴于贡院。齐而后，押宴官率官属及进士列拜于庭下，面阙设香案，侍从及贴职官皆与焉。凡拜，五舞蹈，其节有四，共十拜也。拜讫，正奏名坐于东廊，特奏名坐于西廊，立亦如之。小黑桌子，坐则青墩。果子人各四器，望果一器，望花一朵，醯醢列于前。初坐，先斟酒三行，不下食；第三酌下，鲜鲊一碟；第四、第五，皆有食以配酒。五行而中歇。人赐官花四朵，簪于幞头上。（花以罗帛为之。）从人、下吏皆得赐花。又有例赐冰，再坐分与士人。又到班庭亭下再拜谢花，簪而谢之。兼坐带花，又四杯而竟席。前筵（羊半体、七宝头羹，并皆奇品。）初坐，则以银台盏酌；再坐，则易以银卮，共九行。而饭则粟米为之。毕宴不用谢恩，退皆簪花乘马而归。都人皆避，以赴御宴回也。

所记食品甚详，可见闻喜宴酒肉果品应有尽有，十分丰富。

前引《政和五礼新仪》卷二〇三《嘉礼·赐宴》载："次日，预宴官及释褐贡士入谢如常仪。"即闻喜宴的次日，由新科状元代表新及第进士向皇帝上表谢恩。现存有楼钥（1137—1213）的《代进士谢赐花表》[①]；孝宗淳熙十一年（1184）状元卫泾的《谢赐闻喜宴表》、《谢赐花表》、《谢颁冰表》[②]；许应龙（1168—1248）的《代期集所谢赐御诗表》[③]；理宗宝祐元年（1253）状元姚勉（1216—1262）的《谢赐闻喜宴表》、《谢赐御制诗表》、《谢赐花表》[④]等。

（五）赐御制诗、御书箴及赐花

闻喜宴除酒肉果品之外，还有两项恩赐，使新科进士颇为荣光。其一为赐御制诗、御书箴及儒家经典等。其仪式如前引《政和五礼新仪》卷二〇三《嘉礼·赐宴》注云：

若赐敕书，即引贡士班首稍前立定，中使诣班首前西向立，宣曰："有敕。"贡士再拜。中使宣曰："赐卿等敕书。"班首稍前，搢笏，跪；中使授敕书讫，少退；班首执笏，以敕书加于笏上，俛伏，兴，归位，再拜。在位者皆再拜。

① 楼钥：《攻媿集》卷一九《代进士谢赐花表》。
② 卫经：《后乐集》卷六《谢赐闻喜宴表》、《谢赐花表》、《谢颁冰表》。
③ 许应龙：《东涧集》卷九《代期集所谢赐御诗表》。
④ 姚勉：《雪坡集》卷五《谢赐闻喜宴表》、《谢赐御制诗表》、《谢赐花表》。

太宗太平兴国二年(977)正月八日,“宴新及第进士吕蒙正等于开宝寺,仍赐御诗二首以宠之”。[①]此为赐御制诗之始。端拱二年(989)三月,改赐御制箴。王应麟(1223—1296)《玉海》卷三一《端拱修身箴》载:

> 端拱(三)[二]年三月壬寅(二十一日),御崇政殿,亲试进士陈尧叟等,赐第,上作《修身箴》赐之,勉以“修身谨行,稽古效官”之意。(初,内殿策士赐诗,至尧叟始易以箴。)

淳化三年(992)三月,则诗、箴并赐。《宋会要辑稿·选举》二之二《进士科》载:

> 淳化三年三月九日,赐新及第进士御制诗、《儒行》箴各一首。十五日,诏赐新及第进士及诸科贡举人《儒行》篇各一轴,令至[治]所,著于壁,以代座右之诫。

《长编》卷三三淳化三年三月辛丑(七日)纪此事云:“初,内殿策士,例赐御诗以宠之。至陈尧叟始易以箴,用敦勉励。暨孙何,则诗、箴并赐,时论荣之。”

真宗朝,闻喜宴则均赐诗。《宋会要辑稿·选举》二之三《进士科》载:“咸平三年(1000)四月二十三日,赐新及第进士御制五、七言诗二首。(自此后每放榜即赐诗)”

仁宗朝,闻喜宴则赐诗及《中庸》或《儒行》、《大学》篇。《玉海》卷三四《天圣赐进士〈中庸〉》载:

> 天圣五年(1027)四月辛卯(二十一日),赐进士王尧臣等闻喜宴于琼林苑,以中使赐御诗,又人赐御书《中庸》各一轴。自后遂以为常。初,上欲赐《中庸》,先命中书录本。既上,乃令宰臣张知白进读,至修身治人之道,必使反复陈之。上倾听终篇始罢。

《玉海》卷三四《天圣赐进士〈大学〉篇》载:

> 天圣八年四月丙戌(四日),赐进士王拱辰宴于琼林苑,遣中使赐御诗及

---

① 《宋会要辑稿·选举》二之一《进士科》。

《大学》篇各一轴。自后登第者必赐《儒行》或《中庸》、《大学》篇。

如景祐元年(1034)四月乙卯(二十六日),赐新第张唐卿诗及《中庸》。(诗云:"寒儒逢景运,报国合如何?")江少虞《宋朝事实类苑》卷四引《东斋笔录》亦云:

太宗好文,每进士及第,赐闻喜宴,常作诗赐之,累朝以为故事。仁宗在位四十二年,赐诗尤多,然不必尽上所自作。景祐初,赐诗末句云:"寒儒逢景运,报德合如何?"论者谓质厚宏壮,真诏旨也。

神宗熙宁四年(1071),王安石改革贡举,罢诗赋、帖经、墨义,专以经义、论、策试进士。至徽宗时,甚至闻喜宴亦罢赐诗。《文献通考》卷三一《选举考四》载:

政和二年(1112),亲试举人,始罢赐诗,改赐箴。先时,御史李章言"作诗害于经术",自陶潜至李、杜皆遭讥诋。诏送敕局立法,宰臣何执中遂请禁人习诗赋。

叶梦得(1077—1148)《避暑录话》卷下亦云:"政和间,大臣有不能为诗者,因建言诗为元祐学术,不可行。……故事,进士闻喜燕例赐诗以为宠。自何丞相文缜榜后,遂不复赐,易诏书以示训戒。"宣和三年(1121)二月二十日,诏:"太学以三舍考选,开封府及诸路以科举取士,并依元丰法。"①闻喜宴又复赐诗。宣和三年五月十三日,"赐及第贡士闻喜宴于琼林苑,特降中使赐御制诗"。②宣和六年,亦"赐御制诗"。③

宋室南渡,高宗建炎元年(1127)至绍兴十七年(1147),罢闻喜宴,但赐御制诗、《中庸》、《儒行》篇仍遵北宋之制。《宋会要辑稿·选举》二之一六《进士科》载:"绍兴五年十月,赐进士第进士汪应辰以下《中庸》篇。(十二年,赐陈诚之以下《周官》。)"楼钥(1137—1213)《攻媿集》卷六九《恭题汪逵所藏高宗宸翰·御书〈中庸〉篇》记其事甚详:

高宗皇帝自履大位,时当艰难,无他嗜好,惟以翰墨自娱。始为黄庭坚书,改用米芾,动皆逼真。至绍兴初,专仿二王,不待心慕手追之勤,而得其

---

① 《宋会要辑稿·选举》四之一一《贡举杂录》。
② 《宋会要辑稿·选举》二之一四《进士科》。
③ 《太平治迹统类》卷二八。

> 笔意，楷法益妙。五年策士，首得汪应辰。九月十九日，言者乞依雍熙故事，赐新进士《儒行》篇，以励士检。有旨：仍添赐《中庸》，送秘书省校勘。正字张嵲校《中庸》篇，高闶校《儒行》篇。二十二日，闶入奏："《儒行》虽间与圣人之意合，而其词夸大，类战国纵横之学。盖汉儒杂记，决非圣人格言。欲望止赐《中庸》一篇，庶几学者得知圣学渊源，而不惑于偏邪驳杂之见。"上可其奏，御书《中庸》，以十月四日赐之。

汪逵是绍兴五年状元汪应辰（1118—1176）之子，珍藏高宗御书《中庸》篇，世世宝之，以见尊经崇儒之意。绍兴十八年，高宗复赐新进士闻喜宴，遂就闻喜宴赐御书石刻《儒行》篇。《宋会要辑稿・选举》二之一八《进士科》载："绍兴十八年六月三日，诏御书石刻《儒行》篇，就闻喜宴赐进士及第王佐以下人各一本。自是每举遣内侍就闻喜宴赐焉。"此后，"二十一年，赐赵逵以下《大学》；二十四年，赐张孝祥以下《皋陶谟》；二十七年，赐王十朋以下《学记》；三十年，赐梁克家以下《经解》"。

闻喜宴屡赐儒家经典，都是具有深意的。孝宗也继承了这一传统。《宋会要辑稿・选举》二之二〇至二一《进士科》载：

> 乾道八年（1172）四月十五日，赐进士闻喜宴于礼部贡院。诏用四月二十六日，是日，赐及第进士御书《益稷》篇。先是，二十日，上特以御书《益稷》篇宣示宰执，梁克家奏："《益稷》首载治水，播奏艰食事，末载君臣更相训敕之意，学者因宸翰以味经旨，必知古人用心矣。"上语曰："如所载'无若丹朱傲'等语，见古者君臣警戒之深。"虞允文曰："舜与皋陶赓歌之辞，舜则曰'股肱喜，元首起'，皋陶则曰'元首明，股肱良'，又继以'元首丛脞，股肱惰'之语，君臣之间相称誉、相警戒自有次序如此，所以能致无为之治也。"上曰："然此篇首以民之粒食，则知务农为治之本，至于告臣邻之言，则曰'庶顽谗说，若不在时，侯以明之，挞以记之'。又曰'格则承之庸之，否则威之'。是古之圣人待天下之人，未尝不先之以教，及其不格，则必以刑威之。今为书生者多事虚文，而忽兹二事，是亦究圣人之用心也，因欲使知之。"允文等曰："此陛下作成人材，救革时弊，理意深远，非臣等智虑所及。"

孝宗赐新及第进士《尚书・益稷》篇，旨在训诫多事虚文的书生，可见其用心良苦！淳熙五年（1178）四月二十四日，孝宗"赐进士闻喜宴于礼部贡院。是日，赐新及第进士御书《旅獒》篇”。[①]

光宗之后，闻喜宴一般赐御制诗。同时，兴起了臣僚恭和御制诗之风。《政和五礼新仪》卷二百三《嘉礼·赐宴》载：

> 宁宗庆元五年(1199)五月，赐新及第进士曾从龙以下闻喜宴于礼部贡院。上赐七言四韵诗，秘书监杨王休以下继和以进，自后每举并如之。

其实，臣僚恭和闻喜宴御制诗不自宁宗庆元五年始，孝宗淳熙二年(1175)即已有之。淳熙二年五月十日，“赐进士闻喜宴于礼部贡院。是日，赐新及第进士御制诗一首”。[②]周必大(1126—1204)当时即有《恭和御制闻喜宴诗》一首，曰：

> 圣武将犁老上庭，艺文先选彀中英。
> 天扶基业生多士，世遇君师集大成。
> 享备钧台同夏启，果分汉会愧桓荣。
> 尧言一日周天下，应陋诗人切响声。

其诗前小序曰：“臣以经筵官预闻喜宴，恭睹圣制赐詹骙已下诗，不敢自嘿，谨斋沐赓和一篇，仰渎宸严。臣无任震惧俟罪之至。(乙未五月十日)”[③]“乙未年”为孝宗淳熙二年，是榜詹骙为状元。周必大此诗即是恭和孝宗所赐状元詹骙已下御制诗的。只是当时尚未形成风气，宁宗庆元五年之后才蔚然成风罢了。如吴泳《鹤林集》卷三有理宗绍定五年(1232)的《壬辰恭和御制闻喜宴诗》和理宗端平二年(1235)的《壬辰恭和御制闻喜宴诗》；姚勉(1216—1262)《雪坡集》卷十五有《恭和御赐诗》；文天祥(1236—1283)《文山先生全集》卷一有理宗景定三年(1262)的《御赐琼林宴恭和诗(壬戌以秘书省官与宴)》等。

闻喜宴恩赐之二是赐花。其仪式如前引《政和五礼新仪》卷二〇三《嘉礼·赐宴》注云：

> 押宴官以下俱兴，就次赐花有差。少顷，戴花讫。次引押宴官以下并释褐贡士诣庭中望阙位立定，谢花，再拜，分东西升阶就座。

---

① 《宋会要辑稿·选举》二之二三《进士科》。
② 《宋会要辑稿·选举》二之二二《进士科》。
③ 《周益国文忠公文集》卷六《恭和御制闻喜宴诗》。

刘一清《钱塘遗事》卷十《置状元局》亦记载南宋时期闻喜宴赐花云：

> 人赐官花四朵，簪于幞头上。(花以罗帛为之。)从人、下吏皆得赐花。又有例赐冰，再坐分与士人。又到班庭亭下再拜谢花，簪而谢之。

司马光(1019—1086)仁宗宝元元年(1038)进士及第，赴闻喜宴，亦曾被赐花。其《训俭示康》云：

> 吾本寒家，世以清白相承。吾性不喜华靡，自为乳儿，长者加以金银华美之服，辄羞赧弃去之。二十忝科名，闻喜宴独不戴花，同年曰："君赐不可违也。"乃簪一花。①

刘一清《钱塘遗事》卷十《赴省登科五荣须知》云："御宴赐花，都人叹美，三荣也。"将赐花列入"登科五荣"之一。可见，赐花是君恩，戴花是新及第进士的一种无上的荣耀。

五、编刊同年小录

贡举期集的一项重要活动是编刊《同年小录》。《同年小录》，亦称"登科录"。现有史料中记载期集中有编刊《同年小录》或称"小录"、"题名小录"这项活动，如王栐《燕翼诒谋录》卷五云："国初，进士期集，以甲次高下率钱，刊小录、事游燕。"文天祥《文山先生全集》卷十七《纪年录》理宗开庆元年(1259)五月条注云："迎入期集所，又名状元局。官给钱物、供张、皂隶等，于此聚同年，待宾客，刊题名小录，赐闻喜宴，进谢宴诗。"期集所也设有专门主管编刊题名小录的人员，如《绍兴十八年同年小录》中就载有"主管题名小录"职事九人，大大多于其他职事的人数，《咸淳七年同年小录》的"期集所职事官"中也载有"主管题名小录"，但《同年小录》是如何编刊完成的，却无具体记载。

两宋开科取士118榜，但现存《同年小录》只有《绍兴十八年同年小录》和《宝祐四年登科录》两种，大概因为名儒朱熹(1130—1200)于高宗绍熙十八年(1148)第五甲第九十名登科，文天祥(1236—1283)于理宗宝祐四年(1256)状元及第而

---

① 司马光：《传家集》卷六七《训俭示康》。

得以流传至今，另有《咸淳七年同年小录》的摘要，因摘录于元人刘埙的《隐居通议》而得以传世。此三种均为南宋的同年小录，至于北宋的同年小录，只能从宋人的笔记、文集中得知一二。洪迈《容斋续笔》卷十三《金花帖子》记真宗咸平元年（998）孙仅（969—1017）榜《同年小录》云：

> 唐进士登科，有金花帖子，相传已久，而世不多见。予家藏咸平元年孙仅榜盛京所得《小录》，犹用唐制，以素绫为轴，贴以金花，先列主司四人衔，曰“翰林学士给事中杨，兵部郎中知制诰李，右司谏、直史馆梁，秘书丞、直史馆朱”，皆押字。次书四人甲子，年若干，某月某日生，祖讳某，父讳某，私忌某日。然后书状元孙仅，其所纪与今正同。别用高四寸绫、阔二寸，书“盛京”二字，四主司花书于下，粘于卷首。其规范如此，不知以何年而废也。但此榜五十人，自第一至十四人，惟第九名刘烨为河南人，余皆贯开封府。其下又二十五人，亦然。不应都人士中选若是之多，疑亦外方人托籍，以为进取之便耳。四主司乃杨砺、李若拙、梁颢、朱台符，皆只为同知举。

楼钥（1137—1213）《攻媿集》卷七十有《跋〈元丰八年进士小录〉》，其记载神宗元丰八年（1085）焦蹈（？—1085）榜同年小录云：

> 先祖少师（按指楼异）以是年登科，为三等第十人。建炎中，金兵至四明，诸父仓猝避难，室庐遭毁，故物一不遗。章公择，申公子也，实为同年生。其孙澥，与钥同登隆兴元年（1163）进士科，家藏此书。至绍熙改元（1190），始得传录，以笃年契，以示后人。是时当泰陵（按指哲宗）在谅闇，贡闱既试而火，时有“状元焦”之谣。已而，果然。尝闻之长老，焦之文精而丽，亚魁刘公之文浑然天成，主文争或不胜，则曰魁恐终非远器，焦竟不及禄，而刘遂为近臣。是书大略与今日相似，而不同者九：终榜无一宗子，盖天族未有试进士者。任子当有自锁试进，亦不见一人。既无廷试，止书第一、第二等。期集所供职才二十五人。卷首止以二版书杂事。试官书知举而不及参详以下。犹有明经科谢恩延和殿，赐优牒于崇政殿门外，又不晓“优牒”之义。四月二十九日奏号，五月二十日御史拆卷封，三日奏名，六日奉敕发榜，此皆事之变。汪公澥职纠弹，秦公观掌笺奏，兹又一时之盛也。

现存南宋的三种《同年小录》则与此有所不同。其主要内容一般包括科诏、省试考官、场次、殿试考官、御试策题、唱名、期集，以及新及第举人名录，每人名下详列殿试名次、姓名、字、排行、年龄、生日、母姓氏、治何经、举数、兄弟人数、妻姓氏、三代名讳、籍贯等。现不厌其烦，仅将《绍兴十八年同年小录》摘录如下：

绍兴十七年三月二十四日，御笔手诏（略）。

绍兴十八年四月三日，御试策一道（略）。

绍兴十八年二月十二日，锁院。

敕差知贡举（一人，姓名略）、同知贡举（二人，姓名略）、参详官（八人，姓名略）、点检试卷官（二十人，姓名略）。

二月十八日、十九日、二十日，引试诗赋、论、策三场。

二月二十二日、二十三日、二十四日，引试诗赋、论、策三场。

别试考试官（一人，姓名略）、点检试卷官（四人，姓名略）。

三月二十三日，引试御试。

敕差初考官（三人，姓名略）、覆考官（三人，姓名略）、详定官（三人，姓名略）、编排官（二人，姓名略）、初考点检试卷官（一人，姓名略）、覆考点检试卷官（一人，姓名略）。

续承指挥添差到对读毕初、覆考同共考校（六人，姓名略）。

绍兴十八年同年小录

四月十七日，皇帝御集英殿唱名，赐状元王佐以下及第、出身、同出身，共三百三十人释褐。当月十八日赴期集所。

纠弹（三人，姓名略）、笺表（五人，姓名略）、主管题名小录（九人，姓名略）、掌仪（二人，姓名略）、典客（二人，姓名略）、掌计（一人，姓名略）、掌器（一人，姓名略）、掌膳（一人，姓名略）、掌酒果（一人，姓名略）、监门（二人，姓名略）。

四月二十六日，依令赐钱一千七百贯。

四月二十九日，朝谢。

五月初二日，就法慧寺拜黄甲、叙同年。

五月初五日，赴国子监谒谢先圣、先师、邹国公。

五月□□日，立题名石刻于礼部贡院。

赐状元王佐等闻喜宴于礼部贡院。

第一甲第一人：王佐，字宣子，小名千里，小字骥儿，年二十，九月初一日生。外氏叶。具庆下。第五十八，兄弟五人。一举。娶高氏。曾祖仁，故，

> 不仕；祖忠，故，不仕；父俊彦，见任左迪功郎、镇江府教授。本贯绍兴府山阴县禹会乡广陵里，父为户。
>
> 第五甲第九十人：朱熹，字元晦，小名沈郎，小字季延，年十九，九月十五日生。外氏祝。偏侍下。第五一。兄弟无。一举。娶刘氏。曾祖绚，故，不仕；祖森，故，赠承事郎；父松，故，任左承议郎。本贯建州建阳县群玉乡三桂里，自为户。（余五甲、三百二十八人及特奏名第一人，略）①

《同年小录》亦为及第进士的传家之宝，其用意正如楼钥在《跋〈元丰八年进士小录〉》中所说：在于“以笃年契，以示后人”②也。

六、立题名碑

期集题名始于唐朝雁塔题名石刻。宋朝期集立进士题名碑的具体情况，不得其详。前引《绍兴十八年同年小录》仅载：“五月□□日，立题名石刻于礼部贡院。”李心传《朝野杂记》甲集卷十三《新进士期集》也仅言：“赐闻喜宴于礼部贡院，侍从已上及馆职皆与，知举官押宴。已宴，立题名石刻，乃罢局焉。”吴自牧《梦粱录》卷十五《贡院》云：“厅之两厢，列进士题名石刻。”宋朝贡举所立进士题名碑，现已荡然无存。但其立进士题名碑之制则为元、明、清朝所继承，现北京国子监存有元明清三朝的进士题名碑上百通，蔚为壮观，每榜立石碑一通，按及第甲等名次刻有此榜进士的姓名、籍贯，由此或许可以找到宋朝进士题名碑的影子。

另外，新科进士期集期间还曾经有廷射的活动。如《钱塘遗事》卷十《置状元局》云：“书铺告示，越十日，引正奏名黄甲士人射。上自按试于讲武殿。”北宋至南宋初年，均无新进士廷射。李心传《朝野杂记》甲集卷十三《新进士廷射》云：

> 新进士廷射，旧未有。淳熙初，孝宗尝谕大臣，欲令文士能射御，武臣知《诗》、《书》。二年，詹晋卿（骙）榜，上特御射殿，引晋卿以下一百三十九人按射。翌日，引第五甲及特奏名一百五十一人，皆具襕笏入殿起居，易戎服，射

① 《绍兴十八年同年小录》。
② 楼钥：《攻媿集》卷七十《跋〈元丰八年进士小录〉》。

讫乃退。正奏名中的、中帖、上垛者,推恩有差。特奏名五等人射合格者,与文学;其他例赐束帛,凡用三千匹云。绍熙初,留丞相奏言:"射以观德,既不合格而复赐之帛,则似无谓,此例可削去,亦省费之一端也。"上从之。

新进士廷射大概主要施行于孝宗淳熙二年至光宗绍熙元年(1175—1190),其他时间新进士期集时的廷射,恐怕没有太大的实际意义,只不过是一项射箭比赛的活动罢了。所以,吴自牧《梦粱录》卷三《士人赴殿试唱名》云:"如进士欲赴御教场内射弓升甲,听从其便,盖招箭班祗直也。"此外,新进士期集期间还有一件大事,即是授官,我们将在下一节进行专门讨论。

第三节 释褐授官

贡举的最大恩荣是释褐授官,这也是期集期间最有实质意义的事情。唐代明经、进士及第之后,只是取得了做官的资格,还不能直接入仕做官,必须再经过吏部铨选考试,合格后才能授予官职,脱去粗麻布衣,换上官服,即所谓"释褐授官"。因而,唐代许多士人明经、进士及第多年之后,仍为一介布衣,未能释褐授官,以至有出身二十年而未获禄者。如一代文豪韩愈(768—824),贞元八年(792)进士及第,因为吏部的考试不合格,蹉跎三年,尚未入仕,于是贞元十一年三次上书宰相而求仕,自称"四举于礼部乃一得,三选于吏部卒无成",希望能通过当朝宰相的论荐获得一官半职。①结果是三次上书均不获"垂怜",只好离开京城长安,到宣武军节度使董晋的麾下做幕僚,被辟署为观察推官,才踏上了仕途。宋初承五代后唐之制,进士、诸科及第之后,并由礼部贡院关送吏部南曹,试判三道,亦称关试。关试合格,始释褐授官。太宗太平兴国二年(977),进士、诸科及第、出身者共五百人,不经关试皆释褐授官。"第一、第二等进士并九经授将作监丞、大理评事,通判诸州;同出身进士及诸科,并送吏部,免选优等注拟初资职事、判司簿尉。"②此后遂成为定制。正如太平兴国七年九月八日太宗所下诏曰:"郡国贡士,有司抡才,朕必亲临殿庭,躬校能否,宴见细绎,日旰忘劳。亦既策名,即令解褐,不限选调,皆授以官,隆儒之风,可谓至矣。"③对于宋朝贡举及第授官之

① 魏仲举编:《五百家注昌黎文集》卷一六《上宰相书》。

② 《长编》卷一八,太宗太平兴国二年正月庚午。

③ 《宋会要辑稿·选举》三之四《贡举杂录》。

制，龚延明等多有考论①，现谨就宋朝新进士及第授官之制，再进一步予以述论。

一、释褐：赐绿袍、靴、笏

宋朝新及第进士一大恩荣是未命官先释褐。刘一清《钱塘遗事》卷十《赴省登科五荣须知》云："布衣而入，绿袍而出，四荣也。"《宋会要辑稿·选举》二之一《进士科》载：

> 太平兴国二年(977)正月八日，宴新及第进士吕蒙正等于开宝寺，仍赐御诗二首以宠之。……初十日，赐新及第进士、诸科绿袍、靴、笏。时未命官先解褐，非常制也。

是榜正月七日，殿试赐第；正月八日，赐闻喜宴；正月十日，赐绿袍、靴、笏；三月二十三日，授官。②在闻喜宴之后两天、授官之前将近两个半月即已赐绿袍、靴、笏，真是"非常制也"。《宋会要辑稿·选举》二之一《进士科》又载：

> 太平兴国三年九月初二日，赐新及第进士胡旦已下绿袍、靴、笏。(自是以为定制。)

是榜九月二日殿试赐第，当天就赐绿袍、靴、笏了，并且"自是以为定制"。雍熙二年(985)三月，始唱名赐及第。则唱名后即赐绿袍、靴、笏。王栐《燕翼诒谋录》卷一云："先是，进士参选方解褐衣绿，是岁(按指太平兴国二年，977)锡宴后五日癸酉，诏赐新及第进士并诸科绿袍、靴、笏。自后以唱第日赐之，惟赐袍、笏，不复赐靴。"王栐云"自后以唱第日赐之"是事实，而所云"惟赐袍、笏，不复赐靴"则不太准确。北宋时一般都是绿袍、靴、笏同时并赐的，如真宗大中祥符元年(1008)三月十六日，诏："应登科人，并庭赐绿袍、靴、笏。"③南宋有时大概惟赐袍、笏，不复赐靴。刘一清《钱塘遗事》卷十《择日唱第》记载南宋时依然唱名日当庭赐绿袍、笏云：

---

① 龚延明：《宋代登科人初授官考论》，《文史》2013年第2辑。

② 《宋会要辑稿·选举》二之一《进士科》。

③ 《宋会要辑稿·选举》二之五《进士科》。

> 唱第五甲毕，士人皆执敕黄再拜。殿上传曰："赐进士袍、笏。"袍、笏积于殿外之两庑下，士人出殿门，于上廊争取之，往往皆不暇脱白襴而便就加绿袍于其上。其所赐淡黄绢衫一领（袖如绿袍之宽大），淡黄带子一条，绿罗公服一领，笏一面。士人披衫系带未毕，则殿上催谢恩。谢恩罢，拜而出。紫绿相间，璀璨可观。紫袍牙笏，以取左宗子拜所赐也。拥而趋出门头，亦不待书名字。盖前日秀才，今日官人，五荣之中，此属其最。

周密（1232—1298）《武林旧事》卷二《唱名》亦云："上御集英殿拆号唱进士名，各赐绿襴袍、白简、黄衬衫。"

新及第进士脱掉布衣，换上绿袍，表明已经脱离平民，踏上仕途了。这是多少读书人的梦想，又是多么大的荣耀。

二、进士及第授官的变迁

宋朝新进士及第授官，包括阶官与职事官，其官职高低在不同时期也多有变化。除龙飞榜和谅阴罢殿试等特殊情况外，在一般情况下，新进士及第授官的变迁大概经历了以下三个阶段。

第一个阶段，为太祖时期（960—976）。太祖朝，取士人数尚少，新及第进士授官较低，多为初等职官。乾德二年（964）七月，《少尹幕职州县官参选条件》规定："进士、九经判中者，并入初等职官；判下者，依常选。"①《长编》卷八载：

> 乾德五年三月，门下省言："准制书，进士、九经，判入初等职事官。又制，桂、应、洮等州书记，选判成职事官充。今流内铨以前进士开封李肃拟保顺军节度掌书记，有违元制，准格下。"

宋朝的低级官员称为"选人"，一般分为四等七阶。第一等为"两使职官"，从八品，共三阶；第二等为"初等职官"，从八品，共一阶；第三等为"令录"，从八品，共两阶；第四等为"判司簿尉"，从九品，共一阶。太祖朝，按《少尹幕职州县官参选条件》的规定，进士、九经及第只能授予初等职官。节度掌书记是两使职官，而吏部流内铨注授乾德四年的榜首李肃为保顺军掌书记，违反了原有的规定，所以门

① 《长编》卷五，乾德二年七月庚寅。

下省将这一授官的拟议驳回。榜首尚且如此，其他进士及第者更不能违反这一规定。

太祖开宝六年(973)，创立殿试制度，进士及第所授官阶有所提高。宋准为首次殿试的状元，“即授秘书省校书郎、直史馆”。[①]秘书省校书郎为从八品[②]，直史馆为馆职。一般新及第进士、诸科则授司寇参军。《长编》卷一四载：

> 先是，诸道州府任牙校为马步都虞候及判官断狱，多失其中。(开宝六年)秋七月壬子朔(一日)，诏罢之，改马步院为司寇院，以新及第进士、九经、五经及选人资序相当者为司寇参军。

“司寇参军”太祖开宝六年七月置，太宗太平兴国四年(979)十二月，“诏改司寇参军为司理参军，以司寇院为司理院”。[③]据《职官分纪》卷四一，中下州司理参军为从九品，上州司理参军为从八品下。开宝六年，“河东柳开先生初及第，为宋州司寇参军”。[④]宋州为上州，柳开初授官为从八品。总之，太祖朝进士及第授官较低，出官之后，也不太受尊重。司马光(1019—1086)《涑水记闻》卷三云：

> 王嗣宗，汾州人，太祖时举进士。……初为秦州司理参军。路冲知州事，尝以公事忤冲意，怒械系之。会有献新果一盒者，冲召嗣宗，谓曰：“汝为我对一句诗，当脱汝械。”嗣宗请诗，冲曰：“佳果更将新合合。”嗣宗应声曰：“恶人须用大枷枷。”冲悦，即舍之。

王嗣宗(944—1021)为开宝八年(975)状元。秦州司理参军仅为从八品的小官。身为状元尚得如此遭遇，其他新进士及第者可想而知。正如马端临(约1254—1323)所说：“开宝八年，王嗣宗为状元，止授秦州司理参军，尝以公事忤知州路冲，冲怒，械系之于狱，然则当时状元所授之官既卑，且不为长官所礼，未至如后世荣进素定、要路在前之说也。”[⑤]

第二阶段，为太宗太平兴国二年至仁宗嘉祐二年时期(977—1057)。太宗、

---

① 《宋史》卷四四〇《宋准传》。
② 孙逢吉：《职官分纪》卷一六《校书郎》。
③ 《长编》卷二十，太平兴国四年十二月丁卯。
④ 王辟之：《渑水燕谈录》卷五《官制》。
⑤ 马端临：《文献通考》卷三十《选举考三》。

真宗、仁宗三朝，新及第进士授官较高。《宋会要辑稿・选举》二之一《进士科》载：

> 太平兴国二年(977)三月二十三日，诏新及第进士吕蒙正以下第一等为将作监丞，第二等为大理评事，并通判诸州，各赐钱二十万。同出身以下免选注初等幕职、判司簿尉。

北宋前期，将作监丞为阶官，为文官37阶的第27阶，从八品；大理评事为28阶，正九品；通判为差遣即职事官，“上州通判，正七品；中、下州通判，从七品”。①初等幕职即初等职官，为文官37阶的第34阶，从八品；判司簿尉为文官37阶的第37阶，从九品。全部免于铨选考试，及第之后即可授官。真是“宠章殊异，历代所未有也”。薛居正(912—981)等言：“取人太多，用人太骤。”太宗“意方欲兴文教，抑武事，弗听”。②

太平兴国八年六月戊申(二十四日)，“以进士王世则等十八人送中书门下，特授大理评事、知令录事，馀送流内铨，并授判司簿尉。未几，世则等移通判诸州，为簿尉者改试大理评事、知令录。明年郊礼毕，迁守大理评事”。太宗谓近臣曰：“朕亲选多士，殆忘饥渴，召见临问，以观其材，拔而用之，庶使野无遗逸，而朝廷多君子尔。朕每见布衣缙绅间有端雅为众所推誉者，朕代其父母喜。或召拜近臣，必为择良日，欲其保终吉也。朕于士大夫无所负矣。”③

太宗晚年，贡举取士的热情仍然十分高涨。《长编》卷三三载：“淳化三年(992)三月戊戌(四日)，上御崇政殿，覆试合格奏名进士。……得汝阳孙何以下凡三百二人，并赐及第，五十一人同出身。”“三月辛丑(七日)，又覆试诸科，擢七百八十四人，并赐及第，百八十人出身。”此榜进士、诸科正奏名共取1 317人，一榜取士人数之多，前所未有。而其授官，也依然优渥。《宋会要辑稿补编》三三六页《举士》载：

> 淳化三年三月二十二日，诏第一人孙何、第二人朱台符为将作监丞，第三人路振、第四人丁谓为大理评事，仍通判诸州；第五人任随以下，吏部流内铨注初等职事官，并两畿簿尉。

① 孙逢吉：《职官分纪》卷四一《通判军州》。
② 《长编》卷一八，太平兴国二年正月庚午。
③ 《长编》卷二四，太平兴国八年六月戊申。

并就闻喜宴赐御制诗三首、箴一首。太宗谓宰相曰："天下至广，藉群材共治之。今岁登第者又千馀人，皆朕所选择。此等但能自检，清美得替而归，则驯致亨衢，未易测也。"①此榜官至宰相者就有张士逊（964—1049）、丁谓（966—1037）、王钦若（962—1025）三人，官至枢密使、参知政事者有王曙（963—1034）、薛奎（967—1034）二人。也正如马端临所说："太宗寤寐英贤，如恐不及，时出特恩，以示奖励。"②

真宗朝，新进士及第授官，除咸平元年（998）、二年，谅阴罢殿试授官较低之外，其馀十榜授官，均基本如太宗朝授官之制。《宋会要辑稿·选举》二之四《进士科》载：

> 咸平三年四月二十七日，以新及第进士第一人陈尧咨、第二人周起、第三人胡用、第四人朱巽、第五人李颖、锁厅李绎，并为将作监丞、通判诸州；第一等四十二人并九经关头为大理评事、知县；第二等节察推官；第三等初［等］幕职；馀判司［簿］尉、试衔，令归乡守选。

此榜六人授将作监丞、通判诸州，四十二人并九经第一人授大理评事、知县，其授官之优渥超过太宗朝。景德二年（1005）四月十四日，诏："以［李］迪为将作监丞，第二人夏侯麟、第三人李谘为大理评事，并通判诸州。第一等并九经第一人，试秘书省校书郎、知县；第二等以下，判司簿尉。"③则同太宗朝授官之制。

仁宗继位，其贡举授官除谅阴罢殿试和龙飞榜之外，也基本上一如前朝。如天圣八年（1030）四月初二日，诏："新及第进士王拱辰为将作监丞，第二人刘［沆］（沅）、第三人孙抃为大理评事，并通判；第四、第五人为大理评事，并签书节度判官事；馀至第二甲，并铨注职官；第三甲以下，皆判司簿尉。"④景祐元年（1034）张唐卿（1010—1037）榜的授官情况史料记载更为详尽。如《宋会要辑稿·选举》二之七《进士科》载：

> 景祐元年四月十八日，诏新及第进士第一人张唐卿、第二人杨察、第三人徐绶，并为将作监丞、通判诸州；第四人苗振、第五人任中立，并大理评事、签书诸州节度判官事；第六人已下，并为秘书省校书郎、知县；第二甲为两使

① 《长编》卷三三，淳化三年三月辛丑。

② 《文献通考》卷三十《选举考三》。

③ 《宋会要辑稿·选举》二之二《进士科》。

④ 《宋会要辑稿·选举》二之七《进士科》。

职官；第三甲为初等职官；第四甲为试衔判司簿尉；第五甲为判司簿尉。九经第一人为国子监主簿、知县，第二人初等职官，馀注判司簿尉；锁厅及第高赋等二十六人迁官有差。

《长编》卷一一四景祐元年三月戊寅（十八日）纪事云："赐及第、出身、同出身及补诸州长史、文学如旧制，惟授官特优于前后岁。"这大概是指前后岁一般新及第进士第一人为将作监丞，第二、第三人为大理评事，并通判诸州，本榜新及第进士第一、二、三人并为将作监丞、通判诸州；前后岁一般第四、第五人为秘书省校书郎，本榜为大理评事、签书诸州节度判官事；前后岁一般第六人已下第一甲，为两使职官，本榜为秘书省校书郎、知县；前后岁一般第二甲为初等职官，本榜为两使职官；第三甲、第四甲授官也比前后岁高一阶。仁宗庆历六年（1046）贾黯（1022—1065）榜的授官可能更具有代表性。《宋会要辑稿·选举》二之八《进士科》载：

庆历六年五月一日，以新及第进士第一人贾黯为将作监丞，第二人刘敞、第三人谢仲弓并为大理评事，通判诸州；第四人张繇、第五人孙坦为秘书省校书郎，并佥书两使判官公事；第六人已下为两使推官。第二甲为初等职官。第三甲并诸科为判司簿尉。第四甲已下并诸科同出身，并守选。

总之，太宗、真宗、仁宗三朝，新及第进士授官，一般为第一人授将作监丞，第二、第三人授大理评事，并为诸州通判；第四、第五人授秘书省校书郎、签书两使判官厅公事；第六名以下第一甲授两使职官。第二甲授初等职官。第三、第四甲授判司簿尉。第五甲守选，待授官。

第三个阶段，为仁宗嘉祐三年至南宋末年（1058—1276）。这一阶段包括仁宗末年及英、神、哲、徽、钦、高、孝、光、宁、理、度、恭宗十二朝，共约220年，新及第进士授官较第二阶段稍有降低。

从太祖建隆元年至仁宗嘉祐二年（960—1057），贡举取士已经施行了将近100年，共取进士、诸科正奏名与特奏名三万余人，其中贡举高第者，有的不到十年即升迁为宰相、参知政事、枢密使、枢密副使、三司使，正如苏轼（1037—1101）所说："观《进士登科录》，自天圣初讫嘉祐之末，凡四千五百一十有七人，其贵且贤以名闻于世者，盖不可胜数。数其上之三人，凡三十有九，而不至于公卿者，五人而已。"①因

① 《东坡集》卷二四《送章子平诗叙》。

此，“朝议以科举既数，则高第之人倍众，其擢任恩典宜损于故。诏中书门下裁之。”①于是，嘉祐三年（1058）闰十二月十一日，仁宗下诏曰：

> 朕惟国之取士，士之待举者，皆不可[以]旷久，亦不可以泛冗。泛冗则课校不审，旷久则贤隽或至滞留。是用立间岁之期以励其学，约贡举之数以精其选，著为定法，申敕有司。而高第之人，往尝不次而用，若犹例进，终致滥员。故增其任以养其才，(发)[缓]其进以图其效，此天下之士所同欲而朕果于必行也。若夫高才异行，施于有政，忠谋嘉猷，(具)[见]诸行事，已试之状，为众所推，必有非常之恩，以示至公之道。咨尔多士，体朕意焉。
>
> 自今制科入三等、进士第一人及第，并除大理评事、签书两使幕职官厅公事或知县；代还，升通判；再任满，与试馆职。制科入四等、进士第二、第三人，并除两使幕职官；代还，改次等京官，送审官院。制科入四等次、进士第四、第五人，并试衔知县；任满，送流内铨，与两使职官。锁厅人比类取旨。②

次年，即嘉祐四年刘煇（1030—1065）榜，新进士及第授官即按此诏书施行。《宋会要辑稿·选举》二之九《进士科》载：

> 嘉祐四年五月初三日，以新及第进士第一人刘煇为大理评事、佥书河中府观察判官公事；第二人胡宗愈、第三人安焘为两使幕职官；第四人刘挚、第五人章惇并试衔知县；第六人已下并九经、明经及第并为试衔大郡判司、大县主簿。第二甲[至第四甲]并试衔判司主簿尉，诸科并判司簿尉。第五甲并诸科同出身，并守选。

按照授官新制，新进士及第第一人即状元授官，由将作监丞、诸州通判降为大理评事、签书两使幕职官厅公事；进士第二、第三人，由大理评事、通判诸州降为两使幕职官；进士第四、第五人，由秘书省校书郎降为试衔知县；第六人已下并九经第一人、明经及第，由两使职官降为试衔大郡判司、大县主簿。第二甲由初等职官降为试衔判司簿尉；第三、第四甲，仍为判司簿尉；第五甲，仍守选。“试衔知县”即选人的第三等第六阶。

---

① 《长编》卷一八八，嘉祐三年闰十二月丁丑。

② 《宋会要辑稿·选举》三之三六《贡举杂录》；《长编》卷一八八，嘉祐三年闰十二月丁丑。

神宗元丰三年至五年(1080—1082),实行官制改革,阶官与职事官的官名都发生了十分重大的变化。京朝官阶官名由原来的省部寺监的唐朝职事官名,改为唐朝的文散官名,选人的阶官名仍旧。职事官则废除了原来中央官僚机构的绝大部分使职差遣官名,使省部寺监的正官依《唐六典》各还所职,成为职事官名。如原来的阶官将作监丞改为宣义郎,大理评事改为承事郎,奉礼郎改为承奉郎,秘书省校书郎改为承务郎。徽宗崇宁二年(1103)九月,又将选人七阶依次改为承直郎、儒林郎、文林郎(以上原为两使职官)、从事郎(原为初等职官)、通仕郎、登仕郎(以上原为令录)、将仕郎(原为判司簿尉)。政和六年(1116)十月,又将通仕郎改为从政郎、登仕郎改为修职郎(以上原为令录)、将仕郎改为迪功郎(原为判司簿尉)。如哲宗元祐六年(1091)六月九日,诏:"及第进士马涓为承事郎、签书雄武军节度判官,朱绂为忠正军节度推官,张庭坚为成都府观察推官。"①"承事郎"即元丰改官制前的"大理评事";"节度推官"、"观察推官"均为"两使职官"。又如《宋会要辑稿·选举》二之一二《进士科》载:

> 绍圣元年(1094)四月四日,诏:"今次科场第一人与宣义郎、签书大都判官公事,第二、第三人承事郎、知县,第四、第五人两使职官,第一甲入初等职官,第二甲以下依见行推恩条。以及第进士毕渐为左宣义郎、签书山南东道节度判官,赵谂左承事郎、知彭州九陇县令,岑穰为左承事郎、知颍昌府长葛县。

此榜哲宗始亲政,授官稍优。"宣义郎"即元丰改官制前的"将作监丞"。

靖康之祸,宋室南渡,新及第进士授官一般仍沿北宋嘉祐三年(1058)以来之制。如《宋会要辑稿·选举》二之二〇《进士科》载:

> 乾道五年(1169)四月十八日,诏新及第进士第一人郑侨补左承事郎、签书诸州节度判官事,第二人石起宗、第三人汪义端并左文林郎、两使职官,第四人贾光祖、第五人史俞并左从事郎、初等职官。第六人至第四甲并左迪功郎、诸州司户簿尉。第五甲守选。

"文林郎"即是元丰改官制前的两使职官中的"节度、观察推官","从事郎"即是元

---

① 《宋会要辑稿·选举》二之一二《进士科》。

丰改官制前的"初等职官","迪功郎"即是元丰改官制前的"判司簿尉"。

另外,北宋哲宗元祐三年至徽宗大观二年(1088—1108),南宋高宗绍兴元年至孝宗淳熙元年(1131—1174),曾经两度规定,凡进士及第等有出身人所授阶官皆带"左"字,恩荫等无出身人所授阶官皆带"右"字。阶官分左、右先后共60余年,其他250余年阶官是不分左、右的。如《宋会要辑稿·选举》二之二九《进士科杂录》载:

> 绍熙四年(1193)五月四日,诏新及第进士第一人陈亮,补承事郎、签书诸州节度判官厅公事;第二人朱质、第三人黄中,并文林郎、两使职官;第四人滕强恕、第五人杨琛,并从事郎、初等职官;第六人以下至第四甲,并迪功郎、诸州司户簿尉;第五甲守选。

此为一般的南宋新及第进士授官之制。宁宗朝,基本遵循此制,只是第五甲亦授判司簿尉,而不再守选。如嘉定七年(1214)五月二十一日,诏:"新及第进士第一人袁甫,特补承事郎、签书建康军节度判官厅公事;第二名汪介、第三李方子,并文林郎、节察推判官;第四名赵涯、第五名王伯大,并从事郎、防团推判官;第六以下、第二甲、第三甲、第四甲、第五甲,并迪功郎、诸州司户、簿、尉。"①

这一时期,授官恩典损抑之后,进士高第者一般"不次而用",但是,也正如南宋史学家李焘所说:"自是骤显者鲜,而所得人材及其风迹,比旧亦浸衰。"②

三、谅阴罢殿试授官恩典减杀

宋朝自真宗咸平元年(998)以来,人主有三年之丧则不殿试,仅引见礼部奏名合格举人,降敕赐及第而已。有宋一朝,真宗咸平元年孙仅榜、二年孙暨榜、仁宗天圣二年(1024)宋庠榜、英宗治平二年(1065)彭汝砺榜、神宗治平四年(1067)许安世榜、哲宗元丰八年(1085)焦蹈榜、徽宗元符三年(1100)李釜榜、高宗绍兴八年(1138)黄公度榜、孝宗隆兴元年(1163)木待问榜、宁宗庆元二年(1196)邹应龙榜、宁宗嘉泰二年(1202)乔行简榜、理宗宝庆二年(1226)王会龙榜、度宗咸淳元年(1265)阮登炳榜,皆因谅阴而罢殿试。因为谅阴罢殿试,以省元为状元,所

---

① 《宋会要辑稿·选举》二之三二《进士科杂录》。

② 《长编》卷一八八,嘉祐三年闰十二月丁丑。

以往往减少新及第进士授官的恩典。

《宋会要辑稿·选举》二之三《进士科》载:"咸平元年(998)五月十六日,以礼部及第进士孙仅、黄宗旦、朱严并为防团推官,馀悉授判司簿尉。"是榜孙仅(969—1017)为状元,授官仅为防团推官,即为选人二等四阶的初等职官,亦即为文阶官37阶的第34阶;而前榜其兄孙何(961—1004)为状元,授官为将作监丞,为京官五阶的第二阶,即为文阶官37阶的第27阶,二者官阶相差了7阶。咸平二年五月九日,诏:"礼部新及第进士孙暨等,特免选注官。"[①]孙暨免选所注何官?《长编》卷四十九载:咸平四年八月己酉(十日),"复亲试制举人,得成安县主簿丁逊、舒州团练推官孙仅入第四等,并为光禄寺丞、直集贤院;秘书丞何亮、怀州防御推官孙暨入第四等次,以亮为太常博士,暨为光禄寺丞。"可知,咸平元年状元孙仅初授团练推官,咸平二年状元孙暨初授防御推官,均为选人二等四阶的初等职官,即为文阶官37阶的第34阶。故洪迈《容斋续笔》卷三《科举恩数》云:"咸平元年,孙仅但得防推;二年,孙暨以下但免选注官。盖此两榜,真宗在谅闇,礼部所放,故杀其礼。"

神宗谅阴罢殿试进士及第的授官,也如咸平元年之制。《宋会要辑稿·选举》二之一〇《进士科》载:

> 治平四年(1067,神宗已即位,未改元)三月二十二日,以新及第进士许安世、何洵直、郭仪并与防御、团练推官,黄降并明九经及第并注试衔判司簿尉,诸科及第并注判司簿尉,进士第四甲等、明经、诸科出身并令守选。

不仅进士前三人仅授防御、团练推官,即初等职官,而且第四、第五甲均守选。

元丰八年(1085,哲宗已即位,未改元)五月,哲宗谅阴罢殿试,新及第进士授官稍为优渥。《长编》卷三五六载:

> 元丰八年五月丙辰(二十四日),正奏名进士刘逵等五百七十五人、特奏名八百四十七人,并释褐。武举进士三十九人,并赐袍、笏、银带。逵,随州人也。(《政目》于五月六日书:放进士焦蹈以下。《登科记》:焦蹈第一人,刘逵乃第二人。不知何故,焦蹈独不释褐。逵与倪直候注越州、青州判官、推官在七月二十三日,今并附此。)

---

① 《宋会要辑稿·选举》二之三《进士科》。

是榜第一人乃为焦蹈，放榜后六日而死，未得释褐授官。第二人刘逵初授越州观察判官。“观察判官”为选人一等两使职官的第一阶，即为文阶官37阶的第31阶，比治平四年许安世榜上升了3阶；普通年份状元授官为大理评事（即承事郎），为京官五阶的第三阶，即为文阶官37阶的第28阶，二者仍相差3阶。元符三年（1100），徽宗谅阴罢殿试，新及第进士授官仍依哲宗谅阴罢殿试授官之制。“元符三年状元李釜系就吏部黄甲榜上注授定州观察判官。……第二、第三名各得初等职官；第四、第五名各得初等令录。”①徽宗谅阴罢殿试，状元李釜仍为两使职官中的“观察判官”。南宋史学家李心传《系年要录》卷一二一绍兴八年七月丁酉纪事云：“礼部言：‘祖宗故事，不策试，则榜首补两使职官。’”②此“祖宗故事”大概是哲宗、徽宗故事。

南宋时期，谅阴罢殿试进士及第授官更为优渥。高宗绍兴八年（1138）七月丁酉（十三日），“进士及第黄公度为左承事郎、签书平海军节度判官厅公事”。③“承事郎”为京官五阶中的第三阶，即文阶官37阶的第28阶。南宋时期，一般年份，“依条格，初及第拟官，进士第一人左承事郎、签书节度或观察判官厅公事”。④绍兴八年高宗谅阴罢殿试，状元黄公度授官仍为左承事郎、签书平海军节度判官厅公事，这样，谅阴罢殿试授官与当时的一般年份授官也就没有区别了。李心传《系年要录》卷一二一纪此事云：“礼部言：‘祖宗故事，不策试，则榜首补两使职官。’上特命授京官。自是以为例。”李心传《朝野杂记》卷十三《谅闇罢殿试》亦云：

> 自咸平以来，人主有三年之丧则罢殿试，而以省元为榜首。真宗朝孙仅、仁宗朝宋郊、英宗朝彭汝砺、神宗朝许安世、徽宗朝李釜、高宗朝黄公度、孝宗朝木待问、今上朝莫子纯、傅行简是也。旧制止除职官，惟天圣二年宋元宪独除京官、通判，绍兴八年黄公度复补京官，自是遂为故事。

事实也确实如此。如《宋会要辑稿·选举》二之一九《进士科》载：

> 隆兴元年（1163）五月一日，诏新及第进士第一人木待问补左承事郎、签书诸州节度判官事，第二人黄洽、第三人丘密、四川类试第一人赵雄并左文

①④ 《宋会要辑稿·选举》二之一七《进士科》。
②③ 《系年要录》卷一二一，绍兴八年七月丁酉。

林郎、两使职官，第四人郑伯英、第五人袁枢并从事郎、初等职官，第六人以下至第四甲并左迪功郎、诸州司户簿尉，第五甲守选。

又如《宋会要辑稿·选举》二之三〇《进士科杂录》载：

庆元二年(1196)五月十二日，诏新及第进士第一人邹应龙(本系第二名，为上一名有官，特赐第一甲第一人)、第二人从事郎莫子纯(本系第一名，为系有官人，特与第一名恩例)并补承事郎、签书诸州军节度判官厅公事；第三人夏明承补文林郎，第四人徐应龙补从事郎，第五人宋德之补文林郎，两使职官(内第五名宋德之为系四川类试第一名，与依第三人恩(系)[例]；孔炜元系第五名，与还第五名恩例)；第六人以下至第五甲并迪功郎、诸州司户簿尉。

再如《宋会要辑稿·选举》二之三一《进士科杂录》载：

嘉泰二年(1201)五月二十六日，诏新及第进士第一人傅行简，特补承事郎、签书建康军节度判官厅公事；第二名乔嚞、第三名谢汲古，并文林郎、节察推判官；第四名陈殊，补从事郎、防团推判官；第五名何应龙，补文林郎(为系四川类试第一名，与依第三名恩例)。第六名以下、第二甲、第三甲、第四甲、第[五]甲，并迪功郎、诸州司户簿尉。

孝宗隆兴元年(1163)木待问榜、宁宗庆元二年(1196)邹应龙榜、宁宗嘉泰二年(1202)乔行简榜均为谅阴罢殿试，其第一甲第一人仍为“承事郎、签书诸州军节度判官厅公事”，与一般年份无异。确实是自绍兴八年以为例，谅阴罢殿试，榜首不再按照祖宗故事，“补两使职官”，而是“特授京官”了。

四、龙飞榜授官优渥

新皇帝继位后第一次贡举临轩殿试，放榜赐进士及第，即为“龙飞榜”。赵升《朝野类要》卷二《免殿试》云：“往年遇主上即位以后第一次谓之‘龙飞榜’。”赵升所说的“主上即位以后第一次”，即是继位后第一次贡举殿试放榜。吴自牧《梦粱录》卷三《士人赴殿试唱名》云：“如遇龙飞年份，则三魁黄甲及其余进士，皆倍加恩例，却与常年不同，则状元可除下郡通判。”有宋一朝，太宗太平兴国二年(977)

吕蒙正榜、真宗咸平三年(1000)陈尧咨榜、仁宗天圣五年(1027)王尧臣榜、神宗熙宁三年(1070)叶祖洽榜、哲宗元祐三年(1088)李常宁榜、徽宗崇宁二年(1103)霍端友榜、高宗建炎二年(1128)李易榜、孝宗乾道二年(1166)萧国梁榜、光宗绍熙元年(1190)余复榜、宁宗庆元五年(1199)曾从龙榜、理宗绍定二年(1229)黄朴榜、度宗咸淳四年(1268)陈文龙榜,均为龙飞榜。因为是皇帝继位后第一次贡举殿试放榜,所以龙飞榜新及第进士授官较平时放榜优渥许多。

太宗太平兴国二年(977)龙飞榜,"第一、第二等进士并九经,授将作监丞、大理评事,通判诸州;同出身进士及诸科,并送吏部,免选优等注拟初资职事、判司簿尉。宠章殊异,历代所未有也。"本文前面已予论述,此处不赘。真宗咸平三年(1000)龙飞榜更有过之而无不及。《宋会要辑稿·选举》二之四《进士科》载:

> 咸平三年四月二十七日,以新及第进士第一人陈尧咨、第二人周起、第三人胡用、第四人朱巽、第五人李颖、锁厅李绎,并为将作监丞、通判诸州。第一等四十二人并九经关头为大理评事、知县;第二等节察推官;第三等初[等]幕职。馀判司尉、试衔,令归乡守选。

洪迈(1123—1202)《容斋续笔》卷十三《科举恩数》亦云:"及(咸平)三年,陈尧咨登第,然后六人将作丞;第二甲一百三十四人,节度推官、军事判官;第三甲八十人,防、团、军事推官。"太宗、真宗、仁宗三朝新及第进士授官,一般为第一人授将作监丞,第二、第三人授大理评事,并为诸州通判;第四、第五人授秘书省校书郎、签书两使判官厅公事;第六名以下第一甲授两使职官。第二甲授初等职官。第三、第四甲授判司簿尉。第五甲守选,待授官。咸平三年龙飞榜共取进士 427 人,其中第一至五人及锁厅一人共 6 人为将作监丞、通判诸州;第一甲 42 人为大理评事、知县;第二甲 134 人为两使职官;第三甲 80 人为初等职官。其授官优渥,可以说是前所未有。

仁宗天圣五年(1027)龙飞榜,新及第进士授官也很优渥。天圣五年四月十八日,诏:"新及第进士王尧臣等五人为将作监丞、通判诸州,第一甲三十人并九经第一人为大理评事、知县,第二甲节察推官,第三甲初等幕职官,馀判司簿尉,并续放进士孟楷等,馀试衔,令守选。"①新及第进士第一至第五人共 5 人授将作

① 《宋会要辑稿·选举》二之六至七《进士科》。

监丞,第一甲30人授大理评事,其优渥程度与咸平三年颇为相似。

惟有神宗熙宁三年(1070)龙飞榜,新及第进士授官并无优渥。熙宁三年三月,诏:"新及第进士叶祖洽已下授官、守选如嘉祐八年之制。"[①]《长编》卷二一〇载:

> 熙宁三年四月丁卯(七日),以新及第进士叶祖洽为大理评事,上官均、陆佃为两使职官,张中、程尧佐为初等职官。第六人以下为判、司、主簿或尉。第三甲并诸科同出身,并守选。

仁宗嘉祐三年(1058)至南宋末,一般为进士第一人授大理评事,第二、第三人授两使职官,第四、第五人初等职官。熙宁三年龙飞榜毫无优渥。不但不优渥,反而减少进士第一人一任回升通判及试馆职的恩例。徐度《却扫编》卷下云:"旧例,进士第三人以上及第人,一任回,并召试馆职,制科第三等人一任回亦然,仍并升通判资序。熙宁初,诏厘革,并令审官院依例与差遣。"熙宁二年十二月九日,诏:"今后制科入第(五)[三]等、进士第一人及第者,一任回更不与升通判差遣及不试充馆职,并令审官院依例与差遣,馀如嘉祐诏书。"[②]于是,熙宁四年三月,苏轼(1037—1101)《再上皇帝书》云:"陛下临轩选士,天下谓之龙飞榜,而进士一人首削旧恩,示不复用。所削者一人而已,然士莫不怅恨者,以陛下有厌薄其徒之意也。"[③]

哲宗元祐三年(1088)龙飞榜,又恢复了优渥恩例。《宋会要辑稿・选举》二之一二《进士科》载:

> 元祐三年五月十一日,进士及第李常宁为宣义郎、佥书镇海军节度判官厅公事,吕益柔为承事郎、佥书保信军节度判官厅公事,龚夬为承事郎、佥书河南节度判官厅公事。

仁宗嘉祐三年(1058)至南宋末,进士第一人授大理评事(元丰改官制后为承事郎),第二、第三人授两使职官(元丰改官制后为文林郎)。元祐三年龙飞榜进士及第第一人授宣义郎,即元丰改官制前的将作监丞,比大理评事高一阶;第二、第三人授大理评事,则相当于状元的恩例。

---

①② 《宋会要辑稿・选举》二之一〇《进士科》。

③ 《苏轼文集》卷二五《再上皇帝书》。

元祐八年九月，哲宗亲政。绍圣元年(1094)四月四日，诏："今次科场第一人与宣义郎、签书大都判官公事，第二、第三人承事郎、知县，第四、第五人两使职官，第一甲初入等职官，第二甲以下依见行推恩条。"于是，"以及第进士毕渐为左宣义郎、签书山南东道节度判官，赵谂左承事郎、知彭州九陇县令，岑穰为左承事郎、知颍昌府长葛县"。①其新进士及第授官与龙飞榜无异。

徽宗崇宁二年(1103)龙飞榜，新及第进士授官依然优渥："进士霍端友以下分为五甲，第一、第二甲并赐及第，第三、第四甲并赐进士出身，第五甲赐同进士出身。第一人宣义郎，第二、第三人承事郎，第一甲两使职官，第二甲初等职官。特奏名第一人赐进士及第。"并且成为"御试进士龙飞恩例所有等第合推恩数"的"典故"。②

宋室南渡，战乱频仍，南宋朝廷仍处于飘摇之中，但高宗建炎二年(1128)龙飞榜新及第进士授官更为优渥。《宋会要辑稿·选举》二之一四《进士科》载：

> 建炎二年十月，诏以进士及第第一名李易为左宣教郎、签书江阴军判官厅公事，第二、第三人为左宣义郎，第四、第五人为左儒林郎，第一甲第六人以下为左文林郎，第二甲并为左从事郎。

"宣教郎"即元丰改官制前的"秘书省著作佐郎、大理寺丞"，元丰三年改为宣德郎，政和四年又改为宣教郎，为京官五阶的第一阶，离朝官仅一步之遥，即文阶官37阶的第26阶。此为有宋一朝状元所授最高的阶官。而且"第二、第三人为左宣义郎，第四、第五人为左儒林郎，第一甲第六人以下为左文林郎，第二甲并为左从事郎"，其新及第进士授官恩例都是空前绝后的。

自孝宗乾道二年(1166)龙飞榜之后，"御试进士龙飞恩例所有等第合推恩数"，均按"崇宁二年典故"施行。如乾道二年三月十七日，诏："正奏名第一甲第一名宣义郎，第二、第三人并承事郎；第一甲并文林郎；第二甲并从事郎。特奏名第一等第一名赐进士出身。"③又如光宗绍熙元年(1190)四月二十五日，诏："新及第进士第一人余复补宣义郎，第二人曾渐、第三人王介补承事郎，并签书诸州节度判官厅公事；第四人陆峻以下并补文林郎、两使职官；第二甲并补从事郎、初等

---

① 《宋会要辑稿·选举》二之一二《进士科》。
② 《宋会要辑稿·选举》二之一九《进士科》。
③ 《宋会要辑稿·选举》二之一九至二〇《进士科》。

职官……;第三甲、第四甲、第五甲并迪功郎、诸州司户簿尉。”[①]再如宁宗庆元五年(1199)五月七日,诏:“新及第进士第一人曾从龙(本系第二名,为上一名有官,特赐第一甲第一人。又该龙飞恩例)、许奕(本系第一名,为系有官,特与第一名恩例。又该龙飞恩例)并特补宣义郎,第三名魏了翁(为该龙飞恩例)特补承事郎,并签书诸州军节度判官厅公事;第四人凌次英以下(为该龙飞恩例),并补文林郎;第二甲并补从事郎、两使职官;第三甲、第四甲、第五甲并迪功郎、诸州司户簿尉(内第五甲免铨试)。”

五、守选:待授官

唐朝新进士及第,皆守选,铨试合格,方能释褐授官。宋太祖时期,仍承唐及五代守选之制。太平兴国二年(977)正月,太宗“初即位,以疆宇至远,吏员益众,思广振淹滞,以资其阙”,“第一、第二等进士并九经,授将作监丞、大理评事,通判诸州;同出身进士及诸科,并送吏部,免选优等注拟初资职事、判司簿尉。宠章殊异,历代所未有也”。[②]

真宗咸平三年(1000)四月二十七日,“第一等四十二人并九经关头为大理评事、知县;第二等节察推官;第三等初[等]幕职;馀判司[簿]尉,试衔[者],令归乡守选。”[③]此为宋朝新及第进士“守选”之始。景德二年(1005)六月一日,又诏:“应进士、诸科同出身、试将作监主簿者,并令守选。”即进士、诸科第五甲赐同出身者,须经吏部铨试合格,才能授官。对于守选的这一变化,南宋史学家李焘(1115—1184)解释说:“故事,登科皆有选限。近制,及第即命以官。咸平三年,初复廷试,赐出身者,亦免选。至是,策名之士尤众,多设等级以振淹滞,虽艺不及格,悉赐同出身、试秩解褐,故令有司循用常调,以示甄别。”[④]自此新及第进士第五甲同出身守选成为定制。

仁宗庆历三年(1043)九月丁卯(三日),范仲淹(989—1052)上《答手诏条陈十事》云:

> 三曰:精贡举。……其考较进士,以策论高、词赋次者为优等,策论平、词赋优者为次等。诸科经旨通者为优等,墨义通者为次等。已上进士、诸科

---

① 《宋会要辑稿・选举》二之二八《进士科杂录》。
② 《长编》卷一八,太平兴国二年正月庚午。
③ 《宋会要辑稿・选举》二之四《进士科》。
④ 《长编》卷六十,景德二年六月丁丑朔。

> 并以优等及第者放选注官，次等及等者守本科选限。自唐以来，及第人皆守选限。国家以收复诸国，郡邑乏官，其新及第人权与放选注官。今来选人壅塞，宜有改革，又足以劝学，使知圣人治身之道，则国家得人，百姓受赐。

按照范仲淹的建议，新及第进士守选者甚多，庆历四年三月颁布的贡举新制中没有采纳。

另外，新进士及第年龄太小也要守选。如仁宗宝元元年(1038)五月戊申(十二日)，诏："吏部流内铨，新及第诸科人年十七以下者，令守选。"①又如《宋史》卷三二九《王子韶传》载："王子韶字圣美，太原人。中进士第，以年未冠守选，复游太学。久之，乃得调。"

神宗时期，也有新及第进士第四甲甚至第三甲也要守选者。如治平四年(1067，神宗已即位，未改元)三月二十二日，"以新及第……进士第四甲等、明经、诸科出身，并令守选"。②又如熙宁三年(1070)四月丁卯(七日)，"以新及第进士……第三甲并诸科同出身，并守选"。③

此外，还有臣僚建议四川、两广新及第进士第五甲同出身者免于守选。如吏部侍郎洪遵(1120—1174)上奏曰：

> 臣窃见川蜀士人，水陆万里，来奉廷对，其意皆欲即日沾恩，归荣乡党，而科第在五甲者，法当守选，必俟铨试中格，乃许调官。一复蹉跌，则有逾岁旅食之忧。……累举以来，川人赐同进士出身者，例控告朝廷，皆得免试拟注，实惠及人，士子感泣。唯是二广士人，经涉炎瘴，远者数千里，群试南宫，每举登第率不过三两人，其入五甲者亦须候铨试注授，独不得与蜀士为比，情实可矜。……臣愚欲望圣慈令有司看详，著为定令，自今举为始，川、广进士中第法当铨试者，并候黄甲集注毕，以余阙差拟……庶几远方寒士皆获寸进，无有留滞栖迟之叹，以副陛下不忘远之意。④

洪遵的建议是否被采纳，不得而知。但是，南宋后期除龙飞榜新及第进士第五甲同出身不守选之外，宁宗嘉泰二年至嘉定十六年(1202—1223)开科取士八榜，新

---

① 《长编》卷一二二，仁宗宝元元年五月戊申。
② 《宋会要辑稿·选举》二之一〇《进士科》。
③ 《长编》卷二一〇，熙宁三年四月丁卯。
④ 《历代名臣奏议》卷一六九，洪遵奏疏。

及第进士第六名以下第二甲、第三甲、第四甲、第五甲，并迪功郎、诸州司户簿尉，不守选。如开禧元年(1205)五月二十二日，诏："新及第进士第一人毛自知，特补承事郎、签书镇东军节度判官厅公事；第二名赵甲、第三名求淳，并文林郎、节察推判官。第四名张寅之、第五名谢兴甫，并从事郎、防团推判官。第六名以下第二甲、第三甲、第四甲、第五甲，并迪功郎、诸州司户簿尉。"①

总之，新及第进士未授官先释褐、及第即授官(真宗咸平三年后改为第五甲同出身者守选)、授官甚为优渥，是宋代贡举在释褐授官方面的一大特色。这突出表明，贡举取士在宋代官僚政治中的地位，有了很大的提高。

① 《宋会要辑稿·选举》二之三一《进士科杂录》。

第十四章　宋朝武举制度

武举是以选拔军事人才为目的的科举考试制度。相对于文举而言，亦称为“武科”。武举始置于武则天长安二年(702)。《唐会要》卷五九《尚书省诸司下·兵部侍郎》载：“长安二年正月十七日敕：天下诸州，宣教武艺。每年准明经、进士贡举例送。”《新唐书》卷四四《选举志上》云：“又有武举，盖其起于武后之时。长安二年，始置武举。”《资治通鉴》卷二三载：“长安二年春正月乙酉日，初设武举。”唐代设武举以选将帅，五代皆以军卒为将，武举久废。宋仁宗天圣七年(1029)，始置武举，皇祐元年(1049)废罢；英宗治平元年(1064)复置，直至南宋末年，相沿不废。与唐朝武举相比，宋朝武举有很大的发展变化。有关宋朝武举制度，今人已多有研究。①现在前人研究的基础上，对宋朝武举的兴废沿革、武举制度的概况以及武举的成效与意义等，简要予以叙述及评论。

第一节　宋朝武举制度的废置沿革

一、宋朝武举的初置与废罢

北宋建国伊始，即承唐及五代之制，施行文科贡举。而对于武举，却迟迟未

---

① 杨康荪：《宋武举述略》，《中国史研究》1985年第3期；吴九龙、王菡：《宋代武学武举制度考述》，《文史》第36辑，1992年；赵冬梅：《武道彷徨——历史上的武举与武学》，解放军出版社2004年版，本章于此书多有参考；方震华：《文武纠结的困境——宋代的武举与武学》，《台大历史学报》第33期，2004年；何忠礼：《南宋科举制度史》第七章《南宋的制举与武举》，人民出版社2009年版；周兴涛：《宋代武举武学研究》，厦门大学博士论文，2012年。

有施行。开宝元年(968),太祖曾经“令诸道解武举者,命李昉、扈蒙试问所习之业,皆无。悉令罢之”。开宝八年,“诏郡国有文经武略堪任用之、二十已上五十已下,具名以闻,仍速赴阙。当考其臧否以进退之”。[①]真宗即位以后,辽朝加强对北宋的侵扰。咸平二年(999)十月,辽军大举南下,河间(今属河北)一战,宋军大败。面对辽朝的威胁,宋朝急需将帅之才,以加强武备。当年十一月十四日,真宗发布赦文,“欲兴行武举,令所司条奏以闻”[②]。十二月二十七日,右正言、直集贤院赵安仁上言:“经久有大要者五。……其三,求军谋。……今武举已议复行,其军谋宏远武艺绝伦科,望依唐室故事,复开此选。”[③]“军谋宏远武艺绝伦科”是唐朝制举的一个科目,意在选拔军事人才。咸平三年四月十八日,真宗“命两制、馆职详定武举、武选人入官资序故事”[④]。但最后皆议而未行。宋朝武举制度的设立,只是到仁宗天圣七年(1029)才实现。《宋会要辑稿·选举》一七之五至六《武举》载:

> 天圣七年(1029)闰二月二十三日,诏置武举。应三班使臣、诸色选人,及虽未食禄、实有行止、不曾犯赃及私罪情轻者,文武官员子弟别无负犯者,如实有军谋武艺,并许于尚书兵部投状乞应上件科[目]。先录所业军机策论伍首,上本部。其未食禄人召命官三人委保行止,委主判官看详所业,阅试人材,审验行止。试一石力弓平射,或七斗力弓马射。委实精熟者,在外即本州长(史)[吏]看详所业、阅试人材行止弓马,如可与试,即附递文卷上兵部,委主判官看详;如委实勘召试,即具名闻奏。当降朝旨召赴阙,差官考试武艺,并问策一道,合格即从试。其逐处看详官不得以词理平常者一例取旨,如违,必行朝典。仍限至十月终已前先具姓名申奏到阙。

《长编》卷一〇七亦载:天圣七年闰二月壬子(二十三日),“又置武举,以待方略智勇之士”。[⑤]王林《燕翼诒谋录》卷五《武举更革》亦云:“天圣七年,以西边用兵,将帅乏人,复置武举。”

而宋代的第一次武举考试,则在天圣八年(1030)举行。《宋会要辑稿·选

---

① 《群书考索》后集卷二九《武学》。
② 《长编》卷四六,咸平三年三月末。
③ 《长编》卷四五,咸平二年十二月丙子。
④ 《长编》卷四七,咸平三年四月乙丑条。
⑤ 《长编》卷一〇七,天圣七年闰二月壬子。

举》一七之六《武举》载：

> 天圣八年五月二十五日，命龙图阁待制唐肃、直集贤院胥偃试武举人于秘阁。（自后与制科同命官试于秘阁。）
>
> 六月四日，诏：应武举人令内园使、内侍右班都知杨[守]珍等，于军器库试弓马。（自后命入试弓马皆如例。）
>
> 六月二十三日，帝御崇政殿亲试武举人，以张建侯、楚宏并补三班奉职，刘翊、胡远、崔道并补三班借职，李固、孟渊、丁问并补三班差使。陈异等六人策不入等、射不中格，并落下。

《长编》卷一〇九亦载："天圣八年六月癸未朔（一日），命内侍右班都知杨守珍试武举人弓马于军器库。乙巳（二十三日），御崇政殿试书判拔萃及武举人。戊申（二十六日），以……武举人张建侯等十二人补三班奉职、借职、差使、殿侍。"①此后武举行用近二十年，虽然考试期限仍有变动，有连续两年开科武举的，也有间隔一年、两年乃至三年开科武举的，不过相关制度（如三级考试制度等）已走上常轨。

然而时距天圣七年（1029）闰二月初置武举刚刚二十年，至皇祐元年（1049）九月五日，仁宗又颁布《罢武举诏》，废除了武举。《宋会要辑稿·选举》一七之八至九《武举》载：

> 皇祐元年（1049）九月五日，诏曰：国家采唐室之旧，建立武科，每随方闻之诏，并举勇略之士。条格之设，岁序已深。然而时各有宜，今异于古。（今）[尺]籍之众，既以（拔）[技]力（日）[自]奋于行伍之间；武弁之流，又用其韬钤自进于军旅之任。来应兹举，殆稀其人。如闻所肄习者，率逢掖诸生，编户年少，以至舍学业而事筹策，矫温淳而务粗猛，纷然相效，为之愈多。朕方恢隆文风，敦厚俗尚，一失其本，恐陷末流。宜罢试于兵谋，俾专繇于儒术。尚虑积习（具）[且]久，顿更为难，就其等伦，裁为规制。其将来科场，武举人曾经秘阁考试者，即许投下文字外，更不许新人取应。以后科场，令罢武举一科。②

---

① 《长编》卷一〇九，天圣八年六月癸未朔。
② 据《群书考索》后集卷二九《武学》校改。

何以短短二十年间，武举置而复废？究竟是什么原因造成了宋朝政府在武举设置问题上如此大的摇摆？南宋人王栐《燕翼诒谋录》卷五《武举更革》云：

> 唐设武举以选将帅，五代以来皆以军卒为将，此制久废。天圣七年，以西边用兵，将帅乏人，复置武举。至皇祐元年，边事寖息，遂废此科。治平元年九月丁卯（五日），复置，迄于今不废。

其实并不像王栐所说的那么简单。如果说皇祐元年（1049 年）废武举是因为“边事寖息”的话，那么，为什么在短短十几年之后的嘉祐八年（1063），其间既没有任何重大战事发生，边境也没有出现紧张状况，却恢复了武举，并且从此延续不废？何况，直到庆历八年（1048 年）三月甲寅（十六日），即废武举的前一年，宋仁宗还对缺少得力将帅的现状感到忧心忡忡，出手诏以赐近臣曰：“将帅之任，以威制边防，而艰于称职。岂制度未立，不能变通于时邪？简擢靡臻，不能劝励于下邪？西北多故，敌意难常。献奇谲空言者多，陈悠久实效者少。备豫不虞，理当先物，思济此务，罔知所从。”①

王栐的答案虽然过于简单，不能切中要害，但其“设武举以选将帅”的考虑问题思路却值得借鉴。设武举的目的就是要“选将帅”，为军队输送将才，培养未来战争中的军事指挥官。那么，有关武举的一切都应当用这个标准去衡量。看武举的废置更革，也要从“选将帅”的目的出发，探究武举与宋朝将校选拔升迁的实际状况之间的关系。武举的第一次置与废，其根本原因便是二者的严重脱节。

仁宗天圣七年（1029）置武举，其本意是为低级官员和官员子弟提供升迁便利，促使他们读书习武，提高武艺和文化水平。天圣七年的《置武举诏》说：“应三班使臣、诸色选人，及虽未食禄、实有行止、不曾犯赃及私罪情轻者，文武官员子弟别无负犯者，如实有军谋武艺，并许于尚书兵部投状乞应上件科[目]。”②三班使臣是武官中最低级的阶官，诸色选人是文官中最低级的阶官，这两类人和文武官员子弟是天圣《置武举诏》的主要招揽对象。

诏书也允许“虽未食禄、实有行止”的普通百姓应武举，但是，骨子里却不欢迎普通百姓加入习武者的行列。皇祐元年的《罢武举诏》清楚地昭示了这一点：“国家采唐室之旧，建立武科。每随方闻之诏，并举勇略之士。条格之设，岁序已

---

① 《长编》卷一六三，庆历八年三月甲寅。

② 《宋会要辑稿·选举》一七之八《武举》。

深。然而时各有宜，今异于古。(今)[尺]籍之众，既以(拔)[技]力(日)[自]奋于行武之间；武弁之流，又用其韬钤自进于军旅之任，来应兹选，殆稀其人。如闻所肄习者，率逢掖诸生、编户年少，以至舍学业而事筹策，矫温淳而务粗猛，纷然相效，为之愈多。朕方恢隆文风，敦厚俗尚，一失其本，恐陷末流。宜罢试于兵谋，俾专由于儒术。"[①]诏书揭示了武举的真实窘境。如前所述，武举希望招揽的主要是低级官员和文武官员子弟，其间不言而喻又当以武官和武官子弟为主。但是，实际来应举的却多是普通百姓，即所谓"逢掖诸生、编户年少"。这让一心要改变五代粗猛遗风的宋朝皇帝未免感到担忧，只好釜底抽薪，连武举制度一并废罢。

不该来应武举的来了，原因很简单，同文举相比，武举考试难度较小，容易考中，是一条当官的捷径。该来应武举的没有来，原因诏书里也说了："(今)[尺]籍之众，既以(拔)[技]力(日)[自]奋于行武之间；武弁之流，又用其韬钤自进于军旅之任。来应兹选，殆稀其人。""[尺]籍之众"、"武弁之流"指的都是武官。他们的缺席最终导致了武举的废罢。那么，究竟是什么原因让他们对武举缺乏热情？

宋朝武官来源中最大宗的有两类，行伍出身和恩荫入仕。先看行伍出身者。禁军军人由诸班直而迁诸军将校，凭借的是军功和年资，选拔的标准，"先取其循谨能御下者，武勇次之"，[②]对文化水平无考试要求。因此，军人大多文化水平低下，不识字者也不在少数。[③]而天圣七年规定，武举的投考者须"先录所业军机策论五首上本部(按指兵部)"，合格方能参加正式考试，正式考试又须"问策一道"，[④]要求武举进士必须会答策。这样的要求对于一般军人来说，无疑是高不可攀的。另外，武举的武艺要求也远远超过了武官的普遍水平。武举考试步射弓分一石一斗、一石两种，马射弓分八斗、七斗两种。弩踏五斗。而"列校转补，有司先阅走跃、上下马；……武艺，弓射五斗，弩扩一石五斗，枪刀手稍练"。[⑤]根本无法同武举弓马相比。总而言之，行伍出身者文化水平既低、弓马程度又弱，投考武举胜算极微。

对于恩荫出身者来说，吸引他们投考武举的最大障碍是武举授官太低，根本缺乏吸引力。[⑥]仁宗庆历三年(1043)以前，官员不分文武，均用初级武阶三班使臣

---

① 《宋会要辑稿·选举》一七之八至九《武举》。

②⑤ 《宋史》卷一九六《兵志十》"迁补之制"。

③ 《宋史》卷二六〇《党进传》："禁中军校，自都虞候已上，悉书所掌兵数于梃上。"党进"不识字"，太祖问其所掌几何，"但举梃以示于上曰：'尽在是矣'。"

④ 《宋会要辑稿·选举》一七之五至六《武举》。

⑥ 赵冬梅：《文武之间：北宋武选官研究》，北京大学出版社2010年版。

荫子。真宗大中祥符八年(1015)颁布的《承天节南郊奏荫子弟恩例》规定，恩荫所得武阶最高为东头供奉官，最低为三班借职。①而庆历九年以前，历榜武举所授武阶官，最高不过三班奉职，仅比三班借职高一阶，比东头供奉官低六阶。②难怪有人批评"今武举取格太轻"，"若招士伍然"。③这样低的授官规格对于恩荫出身者来说，实在缺乏吸引力。况且，宋朝"惟我神考，笃贰将帅，生则厚其宠，死则恤其孤。将使识朝廷之仪，习军旅之事，无忝厥祖，以世其家"，④鼓励武官子弟从恩荫入仕，继承父祖之业。为三班使臣设置的出官考试又十分简单，"止令读律，写家状"。⑤有这样简单方便的入仕门径，恩荫出身者根本没有动力、也没有必要费心费力去修习武艺、苦读兵书，参加武举考试。

通观庆历九年以前历榜武举的相关记载，以三班使臣投考武举而又考中的，只有景祐元年(1034)的三班借职李良臣和庆历六年(1046)的三班借职张问。张问成绩不详，李良臣"策不入等、武艺中格"，⑥文化水平确实不高。

综上所述，武官在武举中缺席的主要原因有二：一是武官升迁自有途径，本无须借助于武举。二是武官普遍素质较低，很难通过武举的武艺和策论考试。这两点又互为表里。正因升迁有路，所以才忽略学习；忽略学习则素质自然难以提高，所以才无法在武举中取得好成绩；无法在武举中取得好成绩，自然就不能获得较优的授官；参加武举者授官不优，便无法刺激、激励其他武官投身武举。武举吸引低级武官和官员子弟，促其提高武艺和文化水平的目的没有达到，却引得一班"逢掖诸生、编户年少"，"舍学业而事筹策，矫温淳而务粗猛，纷然相效，为之愈多"，这样的结果令宋朝统治者感到失望和担忧，因此，才有了皇祐元年的《罢武举诏》。

二、宋朝武举的复置

皇祐五年(1053)，根据皇祐元年《罢武举诏》的规定，"武举人曾经秘阁考试

---

① 《长编》卷八四，大中祥符八年春正月己丑。

② 武举所授阶官，见《宋会要辑稿·选举》一七之五至八的记载。武阶高低，见《宋史》卷一六九《职官志九》"武臣三班借职至节度使叙迁之制"。

③ 《长编》卷一九一，嘉祐五年正月，监察御史里行王陶言。

④ 《苏轼文集》卷三八《制敕·刘奭阁门祗候》。

⑤ 《宋会要辑稿·选举》二五之八《三班院》。

⑥ 《宋会要辑稿·选举》一七之七《武举》。

者""投下文字",参加了最后一次武举。[①]宋朝的武举似乎就这样结束了。但是,十年之后,嘉祐八年(1063)三月辛未(二十九日),仁宗崩于福宁殿,英宗继位。十月八日,枢密院上奏,即提出恢复武举的建议。其奏曰:

> 文武二选,所关治乱,不可阙一。与其任用不学无术之人,临时不知应变,以挠师律,不若素习韬略,颇闲义训之士,缓急驱策,可以折冲。况今朝廷所用武人,稍有声称者,[多]由武举而得,则此举不可废罢甚明矣。

英宗对枢密院的建议十分重视,立即"诏尚书兵部与两制详议所习举业及较试举人推恩之数,条件以闻"。[②]

皇祐元年,仁宗下诏停罢武举,至嘉祐八年(英宗已即位,未改元)十月,英宗又诏臣僚讨论复设武举。十四年间,政策摆动幅度如此之大,究竟是什么说服了英宗改弦更张呢?

枢密院的奏章提出了复设武举的三条理由:第一条理由是,文武二选,关系国家治乱,不可缺一;第二条理由是,军中之将,与其任用不学无术的人,看他们临战时不知应变、将军队引向失败,倒不如选用那些素习韬略、深明大义的人,这样,当国家危难之际,也可以依靠他们临机制胜,建立功勋;第三条理由是,何况现在朝廷所用的武人中,声誉稍好的,大都是从武举出身的。

在这三条理由中,第三条理由说武举出身人官声最好,这一条其实是最现实的,它是对以往武举成效的评价;而以往的武举办得成功与否,正是决定今后武举是否再办的关键。据现有史料,从天圣八年到皇祐五年(1030—1053),共录取武进士 195 人。[③]这 195 人当中,有事迹可考者二人。一是天圣八年的第一名张建侯,二是景祐元年的第一名许思纯。康定元年(1040)八月,陕西经略安抚副使范仲淹(989—1052)兼知延州,"分州兵为六将","分部教之",张建侯是六将之一,他当时的官衔是"西头供奉官、延州都监"。[④]许思纯则于庆历二年(1042)的定川寨一役中为国捐躯,他当时的官衔是左侍禁、阁门祗候、瓦亭寨都监。[⑤]二人的

---

① 《宋会要辑稿·选举》一七之九《武举》;《长编》卷一七五,皇祐五年八月乙丑。

② 《宋会要辑稿·选举》一七之九《武举》。

③ 据《宋会要辑稿·选举》一七之六至九《武举》,有数字记载者,天圣八年 8 人,景祐元年 12 人,庆历二年 38 人,庆历六年 28 人,皇祐元年 47 人,皇祐五年 61 人。天圣九年榜仅知第一名为李瞻。又据《长编》卷一二二,宝元元年也举行了武举考试,但没有记载录取情况。

④ 《长编》卷一二八,康定元年八月庚戌。

⑤ 《长编》卷一三七,庆历二年闰九月癸巳,许思纯事迹。

官阶、职位都不高，但张建侯能得范仲淹的赏识，确实属于“有声称”的武人。其他武举出身人事迹不详。不过，能通过武举考试的人，比一般行伍或恩荫出身的人，武艺、文化水平都比较高，表现出色也是情理之中的事。但是，从总体上看，对武举出身者在宋朝武人中的地位和作用都不能估计过高。比如同是仁宗天圣八年(1030)进士及第，至嘉祐六年(1061)，文举省元欧阳修(1007—1072)已经官拜参知政事，而武状元张建侯最多是一个在52阶武阶官中位列39阶的洛苑副使。

第二条理由，是反对用不学无术的人作将帅，要求选用素习韬略、深明大义的人。这一条是对五代以来武官选拔传统的一种背离。五代以来，武官的提拔升迁，凭借的是膂力、勇敢和运气。士兵出身的将领中很少有人读过书，有些人根本不识字。因此五代和宋初的大部分武官都很少阅读兵书，他们对战争的常识主要是通过兵书以外的途径获得的——包括战场实践和父兄传授。如今，枢密院却要求选拔素习韬略、深明大义的人做武官，照这个要求选拔出来的武官，首先应当是一名军事理论家，一名忠君孝亲、遵守儒家道德的君子；其次，才是一名武艺超群、勇敢坚定、具有指挥才能的将领。枢密院的这一条建议，在武官培养理论上具有突破性的意义，它打破了五代以来传统观念，把军事理论素养视为武官最重要的素质。提出这种选将思路的，是宋朝中期以来新崛起的科举出身的文官。其背景是文科贡举对宋朝社会的深刻影响。到北宋中期，文科贡举出身者的荣耀、地位、在整个国家机器中的作用都达到了前所未有的高度。其中与武举制度关系最为密切的，是文士之为“边防大帅”，所谓“不以武人为大帅专制一道，必以文臣为经略以总制之。武人为总管，领兵马，号将官，受节制，出入战守，唯所指麾”。①文官在统兵方面的实际表现同武人相比，更是有过之而无不及。文官统兵的代表人物是韩琦(1008—1075)、范仲淹(989—1052)。二人“在兵间久，名重一时，人心归之，朝廷倚以为重，故天下称‘韩范’”。②科举文臣在统兵方面的杰出成就和“以文统武”制度的确立，使他们产生了改造武官素质的想法，他们选择的切入点正是武举制度。文官们照着自身的理想模样(文武双全如韩琦、范仲淹者)设计了武举进士的新形象，即所谓“素习韬略、颇娴义训之士”。③

第一条理由，即枢密院建议开头所宣称的：“文武二选，所关治乱，不可阙一。”文举、武举二者相须而备，缺一不可。将武举与文举对举，把武举抬高到治乱攸关、不可或缺的认识高度，这是典型的儒家政治理念，重文治而不轻武功。

① 《宋朝诸臣奏议》卷六五，刘挚《上哲宗论祖宗不任武人为大帅用意深远》。
② 《宋史》卷三一二《韩琦传》。
③ 《宋会要辑稿·选举》一七之九《武举》。

早在景祐二年(1035),富弼(1004—1083)尚为绛州通判,即上疏仁宗曰:“王者治天下唯二柄,文武之谓也。大概文以饰治平,武以靖祸乱,然亦交相为用。”又曰:“兵之胜败,国之存亡,未始不由将也。将得其人,则安国常安,危国复振;失其人,则安国致危,危国遂灭。”[①]嘉祐八年(1063)三月辛未(二十九日),仁宗病逝,英宗继位。富弼时任枢密使、同平章事,十月八日,枢密院即上奏,提出恢复武举以选将帅的建议,践行孔子“有文事者必有武备”的教导。

另一方面,枢密院建议恢复武举,还有一个很现实的考虑,就是为北部和西北部边疆地区武勇少文的士人提供一条稍微便捷的升进之路,笼络边地人心,巩固边防。北宋的河北、河东两路,与契丹接壤,真宗景德元年(1004)以前,是最前线的两路。宝元元年(1038),宋与西夏开战以后,陕西、河东又成为最前线。由于长期受战争的影响,三路居民多武勇少文。河北之人“大率气勇尚义,号为强忮”,“习尚战斗”;河东“其俗刚悍朴直”;陕西“被边之地,以鞍马、射猎为事,其人劲悍而质木。”[②]三路居民的气质与文科举的要求格格不入,“故皆老于科场,至死不能得一官”。落第者中不乏“大才大行及强悍奸雄”之人。[③]为避免三路士人因文举失意而心怀异志,设置武举提供另一条入仕途径便是笼络人心的一种方式。仁宗宝元二年(1039),知谏院富弼就曾上书仁宗,“乞诏陕西等路奏举才武”,广为搜访河北、河东、陕西三路“禀性质鲁、不能为文辞中程试”的士人,防止他们为敌国所用。[④]嘉祐八年(1063)十月枢密院恢复武举的建议,便是时任枢密使、同平章事的富弼将自己的政治主张付诸现实的一次行动。

治平元年(1064)三月二日,翰林学士王珪(1019—1085)等上奏重新详定的武举制度。英宗“诏可”。至此复置武举。[⑤]

科举文官集团改造武官素质的理想,和笼络沿边士人的现实要求,汇聚到一起,促成了嘉祐八年(1063)十月枢密院恢复武举的建言;治平元年(1064)三月武举的复置,也塑造了今后武举制度强烈的“文治”特点。如果说,仁宗天圣七年(1029)的武举制度从宋朝君臣的主观愿望出发,是要在原有的武人群体内部设置一个小小的甄选机制,那么,治平元年的武举制度则是要抛开原有的武官群体,至少是斩断他们所代表的五代武人形象、所带有的五代武人风气,从而培养和选拔一批符合科举文官理想的武官。

---

① 《宋朝诸臣奏议》卷八二,富弼《上仁宗论武举武学》。

② 《宋史》卷八六《地理志二》;卷八七《地理志三》。

③④ 《宋朝诸臣奏议》卷八二,富弼《上仁宗乞诏陕西等路奏举才武》。

⑤ 《宋会要辑稿·选举》一七之一〇《武举》。

治平元年六月十五日,枢密院又言:"近复武举,除已定条约外,有未备事节,其武举并随科场开设。"英宗又"从之"。[①]仁宗时期,武举开科贡举无定期,治平元年新制确定"武举并随科场开设",即是随同文举一起三岁一开武举的制度。此制自治平元年迄于南宋末年(1063—1276),未尝更易。

元丰元年(1078)十月四日,神宗"诏兵部以《贡举敕式》内武举敕条,再于诸处索文字,删类成《武举敕式》以闻"[②]。至此,宋朝武举制度更加完备。

南宋时期,武举更加受到重视。如孝宗时期,颁布了《武举贡举格》、《武举贡举补官差注格法》、《武举绝伦并从军法》、《四川武举试法》等,武举制度得到进一步发展。

有宋一朝,两度开设武举,共延续了大约二百三十多年的时间。

第二节　宋朝武举制度概况

宋朝是科举制度臻于成熟的时代。在此背景下设立的武举制度,也深深地打上了这一时代烙印。宋朝武举的考试方法大都仿照文科贡举而设;考试内容在唐代的弓马武艺之外,增添了军事理论——兵书大义、策问的考试,而且其在录取中的重要性大有超越弓马武艺的势头。当然,武举毕竟不同于文科贡举,武举考试武艺使其制度又具备了不同于文举的鲜明特色。本节拟从科目设置、考试方法、考试内容、及第授官等方面叙述武举制度的基本内容和特色。

一、武举科目:平等与绝伦

宋代武举科目分为"平等"与"绝伦"两科。仁宗天圣七年(1029)武举初置,只有一科,对于武艺高强的举人则适当降低策试的要求,特予录取。后来,"绝伦"逐渐成为一种特别科目,而普通的武举则称为"平等"。两科均试弓马与程文,区别在于武解试、武省试时,绝伦科在弓马即武艺考试的难度上大于平等科。赵升《朝野类要》卷二《武举》云:"武举分二等。盖绝伦者挽二石以上斗力,平等者挽九斗以上可也。"而在程文考试的要求上,绝伦科则低于平等科。

---

① 《宋会要辑稿·选举》一七之一〇至一一《武举》。

② 《宋会要辑稿·选举》一七之一七《武举》。《长编》卷二九三,元丰元年十月乙巳。

平等科武艺试弓步射、马射。其弓步射，治平元年(1064)规定，用一石一斗力、一石力两等弓；[①]南宋时增加九斗力弓，为第三等弓。马射，治平元年规定，用八斗力、七斗力两等弓；南宋时一律改用七斗力弓。[②]于是，平等科又以步射考试难易不同分为三等："第一等，弓一石一斗力，兼马射七斗；第二等，弓一石力，兼马射七斗；第三等，弓九斗力，兼马射七斗。"因此平等科又称为"三平等"。[③]

对于那些不善于程文写作而武艺绝伦之士，宋代武举特别设立了绝伦科。绝伦科，又称"武艺绝伦"、"弓弩绝伦"。绝伦与平等的区别有二：一是考试用弓的强度较大，并加试弩踏；二是降低了程文的要求，虽程文不合格，也可以奏裁赐第。治平元年(1064)规定：绝伦科"弓[步]射两石力，弩踏五石力"。[④]弩是可以延时发射的弓，力量要求比一般的弓大，射程也更远，杀伤力更强。弩可由多人张弦发射，也可由一人用脚踏开张，所以有"弩踏"之称。这里所用的弩，应当是一种单人操作，以脚踏使其开张的硬弓，可能就是所谓"踏张弓"。南宋《武举贡举格》规定："绝伦弓两石、兼马射九斗力。"[⑤]罢考试弩踏而改为马射。

绝伦科也要考试兵书大义和策问，只是在录取时适当放低录取标准。如《玉海》卷一一六《咸平天圣武举治平复置武举》云："凡举人射两石弓、马射九斗力，谓之绝伦，虽程文不合格，并赐第。"绝伦科设立之初，规定"策略虽下而武艺绝伦，未得黜落，别候取旨"[⑥]。虽曰"别候取旨"，实则特别录取。熙宁八年(1075)九月七日，别试所言："近据武举进士宋升等六人乞射绝伦科弓弩，寻牒马军司，试到石力，缘策义并在下等，不合格，未敢黜落，取所试策义赴中书、密院看详。"神宗"诏候殿试武举人弓马日引呈。"[⑦]哲宗元祐六年(1091)五月十一日，诏："《府监贡举敕·考校武举》内'武艺绝伦，策义不入等而文理稍可采者，奏裁'一节勿用。"[⑧]哲宗亲政后，绍述熙丰之政，绍圣三年(1096)四月十二日，诏："依《熙宁贡举式》，诸武举绝伦、策义不入等，并奏裁。"[⑨]

南宋时期，绝伦科发生了两个变化。一个是普遍性质的变化，绝伦科本是对武勇少文举人的优容之科，到了南宋时，却变成了选拔文武双全之士的优选之科。高宗绍兴二十七年(1157)，武举第一名赵应熊"策入优等第一名、武艺绝伦

①④⑥　《宋会要辑稿·选举》一七之一一《武举》。
②③⑤　《宋会要辑稿·选举》一八之四至五《武举》。
⑦　《宋会要辑稿·选举》一七之一六至一七《武举》。
⑧　《宋会要辑稿·选举》一七之一八至一九《武举》。
⑨　《宋会要辑稿·选举》一七之一九《武举》。

又省试第一名”，“所试弓马甚精，文字亦可采”，[①]成为第一个绝伦科出身的武状元。孝宗隆兴元年(1063)，又有孙显祖“应武举，程文第一，武艺绝伦”为武状元。[②]赵应熊辈的出现表明，优容之科已初步具有优选之科的特点。

另一个变化是特殊意义上的——在个别情形下，北宋偏重武艺的绝伦科仍在某种程度上贯彻实行。《宋会要辑稿·选举》一七之三〇《武举》载：“乾道二年(1166)三月七日，绝伦人须晋诏与免省，候唱名日降等推恩。(先是，晋乞依赵应熊例奏裁，洪适等曰：“绝伦人，在法不以策义优等，或一场稍可采者，并奏裁。昨试院推行，已失法意。”上问程文如何，适等言：“文理亦粗可采。”上以有专法，遂命之。)”乾道七年(1171)，绝伦进士李岳、顾谅武“解试弓弩皆合格，试程文被黜”。二人向中书门下上状陈情，中书门下上奏孝宗，称：“在法，‘武艺绝伦，不以策义优平，或一场稍有可采，奏裁。’其李岳、顾谅弓弩并应法外，试卷文义稍可采。”孝宗诏：“李岳、顾谅并特免解一次”。[③]此两事表明，虽然法令仍然没有放弃对绝伦人的优容政策，但是，实际进行录取工作的官员却往往对这条法令置若罔闻。《朝野杂记》甲集卷十三《武举》载：“[淳熙]十年(1183)十月乙亥，诏：边县注武举出身人，凡武人射两石弓，马射九斗，谓之绝伦。苟绝伦，虽程文不合格，并赐第。”可见淳熙时期，绝伦科举人不但需要武艺出众，还必须是籍隶边县的应举人。北宋意义上的绝伦科虽未完全废除，至少其面向范围和待遇受到了很大的限制。宁宗时，方大琮(1183—1247)所撰武举策问云：“绝伦者，岂非取其力之过人欤？而文不合格辄又不录。既责之以膂力，又使俛首习为举子业，何也?”[④]这一叹一问，清楚地反映了绝伦科由优容之科向优选之科的变化。

平等、绝伦二科，虽分别考试，却混合排定名次。武举省试主要以武艺排定名次，绝伦在平等之上。“武举省试系绝伦、平等各立字号考校，先次将程文分为优、平二等，混同放榜，然后却以弓马参考，各随武艺等第，其绝伦人尽数处在平等人之上。”殿试则不同。“殿试用武艺参考，专以程文立优、平等考校。”[⑤]殿试以程文排定名次，致使绝伦人多在平等之下。如孝宗乾道八年(1172)四月一日，“集英殿武举唱名，其间有策系优等，绝伦武艺并应格者，反具在平等之后。”孝宗

① 《宋会要辑稿·选举》一七之二八《武举》。
② 《宋会要辑稿·选举》一七之三〇《武举》。
③ 《宋会要辑稿·选举》一七之三三《武举》。
④ 方大琮：《铁菴集》卷二六《策问·武举》。
⑤ 《宋会要辑稿·选举》一八之一二《武举》。

对虞允文(1110—1174)等说:“此恐未当。宜别措置。”[①]于是,此后规定:“武举绝伦人并三平等人,殿试程文俱入优等,即绝伦人令升在优等人之上。”[②]至淳熙二年(1175)三月二十四日,诏:“若平等人已系第一名,即绝伦人不升,止与第一名恩例;如绝伦人系优等第一名,除推恩外,临时听旨。”[③]庆元二年(1196),宁宗因谅阴不殿试,又有新的规定。《宋会要辑稿·选举》一八之一二至一三《武举》载:

> 庆元二年正月二十九日,兵部尚书张叔椿、兵部侍郎杨大法、著作郎兼兵部郎官王爽言:“……今来已降指挥,更不临轩策试,合将省榜作殿榜推恩,即是省元合推殿元恩例,事体甚重。……今欲将今举绝伦、平等且与混同,以程文精粗分优、平二等取放。若绝伦、平等俱中优等,须平等人程文高出绝伦分数方取第一名,若文理与绝伦人不甚相远,即以绝伦居首选,其馀高下如之。不惟两无偏胜,庶几所取足以厌服人望。今指定如或可采,乞下试院,精加考校,所有后举省、殿试遵用条法指挥。”从之。

此后绝伦、平等两科以程文精粗分优、平二等。若俱中优等,必须平等人程文高出绝伦分数方取第一名;若文理与绝伦人不甚相远,即以绝伦居首选。上述规定表明,应绝伦科者本以武艺见长、程文欠佳,若其程文略有可观,即拔擢居于所有应平等科者之上。

二、武举考试方法

(一) 奏举考试

宋朝文科贡举一般举人可以“怀牒自列于州县”[④],自由报考。武举则不然,原则上,武举人必须取得具备一定资格的官员的奏举,方可应举。仁宗天圣七年(1029)闰二月二十三日,《置武举诏》曰:

> 应三班使臣、诸色选人,及虽未食禄,实有行止、不曾犯赃及私罪情轻者,文武官子弟别无负犯者,如实有军谋武艺,并许于尚书兵部投状乞应上

① 《宋会要辑稿·选举》一七之三四《武举》。
②③ 《宋会要辑稿·选举》一八之二《武举》。
④ 《新唐书》卷四四《选举志上》。

> 件科[目]。先录所业军机策论五首，上本部。其未食禄人，召命官三人委保行止，委主判官看详所业，阅试人材，审验行止。①

治平元年(1064)三月二日，复置武举。六月十五日，枢密院言：

> 近复武举，除已定条约外，有未备事节，其武举并随科场开设。应武举人，不拘食禄子孙并已仕、未仕人等，内已仕人不曾犯赃及私罪情轻者，未仕人别无负犯，并许奏举。在京委管军臣僚及正任、横行使、副使，知杂及三院御史、谏官、省府推判官，府界提点朝臣、使臣，在外委安抚、转运判官、提点刑狱，知州军及路分总管、钤辖、都监，具所业人材行止，堪应上项科举，于十一月三十日以前，各具保明闻奏，人得奏举一名。②

由此可知，凡是低级武选官和文职幕职州县官，不拘文武官子弟及其他已仕、未仕人等，已仕人不曾犯赃及私罪情轻者，未仕人别无负犯，并许奏举。此即奏举收试。

保状就是推荐书，其内容不外乎是担保考生身体健康、武艺超群、政治可靠之类。保状之外，考试还必须出具家状，其内容包括应举人姓名、年龄、籍贯、父祖三代姓名及仕宦情况等。应举人持保状和家状，到兵部报名，经核实无误，才能参加武举考试。英宗治平元年(1064)时规定，保状须于当年十一月三十日以前闻奏，年终由兵部具应举人名数上奏，当时解试、省试分别在明年的四五月、八月举行。神宗熙宁八年(1075)将解试、省试时间分别调整到八月和次年正月或二月，与文举的时间一致，故保状和家状的发奏时间定为三月以后，须于六月终以前到兵部。有时又临时推迟最后期限，如孝宗淳熙十三年(1186)展限至当年闰七月半以前投下。其原因是应试人太多。③

尽管时有通融，武举必须经过保荐是宋朝武举坚持始终的考试原则之一。这跟美国西点军校的招生规则有惊人的相似之处。西点军校招生规则规定，考生必须获得授权人员的推荐。授权人员包括总统、国会议员、各州州长和陆军部。军校以培养军官为目的，军官是国家安全具体而微的保障，因此，军官在政治上必须可靠。尽管推荐有时会流于形式，但其内涵的庄重却使形式也具备了

---

① 《宋会要辑稿・选举》一七之五《武举》。
② 《宋会要辑稿・选举》一七之一〇《武举》。
③ 《宋会要辑稿・选举》一八之七《武举》。

尊严。这一点，古今中外都不例外。

武举解试在京城举行，而且必须有人推荐方可应举。仁宗天圣七年（1029）初置武举，就要求“其未食禄人”即未入仕的文武官员子弟和平民百姓，须“召命官三人委保行止”。[①]治平元年（1064）复置武举，则要求无论已仕、未仕人应举，都要取得一名官员的举荐。这是武举特有的规定。孝宗乾道七年（1171）六月，右仆射、同平章事兼枢密使虞允文曰：“文士应举，初不用保奏，临期投卷，便可就试；武举须保奏，又限以当年三月以前，拘矣。”[②]一语道破文、武科举的差别。文、武科举之所以存在上述差别，大概主要是因为宋朝的统治者担心民众拥有武力（其实行募兵制，在一定程度上已将一般民众与武力分离），因此对于以选拔军事人才为目的的武举，不能不别设藩篱加以限制。

保奏应武举人的官员有一定的资格限制，据前引英宗治平元年（1064）枢密院上言，保官包括：中央禁军的将官（在京管军臣僚）和各地驻军的统兵官（路分总管、钤辖、都监），掌握舆论导向的谏官和负有监察责任的御史（知杂御史及三院御史），中央政府各部门的主管官员（省府推、判官），开封府界的官员（府界提点朝臣、使臣），诸路州府官（安抚、转运判官、提点刑狱、知州军），此外还有高级武官（正任、横行使、副使）等，每人可以奏举一名应武举人。[③]神宗元丰元年（1078）三月九日，诏：“文臣在京监察御史里行，在外诸路提点刑狱、府界提点以上；武臣在京阁门副使，在外路分钤辖以上，各举堪应武举一人。”[④]南宋时期保举官员的资格又有所放宽。孝宗淳熙五年（1178）八月十九日，诏：“武举解试、省试，只依旧额，其保官自今许文臣升朝官、武臣正使以上各保奏二人。”[⑤]淳熙七年，阁门舍人林宗臣言：“乞诏有司宽保官之法，增其人数。”孝宗曰：“来之欲广，择之欲精。”[⑥]三月辛未（十九日），“又诏通直郎、武翼大夫以上，皆得举二人”。[⑦]即文官正八品、武官正七品以上都具有保举应武举人的资格了。

另外，保官所保举的应武举人数也有一定限制。前引英宗治平元年（1064）和神宗元丰元年（1078）的诏书均为“各举堪应武举一人”。神宗熙宁元年（1068）十一月十八日南郊赦书，又增加了沿边三路保官的奏举名额：“应河北、河东、陕

---

① 《宋会要辑稿·选举》一七之五至六《武举》。
② 《宋会要辑稿·选举》一七之三二《武举》。
③ 《宋会要辑稿·选举》一七之一〇《武举》。
④ 《宋会要辑稿·选举》一七之一七《武举》。
⑤ 《宋会要辑稿·选举》一八之四《武举》。
⑥ 《宋会要辑稿·选举》一八之五《武举》。
⑦ 《朝野杂记》甲集卷十三《武举》。

西臣僚今后当举奏武举人者，路分都总管、副都总管各委举三人，转运使副、提点刑狱、路分钤辖、勾管路分军马各三人，余依旧制。”此举大概是因河北、河东、陕西是边防重地，民众颇有武艺，欲借此多取三地之人，故这项规定中说：“昨复武科，特新选法，如闻三路颇有遗材”，又说保官所举“仍须是本路土著，不得以游士寄贯人罔冒充数”。①南宋孝宗乾道七年(1171)八月三日，中书门下省勘会：“在法，奏举武举人内外各许奏举一名，人数太狭。”遂诏：“自今内外各许奏举二名。”②

虽然增加了奏举名额，由于想要得到推荐而应武举的人数更是与日俱增，所以仍有不少应武举人因得不到保官奏举而无法应举。于是，有时朝廷不得不格外开恩，允许那些没有保状的举人互相担保。如淳熙元年(1174)，进士诸葛文明等言：“今举已奏人数方及二百馀人，在外已得奏状未投者凡五十馀人，而未得保官者五倍。乞展限收接奏状。”孝宗遂“诏展半月”。至八月一日，臣僚以为远方士子赴举，欲求保奏，诚未易得，又上言曰：

> 武举进士试期已近，而无保举者尚多，乞令兵部关报应合举官未曾保奏武举人者，各令依数保奏；其无保官者令入状互保，依前举例放行比试。试中即赴解试，俟解试中，仍召升朝保官一员赴省试试，依候试毕，令敕令所别行立法。③

臣僚这一请求被孝宗采纳，但施行了两举之后，却因兵部上言而被取消了。《宋会要辑稿・选举》一八之四《武举》载：

> 淳熙七年(1180)三月三日，兵部尚书王希吕言：“淳熙元年及四年两举承指挥将武举无保奏人放行比试，今举恐士人临时复引前例陈乞。如循例放行，不唯冲改成法，兼无以机察奸弊。乞明示举人，依条召保奏举；如无保官，不许收试。”从之。

孝宗淳熙七年之后，又恢复了“召保奏举”的条法，如无保官，仍然不得应武举。

---

① 《宋会要辑稿・选举》一七之一一至一二《武举》。

② 《宋会要辑稿・选举》一七之三三《武举》。

③ 《宋会要辑稿・选举》一八之一《武举》。

(二) 分级考试

宋代武举的考试程序已趋于完备，仿效文科贡举，实行分级考试，逐层选拔。文举分解试、省试和殿试三级。最初武举也分解试、省试、殿试三级；后于解试之前增加“比试”，成为比、解、省、殿四级考试。

1. 比试

比试亦称“引试”，是为控制参加武解试的人数而特设的资格考试。“比试”作为武举的一级考试，现有史料首见于《宋史》卷一五七《选举志三》载：

> 乾道五年(1169)……吏部言：“武举比试、发解、省试三场，依条以策义考定等第，具字号，会封弥所，以武艺并策义参考。今比试自依旧法，其解、省两场，请依文士例，考定字号先具奏闻，拆号发榜。”从之。

既言“今比试自依旧法”，则比试当始于南宋初期、孝宗乾道五年之前。

关于比试考试的日期，孝宗淳熙元年(1174)二月二十三日，兵部言：“武举依逐举例，系八月初二日或初三日先试比弓马。……今举奏举增倍数多，若依例于八月初二日或初三日比试弓马，窃恐是日值雨泥泞，于引试程文日分相逼，乞从本部于七月下旬择日比试弓马。”孝宗“从之”。[①]可知，淳熙元年之前，按照惯例是八月初二日或初三日先试比弓马，然后引试程文。淳熙元年改为七月下旬比试弓马。

比试考试内容与武解、省试类似，为策问、《武经七书》(《孙子》、《司马法》、《尉缭子》、《六韬》、《吴子》、《三略》、《李卫公问对》)的大义和弓马武艺。其具体做法是在京城一般由兵部“委官看详”程文，并与管军臣僚阅试武艺。孝宗淳熙十六年(1189)曾诏曰：“今后武举比试弓马移于城东大教场，可差兵部长贰及殿步帅统制等官监试。”[②]诸路则由各路安抚司具体负责。先阅试弓马武艺，凡弓马合格，不限人数，并行取放。然后，再由安抚司差官比试策问、大义，文理稍通即可赴行在，参加解试。

比试最初没有淘汰比例，只要试中即可赴解试。孝宗时期，福建路安抚使兼知福州赵汝愚(1140—1196)上疏曰：“如武举法，先行比试一次，率两人取一名赴秋举。”[③]录取比例为百分之五十。孝宗乾道八年(1172)，规定四川比试额为四十

---

① 《宋会要辑稿·选举》一八之一《武举》。

② 《宋会要辑稿·选举》一八之八《武举》。

③ 《历代名臣奏议》卷一六九，赵汝愚上疏。

二人。淳熙元年(1174),因为实行保官可以奏举两名应举人,参加比试人数甚多。前引进士诸葛文明等言:“今举已奏人数方及二百馀人,在外已得奏状未投者凡五十馀人,而未得保官者五倍。”因此,“其无保官者令入状互保,依前举例放行比试。”[①]如此,淳熙元年参加比试者大概要超过五百人。于是,淳熙二年七月二十五日,诏:“自今武举比试量增一十人,通取一百一十人为额。”[②]淳熙七年七月十一日,兵部言:“今举缘文武臣许保奏二名,已奏到约有七百馀人。”淳熙七年要求应试的人数较多,经保奏可以参加比试者已达七百馀人,如果通取仍以一百一十人为额,则录取比例将降至百分之十五,即每七人取一人。可见武举的应举人数在迅速增加,而其得解和及第的难度也相应地在加大。

2. 武解试

武解试是由兵部主持的于京城举行的武举初级考试,这与文解试由诸路州府主持考试、发解有很大不同。《宋会要辑稿・选举》一七之二五《武举》载:“建炎二年(1128)二月二十六日,兵部言:武举人自来州军即无解额,止是赴兵部取解,依条以七十人赴省试。”《朝野杂记》甲集卷十三《武举》记载与此相同。《长编》卷二〇二治平元年(1064)九月丁卯(五日)纪事云:“每开举,则兵部至岁终具所举人名数以闻。至明年三月,命馆职两人与判兵部同试策一道,命马军司试弓马武艺,具所试等籍送试官参校,合格以名闻。”此即为治平元年复置武举后的武解试。

解试时间,治平元年定为开科次年的三月,后来推迟至四、五月间。神宗熙宁八年(1075),又改为与文举解试同时进行。《宋会要辑稿・选举》一七之一六《武举》载:

> 熙宁八年三月九日,中书门下言:“据武学进士王致尧状:‘伏睹条制,武学比科场开设,自来进士唱名后四五月间,方始差官兵部锁试发解,以此致进士两处投下文字,失解后旋看兵法、权习弓兵马,意务苟进。就试日多怀匿文字,饰以虚辞,弓马不甚精习。不惟有误朝廷缓急使用,兼使学者不专其业。欲乞将来武举与进士同时差官锁试。’欲依所请。”从之。十七日,诏自今武举与进士同时差官锁试。

熙宁八年之前,文举的解试在开科当年的秋季,而武举的解试却在明年的四、五

① 《宋会要辑稿・选举》一八之一《武举》。

② 《宋会要辑稿・选举》一八之三《武举》。

月间。应举人利用这个时间差，便可参加文举和武举两次解试。为了避免有人利用时间差钻空子，于是，采纳武学进士王致尧的建议，将文举和武举的解试安排在同一时间进行。施行两举之后，又拟改为文举解试之后再举行武举解试。神宗元丰三年(1080)六月九日，尚书兵部言："武举故事，随制科锁院试。昨两试武举，并随进士。今用新制，进士举罢方试武举，重复差官，于事无补，但有浮费，与进士同时锁试为便。"神宗"从之"。①自此，武举解试与文举解试同时锁院考试成为定制。文举解试一般在开科当年的八月举行，武举解试也改为开科当年八月举行，一直延续至南宋末年，迄未改变。

关于武解试的具体日程，《宋会要辑稿·选举》一八之一七至一八《武举》载：

> 嘉定十二年(1219)八月八日，兵部言："武学生邵刚克等状，'国家自更化以来，场屋情弊，革去殆尽，惟武举解试积弊显然。每举用八月十四日揭比试榜，十五日试弓马，十六日试程文《七书》义，恰与太学第二场论试同日。一篇之论，片时可办，各以馀力助其武举朋旧。贿赂公行，幸中者半。今乞就八月十三日揭比试榜，十四日试弓马，十五日同太学头场试《七书》义，庶几寸晷各自为谋，无暇他及，则材能自见，不负设科取士之意。'送兵部、国子监勘会。"
>
> 既而，本监据武学博士刘孟虎言："所陈十六日引试《七书》义，正值太学试论之日，恐有馀力，可为武举士人之助，此弊不可谓无之。但每举用十五日试弓马者，所以防武举赴两试也；今就十四日试弓马，则试弓马不合格之人，可于十五日赴漕试，此风不可长；若不区处，无以革文人为武举代笔之弊。若展退一日，就十六试弓马，十七日试《七书》义，如此则可以防其赴两试之弊。其日正是太学士人第三场，必无馀力可及《七书》义矣。"从之。

据此可知，嘉定十二年(1219)之前，每举用八月十四日揭比试榜，十五日解试试弓马，十六日解试程文《七书》义。嘉定十二年之后，为了既"革文人为武举代笔之弊"，又防止武举赴文举漕试两试之弊，遂将武解试的日程，改为八月十六试弓马，八月十七日试《七书》义。

武举解试的地点，试弓马于马军司，试程文也与一些特殊的文举解试同在一地考试。当时京城针对特定群体的文举解试有国子监解试和在贡院别试所举行

---

① 《宋会要辑稿·选举》一七之一七至一八《武举》。

的锁厅试两种，二者分别针对国子监学生（主要是中高级官员子弟）、有官人的应举。既然武举解试也在京城举行，那么与国子监解试或锁厅试合在一处考试就十分便利了。《朝野杂记》甲集卷十三《武举》云："行在国子监解试……（原注：试太学及武举）"可知南宋时期武举解试是与国子监解试合在一处举行的。

与文举作弊类似，武举考试中也存在种种舞弊行为。武举作弊之大宗乃是冒名代笔。宁宗嘉泰四年（1204）十一月十三日，右正言林行可言："武举之弊，工文墨者或不习弓箭，试弓之日，多以善射者代名，是一试而两人共之。"理宗宝祐元年（1253）文举状元姚勉（1216—1262）《廷对策》曰："能诵兵法者，罕能兼骑射之习；能使弓马者，罕能兼刀笔之长。于是能文者代课《七书》，能武者代执鞭弭。是无非欺朝廷也"。①为了防止冒名代笔之弊，宋朝武举考试也采取了不少措施。

其一是查验"呈试弓马关子"。《宋会要辑稿·选举》一八之五《武举》载：

> 淳熙七年（1180）七月十一日，兵部言："前奏举到武举止有二百馀人，今举缘文武臣许保奏二名，已奏到约有七百馀人，若不申明分场引试，窃恐连夜试验，弓马不精，别生奸弊。乞将绝伦弓并三平等人步射先作一日呈试，将合格人照元给呈试弓马关子，于次日绝早赴教场门首，令马军司差有心力识字使臣三五员照验，放令入赴马射，如代名呈试，并依贡举条法科罪。"诏分三日引试，馀依。

"呈试弓马关子"即类似今日之准考证。武举人第一天考试之后，在第二天进入考场之前，于教场门口查验第一天发放的"呈试弓马关子"，核对无误，始放入考场。

其二是，"当官亲书家状"。《宋会要辑稿·选举》一八之八至九《武举》载：

> 绍熙二年（1191）八月十日，臣僚言："乞诏兵部长贰措置将来解试弓马人，各先次当厅亲书家状一本，然后拍试。将合格人家状画时逐纸印押类聚，牒送发解所为照。候引试义策考校了毕，于拆号之次，将真卷比验兵部所发家状，如字画异同，虽已中选，亦行究实，如果有伪冒，即交驳放，并照科举条制施行。
>
> 既而本部言："比试弓马已有措置外，若从今降指挥，拍试之前先令书写

① 姚勉：《雪坡集》卷七《廷对策》。

过家状，不唯丛杂交互，恐于射弓之际，难以识认正身，不能革弊。今措置欲下马军司约度今来合赴解试人数，预期印押白纸，排立《千字文》号，于引试日将试中鉴箭人当官亲书家状，候马射应格，类聚牒送试院，遵从今降指挥施行。"从之。

解试弓马考前，马军司要根据赴解试的人数，预先准备好足数的白纸，在上面加盖马军司的大印，并按《千字文》编排字号。引试日，让试中鉴箭人在印押编号的白纸上，当着考官的面，亲笔书写自己的"家状"。等到马射合格，收集"家状"送交考试院，以备查验伪冒。待程文考试结束，须将程文考试合格者的试卷同应举人亲书的"家状"对照，笔迹相同才能录取；如有伪冒，立即驳放，并按照科举条制予以惩处。

其三是结保连坐。《宋会要辑稿·选举》一八之一九至二〇《武举》载：

嘉定十五年(1222)九月十四日，臣僚言："窃惟开设科目罗致英俊，贵而三事亦由此进，可谓重矣。至如武举，素多代名之弊。如今次比试，有试卷与引试弓马日书簿字迹绝不类者，年甲不同者，已申省部不令就解试讫。今后更加关防，兵部引试弓马之际，欲令五姓五名先当试厅亲书'情愿结保，如有一名伪冒，保内同罚'，然后引试弓马。将来武举省试，亦合一体施行。乞下礼兵部常切遵用，毋为具文，少戢奸弊，诚为士子之幸。"从之。

即在引试弓马之前，令五个姓的五名应武举人，先当试厅亲书"情愿结保，如有一名伪冒，保内同罚"，五人结保之后，再引试弓马。其中如有伪冒，将依科举条法惩处。

其四是，调整武解试日期。代程文者，多为太学生。也有应武举人试弓马不合格而赶赴文举漕试者。本节前面论述解试日程时所云，嘉定十二年(1219)之前，每举用八月十四日揭比试榜，十五日武解试试弓马，十六日武解试程文《七书》义；嘉定十二年之后，从兵部、国子监勘会，调整为八月十六日试弓马，十七日试《七书》义。这样，既可以"革文人为武举代笔之弊"，又可以防其赴武解试与文漕试两试之弊。

其五是，发现作弊，严惩不贷。宁宗嘉定九年(1216)，临安府陈宗臣取中比试，但解试落下，遂将比试三代、户贯以二十二贯文卖与温州的陈姓。嘉定十年，陈姓冒名陈宗臣，补试入武学中吉斋。嘉定十二年，陈宗臣作"曾祖不记名"赴比试及解试，并中。嘉定十三年过省、赴殿试，赐武举出身，授保义郎、差充侍卫马军行司同准备将。陈甡以内舍优等遇赦免解，于嘉定十六年赐武举出身，授侍卫步军司同准备将。十七年，案发。于是，“嘉定十七年五月二十五日，诏：保义郎、差充侍卫马军行司同准备将陈宗臣特降一官，拟承节郎；差充侍卫步军司同准备将陈甡追毁冒授付身，特殿三举”。①二人均受到应有的惩罚。

武解试内容有武艺和程文两项考试。起初程文只试策，神宗时期又增加《武经七书》大义一项。程文考试分两场：一场考策问，是考校文章写作的工夫。另一场考《武经七书》大义，是考校对兵书的记忆工夫。武艺试弓马，也分两场举行：头一场试“步射”，第二场考“马射”。

既然有程文、武艺两项考试，二者先后次序如何呢？《长编》卷二〇二治平元年(1064)九月丁卯(五日)记载枢密院建请、贾黯(1022—1065)又奏复置武举之事云：

> 诏从之。而令每开举则兵部至岁终具所举人名数以闻。明年三月，命馆职两人与判兵部同试策一道，命马军司试弓马武艺，具所试等籍送试官参校，合格以名闻。

可知，武解试先考程文(试策)，由馆职两人及判兵部任考试官；然后送马军司试弓马，即步射、马射；最后将两项成绩送兵部试官考校，合格者奏名赴武省试。

南宋时，改为先试弓马，后试策问及《武经七书》大义。弓马考试同样由马军司负责。考试弓马时，要书写家状，候引试义策考校了毕，于拆号之次，将真卷比验兵部所发家状，如字画异同，虽已中选，亦行究实，如果有伪冒，即交驳放，并照科举条制施行。

关于武解试的解额，高宗建炎二年(1128)二月二十六日，兵部言：“武举人自来州军即无解额，止是赴兵部取解，依条以七十人赴省试。”即按武举条法，武举解额为七十人。前引《宋会要辑稿・选举》一七之二五《武举》及《朝野杂记》甲集卷十三《武举》亦可资佐证。解试根据应举人武艺和程文的成绩，分“绝伦”和“平等”二科取人，二者分别发解，解额各自核算。如宁宗庆元元年(1195)兵部奏：“今举解试下学生系该七月七日覃恩免解外，有赴试终场绝伦三十人、平等四十七人，共七十七人。”②解试合格者将在次年的正月或二月参加“武省试”。

---

① 《宋会要辑稿・选举》一八之二〇《武举》。

② 《宋会要辑稿・选举》一八之一一《武举》。

解送赴武省试者包括正解和免解。正解即武解试合格而参加武省试；免解是不必参加武解试而直接赴武省试。高宗绍兴二十九年（1159）五月十七日，诏："武举人依府监年数与免解。"[①]宁宗庆元元年（1195）八月一日，兵部言："自淳熙元年、四年得解到省之人，至今及一十八年，并有四举到省人，合与理年理举免解赴今次省试。"[②]孝宗乾道七年（1171）十二月十七日，应武举绝伦进士李岳、顾谅解试弓弩合格，试程文被黜，本应奏裁，乃诏："李岳、顾谅并特免解一次。"[③]隆兴元年（1163），"武学生该遇覃恩免解者五十馀人"。[④]正解、免解人数往往多于解额七十人之数。如乾道七年，"正解五十人，免解二十九人，绝伦十一人"，共取解赴省试者九十人。[⑤]

3. 武省试与武类省试

（1）武省试

武省试是由兵部主持的于京师举行的对武解试合格者的考试。其考试内容同武解试，亦为策问、大义与弓马。不过，程文考试的防弊措施更为严密。试卷要密封起来，糊住卷面上应举人的姓名等，然后由书手将试卷誊录一遍。这样，阅卷官不知试卷出于何人之手，就没有办法徇私作弊了。

武省试初于八月举行，当时解试为四、五月。如《长编》卷二〇二治平元年（1064）九月丁卯（五日）记载枢密院建请、贾黯（1022—1065）又奏复置武举之事云："至八月，则命官与判兵部同试策于秘阁，命直学士以上及正任或横行使一人与军头司试弓马武艺，以所试等第籍送秘阁试官参考，合格以名闻。"此即为武省试。熙宁八年（1075），因武解试改为与文解试同时于八月举行，武省试也相应地改为与文省试同时在次年的正月或二月举行。

关于武省试的地点，仁宗天圣七年（1029）规定，武举与制科同试策于秘阁，故武省试的策问考试又称为"秘阁试"。《宋会要辑稿·选举》一七之六《武举》载：

> [天圣]八年五月二十五日，命龙图阁待制唐肃、直集贤院胥偃试武举人于秘阁。（原注：自后与制科同命官试于秘阁。）
>
> 六月四日，诏："应武举人令内园使、内侍右班都知杨[守]珍等，于军器

① 《宋会要辑稿·选举》一七之二九《武举》。
② 《宋会要辑稿·选举》一八之一〇《武举》。
③⑤ 《宋会要辑稿·选举》一七之三三《武举》。
④ 《宋会要辑稿·选举》一八之七《武举》。

库试弓马。”(原注:自后命入试弓马皆如例。)

可见,天圣八年的宋代第一次武举考试,省试的程文考试在秘阁举行,弓马考试在军器库举行。

英宗治平元年(1064)复置武举,武省试“则命官与判兵部同试策于秘阁,命直学士以上及正任或横行使一人与军头司试弓马武艺”。①神宗熙宁五年(1072)中书门下修订了新的《武举试法》,规定:“凡武举,始试义、策于秘阁,武艺则试于殿前司。及殿试,则又试骑射及策于庭”。②“试义、策于秘阁,武艺则试于殿前司”一句后紧接“及殿试”三字,可以推测此句所指的是省试的情形。熙宁八年(1075)十月十三日,中书门下言:

据编修贡举敕式练亨甫状,检会秘阁考试武举人所差官吏供具烦费。昨来应武举近二百人,只就别试所收试,今秘阁所试人数至少,欲乞只就贡院别试亲戚所收试,极为利便。

神宗“从之”。③熙宁八年十二月九日,诏:“武举人罢秘阁试,令止就贡院别试所考试。”④

高宗建炎二年(1128)二月二十六日,兵部言:“武举人自来州军即无解发额,止是赴兵部取解。依条以七十人赴省试,系军头引见司于内弓箭库试验弓马,及省试别试所附试程文。”⑤李心传《朝野杂记》甲集卷十三《国子监解试 南省试 别试 殿试》云:“南省……别试所……(原注:附试武举)。”可知熙宁八年之后直至南宋末年,武省试系军头引见司于内弓箭库试验弓马,而程文考试均在文举省试的别试所举行。

关于武举省额,最初因赴武省试者人数较少,无明确限制。神宗熙宁三年(1070)九月一日,“诏秘阁考试所,应就试举人,所取合格不得过五分”。⑥熙宁六年八月壬辰(二十一日),“命权御史中丞邓绾、直舍人院许将、集贤校理刘攽、馆阁校理黄履为考试制科、武举官,龙图阁直学士张焘、权枢密副都承旨张诚一同

① 《长编》卷二〇二,治平元年九月丁卯。

② 《宋史》卷一五七《选举志三》。

③④ 《宋会要辑稿·选举》一七之一七《武举》。

⑤ 《宋会要辑稿·选举》一七之二五《武举》。

⑥ 《宋会要辑稿·选举》一七之一二《武举》。

军器监考试武举武艺，武举合格所取毋过三十人”。[①]实际上已低于五分的比例。徽宗政和元年(1111)正月己丑(二十六日)，诏：“武举省试旧来正奏名止三十人，大观元年已后，所增人数比旧奏名犹多二十人。”[②]可知大观元年(1104)以后，武举省额增加二十人，共为五十人。孝宗乾道七年(1171)十二月二十八日，诏：“今举武举省试除免省三人外，以(上)[三]十人为额取放。”[③]可知南宋时，一般省额仍为三十人，免省试人数不在其内。如淳熙二年(1175)正月二十四日，诏：“今次武举缘有免省九人，令通取三十九人。”淳熙五年正月二十八日，“有免省十一人。诏通取四十一人。”[④]又如宁宗庆元二年(1196)五月十二日，“引见武举进士正奏名周虎已下五十九人”。[⑤]是榜宁宗谅阴不临轩策试，“参照绍兴三十二年故例施行”。“绍兴三十二年武举人补官推恩，系将贡院、别院参考到合格过省人牒会御药院例格，申取指挥推恩。”[⑥]即庆元二年武举“过省人”为 59 人，其中应包括武省试合格人和免省人。

武省试“过省人”即武省试合格人和免省人，均可赴武殿试。

(2) 武类省试

南宋时文科贡举，由于兵兴阻隔及路途艰险，边远地区的得解举人无须入京应省试，只就当地安抚司试，此为类省试。李心传(1067—1244)《系年要录》卷一〇载：

> 建炎元年十有二月，诏诸路转运司类省试以待亲策。先是，诸州发解进士当以今春试礼部，会国难不果。上以道梗难赴，乃命诸路提刑选官即转运司所在州类省试。每路选官六员，临期实封，移牒漕臣一员监试，不得干预考校。仍用省额统计，率十有四人而取一人。省试之有类，盖自此始。

高宗建炎初因兵兴阻隔，诸路皆可举行类省试。其后只有四川一地举行类省试，原因是南宋定都临安(今杭州)后，四川距行在路途险远，为免蜀士奔波劳苦，故予以特殊对待。关于文举的类省试，本书第五章《南宋贡举类省试》已有专门述论，可供参考。

---

① 《长编》卷二四六，熙宁六年八月壬辰；《宋会要辑稿·选举》一七之一四《武举》。

② 《群书考索》后集卷二九《武学》引《长编》；《宋会要辑稿·选举》一七之二三《武举》。

③ 《宋会要辑稿·选举》一七之三三《武举》。

④ 《宋会要辑稿·选举》一八之一《武举》。

⑤ 《宋会要辑稿·选举》八之一七《亲试》。

⑥ 《宋会要辑稿·选举》一八之一一《武举》。

仿效文举类省试，武举也有类省试，只是主要施行于四川，二十多年后推广于京西一路和湖北、两淮沿边州军。四川武举类省试创置于孝宗乾道八年(1172)。《宋会要辑稿·选举》一七之三四《武举》载：

> 乾道八年十二月二十一日，臣僚言："祖宗采李唐之法，置武举，以待四方英俊，此将才渊薮也。自渡江以来，西北流落蜀汉者，往往无力以进而又限以保奏之官，寒微何由可得？故每举不过数十人，其取人不广如此。欲望颁武举之法于四川。"
>
> 兵部勘会："四川文士解额七百二十五人，纽算武举合取二十一人，省额六人，比试额四十二人，欲乞令四川宣抚司酌度均拨下逐路转运司，照本部条旨收试。其已得解人并赴宣抚司类试，仍令本司将合格省试人发赴行在，与本部武举人混杂殿试。今四川武举既初创行，恐试者尚寡，欲乞令本路转运司据数比试，以二人解发一名，如四川得解人通未及二十一人之数，即三人五分与放省额一名。他有未尽，令宣抚司续具申明。"从之。

所谓"颁武举之法于四川"，即是在四川实行武举类省试。孝宗"从之"，即是四川武举类省试创立之始。宁宗庆元二年(1196)二月二十五日，兵部亦言："其四川武举创自乾道八年。"①不过"颁武举之法于四川"建议之批准在乾道八年的十二月二十一日，当年的武举已经结束，故其真正实施当在下一次武举，即淳熙二年(1175)。李心传《朝野杂记》甲集卷一三《武举》载："自淳熙三年(1176)，四川类省试始试武士。"其中"三年"为"二年"之误。可见四川武举类省试之创立始于孝宗乾道八年，而初次实施则在淳熙二年。

四川武举类省试创立之后，四川宣抚司又言：

> 昨臣僚奏请，盖为西北流寓素习武艺之人多寄居利州路，所以许兴元府等处所保人数比他路(所以)独多。今先以省部所立四川武举解试、比试额通四十二人参酌，以十分为率，分拨利州路四分，计十六人。欲六分依省部勘当，以三路文解多寡酌度均拨成都府路十二人，潼川府路十人，夔州路四人，并为额。

---

① 《宋会要辑稿·选举》一八之一二《武举》。

孝宗亦“从之”。①

据乾道八年臣僚建言、兵部勘会及四川宣抚司建言，四川武举类省试应举人亦须官员保奏。其保奏的官员为：“四路帅臣、宪、漕、知州军监、钤辖、路分及寄居侍从以上，每举各保一员，而兴元府、利、阆、金、洋、阶、成、西和、凤州各保三员”。四川武举类省试分为比试、解试、类省试三级考试，比试、武解试由诸路转运司分管，武举类省试则由四川宣抚司主持。其比试额为四十二人，“分拨利州路四分，计十六人”；其余“六分依省部勘当，以三路文解多寡酌度均拨成都府路十二人，潼川府路十人，夔州路四人，并为额”。武解试额为二十一人，即“比试以二人解发一名”。“已得解人并赴宣抚司类试”，武举类省试额为六人，即以得解人“三人五分与放省额一名”。“仍令本司将合格省试人发赴行在，与本部武举人混杂殿试”。

四川武解试也有正解和免解，免解人数较多时，省额也会相应有所增加。《宋会要辑稿·选举》一八之一〇至一一《武举》载：

> 庆元元年(1195)八月一日，兵部言：“四川四路武举解额共取二十一人，其省试以三人五分取一名，共取六名为省额，零分不及三人五分更不取放。缘今年系类试年分，内有自淳熙元年、四年得解到省之人，至今及一十八年，并有四举到省人，合与理年理举免解赴今次省试者，窃恐比逐举人数过多。所有取放省额欲取放正解六名外，有免解实到省终场人，如及五人以上，权取一名，通计七名为额一次，仍同正解人混同考校；如不及五人，更不取放。候试毕日具终场人数申明朝廷，以凭参照后举取放省额施行。”从之。

“得解到省及一十八年”或“四举到省”人，即予“理年理举免解”。“有免解实到省终场人，如及五人以上”，类省试即增加取放一名，共为七名。

四川文举类省试合格奏名举人，无法赴行在参加殿试或赴殿试不及者，可以即家特赐进士及第、进士出身、同进士出身。武举类省试合格奏名举人，则必须“发赴行在，与本部武举人混杂殿试”。如孝宗淳熙八年(1181)闰三月九日，“宰执进呈蜀中武举进士薛九龄以疾趁今岁殿试武艺不及，次日却曾赴策试。兵部欲比作一事不中之人唱名补官。诏令承旨司就大教场按试。”②即使武殿试缺一

① 《宋会要辑稿·选举》一七之三五《武举》。

② 《宋会要辑稿·选举》一八之五《武举》。

场考试，也不能补官，必须补考。也有赴武殿试不及，上奏之后，由皇帝批准特与放行推恩补官的。《宋会要辑稿·选举》一八之一九《武举》载：

> 嘉定十四年(1221)四月二十四日，兵部言："四川武举正奏名李炎卯言，西蜀贱士，滥叨奏名，自去岁正月，万里束装趁赴廷对，实以船小偶遭风浪，遂被沮留，以致衍期，赶试不前。已引用文举体例附榜推恩，兵部不照文举旧例，不蒙施行。照得绍兴十八年指挥，四川类省试合格人赶廷试不及，第一等赐进士出身，馀赐同进士出身，优待蜀士，恩宠甚渥。即不分文举许附榜，武举不许附榜。况今举左选正奏亦有三五人，赶试不及，皆蒙注授西归，独炎卯未蒙放行，顿失进望，无复归乡之计。"诏李炎卯特与放行推恩。
>
> 既而本部言："文举与武举等甲事体不同，在法，举人已奏名而有故许次举就试。本部即未曾准四川武举正奏名赴御试不及推恩条例，乞指挥施行。"诏李炎卯特补进武校尉。

四川武举正奏名李炎卯，"万里束装趁赴廷对，实以船小偶遭风浪，遂被沮留，以致衍期"，未能参加在行在临安举行的武殿试，上言请求"引用文举体例附榜推恩"。经兵部上奏，孝宗"诏李炎卯特与放行推恩"，并"特补进武校尉"。但这大概只是一个特例，并非成法。

宋朝武举与文举一样，谅阴罢殿试，则依省试放榜名次引见唱名赐及第。《宋会要辑稿·选举》一八之一二至一三《武举》载：

> 庆元二年(1196)二月二十五日，兵部言："四川今举省试合格共取六名。行在武举过省人已从绍兴三十二年故例，候省试院申到人数照应淳熙六年立定补官格法拟申外，其四川武举创自乾道八年，即无绍兴三十二年故例可以拟定。照得当年止有四川省试进士一百二十七人推恩体例，第一等第一名赵雄于第一甲第五名安排，依行在第三名推恩，第二名游桂于第六名安排，馀并三人中参入一人。礼部已从故例拟定推恩毕。今来武举止有六名，若将上件故例比拟，缘人数多寡不同，兼不曾分优、平二等，今指定欲将第一名于省榜第五名安排，第二名以下于第六名以次每九名参入一名，照策入平等格法补官。"诏第一名于省榜第五名安排，仍比类行在三平等策入优等推恩补官。馀从之。

宁宗庆元二年，谅阴罢殿试，四川武举类省试合格举人，“第一名于省榜第五名安排，仍比类行在三平等策入优等推恩补官”，“第二名以下于第六名以次每九名参入一名，照策入平等格法补官”。

四川武举类省试施行效果良好，二十多年后，又推行于京西一路及湖北、两淮沿边州军。《宋会要辑稿·选举》一八之一四至一五《武举》载：

> 庆元五年(1199)八月二十八日，臣僚言：“两淮荆襄皆楚地也，山川之胜，风土至厚，钟为人物，往往豪气磊落，有足观者。渐磨之以学问，劝诱之以爵禄，莫不奋起，出为时用。臣观武举通榜，所谓两淮荆襄之人，绝不见有中是选者，夫岂无才可取，特未有招来诱进之方耳。乞将京西一路六州军、湖北沿边信阳军并江陵、德安府、复州、荆门军及两淮沿边庐、光、濠、楚、滁州、盱眙、安丰军土著士人照兵部及四川试武举法，许令就试。”
>
> 诏：“兵部检坐条法行下逐州军，如委系土著士人，召文武官保奏，须要选择人材精于武艺，于解试年分二月内，听于本路安抚司拍张弓马，合格不限人数，并行取放。仍就本司差官比试程文，将文理稍通人并赴行在解试，别立字号，(令)[另]项考校，取拨十名为解额，仍于省试见取放人内拨五名为省额。如解发人数稀少，临时取旨。其冒贯不实，许人陈告，定行真决，不以荫论，保官降三官资，同保人殿五举，馀照见行条法。”

京西一路及湖北、两淮沿边州军的武举类省试与四川类省试有所不同，一是应举人必须是“土著士人”，“冒贯不实”，则严惩不贷；二是只在京西一路及湖北、两淮沿边州军由本路安抚司主持比试，比试“合格不限人数”；三是比试合格者“并赴行在解试，别立字号，(令)[另]项考校，取拨十名为解额”；四是“于省试见取放人内拨五名为省额”。其条件甚至比四川武举类省试还要优渥。

4. 武殿试

武殿试是由皇帝亲自主持的在京城举行的最高一级武举考试。宋代武举的殿试始于天圣八年(1030)首开武举之时。《长编》卷一〇七载：“[天圣七年闰二月]壬子(二十三日)……又置武举，以待方略智勇之士。其法，皆先上艺业于有司，有司较之；然后试秘阁；中格，然后天子亲策之。若武举则仍阅其骑射焉。”“天子亲策”就是武殿试。《宋会要辑稿·选举》一七之六《武举》载：“[天圣八年六月]二十三日，帝御崇政殿亲试武举人。”

武殿试的时间，最初一般为六月。如《宋会要辑稿·选举》一七之七《武举》

载："景祐元年(1034)六月二十三日，帝御崇政殿试武举人。"仁宗庆历、皇祐年间(1041—1053)，一般为八月。如《宋会要辑稿·选举》一七之八《武举》载："庆历二年(1042)八月九日，帝御崇政殿试武举人，以金景先等三十八人武艺次第授官。"英宗治平元年(1064)复置武举，殿试于九月举行。如《宋会要辑稿·选举》一七之一一《武举》载："治平二年(1065)九月十四日，帝御崇政殿试武举人，以康修等七人迁左侍禁，余边补三班借奉职、下班殿侍、三班差使。"神宗熙宁三年(1070)于九月十八日、熙宁六年于九月十一日，上御集英殿策试武举进士。①神宗熙宁八年三月十七日，诏："自今武举与进士同时差官锁试。"②武举解试、省试、殿试的时间统一调整，与文举相一致，故自此之后武解试改在八月，武省试在次年正月或二月，武殿试则一般为次年三月。如《宋会要辑稿·选举》一七之一七《武举》载："[熙宁]九年三月七日，上御集英殿，策试武举进士。十一日，上御崇政殿试武举人弓马，以郭璪下三十一人补殿直、三班奉职、借职、差使有差。"南宋后期，武殿试亦有延至四、五月者。如《宋会要辑稿·选举》一八之八《武举》载："[绍熙元年四月]十七日，上御幄殿阅试武举弓马。二十五日，上御集英殿，策试武举进士。"又如《宋会要辑稿·选举》一八之一六《武举》载："[嘉定]四年(1211)五月八日，上御集英殿，策试武举进士。(策题见亲试门。)九日，上御幄殿，阅武举射射。"

武殿试的地点，仁宗天圣八年(1030)六月，试弓马于军器库，试程文则于崇政殿。③自神宗熙宁九年(1076)起，改为"上御集英殿，策试武举进士"。④高宗绍兴十二年(1142)三月二十三日，改为"上御幄殿，阅试武举弓马"。⑤自此于幄殿试弓马、于集英殿试策成为定制。

武殿试内容与武解试、武省试有所不同。武殿试程文不试兵书大义，只试策问，弓马武艺不试步射，只试马射。如《宋会要辑稿·选举》一七之一八《武举》载："[元丰]五年(1082)三月十一日，诏武举人御试日马射。十二日，上御集英殿，策武举进士。"

《礼部韵略》所附《贡举条式》载有高宗绍兴五年(1135)颁布的《绍兴重修御试贡举式》云：

---

① 《宋会要辑稿·选举》一七之一二、一四《武举》。
② 《宋会要辑稿·选举》一七之一六《武举》。
③ 《长编》卷一〇九，天圣八年六月癸未朔、乙巳。
④ 《宋会要辑稿·选举》一七之一七《武举》。
⑤ 《宋会要辑稿·选举》一七之二六《武举》。

不考

策少一百字。

书卷不如式。谓如全不写“奉　御试策一道”或“限一千字以上”之类。

书卷式

奉

御试策一道

限一千字以上。特奏名则云七百字。武举及宗室非袒免亲取应，则云五百字。

臣对：云云。臣谨对。

涂、注、乙共计若干字。

此《绍兴重修御试贡举式》不仅适用于文科贡举，也适用于武举；只是武举在御试策的字数上特与优待，文举“限一千字以上”，武举“则云五百字”。

武殿试策问，由初考官在御药院撰拟策题。①《苏辙集》卷二十有《殿试武举策问一首》，即是苏辙为武举殿试所撰策题。

武殿试与文殿试相同，也奉行“殿试不黜落”的原则，只是根据策问与武艺的成绩重定等第。天圣年间所定等第不详，治平元年复置武举，三月二日，从翰林学士王珪(1019—1085)等言，策略、武艺均分为优、平、下三等。其录取者分为四等：“其间策略武艺俱优者为优等，策优艺平者为次优，艺优策平者为次等，策艺俱平者为末等。”“如策下艺平或策平艺下者，并为不合格。”②神宗熙宁六年(1073)九月十一日，诏武举殿试策分优、平二等，武艺分优、次优、次、末四等。如绍兴五年(1135)九月五日，尚书省言：“拟到武举进士正奏名张深以下六人推恩，策入优等二人，与保义、承节郎；平(定)[等]四人：第一、第四人与承节郎，第二、第三人武艺不合格，与进武校尉，各展磨勘年有差。”高宗“从之”。③

武殿试与文殿试相同，谅阴亦罢殿试。《宋会要辑稿·选举》一八之一一至一二《武举》载：

庆元元年(1195)十二月二十七日，兵部言：“武举省试、殿试引见唱名及过省并还试特奏名系与文士一体，今来更不临轩策试，乞参照绍兴三十二年故例施行。”从之。黄牒令本部给散。(一、绍兴三十二年武举人补官推恩，

① 《宋会要辑稿·选举》一七之一四《武举》；《长编》卷二四七，熙宁六年九月辛亥。

② 《宋会要辑稿·选举》一七之一〇《武举》。

③ 《宋会要辑稿·选举》一七之二六《武举》。

系将贡院、别院参考到合格过省人牒会御药院例格申取指挥推恩。淳熙八年，正奏名只宣名赐进士及第、出身，特奏名亦宣名，并给黄牒，其补官、差遣、展减磨勘合照前后指挥推恩。今欲依故例施行。一、免省人例合赴御试弓马、程文，今不临轩策试，合依绍兴三十二年故例，弓马随省试赴军头司呈试，程文随赴省试进士后接连引试，别立考校，参入省榜优、平二等高下，即不侵省额人数。如有过省不曾赴殿试人，合行还试弓马、程文，乞照免省人一体施行。照得绍兴三十二年即无特奏名合就试人，今举如有该试之人，乞照故例引试施行。）

据此，孝宗隆兴元年（1163）、宁宗庆元二年（1196）武举亦均因谅阴，不临轩策试，免武省试人随武省试赴军头司呈试弓马，随赴武省试进士后接连引试程文，单独考校，其高下参入省榜优、平二等。

宋朝武举，自仁宗天圣八年（1030）张建侯榜至孝宗乾道二年（1166）蔡必胜榜，武举合格者仅按等给付身授官，未给黄牒赐进士及第、出身。南宋孝宗乾道五年（1169）赵鼐榜，“始依文举给黄牒，同正奏名三十三人，榜首赐武举及第，馀并赐武举出身”。①《宋会要辑稿·选举》一七之三三至三四《武举》载：

乾道八年（1172）三月二十三日，兵、吏部言：“已降旨，武举正、特奏名进士并依文举例，唱名日给黄牒、告命。缘文举正奏名黄牒称赐进士及第、进士出身、同进士出身，承前武举唱名止给付身，称保义、承节、承信郎校之类，并及展减磨勘。今欲于武举敕牒前衔作‘武举正奏名某’，绝伦人于正奏名上添‘绝伦’二字，其后拟第一名赐‘武举及第’，馀并赐‘武举出身’，并所补官。特奏名前衔作‘武举特奏名某’，后拟所补官资、展减磨勘一节，候黄甲指挥下，令吏部出给公据。”从之。

即从乾道八年起，武举始依文举例，正奏名敕牒（黄牒）系衔作“武举正奏名某”，绝伦科正奏名敕牒（黄牒）系衔作“武举绝伦正奏名某”；武举第一名赐“武举及第”，其馀并赐“武举出身”；特奏名敕牒（黄牒）系衔作“武举特奏名某”，由吏部出给公据。

宋朝武举登科人数远远少于文科贡举人数。少则数人，多则数十人，最多一

① 《文献通考》卷三四《选举考七》。

榜为仁宗皇祐五年(1053)董君平榜,为 61 人。此为特例,因为皇祐元年诏罢武举,“今所擢者皆秘阁经试旧人”。①李心传(1067—1244)云:南宋初年,“每举登第者率二十人;淳熙后,增至四十人”。②据《宋会要辑稿 · 选举》、《续资治通鉴长编》、《宋史全文续资治通鉴》以及《淳熙三山志》、《咸淳临安志》等史书统计,两宋武举共开科考试 77 榜,有具体登科人数记载者为 43 榜、1 407 人。据统计及推算,两宋武举正奏名当共取士 2 500 人左右。实际取士人数,有待详考。

关于武举唱名,高宗绍兴二年(1132)三月十六日,御药院言:“自来御试进士,引试、唱名并作两日,第一日正奏名并应举宗子等,第二日特奏名并武举、取应宗子。昨扬州御试,缘特奏名并[武]举人数不多,共作一日引试唱名,今来未审合作几日。”高宗诏“并依扬州例”。③即北宋时期,武举于文举正奏名的次日,与文举特奏名同日唱名,南宋高宗建炎二年、绍兴二年均与文举同日唱名。孝宗乾道八年(1172)十月八日,诏“自今御试唱名第一日唱文举正奏名、应举锁应宗子、武举正奏名;第二日唱文举特奏名、取应宗子、武举特奏名。”④此后遂为定制。说明武举与文举趋于融为一体。

武举同文举类似,除正奏名之外,也有特奏名。不过宋朝武举特奏名出现较晚,高宗绍兴十二年(1142),始有“特奏名潘璋以下一人”。⑤此后,虽然每榜大都有特奏名者,但都人数甚少,每榜只有一至几人。

三、武举考试内容

唐代的武举,只考武艺,整个考试就像一场演武竞赛。在诸多的武艺之中,唐代武举对射箭给予了特别的重视。因为在冷兵器时代,弓箭是最主要的远程攻击武器,所以唐代武举重视弓箭考试也就不足为奇。宋代武举同样注重射箭,更具体地说,是射箭的膂力。因为宋朝的主要对手都是擅长骑兵的民族,而宋军的主力是步兵,骑兵较少,南宋以后,因西北养马地为金人夺取,这种步多骑少的情形更为显著。近距离搏斗中,与高大的骑兵相比,步兵显然处于下风,故宋人转而注重射箭等远程对抗,积极致力于远程武器的开发,如神臂弓、破敌弓以及后来的管形火器等。

---

①⑤ 《宋会要辑稿 · 选举》一七之二九《武举》。

② 李心传:《朝野杂记》甲集卷十三《武举》。

③ 《宋会要辑稿 · 选举》八之三九至四〇《武举》。

④ 《宋会要辑稿 · 选举》八之四五《亲试》。

不过,仅有武艺尚不足以成为优秀的将领,将领亦须具有谋略。唐代的制举中便有考察谋略的科目。这为宋代武举提供了一条新的思路,即以军谋将略选拔军事人才,以兵书、策问作为考校军谋将略的形式。从宋代起,谋略进入了武举的考场。宋代整体上注重文治,也使宋人在武举考试中重策略而轻武艺,"以策略定去留,弓马定高下",①即根据策问的好坏决定录取与否,已录取者再根据弓马成绩的优劣决定名次。

宋朝武举考试的内容分为两大类:一类是武艺弓马,包括步射和马射;一类是程文,包括策问和兵书大义。

(一) 武艺:步射、马射

唐代武艺考七项:材貌、言语、马枪、翘关、长垛、步射、马射。材貌是对身高的要求;言语要求吐字清晰,声音洪亮;马枪考察马上长枪的使用;翘关又称举重,与现代的举重运动类似;长垛考射箭靶子,意在测试射箭的准确性和力道;步射、马射分别是徒步射箭和骑马射箭,前者不但考察准确率、力道,还要求动作规范,后者注重准确率和力道。宋代武举中材貌、言语列入推荐条件,不再列入考试范围。马枪、翘关两项已被取消,长垛、步射、马射三项简化为步射、马射两项,而且强调动作规范和力道,对准确率不太重视。

仁宗天圣七年(1029)初置武举之时,要求应试者"试一石力弓平射,或七斗弓力马射",委实精熟者,方能送兵部应考。英宗治平元年(1064)复置武举,对武艺考试有更为具体的规定。《宋会要辑稿·选举》一七之一一《武举》载:

> 治平元年八月十九日,枢密院言:"近复置武举,(所)[以]策略定去留,弓马定高下。弓步射一石一斗力,马射八斗力,各满,不破体,及使马精熟,策略武艺俱优者,为优等,与右班殿直;弓步射一石一斗力,马射八斗力,各满,但一事破体,及使马生疏,策优艺平者,为次(等)[优],与奉职;弓步射一石力,马射七斗力,各满,不破体,及使马精熟,艺优策平者,为次等,与借职;弓步射一石力,马射七斗力,各满,但一事破体,及使马生疏,策艺俱平者,为末等,与茶酒班殿侍、三班差使;弓[步]射二石力,弩踏五石力,射得,策略虽下而武艺绝伦者,未得黜落,别候取旨。凡头偃为破体。"诏可。

① 《宋会要辑稿·选举》一七之一一《武举》。

治平元年对弓马武艺设置了“弓步射一石一斗力，马射八斗力”和“弓步射一石力，马射七斗力”两个等级，并提出了“各满，不破体，及使马精熟”三个要求。根据策略、武艺的成绩，将合格者分为优等、次优、次等、末等四等。何谓“满”？宋人许洞《虎钤经》卷八《教弓第八十六》引唐王琚《射经》曰：“箭与弓把齐为满。”箭头与弓把齐平，即将弓完全拉开，称为“满”，意在考核膂力。何谓“破体”？枢密院言“凡头偃为破体”。“头偃”即低头，不符合射箭的动作要求，故视为“破体”。可见治平时期，不仅要求应武举人拉开规定力量大小的弓，还要求射箭动作标准，同时要求驾驭军马精熟。

孝宗淳熙七年(1180)的《武举贡举格》提高了对于武艺绝伦科的弓马武艺的要求：“绝伦，弓两石、兼马射九斗力。”取消了弩踏而增加了马射。而对于平等科的弓马武艺要求则有所降低：“第一等，弓一石一斗力、兼马射七斗；第二等，弓一石力、兼马射七斗；第三等，弓九斗力、兼马射七斗。”①增加了弓步射九斗力为第三等，马射均为七斗力。

不过，考试射箭不以命中目标为考评标准，很大程度上降低了考试难度。苏颂(1020—1101)曾对“但取箭满，不问中否”提出质疑，认为“惟射亲命中之法，于今取人最为要急”。②要求增加对马、步射命中率的考察。后来，这一要求被部分采纳，哲宗绍圣四年(1097)十一月癸酉(二十三日)，兵部言：“武举马射应法而三箭上垛者，于步射等第中递升一等。策义入平等者不升，至免递降。”哲宗“从之”。③

(二) 程文：策问、兵书大义

宋代武举与唐代相比，增加了程文考试，又被称为内场，包括策问和兵书大义两项考试。在宋人看来，将帅最重要的才能不在武艺膂力，而在于谋略。司马光(1019—1086)便认为：“弓马者，选士卒之法，非所以求将帅者也。不幸而不能挽强驰突，则虽有策略将帅之材，不得预试，恐非朝廷建试武举人之意。”④比试弓马只是选拔士兵的办法，而非选求将帅的门径。

同考校武艺相比，考校谋略的难度较大。武艺的考校，弓拉不拉得开，姿势标不标准，都是有目共睹的，标准客观，容易判断。而谋略的考校标准则很难把握。

---

① 《宋会要辑稿·选举》一八之四《武举》。

② 苏颂：《苏魏公文集》卷一七《议武举条贯》。

③ 《长编》卷四九三，绍圣四年十一月癸酉。

④ 《宋会要辑稿·选举》一七之一二《武举》。

1. 策问

仁宗天圣七年(1029)武举初设,只考策问一道。策问与军事有关,但因为缺少出题依据和范围,考生漫无边际的作答大大增加了考校的难度。于是朝廷渐渐地限制出题的范围。庆历七年(1047)十二月二十七日,诏:"自今策试武举人,毋得问阴阳诸禁书"。①大概因为阴阳书中风角、望云、遁甲之术与行军作战相关,故此前曾用作试题。但随着仁宗以后理性思潮兴盛以及方便考校的考虑,这些捉摸不定的"知识"最先被排除在出题范围之外。

英宗治平元年(1064),复置武举。三月二十一日,翰林学士贾黯(1022—1065)言:"近诏复试武举,臣愚以为如果欲得智勇武干之人,则于《韬》、《略》、《孙》、《吴》、《司马兵法》或经史事涉兵机者,取为问目,以能用己意,或引前人注说解释,义理明畅者为通。"英宗"从之"。②《六韬》、《黄石公三略》、《孙子》、《吴子》、《司马法》或经史事涉兵机者既是兵书大义的出题范围,也是策问的出题范围。神宗熙宁八年(1075)七月二十七日,诏:"武举人先试《孙》、《吴》、《六韬》大义,共十道,为两场;次问时务边防策一道,限七百字以上成。"③以试格前后参错,至是裁定策问为"时务边防策一道,限七百字以上成"。将出题限制在古代兵书和边防事务范围内,在很大程度上方便了考校工作。此外,虽然兵家谋略,讲的是机变,战场之上,死生之地,一动一静、一张一弛,都有莫大的机变潜伏其中,惟有临机制变,方能乱中取胜。仅凭一场策问考试,是无法达到选拔谋略之才的目的的。不过,战争也绝非无规律可言,古代的兵家曾就战争的艺术作过精辟的阐述,这就是《孙子》、《吴子》、《司马法》等兵法著作。对这些兵法著作的研习,可以帮助未来的将领熟悉战场的法则,使他们对于战争具有初步的知识,当他们走上战场之时,这些知识会引导他们尽快进入角色。因此把兵书和时务边防作为出题范围不单纯出于方便考校的考虑,也被认为可以通过考校这些知识选拔出真正的将帅之才。

既然策问的出题范围逐步确定为兵书和边防时务,相应地,一道策问已不能满足考察的要求。于是,哲宗绍圣四年(1097)四月十三日,翰林学士、同知贡举林希等言:"应武举人止试策一道大略,欲乞依进士试三道。"乃诏:"自今发解、省试添试策一道。"④即武解试、武省试策问增为两道。南宋时,李心传云:武举省试

① 《宋会要辑稿·选举》一七之八《武举》。
② 《宋会要辑稿·选举》一七之一〇《武举》。
③ 《宋会要辑稿·选举》一七之一六《武举》。
④ 《宋会要辑稿·选举》一七之一九至二〇《武举》。

“兵机策二道”；[①]赵升则云：“若武举，则以弓马为第一场，其次《七书》义五道，其次策三道。”[②]

据不完全统计，现存的宋代武举策问共有21首。从现存的策问看，大致可以分为三种类型：

第一种类型，纯考兵书理论。就某一部兵书的不同注疏或多部兵书中对同一军事原则的不同叙述发问，意在考察武举人对兵书的掌握程度以及融会贯通理解军事理论的能力。例如南宋刘才邵《檆溪居士集》卷十《武举策问》，就属于这一类型。其策问云：

> 兵法起于黄帝，历代用之，其书日滋，有三门四种之异。其后浸失其传，而学者之所讲习者，七家而已。其当时之所记，后世之所师，详究其说，宜在所置议也。昔齐威王使大夫追论古者，《司马兵法》而附穰苴于其中，今其书具在，不识所附之兵法尚可考见而分别乎？李靖以为张良之所学《三略》、《六韬》是也，韩信之所学穰苴、孙武是也，今以良之运筹、信之胜敌，求之诸书，所谓师而行之，果何事耶？因其书而论其人，此所当尽心焉。至于唐太宗谓霍去病暗合《孙》、《吴》，其所合者，复何事耶？其详以告，欲观所蕴。

这道策问起首说，兵法起于黄帝，历代相承，其书种类不断滋长，曾有三门四种的分类。以后渐有失传，传到后世的只有七家而已。当时人所记载的，与后世人所师法的，究竟是些什么内容，这是我们应当详细探究而讨论的。然后，策问列举了几个有关兵法的传承、应用方面的历史典故，并提出问题：当年，齐威王让大夫们追论古代的《司马法》，汇编成书，又把当时齐国将领的穰苴兵法也附在《司马法》当中，现在《司马法》一书仍在，却不知道其中所附的穰苴兵法还是否可以考辨出来？李靖认为张良学的是《三略》、《六韬》，韩信学的是穰苴兵法和孙武兵法。如果将张良、韩信运筹胜敌的事迹，同兵书的记载相比较，那么说他们师法运用兵书，指的是哪些具体事例？根据兵书来论历史上的将帅得失，这是读兵书者所当特别注意的。至于唐太宗说霍去病的用兵之道与《孙子》《吴子》暗合，他指的又是哪些事例？请详细说明。

第二种类型的策问，结合兵书中的军事原则，联系历史上的著名战例或著名

① 《朝野杂记》甲集卷一三《武举》。

② 《朝野类要》卷二《三场》。

军事家事迹，问其成败得失，并于成败得失之际探寻灵活运用军事理论之道。南宋人陈造(1133—1203)《江湖长翁集》卷三十三《武举策问》之三，就属于这一类型。其策问云：

> 问：兵有众寡，众难持，寡难支，用寡而能支，则可以有功，用众而能持，何向而不克矣。古者用众而败者固有，而粗能持也则固无敌，兵法是以有"十围五攻、敌坚敌擒"之说。而以寡取胜亦不乏人，败于寡者皆是也。故将兵者不得已于用寡，而乐于用众固也。而胜败之迹异，则能否之不同也。秦之攻楚，他将以二十万而败，王翦曰非六十万不可。夫倾秦国之众，付之一战，而翦遂克举楚。至苻坚之南，兵至九十余万，淝水之衄，何至狼狈如是，而坚寻以亡。秦则用众，信不易矣。李陵之果锐，得士死力，又名将后也，以步卒五千，涉血北地，终以降敌辱汉。陵之材似非瞢然者，固宜知以寡犯众，不可以为常，其出也，非恶有所属而然欤！是亦不得已而用之。若马隆之于凉州，自诡灭贼，募众三千，木机能莫御也。凉州以平，则又岂不得已而用寡者欤！诸公学而得于兵之深，必洞晓于此。凡兵之众寡，用之各有其法欤！抑临事应变，不可豫计乎！临事应变之说，人知以此借口，翦用之秦，隆用之晋，夫岂果不可豫计欤！愿详论四子之得失，摭其定说，以见谂焉。

这道策问的主题是探究在不同的兵力对比条件下的作战原则，即所谓"众"、"寡"问题。《孙子·谋攻》云："用兵之法，十则围之，五则攻之，倍则分之，敌则能战之，少则能逃之，不若则能避之。故小敌之坚，大敌之擒也。"《孙子》的这段论述，针对敌我兵力对比的种种不同情况提出了不同的对策。《司马法·用众》则阐述了"用寡"(敌众我寡)和"用众"(敌寡我众)两种情况下的用兵原则，如：敌众我寡应力求营阵巩固，敌寡我众应力求严整不乱；敌众我寡应力求出奇制胜，敌寡我众应尽量正规作战。《江湖长翁集》中的这道策问，首先引用了以上《司马法》和《孙子》中关于"众"、"寡"的理论，然后又列举了四个著名的战例：秦代王翦拥兵六十万得以破楚，前秦苻坚拥兵九十万伐东晋而惨败于淝水，汉代李陵以五千孤军深入匈奴终于兵败投降，后汉马隆募众三千却取得了胜利。前两个战例，同为己众敌寡，后两个战例，同为己寡敌众，但胜败却各不相同。在列举了四个战例之后，提出了以下问题：凡此种种，兵力众寡不同，胜负各异，是因为四位将军用兵之法不同？还是战场形势变幻莫测，必须临事应变，根本毫无原则可言呢？请详细考究四位古人的胜负得失，对照兵书中提出的战术原则，加以分析论述。

第三种类型的策问，是以古喻今，通过现实的政治军事形势与古代近似事例的对比，要求应武举人对现实问题提出自己的意见和建议。洪咨夔（1176—1236）《平斋集》卷九《武举殿试策》，就属于这一类型。其策问云：

> 盖闻有天下者审其御，御有得失，则狙诈有作使作敌之殊，自昔英君犹难之。朕厉精更始以来，无日不讨诸军国以兴起治功，而辔策一世，衔橛四夷，每有慕于汉高祖经营帝业，筑坛而拜以宠韩信，踞洗而召以挫黥布，御将之法然也。周庐内卫，列屯外戍，使功使过，俾皆踊跃奔走于作兴之下，而无跅弛之累、儿戏之习，其道何先？光武再造炎图，玺书明见以服窦融，帻坐迎笑以折马援，御豪杰之法然也。中原遗材，慕义来附，效智效勇，俾皆欢呼鼓舞于大受之中，而无养鹰之患、放虎之虞，其术何要？孝宣号称中兴，先零负固，则留屯浩亹以平之，呼韩称藩，则置酒甘泉以飨之，御夷狄之法然也。故雠虽殄，新邻方张，或和或战，情伪叵测，在我必有以待之，进可为车攻之复古，退不失采薇之守卫，其策何上？夫能御将帅而后能御豪杰，能御豪杰而后能御夷狄，审本末之序，权缓急之势，以制动静之机，操纵阖辟，顾不在我乎？至若军律之当严，戎旃之当睦，边民之当恤，新甿之当抚，无一不关宵旰之虑。子大夫有志事功，其率意茂明之，朕将亲览。

这道策问撰写于理宗端平二年（1235）。端平元年，蒙古灭金，南宋的北边宿敌金朝被消灭了，但其北部边境又暴露在蒙古铁骑的威胁之下。即策问所说的“故雠虽殄，新邻方张，或和或战，情伪叵测”。针对这种形势，策问先列举了汉高祖、汉光武帝控御群雄和汉宣帝抵御夷狄的成功事例，进而提出现实问题，要求武举人针对当前宋朝面临的形势提出自己的对策。

以上三种类型的策问，第一种可谓纸上谈兵书，第二种可谓纸上谈兵，惟有第三种关注现实，具有较强的现实意义。

那么，武举人是如何对策的呢？现存的武举策问一般只有问目，没有对策，北宋中后期文人陈师道（1052—1101）《后山集》卷十七《拟御试武举策》，可能是目前仅存的完整的既有问目又有对策的御试武举策。从内容上看，这篇《拟御试武举策》可能是陈师道在乡下教书时，为门下的武举人所作的模拟武殿试的策问和标准答案。

《拟御试武举策》的问目属于上述第二种类型。问目列举了七件史事，并对每件史事都提出了一个疑问：商汤灭夏桀，是否运用了阴谋诡计？周武王伐纣，是否符合天命？春秋五霸之一的晋文公为何称“伯”而不称“王”？上古时出征前誓师之辞，多以“刑”告诫将士，“刑”的涵义有何变化？《司马法》提出的原则，为什么后世难以遵用？墨子主张“非攻”，反对战争；诸葛亮七擒七纵，终降孟获，其智谋何在？两汉都有羌人叛乱，西汉极力安抚，东汉以武力相加，都平定了叛乱，结果相同而手段各异，其原因何在？

这七个问题，看似互不关联。但在对策中，我们却可以看到这七个问题的答案均指向同一结论。对策按提问顺序依次回答了上述七个问题，通篇以“仁”、“义”贯穿；结论是请求皇帝“偃武修文”，以德服人，“却兵家之图书”，如此，方可以“将不敌于天下而威行万世”。这个结论，联系陈师道生活的时代看，就是主张对西夏取守势，反对主动进攻。

《拟御试武举策》并非当时实际的策问和对策，而是一个儒学士人的拟定之作。其中充满了儒家的仁义观念，而非兵家的态度和立场。这种倾向普遍存在于宋人的武举策问之中。所以宋人才说武举是“以武设科，虽曰右武，以文求武，反不得人”。①

因为策论涉及时务，只知书本知识者或低级武官对策有难度，神宗熙宁五年(1072)有人希望以背诵兵书的墨义来代替对策，因遭到时任同平章事(宰相)王安石的反对而作罢。《群书考索》后集卷二九《武学》记其事云：

> 熙宁五年，初，密院修《武举条令》：“不能答策者，止答兵书墨义。”王安石恐入官太冗，兼近方以学究但知诵书，反愚鲁不晓事，废之。今又置武举墨义一科，其所习墨义又少于学究，所取武艺又不难及，则曰时为学究者乃更应武举。若收得如此人作武官，亦何补于事？上曰：“朕亦语密院，以墨义不可用。”至是，再进呈《武举条制》，乃悉从中书所定。

墨义只是简单背诵兵书，对考察军事知识的水平意义不大，因而遭到时任同平章事(宰相)王安石(1021—1086)的反对。此外，熙宁四年二月文举已经废除以记诵为主的帖经、墨义，改以经义、论、策取进士，而熙宁五年武举却欲以兵书墨义代替对策，显然与贡举改革的方向背道而驰。

2. **兵书大义**

仁宗天圣七年(1029)初置武举，程文只试策一道。英宗治平元年(1064)复

---

① 姚勉：《雪坡集》卷七。

置武举，程文除试策之外，加试兵书大义。《宋会要辑稿·选举》一七之一〇《武举》载：

> 治平元年三月二十一日，翰林学士贾黯（1022—1065）言："近诏复试武举，臣愚以为如果欲得智勇武干之人，则于《韬》、《略》、《孙》、《吴》、《司马兵法》或经史事涉兵机者，取为问目，以能用己意，或引前人注说解释，义理明畅者为通。"从之。

神宗熙宁六年（1073）四月二十四日，侍御史刘孝孙言："武科之设，以大义为本，参之策问，与明经、进士不甚相远。欲依补试入学生员例，问大义十道，与策问分作三场。"神宗诏："送中书取旨。"①熙宁八年七月二十七日，神宗下诏裁定："武举人先试《孙》、《吴》、《六韬》大义，共十道，为两场；次问时务边防策一道，限七百字以上成。"②同年八月七日，礼部贡院别试所言："武举人试《孙》、《吴》、《六韬》大义，《六韬》本非完书，辞理讹舛，无所考据，欲止于《孙》、《吴》书出义题。"神宗"从之"。③即兵书大义仅考试《孙子》、《吴子》大义十道。

兵书大义的评判标准，英宗治平元年复置武举时规定："以能用己意，或引前人注说解释，义理明畅者为通"。④神宗元丰七年（1084）十一月十一日，从国子司业翟思、朱服所定，诏："武举依进士试大义一场，第一等取四通，第二等取三通，第三等取二通，并为中格。"⑤即兵书大义十道中能答对四道即为第一等，答对两道即为合格。可见对于武举人的要求并不高。

神宗熙宁五年（1072），复置武学。元丰三年（1080）四月乙未（二日），诏："校定《孙子》、《吴子》、《六韬》、《司马法》、《三略》、《尉缭子》、《李靖问对》等书，镂板行之。"⑥元丰六年，由国子司业朱服、武学博士何去非等校定完成《孙子》、《吴子》等七书，成为武学的教材。两宋之际的目录学家晁公武《郡斋读书志》卷十四《六韬》解题云："元丰中，以《六韬》、《孙子》、《吴子》、《司马法》、《黄石公三略》、《尉缭子》、《李卫公问对》颁行武学，今习之，号'七书'云。"《郡斋读书志》初成书于高宗绍兴二十一年（1151），终成书于孝宗淳熙七年至十四年之间（1180—1187）。可

① 《宋会要辑稿·选举》一七之一四《武举》。
②③ 《宋会要辑稿·选举》一七之一六《武举》。
④ 《宋会要辑稿·选举》一七之一〇《武举》。
⑤ 《宋会要辑稿·选举》一七之一八《武举》。
⑥ 《长编》卷三〇三，元丰三年四月乙未。

见元丰年间,《孙子》等七书已经颁行武学,至迟南宋初年已经被称为“七书”。南宋另一位目录学家陈振孙《直斋书录解题》卷十二《李卫公问对》解题云:“今武举以七书试士,谓之《武经》。”陈振孙为宁宗、理宗朝人,可知南宋时期,武举兵书大义不仅考试《孙子》、《吴子》大义,而是考试《武经七书》大义。

宋朝武举以策问、兵书大义考谋略,以马、步射考武艺,从考试内容来说,对于培养和选拔将帅之才是有益处的。

四、武举释褐授官与差遣注授

(一) 武举释褐授官

武举与文举类似,登科后亦释褐。文举自太宗太平兴国二年(977)进士及第,“皆先赐绿袍、靴、笏”。①而武举登科即赐袍、笏则要晚许多。《宋会要辑稿・选举》一七之一八《武举》载:

> 元丰八年(1085,哲宗已即位,未改元)五月二十五日,武举进士赵国徽等三十九人并赐袍、笏、银带。

哲宗元祐六年(1091)三月十四日,以三省言,武举绝伦人辛育等“特赐袍、带、靴、笏”。②神宗元丰八年,距仁宗天圣七年(1029)初置武举已经56年;距英宗治平元年(1064)复置武举,也已经21年。南宋人吴自牧《梦粱录》卷三《士人赴殿试唱名》云:“武举进士,前三名照文科为状元、榜眼、探花恩例,各赐紫囊、金带、靴、笏。”周密(1232—1298)《武林旧事》卷二《唱名》亦云:“武举人赐紫罗袍、镀金带、牙笏。”文举进士赐绿袍,武举进士则赐紫袍。

武举授官,仁宗天圣七年初置武举时,也比较低。《宋会要辑稿・选举》一七之六《武举》载:

> 天圣八年六月二十三日,帝御崇政殿亲试武举人,以张建侯、楚宏并补三班奉职;刘翊、胡远、崔道并补三班借职;李固、孟渊、丁问并补三班差使。陈异等六人策不入等、射不中格,并落下。

---

① 《长编》卷一八,太平兴国二年正月庚午。

② 《宋会要辑稿・选举》一七之一八《武举》。

“三班奉职”为52阶武阶官的第51阶，从九品；“三班借职”为52阶武阶官的第52阶，从九品；“三班差使”为不入流的武散官，无品。此后，有些武举登科者授官更低。《宋会要辑稿·选举》一七之七《武举》载：

> 景祐元年(1034)六月二十三日，帝御崇政殿试武举人，以许思纯、郑宾、借职李良臣并策不入等、武艺中格，并补三班奉职；王安仁、李宗良、成杰、张睿策第五等、马射不中格，并补三班借职；郑旦、刘稷臣、勾宗谔策不入等、马射生疏，并补殿侍、三班差使；史询、张存与下班殿侍；樊纯、段仪、刘愬不中选。

郑旦等授“殿侍”，史询等授“下班殿侍”，则是比三班差使更低的无品、不入流的武散官。正如嘉祐五年(1060)正月，监察御史里行王陶所言：“今武举取格太轻，宜仿唐制设科，优待以官，无若招士伍然。”①

英宗治平元年(1064)复置武举，授官品阶有所提高。《宋会要辑稿·选举》一七之一一《武举》载：

> 治平元年八月十九日，枢密院言：“近复置武举，(所)[以]策略定去留，弓马定高下。弓步射一石一斗力，马射八斗力，各满，不破体，及使马精熟，策略武艺俱优者，为优等，与右班殿直；弓步射一石一斗力，马射八斗力，各满，但一事破体，及使马生疏，策优艺平者，为次(等)[优]，与奉职；弓步射一石力，马射七斗力，各满，不破体，及使马精熟，艺优策平者，为次等，与借职；弓步射一石力，马射七斗力，各满，但一事破体，及使马生疏，策艺俱平者，为末等，与茶酒班殿侍、三班差使；弓[步]射二石力，弩踏五石力，射得，策略虽下而武艺绝伦者，未得黜落，别候取旨。凡头偃为破体。”诏可。

“右班殿直”为52阶武阶官的第50阶，正九品；“三班奉职”为52阶武阶官的第51阶，从九品；“三班借职”为52阶武阶官的第52阶，从九品，皆属武选官中的小使臣。至于茶酒班殿侍、三班差使、下班殿侍皆为无品、不入流的武散官。详见下表：

① 《长编》卷一九一，嘉祐五年正月末。

<table>
<tr><th colspan="2">旧阶官名</th><th>政和阶官名</th><th>绍兴阶官名</th><th>官　品</th><th>阶　次</th></tr>
<tr><td rowspan="8">小使臣</td><td>东头供奉官</td><td>从义郎</td><td>从义郎</td><td>从八品</td><td>第 45 阶</td></tr>
<tr><td>西头供奉官</td><td>秉义郎</td><td>秉义郎</td><td>从八品</td><td>第 46 阶</td></tr>
<tr><td>左侍禁</td><td>忠训郎</td><td>忠训郎</td><td>正九品</td><td>第 47 阶</td></tr>
<tr><td>右侍禁</td><td>忠翊郎</td><td>忠翊郎</td><td>正九品</td><td>第 48 阶</td></tr>
<tr><td>左班殿直</td><td>成忠郎</td><td>成忠郎</td><td>正九品</td><td>第 49 阶</td></tr>
<tr><td>右班殿直</td><td>保义郎</td><td>保义郎</td><td>正九品</td><td>第 50 阶</td></tr>
<tr><td>三班奉职</td><td>承节郎</td><td>承节郎</td><td>从九品</td><td>第 51 阶</td></tr>
<tr><td>三班借职</td><td>承信郎</td><td>承信郎</td><td>从九品</td><td>第 52 阶</td></tr>
<tr><td rowspan="4">武散官</td><td>三班差使</td><td>进武校尉</td><td>进武校尉</td><td rowspan="4">无　品</td><td>第 53 阶</td></tr>
<tr><td>三班借差</td><td>进义校尉</td><td>进义校尉</td><td>第 54 阶</td></tr>
<tr><td>殿　侍</td><td>下班祇应</td><td>下班祇应</td><td>第 55 阶</td></tr>
<tr><td>大　将</td><td>进武副尉</td><td>进武副尉</td><td>第 56 阶</td></tr>
</table>

神宗熙宁六年(1073)九月十一日,诏武举殿试策分优、平二等,武艺分优、次优、次、末四等,按等授官。《宋会要辑稿·选举》一七之一四至一五《武举》载:

熙宁六年九月十一日,诏:应御试武举人,御药院初考官撰策题。策入优[等]:武艺优等与右班殿直,弓步射一石一斗,马射八斗,各满,不破体及使马精熟;武艺次优与奉职,弓步射一石一斗,马射八斗,各满,但一事破体及使马生疏;武艺次等与借职,弓步射一石,马射七斗,各满,不破体,使马精熟;武艺末等与三班差使,减三年磨勘,弓步射一石,马射七斗,各满,但一事破体及使马生疏。策入平等:武艺优等与奉职,武艺次优与借职,武艺次等与三班差使、减二年磨勘,武艺末等与三班差使。

熙宁六年授官与治平元年略同,只是按试策与武艺的不同等级授予不同的武阶官。

北宋武举白身人授官最多只到右班殿直;若原为有官人,一般是在原官阶上迁一至二阶。如庆历六年(1046),"以三班借职张问为奉职"(迁一阶)。①熙宁三

① 《宋会要辑稿·选举》一七之八《武举》。

年(1070),“以右侍禁康大同为左侍禁(迁一阶),借职王褒为右班殿直(迁二阶),殿侍孟永吉为借职(迁三阶),奉职高兴宗减二年磨勘”。①

南宋初期,武举及第授官如北宋熙宁之制。如高宗绍兴十八年(1148)四月十八日,尚书省言:“拟到武举进士柯熙以下八人,推恩:正奏名七人,策入优等第一名与保义郎;平等六人,第一名与承节郎,第二、第三人武艺不合格,与承信郎,第四至第六人与承节郎;特奏名一名,策入平(定)[等],与进义校尉,各展磨勘年有差。”高宗“从之”。②“保义郎”即元丰改官制前的“右班殿直”,“承节郎”即为“三班奉职”,“承信郎”即为“三班借职”。

孝宗时期,更加重视武举。旧制,武举第一人补保义郎,堂除三衙或诸军主管机宜文字。孝宗曰:“可补秉义郎,令与进士第一人承事郎相等;所差机宜,元不得预军州事,须创置一官,令在机宜之上,使得裨赞主帅,庶见所长,以备擢用;自第二人以下,并以进士赐第人恩例为准,取旨裁定。”于是,较大幅度地提高了武举及第的授官品阶。《宋会要辑稿·选举》一八之二《武举》载:

> 淳熙二年(1175)三月二十四日,诏武举正奏名殿试策入优等[第]一名,补秉义郎,堂除三衙诸军计议官;第二、第三名补保义郎,注授诸路安抚司准备将领(一任回,与转忠翊郎,不隔磨勘);第四、第五名补承节郎,注授诸州兵马监押(一任回,与转保义郎,不隔磨勘);馀人并依逐举例补官及旧法注拟差遣。已上如曾经省试上三名、武学上舍生,与注诸路安抚司准备将领。

“秉义郎”即元丰改官制前的“西头供奉官”,为52阶武阶官的第46阶,从八品,比原来提高了四阶;文科贡举第一人(状元)授承事郎,为37阶文阶官的第28阶,从八品。“保义郎”即元丰改官制前的“右班殿直”,为52阶武阶官的第50阶,正九品;文科贡举第二、第三人授文林郎,为37阶文阶官的第33阶,从八品。“承节郎”即元丰改官制前的“三班奉职”,为52阶武阶官的第51阶,从九品;文科贡举第四、第五人授从事郎,为37阶文阶官的第34阶,从八品。至此,武举与文举赐第授官基本相当。

武举赐第授官与文举类似,也有龙飞榜恩例。《宋会要辑稿·选举》一七之三〇《武举》载:

---

① 《宋会要辑稿·选举》一七之一二《武举》。

② 《宋会要辑稿·选举》一七之二七《武举》。

> 乾道二年(1166)三月十七日,兵部言:"旧例皇帝登宝位临轩策试,准推龙飞恩例,今举已降旨依典故施行。武举进士合推恩数,缘崇宁、建炎年该龙飞典例,自渡江,案牍散逸无凭契勘。伏乞详酌。"诏比附进士正奏名例,第一名特更与转一官,第二、第三名依第一名恩例。

光宗绍熙元年(1190)四月十五日,"以乾道二年三月十七日指挥",武举进士亦施行了龙飞恩例。①

(二)武举差遣注授

宋朝武官与文官一样,有官(阶官)、职(贴职)、差遣(职事官)之别。武举登科后所授的右班殿直(保义郎)、三班奉职(承节郎)、三班借职(承信郎)等为武阶官,加授的阁门祗候为贴职,所注授的巡检、安抚司准备将领等为差遣(职事官)。仁宗天圣七年(1029)初置武举之后,开始所注授差遣多为监当官,"掌茶盐酒税、场务、征输及冶铸之事",②而与军事无关。宝元二年(1039)六月癸酉(十四日),诏:"应武举授班行者,多在内地为监当官,宜并从陕西缘边军寨及捉贼任使,以试其能。"③康定元年(1040)二月十八日,又诏:"自今武举人程试,并以策问定去留,弓马定高下,馀依兵部旧制考校。其合格举人,除官后并免监临,只差沿边任使。如三班差使、殿侍以下,即与指使及捉贼差遣。"④庆历二年(1042)八月十一日,知谏院张方平(1007—1091)言:"武举中选人请除京东捉贼。"仁宗"从之"。⑤皇祐元年(1049)八月二十五日,武举合格者 47 人,"并边上差使"。⑥但是,具体所注何种差遣,语焉不详。

英宗治平元年(1064)复置武举,曾规定武举合格人所授武阶官为右班殿直、三班奉职、三班借职、三班差使、殿侍等,其所注差遣为"仍并与三路沿边差遣,试其效用"。⑦《宋会要辑稿·选举》一七之一五《武举》载:

> 熙宁六年(1073)九月十六日,赐武举进士文焕及第,注两使职官、熙河

---

① 《宋会要辑稿·选举》一八之八《武举》。
② 《宋史》卷一六七《职官志七》"监当官"。
③ 《长编》卷一二三,宝元二年六月癸酉。
④ 《宋会要辑稿·选举》一七之七《武举》。
⑤⑥ 《宋会要辑稿·选举》一七之八《武举》。
⑦ 《宋会要辑稿·选举》一七之一〇《武举》。

> 路准备差使；侯抱真而下二十三人授以三班奉职、借职、差使，与沿边差使，复赐进士及第，为梓、夔路察访司准备差使。

“准备差使”属于未补正官的武职差遣，大概相当于现代的军事参谋之类。

后来，又演变为除武举第一人授巡检之外，其余又均授监当官。绍兴二十六年(1156)九月十五日，太学博士兼武学博士周操言：

> 武举登科者，第一人与巡检差遣外，其馀例处以监当，使其舍平日所习，一旦从事于管库之间，似非选练武举之本意。乞自今武举登科人高等者枢密院籍记姓名，候一任满日，无过犯有劳绩，即加擢用，其次者亦免充财谷管库之任。

高宗“从之”。[①]具体如何擢用呢？《宋会要辑稿·选举》一七之二八至二九《武举》载：

> 绍兴二十九年(1159)二月二十五日，左正言何溥言：“乞将武举一科，参照祖宗典故，修立入官资格，历从戎事，免使监当。其有才略出伦，许令帅司保举，试之阵队，以观其能，御侮干城，量加擢用。”
>
> 吏、兵部看详：“武举旧法，未入亲民，注三路镇寨都监、监押(初任注双员)、巡检、驻泊捉贼，无遗阙，注监当；次任馀路。进武校尉注经使监当。昨来指挥，武举正奏名保义郎以上注沿江巡检，承信郎、承节郎注两浙、江南、福建末榜监当缺一次。又臣僚乞武举第一人与堂除差遣，馀保义郎以上注巡检、驻泊捉贼、押队，承节郎、承信郎、校尉注准备差使、缉捕盗贼。欲自今武举承节郎、承信郎与通注沿边亲民巡检、县尉或监当窠缺，其校尉止依已降指挥差注。”从之。

即自绍兴二十九年起，武举授承节郎、承信郎等武阶官者，与通注沿边亲民巡检、县尉；如无阙，或注监当窠阙。授进武校尉、进义校尉等武散官者，依已降指挥差注监当官。“巡检”为军职名，掌巡警捕盗、禁缉走私、烟火公事及训练甲兵等。

---

① 《宋会要辑稿·选举》一七之二七至二八《武举》。

“县尉”为职事官，“县尉职在巡警及获盗解县”。①沿边亲民巡检、县尉与边防、治安密切相关，这是与“掌茶盐酒税、场务、征输及冶铸之事”的监当官大不相同的。

可能“武举承节郎、承信郎与通注沿边亲民巡检、县尉”的新制并未得到很好执行，孝宗隆兴元年（1163）三月二十三日，殿中侍御史胡沂（1107—1174）又言：

> 国家艰难以来，屡颁诏旨，数路搜扬将臣，然臣窃以谓犹未尽也。夫设武举、立武学，盖将有所用也。及临轩唱第，名在一二者，固蒙褒擢，馀皆吏部授以榷酤征商之事，所养非所用，所用非所养，殆非上之求材、下之应举之本意。欲望与大臣审度计议，取近岁中武举之人，量其高下，与其考任之浅深，定为品格，分差沿边、屯驻、将下准备差使。旧沿边各有巡检，其下士卒亦有部伍。今之资历深者，亦可为之乎？淮甸荆襄之间，邑各有尉，其下弓级亦习武艺，今之资历浅者，亦可为之乎？如是，则武艺之士岂犹已中选者人人思奋，而遐方远邑习举业者，亦皆欣然相率而上之所求矣。

孝宗“从之”。②虽然沿边亲民巡检、县尉与边防、治安密切相关，但并非从军服役，这与设武举选拔将帅的本意还有相当大的距离。乾道二年（1166）三月十八日，中书舍人蒋芾言：“国家开设武学，教养智勇之士，然既第之后，问其所职，则管库而已。夫孙子、吴起之术，非可用于勾稽，由基、飞卫之技，非可施于钱谷也。愿诏本兵大臣议定其制，继自今以武举登第者，悉授以军中之职，安知异时无郭子仪者出于其间？”孝宗诏：“应武举出身人，候关升亲民、实历一任，如有材能，许监司、帅守荐举取旨，与将、副差遣。”③是年六月八日，“以主管步军司陈敏言（吴）琯素蕴韬略，愿从军效力”，故诏：“武举正奏名承节郎吴琯差充侍卫步军司准备将职事。”④

淳熙二年（1175）三月二十四日，孝宗一方面“令武举人比类进士及第第一人以下所授官品”，另一方面“创置一官，令在机宜之上，使得裨赞主帅，庶见所长，以备擢用”。于是，下诏曰：

> 武举正奏名殿试策入优等一名，补秉义郎，堂除三衙诸军计议官；第二、

① 《宋会要辑稿·职官》五之四八《三司推勘院》。

② 《宋会要辑稿·选举》一七之二九至三〇《武举》。

③ 《宋会要辑稿·选举》一七之三〇至三一《武举》。

④ 《宋会要辑稿·选举》一七之三一《武举》。

> 第三名补保义郎，注授诸路安抚司准备将领，一任回，与转忠翊郎，不隔磨勘；第四、第五名补承节郎，注授诸州兵马监押，一任回，与转保义郎，不隔磨勘；馀人并依逐举例补官及旧法注拟差遣。已上如曾经省试上三名、武学上舍生，与注诸路安抚司准备将领。

“三衙诸军计议官”为三衙诸军都统制的高级属官，位在主管机宜文字之上。“诸路安抚司准备将领”为诸路安抚司的属将，位于正将、副将之下。“诸州兵马监押”为诸州武职，掌本部辖处屯驻、兵甲、训练、差役之事。

孝宗淳熙七年(1180)三月四日，“宰执进呈兵部措置《武举贡举补官差注格法》，并从之”。其《补官差注格法》曰：

> 第一名堪充兵将官、愿从军人补秉义郎，差充三衙并江上诸军同正将，依正额人支破请给，到军及五年、无遗缺，愿离军者，除诸军计议官，任满入诸路正将。第二、第三名堪充兵将官、愿从军人补保义郎，差充三衙并江上诸军同副将，依正额人支破请给，到军及五年、无遗缺，愿离军者，[差充三衙并江上诸军书写机宜文字或干办公事，任满入诸路副将。第四、第五名并省试第一名堪充兵将官、愿从军人，依旧法补官，差充三衙并江上诸军同准备将，依正额人支破请给，到军及七年、无遗阙，愿离军者，差充三衙并江上诸军准备差遣，任满入诸路安抚司准备将领。第六名以下堪充兵将官、愿从军人，依旧法补官，差充三衙并江上诸军准备差遣]，[通及七年，无遗阙，愿离军者]，与转忠翊郎，[不隔磨勘，任满入诸州兵马监押。已上若后来立到军功或人材出众，特旨擢用，不拘此限。其堪充兵将官、愿从军人，令枢密院铨量。如不愿从军或虽愿从军、人材不应选人，并依乾道八年已前旧法，第一名补保义郎，注沿江巡检、驻泊捉贼、押队；不入等承节郎，注沿边亲民巡检、县尉、准备差使，缉捕盗贼。第二名以下补承节郎，不入等承信郎，注沿边亲民巡检、县尉、准备差使、缉捕盗贼。]①

南宋军队有屯驻大军及三衙，屯驻大军的统兵官为都统制、副都统制；三衙的统兵官为主管殿前司公事、主管侍卫马军司公事和主管侍卫步军司公事。屯驻大

① 《宋会要辑稿·选举》一八之三至五《武举》。淳熙五年八月二十七日纪事与淳熙七年三月四日纪事实为一事，原有错简遗漏，现连缀而为全文。

军和三衙下分军、将两级编制，军的统兵官是统制、同统制、副统制、统领、同统领、副统领等；将一级的统兵官有正将、副将、准备将。将下设训练官、部将、队将、押队等。武举第一人注同正将，虽非正任，却按正额人发给俸禄；第二、第三人注同副将；第四、第五人注同准备将，第六人以下注准备差遣。在军中服役五年或七年之后，可以离开军队到地方上任武职。孝宗曰："武举本欲取将帅之才，今前名皆令从军，以七年为[限]，则久在军中，谙练军政，将来因军功擢为将帅，庶几得人。"①淳熙七年《武举贡举补官差注格法》对于武举培养和选拔将帅之才，是有重要意义的。因而也成为定制。淳熙八年(1181)，《武举贡举补官差注格法》颁布后第一次武举，该格法也首次付诸实施。此榜赐江伯虎等 44 人武举进士及第、出身，"江伯虎等十八人愿从军"②，占总录取人数的 41%。

宋朝重文轻武，武举人注授差遣之后可以锁厅应试文举，换授文资。如李心传(1067—1244)云："近岁江伯虎君用、陈续嗣功亦连中两科。伯虎淳熙八年武举第一人，十一年进士第四甲，遂换承事郎，恩数与状元等，朝廷靳之。"③武举之设，本意在培养与选拔将帅之才，如武状元江伯虎者纷纷换授文资，恐非朝廷本意。淳熙十六年(1189，光宗已即位，未改元)十月二十三日，宰执进呈知归州林颖秀言：

> 武举一科，均隶右选，悉谋锁换，以为捷径，然则是科殆可废也。乞明赐戒谕，或议条约，其间诚有学业优长、才兼文武者，乞令在内清望官、外台监司帅臣考察，如委堪保举，方得敷奏所业引试，庶几其人一意戎事，稍重武科。

光宗曰："此说的可从，既以武进人，又却换文，甚非专设武科取人之意。"遂诏："自今武举人不许试换文资。"④

绍熙五年(1194)七月甲子(五日)，光宗退位，宁宗继位。十月十一日，臣僚又言：

> 武科许试换文资，盖不止责以兵略骑射，诚欲益其学问而大其成就耳。比年以来，不许试换，虽曰使之从军以备将帅之选，而升差之法止于同正将。

① 《宋会要辑稿・选举》一八之三至四《武举》。
② 《宋会要辑稿・选举》一八之五《武举》。
③ 《朝野杂记》甲集卷十三《武举》。
④ 《宋会要辑稿・选举》一八之七至八《武举》。

> 既塞其试换之门，又艰其仕进之路，使士以才气自负者将有不屑就之意。乞今后依旧许令武举人试换文资。

宁宗“从之”。①臣僚所言“升差之法止于同正将”可以修改，绍熙五年闰十月二十三日，即从臣僚之言：“武举从军人先充同准备将或同正、副将二年，待其谙晓军务，即令本军保明主帅，备申许令拨填正额，如委是职事修举，许其升差统领、统制官。”②臣僚所言“欲益其学问而大其成就”，既已换文资，则与选将帅无关。所乞“依旧许令武举人试换文资”，实在没有道理。大概是因为换了皇帝就改了政策。

二十三年之后，即宁宗嘉定十年(1217)十二月十二日，兵部侍郎赵汝述言：

> 文武并用，长久之术，有天下者不可偏废。近世武举进士甫得赐第，多弃所学，必欲锁试换文，回视兵书、戎器，往往耻谈而羞道之。夫科目之设，不惟士子以此自致其身，国家亦将各赖其用。今既由武艺入官，又复慕为文臣，是右科徒为士子假途之资，而非为国家储材之地，此科遂成无用矣。比年以来，韬钤之士无闻，将帅之材常乏，边尘有警，所藉以御侮者，类不胜任，使得右科智勇之人而用之，宜其必有可观者。乞自今武举出身不许再应文举，仍令考校之官精选其艺业，庙堂之上稍优其除授，俾之练习谋略，趋事赴功，自偏裨制领而上主帅三衙，由此其选，庶几右科增重，不为虚设。

宁宗曰：“祖宗设右科，正欲选将帅，若令换文，则分明是缺将帅一科。汝述奏云，诚如圣训。”③二十三年前，宁宗刚继位，就从臣僚之请，“许令武举人试换文资”；二十三年之后，又从臣僚之请，“武举出身不许再应文举”，应该是明白了祖宗设武举的本意。

仅仅三年之后，即嘉定十三年(1220)九月四日，右正言张次贤又上言：

> 窃惟国家取士，由武举策第许换试文资，此网罗全才之意，绍熙略行沮格，未几仍就放行。比者臣僚复沮格之，且入资、门荫之流，犹许换试，而武举进者，独可沮抑，其所能乎？至如文士擢第，犹必程其武艺而惯于兵机者，

---

①② 《宋会要辑稿·选举》一八之一〇《武举》。

③ 《宋会要辑稿·选举》一八之一七《武举》。

可不容其通习文事乎？此武举试换不可不复也。……乞应武举出身照旧例听其换试。

宁宗又“从之”。①既然宁宗认为不令武举人试换文资“诚如圣训”，不知为何不到三年即听从臣僚的乞请，又许武举出身换试文资。

综上所述，宋朝武举出身人初授差遣有三类，一是担任“掌茶盐酒税、场务、征输及冶铸之事”②的监当官，二是担任维持地方治安的巡检、县尉，三是从军担任同正将、同副将、同准备将等基层军官。

仁宗天圣七年(1029)，初置武举，初“多在内地任监当官”③，康定元年(1040)之后，宋夏交兵，陕西、河北沿边形势紧张，武举授官后多注授缘边差遣或捉贼差遣。

英宗治平元年(1064)，复置武举，“武举登科者，第一人与巡检差遣外，其馀例处以监当”。④孝宗淳熙二年(1175)三月二十四日，诏武举正奏名第一人注授三衙诸军计议官，第二、第三人注授诸路安抚司准备将领，第四、第五人注授诸州兵马监押。孝宗淳熙七年(1180)三月四日，颁布《武举贡举补官差注格法》，堪充兵将官、愿从军人，第一名补秉义郎，差充三衙并江上诸军同正将；第二、第三名补保义郎，差充三衙并江上诸军同副将；第四、第五名并省试第一名依旧法补官，差充三衙并江上诸军同准备将；第六名以下依旧法补官，差充三衙并江上诸军准备差遣。如不愿从军或虽愿从军、人材不应选人，并依乾道八年已前旧法，第一名补保义郎，注沿江巡检、驻泊捉贼、押队；第二名以下补承节郎，注沿边亲民巡检、县尉、准备差使、缉捕盗贼。

第三节　宋朝武举制度的成效与意义

如何评价宋朝的武举制度？历来众说纷纭。大多评价不高。仁宗景祐二年(1035)富弼(1004—1083)上疏曰：“武举者，蹶张驰射，侪与卒伍，所得庸妄鄙浅，固不敢望得异士。但稍能警励有廉耻，则焉肯为卒伍之事乎？”⑤李心传云：“自淳

① 《宋会要辑稿·选举》一八之一八至一九《武举》。

② 《宋史》卷一六七《职官志七》“监当官”。

③ 《长编》卷一二二，宝元二年六月癸酉。

④ 《宋会要辑稿·选举》一七之二七《武举》。

⑤ 《宋朝诸臣奏议》卷八二，富弼《上仁宗论武举武学》。

熙以来，武举人亦未有卓然可称者。”[①]南宋人方大琮(1183—1247)亦感叹说：

> 国初名将散出多途，是犹曰科目未备也。中世削平寇盗，中兴恢复之业，名臣宿将，勋业赫奕，或出于将家者有之，或拔于行伍者有之，其自武举中出者几人？比年武举之议，谕风采大胜于前。顷者羽檄交驰，真才错落，其出于武科者谁欤？岂非科目殆为平世美观、而临变制敌则别有人欤？[②]

富弼所批评者，为仁宗天圣七年(1029)初置武举时的情况；而李心传、方大琮所说“自淳熙以来，武举人亦未有卓然可称者”，也基本属实。北宋名将，出于将家者，宋初有曹彬(931—999)、曹玮(973—1030)父子，以及一门三世为将的杨业(？—986)、杨延朗(958—1014)、杨文广；南宋有孟宗政、孟珙(1195—1246)父子和中兴四将之一的刘光世。拔于行伍者，北宋有“起健卒至政府”的狄青(1008—1057)[③]；南宋有中兴四将中的韩世忠(1089—1151)、岳飞(1103—1142)、张俊(1086—1154)。这两途之外，还有一类科举出身的儒将，如北宋神宗时从西夏手中收复熙河等地的王韶(1030—1081)、两宋之际留守东京的宗泽(1060—1128)。明人何乔新编集《续百将传》，收录宋将37人，出身不外以上三途，没有一人出自武举。有宋一朝，对内对外战争频繁，为武将提供了许多建功立业的机会，却没有一个堪称“公侯干城”的将军出自武举。从“武举本欲取将帅之才”[④]来看其成效，宋朝武举制度的不成功无庸讳言。但是宋朝武举人未有卓然可称者，其原因并不仅仅在于武举制度。

宋朝武举制度成效不大的一个重要原因是，有宋一朝重文轻武的社会风气和以文制武的国家政策。如富弼(1004—1083)在《上仁宗论武举武学》疏中所说：“应制科者，必乐为贤良方正、材识兼茂，耻为将帅边寄之名，盖今人重文雅而轻武节也。”同样，在贡举中，士人往往对文举趋之若鹜，而不愿应武举。即使应武举者，不少士人也是把武举当作了入仕的“快捷方式”。往往在文举落第之后，旋看兵书，权习弓马，报考武举，以求侥幸一第；或者干脆请人代考，“能文者代课《七书》，能武者代执鞭弭”。[⑤]一旦考中，“武举进士甫得赐第，多弃所学，必欲锁试

---

① 《朝野杂记》乙集卷十五《淳熙武举授官新格》。

② 方大琮：《铁庵集》卷二六《策问·武举》。

③ 《宋史》卷二九〇《狄青传》。

④ 《宋会要辑稿·选举》一八之四《武举》。

⑤ 姚勉：《雪坡集》卷七《癸丑廷对》。

换文，回视兵书、戎器，往往耻谈而羞道之”。[①]而武举出身人锁试换文资，升迁极快。理宗宝祐元年(1253)姚勉(1216—1262)殿试对策曰：“今之文科，必有五削而后改京者；今之武举不出十年而可至郡守。既登武级，复试文闱换侵，其官已在通籍之上矣。此天下之士所以指右科为速化，而竞以趋之也。……臣愿陛下以道淑天下之士，毋使人指武举为速化之地，则英略者出矣。”在这种社会的大环境下，武举出身“未闻慷慨以英略著者”就不奇怪了。[②]

宋朝武举制度成效不大的另一个重要原因是，武举规模太小，取士人数太少。据《宋会要辑稿·选举》、《续资治通鉴长编》、《宋史全文续资治通鉴》以及《淳熙三山志》、《咸淳临安志》等史书统计，北宋武举共开科考试28榜，有具体登科人数记载者为15榜、465人，平均每榜31人。据此推算，当缺13榜、403人。这样，北宋武举当共取士868人。南宋武举共49榜，有具体登科人数记载者为28榜、942人，平均每榜33.6人。据此推算，当缺21榜、706人。这样，南宋武举当共取士1 648人。综上所述，两宋武举正奏名当共取士2 516人。实际取士人数应在2 500人左右，有待详考。武举亦有特奏名者，因史籍记载人数甚少，难以详考，不另行计算。据统计与推算，两宋文科贡举正奏名取士共约6万人。这样，武举取士正奏名人数仅占文、武举取士正奏名人数的4%。方大琮《铁庵集》卷二六《策问·武举》谈到武举取士人数时，云：“今三年大比，会试天府而登名仕版，仅及文科十之一，殆轻之欤？”实际上，武举取士人数约为文举取士人数的二十五分之一，远远不到十分之一。武举如此少的录取人数，期望其名将辈出，显然是不现实的。

宋朝武举制度成效不大的再一个重要原因是，缺乏与之配套的、合理的注授差遣制度。按照文武双全的标准选拔出来的武举出身者，按道理说，应当立即从军到边疆或内地军事部门去任军职，让他们尽快在军事实践中取得经验，迅速成长为名副其实的将帅之才。但是通观整个宋代，朝廷只有在边事紧急的情况下才安排武举出身者奔赴边疆担任军职，一般情况下只安排他们担任从事维持地方治安的巡检、县尉，甚至更多的、更长期的是担任“掌茶盐酒税、场务、征输及冶铸之事”的监当官。宋朝武举的这种差遣注授制度，使得人数本来就很少的武举出身人用非所选，长期游离在军队的管理、指挥系统之外，如何能够建立军功，成为将帅？仁宗宝元二年(1039)，直史馆苏绅陈便宜八事，其六“择将帅”曰：“比年

① 《宋会要辑稿·选举》一七之一七《武举》。

② 姚勉：《雪坡集》卷七《癸丑廷对》。

武举，所得人不过授以三班官，使之监临，欲图其建功之事，何可得也？……宜使有材武者居统领之任，有谋画镇任边防之寄，士若素养之，不虑不为用也。”①

孝宗淳熙七年(1180)颁布了《武举贡举补官差注格法》，愿从军者，武举及第第一人注授诸军同正将，武举出身第二、第三人注授诸军同副将，武举出身第四、第五人注授诸军同准备将，第六人以下注授诸军准备差遣。正如孝宗所说：“今前名皆令从军，以七年为[限]，则久在军中，谙练军政，将来因军功擢为将帅，庶几得人。”②但是，武举出身者的从军热情并不高。淳熙八年三月二十四日，“武举进士正奏名江伯虎以下四十四人，第一名江伯虎补秉义郎，第二名黄万石补保义郎，馀皆平等，补承节郎”。只有“江伯虎等十八人愿从军”。③五月十一日，“武举进士及第江伯虎等乞先次参部，出给料钱文历，却行从军差遣。其料钱文历乞依不愿从军人一例帮行，及比附不愿从军人历巡、尉、知寨差遣，从军及六考，并许理作关升资序。”④即人虽已行从军差遣，而料钱文历仍按不愿从军的巡检、县尉、知寨差遣一样处理。

那么，为什么大部分武举出身者不愿从军呢？王栐《燕翼诒谋录》卷五《武举更革》载：

> 淳熙甲辰，距治平百二十载矣，仲父轩山公知贡举，武举林嵘、陶天麟等来拜谢，仲父问之曰：“朝廷设此科以择将帅，而公等不从军，何也？”答以不堪笞棰之辱。仲父因奏孝宗皇帝，乞更旧制，申饬三衙、沿江军帅待以士礼。至淳熙十四年，事始施行，进士皆愿从军。至绍熙庚戌，仲父以知枢密院兼参知政事，唱进士第，复奏光宗皇帝，命武举进士从军，不许军帅笞辱，大罪按奏，小罪罚俸。此令一出，皆愿从军，而军中无所容之。乃自三衙立同正员之额，以至江上诸军，每举以二十四员为额。

“淳熙甲辰”为淳熙十一年(1184)，“轩山公”即王蔺，是年为同知贡举。经王蔺两次上奏，孝宗“申饬三衙、沿江军帅待以士礼”，光宗“命武举进士从军，不许军帅笞辱”，武举进士“不堪笞捶之辱”的问题基本得到解决，却又遇到“军中无以容之”的问题，只好限制每举从军的名额。另一方面，“武举从军之人，往往自高，不

① 《长编》卷一二五，宝元二年岁末。
② 《宋会要辑稿·选举》一八之四《武举》。
③ 《宋会要辑稿·选举》一八之五《武举》。
④ 《宋会要辑稿·选举》一八之六《武举》。

亲戎旅”。[1]究其本心，武举进士从来就没有把自己看作军人，而是把自己看作文人。虽然已然从军，但仍然保留着文人心态，从心理上排斥武人，认同于文人，并以此自矜，将自己与宋朝禁军阶级森严的制度与传统对立起来，与出身将家或行武的军官保持距离。“军中无以容之”，武举进士也无心久处军中，所以纷纷换试文资。淳熙七年(1180)三月，孝宗立武举从军格法；淳熙十六年十月，光宗又下令禁止武举人试换文资，希望通过制度规范，让武举人久处军中。但是，五年之后，宁宗继位，武举试换文资又合法化。嘉定十年(1217)十二月，宁宗复令武举出身不许再应文举，不到三年，武举出身试换文资又得以恢复。宋朝“重文轻武”的大气候决定了武举制度难以取得更大的成效。

尽管宋朝武举制度的成效不大，但宋朝武举制度的设立还是很有意义的。从思想观念上看，宋朝武举制度无疑是先进的。为了选拔文武双全的新型将帅之才，宋朝的科举文官创造性地改造了唐代武举，将策问、兵书大义考试纳入武举考试之中，“以策略定去留，弓马定高下”，提出了在和平条件下以军事理论与弓马武艺相结合培养选拔将帅之才的新思路、新方法。自古将帅之才难选，《六韬》、《吴子》、《唐李问对》等兵书均以大量篇幅论述选将之道。《六韬・论将》谓将有“五材十过”，选将之道有“八征”，谆谆于“将者，国之辅，先王之所重也，故置将不可不察也”。《吴子・论将》也说：“得之国强，去之国亡，是谓良将。”具备将帅素质的人任何时代都有，但他们在和平时期却难以自显，“盖不经战阵无由知之”。和平时期，天下无事但不可以无备，“虽天下无事，然兵不可去，战不可忘，古之道也”。每一个王朝都必须考虑如何在和平年代培养选拔军事人才的问题。宋朝在这方面作出了有益尝试：其一，以推荐与考试相结合选拔人才：以推荐求其审慎，以考试使有才者得以脱颖而出。其二，武艺和军事理论并考，既使之习武，又使之读书，俾得文武全才。特别是军事理论的考试，使举人通过学习兵书经史，了解历代用兵得失成败，成为“智将”、“儒将”，而非只知逞一时之勇的武夫。宋朝武举虽然由于时代的局限，未能成为武将渊薮，但却为后世乃至现代的军官培养、选拔提供了有益的启迪和借鉴。

而且宋朝武举向普通民众开放，“应武举人，不拘食禄子孙并已仕、未仕人等，内已仕人不曾犯赃及私罪情轻者，未仕人别无负犯，并许奏举”。[2]宋朝通过武举制度，也培养和选拔了一批方略、武勇之士，虽非帅才，但也可以称为将才。他

① 《宋会要辑稿・选举》一八之六《武举》。
② 《宋会要辑稿・选举》一八之一〇《武举》。

们在对外抗敌御侮、对内平定叛乱等战事中发挥了重要作用。本章第一节，我们简要介绍了仁宗天圣八年(1030)武举第一名即宋朝第一位武状元张建侯和景祐元年(1034)武状元许思纯在宋夏战争中的事迹。另据《宋史》卷四五三《忠义八·王士言传》载：

> 王士言，武举进士。累立战功，西北服其威名。宣和初，擢河东廉访使者。方腊为寇，诏择材略之士，冯熙载荐为东南第三将，首解嘉兴之围。靖康元年(1126)，诏以浙西兵往河东防秋。金人攻泽州，毕力守御。金兵日增，士言分必死，他将力屈，城西南遂陷，乃使亲卒持剑归报，巷战而死。康允之上其事，赠拱卫大夫、忠州团练使，官其后五人。

此外，《宋史·忠义传》还记载了王奇等七位武举出身者的事迹。

在宋人文集中也有不少有关武举进士的记载。如叶適(1150—1123)《水心文集》卷二二《厉领卫墓志铭》、卷二八《祭厉约父文》，记载有绍熙元年(1190)武状元厉仲方(1159—1212)的事迹。其《厉领卫墓志铭》云：

> 君初名仲详，后名仲方，字约甫。……君中绍熙元年武举，任侍卫步军司计议官，武学谕，阁门舍人，副贺生辰使者使于虏。出知安丰军，复还阁门。出知和州，王师北讨，赖其能。就权庐州，俄召授左领卫中郎将。虏内侵，朝廷忧在江北，令君建康防守。虏遁归，复还领卫。用御史疏罢，主仙都观。又用中司疏，降秩徙邵州。嘉定五年(1212)九月二十五日，年五十四，卒于邵州。九年，二孤倬、倍始以柩返。十二月庚申，葬于仁寿乡鲍庄纸白山。

另外，程俱(1078—1144)《北山集》卷三十四《徐公行状》、刘一止(1078—1160)《苕溪集》卷四十八《杨公墓碑》分别记载了武举进士徐量、武举绝伦科及第的杨宗闵在宋夏战争中的事迹。

这些武举进士既不是武官的子弟，没有父祖的荫庇，也没有从军经历，读书、习武而应武举是他们获取功名的唯一方式。他们在数量虽然是绝对少数，但与“出于将家者”及“拔于行伍者”相比，他们在文化水平、军事理论修养上要高出许多。如果社会大环境合适，他们将能建立更大的功绩，发挥更大的作用。南宋人章如愚总论宋朝武举曰：“宋朝……又外置武举，以待方略、武勇之士，时盖天圣七年(1029)也。行之二十年而罢，罢之十有五年而复。是故以策(论)[略]定去留，以弓马定高下，宝元制也。先试大义，次试时务边防策，又别试弓马，熙宁制也。以此而取士，则其得人当不居唐之子仪下。……今朝廷所用稍有声称者，皆由武举而得。此其所取，岂得谓之无益于世者！”①此应为公允之论。

另外，宋朝武举制度规定程文考试兵书大义、策问，在客观上推动了古代军事著作的整理、注释，推动了军事理论的研究与发展。《武经七书》的整理、注释及曾公亮（999—1078）等《武经总要》、何去非《何博士备论》、华岳《翠微北征录》等军事著作的编撰，就是典型的例证。武举考试的大义、策问，其题目或出自兵书原文、注疏，或出自经史事涉兵事者，或出自时事军事政治，这就要求应武举人不论出于何种目的，都必须熟习兵书、谙练经史、关注现实的军事政治形势，从而势必推动军事知识的普及和军事理论的研究与发展。宋朝之所以成为继春秋战国之后中国军事学发展史上的又一个鼎盛时期，武举制度的发展及施行有其功焉。

① 《群书考索》后集卷二九《武学》。

第十五章 宋朝制举与词科制度

第一节 宋朝制举制度

宋朝科举制度除文、武贡举之外，还承唐制，设有制举制度。制举又称“制科”、“大科”、“特科”，是由皇帝下诏而临时设置的科举考试科目。目的在于选拔各类特殊人才。唐代制举甚盛，名目多至近百个；至宋朝，贡举大为发展，而制举则趋于衰微，但作为一种科举制度，仍不失为一代之制。对宋朝制举制度，前人多有研究。①现谨在前人研究的基础上试做进一步探讨。

一、宋朝制举考试科目及其沿革

唐代制举科目甚多，据记载有上百个。宋朝制举科目大为减少。后周显德四年(957)十月，诏设贤良方正能直言极谏、经学优深可为师法、详闲吏理达于教化三科。宋初，仍承后周之制，设制举三科。《宋会要辑稿·选举》一〇之六《制科》载：

国初，制举有贤良方正能直言极谏、经学优深可为师法、详闲吏理达于

① 聂崇岐：《宋代制举考略》，原载《史学年报》第二卷第五期(1938年)，后收入《宋史丛考》上册，中华书局1980年版；林瑞翰：《宋代制科考》，《台湾大学历史学报》第八期(1981年)；祝尚书：《宋代科举与文学》第一章第三节《制科的设置》，第三章第二节《制科的考试》，中华书局2008年版；何忠礼：《南宋科举制度史》第七章《南宋制举和武举》，人民出版社2009年版。

> 教化，凡三科。应内外职官、前资见任、黄衣草泽人，并许诸州及本司解送上吏部，对御试策一道，以三千字已上成。取文理俱优者为入等。
>
> 太祖乾德二年正月十五日，诏曰："炎刘得人，自贤良之选；有唐称治，由制策之科。朕耸慕前王，精求理本，焦劳罔怠，寤寐思贤，期得拔俗之才，访以经国之务。其旧置制举三科，一曰贤良方正能直言极谏，二曰经学优深可为师法，三曰详闲吏理达于教化，并州府解送吏部，试[策]论三道，共三千字已上，当日内成。取文理优长、人物爽秀者中选。
>
> 自设科以来，无人应制，得非抱倜傥者耻局于常调，效峭直者难罄于有司，必欲直对朕躬，以伸至业？士有所郁，予能发焉。今后不限内外职官、前资见任、黄衣布衣，并许直诣阁门，进奏请应，朕当亲试，以进时贤。所在明扬，无隐朕意。"

据此，宋朝制举之设，当在太祖乾德二年(964)之前。究竟设于何时？其敕文如何？史书虽无明确记载，而在宋人文集中尚可寻得端倪。田锡(940—1003)《咸平集》卷一《上真宗论制科当依汉制取人》云：

> 臣窃惟唐设制科，有道侔伊吕科，有识洞韬略堪任将帅科，有贤良方正直言极谏科。自太祖朝兵部尚书张昭奏请兴制举，于时据所奏前代制举内选置三科：一、贤良方正能直言极谏科，一、经学优深可为师法科，一、详闲吏理达于教化科。敕文略曰："应天下诸色人中，不限前资[见]任职官、黄衣草泽等，并可应诏，送吏部，试策论三道，共三千言，以当日内[成]，取文理俱优、人物爽秀者，方得解送。其登朝官，亦许上表自举。"

此奏又见《宋朝诸臣奏议》卷八二，注云："咸平三年上，时自知泰州召还。"据此可知，宋初所置制举系因"兵部尚书张昭(894—972)奏请兴制举"而设。据《长编》卷一载，建隆元年(960)正月己巳(二十九日)，"兵部尚书濮人张昭等上奏"言立宗庙之事；又据《长编》卷二载，建隆二年三月辛亥(十七日)，"以雄武节度使、守太保、兼中书令、太原郡王王景为凤翔节度使，充西面沿边都部署。……建隆初，封郡王。朝廷以吏部尚书张昭为使，景尤加礼重。"可知，建隆元年张昭已经由兵部尚书升为吏部尚书。张昭"奏请兴制举"是在其任"兵部尚书"之时，故宋朝初置制举应在建隆元年，亦即《宋会要辑稿·选举》一〇之六《制科》所说的"国初"。

建隆元年初置制举，只是"州府解送吏部，试[策]论三道，共三千字已上，当日内成。取文理优长、人物爽秀者中选”，并无御试。“而设科之后，竟无试者”。[①]于是，乾德二年正月十五日，太祖又下诏曰：“自设科以来，无人应制，得非抱倜傥者耻局于常调，效峭直者难罄于有司，必欲直对朕躬，以伸至业？士有所郁，予能发焉。今后不限内外职官、前资见任、黄衣布衣，并许直诣阁门，进奏请应。朕当亲试，以进时贤。所在明扬，无隐朕意。”[②]乾德元年诏书与建隆元年敕文有两点不同：一是由“州府解送（其登朝官，亦许上表自举）”改为“并许直诣阁门，进奏请应”；二是由吏部考试改为皇帝亲试。但太祖朝，只有乾德二年(964)颖贽一人登第。乾德四年五月二十七日，太祖“于紫云楼下召翰林承旨陶谷、学士窦仪、知制诰王著、卢多逊、王祐、秘书监尹拙、刑部郎中姚恕、国子监丞冯英等，同试应贤良方正直言极谏[姜涉]、经学优深堪为师法科郝益。涉等所试文理疏略，不应策问，并赐酒食以遣之”。[③]

太宗朝，梁颢(963—1004)初举进士，不中第，上疏云：“陛下诚能设科以擢异等之士，俾陈古今之治乱、君臣之得失、生民之休戚、贤愚之用舍，庶几有益于治，不特诗赋、论策之小技，以应有司之求而已。”[④]太宗朝大兴贡举，而对制举则寂然无闻。

真宗即位，吏部郎中、直集贤院田锡、右司谏孙何(961—1004)等多次上疏，“请复设制科”。[⑤]咸平四年(1001)二月二十五日，诏曰：

> 其令学士、两省、御史台五品以上，尚书省诸司四品以上，于内外京朝官、幕职州县官及草泽中，举贤良方正之士各一人。当策以时务，朕亲览焉。[⑥]

此后盛度(968—1041)又建言，请设博通坟典达于教化、才识兼茂明于体用、军谋宏远堪任将帅、明晓法律能按章覆问四科以取士。[⑦]景德二年(1005)七月十八日，真宗谓寇准(961—1023)曰：“方今文武多士，岂无才识优异未升达者？至于将帅之任，尤难得人。前代试以制策，观其能否，用求才实，亦为国之远图也。”因出唐制举科目，采其六用之。又诏曰：

---

① 岳珂：《愧郯录》卷一一《制举科目》。
② 《宋会要辑稿·选举》一〇之六《制科》。
③ 《宋会要辑稿·选举》一〇之六至七《制科》；《长编》卷七，乾德四年五月庚寅。
④ 《宋史》卷二九六《梁颢传》。
⑤ 《宋朝诸臣奏议》卷八二《上真宗请复设制科》。
⑥ 《宋会要辑稿·选举》一〇之七《制科》；《长编》卷四八，咸平四年二月丙寅。
⑦ 《长编》卷一〇七，天圣七年闰二月壬子。

> 今复置贤良方正能直言极谏，博通坟典达于教化，才识兼茂明于体用，武足安边，洞明韬略运筹决胜，军谋宏远材任边寄等科。宜令尚书吏部遍下诸路，许文武群臣、草泽隐逸之士，应此科目。……委中书门下，先加程试。如器业可观，具名闻奏。朕将临轩亲试，旰食畴咨，较艺实于至公，推宠荣于不次。宣布中外，咸使闻之。①

以上史称“景德六科”②。大中祥符元年(1008)，真宗为了抹去澶渊之盟的阴影，在王钦若(962—1025)的怂恿下，东封西祀，粉饰太平，甚至伪造天书符瑞，夸示四夷。四月甲寅(二十四日)，上封事者言：“两汉举贤良，多因兵荒灾变，所以询访阙政。今国家受瑞建封，不当复设此科。”③于是，景德六科皆罢，此后二十年间，未设制举。

仁宗天圣七年(1029)，“夏竦(985—1051)既执政，建请复制举，广置科目，以收贤才”。④闰二月二十三日，仁宗御延和殿谓宰臣曰：“近夏竦奏，自古得贤则治，失贤则乱。汉唐之间，多选贤良文学之士，以条时政得失。朕亦欲天下英豪皆登于朝，宜广科目，以收贤才。”《宋会要辑稿·选举》一〇之一五《制科》载其诏曰：

> 王者抚有多方，务恢至治，博求髦士，以助政纲。冀臻出类之贤，用叶思皇之美。朕嗣缵崇构，于今累稔，何尝不缅稽古道，慎择庶官。顾荐辟于贡闱，亦亲程于明试。间下举知之诏，申严核课之文。尚虑魁磊之英，或沉于下位；卓异之秀，久蔽于中材。式广搜扬，毕谐登进。惟汉唐之盛际，有科目之旧规。矧在先朝，已恢前烈。其有著名朝序，引籍京司，浃治典彝，练明治体，则必询之策虑，式竚条陈。又若常调三铨，夙怀四事，俾敷扬于辞制，将铨品于吏能。至如养素丘樊，采微铨略，并咨大对，庶极所长。而皆考士论之无瑕，采乡评之共许，咸抒文而来上，乃较寔于攸司。仍命试官先从辨等，朕当躬临轩陛，访以才谋。思获方闻之人，副我至公之举。刈薪分爵，奚吝于推恩？怀宝逢时，无宜于自晦。
>
> 令复置贤良方正能直言极谏、博通坟典明于教化、才识兼茂明于体用、详明吏理可使从政、识洞韬略运筹决胜、军谋宏远材任边寄六科。应内外京

① 《宋会要辑稿·选举》一〇之一〇至一一《制科》。

② 《玉海》卷一一六《景德六科》。

③ 《长编》卷六八，大中祥符元年四月甲寅；《文献通考》卷三三《选举考六》。

④ 《长编》卷一〇七，天圣七年闰二月壬子。

> 朝官，不带台省、馆阁职事，不曾犯赃及私罪轻者，并许少卿监已上上表奏举，或自进状乞应上件科目。仍先进所业策论五十首，诣阁门或附递投进，委两制看详。如词理优长，具名闻奏，当降朝旨，召赴阙，差官试论六首，以三千字已上为合格，即御试。
>
> 又置高蹈丘园、沉沦草泽、茂才异等三科。应草泽及贡举人非工商杂类者，并许本路转运逐处长吏奏举，或自于本贯投状乞应上件科目。州县体量实有行止、别无玷犯者，即令纳所业策论五十首，本州看详，委寔词理优长，即上转运使覆寔，审访乡里名誉，选有文学再行看详。其开封府委自知府审访行止，选有文学佐官看详。委寔文行可称者，即以文卷送尚书礼部，委判官看详，选择词理优长者，具名奏闻。当降朝旨赴阙，差官试论六首，以三千字以上为合格，即御试。
>
> 又置书判拔萃科、武举。（条目各见本篇。）
>
> 其逐处看详官不得以词理平常者一例取旨，如违，必行朝典。仍限至十月终已前具姓名申奏到阙。更有合行事件，委逐司条例以闻。

《玉海》等书将天圣七年所置制举科目统称之为“天圣十科”[①]。其实，书判拔萃科只是资格未至的选人参加铨选的一种考试科目，并非制举科目。景祐元年(1034)二月，知制诰李淑上《时政十议》，其七“议制科”曰：“吏部故事：选人格限未至，能试判三节，谓之拔萃。止用疑案古义，观其能否，词美者第优等补官，此则有司铨品常调选人判超循资之式。而陛下亲御轩陛，审覆课试，非其称也，愿罢此科。其词学异众，自可举才识兼茂详明吏理之科。”于是，景祐元年二月乙未(四日)，“用知制诰李淑之议”，“罢书判拔萃科，更不御试”。[②]天圣七年所置的书判拔萃科只是改变了一些考试方法：皇帝“亲御轩陛，审覆课试”，所以景祐元年罢之，更不御试，而不是制举的一个科目。书判拔萃科自太祖建隆三年(962)设立至景祐元年废罢，宋人也从未将其作为制举科目。无论是《宋会要辑稿·选举》一〇之一五至一七《制科》所载《复制科敕诏》，还是《长编》卷一〇九天圣八年六月乙巳(二十三日)的有关纪事及《宋史》卷九《仁宗纪》等史书，都是将书判拔萃科与武举放在一起，而与制科是截然分开的。如《长编》卷一〇九载：

---

① 《玉海》卷一一六《天圣十科》。

② 《长编》卷一一四，景祐元年二月乙未。

天圣八年六月乙巳(二十三日),御崇政殿试书判拔萃科及武举人。

秋七月丙子(二十五日),御崇政殿策试贤良方正能直言极谏太常博士成都何咏、茂才异等富弼。

可见书判拔萃科虽然殿试,但并非制举科目。贤良方正能直言极谏等六科,"以待京朝官之被举及应选者";"高蹈丘园"等三科,"以待布衣之被举及应书者",以上九科为制举科目,正如岳珂(1183—?)所说:"贤良方正而下六科为有官者之试,高蹈丘园而下三科为未仕者之试,其名不同而实一耳。"①而"书判拔萃科,以待选人之应书者",则是铨选科目。仁宗嘉祐二年(1057)六月十九日,诏书亦曰:"朕承祖宗之休,思与天下之士偕之至治,故设贤良而下凡九科,其取之岂一路哉?"②岳珂《愧郯录》卷十一《制举科目》又云:"自贤良以至边寄,谓之六;增高蹈等三科,谓之九,此则甚明。"故天圣七年所复置之制举科目乃为九科,应称为"天圣九科",而不是"天圣十科"。

仁宗天圣七年至神宗熙宁七年(1029—1074)的四十五年间,唯仁宗宝元元年(1038),"宰相议以贤良猥众,多名少实,欲一切罢之"。③刘敞(1019—1068)等上疏反对,认为"不举贤良为非",制举遂施行不辍。庆历六年(1046),监察御史唐询(1005—1064)言:"请自今更不与进士同时设科。若因国家灾异屡见,非时举擢贤隽,临时诏近臣审举之。其所举之人,宜如汉故事,亲策当世要务,罢秘阁所试六论。"参知政事吴育(1004—1058)言:"陛下自复制科,于兹累年,随贡举而开,疏数适中。忽以一人之言,欲议变常之制,若必俟灾谴而后诏举,非惟失建科之本意,且尤有不可者三:一则使天下贤隽之士滞淹,待灾异而进身,非所爱廉耻也。二则平居不询,造形乃问,非所以惧灾异也。三则轻改信令,示天下毋渴士之心,非所以广贤路也。"中书进呈唐询、吴育上言,仁宗"以育议为是",于是,六月十八日遂下诏曰:"礼部贡院,自今制科并用随贡举,为定制;须近臣论荐,毋得自举。"④至此,宋朝制举达于极盛。不过当时虽设九科,但实际应举登第者只有贤良方正能直言极谏、才识兼茂明于体用及茂材异等三科。

神宗熙宁四年(1071),王安石(1021—1086)改革贡举,罢诗赋、帖经、墨义,专以经义、论、策试进士。熙宁三年九月,制举殿试,因孔文仲对策,王安石与韩

① 岳珂:《愧郯录》卷十一《制举科目》。

② 《宋会要辑稿・选举》一一之四至五《制科》。

③ 刘敞:《公是集》卷四一《不举贤良为非议》。

④ 《宋会要辑稿・选举》一〇之二五至二七《制科》。

维发生激烈争执。熙宁六年，“中书条制乞罢制举”。冯京（1021—1094）曰：“汉唐以来，豪杰多自此出，行之已久，不须停废。”神宗曰：“天下事可罢而未及如此者甚众，此恐未遑改革。”吕惠卿（1032—1111）曰：“制科止于记诵，非义理之学。一应此科，或为终身为学之累。朝廷事事更之，则积小治可致大治，不须更有所待。”[①]而八月己亥（二十八日），秘阁考试所又言：“应制科陈彦古所试六论，不识题，及字数皆不足，准式不考。”盖自秘阁试制科以来，空疏未有如彦古者。[②]熙宁七年五月十四日，中书门下言：

勘会策试制举，并以经术、时务。今进士已罢辞赋，所试事业即与制举无异。至于时政阙失，即诸色人自合许上封事。其贤良方正等科，自今欲乞并行停罢。

神宗“从之”。[③]于是，天圣九科悉罢。

元丰八年（1085）三月戊戌（五日），神宗崩，哲宗即位，太皇太后高氏垂帘听政，旧党掌权，尽废新法。元祐元年（1086）闰二月庚寅（二日），侍御史刘挚（1030—1097）上言：

汉制，因天见灾异，或政有阙失，则诏郡国及在位，举贤良文学之士，天子亲策，以求其言。至于国朝，沿袭故事，于是置为贤良、茂材科目，随贡举召试。其于得人，视古为盛。近时之制，遂罢此科。臣窃以为国家之道，得士欲广，故取之非一途，谓常选不足以致异人，故设制科，以收超绝之才，而每举中等不过一二人而已。今夫官人之法，入流门户日益增多，未有澄汰，而于三年取一二非常之人，则废其科不用，此何谓也！臣愚伏乞复置贤良方正及茂材异等科，每遇贡举，诏近臣依旧制举试，所以广言路、求人材、继祖宗之制也。

时枢密直学士王存（1023—1101）亦上疏“乞别详定制举考格”。[④]于是，元祐二年四月二十六日，诏复置制举。其诏曰：

制科之设，旧矣。自西汉之世，始诏有司详求俊茂，亲临策问，受其条

---

①③ 《宋会要辑稿·选举》一一之一四《制科》。

② 《长编》卷二四六，熙宁六年八月己亥。

④ 《宋朝诸臣奏议》卷八二，王存《上哲宗乞别详定制举考格》。

> 对。故天下魁伟绝特之材、守经自重之士，得以并进，而谠言正论，益以上闻。自斯以来，历世用之。逮夫祖宗，以神圣文武，继继承承，设六科之选，策王道之要，以网罗天下贤隽。百余年间，号称得人。先皇帝兴学校、崇经术，以作新人材，变天下之俗，故科目之设，有所未遑。今天下之士，多通于经术，而知所学矣。宜复制策之科，以徕拔俗之才，裨于治道。盖帝王之道，损益趋时，不必尽同，同归于治而已。今复置贤良方正能直言极谏，自今年为始。令尚书、侍郎、两省谏议大夫以上、御史中丞、学士、待制各举一人，不拘已仕、未仕，以学行俱优、堪备策问者充，仍略具辞业缴进。馀依旧制。①

仁宗天圣七年(1029)闰二月复置制举九科，而哲宗元祐二年(1087)四月所复置者，仅贤良方正能直言极谏一科而已。

元祐八年(1093)九月，哲宗亲政。绍圣元年(1094)九月十二日，三省言："试制科张咸、吴俦、陈旸三人第三等推恩。"哲宗曰："前日观所试策，亦与进士策何异？先朝尝罢此科，何时复置？"章惇(1035—1105)等对曰："先朝初御试进士策，即罢制科。元祐二年复置。诚无所补，初举得谢悰，次举得王当、司马槱等，闻极疏谬。"哲宗曰："极不成文理。"李清臣(1032—1102)对曰："在汉亦不设科，遇选获异材，或因材，或因灾异，策问大事，即临时特召。"哲宗曰："今已复进士殿试策，此科既无异进士策，况进士策，其文理有过于此者。"郑雍(1031—1098)对曰："顾其人何如尔。然自来多言时政阙失。"哲宗曰："今进士策亦可言时政阙失。"因诏罢制科。②自绍圣元年直至北宋灭亡，三十余年，制举遂不复置。

靖康元年(1126)，布衣欧阳澈(1091—1127)应制上书，曾呼吁复置制举。其《上皇帝第三书》曰：

> 不羁之才，高世之俊，非其大科，不足以搜罗天下英贤。臣又欲乞依祖宗旧法，设贤良方正科，许有官君子及布衣之士同试，其黜陟自有成法，陛下但能举而行之，臣将见豪杰之士于于然而来矣。

时兵荒马乱，未被采纳。高宗即位，欧阳澈又步行赴行在，"伏阙上封事，极诋用

① 《宋会要辑稿·选举》一一之一五《制科》;《长编》卷三九九，元祐二年四月丁未。

② 《宋会要辑稿·选举》一一之二〇《制科》。

事大臣，遂见杀”。[①]“越三年，高宗感悟，追赠（陈）东、（欧阳）澈承事郎”。[②]绍兴元年（1131）正月一日，改元，高宗发布德音云：

> 祖宗设贤良方正能直言极谏科，不惟朝廷阙失得以上闻，盖亦养成士气。近屡诏内外士庶等直言朝政阙失，虽有不当，并不加罪，尚虑所闻未广，仰有司讲求贤良方正直言极谏科旧制，条具取旨。

礼部讲求到典故。诏：“疏义出题及撰题官临时取旨。其将来考校中选推恩，依天圣、景祐年故事，馀并依旧制并礼部看详到事理施行。”[③]绍兴二年正月二日，又诏曰：

> 朕缵承基绪，若涉渊冰，夕惕晨兴，焦劳愿治。永惟万事之统，虑失厥中，纳谏求言，思补阙失，尚惧图回康功未之获也。乃复考西汉元光之诏，宪本朝制举之文，爰命攸司，讲明其旧，益广求贤之道，庶几方正博洽之士、英伟拔俗之才，进繇此涂；敷陈谠言，有补当世之务，以辅予治，岂特修故事、崇虚文而已也。祖宗以来，百馀年间，尝以此科获致豪俊，有显闻于天下矣。朕方求才，以济艰难之运，尚期得人远追前烈，庶亦无愧于斯焉。今后科场，复置贤良方正能直言极谏科，自尚书、两省谏议大夫以上、御史中丞、学士、待制各举一人，不拘已仕、未仕，以学问俱优、堪备策问者充。仍具本人词业缴进以闻。[④]

自此复置制举，但所恢复者也仅为贤良方正能直言极谏科而已。其制与元祐二年之制略同。自高宗绍兴元年迄于南宋末年（1131—1276），一百四十余年间，制举未再废除。但是，高宗一朝，“凡十一诏，而迄无应书。孝宗即位，诏令郡国皆听荐举。乾道五年（1169）十一月四日，始得李垕，复就中书试焉。尔后李塾、郑建德、庄治、姜凯、滕宬、杜旟之流，时不乏人，或试而不合，或召而不试，或荐而不召，寥寥寂响，迄未复振”。[⑤]即南宋复置制举的一百四十余年间，制举登科者，仅

---

① 《宋史》卷四五五《欧阳澈传》。
② 《宋史》卷四五五《陈东传》。
③ 《宋会要辑稿·选举》一一之二〇至二三《制科》。
④ 《宋会要辑稿·选举》一一之二三《制举》。
⑤ 岳珂：《愧郯录》卷一一《制举科目》。

李垕一人而已。

二、宋朝制举的应举资格

宋朝贡举应举资格有一定限制，本卷第二章第三节《贡举的应举资格》已经做了比较详细的论述。同样，宋朝制举的应举资格也有一定的限制，太祖建隆元年(960)、乾德二年(964)，真宗咸平四年(1001)、景德二年(1005)，仁宗天圣七年(1029)，哲宗元祐二年(1087)，高宗绍兴元年(1131)等屡次下诏，对应举资格也多有规定，概括起来，大致有以下四个方面。

其一，对应制举人的身份有所限制。太祖建隆元年(960)敕文曰："应天下诸色人中，不限前资见任职官、黄衣草泽等，并可应诏送吏部。"乾德二年(964)再申制举诏曰："今后不限内外职官前资见任、黄衣布衣，并许直诣阁门，进奏请应。"①即不论有官、无官，均可以应举。可以说，对制举应试者的身份没有任何限制。

真宗咸平四年(1001)二月二十五日，诏曰："其令学士、两省、御史台五品以上，尚书省诸司四品以上，于内外京朝官、幕职州县官及草泽中，举贤良方正之士各一人。"②对应制举人的身份仍无限制。是年三月十九日，"诏所举贤良方正，应已贴馆职及任转运使者，不在举限。"③即已贴馆职的清要官和转运使不得应举。景德二年(1005)七月，增设制举科目为"景德六科"时又诏曰："宜令尚书吏部遍下诸路，许文武群臣、草泽隐逸之士，应此科目。"现存有将仕郎、守丹阳县主簿夏竦(985—1051)的《上章圣皇帝乞应制举疏》，就是直接上疏真宗，得到真宗"再三激赏，召赴中书"，以应制举的。大概又恢复了乾德之制。

仁宗天圣七年(1029)闰二月二十三日，增置制举科目为天圣九科，却对应举者严加限制："应内外京朝官，不带台省、馆阁职事，不曾犯赃及私罪轻者，并许少卿监已上上表奏举，或自进状，乞应上件科目。"④即内外京朝官须不带御史台、三省(中书、门下、尚书省)及三馆(昭文馆、史馆、集贤馆)、龙图、秘阁等职事，方可应举。如天圣七年六月二十三日，翰林学士宋绶(991—1040)等言："屯田员外郎刘夔请应制科，详前诏，台省官不预此举。今夔任尚书省六品官，未有此例。"仁宗"诏罢之"。⑤

---

① 《宋会要辑稿・选举》一〇之六《制科》。

②③ 《宋会要辑稿・选举》一〇之七《制科》。

④ 《宋会要辑稿・选举》一〇之一五《制科》。

⑤ 《宋会要辑稿・选举》一〇之一八《制科》。

景祐元年(1034),限制更加严格。二月四日,诏曰:

> 贤良方正能直言极谏等六科,自今后应京朝官、幕职州县官不曾犯赃罪及私罪情轻者,并许应。内京朝官须是太常博士已下,不带省府推判官、馆阁职事,并发运、转运、提点刑狱差任者;其幕职州县官,须经三考已上;其见任及合该移入沿边不般家地分及川、广、福建等处者,候回日许应。高蹈丘园、沉沦草泽、茂材异等三科及武举,应进士、诸科取解不获者,不得应。①

其身份限制主要有四:其一,京朝官太常博士以上,带省府推判官、馆阁职事,及任发运、转运、提点刑狱者,不许应举;其二,幕职州县官,未满三年者,不许应举;其三,现任及应该移入沿边不搬家地分及川、广、福建等处,未任满一任者,不许应举;其四,其高蹈丘园、沉沦草泽、茂材异等三科,凡进士、诸科取解不获者,不得应举。

仁宗景祐之制限制太多,后来逐渐有所放宽。庆历二年(1042)九月二日,稍微放松了对幕职州县官任职年限的限制,诏曰:"自今幕职州县官应制科,不及三考者,亦许取应。"②嘉祐二年(1057)六月十九日,又诏曰:"自今太常博士而下充台省、阁职及提点刑狱以上差使,选人不限有无考第,并草泽人,并听待制以上奏举"。③即京朝官只要是太常博士以下,不管是否担任台省、阁职及提点刑狱以上差使,选人即幕职州县官不管有无考第,布衣不管是否曾进士、诸科得解,都可以应制举。在官职上,除太常博士以上不得应制举外,基本上没有限制了。

哲宗元祐二年(1087)四月,复置制举时规定:"令尚书、侍郎、两省谏议大夫以上、御史中丞、学士、待制各举一人,不拘已仕、未仕,以学行俱优、堪备策问者充。"④元祐三年(1088)正月十二日,诏:"幕职州县官虽未经考,听举贤良方正能直言极谏科。"⑤高宗绍兴元年(1131)正月再置制举时规定:"命尚书、两省谏议大夫以上、御史中丞、学士、待制各举一人,不拘已仕未仕,命官不拘有无出身,仍以不曾犯赃、私罪人充。"⑥对应制举人的身份均未见什么限制,大概又如同嘉祐之制。

---

① 《宋会要辑稿·选举》一〇之二一《制科》。
② 《宋会要辑稿·选举》一〇之二五《制科》。
③ 《宋会要辑稿·选举》一一之五《制科》。
④⑤ 《宋会要辑稿·选举》一一之一五《制科》。
⑥ 《宋会要辑稿·选举》一一之二〇《制科》。

其二，在品行方面，不曾犯赃罪及私罪情轻者，方许应举。如仁宗天圣七年(1029)闰二月二十三日，诏曰："应内外京朝官，不带台省、馆阁职事，不曾犯赃及私罪轻者，并许……奏举，或自进状乞应。"①景祐元年(1034)二月，诏书又重申之。嘉祐二年(1057)六月十九日，又下诏曰："自今太常博士而下充台省、阁职及提点刑狱以上差使选人，不限有无考第，并草泽人，并听待制以上奏举，即不得自陈。内草泽人并许本路转运使采察文行，保明奏举。如程文荒浅，中选才行不如所举，并坐举者。"②高宗绍兴元年(1131)正月，礼部讲求到典故，看详云：

> 天圣七年，复置贤良方正能直言极谏等六科，召试首云"皆考士节之无瑕，采乡评之共许"。嘉祐二年，诏举贤良方正而下九科，亦令采察文行，若不如所举，并坐举者。四年，旌德县尉汪辅之已试六论过阁，及殿试，亦考入第四等，而言者以无士行罢之。故苏轼有云："凡预中书之召命，已为天下之选人，然犹使御史得以求其疵，谏官得以考其素，一陷清议，辄为废人。"盖国家自昔制科取人，中选之后，多至大用，其考察之严，不得不尔。今朝廷设科之所取，固不在于文[字]记问而已。欲乞今后遇有应贤良方正能直言极谏科，并须尚书、两省谏议大夫以上、御史中丞、学士、待制三人奏举，先考其素行，无愧于清议，然后召试。举非其人者，坐之。欲将今来条具指挥，并依旧制施行。③

嘉祐四年，"旌德县尉汪辅之已试六论过阁，及殿试，亦考入第四等，而言者以无士行罢之"。可见，宋朝对应制举人的品行是十分重视的。

其三，在词业方面，太祖朝似无要求。真宗景德二年(1005)七月十八日，诏曰："今复置贤良方正能直言极谏，博通坟典达于教化，才识兼茂明于体用，武足安边，洞明韬略运筹决胜，军谋宏远材任边寄等科。宜令尚书吏部遍下诸路，许文武群臣、草泽隐逸之士，应此科目。程品之制，方策具存。考其否臧，必先于公府；刈其翘楚，乃扬于王庭，盖所慎重选抡，遵行典故。委中书门下，先加程试，如器业可观，具名闻奏。朕将临轩亲试，旰食畴咨，较艺实于至公，推宠荣于不次。"④中书门下程试之前，是否缴进词业，审查应试资格，未有明文。不过，《宋会

① 《宋会要辑稿・选举》一一之一五至一七《制科》。
② 《宋会要辑稿・选举》一一之四至五《制科》。
③ 《宋会要辑稿・选举》一一之二〇至二一《制科》。
④ 《宋会要辑稿・选举》一〇之一一《制科》。

要辑稿・选举》一〇之一二至一三《制科》载：

> 景德二年十一月十五日，进士李孜上书言："昨应诏举贤良，著《政通》十卷，有司考校，闻罢不得预试，且孤贫无依，愿沾一命之秩，以自效。"帝怜之，令中书召试，诏授越州余姚县主簿。

由李孜"昨应诏举贤良，著《政通》十卷，有司考校，闻罢不得预试"看来，似乎参加中书门下程试之前，需要词业方面的资格审查。

仁宗天圣七年(1029)闰二月二十三日，复置制举，则对词业方面的资格审查，有了明确规定。其《复制科敕诏》曰：

> 应内外京朝官……仍先进所业策论五十首，诣阁门或附递投进，委两制看详。如词理优长，具名闻奏。……又置高蹈丘园、沉沦草泽、茂才异等三科。……州县体量实有行止、别无玷犯者，即令纳所业策论五十首，本州看详，委实词理优长，即上转运使覆寔，审访乡里名誉，选有文学再行看详。其开封府，委自知府审访行止，选有文学佐官看详。委实文行可称者，即以文卷送尚书礼部，委判官看详，选择词理优长者，具名奏闻。①

应制举人，须先缴进所业策论五十篇，经有关部门"看详"即审查合格("词理优长")，方许应举。哲宗元祐二年(1087)四月亦规定："以学行俱优、堪备策问者充，仍略具词业缴进。"②高宗绍兴元年(1131)正月，礼部讲求到典故亦云：

> 旧制，科场年，春降诏，九月赴试。……各具词业缴进，(词业谓策论五十篇，分为十卷，随举状缴进入举词。)送两省、侍从参考，分为三等：文理优长为上等，文理次优为中等，文理平常为下等。考试缴进次优以上，召赴阁试。③

此大概即是北宋仁宗以来的旧制。如哲宗绍圣元年(1094)五月二十三日，翰林学士承旨曾布(1036—1107)等奏："看详到应科人辞业，三人并优长，五人并次

---

① 《宋会要辑稿・选举》一〇之一六至一七《制科》。
② 《宋会要辑稿・选举》一一之一五《制科》。
③ 《宋会要辑稿・选举》一一之二〇《制科》。

优，七人并平常。”诏：“次优已上人召试。”①即词业考核为中等以上始召赴阁试。苏辙（1039—1112）《栾城应诏集》卷一至卷十有《进论》二十五首、《进策》二十五首，即是嘉祐六年（1061）苏辙应制举时所缴进的词业。《宋会要辑稿·选举》一一之三二至三三《制科》载：

> 淳熙四年（1177）三月八日，吏部尚书韩元吉（1118—1187）等言：“旧制，贤良词业缴进，送两省、侍从参考，分为三等：文理优长为上等，次优为中等，平凡为下等。考讫缴奏，次优以上召赴阁（职）[试]。臣等众参考，得李塾、姜凯、郑建德、马万顷词业为次优。”诏并令中书召试。

可见，两宋对制举应举者都有词业方面的资格限制。

其四，自荐与官员奏举。太祖建隆元年（960）敕文曰：“应天下诸色人中，不限前资见任职官、黄衣草泽等，并可应诏送吏部……其登朝官，亦许上表自举。”即包括朝官在内的诸色人都可以自举，经吏部解送。乾德二年（964）再申制举诏曰：“今后不限内外职官，前资见任，黄衣布衣，并许直诣阁门，进奏请应。”②即不论有官、无官，不用举荐，均可自己到阁门进奏应举。正如孝宗乾道二年（1166）六月七日，礼部侍郎周执羔（1094—1170）等所言：“切见国初制科，止令诸州及监司解送。乾德二年，又以无人应制，下诏许直诣阁门请应。”③

真宗咸平四年（1001）二月二十五日，诏曰：“其令学士、两省、御史台五品以上，尚书省诸司四品以上，于内外京朝官、幕职州县官及草泽中，举贤良方正之士各一人。当策以时务，朕亲览焉。”④取消了应举人“直诣阁门进奏请应”的权利。仁宗天圣七年（1029）闰二月二十三日《复制科敕诏》曰：

> 令复置贤良方正能直言极谏、博通坟典明于教化、才识兼茂明于体用、详明吏理可使从政、识洞韬略运筹决胜、军谋宏远材任边寄六科。应内外京朝官，不带台省、馆阁职事，不曾犯赃及私罪轻者，并许少卿监已上上表奏举，或自进状乞应上件科目。……又置高蹈丘园、沉沦草泽、茂才异等三科。应草泽及贡举人非工商杂类者，并许本路转运逐处长吏奏举，或自于本贯投

① 《宋会要辑稿·选举》一一之一九《制科》。
② 《宋会要辑稿·选举》一〇之六《制科》。
③ 《宋会要辑稿·选举》一一之二七《制科》。
④ 《宋会要辑稿·选举》一〇之七《制科》。

状乞应上件科目。①

即命官奏举与自举并行。

仁宗庆历六年(1046)六月十八日,“诏礼部贡院,自今制科并用随贡举,为定制;亦须近臣论荐,毋得自举”。②所谓“须近臣论荐,毋得自举”,即须待制以上保明奏举,不再允许自举。从此废除了自荐之制。如嘉祐二年(1057)六月十九日,又下诏曰:“自今太常博士而下充台省、阁职及提点刑狱以上差使选人,不限有无考第,并草泽人,并听待制以上奏举,即不得自陈。内草泽人并许本路转运使采察文行,保明奏举。如程文荒浅,中选才行不如所举,并坐举者。”③又如哲宗元祐二年(1087)四月,复置制举时亦规定:“令尚书、侍郎、两省谏议大夫以上、御史中丞、学士、待制各举一人”。④再如高宗绍兴元年(1131)正月,再置制举亦规定:“命尚书、两省谏议大夫以上、御史中丞、学士、待制各举一人”。⑤

三、宋朝制举的考试方法与考试内容

宋朝制举考试,太祖朝为一级考试:宋初承后周之制,“州府解送吏部,试[策]论三道,共三千字已上,当日内成。取文理优长、人物爽秀者中选”。⑥仅有吏部试一级考试。太祖乾德二年(964)正月十五日,诏曰:“今后不限内外职官、前资现任、黄衣布衣,并许直诣阁门,进奏请应,朕当亲试,以进时贤。”⑦即只有御试一级。真宗朝改为两级考试:《宋会要辑稿·选举》一〇之七《制科》载:“咸平三年(1000),赐应制举人林陶同进士出身。陶既试学士院,不及格,帝方欲招来俊茂,故特奖之。”可知,真宗咸平三年四月之后,始在皇帝亲试之前,增学士院试一级考试。景德二年(1005)七月十八日,规定:“委中书门下,先加程试。如器业可观,具名闻奏。”⑧即改学士院试为中书门下试。仁宗天圣七年(1029)闰二月二十三日,复置制举,改中书门下试为秘阁试,仍为两级考试,即阁试、御试,遂成为定制。孝宗淳熙四年(1177)八月,监察御史潘纬言:

① 《宋会要辑稿·选举》一〇之一六《制科》。
② 《宋会要辑稿·选举》一〇之二五《制科》。
③ 《宋会要辑稿·选举》一一之四至五《制科》。
④ 《宋会要辑稿·选举》一一之一五《制科》。
⑤ 《宋会要辑稿·选举》一一之二〇《制科》。
⑥⑦ 《宋会要辑稿·选举》一〇之六《制科》。
⑧ 《宋会要辑稿·选举》一〇之一一《制科》。

> 制举以待非常之才，汉唐素重兹选，圣朝尤号得人，如富弼、张方平、苏轼与其弟辙皆由此科进。既号大科，欲孚众望，必乡评共许，士行无瑕，无愧斯名，始可应此举。……窃谓应是选者，一缴进词业，二试六论，三对制策。①

所谓“缴进词业”，即资格审查，已如上述；所谓“试六论”，即指阁试；所谓“对制策”，即指御试。下面谨对阁试、御试的考试内容与考试方法略作探讨。

（一）阁试

仁宗天圣七年（1029）闰二月二十三日，复置制举，“其法皆先上艺业于有司，有司较之，然后试秘阁；中格，然后天子亲策之”。②即先派官试于秘阁，然后天子亲策，遂成为定制。因此宋人将皇帝亲试前的制举考试称为“阁试”，把阁试合格称为“过阁”。

阁试的时间，初无定制。仁宗天圣八年（1030）三月甲子（十一日），诏：“应制科，自今听随礼部贡举施行。”③即按照文科贡举的开科年举行。仁宗时期，一般每四年开科贡举一次；嘉祐二年至治平二年（1057—1065），文举每两年一开科场贡举；治平三年之后直至南宋末年，一般每三年一开科场贡举。

孝宗淳熙十一年（1184）六月壬戌（五日），“[宰执]进呈秘书省校书郎奚商衡奏，‘制科取士，勿拘三岁之制’。上曰：‘贤良得人，国家盛事。可令学士院降诏，有合召试人，举官即以名闻。’”④于是，诏曰：“今后遇有应诏之人，令尚书、侍郎、两省谏议大夫以上、御史中丞、学士、待制不拘科举年分，各举贤良方正能直言极谏一人，各守臣、监司亦许解送，仍具词业缴进以闻。”⑤虽云“不拘科举年分”，但是除淳熙十三年六月召试贤良方正能直言极谏科庄冶、滕宬不是礼部贡举年之外，此后制科一般仍随文科贡举年份举行。

阁试的具体日期，一般没有统一规定。仁宗天圣八年（1030）六月十六日，“命翰林学士盛度、龙图阁待制韩亿就秘阁考试制科。度等上何咏、富弼论各六首”。⑥皇祐五年（1053）八月初三日，“命观文殿学士高若纳、王举正、端明殿学士

---

① 《宋会要辑稿·选举》一一之三三《制科》。
② 《长编》卷一〇七，天圣七年闰二月壬子。
③ 《长编》卷一〇九，天圣八年三月甲子。
④ 《宋史全文》卷二七，淳熙十一年六月壬戌。
⑤ 《宋会要辑稿·选举》一一之三六《制科》。
⑥ 《宋会要辑稿·选举》一〇之一八《制科》。

杨察、直史馆专(?)询,就秘阁考试制科。若讷等上赵彦若论六首"。[1]嘉祐四年(1059)七月二十六日,"命翰林学士吴奎、权御史中丞韩绛、知制诰范镇、起居舍人知谏院范师道就秘阁考试制科。奎等上陈舜俞、钱藻、汪辅之论各六首"。[2]哲宗元祐三年(1088)九月八日,"御史中丞孙觉、户部侍郎苏辙、中书舍人彭汝砺、秘书省正字张绩考试应贤良方正能直言极谏科。觉等上谢悰论六首。"[3]高宗绍兴元年(1131)正月复置制举,阁试时间始有定制。李心传《朝野杂记》甲集卷十三《制科》云:"岁九月,命两省、学士官考试于秘阁,御史监之,试六论。"南宋孝宗七年(1171)君臣议论李垕阁试时,虞允文(1110—1174)亦言:"昨绍兴指挥,春降诏,九月召试。"孝宗因令李垕"九月试中书"。[4]关于阁试锁院、引试、开院时间,孝宗淳熙四年(1179)七月二十四日,中书后省言:"本院官吏将来引试贤良方正,缘就试员数增多,欲乞以十日开院,于引试前二日锁院。"诏:"锁院、引试、开院,通限六日。"[5]

阁试的场所,真宗咸平三年(1000)、景德二年(1005),试于学士院。学士院为宋朝皇帝的秘书处,翰林学士的官署。仁宗天圣八年(1030)六月十六日,"命翰林学士盛度、龙图阁待制韩亿就秘阁考试制科。度等上何咏、富弼论各六首"。[6]遂成为定制。秘阁为宋朝官署名。《宋史》卷一六二《职官志二・直秘阁》云:"国初,以史馆、昭文馆、集贤院为三馆,皆寓崇文院。太宗端拱元年(988),诏就崇文院中堂建秘阁,择三馆真本书籍万余卷及内出古画、墨迹藏其中。……(元丰)官制行,废崇文院为秘书监,建秘阁于中,自监、少至正字列为职事官。"秘阁为藏书之所,先后以直秘阁、秘书监为长官。南宋孝宗乾道年间,曾命应制举人就试于中书后省。如乾道七年(1171)九月二十七日,"命翰林学士王曮、起居舍人李彦颖就中书后省考试、参详制科。曮等上李垕论六首。"[7]中书后省为中书省的办事官署,神宗元丰四年(1081)创置,高宗建炎三年(1129)复置,其长官为中书舍人。

真宗咸平三年(1000)学士院试,其考试内容不详。景德中书门下程试,考试内容大概已为论六首。[8]仁宗天圣七年(1029)以后,直到宋室南渡,无论考试地点

---

① 《宋会要辑稿・选举》一一之二《制科》。
② 《宋会要辑稿・选举》一一之七《制科》。
③ 《宋会要辑稿・选举》一一之一五至一六《制科》。
④⑦ 《宋会要辑稿・选举》一一之二九《制科》。
⑤ 《宋会要辑稿・选举》一一之三三《制科》。
⑥ 《宋会要辑稿・选举》一〇之一八《制科》。
⑧ 《文献通考》卷三三《选举考六》。

在秘阁，还是在中书后省，阁试的内容均为论六首。《宋会要辑稿·选举》一一之二〇至二二载“阁试旧制”云：

> 阁试一场，论六首，每篇限五百字以上成，差[楷](揩)书祇应。题目于《九经》、《十七史》、《七书》、《国语》、《荀子》、《扬子》、《管子》、《文(仲)[中]子》正文及注疏内出，内一篇暗数、一篇明数。如绍(兴)[圣]元年阁试，《舜得万国之欢心论》(出《史记·乐书》:“舜弹五弦之琴，歌《南风》之诗，而天下治云云。夫《南风》之诗者，生长之音也，舜乐好之；乐与天地同意，得万国之欢心，故天下治也。”此谓暗数，所引不尽为粗。)《事成六德论》。(出《毛诗·皇皇者华》笺注。此谓明数。)四通以上为合格，仍分五等，入四等以上召赴殿试。(论引上下文不全，上下文有度数及事类，谓之暗类。所引不尽谓之粗。)差翰林学士、两省官考试于秘阁，御史台官监试，及差弥封、誊录官。考讫，以合格试卷缴奏，御前拆号。

六论的出题范围，为《九经》、《十七史》、《七书》、《国语》、《荀子》、《扬子》、《管子》、《文中子》等。如仁宗天圣八年(1030)六月，试富弼等阁试六论为《两仪生四象》、《刑罚何以任治》、《治世军礼同邦国》、《育材之道如何》、《九仪之命正邦国》、《拱璧驷马何以不如进此道》论。①哲宗元祐六年(1091)八月，试王普等阁试六论为《因民常而施教》、《以蒙养正》、《汉行先王之政》、《大教在通人情》、《人主权断》、《二刘学通南北》论。②其正文之外，注疏中亦可出题。如哲宗元祐七年(1092)五月十一日，诏：“秘阁试制科，论题于九经、兼经、正史、《孟子》、《扬子》、《荀子》、《国语》并注内出题，其正义内毋出。”③

高宗绍兴元年(1131)正月一日，礼部看详：“旧制兼注疏内出题，今来复科之初，切恐疏义繁多，士大夫鲜能通习。欲乞除权罢疏义出题外，馀并依旧制。”高宗诏：“疏义出题及撰题官临时取旨。”④九月甲辰(十一日)，礼部言：“故事，阁试六题，以五通为合格。及是，侍郎李正民、员外郎王居正言：‘今复科之初，使士大夫徒能记诵义疏，亦无补于用，权罢义疏出题外，馀如旧制。’”高宗诏：“兼于义疏出题，仍以四通为合格。”⑤“疏义”指九经注疏、正义。

---

① 《宋会要辑稿·选举》一〇之一八《制科》。
② 《宋会要辑稿·选举》一一之一七《制科》。
③ 《宋会要辑稿·选举》一一之一九《制科》。
④ 《宋会要辑稿·选举》一一之二二《制科》。
⑤ 《系年要录》卷四七，绍兴元年九月甲辰。

孝宗乾道二年(1166)六月七日，臣僚言："欲望参稽前制，间岁下诏，权于经史诸子正文出题，其僻书注疏，不得以为问目。"诏礼部集馆职、学官同议以闻。礼部侍郎周执羔等参议："不若仿国初之制，少加斟酌，许用侍从荐举，或守臣、监司解送，及权罢注疏出题，其馀悉依旧制。"孝宗"从之"。①淳熙四年(1177)八月二十六日，诏："制举六论已权罢注疏出题，可以五题通为合格。"②

淳熙五年(1178)八月三日，臣僚言："国家设制举，必先试以六论，虽注疏悉皆命题，以观其博洽。今乃去注疏命题，谓宜复其旧。有诏令礼部监学官看详，既而条具，欲从所请，并检照祖宗朝自天圣八年试富弼等至元祐六年试王普等阁试六论，并出经题一篇或两篇，方杂以子史注疏。今六论欲依故事出经题，作第一篇，然后杂出《九经》、《语》、《孟》内注疏，或子、史正文题目。"孝宗"从之"。③于是，又依故事出经题，作第一篇，然后杂出九经、《语》、《孟》内注疏，或子、史正文题目。

淳熙十二年二月二十六日，起居舍人兼国史院编修官兼权直学士院李巘言："近年以来，固尝举试数人，止用经子诸史正文为题，皆以记问不精，旋即罢遣，诚为疏矣。后乃兼用注疏，试者愈难。夫前者未用注疏而不能试，今复增之，而欲其应诏，宜乎累年于此而未有其人。……乞特加参酌，令依旧降指挥，免用注疏出题，则士之应诏者不无其人，而可得端悫有用之才。"孝宗"从之"，复免用注疏出题。④如淳熙十三年五月，试庄冶、滕宬等阁试六论为《身者治之本》、《圣人通天地之心》、《五星为经纬》、《历术本于易》、《六德以民为纪》、《岑彭冯异之功孰大》论。⑤

南宋人叶绍翁《四朝闻见录》丙集《贤良》云："绍翁窃考本朝有司命题，不过六经本注与正义中出，或不出正义，未闻出子史注疏者。""四朝"乃南宋高、孝、光、宁四朝，叶绍翁大概是宁宗朝人，其所云阁试命题，应是宋朝阁试的出题原则。上述孝宗朝命题制度虽然屡变，但均违背叶绍翁所说的原则。

论题六首又分为明数、暗数两种。绍兴元年(1131)正月一日，礼部讲求到典故云："论引上下文不全，上下文有度数及事(类)[数]，谓之暗(类)[数]。"⑥李心

① 《宋会要辑稿·选举》一一之二七至二八《制科》。
② 《宋会要辑稿·选举》一一之三三《制科》。
③ 《宋会要辑稿·选举》一一之三五《制科》。
④ 《宋会要辑稿·选举》一一之三六至三七《制科》。
⑤ 《宋会要辑稿·选举》一一之三八《制科》。
⑥ 《宋会要辑稿·选举》一一之二二《制科》

传(1167—1244)亦云:“上下文有度数及事数,谓暗题。”[1]今人聂崇岐(1903—1962)云:“直引书之一二句,或稍变换句之一二字为题者为明数;颠倒书之句读,窜伏首尾而为题者为暗数。明数尚易知,暗数则每扑朔迷离,令人难明究竟,故李焘诮之,谓‘类于世之覆物谜语’。”[2]祝尚书认为:“聂氏之说似是而非。”其《宋代科举与文学》第三章第二节《制科的考试》辨证甚详,足资参考。他认为:“度数”之“度”指典章制度,“事数”之“事”指事典、事迹。所谓“明数”、“暗数”,是指论题不仅要关涉典章制度、文物故实,而且该制度、典故中还必须有相应的数字。数字不见于题目,而“隐藏”在出处文字之中,叫作“暗数”;反之,数字显示在题目当中,叫作“明数”。叶梦得(1077—1148)曰:“明、暗皆言数也。暗如《因民常而施教》是也。《周官》:‘因此五物者,民之常也,施十有二教焉。’题目字中不见数,而藏‘五’与‘十二’于其间焉,此最难测度。若明数,则如《既醉备五福》、《祭有十伦》是也。”[3]绍圣元年(1094)阁试六论,亦一明一暗。如《舜得万国之欢心论》,出《史记·乐书》:“舜弹五弦之琴,歌《南风》之诗,而天下治云云。夫《南风》之诗者,生长之音也,舜乐好之;乐与天地同意,得万国之欢心,故天下治也。”由于“五弦”等数字隐藏于其中,故“此谓暗数,所引不尽为粗”。《事成六德论》,出《毛诗·皇皇者华》笺注。毛传曰:“兼此五者,虽有中和,当自谓无所及,成于六德也。”郑玄笺曰:“中和,谓中信也。五者,咨也,诹也,谋也,度也,询也。虽得于此中信之贤人,犹当云已将无所及于事,则成六德,言慎成事。”由于“六德”就在题目当中,所以“此谓明数”。[4]

“故事,六题一明一暗”,明暗相参,暗数多不过半。淳熙四年(1177),钱良臣等试李塾等四人,“所命皆暗题”,[5]又加之改为五题通为合格,故均被黜落,仅赐束帛而已。

阁试所设考官略同贡举省试之制。高宗绍兴元年(1131)正月一日,礼部讲求到典故云:“差翰林学士、两省官考试于秘阁,御史台官监试,及差弥封、誊录官。”[6]其考试官、参详官,一般为四人。如仁宗景祐元年(1034)六月十六日,“以翰林侍读学士李仲容、知制诰宋郊、天章阁待制孙祖德、直集贤院王举正就秘阁考试制科。”[7]又如神宗熙宁三年(1070)八月二十三日,“命翰林学士司马光、直舍

---

①⑤ 《朝野杂记》甲集卷一三《制科六题》。

② 聂崇岐:《宋代制举考略》,收入《宋史丛考》,中华书局1980年版。李焘语见叶绍翁《四朝闻见录》丙集《贤良第三则》引李焘《制科题目序》。

③ 沈作喆:《寓简》卷八。

④⑥ 《宋会要辑稿·选举》一一之二二《制科》。

⑦ 《宋会要辑稿·选举》一〇之二一《制科》。

人院吕大防、集贤校理孙洙、李清臣就秘阁考试制科”。[①]如应试者人少，则差二人。如乾道七年(1171)九月二十七日，“命翰林学士王曮、起居舍人李彦颖就中书后省考试、参详制科”。[②]因是年阁试，仅有李垕一人应试。也有差三人者。如《宋会要辑稿·选举》一一之三三《制科》载：

> 淳熙四年(1177)七月八日，中书后省言：“昨来召试止系李垕一名，宣差制举考试官一员、参详官一员。今召试四人，稍多，欲于参详官内增差一员，比附省试差知贡举官例，临期特降御笔点差。仍差封弥、誊录、对读、监门官各一员，其巡铺官，于入内内侍省差。引试前一日，宣押入院。”诏试所止就后省，馀并依。

可知阁试所差考官略同贡举省试之制，除差考试官、参详官之外，仍差封弥、誊录、对读、监门官及巡铺官。其考试官、参详官“比附省试差知贡举官例，临期特降御笔点差”，而且“引试前一日，宣押入院”，即亦实行锁院制度，考试前一天，考试官锁宿于秘阁，次年则锁试于中书后省。这些都是为了防止考试官徇私舞弊。

阁试所撰六论，合格为“通”，不合格为“粗”、“不”。合格要求有二：一是“以三千字已上为合格”，[③]即“每篇限五百字以上成”。[④]二是识题，“论引上下文不全，上下文有度数及事(类)[数]，谓之暗(类)[数]。所引不尽谓之粗”。[⑤]如神宗熙宁六年(1073)八月己亥(二十八日)，秘阁考试所言：“应制科陈彦古所试六论，不识题，及字数皆不足，准式不考。”[⑥]又如孝宗淳熙四年(1177)八月二十七日，中书舍人兼侍讲钱良臣等言：“准敕，考试制举试卷四号。臣等依准近降指挥，以五题通为合格。今考至试卷，内多有不知题目出处，又引用上下文不尽，止有仅及二通者。”[⑦]“不识题”(即“不知题目出处”)，“引用上下文不尽”，“字数不足”，皆为“不通”。

现存宋人文集等史料中尚保存有不少宋人参加制举阁试的六论。如苏轼、苏辙文集中就保留有他们嘉祐六年(1061)的阁试六论，即《王者不治夷狄》、《礼

---

① 《宋会要辑稿·选举》一一之一二《制科》。
② 《宋会要辑稿·选举》一一之二九《制科》。
③ 《宋会要辑稿·选举》一〇之一六《制科》。
④ 《宋会要辑稿·选举》一一之二一《制科》。
⑤ 《宋会要辑稿·选举》一一之二二《制科》。
⑥ 《长编》卷二四六，熙宁六年八月己亥。
⑦ 《宋会要辑稿·选举》一一之三四至三五《制科》。

义信足以成德》、《刘恺丁鸿孰贤》、《礼以养人为本》、《既醉备万福》、《形势不如德》论。现将苏轼(1037—1101)《礼以养人为本论》移录如下：

> 论曰：三代之衰，至于今且数千岁，豪杰有意之主，博学多识之臣，不可以胜数矣，然而礼废乐坠，则相与咨嗟发愤而卒于无成者，何也？是非其才之不逮，学之不至，过于论之太详、畏之太甚也？夫礼之初，始诸人情，因其所安者，而为之节文，凡人情之所安而有节者，举皆礼也，则是礼未始有定论也。然而不可以出于人情之所不安，则亦未始无定论也。执其无定以为定论，则涂之人皆可以为礼。
>
> 今儒者之论则不然，以为礼者，圣人之所独尊，而天下之事最难成者也。牵于繁文，而拘于小说，有毫毛之差，则终身以为不可。论明堂者，惑于《考工》、《吕令》之说；议郊庙者，泥于郑氏、王肃之学。纷纷交错者，累岁而不决。或因而遂罢，未尝有一人果断而决行之。此皆论之太详而畏之太甚之过也。
>
> 夫礼之大意，存乎明天下之分，严君臣、笃父子、形孝弟而显仁义也。今不幸去圣人远，有如毫毛不合于三代之法，固未害其为明天下之分也，所以严君臣、笃父子、形孝弟而显仁义者犹在也。今使礼废而不修，则君臣不严、父子不笃、孝弟不形、仁义不显，反不足重乎？
>
> 昔者西汉之书，始于仲舒，而至于刘向，悼礼乐之不兴，故其言曰："礼以养人为本。如有过差，是过而养人也。刑罚之过，或至杀伤。今吏议法，笔则笔，削则削，而至礼乐则不敢。是敢于杀人，而不敢于养人也。"而范晔以为："乐非夔、襄而新音代作，律谢皋、苏而法令亟易。"而至于礼，独何难欤？
>
> 夫法者，末也，又加以惨毒繁难，而天下常以为急。礼者，本也，又加以和平简易，而天下常以为缓。如此而不治，则又从而尤之曰，是法未至也，则因而急之。甚矣！人之惑也。平居治气养生，宣故而纳新，其行之甚易，其过也无大患，然皆难之而不为。悍药毒石，以搏去其疾，则皆为之。此天下之公患也。呜呼！王者得斯说而通之，礼乐之兴，庶乎有日矣！谨论。

"礼以养人为本"出于刘向《请兴礼乐疏》，苏轼已尽引用之。全文共613个字，合乎"每篇限五百字以上成"的字数规定。此论可以作为宋朝阁试六论的代表作。

仁宗天圣七年(1029)复置制举,阁试“差官试六论,以三千字已上为合格”。[①]高宗绍兴元年(1131),礼部奉德音讲求到典故云:“四通以上为合格,仍分五等,入四等以上召赴殿试。”[②]所谓“典故”,当为天圣七年复置制举的旧制。庆历三年(1043),太常丞、直集贤院、同修起居注、知谏院张方平(1007—1091)等上《举朱寀充馆阁职名》札子云:

臣等昨奉敕差赴秘阁考试制举人等,内有应贤良方正能直言极谏科国子监直讲朱寀,所试六论,考中第四等下。据旧例,阁试第四等下并预廷对。止因景祐中年第四等人数稍多,报罢之。以此朱寀承近例,不得召试。[③]

由此可知,景祐年间(1034—1038)之前,第四等又分上、下,阁试第四等下即为阁试合格,准予御试。景祐之后,第四等上始为阁试合格,准予御试。

孝宗淳熙四年(1177),监察御史潘纬言:“制举以待非常之才,汉唐素重兹选,圣朝尤号得人。……旧制,试论于经史、诸子正文及注疏内出题;今已权罢注疏,皆所以诱其来也。窃谓应是选者,一缴进词业,二试六论,三对制策。……唯是六论,于注疏命题,人以为难。况此一场,谓之‘过阁’,乞尤当加意。今引试有日,若据令再于注疏出题,亦已何及?如依旧制,以四通以上为合格,则与应进士举,一场试经义五篇者何异?臣愚欲六题皆通,方为合格。选之遴,则其得之也荣。”于是,八月二十六日,诏:“制举六论已权罢注疏出题,可以五题通为合格。”[④]阁试六论以五通为合格,颇为艰难,以至于淳熙四年之后,竟无一人阁试合格者。如《宋会要辑稿·选举》一一之三四至三五《制科》载:

淳熙四年八月二十七日,中书舍人兼侍讲钱良臣等言:“准敕,考试制举试卷四号。臣等依准近降指挥,以五题通为合格。今考至试卷,内多有不知题目出处,又引用上下文不尽,止有仅及二通者。”诏并赐束帛。

是年八月二十五日,“引试应贤良方正能直言极谏科李塾、姜凯、郑建德、马万顷,命中书舍人钱良臣为制举考试官,太常少卿兼崇正殿说书齐庆胄、左司谏萧燧并

① 《宋会要辑稿·选举》一〇之一六《制科》。
② 《宋会要辑稿·选举》一一之二〇《制科》。
③ 张方平:《乐全集》卷三〇《举朱寀充馆阁职名》。
④ 《宋会要辑稿·选举》一一之三三至三四《制科》。

为参详官，宗正寺主簿胡南逢为监封弥官，大理寺主簿陈资深为监誊录官，武宁谕王兰为对读官。论六首：一曰《因者君之纲》，二曰《易数家之传孰优》，三曰《前世历法多差》，四曰《十二节备如何》，五曰《王学本贾氏》，六曰《动静繁寡如何》。"①由于"以五题通为合格"，又论题甚难，以至于李塾等四人，无一人阁试合格。又如《宋会要辑稿·选举》一一之三八《制科》载：

> 淳熙十三年六月十三日，朝散大夫、权尚书吏部侍郎兼国子祭酒充制举考试官颜师鲁等言："今考校到庄冶、滕宬试卷二号，各有二题不通，系不知出处，外虽有四通，而文理亦多平常，不应元降指挥'五题通为合格'之数。"诏既不合格，可并赐束帛。

是年"以六月八日引试应贤良方正能直言极谏科庄冶、滕宬，命礼部侍郎兼国子祭酒颜师鲁为制科考试官，秘书监兼国史院编修官兼太子左谕德沈揆、侍御史陈贾并为参详官，司农寺丞宋之瑞为监誊录官，军器监主簿王厚之为对读官。论六首：一曰《身者治之本》，二曰《圣人通天地之心》，三曰《五星为经纬》，四曰《历术本于易》，五曰《六德以民为纪》，六曰《岑彭冯异之功孰大》。"②庄冶、滕宬阁试六论均已四通，仍因"不应元降指挥'五题通为合格'之数"，而被黜落，令人痛惜。李心传《朝野杂记》甲集卷十三《制科六题(淳熙再试制科本末)》感叹云："自是制科无复得试者矣。"

（二）御试

宋人称阁试及格为"过阁"。③应制举人过阁，即由皇帝亲试，所以称为"御试"；又因多试于崇政殿或集英殿，故又称为"殿试"。

1.御试的时间与场所

制举御试时间，初无定制。有几年一试，也有一年两试者。如真宗咸平四年(1001)四月十三日，"帝御崇政殿，试贤良方正秘书丞查道、著作佐郎李邈、前定国军节度推官王晓、前奉国军节度推官鲁骧、进士陈越"；④八月己酉(十日)，复亲试制举人，得丁逊、孙仅等。仁宗天圣八年(1030)三月甲子(十一日)，诏："应制

---

① 《宋会要辑稿·选举》一一之三三《制科》。
② 《宋会要辑稿·选举》一一之三八《制科》。
③ 《宋会要辑稿·选举》一一之三四《制科》。
④ 《宋会要辑稿·选举》一〇之七《制科》。

科，自今听随礼部贡举施行。"[①]自此制举即随礼部贡举开科时间举行。淳熙十一年(1184)六月五日，宰执进呈秘书省校书郎奚商衡奏："制科取士，勿拘三年之制。"上曰："贤良得人，国家盛事。"于是诏曰："今后遇有应诏之人，令尚书、侍郎、两省谏议大夫以上、御史中丞、学士、待制不拘科举年分，各举贤良方正能直言极谏一人，各守臣、监司亦许解送，仍具词业缴进以闻。"但除淳熙十三年六月召试贤良方正能直言极谏科庄治、滕宬不是礼部贡举年之外，一般仍随礼部贡举年举行。而且，淳熙十三年因庄治、滕宬阁试不合格，也并未举行御试。此后一般仍随文科贡举年举行。

至于御试的月份，初亦无定制。仁宗初年，多在七月举行，自庆历二年至嘉祐六年(1042—1061)，二十年间六次御试，均在八月举行。英宗治平元年至哲宗绍圣元年(1064—1094)，三十一年间五次御试，均于九月份举行。南宋孝宗乾道七年(1171)，则于十一月份举行。

制举御试的场所，太祖乾德四年(966)，御试于紫云楼。真宗、仁宗、英宗朝，御试于崇政殿。哲宗朝及孝宗朝，御试于集英殿。御试设置安排，礼遇甚厚。如"真宗皇帝凡五策贤良，皆躬御便坐。其举人就试并于殿廊张幕为次，垂帘设几，大官赐膳，酒醪茶荈，无不毕供。"[②]但是，仁宗天圣七年(1029)复置制举之后，"苟从便易，乖戾旧章，措置之间，甚不称陛下求贤之意"。[③]景祐元年(1034)，知制诰宋庠(996—1066)上《贤良等科廷试设次札子》云：

> 伏睹贤良方正苏绅等就试之日，并与武举人杂坐庑下，洎摛辞写卷，皆俯伏毡上。自晨至晡，讫无饮食，饥虚劳瘁，形于叹嗟。虽仅能成文，可谓薄其礼矣。又况武举人等才术肤浅，流品混淆，挽弩试射，与兵卒无异。使天子制策之士，并日较能，此又国体之深讥者也。……伏愿申诏近臣，检详旧史，作为定式，付于攸司。今后每试此科，即备陈条件，凡厥供拟，关报所由。仍乞或有武举杂科，不令同日就试。

奏上，仁宗从之。景祐元年闰六月甲申(二十七日)，诏："御试制科举人，自今张幕次于殿庑，仍令大官给食。武举人以别日试之。"[④]高宗绍兴元(1131)年正月，

---

① 《长编》卷一〇九，天圣八年三月甲子。

②③ 宋庠：《元宪集》卷三一《贤良等科廷试设次札子》。

④ 《长编》卷一一四，景祐元年闰六月甲申。

礼部讲求到“典故”云：“赴试人引见赐坐，殿廊两厢设重帘帏幕，青褥紫案，差楷书祗应。（旧制，差内侍赐茶果，仍谢恩。）”①自景祐元年之后，制举御试的设置安排，甚是待之以礼的。

2. 御试内容

高宗绍兴元年(1131)正月，礼部讲求到“典故”云：“殿试，皇帝临轩，制策一道，限三千字以上成。试卷用表纸五十张，草纸五十张。”②司马光(1019—1086)《涑水记闻》卷三载：

> 鲁平曰：宋初以来，至真宗方设制科，陈越、王曙为之首。其后夏竦等数人皆以制科登第，既而中废。今上即位，天圣(六)[七]年始复置。其后，每开科场则置之，有官者举贤良方正，无官者举茂材异等，馀四科多不应。皆自投牒，献所著文论，差官考校。中者召诣阁下，试论六首；又中选，则于殿廷试策一道，(五)[三]千字已上。其中选者不过一二人，然数年之后即为美官。

可知制举殿试内容，皆为“制策一道，限三千字以上成”，历两宋，相沿不改。

其御试策问，初颇伤于细碎繁冗。如真宗咸平四年(1001)四月十三日，御试制策曰：

> 汉诏贤良，垂三百馀载；唐策俊造，悬四十馀科。得士者昌，于斯为盛，用能佐佑帝业，焜燿儒风。历代已来，其道中废，皇朝开国，复举而行。朕奉祖宗，不敢失坠，思得天下方闻之士，习先王之法，明当世之务者，以辅朕之不逮。《传》曰：“三皇步，五帝骤，三王驰，五霸骛。”斯则皇、帝、王、霸之异世，其号奚分？步、骤、驰、骛之殊途，其义安在？称诏之旨，临御之方，必有始终，存诸典故。加以姬周始之三十六王，刘氏承之二十五帝，受授之端，治理之要，咸当铨次，务究本原。而又周有乱臣，孰为等级？秦非正统，奚所发明？勒燕然之石者，属于何官？剪阴山之虏者，指于何帅？十代之兴亡足数，九州之风俗宜陈。辨六相之后先，论三杰之优劣。渊、骞事业，何以首于四科？卫、霍功名，何以显于诸将？究元、凯之本系，叙周、召之世家，述九流之指归，议五礼之沿革。六经为教，何者急于时？百氏为书，何者合于道？

①② 《宋会要辑稿·选举》一一之二二《制科》。

汉朝丞相，孰为社稷之臣？晋室公卿，孰是廊庙之器？天策府之学士，升辅弼者谓谁？凌云阁之功臣，保富贵者有几？须知李唐既往，朱梁已还，经五代之乱离，见历朝之陵替，岂以时运之所系，教化之未孚耶？或者为皇家之驱除，开我朝之基祚耶？是宜考载籍之旧说，稽前史之遗文，务释群疑，咸以书对。①

制举之设，意在得非常之才。所问皆历史典故，无关治乱，难以选拔"习先王之法，明当世之务者"。真宗对此也颇为不满。景德四年(1007)闰五月四日，真宗与宰执大臣谈论制举策题时亦曰："比设此科，欲求才识，若但考文义，则积学者方能中选，苟有济时之用，安得而知？朕以为六经之旨，圣人用心，固与子史异矣。今策问宜用经义，参之时务。"②

仁宗天圣七年(1029)复置制举，次年五月，范仲淹(989—1052)即上书宰相吕夷简(979—1044)曰：

今朝廷思救其弊，兴复制科……斯文丕变，在此一举。然恐朝廷命试之际，谓所举之士，皆能熟经籍之大义，知王霸之要略，则反屏而弗问；或将访以不急之务，杂以非圣之书，辨二十八将之功勋，陈七十二贤之德行。如此之类，何所补益！盖欲伺其所未至，误其所常习，不以教育为意，而以去留为功。若如所量，恐非朝廷劝学育才之道也。……如此则制科之设，足以误多士之心，不足以救斯文之弊。……愿相府为此一举。傥昌言于两制，如能命试之际，先之以六经，次之以正史，该之以方略，济之以时务，使天下贤俊，翕然修经济之业，以教化为心，趋圣人之门，成王佐之器。十数年间，异人杰士必穆穆于王庭矣。③

复置制举伊始，范仲淹即建言制举策问不要"访以不急之务，杂以非圣之书"，而要"先之以六经，次之以正史，该之以方略，济之以时务"，这样才能造就和选拔出"熟经籍之大义，知王霸之要略"的"王佐之器"。范仲淹时为殿中丞、河中府通判，人微言轻，其上书大概没有起太大作用。庆历六年(1046)六月，监察御史唐询(1005—1064)上言论制举云：

① 《宋会要辑稿・选举》一〇之七至八《制科》。
② 《宋会要辑稿・选举》一〇之一三《制科》。
③ 《范文正公集》卷九《上时相议制举书》。

本朝稽用旧文，讫真宗之世，三建此科。自陛下即位，增修六科，以来多士，令两省若少卿监以上各得奏举。又只用贤良、茂才二科，随进士科设之。……未经亲试，前集有司，而所出论目，悉用经史名数，其于治乱之体，固无所补。及对诏策，大率不过条对义例，稽合注解。又复牵于文字之数，[迫于淆杂之间]，从使魁磊之士、[高明之才]，胸中虽有奇言不得骋。况又人之所习，主乎强记博闻，辞多泛说而已。至其救辅国体，开陈治策，则何赖哉！……直言极谏，非当世事而求，茂才异等，岂谓循常之选？其弊若此，顾宜图之。①

当时主要讨论制举的行废，于其考试内容仍未在意。皇祐元年(1049)八月二十日，上封事者又言：

伏见国家每设制科，以收贤材，中选之后，多至大用。以此知不独取于刀笔，盖将观其器能也。旧制，秘阁先试六论，合格者，然后御试策一道。先论者，盖欲探其博学；后策者，又欲观其才用。近来御前所试策题，其中多问典籍名数，及细碎经义，乃是又重欲探其博学，竟不能观其才用，岂朝廷求贤[材]之意耶？欲乞将来御试策题中，止令问事关治乱、体系安危，用之则明昌、舍之则微弱，往古之已试、当今之可行者十馀条，限三千字已上成。所对人若文理优长、识虑深远，其言真可行于世，其论果有补于时者，即为优等。若是文意平常，例无可采者，即为末等，量与恩泽。所有名数及细碎经义，更不详问。如此，则不为空言，可得实效。

奏上，仁宗从之。乃诏："诏撰策题官，先问治乱安危大体，其馀所问经史名数，自依旧制。"②在仁宗看来，"经史名数"还是要问，只是放在次要位置上而已。是年八月二十四日，仁宗御崇政殿，试贤良方正能直言极谏殿中丞吴奎，策问即有所改进。其制策曰：

朕祗畏天明，以临万寓，陟降在上，日监在兹。至于礼乐政教，刑辟威狱，罔弗是宪，以起大治。故亲策俊良，及此而六。宜谓得人之盛，无愧古

① 据《宋朝诸臣奏议》卷八二，吴育《上仁宗论制科之设不专因灾异宜随科举下诏》注引唐询奏校补。

② 《宋会要辑稿・选举》一一之一《制科》；《长编》卷一六七，皇祐元年八月甲申。

先。且欲询变化之道，而知神之所为；求述作之原，而察圣明之所本。烛理于昧，图危于安。子大夫穷天人之端，识治乱之兆，其恭听朕命，著之敷言。

《书》曰："在知人，在安民"，"能哲其惠"、"惟帝其难"。朕惟取群材以班庶职，而才有未叙，职有未修，何也？爱育兆民，若视赤子，赋不加重而人已匮，役不夺时而众已困，哀薄益厚，贫富不均，何也？《记》曰："礼、乐、刑、政，四达而不悖，则王道备矣。"朕敕天之秩，寅庸五礼，因民之和，考正大乐，未有露泉象物之感，何也？慎令详刑，允于出纳，无有师保，如承祭祀，尚乖有耻且格之应，何也？向若大河决溢，水不顺道，较财僝力，将议堙补，而年谷不登，人用流转，军师屯防无事，而厚费不给，奸宄盗寇有时而窃发弗禁。求之彝伦，其咎安在？彼刘毅损难之议，唐官善最之目，周人荒政之数，管氏版法之经，礼乐所损益者孰知？刑罚世轻重于何代？东汉而上塞河之术安从？西魏以先为兵之制奚见？酌古之利，属今之宜，别白以言，无悼患害。①

此首策问引述《尚书》、《礼记》，连发七问，皆有关"知人"、"安民"、"礼、乐、刑、政"等时务，符合"先问治乱安危大体，其馀所问经史名数，自依旧制"的诏旨。此后，仍有多为"问经史名数"者。哲宗元祐元年（1086）闰二月，枢密直学士王存（1023—1101）又上疏曰："臣窃见近世制科所试论策题目，务出于僻隐难知，是以应此科者，竞为记诵名数之学，非所以称方正之举。先朝深知其弊，遂行废罢。今议复置，傥蒙允降，若并依旧制，即不免袭前日之弊，无补治道。欲乞下有司重行详定制科考格，所取务先识略，不专贵以记诵名数之学。"②元祐三年九月二十四日，哲宗御集英殿，试贤良方正能直言极谏谢悰。其制策有所改进，"先问治乱安危大体"。其制策曰：

盖闻正己所以治人，得人所以立政。自朕即位，于兹四年，夙夜兢兢，罔敢逸豫，临朝恭默，非礼不动，歌钟狗马、子女玉帛之玩，未尝迩也。朕之自治，亦庶几寡过矣，而风俗不加厚，何也？登延老成，搜访幽隐，其未得之，侧席以待，其既得之，委己以听，人望所在，收拾无遗，朝廷之官，殆无虚位。朕之求人，亦庶几有得矣，而政事不加饬，何也？轻徭简役，责己施惠，欲以裕民，而百姓之力未宽；罢不急之务，损无名之费，欲以丰财，而公私之用益屈。

① 《宋会要辑稿·选举》一一之一至二《制科》。
② 《宋朝诸臣奏议》卷八二，王存《上哲宗乞别详定制科考格》。

> 吏不胜其冗，选部补授至三人共一官；刑不胜其烦，岁报大辟至五十馀数。二者，祖宗以来所未尝有，甚可骇也。以至四方水旱之灾，连岁代有；冬春尝寒之异，京师为甚。河失故道，迨今未复。阴阳之沴既如彼。氐羌扰边，士不得息，交趾邀地，溪猺弄兵。震以威则易玩，怀以利则无厌。夷狄之患又如此。岂朕施设悖缪，失其统欤？抑任贤使能未得其理欤？不然，俗固不易变、弊固不可革欤？何其为日久而见效迟也！孔子曰："百年可以胜残去杀。"又曰："必世而后仁。"又曰："三年有成。"今言其时，则过之矣。岂圣人之言有不必然者欤？以尧之为言，内则有丹朱，外则有共兜，其下则有瞽象，洪水泛滥，百姓艰食，禽兽逼人，苗民为虐，然则圣人之德亦有不可为者欤？子大夫明天人分际，通帝王制作，凡今之不逮于古，必知其原，所以救之必有其术，其为朕详言之。

但是，"所问经史名数"，仍不免"自依旧制"。其制策曰：

> 至于九德九验以知人材，九赋九式以制邦用，清心省事，果省官之本乎？参辟刑书，果救世之要乎？自国朝至今，河流迁徙，几岁而一决，视汉孰为疏数？以天下之大，岁断死罪率几口而一人，视汉孰为多寡？生齿之数，郡县之地，以今视古，孰为盛衰？以至孔明之破羌戎，诸葛之服夷众，威怀禽纵，其术如何？条次其名数，指陈其得失，使朕闻所未闻，见所未见，直谅多闻之益，非子大夫而谁哉？悉意以陈，毋惮后害，朕将亲览焉。①

此举策问虽然可以说是"所取务先识略"，但仍辅之以"记诵名数之学"。这些"记诵名数"对于"取士"、"求言"意义都不大，最多是广见闻而已。但是直至南宋末年，相沿未改。

太祖乾德（963—967）、真宗咸平（998—1003）年间，制举的不同科目及同一科目应举者中有官人与无官人是否同一御试策题，现在已经难以考证。但杨亿（974—1020）《武夷新集》卷十二有奉敕撰《试草泽策（景德二年三月二日）》、《景德二年三月试草泽刘牧策一》、《景德二年三月试草泽刘牧策二》，同一制举科目应举者中的有官人与"草泽"（无官人）其所试策的题目是不同的，草泽人的策问要简单得多。

① 《宋会要辑稿・选举》一一之一六至一七《制举》。

仁宗天圣七年(1029)复置制举，增为九科。天圣八年七月二十五日，仁宗御崇政殿，试贤良方正太常博士何咏、茂才异等进士富弼，分别试以不同的策问。景祐元年(1034)六月二十一日，仁宗御崇政殿，试贤良方正能直言极谏太常博士苏绅、才识兼茂明于体用大理寺丞吴育、茂材异等张方平，则试以同一策问。景祐五年六月二十四日，又诏："贤良方正能直言极谏、博通典坟明于教化、才识兼茂明于体用及茂材异等四科，并同试策题；详明吏理可使从政、洞识韬略运筹决胜、军谋宏远才任边寄凡三科，各为策题。"[①]有宋一代，很少有人报考后三科，并且没有一个通过阁试而取得殿试资格的，所以今天能够看到的景祐以后的策题全部是前四科的策问，而前四科的策题是相同的。

御试策题，多由"两制"即翰林学士、知制诰代拟，由皇帝选定。如，景德二年(1005)九月十七日，真宗"御崇政殿，试贤良方正光禄寺丞钱易、广德军判官石待问。……初，诏两制并撰策问，帝择晁迥所撰用之。"[②]又《宋会要辑稿·选举》一〇之一三《制科》载："景德四年闰五月四日……帝曰：'比设此科，欲求才识，若但考文义，则积学者方能中选，苟有济时之用，安得而知？朕以为六经之旨，圣人用心，固与子史异矣。今策问宜用经义，参之时务。'……因命两制各上策问而择之。"王珪(1019—1085)《华阳集》卷三有《被诏考制科呈胡武平内翰》三首，其一曰：

奉诏金门草圣题，平明趋过殿西墀。
宫床赐笔宣名早，赭案焚香上策时。
时论只应收俊杰，皇心非不监安危。
玉堂词客承恩久，几度曾来醉御卮。

由此依稀可见当年草拟策题的情景。王珪自称"玉堂词客"，《石林燕语》卷七云："玉堂为学士院之称。……太宗时，苏易简为学士，上乃以红罗飞白'玉堂之署'四字赐之。"据此，"玉堂"即指学士院，"玉堂词客"即翰林学士。王珪正是以时任翰林学士而"奉诏金门草圣题"的。"绍圣元年(1094)，特命翰林学士林希撰题。"有时也由"宰相拟题"。[③]岳珂云："出题之制……又国初以宰相撰题，绍圣元年命翰林学士林希撰题，乾道七年九月命宰相叶衡撰题。"[④]

---

① 《长编》卷一二二，景祐二年六月己丑。
② 《宋会要辑稿·选举》一〇之一一至一二《制举》。
③ 《宋会要辑稿·选举》一一之二二《制科》。
④ 岳珂：《愧谈录》卷十一《制举科目》。

制举御试对策，同贡举对策一样，也有一定的书试卷格式。开头为“臣对曰”，结尾为“臣谨对”。正文“对策先引出处，然后言事”。①所谓“先引出处”，即先引策问中的一问原文，然后以己意对答。如真宗景德四年(1007)夏竦对策，开头即为“对曰”，结尾为“臣谨对”。正文则为：

> 制策曰：“昔姬德之隆，《周官》爰作，建中立极，经世惠民，乃致颂声，以措刑辟。王风不竞，战国交兴，理贵从宜，俗多变古。炎汉政令，十《志》具存；有唐宪章，《六典》备载。既沿革而不一，亮损益而可知。”
>
> 臣闻周监二代，文物周旋；姬旦践阼，宪章昭备。诏六官以政令，建五等以亲贤。礼行三雍，法垂象魏。故文武创业而臣工作颂，成康致治而刑措不用。洎平王东迁，皇纲解纽。《黍离》之什，下列《国风》。尔后九鼎渐轻，七雄分竞，强吞弱吐，干戈日寻，合从连衡，谈说锋起。至有变衣裳以从俗，峻法令以任权；轻忠信而重要约，坏井田而立阡陌；官不择行而择言，爵不尚贤而尚贵。事叛于古，败乱相乘。洎秦鹿野死，汉龙天飞。萧何约《九章》之法，叔孙制绵蕝之礼。律历精密于盈虚，郊祀周旋于坛畤。分郡国以王宗支，制歌舞以象功德。殊庸茂实，际天接地。故朝廷之制，十《志》在焉。洎三国分土，礼乐无主。垂数百载，而唐有天命。房杜议其律令，马周陈其法度。致太平于贞观，制礼乐于开元。分爵九等，品有正从。故职官之制，《六典》备焉。今陛下问其沿革，询其损益，其将有所发于天下也。臣愿朝廷鉴历代之所短，举唐汉之所长，文者损之，急者宽之，过者抑之，不至者进之，则古今之美，无不济于下矣。②

其他七问，格式皆为如此。张方平《乐全集》卷十八《应贤良方正能直言极谏科对制策一道》、《苏轼文集》卷九《御试制科策一道并策问》皆与夏竦对策格式略同。

3. 御试考官

制举御试考官，也略同于贡举殿试之制。《宋会要辑稿·选举》一〇之六至七《制科》载：“乾德四年(966)五月二十七日，帝于紫云楼下召翰林承旨陶谷、学士窦仪，知制诰王著、卢多逊、王祜，秘书监尹拙、刑部郎中姚恕、国子监丞冯英等，同试应贤良方正直言极谏[姜涉]、经学优深堪为师法科郝益。涉等所试文理

① 《宋会要辑稿·选举》一一之二二《制科》。

② 夏竦：《文庄集》卷一二《崇政殿御试贤良方正能直言极谏科制策》。

疏略，不应策问，并赐酒食以遣之。"御试考官共八人，主要为翰林学士、知制诰等两制官。咸平四年(1001)八月十日，真宗"御崇政殿试贤良方正秘书丞何亮、怀州防推官孙暨、舒州团练[推官]孙仅、大名府成安县主簿丁逊。……命翰林学士宋白、梁周翰、师颃，知制诰李宗谔、赵安仁、薛映、杨亿考定所对。逊、仅入第四等，亮、暨入第四次等"。①御试考官七人，均为两制官。景德二年(1005)九月十七日，真宗"御崇政殿，试贤良方正光禄寺丞钱易、广德军判官石待问。……命翰林学士晁迥、知制诰杨亿、周起、朱巽为考官"。②御试考官为四人，亦同为两制官。

仁宗天圣七年(1029)闰二月，复置制举。天圣八年七月乙亥(二十四日)，仁宗"命翰林学士宋绶、冯元为初考制策官，翰林学士章得象、御史中丞王随覆考，知制诰石中立、盐铁副使鞠咏编排"。始分设初考制策官二人，覆考制策官二人，及编排官二人，共六人，亦主要为两制官。"自是，御试制科人，率如此例。"③

嘉祐六年(1061)闰八月，同知谏院、制举御试覆考官司马光(1019—1086)上疏云：

> 臣近蒙差赴崇政殿后，覆考应制举人试卷，内"圓"、"毡"两号所对策，辞理俱高，绝出伦辈。……臣遂与范镇同议，以"圓"为第三等，"毡"为第四等，详定官已定从覆考。切知初考官以为不当，朝廷更为之差官重定，复从初考，以"毡"为不入等。④

由此可知，嘉祐六年制举御试考官已同贡举御试考官之制，为初考、覆考、详定官，唯不知始于何时。神宗熙宁三年(1070)九月二十四日，上御崇政殿，试贤良方正直言极谏太常博士吕陶、殿中丞钱勰、台州司户参军孔文仲、太庙斋郎张绘。林希《野史》云："孔文仲对制策，悉及时事，切直无所回避，其语惊人。初考官宋敏求、蒲宗孟署三等上，覆考官王珪、陈睦畏避，止署四等，详定官王存、韩维定从初考。"⑤从而可知，制举御试初考官、覆考官和详定官各为二人；初考、覆考各定等第，详定官或从初考，或从覆考，不别定等第。

哲宗元祐二年(1087)四月，再置制举。《宋会要辑稿·选举》一一之一七至

---

① 《宋会要辑稿·选举》一〇之八至一〇《制科》。
② 《宋会要辑稿·选举》一一之八一一至一二《制科》。
③ 《长编》卷一〇九，天圣八年七月乙亥。
④ 《宋朝诸臣奏议》卷八二，司马光《上仁宗论制策当取直言》。
⑤ 《长编》卷二一五，熙宁三年九月壬子纪事注。

一九《制科》载："元祐六年九月八日，上御集英殿，试应贤良方正能直言极谏左宣德郎、新知泸州合江县事王普，河中府司理参军司马槱，眉州眉山县布衣王当。……王普所对策初考第四等次，覆考第四等，详定从覆考。司马槱初考第五等，覆考第四等次，详定从初考。王当初考第五等，覆考不入等，详定从初考。"①《宋会要辑稿・选举》一一之二〇《制科》又载："绍圣元年（1094）九月八日，上御集英殿，试贤良方正能直言极谏剑南西川节度推官、华州州学教授张咸、右通直郎吴俦、布衣陈旸。（制策阙）命权吏部尚书王震、吏部侍郎杨畏、中书舍人林希、国子司业龚原、右正言张商英、秘书正字叶俦考定所对。"可见其御试考官之制与仁宗嘉祐、神宗熙宁之制同。

高宗绍兴元年（1131）正月，礼部讲求到"典故"亦云："依进士殿试，有初考、覆考、详定官。"可知，至迟自嘉祐六年（1061）之后，制举御试考官即依贡举殿试例，有初考、覆考、详定官，成为定制。直至南宋，相沿不改。

4. 引见赐第

叶梦得（1077—1148）《石林燕语》卷二云：

> 故事，制科分五等，上二等皆虚，惟以下三等取人。然中选者亦皆第四等，独吴正肃公尝入第三等，后未有继者。至嘉祐中，苏子瞻、子由乃始皆入第三等。已而子由以言太直，为考官胡武平所驳，欲黜落，复降为第四等。设科以来，止吴正肃与子瞻入第三等而已，故子瞻《谢启》云："误占久虚之等。"

叶梦得所言制举分等赐第，事实大致如此。其所略有出入者有三：

第一，制举策入"第四等次"者，亦可中选。如真宗咸平四年（1001），节度推官"[王]晓入第四等次"，仍中选，"为著作佐郎"。②又如仁宗景祐五年（宝元元年，1038）七月二十七日，秘书省校书郎张方平御试策"入第四次等"，仍中选，"为著作佐郎、通判睦州"。③

第二，叶梦得所说策入第三等者，乃是仁宗以前四朝的情况，有宋一朝制举策入第三等者，除吴育、苏轼之外，还有英宗朝的范百禄、神宗朝的孔文仲（后被黜落）二人。

第三，哲宗元祐二年（1087）之后，加立策入第五等亦中选推恩的条制。元祐

---

① 《宋会要辑稿・选举》一一之一七至一九《制科》。

② 《宋会要辑稿・选举》一〇之七至八《制科》。

③ 《宋会要辑稿・选举》一〇之二三至二四《制科》。

二年七月，吏部尚书苏颂(1020—1101)上言：

> 臣伏睹今年四月戊申(二十七日)及七月乙卯(六日)诏书，复置贤良方正能直言极谏科，并立定策入三等、四等次推恩条制，有以见陛下勤求俊良，乐闻谠论。士之抱术略、怀愤懑者，当继踵而赴诏矣。然臣窃观本朝故事，制科程序太严，取人太窄，自真宗以来，每举中等者多不过三人，少或一人，至有全不放者，使豪杰之士有老于科举而不预甄擢，恐非朝廷听言求士之意。……臣愚欲望将来或请应人稍多，即乞优加分数；如合格人少，即乞更加第五等，分为上下，入此等者，只依进士第二甲、第三甲注官，亦不为徼幸。若恐更添入流之人，即乞以进士、诸科御试不合格人数留充制科数目，彼此通融，俱无所碍。如此，则四方特起之人，咸有荣进之望，圣君搜扬之路，蔑有壅蔽之嗟矣。①

史书未见此奏是否得到批准的记载。而高宗绍兴元年(1131)正月，礼部讲求到“典故”云：“第三等为上等，四等为中等，第五等为下等。四等以上系制科人，第五等进士出身，不入等与簿尉差遣。”②此大概即是准苏颂之奏而制定的新制。而且，在事实上，哲宗元祐年间已经照此施行。《宋会要辑稿·选举》一一之一七至一九《制科》载：

> 元祐六年(1091)九月八日，上御集英殿，试应贤良方正能直言极谏左宣德郎、新知泸州合江县事王普，河中府司理参军司马槱，眉州眉山县布衣王当。……王普所对策初考第四等次，覆考第四等，详定从覆考。司马槱初考第五等，覆考第四等次，详定从初考。王当初考第五等，覆考不入等，详定从初考。诏王普迁一官，除佥判差遣；司马槱特赐同进士出身，堂除初等职官；王当特堂除簿尉。

元祐二年以前，制举御试策入“第四等次”以上始赐第推恩；元祐六年，司马槱、王当策入第五等，仍赐第授官，大概即是按照准苏颂之奏而制定的新制来施行的。

---

① 《宋朝诸臣奏议》卷八二，苏颂《上哲宗论制科取士乞加立策等增取人数》，又见《苏魏公文集》卷一九。

② 《宋会要辑稿·选举》一一之二二《制科》。

宋朝制举御试,始亦有黜落。如乾德四年(966)五月二十七日,太祖于紫云楼下御试应贤良方正直言极谏科姜涉、经学优深堪为师法科郝益涉等。“所试文理疏略,不应策问,并赐酒食以遣之”。[①]又如《宋会要辑稿・选举》一〇之七至八《制科》载:

> 咸平四年(1001)四月十三日,上御崇政殿,试贤良方正秘书丞查道、著作佐郎李邈、前定国军节度推官王晓、前奉国军节度推官鲁骧、进士陈越。……道、越入第四等,晓入第四次等。以道为左正言、直史馆,越为将作监丞,晓为著作佐郎。邈、骧皆不入等。

咸平四年制举御试五人,登科者为查道、陈越、王晓三人,李邈、鲁骧二人策不入等,被黜落。除以“策不入等”被黜落之外,还有非因考试成绩而被黜落者。如仁宗宝元元年(1038),茂才异等进士邵亢,“与宰相张士逊联姻,报罢”[②];嘉祐四年(1059),贤良方正汪辅之,“虽同入等,而有言者以无士行而罢之”。[③]

仁宗嘉祐二年(1057)之后,贡举殿试不复黜落,仅重新编排名次而已,制举御试则仍有黜落。如熙宁三年(1070)九月二十四日,上御崇政殿,试贤良方正直言极谏太常博士吕陶、殿中丞钱勰、台州司户参军孔文仲、太庙斋郎张绘。钱勰“不入等”,被黜落。孔文仲策入第三等,“安石见文仲策,大恶之,密启于上,御批黜文仲。知通进银台司齐恢、孙固屡封还御批,(韩)维及陈荐、孙永皆求对,力言文仲不当黜,维章凡五上……卒不听”。[④]文仲终被黜落,发赴本任。

宋朝制举登科没有唱名仪式,但要由皇帝亲自引见释褐。仁宗景祐元年(1034)六月,张方平应茂才异等及第,其《谢茂才异等登科启》云:“六月二十六日,皇帝御崇政殿,引对释褐。”[⑤]直至南宋,引见释褐之制一直施行。孝宗乾道七年(1171)十一月四日,孝宗谓辅臣曰:“策试制科,既已临轩,推恩事体尤重,虽不唱[名],亦须引见受赐。”次日,礼部言:“策试贤良方正,即无唱名之例。若照仿逐举进士,皇帝御殿推恩,足以彰崇儒求言之盛。”孝宗“遂从其请”。[⑥]

---

① 《宋会要辑稿・选举》一〇之六至七《制科》。
② 《长编》卷一二二,宝元元年七月壬戌。
③ 《宋会要辑稿・选举》一一之八《制科》。
④ 《长编》卷二一五,熙宁三年九月壬子。
⑤ 张方平:《乐全集》卷三二《谢茂才异等登科启》。
⑥ 《宋会要辑稿・选举》一一之三〇至三一《制科》。

四、宋朝制举的授官与差遣

宋朝制举登科，若系布衣，即依贡举进士例授予官职与差遣。《宋会要辑稿·选举》一一之二二《制科》载：

> 天圣七年故事，入第三等比进士第一人，授大理评事、签判或知县；一任满，与通判。第四等比进士第二、第三人，授两使职官；二任回，磨勘改合入官。第五等比进士第四、第五人，授令录；一任回，两使职官。以上并为白身人。

此为高宗绍兴元年(1131)正月，礼部讲求到“典故”，事实上，有时更为优渥。如真宗咸平四年(1001)四月，陈越(973—1012)应贤良方正能直言极谏科，策“入第四等”，“为将作监丞”，相当于进士第一人。①仁宗天圣八年(1030)七月，富弼(1004—1083)应茂才异等科，策“第四次等”，“为将作监丞、知河南府长水县”，亦相当于进士第一人。皆属超迁，较“天圣七年故事”优渥。

其有官人制举登科，则取旨，比类推恩。高宗绍兴元年(1131)正月，礼部讲求到“典故”云：“天圣八年、景祐元年故事，有官人入第四等以上，并转一官，各升擢内外差遣。”②一般是入第三等者多与超擢，入第四等者升一官，入第四等次者稍与迁转。不时也有破格升迁者。如咸平四年(1001)四月，秘书丞查道(955—1018)应贤良方正能直言极谏科，策“入第四等”，“以道为左正言、直史馆”。③秘书丞为37阶文阶官的24阶，左正言为37阶文阶官的23阶，由秘书丞到左正言，阶官升了一阶；职事官为直史馆，属馆职，清要差遣。又如景祐五年(宝元元年，1038)七月秘书省校书郎、知昆山县张方平(1007—1091)应贤良方正能直言极谏科，“方平入第四次等……为著作佐郎、通判睦州”。④秘书省校书郎为37阶文阶官的30阶，著作佐郎为37阶文阶官的26阶，由秘书省校书郎到著作佐郎，阶官升了四阶；知昆山县为从八品，而通判睦州为从七品。

仁宗嘉祐三年(1058)闰十二月，朝议以科举既数，则高第之人倍众，其擢任恩典，宜损于故，诏中书门下裁之。丁酉(十一日)诏曰：

---

①②③ 《宋会要辑稿·选举》一〇之七至八《制科》。

④ 《宋会要辑稿·选举》一〇之二三至二四《制科》。

自今制科入第三等与进士第一，除大理评事、签书两使幕职官，代还升通判，再任满试馆职。制科入第四等与进士第二、第三，除两使幕职官，代还改次等京官。制科入第四等次与进士第四、第五，除试衔知县，代还迁两使职官。①

稍损恩例，此指无官人，大概是递降一官。神宗时期，制举恩例再次稍损。《宋会要辑稿·选举》一一之一二《制科》载：

熙宁二年(1069)十二月九日，诏今后科场制科入第三等、进士第一人及第者，第一任回更不与升通判差遣，及不试充馆职，并令审官院依例与差遣。馀依嘉祐二年诏书。

哲宗元祐二年(1087)七月四日，诏："自今制科入第三等并进士第一人及第，并除承事郎、佥书节度或观察判官厅公事或知县；代还，升通判；任满，与试馆职。制科入第四等，除两使推官；代还，改次等合入官。第四等次，除初等职官；任满，除两使推官。有官人比类取旨。"②又恢复了仁宗嘉祐三年(1058)的制举授官之制。

两宋制举之诏虽然经常颁下，但是御试仅仅举行过22次，入等者不过40人次。现据《宋会要辑稿·选举》、《长编》等，特制宋朝制举登科表如下：

宋朝制举登科表

年　代	科　名	姓　名	等第	原　　官	迁　　官
乾德二年(964)五月	贤良方正	颖　贽		博州军事判官	著作佐郎
咸平四年(1001)四月	贤良方正	查　道	四	秘书丞、知宁州	左正言、直史馆
	同　上	王　曙	四次	定国军节度推官	著作佐郎、知定海县
	同　上	陈　越	四	无	将作监丞、通判舒州
咸平四年(1001)八月	贤良方正	何　亮	四次	秘书丞	太常博士
	同　上	孙　暨	四次	怀州防御推官	光禄寺丞
	同　上	孙　仅	四	舒州团练推官	光禄寺丞、直集贤院
	同　上	丁　逊	四	成安县主簿	同上

① 《宋会要辑稿·选举》一一之六至七《制科》。
② 《宋会要辑稿·选举》一一之一五《制科》。

(续表)

年　代	科　名	姓　名	等第	原　　官	迁　　官
景德二年(1005)九月	贤良方正	钱　易	四次	光禄寺丞、通判蕲州	秘书丞、通判信州
	同　上	石待问	四次	广德军判官	殿中丞
景德四年(1007)闰五月	贤良方正	陈　绛	四次	著作佐郎	左正言
	同　上	夏　竦	四次	溧水县令	光禄寺丞、通判台州①
天圣八年(1030)七月	贤良方正	何　咏	四	太常博士	祠部员外郎、通判永兴军
	茂材異等	富　弼	四次	无	将作监丞、知长水县
景祐元年(1034)六月	贤良方正	苏　绅	四次	太常博士	祠部员外郎、通判洪州
	才识兼茂	吴　育	三	大理寺丞、知襄城县	著作佐郎、直集贤院、通判湖州
	茂材異等	张方平	四次	无	校书郎、知昆山县
宝元元年(1038)七月	贤良方正	田　况	四	太子中允	太常丞、通判宣州②
	同　上	张方平	四次	校书郎	著作佐郎、通判睦州
庆历二年(1042)八月	才识兼茂	钱明逸	四次	殿中丞	太常丞、通判庐州
庆历六年(1046)八月	贤良方正	钱彦远	四	太常博士	祠部员外郎、知润州
皇祐元年(1049)八月	贤良方正	吴　奎	四	殿中丞	太常博士、通判陈州
嘉祐二年(1057)八月	才识兼茂	夏　噩	四	明州观察推官	光禄寺丞
嘉祐四年(1059)八月	才识兼茂	陈舜俞	四	明州观察推官	著作佐郎、签书忠正军节度判官
	贤良方正	钱　藻	四	旌德县尉	校书郎、无为军判官
嘉祐六年(1061)八月	贤良方正	王　介	四	著作佐郎	秘书丞、知静海县
	才识兼茂	苏　轼	三	福昌县主簿	大理评事、签书凤翔府判官公事
	同　上	苏　辙	四次	渑池县主簿	校书郎、商州军事推官

① 王珪:《华阳集》卷三五《夏文庄公竦神道碑》;司马光:《涑水记闻》卷三。

② 范纯仁:《忠宣集》卷一六《田公神道碑》、王安石:《临川集》卷九一《田公墓志铭》及《宋史》卷二九二《田况传》云:迁太常丞、通判江宁府。

（续表）

年 代	科 名	姓 名	等第	原 官	迁 官
治平元年(1064)九月	贤良方正	范百禄	三	著作佐郎	秘书丞、升一任
	同 上	李清臣	四	和川县令	秘书郎、签判平江军
熙宁三年(1070)九月	贤良方正	吕 陶	四	太常博士、通判蜀州	升一任、堂除差遣
	同 上	孙文仲	三	台州司户参军	后被黜落,发赴本任
	同 上	张 绘	四次	太庙斋郎	判司主簿或尉
元祐三年(1088)九月	贤良方正	谢 悰	四次	无	赐进士出身、除初等职官
元祐六年(1091)九月	贤良方正	王 普	四	左宣德郎、知合江县	迁一官、除签判差遣
	同 上	司马槱	五	河中府司理参军	赐同进士出身、堂除初等职官
	同 上	王 当	五	无	龙游县尉
绍圣元年(1094)九月	贤良方正	张 咸	五	剑南西川节度推官、华州州学教授	宣德郎、签判差遣
	同 上	吴 俦	五	左通直郎	升一任、与堂除
	同 上	陈 旸	五	无	顺昌军节度推官
乾道七年(1171)十一月	贤良方正	李 垕	四	无	制科出身、泸州节度推官

据上表统计,可以看出:第一,布衣登科者七人:陈越、富弼、张方平、谢悰、王当、陈旸、李垕,馀33人本来已经是朝廷命官。第二,再登科者一人:张方平。景祐元年茂材异等及第,景祐五年贤良方正登科。第三,进入第三等者四人:吴育、苏轼、范百禄、孔文仲(后被黜落)。第四,兄弟登科者四人:钱明逸、钱彦远及苏轼、苏辙,而二苏又是同年登第。第五,父子登科者三人:钱易及明逸、彦远兄弟。第六,一族登科者四人:钱藻及钱易、明逸、彦远父子。而当时最为人津津乐道者是,孙暨、孙仅皆贡举状元及第,又进一步锦上添花,制举登科。

制举登科者虽然人数不多,但也选拔了不少著名人才。如官至宰执的有王曙(963—1034)、夏竦(985—1051)、富弼(1004—1083)、吴育(1004—1058)、张方平(1007—1091)、田况(1005—1063)、吴奎(1010—1067)、苏辙(1039—1112)、范百禄(1030—1094)、李清臣(1032—1102)等十人,官至两制的有孙仅(969—1017)、苏绅、钱易、钱明逸(1015—1071)、苏轼(1037—1101)等五人。

五、宋朝制举的衰微

北宋制举虽几经置废,但却在不断发展,并且选拔了不少人才,使之脱颖而出，官至两制，以至于官至宰相执政。而自高宗绍兴元年迄于南宋末年（1131—1276），一百四十余年间，举行制举阁试者，仅孝宗乾道七年（1171）、淳熙四年（1177）、淳熙十三年三次；举行制举御试者，仅孝宗乾道七年一次；而制举登科者，仅李垕一人而已。

为什么宋朝尤其是南宋时期制举如此衰微？日本学者荒木敏一认为，“制科衰微的原因”有五：一是实行阁试、御试“二段制”考试，二是太重“记诵之学”，三是实行“他荐”，四是“黜落”太多，五是“恩数待遇”太低。[①]祝尚书归纳宋人的观点，认为“宋代制举如此冷落”的原因有四：一是“苛刻的考试方法让应之者却步”，二是“过多地卷入党争”，三是“科目过少，取人太窄，又靠拢常科”，四是“待遇太低”。[②]所有这些，都不无道理。

两宋制举之所以衰微，党争属于社会的大环境，姑且不论，就宋朝制举制度本身考察，其主要原因在于丧失了制举的特色，也就从而大为丧失了其独立存在的理由。《新唐书》卷四十四《选举志上》曰：“其天子自诏者曰制举，所以待非常之才焉。”为了选拔非常之才，唐朝制举形成了一套相当完整的制度。而宋朝的制举制度却与唐朝有很大不同。

其一是科目设置不同。唐朝制举广设科目。《通典》卷十五《选举典三》曰：“其制诏举人，不有常科，皆标其目而搜扬之。”据宋人统计，其制举科目有近百个，分为德行、才能（政事）、文学三大类，每一大类之下又包括若干小类。据金滢坤考证，共有科目 200 多个。正如南宋人章如愚《群书考索》后集卷三十四《士门·唐取士之科》所云：“所谓制举者，盖自有司常选之外，天子又自诏四方德行、才能、文学之士，或高蹈幽隐与其不能自达者，下至军谋将略、翘关拔山、绝艺奇技，莫不兼取。”

宋初制举为贤良方正能直言极谏、经学优深可为师法、详闲吏理达于教化三科；真宗景德二年（1005）七月，复置贤良方正能直言极谏、博通坟典达于教化、才识兼茂明于体用、武足安边、洞明韬略运筹决胜、军谋宏远材任边寄等六科。仁宗天圣七年（1029），复置贤良方正能直言极谏、博通坟典明于教化、才识兼茂明于体用、详明吏理可使从政、识洞韬略运筹决胜、军谋宏远材任边寄及高蹈丘园、沉沦草泽、茂才异等九科。但是直到神宗熙宁七年（1073）废制举，实际施行者仅为贤良方正能直言极谏、才识兼茂明于体用及茂才异等三科。哲宗元祐二年

① 荒木敏一：《宋代科举制度研究》第八章第一节《制科衰微的原因》，同朋舍 1969 年版。
② 祝尚书：《宋代科举与文学》第三章第二节《制科的考试》，中华书局 2008 年版。

(1087)复制举，但此后仅设贤良方正能直言极谏一科而已。制举科目实在太少，难以选拔德行、才能(政事)、文学等各种非常之才。

其二是考试方法不同。唐朝制举没有固定时间，无论是皇帝即位、立太子、加尊号、改元、封禅、祭祀，还是发生战事、时局变化、出现灾异等，随时都可以颁布诏敕，令地方和中央的长官推荐士人或士人自荐至吏部，参加吏部组织的皇帝亲临殿廷的御试。

宋初制举无固定时间，仁宗天圣八年三月，诏："应制举，自今听随礼部贡举施行。"①士人应举，先要缴进词业，审查合格后，再参加阁试、御试。宋朝制举考试方法要复杂得多，不利于选拔非常之才。

其三是考试内容不同。唐朝前期，制举御试一般试策三道，偶尔有五道、两道者，玄宗开元九年(721)改为制策一道，成为定制。唐朝的策问，一般是依据经典、史籍内容，结合当时的政治与社会问题发问，尤其是中晚唐时期，策问内容多以时务为主，鼓励应制举人对时政大胆发表见解与对策。正如宋仁宗朝参知政事吴育(1004—1058)所说："至宪宗元和间，制科尤盛，有若元稹、白居易，皆特出之材。观当时策目所访者，皇王之要道，邦家之大务，可以覆视，固不专于灾异也。"②唐朝应制举人的对策，尤其是中晚唐时期，往往"其言激切"，"苦诋时政"，敢于批评当朝权贵，对藩镇割据、官场腐败等问题直言不讳，大胆发表意见和对策。③

宋朝制举阁试为六论，每篇以五百字以上成。如前所述，论题出自九经、《论语》、《孟子》的注疏、正义，或子史的正文。而且又有明数、暗数，使人难以捉摸。正如马端临所说："制科所难者六论，然所谓四通、五通者中选，所谓准式不考者闻罢，则皆以能言论题出处为奇，而初不论其文之工拙，盖与明经墨义无以异矣。"④制举御试制策一道，以三千字以上成。仁宗皇祐元年(1049)八月二十日，上封者言："近来御前所试策题，其中多问典籍名数，及细碎经义。乃是又重欲探其博学，竟不能观其才用，岂朝廷求贤之意耶？"⑤于是，仁宗"诏撰策题官，先问治乱安危大体，其馀所问经史名数，自依旧制。"但是实际上仍多问经史名数。元祐元年(1086)闰二月，枢密直学士王存(1023—1101)在《上哲宗乞别详定制科考格》中仍说："臣窃见近世制科所试论策题目，务出于僻隐难知，是以应此科者，竞

① 《长编》卷一〇九，天圣八年三月甲子。

② 《宋会要辑稿·选举》一〇之二七《制科》。

③ 详见金滢坤：《中晚唐制举试策与士大夫的社会意识》，《学术月刊》2010年第12期。

④ 《文献通考》卷三三《选举考六》。

⑤ 《宋会要辑稿·选举》一一之一《制科》。

为记诵名数之学，非所以称方正之举。……欲乞下有司重行详定制科考格，所取务先识略，不专贵以记诵名数之学。”[①]论策题目“务出于僻隐难知”，“专贵以记诵名数之学”，乃是宋朝制举衰微的主要原因。宋朝有识之士已经多次指明了这一点。王安石（1021—1086）之弟王安国（1028—1074）曾在《举士》一文中指出：

> 所谓贤良茂才之学，其弊尤甚者。自六经、史氏、百子之说，而兼之以传注，乖离精粗，无所不记，然后能应有司之问。虽使聪明捷敏之姿，而所阅如此之博，则理必不能深探熟考，以得圣贤之意。虽无声病之拘牵，而擿抉名数，难其中选，未尝试其一言之效，而卒所以得者，不过善其记问文辞而已。[②]

南宋著名历史学家李焘（1115—1184）《制科题目编序》曰：

> 阁试六论，不出于经史正文，非制科本意也。盖将傲天下士以其所不知，先博习强记之馀功，后直言极谏之要务，抑亦重惜其事而艰难其选，使贤良方正望而去者欤？……今天子明诏三下，而士莫应，岂非犹惩于（陈）彦古故邪？盖古之所谓贤良方正者，能直言极谏而已；今则惟博习强记也，直言极谏则置而不问，甚至恶闻而讳听之，逐其末而弃其本，乃至此甚乎！此士之所以莫应也。[③]

李焘认为，南宋士大夫之所以不应制举，原因在于宋朝的制举考试制度“非制科本意”。宋朝制举“惟博习强记”，而且“艰难其选，使贤良方正望而去者”，至于“直言极谏则置而不问，甚至恶闻而讳听之”，完全是“逐其末而弃其本”，所以衰微。

南宋四大家之一的杨万里（1127—1206），亦认为南宋制举衰微是由于“今之制科非古之制科”，其《千虑策·人才上》曰：

> 制科以待异才，得人盖不少矣。然自制科中罢而复行，今四十年，而竟未有一士出而副侧席之求，此其故何也？无乃今之制科非古之制科欤？……昔者西汉制科之盛，莫武帝若也。尝求其所以策之之说，则曰上嘉

---

① 《宋朝诸臣奏议》卷八二，王存《上哲宗乞别详定制科考格》。

② 《宋文鉴》卷一〇四，王安国《举士》。

③ 《文献通考》卷三三《选举考六》。

唐虞，下悼桀纣而已。则又曰禹汤水旱，厥咎何由而已，何其甚平而无难也。……今则不然，先命有司而试之以莫知所从出之题，既又亲策于廷，而杂之以奥僻怪奇之故事，不过于何晏、赵岐、孔安国、郑康成之传注，与夫孔颖达之疏义而已。此岂有关于圣贤之妙学，英雄豪杰济世之策谋也哉！以训诂之苛碎而求磊落之士，以虫鱼之散殊而钩文武将相之才，不几于施鳅鳝之笱以罗横江之鲸，挂黄口之饵以望凤之来食也耶？其不至固也。非惟不至也，亦不能也；非惟今之士不能也，虽使古之圣贤如孟轲者复生亦不能也。①

阁试六论"试之以莫知所从出之题"，御试制策"杂之以奥僻怪奇之故事"，不过是传注疏义，无关乎"圣贤之妙学"、"济世之策谋"，所以难得文武将相之才。而且文武将相之才也难以考中制举。

南宋理学集大成者朱熹（1130—1200）在《学校贡举私议》中亦批评制举云：

至于制举，名为贤良方正，而其实但得记诵文词之士。其所投进词业，亦皆无用之空言，而程试论、策，则又同覆射儿戏，初无益于治道，但为仕宦之捷径而已。②

南宋永嘉学派的集大成者叶適（1150—1223），对制举的批评最为深刻。其《制科》一文曰：

科举所以不得才者，谓其以有常之法而律不常之人；则制举之庶乎得之者，必其无法焉，而制举之法反密于科举。今夫求天下豪杰特起之士，所以恢圣业而共治功，彼区区之题目记诵、明数暗数制度者，胡为而责之？而又于一篇之策，天文、地理、人事之纪，问之略遍，以为其说足以酬吾之问，则亦可谓之奇才矣。当制举之盛时，置学立师，以法相授，浮言虚论，披抉不穷，号为制科习气，故科举既不足以得之，而制举又或失之。然则朝廷之求为一事也，必先立为一法，若夫制科之法，是本无意于得才，而徒立法以困天下之泛然记诵者耳，此固所谓豪杰特起者轻视而不屑就也。③

① 杨万里：《诚斋集》卷八九《千虑策·人才上》。

② 朱熹：《朱文公文集》卷六九《学校贡举私议》。

③ 叶適：《水心别集》卷一三《制科》。

叶適认为宋朝设立制举制度，并非为了选拔非常之才，而只不过是为了困住天下“泛然记诵者”罢了，所以“豪杰特起者”轻视制举而不屑于应试。因此，制举趋于衰微。

其四是取士人数不同。唐朝制举不但科目繁多，而且录取人数甚多，据金滢坤考证，可以确切知道登科人数者有 511 人，另有 27 科登科人数不详。仅天宝元年(742)，制举登科者就有文词秀逸科颜真卿等 20 人，儒学博通科刘憼等 8 人，军谋越众科令狐朝等 7 人，贤良方正科萧立 1 人，共 36 人。

两宋三百余年间，制举登科者仅 40 人，只略等于唐朝天宝元年一年的制举登科人数。哲宗元祐二年(1087)七月，吏部尚书苏颂(1020—1101)《上哲宗论制科取士乞加立策等增取人数》奏疏云：

> 臣窃观本朝故事，制科程序太严，取人太窄，自真宗以来，每举中等者多不过三人，少或一人，至有全不放者，使豪杰之士有老于科举而不预甄擢，恐非朝廷听言求士之意。
>
> 臣谨按汉文二年，始诏举贤良，时对策者百人，而晁错为上等；武帝元光元年，诏举对策者亦百人，而公孙弘为第一等。历代沿袭，废置不常，至唐而特盛，每遇亲策贤良等科，中等者不下一二十人。建中元年，姜公辅等二十五人；正元元年，韦执谊等一十七人；四年，崔元翰等一十七人；十年，裴垍等一十七人；元和三年，牛僧孺等一十五人；长庆元年，庞严等一十五人；宝历元年，唐伸等一十九人；大和二年，裴休等二十人。自馀幽素将相等几数十科，取人亦众。其得士若苏瓌、苏颋父子、张说、九龄、韩休、裴垍、杨绾、崔群、韦处厚、姜公辅、牛僧孺、元稹、裴休辈，皆出此选，卒为辅弼名臣。此外奇才博识之士，垂名于后者，不可胜数。信乎！制科亲策，可以收揽英俊，有补于治道也。……
>
> 臣切为今来既立定策等，推恩有厚薄，则所取亦宜稍加人数。臣愚欲望将来或请应人稍多，即乞优加分数；如合格人少，即乞更加第五等，分为上下，入此等者，只依进士第二甲、第三甲注官，亦不为徼幸。……如此，则四方特起之人，咸有荣进之望，圣君搜扬之路，蔑有壅蔽之嗟矣。①

---

① 《宋朝诸臣奏议》卷八二，苏颂《上哲宗论制科取士乞加立策等增取人数》；又见《苏魏公文集》卷十九。

苏颂此疏奏上之后，制举并未增取人数。元祐三年制举登科者一人，元祐六年制举登科者三人，绍圣元年（1094）制举登科者亦三人，而南宋制举开科140多年间，制举登科者仅孝宗乾道七年（1171）李垕一人而已。宋朝制举取士人数如此之少，考试程式又如上节所述之严，考试内容又专贵“记诵名数”，难怪内外职官、前资见任、黄衣草泽士人均望而却步，导致制举趋于衰微了。

第二节　宋朝词科制度

词科是为选拔起草诏诰以代王言的人材而特设的科举考试科目。词科侧重于以词章取士，包括有宏词科、词学兼茂科、博学宏词科及词学科等四科。聂崇岐《宋词科考》①一文，考证甚详；现不揣浅陋，在前人研究的基础上，再分科简要述论之。

一、宏词科

宋朝贡举进士考考试，本来十分重视诗赋。神宗熙宁四年（1071）二月，采纳王安石的建议，罢诗赋，代之以经义，专以经义、论、策取进士。哲宗元祐四年（1089），宣仁太后诏诗赋、经义并行。绍圣元年（1094），哲宗亲政之后，又罢诗赋及制科，复专以经义、论、策取士。哲宗绍圣元年五月四日，中书省言：

> 有唐随事设科，其名不一，故有词藻宏丽文章秀异之属，皆以众之所难，劝率学者。今来既复旧法，纯用经术取士，其应用文词，如诏诰、章表、箴、铭、赋、颂、赦、敕、檄书、露布、诫谕之类，凡诸文体施之于时不可阙者，在先朝亦当留意，未及设科。②

宋朝宰臣认为，应用文词需要优美华丽、冠冕堂皇，与儒家经术修为精深，是很不相同的两种要求，现在贡举取士仅用经义、论、策，久而久之，学识渊博、擅长词章、起草诏诰的人才恐会匮乏。为了选拔起草诏诰以代王言的人才，亟须参考斟

① 聂崇岐：《宋词科考》，收入《宋史丛考》上册，中华书局1980年版。

② 《宋会要辑稿·选举》一二之二《宏词》。

酌唐代制度，设立词科。哲宗遂下诏曰：

> 别立宏词一科。每科场后，许进士登科人经礼部投状乞试；依试进士法，差官考校试诏诰或表章、杂文共三篇；应者虽多，所取不过十人；中程者申三省看详，仍分为两等：上等循两资，中等循一资，承务郎以上比类推恩；词格超异者，临时取旨。①

洪迈(1123—1202)《容斋三笔》卷十《词学科目》亦云："熙宁罢诗赋，元祐复之，至绍圣又罢，于是学者不复习为应用之文。绍圣二年，始立宏词科。"

宋朝宏词科的应试资格为进士及第的有官人。其一如绍圣元年五月四日诏书所说："每科场后，许进士登科人经礼部投状乞试"；其二为"若见守官，须受代乃得试"。②绍圣元年九月三十日，礼部状："鼎州桃源知县姚孳、汾州灵石县令楼异乞就试宏词科。缘逐人系在见任，今欲乞依试学官法，在外见任人，候得替许于礼部投状就试。"哲宗"从之"。③

关于宏词科的考试时间，绍圣元年七月二十四日诏："宏词今后每年许经礼部投状，仍附春试(上舍生试)。"④即宏词科与贡举三年一开科场不同，每年均可经礼部投状，附春试上舍生试。绍圣二年二月六日，又诏："宏词科别差考试官二员，候类省试毕日，就试院引试。"⑤则其考试的具体时间是在省试放榜之后，一般在三月举行。其考试地点则在上舍生试的考试院，不另设考场。

宋朝贡举分为解试、省试、殿试三级考试，制举分为阁试、御试两级考试，而宏词科仅为礼部一级考试，"中程者"仅"申三省看详"而已。其考试官为二员。

关于宏词科的考试内容，绍圣元年五月四日诏书云："依试进士法，差官考校试诏诰或表章、杂文共三篇"，此处的杂文为颂、赞、箴、铭、赋、记、序之类。绍圣二年正月九日，立《程试考校格》，对宏词科考试内容又做了详细规定。《宋会要辑稿·选举》一二之三《宏词》载：

> 绍圣二年正月九日，礼部言："宏词除诏、诰、赦、敕不试外，今拟立《程试考校格》：一、试格十条：章表，依见行体式；赋，如唐人《斩白蛇》、《幽兰》、《渥

① 《宋会要辑稿·选举》一二之二《宏词》。

② 《文献通考》卷三三《选举考六》。

③④ 《宋会要辑稿·选举》一二之三《宏词》。

⑤ 《宋会要辑稿·选举》一二之四《宏词》。

> 洼马赋》之类；颂，如韩愈《元和圣德诗》、柳宗元《平淮夷雅》之类；箴，如扬雄《官箴》、《九州箴》之类；铭，如柳宗元《涂山铭》、张孟杨《剑阁铭》之类；诫谕，如近体诫谕风俗或百官之类；露布，如唐人《破蕃贼露布》之类；檄书，如司马相如《喻蜀檄》之类；序，如颜延之《王融曲水诗序》之类；记，亦用四六。以上考试官临时取三题作一场试。其章表、颂、檄书、露布、诫谕、序、记并限二百字以上成；箴、铭并限一百字以上成；赋八韵限三百字以上[成]。①

以上《试格》十条尚未施行，不到二十天，又立新的《考试格》九条。《宋会要辑稿·选举》一二之三至四《宏词》载：

> 绍圣二年正月二十八日，再立到《考试格》，其近降试格更不施行。今修立九条：章表、露布、檄书，以上用四六；颂、箴、[铭]、诫谕、序、记，以上依古今体，亦许用四六。考试官临时取四题，分作两场引试，并限二百字以上，箴、铭限一百字以上成。从之。

《考试格》九条较之《试格》十条，变化有四：其一，不再考赋，仅考章表、露布、檄书、颂、箴、铭、诫谕、序、记九种文体。其二，《试格》十条体式，颂、箴、铭、露布、檄书等多仿汉、唐名篇；新立《考试格》九条改为：章表、露布、檄书用四六；颂、箴、铭、诫谕、序、记依古今体，亦许用四六。其三，由“临时取三题，作一场试”改为“临时取四题，分作两场引试”。其四，关于各文体的字数，有所减少。《试格》十条规定：“章表、颂、檄书、露布、诫谕、序、记并限二百字以上成；箴、铭并限一百字以上成；赋八韵限三百字以上[成]”；新立《考试格》九条改为：“箴、铭限一百字以上成”，其他文体并限二百字以上成。总之，新格较旧格有所简化，且更为规范。

宏词科的试题，或为时事，或为本朝故事。如绍圣三年(1096)三月，试宏词科题目为《太史箴》、《代宰相以下谢赐〈重修都城记〉表》、《绍圣元会颂》、《诫谕士大夫敦尚名节》。文体为箴、表、颂、诫谕，四题皆为时事。又如绍圣四年闰二月二十一日，别试所试宏词题目为《北郊大礼庆成颂》、《元丰新修尚书省记》、《喻安西西城沿边番部檄》、《诫谕转对臣僚言事要切》，文体为颂、记、檄书、诫谕，其中《元丰新修尚书省记》即为本朝故事。

宏词科考校，绍圣元年五月四日诏书曰：“中程者申三省看详，仍分为两等：

① 据潘自牧《记纂渊海》卷三十七《科举部·宏词科》引《续会要》校补。

上等循两资，中等循一资，承务郎以上比类推恩；词格超异者，临时取旨。”①绍圣二年正月九日，礼部又立《程试考校格》，其中有《考格》五条。《宋会要辑稿·选举》一二之三《宏词》载：

> 绍圣二年正月九日，礼部言：“宏词除诏、诰、赦、敕不试外，今拟立《程试考校格》：一、试格十条：……一、考格五条：词理俱优者为上等；词理次优者为次等；词理超异者取旨。上等[循两资，次等]循一资；承务郎以(下)[上]比类推恩。”②

绍圣二年正月九日礼部所立《考格》与绍圣元年五月四日诏书略同，所不同者有二：一是将合格者两等的称谓由原来的“上等、中等”改为“上等、次等”；二是具体规定了分为两等的标准：“词理俱优者为上等；词理次优者为次等”。

宏词科每榜的录取名额，绍圣元年五月四日诏书曰：“应者虽多，所取不过十人”。③绍圣元年七月二十四日，诏：“宏词今后每年许经礼部投状，仍附春试。虽多，所取不得过五人。”④实际上，宏词科取及五人者仅有两科，其馀每科取三人、二人、一人不等。

宏词科授官，绍圣元年五月四日诏书与绍圣二年正月九日礼部所立《考格》相同，均为：“上等循两资，次等循一资，承务郎以上比类推恩。”“词理超异者，取旨。”⑤宋朝元丰改官制之后，文阶官分朝官、京官、选人三类。选人自下至上又分为迪功郎、修职郎、从政郎、从事郎、文林郎、儒林郎、承直郎七阶，京官自下至上又分为承务郎、承奉郎、承事郎、宣义郎、宣德郎五阶。选人七阶也称为七资。凡选人迁转称之为“循资”。陈傅良(1137—1203)云：“选人七阶，祖宗朝以考第资无过犯或有劳绩者递迁，谓之循资。”⑥循一资即迁转一阶。京官以上迁转有“有出身”与“无出身”之别：有出身即科举出身者，越级迁转，循一资即迁两阶；无出身者即由恩荫补官、胥吏出职、进纳买官等途径入仕者，逐级迁转，循一资则迁一阶。承务郎以上为京官，所谓“承务郎以上比类推恩”，即原为承务郎以上官而宏词科登科者，则按照有出身人越级迁转，上等迁四阶，次等迁两阶。据《宋会要辑

---

① 《宋会要辑稿·选举》一二之二至三《宏词》。
② 据潘自牧《记纂渊海》卷三十七《科举部·宏词科》引《续会要》校补。
③ 《宋会要辑稿·选举》一二之二《宏词》。
④⑤ 《宋会要辑稿·选举》一二之三《宏词》。
⑥ 陈傅良：《建隆编》建隆三年，止斋陈氏曰。

稿》、《长编》等，宏词科登科者均为“考入次等，各循一资”，尚未发现有考入上等者。

宏词科自哲宗绍圣二年(1095)五月创立，至徽宗大观四年(1110)四月被词学兼茂科所取代，总共施行了十五年。其中崇宁三年(1104)、四年两年，大观元年(1107)、二年两年，共四年没有录取人，所以实际上仅开十一科，共取三十一人。这三十一人中，曾为两制官(翰林学士、中书舍人、知制诰)以代王言者有吴幵、王云、孙近三人，官至执政(参知政事、门下侍郎、中书侍郎、尚书左、丞，枢密使、副使等)者有王孝迪、孙近二人。馀二十七人，少数人只做到侍从官(翰林学士、给事中、六部尚书、侍郎及带诸阁学士、直学士、待制者)，大多数人则官位始终不显。宋人看待考中词科好像登上瀛洲仙岛，踏上了一条平步青云的捷径。只是虽到瀛洲仙岛，但能够迅速飞升的人并不太多。

二、词学兼茂科

宏词立科十五年之后，至徽宗大观四年(1110)，又有所变更。《宋会要辑稿・选举》一二之六至七《宏词》载：

> 大观四年五月十六日，诏：“绍圣之初，尝患士之学者不复留意文词，故设宏词科，岁一试之。然立格法未至详尽，不足以致实学有文之士，可改立词学兼茂科。每岁附贡士院引试，听有出身人，不以京朝官、选人，经礼部投状就试。岁中有取不得过三人，如无合格则阙之。仍于旧试格内除去檄书，增入制诏；临时取四题，分作两场，内二篇以历代史故事，借拟为题，馀以本朝故事或时事。其合格人分两等考定，申三省看详，上等循两资，中等循一资，京朝官比类推恩；仍并随资任内外差遣，已系堂除人优与升擢；内文理超异者，取旨除馆职。所有试格，令礼部比拟立定，申尚书省取旨颁降。仍自大观五年春试为首。宰臣、执政官亲属不许与试。拟立到程试考校格式如绍圣二年正月宏词之制。

此为词学兼茂科设立之始，其设立的理由是宏词科“立格法未至详尽，不足以致实学有文之士”，故“改立词学兼茂科”。其诏曰词学兼茂科“自大观五年春试为首”，而大观四年十一月丁卯(三日)，诏明年改元“政和”，故词学兼茂科首科为政和元年(1111)。

词学兼茂科的应试资格为“听有出身人，不以京朝官、选人，经礼部投状就试”，与宏词科略同，只是现任官不须受代即可应试，而“宰臣、执政官亲属不许与试”，大概是为了防止作弊及为寒俊之士略让升迁之路。

词学兼茂科“每岁附贡士院引试”，即其考试时间与宏词科同为“岁一试之”，考试场所为上舍试的贡士院。徽宗宣和五年(1123)七月二十七日，守尚书职方员外郎陈磷奏：

> 绍圣初，哲宗皇帝尝患学者专经，不复留意文词，故设宏词科，来天下异能之士。大观中，以其所立格法未至详尽，改为词学兼茂科。然设科既久，来者浸少，岁一试之，有司取必以备数，则不无幸中，而朝廷所以待遇亦轻矣。今来既罢每岁春试上舍，欲乞应词学兼茂科许于省试院附试。

徽宗“从之”。[①]由于宣和三年(1121)二月二十日已诏：“太学以三舍考选，开封府及诸路以科举取士，并依元丰法。内舍、国子上舍及未曾赴上舍试贡士并国子生，并与免解赴将来省试，以今就上舍试次数理免解次数。”[②]所以，词学兼茂科遂改为三年一试，于贡举省试院附试，考试场所亦改为礼部贡院。

词学兼茂科的考试内容及考试方法，与宏词科略同，只是“于旧试格内除去檄书，增入制诏；临时取四题，分作两场，内二篇以历代史故事，借拟为题，馀以本朝故事或时事。”[③]礼部所立《词学兼茂科试格》对其考试内容有更为详细的规定。南宋人吴曾《能改斋漫录》卷一《试辞学兼茂科试格制》载：

> 大观四年(1100)四月，礼部奏拟立到岁试《辞学兼茂科试格》：“制，依见行体式；章表，依见行体式；露布，如唐人《破蕃贼露布》之类，已上用四六。颂，如韩愈《元和圣德诗》、柳宗元《平淮夷雅》之类；箴、铭，如扬雄《九州箴》，又以柳宗元《涂山铭》、张孟阳《剑阁铭》之类；诫谕，如近体诫谕风俗或百官之类；序、记，依古体，亦许用四六。临时取四题，分作两场。内二篇以历代史传故事借拟为题，馀以本朝故事或时事。并限二百字以上，箴、铭限一百字以上。”奉圣旨：依。

① 《宋会要辑稿·选举》一二之一〇《宏词》。

② 《宋会要辑稿·选举》四之一一至一二《贡举杂录》。

③ 《宋会要辑稿·选举》一二之六至七《宏词》。

此《辞学兼茂科试格》与绍圣二年正月九日，礼部所立宏词科《程试考校格》中的《试格》十条略同。主要区别在于：一是考试内容去掉了“檄书”而代之以“制诏”，仍为九种文体；二是所试四题中两题为历代史传故事，两题为本朝故事或时事。如徽宗政和元年首科四题，其中的《夏禹九鼎铭》、《唐集贤殿书院记》二题即为历代史传故事，《雄武军节度使开府仪同三司授侍中制》、《代宰臣以下谢赐御制冬祀庆成诗表》即为本朝故事。

关于词学兼茂科的考校办法，大观四年五月十六日诏书曰：“其合格人分两等考定，申三省看详，上等循两资，中等循一资，京朝官比类推恩；仍并随资任内外差遣，已系堂除人优与升擢；内文理超异者，取旨除馆职。”①也与宏词科略同。“差遣”即为职事官。“堂除”，元丰改官制前，指直接由中书门下（政事堂）除授而非由审官院等铨司除授；元丰改官制后，指直接由三省（都堂）而非经由吏部四选除授，堂除优于铨司铨选。“馆职”，元丰改官制前，为三馆（昭文馆、史馆、集贤院）、秘阁的大学士、学士、直学士、直史馆、直秘阁等的统称；元丰改官制后，秘书省职事官如著作郎、佐郎、秘书郎、校书郎、正字等均视为馆职。馆职为清要之选，除馆职被视为仕途升迁的捷径。据《宋会要辑稿》等史书，词学兼茂科仅政和元年（1111）二月二十三日，试前郴州教授谭世勣、儒林郎蔡经国，考入上等，诏：“今来考校中格人属辞清劲，文理典赡，宜与升等收录，以为词学该博者之劝，可特依下项：世勣与改合入官，仍除馆职；经国与改合入官，仍堂除差遣。”②政和七年三月十六日，试迪功郎李正民，考入上等，诏“正民与改合入官，除秘书省正字”。③均因“文理超异”而“除馆职”或“堂除差遣”。其他榜次登科者均为“考入次等，各循一资”。

词学兼茂科每榜所取人数，大观四年五月十六日诏书曰：“岁中有取不得过三人，如无合格则阙之。”④政和元年（1111）二月二十三日，诏曰：“今后可岁中所取不得过五人。”⑤遂成为定制。此制亦与宏词科同。

自徽宗政和元年（1111），至高宗建炎二年（1128），词学兼茂科首尾共施行了十八年。初为一年一科，徽宗宣和五年（1123）改为三年一科，故十八年中只有十五科。始规定每科录取不得过三人，次年即政和二年（1112）改为不得过五人，而取足五人者仅一科，其馀每科取三人、二人、一人不等。十五科共计录取三十六人。这三十六人中，曾为两制官（翰林学士、中书舍人、知制诰）以代王言者有谭世勣、滕康、卢益、李熙靖、孙觌、胡交修、张悫、李正民、张守、范同、刘才邵等十一

①④　《宋会要辑稿·选举》一二之六至七《宏词》。

②⑤　《宋会要辑稿·选举》一二之七《宏词》。

③　《宋会要辑稿·选举》一二之八至九《宏词》。

人；官至宰相、执政者有滕康、卢益、曹辅、孙傅、张守、范同、秦桧等七人。其余二十三人，皆名位不显或仅至侍从官。另有三对兄弟接踵登科，其为滕康、滕庾；李正民、李长民；袁植、袁正功，也可以称得上一桩盛事。

三、博学宏词科

南宋初年，贡举以经义进士、诗赋进士两科取士。诗赋进士以诗赋、论、策取士，即贡举恢复了诗赋考试，词科的设置也就失去了意义。但是，词科非但未予废罢，反而加严考试格制，于绍兴三年（1133）七月，用工部侍郎李擢（?—1153）奏，改立博学宏词科。《宋会要辑稿·选举》一二之一一《宏词》载：

> 绍兴三年七月六日，都司言："工部侍郎李擢奏，乞今绍圣宏词与大观词学兼茂两科别立一科事。看详：绍圣法，以宏词为名；大观后，以词学兼茂为名；今欲以博学宏词科为名。以制、诰、诏书、表、露布、檄、箴、铭、记、赞、[颂]、序一十二件为题。古今杂出六题，分为三场，每场一古一今。愿试人先投所业三卷，朝廷降付学士院考其能者召试。依宣和六年指挥，以三年一次附省试院试。不用从臣荐举，应命官不以有无出身，除归明、流外、进纳人及犯赃罪人外，并许应诏。命官非见任外官，许径赴礼部自陈。若见在任，经所属投所业应格召试，然后（杂）[离]任。每次所取，不得过五人；若人材有馀，临时取旨。具合格等第字号同（直）[真]卷缴纳中书省看详。内制诏书依例宰执进呈，推恩则例比旧制更加优异。以三等取人：试入上等，有出身人转一官，选人与改官；无出身人赐进士及第，并免召试，除馆职。中等，有出身人减三年磨勘，与堂除差遣；无出身人赐进士出身，择其尤召试馆职。下等，有出身人减二年磨勘，与堂除差遣一次；无出身人，赐同进出身，遇馆职有阙，亦许审察召试。"从之。

高宗绍兴三年七月所改设博学宏词科，较词学兼茂科多有更革。第一，在应试资格与报考手续方面：其一，凡有官人，不以有、无出身，除归明、流外、进纳人及犯赃罪者外，并许应试博学宏词科。即恩荫补官、胥吏出职等无出身人亦许应试。较宏词科、词学兼茂科放宽了限制，扩大了应试的范围，有利于选拔人才。如以恩荫补官应试登科者，汤思退（?—1164）、洪适（1117—1184）至宰相，洪遵（1120—1174）至执政，王曮（?—1175）至翰林学士承旨，李巘、洪迈（1123—1202）

至翰林学士，陈岩肖、陈岘(1145—1212)至兵部侍郎，汤邦彦至左司谏。其二，愿应试博学宏词科者，须先投递所业三卷(每种文体二篇，共二十四篇)，由学士院审查，审查合格，然后召试。此与制举先纳所业策论五十首，委两制或本州看详，词理优长，方召赴阙阁试，颇为类似，只是简单了许多。所以嘉泰四年(1204)十一月，右正言林行可言："词科所设，先考所业，有同制举。"即与宏词科、词学兼茂科相比，则增加了词业方面的资格审查。其三，愿应试博学宏词科者，若命官非现任者，许直接到礼部投递所业应试；若系现任官，则经所属官僚机构投递所业，审查合格，方予召试，然后离职。

第二，在考试时间与场所方面：博学宏词科"依宣和六年指挥，以三年一次附省试院试。"①即按徽宗宣和三年七月二十七日，关于词学兼茂科考试时间与场所的诏书，仍然每三岁一开科场，于贡举省试院即礼部贡院附试。

第三，在考试内容方面：博学宏词科"以制、诰、诏书、表、露布、檄、箴、铭、记、赞、[颂]、序一十二件为题。古今杂出六题，分为三场，每场一古一今。"与词学兼茂科相比，一是增加了诰、诏书两种文体，由十种文体改为十二种文体；二是试题由四题增加为六题，考试场次由两场增加为三场；三是每场二题，限一古一今，"质之古，以觇记览之博；参之今，以观翰墨之华"。②与词学兼茂科所试四题中两题为历代史传故事、两题为本朝故事或时事类似。如高宗绍兴十二年(1142)二月二十七日，试博学宏词科右承务郎、新提辖行在杂买务杂卖场洪遵，敕赐同进士出身沈介，右从政郎、新浙西提举茶盐司干办公事洪适博学宏词科六题曰：《皇叔庆远军承宣使授昭化军节度使封安定郡王同知大宗正事制》、《周成王蒐岐阳颂》;《代枢密使谢赐玉带表》、《汉五家要说章句序》;《克敌弓铭》、《唐勤政务本楼记》，即为一古一今，其中《周成王蒐岐阳颂》、《汉五家要说章句序》、《唐勤政务本楼记》三题为古，其余三题为今。③又如理宗宝祐四年(1256)试博学宏词科，第一场二首，试题为《昭庆军承宣使左金吾卫大将军荆湖北路安抚副使兼知鄂州授宁武军节度使龙神卫四厢都指挥使夔路安抚使兼知夔州兼提领措置屯田兼控扼泸叙昌合四州边面加食邑食实封制》、《周山川图记》；第二场二首，试题为《代皇子谢赐御书〈孝经〉十六句表》、《尧衢室铭》；第三场二首，试题为《天禧编御集序》、《汉华平颂》。亦是一古一今。《周山川图记》、《尧衢室铭》、《汉华平颂》三题为古，其余三题为今。

---

① 以下有关博学宏词科制度的引文，有未注明出处者，皆见《宋会要辑稿·选举》一二之一一《宏词》。

② 王应麟：《玉海》卷二〇一《辞学指南序》。

③ 《宋会要辑稿·选举》一二之一二《宏词》。

王应麟(1223—1296)《玉海》卷二〇四《词学指南》载有博学宏词科的"试卷式",现移录如下:

本贯云云,应博学宏辞具官姓某,年若干

一、习制、诰、诏书、表、露布、檄、箴、铭、记、赞、颂、序

一、出身

一、无过犯

一、三代

一、合家口

一、今试(如曾试亦开具年分)

奉

试博学宏辞二首

第一首

题

(限　　字以上)

第二首

同前

涂注乙

制、诰、诏书、表、露布、檄、箴、铭、赞、颂(限二百字以上),记、序(限三百字以上)。凡言"祖宗"及"上"字,并别行;言"圣恩"之类,并空字。箴、铭、赞、颂,逐句空字。

王应麟《玉海》卷二〇三《词学指南》还载有博学宏词科各文体的格式,现将"谢表"的格式移录如下:

臣某言:伏蒙圣恩云云者。(谢除授云:伏奉诰命,授臣某官职者云云)臣某惶惧、惶惧,顿首、顿首。窃以云云。(此后或云:伏念臣云云,兹盖恭遇)皇帝陛下云云。臣云云。臣无任感天荷圣,激切屏营之至。谨奉表称谢以闻。(进谢恩诗云:谨各斋沐,撰成谢恩诗,随表上进以闻)臣某惶惧、惶惧,顿首、顿首。谨言。

另外,并将王应麟《玉海》卷二〇四下《词学指南》所载理宗宝祐四年丙辰(1256)博学宏辞科第二场《代皇子谢赐御书〈孝经〉十六句表》移录如下,以见其考试之一斑。

代皇子谢赐御书《孝经》十六句表

臣某言：伏蒙圣慈赐臣御书《孝经》十六句者。睿谟垂裕，夙承父训之严；神画疏恩，备举圣经之要。因心立教，拭目知荣。臣某惶惧、惶惧，顿首、顿首。

惟夫子之发微言，为曾参而陈孝道。首述君亲之事，谨始及中；复虞富贵之移，戒危与溢。身行口言之无失，天经地义之兼该。事可法，德可尊，表里俱正；居致敬，养致乐，造次弗违。神明四海以交孚，进退一忱而匪懈。有倬飞鸾之翰，于昭诒燕之谋。二八句之特书，撮其枢要；千万人之咸悦，始于家邦。仰仿迩英之屏，俯殊制旨之注。矧熙朝资善之学，肇祥符丙辰之春。诏儒臣而读是经，锡宸章而刊诸石。洊观洪藻，宏贲前猷。臣德愧温文，性惭岐嶷。出有师，入有保，蚤齿虞庠；亲则父，尊则君，恪趋周寝。曩者分封之涣号，诲之全孝以移忠。旨趣会于五经，未窥圣缊；德教加于百姓，徒仰皇明。载睹河雒图书之光，如亲洙泗问答之语。

兹盖恭遇皇帝陛下，学稽古典，笔寓天常。祚嗣万年，受祉而施于子；冠冕百行，得手而应于心。约漆简千有馀言，洒骊珠六十四字。淳化秘丘之刻，祖武可绳；绍兴方国之朌，人文增焕。臣敢不聿严琰写，式广家藏！仁孝制六章之诗，远迈唐宫之赐札；夙夜事一人之训，缅思建邸之陈图。臣无任感天荷圣，激切屏营之至。谨奉表称谢以闻。臣某惶惧、惶惧，顿首、顿首。谨言。①

第四，在考试官方面：博学宏词科"附省试院试"，"具合格等第字号同(直)[真]卷缴纳中书省看详"。则考试官为知贡举、同知贡举，由礼部贡院将合格等第字号连同真卷(即原卷、墨卷，非誊录的朱卷)，缴纳中书省看详，由宰执进呈皇帝放榜。如孝宗隆兴元年(1163)四月十五日，翰林学士承旨知制诰洪遵(1120—1174)、兵部侍郎周葵(1098—1174)、中书舍人张震言："昨知贡举，切见宏词卷'仁义张'字号所撰讲武颂及露布等文字，冠绝一场，偶表、制中有疵，因不敢[取?]。开拆，系左迪功郎、前舒州怀宁县尉陈自修，学问文词，委皆赡拔，望稍进以职。"②又隆兴元年正月九日，"以翰林学士承旨知制诰洪遵知贡举，兵部侍郎周葵、中书舍人张震同知贡举"。③可知知贡举、同知贡举也是博学宏词科的考试官。

① 王应麟：《玉海》卷二〇四《辞学指南》。
② 《宋会要辑稿·选举》一二之一四至一五《宏词》。
③ 《宋会要辑稿·选举》一之一六《贡举》。

第五，在考校等第与赐第授官方面：博学宏词科"内制诏书依例宰执进呈，推恩则例比旧制更加优异。以三等取人：试入上等，有出身人转一官，选人与改官；无出身人赐进士及第，并免召试，除馆职。中等，有出身人减三年磨勘，与堂除差遣；无出身人赐进士出身，择其尤召试馆职。下等，有出身人减二年磨勘，与堂除差遣一次；无出身人，赐同进出身，遇馆职有阙，亦许审察召试。"与词学兼茂科相比，其一，由两等取人变为"以三等取人"；其二，授官颇为优渥。如试入上等，有出身人转一官，选人改官，"改官"即选人改为京官，这是选人仕途升迁中非常重要而又相当困难的一步。试入中、下等，有出身人减磨勘年。无出身人除按试入的等第不同分别赐以进士及第、进士出身、同进士出身之外，还分别除馆职、择其尤召试馆职和遇馆职有阙，亦许审察召试馆职。只是试入上等无有一人，试入中等者仅詹叔羲、洪遵、汤思退、王𭉸等四人，其余 36 人均为"考入下等，减二年磨勘"或"考入下等，赐同进士出身"。

第六，在录取人数方面：博学宏词科"每次所取，不得过五人；若人材有馀，临时取旨"。所限定人数与宏词科及词学兼茂科同。

自高宗绍兴五年至理宗开庆元年(1135—1259)，博学宏词科首尾共实行了 125 年。这期间，常常开科而不录取人，有录取人的科次仅有二十五科。按规定每科录取人数不能超过五人，但是没有一科超过四人的。通二十五科只录取四十人，平均每科还不到两人。在这四十人中，曾任两制官以代王言者有洪遵、洪适(1117—1184)、汤思退、王𭉸、洪迈(1123—1202)、周麟之(1118—1164)、莫济、周必大(1126—1204)、傅伯寿、汤邦彦、李巘、赵彦中、倪思(1147—1220)、陈岘(1145—1212)、陈晦、陈宗召、真德秀(1178—1235)、留元刚、陈贵谊(1183—1234)、王应麟(1223—1296)等二十人，其中官至宰执者有洪遵、洪适、汤思退、周麟之、周必大、傅伯寿、真德秀、陈贵谊等八人。其余名位不显或仅至侍从官者二十人。另外，三洪(洪适、洪遵、洪迈)、二莫(莫济、莫冲)、二陈(陈贵谦、陈贵谊)、二王(王应麟、王应凤)，都是兄弟登科，陈氏父子兄弟(父陈宗召，兄陈贵谦，弟陈贵谊)更是前后接踵登科，确实可以称得上科场的一段佳话。由博学宏词科登上显要官位的人比宏词科、词学兼茂科两科为多，或许是其施行的时间要长得多的缘故吧。

四、词学科

理宗时，与博学宏词科同时，还设有词学科。《宋史》卷一五六《选举志二》载：

> 理宗嘉熙(三)[二]年(1238),臣僚奏:"词科实代王言,久不取人,日就废弛。盖试之太严,故习之者少。今欲除博学宏词科从旧三岁一试外,更降等立科,止试文辞,不贵记问。命题止分两场。引试须有出身人就礼部投状,献所业,如试教官例。每一岁附铨闱引试,惟取合格,不必拘额,中选者与堂除教授,已系教官资序及京官不愿就教授者,京官减磨勘,选人循一资。他时北门、西掖、南宫舍人之任,则择文墨超卓者用之。其科目,则去'宏博'二字,止称词学科。"从之。①

理宗嘉熙二年,因为博学宏词科考试要求较严,应试者少,遂降低要求,另外设立词学科,与博学宏词科并行。词学科与博学宏词科相比,有以下不同:

第一,在应试资格与报考程序方面:其一,博学宏词科凡有官人,不以有、无出身,除归明、流外、进纳人及犯赃罪者外,并许应试。词学科"引试须有出身人"。②其二,博学宏词科是"愿试人先投所业三卷,朝廷降付学士院考其能者召试",即先投递制、诰、诏书、表、露布、檄、颂、赞、箴、铭、记、序等十二种文体各两篇,共二十四篇,由学士院审查是否合格。词学科应试人"就礼部投状,献所业,如试教官例"。所谓"试教官例",即"先纳所业经义、诗赋各三首"。③"献所业"由二十四篇减少为九篇。

第二,在考试时间和场所方面:博学宏词科是三岁一试,附贡举省试院试。词学科改为"每一岁附铨闱引试",即每年一试,附铨选考试。

第三,在考试方法与考试内容方面:博学宏词科为考试三场六题。词学科减少为"以今题四篇,分两场"④,即同宏词科及词学兼茂科试两场四题。而且"止试文词,不责记闻",即如罗大经所说:"出题明注出何书,仍许上请。"⑤

第四,在等第与授官方面:词学科考试难度降低了,其待遇也随之降低。其一,博学宏词科"以三等取人",词学科中选者不分等。其二,博学宏词科授官优渥,有出身人或转官,或改官、减磨勘年;无出身人则赐进士及第、出身、同出身及除馆职或召试馆职。词科中选者,一般仅"与堂除教授,已系教官资序及京官不愿就教授者,京官减磨勘,选人循一资"。

---

① 据王应麟《玉海》卷二〇一《辞学指南序》校改。

② 以下有关词学科制度的引文,有未注明出处者,皆见《宋史》卷一五六《选举志二》。

③ 《系年要录》卷一四五,绍兴十二年五月乙卯。

④ 王应麟:《玉海》卷二〇一《辞学指南序》。

⑤ 罗大经:《鹤林玉露》卷之四甲编《词科》。

第五，在录取人数方面：博学宏词科“每次所取，不得过五人”；词学科“惟取合格，不必拘额”。但实际上，每科也仅有一、二人而已。正如南宋人罗大经所说：“然名实既轻，习者亦少。”①

词学科自理宗嘉熙二年(1238)设立，刚施行了三年，淳祐元年(1241)即被废罢；理宗景定二年(1261)复置，至景定四年，再次废罢，未再复置。②词学科两次设立，前后不过七年，只有嘉熙二年、三年、四年及景定二年、四年开科五次。其词学科登科者，现在所知者，仅嘉熙二年登科的林存、卢壮父两人而已。③

对于宋朝词科的利弊得失，历来评价不一。理宗嘉泰四年(1204)十一月十三日，右正言林行可言：“词科之设，先考所业，有同制举，其选至重。绍兴以来，所取人物，班班可考。”④马端临(约 1254—1323)云：“自复科以来，所得鸿笔丽藻之士，多有至卿相、翰苑者。”⑤南宋理学集大成者朱熹(1130—1200)云：“词科则又习于谄谀夸大之词，而竞于骈俪刻雕之巧，尤非所以为教。”⑥南宋永嘉学派集大成者叶適(1150—1223)则云：“绍圣初，既尽罢词赋，而患天下应用之文由此遂绝，始立博学宏词科。其后又为词学兼茂，其为法尤不切事实。……自词科之兴，其最贵者四六之文，然其文最为陋而无用。……且又有甚悖戾者。自熙宁之以经术造士也，固患天下习为词赋之浮华而不适于实用，凡王安石之与神宗往反极论，至于尽摈斥一时之文人，其意晓然矣。绍圣、崇宁，号为追述熙宁，既禁其求仕者不为词赋，而反以美官诱其已仕者使为宏词，是始以经义开迪之，而终以文词蔽淫之也，士何所折衷？……且昔以罢词赋而置词科，今词赋、经义并行久矣，而词科迄未尝有所更易。是何创法于始，而不能考其终，使不自为背驰也！盖进士、制科，其法犹有可议而损益之者，至宏词则直罢之而已矣。”⑦

叶適所论或许有些偏激，词科作为异日词臣之储，对于培养和选拔以代王言的词章人才还是有积极意义的。宋朝通过词科而登科者共有 109 人，而官至两制以代王言者有 34 人，官至宰执者有 17 人，其中不少人虽是进士及第，但却是通过词科中选而脱颖而出的。当然，南宋时期既以经义进士、诗赋进士两科取

① 罗大经：《鹤林玉露》卷之四甲编《词科》。
② 王应麟：《玉海》卷二〇一《辞学指南序》，《宋史》卷一五六《选举志二》。
③ 《福建通志》卷三五《选举三・宋科目》。
④ 《宋会要辑稿・选举》五之二八《贡举杂录》。
⑤ 《文献通考》卷三三《选举考六》。
⑥ 《朱文公文集》卷六九《学校贡举私议》。
⑦ 叶適：《水心别集》卷一三《宏词》。

士,词科之设,似无太大必要。高宗、孝宗之后,词科登科者日益减少,光宗朝仅 2 人,宁宗朝仅 4 人,理宗朝也仅 4 人。在长达八、九十年间,词科登科者仅有 10 人,可见其是何等的衰微！难怪理宗嘉泰四年(1204)十一月十三日,右正言林行可大发感慨道:"词科之设,先考所业,有同制举,其选至重。……比年累试,曾不得一,稍从阔略,始有中选。间有公然挟书,略无愧耻。曰博学、曰宏词,果何取于是名哉?"①

对于词科的衰落,祝尚书列举了四个原因:一是时相史弥远(1164—1233)不喜此科。二是其制度自身存在不少弊端。三是叶適等人对它的批评。四是从嘉定起理学逐渐成为统治集团的统治思想,而理学家向来是反对词科的。②这些分析,大都不无道理。但是,任何事物都有其自身的发展规律,其大的发展趋势和方向不会依人们的主观意志而改变。南宋后期词科制度的衰微,除当时的社会大环境之外,大概也主要与其制度本身有关吧。

---

① 《宋会要辑稿・选举》五之二八《贡举杂录》。

② 祝尚书:《宋代科举与文学》第一章第四节《词科的设置》,中华书局 2008 年版。

第十六章　宋朝科举的社会作用与影响

宋朝科举制度的实施，对宋朝社会的政治、经济和文化的发展，起到了重要作用，在社会的各个方面都产生了重大影响。对此已有一些学者加以研究。①本章仅拟就科举在学校教育、官僚制度、边防等方面的作用与影响，作一些初步考察，其他方面的作用与影响，有待今后进一步的研究。

第一节　宋朝的科举取士与学校选士

隋唐以来，以学校养才，以科举取士，科举与学校本来应该密切结合。但是，由于士人只需"怀牒自列于州县"即可应举，而不要求一定的学历，以及其他种种原因，朝廷和士人往往偏重科举而轻视学校，以至科举与学校相分离，科举日益发展，而学校却相对衰微，甚至成为科举的附庸。北宋王朝为了造就大批治国安民的统治人才，在发展科举取士作用的同时，采取了一系列的措施，使科举与学校结合起来，促进学校教育的发展，进而以三舍法遍行天下，废州郡解试及省试，取士悉由学校升贡，在我国科举制度史和教育制度史上都写下了重要的一页。

对此，王建秋的《宋代太学与太学生》，朱重圣的《宋代太学之取士及其组织》、袁征的《宋代教育》、近藤一成的《蔡京的科举与学校政策》、林岩的《北宋科举考试与文学》等，都作了很好的论述。现不揣浅陋，在前人研究及拙作《北宋的科举取士

① 何忠礼:《南宋科举制度史》第十章《科举制度与南宋社会》。

与学校选士》的基础上，试作进一步的探讨。南宋时期，太学三舍法仍在施行，并且又有所发展变化，但其学校选士的作用甚小。本章只讨论北宋时期的科举取士与学校选士制度，至于南宋时期的太学三舍法与学校选士制度，留待以后再予讨论。

一、北宋学校选士的三个阶段

唐代科举，“由学馆者曰生徒，由州县者曰乡贡，皆升于有司而进退之”。[①]唐朝前期，尤其是开元、天宝年间，学校颇为繁荣。中央有六学（国子、太学、四门、律、书、算学）、二馆（弘文、崇文馆），地方有州县学。这些学校培养的生徒，成为科举取士的重要来源之一。学校甚至一度成为应举人士的唯一途径。据《唐会要》卷七十六《贡举》中载：

> 天宝十二载（753）七月十三日，诏：“天下举人，不得充乡赋，皆须补国子学士及郡县学生，然后听举。”

但不到两年，又恢复了乡贡。唐中叶以后，由于政局不稳，战争频仍与财政困难，“学校益废，生徒流散”。[②]元和时，国学定员六百五十人，实有生员还不及此数；郡县学则几乎荡然无存。学校教育对于科举也几乎不起什么作用。五代时期更是如此。

北宋时期，又逐渐对学校重视起来，前后掀起了三次兴学高潮，学校选士也经历了三个阶段。

（一）州县皆立学，士须在学听读一定时日方许应举阶段

北宋初期，国子监与开封及诸州府都同样可以解送举人赴省试。仁宗景祐初年，开始允许大藩府立学，并各赐学田五顷。但小州及各县仍无学。士人应举不要求任何学历，因而国子监和大藩府学也有名无实，如同虚设。《宋会要辑稿・崇儒》一之二九《太学》载：

> 庆历二年（1042）闰九月，天章阁侍讲、史馆检讨王洙言：“庠序之设，教化所先。自顷学徒，未悬师业。国子监每科场诏下，许品官子弟投保官家状，量试艺业，给牒充广文、太学、律学三馆学生，多或致千余人，即随秋试，

①② 《新唐书》卷四四《选举志上》。

召保取解。及科场罢日，则生徒散归，讲官倚席。若此，但为游士寄应之所，殊无国子肄习之法，居常讲筵，无一、二十人听讲者。

太学尚且如此，大藩府学的情况也可想而知。

对于这种情况，范仲淹(989—1052)早就认为必须改变。仁宗天圣五年(1027)，他在《上执政书》中就指出：不兴学校，长育人材，而只以贡举取士，等于“不务耕而求获”。[①]庆历三年(1043)，范仲淹任参知政事，建议改革学校贡举制度。第二年，宋祁(998—1061)、王拱辰(1012—1085)、张方平(1007—1091)、欧阳修(1007—1072)等群起响应，联合上奏曰：

今教不本于学校，士不察于乡里，则不能核名实……臣等参考众说，择其便于今者，莫若使士皆土著而教之于学校，然后州县察其履行，则学者修饬矣。故为立学合保荐送之法。[②]

在他们拟定的立学合保举送之法中具体规定：

诸路州府军监除旧有学校外，其余并各令立学，如本处修学人及二百人已上处，许更置县学。若州县未能顿备，即且就文宣王庙或系官屋宇为学舍。……初入郡学人，须有到省举人二人委保是本乡人氏或寄居已久，无不孝、不悌、逾滥之行，即不曾犯刑责或曾经官司罚赎情理重者，方得入学。

应取解，逐处在学本贯人，并入学听习至秋赋投状日前及三百日以上，旧得解人百日以上，方许取应。(秋赋投状日，并依本州军旧制。)内有亲老别无得力弟兄侍养，致在学日数不足者，除依例合保外，别召命官一员或到省举人三名委保诣实，亦许取应。[③]

前此，对国子监生的听读日限也作了规定。据《长编》卷一三七载：

庆历二年(1042)闰九月甲午(二十四日)，诏国子监生自今须听读满五百日，乃得解荐。从天章阁侍讲王洙之请也。

---

① 《范文正公集》卷八《上执政书》。

② 《宋会要辑稿・选举》三之二三《贡举杂录》。

③ 《宋会要辑稿・选举》三之二四《贡举杂录》。

以上规定要求诸路州府军监以及县都要建立学校，应举者必须先受相当长时间的学校教育。这样，通过士人须在学听读一定日数方许应举，就把科举和学校开始结合起来了。但是此法施行不到八个月，庆历四年十一月戊午朔（一日），仁宗即下诏“罢天下学生员听读日限”[①]，随着“庆历新政”的失败，一切又仍如旧制了。

（二）立太学三舍法，科举取士与学校选士并行阶段

庆历四年（1044）十一月，罢天下学生员听读日限之后，应举不必经过学校，学校又趋于荒废。嘉祐四年（1059），王安石（1021—1086）在《上仁宗皇帝言事书》中指出：

> 方今州县虽有学，取墙壁具而已，非有教导之官、长育人材之事也。唯太学有教导之官，而亦未尝严其选。朝廷礼乐刑政之事，未尝在于学。……凡此，皆教之非其道故也。[②]

有鉴于此，王安石从要富国强兵必须变法，要变法必须具备人才的高度出发，提出要造就人材，必须“教之、养之、取之、任之有其道”，[③]把人材的教育、供养、选拔、任用统一起来。但是，这一远见卓识并未被仁宗及宰辅们所理解和采纳。

神宗熙宁二年（1069）二月，王安石任参加政事之后，即在“教之、养之、取之、任之有其道”的思想指导下，提出了改革学校科举之法的建议。四月，神宗下诏曰：“宜令两制、两省、待制以上、御史台、三司、三馆臣僚，各限一月内具议状闻奏。”[④]于是，王珪（1019—1085）、司马光（1019—1086）、吕公著（1018—1089）、韩维（1017—1098）、苏轼（1037—1101）、陈襄（1017—1080）等纷纷奉敕上章奏议。熙宁四年（1071）二月，王安石在《乞改科条制札子》中指出：

> 伏以古之取士，皆本于学校，故道德一于上而习俗成于下，其人材皆足以有为于世。自先王之泽竭，教养之法无所本，士虽有美材而无学校、师友以成就之，此议者之所患也。今欲追复古制，以革其弊，则患于无渐。宜先除去声病对偶之文，使学者得以专意经义，以俟朝廷兴建学校，然后讲求三

---

① 《长编》卷一四七，庆历四年十一月月戊午。

②③ 《临川先生文集》卷三九《上仁宗皇帝言事书》。

④ 《宋会要辑稿·选举》三之四一至四二《贡举杂录》。

代所以教育选举之法，施于天下，则庶几可复古矣。①

因此，在改变科举考试科目和内容的同时，为了向取士皆本于学校的所谓三代教育选举之法过渡，也陆续对学校教育进行了一些改造。

其一，熙宁四年（1071）三月庚寅（五日），诏："诸路置学官，州给田十顷为学粮，元有学田不及者益之，多者听如故。"②使已经荒废的州县学又陆续恢复和建立起来。

其二，扩建太学，增置讲官和生员。仁宗庆历时曾置太学内舍生二百人，官给饮食。神宗熙宁元年（1068）正月，增外舍生一百人。五月，外舍生以七百人为额，内、外舍通九百人。熙宁四年，诏"尽以锡庆院及朝集院西庑建讲书堂四"，③扩大了太学校舍。其学官自主判官外，增直讲为十员。元丰二年（1077）十二月，"太学置斋舍八十斋，斋容三十人。外舍生二千，内舍生三百，上舍生百，总为二千四百"。④太学的规模达到了空前的程度。

其三，立太学的三舍法。熙宁四年（1071）十月，立太学三舍法，但尚未有推恩定制。元丰二年（1077）十二月十八日，御史中丞李定（1028—1087）等言："切以取士兼察行义，则是古者乡里之选。盖艺可以一日而校，行则非历岁月不可考。今酌《周官》书考宾兴之意，为太学三舍选察升补之法，上《国子监敕令式并学令》，凡百四十条。"诏"行之"。⑤太学三舍考选、升补、推恩之法始趋于完备。

太学三舍法的实行，使太学兼有培养和选拔人材两种职能，等于把原来的学校和科举合而为一了。当然，这时三舍法仅施行于太学，州县学生中及其他士人仍旧参加三年一次的科举，即使是太学生员，也只有少数人升上舍上等而以上舍及第、出身，直接授官，而升入上舍中、下等者也还要再参加殿试或省试和殿试。可以说，熙宁、元丰时期是州郡科举与太学选士并行的阶段，其发展趋势是以学校选士取代科举取士。《群书考索》后集卷三十二《士门·宋朝取士之法》条引《四朝志》云：

其教育，则建太学于京师。庆历中，置内舍二百人。神宗垂意儒学，益外舍生员，三舍之法，开端于此。王安石采《周官》、《王制》之所绪，自京师至郡县学，岁、时、月各有试，以程其能，以差次升舍，最优者为上舍，免解发及吏部试而赐之第，遂欲以此专取士而浸废科举。

---

① 《临川先生文集》卷四二《乞改科条制札子》，《宋会要辑稿·选举》三之四三《贡举杂录》。

② 《长编》卷二二一，熙宁四年三月庚寅。

③ 《文献通考》卷四二《学校考三》。

④⑤ 《宋会要辑稿·职官》二八之九《国子监》。

这是对神宗实行太学三舍法，科举与学校相结合情况的简明概括。

（三）以三舍法遍行天下，废州郡解试及省试，取士并由学校升贡阶段

元祐年间，悉罢熙宁新法，太学三舍考选、升补、推恩之制亦遭废除，学校与科举的联系又被割断。哲宗亲政之后，不但恢复了太学三舍法，而且将三舍法推广至州学。《宋史》卷一五七《选举志三》载：

> 元符二年（1099），初令诸州行三舍法，考选、升补悉如太学。州许补上舍一人，内舍二人，岁贡之。其上舍附太学外舍，试中补内舍生，三试不升舍，遣还其州。其内舍免试，至则补为外舍生。诸路选监司一员提举学校，守贰董干其事。遇补试上、内舍生，选有出身官一人，同教授考选，须弥封、誊录。

徽宗继位，以尊崇熙宁之政为名，于崇宁元年（1102）大兴学校，即于开封城南门外营建外学，称为辟雍，增太学上舍生至二百人，内舍生至六百人，外舍生至三千人，共三千八百人。三舍生皆由州学升贡。崇宁三年（1104）正月己丑（十四日），诏："诸路增养县学弟子员：大县五十人，中县四十人，小县三十人。"[①]十一月，诏罢州郡及礼部科举，其取士并由学校升贡，于是三舍法遍行天下。《群书考索》后集卷二十八《士门·学法类》引《长编》云：

> 崇宁三年十一月丁亥（十七日），诏曰："唯昔神考，尝议以三舍取士，而罢州郡科举之令。其法始于畿甸，而未及行于郡国。肆朕纂图，制诏有司，讲议其方，成书来上，悉推行之。设辟雍于国郊，以待士之升贡者。礼文咸举，制度大备。乃择日谒先圣，临幸黉舍，延见诸生，择其当论选者而官之。增秩博士，加恩子弟。朕所以劝励学者可谓至矣。然今州郡犹以科举取士，而学校之法不得以专行，故士心所向未一，岂朕之意哉！其诏天下，除将来科场如故（其）[事]外，并罢州郡发解及省试法，其取士并由学校升贡。庶几近治往古作人之隆，绍先帝造士之美，以称朕图治之意。[②]

---

① 《长编纪事本末》卷一二六《州县学》。

② 又见《宋会要辑稿·选举》四之三至四《贡举杂录》，据校改。

崇宁五年十二月，蔡京(1047—1126)等上《诸路州县学敕令格式》并一时指挥，共十三册。大观三年(1109)四月，知枢密院事郑居中(1059—1123)等又上《大观重修国子监太学辟雍并小学敕令格式》，总四十八册。政和元年(1111)十二月，郑居中又奏《政和新修学法》一百三十卷。政和六年(1116)六月，礼部尚书白时中(?—1127)等奏《政和新修御试贡敕令格式》，总一百五十九卷。重和元年(1118)四月，蔡京又编修《政和续编诸路州县学制》二百七十三册。其具体内容虽不能尽得其详，但都是使"取士并由学校升贡"之法更加完备。

根据以上规定，取士并由学校升贡，科举与学校就完全合二为一了。这大概就是王安石所要讲求的"三代所以教育选举之法"。但它并非是"复古"，而是北宋所独创的一种融学校育才与科举取士为一体的选拔官员的制度。

这种取士并由学校升贡的制度从大观元年(1107)起，实行了十四年，到宣和三年(1121)三月被废除。《群书考索》后集卷二十七《士门·学制类》引《长编》载：

> 宣和三年二月乙酉(二十日)，诏罢天下三舍。太学以三舍考选，开封府及诸路以科举取士，州县未行三舍以前应置学官及养士去处，国子监、太学官吏，并依元丰旧制。辟雍官属及宗学并诸路提举学事、管勾文字官并罢。①

这样，就又回到太学选士与科举取士相结合的状态了。

二、学校选士之法——三舍法

北宋学校选士，主要是通过三舍法施行的。北宋的三舍法经历了一个太学三舍法的设立、完备和发展以及推广至州县学而遍行天下的过程。南宋时，太学三舍法又有所发展变化。本章只讨论北宋时期三舍法的设立和发展变化，至于南宋太学三舍法，容留待以后再予讨论。

(一) 三舍法的设立

宋初承唐及五代之制，太学学生不分等级。庆历中，太学内舍生二百员，并

---

① 又见《宋会要辑稿·选举》四之一—《贡举杂录》。

官给日食。仁宗嘉祐元年(1056),始有人建言"立三舍以养生徒"①。神宗熙宁元年(1068)正月,谏官吴申等言:"欲于内舍生二百人外,增一百员,名外舍生,逐旋补试,且令入斋听读,仍不破官中贴厨钱。候内舍生有阙,即将外舍生拨填。如此,则有广朝廷育材之意,亦不违先降学制。"诏"从之"。②自此始因供食而有内舍、外舍之分。熙宁四年(1071)二月,王安石改革学校贡举之法,始分三舍。林希《野史》云:

> 熙宁四年春,更学校贡举之法,设外舍、内舍、上舍生。春、秋二试,由外舍选升内舍,由内舍选升上舍。上舍之尤者,直除以官,以锡庆院为太学。③

《宋会要辑稿·崇儒》一之三一《太学》载:

> 熙宁四年十月十七日,中书门下言:"近制增广太学,益置生员……其生员分三等:以初入学生员为外舍,不限员;自外舍升内舍;内舍升上舍。上舍以百员,内舍以二百员为限。其生员各治一经,从所讲之官讲授。主判官、直讲逐月考试,试到优等,举业并申纳中书。"从之。

但当时尚未有推恩定法。至熙宁五年八月,始以累试优等而赐太学生叶適进士及第。《长编》卷二三七载:"熙宁五年八月戊戌(二十二日),赐太学生叶適进士及第,为试校书郎、睦州推官、郓州州学教授。適,处州人。管勾国子监张琥等言適累试优等也。"④熙宁十年二月,始有较为具体的规定,《宋会要辑稿·职官》二八之八至九《国子监》载:

> 熙宁十年二月十三日,诏:"国子监上舍生自今应补中后,在学实及二年、无犯学规第二等以上过,委主判同学官保明,与免解,从上不得过三十人。内于贡举自合免解者与免省试一次,已该免解后又在学及二周年而上,别无公私过者,并免省试。"

---

① 《欧阳文忠公文集》卷一一二《议学状》。

② 《宋会要辑稿·崇儒》一之三〇《太学》。

③ 《长编》卷二三七,熙宁五年八月注。

④ 《长编》卷二三七,熙宁五年八月。

尽管如何由外舍升内舍，由内舍升上舍，尚未见明确记载，但太学三舍法已经确立。

（二）三舍法的完备

熙宁十年二月诏书规定补中上舍生之后，可以免解试甚至免省试而直赴殿试，于是由内舍升上舍的“上舍试”成为一项重要考试，在激烈竞争中极有可能产生舞弊的现象。当时人们即忧心忡忡。熙宁十年（1077）三月辛酉（十一日），御史彭汝砺（1041—1094）言：“太学试内舍生，皆用科场敕式，仍乞就景德寺试，物论纷纭，虽学者亦不自安也。且今所以纷纷如此者，恐考试不公耳。学校风化之地，所系甚大。窃闻太学考试，旧法亦颇详悉，欲乞但因八年以前旧制，稍令加严，如在上舍，赐加察，而以才行优异者宠进之。”神宗诏：“国子监相度以闻。”①元丰元年（1078）十二月乙巳（五日），建州进士虞蕃上书言：“太学讲官不公，校试诸生，升补有私验。”②引起一起太学狱，受牵连人甚多。元丰二年，太学生檀宗益上书言：“太学教养之策有七：一尊讲官，二重正录，三正三舍，四择长谕，五增小学，六严责罚，七崇司业。”神宗览其言，以为可行，命李定（1028—1087）与毕仲衍、蔡京（1047—1126）、范镗、张璪同立法。十二月十八日，御史中丞李定等言：“窃以取士兼察行艺，则是古者乡里之选。盖艺可以一日而校，行则非历岁月不可考。今酌《周官》书考宾兴之意，为太学三舍选察升补之法，上《国子监敕式令并学令》，凡百四十条。”诏：“行之”。③其具体方法为：

> 太学置斋八十斋，斋容三十人。外舍生二千，内舍生三百，上舍生百，总为二千四百。
>
> 生员入学，本贯若所在州给文据，试而后入。月一私试，岁一公试，补内舍生。间岁又一试，补上舍生。誊录、封弥如贡举法，而上舍则学官不与考较。
>
> 诸斋月书学生行艺，以帅教不戾规矩为“行”，治经程文合格为“艺”。斋长、谕、学录、学正、直讲、主判官，以次考察籍记。
>
> 公试外舍生入第一、第二等，参与所书行艺，预籍者升内舍。内舍生试入优、平二等，参以行艺，升上舍。[上舍]分三等：俱优为上，一优一平为中，

① 《长编》卷二八一，熙宁十年三月辛酉。

② 《长编》卷二九五，元丰元年十二月乙巳。

③ 《宋会要辑稿·职官》二八之九《国子监》。

> 俱平若一优一否为下。上等命以官，中等免礼部试，下等免解试。
>
> 以升补及行艺进退，计人数多寡为学官之赏罚。缘升舍为奸者，论如违制律，不用去官赦原。①

此即所谓“元丰二年学令”的主要内容。元祐间废，绍圣元年(1094)闰四月复行。《宋会要辑稿·职官》二八之一二至一三《国子监》载：

> 绍圣元年闰四月七日，诏：“太学生合格上舍生并依元丰二年法：内上舍上等该推恩注官者，每年不得过二人；免省者，每举不得过五人；免解者，每举不得过二十人，仍充省试、发解额内人数，并依补中年月高下为次，其元祐法勿用。余三舍升补等法，令礼部、国子监推行旧制。”

绍圣三年十二月十八日，翰林学士承旨、详定国子监条制蔡京言：“奉敕详定国子监三学并外州军学制，今修成《太学敕令式》二十三册，以绍圣新修为名。”诏：“以来年正月一日颁行。”②《宋会要辑稿·职官》二八之六《国子监》所载之《哲宗正史·职官志》片断，大概即为《绍圣新修太学敕令式》的主要内容：

> 凡诸生之隶于太学者，分三舍。斋长、谕月书其行、艺于籍，“行”谓率教不戾规矩，“艺”谓治经程文[合格]。季终考于学谕，十日考于学录，二十日考于学正，三十日考于博士，又三十日考于长贰。岁终取外舍生百人、内舍三十人，校定奏闻，以定覆试，视其校定之数，参验而叙进之。
>
> 凡私试，孟月经义，仲月论，季月策。公试，初场以经义，次场以论、策。试上舍，如省试法。凡内舍行艺与所试之等俱优者，为上舍上等，取旨命以官；一优一平为中，留俟殿试；一优一否或俱平为下，留俟省试。惟国子生不预考选。
>
> 凡课试、升黜、教导之事，长贰皆总焉。……岁计所隶三舍生升降多寡之数，以为学官之殿最赏罚。③

---

① 《宋会要辑稿·职官》二八之九至一〇《国子监》；又见《长编》卷三〇一，元丰二年十二月乙巳；《文献通考》卷四二《学校考三》；《宋史》卷一五六《选举志三》。

② 《宋会要辑稿·职官》二八之一四《国子监》。

③ 《宋会要辑稿·职官》二八之六《国子监》。

综上所述及有关史料，所谓“元丰二年学令”，主要内容大概是：(1)太学分为三舍，其外舍生 2 000 人，内舍生 300 人，上舍生 100 人，共 2 400 人。(2)生员入学，由本贯或所在州发给证明文书，经过太学“补试”合格，为外舍生。“补试外舍生，系试大义一场”。[①](3)外舍生每月由太学博士为考官举行一次“私试”，每季第一个月试经义，第二个月试论，第三个月试策。每年朝廷派考官到太学出题考试外舍生一次，称为“公试”。公试分为两场，初场试经义，次场试论、策。考试方法如贡举考试一样锁院、封弥、誊录。另外，每月考核“行”、“艺”。所谓“行”，主要指遵法守纪的品行；所谓“艺”，主要指每月由教官出题考试(即私试)艺业的成绩。各个学生的考试成绩连同品行表现，由斋长、斋谕按月登记，季度末经学录、学正、博士、司业、祭酒依次检查核准。年终取 100 人校定闻奏。公试外舍生成绩列入第一、第二等，并获得行艺年终“校定”者，可升入内舍。(4)内舍生亦每月举行一次“私试”，并每月考察行艺，每年校定 30 人为“优”、“平”两等。每两年朝廷派考官到太学为内舍生举行一次“上舍试”，其考试方法更为严格，如贡举省试法。合格者亦分为“优”、“平”两等。如果上舍试成绩优等、行艺考察亦获优等者，即可升为“上舍上等”，立即释褐授官，赐“上舍及第、出身”，称之为“两优释褐”，但每年不得过二人。如果上舍试成绩与行艺考察一优一平者，即可升为“上舍中等”，继续学习，待每三年一次开科贡举时，免解试及省试，直赴殿试，但每举不得过五人；如果舍试成绩和行艺考察均为平等或一优一否者，即可升为“上舍下等”，继续学习，待开科贡举时，免解试，直赴省试，但每举不得过二十人。此为学校选士与科举取士相结合的方法。自元丰二年至绍圣元年(1079—1094)，由上舍上等特命以官，即“两优释褐”者为数甚少。

哲宗亲政之后，不但在太学恢复了元丰二年的三舍法，而且于元符二年(1099)十一月，将三舍法推广至州学。《长编》卷五一八载：

> 元符二年十一月乙未(二十七日)，诏：“诸州置教授者，学生仿太学三舍法考选、升补。内上舍生每岁贡一人，内舍生每岁贡二人。上舍生限当年十二月到京，随太学补试，合格者与充内舍生，不合格许再试，三经试不中者遣还。内舍生不候试与充外舍。诸州贡上舍生到京，并权破外舍生食。诸路各选监司一员提举学校，仍知、通专[一]管勾。诸州试内舍、上舍，并监司选差有出身官一员，与教官同考试，仍封弥、誊录。合用条贯，令于国子监取索

① 《宋会要辑稿·职官》二八之一四《国子监》，元符三年十二月二十一日礼部言。

行下。其外州不可行者，比类条具，申尚书省。①

哲宗元符二年虽然只是将三舍法推广于诸州置教授的州学，而且每年升贡的人数只有三人，但开始将中央官学（太学）与地方官学（州学）衔接起来了，并初步将中央官学与地方官学统一纳入三舍法的系统之内，这是北宋学校教育与科举取士相结合的一大突破。

（三）三舍法的发展与遍行天下

徽宗时期，三舍法又有较大的发展变化，并且曾经遍行天下。崇宁元年（1102）八月，蔡京（1047—1126）入相不久，就提出了"天下并置学养士"的新方案。《群书考索》后集卷二十八《士门·学法类》引《长编》载：

崇宁元年八月甲戌（二十二日），右仆射蔡京请以学为今日先务，乞天下并置学养士。如允所请，乞先次施行。

一、乞罢开封府解额，除量留五十人充开封府土著人取应外，馀并改充天下贡士之数。所有诸州军额，各取三分之一，添充贡士额。

一、乞天下并置学养士。郡小或应举人少，则令三、二州学者聚学于一州。

一、乞置州学，并差教授二员。[在学生员及百人已上，申乞添置，不拘资序，并许选差。应元祐以来教授条制，更不施行。]

一、乞增置田产养士。应本路常平、户绝田土物业，契勘[养士]合用数拨充。如不足，以诸色系省官田宅物业补足。

一、乞以三舍考选法遍行天下。[升补为上舍生者，]听每三年贡入太学，[随]上舍试，仍别为号，分为三等：若试中上等，补充太学上舍中等；试中中等，补充下等；试中下等者，补充内舍。余为外舍生。虽补不及中、下等，或不(及)[入]等及科举遗逸而学行为乡里所服，委知州、通判、监司依贡士法贡入，委祭酒、司业、博士询考得实，当议量材录用。[每路自朝廷选监司二人提举，知、通、令佐仍每十日一诣学，监司一岁巡遍所部州学。凡贡士，自教授考选，推择申州，知州、通判审察，监司覆按，监司、知州、通判连书闻

① 又见《长编纪事本末》卷一二六《州县学》、《宋会要辑稿·崇儒》二之七《州县学》、《文献通考》卷四六《学校考七》、《宋史》卷一五七《选举志三》，据校补。

奏，随奏遣赴太学。若所贡非其人，或应举而不贡，一等依律科罪。]

一、乞令郡守、监司保任贡士。若贡士到太学，试中上等及考选升舍人多，即等第立法推赏。

一、乞诸县置学。于本县委令佐[掌之。学置长、谕各一人，并支俸禄。并职事人，相度随宜量置。除倚郭县不置外，有不置教授处，其州学听置，仍只依县学法。以知州、通判主之。及于本县]擘画地利，及不系省杂收钱内桩充费用。

一、乞学生自县学考选升州学。[诸学生在县学一年，学长、学谕考选行艺，报令、佐审实申州，知、通验实，教授试其文艺，以入州学。不置教授州依此。]

一、乞州县并置小学。

一、乞并立学生在学升黜法。[应州县学生，若外舍在学实及二年，五犯规矩，两犯第三等已上罚，并五试不中第三等，而文艺无可取之实、行能无可教之资，立出学之法。则在学者不敢不勉，在外者有阙可试。既屏之出学，却许入县学。又三犯规矩，犯第三等已上罚，并五试不中第三等，则屏之出学。若犯杖已上罪，终身不齿，永不得入州县学。]

一、乞外任官子弟许入学取应。在外官子弟、亲戚，法不合在本处取应者，许随处入学，即不得升补与贡。在学迨及一年，[不犯第二等已上罚]，给公据，许赴太学取应国子监解名。

一、乞州学职掌学谕、学长，许差特奏名一人。[知州、通判、教授选补职事不当，并依贡士法降二等坐之。]

一、乞禁不得教学生非经、史、子书文字。①

徽宗诏令讲议司立法颁降。其崇宁元年八月二十二日甲戌所颁《兴学校诏》曰："学校崇则德义著，德义著则风俗醇，故教养人材为治世之急务。除京师置外学，待其岁考升之太学，已尝面谕外，余并依所陈。（原注：蔡京起请）仍讲议司立法，颁付礼部施行。"②

蔡京的陈请共计十三条：(1)解额的分配；(2)天下并置州学；(3)州学并差教授；(4)增置田业养士；(5)州学贡入太学；(6)郡守监司保任贡士；(7)诸县置学；

① 又见《长编纪事本末》卷一二六《州县学》、《宋会要辑稿·崇儒》二之七至九《州县学》、《文献通考》卷四六《学校考七》、《宋史》卷一五七《选举志三》，据校补。

② 《宋大诏令集》卷一五七《学校·兴学校诏》。

(8)县学考选升州学;(9)州县并置小学;(10)学生在学升黜法;(11)外任官子弟亲戚随侍入学取应;(12)州县学官许差特奏名人;(13)禁教非经、史、子书文字。其核心内容则是州县学的设置和考选、升补之法。其所列十三条,第一至四条为置州学,第五、六条为州学的考选、升补之法;第七条为置县学,第八条、十条为县学的考选、升黜之法。其余诸条均是围绕州县学的设置和考选、升补之法而设立的。是年十二月戊寅(二十八日),"宰臣蔡京等上《诸路州县学敕令格式》,乞镂板颁降"。徽宗"从之"。这一敕令格式即是蔡京等"以元陈请画一,并参酌《太学敕令格式》"修立而成的。[①]崇宁元年《诸路州县学敕令格式》与元符二年十一月诏书的最大不同主要有三:一是全国普遍设置州县学以养士,"州学并差教授二员"。元符二年诏书仅在置教授的州学推行三舍法;崇宁元年诏书则是将三舍法遍行天下。二是大大增加了由州学升贡至太学的人数。元符二年诏书规定,置教授的州学"上舍生每岁贡一人,内舍生每岁贡二人";崇宁元年诏书则规定:"开封府解额,除量留五十人充开封府土著人取应外,余并改充天下贡士之数;所有诸州军额,各取三分之一,添充贡士额。"三是大大提高了州学生升入太学后的待遇。元符二年诏书规定:"上舍生限当年十二月到京,随太学补试,合格者与充内舍生,不合格许再试,三经试不中者遣还。内舍生不候试与充外舍";崇宁元年诏书则规定:州学生"[升补为上舍生者,]听每三年贡入太学,[随]上舍试,仍别为号,分为三等:若试中上等,补充太学上舍中等;试中中等,补充[上舍]下等;试中下等者,补充内舍。余为外舍生。"崇宁元年《诸路州县学敕令格式》,确立了以三舍法遍行天下,由县学升州学,再由州学升太学的三级考选、升补体制,使学校选士制度更加趋于完备了。

崇宁三年(1104)十一月十七日,徽宗在批准蔡京陈请并设立辟雍之后,又进一步下诏曰:"其诏天下,除将来科场如故事外,并罢州郡发解及省试法,其取士并由学校升贡。"断然决定"除将来科场如故事外"即除崇宁四年依然解试、五年依然省试、殿试之外,此后"并罢州郡发解及省试法,其取士并由学校升贡"。这样,除保留三年一次的殿试之外,几乎完全废除了科举取士,而由学校选士取而代之,即专行学校选士之法了。

为了适应崇宁四年解试、五年省试、殿试之后,"其取士并由学校升贡"的重大变化,徽宗又于崇宁五年八月乙酉(二十六日)下诏对三舍法做了一些调整。《宋史》卷一五七《选举志三》载:

---

① 《长编纪事本末》卷一二六《州县学》。

崇宁五年,著令:凡县学生隶学已及三月,不犯上二等罚,听次年试补州学外舍,是名“岁升”。开封、祥符生员,即辟雍别为斋,教养、升进如县学法。愿入邻县学者听。惟赤县校试,主以博士。

每岁正月,州以公试上舍及岁升员,一院锁宿,分为三试。其公试,上舍率十取其六为中格;中格已,以其名第自上而下参考察之籍;既在籍,又中选,即六人之中取其四,以差升舍。其“岁升”中选者,得补外舍生。开封属县附辟雍别试,中者入辟雍充外舍。

隶学三年,经两试不预升贡,即除其籍,法涉太严。今令三年内三经公试不预选,两经补内舍、贡上舍不及格,且曾犯三等以上罚,若外舍,即除籍罢归县,内舍降外舍,已尝降而私试不入等,若曾犯罚,亦除籍,再赴岁升试。

凡州学上舍生升舍,以其秋即贡入辟雍,长吏集阖郡官及提学官,具宴设以礼敦遣,限岁终悉集阙下。自川、广、福建入贡者,给借职券,过二千里给大将券,续其路食,皆以学钱给之。

如有孝弟、睦姻、任恤、忠和,若行能尤异为乡里所推,县上之州,免试入学。州守贰若教授询审无谬,即保任入贡,具实以闻,不实者坐罪有差。

太学试上舍生,本虑与科举相并,试以间岁。今既罢科举,又诸州岁贡士,其改用岁试。每春季,太学、辟雍生悉公试,同院混取,总(五)[三]百七十四人。以四十七人为上等,即推恩释褐;一百四十人为中等,遇亲策士许入试;一百八十七人为下等,补内舍生。

凡上等上舍生暨特举孝弟行能之士,不待廷试推恩者,许即引见释褐。上舍仍先以试文卷进入,得可乃引赐。若上舍已该释褐恩,而贡入在廷试前一年者,须在学又及半年,不犯上二等罚,乃得注官。

凡贡士入辟雍外舍,三经试不与升补,两经试不入等,仍犯上三等罚者,削籍再赴本州岁升试,是名“退送”。即内舍已降舍,而又一试不与,或两犯上四等罚者,亦如外舍退送。太学外舍生已预考察者,许再经一试,以中否为留遣,余升降、退送悉如辟雍法。

凡有官人不入学而愿试贡士者,不以文、武、杂出身,悉许之,惟赃私罪废人则否。应试者,随内外附贡士公试,皆别考,率以七人取一人。即预贡者,与辟雍春试贡士通考。中选入上等者,升差遣两等,赐上舍出身;文行优者,奏闻而殊擢之。中等俟殿试,下等补内舍,不隶学,需再试。已仕在官而愿试者,悉准此制。

凡在外官同居小功以上亲,及其亲姊妹女之夫,皆得为随行亲,免试入所任邻州郡学。其有官人愿学于本州者,亦免试,升补悉如诸生法,混试同考,惟升舍不侵诸生额,自用七人取一。若中者多,即以溢额名次理为考察。若所亲移替,愿改籍他州学者听。

太学上、内舍既由辟雍升入,又已罢科举,则国子监解额无所用,尽均拨诸府、诸州解额,三分之,以为三岁贡额,并令有司均定以闻。

太学旧制,止分立优、平二等,自今欲令辟雍、太学试上舍中程者,皆参用察考,以差升补。其考察试格,悉分上、中、下三等。贡士则以本州升贡等第,太学内舍则以校定等第。每上舍试考已定,知举及学官以中试之等参验于籍,通定升绌高下,两上为上,一上一中及两中为中,一上一下及一中[一]下、两下为下。若两格名次等第适皆齐同,即以试等压考察之格,余率以是为差,仍推其法达之诸州。

凡内外私试,始改用仲月,并试三场,试论日仍添律义。

凡考察,悉准在学人数,每内舍十人取五,外舍十人取六,自上而下分为三等籍,以俟上舍考定而参用之。①

此大概就是《太学辟雍诸路州学通用令》的主要内容,或可称之为"崇宁五年学令"。日本学者近藤一成将其概括为十四条:(1)县学生升入州学外舍的试补;(2)州学上舍生公试;(3)州学生的降舍退学;(4)州学上舍生的贡入辟雍;(5)行能尤异者的特别升贡;(6)太学、辟雍生的公试;(7)上等上舍生的释褐;(8)辟雍生的退学;(9)有官人的贡士;(10)随行亲属的入学;(11)太学解额的分配;(12)太学考察试格的改定;(13)私试的改定;(14)三舍考察的比例。②

崇宁五年学令与元丰二年学令、崇宁元年《诸路州县学敕令格式》的不同之处,大概主要有两个方面、十项变化。第一,在州县学三舍法方面,有四项变化:一是以县学生试补州学外舍的"岁升"制度,代替了崇宁元年规定的"自县学考选升州学"③制度。二是新设州学公试,参加考试者为州学上舍生和县学准备升入州学外舍的"岁升员"。州学上舍生公试合格又行艺在籍,即十取其四升入辟雍外舍;"岁升员"公试合格,即补州学外舍。废除了崇宁元年规定的州学上舍生每三年贡入太学,随"上舍试"的考试。三是放宽了州学生降舍、除籍的规定。四是

---

① 又略见《群书考索》后集卷二十八《士门·学法类》引《长编》。

② 近藤一成:《蔡京的科举与学校政策》,原载《东洋史研究》第五十三卷第一号,平成六年(1994)六月,收入所著《宋代中国科举社会的研究》,汲古书院平成二十一年(2009)版。

③ 《群书考索》后集卷二十八《士门·学法类》引《长编》,《宋会要辑稿·崇儒》二之七至九《州县学》。

增加了川、广、福建路州学上舍生贡入辟雍者，官府供给路费的规定。第二，在太学三舍法方面，有六项变化：一是太学内外舍私试的变化：将原来太学每月举行的内外舍"私试"，改为每季度第二个月举行一次，连试三场，试论日加试律义。二是太学生行艺考察的变化：对太学生的行艺考察，均根据在学人数，内舍十人取五，外舍十人取六，自上而下分为三等籍记。三是太学外舍、内舍"公试"的变化：取消了元丰二年学令规定的外舍生岁一公试、内舍生间岁一公试（即"上舍试"），改为："每春季，太学、辟雍生悉公试，同院混取，总三百七十四人。以四十七人为上等，即推恩释褐；一百四十人为中等，遇亲策士许入试；一百八十七人为下等，补内舍生。"①四是太学考试格的变化："太学旧制，止分立优、平二等"，崇宁五年规定，公试与行艺考察均各分为上、中、下三等。以公试中试之等参验行艺考察在籍之格，"通定升绌高下，两上为上，一上一中及两中为中，一上一下及一中一下、两下为下。若两格名次等第适皆齐同，即以试等压考察之格"。五是增加了有官人参加贡士考试的规定："应试者，随内外舍附贡士公试，皆别考，率以七人取一人。即预贡者，与辟雍春试贡士通考。中选入上等者，升差遣两等，赐上舍出身，文行优者，奏闻而殊擢之；中等俟殿试；下等补内舍，不隶学，需再试。"即类似于锁厅试。六是对贡入辟雍的外舍生的"退送"，作了比元符二年（1099）十一月诏书更为具体的规定。

从大观元年（1107）至宣和三年（1121），这十四年间，为罢州郡解试及省试，科场取士并由学校升贡时期。在此期间，每年皆有由贡士赐上舍及第、出身，每三年有由殿试赐进士及第、出身、同出身者。据统计，这一时期由贡士赐上舍及第、出身者为336人（政和元年缺），而由殿试进士及第、出身、同出身者为6 124人（详见《北宋徽宗朝进士登科表》）。由贡士赐上舍及第、出身者虽然仍为数不多，但通过三舍法实行学校选士已成为一种比较完备的制度，"两优释褐"已同殿试及第一样荣耀了。

北宋徽宗朝进士贡士登科表

年　　代	知贡举	同知贡举	省　元	状　元	进士	贡士
元符三年(1100)	徐　铎	赵挺之、何执中、吴伯举	李　釜	李　釜	561	
崇宁二年(1103)	安　惇	刘　拯、邓洵武、范致虚	李　阶	霍端友	538	
崇宁三年(1104)	缺	缺		郑　南		16

① 以下凡不注出处者，均引自《宋史》卷一五七《选举志三》。

(续表)

年　代	知贡举	同知贡举	省　元	状　元	进士	贡士
崇宁四年(1105)	缺	缺		俞　㮚		35
崇宁五年(1106)	朱　锷	侯　蒙、白时中、薛　昂	吴　倜	蔡　薿	671	
大观元年(1107)	余　深	蔡　薿、霍端友		李邦彦		40
大观二年(1108)	余　深	蔡　薿、霍端友		王　俣		51
大观三年(1109)	薛　昂	慕容彦逢、李图南、霍端友、俞㮚、蔡居厚、刘安上	李弥逊	贾安宅	731	
大观四年(1110)	李图南	慕容彦逢、霍端友		李知新		15
政和元年(1111)	姚　祐	宇文粹中、潘　兑		缺		缺
政和二年(1112)	蔡　薿	慕容彦逢、宇文粹中、张　漴	师　骥	莫　俦	713	
政和三年(1113)	俞　㮚	宇文粹中、张　漴		陈公辅		19
政和四年(1114)	张克松	霍端友、宇文粹中		张　纲		17
政和五年(1115)	王　甫	慕容彦逢、翟汝文、冯熙载	傅崧卿	何　㮚	692	
政和六年(1116)	慕容彦逢	张　漴、宇文黄中		臧　瑀		11
政和七年(1117)	蒋　猷	王孝迪、李邦彦、贾安宅		景　徇		12
政和八年(1118)	缺	缺		王　昂	783	
宣和元年(1119)	陆德先	赵　野、李　纲		王俊乂		54
宣和二年(1120)	王孝迪	卢　襄、梅执礼		祖秀实		66
宣和三年(1121)	赵　野	黄　齐、郭三益	宋齐愈	何　涣	630	
宣和六年(1124)	宇文粹中	王时雍、沈　思、何　㮚、王绹、高伯振	杨　椿	沈　晦	805	
总　计					6 124	336

资料来源:《宋会要辑稿·选举》一之一三至一五《贡举》、《宋会要辑稿·选举》七之三一至三七《亲试》、《群书考索》后集卷二七《士门·学制类》、《皇宋十朝纲要》卷十五、《太平治迹统类》卷八、《宋史》卷一九至二二《徽宗纪》、《宋史全文续资治通鉴》卷十四等。

三、北宋施行学校选士的作用及其屡遭废罢的原因

北宋实行学校选士经历了三个阶段,先后共约五十二年。这半个世纪科举取士与学校选士的实践,有许多问题需要研究,这里只是稍稍谈一下学校选士的

作用及其屡遭废罢的原因。

(一) 北宋施行学校选士的作用

实行科举与学校相结合，对于培养和选拔人材，维护赵宋王朝的统治都是有作用的。首先，规定士须在学听读一定时日方许应举，或实行三舍法，都程度不同地把育才与取士结合起来了，这样就多少克服了科举制度创立以来就存在的"不务耕而求获"，不抓教育，只搞科举，学校几乎成为科举的附庸的弊病。一方面，刺激了士人在校听读的积极性，使士人在应举之前都能受到一定时间的学校教育。田况(1005—1063)在《儒林公议》卷上所记述的庆历前后太学的听读情况，就是一个明证。他说：

> 国朝以来，京都虽有国子监，为讲学之地，然生徒不上三十人，率蒙稚未能成学者。遇秋试诏下，则四方多士竞投牒于学，干试求荐。罢则引去，无肯留者。……
>
> 自景祐以来，天下州郡渐皆建学，规模立矣。庆历初，今贾相国昌朝判领国庠，予贰其职。时山东人石介、孙复皆好古醇儒，力相赞和，期兴庠序，然向学者少，无法例以劝之。于是史馆检讨王洙上言，乞立听书日限，宽国庠荐解之数以徕之。听读不满三百日者则屏不得与，由是听徒日众。未几，遂盈数千，虽祁寒暑雨，有不却者。诸席分讲，坐塞阶序，讲罢则书名于籍以记日，固已不胜其哗唉。……
>
> 言者竞攻学制之非，诏遂罢听讲日限，一切仍旧。学者不日而散，复如初矣。

至于实行三舍法时，生员听读的积极性就更要高涨了。

另一方面，也大大促进了学校教育事业的发展。如太学，庆历时规定生员二百人，熙宁初年发展到九百人，元丰时增至二千四百人，崇宁初达三千八百人。前后不到六十年间，共增加了十八倍。州县学也有很大发展。据《长编纪事本末》卷一二六《州县学》载："大观元年(1107)十二月壬午(十二日)，建州浦成县县丞徐秉哲迁一官，以县学生系籍者千余人，此一路最多，秉哲实专考校事。"就全国来讲，学校发展的规模就更大了。据大观二年正月一日《御制辟雍记》载：

> 如今天下被教养之惠凡一十一万余人，为屋以居之，凡〔九〕万一千余

> 楹，计其所费钱二百四十一万余贯，谷五十五万余石。庠序之盛，多士济济，视古无愧矣。①

又据葛胜仲(1072—1144)《乞以学书上御府并藏辟雍札子》载：

> 以大观三年岁终数编纂，今已成书。总天下二十四路，教养大小学生以人计之，凡一十六万七千六百二十二；学舍以楹计之，凡九万五千二百九十八；学钱以缗计之，岁所入凡三百五万八千八百七十二，所用凡二百六十七万八千七百八十七；学粮以斛计之，岁所入凡六十四万二百九十一，所用凡三十三万七千九百四十四；学田以顷计之，凡一十五万九千九百九十；房廊以楹计之，凡一十五万五千四百五十四。②

再据《宋大诏令集》卷一五七载政和六年(1116)十一月十五日《学生怀挟代笔监司互察御笔手诏》云：

> 学校以善养天下，比来法行令具。士有所养，余二十万人。弦颂之声，无远弗届，方周千里之畿远矣。

其在校学生之多，校舍之广，经费之大，都是空前的。这对于为赵宋王朝"长育人材"是会有益的。

另外，实行三舍考选、升补、推恩之法，由学校选士，既以程文审知其艺业，又由学官考察其德行，有利于避免科举仅仅以言取人的弊病。而且，对于生员德行、艺业的考察，也非凭一朝之行、一日所试，偶有所长而取，而是既月书其行艺，又每岁举行一次公试，间岁举行一次上舍试，经过数年时间，逐级选拔，升至上舍上等，才可赐第授官。这显然胜于以一次科考决定去留。这些对于赵宋王朝选拔人材也会是有益的。正如司马光(1019—1086)所说：

> 夫经术深浅，非程试所能知；行谊美恶，非朝夕所能察。今使之处于学校，经二三年，累经选择，升至高等，又占解额，妨众人进取之路，若其行谊小

---

① 《群书考索》后集卷二七《士门·学制类》引《长编》。

② 葛胜仲：《丹阳集》卷一《乞以学书上御府并藏辟雍札子》。

有过差，必不被众人所容矣。由此观之，其高等生，经术则讲说常通，文艺则屡入优等，过犯则全然轻少，行谊则为众所服，比之糊名、誊录，考其一日所试赋、诗、论、策，偶有所长而取之者，相去远矣。①

其三，三舍法的遍行天下，还大大改变了太学生员的成分。唐制，国子学、太学生员须"以五品以上子孙、职事官五品期亲若三品曾孙及勋官三品以上有封之子为之"。②宋初国子监生，也绝大多数为品官子弟。熙宁、元丰之后，全国各地的士人，都可以由县学通过考试升入州学，由州学通过考试升入太学，在太学可以通过公试和行艺考察两优释褐、上舍出身或直赴殿试、进士及第。这样，就打破了品官子弟垄断太学的局面，给一般士人接受高等教育进而入仕做官，提供了较多的机会，有利于调整地主阶级内部各阶层的关系，扩大赵宋王朝的统治基础。

（二）学校选士屡遭废罢的原因

既然学校选士对维护赵宋王朝的统治有如此重大的作用，那么为什么又屡遭废罢呢？这里有政治、经济、文化等各方面的原因。从政治上讲，仁宗庆历四年（1044）罢天下学生员听读日限和哲宗元祐时期废太学三舍法，都是同"庆历新政"和"王安石变法"的失败、反对派上台执政密切相关的。徽宗宣和三年（1121）废除取士并由学校升贡，恢复州郡解试及省试，也是与当时的政治形势有关的。崇宁三年（1104）罢州郡解试及省试，遍行三舍法于天下，取士并由学校升贡之法，是蔡京（1047—1126）主持制定和推行的。蔡京当政期间，政治黑暗，剥削沉重，阶级矛盾日益激化，政治危机日益加深。宣和二年（1120）六月，蔡京被罢相致仕；十月，就爆发了震撼北宋王朝的方腊起义，而宋江起义则还要早些。这时王黼（1079—1126）执掌大政，他为了收买人心，表面上悉反蔡京之所为，"奏罢方田，汰堂吏，毁辟雍及医、算学，减横行遥郡奉入之半，并会要、六典等局，诸路茶盐钞法不复比较，上户科配一切蠲之"。③于是，三舍法遍行天下、取士并由学校升贡之制也就被废罢了。

从经济上讲，要实行学校选士，就必须从中央到地方建立大批学校，这也就必须有大量的教育经费。县、州、太学的学官需要俸禄。学生在校，官府皆供给食宿，"初，给外舍生食，人月为钱八百五十"，至元丰三年（1080）四月辛酉（二十

---

① 《温国文正司马公文集》卷三九《议学校贡举状》。

② 《新唐书》卷四四《选举志上》。

③ 《东都事略》卷一〇六《王黼传》。

八日),"增至千一百"。内舍、上舍生将更多些。徽宗崇宁三年(1104)正月九日,中书舍人薛昂言:"窃见太学外舍生日破钱二十八文,内舍又加二文,米、面、蔬、肉、薪炭、料物之直尽在其中。"①则官府每月给外舍生一千二百四十文,内舍生一千三百四十文。州学升太学官府还要供给路费。据《群书考索》后集卷二十八《士门·学法类》引《长编》载:

崇宁五年(1106)八月乙酉(二十六日),诏:……州学上舍生每岁春试,秋下入贡,限年终至辟雍。路远者季首发遣。川、广、福建贡士给借职券,二千里以上给大将券,并以学钱充。

至于校舍的修建,也需要大量费用。上引《御制辟雍记》和葛胜仲《乞以学书上御府并藏辟雍札子》记载,大观初年天下学校所用学钱达二三百万贯,所耗学粮达五六十万石,可见办学所需之大。这对于广大农民来说,是一种沉重的负担。陆游(1125—1210)《老学庵笔记》卷二云:

崇宁间初兴学校,州郡建学,聚学粮,日不暇给。士人入辟雍,皆给券,一日不可缓,缓则谓之害学政,议罚不少贷。已而,置居养院、安济坊、漏泽园,所费尤大。朝廷课以为殿最,往往竭州郡之力,仅能枝梧。

另外,学校生员,还要享受许多优惠。据《群书考索》后集卷二十八《士门·学法类》所引《长编》载:

崇宁四年三月戊戌(一日),诏:应学生试补已入学,经试能终场,免身丁;自外舍升内舍,免本户役;升上舍,免本户役外,仍免诸般借借。其应举得免丁人,自依旧。

近二十万学生及其家属享受免役的特权,不能不带来相当大的社会问题。如《群书考索》后集卷二十七《士门·学制类》所引《长编》载:

宣和三年(1121)三月辛酉(二十六日),臣僚上言:"自三舍法行,系籍学

① 《宋会要辑稿·职官》二八之一五《国子监》。

生并免差科。以是兼并上户之家皆遣子弟入学，非人人俊彦也。往往以厚科假手，滥处庠序。其中下之户，差科倍增，老幼旁午于州县，力不能给，或至逃亡。”

系籍学生的免役特权，兼并上户之家皆遣子弟入学，逃避差科，而中下之户，差科倍增，不堪重负，造成国家赋税体系的紊乱。这也是政府不愿意看到的。

当然，问题的关键在于政府不愿在教育经费上给予更大的投入。宋朝政府用巨额的钱财去养兵、养官、大兴土木，以及作为“岁币”、“岁赐”贡奉辽、西夏，却往往不愿意节约一部分养兵、养官的开支，作为办学的经费。庆历四年(1044)罢天下学生员听读日限的理由之一，就是：

朝廷所赐庄园房钱等赡之有限，而来者无穷。若遍加廪给，则支费不充；若自营口腹，则贫窭者众。日有定数，不敢不来，非其本心，同于驱役。①

又如曾慥《高斋漫录》载：

崇宁初，蔡京用事。章公惇谓客曰：“蔡元长必行三舍，奈何？”客曰：“三舍取士，《周官》宾兴之法，相公何为不取？”章曰：“正如人家有百金之产，以其半请门客教子弟，非不是美事，但家计当如何？”闻者以为知言。

宣和二年(1120)，徽宗为了弥补财政上的入不敷出，即开始裁减官学的办学经费。《宋会要辑稿·崇儒》二之三〇《郡县学》载：

宣和二年六月二十七日，诏县学给食，及州县小学或武学、医学、八行贡士给券，并罢。见免身丁、借借依官户法者，依元丰进士法施行。

停止县学饮食供给，州县小学或武学、医学、八行贡士不再提供赴京师的路费，原来依官户法享受免身丁、借借特权者降为只享受元丰进士法的权利。这既是政府感到财政困难的表现，也是政府不愿意继续大规模置学养士、投资学校教育的表现。

① 《长编》卷一五三，庆历四年十一月戊子朔。

宣和三年二月二十日，徽宗在罢天下三舍法、取士不再由州县学升贡的诏书中，特别说："州县未行三舍以前应置学官及养士去处，国子监、太学官吏，并依元丰旧制。辟雍官属及宗学并诸路提举学事、管勾文字官并罢。"①也说明徽宗罢天下三舍法、取士不再由州县学升贡的诏书，是在政府感到财政困难和不愿意继续大规模置学养士、投资学校教育的背景下颁布的。

从文化上讲，由于政治和经济上的原因，宋朝政府不可能创办足够多的学校，使每一个士人都有入学听读的机会。即使有此入学听读的机会，相当大部分士人由于家庭人力条件等各种原因，也不可能都去常年入学听读。尤其是罢州郡解试和省试，取士并由学校升贡，堵塞了一些出身于中小地主及一些富裕农民家庭的士人的"自学—科举—入仕"之路。这就必然遭到他们的强烈反对。《文献通考》卷三十一《选举考四》载：

> 时人议其法(按指三舍法)曰："利贵不利贱，利少不利老，利富不利贫。"

就是说，三舍法遍行天下、取士并由学校升贡，对贫贱、年老的士人没有太大好处，"山林之士不能月书季考以游庠序"②，他们难以常年入学听读。这也是废除专以学校选士之法的原因之一。

宣和三年虽然废除了州县学的三舍法，但太学三舍法仍然一直在施行。南宋时期，太学三舍法还有一定的发展。总之，无论如何，宋朝学校选士的实践，是具有重要历史意义和借鉴价值的。

第二节　宋朝科举取士之多与冗官问题

一、宋朝科举取士之多

宋代科举取士人数大量增加，远远超过唐代，这似乎是人所共知的。但是，宋代通过科举登科者究竟有多少人？却迄今没有人做出比较精确的统计。

宋代的科举制中，有贡举、武举、制举、词科、童子举以及宗室应举等等。贡

---

① 又见《宋会要辑稿·选举》四之一一《贡举杂录》。

② 《群书考索》后集卷二六《士门·学制类》。

举又分进士、明经、诸科(包括九经、五经、三礼、三传、三史、开宝通礼、学究、明法等)。其登科者,除正奏名之外,还有特奏名。

贡举是宋代科举中取士最多的一个科目。宋初循唐故事,每次放榜进士不过 30 人,诸科不过 50 人。太宗即位,始大量增加取士人数,每榜取士达数百人。但"贡举之疏数,取士之多寡,惟上所命"①,未有定制。仁宗皇祐四年(1052),始规定:"进士限四百人,诸科毋得过其数。"②时约每四年一开科场,即平均每年取进士、诸科各 100 人。自嘉祐二年(1057)章衡榜起,基本如此。英宗治平三年(1066)十月六日,诏:"今后宜每三年一开科场……所有礼部奏名进士以三百人为额,明经、诸科不得过进士之数。"③从此遂为定制。南宋时,改为按得解及免解举人的分数取人之制。高宗建炎元年(1127)十二月一日,诏:"以一十四人取一名,余分不及一十四人亦取一名。"④孝宗淳熙二年(1175)正月二十八日,诏:"今来省试每一十六人取一名,零分更取一名。"⑤此后也成为定制。但由于种种原因,实际取士人数与上述规定颇有差异,而且特奏名从未有名额限制。我曾根据《宋会要辑稿》、《续资治通鉴长编》、《建炎以来系年要录》、《太平治迹统类》、《宋九朝编年备要》、《皇宋十朝纲要》、《续宋编年资治通鉴》(两种)、《两朝纲目备要》、《宋史全文续资治通鉴》、《宋状元及第图》、《文献通考》、《宋史》、《宋历科状元录》等 14 部史书,对两宋贡举 130 榜的登科人数,进行了比较详细的统计。同时,又参考《太宗实录》(残本)、《中兴小纪》、《皇宋中兴两朝圣政》、《玉海》、《山堂群书考索》、《盘洲集》、《石林燕语》、《绍兴十八年同年小录》、《宝祐四年登科录》、《咸淳七年同年小录》(摘录)、《续文献通考》等 10 余种史书、文集、笔记,对两宋贡举登科人数逐榜进行了考证(详见附录《北宋贡举登科人数考》和《南宋贡举登科人数考》)。根据统计与考证的结果,北宋贡举(包括徽宗朝上舍贡士)共开科考试 81 榜,其所取士,有具体数字记载者为:正奏名进士 19 701 人,诸科 16 352 人,合计共 36 053 人;特奏名进士、诸科合计共 16 667 人。正、特奏名总计 52 720 人。但是,以上统计数字尚有许多残缺。正奏名诸科,太祖朝缺 11 榜,考虑到当时取士人数较少,以每榜 30 人推算,当缺 330 人。另外,元符三年(1100)李釜榜亦缺,据推算,约为 70 多人。这样,北宋当共取正奏名诸科约为 17 000 多

---

① 楼钥《攻媿集》卷七三《跋金花帖子绫本小录》。
② 《长编》卷一八二,嘉祐元年四月丙辰。
③ 《宋会要辑稿・选举》三之三八《贡举杂录》。
④ 《宋会要辑稿・选举》四之一七《贡举杂录》。
⑤ 《宋会要辑稿・选举》五之三《贡举杂录》。

人。而正奏名进士、诸科合计约共为 36 000 多人。至于特奏名，所缺更多。据考证，北宋至少有 42 榜有特奏名登科者，其中没有具体人数记载者有 13.5 榜，以已有具体人数记载的 28.5 榜的每榜平均人数为 585 人推算，当缺 7 898 人。这样，北宋当共取特奏名进士、诸科合计约为 25 000 多人。综上所述，北宋贡举取士总计约为 61 000 多人。

南宋贡举开科取士共有 49 榜，其登科人数，有具体数字记载者为：正奏名进士 23 198 人（含新科明法 2 人），特奏名进士 22 442 人，共计 45 640 人。和北宋一样，以上统计数字也有残缺。其中正奏名进士，当有漏载四川类省试合格未赴殿试而赐第者。其数量，在和平时期，不至于太多；而在战争频仍时期，将会有所增加。其具体数字，因史料匮乏，难以考证及推算，只好暂付阙如。至于特奏名，据南宋贡举惯例，每榜均应有特奏名登科者，但据统计，只有 40 榜有特奏名登科人数的记载，其他 9 榜均缺。据已有统计数字的每榜平均人数为 561 人推算，当缺 5 049 人。这样，南宋约共取特奏名进士 28 000 多人。综上所述，南宋贡举取士总计约为 51 000 多人。而两宋贡举总计则当为 11 万多人，其中正奏名 6 万多人，特奏名 5 万多人。

其次，关于武举。据《宋会要辑稿》、《续资治通鉴长编》、《宋史全文续资治通鉴》以及《淳熙三山志》、《咸淳临安志》等史书统计，北宋武举共开科考试 28 榜，有具体登科人数记载者为 15 榜、465 人。据此推算，当缺 13 榜、403 人。这样，北宋武举当共取士 868 人。南宋武举共 49 榜，有具体登科人数记载者为 28 榜、942 人。据此推算，当缺 21 榜、706 人。这样，南宋武举当共取士 1 648 人。综上所述，两宋武举当共取士 2 516 人。实际取士人数有可能超过此数，有待详考。武举亦有特奏名者，因史籍记载人数甚少，难以详考，不另行计算。

再次，关于制举及词科。据聂崇岐《宋制举考略》和《宋词科考》，两宋制举登科者共有 40 人，词科及第者共 109 人。

其四，关于童子举。据《宋会要辑稿》、《续资治通鉴长编》、《建炎以来系年要录》等史书的统计和推算，从宋太宗雍熙元年至宋度宗咸淳二年（984—1266），共赐童子出身及免解者 321 人。据《宋会要辑稿·选举》一二之三九《童子科》载，宁宗嘉定十二年至十四年（1219—1221），共取童子 46 人；又据文天祥《壬戌童科小录序》，理宗景定三年（1262）取童子出身 10 人。由此看来，两宋所取童子可能超过 321 人。但因史料零散残缺，有待进一步考证。

综上所述，两宋通过科举共取士约为 12 万多人，平均每年约 375 人。若除特奏名之外，正奏名者仍有 6 万多人，平均每年约 190 多人。这些都大大超过了唐及元、明、清的取士人数。

那么，唐代科举取士共多少人呢？据《文献通考》及《登科记考》统计，有唐290年间，共开科取士268榜，有具体数字记载者为：秀才29人，进士6 646人，明经诸科（包括明经、三礼、三传、三史、明法、童子科等）1 596人，制举652人，共8 923人。以上统计数字中，进士及第者平均每榜为25人，每年为23人，较为接近实际登科人数。如李嗣复《权文公集序》云："贞元中……及为礼部传郎，擢进士第七十有二。"[①]萧籍《祭权少监文》亦云："公昔在贞元，实司文衡，第甲者七十有二人。"[②]《文献通考》及《登科记考》载，权德舆于贞元十八年、十九年及永贞元年三知贡举，分别取进士23人、20人、29人，一共72人。四者正相符合。又如《旧唐书·贾悚传》云："太和……四年九月，权知礼部贡举。五年，榜出后，正拜礼部侍郎。凡典礼闱三岁，所选士七十五人，得共名人多至公卿者。"《文献通考》及《登科记考》载，大和五年、六年、七年，贾悚三知贡举，每年各取进士25人，共75人。三者亦相符合。可知《文献通考·唐登科记总目》所载进士登科人数是可信的。

但是，统计所得明经诸科人数，则恐大大低于实际登科人数。据《全唐文》卷二九八载，开元十七年（729）三月，国子祭酒杨玚在《谏限约明经进士疏》中说："自数年以来，省司定限，天下明经、进士及第，每年不过百人。"时进士及第者，每年为二三十人，明经当为七八十人。又据《册府元龟》卷六四〇《贡举部·条制二》载：贞元十八年（802）五月，敕云："明经、进士，自今以后，每年考试所收人，明经不得过一百人，进士不得过二十人。如无其人，不必要满此数。"当时连知贡举的权德舆也说："吾三年第经明者三百余士，而知类通达者往往有焉。"[③]另据《册府元龟》卷六四一《贡举部·条制三》载："[大和]九年（835）十二月，中书门下奏：'……进士元格不得过二十五人，今请加至四十人；明经元格不得过一百一十人，今请减十人。……'可之。"由以上看来，唐代每榜明经诸科取士当在100人左右。而据《文献通考》及《登科记考》统计，每榜平均仅为6人。二者相差如此之大，除了每榜所取明经诸科不一定满限定人数之外，主要是因为明经诸科在唐代不被人重视，而为《登科记》所漏载。唐代实际所取明经诸科的人数，据《通典》卷十五《选举三》载："其进士大抵千人得第者百一二；明经倍之，得第者十一二。"《旧唐书·懿宗纪》载：咸通十一年（870）四月戊子敕："去年，属以用军之际，权停

① 权德舆：《权载之文集》卷首。

② 《全唐文》卷六九五，萧籍《祭权少监文》。

③ 权德舆：《权载之文集》卷三七《送三从弟况赴义兴尉序》。

贡举一年,今既去戈,却宜仍旧。来年宜别许三十人及第,进士十人,明经二十人,已后不得援例。”据此,唐代明经诸科取士约为进士的一倍。照此推算,唐代当共取明经诸科 13 292 人。这样,唐代贡举、制举、童子举等共取士当为 20 619 人,平均每年 71 人。另外,唐代登科之后,还需经过吏部铨试,方能授官。这是与宋代所不同的。

至于五代,仅据有中原,其疆域、人口不能与唐宋相比,姑且不论。元代虽统一了中国,但不重视科举。据《续文献通考》卷三十四统计,从元世祖忽必烈 1271 年定国号为元算起,98 年间,共开科取士 16 榜,计 1 135 人。平均每年不到 12 人。

到了明代,科举取士得到恢复。据《续文献通考》卷三十五统计,明朝 277 年间,共开科取士 88 榜,计 24 612 人。平均每年 89 人。

清代从顺治元年进入北京起至光绪三十一年宣布废除科举制度止(1644—1905),262 年间,据《清朝文献通考》卷五十二及《清朝续文献通考》卷八十七统计,共开科取士 112 榜,计取进士 26 832 人。另开博学鸿词科两榜,计取 49 人。二者共计 26 881 人。平均每年取士 103 人。

根据以上统计与考证可以看出,宋代平均每年取士人数约为唐代的 5 倍,约为元代的 31 倍,约为明代的 4 倍,约为清代的 3.6 倍。所以,我们可以说:“宋代科举取士之多,是空前绝后的。”

二、宋代科举取士之多的原因

恩格斯指出:“一切重要历史事件的终极原因和伟大动力,是社会的经济发展、生产方式和交换方式的改变,由此产生的社会之划分为不同的阶级,以及这些阶级彼此之间的斗争。”①分析宋代科举取士之多的原因,也应该按照这一历史唯物主义的观点,花大力气加以研究和说明。唐宋之际,由于社会经济的发展,中国的古代社会制度经历了一场颇为深刻的变化。其表现遍及土地制度、赋役制度、阶级关系及政治制度等许多方面。这些变化大致从唐朝中期开始,至宋初得到确立;入宋之后,又获得了长足的发展,宋代成为中国古代社会完全成熟和高度发达的阶段。宋代科举取士空前之多,正是与宋代社会的高度发达密切相联系的。具体说来,大概有以下几个方面。

---

① 恩格斯:《〈社会主义从空想到科学的发展〉英文版导言》,《马克思恩格斯选集》第三卷第 389 页。

(一) 宋代科举取士之多,是与社会阶层的变化相适应的

在宋代,社会经济比唐代又有了高度发展。邓广铭(1907—1998)师认为:"宋代是我国封建社会发展的最高阶段。两宋期内物质文明和精神文明所达到的高度,在中国整个封建社会历史时期之内,可以说是空前绝后的。"①是否"绝后",姑且不论,但其"空前",确是毫无疑义。随着生产力的迅速提高,生产关系以及社会阶层也必然发生相应的变化。其表现之一就是魏晋以来的士族地主最后绝迹,庶族地主完全取得了统治地位。郑樵(1104—1162)在《通志·氏族略序》中说:"自隋唐而上,官有簿状,家有谱系。官之选举,必由于簿状;家之婚姻,必由于谱系。……此近古之制,以绳天下,使贵有常尊,贱有等威者也。所以人尚谱系之学,家藏谱系之书。自五季以来,取士不问家世,婚姻不问阀阅,故其书散佚,而其学不传。"魏晋南北朝世家大族盛行谱牒。至唐太宗时,命高士廉等撰《氏族志》,成为以当时官爵高低定等级,合皇族、功臣、旧士族为一体的官修谱牒之书;武则天时改修为《姓氏录》,"皇朝得五品官者,皆升士流";②唐玄宗时,又重加修撰为《姓系录》,以后未见续修。而到宋代,则变为流传至今的《百家姓》了。谱系之书的散佚、谱系之学的绝传,从一个侧面反映了士族地主的衰亡。重视门第的九品中正制,是维护士族地主利益的选官制度;而不问家世的科举制,则为庶族地主进入仕途开辟了道路。科举制正是在庶族地主的兴盛、士族地主的衰败过程中产生和发展起来的。

另外,由于社会经济的发展,涌现出大批中小地主与工商业主,使地主与工商业主的数量也大为增加。这些中小地主与工商业主大致是宋代五等户中的第二等及第三等户中的一部分,拥有一顷至三顷土地或相应的产业,具有一定的经济力量。他们强烈要求取得相应的政治地位,成为官僚地主,享有"官户"在领取俸禄、荫补子孙、减免刑罚等方面的特权,以保护和扩大现有的经济利益。于是,他们纷纷参加科举考试,试图"以一日之长决取终生富贵"③。正如苏辙(1039—1112)所说:"凡今农工商贾之家,未有不舍其旧而为士者也。"④广大中小地主与工商业主这种强烈要求,必然促使宋朝政府大量增加取士名额。据《长编》卷二十九及《宋会要辑稿·选举》七之四《亲试》载:太宗端拱元年(988),放进士程宿以下 28 人,诸科 101 人。"榜既出,而谤议蜂起,或击登闻鼓求别试。"因此,太宗

① 邓广铭:《谈谈有关宋史研究的几个问题》,《社会科学战线》1986 年第 2 期;收入《邓广铭全集》第七卷。

② 《旧唐书》卷八二《李义府传》。

③ 吕祖谦:《历代制度详说》卷八《科目》。

④ 《历代名臣奏议》卷二六七,苏辙《请去三冗疏》;《栾城集》卷二一《上皇帝书》。

两次召下第人覆试，共取士 842 人，竟为第一次取士的 6.5 倍！又如《长编》卷五十一载：真宗咸平五年(1002)三月己未(二十三日)，"上亲试礼部举人，得进士益都王曾以下三十八人，九经诸科百八十一人，并赐及第。……先是，贡举人集阙下者万四千五百六十二人，命吏部侍郎陈恕知贡举，恕所取士甚少。……江南，恕乡里，所斥尤多。人用怨讟，竟为谣咏讥刺；或刻木像其首，涂血掷于庭；又缚苇为人，题恕姓名，列置衢路，过辄鞭之。"于是，下次开科，即景德二年(1005)李迪榜，取士人数即大为增加，除河北举人及特奏名之外，仍取 817 人，约为咸平五年王曾榜的 4 倍！此外，也有由于赴试举人增加而预先下诏增添名额的。据《宋会要辑稿·选举》四之一四《贡举杂录》载："[宣和]六年正月二十八日，诏：天下士褒然来试礼部者逾万五千人，承平文物之盛，前未之有。深念省试有定额，不足以网罗俊彦，可特添省额百人。"北宋如此，南宋亦然。绍兴和议之后，各州军举人迅速增加，如孝宗淳熙元年(1174)，福州应试举人即达两万。因此，宋朝政府不得不多次增加各州军解试录取人数，并增加省额。由以上种种可以看出，宋代科举取士之多，是与社会阶层的变化相适应的。

(二) 宋朝科举取士之多，也是赵宋王朝统治者的需要

首先，赵宋王朝需要通过增加科举取士人数，广泛吸收士人参加政权，扩大赵宋王朝的统治基础；选拔大量忠诚而又有才干的官员，以分掌兵、刑、钱、谷等事，维护和巩固赵宋王朝的统治。

宋朝建立之后，尤其是在统一十国之后，为了使藩镇跋扈的局面不再重演，为了使自己不至于成为五代之后的第六个短命王朝，迫切需要建立一支庞大的官僚队伍。当时王朝初建，疆域骤扩，官员甚缺。据《长编》卷十二载，开宝四年(971)二月，"诸道幕职、州县官阙八百余员。"直到真宗咸平年间，仍下诏曰："如闻州县阙多员少，可选朝官，各举所知，以补员阙。"①鉴于唐末五代以来武人专横跋扈、割据以至篡位的教训，显然不能从军队中选拔官员来解决这一问题。宋太祖曾说："宰相须用读书人。"②又曾对宰相赵普(922—992)说："五代方镇残虐，民受其祸，朕今选儒臣干事者百余，分治大藩，纵皆贪浊，亦未及武臣一人也。"③宋太宗继位后，也曾与宰相薛居正(912—981)谈论"治道长

---

① 林駉：《古今源流至论》后集卷五《省官》。

② 《长编》卷七，乾德四年五月乙亥。

③ 《长编》卷一三，开宝五年岁末。

久之术”，因曰：“莫若参用文武之士。吾欲于科场中广求俊彦，但十得一二，亦可以致治。”①于是，“兴文教、抑武事”②，重用文臣，以文臣抑制武将，便成为赵宋王朝的国策。宋太祖、太宗创制之后，宋朝历代皇帝均守之以为“祖宗家法”。要选拔大批文臣，就必须扩大科举取士的名额。《长编》卷十八太宗太平兴国二年(977)正月戊辰(七日)载：“上(按指宋太宗)初即位，以疆宇至远，吏员益众，思广振淹滞，以资其阙，顾谓侍臣曰：‘朕欲博求俊乂于科场中，非敢望拔十得五，止得一二，亦可为致治之具矣。’”是榜取进士109人，诸科207人，特奏名184人，共500人。淳化三年(992)，宋太宗又对宰相说：“天下至广，藉群材共治之。今岁登第者又千余人，皆朕所选择。此等但能自检清美，得替而归，则驯至亨衢，未易测也。”③从太平兴国二年至淳化三年(977—992)，十六年间，共八开科场，取进士、诸科6 097人。其取人之多，用人之骤，前所未有。李淑认为：“自克复伪国，吏员益众，始有廷试广收人之制。”④太宗末年，柳开(947—1000)指出：“至于今上，凡八试天下士，获仅五千人，上自中书门下为宰相，下至县邑为簿尉，其间台省郡府公卿大夫，悉见奇能异行，各竞为文武中俊臣，皆上之所取贡举人也。”⑤可见，宋代科举取士之多，乃是行之有效的选拔大批文臣、加强赵宋王朝统治需要的结果。

其次，增加科举取士人数，也是赵宋王朝与辽、西夏、金及元斗争的需要。

两宋先后与辽及西夏或与金(后为蒙元)及西夏对峙。中国境内的这些割据政权之间，虽长期友好相处，但也曾发生过相当长时期的争战。赵宋王朝为了对付外部威胁，巩固自己的统治，对于沿边诸路的士人，总是百般笼络。如真宗景德二年(1005)，即辽宋订立“澶渊之盟”的第二年，在按照常例录取正、特奏名进士、诸科1 003人之外，又下诏：“礼部贡院别试河北贡举人。”并特别规定：“其曾援城者，进士虽不合格，特许奏名：诸科例进二场至三场者，许终场；五举及经御试并年五十者，并以名闻。虽不更城守，应七举、年六十及瀛州有劳效者，亦如之。”⑥结果，经过殿试，取正奏名进士146人、诸科698人，特奏名进士205人、诸科及瀛州防城举人997人，共2 046人。⑦此榜总共取士达3 049人之多，这在中

① 叶梦得：《石林燕语》卷五。

② 《长编》卷一八，太平兴国二年正月庚午。

③ 《长编》卷三三，淳化三年三月辛丑。

④ 王称：《东都事略》卷五七《李淑传》。

⑤ 柳开：《河东集》卷八《与许景宗书》。

⑥ 《长编》卷六十，景德二年五月庚申。

⑦ 《宋会要辑稿·选举》七之九《亲试》。

国科举史上是绝无仅有的。而其中河北一路的登科人数竟为全国其他诸路的两倍多！宋人解释说："帝以河朔用兵之际，士民惊扰，或乘城捍寇，率多劳苦，故广示甄采，无所遗弃。复躬自览阅，所问经义中有两说者，贡士或俱引为对，考官将加摈落，帝特为发明焉。"①可见，宋代科举取士之多是与宋辽对峙密切有关的。这在战争时期是如此，在和平时期也是如此。如河北、河东、陕西沿边州军的解额，比他路要宽：东南州军是"百人取一人"，而西北州军是"十人取一人"。②又如嘉祐八年(1063)以后，每次特奏名科诏中，总是明确规定："河北、河东、陕西举人仍递减一举，令礼部贡院特以名闻。"③其所以如此，原因也是"西北近虏，士要牢笼"。④

仁宗宝元元年(1038)，西夏元昊正式称帝，建国号为"大夏"，与宋朝分庭抗礼，并多次发动攻宋的战争。一些举人因屡次落第而投奔西夏，寻找出路，其中最著名的是张元、吴昊。据说，"张、吴既至，夏人倚为谋主，以抗朝廷(按指宋朝)，连兵十余年，西方至为疲弊，职此二人为之。"⑤于是，臣僚纷纷上书论列。宝元二年，富弼(1004—1083)上疏曰："元昊早蓄奸险，务收豪杰。故我举子不第，贫贱无归，如此数人，自投于彼。元昊或授以将帅，或任之公卿，推诚不疑，倚为谋主。彼数子者，既不得志于我，遂奔异域。"⑥仁宗庆历元年(1041)，有人上封事言："近有停闲、丁忧、不及第人多游边。……不及第者不言文理讹谬，无由进取，凡得聚集，例生怨谤。况国家未宁，宜杜绝此辈。"⑦为此，赵宋王朝对陕西举人特加优待：如庆历四年，南郊赦书云："其陕西诸州军人解额少处，令贡院别定分数闻奏。"⑧又如庆历五年，陕西德音又云："应陕西举人，进士一举、诸科两举，并特与免今年文解。"⑨结果，庆历六年共取士 2 831 人，成为宋代历榜科举取士人数的第二个高峰。其目的亦在于："好著金笼收拾取，莫教飞去别人家。"⑩

南宋与金对峙，在特奏名科诏中，仍然保留有"内河北、河东、陕西举人特与各减一举"的规定。⑪对于四川举人，则另外举行类省试，且取士甚多。据《宋会要

① 《宋会要辑稿·选举》七之九《亲试》。
②④ 《欧阳修全集》卷一一三《论逐路取人札子》。
③ 《宋会要辑稿·选举》三之三七《贡举杂录》。
⑤⑧ 洪迈：《容斋三笔》卷一一《记张元事》。
⑥ 《长编》卷一二四，宝元二年九月。
⑦ 《长编》卷一三四，庆历元年十月壬寅。
⑨⑩ 《宋会要辑稿·选举》一五之一三《发解》。
⑪ 《宋会要辑稿·选举》四之二〇《贡举杂录》；一三之二《特奏名》。

辑稿》、《建炎以来系年要录》、《皇宋十朝纲要》及《文献通考》，在高宗朝 11 榜科举，共取正奏名进士 4 537 人，其中礼部省试奏名为 3 159 人，占 70%；四川类省试奏名为 1 378 人，占 30%。四川奏名进士竟然几乎占整个南宋全国取士人数的三分之一！这与川陕乃南宋抗金的一个重要战场显然有关。

再次，增加科举取士人数，也是赵宋王朝对内收买人心、防止士人造反的需要。

如前所述，既然宋朝统治者“欲博求俊乂于科场中”，以为“致治之具”，科举已成为广大士人入仕做官的主要途径，那么，科场上的胜败得失，必然紧紧牵动数以十万计举人之心。洪迈(1123—1202)《容斋四笔》卷八《得意失意诗》条载：

> 旧传有诗四句夸世人得意者云：“久旱逢甘雨，他乡见故知。洞房花烛夜，金榜挂名时。”好事者续以失意四句曰：“寡妇携儿泣，将军被敌擒。失恩宫女面，下第举人心。”此二诗，可喜可悲之状极矣。

可见，登科、下第已成为宋人的“四喜”、“四悲”之一。如果取士太少，使广大举人累试不第，以至完全绝望，必然会铤而走险，除投奔另外的政权之外，就是起而造反。宋朝统治者深知此理，因而创立了特奏名制度，大量增加取士名额，使广大举人虽潦倒场屋，但仍存一线希望，不致积愤造反。正如南宋人王栐所说：

> 唐末，进士不第，如王仙芝辈唱乱，而敬翔、李振之徒，皆进士之不得志者也。盖四海九州之广，而岁上第者仅一二十人，苟非才学超出伦辈，必自绝意于功名之涂，无复顾藉。故圣朝广开科举之门，俾人人皆有觊觎之心，不忍自弃于盗贼奸宄。开宝三年三月壬寅朔，诏礼部阅贡士十五举以上曾经终场者，具名以闻。……此特奏所由始也。自是士之潦倒不第者，皆觊觎一官，老死不止。……进士入官十倍旧数，多至二十倍。而特奏之多，自亦如之。英雄豪杰皆汩没消磨其中而不自觉，故乱不起于中国，而起夷狄，岂非得御天下之要术欤！①

① 王栐：《燕翼诒谋录》卷一《进士特奏》。

据统计和推算，两宋贡举共取士 111 448 人，其中特奏名者即达 51 758 人，占 46.4%。足见这也是宋代科举取士之多的原因之一。

另外，宋朝历代皇帝，每当登极或郊祀之时，亦或直接增加取士名额。如宋太宗继位后第一榜取士人数达 500 人，较宋太祖最后一榜的 65 人增加了 6.7 倍。其主要原因固然是为了选拔大批文臣，以为"致治之具"，但也与宋太祖、太宗授受这一"千古之谜"不无关系。又如宋孝宗登极，即"诏礼部贡院，以前举取过人数共添解一百人。"[①]这样一来，许多举人必然对当今皇帝感恩戴德，衷心拥护，从而进一步巩固赵宋王朝的统治。

（三）宋朝科举取士之多，其基础则是经济、文化的发展

宋代社会经济和科学技术高度发达，造纸业及与其密切相关的雕板印刷业也大为发展。雕板印刷虽始于唐朝，但终唐之世，所印书籍只有历书、医书、字书、佛经等，而未有儒家经书。举人读书，只能靠手抄本，这是一般士人家庭不容易办到的。五代后唐长兴三年(932)，开始"依石经文字刻九经印板"，直到后周广顺三年(953)才最后完成。[②]到了宋代，经书的刻印才得到迅速发展。宋朝不但国子监及各地官府刻印书籍，而且各地民营书坊以至个人也大量刻印书籍。北宋时，东京开封、杭州、四川、福建已经成为四大雕板印书中心。南宋时，除临安(杭州)、四川、福建外，平江府，婺州、饶州等也成为重要的雕板印书基地。所刻印书籍，不但有九经及其义疏，还有《史记》、《汉书》等史书、诸子书、诗文集、韵书以及科场编类之书。刻印书籍的数量也极大。《宋会要辑稿·职官》二八之一《国子监》载：

> 景德二年(1005)五月，真宗幸国子监，召从臣、学官赐座，历览书库，观群书漆板及医者模刻，问祭酒邢昺[书板几何，昺]曰："国初印板止及四千，今仅至十万，经史义疏悉备。曩时儒生中能具书疏者百无一二，纵得本而力不能缮写。今士庶家藏典籍者多矣，乃儒者逢时之幸也。"

从宋初到景德二年，仅 45 年，国子监的书板就激增了 25 倍！各地民营书坊刻印的书籍更多。两宋之际的叶梦得(1007—1148)曾说：

---

① 《宋会要辑稿·选举》四之三五《贡举杂录》。

② 王溥：《五代会要》卷八《经籍》。

今天下印书，以杭州为上，蜀本次之，福建最下。京师比岁印板殆不减杭州，但纸不佳。蜀与福建多以柔木刻之，取其易成而速售，故不能工。福建本几遍天下，正以其易成故也。①

南宋人朱熹(1130—1200)也说过："建阳板本书籍，行四方者，无远不至。"②由于雕板印刷业的发达，使广大的普通士人不但有经史子集可读，而且还有大量科场编类之书，以备应付科举考试之用。北宋时就有大量时文印售，南宋时更盛。

正如岳珂(1183—1234)所说：

自国家取士场屋，世以决科之学为先，故凡编类条目、撮载纲要之书，稍可以便检阅者，今充栋汗牛矣！建阳书肆方日辑月刊，时异而岁不同，以冀速售。而四方转致传习，率携以入棘闱，务以眩有司，谓之怀挟，视为故常。……今此等书遍天下，百倍经史著录，盖有不胜其禁且毁者。③

官刻、民印经史义疏及科场编类之书的品种、数量之多，在前代是不可想象的。

另外，由于社会经济的发展，北宋中期以后，官办的太学及州县学逐渐兴盛起来。宋朝政府对州学不但赐予五至十顷的学田，还赐予九经等书籍，并且派遣教授主学任教。据葛胜仲(1072—1144)《丹阳集》卷一《乞以学书上御府并藏辟雍札子》云：

以大观三年(1109)岁终数编纂，今已成书。总天下二十四路，教养大小学生以人计之，凡一十六万七千六百二十二；学舍以楹计之，凡九万五千二百九十八；学钱以缗计之，岁所入凡三百五万八千八百七十二，所用凡二百六十七万八千七百八十七；学粮以斛计之，岁所入凡六十四万二百九十一，所用凡三十三万七千九百四十四；学田以顷计之，凡一十万五千九百九十；房廊以楹计之，凡一十五万五千四百五十四。

① 叶梦得：《石林燕语》卷八。
② 《朱文公文集》卷七八《建宁府建阳县学藏书记》。
③ 岳珂：《愧郯录》卷九《场屋编类之书》。

其在校学生之多，校舍之广，经费之大，都是空前的。另外，还有不少书院及大量的私塾。学校、书院及私塾的发展，为广大的普通士人提供了学习场所。这也是前代不可企及的。

造纸业、雕板印刷业以及文化教育事业的发展，使宋代应举人数大量增加。太宗淳化三年(992)，集于阙下参加礼部考试的举人即达一万七千三百人，其参加诸州考试的举人之多，可想而知。此后，诸路举人更是成倍增加，据估计，全国举人盖常有数十万人。

以上种种，既使广大普通士人通过科举进入仕途的强烈要求得以实现，又使赵宋王朝通过科举大量吸收大量士人参加政权的需要成为可能。

总之，宋代科举取士所以空前之多，原因是错综复杂的：既有政治的、经济的，又有文化的；既有内部的，又有外部的；既有宋朝政府方面的，又有各地举人方面的。以上仅根据科举取士的具体情况，对一些主要原因作了初步分析。至于宋代取士人数何以超过明清，除明清时因通过乡试的举人已具有一定的入仕资格，不再设立特奏名之外，当还有其他原因。这些都有待于进一步深入研究。

三、宋朝科举取士之多与冗官的关系

曾有不少人认为，宋代科举取士之多，是造成冗官的主要原因。①我以为，这种意见是值得商榷的。

宋代官员的冗滥，主要表现在以下三个方面。一是官僚机构重叠、臃肿，编制庞大。或一事而设两个甚至几个机构，如三省六部与九寺五监之间，在职能上互相交叉。或无事而设官，即“治无事也，而创为空虚之名以为之位，而赋之禄”②，如祠禄之官，名曰提举、提点、主管某宫观，但并无职掌，干拿俸禄；又如诸卫上将军、大将军等环卫官，亦“皆空官无实”。③

二是员多阙少，“天下有定官无限员”④，严重超编。宋初官员较少，真宗景德

① 如近人方豪即认为：“宋代之所以独多冗官：一为贡举无定额，生员日增，仕途实为若辈惟一出路；二为恩荫太滥；三为祠禄太盛。”见所著《宋史》第三章《宋代之官制》。

② 杨万里：《诚斋集》卷八九《冗官》。

③ 《宋史》卷一七〇《职官志十》。

④ 宋祁：《景文集》卷二六《上三冗三费疏》。

年间(1004—1007)，为一万余员[①]；仁宗宝元年间(1038—1039)，即增加到一万五千四百多员[②]。哲宗元祐三年(1088)，则增加到三万四千多员[③]，“吏部一官阙，率常五七人守之”[④]。到徽宗政和三年(1113)，更增至四万三千多员[⑤]。而宣和元年(1119)，则猛增到五万一千多员[⑥]。宋室南迁之后，大批官员随之南下，官员人数所减不多，而疆域却减少了五分之二，就更加阙少员多。正如高宗绍兴九年(1139)周必大(1126—1204)所说：“至于元祐，则以阙计员，什蓰相倍，流弊及今，抑又甚焉。鱼贯于都门，麇至于铨曹，守选之人殆过三千，率数十人而竞一阙，五六岁而俟一官。”[⑦]

三是官员素质低下，骄横、贪婪、无能，于赵宋王朝及广大劳动人民，都有害无益。仁宗庆历三年(1043)，欧阳修(1007—1072)在《再论置兵御贼札子》中曾说：

> 其州县官吏误事，臣请试言京西一两处，则其他可知。郢州知州王昌运老病，腰脚行动不得，每日令二人扶出坐衙。三年之内，州政大坏。临替，得一比部员外郎刘依交代。其刘依亦是七十余岁，昏昧不堪，昨在滑州寄居，臣为通判，三四度来看臣，每度问臣云：“中书有一个王参政，名甚?”如此不知人事。陛下试思，如此等人，能为国家置兵御贼乎?[⑧]

由此可见，这些官员昏庸到何等程度。

那么，造成宋代官员如此冗滥的主要原因究竟何在呢？宋代的入仕途径甚多，除科举取士之外，主要还有门荫补官、胥吏出职、进纳买官等。门荫补官，又称恩荫、荫补、任子等，是中高级臣僚及后妃、公主等奏请亲属补官的制度，实际上是世袭制的变种或残余。宋代门荫颇为盛行，具体又可分为圣节荫补、郊祀荫补、致仕荫补、遗表荫补、死事荫补、特恩荫补以及宗室授官等。胥吏出职亦称

---

① 《曾巩集》卷三十《议经费札子》。

② 王应麟:《玉海》卷一一七。

③ 《长编》卷四一七，元祐三年十一月乙丑。

④ 《苏轼文集》卷二九《转对条上三事状》。

⑤ 《长编纪事本末》卷一二五《官制》。

⑥ 据《宋会要辑稿·选举》二三之七《尚书左选》、韩淲《涧泉日记》卷上及《容斋续笔》卷四《宣和冗官》计算。

⑦ 周必大:《周益国文忠公集》卷一一《策》。

⑧ 《欧阳修全集》卷一百《再论置兵御贼札子》。

“流外出官”、“年劳补官”。如《朝野类要》卷三《年劳》条所云：“内外百吏职及诸州、监司吏人，皆有年劳补官法，俗谓出职是也，免铨试径注差遣。”进纳买官则是富室因赈济、备边、筑城、修河等进纳米粟或金钱而补授官职的制度。只要稍为比较一下上述四种入仕途径，就不难发现，造成宋代官冗的最主要原因，并不在于科举取士数量之大。

前面所说宋代冗官的三种表现，也可以归纳为员多阙少、素质低下两个方面。因为机构臃肿的一个重要原因，就是由于员多阙少，宋朝政府为安置闲员才增设机构、无事设官的。如徽宗政和三年(1113)，由于吏部员冗，无阙除授，遂“因参定州县曹掾，量增员额五百余处”①。下边，首先分析上述四种入仕途径对员多阙少的影响。

据统计和推算，宋代贡举、武举、制举等科举取士共约12万多人，平均每年约为375人，可谓多矣。而通过门荫、出职、进纳入仕的人数则更多。如门荫补官，虽然难以统计出精确的人数，但数量颇大是无疑的。仁宗庆历元年(1041)，右正言孙沔(996—1066)上疏云：“今臣僚之家及皇帝、母后外族，皆得奏荐，略无定数，多至一二十人，少不下五七人。”②庆历三年，范仲淹(989—1052)也说：“假有任学士以上官经二十年者，则一家兄弟子孙出京官二十人，仍接次升朝，此滥进之极也。”③皇祐二年(1050)，何郯上奏曰：“总计员数，上自公卿，下至庶官子弟，以荫得官及他横恩，每三年为率，不减千余人。”④宋徽宗时，臣僚言：“政和六年(1116)，郊恩奏补约一千四百六十有畸。”⑤南宋门荫更滥。高宗绍兴七年(1137)十月辛丑(十二日)，“中书舍人赵思诚入对，论任子之弊，以为每遇亲祠之岁，补官者约四千人，是十年之后增万二千员，科举取士不与焉”。⑥孝宗隆兴元年(1163)，臣僚亦言：“三岁一郊，以父兄任官者，乃至数千人。”⑦以上所说仅是郊祀荫补，若加上圣节、致仕、遗表荫补及宗室授官者，其数量必将更大。由此可以推断，宋代平均每年门荫补官者恐不下500人。

另外，胥吏出职者，每年也为数不少。方勺《泊宅编》卷十载：“元丰初，在京吏人，自中密下至诸司共二百九十一处，共五千一百四十人。”哲宗元祐三年

① 《长编纪事本末》卷一二五《官制》。
② 《长编》卷一三二，庆历元年五月甲子。
③ 《范文正公集・政府奏议》卷上《答手诏条陈十事》。
④ 《长编》卷一六九，皇祐二年八月己未。
⑤ 《宋史》卷一五八《选举志四》。
⑥ 《系年要录》卷一一五，绍兴七年十月辛丑。
⑦ 《宋会要辑稿・选举》二六之一《铨试》。

(1088),御史中丞李常(1027—1090)言:“今台省寺监人吏无虑二千四百余人,百司库务又二千三四百人。”①由此可见,仅中央政府的吏人即达五千多人。至于诸路监司、州县的吏人,则更多。据载,仅开封府吏额就有六、七百人。②据《淳熙三山志》卷十三载,福州胥吏有 300 多人,诸县胥吏(包括人吏、贴司)有 50 多人。据此推算,宋朝吏人当有十几万人。按照《流外补官法》,台省寺监及开封府吏人,补正名或授勒留官之后,少则三五年,多则三十年可以出职,③而州县吏人出职所需年限大概更长些。若以平均三十年出职推算,则每年出职者当有一二百人。

至于进纳买官人数,也颇为可观。如神宗熙宁七年(1074),为赈济泾原环庆路、永兴军路及秦凤路,就赐试监主簿、斋郎、州助教敕牒 350 道。徽宗大观四年(1110),臣僚言:“近年以来出颁假将仕郎等告牒,比之往岁,不啻数十倍。……一假将仕郎其直止一千余缗,非特富商巨贾皆有入仕之门,但人有数百千轻货以转易三路,则千缗之入为有余。人人可以滥纡命服,以齿仕路,遂致此流遍满天下,一州县无处无之。已仕者约以千计,见在吏部以待注拟者不下三百人。”④

据此可知,仅仅门荫补官的人数即超过了科举取士,如果加上胥吏出职、进纳买官者,则超过科举取士更多。从总的情况看是如此,从某一年度官员的来源情况看也是如此。《朝野杂记》乙集卷十四《嘉定四选总数》条载:

> 嘉定癸酉(六年,1213)春,仲贯甫兼考功郎,四选缺员,每迭摄之。是岁四选名籍,共三万八千八百六十四员。⑤尚左六、七、八、九品名籍,案京朝官以上二千三百九十二员(有出身九百七十五员,致仕补官五百二十九员,遗表补官九十二员,大礼奏荐补官六百二十三员,奉表补官五十二员,推恩补官五十员,门客补官一十一员,特奏文学补官二十一员,摄官补官二员,袭封补官二员,宗室过礼补官二十四员,纳粟补官三员,三省补官八员);尚右三千八百六十六员(奏补一千六百八十员,武举七十七员,宗室四百二十五员,军班并拣汰军功人一千二百八十五员,归明、归正五十九员,杂流非泛吏职三百四十员);侍左一万七千六员(有出身四千三百二十五员,奏荐六千

① 《长编》卷四一九,元祐三年闰十二月庚戌。

② 刘攽:《彭城集》卷三四《贾公行状》云:“府吏旧七百员”;《宋史》卷一六六《职官志六》云:“开封府……分案六,置吏六百。”

③ 《宋史》卷一六九《职官志九》。

④ 《宋会要辑稿·职官》五五之三九《进纳补官》。

⑤ 以下四选相加数字为三万八千八百七十员,此处少计算六员。

三百六十六员，童子科六十八员，摄官二十八员，宗子该恩五百六十员，恩科五千六十五员，进纳四百二十九员，流外一百六十五员）；侍右参部使臣一万五千六百六员（奏补七千七百一十八员，宗室二千九百一十四员，军班七百五十九员，军功八百四十七员，宗女夫三百八员，阵亡女夫六十九员，阵亡恩泽二百五十三员，武举四百一十五员，后妃亲属一百八十五员，主管进奉二百五十五员，获贼五十四员，吏职一千三百二十一员，进纳五百单八员），而使臣之从军与未参选者不与。官冗可知矣。

四选共 38 870 员[①]，其中科举取士 10 925 员，门荫补官 22 116 员，胥吏出职 1 834 员，进纳买官 940 员，军功补官 2 891 员，其他 164 员。科举取士仅占总人数的 28%，而门荫补官占 57%，为科举取士的两倍。可见，造成多阙少的主要责任，不在于科举取士，而在于门荫补官、胥吏出职等。

其次，再来分析四种入仕途径对官员素质的影响。高官显宦的子弟，凭借其父、祖的官职，“不限才愚，尽居禄位，未离襁褓，已列簪绅”。他们养尊处优，不学无术，只要到一定年龄，不经考试或只经过简单的铨试，即可注官。因而，“俾之从政，徒只害民”。[②]正如苏洵（1009—1066）在《上皇帝十事书》中所说：

今之用人，最无谓者，其所谓任子乎？因其父兄之资以得大官，而又任其子弟，子将复任其孙，孙又任其子，是不学而得者尝无穷也。夫得之也易，则失之也不惜。以不学之人而居不甚惜之官，其视民如草芥也。[③]

连宋太祖也说：“贵家子弟，惟知饮酒弹琵琶耳，安得知民间疾苦！”于是下诏：“凡以资荫出身者，皆先使之监当场务，未得亲民。”[④]

百司胥吏，主行文书，积年寡过，例该出职。他们文化素质较差，而且大多贪赃枉法，使之任官，往往变本加厉。据《长编》卷一〇四载：天圣四年（1026）正月己亥（二十一日），宋仁宗曾问：“比阅天下奏吏出职者，率多败官，何也？”宰相王曾（978—1038）说：“士人入流，必顾廉耳；若流外，则畏谨者鲜。”“吏出职者，率多败官”，这正是宋朝的一种普遍现象。

至于富室巨商进纳买官，目的在于提高政治地位，进而攫取更多的财富。所

---

① 此据四选相加数字三万八千八百七十员计算。

② 《长编》卷一三二，庆历元年五月甲子。

③ 苏洵：《嘉祐集》卷十《上皇帝十事书》。

④ 《涑水记闻》卷一《以资荫出身者未得先亲民》。

以出官之后，必然加倍地搜刮民脂民膏，其能奉法治事者，恐百无一二。正如宋徽宗时臣僚所说："是皆豪猾兼并之徒，屠酤市贩之辈，惟利是谋，而一毫必竞，素非士流，而一画不分。或假手以就铨试，或偃居以俟残零。……使之居官，则人所窃笑；使之管学，则士为之羞。况复性本狼贪，所至而民蠹。……为害之大，莫甚于此。"①

而科举所取之士，一般经过一二十年"治经阅史"的读书生涯，又经过解试、省试、殿试三级比较严格的考试，数百里挑一甚至千里挑一，方能及第授官。他们一般具有相当的文化知识，比较注重地主阶级的整体利益和长远利益，虽然也有不少庸碌无能之辈，但较之门荫补官、胥吏出职及进纳买官，在整体素质上，显然要好许多。正如上官均（1038—1115）所说："今之自文职入流者凡四：进士、补荫与夫纳粟得官、百司胥吏是也。自武职入流者凡三：武举、补荫与夫百司胥吏是也。计其才行，可以居官治事，纳粟、胥吏不如补荫，补荫不如进士、武举。"②

综上所述，无论是从员多阙少，还是从官员素质来看，造成宋代冗官的主要原因都不是科举取士，而是门荫补官以及胥吏出职、进纳买官等。宋代的一些有识之士，也认为是这样。如北宋毕仲游（1047—1121）《西台集》卷四《官冗议》云：

> 今科举之士，虽以文章为业，而所习皆治民之说，选于十数万之中而取其三二百，使之治民，理或可也。而公卿大夫所任之子弟，虽有贤者，而骄骜愚懵，未知字书之如何而从政者亦甚众。虽其父兄不自言，以情占之，岂能不以为愧而且幸哉！然则损任子之恩而严入仕之选者，正今日救冗官之道。

《宋会要辑稿·职官》五五之四〇《进纳补官》载：

> 大观四年二月二十七日，臣僚又言：臣窃观方今入仕之门，多流外之员，其冗滥尤在于进纳。……致铨曹猥积，入仕者几以千计。然询于州县，求其所谓勤职奉法者不可得，至驽钝贪沓则往往而是。若不稍加裁抑，深恐蠹弊

① 《宋会要辑稿·职官》五五之三九《进纳补官》。

② 上官均：《上哲宗乞清入仕之源》，《宋朝诸臣奏议》卷七十。

日滋，愈不可革。

南宋初，杨万里（1127—1206）论冗官云：

仕进之路之盛者，进士、任子而已。……大比者再，而进士之官者，仅及于千也。至于任子，公卿、侍从每郊而任焉，庶官再郊而任焉。校于进士，则郊者再而任之官者，五六其千也。进士之修身积学，有老死而不一第，得之难如此，而取之不胜其寡；任子者至未胜衣而命焉，得之易如此，而取之不胜其多。则官冗之源在进士乎？在任子乎？①

南宋理宗宝祐元年（1253），姚勉（1216—1262）在贡举殿试对策《癸丑廷对》中亦云：

方今冗官之弊，全在任子之多。三岁取士仅数百人，而任子每岁一铨，以百余计，积至三岁，亦数百人矣。泛观州县之仕，为进士者不十之三，为任子者常十之七，岂进士能冗陛下之官哉？亦曰任子之众耳。阀阅鼎省，亲故复多，挟厚赀而得美除，结奥援而图见次。考第未满，举削已盈，寒畯之流，亦安及此？使任子其人，皆能才识如吕端，问学如张栻，岂不足以为天下之用，独斯人之不多得耳！身燠锦绮，岂知陛下之民之寒？口饫膏粱，岂知陛下之民之馁？庸者受成，胥吏虐者，擅作福威。寒畯生长诗书，明习义理，决不至有是也。②

这些臣僚所言，基本上反映了两宋官场的事实，都是颇有道理的。

当然，科举取士虽不是造成宋朝冗官的主要原因，但也不能说是毫无关系。科举取士中的特奏名，就是造成冗官的因素之一。如前所述，赵宋王朝为了笼络士人，创立了特奏名制度，对于累举不中、年老无成的举人，特恩赐第，而且所取人数甚多。有宋一代，竟达53 000多人，平均每年约为166人，约占整个贡举取士人数的46%！这虽然不失为“赚得英雄尽白头”的“长策”，但也必然加重官员的冗滥。哲宗元祐三年（1088），知贡举苏轼（1037—1101）等《论特奏名》札子云：

① 杨万里：《诚斋集》卷八九《冗官上》。

② 姚勉：《雪坡文集》卷七《癸丑廷对》。

恩榜得官之人，布在州县，例皆垂老，别无进望，惟务黩货以为归计，贪冒不职，十人而九。朝廷所放恩榜几千人矣，何曾见一人能自奋励有闻于时？而残民败官者不可胜数。以此谓其无益有损，不言可知。①

当时上官均在关于"讲求官冗之弊，澄清入官之源"的奏章中，亦把特奏名放在"资荫"、"胥吏"、"纳粟得官"之后，而列为"四弊"之一。南宋时魏了翁（1178—1237）在谈到"官益猥冗而入仕之源未澄"时亦云："国家有三岁进士之外，由特科进者多昏耄，补进者多骄佚，由杂进者多舞文，由鬻爵进者多贪污。"②可见，他们都是把特奏名看作造成冗官的原因之一的。

需要指出，第一，与官冗关系较大的是科举取士中的特奏名，而正奏名则关系较小。宋代贡举正奏名共约 61 000 多人，平均每年约 190 人。即使加上武举、制举及童子举，也才共约 65 000 多人，平均每年仅 204 人。这是不足以造成宋代官员冗滥的。所以，决不能笼统地不加分析地说科举取士是造成冗官的原因之一。第二，宋代的特奏名授官有一定的限制，特奏名登科者不是都能授予职事官的，至少不能马上授官。宋初，特奏名不分等第，并赐本科出身。真宗咸平三年（1000 年）之后，始分特奏名进士、诸科为三等，并赐同学究出身、试衔等，均可出官。到神宗熙宁三年（1070），始规定："自同五经出身而降为九（五?）等，上等注官，次守选，次遇郊注官，及不理选限各有差。"③即末等授诸州助教者不再允许出官。哲宗元祐四年（1089），又规定："自今考校特奏名举人，进士入第四等中以上、诸科入第三等以上，各不得过就试人之半。"④南宋初，一度允许第五等即授诸州助教者出官，也可以纳敕再参加贡举考试。但到孝宗淳熙六年（1179），又规定："特奏名人每三名取一名置在第四等以前，第五等人止许纳敕再试一次。"⑤淳熙十一年，补充规定："可许纳敕三次。"⑥从此成为定制。当然，特奏名补授诸州助教者，遇皇帝登极、郊祀、大赦或"龙飞恩例"等，也还有出官的机会；但是，总是有一定限制的。又据前引宁宗嘉定六年（1061）四选官员的成分计算，恩科即特奏名出身者占总人数的 13%，而门荫补官者占 57%。可见，与门荫补官、胥吏出

① 《苏轼文集》卷二八《论特奏名》。
② 魏了翁：《鹤山集》卷一〇三《御策一道》。
③ 《文献通考》卷三一《选举考四》。
④ 《宋会要辑稿·选举》八之三六《亲试杂录》。
⑤ 《宋会要辑稿·选举》二之二三《进士科》。
⑥ 《宋会要辑稿·选举》二之二四《进士科》。

职等相比，特奏名只是造成宋代官冗的一个次要原因。

综上所述，可以断言：造成宋代冗官最主要的原因，决不是科举取士之多，而是门荫补官以及胥吏出职、进纳买官之滥。这应该是毋庸置疑的。

科举取士不但不是造成宋朝冗官的原因，而且对宋朝的官僚制度起过重要的积极作用。首先，通过科举考试制度，选拔了一批"寒畯之士"，即出身寒微而才能杰出的人才，参加国家管理，分掌兵、刑、钱、谷等事，对于社会的发展，起过促进的作用。如太宗朝的名臣王禹偁（954—1001），《宋史》本传说他"世为农家"，毕仲游则说他是"磨家儿"。[①]仁宗朝的宰相杜衍（978—1057），是一个遗腹子，"其母改适河阳钱氏"，"乃诣河阳归其母，继父不之容，往来孟、洛间，贫甚，佣书以自资"。[②]官至参知政事的范仲淹（989—1052），"二岁而孤，母更适长山朱氏，从其姓，名说。……既长，知其世家，乃感泣辞母，去之应天府，依戚同文学。昼夜不息，冬月惫甚，以水沃面；食不给，至以糜粥继之，人不能堪，仲淹不苦也"。[③]官至翰林学士、参知政事的一代文宗欧阳修（1007—1072），幼年"家贫，至以荻画地学书"。[④]官至翰林学士、三司使的蔡襄（1012—1067），"天圣八年……年十八，以农家子举进士，为开封第一，名动京师"。[⑤]如此等等。他们都并非出身富豪显贵，完全是通过科举考试，踏上仕途的。又如包拯（999—1062）、王安石（1021—1086），也不过是出身于中小地主家庭，其父辈也仅官至县令，不通过科举考试，他们也很难位至宰执，参与大政。这些科举出身的杰出人才，在宋朝的政治改革以至诗文革新等方面，都起了积极作用，对后世也有深远的影响。

七十年前，社会学家潘光旦、费孝通，曾根据清代915份试卷的履历，统计出有相当一部分人父祖辈没有功名，即其本人是由布衣而获得功名的，从而构成了社会阶层的上下流动。[⑥]同年，美国学者柯睿格曾根据宋朝《绍兴十八年同年小录》和《宝祐四年登科录》，统计出有一半以上的新科进士其前三代都没有人做官，也说明由于科举考试制度，出现了上下的社会流动。此后，有不少学者发表了一些不同意见。但无论其程度与性质如何，赵宋王朝通过科举考试，从社会各阶层中选拔杰出人材的社会现象是客观存在的。这对于赵宋王朝调整统

---

① 毕仲游：《西台集》卷一六《丞相文简公行状》。

② 《涑水记闻》卷十《杜衍佣书自资》。

③ 《宋史》卷三一四《范仲淹传》。

④ 《宋史》卷三一九《欧阳修传》。

⑤ 《欧阳修全集》卷三五《端明殿学士蔡公墓志铭》。

⑥ 潘光旦、费孝通：《科举与社会流动》，清华大学《社会科学》四卷一期，1947年。

治阶级内部的关系，扩大统治的社会基础，提高统治的能力和效率，都是有益的。

其次，科举制度在一定程度上提高了官员的素质，尤其是高级官员的素质，改善了宋朝官僚队伍的结构。宋朝官员的主要来源为：门荫补官、科举取士、胥吏出职、进纳买官、军功补官等。唐朝以来，科举出身的官员在高级官员中的比例，逐渐增加，宋代更是如此。据考证和统计，宋朝科举出身的官员在高级官员中，已占有绝对优势。现将北宋时期科举出身者在宰相、副宰相中所占比例列表如下：

项目 朝代	宰相			副宰相		
	总数	科举出身数	百分比	总数	科举出身数	百分比
太　祖	6	3	50%	4	3	75%
太　宗	9	6	67%	23	21	91%
真　宗	12	11	92%	17	17	100%
仁　宗	23	22	96%	39	37	94%
英　宗	2	2	100%	2	2	100%
神　宗	9	9	100%	18	18	100%
哲　宗	11	11	100%	23	22	96%
徽　宗	13	13	100%	34	31	91%
钦　宗	7	6	86%	16	11	70%
总　计	92	83	90%	176	162	92%

由上表可知，科举出身者在宰相中占 90%，而在副宰相中所占比例更高，达到了 92%。如前所述，科举出身者比门荫补官、胥吏出职、进纳买官者在素质上好得多。科举出身者在高级官员中占绝对优势，这对于改善吏治、国家机器正常运转从而保持社会的稳定和发展是有益处的。宋朝没有出现此前朝代的宦官之祸、外戚专权，与科举出身者在高级官员中占绝对优势不无关系。

第三节　宋朝科举与边防

在中国科举史上，宋朝是一个十分重要的时期。不但在制度上日趋完备，尽力体现公开考试、平等竞争、择优录用的原则，以便选拔出经世致用的优秀统治人才，而且还制定了一系列特殊政策，笼络士人，使“天下英雄入吾彀中”。[①]北宋初年，宋辽对峙；仁宗之后，西夏崛起，大有三足鼎立之势。北宋沿辽、夏边境的河北、河东、陕西三路，或战、或守、或和，边防任务甚重。为了巩固边防的需要，北宋王朝在科举制度中实行了一系列特殊政策，收到了一定的效果。南宋时期，继续施行北宋的科举与边防政策，其突出表现是四川类省试制度，有关情况已经在本书第五章《南宋贡举类省试制度》中予以论述，此处不赘。

一、特免取解

宋朝科举制度规定：应举人须首先参加各州府的解试，解试合格，始由各州府的长官解送至礼部参加省试，称之为“取解”、“得解”。同时又承五代后唐之制，对于某些应举人可以免于参加解试，而直接参加省试，称作“许免取解”、“免解”。如太祖开宝八年(975)十二月，“诏贡士之下第者，特免将来请解，许直诣贡部”[②]。太宗太平兴国八年(983)十二月甲辰(二十三日)，“又诏诸道下第举人，依旧重请文解，不得准近例常赴贡部。”[③]真宗咸平二年(999)五月五日，又改为积累一定举数许免取解之制：“诏天下贡举人应三举已上者，今岁特免取解。”[④]仁宗天圣四年(1026)五月己卯(四日)，“诏礼部贡举，进士实应三举、诸科五举，并免取解。”[⑤]自此，进士三举、诸科五举特免取解，成为定制。后来又有所变通。如《宋会要辑稿・选举》一五之二一《发解》载：“熙宁三年(1070)三月六日，诏……庆历三年(1043)礼部试下进士两举、诸科三举，亦不限年，与免解。”庆历三年至熙宁三年，其间已有27年，所以特予放宽限制，由进士三举、诸科五举特免取解，改为进士两举、诸科三举特与免解。

上文所述为在正常情况下，积累一定举数而免解者。此外，还有为了巩固边防的需要，不必积累一定举数即可特与免除解试而直接参加省试者。据史料记载，大概有以下三种情况。

其一是，在宋辽或宋夏战争中，曾经敌军蹂躏处或英勇抗敌者，其应举人可

---

① 王定保：《唐摭言》卷一《述进士上篇》。

② 《长编》卷十六，太祖开宝八年十二月。

③ 《长编》卷二四，太平兴国八年十二月甲辰。

④ 《宋会要辑稿・选举》一四之一八《发解》。

⑤ 《宋会要辑稿・选举》一五之六《发解》。

与免解。如《长编》卷四七载：真宗咸平三年（1000）五月丁丑朔（一日），德音："河北及淄（治今山东淄博南）、青（治今山东益都）、齐州（治今山东济南）举人，经蕃寇蹂践处，免取解。"又如《长编》卷四九载：咸平四年（1001）七月己亥（三十日），诏："淄、青、齐州及河北经蕃寇蹂践处，贡举人许免取解。"再如《长编》卷一三九载：仁宗庆历三年（1043）二月癸卯（五日），诏："礼部贡院，渭州（治今甘肃平凉）、镇戎军（治今宁夏固原）进士刘绅等二十四人尝被甲乘城，与免将来文解。"

其二是，对应举人上书言边事或边事有功者等，特予免解。如《长编》卷五九载：真宗景德二年（1005）正月丁巳（八日），"免颍川学究段广将来秋解。广以户籍当运菽百二十石输澶州，复就献五百石助军，故奖之"。又如《长编》卷一七八载：仁宗至和二年（1055）正月庚辰（二十一日），"定州乡贡进士赵肃上《兵民总论》十卷，诏特免将来文解，省试虽不合格，令贡院特以名闻"。再如《长编》卷三四九载：神宗元丰七年（1084）十月"庚辰（十四日），诏广西进士黎易从、陈蒙特免将来文解。以入黎峒说谕陈被，被等归明故也"。

其三是，对沿边地区的应举人，往往特予免解。如《长编》卷一三一载：仁宗庆历元年（1041）四月乙巳（二十七日），德音："本路（按指陕西路）进士再举、诸科三举及曾经御试者免解，诸州解额不及十人者增五人，十人以上增三人。"《宋会要辑稿·选举》一五之一一《发解》载：仁宗庆历二年（1042）"五月十六日，升大名府为北京德音：应大名府及河北诸军举人内进士实应三举，及曾到御前者，不以举数，并与免将来文解。"《宋会要辑稿·选举》三之四四《贡举杂录》载："熙宁七年（1074）十二月六日，熙河路经略司言：'自置熙河路以来，惟举人未推恩。今两州学职掌士人该免解者，乞推恩；如礼部试下，乞许就殿试；余并免解。'从之。"

宋代的得解举人可以募人服役，并有机会将来通过"特奏名"而及第入仕。所以，特与免解对沿边的应举人具有很大的安抚和激励作用，从而对于巩固边防是有重要意义的。

二、别场考试

北宋时期由于对辽或西夏战争的影响，河北、河东、陕西沿边诸州的应举人往往延误参加正常的科举考试。因此，北宋政府往往对这些应举人另设科场，单独考试，并予以优惠待遇。如真宗咸平二年（999）"四月二十六日，命直史馆刘蒙叟、曾致尧，直昭文馆尹少连、秘阁校理刁衎，于武成王庙考试河北及青（治今山东益都)、齐(治今山东济南)等州举人”。①

真宗咸平三年(1000),更是对河北举人别加殿试,单独赐第、赐宴。据《宋会要辑稿·选举》及《长编》等史书记载:

> 咸平三年(1000)二月二十六日,诏:“河北经戎虏侵轶州军举人,除已赴礼部试外,有实曾请解及经礼部试者,委贡院籍名以闻。当议别试。”②
>
> 五月丁丑朔(一日),德音:“……河北及淄、青、齐州举人,经蕃寇蹂践处,免取解。……”③
>
> 五月十八日,帝御崇政殿,试礼部奏名河北进士……得齐革已下十三人,第为三等,并赐及第、同出身、同三传出身。召直集贤院梅询于殿内糊名,命两制、侍读、枢密直学士等考较,取艺业优长者,亲览之。④
>
> 翌日(五月十九日),试诸科,得《通礼》以下三百四十五人,第为三等,并赐及第、同本科出身。
>
> 六月五日,宴新及第进士齐(华)[革]等于琼林苑。帝作诗赐之。⑤
>
> 六月十日,赐以绿袍、靴、笏。⑥

咸平二年九月,契丹军大举南下入侵;十二月,真宗亲征,曾驻跸澶州(治今河南濮阳);咸平三年一月,又驻跸大名府(治今河北大名),契丹军退走。咸平三年大开科举,二月省试、三月殿试,得正奏名进士414人、正奏名诸科432人;特奏名进士260人、特奏名诸科697人,凡1 803人。其取士数量之多,仅次于太宗淳化三年(992)孙何榜。在这次正常的科举考试中,已经有相当多的河北举人。而真宗对河北举人优渥有加,《长编》卷四七咸平三年五月壬寅(二十六日)纪事载:“先是,诏都官郎中、直史馆刘蒙叟等试河北、青、齐等州举人,得合格者五百八十二人,上亲试之,于是赐进士齐革等十三人、诸科三百四十五人及第、同出身。”等于专门为河北、青、齐诸州举人单独开设了一次科场。这样,咸平三年一榜就共取士2 161人,其取士之多,前所未有。

真宗景德元年(1004)九月,辽圣宗耶律隆绪及其母萧太后率二十万契丹军,

---

① 《宋会要辑稿·选举》一九之三《试官》。

② 《宋会要辑稿·选举》三之六《贡举杂录》;《长编》卷四六,咸平三年二月癸酉。

③ 《长编》卷四七,咸平三年五月丁丑朔。

④ 《宋会要辑稿·选举》七之七《亲试》。

⑤⑥ 《宋会要辑稿·选举》二之四《进士科》。

再次大举南下侵宋，兵临澶州城下。宋真宗再次亲征，驻跸澶州。辽统军使萧挞览被宋军伏弩射死，士气大挫。十二月，双方遂订立了“澶渊之盟”。次年开科举，所取士达 3 049 人。其一榜取士之多，在中国科举史上是绝无仅有的。其所以如此，也与北宋的边防直接有关。

据《宋会要辑稿·选举》七之八《亲试》载：

> 景德二年三月六日，帝御崇政殿，试礼部奏名进士……得李迪已下二百四十七人，第为五等，并赐及第、出身。……又得特奏名五举以上进士江白已下一百一十一人，第为三等，并赐同进士、三传、学究出身。
>
> 翌日（七日），试诸科，得九经已下五百七十人，第为三等，并赐本科及第、出身、同出身。又得特奏名诸科三礼已下七十五人，第为三等，赐同学究出身，授试衔官。

以上共取士 1 003 人，所取人数已经相当可观。但是，在正常科举考试之外，“以去冬河朔用兵，举人赴常期不及，故特命延限别试”。于是，景德二年三月“十三日，命权知贡举赵安仁等，复于尚书省考试河北举人赴常期不及者。其不合格而曾预防城者，进士特奏名，诸科各进二场至三场者许终场；应五举及经御试并年五十者并奏名，虽不防城应七举、年六十者亦如之；瀛州（治今河北河间）城守有劳者，即赴殿试。”①“四月一日，命直史馆张复、何亮考试知举官亲戚、河北举人。”②这就是说，景德二年（1005）在正常的省试之外，又专门为河北举人举行了一次省试，而且在录取上又特别优渥。第一，凡是曾经守城抵御辽军的参加进士科考试的举人，省试不合格，也准予礼部奏名而参加殿试；第二，凡是曾经守城的参加诸科考试的举人，进二场至三场者均允许考完最后一场；第三，凡是五次解试合格及参加过殿试而年龄五十岁的举人，均由礼部奏名而参加殿试；第四，虽然未曾守城，但曾经七次解试合格、年龄六十岁的举人，同样均由礼部奏名而参加殿试；第五，凡是在瀛洲守城有功劳的举人，都可以参加殿试。

上面所说，是景德二年河北举人另行省试的情况。而其殿试情况，据《宋会要辑稿·选举》七之九《亲试》记载：

---

① 《宋会要辑稿·选举》三之七《贡举杂录》。

② 《宋会要辑稿·选举》一九之四《试官》。

> 五月十三日，帝御崇政殿，试礼部奏名河北举人……得进士范昭已下一百四十六人，第为三等，并赐及第、同出身、同学究出身。
>
> 翌日（五月十四日），试诸科，得九经已下六百九十八人，并赐及第、本科出身、同出身，授试监簿、诸州助教。
>
> 五月十六日，试特奏名进士……得马至已下二百五人，并赐及第、同出身、同学究出身、试监簿、助教、补三班奉职。
>
> 五月十七日，试特奏名诸科及瀛州防城举人，得九百九十七人，并赐及第、同本科出身，授试监簿、州助教、摄州助教、补殿侍隶三班。

以上共赐河北举人进士、诸科正、特奏名及第、出身、同出身者，凡 2 046 人。这样，加上正常所取进士、诸科正、特奏名及第、出身、同出身者 1 003 人，则景德二年殿试总共取士 3 049 人。而其中所取河北举人竟占总数的 67.1%，即别试另取河北举人，是所取全国举人的两倍多！所取河北举人为什么如此之多呢？正如《宋会要辑稿·选举》七之九《亲试》注所云："帝以河朔用兵之际，士民惊扰，或乘城捍寇，率多劳苦，故广示甄采，无所遗弃。复躬自览阅，所问经义中有两说者，贡士或具引为对，考官将加摈落，帝特为发明焉。"景德二年一榜而录取河北举人正、特奏名进士、诸科共 2 046 名，其取士之多，仅次于录取人数为 2 161 人的咸平三年(1000)陈尧咨榜。

吴处厚《青箱杂记》卷八载：

> 景德中，河朔举人皆以防城得官，而范昭作状元，张存、任弁虽事业荒疏，亦皆被泽。时有无名子嘲曰："张存解放旋风炮，任弁能烧猛火油。"存后仕至尚书，弁亦仕至屯田员外郎、知安州卒。①

张存(984—1071)不仅懂得放旋风炮，而且颇有文采，从政也颇有政绩。《宋史》卷三二〇《张存传》载："天禧中，诏铨司以身言书判取士，才得二人，存预其选。"又载：康定元年(1040)，张存"以天章阁待制为陕西都转运使"，为刘平辩诬，"朝廷采其说，始遣文彦博按治，由是（刘）平得直，而（黄）德和诛"。后官至礼部尚书。任弁官至知州，也并非仅仅能烧猛火油的无能之辈。况且"旋风炮"、"猛火

① 据江少虞编《宋朝事实类苑》卷六三《诗嘲二十二》校正。

油”在当时应该是新式先进武器①，即使是“放旋风炮”、“烧猛火油”，恐怕也是需要一定的知识，才能“放”得好、“烧”得好的。

三、特奏名递减一举

为了笼络下第举人，宋太祖开宝三年(970)创立了特奏名制度。何谓特奏名？《宋史》卷一五五《选举志一》云：“凡士贡于乡而屡绌于礼部，或廷试所不录者，积前后举数，参其年而差等之，遇亲策士则别籍其名以奏，径许附试，故曰特奏名。”这就是说，所谓特奏名，就是凡解试合格而省试或殿试落第的举人，积累到一定的举数和年龄，不经解试、省试，即由礼部特予奏名，直接参加殿试，分别等第，并赐出身或官衔的一种科举制度。因为是皇帝特予推恩，故也称“特科”、“恩科”。特奏名制度的设立，使广大举人虽累举不第，但仍有积以举数和年甲而获得一官半职的可能，不至于完全绝望，铤而走险。正如北宋人蔡絛所说：“国朝科制，恩榜号‘特奏名’，本录潦倒于场屋，以一命之服而收天下士心尔。”②南宋人王栐说得更加明白：“唐末，进士不第，如王仙芝辈唱乱，而敬翔、李振之徒，皆进士之不得志者也。盖四海九州之广，而岁上第者仅一二十人，苟非才学超出伦辈，必自绝意于功名之涂，无复顾藉。故圣朝广开科举之门，俾人人皆有觊觎之心，不忍自弃于盗贼奸宄。开宝三年三月壬寅朔，诏礼部阅贡士十五举以上曾经终场者，具名以闻。庚戌，诏曰：‘贡士司马浦等一百六人，困顿风尘，潦倒场屋，学固不讲，业亦难专，非有特恩，终成遐弃，宜各赐本科出身。’此特奏所由始也。自是士之潦倒不第者，皆觊觎一官，老死不止。……英雄豪杰皆汨没消靡其中而不自觉，故乱不起于中国，而起于夷狄，岂非得御天下之要术欤?!”③

北宋王朝为了巩固边防的需要，对河北、河东、陕西三路的特奏名制度又制定了更加优渥的政策。《宋会要辑稿·选举》三之三七《贡举杂录》载：

> 嘉祐八年(1063)三月五日，诏进士七举、诸科八举曾经御试年四十以上，进士五举、诸科六举曾经御试，及进士六举、诸科七举曾经省试年五十以上，河东、河北、陕西举人仍递减一举，令礼部贡院特以名闻。

---

① 曾公亮等：《武经总要》前集卷十二。

② 蔡絛：《铁围山丛谈》卷二。

③ 王栐：《燕翼诒谋录》卷一。

《宋会要辑稿・选举》三之四五至四六《贡举杂录》载：

熙宁九年(1074)二月十六日，诏天下进士、诸科举人，庆历六年已前到省进士两举、诸科三举不限年岁，进士一举、诸科两举年六十以上；进士五举、诸科六举曾经殿试下，进士六举、诸科七举省试下年五十以上；进士七举、诸科八举曾经御试下，进士九举、诸科十举省试下年四十已上；内系河北、河东、陕西进士、诸科各减一举外，并委本贯保明，当职官勘会诣实，依得贡举条制，其开封府、国子监即令各召京朝官二员委保以闻，当议特与推恩。

《宋会要辑稿・选举》八之三七《亲试杂录》载：

绍圣元年(1094)二月二十六日，三省言："今来南省下第举人进士七举、诸科八举曾经御试，进士九举、诸科十举曾经省试，并年五十以上，内河北、河东、陕西举人于逐项举数内特与各减一举；曾经嘉祐八年以前到省进士前后实得两解、诸科实得三解，及嘉祐八年以前到省进士并免解共及两举、诸科共及三举，勿限年，欲令礼部贡院审会，并特与奏名，许就殿试及关御药院依例施行。"

《宋会要辑稿・选举》四之一二《贡举杂录》载：

宣和五年(1123)二月二十九日，诏今来尚书礼部贡院下第举人，进士六举曾经御试、八举曾经省试，并年五十以上；进士四举曾经御试下、五举曾经省试下，并年六十以上，内河北、河东、陕西举人于逐项举数内特与各减一举；进士曾经绍圣四年已前到省前后实得两解，更不限年；进士曾经绍圣四年已前到省并免解共及两解，更不限年，令尚书礼部贡院勘会，并特与奏名，许就殿试。

由此可见，河北、河东、陕西三路举人特奏名递减一举，成为定制。特奏名"递减一举"就意味着沿边三路举人比其他各路的举人至少可以早三年被赐出身、文学、助教等，从而有可能至少早三年入仕做官。这显然是相当大的优惠。

四、特赐及第

宋代为了政治需要，往往对没有参加科举考试的士人特赐进士及第或进士出身。如南宋大诗人陆游（1125—1210）绍兴十年（1140）开始参加科举考试，绍兴十五年（1145）省试落第。绍兴二十四年（1154）再试礼部，为秦桧（1090—1155）党人所嫉，又被黜落，遂不复应举。孝宗即位之后，以权知枢密院事史浩（1106—1194）等荐其"力学有闻"，始于绍兴三十二年（1162）十一月特赐进士出身。[①]北宋时，则常常对奏言边疆防御事宜者特赐进士及第。此事最早可以追溯到太祖时期。《宋会要辑稿补编》第六十七页《赐进士出身》载：

> 开宝（三）[七]年（974）十二月，赐进策人樊若水进士出身。若水江南举进士不第，遂谋北归。因诣阙上书，言江南可取之状，以求进用。召试学士院，故有是命。

《长编》卷十五开宝七年七月戊辰（二十二日）条亦记此事，但作"樊若冰"、"赐及第"，并且说若冰之策在渡长江平南唐中起了很大作用。

真宗继位之后，在咸平二年至景德二年（999—1005）的六七年间，因上疏言边防之事或边事有功而特赐进士及第、出身、同出身者，据不完全统计，就有七人。现罗列如下：

> （1）咸平二年（999）正月十二日，赐隰州进士杨尹本科及第，仍附春榜。（尹上疏言边防事，召试舍人院，中第，命之。）[②]
>
> （2）咸平三年九月十七日，赐太子左赞善大夫宋贻序进士出身。（贻序，故相琪之子，幼嗜学，好言边事。召试学士院，而有是命。）[③]
>
> （3）咸平六年六月二十日，赐淄州诸科举人孙璧等五人学究出身。（璧等皆尝经蕃寇侵掠，本州以闻。帝悯之，而有是命。）[④]
>
> （4）景德元年（1004）十月九日，赐进士张起同出身，为寿春县主簿。

① 《宋会要辑稿·选举》九之一九《赐出身》。

② 《宋会要辑稿·选举》九之一《赐及第》。

③④ 《宋会要辑稿·选举》九之五《赐出身》。

(起诣登闻〔院〕上书,论边事。帝览而嘉之,始赐出身,复有是命。)①

(5) 景德元年十月辛丑(二十一日),赐监察御史王淳子元孺同学究出身。淳先通判麟州,会敌骑入寇,率厉士众城守有劳,故录其后。②

(6) 景德二年三月九日,虞部员外郎、知郑州王矩上书自荐,求赐科名。帝以其自燕蓟归化,历官清白,勤于词学,特赐进士及第,仍附新榜。③

(7) 景德二年七月初五日,前陇州汧源县主簿刘质赐同进士出身,授试秘书郎、知陈州项城县事。(质上书献《边防兵要论》,召试中书而命之。)④

另外,还有因言边事而升等者。如《长编》卷五九载:

景德二年(1005)三月甲寅(六日),初,安阳人陈贯喜言兵……于是,贯举进士,试殿廷,得同出身。上识其姓名,曰:"是数言边事者。"擢置第二等,赐及第。

陈贯(968—1039)《宋史》卷三〇三有传,后历知卫州、泾州,迁利州路、河北路转运使,后任三司户部、盐铁副使、知相州等。后仍喜言兵,"尝上《形势》、《选将》、《练兵论》三篇……著《兵略》,世颇称之"。⑤其他特赐及第、出身、同出身者,也不乏作为。

五、特赐授官

在宋与辽、夏的和战中,如何对待河北、河东、陕西三路的落第士人和难以入仕的特奏名人,是一大问题。北宋名臣富弼(1004—1083)在仁宗宝元二年(1039)上奏曰:

历代求人,唯务广博,所以天下怀才抱器之士,无不牢笼收揽,尽为朝廷之所用也。……臣切思近年数榜以来放及第者,如河北、河东、陕西此三路之人,所得绝少者何?盖此处人物秉性质鲁,不能为文辞中程试,故皆老于

① 《宋会要辑稿·选举》九之五《赐出身》。
② 《长编》卷五八,景德元年十月辛丑。
③ 《宋会要辑稿·选举》九之二《赐及第》。
④ 《宋会要辑稿·选举》九之六《赐出身》。
⑤ 《宋史》卷三〇三《陈贯传》。

科场，至死不能得一官。岂三路之人独不乐富贵哉？盖求之而不得也。……今昊贼寇边，西陲用武，覆军杀将，中外震恐，兵寡粮匮，调发无所。当是之时，乃此等人踊跃快意，皆欲助贼为患。或更有盗贼屯聚，则为之倡首，惊劫州县，自图富贵之时也。其间忠义者，尚思因时驻屯而愿为朝廷之用者，然朝廷至今未悟，不加搜访。臣恐为他人所得，则中国处处皆为敌国也。①

洪迈(1123—1202)《容斋三笔》卷十一《记张元事》亦云：

自古夷狄之臣来入中国者，必为人用。……皆立大功名，不可殚纪。……傥使中国英俊，翻致力于异域，忌壮士以资敌国，固亦多有。……桓温不能留王猛，使为苻坚用；唐庄宗不能知韩延徽，使为阿保机用，皆是也。

如何处理这一问题？宋朝政府一方面是压制，禁止落第士人前往宋与辽、夏的边界。如《长编》卷一三四载：

庆历元年(1041)十月壬寅(二十六日)，上封者言："近有停闲、丁忧、不及第人多游边。停闲者不思己过，致犯律法；丁忧者不执亲丧，唯务经营谒托；不及第者不言文理讹谬，无由进取。凡得聚集，例生怨谤。况国家未宁，宜杜绝此辈，望降指挥三路都转运司辖下州县常切觉察，无令聚集，非土居者，悉禁游边。"从之。

另一方面，更多的则是加以笼络，对策试方略和特奏名者，特赐授官。即时人所说："西北近虏，士要牢笼。"②如《长编》卷四七载：

咸平三年(1000)四月甲寅(七日)，河北守城举人康克勤等三十人对于便殿，上亲阅，试以强弓劲弩。克勤善左右射、击剑。擢中选者十八人，并补三班借职。

---

① 富弼：《上仁宗乞诏陕西等路奏举才武》，《宋朝诸臣奏议》卷八二。

② 《欧阳修全集》卷一一三《论逐路取人札子》。

又如《长编》卷一三四载：

庆历元年(1041)十一月丙寅(二十日)……昨言边事试中授司士参军、文学、长史年六十以下者，并许赴铨投状，以所试判分三等，注权陕西缘边、次边、近地主簿、尉，如一任无赃私及公罪至徒，除本路正官，或犯公私罪至徒以上，次任依旧。

再如《长编》卷一三五载：

庆历二年(1042)四月庚辰(七日)，中书门下奏："近放特奏名进士、诸科与官人内有习武艺知方略者，请选试补班行。"诏翰林学士苏绅、内侍都知王守忠试验以闻。补班行者凡三十七人。

庆历初年，范仲淹(989—1052)、韩琦(1008—1075)还特为此上奏曰：

臣等窃见河北、陕西、河东自来策试方略并南省特奏名受恩泽人，或未该放选，及不理选限者，虽程试之下偶不及等，或晓习边事经历艰苦，或乡曲有誉年未衰退，若只假以虚名，实恐多有遗滞。况沿边、次边小处判司簿尉，并镇寨中务场，常是阙官。或于近里差官往彼勾当，到本处却阙官员，甚有废事。

臣等欲乞特降指挥，下河北、陕西、河东转运司，应本路有策试方略并南省特奏名人得杂出身、试衔、斋郎等，未该放选，及长史、司马、司士、文学、助教等并不理选限者，如愿入边远，即相度年未衰老，有心力行止勾当得事之人，具保明申奏，与注陕西沿边、次边小处判司簿尉。①

范仲淹、韩琦的上奏，得到了仁宗的批准。《长编》卷一四二载：

庆历三年(1043)八月辛丑(七日)，诏陕西、河东经略转运司，应本路有策试方略并南省特奏名授官未该参选，长史、司马、文学、助教不理选限人，未至疲老，愿入缘边官者，并以名闻。从范仲淹、韩琦奏请也。

---

① 《范文正公集·政府奏议》卷下《奏策试方略等人各与缘边差遣事》。

另外，北宋时期还对广南东、西路进士两举、诸科三举落第者及特奏名长史、文学，经过简单考试，补授摄官。而且规定有一定的比例："广南东路长史、文学与举人，中半差摄；广南西路长史、文学七分，举人二分，特恩摄官一分。"①

上述种种措施，确实也起到了选拔人才和激励士人保卫边疆、抵御侵掠的积极作用。如《宋会要辑稿·选举》七之七《亲试》、《长编》卷四七、《文献通考》卷三〇《选举考三》均记载：

> 咸平三年(1000)五月十九日，真宗召殿试下第举人暨先试武艺及乞量材录用者五百六十八人，各赐装钱三千，慰谕遣之。仍诏礼部并理为一举，且令归募勇士捍寇，俟有劳效，赏以官秩。

又如《长编》卷五八载：

> 景德元年(1004)十一月庚申(十日)，开封府落解士人百馀击登闻鼓，自陈素习武艺，愿备军前役使。上御便殿召试之，能挽弓者才三人，各赐缗钱，令赴天雄指使。

在宋夏和战中，发生了著名的张元、吴昊、姚嗣宗事件，从正反两方面说明了对落第士人特赐授官的重要意义。洪迈《容斋三笔》卷十一《记张元事》云：

> 西夏曩霄之叛，其谋皆出于华州士人张元与吴昊，而其事本末，国史不书。比得田昼承君集，实纪其事云："张元、吴昊、姚嗣宗，皆关中人，负气倜傥，有纵横才，相与友善。尝薄游塞上，观觇山川风俗，有经略西鄙意。姚题诗崆峒山寺壁，在两界间，云：'南粤干戈未息肩，五原金鼓又轰天。崆峒山叟笑无语，饱听松声春昼眠。'范文正公巡边，见之大惊。又有'踏破贺兰石，扫清西海尘'之句。张为《鹦鹉诗》，卒章曰：'好著金笼收拾取，莫教飞去别人家。'吴亦有诗。将谒韩、范二帅，耻自屈，不肯往，乃砻大石，刻诗其上，使壮夫拽之于通衢，三人从后哭之，欲以鼓动二帅。既而，果召与相见，踌躇未用间，张、吴径走西夏。范公以急骑追之，不及，乃表姚入幕府。张、吴既至夏国，夏人倚为谋主，以抗朝廷，连兵十余年，西方至为疲弊，职此二人为

① 《宋史》卷一六九《职官志九》；《长编》卷二五四，熙宁七年七月癸卯。

之。……自是边帅始待士矣。……”承君所记如此。予谓张、吴在夏国，然后举事，不应韩、范作帅日尚犹在关中，岂非记其岁时先后不审乎？姚、张诗，《笔谈》诸书，颇亦纪载。张、吴之名，正与羌酋二字同，盖非偶然也。

张元、吴昊谒见韩琦、范仲淹之事可能有误，但张、吴因科举落第愤而投奔西夏，成为西夏攻宋的谋主则是事实。如王巩《闻见近录》云：

(张)元累举进士不第，又为县宰笞之，乃逃诣元昊。……及元昊叛，露布有“朕欲亲临渭水，直据长安”之语，元所作也。后鄜州(治今陕西富县)被围，元实在兵中，于城外寺中题曰：“太师、尚书令兼中书令张元，从大驾至此。”其跋扈如此。昊虽强黠，亦元导之也。

张元、吴昊投奔西夏，而姚嗣宗则被特赐授官。释文莹《续湘山野录》云：

姚嗣宗，关中诗豪，忽绳检，坦然自任。杜祁公帅长安，多裁品人物，谓尹师鲁曰：“姚生如何人?”尹曰：“嗣宗者，使白衣入翰林亦不忝，减死一等黜流海岛亦不屈。”姚闻之大喜，曰：“所谓善评我者也。”时天下久撤边警，一旦，忽元昊以河西叛，朝廷方羁笼关豪之际，嗣宗也因写二诗于驿壁，有“踏碎贺兰石，扫清西海尘。布衣能效死，可惜作穷麟。”又一绝：“百越干戈未息肩，九原金鼓又轰天。崆峒山叟笑无语，静听松风春昼眠。”之句。韩忠献公奇之，奏补职官。

上引《容斋三笔》则认为范仲淹“乃表姚入幕府”。《范文正公政府奏议》卷下现存范仲淹、韩琦《奏举姚嗣宗充学官》的奏状，可见范、韩与姚嗣宗关系是十分密切的。其举状云：

臣等窃见环州军事判官、监庆州粮料院姚嗣宗，策试方略，考在优等，效官边郡，不避险阻。文笔奇峭，有古人风格，兼通经术，宜置国庠。欲乞圣慈特授一学官，候通前任成四考日，与转原官。若不如举状，臣等甘当同罪。臣范仲淹、臣韩琦。

姚嗣宗不但在宋夏战争中“效官边郡”，而且“皇祐初，历守浔州(治今广西桂平)、龚州（治今广西平南，绍兴六年废隶浔州），平狱讼，定礼仪，百姓顺，则有循声”。①

据说“殿试不黜落”也与张元、吴昊事件有关。王栐《燕翼诒谋录》卷五云：

> 旧制，殿试皆有黜落，临时取旨，或三人取一，或二人取一，或三人取二，故有累经省试取中，屡摈弃于殿试者。故张元以积忿降元昊，大为中国之患，朝廷始囚其家属，未几复纵之。于是群臣建议，归咎于殿试黜落。嘉祐二年三月辛巳（五日），诏进士与殿试者皆不黜落。迄今不改。是一叛逆之贼子，为天下后世士子无穷之利也。

当然，殿试不黜落还有其他更为重要的原因②，而张元、吴昊事件恐怕也是其中原因之一吧。

北宋时期，对于河北、河东、陕西沿边三路士人，无论从许免取解、别场考试、特奏名递减一举，还是从特赐及第、特赐授官，都充分说明科举已经成为宋朝政府笼络士人、巩固边防的一项重要手段。一方面，正如张元《鹦鹉诗》所云：“好著金笼收拾取，莫教飞去别人家。”③另一方面，更重要的是，可以激励士人组织民众，守卫边防；也可以不拘一格选拔官员，使之效力边郡，建立功勋。南宋绍兴六年（1136），胡伸在上高宗皇帝书中，仍议论道：“昔周亚夫得剧孟，喜曰：‘吴楚举大事，不求剧孟，吾知其无能为也。’本朝纵张元而元昊叛，留姚嗣宗而边患息。故吴楚成败系之剧孟，边陲安危见于张、姚。匹夫去就，所系不轻，则豪杰之士，岂可忽哉？”胡伸所说“纵张元而元昊叛，留姚嗣宗而边患息”，未免夸大其词，但“边陲安危见于张、姚”，却是有道理的。

南宋时期的四川类省试，对于维护宋朝在川陕地区的统治，以及抵抗金朝及蒙元的侵略也起了重要作用。

总之，宋朝科举制度的实施，在巩固边防方面是大有积极作用的。

① 《广西通志》卷六五《名宦》引《粤西文载》。

② 参见拙作《宋代殿试制度述论》，《北京大学学报》1992 年第 2 期。

③ 洪迈：《容斋三笔》卷十一《记张元事》。

附录一　北宋贡举登科人数考

中国的科举制度发展到宋朝，一个重大变化，就是取士人数大为增加。然而宋朝究竟取士几何，迄今未有一个十分精确的统计。1982 年，金中枢的《北宋科举制度研究再续——进士诸科之殿试试法》(《成功大学历史学报》第九期)中有《正赐第及其额数之考正统表》，略有考证。美国学者贾志扬的《宋代科举》(1985 年英文初版；东大图书公司 1995 年中文版)附有《历年省试及格者和授予的学衔表》，李弘祺的《宋代官学教育与科举》(1985 年英文初版；联经出版事业公司 1993 年中文版)也附有《宋代登科人数表》，但都过于简略，未进行更多的考证。1988 年，何忠礼的《两宋登科人数考索》(《宋史研究集刊》，《探索》1988 年增刊本)，对两宋各榜登科人数做了比较详细的考证，后来他在《宋史选举志补正》(浙江古籍出版社 1992 年初版；中华书局 2013 年修订本)附录一《宋代科举一览表》中，又对两宋登科人数做了一些补正。2002 年，龚延明又发表了《〈文献通考·宋登科记总目〉补正》(《文史》2002 年第 4 辑)。1982 年，我在硕士论文《论北宋的科举制度》附录《北宋科举登科表》的基础上，撰写了《两宋贡举登科人数考》。南宋部分于 1990 年在《古籍整理与研究》第五期发表，北宋部分于 1994 年在《国学研究》第二卷发表。拙作与何文及龚文在引用史料、考证方法及结论等方面，均多有不同。现谨在拙作《北宋登科人数考》的基础上，参考上述金中枢、贾志扬、李弘祺、何忠礼、龚延明的研究成果，特对北宋贡举登科人数做进一步的考证。由于历史资料尤其是本人水平的限制，难免有不当之处，敬希大方不吝赐教。

一、宋元史籍中有关北宋登科人数的记载

宋朝原始记载贡举登科人数的史籍，大概可以分为两大类。一类是官修史书。据《宋会要辑稿·职官》二之一〇《门下省》所载宋徽宗政和年间的《修起居注式》，"廷试贡士"乃是起居注应当书写的内容之一。起居注当是官方关于贡举登科人数最原始的记载。其次是日历、实录、国史、会要。起居注等为"记载之史"，一般情况下，除修史的官员之外，其他人不得阅看；实录、国史、会要则属于"纂修之史"，高级臣僚可以阅看，甚至抄录。北宋九朝皆各有实录。关于北宋一代的国史，则有太祖、太宗、真宗《三朝国史》一百五十卷，仁宗、英宗《两朝国史》一百二十卷，神宗、哲宗、徽宗、钦宗《四朝国史》三百五十卷。会要则有记载北宋太祖、太宗、真宗及仁宗庆历三年以前史事的《庆历国朝会要》一百五十卷，记载太祖、太宗、真宗、仁宗、英宗及神宗熙宁十年以前史事的《元丰增修五朝会要》三百卷，以及记载神宗、哲宗、徽宗、钦宗四朝史事的《乾道续四朝会要》三百卷。以上三种官修史籍，流传至今的，除《太宗实录》残本二十卷和清徐松从《永乐大典》中录出的《宋会要辑稿》之外，都已佚失。

另一类原始记载宋朝科举制度的史籍是同年小录及登科记。唐朝时，进士及第者有题名录，宋承之，称为"小录"，亦称登科题名录等。《宋史·选举志》载："端拱元年(988)，知贡举宋白等定贡院故事：……缀行期集，列叙名氏、乡贯、三代之类书之，谓之小录。"这种"小录"，在北宋前期是由及第的进士、诸科举人按甲次高下集资编修的；神宗熙宁六年(1073)以后，才改为由政府赐钱编修。[①]唐朝时就有人将题名录编为登科记，宋人亦继承之。《崇文总目》著录有：《皇宋登科录》一卷，《圣朝登科记》三卷。《郡斋读书志》著录有：《宋登科记》三卷，《唐宋科名分定录》三卷。《直斋书录解题》又著录有：洪适《大宋登科记》三十二卷，记太祖至高宗十朝登科人姓名、三代、籍贯等。《宋史》卷二〇三《艺文志》则著录有：《登科记》二卷(起建隆至宣和四年)，洪迈《皇族登科题名》(《郡斋读书志·附志》云："大宗正嗣濮王士㬚、宗正丞耿延年所编也。"《宋志》误)一卷等。可惜这些"小录"和"登科记"全都散失了。

记载北宋贡举登科人数的原始史籍，虽然绝大部分都散失了，但是，根据这些史籍撰写的史书，幸而传世的尚有不少，足以比较精确地考证北宋贡举的登科人

---

① 《长编》卷二四三，熙宁六年三月壬戌。

数。现存较系统地记载北宋贡举登科人数的史书，主要有以下十种，谨简介如下。

（一）《宋会要辑稿》，清徐松（1781—1848）辑。明初修《永乐大典》时，将两宋十三朝会要分别编入各韵之中。清嘉庆十四年（1809），徐松入《全唐文》馆，为提调兼总纂官。他利用职务之便，借编纂《全唐文》的名义，将《永乐大典》中所收《宋会要》一并签注录出。徐松生前未能完成所辑《宋会要辑稿》的整理工作。辑稿后虽辗转于数人之手，亦未能整理成书。1931 年原北平图书馆（即今中国国家图书馆前身）购得徐松辑稿，1935 年以《宋会要辑稿》为名影印行世，线装共 200 册。1957 年，中华书局将线装《宋会要辑稿》缩印为精装八大册，就是现在通行的本子。近年来，四川大学古籍整理研究所刘琳、刁忠民等学者对《宋会要辑稿》进行了精心点校整理，2014 年 6 月由上海古籍出版社出版，为此书的使用带来极大的方便。

《宋会要辑稿》与宋十三朝会要相比，不但在内容上有不少残缺，而且在门类的编排上也已非本来的面目。尽管如此，在现存宋朝史料中，它仍然是最原始、最丰富因而价值最高的一部史书。《宋会要辑稿》中关于科举制度的记载，也是现存宋朝科举史料中最为详赡的。所以，此书是考证宋朝贡举登科人数最主要的史料之一。

另外，1987 年，陈智超又将北京图书馆藏刘富曾整理徐松辑稿时所删落的“复文”编辑成册，1988 年由全国图书馆文献缩微复制中心影印出版，题为《宋会要辑稿补编》。其中有十余万字为《宋会要辑稿》所无，故颇有史料价值；即使确为“复文”，也可供校勘《宋会要辑稿》之用。如关于孝宗淳熙二年至光宗绍熙四年（1175—1193）六榜贡举特奏名登科的人数，《宋会要辑稿》失载，而《宋会要辑稿补编》则有记载，可补其缺。

（二）《续资治通鉴长编》（以下简称《长编》），原为九百八十卷，今本五百二十卷，南宋李焘（1115—1184）撰，是记载北宋一代历史的编年体史书。今本《长编》系清四库全书馆臣从《永乐大典》中辑出，编排而成的。因而已残缺不全，脱英宗治平四年（1067）四月（神宗已即位，未改元）至神宗熙宁三年（1070）三月，哲宗元祐八年（1093）七月至绍圣四年（1097）三月，元符三年（1100）二月（徽宗已即位，未改元）至十二月，以及徽宗、钦宗两朝记事。尽管如此，《长编》对于考证北宋贡举登科人数，仍然具有非常高的价值。因为，此书主要是根据北宋历朝实录、国史编撰的，同时也参考了会要和登科记等史书。不但依据的史料可靠，而且修撰态度严谨，很好地继承了《通鉴考异》的优良传统。如《长编》卷十一开宝三年（970）三月庚戌条李焘注云：“《新录》、《本志》及《会要》书此特恩，并两事为一事，人数参差，今依《旧录》删修。"《长编》卷十二开宝四年二月辛卯条李焘注云："《会要》及《登科记》并系二十四日。熊克《九朝通略》：进士刘寅等。"《长编》卷十八太平兴国二年（977）正月庚午条李焘注云："《实录》所载人数与《国史·志》不同，今从《本志》。"如此之类，还有很多，不一一征引。由此可以断定，《长编》也是考证北宋贡举登科人数的最主要的史料之一。《长编》有一百零八卷宋撮要本、《四库全书》本、张氏爱日精庐活字本、清光绪七年浙江书局刊本等传世；现有中华书局点校本，最为精审、方便。

（三）《太平治迹统类》（以下简称《治迹统类》）三十卷，南宋彭百川撰，是记载北宋九朝史事的纪事本末体史书。该书主要抄撮《长编》等史书而成，如邓广铭师所说，它也可以称之为又一部"长编纪事本末"。其卷二十八，专记北宋九朝"祖宗科举取人"之事，言之颇详，除依据《长编》外，还参考了其他史籍。如该书记载开宝六年殿试一事时，列举了参加进士科重试的宋准、贾源、范祥、武济川等十一人的名字，又列举了殿试所取进士宋准、徐士廉等二十六人的名字。而《长编》卷十四记此事时，只提到宋准、武济川、徐士廉三人的名字。据此可知，《治迹统类》大概还采用了《宋登科记》的材料。又如《治迹统类》在记述神宗熙宁九年科举取士时写道："（馆）[绾请]第五（请）[甲]依旧赐进士出身，无以同学究耻之。不从。绾后再言，卒从之。初，命绾知举，时专以经取士，前史兴亡治乱之迹，学者莫得习。绾于策问悉访史学。至是奏进士张嵫等合格，号为得人。事已，绾入对，上曰：'卿以史学问矫学者，可谓举其偏矣！'"以上引文均不见《长编》。还有，《治迹统类》所载皇祐元年（1049）、熙宁六年（1073）、九年、元丰二年（1079）贡举登科人数，与《长编》所载迥异，可见另有所本。因此，《治迹统类》在考证北宋贡举登科人数时，也有重要参考价值。此书有《适园丛书》本和《四库全书》本，当互相参校，择善而从。

（四）《皇朝编年纲目备要》（以下简称《编年备要》）三十卷，南宋陈均（1174—1244）撰，是记载北宋九朝历史的编年体史书。绍定二年（1229）真德秀（1178—1235）序云：此书"大纲本李氏（按指李焘），而其异同详略之际，则或参以它书"。郑性之（1172—1255）序亦云：此书志在根据《长编》，"参稽国史，出入诸书，订其异以会其同，约其详而补其略"。由此可知，《编年纲目》是取材于《长编》、国史以及熊克《九朝通略》诸书的，尤其是徽、钦两朝纪事，可补今存《长编》脱卷至不足。此书所载北宋登科人数与《长编》颇有歧异，足资参考。有中国国家图书馆藏影宋抄本、日本静嘉堂文库藏宋刻本及《四库全书》本等；现有中华书局出版许沛藻等点校本，最为精审、方便。

(五)《续宋编年资治通鉴》(以下简称《续宋通鉴》)十八卷,旧题李焘经进,是记述北宋九朝历史的编年体史书。所载登科人数与《长编》有很大差别,显然并非“李焘经进”。南宋刘时举撰有《续宋编年资治通鉴》十五卷,记南宋高、孝、光、宁四朝史事。二书同名,因此邵章将它们混为一书。所谓李焘经进的这部《续宋通鉴》颇为罕见,现传世的大概仅有四、五部元刊本及清影写元刊本。此书对于考证北宋登科人数,有一定参考价值。

(六)《皇宋十朝纲要》(以下简称《十朝纲要》)二十五卷,南宋李埴(1161—1238)撰,是一部记载宋太祖至高宗十朝历史的编年体史书。李埴是李焘的儿子,该书主要参据北宋九朝国史、《长编》及南宋高宗《日历》等撰修而成,但其所载北宋登科人数与《长编》所载多有歧异,而与《文献通考》颇相符合。此书对于考证北宋登科人数很有价值,惜只载进士及第人数而不载诸科及特奏名登科者。有清抄本、清张氏爱日精庐抄本、东方学会本等传世;现中华书局出版燕永成校正本,最为精审、方便。

(七)《宋状元及第图》(以下简称《宋状元图》)一卷,编者佚名。南宋嘉定末年编,记载宋建隆初至嘉定十六年(960—1223)历科状元姓名、籍贯及殿试赋题、进士登科人数等。原书已佚,现存有清抄本,系辑自《永乐大典》卷一万四千一百二十七,并据《永乐大典》卷五千一百五十七所重录《宋嘉定编状元及第图》参校。查《永乐大典》残本,卷五千一百五十七和卷一万四千一百二十七已佚,清抄本《宋状元图》或许是海内外孤本。由此可见,其对考证宋朝贡举登科人数有重要价值。

(八)《宋史全文续资治通鉴》(以下简称《宋史全文》)三十六卷,元佚名撰,是简要记述宋太祖至理宗十四朝三百零五年历史的编年体史书。其北宋部分,主要是抄撮《长编》而成,但因其完整无缺,并有元刻本传世,故可补《长编》之脱误,对考证北宋登科人数很有参考价值。

(九)《文献通考》三百四十八卷,宋末元初马端临(约1254—1323)撰,是记载上古至南宋嘉定末典章制度的史书。所记宋朝典章制度尤详,历来受到推崇。其卷三十二《选举考五》中所录《宋登科记总目》,根据《宋登科记》并参考会要,记载了宋太祖至度宗十五朝三百一十五年历科省元、状元姓名及进士、诸科、制科登科人数等,是考证宋朝登科人数的最主要的史料之一。此书常见者有万有文库“十通”本,然偶有脱误,而明嘉靖三年刻本更善;现有中华书局点校本,最为精审、方便。

(十)《宋史》四百九十六卷,元脱脱(1314—1355)等撰,是元朝官修的纪述两宋三百二十年历史的纪传体史书。《宋史》主要是依据宋朝历朝实录、国史修撰而成,较为可信。其《本纪》中记载有历朝每榜贡举取士的总数,对于考证宋朝科举登科人数亦有重要价值。有元至正本、明成化本、商务印书馆百衲本等传世;现有中华书局点校本,最为精审、方便。

除以上十种史籍之外,记载北宋贡举登科人数者还有一些史书、文集、笔记等。例如北宋钱若水等的《太宗皇帝实录》,南宋王应麟的《玉海》,章如愚的《山堂群书考索》,洪适的《盘洲集》,叶梦得的《石林燕语》,李心传的《旧闻证误》,洪迈的《容斋随笔》,以及明朱希召的《宋历科状元录》,李濂的《汴京遗迹志》等等。这里不再一一列举。现仅根据上述十种宋朝史籍,制成《十种史籍所载北宋贡举登科人数表》,照录异同,以资进一步考证。(见表一《十种史籍所载北宋贡举登科人数表》)

二、关于北宋贡举登科人数的考证

由《十种史籍所载北宋贡举登科人数表》可以看出,宋朝史籍所载北宋贡举登科人数颇多歧异,有的甚至相差很大。究竟哪个数字是比较准确的呢?现将北宋贡举 69 榜的登科人数考证如下。

(一) 建隆元年(960)杨砺榜

《宋会要辑稿·选举》一之一《贡举》载:"建隆元年二月二十日,中书舍人扈蒙权知贡举,合格进士杨砺已下十九人。"《长编》卷一、《十朝纲要》卷一、《文献通考》卷三十二同,可知此榜进士登科人数为 19 人。

关于是榜诸科登科人数,《宋会要辑稿·选举》、《长编》、《十朝纲要》、《文献通考》等均缺载,只好暂付阙如,待考。

(二) 建隆二年(961)张去华榜

《宋会要辑稿·选举》一之一《贡举》载:"建隆二年二月十日,工部尚书窦仪权知贡举,合格进士张去华已下十一人。"《长编》卷二、《十朝纲要》卷一、《文献通考》卷三十二同,可知此榜进士登科人数为 11 人。

关于是榜诸科登科人数,《宋会要辑稿·选举》、《长编》、《十朝纲要》、《文献通考》等均缺载,只好暂付阙如,待考。

表一　十种史籍所载

史籍／登科人数／年代	宋会要辑稿				续资治通鉴长编				太平治迹统类				皇朝编年纲目备要			
	正奏名		特奏名		正奏名		特奏名		正奏名		特奏名		正奏名		特奏名	
	进士	诸科	进士	诸科	进士	诸科	进士	诸科	进士	诸科	进士	诸科	进士	诸科	进士	诸科
建隆元年(960)	19				19				19							
建隆二年(961)	11				11				11							
建隆三年(962)	15				15				75							
乾德元年(963)	8				8				8							
乾德二年(964)	8				8				8							
乾德三年(965)	7				7				6							
乾德四年(966)	6	9			6	9			6							
乾德五年(967)	10				10											
开宝元年(968)	11				10				10							
开宝二年(969)	7				7				7							
开宝三年(970)	8		106		8		106		8							
开宝四年(971)	10				10				10							
开宝五年(972)	11				11	17			11							
开宝六年(973)	26	101			26	101			26	101						
开宝八年(975)	31	34			30	34			30	34						
太平兴国二年(977)	109	207			109	207	184		109							
太平兴国三年(978)	74	82			74	70			74	70			74	70		
太平兴国五年(980)	119	534			119	533			119	533			100⁺	500⁺		
太平兴国八年(983)	229	764			229	633							170⁺	500⁺		

北宋贡举登科人数表

续宋编年资治通鉴				皇宋十朝纲要				宋状元及第图				宋史全文				文献通考				宋史			
正奏名		特奏名		正奏名		特奏名		正奏名		特奏名		正奏名		特奏名		正奏名		特奏名		正奏名		特奏名	
进士	诸科	进士	诸科	进士	诸科	进士	诸科	进士	诸科	进士	诸科	进士	诸科	进士	诸科	进士	诸科	进士	诸科	进士	诸科	进士	诸科
19				19				19				19				19							
11				11				11				11				11				11			
15				15				15				15				15							
8				8				8				8				8							
8				8				8				8				8							
7				7				7				7				7							
8				6				6				6	9			6							
11				10				10				10				10							
11				11				10				10				11							
7				7				10				7				7							
8				8				8				8				8		106				106	
10				10				11								10							
11				11				11				11	17			11	17			28			
11				26								26	99			26	96			127			
31				31								30	34			31	24			31	34		
109	200^{+}	180^{+}		109								109	207	184		109	207	184				120	
74				74								74	70			74	82						
122				121				121				119	530			121	534						
170^{+}	500^{+}			239				220				175	117			239	285						

（续表）

史籍 登科人数 年代	宋会要辑稿				续资治通鉴长编				太平治迹统类				皇朝编年纲目备要			
	正奏名		特奏名		正奏名		特奏名		正奏名		特奏名		正奏名		特奏名	
	进士	诸科	进士	诸科	进士	诸科	进士	诸科	进士	诸科	进士	诸科	进士	诸科	进士	诸科
雍熙二年(985)	255	620	缺	缺	255	620			255	620			240^{+}	400^{+}		
端拱元年(988)	120 132	710	缺	缺	700 59	189			700 59	189			28 800^{+}	100		
端拱二年(989)	186	478			186	523			186				180^{+}	400^{+}		
淳化三年(992)	353	747			353	964			302				300^{+}	800^{+}		
咸平元年(998)	51	150			50	150			50	150			50	150		
咸平二年(999)	71	174			70	174			70	174			71	180		
咸平三年(1000)	378	777	236	697	427	777	260	697	409				409	430^{+}		
咸平五年(1002)	38	182			38	181			38	180			38	180		
景德二年(1005)	393	1 268	316	1 072	342	1 268	111 662	75	297				240^{+}	500^{+}	100^{+}	70^{+}
大中祥符元年(1008)	370	320			207	652							207			
大中祥符二年(1009)	31	54			31	54							32			
大中祥符四年(1011)	31	50			31	50			31				31			
大中祥符五年(1012)	126	377	缺	缺	126	376	缺	缺	126				100^{+}			
大中祥符七年(1014)	21	21			21	21			22				21			
大中祥符八年(1015)	203	67	78	70	203	363	78		429				180			
天禧三年(1019)	240	154			162	154							140			
天禧四年(1020)	211				161											
天圣二年(1024)	207	354	43	77	206	277	43	77					480^{+}			

（续表）

续宋编年资治通鉴				皇宋十朝纲要				宋状元及第图				宋史全文				文献通考				宋史			
正奏名		特奏名		正奏名		特奏名		正奏名		特奏名		正奏名		特奏名		正奏名		特奏名		正奏名		特奏名	
进士	诸科	进士	诸科	进士	诸科	进士	诸科	进士	诸科	进士	诸科	进士	诸科	进士	诸科	进士	诸科	进士	诸科	进士	诸科	进士	诸科
258				258				258				255	520			258	699						
28 1 600^{+}	100			28				28				28 1 600^{+}	100			700 59	190						
186				186				188				186				186	478						
350				353				353				353	964			353	774						
50												50	150			50	150						
71				71				71								71	180						
409				422								271	697			409	1 129	900^{+}		1 190		900^{+}	
38	180			38								28	182			38	180						
240				247		158						297	768	111	75	247	570						
207				207				200				207	652			207	320						
32				31				32				29	54			31							
31				31				31				31	50			31							
126				126								126	376			126	377						
21				21				21				21	11			21							
280				280				180				275	363			280	65						
140				140								162	154			140	154						
														56								93	
480^{+}				200				100				206	277			200	354			485			

（续表）

史籍 / 登科人数 / 年代	宋会要辑稿				续资治通鉴长编				太平治迹统类				皇朝编年纲目备要			
	正奏名		特奏名		正奏名		特奏名		正奏名		特奏名		正奏名		特奏名	
	进士	诸科	进士	诸科	进士	诸科	进士	诸科	进士	诸科	进士	诸科	进士	诸科	进士	诸科
天圣五年(1027)	377	894	109	234	379	698	342		337				370+			
天圣八年(1030)	249	573			249	573			249				800+			
景祐元年(1034)	715	481	857		501	282	857						500	200+		
宝元元年(1038)	310	617	26	587	310	414	165	984	310	414		984				
庆历二年(1042)	436	缺	332	缺	432	407	364		337				400+			
庆历六年(1046)	538	415	223	1 655	537	415	缺	702	540				800+			
皇祐元年(1049)	489	550	缺	缺	489	550	缺	缺	498				490+			
皇祐五年(1053)	520	526	166	430	520	522	75 691	430	520				900+			
嘉祐二年(1057)	388	389	122	102	388	389	214		389							
嘉祐四年(1059)	163	184	29	16	162	176	65		165				160+			
嘉祐六年(1061)	183	102	44	41	193	102	43		183							
嘉祐八年(1063)	194	147	72	28	194	147	100		133	247						
治平二年(1065)	213	缺	45	缺	361		45	缺	361				361			
治平四年(1067)	306	缺	缺	缺	305	211			350				305			
熙宁三年(1070)	355	缺	缺	474									800+			
熙宁六年(1073)	348	缺	475	217	596		691		400				1 200+			
熙宁九年(1076)	426	缺	447	194	596		593		430				1 100+			
元丰二年(1079)	602		778		602		778		348				1 300+			

（续表）

续宋编年资治通鉴				皇宋十朝纲要				宋状元及第图				宋史全文献				文献通考				宋史			
正奏名		特奏名		正奏名		特奏名		正奏名		特奏名		正奏名		特奏名		正奏名		特奏名		正奏名		特奏名	
进士	诸科	进士	诸科	进士	诸科	进士	诸科	进士	诸科	进士	诸科	进士	诸科	进士	诸科	进士	诸科	进士	诸科	进士	诸科	进士	诸科
370^{+}				377				370				377	698	342		77	894			1 076			
800^{+}				249				250				249	573			249	573			822			
				499				500				501	282	857		499	481			783			
310				310								310	414	165	984	310	617			724			
400^{+}				435								459				435				839			
538				538				540				437	415			538	415			853			
498				498				498				489	550			498	550			1 309			
520				520				520				520	522			520	522			1 042			
380				388								388	389			388	389			877			
				165				160				262	176			165	184			339			
180				283				200				193	102			183	102			295			
39				193				190				194	147			193	11			341			
200				200				200				361				200	18			361			
350				250								305	211			250	36			461			
289				295								829				295	472			829			
400				400				400				596				400	40			596			
420				422				422				596				422	194			596			
340				348				348				602				348							

（续表）

登科人数　史籍 年代	宋会要辑稿				续资治通鉴长编				太平治迹统类				皇朝编年纲目备要			
	正奏名		特奏名		正奏名		特奏名		正奏名		特奏名		正奏名		特奏名	
	进士	诸科	进士	诸科	进士	诸科	进士	诸科	进士	诸科	进士	诸科	进士	诸科	进士	诸科
元丰五年(1082)	592		836		593		836		590				1 400^{+}			
元丰八年(1085)	485	缺	缺	缺	575		847		575				1 400^{+}			
元祐三年(1088)	523	缺	533		508	73	533		508	73	532					
元祐六年(1091)	602	缺	323		602		323		602		323					
绍圣元年(1094)	513	缺	346						600							
绍圣四年(1097)	569	缺	缺	缺									600^{+}			
元符三年(1100)	558	缺	缺	缺					550				500^{+}			
崇宁二年(1103)	538		缺	缺					538				500^{+}			
崇宁五年(1106)	671		缺	缺					676				670^{+}			
大观三年(1109)	731	缺	缺	缺					685				700^{+}			
政和二年(1112)	713		缺	缺					710				700^{+}			
政和五年(1115)	670		1 057	2					670				692			
重和元年(1118)	783		缺	缺					780				780			
宣和三年(1121)	630		缺	缺					630				600^{+}			
宣和六年(1124)	805		缺	缺					800				800			

（续表）

续宋编年资治通鉴				皇宋十朝纲　要				宋状元及第图				宋史全文　献				文献通考				宋　　史			
正奏名		特奏名		正奏名		特奏名		正奏名		特奏名		正奏名		特奏名		正奏名		特奏名		正奏名		特奏名	
进士	诸科	进士	诸科	进士	诸科	进士	诸科	进士	诸科	进士	诸科	进士	诸科	进士	诸科	进士	诸科	进士	诸科	进士	诸科	进士	诸科
1 400+				445				445				593				445	3			1 428			
1 400				485				485				575		847		485				461			
				523				500				508	73			523				1 122			
				519				519				602				519				957			
				512				512				600				512				975			
600+				564				564				690				564				609			
550+				561				561				561				561			558				
500+				538				528				538				538			538				
				671				670				676				671			671				
700+				685				685				731				685			685				
700+				713				713				715				713			713				
692				670				670				692				670			670				
780				783				783				783				783			783				
600+				630				630				631				630			630				
800				805				805				805				805			805				

（三）建隆三年(962)马適榜

《宋会要辑稿·选举》一之一《贡举》载："建隆三年三月十九日，翰林学士王著权知贡举，合格进士马適已下十五人。"《长编》卷三、《十朝纲要》卷一、《文献通考》卷三十二同，可知此榜进士登科人数为15人。

关于是榜诸科登科人数，《宋会要辑稿·选举》、《长编》、《十朝纲要》、《文献通考》等均缺载，只好暂付阙如，待考。

（四）乾德元年(963)苏德祥榜

《宋会要辑稿·选举》一之一《贡举》载："乾德元年二月二十二日，枢密直学士薛居正权知贡举，合格进士苏德(详)[祥]已下八人。"《长编》卷四、《十朝纲要》卷一、《文献通考》卷三十二同，可知此榜进士登科人数为8人。

关于是榜诸科登科人数，《宋会要辑稿·选举》、《长编》、《十朝纲要》、《文献通考》等均缺载，只好暂付阙如，待考。

（五）乾德二年(964)李景阳榜

《宋会要辑稿·选举》一之一《贡举》载："乾德二年三月二日，翰林学士承旨、礼部尚书陶谷知贡举，合格进士李景阳已下八人。"《长编》卷五、《十朝纲要》卷一、《文献通考》卷三十二同，可知此榜进士登科人数为8人。

关于是榜诸科登科人数，《宋会要辑稿·选举》、《长编》、《十朝纲要》、《文献通考》等均缺载，只好暂付阙如，待考。

（六）乾德三年(965)刘察榜

《宋会要辑稿·选举》一之一《贡举》载："乾德三年二月十五日，知制诰卢多逊权知贡举，合格进士刘察已下七人。"《长编》卷六、《十朝纲要》卷一、《文献通考》卷三十二同，可知此榜进士登科人数为7人。

关于是榜诸科登科人数，《宋会要辑稿·选举》、《长编》、《十朝纲要》、《文献通考》等均缺载，只好暂付阙如，待考。

（七）乾德四年(966)李肃榜

《宋会要辑稿·选举》三之一《贡举》载："乾德四年二月二十二日，知贡举王祜言：'进士、诸科合格者一十五人。'帝恐其遗才，复令于不中选人内，取其优长者，第而升之。"《宋会要辑稿·选举》一之一《贡举》载："乾德四年二月十七日，礼部员外郎王祜权知贡举，合格进士李肃已下六人。”《长编》卷七载：“乾德四年二月辛酉（二十六日），知贡举王祜言：‘进士合格者六人，诸科合格者九人。’上恐其遗才，复令于不中选人内，取其优长者，第而升之。”《宋史》卷二《太祖纪二》亦云：“乾德四年二月辛酉（二十六日），试下第举人。”《宋史全文》卷一亦云：“乾德四年春二月，权知贡举王祜言：‘进士合格者六人，诸科合格者九人。’上恐有遗才，复令于不中选人内取其优长者，第而升之。”《十朝纲要》卷一、《文献通考》卷三十二等均作取进士李肃等六人，诸科登科人数均缺载。可知此榜进士登科人数为 6 人，诸科登科人数为 9 人。此外，应有“于不中选人内取其优长者”而登科者，但《宋会要辑稿・选举》、《长编》、《宋史全文》等均缺载，只好暂付阙如，待考。

（八）乾德五年(967)刘蒙叟榜

《宋会要辑稿・选举》一之一《贡举》载：“乾德五年二月十三日，知制诰卢多逊权知贡举，合格进士刘蒙叟已下一十人。”《长编》卷八、《十朝纲要》卷一、《文献通考》卷三十二同，可知此榜进士登科人数为 10 人。

关于是榜诸科登科人数，《宋会要辑稿・选举》、《长编》、《十朝纲要》、《文献通考》等均缺载，只好暂付阙如，待考。

（九）开宝元年(968)柴成务榜

《宋会要辑稿・选举》一之一《贡举》载：“乾德六年（开宝元），取进士柴成务等十一人。”《长编》卷九载：“开宝元年三月癸巳，权知贡举王祜擢进士合格者十人。”《宋状元图》、《宋史全文》同《长编》，而《十朝纲要》卷一、《文献通考》卷三十二均作“乾德六年，取进士柴成务等十一人”。今从《宋会要辑稿・选举》、《十朝纲要》、《文献通考》，此榜进士登科人数为 11 人。

关于是榜诸科登科人数，《宋会要辑稿・选举》、《长编》、《十朝纲要》、《文献通考》等均缺载，只好暂付阙如，待考。

（十）开宝二年(969)安德裕榜

《宋会要辑稿・选举》一之一《贡举》载：“开宝二年二月二十日，枢密直学士赵逵权知贡举，合格进士安德裕已下七人。”《长编》卷十、《十朝纲要》卷一、《文献通考》卷三十二均同，可知此榜进士登科人数为 7 人。

关于是榜诸科登科人数，《宋会要辑稿・选举》、《长编》、《十朝纲要》、《文献通考》等均缺载，只好暂付阙如，待考。

(十一) 开宝三年(970)张拱榜

《宋会要辑稿·选举》一之一《贡举》载:"开宝三年三月三日,知制诰扈蒙权知贡举,合格进士张拱已下八人。"《长编》卷十一、《十朝纲要》卷一、《文献通考》卷三十二均同,可知此榜进士登科人数为8人。

关于是榜诸科登科人数,《宋会要辑稿·选举》、《长编》、《十朝纲要》、《文献通考》等均缺载,只好暂付阙如,待考。

此外,《宋会要辑稿·选举》三之三《贡举杂录》载:"开宝三年三月七日,诏曰:'汉诏有云:结童入学,白首空归。此盖悯于耆年无成而推恩于一时也。朕务于取士,期在得人,岁命有司,大开贡部,进者俾升上第,退者俟乎再来。而礼闱相继籍到十五举已上贡士司马浦等一百六人,皆困顿风尘,潦倒场屋,学固不讲,业亦难专,非以特恩,终成遐弃。浦等宜各赐本科出身,今后不得为例。'"《长编》卷十一载:"开宝三年三月壬寅朔(一日),诏礼部贡院阅进士、诸科十五举以上曾经终场者以名闻。甲辰(三日),得司马浦等六十三人;庚戌(九日),复取十五举未经终场者四十三人,并赐出身,仍诏自今勿得为例。"《文献通考》卷三十二、《宋史》卷二《太祖纪二》亦云:"赐十五举未及第人司马浦等一百六人本科出身。"可知此榜特奏名进士、诸科登科者为106人。

(十二) 开宝四年(971)刘寅榜

《宋会要辑稿·选举》一之一《贡举》载:"开宝四年二月二十四日,知制诰卢多逊权知贡举,合格进士刘寅已下十人。"《长编》卷十二、《十朝纲要》卷一、《文献通考》卷三十二等均同,可知此榜进士登科人数为10人。

关于是榜诸科登科人数,《宋会要辑稿·选举》、《长编》、《十朝纲要》、《文献通考》等均缺载,只好暂付阙如,待考。

(十三) 开宝五年(972)安守亮榜

《宋会要辑稿·选举》一之一《贡举》载:"开宝五年闰二月三日,知制诰扈蒙权知贡举,合格进士安守亮已下十一人。"《长编》卷十三、《十朝纲要》卷一、《文献通考》卷三十二等均同,可知此榜进士登科人数为11人。

关于是榜诸科登科人数,《长编》卷十三载:"开宝五年闰二月壬辰(二日),权知贡举扈蒙奏合格进士京兆安守亮等十一人,诸科十七人。上召对于讲武殿,始下诏放榜,新制也。"

《宋史全文》卷二、《文献通考》卷三十二同;而《宋史》卷三《太祖纪三》载:"开宝五年闰月壬辰(二日),礼部试进士安守亮等诸科共三十八人,召对讲武殿,始放榜。”“三十八人”疑为“二十八人”之误。可知此榜诸科登科者为17人。

(十四) 开宝六年(973)宋准榜

《宋会要辑稿·选举》七之一《亲试》载:“开宝六年三月十九日,帝御讲武殿覆试新及第进士宋准并下第进士徐士廉、终场下第诸科等,内出《未明求衣赋》、《悬爵待士诗》。(召殿中侍御史李莹、右司员外郎侯陟、国子监丞郝益为考官。)得进士宋准已下二十六人,诸科五经已下一百一人。乃诏曰:‘国家悬科取士,校艺求人,有司虽务於搜罗,积岁不无其漏落。所以亲临考试,精辨否臧。或悯其年深,或允其才进,俾咸登於上第,谅克叶于至公。其进士宋准等百二十一人,并赐及第、出身。’”《长编》卷十四载:“开宝六年三月乙亥(二十一日),上御讲武殿亲阅之,得进士二十六人,士廉预焉;五经四人,开元礼七人,三礼三十八人,三传二十六人,三史三人,学究十八人,明法五人,皆赐及第。”《治迹统类》卷二十八同;而《宋史》卷三亦载:“开宝六年三月庚申(六日),覆试进士于讲武殿,赐宋准及下第进士徐士廉等诸科百二十七人及第。”可知此榜进士登科人数为26人,诸科登科人数为101人。

(十五) 开宝八年(975)王嗣宗榜

《宋会要辑稿·选举》七之二《亲试》载:“开宝八年二月二十五日,帝御讲武殿,试礼部奏名进士,内出《桥梁渡长江赋》、《龙舡习水战诗》题。得王嗣宗以下三十一人,赐及第、出身。翌日(二十六日),得三礼纪自成已下三十四人,赐本科及第、出身。”《长编》卷十六载:“开宝八年二月戊辰(二十五日),上御讲武殿,覆试王祐等所奏合格举人王式等……得进士王嗣宗以下三十人,诸科三十四人。”《治迹统类》卷二十八、《宋史全文》卷二同《长编》;而《文献通考》卷三十二、《宋史》卷三《太祖纪三》同《宋会要辑稿》。今从《宋会要辑稿》、《文献通考》、《文献通考》,此榜进士登科人数为31人,诸科登科人数为34人。

(十六) 太平兴国二年(977)吕蒙正榜

《宋会要辑稿·选举》七之二《亲试》载:“[太平兴国二年]正月七日,帝御讲武殿,试礼部奏名进士,内出《训兵练将赋》、《主圣臣贤诗》题,得吕蒙正已下一百九人,并赐及第。”《长编》卷十八、《十朝纲要》卷二、《文献通考》卷三十二等均同,可知此榜进士登科人数为109人。

关于是榜诸科登科人数,《宋会要辑稿·选举》七之二《亲试》载:"[太平兴国二年正月]九日,试诸科,得九经以下二百七人,并赐本科及第。九经、五经一人不合格,帝怜其老,亦赐同三传出身。"《长编》卷十八、《宋史全文》卷三、《文献通考》卷三十二等同,宜依,此榜诸科登科人数为207人。

此外,《长编》卷十八又载:"[太平兴国二年正月]庚午(九日),……又诏礼部阅贡籍,得十五举以上进士及诸科一百八十四人,并赐出身。九经七人不中格,上怜其老,特赐同三传出身。"《宋史全文》卷三、《文献通考》卷三十二同;《续宋通鉴》作一百八十余人,宜依《长编》、《文献通考》等,此榜特奏名进士、诸科登科人数为184人。

(十七) 太平兴国三年(978)胡旦榜

《宋会要辑稿·选举》七之三《亲试》载:"[太平兴国三年]九月二日,帝御讲武殿,试礼部奏名进士,内出《不阵而成功赋》、《二仪合德诗》、《登讲武台观习战论》。得胡旦已下七十四人,并赐及第。"《长编》卷十九、《十朝纲要》卷三、《宋史全文》卷三、《文献通考》卷三十二等均同,可知此榜进士登科人数为74人。

关于是榜诸科登科人数,《宋会要辑稿·选举》七之三《亲试》载:"[太平兴国三年]九月二日……翌日(三日),试诸科,得九经已下八十二人,并赐本科及第。"《文献通考》卷三十二同。《长编》卷十九载:"[太平兴国三年九月]乙酉(二日),得诸科七十人,并赐及第。"《治迹统类》卷二十八、《编年备要》、《宋史全文》卷三同。今依《宋会要辑稿》、《文献通考》,此榜诸科登科人数为82人。

(十八) 太平兴国五年(980)苏易简榜

《宋会要辑稿·选举》七之三《亲试》载:"[太平兴国]五年闰三月十一日,帝御讲武殿试礼部奏名进士……得苏易简已下一百一十九人,并赐及第、出身。"《长编》卷二十一、《宋史全文》卷三、《治迹统类》卷二十八及《玉海》卷一一六同。《文献通考》卷三十二载:"[太平兴国]五年,进士一百二十一人。"《十朝纲要》卷二、《宋状元图》及《容斋续笔》卷十三《科举恩数》条同。又《石林燕语》卷五云:"太宗初即位……特取一百九人。……自是连放五榜,通取八百一人。"以此计之,此榜进士亦应为121人。《续宋通鉴》作"一百二十二人",盖因尾数形近而误。二者相差二人。按《文献通考》、《容斋随笔》等盖据洪适《大宋登科记》,今且从《十朝纲要》、《文献通考》等,此榜进士登科人数为121人。

关于是榜诸科登科人数,《宋会要辑稿·选举》七之三《亲试》载:"[太平兴国五年闰三月]十四日，试诸科，得九经已下五百三十四人，并赐本科及第、出身。"《文献通考》卷三十二同。《长编》卷二十一载"又得诸科五百三十三人"，《治迹统类》卷二十八同。二者相差一人。今且从《宋会要辑稿》、《文献通考》，此榜诸科登科人数为 534 人。

(十九) 太平兴国八年(983)王世则榜

《宋会要辑稿·选举》七之四《亲试》载："[太平兴国]八年三月十五日，帝御讲武殿试礼部奏名进士……得王世则已下二百二十九人，并赐及第、出身。"《长编》卷二十四及《玉海》卷一一六同。《十朝纲要》卷二载："太平兴国八年，取进士王世则等二百三十九人。"《文献通考》卷三十二及《容斋续笔》卷十三《科举恩数》条同。据前引《石林燕语》卷五云："太宗初即位……特取一百九人。……自是连放五榜，通取八百一人。"此榜进士亦应为 239 人。二者相差十人，盖"二十"与"三十"形近而误。今且从《十朝纲要》、《文献通考》等，此榜进士登科人数为 239 人。

关于是榜诸科登科人数，《宋会要辑稿·选举》七之四载："[太平兴国]八年三月十五日……翌日(十六日)，试诸科，得九经已下七百六十四人，并赐本科及第、出身。"宋本《长编》卷二十四作"诸科五百一十六人赐及第"、"诸科百十七人同出身"，共 633 人。《宋史全文》卷三作"诸科百十七人出身"。《文献通考》卷三十二作"诸科二百八十五人"，《编年备要》、《续宋通鉴》作"诸科五百余人"。五者相差甚远，今且从《长编》，此榜诸科登科人数为 633 人。

(二十) 雍熙二年(985)梁颢榜

《宋会要辑稿·选举》七之四《亲试》载："雍熙二年三月十五日，帝御崇政殿试礼部奏名进士……得梁颢已下一百七十九人，第为三等。……十八日，帝复御崇政殿亲试……又得进士洪湛已下七十六人，并赐及第。"两次共得 255 人。《长编》卷二十六、《治迹统类》卷二十八、《宋史全文》卷三及《容斋续笔》卷十三《下第再试》条同。《十朝纲要》卷二载："雍熙二年，取进士梁颢二百五十八人。"《续宋通鉴》、《宋状元图》、《文献通考》卷三十二及《容斋续笔》卷十三《科举恩数》条同。二者相差三人，未知何故。据前引《石林燕语》卷五云："太宗初即位……特取一百九人。……自是连放五榜，通取八百一人。"此榜进士亦应为 258 人。二者相差三人。今且从《十朝纲要》、《文献通考》等，此榜进士登科人数为 258 人。

关于是榜诸科登科人数，《宋会要辑稿·选举》七之四《亲试》载："[雍熙二年三月]十七日，试九经已下，得三百一十八人，第为三等，并赐本科及第、出身。十八日，帝复御崇政殿亲试……翌日（十九日），又试御前下第三传、毛诗、尚书学究三科，得三百二人，并赐本科及第、出身。"共为620人。《长编》卷二十、《治迹统类》卷二十八六同。《文献通考》卷三十二作"诸科六百九十九人"。今从《宋会要辑稿》、《长编》，此榜诸科登科人数为620人。

关于是榜特奏名人数，《宋会要辑稿》、《长编》等十种史籍均失载，唯《太宗实录》卷三十二云："[雍熙二年三月]甲子（二十日），诏：御前下第人有十五举已上者，及贡院第四等人，凡八十四人，并赐同本科及第。"此事虽为孤证，然出自《太宗实录》，当为可信。据此，是榜得特奏名进士、诸科登科人数为84人。

(二十一) 端拱元年(988)程宿榜

此科曾三次贡举考试、三次放榜。第一次，明嘉靖本《文献通考》卷三十二载："端拱元年，进士二十八人，诸科一百一人"。明李濂《汴京遗迹志》所引《宋登科纪总目》亦同；《太宗实录》卷四十四载："[端拱元年三月]己卯（二十二日），翰林学士、礼部侍郎、知贡举宋白等言：'准敕放进士并诸科举人程宿等一百二十九人。"与《文献通考》正相吻合。而《宋会要辑稿・选举》一之三《贡举》载："准诏令放合格进士、诸科程宿已下一百二十人。"盖脱尾数"九"字。《长编》云："放进士程宿以下二十八人，诸科一百人。"共128人。《治迹统类》、《宋史全文》、《编年备要》、《续宋通鉴》同，其诸科人数盖脱尾数"一"字。故今从《太宗实录》、《文献通考》，此举第一次放榜，进士登科人数为28人，诸科登科人数为101人。

又，《宋会要辑稿・选举》七之四—五《亲试》载："[端拱元年]闰五月十七日，帝御崇政殿，试礼部不合格进士。内出《暑月颁冰诗》题，得马国祥已下五十四人。翌日（十八日），又出《冰壶诗》题，得张熙尧以下四十七人。十九日，又试诸科，内出《夏雨翻萍诗》题，得王又言已下六百二十一人。令枢密院给牒，以试中为目。（先是，南省下第举人投登闻鼓，乞再试，至是复亲临试。）"《长编》卷二十九载："[端拱元年闰五月]壬寅（十七日），召下第人覆试于崇政殿，得进士马国祥以下及诸科凡七百人，令枢密院以白纸为牒赐之，以试中为目。"《太宗实录》卷四十四、《治迹统类》卷二十八、《文献通考》卷三十二同。宜依《宋会要辑稿》，此举第二次放榜，进士登科人数为101人，诸科登科人数为621人。

再，《宋会要辑稿・选举》七之五《亲试》载："[端拱元年]六月十一日，帝御崇政殿，试武成王庙合格进士，内出《一叶落知天下秋赋》、《堂上有奇兵诗》题，得叶齐已下三十一人，并赐及第。又试诸科举人，得卢范已下八十九人，并赐本科出身。(时郡县缺官甚多,前诏礼部放榜,帝虑有司遗才,故复命王世则等于武成王庙重试诸道进士、诸科,得合格者数百人,复亲试焉。)"《长编》卷二十九载:"[端拱元年六月]丁丑(二十二日),上覆试诗赋,又拔进士叶齐以下三十一人、诸科八十九人,并赐及第。"《治迹统类》卷二十八、《文献通考》卷三十二同。故此举第三次放榜,进士登科人数为31人,诸科登科人数为89人。

综上所述,此榜进士登科人数为160人,诸科登科人数为811人。

此外,《宋会要辑稿·选举》一四之一五《发解》载:"雍熙四年九月一日,诏河南、西川、两浙、荆湖、淮南三举曾御试、四举曾荐名举人、年五十以下者,东、西京各三十人,节镇各一十五人,防御、刺史馀州军各一十人,委长吏拣选人材心力,召官吏委保别无行止逾滥者,具姓名解送赴阙,如不及数,即据拣到人解送,当议量材录用。如有违犯,官吏、保人并当连坐。"据此,此榜当有特奏名者,其人数约有上千人,但现有史书均无此榜特奏名登科人数的记载,故暂付阙如。

(二十二) 端拱二年(989)陈尧叟榜

《宋会要辑稿·选举》七之五《亲试》载:"[端拱二年]三月二十一日,帝御崇政殿,试礼部奏名进士。内出《圣人不尚贤赋》、《五色一何鲜诗》、《禹拜昌言论》题,得陈尧叟已下百八十六人,并赐及第。"《长编》卷三十、《十朝纲要》卷二、《文献通考》卷三十二等均同,可知此榜进士登科人数为186人。

关于此榜诸科登科人数,《宋会要辑稿·选举》七之五《亲试》载:"[端拱二年]三月二十一日,帝御崇政殿,试礼部奏名进士。……翌日(二十二日),试诸科,得九经孙奭已下四百七十八人,并赐本科及第、出身。"《文献通考》卷三十二同。而《长编》卷三十载:"[端拱二年三月壬寅],诸科博平孙奭等四百五十人亦赐及第,七十三人同出身。"共为523人。二者相差45人。今且从《长编》,此榜诸科登科人数为523人。

(二十三) 淳化三年(992)孙何榜

《宋会要辑稿·选举》七之五《亲试》载:"[淳化三年]三月四日,帝御崇政殿,试礼部奏名进士,内出《卮言日出赋》、《射不主皮诗》、《儒行论》题。得孙何已下三百五十三人,第为五等,并赐及第、出身。"《长编》卷三十三、《十朝纲要》卷二、《宋状元图》、《文献通考》卷三十二等均同。可知此榜进士登科人数为353人。

关于此榜诸科登科人数,《宋会要辑稿·选举》七之五《亲试》载:"[淳化三年]三月七日,试诸科,得九经王惟庆已下七百四十七人,并赐本科及第、出身。"

《长编》卷三十三载："[淳化三年]三月辛丑(七日)，又覆试诸科，擢七百八十四人，并赐及第，百八十人出身。"共为964人。《宋史全文》卷四同。《文献通考》卷三十二作"诸科七百七十四人"，或许是"七百四十七"之误。二者相差217人，不知何故。今且从《长编》，此榜诸科登科人数为964人。

(二十四) 咸平元年(998)孙仅榜

《宋会要辑稿·选举》三之六《贡举杂录》载："[咸平元年]二月九日，诏曰：'久停贡举，颇滞时才，言念士伦，不忘勤恤。宜令礼部贡院据合格人数内放进士五十人，诸科共放百五十人，来年不得为例。'"《长编》卷四十三、《文献通考》卷三十二同。而《宋会要辑稿·选举》一之六《贡举》则云："[咸平元年]二月十九日，以翰林学士杨砺权知贡举，知制诰李若拙、直昭文馆梁颢、直史馆朱台符权同知贡举。准诏放合格进士孙仅已下五十一人。"按据《文献通考》卷三十载："真宗咸平元年，诏礼部放榜，得进士孙仅以下五十人，高丽宾贡一人。"由此看来，《宋会要辑稿》作"五十一人"，盖其中包括"高丽宾贡一人"也。《长编》、《编年备要》等作"五十人"，则不包括宾贡者。又，《容斋续笔》卷十三《金花帖子》云："予家藏咸平元年孙仅榜盛京所得小录……此榜五十人。"而尹洙《河南先生文集》卷四《王氏题名记》则云："陕郡开元寺建初院有进士登科题名二纪在焉。……其一题云：'咸平元年，翰林学士杨砺下进士五十一人。'第九人刘公璋所刻也。"可见，两说均可，今从《宋会要辑稿》，此榜进士登科人数为51人。

关于此榜的诸科登科人数，《宋会要辑稿》、《长编》、《文献通考》均作"一百五十人"，宜依，此榜诸科登科人数为150人。

(二十五) 咸平二年(999)孙暨榜

《宋会要辑稿·选举》一之六《贡举》载："[咸平二年]正月十日，以礼部尚书温仲舒知贡举、御史中丞张咏、知制诰师颃权同知贡举。准诏合格进士孙暨已下七十一人。"《编年备要》卷六、《十朝纲要》卷三、《宋状元图》、《文献通考》卷三十二均同，宜依，此榜进士登科人数为71人。

关于此榜的诸科登科人数，《宋会要辑稿·选举》三之六《贡举杂录》载："[咸平二年]三月十日，礼部贡院言：'考试举人毕，请御试。'帝以谅阴中，不许，谓辅臣曰：'今岁举人颇众，若依去年人数，虑单平者有所遗落，进士可增及七十，经科可增及百八十人。'寻以孙暨等二百五十名闻。诏除学究杜铨、董希颜、侯世贤、王大雅、元用涉、李佑贤一举终场落下，自馀并赐及第。"《长编》卷四十四、《治迹统类》卷二十八同。《编年备要》卷六、《文献通考》卷三十二作“诸科一百八十人”,系未将所特黜去之诸科一举者六人除去的缘故。今从《宋会要辑稿》、《长编》,此榜诸科登科人数为174人。

(二十六)咸平三年(1000)陈尧咨榜

《宋会要辑稿·选举》七之五《亲试》载:“[咸平三年]三月十七日,帝御崇政殿试礼部奏名进士,内出《观人文以化成天下赋》、《崇德报功诗》、《为政宽猛先后论》题。得陈尧咨已下三百六十五人,第为六等,并赐及第、出身、同学究出身。”《玉海》卷一一六同。《宋会要辑稿·选举》七之七《亲试》又载:“[咸平三年]五月十八日,帝御崇政殿,试礼部奏名河北进士,内出《以贤为宝赋》、《膏泽多丰年诗》题,得齐革已下十三人,第为三等,并赐及第、同出身、同三传出身。”据此,《宋会要辑稿·选举》所载此榜进士登科者共为378人。而《长编》卷四十六载:“[咸平三年三月]甲午,上御崇政殿亲试……赐陈尧咨以下二百七十一人进士及第,一百四十三人同本科及三传、学究出身。”共为414人。《隆平集》卷二、《山堂群书考索》后集卷三十六同。《长编》卷四十六又载:“[咸平三年五月壬寅(二十六日),]先是,诏都官郎中、直史馆刘蒙叟等试河北、青、徐等州举人,得合格者五百八十二人,上亲试之,于是赐进士齐革等十三人、诸科三百四十五人及第、同出身。”据此,《长编》所载此榜进士登科者共为427人。《十朝纲要》卷三作“咸平三年,取进士陈尧咨等四百九人,河北一十三人。”《治迹统类》卷二十八、《编年备要》卷六、《文献通考》卷三十均作“得进士陈尧咨以下四百九人”。按此榜共分六等,又前五人授官最优,疑《宋会要辑稿》、《文献通考》等进士登科人数有脱漏,故从《长编》,此榜进士登科人数为427人。

关于此榜的诸科登科人数,《宋会要辑稿·选举》七之五至七《亲试》载:“[咸平三年]三月十七日,帝御崇政殿试礼部奏名进士……翌日(十八日),试诸科,得九经马龟符以下四百三十二人,第为三等,并赐本科及第、出身、同出身。……五月十八日,帝御崇政殿,试礼部奏名河北进士……翌日(十九日),试诸科,得通礼以下三百四十五人,第为三等,并赐及第、同本科出身。”据此,《宋会要辑稿·选举》所载此榜诸科登科者共为777人。《长编》卷四十七同。《文献通考》卷三十二作“诸科一千一百二十九人”,不知为何如此之多。今从《宋会要辑稿》、《长编》,此榜诸科登科人数为777人。

关于此榜的特奏名登科人数,《宋会要辑稿·选举》七之六《亲试》载:“[咸平三年]三月十七日,帝御崇政殿试礼部奏名进士……翌日(十八日),试诸科……

又试进士五举、诸科八举以上，及曾经先朝御试洎年五十以上者，内出《礼乐刑政致理何先论》题。……得进士张浩然以下二百三十六人，第为四第〔等〕，并赐同学究出身、试衔官，第一、二等赐同学究出身，第三等授试校书郎，第四等授试主簿。十九日，试诸科，得三史刘昌已下六百九十七人，第为二等，并赐本科出身。”而《长编》载：“[咸平三年三月甲午（十七日）]又试进士五举、诸科八举及尝经御试或年逾五十者论一首，得进士二百六十人，诸科六百九十七人，赐同出身及试校书郎、将作监主簿。”《长编》所载特奏名诸科人数与《宋会要辑稿》同，而特奏名进士则多出 24 人。《文献通考》卷三十载：“[咸平]三年……又试进士五举、诸科八举及尝经御试或年逾五十者，得进士及诸科凡九百余人。”《宋史》卷一五五《选举志一》载：“咸平三年，亲试陈尧咨等八百四十人，特奏名者九百余人，有晋天福中尝预贡者。”今从《长编》，此榜特奏名进士登科人数为 260 人，特奏名进士登科人数为 697 人。

（二十七）咸平五年（1002）王曾榜

《宋会要辑稿・选举》七之七至八《亲试》载：“[咸平]五年三月二十三日，帝御崇政殿，试礼部奏名进士，内出《有物混成赋》、《高明柔克诗》、《君子黄中通理论》题，得王曾已下三十八人，并赐及第。”《长编》卷五十一、《编年备要》卷六、《十朝纲要》卷三、《文献通考》卷三十二均同，可知此榜进士登科人数为 38 人。

关于此榜的诸科登科人数，《宋会要辑稿・选举》七之七至八《亲试》载：“[咸平]五年三月二十三日，帝御崇政殿，试礼部奏名进士……翌日（二十四日），试诸科，得九经高（内）[丙]已下一百八十二人，并赐本科及第、出身。”《宋史全文》卷五同。而《长编》卷五十一载：“[咸平五年三月]己未（二十三日），上亲试礼部举人，得进士益都王曾以下三十八人，九经诸科百八十一人，并赐及第。”二者相差一人，或许“百八十一人”为“百八十二人”之误。今从《宋会要辑稿》、《宋史全文》，此榜诸科登科人数为 182 人。

（二十八）景德二年（1005）李迪榜

景德二年举行了两次殿试，一次是三月，御试礼部贡举人，一次是五月，御试河北举人。《宋会要辑稿・选举》七之八《亲试》载：“景德二年三月六日，帝御崇政殿试礼部奏名进士……得李迪已下二百四十七人，第为五等，并赐及第、出身。……又得特奏名五举以上进士江白已下一百一十一人，第为三等，并赐同进士、三传、学究出身。……翌日，试诸科，得九经以下五百七十人，第为三等，并赐本科及第、出身、同出身。又得特奏名诸科三礼已下七十五人，第为三等，赐同学究出身，授试衔官。”《长编》卷五十九所载唯正奏名进士作“得进士李迪以下二百四十六人”，较《宋会要辑稿》少一人，其余全同。按《十朝纲要》卷三、《文献通考》卷三十二亦作二百四十七人。故宜从《宋会要辑稿》、《十朝纲要》、《文献通考》，此榜三月御试礼部贡举人，正奏名进士人数为 247 人、诸科人数为 570 人；特奏名进士人数为 111 人、诸科人数为 75 人。

又，《宋会要辑稿・选举》七之九《亲试》载：“[景德二年]五月十三日，帝御崇政殿，试礼部奏名河北举人……得进士范昭已下一百四十六人，第为三等，并赐及第、同出身、同学究出身。翌日，试诸科，得九经已下六百九十八人，并赐及第、本科出身、同出身，授试监簿、诸州助教。十六日，试特奏名进士……得马至已下二百五人，并赐及第、同出身、同学究出身，试监簿、助教、补三班奉职。十七日，试特奏名诸科及瀛州防城举人，得九百九十七人，并赐及第、同本科出身，授试监簿、州助教、摄州助教、补殿侍隶三班。（帝以河朔用兵之际，士民惊扰，或乘城捍寇，率多劳苦，故广示甄采，无所遗弃。）”《长编》卷六十载：“[景德二年五月]庚申（十三日），上御崇政殿亲试，凡七日，得进士范昭等五十一人赐及第，四十五人出身，诸科赐及第、同出身并试秩署州助教者六百九十八人，特奏名进士、诸科，赐及第、出身至摄助教隶殿侍者六百六十二人。”《长编》与《宋会要辑稿》相比，河北进士登科人数少 50 人，似因脱“同学究出身”人数而致。河北特奏名进士、诸科登科人数少 540 人。今从《宋会要辑稿》，此榜河北举人正奏名进士登科人数为 146 人，诸科登科人数为 698 人；特奏名进士登科人数为 205 人，诸科登科人数为 997 人。

综上所述，是榜共得正奏名进士 393 人、诸科 1 268 人，特奏名进士 316 人、诸科 1 072 人，正、特奏名进士、诸科，总共 3 049 人。这是北宋贡举取士最多的一榜，也是中国科举史上取士最多的一榜！为何此榜取士如此之多？一个重要原因是景德元年辽朝大举入侵，河北士民奋起抵抗，次年贡举，录取了大量的河北举人。正如《宋会要辑稿・选举》七之九《亲试》注所云：“帝以河朔用兵之际，士民惊扰，或乘城捍寇，率多劳苦，故广示甄采，无所遗弃。复躬自览阅，所问经义中有两说者，贡士或具引为对，考官将加摈落，帝特为发明焉。”此榜共赐河北举人正、特奏名进士、诸科及第、出身、同出身者，共 2 046 人，而赐礼部奏名举人正、特奏名进士、诸科及第、出身、同出身者，共 1 003 人，河北举人登科人数竟是礼部奏名举人登科人数的两倍多！

(二十九) 大中祥符元年(1008)姚晔榜

《宋会要辑稿·选举》七之一〇《亲试》载:"[大中祥符元年四月十三日],李宗谔等上考定进士文卷十有五名,诏宰臣王旦等同加详定,具名次以进。帝乃临轩拆封唱第,得姚晔已下三百七十人,第为四等,并赐及第、同出身、同三礼、学究出身。"《长编》卷六十八载:"[大中祥符元年四月癸卯(十三日)],[李]宗谔等上所定进士文卷,诏宰相覆考讫,乃临轩赐进士姚晔等一百六人及第,三人同出身,十五人同三礼出身,八十三人学究出身。"共 207 人。《编年备要》卷七、《十朝纲要》卷三、《文献通考》卷三十二亦作"赐姚晔等以下二百七人及第、出身有差"。今从《长编》、《文献通考》等,此榜进士登科人数为 207 人。

关于此榜的诸科登科人数,《宋会要辑稿·选举》七之一〇《亲试》载:"[大中祥符元年四月]十六日,试诸科,得九经已下三百二十人,并赐及第、同出身,试监簿、诸州助教。"《文献通考》卷三十二同。而《长编》卷六十八载:大中祥符元年四月癸卯(十三日)赐"九经以下及第、出身、试衔助教者六百五十二人"。《宋史全文》卷六同。今从《长编》、《宋史全文》,此榜诸科登科人数为 652 人。

(三十) 大中祥符二年(1009)梁固榜

《宋会要辑稿·选举》七之一一《亲试》载:"[大中祥符]二年六月二十七日,帝御崇政殿,试服勤词学、经明行修举人。……得进士梁固等三十一人,并赐及第、同进士、三礼出身。"《长编》卷七一载:"[大中祥符二年六月庚戌],赐进士梁固等二十六人及第,同出身者三人,同三礼出身者二人。"亦共为 31 人。《十朝纲要》卷三、《文献通考》卷三十二同。《编年备要》卷七、《宋状元图》作"三十二人"。今从《宋会要辑稿》、《长编》、《十朝纲要》、《文献通考》,此榜进士登科人数为 31 人。

关于此榜的诸科登科人数,《宋会要辑稿·选举》七之一一《亲试》载:"[大中祥符]二年六月二十七日,帝御崇政殿,试服勤词学、经明行修举人。……得诸科九经、五经、三礼、学究、明法五十四人,并赐本科及第、同出身。"《长编》卷七一载:"[大中祥符二年六月庚戌],赐……九经、五经、三礼、学究、明法及第者四十八人,同出身者六人。"亦共为 54 人。《宋史全文》卷六同。其他史书缺载。故此榜诸科登科人数为 54 人。

(三十一) 大中祥符四年(1011)张师德榜

《宋会要辑稿·选举》七之一一《亲试》载:"[大中祥符]四年十一月七日,帝御崇政殿,试服勤词学经明行修举人。……得进士张师德已下三十一人,并赐及第、同出身。"《长编》卷七十六载:"[大中祥符四年十一月]丙子(七日),上御崇政殿亲试……赐进士张师德等二十一人及第,十人同出身。"亦为31人。《编年备要》卷七、《十朝纲要》卷三、《文献通考》卷三十二、《宋史全文》卷六等均同。可知此榜进士登科人数为31人。

关于此榜的诸科登科人数,《宋会要辑稿·选举》七之一一《亲试》载:"[大中祥符]四年十一月七日,帝御崇政殿,试服勤词学经明行修举人。……得诸科五经已下五十人,并赐本科及第、同出身。"《长编》卷七十六载:"[大中祥符四年十一月]丙子(七日),上御崇政殿亲试……诸科及第者四十二人,同出身者八人。"亦为50人。《宋史全文》卷六同,其他史书缺载。故此榜诸科登科人数为50人。

(三十二) 大中祥符五年(1012)徐奭榜

《宋会要辑稿·选举》七之一一至一二《亲试》载:"[大中祥符]五年三月二十二日,帝御崇政殿,试礼部奏名进士。……得徐奭已下一百二十六人,并赐及第、出身。"《长编》卷七十七载:"[大中祥符五年三月]己丑(二十二日),上御崇政殿,亲试礼部合格贡举人。……得进士建安徐奭而下及第者百人,同出身者二十六人"亦共为126人。《治迹统类》卷二十八、《十朝纲要》卷三、《文献通考》卷三十二均同。故此榜进士登科人数为126人。

关于此榜的诸科登科人数,《宋会要辑稿·选举》七之一一至一二《亲试》载:"[大中祥符]五年三月二十二日,帝御崇政殿,试礼部奏名进士。……翌日(二十三日),试诸科,得九经贺有孚已下三百七十七人,并赐本科及第、同出身。"《文献通考》卷三十二同。而《长编》卷七十七载:"[大中祥符五年三月]己丑(二十二日),上御崇政殿,亲试礼部合格贡举人。……诸科及第者三百二十四人,同出身者五十二人。"共为376人。《宋史全文》卷六同。二者相差一人。今从《宋会要辑稿》、《文献通考》,此榜诸科登科人数为377人。

(三十三) 大中祥符七年(1014)张观榜

《宋会要辑稿·选举》七之一二《亲试》载:"[大中祥符]七年九月十五日,帝御景福殿,试服勤词学、经明行修举人。……得进士张观以下二十一人,并赐及第"《长编》卷八十三、《编年备要》卷八、《十朝纲要》卷三、《文献通考》卷三十二等均同。可知此榜进士登科人数为21人。

关于此榜的诸科登科人数,《宋会要辑稿·选举》七之一二《亲试》载:"[大中祥符]七年九月十五日，帝御景福殿，试服勤词学、经明行修举人。……得诸科毛诗李规已下二十一人，并赐本科及第、出身。"《长编》卷八十三同。《宋史全文》卷八作"诸科十一人赐及第"。其他史书缺载。今从《宋会要辑稿》、《长编》，此榜诸科登科人数为21人。

（三十四）大中祥符八年(1015)蔡齐榜

《宋会要辑稿·选举》七之一二《亲试》载："[大中祥符]八年三月二十三日，帝御崇政殿，试礼部合格奏名进士。……得蔡齐以下一百九十七人，并赐及第、出身；特赐不合格进士许大同已下六人同五经出身，六举特奏名进士郭震已下七十八人进士、同进士、三礼、三传出身。"《长编》卷八十四载："[大中祥符八年三月]癸卯(二十三日)，上御崇政殿覆试……得进士蔡齐以下百九十七人，并赐及第，六人同出身；又赐六举以上特奏名进士七十八人同三礼出身。"而《编年备要》卷八作"赐蔡齐以下百八人及第、出身有差"。《宋状元图》同；《十朝纲要》卷三载："大中祥符八年，取进士蔡齐等二百八十人。"《文献通考》卷三十二同。大概是将正奏名进士与特奏名共同计算的结果。今从《宋会要辑稿》、《长编》，此榜正奏名进士登科人数为203人，特奏名进士登科人数为78人。

关于此榜的诸科登科人数，《宋会要辑稿·选举》七之一二至一三《亲试》载："[大中祥符八年三月]三月二十七日，试诸科，得九经李周武已下六十五人，并赐本科及第、出身。赐不合格九举三礼、三传贾德润等二人同本科及第、学究出身；十举特奏名不合格三礼张敦化已下四人同本科及学究出身，张之才已下六十六人试监簿。"《长编》卷八十四载："[大中祥符八年三月]癸卯(二十三日)，上御崇政殿覆试……赐诸科三百六十三人及第、同出身、试将作监主簿。"《宋史全文》卷六同。《文献通考》卷三十二作"诸科六十五人"。今从《长编》、《宋史全文》，此榜正奏名诸科登科人数为363人；另从《宋会要辑稿》，特奏名诸科登科人数为70人。

（三十五）天禧三年(1019)王整榜

《宋会要辑稿·选举》七之一三《亲试》载："天禧三年三月九日，帝御崇政殿，试礼部奏名进士……得王整已下二百四十人，第为五等，并赐及第、同出身、同学究出身。"而《长编》卷九十三载："[天禧三年三月]丙寅，上御崇政殿，亲试礼部奏名贡举人……得进士王整以下六十三人赐及第，八十六人同出身，又赐学究出身者一十三人。"共162人。《宋史全文》卷六、《山堂群书考索》后集卷三十七同。

《编年备要》卷八、《十朝纲要》卷三、《文献通考》卷三十二均作“赐王整以下一百四十人及第、出身有差”。《宋会要辑稿》所载“二百四十人”或为“一百四十人”之误，而《十朝纲要》、《文献通考》等所载之“一百四十人”，又或是及第、同出身进士之整数，而不包括赐学究出身者。今从《长编》，此榜进士登科人数为 162 人。

关于此榜的诸科登科人数，《宋会要辑稿·选举》七之一三《亲试》载：“天禧三年三月九日，帝御崇政殿，试礼部奏名进士……翌日（三月十日），试诸科，得九经已下一百五十四人，赐本科及第、同出身、试监簿。”《长编》卷九十三载：“[天禧三年三月]丙寅，上御崇政殿，亲试礼部奏名贡举人……诸科及第者一百二人，同出身者四十七人，试将作监主簿者五人。”亦共 154 人。《文献通考》卷三十二、《宋史全文》卷六同。其他史书缺载。今从《宋会要辑稿》、《长编》、《文献通考》等，此榜诸科登科人数为 154 人。

此外，《宋会要辑稿·选举》七之一三《亲试》载：“[天禧]四年六月二十二日，帝御崇政殿，试礼部下第特奏名举人李宗孟已下一百五十五人。……翌日，李宗孟已下一百五人补三班奉职，内五科所试不合格者，特与本州上佐及东西班殿侍、三班借差，馀以艺业全疏者补本州长史、司马、文学。”《长编》卷九十五载：“[天禧]四年六月壬寅（二十二日），上御崇政殿，亲试礼部奏名举人，命官考覆如常例。授三班奉职者九十二人，借职者十三人，其不合格者补诸州上佐、文学。”《山堂群书考索》后集卷三十七同；《宋史》卷八《真宗纪三》则载：“[天禧四年六月]壬寅（二十二日），御试礼部奏名举人九十三人。”以上均脱“补本州长史、司马、文学”人数。故当从《宋会要辑稿》，作得特奏名进士、诸科 155 人。

又，《宋会要辑稿·选举》二之六《进士科》载：“[天禧]四年九月二十三日，翰林学士刘筠等，试到诸州军续解进士，姚随等十九人奉职，周普等二十九人借职，何从易等八人，当授诸州长（史）、（司）马，特补借职，并与家便差遣。”共 56 人。《长编》卷九十五、《山堂群书考索》后集卷三十七并同，宜依。

还有，天禧四年除四月七日、九月六日两次命官考试诸州解到举人之外，七月四日也有一次考试诸州续解到举人。《宋会要辑稿·选举》一九之七《试官》载：“[天禧四年]七月四日，命直集贤院石中立、钱易考试诸州续解到举人。”据此，应还有一批特奏名登科者。

综上所述，从《宋会要辑稿》，是榜两次贡举考试，共得特奏名进士、诸科 211 人。

(三十六) 天圣二年(1024)宋郊(庠)榜

《宋会要辑稿・选举》七之一四《亲试》载:"天圣二年三月十八日,礼部上合格奏名进士吴感已下二百人。诏翰林学士晏殊、龙图阁直学士冯元编排等第。翌日(十九日),帝御崇政殿召对,赐宋郊已下一百五十四人及第,翟翕已下四十六人同出身,曹平以下七人同三礼出身。"共 207 人。《长编》卷一〇二载:"[天圣二年三月]乙巳(十八日),御崇政殿,赐宋郊、叶清臣、郑戬等一百五十四人及第,四十六人同出身;不中格者六人,以尝经真宗御试,特赐同三礼出身。"共 206 人。《宋史全文》卷七上同。《十朝纲要》卷四、《文献通考》卷三十二作"天圣二年,取进士宋郊等二百人"。今从《宋会要辑稿》,此榜进士登科人数为 207 人。

关于此榜的诸科登科人数,《宋会要辑稿・选举》七之一四《亲试》载:"[天圣二年三月十九日],诸科李九言已下三百五十四人并赐及第、同本科出身。"《文献通考》卷三十二同。《长编》卷一〇二载:"[天圣二年三月]丙午(十九日),又赐诸科一百九十六人及第,八十一人同出身。"共 277 人。《宋史全文》卷七上同。《编年备要》、《续宋通鉴》作"宋郊、叶清臣、郑戬以下及诸科凡四百八十余人及第、出身有差"。《宋史》作"赐礼部奏名进士、诸科及第、出身四百八十五人"。按《宋会要辑稿・选举》三之一四《贡举杂录》及《长编》卷一〇二载:"[天圣]二年正月十二日,……帝曰:'久罢科场,虑遗贤俊,令贡院精加考试艺业,候将来特放进士二百人,诸科三百五十人。'"据此,是榜所放诸科人数当不少于 350 人。今从《宋会要辑稿》、《文献通考》,此榜诸科登科人数为 354 人。

关于此榜特奏名登科人数,《宋会要辑稿・选举》七之一四《亲试》载:"[天圣二年]四月二十三日,帝御崇政殿,赐礼部特奏名六举已上进士李宗道已下四十三人、八举已上诸科王播已下七十七人诸州司马、长史、试将作监主簿。"《长编》卷一〇二同,宜依。其他史书缺载。今从《宋会要辑稿》、《长编》,此榜特奏名进士登科人数为 43 人,特奏名诸科登科人数为 77 人。

(三十七) 天圣五年(1027)王尧臣榜

《宋会要辑稿・选举》七之一四《亲试》载:"[天圣]五年三月二十日,帝御崇政殿试礼部奏名进士……得王尧臣已下三百七十七人,第为六等,并赐及第、同进士、学究出身,试衔。"《十朝纲要》卷四、《宋史全文》卷七上同。《长编》卷一〇五载:"[天圣五年三月]乙丑(二十四日),赐进士王尧臣等一百九十七人及第,八十三人同出身,七十一人同学究出身,二十八人试衔。"共 379 人。根据《长编》编纂的《宋史全文》卷七上作"八十一人同出身",馀与《长编》同。疑《长编》所载"八十三人同出身”,“三”为“一”之误。今从《宋会要辑稿》、《十朝纲要》、《宋史全文》,此榜进士登科人数为 377 人。

关于此榜的诸科登科人数,《宋会要辑稿·选举》七之一四至一五《亲试》载:“[天圣][五年三月二十日,帝御崇政殿试礼部奏名进士……翌日(二十一日),得九经杨中和已下八百九十四人,并赐及第、本科出身、试衔、文学。”《文献通考》卷三十二同。《长编》卷一〇五则载:“[天圣五年三月]丙寅(二十五日),赐诸科及第并出身者又六百九十八人。”《宋史全文》卷七上同。按《长编》卷一〇五及《十朝纲要》卷四载:“[天圣五年正月己未],诏进士奏名勿过五百人,诸科勿过千人。”可见是榜参加省试和殿试的举人是相当多的。大概正因为如此,进士登科者才分为六等,较前增加了第六等“试衔”,诸科也增加了“试衔、文学”。《长编》卷一〇五云“赐诸科及第并出身者又六百九十八人”,或许是没有把“试衔、文学”的人数计算在内。故今从《宋会要辑稿》、《文献通考》,此榜诸科登科人数为 894 人。

关于此榜特奏名登科人数,《宋会要辑稿·选举》七之一五《亲试》载:“[天圣五年]四月三日,帝御崇政殿召礼部特奏名举人……得进士孟楷已下一百九人,赐同学究出身及试监簿、四门助教、诸州文学、长史;诸科崔用化已下二百三十四人,授试监簿、国子、四门助教、文学。”共 343 人。而《长编》卷一〇五载:“[天圣五年四月]癸酉(三日),试特奏名进士及诸科。甲戌(四日),赐同出身及试衔者凡三百四十二人。”《宋史全文》卷七上同。二者相差一人。今从《宋会要辑稿》,此榜特奏名进士登科人数为 109 人,特奏名诸科登科人数为 234 人。

(三十八) 天圣八年(1030)王拱辰榜

《宋会要辑稿·选举》七之一五《亲试》载:“[天圣]八年三月十一日,帝御崇政殿试礼部奏名进士……得王拱辰已下二百四十九人,第为四等,并赐及第、同出身,第一、二、三等及第,第四等同出身。”《长编》卷一〇九、《十朝纲要》卷四、《文献通考》卷三十二等均同。可知此榜进士登科人数为 249 人。

关于此榜的诸科登科人数,《宋会要辑稿·选举》七之一五《亲试》载:“[天圣八年三月]十三日,试诸科,得九经徐摭已下五百七十三人,并赐及第、本科出身。”《长编》卷一〇九、《文献通考》卷三十二、《宋史全文》卷七上同。《宋史》卷九《仁宗纪一》载:“[天圣八年三月]赐礼部奏名进士、诸科及第、出身八百二十二人。”是榜进士及第、出身者为 249 人,则诸科及第、出身为 573 人。其他史书缺载。今从《宋会要辑稿》、《长编》等,此榜诸科登科人数为 573 人。

（三十九）景祐元年(1034)张唐卿榜

《宋会要辑稿・选举》七之一五《亲试》载："景祐元年三月十八日，帝御崇政殿试礼部奏名进士……得张唐卿已下七百一十五人，第为五等，并赐及第、出身、同出身。"而《长编》卷一一四载，"[景祐元年三月辛巳(二十一日)]，已而得进士张唐卿、杨察、徐绶等五百一人。"《宋史全文》卷七上同；《编年备要》、《宋状元图》作"五百人"，《十朝纲要》卷四、《文献通考》卷三十二则作"四百九十九人"。按《宋会要辑稿・选举》一之一〇《贡举》载："[景祐元年]正月十六日……合格奏名进士黄庠以下六百六十一人。"故《宋会要辑稿》作殿试"得张唐卿已下七百一十五人"恐误，今从《长编》、《宋史全文》，此榜进士登科人数为501人。

关于此榜的诸科登科人数，《宋会要辑稿・选举》七之一六《亲试》载："景祐元年三月十八日，帝御崇政殿试礼部奏名进士……翌日(十九日)，试诸科，得九经王元亨已下四百八十一人，并赐及第、本科出身。"《文献通考》同。而《长编》卷一一四、《宋史全文》卷七上则作"诸科二百八十二人"。《宋史》卷十《仁宗纪二》载："[景祐元年三月]赐礼部奏名进士、诸科及第、出身七百八十三人。"按此榜进士登科人数为501人，则赐诸科及第、出身者为282人，与《长编》同。仁宗朝在嘉祐二年规定隔年贡举之前，每榜所取诸科一般都在400人以上，是榜亦似不应如《长编》所载在300人以下，故从《宋会要辑稿》、《文献通考》，此榜诸科登科人数为481人。

关于此榜的特奏名登科人数，《宋会要辑稿・选举》七之一六《亲试》载："[景祐元年三月]二十一日，试礼部特奏名进士、诸科……得田琼已下八百五十七人，并赐及第、出身，授长史、别驾。"《长编》卷一一四、《宋史全文》卷七上同。其他史书缺载。今从《宋会要辑稿》、《长编》等，此榜特奏名进士、诸科登科人数为857人。

（四十）宝元元年(1038)吕溱榜

《宋会要辑稿・选举》七之一六《亲试》载："[景祐]五年(宝元元)三月十七日，帝御崇政殿试礼部奏名进士……得吕溱已下三百一十人，第为四等，并赐及第、出身。"《长编》卷一二一、《十朝纲要》卷四、《文献通考》卷三十二等均同，可知此榜进士登科人数为310人。

关于此榜的诸科登科人数，《宋会要辑稿・选举》七之一六《亲试》载："[景祐]五年(宝元元年)三月十七日，帝御崇政殿试礼部奏名进士……翌日(十八日)，试诸科，得九经傅褒已下六百一十七人，并赐本科及第、出身、长史、文学。"

《文献通考》卷三十二同。《长编》卷一二一则载："[宝元元年三月]辛酉(二十四日)，赐诸科四百十四人及第并出身。"《治迹统类》卷二十八、《宋史全文》卷七下同。《宋史》卷十《太宗纪二》载："[宝元元年三月]赐礼部奏名进士、诸科及第、出身七百二十四人。"亦同《长编》。按《长编》大概未计算赐长史、文学人数，今从《宋会要辑稿》、《文献通考》，此榜诸科登科人数为 617 人。

关于此榜的特奏名登科人数，《宋会要辑稿・选举》七之一六《亲试》载："[景祐五年(宝元元年)三月]十九日，试特奏名举人……得进士钱仲师已下二十六人，诸科李安已下五百八十七人，并赐同出身、长史、文学、助教。"而《长编》卷一二一载："[宝元元年三月庚申(二十三)]，特奏名一百六十五人同诸科出身及为诸州长史。辛酉(二十四日)……其特奏名被恩赐者又九百八十四人。"《宋史全文》卷七下同。《治迹统类》卷二十八脱特奏名进士登科人数，其特奏名诸科登科人数亦作"特奏名被恩赐者又九百八十四人"。二者颇异，未知何故。《宋会要辑稿》载得特奏名进士 26 人，恐太少；今且从《长编》，此榜特奏名进士登科人数为 165 人，特奏名诸科登科人数为 984 人。

(四十一) 庆历二年(1042)杨寘榜

《宋会要辑稿・选举》七之一六《亲试》载："庆历二年三月十五日，帝御崇政殿，试礼部奏名进士……得杨寘已下四百三十六人，第为五等，并赐及第、出身、同出身。"《长编》卷一三五载："[庆历二年三月]乙丑(二十二日)，御崇政殿，赐进士杨寘等二百三十七人及第，一百二十二人出身，七十三人同出身。……丙寅，赐诸科及第并同出身者四百七人。"共为 432 人。《十朝纲要》卷四作"庆历二年，取进士杨寘等四百三十五人"，《文献通考》卷三十二同。按《长编》记载甚详，且与《宋会要辑稿》、《文献通考》等无大出入，今且从《长编》，此榜进士登科人数为 432 人。

关于此榜的诸科登科人数，《长编》卷一三五载："[庆历二年三月]丙寅(二十三日)，赐诸科及第并同出身者四百七人。"《宋史》卷十一《仁宗纪三》载："[庆历二年三月]赐礼部奏名进士、诸科及第、出身八百三十九人。"按此榜进士登科人数依《长编》为 432 人，据此，《宋史》所载诸科为 407 人。《宋史》所载恰与《长编》同。包括《宋会要辑稿》在内的其他史书均无此榜诸科登科人数的记载，今且从《长编》、《宋史》，此榜诸科登科人数为 407 人。

关于此榜的特奏名登科人数，《宋会要辑稿・选举》七之一六《亲试》载："庆历二年三月十五日，帝御崇政殿，试礼部奏名进士……翌日(十六日)，试特奏名进士……得刘嘉正已下三百三十二人，并赐五经、通礼、三传、学究出身，授诸州长史、文学。”特奏名诸科登科人数缺。《长编》卷一三五载：“[庆历二年三月]丙寅（二十三日）……又赐特奏名进士、诸科三百六十四人同出身及补诸州长史、文学。”其他史书均缺载。查前后诸榜，特奏名诸科登科人数一般不少于特奏名进士登科人数，这样，若据《宋会要辑稿》，此榜特奏名进士、诸科登科人数共有700人左右。今且从《长编》，此榜特奏名进士、诸科登科人数为364人，确切登科人数有待以后考证。

（四十二）庆历六年（1046）贾黯榜

《宋会要辑稿·选举》七之一六《亲试》载：“[庆历]六年三月十三日，帝御崇政殿，试礼部奏名进士……得贾黯已下五百三十八人，第为五等，并赐及第、出身、同出身。”《十朝纲要》卷四、《文献通考》卷三十二同。《长编》卷一五八载：“[庆历六年三月]壬寅（二十二日），赐进士贾黯等二百三十人及第，一百九十人出身，一百十七人同出身。”共为537人。二者相差一人。而《治迹统类》卷二十八作“庆历六年，赐进士五百四十人出身。”《宋状元图》同，又多出二人。今从《宋会要辑稿》、《十朝纲要》、《文献通考》，此榜进士登科人数为538人。

关于此榜的诸科登科人数，《宋会要辑稿·选举》七之一六至一七《亲试》载：“[庆历]六年三月十三日，帝御崇政殿，试礼部奏名进士……翌日（十四日），试诸科。得九经刘孝显已下四百十五人，并赐本科及第、出身。”《长编》卷一五八、《十朝纲要》卷四、《文献通考》卷三十二均同。《宋史》卷十一《仁宗纪三》载：“[庆历六年三月]赐礼部奏名进士、诸科及第、出身八百五十三人。”按此榜进士登科人数为538人，则《宋史》所载诸科登科人数为415人，均恰与《宋会要辑稿》同。可知此榜诸科登科人数为415人。

关于此榜的特奏名登科人数，《宋会要辑稿·选举》七之一七《亲试》载：“[庆历六年三月]十六日，试特奏名进士……得郭震已下二百二十三人，并赐同九经、五经、三礼、学究出身，授长史、司马，文学。同日（十六日），试特奏名诸科，得一千六百五十五人，并赐本科出身，长史、司马、文学。”《长编》卷一五八载：“[庆历六年三月]甲辰（二十四日），赐特奏名诸科七百二人同出身及诸州长史、司马、文学。”既缺特奏名进士登科人数，又较《宋会要辑稿》特奏名诸科登科人数少了许多。今从《宋会要辑稿》，此榜特奏名进士登科人数为223人，特奏名诸科登科人数为1 655人。

(四十三) 皇祐元年(1049)冯京榜

《宋会要辑稿·选举》七之一七《亲试》载:"皇祐元年三月十三日,帝御崇政殿试礼部奏名进士……得冯京已下四百八十九人。"《长编》卷一六六、《宋史全文》卷九上同。而《十朝纲要》载:"皇祐元年,取进士冯京等四百九十八人。"《治迹统类》卷二十八、《续宋通鉴》、《宋状元图》及《文献通考》卷三十二、《演繁露》续集卷一均同。按文同《丹渊集》卷首《石室先生年谱》云:"按《登科记》:皇祐元年三月,策进士冯京以下四百九十八人,先生第五。"据此,当从《十朝纲要》、《治迹统类》、《文献通考》等,此榜进士登科人数为498人。

关于此榜的诸科登科人数,《宋会要辑稿·选举》七之一七《亲试》载:"皇祐元年三月十三日,帝御崇政殿试礼部奏名进士……翌日(十四日),试诸科。得九经于观已下五百五十人,并赐本科及第、出身。"《长编》卷一六六、《宋史全文》卷九上、《文献通考》卷三十二均同,其他史书缺载,今从《宋会要辑稿》、《长编》、《文献通考》,此榜诸科登科人数为550人。

关于此榜的特奏名登科人数,《长编》卷一一四载:"[景祐元年正月]癸未(二十二日),诏曰:'进士五举年五十,诸科六举年六十,尝经殿试进士三举、诸科五举,又尝预先朝御试,虽试文不合格,毋辄黜,皆以名闻。'自此率以为常。"李焘注云:"《本纪》云:'特奏名者,差其举与年,视旧格稍优之。率以为常。'此据《本志》。"今检《宋会要辑稿》、《长编》等史籍,景祐元年以来,除是榜外,每开科场,均有特奏名的记载。故疑是榜亦有特奏名,具体人数待考。

(四十四) 皇祐五年(1053)郑獬榜

《宋会要辑稿·选举》七之一七《亲试》载:"[皇祐]五年三月十三日,帝御崇政殿试礼部奏名进士……得郑獬已下五百二十人,第为五等,并赐及第、出身、同出身。"《长编》卷一七四、《十朝纲要》卷四、《宋状元图》、《文献通考》卷三十二等均同,可知此榜进士登科人数为520人。

关于此榜的诸科登科人数,《宋会要辑稿·选举》七之一七《亲试》载:"[皇祐]五年三月十三日,帝御崇政殿试礼部奏名进士……翌日(十四日),试诸科。得九经夏侯圭已下五百二十六人,并赐本科及第、出身。"而《长编》卷一七四载:"[皇祐五年三月]壬戌(二十二日),赐诸科五百二十二人及第、出身。"《文献通考》卷三十二、《宋史全文》卷九上均同。《宋史》卷十一《仁宗纪三》载:"[庆历六年三月]赐礼部奏名进士、诸科及第、出身千四十二人。"按此榜进士登科人数为520人,则《宋史》所载诸科登科人数为522人,恰与《长编》同。故当从《长编》、

《文献通考》、《宋史》，此榜诸科登科人数为 522 人。

关于此榜的特奏名登科人数，《宋会要辑稿·选举》七之一七《亲试》载："[皇祐五年三月]十六日，试特奏名并广南进士……得吴骧已下百六十六人，并赐出身、试衔、文学、长史。同日，试特奏名诸科。得王德润已下四百三十人，并赐出身，试衔、文学、长史。"而《长编》卷一七四载："[皇祐五年三月]丙寅(二十六日)，赐特奏名进士七十五人、诸科四百三十人、广南特奏名六百九十一人出身及试衔、文学、长史。"其他史书均缺载。按皇祐四年，侬智高叛乱，连陷十余州郡，波及广南东、西两路。因而，皇祐四年、五年，宋仁宗连下诏书、赦书，予以广南举人免解及特奏名的特恩，其人数当不下数百人。《宋会要辑稿》载得特奏名并广南进士"百六十六人"，盖"百"字之前脱"七"字。故今从《长编》，此榜特奏名进士登科人数为 766 人，特奏名诸科登科人数为 430 人。

(四十五) 嘉祐二年(1057)章衡榜

《宋会要辑稿·选举》七之一七《亲试》载："嘉祐二年三月五日，帝御崇政殿试礼奏名进士……得(张)[章]衡已下三百八十八人，第为五等，并赐及第、出身、同出身。"《长编》卷一八五、《十朝纲要》卷四、《文献通考》卷三十二、《宋史全文》卷九上均同。可知此榜进士登科人数为 388 人。

关于此榜的诸科登科人数，《宋会要辑稿·选举》七之一七《亲试》载："嘉祐二年三月五日，帝御崇政殿试礼奏名进士……翌日(六日)，试诸科。得九经单至诚已下三百八十九人，并赐本科及第、出身。"《长编》卷一八五、《文献通考》卷三十二、《宋史全文》卷九上均同。可知此榜诸科登科人数为 389 人。

关于此榜的特奏名登科人数，《宋会要辑稿·选举》七之一七至一八《亲试》载："[嘉祐二年三月]七日，试特奏名进士……得张应已下一百二十二人，并赐同五经、三礼、学究出身，授文学、长史。同日(七日)，试特奏名诸科。得一百二人，并同本科出身，授文学、长史。"而《长编》卷一八五载："[嘉祐二年三月]己丑(十三日)，又赐特奏名进士、诸科二百十四人同出身，及补诸州长史、文学。"二者相差十人。今从《宋会要辑稿》，此榜特奏名进士登科人数为 122 人，特奏名诸科登科人数为 102 人。

(四十六) 嘉祐四年(1059)刘煇榜

《宋会要辑稿·选举》七之一八《亲试》载："[嘉祐]四年二月二十八日，帝御崇政殿试礼部奏名进士……得刘煇已下一百六十三人，第为五等，并赐及第、出身、同出身。”《长编》卷一八九载：“[嘉祐四年三月]丁未（十三日），御崇政殿，赐进士铅山刘煇等一百三十人及第，三十二人同出身。”共 162 人。《十朝纲要》卷四载：“嘉祐四年，取进士刘煇等一百六十五人。”《治迹统类》卷二十八、《文献通考》卷三十二、《演繁露》续集卷一、《汴京遗迹志》卷十二同。按王得臣《麈史》卷中《神授》云：“予嘉祐四年蒙赐第，初行间岁取士第一榜也。南省放合格二百人殿试，内考落三十五人，比前后累榜最为人少。”即此榜得进士 165 人。王得臣是榜及第，其记载当足信，故从《十朝纲要》、《治迹统类》、《文献通考》，此榜进士登科人数为 165 人。

关于此榜的诸科登科人数，《宋会要辑稿・选举》七之一八《亲试》载：“[嘉祐]四年二月二十八日，帝御崇政殿试礼部奏名进士……翌日（二十九日），试诸科。得明经一百八十四人，并赐本科及第、出身。”《文献通考》卷三十二同。《长编》卷一八九载：“[嘉祐四年三月]丁未（十三日）……诸科一百七十六人及第、出身。”《宋史全文》卷九下同。今从《宋会要辑稿》、《文献通考》，此榜诸科登科人数为 184 人。

关于此榜的特奏名登科人数，《宋会要辑稿・选举》七之一八《亲试》载：“[嘉祐四年]三月一日，试特奏名进士……得康师服已下二十九人，并赐同五经、学究出身，授试监簿、长史。同日（一日），试特奏名诸科。得五经张亨已下一十六人，授试监簿、助教、长史。”共 45 人。《长编》卷一八九载：“[嘉祐四年三月]丁未（十三日）……特奏名进士、诸科六十五人同出身及诸州文学、长史。”其他史书缺载。今从《长编》，此榜的特奏名进士、诸科登科人数为 65 人。

(四十七) 嘉祐六年(1061)王俊民榜

《宋会要辑稿・选举》七之一八《亲试》载：“[嘉祐]六年二月十七日，帝御崇政殿试礼部奏名进士……得王俊民已下一百八十三人，第为五等，并赐及第、出身、同出身。”《治迹统类》卷二十八、《文献通考》卷三十二同。《长编》卷一九三载：“[嘉祐六年三月]癸巳（十日），赐进士王俊民等一百三十九人及第，五十四人同出身。”共 193 人。《宋史全文》卷九下、《宋史》卷十二《仁宗纪四》同。今从《长编》、《宋史全文》，此榜进士登科人数为 193 人。

关于此榜的诸科登科人数，《宋会要辑稿・选举》七之一八《亲试》载：“[嘉祐]六年二月十七日，帝御崇政殿试礼部奏名进士……翌日（十八日），试诸科。得明经吕房已下一百二人，并赐本科及第、出身。”《长编》卷一九三、《宋史全文》卷九下、《文献通考》卷三十二、《宋史》卷十二《仁宗纪四》均同。其他史书缺载。

可知此榜诸科登科人数为102人。

关于此榜的特奏名登科人数，《宋会要辑稿·选举》七之一八《亲试》载："[嘉祐六年二月]十九日，试特奏名进士……得翟诏已下四十四人，并赐同五经、三礼、学究出身，授长史、文学。同日（十九日），试特奏名诸科。得四十一人，并赐同本科出身，授长史、文学。"共85人。《长编》卷一九三："[嘉祐六年三月]癸巳（十日）……特奏名进士、诸科四十三人同出身及诸州文学、长史。"其他史书缺载。今从《宋会要辑稿》，此榜特奏名进士登科人数为44人，特奏名诸科登科人数为41人。

（四十八）嘉祐八年(1063)许将榜

《宋会要辑稿·选举》七之一九《亲试》载："[嘉祐八年]三月二十二日，帝御延和殿，赐进士许将已下一百九十四人及第、出身、同出身；诸科一百四十七人本科及第、同出身。"《长编》卷一九八、《宋史全文》卷九下、《宋史》卷十二《仁宗纪四》均同。可知此榜进士登科人数为194人，诸科登科人数为147人。

关于此榜的特奏名登科人数，《宋会要辑稿·选举》七之一九《亲试》载："[嘉祐八年]三月二十二日……特奏名进士刘景阳已下七十二人，诸科程铭已下二十八人，并赐同五经、三礼、学究出身，授长史、文学。"《长编》卷一九八载："[嘉祐八年三月]甲子（二十二日），又赐特奏名进士、诸科一百人及第、同出身、诸州文学、长史。"其他史书缺载。今从《宋会要辑稿》，此榜特奏名进士登科人数为72人，诸科登科人数为28人。

（四十九）治平二年(1065)彭汝砺榜

《宋会要辑稿·选举》一之一一《贡举》载："治平二年正月九日，以翰林学士冯京权知贡举，翰林侍读学士范镇、知制诰邵必并权同知贡举。准诏放合格奏名进士彭汝砺已下二百一十三人。"《长编》二〇四载："[治平二年二月丙午]赐贡院奏合格进士、明经、诸科鄱阳彭汝砺等三百六十一人及第、出身。"《编年备要》卷十七、《宋史全文》卷十、《宋史》卷十三《英宗纪》同。那么，此榜所放进士、诸科各几何呢？按此榜谅阴罢殿试，故礼部奏名合格数即赐及第数，省元即状元。《续宋通鉴》、《十朝纲要》卷七、《宋状元图》、《文献通考》卷三十二均作"取进士彭汝砺等二百人"，大概是据嘉祐四年贡举令，每榜奏名进士、诸科200人之数。而《治迹统类》卷二十八作"[治平]二年二月，赐进士彭汝砺等三百六十一人及第、出身"，显然是将进士、明经、诸科登科总数误当作所得进士之数了。今从《宋会要辑稿》，此榜进士登科人数为 213 人；从《长编》、《编年备要》、《宋史》，此榜明经、诸科登科人数则为 148 人。

关于此榜的特奏名登科人数，《宋会要辑稿·选举》三之三八《贡举杂录》载："[治平二年]二月七日，诏贡院，经殿试进士五举、诸科六举，经省试进士六举、诸科七举，今不合格而年五十以上者，第其所试为三等以闻。……以进士孙京等七人试将作监主簿，馀三十八人为诸州长史、司马、文学。"《长编》卷二〇四同，唯系于三月丁卯（七日）。均缺特奏名诸科登科人数。其他史书均缺载。今从《宋会要辑稿》、《长编》，此榜特奏名进士登科人数为 45 人。

（五十）治平四年（1067）许安世榜

《宋会要辑稿·选举》一之一一至一二《贡举》载："治平四年正月二十五日（神宗已即位，未改元），以龙图阁直学士司马光权知贡举，知制诰韩维、邵亢并权同知贡举。准诏放合格进士许安世已下三百六人。"《长编》卷二〇九载："[治平四年三月]，权知贡举司马光等上言：'所考试合格进士许安世以下三百五人，分四等。'……诏进士第一、第二、第三等赐及第，第四等赐同出身。"《编年备要》卷十七、《宋史全文》卷十同。《治迹统类》载："[治平]四年，赐进士许安世等三百五十人，分四等。"《续宋通鉴》同。《十朝纲要》卷七载："治平四年，取进士许安世等二百五十人。"《文献通考》卷三十二同。按《宋会要辑稿·选举》三之三八至三九《贡举杂录》载："治平三年十月六日，诏曰：'今后每三年一开科场。……所有礼部奏名进士以三百人为额，明经、诸科不得过进士之数。'"又，《宋会要辑稿·选举》一五之一七《发解》载："治平四年正月初一，西京德音：将来南省所试进士除元额外更添五十人奏名，明经、诸科不得过进士所添之数。"再，《古今源流至论》续集卷十《科举》载："治平四年，进士三百五十人，分四等。"综上所述，此榜进士登科人数，当从《治迹统类》、《续宋通鉴》等为 350 人，其他诸说皆因形近而误。

关于此榜的诸科登科人数，《长编》卷二〇九载："[治平四年三月]，权知贡举司马光等上言：'所考试合格……明经、诸科二百一十一人，分三等。'诏……明经、诸科第一、第二等并赐及第，第三等赐同出身。敕下贡院放榜。"《宋史全文》卷十同。《文献通考》卷三十二作"诸科三十六人"。包括《宋会要辑稿》等其他史书均缺载。今从《长编》、《宋史全文》，此榜明经、诸科登科人数则为 211 人。

关于此榜的特奏名登科人数，《宋会要辑稿》、《长编》等史书均缺载，咱付阙如，待考。

（五十一）熙宁三年(1070)叶祖洽榜

《宋史全文》卷十一载，“［熙宁三年三月］壬子，御集英殿，赐进士、明经、诸科叶祖洽以下及第、出身、同出身总八百二十九人”，《宋史》卷十五《神宗纪二》同。《编年备要》卷十八亦载：“赐叶祖洽以下及诸科八百余人及第、出身有差。”故此榜进士、明经、诸科登科总数，宜依《宋史》、《宋史全文》。那么，所放进士、明经、诸科又分别为多少人呢？《宋会要辑稿·选举》七之一九《亲试》载：“熙宁三年三月八日，上御集英殿试礼部奏名进士……得叶祖洽以下三百五十五人，第为五等，赐及第、出身、同出身。”《玉海》卷一一六同。《文献通考》卷三十二则作“进士二百九十五人”，“诸科四百七十二人”。综上所述，是榜进士登科人数当从《宋会要辑稿》、《玉海》作355人；那么，明经、诸科登科人数则为474人。

关于此榜的特奏名登科人数，《宋会要辑稿·选举》七之一九至二〇《亲试》载：“熙宁三年三月八日，上御集英殿试礼部奏名进士……翌日（三月九日），试特奏名进士，内出制策曰……同日（三月九日），试特奏名明经、诸科大义十道。得许铨以下四百七十四人，赐本科及第、同出身，授试监簿、诸州文学、长史、助教。”其他史书均缺载。今从《宋会要辑稿》，此榜特奏名进士登科人数暂缺，特奏名明经、诸科登科人数为474人。

（五十二）熙宁六年(1073)余中榜

《长编》卷二四三载：“［熙宁六年三月］壬戌（十九日），御集英殿，赐正奏名进士、明经、诸科余中以下及第、出身、同出身、同学究出身，总五百九十六人。”《宋史》卷十五《神宗纪二》、《宋史全文》卷十一同。故此榜进士、明经、诸科登科总数，宜依《长编》、《宋史》、《宋史全文》。那么，所放进士、明经、诸科又分别为多少人呢？《宋会要辑稿·选举》七之二〇至二一《亲试》载：“［熙宁］六年三月六日，上御集英殿，试礼部奏名进士。……余中已下三百四十八人并赐及第、出身、同出身、同学究出身。”《治迹统类》卷二十八载：“［熙宁六年三月］己酉（六日），御集英殿策试，遂赐余中、李夷行、陈唐、管师仁、管师渐等四百人及第、出身。”《十朝纲要》卷八、《宋状元图》、《文献通考》卷三十二均同。今从《治迹统类》、《十朝纲要》、《宋状元图》、《文献通考》，此榜进士登科人数为400人，则诸科登科人数为196人。

关于此榜的特奏名登科人数，《宋会要辑稿·选举》七之二一《亲试》载：“［熙宁六年三月］七日，试特奏名进士……得进士李仲熊已下四百七十五人，诸科廖舜元已下二百一十七人，并赐同出身、本科出身、试监簿、诸州文学、长史、助教。”

《长编》卷二四三载："[熙宁六年三月]癸亥(二十日),御集英殿,赐特奏名进士、诸科同学究出身、试将作监主簿、州长史、文学、助教,总六百九十一人。"二者相差一人。今从《宋会要辑稿》,此榜特奏名进士登科人数为475人,诸科登科人数为217人。

(五十三) 熙宁九年(1076)徐铎榜

《长编》卷二七三载："[熙宁九年三月]甲戌(十九日),御集英殿,赐进士徐铎以下并明经、诸科及第、出身、同出身、同学究出身,总五百九十六人。"《宋史》卷十五《神宗纪二》、《宋史全文》卷十二上同。故此榜进士、明经、诸科登科总数,宜依《长编》、《宋史》、《宋史全文》。那么,所放进士、明经、诸科又分别为多少人呢?《宋会要辑稿·选举》七之二一至二二《亲试》载："[熙宁]九年三月六日,上御集英殿,试礼部奏名进士……得徐铎已下四百二十六人,并赐及第、出身、同出身、同学究出身。"《十朝纲要》卷八载："熙宁九年,取进士徐铎等四百二十二人。"《宋状元图》、《文献通考》卷三十二同。今从《十朝纲要》、《宋状元图》、《文献通考》,此榜进士登科人数为422人,则诸科登科人数为174人。

关于此榜的特奏名登科人数,《宋会要辑稿·选举》七之二一至二二《亲试》载："[熙宁]九年三月六日,上御集英殿,试礼部奏名进士……翌日(三月七日),试特奏名恩泽举人……得进士杨烨已下四百四十七人,诸科李均已下一百九十四人,并赐同出身、本科出身、试监簿、诸州文学、长史、助教。"《长编》卷二七三载："[熙宁九年三月]乙亥(二十日),赐特奏名进士、明经、诸科同学究出身、试将作监主簿、守州军府长史、助教,总五百九十三人。"二者相差48人。其他史书均缺载。今从《宋会要辑稿》,此榜特奏名进士登科人数为447人,诸科登科人数为194人。

(五十四) 元丰二年(1079)时彦榜

《宋会要辑稿·选举》七之二二至二三《亲试》载："元丰二年三月十一日,上御集英殿试礼部奏名进士……得进士、明经、诸科时彦以下总六百二人,第为五等,赐及第、出身、同出身、同学究出身。"《长编》卷二九七、《宋史全文》卷十二上同。可知此榜进士、明经、诸科登科总数为602人。那么,所放进士、明经、诸科又分别为多少人呢?《治迹统类》卷二十八载："[元丰]二年三月庚辰(十一日),御集英殿策试,遂赐时彦、陈瓘、朱浚明、晁补之、家彬、张康国等三百四十八人及第、出身。"《十朝纲要》卷八、《宋状元图》、《文献通考》卷三十二均同。据此可知,此榜进士登科人数为 348 人。这样,此榜诸科登科人数则为 254 人。

关于此榜的特奏名登科人数,《宋会要辑稿・选举》七之二三《亲试》载:“[元丰二年三月]十三日,试特奏名进士……得进士、明经、诸科总七百七十八人,赐同学究出身,授试将作监主簿、国子四门助教,长史、文学、助教。”《长编》卷二九七同。其他史书均缺载。可知此榜特奏名进士、明经、诸科登科人数为 778 人。

(五十五) 元丰五年(1082)黄裳榜

《宋会要辑稿・选举》七之二四《亲试》载:“[元丰]五年三月十一日,上御集英殿试礼部奏名进士……得进士、明经、诸科黄裳已下五百九十二人,赐及第、出身、同出身。翌日(十二日),试特奏名进士……得进士、明经、诸科八百三十六人,授假承务郎、文学、助教、摄助教。”《长编》卷三二四载:“[元丰五年三月]乙巳(二十四日),御集英殿,赐进士、明经、诸科黄裳以下及第、出身、同出身五百九十三人;……丙午,赐[特]奏名进士、明经、诸科,授假承务郎、文学、助教、摄助教八百三十六人”。李焘在此条下注云:“《旧纪》书:乙巳,进士、明经、诸科赐第及授命者千四二十有八人;《新纪》书:赐礼部奏名进士、诸科及第、出身千四百二十八人。”又《宋史》卷十六《神宗纪三》亦载:“[元丰五年三月]乙巳(二十四日),赐进士、诸科出身千四百二十八人”。按综上所述,可知此榜正、特奏名进士、诸科登科总数为一千四百二十八人。其中特奏名进士、明经、诸科登科人数,《宋会要辑稿》、《长编》均作八百三十六人,宜依。如此,则正奏名进士、明经、诸科登科人数当为五百九十二人;此恰与《宋会要辑稿》所载正奏名登科人数相符,宜依。《长编》作“五百九十三人”,乃是因尾数“三”与“二”形近而误。

那么,是榜所得正奏名进士、诸科各多少人呢?《十朝纲要》卷八载:“元丰五年,取黄裳等四百四十五人。”《宋状元图》、《文献通考》卷三十二同。其他史籍均未明确记载进士登科人数。而《宋会要辑稿・选举》一之一二《贡举》载:“[元丰]五年正月九日,以翰林学士李清臣权知贡举,知制诰舒亶、侍御史知杂事满中行并权同知贡举。合格奏名进士四百八十五人。”此为礼部奏名进士参加殿试的人数,也未记载殿试所取进士人数。今且从《十朝纲要》、《宋状元图》、《文献通考》,此榜正奏名进士登科人数为 445 人。这样,正奏名诸科登科人数则为 147 人。

关于此榜的特奏名登科人数,《宋会要辑稿・选举》七之二四《亲试》载:“[元丰]五年三月十一日,上御集英殿试礼部奏名进士……翌日(三月十二日),试特奏名进士……得进士、明经、诸科八百三十六人,授假承务郎、文学、助教、摄助教。”《长编》卷三二四同。其他史书均缺载。今从《宋会要辑稿》、《长编》,此榜特奏名进士、明经、诸科登科人数为 836 人。

(五十六) 元丰八年(1085)焦蹈榜

《宋会要辑稿·选举》一之一二《贡举》载:“[元丰]八年三月二十六日,以兵部侍郎许将、给事中陆佃、秘书少监孙觉并权知贡举。准诏放合格奏名进士焦蹈已下四百八十五人。”《十朝纲要》卷八、《宋状元图》、《文献通考》卷三十二均同。故此榜进士登科人数为 485 人。

关于此榜的诸科登科人数,《宋会要辑稿》、《长编》等史书均无明确记载。《长编》卷三五六载:“[元丰]八年五月丙辰(二十四日),正奏名进士刘逵等五百七十五人、特奏名八百四十七人,并释褐。”《治迹统类》卷二十八、《宋史全文》卷十二下同。此应为此榜正奏名进士、诸科登科总数。既然此榜进士登科人数为 485 人,则此榜诸科登科人数应为 90 人。

关于此榜的特奏名登科人数,《长编》卷三五六载:“[元丰]八年五月丙辰(二十四日)……特奏名八百四十七人,并释褐。”《宋史全文》卷十二下同。其他史书均缺载。今从《长编》、《宋史全文》,此榜特奏名进士、诸科登科人数为 847 人。

(五十七) 元祐三年(1088)李常宁榜

《宋会要辑稿·选举》七之二五《亲试》载:“元祐三年三月十日,上御集英殿试礼部奏名进士……得李常宁已下五百二十三人,并赐及第、出身、同出身。”《十朝纲要》卷十一、《文献通考》卷三十二同。《长编》卷四〇九载:“[元祐三年三月]己巳(二十二日),赐进士李常宁等二十四人及第,二百九十有六人出身,一百八十有八人同出身。”共 508 人。《治迹统类》卷二十八、《宋史全文》卷十三中同。二者相差 15 人。不知何故。今从《宋会要辑稿》、《十朝纲要》、《文献通考》,此榜进士登科人数为 523 人。

关于此榜的诸科登科人数,《长编》卷四〇九载:“[元祐三年三月]己巳(二十二日)……诸科、明经七十有三人,各赐本科及第、出身、同出身有差。”《治迹统类》卷二十八、《宋史全文》卷十三中同。其他史书均缺载。今从《长编》、《治迹统类》、《宋史全文》,此榜诸科登科人数为 73 人。

关于此榜的特奏名登科人数,《宋会要辑稿·选举》七之二五至二六《亲试》载:“元祐三年三月十日,上御集英殿试礼部奏名进士……翌日(十一日),试特奏名诸科、进士……得王邻臣已下五百三十三人,赐同出身、假承务郎、京府助教、诸州文学、助教。”《长编》卷四〇九同。其他史书均缺载。今从《宋会要辑稿》、

《长编》，此榜特奏名进士、诸科登科人数为533人。

（五十八）元祐六年（1091）马涓榜

《宋会要辑稿·选举》七之二六至二八《亲试》载："[元祐]六年三月十日，上御集英殿试礼部奏名进士……得马涓已下六百二人，并赐及第、出身，同出身。翌日（十一日），试特奏名诸科、进士……得刘必已下三百二十三人，并赐同出身、假承务郎、京府助教、文学、州助教。"《长编》卷四五六载："[元祐六年三月]壬午（二十三日），御集英殿，赐进士、诸科马涓以下及第、出身、同出身，假承务郎、文学，总六百有二人。……癸未（二十四日），赐特奏名进士、诸科刘必以下同出身、假承务郎、京府助教、文学三百二十三人。"《治迹统类》卷二十八同。《宋史》卷十七《哲宗纪一》载："[元祐六年三月]壬午（二十三日），赐礼部奏名进士、诸科及第、出身九百五十七人。"《十朝纲要》卷十一载："元祐六年，取进士马涓等五百一十九人。"《宋状元图》、《文献通考》卷三十二均同。诸科登科人数缺载。

上述史书记载，颇为纷繁复杂，但仔细梳理，可以看出：《宋史》所载"礼部奏名进士、诸科及第、出身九百五十七人"，为正奏名、特奏名进士、诸科登科总数。《宋会要辑稿》所载"马涓已下六百二人"，为正奏名进士登科人数。《宋会要辑稿》《长编》所载"刘必已下三百二十三人"，为特奏名进士、诸科登科人数。这样，"九百五十七人"减去"三百二十三人"，得六百三十四人，为正奏名进士、诸科登科人数；再减去"六百二人"，得三十二人，为正奏名诸科登科人数。

此外，据《宋会要辑稿·选举》一之一二至一三《贡举》载："[元祐]六年正月九日，以翰林学士、知制诰范百禄知贡举，天章阁待制、吏部侍郎顾临，国子监司业孔武仲权同知贡举。合格奏名进士五百一十九人。"可知《十朝纲要》、《宋状元图》、《文献通考》所云"取进士马涓等五百一十九人"，乃是礼部奏名人数，此榜当有115人由免省试等途径参加殿试而登科者。

综上所述，此榜正奏名进士登科人数为602人，正奏名诸科登科人数为32人；特奏名进士、诸科登科人数为323人。

（五十九）绍圣元年（1094）毕渐榜

《宋会要辑稿·选举》七之二八至二九《亲试》载："绍圣元年三月十四日，上御集英殿，试礼部奏名进士……得毕渐已下五百一十三人，并赐及第、出身、同出身。翌日（十五日），试特奏名诸科、进士……得陈希伋以下三百四十六人，赐假承务郎、助教、文学有差。"《治迹统类》卷二十八载："[绍圣元年三月]丁酉（二十六日），上御集英殿，赐进士毕渐、唐寅、赵党、刘艺、王孝迪、程畲、杨皓、唐恪、吕颐浩、张纲、李天任等以下，通礼、诸科、经律及第、出身者六百人。”《宋史全文》卷十三下同。《十朝纲要》卷十一载：“绍圣元年，取进士毕渐等五百一十二人。”《宋状元图》、《文献通考》卷三十二均同。《宋史》卷十八《哲宗纪二》载：“[绍圣元年三月]丁酉（二十六日），赐礼部奏名进士、诸科及第、出身九百七十五人。”

以上史书记载，经过梳理，可以看出：《宋史》所载“礼部奏名进士、诸科及第、出身九百七十五人”，为正奏名、特奏名进士、诸科登科总数。《宋会要辑稿》所载“毕渐已下五百一十三人”，为正奏名进士登科人数。《宋会要辑稿》所载“陈希伋已下三百四十六人”，为特奏名进士、诸科登科人数。这样，“九百七十五人”减去“三百四十六人”，得六百二十九人，为正奏名进士、诸科登科人数；再减去“五百一十三人”，得一百一十六人，为正奏名诸科登科人数。至于《十朝纲要》、《宋状元图》、《文献通考》所载“取进士毕渐等五百一十二人”，大概“二”乃“三”误。

综上所述，此榜正奏名进士登科人数为 513 人，正奏名诸科登科人数为 116 人；特奏名进士、诸科登科人数为 346 人。

（六十）绍圣四年（1097）何昌言榜

《宋会要辑稿·选举》七之二九至三〇《亲试》载：“[绍圣]四年闰（四）[二]月二十四日，上御集英殿试礼部奏名进士……得何昌言已下五百六十九人，并赐及第、出身、同出身。”《十朝纲要》卷十一载：“绍圣四年，取进士何昌言等五百六十四人。”《宋状元图》、《文献通考》卷三十二同。按《宋会要辑稿·选举》一之一三《贡举》载：“[绍圣]四年正月十四日，以翰林学士林希权知贡举，刑部侍郎徐铎、起居郎沈铢同知贡举。合格奏名进士五百六十九人。”宋朝自哲宗元祐八年（1088）之后，殿试杂犯亦不复黜落，别作一项上奏皇帝，请予定夺。定夺的结果，往往是特赐下州文学或助教，有的还会附第五甲末。①此榜有可能有 5 名礼部奏名进士因杂犯而被特赐下州文学或助教，也没有附第五甲末，故从《十朝纲要》、《宋状元图》、《文献通考》，此榜进士登科人数为 564 人。

关于此榜的诸科登科人数，现存史书均未见记载，但《宋史》卷十八《哲宗纪二》载：“[绍圣四年三月]癸亥（九日），赐礼部奏名进士、诸科及第、出身六百九人。”《编年备要》卷二十四载：“[绍圣四年]三月，亲试举人。赐何昌言以下及诸科六百余人及第、出身有差。”《宋史全文》卷十三下载：“[绍圣四年]三月癸亥（九

① 请参见本卷第六章《宋朝贡举殿试制度》第五节《殿试不黜落制度》。

日），御集英殿，赐正奏名进士何昌言并诸科进士及第、出身，释褐共六百九十人。”疑《宋史全文》登科人数尾数“十”字为衍文，今从《宋史》，此榜进士、诸科登科人数为“六百九人”。这样，此榜诸科登科人数则为 45 人。

关于此榜的特奏名登科人数，现存史书均未见记载，但《宋会要辑稿·选举》二之一二至一三《进士科》载：“[绍圣]四年二月二十三日，三省言：‘特奏名进士自今第一等上，同诸科出身；第一等中、下，假承务郎；第二等上、中、下，京府助教，依旧注官，两等通不过二[十]三人。第三等上、中、下，上州文学；第四等上、中、下，下州文学。遇赦，见年六十已下堪厘务者，许自本州县保明，申转运司，本司保明，申吏部，召升朝官三员奏举，注权入官。所取通不得过八十人。第五等上、中、下，下州助教；犯不考式，摄助教；以上更不许出官。特奏名诸科第一等假承务郎，第二等京府助教，依旧注官，两等通不得过十五人。第三、四等推恩及馀悉如特奏名进士例。’从之。”据此，此榜应有特奏名者，其人数不会少于 118 人。

（六十一）元符三年（1100）李釜榜

《宋会要辑稿·选举》一之一三《贡举》载：“元符三年二月十四日（徽宗已即位，未改元），以尚书吏部徐铎权知贡举，给事中赵挺之、宝文阁待制何执中、起居郎吴伯举同知贡举。准诏放合格奏名进士李釜已下五百五十八人。”《十朝纲要》卷十一载：“元符三年，取进士李釜等五百六十一人。”《文献通考》卷三十二、《宋史》卷十九《徽宗纪一》、《宋史全文》卷十四均同。此榜谅阴不殿试，大概有免省试者，故进士登科人数会超过礼部合格奏名进士，今从《十朝纲要》、《文献通考》、《宋史全文》，此榜进士登科人数为 561 人。

关于此榜的诸科登科人数，现存史书均未见记载，暂付阙如。

《宋会要辑稿·选举》三之五七《贡举杂录》载：“元符三年二月二十日（徽宗即位，未改元），诏南省下第举人曾经御试进士七举、诸科八举，曾经省试进士九举、诸科十举，并年四十以上；曾经御试进士五举、诸科六举，曾经省试进士六举、诸科七举，并年五十以上；内河北、河东、陕西举人更各减一举；应曾经治平四年已前到省进士前后实得两解、诸科实得三解，并免解共及两举、诸科共及三举，更不限年，并特与奏名。治平四年以前到省进士一举、诸科前后两举，见年六十以上者，并令本贯州县保明，送礼部贡院，次第闻奏，当议特与推恩。”据此，此榜会有相当多特奏名登科者。至于其登科人数，现存史书均未见记载，只好暂付阙如。

(六十二) 崇宁二年(1103)霍端友榜

《宋会要辑稿·选举》七之三一《亲试》载:"崇宁二年三月八日,上御集英殿,试礼部奏名进士……得霍端友已下五百三十八人,并赐及第、出身、同出身。"《十朝纲要》卷十五、《文献通考》卷三十二、《宋史》卷十九《徽宗纪一》、《宋史全文》卷十四均同。宜依。《治迹统类》作"三百三十八人",《宋状元图》作"三百二十八人",皆因形近而误。故此榜进士登科人数为 538 人。

关于此榜的诸科登科人数,现存史书均未见记载,暂付阙如。《宋会要辑稿·选举》一五之二八载:"崇宁元年八月八日,礼部言:'臣僚奏,五路诸科旧人见在应书者今已无几,愿以所存(进士)[诸科]解额悉解进士,使熙宁诱进诸科向习进士之意,至是始得纯一。欲遍行指挥,应有诸科解额,今来无人取应者,并许并入进士解额。'从之。"据此看来,大概崇宁二年以后,以诸科登第者就寥寥无几了。

上引《宋会要辑稿·选举》七之三一《亲试》崇宁二年三月八日叙事下注曰:"特奏名第一名赐及第,馀阙。"又《太平治迹统类》卷二八载:"[崇宁二年三月]丁亥(八日),御集英殿策试。……时特奏名安忱对策言:'使党人之子阶魁南宫多士,无以示天下。'遂夺[李]阶出身,而赐忱第,惇兄也。"可见此榜亦有特奏名登科者,但其登科人数,现存史书均未见记载,暂付阙如。

(六十三) 崇宁五年(1106)蔡嶷榜

《宋会要辑稿·选举》七之三一至三二《亲试》载:"[崇宁]五年三月八日,上御集英殿,试礼部奏名进士……得蔡嶷已下六百七十一人,赐及第、出身、同出身。(特奏名阙)"《十朝纲要》卷十五、《文献通考》卷三十二、《宋史》卷二十《徽宗纪二》均同。《治迹统类》卷二十八载:"[崇宁五年三月]癸卯(十一日),御集英殿策试。遂赐蔡嶷、唐绾、杨郁……等以下六百七十六人及第、出身。"《宋史全文》卷十四同。今从《宋会要辑稿》、《十朝纲要》、《文献通考》、《宋史》,此榜进士登科人数为 671 人。

关于此榜的诸科及特奏名登科人数,现存史书均未见记载,暂付阙如。

(六十四) 大观三年(1109)贾安宅榜

《宋会要辑稿·选举》七之三二《亲试》载:"大观三年三月六日,上御集英殿试礼部奏名进士……得贾安宅已下七百三十一人,赐及第、出身、同出身。"(特奏名阙)《宋史全文》卷十四同。《治迹统类》卷二十八载:"[大观]三年三月庚戌(六日),御集英殿策试。遂赐贾安宅、杨浑、唐重……以下六百八十五人及第、出身。"《十朝纲要》卷十五、《宋状元图》、《宋史》二十《徽宗纪二》同;《文献通考》卷三十二则作"进士六百八十五人、宗室上舍四十二人";《编年备要》卷二十七、《续宋通鉴》作"赐贾安宅等七百余人及第、出身"。按上述记载虽异,但作"六百八十五人"者,或许是未把"宗子上舍"出身人数计算在内所致,故今且从《宋会要辑稿》、《宋史全文》,此榜进士登科人数为731人。

关于此榜的诸科登科人数,现存史书均未见记载,暂付阙如。

前引《宋会要辑稿・选举》七之三二《亲试》载大观三年三月六日殿试赐第纪事注云:"特奏名阙"。可见此榜亦有特奏名登科者,但其登科人数,现存史书均未见记载,暂付阙如。

(六十五) 政和二年(1112)莫俦榜

《宋会要辑稿・选举》七之三二至三三《亲试》载:"政和二年三月十二日,上御集英殿试礼部奏名进士……得莫俦已下七百一十三人,赐及第、出身、同出身。"《十朝纲要》卷十五、《宋状元图》、《文献通考》卷三十二、《宋史》卷二十一《徽宗纪三》均同。宜依,此榜进士登科人数为713人。

关于此榜的诸科登科人数,现存史书均未见记载,暂付阙如。

《宋会要辑稿・选举》七之三二至三三《亲试》载:"政和二年三月十二日,上御集英殿试礼部奏名进士……翌日,试特奏名诸科、进士。"可见此榜亦有特奏名登科者,但其登科人数,现存史书均未见记载,暂付阙如。

(六十六) 政和五年(1115)何桌榜

《宋史全文》载:"[政和五年]三月癸巳(二十三日),御集英殿赐合格进士何桌以下并宗子公惠等及第、出身、文学总六百九十二人。"《编年备要》卷二十八、《续宋通鉴》同。《宋会要辑稿・选举》七之三四载:"[政和]五年三月九日,上御集英殿试礼部奏名进士……得何桌已下六百七十人,赐及第、出身、同出身。"(特奏名阙)《治迹统类》卷二十八、《十朝纲要》卷十五、《宋状元图》、《宋史》卷二十一《徽宗纪三》均同。《文献通考》卷三十二则作"[政和]五年,进士六百七十人、宗子上舍十七人"。按《宋会要辑稿》等作"六百七十人",大概也或许是未把"宗子上舍"登科人数计算在内所致,故且从《宋史全文》、《编年备要》、《续宋通鉴》,此榜进士登科人数为692人。

关于此榜的诸科登科人数,现存史书均未见记载,暂付阙如。

关于此榜的特奏名登科人数,《宋会要辑稿·选举》四之九至一〇《贡举杂录》载:“[政和五年三月]十八日,尚书省言:‘今次就试特奏名进士一千五十七人,特奏名诸科二人。检会崇宁五年、大观三年、政和二年就试特奏名诸科人并第二、第三等以上所取人数。’诏今次特奏名进士第一、第二等新取通不得过六十人,第三、第四等通不得过四百五十人,特奏名诸科随所试合入等第推恩,馀人依条施行。”其他史书均缺载。今从《宋会要辑稿》,此榜特奏名进士登科人数为 1 057 人,特奏名诸科登科人数为 2 人。

(六十七) 重和元年(1118)王昂榜

《宋会要辑稿·选举》七之三五至三六《亲试》载:“[政和八年](重和元年)三月十六日,上御集英殿试礼部奏名进士……得嘉王已下七百八十三人,赐及第、出身、同出身。(特奏名阙)”①《十朝纲要》卷十五、《宋状元图》、《文献通考》卷三十二、《宋史》卷二十一《徽宗纪三》、《宋史全文》卷十四均同。可知此榜进士登科人数为 783 人。

关于此榜诸科考试的情况,《宋会要辑稿·选举》四之一〇《贡举杂录》载:“[政和七年]三月二十六日,诏诸科三经应举以上人,许赴来年学事司试一次。”但是,由于种种原因,后来又“诏政和七年三月二十(七)[六]日并七月二十八日指挥并更不施行”。②取消了原来确定的来年即政和八年(重和元年)的诸科考试。此后再也未见诸科应举的记载。至此,可以说诸科彻底消亡了。

此外,前引《宋会要辑稿·选举》七之三五至三六《亲试》载[政和八年](重和元年)三月十六日殿试赐第纪事注云:“特奏名阙”。可见此榜亦有特奏名登科者,但其登科人数,现存史书均未见记载,暂付阙如。

(六十八) 宣和三年(1121)何涣榜

《宋会要辑稿·选举》七之三六《亲试》载:“宣和三年三月十二日,上御集英殿试礼奏名进士……得何涣已下六百三十人,赐及第、出身。(特奏名阙)”《治迹统类》卷二十八、《十朝纲要》卷十五、《宋状元图》、《文献通考》卷三十二、《宋史》卷二十二《徽宗纪四》均同。可知此榜进士登科人数为 630 人。

关于此榜的特奏名登科人数,《宋会要辑稿·选举》四之一二《贡举杂录》载:

---

① 时不欲以嘉王为榜首,故以第二人王昂为状元。

② 《宋会要辑稿·选举》四之一一《贡举杂录》。

“[宣和三年]三月十五日，尚书省言：‘今次就试特奏名进士，检会政和五年、八年就试人并第二、第四等以上取人分数。依条，特奏名进士第一等已上同[本]科出身，五经、学究、三礼，第一等中、下登仕郎，第二等上、中、下京府助教，已上所取通不得过二十人，依旧注官。第三等上、中、下上州文学，第四等上、中、下下州文学，已上所取通不得过一百四十五人，遇赦，年六十以上召保注权入官。第五等上、中、下诸州助教、(式)[试]摄助教。欲今次特奏名进士第一等、第二等所取通不得过三十七人；第三等、第四等通不得过二百八十人。”从之。”据此，是此特奏名进士登科者第一至第四等为 317 人。按《宋会要辑稿·选举》八之三六《亲试杂录》载：“[元祐]四年八月二十二日，诏自今考校特奏名举人，进士入第四等中以上、诸科入第三等以上，各不得过就试人数之半。”这样，据推算，此榜特奏名进士登科人数当不少于 634 人。今且照此推算，此榜特奏名进士登科人数为 634 人，确切数字尚待进一步考证。

（六十九）宣和六年(1124)沈晦榜

《宋会要辑稿·选举》七之三六至三七《亲试》载：“[宣和]六年闰三月二十三日，上御集英殿试礼部奏名进士……得沈晦已下八百五人，赐及第、出身、同出身。(特奏名阙)”《十朝纲要》卷十五、《宋状元图》、《文献通考》卷三十二、《宋史》卷二十二《徽宗纪四》、《宋史全文》卷十四均同。可知此榜进士登科人数为 805 人。《宋会要辑稿·选举》四之一四《贡举杂录》载：“[宣和]六年正月二十八日，诏天下士裒然来试礼部者逾万五千人，承平文物之盛，前未之有。深念省试有定额，不足以网罗俊彦，可特添省额百人，差知举官五人。”由于省额增添一百人，此榜进士登科人数空前之多。

关于此榜的特奏名登科人数，《宋会要辑稿·选举》四之一二至一三《贡举杂录》载：“[宣和五年]二月二十九日，诏今来尚书礼部贡院下第举人，进士六举曾经御试、八举曾经省试，并年五十以上；进士四举曾经御试下、五举曾经省试下，并年六十以上，内河北、河东、陕西举人于逐项举数内特与各减一举；进士曾经绍圣四年已前到省前后实得两解，更不限年；进士曾经绍圣四年已前到省并免解共及两解，更不限年，令尚书礼部贡院勘会，并特与奏名，许就殿试。”又据前引《宋会要辑稿·选举》七之三六至三七《亲试》载[宣和]六年闰三月二十三日殿试赐第纪事注云：“特奏名阙”。可见此榜亦有特奏名登科者，但其登科人数，现存史书均未见记载，暂付阙如。

以上考证，难免繁琐。为了使大家能够一目了然，再根据考证结果，制成《北宋贡举登科表》，除胪列历科登第人数之外，还记载了历科知贡举、同知贡举和省元、状元的姓名，以供参考。（见表二《北宋贡举登科表》）

表二　北宋贡举登科表

项目 年代	知贡举	同知贡举	省　元	状　元	正奏名			特奏名			合计
					进士	诸科	小计	进士	诸科	小计	
建隆元年(960)	扈　蒙	无	无	杨　砺	19	缺	19				19
建隆二年(961)	窦　仪	无	无	张去华	11	缺	11				11
建隆三年(962)	王　著	无	无	马　適	15	缺	15				15
乾德元年(963)	薛居正	无	无	苏德祥	8	缺	8				8
乾德二年(964)	陶　谷	无	无	李景阳	8	缺	8				8
乾德三年(965)	卢多逊	无	无	刘　察	7	缺	7				7
乾德四年(966)	王　祜	无	无	李　肃	6	9	15				15
乾德五年(967)	卢多逊	无	无	刘蒙叟	10	缺	10				10
开宝元年(968)	王　祜	无	无	柴成务	11	缺	11				11
开宝二年(969)	赵　逢	无	无	安德裕	7	缺	7				7
开宝三年(970)	扈　蒙	无	无	张　拱	8	缺	8	106		106	114
开宝四年(971)	卢多逊	无	无	刘　寅	10	缺	10				10
开宝五年(972)	扈　蒙	无	无	安守亮	11	17	28				28
开宝六年(973)	李　昉	无	无	宋　准	26	101	127				127

（续表）

年代＼项目	知贡举	同知贡举	省元	状元	正奏名			特奏名			合计
					进士	诸科	小计	进士	诸科	小计	
开宝八年(975)	王祜	无	王式	王嗣宗	31	34	65				65
太祖朝合计					188	161	349	106		106	455
太平兴国二年(977)	张泊	石熙载、侯陟、侯陶、陈鄂	缺	吕蒙正	109	207	316	184		184	500
太平兴国三年(978)	刘兼	张泊、郭贽、王克正	赵昌言	胡旦	74	82	156				156
太平兴国五年(980)	程羽	侯陟、郭贽、宋白、陈鄂、邢昺	缺	苏易简	121	534	655				655
太平兴国八年(983)	宋白	贾黄中、吕蒙正、李至、王沔、韩丕、宋准、李穆、李范、杨砺	王禹偁	王世则	239	633	872				872
雍熙二年(985)	贾黄中	徐铉、赵昌言、韩丕、苏易简、宋准、张泊、范杲、宋湜	陈充	梁颢	258	620	878	84		84	962
端拱元年(988)	宋白	李沆	程宿	程宿	160	811	971	缺	缺	缺	971
端拱二年(989)	苏易简	宋准	陈尧叟	陈尧叟	186	523	709				709
淳化三年(992)	苏易简	毕士安、钱若水、吕祐之、王旦	孙何	孙何	353	964	1 317				1 317
太宗朝合计					1 500	4 374	5 874	268		268	6 142
咸平元年(998)	杨砺	李若拙、梁颢、朱台符	孙仅	孙仅	51	150	201				201
咸平二年(999)	温仲舒	张咏、师颃	孙暨	孙暨	71	174	245				245

（续表）

项目／年代	知贡举	同知贡举	省　元	状　元	正奏名			特奏名			合计
					进士	诸科	小计	进士	诸科	小计	
咸平三年（1000）	洪　湛	王钦若、赵安仁	李庶几	陈尧咨	427	777	1 204	260	697	957	2 161
咸平五年（1002）	陈　恕	师　颃、谢　泌 杨　覃	王　曾	王　曾	38	182	220				220
景德二年（1005）	赵安仁	晁　迥、戚　纶 陈　充、朱　巽	刘　滋	李　迪	393	1 268	1 661	316	1 072	1 388	3 049
大中祥符元年（1008）	晁　迥	朱　巽、王　曾 陈彭年	郑　向	姚　晔	207	652	859				859
大中祥符二年（1009）	张　秉	周　起	无	梁　固	31	54	85				85
大中祥符四年（1011）	谢　泌	王　曾	无	张师德	31	50	81				81
大中祥符五年（1012）	晁　迥	刘　综、李　维 孙　奭	缺	徐　奭	126	377	503	缺	缺	缺	503
大中祥符七年（1013）	王　曾	钱惟演	无	张　观	21	21	42				42
大中祥符八年（1015）	赵安仁	李　维、盛　度 刘　筠	高　悚	蔡　齐	203	363	566	78	70	148	714
天禧三年（1019）	钱惟演	王　曙、杨　亿 李　谘	程　戡	王　整	162	154	316	211		211	527
真宗朝合计					1 761	4 222	5 983			2 704	8 687
天圣二年（1024）	刘　筠	宋　绶、陈尧佐 刘　烨	吴　感	宋　郊	207	354	561	43	77	120	681
天圣五年（1027）	刘　筠	冯　元、石中立 韩　亿	吴　育	王尧臣	377	894	1 271	109	234	343	1 614
天圣八年（1030）	晏　殊	王　随、徐　奭 张　观	欧阳修	王拱辰	249	573	822				822
景祐元年（1034）	章得象	郑　向、胥　偃 李　淑、宋　郊	黄　庠	张唐卿	501	481	982	857		857	1 839
宝元元年（1038）	丁　度	缺	范　镇	吕　溱	310	617	927	165	984	1 149	2 076

（续表）

项目 / 年代	知贡举	同知贡举	省元	状元	正奏名			特奏名			合计
					进士	诸科	小计	进士	诸科	小计	
庆历二年（1042）	聂冠卿	王拱辰、苏绅、吴育、高若讷	杨寘	杨寘	432	407	839	364		364	1 203
庆历六年（1046）	孙抃	张方平、高若讷、杨伟、钱明逸	裴煜	贾黯	538	415	953	223	1 655	1 878	2 831
皇祐元年（1049）	赵概	张锡、王赞、张揆、赵师民	冯京	冯京	498	550	1 048	缺	缺	缺	1 048
皇祐五年（1053）	王拱辰	曾公亮、胡宿、蔡襄、王珪	徐无党	郑獬	520	522	1 042	766	430	1 196	2 238
嘉祐二年（1057）	欧阳修	王珪、梅挚、韩绛、范镇	李寔	章衡	388	389	777	122	102	224	1 001
嘉祐四年（1059）	胡宿	吕溱、刘敞	刘挚	刘煇	165	184	349	65		65	414
嘉祐六年（1061）	王珪	范镇、王畴	江衍	王俊民	193	102	295	44	41	85	380
嘉祐八年（1063）	范镇	王安石、司马光	孔武仲	许将	194	147	341	72	28	100	441
仁宗朝合计					4 570	5 635	10 207			6 381	16 588
治平二年（1065）	冯京	范镇、邵必	彭汝砺	彭汝砺	213	148	361	45	缺	45	406
英宗朝合计					213	148	361			45	406
治平四年（1067）	司马光	韩维、邵亢	许安世	许安世	350	211	561	缺	缺	缺	561
熙宁三年（1070）	王珪	吕公著、苏颂、孙觉	陆佃	叶祖洽	355	474	829	474		474	1 303
熙宁六年（1073）	曾布	吕惠卿、邓绾、邓润甫	邵刚	余中	400	196	596	475	217	692	1 288
熙宁九年（1076）	邓绾	邓润甫、蒲宗孟	张嵫	徐铎	422	174	596	447	194	641	1 237
元丰二年（1079）	许将	蒲宗孟、沈季长	朱浚明	时彦	348	254	602	778		778	1 380

（续表）

项目／年代	知贡举	同知贡举	省　元	状　元	正奏名			特奏名			合计
					进士	诸科	小计	进士	诸科	小计	
元丰五年(1082)	李清臣	舒　亶、满中行	刘　槩	黄　裳	445	147	592	836		836	1 428
神宗朝合计					2 320	1 456	3 776			3 421	7 197
元丰八年(1085)	许　将	陆　佃、孙　觉	焦　蹈	焦　蹈	485	90	575	847		847	1 422
元祐三年(1088)	苏　轼	孙　觉、孔文仲	章　援	李常宁	523	73	596	533		533	1 129
元祐六年(1091)	范百禄	顾　临、孔武仲	邹　起	马　涓	602	32	634	323		323	957
绍圣元年(1094)	邓润甫	范祖禹、王　觌虞　策	刘　范	毕　渐	513	116	629	346		346	975
绍对四年(1097)	林　希	徐　铎、沈　铢	汪　革	何昌言	564	45	609	缺	缺	缺	609
哲宗朝合计					2 687	356	3 043			2 049	5 092
元符三年(1100)	徐　铎	赵挺之、何执中吴伯举	李　釜	李　釜	561	缺	561	缺	缺	缺	561
崇宁二年(1103)	安　惇	刘　拯、邓洵武范致虚	李　阶	霍端友	538	缺	538	缺	缺	缺	538
崇宁五年(1106)	朱　谔	侯　蒙、白时中薛　昂	吴　倜	蔡　薿	671	缺	671	缺	缺	缺	671
大观三年(1109)	薛　昂	慕容彦逢、李图南、霍端友、俞㮚、刘安上、宇文粹中、蔡居厚	李弥逊	贾安宅	731	缺	731	缺	缺	缺	731
政和二年(1112)	蔡　薿	慕容彦逢、宇文粹中、张　漴	师　骥	莫　俦	713	缺	713	缺	缺	缺	713
政和五年(1115)	王　黼	慕容彦逢、翟汝文、冯熙载	傅崧卿	何　㮚	692	缺	692	1 057	2	1 059	1 851
重和元年(1118)	陆德先	缺	何大圭	王　昂	783		783	缺	缺	缺	783

(续表)

项目 年代	知贡举	同知贡举	省 元	状 元	正奏名			特奏名			合计
					进士	诸科	小计	进士	诸科	小计	
宣和三年(1121)	赵 野	黄 齐、郭三益	宋齐愈	何 涣	630		630	缺		缺	630
宣和六年(1124)	宇文粹中	王时雍、沈 思 何 㮚、王 绹 高伯振	杨 椿	沈 晦	805		805	缺		缺	805
徽宗朝合计					6 124		6 124			1 059	7 183
总 计					19 365	16 352	35 717			16 667	52 384

三、有关北宋贡举登科人数的几个问题

(一) 史籍记载北宋贡举登科人数歧异的原因

宋朝史籍关于北宋贡举登科人数的记载,多有歧异,究其原因,大概有四:一是史料来源不同,辗转抄录而误。如《宋会要辑稿》中关于北宋登科人数的记载,乃来自北宋历朝的会要,具体说来,即直接或间接来自章得象监修的《庆历国朝会要》,王珪奏上的《元丰增修五朝会要》,汪大猷等纂修的《乾道续四朝会要》等。而这些《会要》又是根据历朝日历、实录等编修的。《长编》的记载,虽参阅了会要、登科记等,但其主要依据是实录、国史,故与《宋会要辑稿》多异而与《宋史》多相吻合。《治迹统类》、《宋史全文》、《编年备要》虽主要采自《长编》,但也参阅了其他史籍。至于《文献通考》中有关宋朝登科人数的记载,马端临说得很清楚,即采自《宋登科记》,并参阅了会要。既然史料来源不同,又辗转抄录,且难免脱误,因而其记载也就必有差异。如熙宁九年(1076)徐铎榜,《宋会要辑稿・选举》七之二一《亲试》载:"熙宁九年三月六日,上御集英殿,试礼部奏名进士……得徐铎已下四百二十六人,并赐及第、出身、同出身、同学究出身。"《文献通考》载:"熙宁九年,进士四百二十二人。"《十朝纲要》卷八、《宋状元图》同。《治迹统类》卷二十八则作四百三十人,《续宋通鉴》又作四百二十人。而《长编》卷二七三载:"熙宁九年三月甲戌(十九日),御集英殿,赐进士徐铎以下并明经、诸科及第、出身、同出身、同学究出身,总五百九十六人。"《宋史全文》卷十二上、《宋史》卷十五《神宗纪二》同。在这种纷纭歧异的情况下,只能根据各种记载,进行综合分析,择善

而从。

二是因分甲而漏载。北宋贡举登科者一般分有等甲。如《宋会要辑稿·选举》七之二《亲试》载："[开宝]八年(975)二月二十五日，帝御讲武殿试礼部奏名进士……得王嗣宗已下三十一人，赐及第、出身。翌日，试诸科，得三礼纪自成已下三十四人，赐本科及第、出身。"可见，宋初已有"及第"、"出身"两个等级。而据《宋会要辑稿·选举》七之五《亲试》及《淳熙三山志》卷二十六记载，到咸平三年(1000)陈尧咨榜，则分为六甲，第一、二、三甲赐及第，第四甲同进士出身，第五甲同三传出身，第六甲同学究出身。有的史籍只记载了"及第"人数，"出身"、"同出身"人数漏载，这样也会出现歧异。如大中祥符八年(1015年)蔡齐榜，《长编》卷八十四载："[大中祥符八年三月]癸卯(二十三日)，上御崇政殿覆试……得进士蔡齐以下百九十七人，并赐及第，六人同出身。"《宋史全文》仅载"得进士蔡齐以下百九十七人，并赐及第"，而脱"六人同出身"。

三是因形近而误。如咸平五年(1002年)王曾榜，《宋会要辑稿·选举》七之七《亲试》、《文献通考》卷三十二均作"诸科一百八十二人"，而《长编》卷五十一"九经诸科百八十一人，并赐及第"。其尾数"一"盖"二"之误。又如治平四年(1067)许安世榜，《长编》卷二〇九载，"合格进士许安世以下三百五人"，分四等赐及第、同出身。《宋史全文》卷十、《编年备要》卷十七同；《治迹统类》卷二十八载，"[治平]四年，赐进士许安世等三百五十人，分四等。"《续宋通鉴》同。《十朝纲要》卷八载："治平四年，取进士许安世等二百五十人。"《文献通考》卷三十二同。通过综合分析，并证之以治平四年元旦诏书和《古今源流至论》续集卷十的记载，此榜进士当从《治迹统类》、《续宋通鉴》为三百五十人，其他史籍所载之"三百五人"、"二百五十人"皆盖为因形近而误。

四是因脱载诸科尤其是特奏名登第人数而异。宋承唐制，重进士而轻诸科，因而各种史籍对于进士登科人数记载较为详备，而对于诸科登第人数的记载，除《宋会要辑稿》、《长编》、《文献通考》之外，多有残缺，甚至全付阙如，《十朝纲要》、《宋状元图》就是这样。至于历榜所得特奏名进士、诸科人数，连《宋会要辑稿》、《长编》也多有残缺，其他史籍则基本不载。这样，就必然造成各种史籍每榜取士总数的很大不同。如熙宁六年(1073)余中榜，《宋会要辑稿·选举》七之二〇《亲试》载，是榜正奏名进士"余中已下三百四十八人并赐及第、出身、同出身、同学究出身"，特奏名"得进士李仲熊已下四百七十五人，诸科廖舜元已下二百一十七人"，共取士1 040人，缺正奏名诸科登科人数。《治迹统类》卷二十八载："[熙宁六年三月]己酉(六日)，御集英殿策试，遂赐余中、李夷行、陈唐、管师仁、管师渐等四百人及第、出身。"《十朝纲要》卷八、《宋状元图》均同，亦缺正奏名诸科登科人数。《长编》二四三载，是榜赐正奏名进士、诸科及第、出身、同出身、同学究出身，"总五百九十六人"；"赐特奏名进士、明经、诸科同学究出身、试将作监主簿、州长史、文学、助教，总六百九十一人。"共 1 287 人。《文献通考》卷三十二作"进士四百人、诸科四十人"，缺特奏名人数。《宋史》卷十五《神宗纪二》作"赐奏名进士、诸科及第、出身五百九十六人"，亦缺特奏名人数。其差别如此之大，简直令人莫衷一是。但只要对该榜正奏名进士、诸科和特奏名进士、诸科四个数字加以综合分析，其登科人数也是能够基本弄清楚的。

另外，还有其他一些原因，如有些年份，除正常开科贡举之外，还覆试下第举人，或考试续解到举人。不少史籍只记载正常取士的人数，对于覆试下第举人及考试续解到举人所取人数则未予记载，因而造成差异。如此等等，不再一一列举。

（二）北宋一代贡举取士究竟几何

经初步考证，北宋一代共开科贡举 69 榜，不包括徽宗朝上舍贡士 12 榜，共为 81 榜。其所取士，有具体数字记载者约为：正奏名进士 19 701 人，诸科 16 352 人，合计 36 053 人；特奏名进士、诸科合计 16 667 人；正、特奏名进士、诸科总计 52 720 人。但是，以上统计数字除正奏名进士较为详备外，其他如正奏名诸科及特奏名进士、诸科均有残缺，有待于进一步考证、补充。

关于正奏名诸科的登科人数，据史籍记载，在宋太祖朝中，只有乾德四年、开宝五年、六年、八年四榜有诸科登第人数的记载，其他 11 榜皆未涉及。按天圣中，李淑曾上时政十议，其议贡举曰："皇朝开宝以前，岁取[进]士不过三十人，经学不过五十人。"①王禹偁、王林、叶梦得都说过类似的话。由此可知，太祖朝每榜都应有诸科及第者，且其人数要多于进士。那么，未记载诸科及第人数的 11 榜，当是脱漏。其 11 榜所缺诸科人数是多少呢？这有待于进一步考证。现有诸科人数记载的四榜，共得 161 人，平均每榜为 40 人。其 11 榜所缺诸科人数，若考虑到太祖初年，尚未统一江淮川广之地，取士较少，以每榜平均 30 人推算，则缺 330 人。又元符三年(1100)李釜榜，亦应有正奏名诸科登第者，史籍皆失载。按哲宗朝开科五次，共取诸科 356 人，平均每榜 71 人。以此推算，则诸科又缺 70 多人。又按徽宗重和元年诸科彻底消亡之前的六榜贡举，每榜也应有诸科登科

① 《东都事略》卷五七《李淑传》。

者，但现有史书均缺载，具体人数无法推算，有待进一步考证。总之，据统计及推算，北宋一代共得正奏名诸科 17 000 多人，而正奏名进士、诸科登科人数合计约为 36 000 多人。

至于特奏名的登科人数，缺载更多。据史籍记载，北宋一代，至少有 42 榜曾有特奏名登科者。其中有具体登科人数记载者有 28.5 榜，得 16 667 人，平均每榜 585 人。没有具体登科人数记载者有 13.5 榜，即缺 7 898 人。依此推算，北宋一代特奏名进士、诸科登科人数合计约为 25 000 多人。

综上所述，北宋一代贡举正、特奏名进士、诸科登科人数总计约为 61 000 多人，平均每年约为 360 多人。

（三）北宋贡举登科人数的几个特点

北宋贡举登科人数与唐元明清相比，大概有以下三个特点。一是平均每年登科人数大为增加。据《登科记考》统计，有唐 289 年间，共取秀才 29 人，进士 6 603 人，较为接近实际录取人数。而统计所得明经诸科取士人数，则大大低于实际人数。据估计，明经诸科登第人数约为进士人数的二至三倍，若以 2.5 倍计算，则约为 16 500 人。这样，唐代贡举取士总计约为 23 100 人，平均每年取士 80 人。据王圻《续文献通考》及《元史》等史籍统计，元代从忽必烈 1271 年定国号为元算起，98 年间共取进士 1 139 人，平均每年取士不到 12 人。据王圻《续文献通考》、《明实录》、《明史》等史籍统计，明代 276 年间共取进士 24 624 人，平均每年取士约 89 人。据《清实录》及《明清进士题名碑录》、《清史稿》等史籍统计，清代 268 年间共取进士为 26 888 人，平均每年取士约 100 人。根据以上考证与推算，北宋平均每年贡举取士人数约为唐代的 4.5 倍，约为元代的 30 倍，约为明代的 4 倍，约为清代的 3.6 倍。若仅以北宋平均每年贡举所取正奏名人数计算，亦约为唐代的 2.7 倍，约为元代的 18 倍，约为明代的 2.4 倍，约为清代的 2.1 倍。因此，我们可以说，北宋贡举平均每年取士人数之多，在科举史上是空前的，也是绝后的。

二是在贡举登科人数中有相当多的特奏名登科者。据上述考证与推算，北宋贡举特奏名进士、诸科登科人数约为 25 000 多人，而正、特奏名进士、诸科登科总数约为 61 000 多人。这样，特奏名登科人数竟然占贡举登科总人数的 41%！北宋贡举中录取如此众多的特奏名者，虽然起到了笼络士人、维护赵宋王朝统治的作用，但也带来了加重官员冗滥，以及引诱士人皓首穷经老死场屋等弊病。（详参本书第十章《宋朝贡举特奏名制度》）

三是每榜登科人数变化较大。宋初循唐故事，贡举每次放榜，进士不过 30 人，诸科不过 50 人。太宗即位，始大量增加取士人数，每榜取士达数百人。但“贡举之疏数，取士之多寡，惟上所命”①，未有定制。仁宗皇祐五年(1053)，始规定：每榜“进士限四百人，诸科毋得过其数”②。时大约每四年一开科场，即平均每年取进士、诸科各 100 人。英宗治平三年(1066)十月六日，诏：“今后宜每三年一开科场……所有礼部奏名进士以三百人为额，明经、诸科不得过进士之数。”③从此遂为定制。但由于种种原因，实际取士人数与上述规定颇有差异；而特奏名则从未有过名额限制。据上述考证，北宋贡举取士人数最多的，是真宗景德二年(1005)李迪榜，正、特奏名进士、诸科共为 3 049 人；取士人数最少的，是太祖乾德四年(966)李肃榜，为 15 人。二者相差 200 倍。即使以进士、诸科正、特奏名统计数字俱全的榜次来比较，人数最少的是仁宗嘉祐六年(1061)王俊民榜，为 380 人，与人数最多的相比，二者也相差 7 倍。其每榜登科人数如此悬殊，主要是因为北宋科举制度在变化之中。英宗治平三年之后，“员举之疏数，取士之多寡”均有定制，每榜正奏名登科人数相差就不太大了。其大多数榜次都是 600 人左右，只有少数几榜为七八百人。

此外，关于北宋贡举登科人数，还有不少问题值得研究，这里不再赘言，有待今后进一步探讨。

---

① 楼钥:《攻媿集》卷七三《跋金花帖子绫本小录》。

② 《长编》卷一八二，嘉祐元年四月丙辰纪事。

③ 《宋会要辑稿・选举》三之三八《贡举杂录》。

附录二　南宋贡举登科人数考

南宋贡举究竟取士几何？迄今也未有一个十分精确的统计。美国学者贾志扬的《宋代科举》(1985 年英文初版；东大图书公司 1995 年中文版)附有《历年省试及格者和授予的学衔表》，李弘祺的《宋代官学教育与科举》(1985 年英文初版；联经出版事业公司 1993 年中文版)也附有《宋代登科人数表》，但都过于简略，未进行更多的考证。1988 年，何忠礼的《两宋登科人数考索》(《宋史研究集刊》,《探索》1988 年增刊本)，对两宋各榜登科人数做了比较详细的考证，后来他在《宋史选举志补正》(浙江古籍出版社 1992 年初版；中华书局 2013 年修订本)附录一《宋代科举一览表》中，又对两宋贡举登科人数做了一些补正。2002 年，龚延明又发表了《〈文献通考·宋登科记总目〉补正》(《文史》2002 年第 4 辑)。1982 年，我在硕士论文《论北宋的科举制度》附录《北宋科举登科表》的基础上，撰写了《两宋贡举登科人数考》。其中的《南宋贡举登科人数考》于 1990 年在《古籍整理与研究》第五期发表，北宋部分于 1994 年在《国学研究》第二卷发表。拙作与何文及龚文在引用史料、考证方法及结论等方面，均多有不同。现谨在拙作《南宋登科人数考》的基础上，参考上述贾志扬、李弘祺、何忠礼、龚延明的研究成果，特对南宋贡举登科人数做进一步的考证。由于南宋的贡举史料远不如北宋丰富，故考证起来困难更大，难免会有一些失误，恳请专家和读者指正。

一、宋朝史籍中有关南宋贡举登科人数的记载

南宋和北宋一样，原始记载贡举登科人数的史籍，大概也可以分为两大类。

一类是起居注、日历以及据此而编修的实录、国史、会要等；一类是及第进士编修的同年小录以及据此而编撰的登科记等。（详见本书附录一《北宋贡举登科人数考》）这些史籍绝大多数也都散失了，流传至今的只有《绍兴十八年同年小录》、《宝祐四年登科录》以及刘埙抄录的《咸淳七年同年小录》（摘要）。不过，根据这些史籍撰写的一些史书，还有不少被保存下来，足以比较精确地考证南宋贡举的登科人数。现仅选择现存比较详细地记载南宋贡举登科人数的十种史书，简要介绍如下。

（一）《宋会要辑稿》，清徐松辑。明初修《永乐大典》时，将两宋十三朝会要分别编入各韵之中。清嘉庆十四年（1809），徐松入《全唐文》馆，为提调兼总纂官。他利用职务之便，借编纂《全唐文》的名义，将《永乐大典》中所收会要一并签注录出。徐松生前未能完成所辑《宋会要》的整理工作。辑稿后虽辗转于数人之手，亦未能整理成书。1931 年原北平图书馆（即今中国国家图书馆前身）购得徐松辑稿，1935 年以《宋会要辑稿》为名影印行世，线装共 200 册。1957 年，中华书局将线装《宋会要辑稿》缩印为精装八大册，就是现在通行的本子。近年来，四川大学古籍整理研究所刘琳、刁忠民等学者对《宋会要辑稿》进行了点校整理，2014 年 6 月由上海古籍出版社出版，为此书的使用带来极大的方便。

《宋会要辑稿》内容盖源于南宋李心传合编的《十三朝会要》。具体到南宋部分，则源于《乾道中兴会要》二百卷、《淳熙会要》三百六十八卷、《嘉泰孝宗会要》二百卷、《庆元光宗会要》一百卷及《宁宗会要》一百五十卷等。所载共包括高、孝、光、宁四朝典章制度及有关史事。理宗在位 41 年，惜没有会要传世，理宗以下则更不待言了。然而，《宋会要辑稿》中关于高、孝、光、宁四朝科举的记载，在现存宋朝科举史料中仍然是最为详赡的，故不失为考证南宋贡举登科人数最为重要的史料之一。

另外，1987 年，陈智超又将北京图书馆藏刘富曾整理徐松辑稿时所删落的“复文”编辑成册，1988 年由全国图书馆文献缩微复制中心影印出版，题为《宋会要辑稿补编》。其中有十余万字为《宋会要辑稿》所无，故颇有史料价值；即使确为“复文”，也可供校勘《宋会要辑稿》之用。如关于孝宗淳熙二年至光宗绍熙四年（1175—1193）六榜贡举特奏名登科的人数，《宋会要辑稿》失载，而《宋会要辑稿补编》则有记载，可补其缺。

（二）《建炎以来系年要录》（以下简称《系年要录》）二百卷，南宋李心传（1167—1244）撰，是记载南宋高宗一朝三十六年史事的编年体史书。该书继承《资治通鉴》、《续资治通鉴长编》的传统，系以《高宗日历》、《乾道中兴会要》等为基础，广泛搜罗诸家野史、文集、传状等，经过仔细考订，编纂而成，而且正文之下也有大量注文。如对熊克的《中兴小历》，就既加以充分吸收，又予以辨正。堪为李焘《续资治通鉴长编》的续编。《四库全书总目》评价说："其书虽取法李焘，而精审较胜。"《系年要录》是研究高宗一朝历史最详尽、最重要的史料，同时也是考证高宗朝贡举登科人数的最重要的史料之一。原书久佚，传世的《系年要录》亦系四库馆臣从《永乐大典》中录出，有《四库全书》本、广雅书局本等。现有中华书局点校本，最为精审、方便。

（三）《皇宋十朝纲要》（以下简称《十朝纲要》）二十五卷，南宋李埴（1161—1238）撰，是一部记载宋太祖至高宗十朝历史的编年体史书。该书对于高宗一朝四川类省试的登科人数，记载颇为详细。如绍兴二十七年王十朋榜，《十朝纲要》云："是岁四川类试合格人赴殿试者一百二十九人，不赴者一十九人。"他书皆失载。足见其对考证南宋高宗朝登科人数的价值。有清抄本、清张氏爱日精庐抄本、东方学会本等传世；现中华书局出版燕永成校正本，最为精审、方便。

（四）《续编两朝纲目备要》（以下简称《两朝纲目》）十六卷，南宋佚名撰，是记载南宋光宗、宁宗两朝三十五年史事的纲目体史书。《两朝纲目》的史料主要来源于诏书、奏议、实录、官方文书及李心传《建炎以来朝野杂记》等，在现存系统记载光、宁两朝史事的史书中，篇幅最大，史料也最为原始，对于研究南宋光、宁两朝的科举制度，有很高的史料价值。有宋刻元修本、影宋本、《四库全书》本等传世；现有中华书局出版汝企和点校本，最为精审、方便。

（五）《续宋中兴编年资治通鉴》（以下简称《续宋通鉴》）十五卷，南宋刘时举撰，是简要记载南宋高、孝、光、宁四朝将近一百年史事的编年体史书。其中记载贡举登科人数颇多约数，但因系宋人所撰，也有一定参考价值。有元刊陈氏馀庆堂本、《四库全书》本、《丛书集成》本等传世；现有中华书局出版王瑞来点校本，最为精审、方便。

（六）《宋状元及第图》（以下简称《宋状元图》）一卷，南宋佚名撰。南宋嘉定末年编，记载宋建隆初至嘉定十六年（960—1223）历科状元姓名、籍贯及殿试赋题、进士登科人数等。原书已佚，现存有清抄本，系辑自《永乐大典》卷一万四千一百二十七，并据《永乐大典》卷五千一百五十七所重录《宋嘉定编状元及第图》参校。查《永乐大典》残本，卷五千一百五十七和卷一万四千一百二十七已佚，清抄本《宋状元图》或许是海内外孤本。由此可见，其对考证宋朝贡举登科人数有重要价值。

（七）《宋史全文续资治通鉴》（以下简称《宋史全文》）三十六卷，元佚名撰，是简要记载宋太祖至理宗十四朝三百零五年历史的编年体史书。其南宋部分，高、孝两朝盖系抄撮宋人所撰《皇宋中兴两朝圣政》而成。现存《两朝圣政》颇多残缺，已非完帙，且经过清人的抄改，而《宋史全文》现存有元刻本，卷帙完好，甚为宝贵。其光、宁、理三朝记事的史源今尚未详，恐亦系抄录宋人成书编纂而成，但较现存其他记载光、宁、理三朝的史书为详。尤其是该书记事较《宋会要辑稿》多出理宗一朝，所记理宗朝正、特奏名人数又颇为详尽，成为考证该朝登科人数的主要依据。所以该书也是研究南宋科举登科人数的主要史料之一。有元刻本、《四库全书》本等传世；现有黑龙江人民出版社出版李之亮点校本，该点校本主要以《四库全书》本为底本做了一些标点、分段的工作，而没有以元刻本为底本或与之对校，只是据《长编》、《系年要录》、《两朝圣政》、《两朝纲目》、《宋史》等书做了些许他校。

(八)《文献通考》三百四十八卷，宋末元初马端临(约1254—1323)撰，是记载上古至南宋嘉定末典章制度的史书。所记宋朝典章制度尤详，历来受到推崇。其卷三十二《选举考五》中所录《宋登科记总目》，根据《宋登科记》并参考会要，记载了宋太祖至度宗十五朝三百一十五年历科省元、状元姓名及进士、诸科、制科登科人数等，是考证宋朝登科人数的最主要的史料之一。此书常见者有万有文库“十通”本，然偶有脱误，而明嘉靖三年刻本更善；现有中华书局点校本，最为精审、方便。

(九)《宋史》四百九十六卷，元脱脱(1314—1355)等撰，是元朝官修的纪述两宋三百二十年历史的纪传体史书。《宋史》主要是依据宋朝历朝实录、国史修撰而成，较为可信。其《本纪》中记载有历朝每榜贡举取士的总数，对于考证宋朝科举登科人数亦有重要价值。有元至正本、明成化本、商务印书馆百衲本等传世；现有中华书局点校本，最为精审、方便。

(十)《宋历科状元录》八卷，明朱希召编。该书搜录了《文献通考》、《宋史》、《状元记事》等史书、笔记，记载了两宋贡举历榜状元、省元的姓名、事迹，以及历榜进士登科人数。该书虽为明人所编，但征诸其他史书，其所载登科人数颇为精确，不但可以作为有力的旁证材料，而且可以作为主要依据。如宝祐元年姚勉榜、咸淳元年阮登炳榜和咸淳十年王龙泽榜，除《宋历科状元录》之外，其他史书均未记载登科人数。我们正是依据《宋历科状元录》，填补了南宋贡举正奏名进士登科人数中的这三个空白。有清刻本。

除以上十种史籍之外，记载南宋登科人数者还有一些史书、文集、笔记等。如前边提到的《绍兴十八年同年小录》、《宝祐四年登科录》以及《咸淳七年同年小录》(摘要)等,又如南宋熊克的《中兴小纪》、南宋人编的《皇宋中兴两朝圣政》以及明人王圻的《续文献通考》等等。由于篇幅所限,不再一一列举。

二、关于南宋贡举历榜登科人数的考证

宋朝史籍所载南宋贡举登科人数,不但歧异很大,而且疏漏甚多,需要多方搜集史料,详加比勘。现将南宋49榜登科人数逐一考证如下。

(一) 建炎二年(1128)李易榜

《宋会要辑稿·选举》八之一至二《亲试》载:"建炎二年八月二十三日,上御集英殿,试礼部奏名进士……得正奏名李易以下四百五十一人,第为五等,赐进士及第、出身、同出身,内何元仲等五名同学究出身。是岁以兵兴道梗,诸路进士赴殿试不及者,河北路李汇等二人,京东路祝师龙等二人,四川类试正奏名进士八十三人,陕西类试正奏名周忠厚等十六人,并赐同进士出身。"共554人。《十朝纲要》卷二〇同。《系年要录》卷载:"[建炎二年九月]庚寅(九日),上御集英殿,赐诸路类省试正奏名进士李易等四百五十一人及第、出身、同出身;而川陕、河北、京东正奏名进士一百零四人以道梗不能赴,皆即家赐第。"共555人。《文献通考》卷三十二载:"建炎二年,以军兴,分路类省试。进士四百五十一人,状元李易,四川、河北、京东进士八十七人。"共538人,盖缺陕西类省试合格进士16人。《宋史全文》卷十六下、《宋史》卷二十五《高宗纪二》均作"赐礼部进士李易以下四百五十一人及第、出身"。盖缺川陕、河北、京东赴殿试不及的登科人数。故今从《宋会要辑稿》及《十朝纲要》,此榜进士登科人数为554人。

关于是榜的特奏名,《宋会要辑稿·选举》八之一《亲试》载:"特奏名进士张鸿举以下赐进士及第、同进士出身、同学究出身、登仕郎、京府助教、上下州文学、诸州助教。"未载具体人数。《系年要录》、《宋史全文》、《宋史》同。此为宋室南迁后第一次开科取士,特奏名登科者当会相当多。但究竟有多少人,有待进一步考证。

(二) 绍兴二年(1132)张九成榜

《宋会要辑稿·选举》八之二《亲试》载:"绍兴二年三月二十三日,上御集英殿试礼部奏名进士……得正奏名张九成以下二百五十九人,第为五等,并赐进士及第、出身、同出身。是岁四川类试正奏名杨希仲等一百二十人,第一人依殿试

第五人恩例，馀并赐同进士出身。”共379人。《宋会要辑稿·选举》二之一五《贡举》又载：“[绍兴二年]十二月十七日，知枢密院事、宣抚处置使张浚言：‘遵依诏旨选官就成州锁院类试陕西路发解举人，考到合格周模等十三人，已恭依便宜圣训，第一名特赐进士出身，馀并特赐同进士出身讫。’诏依，令尚书省给降敕牒。”二者相加，共392人。《系年要录》卷五十二、卷六十一同。《十朝纲要》卷二十载：“绍兴二年，取进士张九成等二百五十九人，四川类试正奏名杨希仲等一百二十人。”共379人。《宋史全文》卷十八上同。盖脱陕西路类省试合格特赐进士出身者。《宋史》卷二十七《高宗纪四》载：“[绍兴二年四月]丙寅(五日)，赐礼部进士张九成以下二百五十九人及第、出身。……十二月……癸卯(十七日)，川、陕宣抚司类试陕西发解进士，得周谟等十三人，以便宜赐进士出身。”共272人。脱四川类省试合格登科人数。今从《宋会要辑稿》及《系年要录》，此榜进士登科人数为392人。

关于此榜的特奏名登科人数，《宋会要辑稿·选举》八之三《亲试》载：“特奏名石公辄以下一百五十八人，赐进士出身、同进士出身、同学究出身、登仕郎、京府助教、上下州文学、诸州助教。”《系年要录》卷五十二、《宋史全文》卷十八上等均脱。宜依《宋会要辑稿》，此榜特奏名登科人数为158人。

（三）绍兴五年(1135)汪应辰榜

《文献通考》卷三十二载：“[绍兴]五年，进士二百二十人。省元樊光远，状元汪应辰。四川进士一百三十七人。”共357人。《十朝纲要》卷二十同。《宋会要辑稿·选举》八之三至五《亲试》载：“[绍兴]五年八月二十二日，上御集英殿试礼部奏名进士……得正奏名汪洋(赐名应辰)以下二百二十人，第为五等，赐进士及第、出身、同出身。(内王日休为杂犯，赐同学究出身。)”《系年要录》卷九十三、《宋史全文》卷十九中、《宋史》卷三十八《高宗纪五》等均同。盖均脱四川类省试合格人数。今从《文献通考》、《十朝纲要》，此榜进士登科人数为357人。

关于是榜特奏名的登科人数，《宋会要辑稿·选举》八之五《亲试》载：“特奏名汪乔年以下二百七十二人，赐同进士出身、同学究出身、京府助教、上下州文学、诸州助教。”《系年要录》卷九十三、《宋史全文》卷十九中同。宜依，此榜特奏名登科人数为272人。

应该指出，除孝宗乾道五年(1169)郑侨榜之外，南宋诸榜大都缺四川类省试特奏名登科人数，待考，下文不再一一说明。

(四) 绍兴八年(1138)黄公度榜

《系年要录》卷一二〇载:“[绍兴八年六月]壬申(十八日),上特御射殿,引见合格举人黄公度已下,遂以南省及四川类试合格举人黄贡等三百九十五人参定为五等,赐及第、出身、同出身。”《宋史全文》卷二十中及《宋史》卷二十九《高宗纪六》同。《宋会要辑稿·选举》八之五《亲试》载:“[绍兴]八年六月十八日,上特御射殿,引见礼部正奏名、特奏名进士。正奏名同四川类试合格人参定第为五等,得黄公度以下二百九十五人,赐及第、出身、同出身。”其“二”盖“三”之误。《十朝纲要》卷二十、《文献通考》卷三十二均作“二百九十三人”,疑脱四川类省试合格登科人数。今从《系年要录》、《宋史》等,此榜进士登科人数为 395 人。

关于此榜特奏名的登科人数,《宋会要辑稿》八之五《亲试》载:“[绍兴]八年六月十八日,上御射殿,引见礼部正奏名、特奏名进士。……特奏名林格以下赐进士出身、同出身、同学究出身、登仕郎、京府助教、上下州文学、诸州助教。”《系年要录》卷一二〇、《宋史全文》卷二十中同,均未载具体人数几何,待考。

(五) 绍兴十二年(1142)陈诚之榜

《十朝纲要》卷二十载:“绍兴十二年,取进士陈诚之等二百五十四人,四川类试正奏名史尧俊等一百四十四人。”共 398 人。《文献通考》卷三十二同。《系年要录》卷一四五载:“自[陈]诚之以下赐第者二百五十三人,新科明法得黄子淳一人而已。”共 254 人。《宋史全文》卷二十一上、《宋史》卷三十《高宗纪七》均同,均脱四川类省试正奏名登科人数。《宋会要辑稿·选举》八之五《亲试》则载:“[绍兴]十二年三月二十二日,上御集英殿试礼部奏名进士……得正奏名陈诚之以下二百五十三人。”盖缺新科明法一人,又缺四川类省试正奏名登科人数。今依《十朝纲要》、《文献通考》,此榜进士登科人数为 398 人。

关于是榜的特奏名登科人数,《宋会要辑稿·选举》八之五《亲试》:“特奏名胡鼎才以下五百一十四人,赐同进士出身、同学究出身、登仕郎、京府助教、上下州文学、诸州助教。”《系年要录》卷一四五载:“[绍兴十二年四月]辛未(八日),上御射殿,放合格特奏名进士胡鼎才等二百四十八人。”《宋史全文》同。按据《宋会要辑稿·选举》四之二七载:“[绍兴十二年]三月十四日,诏进士、贡士已系四举、年五十以上,七举、年四十以上,各许将昨展过省、殿试三年理为一举,并自到省试至今已及二十七年、前后实得两解贡并免解共及两举人,并特与奏名,许就殿试。”由此可知,是榜特奏名必将多于他榜。既然绍兴五年(1135)汪应辰榜为 272

人，那么是榜将不止是《系年要录》所载 248 人，故宜从《宋会要辑稿》，此榜特奏名登科人数为 514 人。

(六) 绍兴十五年(1145)刘章榜

《系年要录》卷一五三载："[绍兴十五四月]癸未(八日)，赐正奏名进士刘章等三百人及第、出身、同出身；正奏名张镃新科明法及第。"共 301 人。《宋史全文》卷二十一中同。《宋会要辑稿・选举》八之五至六《亲试》、《续宋通鉴》、《宋史》卷三十《高宗纪七》等均作"得正奏名刘章以下三百人及第、出身、同出身"，脱新科明法及第人数。而以上史书均脱四川类省试合格未赴殿试登科人数。另据《十朝纲要》卷二十载："是岁四川类试合格人始赴殿试，然赴者才三十六人，其不赴者任渊等乃有七十三人。"《文献通考》卷三十二亦云："四川进士七十三人。"综合上述史料记载，此榜正奏名进士及新科明法登科人数共为 374 人。

关于是榜的特奏名登科人数，《宋会要辑稿・选举》八之五至六《亲试》载："特奏名林洵美以下二百四十七人，赐同进士出身、同学究出身、登仕郎、京府助教、上下州文学、诸州助教。"《系年要录》卷一五三、《宋史全文》卷二十一中同，宜依。此榜特奏名登科人数为 247 人。

(七) 绍兴十八年(1148)王佐榜

《系年要录》卷一五七载："[绍兴十八四月]庚寅(三日)，上策试正奏名进士于射殿。……赐[王]佐以下三百三十人及第、出身。"《宋史全文》卷二十一下、《宋史》卷三十《高宗纪七》等均同。唯《宋会要辑稿・选举》八之六《亲试》作"三百三十一人"。按《绍兴十八年同年小录》亦载："[绍兴十八]四月十七日，皇帝御集英殿唱名，赐状元王佐以下及第、出身、同出身共三百三十人释褐。"可见，《宋会要辑稿》稍误。

又据《十朝纲要》卷二十载："是岁，四川类试合格人赴殿试者七十五人，不赴者何耕等二十二人。"《文献通考》卷三十二则云："[绍兴十八年]，四川进士二十三人。""二"与"三"形近，当有一误，今且从《文献通考》。

综上所述，是榜正奏名进士登科者应共为 353 人。同时，由以上还可以得知，《绍兴十八年同年小录》不载此榜四川类省试合格未赴殿试而登科者。

关于是榜特奏名登科人数，《宋会要辑稿・选举》八之六《亲试》载："特奏名俞舜觊以下四百五十七人，赐同进士出身、同学究出身、登仕郎、将仕郎、上下州文学、诸州助教。"《系年要录》卷一五七、《宋史全文》卷二十一下同，宜依。此榜特奏名登科人数为 457 人。

(八) 绍兴二十一年(1151)赵逵榜

《十朝纲要》卷二十载:“绍兴二十一年,取进士赵逵等四百零四人。是岁四川类试合格人赴殿试者一百二十四人,不赴者十八人。”共 422 人。《文献通考》卷三十二同。《宋会要辑稿·选举》八之七《亲试》载:“[绍兴]二十一年闰四月十七日,上御集英殿,试礼部奏名进士……得正奏名赵逵以下四百四人,第为五等,赐进士及第、出身、同出身。(内杜时可为四犯,犯庙讳、嫌名,特与下州文学。)”、《系年要录》卷一六二、《宋史全文》卷二十二上、《宋史》卷三十《高宗纪七》均同,盖脱四川类省试合格未赴殿试而登科人数也。今从《十朝纲要》、《文献通考》,此榜进士登科人数为 422 人。

关于此榜特奏名登科人数,《宋会要辑稿·选举》八之七《亲试》载:“特奏名昌永以下五百三十一人,赐同进士出身、同学究出身、登仕郎、将仕郎、上下州文学、诸州助教。”《系年要录》卷一六二、《宋史全文》卷二十二上同,宜依,此榜特奏名登科人数为 531 人。

(九) 绍兴二十四年(1154)张孝祥榜

《宋会要辑稿·选举》八之七《亲试》载:“[绍兴]二十四年三月八日,上御集英殿试礼部奏名进士……得正奏名张孝祥以下三百五十六人,第为五等,赐进士及第、出身、同出身。”《系年要录》卷一六六、《宋史全文》卷二十二上及《宋史》卷三十一《高宗纪八》均同。《十朝纲要》卷二十则云:“绍兴二十四年,取进士张孝祥等三百四十八人。”《宋状元及第图》、《文献通考》卷三十二同。不知何故二者相差 8 人,待考。今且依《宋会要辑稿》、《系年要录》等。又据《十朝纲要》卷二十载:“是岁,四川类试合格人赴殿试者七十五人,不赴者六十三人。”《文献通考》卷三十二亦云:“四川进士六十三人。”《宋会要辑稿》、《系年要录》等均脱。综上所述,此榜正奏名进士登科人数共为 419 人。

关于此榜特奏名登科人数,《宋会要辑稿·选举》八之七《亲试》载:“特奏名吕克成以下四百三十四人,赐同进士出身、同学究出身、登仕郎、将仕郎、上下州文学、诸州助教。”《系年要录》卷一六六、《宋史全文》卷二十二上同,宜依,此榜特奏名登科人数为 434 人。

(十) 绍兴二十七年(1157)王十朋榜

《宋会要辑稿·选举》八之八《亲试》载:“[绍兴]二十七年三月八日,上御集英殿试礼部奏名进士……得正奏名王十朋以下四百二十六人,第为五等,赐进士及第、出身、同出身。"《系年要录》一七六、《宋史全文》卷二十二下、《宋史》卷三十一《高宗纪八》、《文献通考》卷三十二等均同。《文献通考》又注云:"先时,四川类省道远趁赴殿试不及者别奏名。是年无不到。"《十朝纲要》卷二十则曰:"绍兴二十七年,王十朋以下四百二十六人。是岁,四川类试合格人赴殿试者一百二十九人,不赴者十九人。"四川距临安路途遥远,且多险阻,其类省试合格人恐难全部趁赴殿试,宜从《十朝纲要》。综上所述,此榜正奏名进士登科人数为445人。

关于是榜特奏名登科人数,《宋会要辑稿·选举》八之八《亲试》载:"特奏名李三英以下三百九十二人,赐同进士出身、同学究出身、登仕郎、将仕郎、上下州文学、诸州助教。"《系年要录》一七六、《宋史全文》卷二十二下同,宜依,此榜特奏名登科人数为392人。

(十一) 绍兴三十年(1160)梁克家榜

《十朝纲要》卷二十载:"绍兴三十年,取进士梁克家等四百一十二人。是举治经人并兼诗赋。是岁,四川类试合格人赴殿试者一百一十二人,不赴者十六人。"共428人。《文献通考》卷三十二同。而《宋会要辑稿·选举》八之九至一〇《亲试》载:"[绍兴]三十年三月九日,上御集英殿,试礼部奏名进士……得正奏名梁克家以下四百一十二人,第为五等,赐进士及第、出身、同出身。"《系年要录》卷一八四、《宋史全文》卷二十三上、《宋史》卷三十一《高宗纪八》等均同,盖脱四川类省试合格未赴殿试的登科人数。综上所述,应从《十朝纲要》及《文献通考》,此榜正奏名进士登科人数为428人。

关于此榜特奏名的登科人数,《宋会要辑稿·选举》八之九至一〇《亲试》载:"特奏名黄鹏举以下五百一十三人,赐同进士出身、同学究出身、登仕郎、将仕郎、上下州文学、诸州助教。"《系年要录》卷一八四同,宜依,此榜特奏名登科人数为513人。

(十二) 隆兴元年(1163)木待问榜

《宋会要辑稿·选举》八之一〇《亲试》云:"隆兴元年四月十二日,上御射殿,引见礼部奏名进士正奏名木待问以下五百三十七人,第为五等,赐进士及第、出身、同出身。"《宋会要辑稿·选举》一八之二二《宗室应举》又云:"隆兴元年四月十三日,上御射殿引见宗子彦瑷,特赐同进士出身。(以取应省试第一人推恩也。……旧制,取举第一人许赴廷试。以是举不临轩策士,故彦瑷有是命。)"若二者相加,共为538人。《宋史》卷三十三《孝宗纪一》载:"[隆兴元年四月]壬申

（十二日），赐礼部进士木待问以下五百三十八人及第、出身。"《宋状元图》同。另外，《文献通考》卷三十二载："隆兴元年，进士五百四十一人；省元木待问，状元同。（是年不亲策，同绍兴八年。）"三者稍有差异，未能详知何故，今且从《文献通考》，此榜进士登科人数为541人。

关于此榜的特奏名登科人数，《宋会要辑稿·选举》八之一一《亲试》云："隆兴元年四月十二日，上御射殿，引见礼部奏名进士……翌日（十三日），引见特奏名梅瑛以下二百七十七人，赐同进士出身、同学究出身、登仕郎、将仕郎、上下州文学、诸州助教。"《宋会要辑稿·选举》一三之三《特奏名》又载："［隆兴元年］十月五日，诏吉阳军免解进士符昌言特补下州文学。……十一月八日……诏陈齐年补诸州助教，特以下州文学恩例。"《宋会要辑稿·选举》一三之四《特奏名》又载："［隆兴］二年二月十二日，诏雷州进士王抡与补诸州助教，特与下州文学恩例。……二十日，中书门下言：'进士张士谦、费廙、孙庭光、任天林、朱躬厚并于绍兴七年得解，当年试下，检排至赦前及二十七年，并合（符）［赴］隆兴元年四川特奏名试。缘各州保明作免试特恩，以故不曾赴试，即与其它缘事不曾赴试不同，合比附第五等人推恩。'诏并补诸州助教，特依下州文学恩例施行。"综上所述，是榜特奏名共为285人。是榜适值孝宗登极，特奏名者恐多于此数，或许四川类省试特奏名者未计算在内，当考。然《宋史全文》卷二十四上等均未载特奏名事，今且依《宋会要辑稿》，此榜特奏名登科人数为285人。

（十三）乾道二年（1166）萧国梁榜

《宋会要辑稿·选举》八之一〇《亲试》载："乾道二年三月九日，上御集英殿试礼部奏名进士、特奏名进士……得正奏名萧国梁以下四百九十四人，第为五等，赐进士及第、出身、同出身。"《宋史》卷三十三《孝宗纪一》载："［乾道二年三月］丁卯（二十四日），赐礼部进士萧国梁以下四百九十三人及第、出身。"《宋状元图》同。《文献通考》卷三十二则作"进士四百九十二人"。三者稍异，未详其故，今且从《宋会要辑稿》，此榜进士登科人数为494人。

关于此榜的特奏名的登科人数，《宋会要辑稿·选举》八之一〇《亲试》载："乾道二年三月九日，上御集英殿，试礼部奏名进士、特奏名进士……特奏名黄硕以下二百九十五人，赐进士出身、同进士出身、同学究出身、登仕郎，京府助教、上下州文学、诸州助教。"《宋史全文》卷二十五下等均缺载，今且从《宋会要辑稿》，此榜特奏名登科人数为295人。

(十四) 乾道五年(1169)郑侨榜

《宋会要辑稿·选举》八之一三《亲试》载:“三月八日,上御集英殿试礼部奏名、特奏名进士……得正奏名郑侨以下三百九十一人,第为五等,赐进士及第、出身、同出身。”《宋史》卷三十四《孝宗纪二》载:“[乾道五年三月]丙子(二十日),赐礼部进士郑侨以下三百九十二人及第、出身。”《宋历科状元录》同。《文献通考》卷三十二作“进士五百九十二人”,疑“五”为“三”之误。而《宋状元图》作“三百九十六人”,未详何故。今且从《宋史》,此榜进士登科人数为 392 人。

关于此榜的特奏名登科人数,《宋会要辑稿·选举》八之一三《亲试》载:“特奏名刘鼎以下二百九十一人,赐同进士出身、同学究出身、登仕郎、将仕郎、上下州文学、诸州助教。”另据《宋会要辑稿·选举》一三之六《特奏名》载:“[乾道五年]十一月二十七日,礼部言:‘四川安抚制置使司试卷考校合格特奏名进士王献明等九十一人,乞推恩。……’从之。”二者共为 382 人。《宋史全文》卷二十五下等均缺载,今从《宋会要辑稿》,此榜特奏名登科人数为 382 人。

(十五) 乾道八年(1172)黄定榜

《宋会要辑稿·选举》八之一三《亲试》载:“[乾道]八年三月十七日,上御集英殿试礼部奏名进士……得正奏名黄定以下三百八十九人,第为五等,赐进士及第、出身、同出身。”《文献通考》卷三十二、《宋史》卷三十四《孝宗纪二》及《宋历科状元录》同,唯《宋状元图》作“五百人”,未详何故。今从《宋会要辑稿》、《文献通考》、《宋史》,此榜进士登科人数为 389 人。

关于此榜特奏名的登科人数,《宋会要辑稿·选举》八之一三《亲试》载:“特奏名陈瑀以下四百八十一人,赐同进士出身、同学究出身、登仕郎、将仕郎、上下州文学、诸州助教。”《宋史全文》卷二十五下等均缺载,今且从《宋会要辑稿》,此榜特奏名登科人数为 481 人。

(十六) 淳熙二年(1175)詹骙榜

《宋会要辑稿补编》四四三页载:“[淳熙二年]三月十八日,上御集英殿,试礼部奏名、特奏名进士。得正奏名进士詹骙以下四百二十六人,第为五等,赐进士及第、出身、同出身。”《文献通考》卷三十二、《宋史》卷三十四《孝宗纪二》、《宋历科状元录》同。《宋状元图》作“四百八十五人”。今从《宋会要辑稿补编》、《文献通考》、《宋史》,此榜进士登科人数为 426 人。

关于此榜特奏名的登科人数,《宋会要辑稿·选举》二之二一《进士科》载:

“淳熙二年三月二日，诏礼部贡院下第举人进士贡士，八举、曾经省试、年四十以上，五举、曾经省试、年五十以上，内河北、河东、陕西举人于逐项举数内特与各减一举，[并特与奏名，许就殿试]。同日，诏进士贡士曾经绍兴十八年以前到省，前后实得两解贡或并免解共及两举，更不限年，令礼部勘会，并特与奏名，许就殿试。”此榜特奏名登科人数会相当多。然《宋会要辑稿》及《宋史全文》卷二十六上均失载具体人数。唯《宋会要辑稿补编》四四三页载：“淳熙二年三月十八日，上御集英殿，试礼部奏名、特奏名进士。得……特奏名进士陈应行已下五百八十七人，赐同进士出身、同学究出身、登仕郎、将仕郎、上下州文学、诸州助教。”今从《宋会要辑稿补编》，此榜特奏名登科人数为587人。

(十七) 淳熙五年(1178)姚颖榜

《文献通考》卷三十二载：“[淳熙]五年，进士四百一十七人。”《宋史》卷三十五《孝宗纪三》、《宋历科状元录》同。而《宋状元图》作“四百六人”。二者相差11人，未详何故。《宋会要辑稿》、《宋会要辑稿补编》、《宋史全文》卷二十六下等均失载登科人数。今且从《文献通考》、《宋史》，此榜进士登科人数为417人。

关于此榜特奏名的登科人数，《宋会要辑稿·选举》二之二二《进士科》载：“[淳熙]五年四月一日，诏静江府、崇庆府、严州并系太上皇帝潜藩，其正奏名、特奏名进士，依例升等升名。”另外《嘉定赤城志》卷三四载，此岁台州有特奏名登科者。据此及南宋贡举惯例，此榜当有特奏名登科者，然《宋会要辑稿》、《宋会要辑稿补编》、《宋史全文》等均失载，只好暂付阙如，待考。

(十八) 淳熙八年(1181)黄由榜

《宋会要辑稿补编》四四三页载：“[淳熙]八年三月二十三日，上御集英殿，试礼部奏名、特奏名进士。得正奏名黄由以下三百八十人，第为五等，赐进士及第、出身、同出身。”《文献通考》卷三十二载：“[淳熙]八年，进士三百七十九人。”《宋史》卷三十五《孝宗纪三》及《宋历科状元录》同。而《宋状元图》作“四百三十一人”，未详何故。《宋会要辑稿》、《宋史全文》卷二十七上等均失载。今且从《文献通考》及《宋史》，此榜进士登科人数为379人。

关于此榜特奏名的登科人数，《宋会要辑稿补编》四四三页载：“[淳熙]八年三月二十三日，上御集英殿，试礼部奏名、特奏名进士。得……特奏名进士陈缜已下四百七十人，赐同进士出身、同学究出身、登仕郎、将仕郎、上下州文学、诸州助教。”《宋会要辑稿》、《宋史全文》卷二十七上等均失载。今从《宋会要辑稿补编》，此榜特奏名登科人数为470人。

（十九）淳熙十一年（1184）卫泾榜

《文献通考》卷三十二载："[淳熙]十一年，进士三百九十五人。"《宋史》卷三五《孝宗纪三》载："[淳熙十一年四月]戊辰（十日），赐礼部进士卫泾以下三百九十四人及第、出身。"《宋历科状元录》同。而《宋会要辑稿补编》四四三页载："[淳熙]十一年三月二十三日，上御集英殿，试礼部奏名进士。得正奏名进士卫泾以下三百九十三人，第为五等，赐进士及第、出身、同出身。"《宋状元图》则作"三百八十三人"。五者稍有差异，其故待考，今且从《文献通考》，此榜进士登科人数为395人。

关于此榜的特奏名登科人数，《宋会要辑稿补编》四四三页载："淳熙十一年三月二十三日，上御集英殿，试礼部奏名[、特奏名]进士。得……特奏名进士宇文德望已下六百九十九人，赐同进士出身、同学究出身、登仕郎、将仕郎、上下州文学、诸州助教。"《宋会要辑稿》、《宋史全文》卷二十七上等均失载。今从《宋会要辑稿补编》，此榜特奏名登科人数为699人。

（二十）淳熙十四年（1187）王容榜

《宋会要辑稿补编》四四三页载："[淳熙]十四年三月二十六日，上御集英殿，试礼部奏名、特奏名进士。得正奏名王容已下四百三十五人，第（赐）为五等，赐进士及第、出身、同出身。"《文献通考》卷三十二、《宋史》卷三十五《孝宗纪三》及《宋历科状元录》均同。《宋状元图》作"三百八十一人"，不知何故。而《宋会要辑稿》、《宋史全文》卷二十七下均失载。今从《宋会要辑稿补编》、《文献通考》、《宋史》，此榜进士登科人数为435人。

关于此榜特奏名的登科人数，《宋会要辑稿补编》四四三页载："[淳熙]十四年三月二十六日，上御集英殿，试礼部奏名、特奏名进士。得……特奏名进士方镐已下七百一十四人，赐同进士出身、同学究出身、登仕郎、上下州文学、诸州助教。"《宋会要辑稿》、《宋史全文》等卷二十七下等均失载。今从《宋会要辑稿补编》，此榜特奏名登科人数为714人。

（二十一）绍熙元年（1190）余复榜

《宋会要辑稿补编》四四四页载："绍熙元年四月二十五日，临轩唱名，得正奏名进士余复已下五百五十七人，第为五等，赐进士及第、出身、同出身。"《文献通考》卷三十二同。《两朝备要》卷一载："夏五月，亲试举人。赐余复以下五百五十八人及第、出身有差。"《宋史全文》卷二十八、《宋历科状元录》同。《宋史》卷三十六《光宗纪》载："绍熙元年四月戊申（二十五日），赐礼部进士余复以下五百三十有七人及第、出身。"而《宋状元图》作"四百六十九人"，不知何故。今从《宋会要辑稿补编》、《文献通考》，此榜进士登科人数为 557 人。

关于此榜特奏名的登科人数，《宋会要辑稿补编》四四四页载："绍熙元年四月二十五日，临轩唱名……特奏名进士得唐尧卿已下七百五十人，赐同进士出身、同学究出身、登仕郎、将仕郎、上下州文学、诸州助教。"《宋会要辑稿》、《两朝备要》卷一及《宋史全文》卷二十八等均失载。今从《宋会要辑稿补编》，此榜特奏名登科人数为 750 人。

（二十二）绍熙四年(1193)陈亮榜

《宋会要辑稿补编》四四四页载："[绍熙四年]五月初四日，上临轩唱名，得正奏名陈亮已下三百九十六人，第为五等，赐进士及第、出身、同出身。"《两朝备要》卷二、《宋史全文》卷二十八、《文献通考》卷三十二及《宋史》卷三十六《光宗纪》等均同。唯《宋状元图》作"四百七十二人"，不知何故。今从《宋会要辑稿补编》、《文献通考》等，此榜进士登科人数为 396 人。

关于此榜特奏名的登科人数，《宋会要辑稿补编》四四四页载："[绍熙四年]五月初四日，上临轩唱名，得……特奏名方岗已下四百七十三人，赐同进士出身、同学究出身、登仕郎、将仕郎、上下州文学、诸州助教。"《宋会要辑稿》、《两朝备要》卷二、《宋史全文》卷二十八等均失载。今从《宋会要辑稿补编》，此榜特奏名登科人数为 473 人。

（二十三）庆元二年(1196)邹应龙榜

《宋会要辑稿·选举》八之一七《亲试》载："[庆元二年]五月十二日，上御后殿，引见礼部奏名进士。正奏名邹应龙已下五百六人，第为五等，赐进士及第、出身、同出身。"《文献通考》卷三十二同。《两朝备要》卷四载："[庆元二年五月]辛卯（十二日），赐举人第。御后殿，赐礼部奏名进士邹应龙等四百九十有九人及第、出身有差。"《续宋通鉴》卷十二、《宋史全文》卷二十九上及《宋史》卷三十七《宁宗纪一》同。二者相差 7 人，未详何故，待考。今且从《宋会要辑稿》、《文献通考》，此榜进士登科人数为 506 人。

关于此榜特奏名的登科人数，《宋会要辑稿·选举》八之一七《亲试》载："特奏名程维显已下五百七十八人，赐同进士出身、同学究出身、登仕郎、将仕郎、上下州文学，诸州助教。”《宋史全文》卷二十九上等均失载。今从《宋会要辑稿》，此榜特奏名登科人数为 578 人。

(二十四) 庆元五年(1199)曾从龙榜

《文献通考》卷三十二载：“[庆元]五年，进士四百一十二人；省元苏大璋，状元曾从龙；四川进士四人。”共 416 人。《宋会要辑稿·选举》八之一七至一八《亲试》载：“[庆元]五年四月十八日，上御集英殿，引见礼部奏名进士，得正奏名曾从龙已下四百一十二人，第为五等，赐进士及第、出身、同出身。”《两朝备要》卷五、《宋史全文》卷二十九上、《宋史》卷三十七《宁宗纪一》等均同，盖脱四川类省试合格未赴殿试而登科者 4 人。今从《文献通考》，此榜进士登科人数为 416 人。

关于此榜特奏名的登科人数，《宋会要辑稿·选举》八之一八《亲试》载：“特奏名谢藻已下七百八十九人，赐同进士出身、同学究出身、登仕郎、将仕郎、上下州文学、诸州助教。”《两朝备要》卷五、《宋史全文》卷二十九上均载是榜有特奏名登科者，然未载具体人数。今从《宋会要辑稿》，此榜特奏名登科人数为 789 人。

(二十五) 嘉泰二年(1202)傅行简榜

《宋会要辑稿·选举》八之一九载：“[嘉泰二年五月]二十六日，上御后殿，引见礼部奏名进士。正奏名傅行简已下四百三十九人，第为五等，赐进士及第、出身、同出身”《文献通考》卷三十二载：“嘉泰二年，进士四百三十五人。”与《宋会要辑稿》稍异，盖“五”乃“九”之误。而《两朝备要》卷七载：“[嘉泰二年五月]己巳(二十六日)，赐举人第。礼部奏名进士傅行简等四百九十有七人及第、出身有差。”《续宋通鉴》卷十三、《宋史全文》卷二十九下及《宋史》卷三十八《宁宗纪二》均同。另外，《宋状元图》作“三百一十五人”，疑误。今从《宋会要辑稿》，此榜进士登科人数为 439 人。

关于此榜特奏名的登科人数，《宋会要辑稿·选举》八之一九载：“特奏名何峄已下四百九十七人，赐同进士出身、同学究出身，登仕郎、将仕郎、上下州文学、诸州助教。”其他史书均未见记载。今从《宋会要辑稿》，此榜特奏名登科人数为 497 人。

(二十六) 开禧元年(1205)毛自知榜

《宋会要辑稿·选举》八之一九《亲试》载：“开禧元年四月二十六日，上御集英殿,引见礼部奏名进士,得正奏名毛自知已下四百三十三人,第为五等,赐进士及第、出身。"《两朝备要》卷八、《续宋通鉴》卷十三、《宋史全文》卷二十九下及《宋史》卷三十八《宁宗纪二》等均同。《文献通考》卷三十二作"开禧元年,进士三十八人",显误。《宋状元图》作"四百九十九人",来详何故。今从《宋会要辑稿》、《两朝备要》、《宋史》等,此榜进士登科人数为 433 人。

关于此榜特奏名的登科人数,《宋会要辑稿·选举》八之一九《亲试》载:"特奏名陈思已下六百一十一人,赐同进士出身、同学究出身、登仕郎、将仕郎、上下州文学、诸州助教。"其他史书均未见记载。今从《宋会要辑稿》,此榜特奏名登科人数为 611 人。

(二十七) 嘉定元年(1208)郑自诚榜

《文献通考》卷三十二载:"嘉定元年,进士四百二十六人;省元朱(停)[倚],状元郑自诚;四川进士四人。"共 430 人。《两朝备要》卷十一载:"[嘉定元年]五月辛酉(二十三日),赐举人第。礼部奏名进士郑自成等四百二十有六人及第、出身有差。"《续宋通鉴》卷十四、《宋史全文》卷三十及《宋史》卷三十九《宁宗纪三》均同,盖脱四川类省试合格未赴殿试而登科者 4 人。《宋会要辑稿·选举》八之二二《亲试》作"得正奏名郑自诚已下四百二十五人",《宋状元图》作"四百一十七人",不知何故。今从《文献通考》,此榜进士登科人数为 430 人。

关于此榜特奏名的登科人数,《宋会要辑稿·选举》八之二二《亲试》载:"特奏名刘黻已下六百四十一人,赐同进士出身、同学究出身、登仕郎、将仕郎、上下州文学、诸州助教。"其他史书均未见记载。今从《宋会要辑稿》,此榜特奏名登科人数为 641 人。

(二十八) 嘉定四年(1211)赵建大榜

《两朝备要》卷载:"[嘉定四年]五月戊辰(十七日),亲试举人。赐礼部奏名进士赵建大等四百六十五人及第、出身有差。"《续宋通鉴》卷十四、《宋史全文》卷三十、《文献通考》卷三十二及《宋史》卷三十九《宁宗纪三》等均同。唯《宋会要辑稿·选举》八之二二《亲试》作"得正奏名赵建大已下四百六十一人。"《宋状元图》作"四百一十六人",不知何故。今从《两朝备要》、《文献通考》、《宋史》等,此榜进士登科人数为 465 人。

关于此榜特奏名的登科人数,唯《宋会要辑稿·选举》八之二二《亲试》载:"特奏名石继喻已下六百七十九人,赐同进士出身、同学究出身、登仕郎、将仕郎、上下州文学、诸州助教。”其他史书均未见记载。今从《宋会要辑稿》，此榜特奏名登科人数为679人。

（二十九）嘉定七年(1214)袁甫榜

《宋会要辑稿·选举》八之二三《亲试》载：“[嘉定]七年五月四日，上御集英殿引见礼部奏名、特奏名进士，得正奏名袁甫已下五百四人，第为五等，赐进士及第、出身、同出身。”《两朝备要》卷十四、《续宋通鉴》卷十四、《宋史全文》卷三十及《宋史》卷三十九《宁宗纪三》等均同。唯《宋状元及第图》作“五百三人”，《文献通考》作“进士五百二人”，稍异，疑误。今从《宋会要辑稿》、《两朝备要》、《宋史》等，此榜进士登科人数为504人。

关于此榜特奏名的登科人数，唯《宋会要辑稿·选举》八之二三《亲试》载：“特奏名张彻已下六百六十九人，赐同进士出身、同学究出身、登仕郎、将仕郎、上下州文学、诸州助教。”其他史书均未见记载。今从《宋会要辑稿》，此榜特奏名登科人数为669人。

（三十）嘉定十年(1217)吴潜榜

《宋会要辑稿·选举》八之二四《亲试》载：“[嘉定]十年四月二十二日，上御集英殿，引见礼部奏名、特奏名进士。得正奏名吴潜已下五百二十三人，第为五等，赐进士及第、出身、同出身。”《两朝备要》卷十五、《续宋通鉴》卷十五、《宋史全文》卷三十、《文献通考》卷三十二及《宋史》卷四十《宁宗纪四》、《宋状元图》等均同。可知此榜进士登科人数为523人。

关于此榜特奏名的登科人数，唯《宋会要辑稿·选举》八之二四《亲试》载：“特奏名陈珏已下六百六十三人，赐同进士出身、同学究出身、登仕郎、将仕郎、上下州文学、诸州助教。”其他史书均未见记载。今从《宋会要辑稿》，此榜特奏名登科人数为663人。

（三十一）嘉定十三年(1220)刘渭榜

《宋会要辑稿·选举》八之二六《亲试》载：“[嘉定十三年五月]二十七日，上御集英殿，引见礼部奏名进士。得正奏名刘渭已下四百七十五人，第为五等，赐进士及第、出身、同出身。”《两朝备要》卷十六、《续宋通鉴》卷十五、《宋史全文》卷三十、《文献通考》卷三十二及《宋史》卷四十《宁宗纪四》、《宋状元图》等均同。可知此榜进士登科人数为475人。

关于此榜特奏名的登科人数，唯《宋会要辑稿·选举》八之二六《亲试》载："特奏名温若春已下六百四十七人，赐同进士出身、同学究出身、登仕郎、将仕郎、上下州文学、诸州助教。"其他史书均未见记载此榜特奏名登科人数。今从《宋会要辑稿》，此榜特奏名登科人数为 647 人。

（三十二）嘉定十六年（1223）蒋重珍榜

《宋会要辑稿·选举》八之二八《亲试》载："［嘉定］十六年四月十九日，上御集英殿，引见礼部奏名、特奏名进士。得正奏名蒋重珍已下五百四十九人，第为五等，赐进士及第、出身、同出身。"《两朝备要》卷十六、《续宋通鉴》卷十五、《宋史全文》卷三十及《宋史》卷四十《宁宗纪四》均同。与《文献通考》卷三十二载："［嘉定］十六年，进士五百五十人。"《宋状元图》同。未详何故多出一人，待考。今从《宋会要辑稿》、《两朝备要》、《宋史》等，此榜进士登科人数为 549 人。

关于此榜特奏名的登科人数，唯《宋会要辑稿·选举》八之二八《亲试》载："特奏名李大同已下六百七十九人，赐同进士出身、同学究出身，登仕郎、将仕郎、上下州文学、诸州助教。"其他史书均未见记载此榜特奏名登科人数。今从《宋会要辑稿》，此榜特奏名登科人数为 679 人。

（三十三）宝庆二年（1226）王会龙榜

《宋史全文》卷三十一载："［宝庆二年五月］丙申（十三日），御后殿，赐礼部奏名进士王会龙等敕，凡九百八十九人。"《宋史》卷四十一《理宗纪一》、《宋历科状元录》及王圻《续通考》卷四十三均同。唯《文献通考》卷三十二载："宝庆二年，进士九百八十七人。"二者相差 2 人，不知何故。今从《宋史全文》、《宋史》、《续通考》等，此榜进士登科人数为 989 人。

关于此榜特奏名的登科人数，《宋史全文》卷三十一载："［宝庆二年六月］丁酉（十四日），赐特奏名进士林石等。"王圻《续通考》卷四十三同。二者均未载特奏名登科的具体人数，待考。

（三十四）绍定二年（1229）黄朴榜

《宋史全文》卷三十一载："［绍定二年五月］辛巳（十四日），御集英殿，赐正奏名进士黄朴以下及第、出身，凡五百五十七人。"《文献通考》卷三十二、《宋史》卷四十一《理宗纪一》、《宋历科状元录》及王圻《续通考》卷四十三均同。可知此榜进士登科人数为 557 人。

关于此榜特奏名的登科人数,《宋史全文》卷三十一载:“[绍定二年五月]乙未(二十八日),赐特奏名进士缪蟾以下同出身、文学、助教一千一百二十一人。”王圻《续通考》卷四十三同。其他史书未载。今从《宋史全文》、《续通考》,此榜特奏名登科人数为 1 121 人。

(三十五) 绍定五年(1232)徐元杰榜

《宋史全文》卷三十二载:“[绍定五年八月]乙丑(十七日),御集英殿,赐进士徐元杰以下及第、出身、同出身,凡四百九十三人。”《文献通考》卷三十二、《宋史》卷四十一《理宗纪一》、《宋历科状元录》及王圻《续通考》卷四十三均同。可知此榜进士登科人数为 493 人。

关于此榜特奏名的登科人数,《宋史全文》卷三十二载:“[绍定五年八月]丁卯(十九日),赐特奏名进士倪闪等同出身至州文学、助教、凡五百九十二人。”王圻《续通考》卷四十三同。其他史书未见记载。今从《宋史全文》、《续通考》,此榜特奏名登科人数为 592 人。

(三十六) 端平二年(1235)吴叔告榜

《宋史全文》卷三十二载:“[端平二年六月壬午(二十一日)],御集英殿,赐进士吴叔告以下及第、出身,凡四百六十人。”《宋历科状元录》及王圻《续通考》卷四十三同。《文献通考》卷三十二载:“端平二年,进士四百六十六人。”《宋史》卷四十二《理宗纪二》载:“赐进士吴叔告以下四百五十四人及第、出身有差。”均稍有出入,未详何故,待考。今从《宋史全文》、《续通考》,此榜进士登科人数为 460 人。

关于此榜特奏名的登科人数,《宋史全文》卷三十二载:“[端平二年六月]甲申(二十三日),赐特奏名进士王声叔以下同出身至州文学、助教,凡六百五十七人。”王圻《续通考》卷四十三同。其他史书未见记载。今从《宋史全文》、《续通考》,此榜特奏名登科人数为 657 人。

(三十七) 嘉熙二年(1238)周坦榜

《宋史全文》卷三十三载:“[嘉熙二年闰四月]壬申(二十七日),御集英殿,赐进士周坦等敕,[凡]四百二十三人。”《宋历科状元录》、王圻《续通考》卷四十三同。《文献通考》卷三十二载:“嘉熙二年,进士四百二十三人。”《宋史》卷四十二

《理宗纪二》载："[嘉熙二年闰四月]壬申(二十七日)，赐礼部进士周坦以下四百二十二人及第、出身有差。"疑"二"乃"三"之误。今从《宋史全文》、《续通考》等，此榜进士登科人数为423人。

关于此榜特奏名的登科人数，《宋史全文》卷三十三载："[嘉熙二年闰四月]甲戌(二十九日)，赐特奏名王宗令等敕，凡六百四十人。"王圻《续通考》卷四十三同。其他史书未见记载。今从《宋史全文》、《续通考》，此榜特奏名登科人数为640人。

(三十八) 淳祐元年(1241)徐俨夫榜

《宋史全文》卷三十三载："[淳祐元年五月]戊申(二十一日)，赐正奏名徐俨夫等敕，凡三百六十七人。"《宋史》卷四十二《理宗纪二》、王圻《续通考》卷四十三同。《宋历科状元录》作"三百六十人"，疑脱尾数"七"。今从《宋史全文》、《续通考》等，此榜进士登科人数为367人。

关于此榜特奏名的登科人数，《宋史全文》卷三十三载："[淳祐元年五月]己酉(二十二日)，赐特奏名吴必达等敕，凡六百二十七人。"王圻《续通考》卷四十三同。其他史书未见记载。今从《宋史全文》、《续通考》，此榜特奏名登科人数为627人。

(三十九) 淳祐四年(1244)留梦炎榜

《宋史全文》卷三十三载："[淳祐四年六月]乙亥(六日)，御集英殿，赐进士留梦炎等敕，凡四百二十四人。"《宋史》卷四十三《理宗纪三》、《宋历科状元录》及王圻《续通考》卷四十三均同。今从《宋史全文》、《续通考》等，此榜进士登科人数为424人。

关于此榜特奏名的登科人数，《宋史全文》卷三十三载："[淳祐四年六月]丙子(七日)，赐特奏名进士魏汝贤等敕，凡六百二十一人。"王圻《续通考》卷四十三同。其他史书未见记载。今从《宋史全文》、《续通考》，此榜特奏名登科人数为621人。

(四十) 淳祐七年(1247)张渊微榜

《宋史全文》卷三十四载："[淳祐七年]六月癸巳(十二日)，御集英殿，赐正奏名进士张渊微等及第、出身，凡五百二十七人。"《宋史》卷四十三《理宗纪三》、《宋历科状元录》及王圻《续通考》四十三均同。今从《宋史全文》、《续通考》等，此榜进士登科人数为527人。

关于此榜特奏名的登科人数,《宋史全文》卷三十四载:"[淳祐七年六月]乙未(十四日),赐特奏名进士敕,凡七百五十人。"王圻《续通考》四十三同。其他史书未见记载。今从《宋史全文》、《续通考》,此榜特奏名登科人数为750人。

(四十一) 淳祐十年(1250)方逢辰榜

《宋史全文》卷三十四载:"[淳祐十年]九月己巳(六日),御集英殿,赐正奏名进士方梦魁(按是月甲戌,诏进士第一名方梦魁改赐名逢辰)等及第、出身、同出身,凡五百一十三人。"《宋史》卷四十三《理宗纪三》、《宋历科状元录》及王圻《续通考》卷四十三均同。今从《宋史全文》、《续通考》等,此榜进士登科人数为513人。

关于此榜特奏名的登科人数,《宋史全文》卷三十四载:"[淳祐十年九月]辛未(八日),赐特奏名进士敕,凡六百一十五人。"王圻《续通考》卷四十三则云:"赐特奏名进士敕,凡六百二十五人。""一"与"二"形近,二者必有一误,然其他史书皆未见记载,难以考证,故且从《宋史全文》,此榜特奏名登科人数为615人。

(四十二) 宝祐元年(1253)姚勉榜

《宋历科状元录》载:"[宝祐元年]四月,赐礼部进士姚勉等三百六十人及第、出身有差。"《宋史全文》卷三十四、《文献通考》卷三十二、《宋史》卷四十三《理宗纪三》等均失载登科具体人数。今且从《宋历科状元录》,此榜进士登科人数为360人。

另外,据南宋贡举惯例,是榜亦应有特奏名登科者,但诸书均失载,故暂缺,待考。

(四十三) 宝祐四年(1256)文天祥榜

《宝祐四年登科录》载:"[宝祐四年]五月二十四日,皇帝御集英殿唱名,赐进士文天祥以下及第、出身、同出身,共六百一人。"《宋史》卷四十四《理宗纪四》、《宋历科状元录》同。而《宋史全文》卷三十五载:"[宝祐四年五月]甲寅(二十四日),御集英殿,赐正奏名进士文天祥等及第、出身、同出身,凡五百六十九人。"王圻《续通考》卷四十三则作"六百五十九人",不知何故。今从《宝祐四年登科录》及《宋史》等,此榜进士登科人数为601人。

关于此榜特奏名的登科人数,《宋史全文》卷三十五载:“[宝祐四年五月]丙辰(二十六日),赐特奏名进士袁复元等敕,凡六百六十人。”王圻《续通考》卷四十三同。其他史书未见记载。今从《宋史全文》、《续通考》,此榜特奏名登科人数为660人。

(四十四) 开庆元年(1259)周震炎榜

《宋史全文》卷三十六载:“[开庆元年五月]辛未,赐正奏名进士周震炎以下四百四十二人及第、出身、同出身。”《宋史》卷四十四《理宗纪四》、《宋历科状元录》及王圻《续通考》卷四十三均同。今从《宋史全文》、《续通考》等,此榜进士登科人数为442人。

《宋史全文》卷三十六载:“[开庆元年五月]壬申,赐特奏名进士三百零九人。”王圻《续通考》卷四十三同。其他史书均未载此榜特奏名登科人数。今从《宋史全文》、《续通考》,此榜特奏名登科人数为309人。

(四十五) 景定三年(1262)方山京榜

《宋史全文》卷三十六载:“[景定三年五月]丁丑(二十二日),御集英殿,赐礼部奏名进士方山京等敕,凡六百三十七人。”《宋史》卷四十五《理宗纪五》、《宋历科状元录》及王圻《续通考》卷四十三均同。今从《宋史全文》、《续通考》等,此榜进士登科人数为637人。

《宋史全文》卷三十六载:“[景定三年五月]己卯(二十四日),赐特奏名进士敕,凡七百四十三人。”王圻《续通考》卷四十三同。其他史书均未见关于此榜特奏名登科人数的记载。今从《宋史全文》、《续通考》,此榜特奏名登科人数为743人。

(四十六) 咸淳元年(1265)阮登炳榜

《宋历科状元录》载:“[咸淳元年]七月,以谅阴不临轩,命宰执试阮登炳以下,依廷试[例]出身,计六百三十五人。”《文献通考》卷三十二、《宋史》卷四十六《度宗纪》及《宋季三朝政要》卷四均失载登科人数。今且从《宋历科状元录》,此榜进士登科人数为635人。

据南宋贡举惯例,此榜也应有特奏名登科者,然诸书均失载,故暂付阙如,待考。

(四十七) 咸淳四年(1268)陈文龙榜

《宋史》卷四十六《度宗纪》载:"[咸淳四年五月]壬申(二十二日),赐陈文龙以下六百六十四人进士及第、出身。"《宋历科状元录》同。而《文献通考》卷三十二载:"[咸淳]四年,进士六百六十五人。"二者相差一人,未详何故。今且从《宋史》等,此榜进士登科人数为 664 人。

据南宋贡举惯例,此榜也应有特奏名登科者,然诸书均失载,故暂付阙如,待考。

(四十八) 咸淳七年(1271)张镇孙榜

《宋史》卷四十六《度宗纪》载:"[咸淳七年]五月乙酉(二十三日),赐礼部进士张镇孙以下五百二人及第、出身。"《宋历科状元录》同。宋末元初人刘埙《隐居通议》卷三十一所摘录的《咸淳七年同年小录》亦云:"[咸淳七年]五月二十一日,皇帝御集英殿唱名,赐进士张镇孙以下及第、出身、同出身五百零二人。"今从《咸淳七年同年小录》、《宋史》,此榜进士登科人数为 502 人。

据南宋贡举惯例,此榜也应有特奏名登科者,然诸书皆失载,故暂缺,待考。

(四十九) 咸淳十年(1274)王龙泽榜

《宋历科状元录》载:"[咸淳十年]九月,应试正奏名进士,德祐帝以谅阴不临轩……[赐]王龙泽以下五百零六人出身。"《文献通考》卷三十二、《宋史》卷四十七《瀛国公纪》及《宋季三朝政要》卷四均失载登科的具体人数。今且从《宋历科状元录》,此榜进士登科人数为 506 人。

另外,《宋史》卷四十七《瀛国公纪》载:"[咸淳十年十一月]癸未至乙酉(十一至十三日),覆试特奏名士人。……己丑至庚寅(十七至十八日),覆试特奏名士人。壬辰至癸巳(二十至二十一日),如上覆试。"据此及南宋贡举惯例,此榜特奏名登科者必定不少,惜未载具体数字。其他史书亦均失载。故暂付阙如,待考。

以上考证难免有些繁琐复杂,为了使大家能够一目了然,现根据以上考证结果,制成《南宋贡举登科表》,除胪列历榜正、特奏名登科人数之外,还记载了历榜知贡举、同知贡举和省元、状元的姓名,以供参考。(见《南宋贡举登科表》)

表三　南宋贡举登科表

年代＼项目	知贡举	同知贡举	省　元	状　元	正奏名进士	特奏名进士	合计
建炎二年(1128)	①		无	李　易	554	缺	554
绍兴二年(1132)			无	张九成	392	158②	550
绍兴五年(1135)	孙　近	廖　刚、刘大中	樊光远	汪应辰	357	272	629
绍兴八年(1138)	朱　震	张致远、勾龙如渊	黄公度	黄公度	395	缺	395
绍兴十二年(1142)	程克俊	王　铁、罗汝楫	何　溥	陈诚之	398③	514④	912
绍兴十五年(1145)	何　若	陈康伯、游　操	林　机	刘　章	374⑤	247	621
绍兴十八年(1148)	边知白	周执羔、巫　伋	徐　履	王　佐	353	457	810
绍兴二十一年(1151)	陈诚之	汤允恭、章　夏	郑　闻	赵　逵	422	531	953
绍兴二十四年(1154)	魏师逊	汤思退、郑仲熊	秦　埙	张孝祥	419	434	853
绍兴二十七年(1157)	汤鹏举	王　纶、赵　逵	张宋卿	王十朋	445	392	837
绍兴三十年(1160)	朱　倬	何　溥、黄　中	刘　朔	梁克家	428	513	941
高宗朝合计					4 537	3 518	8 055
隆兴元年(1163)	洪　遵	周　葵、张　震	木待问	木待问	541	285	826
乾道二年(1166)	蒋　芾	林安宅、梁克家	何　澹	萧国梁	494	295	789
乾道五年(1169)	汪应辰	梁克家、陈良祐	方　恬	郑　侨	392	382	774
乾道八年(1172)	王　曮	赵　雄、李　衡	蔡幼学	黄　定	389	481	870
淳熙二年(1175)	王　淮	胡元质、范仲芑	章　颖	詹　骙	426	587	1 013
淳熙五年(1178)	范成大	程大昌、萧　燧	黄　涣	姚　颖	417	缺	417
淳熙八年(1181)	王希吕	郑　丙、黄　洽	俞　烈	黄　由	379	470	849
淳熙十一年(1184)	王　佐	王　蔺、蒋继周	邵　康	卫　泾	395	699	1 094
淳熙十四年(1187)	洪　迈	葛　邲、陈　贾	汤　璹	王　容	435	714	1 149
孝宗朝合计					3 868	3 913	7 781

① 建炎二年李易榜、绍兴二年张九成榜，因宋金战争，分各路类省试，故无全国统一的知贡举、同知贡举。

② 据《宋会要辑稿・选举》八之三《亲试》，此榜似缺四川类省试特奏名登科人数。

③⑤ 内有新科明法一人。

④ 特奏名人数中似缺四川类省试特奏名未赴殿试人数，以下疑多有类似情况。

（续表）

年代＼项目	知贡举	同知贡举	省元	状元	正奏名进士	特奏名进士	合计
绍熙元年(1190)	郑侨	何澹、陈骙	钱易直	余复	557	750	1 307
绍熙四年(1193)	赵汝愚	黄裳、胡琢	徐邦宪	陈亮	396	473	869
光宗朝合计					953	1 223	2 176
庆元二年(1196)	叶翥	倪思、刘德秀	莫子纯	邹应龙	506	578	1 084
庆元五年(1199)	黄由	胡纮、刘三杰	苏大璋	曾从龙	416	789	1 205
嘉泰二年(1202)	木待问	王容、施康年	傅行简	傅行简	439	497	936
开禧元年(1205)	萧逵	陆俊、李大异、李壁	林执善	毛自知	433	611	1 044
嘉定元年(1208)	楼钥	倪思、蔡幼学、叶时	宋倚	郑自诚	430	641	1 071
嘉定四年(1211)	汪逵	刘榘、曾从龙、范之柔	周端朝	赵建大	465	679	1 144
嘉定七年(1214)	曾从龙	范之柔、郑昭先、刘爚	姚宏中	袁甫	504	669	1 173
嘉定十年(1217)	黄畴若	任希夷、黄序、袁燮	陈埙	吴潜	523	663	1 186
嘉定十三年(1220)	宣缯	俞应符、杨汝明、李安行	丘大发	刘渭	475	647	1 122
嘉定十六年(1223)	程珌	朱端常、朱著、郑自诚	王胄	蒋重珍	549	679	1 228
宁宗朝合计					4 740	6 453	11 193
宝庆二年(1226)	程珌	邹应龙、朱端常、陈贵谊	王会龙	王会龙	989	缺	989
绍定二年(1229)	王暨	莫泽、李知孝	陈松龙	黄朴	557	1 121	1 678
绍定五年(1232)	陈贵谊	钟震、汪刚中	叶大有	徐元杰	493	592	1 085
端平二年(1235)	真德秀	洪咨夔、蒋重珍	杨茂子	吴叔告	460	657	1 117
嘉熙二年(1238)	游似	许应龙、范钟	缪烈	周坦	423	640	1 063
淳祐元年(1241)	杜范	钱相、曹豳①	刘自	徐俨夫	367	627	994
淳祐四年(1244)	金渊	濮斗南、郑起潜②	徐霖	留梦炎	424	621	1 045
淳祐七年(1247)	吴潜	应䌓、黄自然③	马廷鸾	张渊微	527	750	1 277
淳祐十年(1250)	董槐	张磻、叶大有	陈应雷	方逢辰	513	615	1 128

① 此举省试，彭方监试。
② 此举省试，刘晋之监试。
③ 此举省试，周坦监试。

（续表）

年代＼项目	知贡举	同知贡举	省　元	状　元	正奏名进士	特奏名进士	合计
宝祐元年(1253)	陆得舆	郑　发、牟子才①	丁应魁	姚　勉	360	缺	360
宝祐四年(1256)	陈显伯	姚希得、戚士逊	彭方迥	文天祥	601	660	1 261
开庆元年(1259)	张　镇	吴　衍、王景齐②	李雷奋	周震炎	442	309	751
景定三年(1262)	杨　栋	叶梦鼎、孙附凤	李　珏	方山京	637	743	1 380
理宗朝合计					6 793	7 335	14 128
咸淳元年(1265)	马廷鸾		阮登炳	阮登炳	635	缺	635
咸淳四年(1268)	雷宜中		胡跃龙	陈文龙	664	缺	664
咸淳七年(1271)	方逢辰	陈宜中、陈　存、文及翁	刘梦荐	张镇孙	502	缺	502
度宗朝合计					1 801		1 801
咸淳十年(1274)			李大同	王龙泽	506	缺	506
恭帝朝合计					506		506
总　　计					23 198	22 442	45 640

三、有关南宋贡举登科人数的几个问题

(一) 史籍记载南宋贡举登科人数歧异及残缺的原因

史籍所载南宋贡举登科人数颇有歧异，且有不少残缺。究其原因，大概有四：一是史料来源不同。如《宋会要辑稿》中的记载，乃来自南宋历朝会要的辑稿，具体说来，即是陈骙等编类的《中兴会要》、赵雄等进上的《淳熙会要》、京镗等编修的《光宗会要》、陈自强等编修的《宁宗会要》等；《文献通考》的记载，主要采自《宋登科记》；《宋史》的记载，主要来自南宋历朝的国史。既然史料来源不同，记载就难免出现差异。

二是漏载四川类省试合格而未赴殿试、新科明法及特奏名登科者。南宋偏安东南一隅，四川举人赴行在临安参加科举考试，有诸多不便，因而终南宋一代，均于四川举行类省试。其类省试合格者，大部分再赴临安参加殿试；但也有一小

① 此举省试，程元凤监试。
② 此举省试，沈炎监试。

部分由于路途艰险遥远等原因，不赴殿试，而就家被赐予“同进士出身”。这些不赴殿试而赐第者，往往被漏载，甚至连《同年小录》、《宋会要辑稿》、《系年要录》都有这类情况。唯有《十朝纲要》及《文献通考》有此记载，其中尤以《十朝纲要》为详，惜只有高宗一朝记事。如绍兴二十一年赵逵榜，《宋会要辑稿・选举》八之七载：“闰四月十七日，上御集英殿试礼部奏名进士……得正奏名赵逵以下四百零四人，第为五等，赐进士及第、出身、同出身。”《系年要录》、《宋状元及第图》、《宋史全文》及《宋史》等均同。而《文献通考》云：“[绍兴]二十一年进士四百零四人；省元郑闻，状元赵遗；四川进士十八人。”《十朝纲要》则进一步说：“绍兴二十一年，取进士赵逵等四百零四人。（是岁四川类试合格人赴殿试者一百二十四人，不赴者十八人。）”据此，可以看出《宋会要辑稿》、《系年要录》等均失载四川类试合格、不赴殿试而登科者 18 人。

另外，高宗绍兴年间，曾一度恢复新科明法科。据《系年要录》、《宋史全文》记载，绍兴十二年和十五年两榜各有一名新科明法科举人及第。而其他史书均漏载此事。

至于特奏名；其漏载情况更为严重。如《十朝纲要》、《宋状元及第图》、《文献通考》、《宋史》、《宋历科状元录》等均不载特奏名登科人数，只有《宋会要辑稿》、《系年要录》、《宋史全文》载有特奏名登科人数，且多有脱漏。这大概是由于特奏名不被重视的缘故吧。

三是因形近而误。如嘉定四年赵建大榜，《两朝备要》载：“五月戊辰，亲试举人，赐礼部奏名进士赵建大等四百六十五人及第、出身有差。”《续宋通鉴》，《宋史全文》、《文献通考》、《宋史》及《宋历科状元录》均同。而《宋会要辑稿・选举》八之二二载：“得正奏名赵建大已下四百六十一人。”显然，“一”乃是“五”之误。

四是史料缺乏，这是造成南宋贡举登科人数记载残缺的重要原因。《系年要录》、《十朝纲要》仅载有南宋高宗一朝的史事，《两朝备要》只记光、宁两朝史事，《宋会要辑稿》只记载高、孝、光、宁四朝史事，《宋史全文》名曰“全文”，其实也很不全，只记载高、孝、光、宁、理五朝史事。通载南宋一代历史者，只有《文献通考》、《宋史》等屈指可数的两三部史书。在以上这种情况下，要对南宋贡举登科人数作出精确的统计，其困难是可想而知的。

（二）南宋一代贡举登科者究竟几何

经初步考证，南宋一代开科取士，共有 49 榜。其登科人数，有具体数字记载者为：正奏名进士 23 198 人（含新科明法 2 人），特奏名进士 22 442 人，合计

45 640 人。

但是,以上统计数字尚有不少残缺。其中正奏名进士人数记载最为详备,然据《十朝纲要》、《文献通考》可以推知,当仍有漏载四川类省试合格未赴殿试而赐第者。其数量,在和平时期,不至于太多;但在战争频仍时期,将会有所增加。究竟漏载多少,因史料匮乏,难以考证,至少有数百人。

关于特奏名进士人数,漏载就较多了。根据南宋贡举惯例,每榜均应有特奏名登科者。据考证,南宋一代 49 榜中,只有 40 榜有特奏名登科人数的记载,而其他 9 榜均缺。据现有统计数字计算,平均每榜特奏名登科者为 561 人。照此推算,9 榜当共缺 5 049 人。另外,既然诸榜有四川类省试合格未赴殿试而赐第的正奏名进士,那么,也当有四川类省试特奏名进士未赴殿试而赐第者。究竟这部分人能有多少,史料更为匮乏,只好暂付阙如。据统计与推算,南宋一代特奏名约为 28 000 多人。

综上所述,南宋一代贡举正、特奏名登科人数,总计至少为 51 000 多人。

(三) 南宋贡举登科人数的几个特点

南宋贡举登科人数和北宋相比,大概有以下三个特点:一是平均每年登科的绝对人数稍有减少,但按人口的比例计算,则大为增加。据考证,北宋每年平均为 357 人;南宋为 334 人,少了 23 人。但是,应当指出,南宋的疆域比北宋大约减少了五分之二,其户数及人口也大约减少了五分之二。据梁方仲《中国历代户口,田地、田赋统计》,北宋户数、人口最多的年份是徽宗大观三年(1109),全国为 20 882 438 户,46 734 784 口;南宋户数、人口最多的年份是宁宗嘉定十六年(1223),全国为 12 670 801 户,28 320 085 口。由此可见,南宋取士的比例数无疑是大大增加了。

二是南宋贡举登科中的特奏名人数大为增加。据考证,北宋贡举特奏名登科者为 25 000 多人,正、特奏名登科总数为 61 000 多人,特奏名占总人数的 41%;南宋贡举特奏名登科者为 28 000 多人,正、特奏名登科总数为 51 000 多人,特奏名占总人数的 55%。从绝对人数上看,南宋比北宋增加了 3 000 多人;从所占总登科人数的比例来者,南宋比北宋则增加了 14%,特奏名十分明显地超过了正奏名登科者。

三是南宋每榜登科人数变化不太大。据考证,北宋贡举登科最多的,是真宗景德二年(1005)李迪榜,正,特奏名总人数为 3 049 人;人数最少的是太祖乾德四年(966)李肃榜,为 15 人。即使以进士、诸科正、特奏名数字俱全的榜次来比较,人数最少的是仁宗嘉祐六年(1061)王俊民榜,为380人,与人数最多的相比,二者相差7倍。而南宋,登科人数最多的,是理宗绍定二年(1229)黄朴榜,正、特奏名共为1 678人,最少的是高宗绍兴十五年(1145)刘章榜,正、特奏名共为621人,二者相差才1.7倍。另外,关于南宋贡举登科人数,还有不少问题值得研究,这里不再一一陈述,有待今后进一步探讨。

参考文献

一、古代典籍

（一）纪传类

《宋史》四百九十六卷，脱脱等撰，中华书局点校本。

《东都事略》一百三十卷，王称撰，影宋本、四库全书本。

（二）编年类

《宋太宗皇帝实录校注》，钱若水修、范学辉校注，中华书局点校本。

《中兴小纪》（《中兴小历》）四十卷，熊克撰，福建人民出版社点校本。

《续资治通鉴长编》，五百二十卷，李焘撰，中华书局点校本。

《续资治通鉴长编拾补》六十卷，黄以周等编撰，中华书局点校本。

《建炎以来系年要录》二百卷，李心传撰，《四库全书》本，中华书局点校本。

《皇朝编年纲目备要》（《宋九朝编年备要》）三十卷，陈均撰，中华书局点校本。

《续宋编年资治通鉴》十八卷，旧题李焘经进，元刊本。

《续宋中兴编年资治通鉴》十五卷，刘时举撰，中华书局点校本。

《皇宋十朝纲要校正》二十五卷，李埴撰、燕永成校正，中华书局点校本。

《续编两朝纲目备要》十六卷，佚名撰，中华书局点校本。

《宋季三朝政要笺证》，六卷，佚名撰、王瑞来笺证，中华书局点校本。

《宋史全文续资治通鉴》三十六卷，佚名撰，元刻本，黑龙江人民出版社点校本。

（三）纪事本末类

《皇宋通鉴长编纪事本末》一百五十卷，杨仲良编撰，《宛委别藏》本、黑龙江人民出版社点校本。

《太平治迹统类》三十卷，彭百川撰，《适园丛书》本、《四库全书》本。

（四）诏令奏议类

《宋大诏令集》二百四十卷，佚名撰，中华书局校订本。

《宋朝诸臣奏议》一百五十卷，赵汝愚编，上海古籍出版社点校本。

《历代名臣奏议》三百五十卷，黄淮、杨士奇编，上海古籍出版社影印永乐内府刻本。

（五）传记类

《绍兴十八年同年小录》，宋元科举三录本。

《宝祐四年登科录》，宋元科举三录本。

《宋历科状元录》，朱希昭编撰，清刻本。

《名臣碑传琬琰集》一〇七卷，杜大珪编，宋刊本、四库全书本。

《五朝名臣言行录》十卷，朱熹撰，四部丛刊本。

《三朝名臣言行录》十四卷，朱熹撰，四部丛刊本。

（六）地理类

《乾道临安志》十五卷（现存三卷），周淙纂修，中华书局《宋元方志丛刊》本。

《淳祐临安志》五十二卷（现存六卷），施谔纂修，中华书局《宋元方志丛刊》本。

《咸淳临安志》一百卷（现存九十六卷），潜说友纂修，中华书局《宋元方志丛刊》本。

《景定建康志》五十卷，马光祖修、周应合纂，中华书局《宋元方志丛刊》本。

《宝庆四明志》二十一卷，胡榘修、方万里、罗濬纂，中华书局《宋元方志丛刊》本。

《新安志》十卷、附录一卷，赵不悔修、罗愿纂，中华书局《宋元方志丛刊》本、黄山书社点校本。

《淳熙三山志》四十二卷，梁克家修纂，中华书局《宋元方志丛刊》本。

《嘉定赤城志》四十卷，黄嵤、齐硕修、陈耆卿纂，中华书局《宋元方志丛刊》本。

《嘉定镇江志》二十二卷、首一卷，史弥坚修、卢宪纂，中华书局《宋元方志丛刊》本。

《东京梦华录笺注》，孟元老撰、伊永文笺注，中华书局笺注本。

《梦粱录》二十卷，吴自牧撰，浙江人民出版社标点本。

《武林旧事》十卷，周密撰，西湖书社标点本。

《钱塘遗事》十卷，刘一清撰，四库全书本。

(七) 政书类

《宋会要辑稿》，徐松辑，中华书局影印本、上海古籍出版社点校本。

《宋会要辑稿补编》，徐松辑、陈智超编，全国图书馆文献缩微复制中心影印本。

《建炎以来朝野杂记》甲集二十卷、乙集二十卷，李心传撰，中华书局点校本。

《文献通考》三百四十八卷，马端临撰，"十通"本、中华书局点校本。

《续文献通考》二百五十四卷，王圻撰，北京师范大学出版社影印明刻本。

《武经总要》四十卷，曾公亮等撰，元刊本、明刊本、四库全书本。

《礼部韵略》五卷、《贡举条式》一卷，丁度等撰，四部丛刊本。

(八) 笔记类

《朱子语类》一百四十卷，黎靖德编，中华书局点校本。

《儒林公议》二卷，田况撰，大象出版社《全宋笔记》(第一编)本。

《涑水记闻》十六卷，司马光撰，中华书局点校本。

《渑水燕谈录》十卷，王辟之撰，中华书局点校本。

《文昌杂录》七卷，庞元英撰，上海古籍出版社点校本。

《麈史》三卷，王得臣撰，上海古籍出版社点校本。

《鸡肋编》三卷，庄绰撰，中华书局点校本。

《默记》三卷，王銍撰，中华书局点校本。

《铁围山丛谈》六卷，蔡絛撰，中华书局点校本。

《石林燕语》十卷，叶梦得撰，中华书局点校本。

《却扫编》三卷，徐度撰，上海古籍出版社点校本。

《挥麈录》二十卷，王明清撰，上海书店出版社标点本。

《能改斋漫录》十八卷，吴曾撰，上海古籍出版社点校本。

《容斋随笔》五集、七十四卷，洪迈撰，中华书局点校本、上海古籍出版社点校本。

《寓简》十卷，沈作喆撰，知不足斋丛书本、四库全书本。

《老学庵笔记》十卷，陆游撰，中华书局点校本。

《清波杂志校注》十二卷、别集三卷，周煇撰、刘永翔校注，中华书局校注本。

《桯史》十五卷，岳珂撰，中华书局点校本。

《愧郯录》十五卷，岳珂撰，知不足斋丛书本、四库全书本。

《燕翼诒谋录》五卷，王栐撰，中华书局点校本。

《四朝闻见录》五卷，叶绍翁撰，中华书局点校本。

《芦浦笔记》十卷，刘昌诗撰，中华书局点校本。

《朝野类要》五卷，赵升撰，中华书局点校本。

《示儿编》二十三卷，孙奕撰，知不足斋丛书本。

《鹤林玉露》十八卷，罗大经撰，中华书局点校本。

《贵耳集》一卷、二集一卷、三集一卷，张端义撰，津逮秘书本、学津讨原本。

《癸辛杂识》前、后、续、别集，周密撰，中华书局点校本。

《宋朝事实类苑》七十八卷，江少虞撰，上海古籍出版社标点本。

《隐居通议》三十一卷，刘埙撰，知不足斋丛书本、四库全书本。

（九）类书类

《职官分纪》五十卷，孙逢吉撰，四库全书本。

《历代制度详说》十二卷，吕祖谦撰，金华丛书本、四库全书本。

《事文类聚》前集六十卷、后集五十卷、续集二十八卷、别集三十二卷，祝穆撰，元刻本、四库全书本。

《记纂渊海》一百卷，潘自牧撰，明刻本、四库全书本。

《山堂群书考索》前集六十六卷、后集六十五卷、续集五十六卷、别集二十五卷，共二百一十二卷，章如愚原撰、吕中增广，中华书局据明刘洪慎独斋本影印本。

《古今源流至论》前集十卷、后集十卷、续集十卷，林駉撰；别集十卷，黄履翁撰，元刻本、四库全书本。

《玉海》二百卷，附《词学指南》四卷，王应麟撰，元刻本、浙江书局本、《四库全书》本。

（十）文集类

《河东集》十五卷，柳开撰，四部丛刊本。

《小畜集》三十卷、外集十三卷，王禹偁撰，四部丛刊本。

《文庄集》三十六卷，夏竦撰，四库全书本。

《范仲淹全集》（《范文正公文集》二十卷、《别集》四卷、《政府奏议》二卷、《尺牍》二卷、《续补》二卷），范仲淹撰，四川大学出版社点校本。

《元宪集》三十六卷，宋庠撰，湖北先正遗书本、四库全书本。

《景文集》六十二卷、拾遗二十二卷，宋祁撰，湖北先正遗书本、四库全书本。

《包拯集校注》四卷，包拯撰、杨国宜校注，黄山书社点校本。

《文潞公文集》四十卷，文彦博撰，明嘉靖刊本、四库全书本。

《欧阳修全集》一百五十三卷，欧阳修撰，中华书局点校本。

《乐全集》四十卷，张方平撰，四库全书本、中州古籍出版社点校本。

《安阳集》五十卷，韩琦撰，清乾隆刊本、巴蜀书社笺注本。

《嘉祐集》十五卷，苏洵撰，四部丛刊本、上海古籍出版社笺注本。

《蔡忠惠公集》（《端明集》）三十六卷，蔡襄撰，四库全书本、上海古籍出版社点校本。

《金氏文集》二卷，金君卿撰，宋人集甲编本。

《古灵集》二十五卷，陈襄撰，四库全书本。

《南阳集》三十卷，韩维撰，四库全书本。

《丹渊集》四十卷，文同撰，四部丛刊本。

《公是集》五十四卷，刘敞撰，武英殿聚珍版书本。

《曾巩集》五十卷，曾巩撰，中华书局点校本。

《华阳集》四十卷，王珪撰，武英殿聚珍版书本。

《温国文正司马公文集》（《传家集》）八十卷，司马光撰，四部丛刊本。

《苏魏公文集》七十二卷，苏颂撰，中华书局点校本。

《王文公文集》一百卷，王安石撰，上海人民出版社点校本。

《彭城集》四十卷，刘攽撰，武英殿聚珍版书本。

《节孝集》三十卷，徐积撰，四库全书本。

《钱塘韦先生文集》十八卷，韦骧撰，武林往哲遗著本。

《苏轼文集》一百一十卷，苏轼撰，中华书局点校本。

《苏辙集》(《栾城集》五十卷、后集二十四卷、三集十卷、应诏集十二卷),苏辙撰,上海古籍出版社点校本、中华书局点校本。

《演山集》六十卷,黄裳撰,四库全书本。

《山谷集》(《豫章黄先生文集》)三十卷,黄庭坚撰,四部丛刊本、四川大学出版社点校本。

《西台集》二十卷,毕仲游撰,武英殿聚珍版书本。

《云溪居士集》三十卷,华镇撰,四库全书本。

《竹隐畸士集》二十卷,赵鼎臣撰,四库全书本。

《眉山唐先生文集》三十卷,唐庚撰,四部丛刊本。

《豫章文集》十二卷,罗从彦撰,四库全书本。

《丹阳集》二十四卷,葛胜仲撰,常州先哲遗书本、四库全书本。

《横浦集》二十卷,张九成撰,四库全书本。

《斐然集》三十卷,胡寅撰,四库全书本、中华书局点校本。

《汉滨集》十六卷,王之望撰,湖北先正遗书本、四库全书本。

《南涧甲乙稿》二十二卷,韩元吉撰,武英殿聚珍版书本。

《渭南文集》五十卷,陆游撰,四部丛刊本。

《周益国文忠公集》二百卷,周必大撰,四库全书本。

《诚斋集》一百三十三卷,杨万里撰,四部丛刊本。

《朱文公文集》一百卷、续集十一卷、别集十卷,朱熹撰,四部丛刊本。

《止斋集》五十二卷,陈傅良撰,四部丛刊本。

《攻媿集》一百十二卷,楼钥撰,四部丛刊本。

《定斋集》二十卷,蔡戡撰,常州先哲遗书本、四库全书本。

《陈亮集》三十九卷,陈亮撰,中华书局点校本。

《叶適集》(《水心文集》二十九卷、《水心别集》十六卷),叶適撰,中华书局点校本。

《后乐集》二十卷,卫泾撰,四库全书本。

《东涧集》十四卷,许应龙撰,四库全书本。

《鹤山先生大全集》一百十卷,魏了翁撰,四部丛刊本。

《清献集》二十卷,杜范撰,四库全书本。

《铁庵集》四十五卷,方大琮撰,明刊本、四库全书本。

《后村先生大全集》一百九十六卷,刘克庄撰,四部丛刊本。

《文溪存稿》二十卷,李昴英撰,四库全书本、暨南大学出版社点校本。

《姚勉集》(《雪坡集》)五十卷,姚勉撰,上海古籍出版社点校本。

《文山集》二十卷,文天祥撰,四部丛刊本、江西人民出版社点校本。

《宋文鉴》,吕祖谦辑,四部丛刊本。

《韵语阳秋》二十卷,葛立方撰,上海古籍出版社影印宋刻本。

二、今人论著

(一) 学术著作(以姓氏笔画为序)

1. 大陆学者

刘海峰、李兵:《中国科举史》,东方出版中心 2004 年版。

许友根:《武举制度史略》,苏州大学出版社 1997 年版。

吴建辉:《宋代试论与文学》,岳麓书社 2009 年版。

何忠礼:《南宋科举制度史》,人民出版社 2009 年版。

张希清:《中国科举考试》,新华出版社 1993 年版。

张希清:《中国考试通史》第二卷《宋辽金元》,首都师范大学出版社 2004 年版。

沈兼士:《中国考试制度史》,台湾商务印书馆 1969 年版。

林岩:《北宋科举考试与文学》,上海古籍出版社 2006 年版。

祝尚书:《宋代科举与文学考论》,大象出版社 2006 年版。

祝尚书:《宋代科举与文学》,中华书局 2008 年版。

赵冬梅:《武道彷徨——历史上的武举与武学》,解放军出版社 2004 年版。

2. 港台学者

邓嗣禹:《中国考试制度史》,考试院,1936 年;台北学生书局 1967 年版。

宁慧如:《北宋进士科考试内容之演变》,知书房出版社 1996 年版。

李正富:《宋代科举制度之研究》,台湾政治大学,1963 年。

李弘祺:《宋代官学教育与科举》,联经出版事业公司 1993 年版。

金中枢:《宋代的学术和制度研究》第二卷《北宋科举制度研究》,稻乡出版社 2009 年版。

侯绍文:《唐宋考试制度史》,台湾商务印书馆 1973 年版。

3. 外国学者

[日]近藤一成:《宋代中国科举社会研究》,汲古书院 2009 年版。

[日]荒木敏一:《宋代科举制度研究》,同朋社 1969 年版。

[美]贾志扬:《宋代科举》,1985 年英文初版;东大图书公司 1995 年中文版。

[美]贾志扬:《天潢贵胄:宋代宗室史》,江苏人民出版社 2005 年版。

(二) 博士、硕士论文(以姓氏笔画为序)

王汉灵:《宋代"锁厅试"研究》,浙江大学 2008 年硕士论文。

何兆泉:《宋代宗室研究》,浙江大学 2004 年博士论文。

张秀华:《南宋宗室应举研究》,辽宁大学 2011 年硕士论文。

张凯乐:《宋代殿试研究》,南昌大学 2013 年硕士论文。

周兴涛:《宋代武举武学研究》,厦门大学 2002 年博士论文。

路任翰:《北宋科举条制考》,苏州大学 2011 年硕士论文。

(三) 学术论文(以姓氏笔画为序)

1. 大陆学者

王瑞来:《赵抃〈御试官日记〉考释》,《东北师大学报》1986 年第 3 期。

朱瑞熙:《宋元的时文——八股文的雏形》,《历史研究》1990 年第 3 期。

朱瑞熙:《宋高宗朝科举制度的重建和改革》,《黑水文明研究》第二辑,黑龙江教育出版社 2008 年版。

李裕民:《寻找唐宋科举制度变革的转折点》,《北京大学学报》2013 年第 3 期。

杨康荪:《宋武举述略》,《中国史研究》1985 年第 3 期。

杨寄林:《试论宋代进士前三名遴选中的异常现象》,《史学月刊》2003 年第 5 期。

吴九龙、王菡:《宋代武举武学考述》,《文史》第 36 辑,1992 年。

何忠礼:《略论宋代的明经科》,《杭州大学学报》1992 年第 4 期。

何忠礼:《北宋礼部贡院场所考略》,《河南大学学报》1993 年第 4 期。

何忠礼:《宋代省试制度述略》,《中华文史论丛》第 51 辑,上海古籍出版社 1993 年版。

何忠礼:《状元、榜眼、探花名称探源》,《杭州大学学报》1983 年第 3 期。

何忠礼:《宋代殿试制度述略》,《中国史研究》1988 年第 1 期。

何忠礼:《宋代进士甲第考》,《文史》第 58 辑,2002 年。

汪圣铎:《宋朝宗室制度考略》,《文史》第 33 辑,1990 年。

张希清:《宋代贡举科目述论》,《国际宋史研讨会论文选集》,河北大学出版

1993 年版。

张希清:《宋代科举中的转运司试》,《历史文献与传统文化》第十集,兰州大学出版社 2003 年版。

张希清:《宋代科举省试制度述论》,《宋史研究论文集》,兰州大学出版社 2004 年版。

张希清:《南宋科举类省试述论》,《宋史研究论文集》,河南大学出版社 1993 年版。

张希清:《宋代殿试制度述论》,《北京大学学报》1992 年第 2 期。

张希清:《宋代科举封弥誊录制度述论》,《科举制的终结与科举学的兴起》,华中师范大学出版社 2006 年版。

张希清:《唐宋进士科取舍依据的演变》,《文史哲》2010 年第 4 期。

张希清:《论王安石的贡举改革》,《北京大学学报》1986 年第 4 期。

张希清:《论宋代科举中的特奏名》,《宋史研究论文集》,河北教育出版社 1989 年版。

张希清:《宋代科举锁厅试述论》,《庆祝邓广铭教授九十华诞论文集》,河北教育出版社 1997 年版。

张希清:《宋代宗室应举制度述论》,《第二届宋代学术研讨会论文集》,中国文化大学,1996 年版。

张希清:《北宋的科举取士与学校选士》,《宋史研究论文集》,河北大学出版社 2002 年版。

周兴禄:《宋代殿试诗赋论考论》,《古籍整理研究学刊》2011 年第 6 期。

赵冬梅:《北宋科举解额考》,《北大史学》1998 年第 1 辑。

祖慧:《南宋宗室科举制度探研》,《历史研究》2011 年第 4 期。

祝尚书:《唐宋制科盛衰及其历史教训》,《北京大学学报》2010 年第 5 期。

聂崇岐:《宋代制举考略》,《史学年报》第二卷第五期,1938 年;收入《宋史丛考》上册,中华书局 1980 年版。

聂崇岐:《宋词科考》,《燕京学报》第二五期,1938 年;收入《宋史丛考》上册,中华书局 1980 年版。

徐规、何忠礼:《北宋的科举改革与封弥制》,《杭州大学学报》1981 年第 1 期。

萧建新:《宋代的科举责任追究》,《文史哲》2009 年第 5 期。

粟品孝:《成都通史》第四卷第三章第四节《南宋四川类省试》,四川人民出版社 2011 年版。

穆朝庆:《论南宋科举中的“类省试”》,《中州学刊》1987 年第 6 期。

穆朝庆:《论宋代的殿试制度》,《许昌师专学报》1984 年第 1 期。

穆朝庆:《宋代糊名法和誊录法的若干问题》,《中州学刊》1983 年第 5 期。

2. 港台学者

王德毅:《宋代贤良方正科考》,《台湾大学文史哲学报》第十四期,1965 年。

方震华:《文武纠结的困境——宋代的武举与武学》,《台湾大学历史学报》第 33 期,2004 年。

宁慧如:《侧写北宋进士科考试内容屡经更革的本质》,《建国学报》第十五期,1996 年。

宁慧如:《宋代贡举殿试策与政局》,《中国历史学会史学集刊》第二十八期,1996 年。

宁慧如:《南宋状元策试析》,《宋学研究辑刊》第二辑,2010 年。

朱重圣:《宋代太学之取士及其组织》,《书目季刊》第十九卷第二期,1985 年。

李弘祺:《宋代教育与科举的几个问题》,《香港中文大学文化研究所学报》第十卷上册,1979 年。

李弘祺:《宋代的举人》,《国际宋史研讨会论文集》,中国文化大学,1988 年。

林天蔚:《南宋时四川“类省试”的分析》,《书目季刊》第十四卷第三期,1980 年。

林瑞翰:《宋太祖至仁宗朝乡贡考》,《台湾大学历史学报》第六期,1979 年。

林瑞翰:《宋太祖至仁宗朝乡贡续考》,《台湾大学历史学报》第七期,1980 年。

林瑞翰:《宋代制科考》,《台湾大学历史学报》第八期,1981 年。

林瑞翰:《宋代词科考》,《劳贞一八秩荣庆论文集》,1986 年。

金中枢:《北宋科举制度研究续(上)》——进士诸科之解省试法(上),原载《成功大学历史学报》第五期,1978 年;收入《宋史研究集》第十三辑。

金中枢:《北宋科举制度研究续(下)》——进士诸科之解省试法(下),原载《成功大学历史学报》第六期,1979 年;收入《宋史研究集》第十四辑。

金中枢:《北宋科举制度研究再续》——进士诸科之殿试法(上),原载《成功大学历史学报》第七期,1980 年;收入《宋史研究集》第十五辑。

金中枢:《北宋科举制度研究再续》——进士诸科之殿试法(中),原载《成功大学历史学报》第九期,1982 年;收入《宋史研究集》第十七辑。

梁庚尧:《南宋的贡院》,《中国史学》第一卷,1991 年;收入《宋代社会经济史论集》(下),1997 年。

葛绍欧:《宋代府州的贡院》,《国际宋史研讨会论文选集》,河北大学出版社1992年版。

蔡宜芳:《宋代科举制度之特殊科目——制举》,《史学通讯》第二十二期,1986年。

3. 外国学者

[日]东英寿:《从行卷看北宋初期的古文运动》,《复古与创新——欧阳修散文与古文复兴》,上海古籍出版社2005年版;

[日]东英寿:《北宋初期的古文家与行卷》,《复古与创新——欧阳修散文与古文复兴》,上海古籍出版社2005年版。

[日]近藤一成:《王安石的科举改革》,《东洋史研究》第四十六卷第三号,1987年;

[日]近藤一成:《蔡京科举与学校政策》,《东洋史研究》第五十三卷第一号,1994年;

[日]近藤一成:《南宋四川类省试中的地域问题》,《史观》第一五一册,2004年。

[日]高津孝:《宋初行卷考》,《科举与诗艺——宋代文学与士人社会》,上海古籍出版社2005年版。

[韩]裴淑姬:《论宋代的特奏名制度》,《湖南大学学报》2007年第3期。

图书在版编目(CIP)数据

中国科学制度通史.宋代卷/张希清,毛佩琦,李世愉主编;张希清著.—上海:上海人民出版社,2017
ISBN 978-7-208-14364-7

Ⅰ.①中… Ⅱ.①张… ②毛… ③李… Ⅲ.①科举制度-研究-中国-宋代 Ⅳ.①D691.3

中国版本图书馆 CIP 数据核字(2017)第 035210 号

责任编辑 张钰翰
封面设计 小阳工作室

中国科举制度通史·宋代卷
张希清 毛佩琦 李世愉 主编
张希清 著

出 版 上海人民出版社
(200001 上海福建中路 193 号)
发 行 上海人民出版社发行中心
印 刷 江阴金马印刷有限公司
开 本 720×1000 1/16
印 张 61.25
插 页 8
字 数 1,045,000
版 次 2017 年 4 月第 1 版
印 次 2020 年 11 月第 3 次印刷
ISBN 978-7-208-14364-7/K·2596
定 价 240.00 元(全二册)